LA LÉGISLATION PÉNALE

COMPARÉE. *1283*

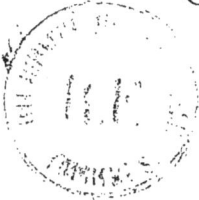

PUBLIÉE

PAR

L'UNION INTERNATIONALE DE DROIT PÉNAL.

Iᵉʳ VOLUME:

LE DROIT CRIMINEL DES ÉTATS EUROPÉENS.

AVEC LE CONCOURS DE

B. Allmena, Naples — L. W. C. van den Berg, Delft — V. Berg, Luxembourg — G. Crusen, Hanovre — K. Dickel, Berlin — I. Foïnitzki, Saint-Pétersbourg — J. Forsmann, Helsingfors — S. Gabuzzi, Bellinzona — A. Gautier, Genève — B. Getz, Cristiania — G. A. van Hamel, Amsterdam — K. Hiller, Czernowitz — Josefowitch, Belgrade — C. A. Kypriades, Athènes — P. Th. Missir, Jassy — E. Olrik, Copenhague — A. Prins, Bruxelles — A. Rivière, Paris — E. Rosenfeld, Halle — Savvas Pacha, Aix-en-Provence — M. Schischmanof, Sophia — E. Schuster, Londres — H. Seuffert, Bonn — J. J. Tavares de Medeiros, Lisbonne — A. Teichmann, Bâle — E. Turrel, Monaco — W. Uppström, Stockholm — M. Wesnitch, Belgrade — J. von Wlassics, Buda-Pest

PAR

LE Dᴿ FRANZ VON LISZT,

PROFESSEUR DE DROIT A L'UNIVERSITÉ DE HALLE.

1894.

BERLIN.

OTTO LIEBMANN,

Libraire-éditeur,

Librairie de Jurisprudence et des Sciences politiques.

Lützowstrasse 27.

PARIS.
PEDONE-LAURIEL.

ROME.
LOESCHER & CIE.

LISBONNE.
FERIN & CIE.

P. P.

Vient de paraître:

La Législation Pénale Comparée.

Publiée par l'Union Internationale de Droit Pénal.

Ier Volume:

Le Droit Criminel des États Européens.

Avec le Concours de

B. Alimena, Naples — L. W. C. van den Berg, Delft — V. Berg, Luxembourg — G. Crusen, Hanovre — K. Dickel, Berlin — I. Foinitzki, Saint-Pétersbourg — J. Forsman, Helsingfors — S. Gabuzzi, Bellinzona — A. Gautier, Genève — B. Getz, Cristiania — G. A. van Hamel, Amsterdam — K. Hiller, Czernowitz — Josefowitch, Belgrade — C. A. Kypriades, Athènes — P. Th. Missir, Jassy — E. Olrik, Copenhague — A. Prins, Bruxelles — A. Rivière, Paris — E. Rosenfeld, Halle — Savvas Pacha, Aix-en-Provence — M. Schischmanov, Sophia — E. Schuster, Londres — H. Seuffert, Bonn — J. J. Tavares de Medeiros, Lisbonne — A. Teichmann, Bâle — E. Turrel, Monaco — W. Uppström, Stockholm — R. Wesnitch, Belgrade — J. de Wlassics, Buda-Pest

par

Franz von Liszt,

Docteur en droit et professeur de droit pénal à l'Université de Halle.

C'est avec un sentiment de satisfaction que, après des préparations longues et assidues, le comité de rédaction soussigné a l'honneur de faire part à ses confrères de tous les pays de la mise en vente du premier volume de cette grande entreprise.

Le premier volume, maintenant achevé, comprend le Droit criminel des États européens, et, complet en lui-même, il prétend une **valeur indépendante**. Avec le demi-volume suivant, il formera l'introduction systématique du droit pénal de tous les États civilisés et de leurs colonies. Il développe pour chaque pays les fondements historiques de la législation actuellement en vigueur, résume, à grands traits, le contenu du droit pénal tout entier de ce pays, tant réuni dans le code pénal que dispersé par des lois spéciales, et, pour répondre aux exigences des théoriciens aussi bien que des praticiens, il renvoie partout, avec une exactitude soigneuse, aux sources, à la littérature et à la jurisprudence.

Dans tous les pays les représentants les plus compétents de la science ont concuru à ce but. C'est ainsi que la physionomie nationale a été conservée à chaque traité spécial. C'est ainsi encore que quelques-uns de ces travaux particuliers représentent le premier essai d'apprécier la matière et de la mettre à profit au point de vue scientifique. Cela est fait évident, par exemple, par la rédaction des droits criminels anglais et mahométan à laquelle la littérature nationale de ces pays même n'offre pas d'équivalent. Pour la première moitié du II. volume, renfermant le droit pénal des États civilisés extra-européens, nous avons, grâce à la protection bienveillante de Son Excellence le Chancelier de l'Empire d'Allemagne, joui du soutien précieux des consulats allemands transmarins, de sorte que ce volume donne le droit pénal extra-européen dans une intégrité qui, jusqu'à présent, est loin d'avoir ses égaux dans la littérature juridique.

Les volumes suivants sont voués à la comparaison même de la législation, destinée non seulement à élever la science criminelle au delà des bornes nationales qui en gênent le progrès, mais aussi à donner le premier fondement d'une législation pénale dont les principes internationaux soient les mêmes. De cette manière l'importance de notre entreprise surpasse de beaucoup les limites du droit criminel: un premier essai de comparaison en grand style du droit criminel, elle sera un modèle pour la jurisprudence entière.

La continuation de notre entreprise dépendant d'un nombre suffisant de souscriptions, nous adressons encore une fois la prière au **monde juridique entier**, et surtout aux nombreux amis de la législation comparée, de bien vouloir accorder leur soutien efficace à notre œuvre, également importante pour la science, la justice et la législature, et d'en recommander l'achat aux Autorités, Bibliothèques, Académies et Sociétés.

Concernant le mode de publication et les conditions d'achat, nous prenons la liberté d'appeler votre attention à l'avis ci-joint.

Halle s. S., en été 1894.

Pour le Comité de rédaction:

Dr. Franz von Liszt,
Professeur.

Mode de publication et conditions d'achat.

L'ouvrage paraîtra, dans le même format que le présent prospectus, **en deux éditions distinctes**, — l'une en langue française, l'autre en langue allemande sous le titre de „Die Strafgesetzgebung der Gegenwart in rechtsvergleichender Darstellung" (Prospectus à la disposition). Les éditions en langues étrangères sont réservées.

Chaque édition sera complète en 5 volumes de 50 feuilles environ.

En tant qu'il peut être prévu, le I. demi-volume du tome II. paraîtra l'hiver 1894—95 et comprendra, le droit criminel des États extra-européens, rédigé, comme celui des Etats européens, par des capacités prééminentes.

La seconde moitié du volume II. et le volume III. renfermeront la partie générale du droit pénal en 3 grandes sections, dont la première examinera les sources du droit criminel: la loi et sa force obligatoire par rapport au temps, au lieu et aux personnes. La seconde section donnera la théorie du crime: les éléments objectifs et subjectifs de l'infraction. La troisième section, enfin, est réservée à la théorie de la peine: notion, système, graduation, exclusion de la peine.

Les volumes IV. et V. exposeront les crimes et les peines y attachées.

Le volume I. peut être obtenu séparément à un prix plus élevé; la demande du volume I. au prix de souscription comprend l'obligation de prendre aussi les volumes suivants.

Le prix de souscription à l'ouvrage entier dans chacune des deux langues sera d'environ frs. 187,25 (M. 150,—). Le prix du volume I. séparé est fixé à frs. 43,75 (M. 35,—), réduit, pour les souscripteurs à l'ouvrage complet, à frs. 37,50 (M. 30,—).

Au moment de la mise en vente du volume II. le prix de souscription sera augmenté de frs. 6,25 (M. 5,—) par volume.

Pour la France, l'Italie et le Portugal avec leurs colonies le dépôt général pour la vente a été confié aux maisons:

Pedone-Lauriel, 13 Rue Soufflot, Paris,
Loescher & Cie, 307 Via del Corso, Rome,
Ferin & Cie, 70 Rua nova do Almada, Lisbonne,

qui vendront l'ouvrage aux conditions ci-dessus.

===== Par suite d'un arrangement spécial, les membres de l'Union Internationale de Droit Pénal jouiront d'un rabais considérable, pourvu qu'ils adressent leurs ordres directement à l'éditeur soussigné. Une remise sera aussi accordée aux souscripteurs à plusieurs exemplaires qui, sans être membres de la dite Union, adresseront leurs demandes directement à la librairie d'assortiment de l'éditeur. =====

Berlin, W. 35, Lützowstrasse 27,
en été 1894.

Otto Liebmann,
Libraire-Éditeur,
Librairie de jurisprudence et des sciences politiques.

===== *Bulletins de commande ci-contre.* =====

Souscription à l'ouvrage complet.

A la librairie ....

....

Je soussigné déclare souscrire, en m'engageant à acheter les volumes suivants, à l'ouvrage:

La Législation Pénale Comparée,

(Libraire-éditeur: Otto Liebmann, Berlin W. 35.)

prix de souscription à l'ouvrage complet frs. 187,25 environ (M. 150,—),

avec prière de m'envoyer le premier volume, déjà paru, au prix de préférence de frs. 37.50 (M. 30.—).

Résidence et date: *Signature:*

....

....

═ *Prière de signer lisiblement.* ═

Ordre pour le volume I. seul.

La Librairie ....

....

est priée de m'envoyer l'ouvrage:

Le Droit Criminel des États Européens.

(Volume I. de „La Législation pénale comparée".)

(Libraire-éditeur: Otto Liebmann, Berlin W. 35.)

Prix: frs. 43,75 (M. 35,—).

Résidence et date: *Signature:*

....

....

═ *Prière de signer lisiblement.* ═

═══ MM les souscripteurs, dont on a l'intention de publier la liste, sont priés d'avertir directement le libraire-éditeur en même temps et sous indication de la librairie où ils ont souscrits. ═══

Oscar Brandstetter, Impr., Leipzig.

LA LÉGISLATION PÉNALE COMPARÉE.

LA LÉGISLATION PÉNALE

COMPARÉE.

PUBLIÉE

PAR

L'UNION INTERNATIONALE DE DROIT PÉNAL.

Ier VOLUME:

LE DROIT CRIMINEL DES ÉTATS EUROPÉENS.

1894.

BERLIN.

OTTO LIEBMANN,

Libraire-éditeur,

Librairie de Jurisprudence et des Sciences politiques.

Lützowstrasse 27.

PARIS.

PEDONE-LAURIEL.

ROME.

LOESCHER & CIE.

LISBONNE.

FERIN & CIE.

LE DROIT CRIMINEL

DES

ÉTATS EUROPÉENS.

PUBLIÉ SOUS LES ORDRES

DE

L'UNION INTERNATIONALE DE DROIT CRIMINEL

AVEC LE CONCOURS DE

B. Alimena, Naples — L. W. C. van den Berg, Delft — V. Berg, Luxembourg — G. Crusen, Hanovre — K. Dickel, Berlin — I. Foinitzki, Saint-Pétersbourg — J. Forsmann, Helsingfors — S. Gabuzzi, Bellinzona — A. Gautier, Genève — B. Getz, Cristiania — G. A. van Hamel, Amsterdam — K. Hiller, Czernowitz — Josefowitch, Belgrade — C. A. Kypriades, Athènes — P. Th. Missir, Jassy — E. Olrik, Copenhague — A. Prins, Bruxelles — A. Rivière, Paris — E. Rosenfeld, Halle — Savvas Pacha, Aix-en-Provence — M. Schischmanov, Sophia — E. Schuster, Londres — H. Seuffert, Bonn — J. J. Tavares de Medeiros, Lisbonne — A. Teichmann, Bâle — E. Turrel, Monaco — W. Uppström, Stockholm — R. Wesnitch, Belgrade — J. de Wlassics, Buda-Pest

PAR

LE DR FRANZ VON LISZT,

PROFESSEUR DE DROIT A L'UNIVERSITÉ DE HALLE.

1894.

BERLIN.

OTTO LIEBMANN,

Libraire-éditeur,

Librairie de Jurisprudence et des Sciences politiques.

Lützowstrasse 27.

PARIS.
PEDONE-LAURIEL.

ROME.
LOESCHER & CIE.

LISBONNE.
FERIN & CIE.

Oscar Brandstetter, Impr., Leipzig.

COLLABORATEURS DU PREMIER VOLUME.

ALIMENA, BERNARDINO, docteur et professeur de droit pénal à l'université de Naples.

BERG, L. W. C. VAN DEN, docteur en droit, professeur du droit musulman à Delft.

BERG, VICTOR, avocat à Luxembourg.

CRUSEN, GEORGES, docteur en droit à Hanovre.

DICKEL, CHARLES, docteur en droit, juge à Berlin et professeur à l'académie forestière à Eberswalde.

DUFOURMANTELLE, MAURICE, avocat à la cour d'appel, docteur en droit à Paris.

FOINITZKI, IWAN, docteur et professeur de droit pénal à l'université, avocat général à la cour de cassation à Saint-Pétersbourg.

FORSMANN, JAACCO, docteur et professeur de droit pénal à Helsingfors.

FROMAGEOT, HENRI, docteur en droit, avocat à la cour d'appel à Paris.

GABUZZI, STEFANO, avocat à Bellinzona.

GAUTIER, A., docteur et professeur de droit pénal à Genève.

GETZ, B., docteur en droit et procureur général à Cristiania.

GRASSERIE, RAOUL DE LA, docteur en droit, juge au tribunal de Rennes, membre de la société de législation comparée.

GRAZ, A., avocat à Genève.

HAMEL, G. A. VAN, docteur et professeur de droit criminel à Amsterdam.

HILLER, CHARLES, docteur en droit, conseiller de gouvernement et professeur de droit à l'université de Czernowitz.

JOSEFOWITCH, docteur en droit à Belgrade.

KIMMER, H., ancien juge à Luxembourg.

KYPRIADES, CONSTANTIN A., docteur en droit et avocat à Athènes.

LISZT, FRANZ VON, docteur et professeur de droit pénal à l'université de Halle.

MISSIR, P. TH., professeur à la faculté de droit à Jassy.

OGEREAU, J., à Paris.

OLRIK, EYVIND, à Copenhague.

PRINS, ADOLPHE, inspecteur général des prisons, professeur de droit pénal à Bruxelles.

RIVIÈRE, ALBERT, ancien magistrat, secrétaire général de la société générale des prisons à Paris.

ROSENFELD, ERNEST, docteur en droit à Halle s. S.

SAVVAS PACHA, ancien ministre des affaires étrangères de Turquie.

SCHISCHMANOV, M., docteur en droit et juge à la cour de cassation à Sophia.

SCHUSTER, ERNEST, docteur en droit et barrister-at-law à Londres.

SEUFFERT, HERMANN, docteur en droit, conseiller intime de justice et professeur de droit pénal à l'université de Bonn.

TAVARES DE MEDEIROS, J. J., avocat à Lisbonne.

TEICHMANN, A., docteur et professeur de droit pénal à Bâle.

TURREL, EDMOND, avocat général et conseiller d'état à Monaco.

UPPSTRÖM, W., docteur en droit et président du tribunal à Stockholm.

VINCK, E., avocat à Bruxelles.

WESNITCH, MILENKO R., docteur en droit à Belgrade.

WLASSICS, JULES DE, docteur et professeur de droit à l'université de Buda-Pest.

SOMMAIRE.

(Toute partie traitant d'un autre pays est précédée d'un sommaire spécial.)

Pag.

INTRODUCTION. Coup d'œil rétrospectif et plans d'avenir. Par FRANZ VON LISZT, professeur à Halle. (Traduction de H. KIMMER, Luxembourg) . .

I. LA FRANCE — LA BELGIQUE — LE LUXEMBOURG — LA PRINCI-PAUTÉ DE MONACO 1

    1. La France. Par ALBERT RIVIÈRE, ancien magistrat à Paris . . 3
I. Droit pénal général (p. 3). II. Droit pénal spécial (p. 19). III. Colonies françaises (p. 25).

    2. La Belgique. Par ADOLPHE PRINS, inspecteur général des prisons et professeur à Bruxelles 26
I. Code pénal (p. 26). II. Droit pénal spécial (p. 31).

    3. Le Grand-Duché de Luxembourg. Par VICTOR BERG, avocat à Luxembourg 36

    4. La Principauté de Monaco. Par EDMOND TURREL, avocat général et conseiller d'État à Monaco, et par GEORG CRUSEN, docteur en droit à Hanovre 38

II. La Suisse 45

    1. La Suisse allemande (y compris la législation fédérale). Par A. TEICHMANN, professeur à Bâle. (Traduction de A. GRAZ à Genève) 47
I. Introduction. Sources et bibliographie (p. 47). II. Première section. Droit pénal fédéral (p. 54). III. Deuxième section. Législation pénale cantonale (p. 76).

    2. La Suisse romande. Par A. GAUTIER, professeur à Genève . . 85
I. Les sources (p. 85). II. Les traits caractéristiques (p. 94).

    3. Canton du Tessin. Par STEFANO GABUZZI, avocat à Bellinzona 101
I. Introduction (p. 101). II. La partie générale du Code (p. 103). III. Des délits et de leur punition (p. 110). IV. Contraventions. Droit pénal spécial (p. 111).

III. LA PÉNINSULE ITALIENNE. Par BERNARDINO ALIMENA, professeur à Naples 113

    1. L'Italie 115
I. Introduction (p. 115). II. Le droit pénal actuel de l'Italie (p. 120). III. Colonie érythrée (Massaouah, Assab et le protectorat sur la côte des Somali) (p. 131). IV. Bibliographie (p. 132).

    2. Saint Marin 134

Pag.

IV. LA PÉNINSULE IBÉRIQUE **137**

    1. L'Espagne. Par ERNEST ROSENFELD, docteur en droit à Halle a. S.
(Traduction de J. OGEREAU à Paris) **139**
I. Le développement historique du droit pénal espagnol (p. 139). II. Le
Code pénal espagnol présentement en vigueur (p. 159). III. Le droit pénal
spécial (p. 184). IV. Le Code pénal militaire (p. 189). V. Le droit pénal
des Colonies (p. 191).

    2. Le Portugal. Par J. J. TAVARES DE MEDEIROS, avocat à Lis-
bonne. (Traduction de GEORG CRUSEN, docteur en droit à Hanovre) **193**
I. Origines et développement historique du droit pénal portugais (p. 193).
II. Bibliographie (p. 195). III. Code du 16 septembre 1886 (p. 196).

V. LES PAYS BALCANIQUES **231**

    1. La Bulgarie. Par le Dr M. SCHISCHMANOV, juge à la cour de
cassation à Sophia. (Traduction de J. OGEREAU à Paris) . . . **233**

    2. La Grèce. Par le Dr CONSTANTIN A. KYPRIADES, avocat à
Athènes. (Traduction de A. GRAZ, avocat à Genève) **238**

    3. Monténégro. Par le Dr KARL DICKEL, juge à Berlin et pro-
fesseur à Eberswalde. (Traduction de E. VINCK, avocat à Bruxelles) **241**
I. Introduction (p. 241). II. Le droit pénal en vigueur (p. 242).

    4. La Roumanie. Par P. TH. MISSIR, professeur à Jassy . . . **245**

    5. La Serbie. Par le Dr MILENKO R. WESNITCH et le Dr JOSEFO-
WITCH à Belgrade. (Traduction de E. VINCK, avocat à Bruxelles) **253**

VI. L'EMPIRE D'ALLEMAGNE. Par HERMANN SEUFFERT, docteur en droit
et professeur à Bonn. (Traduction de RAOUL DE LA GRASSERIE, docteur
en droit et juge à Rennes) **259**

I. Les principes de la législation criminelle allemande (p. 261). II. Origine
et formation du Code pénal (p. 267). III. Le contenu du Code pénal
(p. 273). IV. Des lois pénales spéciales de l'Empire d'Allemagne (p. 287).
V. Du droit pénal spécial relatif aux fonctionnaires et des peines disciplinaires (p. 321). VI. Du droit pénal militaire (p. 324). VII. De la législation pénale des États (p. 339). Annexe: Bibliographie et jurisprudence
(p. 363).

VII. AUTRICHE-HONGRIE **367**

    1. L'Autriche. Par le Dr KARL HILLER, conseiller de gouvernement
et professeur à Czernowitz. (Traduction de A. GRAZ, avocat à Genève) **369**
I. Les bases historiques du droit pénal autrichien (p. 369). II. Les bases
légales du droit pénal autrichien en vigueur (p. 379). III. Code pénal de
Bosnie et d'Herzégovine (p. 402). IV. Autres lois intéressant le droit pénal
(p. 403). V. Bibliographie du droit pénal autrichien (p. 406). VI. La
réforme de la législation pénale et les projets depuis 1861 (p. 408).

    2. La Hongrie. Par le Dr JULES DE WLASSICS, professeur à Buda-
pest. (Traduction de MAURICE DUFOURMANTELLE, docteur en droit
et avocat à Paris) **412**
I. Les tentatives de codification (p. 412). II. Le droit en vigueur actuellement (p. 417). III. Lois pénales spéciales (p. 425). IV. Commentaires,
monographies, recueils de lois et de jurisprudence (p. 431). V. Le droit
pénal en Croatie-Slavonie (p. 432).

Pag.

VIII. LES PAYS-BAS ET LEURS COLONIES. Par G. A. van Hamel, professeur à Amsterdam 435
   I. Le Code pénal du 3 mars 1881 et son histoire (p. 437). II. Droit pénal des colonies (p. 449).

IX. LES PAYS SCANDINAVES 451
     1. Le Danemarc. Par Eyvind Olrik, Copenhague. (Traduction de H. Kimmer, ancien juge à Luxembourg) 453
   I. La mère-patrie (p. 453). II. Dépendances et colonies (Les îles de Féroé, Islande, Groenland, possessions aux Indes occidentales) (p. 468). III. Littérature, jurisprudence, recueils (p. 468).
     2. La Suède. Par le Dr W. Uppström, président du tribunal à Stockholm. (Traduction de Henri Fromageot, docteur en droit et avocat à Paris) 470
   I. Sources. Textes de loi. Bibliographie (p. 470). II. Introduction historique (p. 471). III. La législation en vigueur (p. 473). IV. Dispositions pénales générales (p. 479). V. Actes punissables, en particulier (p. 491).
     3. La Norvége. Par le Dr B. Getz, procureur général à Cristiania. (Traduction de A. Graz, avocat à Genève) 494
   I. Partie générale (p. 494). II. Partie spéciale (p. 499).

X. L'ÉTAT RUSSE 511
     1. L'Empire russe. Par le Dr Iwan Foinitzki, professeur et avocat géneral à Saint-Pétersbourg. (Traduit par Maurice Dufour-Mantelle, docteur en droit et avocat à Paris) 513
   I. Aperçu historique du droit pénal russe (p. 513). II. Le droit pénal russe actuel (p. 526).
     2. Le Grand-Duché de Finlande. Par le Dr Jaacco Forsmann, professeur à Helsingfors. (Traduit par A. Graz, avocat à Genève) 559
   I. Introduction (p. 559). II. Le Code pénal de 1889 (p. 562). III. Dispositions pénales en dehors du Code pénal (p. 571). IV. Jurisprudence (p. 572).

XI. L'EMPIRE OTTOMAN 573
     1. Les tribunaux de l'Islam et l'organisation judiciaire ottomane. Par Savvas Pacha, ancien ministre des affaires étrangères de Turquie 575
   I. Avant-propos (p. 575). II. Histoire de l'organisation judiciaire ottomane (p. 577). III. Organisation judiciaire actuelle (p. 586).
     2. Le droit pénal de la Turquie. Par L. W. C. van den Berg, docteur en droit et professeur à Delft. (Traduction de Georg Crusen, docteur en droit à Hanovre) 599
   1. Aperçu historique du développement du droit pénal en Turquie (p. 599). II. Le droit pénal de la Turquie depuis 1858 (p. 611). III. Le droit pénal de l'Égypte (p. 622).

XII. LA GRANDE-BRETAGNE. Par Ernest Schuster, docteur en droit et Barrister-at-Law à Londres. (Traduction de H. Kimmer, ancien juge à Luxembourg)
     1. L'Angleterre et l'Irlande 631
   I. Introduction (p. 633). II. Partie générale (p. 643). III. Partie spéciale (p. 657). 633
     2. L'Écosse 692
   I. Introduction (p. 692). II. Partie générale (p. 695). III. Partie spéciale (p. 698).

INTRODUCTION.

Coup d'œil rétrospectif et plans d'avenir

par

le D^r von Liszt,

Professeur à Halle s/S.

Traduction de M. H. Kimmer, Ancien magistrat à Luxembourg.

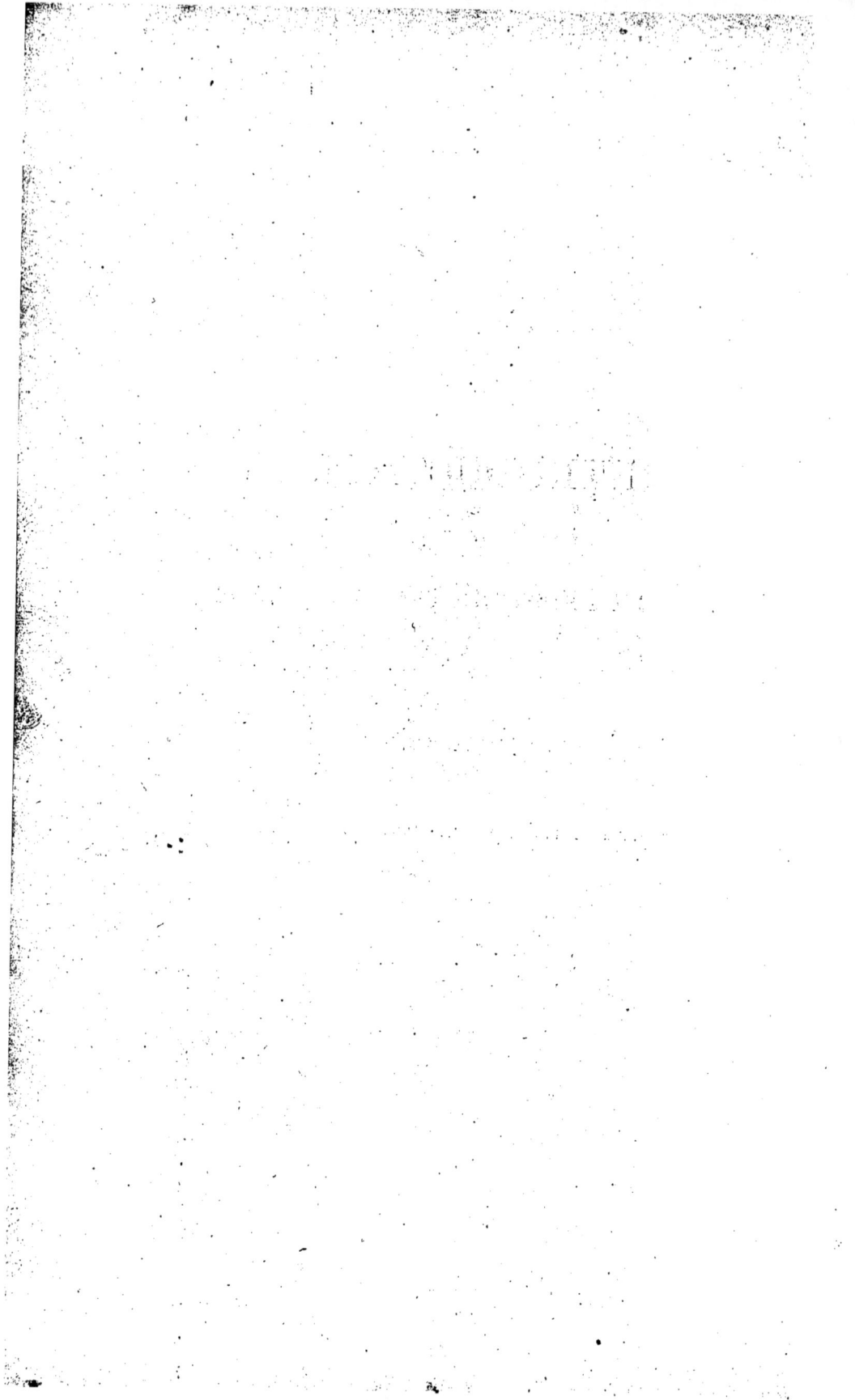

I.

Dans la seconde année de son existence, au Congrès de Berne en 1890, l'Union internationale de droit pénal a, sur la proposition de l'auteur de ces lignes, résolu d'entreprendre un exposé comparatif du droit pénal aujourd'hui en vigueur en Europe. Un comité composé de MM. van Hamel, von Liszt, Prins, en leur qualité de membres du comité directeur, et de MM. Gauckler, Lammasch et Stooss, reçut le mandat d'arrêter d'une manière plus détaillée le plan de l'entreprise et de faire les diligences à l'effet d'assurer les bases financières pour son exécution.

Ce qui a fait naître la dite proposition était le don précieux que le Conseil fédéral avait eu l'attention de faire remettre le 14 août 1890 aux membres étrangers du Congrès, à savoir „Les codes pénaux suisses, rangés par ordre de matières et publiés à la demande du Conseil fédéral" par le professeur en droit M. Charles Stooss de Berne, ouvrage qui venait de paraître. Je n'ai pas besoin de m'étendre sur l'importance toute particulière de ce livre, salué de tous. Vous savez tous que M. Stooss avait reçu du Conseil fédéral la mission de commencer et de hâter dans la mesure du possible les travaux préparatoires d'un code uniforme pour la Confédération helvétique. Vous savez tous que M. Stooss, avec la calme résolution qui lui est propre, s'est mis à cette œuvre grandiose et a mené à bonne fin les travaux préparatoires. Le résultat des recherches aussi étendues que profondes de M. Stooss est renfermé dans deux autres volumes portant le titre de „Principes fondamentaux du droit pénal suisse", dont le premier a paru en 1892, le second en 1893. Immédiatement après commença l'élaboration du projet lui-même, qui fut également confiée aux mains habiles de notre ami et collègue bernois, et avance rapidement. Il y a quelques mois, un avant-projet, dans sa partie générale, rédigé en allemand et en français, fut livré à la publicité, et au moment où j'écris ces lignes je reçois le rapport sur les délibérations de la commission des experts que le département de la justice helvétique avait convoquée en septembre et octobre 1893.

Il est opportun de mettre à jour le plan que M. Stooss avait ébauché et suivi. Car c'est de ce plan que nous sommes partis alors qu'au sein du comité de rédaction nous nous sommes mis à délibérer sur l'accomplissement de la tâche qui nous avait été confiée.

Les travaux préparatoires d'un Code pénal helvétique devaient, de l'avis de M. Stooss, comprendre deux choses. Il s'agissait, en premier lieu, de rendre accessible à tout le monde le droit pénal cantonal, c'est-à-dire, si je puis m'exprimer ainsi, la matière première d'un droit pénal helvétique uniforme. En second lieu, il fallait établir quels étaient dans le droit multiforme des divers cantons les principes fondamentaux communs et quels étaient les principes divergents. Ce n'est que sur ce fondement large et sûr que devait être érigé le fier édifice d'un Code pénal de la Confédération helvétique.

Il est évident — et c'est ce qui emporta ma proposition et son adoption — que les travaux préparatoires fort étendus, même abstraction faite du but éloigné auquel ils étaient destinés à servir, sont de nature à mériter une importance toute particulière et inestimable; car ils contiennent en un résumé commode des matières nombreuses et éparses, qui n'étaient guère accessibles à un des nôtres. Et puis la vie et le mouvement ont été introduits dans les lettres mortes de la loi; les forces motrices sont mises à jour; des affinités se dégagent sur des points où on ne les aurait pas cherchées; l'on trouve un développement indépendant là où à raison des racines communes on s'attendait à une évolution uniforme. Celui qui auparavant s'est appliqué en vain à se procurer des renseignements sur la manière dont une question de droit criminel quelconque est traitée dans les droits des cantons suisses, — mais aussi celui-là seulement, — saura apprécier à sa juste valeur l'importance scientifique du fait qu'aujourd'hui il trouve, en quelques instants, dans les trois volumes des „Travaux préparatoires" de M. Stooss la solution de tout doute.

C'est ici le point de départ de notre résolution du 14 août 1890. L'Union internationale de droit pénal, avec la vigueur de sa jeunesse et son ardeur au travail, pouvait-elle rencontrer une tâche plus belle et plus grande que d'essayer de faire, pour le droit de tous les pays d'Europe, ce que M. Stooss avait entrepris et déjà parachevé à cette époque, dans la partie la plus difficile, pour les cantons de la Suisse? Quand même notre but éloigné n'était pas l'élaboration d'un Code pénal européen (j'espère pouvoir démontrer que cette idée n'est point une utopie ainsi qu'elle pourrait le paraître à première vue), une étude comparative du droit pénal de l'Europe, prise en elle-même, devait être d'une valeur inestimable pour quiconque dans la sphère d'action duquel rentre le droit pénal. Non seulement pour le législateur, appelé à donner à son peuple un nouveau Code pénal national et qui à cet effet voudrait mettre à profit tous les progrès et expériences faits dans d'autres pays; non seulement pour le savant, qui se livre à des études comparatives juridiques pour elles-mêmes et cherche à parvenir à une méthode scientifique; mais encore pour le juge, pour le procureur d'État, pour le défenseur, lesquels sont d'ordinaire en peine de répondre à des questions de droit pénal étranger surgissant à tout moment; comme aussi pour le diplomate, pour lequel le traité d'extradition reste un livre scellé de sept sceaux, aussi longtemps qu'il ne peut se procurer sur le droit pénal du pays avec lequel le traité a été conclu des renseignements plus rapides et pertinents que ceux qui lui viennent sur sa demande de source officielle. Et à mesure que le cercle du mouvement économique s'élargit, que les relations commerciales entre les peuples se resserrent et s'entrecroisent, il devient de jour en jour plus important, même pour le commerçant non-versé dans le droit, de connaître le droit pénal des pays lointains, dans lesquels son activité a créé des valeurs nouvelles ou ouvert des débouches nouveaux; car le droit privé seul ne lui assure pas la protection de ses intérêts.

Les difficultés de l'entreprise ne nous rebutaient pas. Notre tâche ne différait de celle de notre ami bernois que par rapport à la quantité, mais non quant à la qualité. Le collègue bernois avait non seulement à combiner dans un exposé unique des idées juridiques françaises, allemandes et italiennes, mais encore à concilier les traditions des cantons primitifs avec les exigences de la vie commerciale de nos jours et de mettre la technique des jurisconsultes de profession au service du développement des idées de droit populaires. Ce qu'un seul homme avait réussi à faire pour toute la Suisse ne pouvait excéder les forces réunies de notre Union. Et c'est ainsi que prit naissance la décision du 14 août 1890. Il incomba au comité élu de mener à bonne fin sur le fondement d'une calme réflexion, ce qui avait été résolu dans un moment d'enthousiasme.

II.

Le plan de travail adopté par M. Stooss formait le point de départ et la base pour les délibérations et les résolutions du comité de rédaction. Dès le premier abord, il était hors de doute que pour l'accomplissement de notre tâche ce plan ne pouvait être suivi tel quel. Un examen plus approfondi fit voir bientôt que des changements importants étaient inévitables, si l'entreprise devait réussir.

Mais aussi l'œuvre, telle qu'elle avait été fixée par le Congrès de Berne de 1890, devait être conçue autrement et plus largement. La restreindre à l'Europe se trouvait être inadmissible. Si on faisait entrer dans l'exposé le droit mahométan de la Turquie, on ne pouvait passer sous silence le droit des États-Unis de l'Amérique du Nord, qui nous touche de beaucoup plus près, ni les droits espagnols et portugais de l'Amérique du Sud et de l'Amérique centrale. L'Atlantique est un bien moindre obstacle à l'échange des biens ainsi que des idées de droit que le Balcan. L'Europe est une conception géographique et nullement de droit philosophique. A cette vérité on ne pouvait résister. Les difficultés dussent-elles augmenter dans une proportion inattendue, il fallait faire l'essai de les vaincre. C'est ainsi, sans que nous eussions perdu beaucoup de paroles, que le droit pénal de l'Europe est devenu „La législation pénale comparée".

Et même avec ce qui vient d'être dit, la délimitation définitive n'était pas faite. D'un côté, l'expression par nous choisie et maintenue de „législation pénale" avait elle-même besoin d'une interprétation extensive. Il ne pouvait ni devait être question d'exclure de notre exposé le droit des pays sans codification pénale, vu qu'au nombre de ces pays figure en première ligne l'Empire britannique lui-même. Sans examen approfondi de la „common law" anglaise tout exposé comparatif de droit pénal serait sans valeur.

D'un autre côté, il ne pouvait pour nous être question de faire de la „jurisprudence ethnologique". Le droit des peuples civilisés, dans son développement actuel, pouvait seul faire l'objet d'une comparaison juridique. Mais, qu'entend-on par peuple civilisé? Quiconque s'est occupé de près du droit public international reconnaît la difficulté qu'il y a de donner à cette question une réponse juridique précise. Le cercle des pays et peuples qui viennent d'entrer dans la grande société juridique des peuples civilisés, pour le moment peut être sans droits égaux, s'élargit d'année en année. On n'a qu'à jeter un coup d'œil sur les signatures apposées aux protocoles viennois de l'Union postale universelle (1891) pour reconnaître dans toute leur portée les progrès réalisés, auxquels on n'avait pu songer il y a vingt ans. La force attractive de l'Union internationale des pays civilisés opère avec la puissance irrésistible d'une loi de la nature.

Pour cette raison, la notion d'état civilisé ne devait être établie d'une façon trop étroite. La délimitation sera, il est vrai, plus ou moins arbitraire. Nous nous sommes décidés d'après notre science; nous ne cacherons cependant pas que des considérations extrinsèques ont également joué un rôle dans la décision. Si, de temps en temps, nous avons consigné avec une joie reconnaissante un renseignement sûr, alors même qu'il nous conduisit au-delà de la limite que nous nous étions tracée, nous avons, d'un autre côté, dû nous en accommoder, si nos sources nous faisaient défaut. On voudra nous pardonner, si nous transgressons les bornes, comme aussi si nous laissons des lacunes.

En ne nous restreignant pas à l'Europe, nous étions par là même amenés à nous écarter du modèle nous fourni par M. Stooss. Nous avions d'abord songé de rendre accessible à tous le texte même des lois, que ce fût dans la forme choisie par M. Stooss ou dans une autre quelconque. Nous nous sommes vus forcés d'abandonner cette idée. Une édition des „lois pénales de l'Univers" aurait certainement dû reproduire ces lois dans la langue originale, car toute recherche scientifique doit forcément se baser sur le texte même de la loi. Or, étant donné que notre entreprise est bilangue, on aurait dû ajouter à l'original une traduction française et une traduction allemande. Aux difficultés à peine surmontables que présentait une pareille édition non seulement au point de vue financier se joignaient des doutes sérieux sur son utilité. Un code sans introduction ni commentaire induira en erreur même le jurisconsulte le plus habile. Pénétrer à fond l'esprit d'un droit pénal national, comme l'exige la science, est impossible, si l'on ne connaît pas l'histoire de son développement, ses idées fondamentales, sa littérature et sa jurisprudence. C'est ainsi que nous nous sommes rencontrés de part et d'autre dans la même idée, c'est-à-dire de remplacer l'édition des codes pénaux par une introduction systématique dans les droits pénaux des divers pays. C'est que pour les domaines étendus des droits non-codifiés tout autre moyen était impossible. On pouvait et devait abandonner au travail privé de faire peu à peu les traductions désirées des codes pénaux étrangers. Dans cette voie, la Revue générale des sciences pénales à l'instar de la Société de législation comparée de Paris, déploie avec succès son activité depuis des années. Ici comme là bas l'ardeur ne ralentira pas dans l'avenir.

Après avoir résolu cette question préalable, on pouvait sans retard déterminer les traits principaux de l'entreprise du côté scientifique. Seraient faites une édition française et une édition allemande. Chacune d'elles devait comprendre 5 volumes in grand-8° de 50 feuilles (de 16 pages environ). Le premier volume contiendrait une introduction systématique dans le droit pénal des divers pays; les volumes II et III la doctrine générale du droit pénal, les IVᵉ et Vᵉ les actions punissables en particulier.

Le soin d'assurer les bases financières de l'entreprise m'avait été confié par le comité. A la suite de négociations détaillées, une convention provisoire intervint entre moi et le libraire-imprimeur M. Otto Liebmann de Berlin. Celui-ci déclara assumer les risques commerciaux en ce qui concerne le premier volume sans autres conditions, et en ce qui concerne les autres volumes dans le cas où un nombre suffisant de souscripteurs lui serait garanti. Dans la séance du comité de rédaction du 25 août 1891, la dite convention fut approuvée, après que le comité avait eu sous les yeux une épreuve montrant d'un côté l'impression, le format et le papier; d'un autre côté, comme exposé, le petit traité du Dʳ E. Rosenfeld „Sur les homicides". Le jour suivant, le 26 août, je fus chargé par la 3ᵉ assemblée annuelle de l'Union internationale de droit pénal, réuni à Cristiania, de conclure la convention avec M. Otto Liebmann sur la base indiquée. De cette façon, la publication d'au moins le premier volume se trouvait assurée financièrement.

III.

Vers la fin de l'automne 1891, on pouvait ainsi se mettre à la préparation scientifique du premier volume. Le comité de rédaction approuva le plan élaboré à Halle, tel qu'il se trouve imprimé dans le „Bulletin de l'Union internationale de droit pénal", III, p. 392. L'auteur de ces lignes, auquel le comité a donné plein pouvoir, est seul responsable de son exécution.

Un coup d'œil sur la partie principale du premier volume comprenant les états de l'Europe, qui vient de paraître, montre que sous plusieurs rapports je me suis écarté du plan en question. J'ai à justifier ce procédé.

Le plan avait eu d'abord pour point de départ l'établissement de „groupes de pays", tel qu'il s'était dégagé de l'essai du Dʳ Rosenfeld „Sur les homicides". En rangeant les divers pays dans l'un ou l'autre de ces quatre groupes (1° Le groupe anglo-américain; 2° le groupe roman du Nord et du Sud; 3° le groupe allemand; 4° le groupe des autres pays), on entendait faire ressortir la parenté existant entre les législations afférentes. Par suite, pour citer un exemple, on avait fait entrer la Turquie et le Japon dans le groupe roman-nord, la Serbie et la Grèce dans le groupe allemand. Mais bientôt, en examinant la matière de plus près, on comprit l'impossibilité de s'arrêter à ce motif de division. Les rapports réciproques et multiples entre les divers systèmes de droit permettent bien une division si rigoureuse en groupes aussi longtemps qu'il ne s'agit que de matières de droit pénal isolées, mais tel ne peut plus être le cas du moment que les législations sont mises en présence l'une de l'autre, chacune comme un ensemble distinct. C'est ainsi, pour ne citer qu'un ou deux exemples, que le Code prussien de 1851 et, par suite, le Code pénal de l'Empire allemand, auquel le premier sert de base, se rapprochent beaucoup plus du Code pénal français que ce dernier ne le fait vis-à-vis du Code pénal italien ou même seulement du droit de la Suisse romane. C'est ainsi encore que l'indépendance générale du Code pénal hollandais et finlandais ne permet pas de les ranger dans le groupe allemand. Le 4e groupe enfin, sans connexité aucune, renverse tout-à-fait le principe même de division: un groupe, par exemple, qui met dans une même catégorie la Russie et la Chine ne peut en général prétendre à la signification d'une combinaison scientifique.

Par suite, je crois pouvoir compter sur l'assentiment général et surtout sur celui de mes amis siégeant au comité de rédaction, d'avoir abandonné, quant à ce point, notre programme commun et avoir renoncé à la division par groupes. Au lieu de cela, l'Europe a été séparée des autres parties du monde, pour autant que les colonies (comme tel est le cas des Pays-Bas, de l'Italie, etc.), ne pouvaient être traitées conjointement avec la mère-patrie, ou d'autres terri- toires extra-européens (comme, par exemple, de la Russie et de la Turquie) ne pouvaient l'être ensemble avec l'état principal européen. Dans l'édition française, on commence la série des États européens par la France; dans l'édition alle- mande, par l'Empire allemand; les autres pays suivent sans ordre arrêté; dans beaucoup de cas à fur et à mesure que les traités dans l'une ou l'autre des deux langues étaient prêts pour l'impression. Plus le volume avançait, plus j'ai pu me convaincre que cette méthode était la véritable.

On n'a pas davantage pu observer, dans tous les cas, le programme en ce qui concerne l'espace réservé pour chaque traité en particulier. En général, on l'a surpassé. Car rien que l'exposé de l'Europe comprend 46 resp. 45 feuilles d'impression, alors que 50 en avaient été calculées pour le volume entier. Je tiens à exprimer ma reconnaissance particulière à l'éditeur, parce qu'il a consenti à cette extension et en sus a mis à notre disposition l'espace pour les états extra-européens. Divers traités, tel en particulier celui sur le droit français, sont restés dans une assez forte mesure au-dessous de l'espace leur réservé. Ce fait trouve dans ce cas particulier sa justification par la raison que le système du Code pénal français est connu dans tout l'univers, qu'il est simple en lui-même, que la littérature française est accessible à tout le monde, et que la France se trouve à la veille d'une transformation complète de sa législation pénale.

Abstraction faite de ces côtés extérieurs, je me suis efforcé de suivre la pensée fondamentale du programme. Encore une fois, et pour couper court à tout malentendu, je tiens à relever expressément: Le premier volume contient la base pour les études de législation comparée du droit pénal euro- péen et non ces études elles-mêmes. Pour rappeler notre modèle suisse: Le premier volume ne correspond pas aux „Principes" de M. Stooss de 1892/93, mais au travail préparatoire de cet ouvrage. Il représente une collection des divers codes pénaux. Il doit fournir la condition préliminaire à tout travail de législation comparée sur le terrain du droit pénal; et il conservera sa valeur propre et indépendante, alors même que l'Union internationale de droit pénal ne réussirait pas à mener à bonne fin son entreprise. Introduction systématique dans la législation pénale de chaque état en particulier, telle est la tâche de notre premier volume comme de sa suite immédiate.

Le but du premier volume ainsi arrêté, nous étions obligés d'indiquer à nos collaborateurs quelques points de vue généraux (prise en considération des bases historiques du droit en vigueur, des lois pénales spéciales, de la littérature, de la jurisprudence), et de leur laisser champ libre pour tout le reste. Tout ouvrage de quelque importance émané de la plume de plusieurs collaborateurs présentera des aspérités et des disparates. Il se peut que cela produise souvent un effet troublant. Mais dans notre cas, cette diversité des collaborateurs offrira, par la manière individuelle dont ils se mettent à l'œuvre et s'en acquittent, non seulement un grand attrait artistique, mais encore constituera un mérite particulier, dont je ne voudrais me passer à aucun prix. Les traités isolés feront non seulement ressortir le genre personnel de leurs auteurs, mais de plus mettront dans une vive lumière les particularités de la législation et de la science du pays auquel ils se rapportent. C'est justement pour ce motif que j'ai autant que possible suivi le principe de confier la rédaction des traités concernant les divers pays à des personnes appartenant à ces pays respectifs. J'en ai agi de même par rapport aux pays d'outre-mer, et je me suis écarté de ce principe dans le cas seulement où la nécessité ne me laissa pas d'autre choix, c'est-à-dire dans le cas où je n'ai pas trouvé un collaborateur parmi les nationaux, ou bien lorsqu'une promesse faite a été retirée au dernier moment. Pour les volumes suivants, pour les études de législation comparée elles-mêmes, il y a nécessité absolue qu'un petit nombre de collaborateurs travaillent en commun d'après un plan uniforme, en observant des principes fixes, et sous une direction centrale sévère. Mais pour les résumés des droits nationaux en particulier, qui font l'objet de ce volume, il importait avant tout de leur conserver l'empreinte nationale et, au lieu de chercher à en effacer les divergences, de les faire ressortir autant que possible.

IV.

Il appert de ce qui précède que le mérite d'avoir assuré le succès de notre premier volume revient à nos collaborateurs, qui avec un entier dévouement se sont rendus à notre appel. Espérons que la gratitude que je ressens si vivement en ce moment sera partagée par nos lecteurs, et qu'ils seront des juges cléments par rapport aux défauts du volume, défauts que je connais parfaitement et qui tombent exclusivement à charge du rédacteur, obligé de travailler dans des conditions très difficiles.

A côté des collaborateurs se rangent les traducteurs des traités originaux. Ils partagent avec les auteurs les honneurs de l'entreprise. Je tiens à relever expressément que c'est à la toute gracieuse prévenance de la Société de législation comparée de Paris et de son secrétaire général M. Daguin que nous devons la continuation des traductions françaises, qui dans un moment fort critique menaçaient d'être interrompues et qui sont aujourd'hui assurées pour l'avenir. Relativement aux traductions allemandes, j'ai à exprimer ma cordiale reconnaissance à mon jeune ami de Hanovre, dont le travail infatigable ne m'a jamais fait défaut, quelqu'eût été le nombre de fois que j'ai eu recours à sa co-opération.

Comme mes lignes introductives ne valent pas seulement pour cette partie du volume, mais également pour la suivante, j'ai encore à m'acquitter en cet endroit d'une autre dette de reconnaissance. Le Département des affaires étrangères allemand a accordé à notre entreprise son soutien puissant. Je dois à son entremise des notices brièves mais précieuses, comme aussi des rapports détaillés sans lesquels la continuation du premier volume n'aurait jamais pu devenir, même approximativement, aussi complet qu'il ne l'est aujourd'hui. C'est avec une vive reconnaissance qu'aux chapitres respectifs j'ai indiqué la source d'où ils me sont venus.

Grâce à ce soutien, la première partie du second volume, comprenant toutes les autres parties du globe, se trouve également assurée dès aujourd'hui. Mais c'est justement cette source, abondante au-delà de toute attente, qui m'a déterminé, d'accord en ceci avec l'éditeur, de ne pas tarder plus longtemps avec la publication du premier volume. L'exposé de tous les États d'Europe, y compris la Turquie, parachevé, ne devait pas perdre le bénéfice de l'actualité par suite de l'espoir fondé de voir combler dans quelques mois les lacunes relatives aux pays d'outre-mer. Le manuscrit de la première partie du second volume écrit dans les deux langues est achevé pour les trois quarts et prêt à être imprimé. Sous peu, autant qu'on le peut humainement prévoir, cette partie peut également être publiée et complétée à un point qu'on aurait cru impossible il y a quelques mois.

Pour que notre œuvre ne vieillisse pas, étant donné le courant rapide de la législation, elle a besoin de recevoir des compléments continus par des rapports annuels sur les progrès réalisés dans le domaine de la législation et de la science. Dès actuellement, je puis donner l'assurance que ce complément se fera, bien que je ne sois pas encore en mesure de dire comment et où. Espérons que le succès que l'ouvrage aura en librairie permettra la publication de cahiers supplémentaires. Mais ce succès dût-il même nous faire défaut, ces rapports annuels trouveront leur place quelquepart. Si les moyens pécuniaires et l'Union internationale de droit pénal le permettent, ils trouveront la place la plus appropriée dans notre „Bulletin". En tous cas, on parviendra, d'une façon ou de l'autre, à vaincre les obstacles qui enrayeraient l'exécution de ce plan, pourvu que nos amis continuent à faire des sacrifices dans l'intérêt de la science, ce dont je ne doute nullement.

Par contre, il est permis de douter, pour le moment du moins, qu'on parvienne à parfaire les autres volumes de l'ouvrage. Ainsi qu'il a déjà été dit, la continuation en est soumise à la condition de rassembler un nombre suffisant de souscripteurs à l'ouvrage entier. Il faut attendre, pour voir si le nombre voulu sera obtenu, ou encore si l'importance scientifique et pratique de notre entreprise nous procurera peut-être d'autres sources pécuniaires. Pour tous les cas, je ne puis me dispenser d'exprimer en ce endroit et en quelques mots mon opinion sur la tâche que les volumes suivants auront à remplir. Le court exposé ci-après — qu'il soit une préface pour les volumes à suivre ou un épilogue pour la partie introductive, un programme de l'œuvre ou un vœu de pieuse renonciation — expliquera ma manière de voir sur le but de la législation comparée sur le terrain du droit pénal.

V.

N'est pas législation comparée ce qu'on fait passer trop souvent comme telle, à savoir: le traité sur un droit national isolé quelqu'éloigné qu'il soit. Celui qui traite le droit pénal chinois ne fait pas pour cela de la législation comparée, aussi peu que celui qui écrit un manuel de droit pénal allemand ou celui qui commente le Code pénal français. Mais encore la juxtaposition de deux ou plusieurs droits n'est pas davantage de la législation comparée; et, quelque paradoxe que cette phrase puisse paraître, même la comparaison de ces droits, l'opération de faire ressortir ce qu'ils ont de commun et en quoi ils diffèrent, ne saurait être considérée comme telle.

Pour qu'on puisse parler de législation comparée dans le sens propre exclusivement scientifique, il est nécessaire qu'on cherche et trouve quelque chose de nouveau et indépendant, qui diffère des droits isolés et comparés et n'y soit pas renfermé d'emblée de lui-même. Ce que j'entends par là sera peut-être rendu plus clair, quand nous examinons de près en quoi ce résultat nouveau et cet indépendant peut consister.

1º Nous pouvons chercher derrière l'expression changeante du droit en vigueur les lois qui l'ont engendré et déterminé sa croissance, ainsi que les degrés de son développement se renouvelant typiquement. Nous poursuivons la formation de la société depuis sa forme primitive jusqu'à l'état européen d'aujourd'hui, avec tous les changements profonds qui accompagnent ce développement. Considérations causales ou téléologiques — cela revient au même: ce que nous cherchons et ce qu'en cas de réussite nous trouvons est nouveau, indépendant, différant par sa qualité complètement des droits isolés et planant au-dessus de ceux-ci. Il est évident que cet examen se fonde sur l'histoire du droit et l'ethnologie, et que devant lui doit s'effacer le droit des états civilisés aujourd'hui en vigueur. De cela il appert que cette étude appartient bien à ce qu'on appelle la législation comparée, qu'elle représente peut-être la plus précieuse partie de cette science, mais qu'elle n'est point législation comparée dans le sens ordinaire, et certainement pas dans le sens dans lequel les volumes suivants sont appelés à fournir un exposé complet de la législation pénale de nos jours. Le nouveau que nous cherchons doit donc être différent.

2º Au-delà du droit aujourd'hui en vigueur, notre regard cherche le nouveau droit de l'avenir. Avant de nous livrer à la recherche de ce droit, nous devons en posséder la mesure, en connaître l'objet et le but. Mais pour les détails du nouvel édifice, nous trouvons enseignement et incitation dans les monuments du présent comme dans ceux du passé. Ce qui constitue également de la législation comparée qui, sans être d'un caractère aussi élevé comme la première, ne laisse pas d'être non moins importante en pratique.

Telle est, dans ses traits principaux, la manière dont a travaillé M. Stooss, et je ne connais pas d'exemple qui ait donné une expression plus pure à ce que je soutiens. Avant de se mettre à l'ouvrage, M. Stooss devait savoir qu'un Code pénal suisse avait pour objet la répression énergique du crime; et c'est ce but qui lui servait de guide dans l'examen de ce qui avait été fait jusqu'à ce jour. Par la comparaison des droits cantonaux, il pouvait apprendre comment cette idée encore plus ou moins obscure de combattre la criminalité avait trouvé par ci par là une application heureuse. Et c'est ainsi que naquirent les „Principes". A chaque pas, l'on reconnaît que c'est le législateur qui nous donne son exposé de savant critique; ce n'est que du point de vue d'une législation de l'avenir qu'on pouvait introduire l'ordre dans le chaos, l'unité dans l'abondance multiforme des droits particuliers. C'est dans le droit à créer que l'on trouve ici ce nouveau, qui nous autorise à parler de législation comparée. L'image en mosaïque est tout autre chose que la somme des pierres y employées.

Mais on pourrait me demander: Est-ce que notre Union internationale peut faire de la législation comparée de la même manière que le législateur suisse l'a faite pour le droit pénal des cantons confédérés? Il n'est pas question, à ce qu'il semble, d'un Code pénal international, et la législation nationale doit se rattacher aux développements survenus dans le droit de son pays et prendre en considération uniquement les idées et nécessités de ce pays?

J'envisage cette objection comme parfaitement irrelevante. D'après ma conviction, il est à tout moment possible aujourd'hui d'élaborer un Code pénal qui, dans ses principes, serait acceptable tout aussi bien par la France que par l'Allemagne, l'Autriche-Hongrie ou les Pays-Bas. Celui qui soutient le contraire méconnaît l'histoire du droit criminel. La législation pénale napoléonienne n'est-elle pas, quant à tous ses principes fondamentaux, en vigueur dans l'État principal d'Allemagne depuis un demi-siècle, et dans tout l'Empire allemand depuis plus de vingt ans? Voudrait-on contester que le Code bavarois a été reçu dans les États de l'Amérique du Sud et dans la Grèce? Je répète: les principes seuls sont en jeu. Mais qu'on n'oublie pas que tout notre mouvement réformiste nous pousse à faire obtenir une importance plus considérable à ces principes mêmes. Plus nous obtenons la conviction que la surcharge de la partie spéciale de nos codes pénaux, cette distinction sans fin entre les cas graves et les cas moins graves du même crime, n'est qu'un jeu inutile, moindre sera le poids dont pèseront toutes ces vénérables traditions de la législation nationale. Celui qui envisage la vie sans préjugés connaîtra le caractère identique des criminels de toutes les nations. Aussi longtemps que le voleur de profession et l'escroc sont chez eux aussi bien à Paris qu'à Vienne et à Londres; aussi longtemps que le rouble russe est contrefait en France ou en Angleterre et mis en circulation en Allemagne; aussi longtemps que les associations de filous, les „bandes noires" ne cesseront leur exploitation internationale; aussi longtemps que les passions et les faiblesses des mortels ne représentent en-deçà comme au-delà des frontières que des variations sur le même thème fondamental — aussi longtemps la politique criminelle des divers pays pourra-t-elle prendre comme points de départ des idées fondamentales uniformes. En sera-t-il, du reste, autrement dans un temps prochain?

　　Les efforts de notre législation pénale comparée doivent, à mon avis, tendre en premier lieu à trouver des idées fondamentales uniformes pour une législation pénale de l'avenir qui tient compte des exigences de la politique criminelle. Lors de l'application que feront de ces idées fondamentales les différents pays, les traditions et les nécessités nationales trouveront leur entière satisfaction.

　　Je ne crois pas qu'il soit nécessaire de développer davantage ces idées simples et aucunement nouvelles. Nul ne voudra ni pourra traiter la question de la déportation sans s'appuyer sur les expériences faites par l'Angleterre, la France et d'autres pays. Tout travail scientifique de quelque valeur, tout projet de loi dûment préparé à fond pourra servir comme exemple et en même temps comme preuve de l'exactitude de ce que j'avance.

　　Je tiens à relever derechef un point. Si l'auteur d'une monographie scientifique ou d'un projet de loi rassemble, par exemple, les dispositions en vigueur dans les différents pays sur les cruautés et mauvais traitements envers les animaux, les dissèque, les discute et les compare: cela ne constitue pas de la législation comparée dans le sens dans lequel j'entends que le mot soit compris; celle-ci ne commence pour moi que du moment où l'auteur, se fondant sur un examen attentif et partant d'une idée fondamentale de politique criminelle précise et claire, nous dit: C'est ainsi et pas autrement que vous devez faire votre loi.

　　C'est dans ce sens que M. Stooss s'est livré à une étude de législation comparée dans ses „Principes", mais non dans sa revue des Codes pénaux suisses rangés par ordre de matière.

　　Et c'est aussi dans ce sens que nos volumes ultérieurs nous fourniront une étude comparative de „la législation pénale contemporaine". C'est avec nos forces réunies, dans l'intérêt de l'ensemble du droit pénal, sur une large base, d'après une méthode fixe, ne perdant pas de vue le but final, que nous aborderons un travail que divers écrivains ont tenté sur des doctrines isolées, d'une manière imparfaite et avec des lacunes. Assurément une tâche grande et ardue — mais tentante et méritoire comme à peine une seconde.

　　3° Mais je vais encore plus loin. La comparaison juridique ne consiste pas seulement à trouver la loi répondant le mieux au but, mais encore de développer la science du droit. C'est sur la large base empirique, qu'elle s'est créée en pénétrant les travaux étrangers, que la théorie nationale doit s'élever au-dessus d'elle-même.

Qu'il me soit permis de m'expliquer plus clairement. Notre législation criminelle laisse ouverte la construction scientifique; et elle ne pourra, à mon avis, jamais en agir autrement. Que le Code pénal nous définisse la tentative comme commencement d'exécution, l'assassinat comme un homicide commis avec préméditation et réflexion, c'est la science qui devra toujours encore s'efforcer de fixer les notions de la tentative et de l'assassinat; et la même tâche incombe, cela soit dit en passant, à toute juridiction qui n'est pas exercée comme un métier. Il est évident qu'il en est absolument de même de toutes les notions du droit pénal et tout particulièrement de tous les caractères qui constituent la notion générale du crime. A raison d'une exposition plus simple et plus claire, je me bornerai à ce dernier point.

Si je prétends que par des recherches de législation comparée la théorie générale du crime sera perfectionnée non seulement par rapport à la quantité, mais encore par rapport à la qualité, je connais aussi parfaitement l'objection qui me sera faite. On dira que la notion de l'intention criminelle, par exemple, ne peut être obtenue que par le droit national de chaque pays et son développement historique; que, par conséquent, la question de savoir si la connaissance de l'illégalité est un des éléments de la notion de l'intention ne peut être résolue que par la voie „historico-dogmatique“, c'est-à-dire, qu'elle ne saurait l'être en droit allemand que par le droit allemand, jamais par le droit français ou anglais.

A cette objection, qu'on se plaît à répéter, je répondrai deux choses. En premier lieu, que la considération historique nous conduit directement à des relations internationales réciproques. Il est permis de citer Julius Clarus même dans des recherches strictement historiques sur le droit pénal allemand; et si l'Espagnol Covvaruvias n'est pas apprécié suivant son mérite, malgré l'influence prédominante qu'il a exercée sur Carpzov, cela vient uniquement de ce que ces rapports, comme beaucoup d'autres, ont échappé jusqu'à ce jour aux fidèles de l'École historique. A ce sujet l'idée s'impose, me semble-t-il, que le développement de la notion de l'intention criminelle, tel qu'il a eu lieu en Italie depuis Julius Clarus, en Espagne depuis Covvaruvias jusqu'à nos jours, serait à même de nous fournir des renseignements précieux pour le droit allemand, qui a essentiellement subi l'influence de ces deux écrivains et s'est développé dans des conditions analogues; que par suite, pour m'exprimer autrement, une considération „historique“, qui croit pouvoir faire abstraction d'une pareille étude de législation comparée, doit être taxée de „non-historique“. Et au moment qu'un État emprunte à un autre État son Code pénal entier, comme l'a fait la Prusse en 1851, saurait-on contester à la science du droit pénal et à la jurisprudence de cet autre État son importance, même quand on se place un point de vue extrême de l'École historique? Je ne fais pas de reproche, je ne fais que constater le fait incontestable qu'au XIXᵉ siècle la connaissance scientifique du droit national dépend plus que jamais de recherches comparatives.

Ce que j'ai à dire en second lieu va plus au fond. La méthode historico-dogmatique nous abandonne à chaque pas — je ne parle que du droit pénal. Essayer de déterminer le rapport entre les délits commis par omission et par commission au moyen de la dite méthode me semble constituer un effort d'une naïveté enfantine. Car, même abstraction faite de la circonstance que la pratique judiciaire peut seule nous donner des éclaircissements authentiques sur l'interprétation donnée aux lois à une époque déterminée, et que cette source tarit pour nous avec d'autant moins d'espoir à mesure que nous remontons plus haut dans le passé de notre droit, cette méthode opère sur une base historique fausse, à savoir, que les législations nationales antérieures seraient parties d'une conception préfixe des délits commis par omission en relation avec ceux perpétrés par commission. Ces législations l'ont fait aussi peu que les Codes pénaux les plus récents. Je voudrais connaître le savant qui aurait le courage de soutenir le contraire.

Donc, j'émets la proposition suivante: Toute la doctrine générale du crime peut et doit *dans ses éléments fondamentaux* être édifiée indépendamment du droit en vigueur. Ce qui constitue une action dans le sens du droit criminel, quels sont les circonstances qui font disparaître son illégalité, comment doivent être définies les notions de l'imputabilité, de l'intention, de la négligence, etc. etc., tout cela les lois civiles et pénales nous le font connaître en minime partie soit expressément soit tacitement. Et le dogmatiste croyant qui refuserait de recourir à d'autres sources de connaissance se verra bientôt forcé de renoncer à son orgeuil de doctrinaire. Les décisions du tribunal suprême de l'Empire allemand les plus importantes et les plus marquantes sur la tentative impossible, la complicité, la notion de la causalité, ont été rendues praeter legem. Et les travaux scientifiques des collègues „dogmatiques"? Ce qu'ils nous ont fourni de meilleur, ils ne l'ont certes pas puisé dans les codes?

J'espère que les malentendus sont exclus. La loi nationale nous dira quand et comment doivent être punies la tentative et même la préparation du crime; mais c'est la science à laquelle il appartient de rechercher et de développer les notions de la tentative et de l'acte préparatoire. Et seules les notions scrutées par la science et, par suite, placées dans le courant vivifiant des discussions scientifiques sont capables d'empêcher la juridiction de s'engourdir, ce qui lui arriverait irrémédiablement, si la législation parvenait jamais à édifier sans lacunes la théorie du crime.

La science du droit pénal prise dans ce sens, c'est-à-dire l'explication des caractères généraux de la notion du crime, est nécessairement internationale. La notion de la responsabilité pénale est la même en France comme en Suède, les limites du discernement fussent-elles différentes dans l'un ou l'autre des deux pays; la distinction entre occasionner et causer (occidere et mortis causam praebere) ne perd point de sa valeur scientifique par le fait que, d'après le droit allemand, la circonstance de simplement occasionner rend responsable des conséquences; la conception de la provocation et de participation principale réside dans sa quintessence, indépendamment de toute forme de droit primitif. Et qui oserait soutenir que toutes les fonctions psychiques, dont l'analyse est indispensable pour le criminaliste, que les notions de la volonté, de la préméditation, de la résolution, de la réflexion, etc. sont nationales anglaises ou spécifiquement portugaises?

Celui qui connaît, ne fût-ce que superficiellement, la littérature du droit criminel des pays civilisés sait combien chaque pays peut toujours apprendre d'un autre et justement sur ce terrain. La science de droit criminel anglaise, allemande, française comme toutes les autres, suivent, chacune pour soi, des voies différentes. Chacune a ses côtés forts et ses côtés faibles, chacune a les défauts de ses vertus. Partout, nous rencontrons à côté de terres bien labourées d'autres dont on vient seulement de commencer la culture; l'une se distingue par son coup d'œil pratique, l'autre par la profondeur de ses idées; ici, l'on conserve fidèlement les traditions et les cultive, là, sans aucun égard et avec la vigueur de la jeunesse, on se décide pour les progrès les plus osés; ici, l'on fructifie les résultats des sciences naturelles au profit de la jurisprudence; là, on met au service des recherches du droit criminel les enseignements du criticisme philosophique. Partout, une vie propre et une force débordante, une lutte sans repos pour découvrir la vérité et une soif inextinguible de connaître. Mais l'incitation et la fécondation réciproques font défaut. Si tous ces courants pouvaient être dirigés dans un seul lit, si toute cette force vive pouvait être concentrée, si l'ardeur au travail et le zèle pour la science qui règnent dans les divers pays, pouvaient être excités à un travail commun d'émulation, notre science ne prendrait-elle pas un essor puissant, inconnu jusqu'à ce jour?

Cette réunion est possible. Il est vrai que, dans ce cas, la „législation comparée" doit aller au-delà même de ce que son nom indique. On devra rassembler avec les Codes pénaux la science et la jurisprudence des divers pays, en faire une unité supérieure. Une science de droit criminel commune, tirée de tous les droits particuliers, mais s'élevant au-dessus de tous ces derniers, telle serait la seconde et suprême tâche des études à faire dans nos volumes ultérieurs.

VI.

Dans ce qui précède, je n'ai manifesté que ma manière de voir personnelle, et j'ignore si mes amis la partagent. Il serait prématuré de fixer définitivement et en détail le plan pour la continuation de notre entreprise. Mais c'est pour cette raison même que je ne pourrai être taxé d'immodeste, si je vais déduire les conséquences de ma manière de voir sur notre tâche.

La partie générale de notre exposé comparatif comprendra, ainsi que je le pense, trois sections.

Dans la première seront examinées les sources du droit pénal: la loi et sa force obligatoire par rapport au temps, au lieu et aux personnes.

Suivra la seconde section et la plus difficile: la théorie du crime, les éléments objectifs et subjectifs de l'infraction. A mon avis, il est absolument nécessaire de confier cette section à un seul collaborateur. En présence de la connexité des questions de détail dans leur ensemble, l'unité de vue court risque de s'évanouir, si les différentes sous-sections sont traitées par des hommes ayant des vues divergentes quant aux principes fondamentaux. Cependant, il importe, à mon avis, avant tout d'établir la théorie du crime d'une manière uniforme. Je sais parfaitement que le premier essai d'une pareille construction présentera des défauts et des imperfections graves; il se peut aussi qu'il échouera complètement. Mais, même l'essai le moins réussi profitera à notre science plus que la juxtaposition de traités isolés précieux, mais n'ayant aucune cohésion entre eux. Le fardeau de travail que nous mettons sur les épaules d'un seul homme est écrasante, à n'en pas douter. Mais il peut être essentiellement allégée par l'adjonction d'aides.

La troisième section est réservée à la théorie de la peine: notion, système, graduation, exclusion de la peine. A ce sujet, il y aurait peut-être lieu de se partager la besogne.

Deux volumes de 50 feuilles d'impression chacun ont été réservés pour la partie générale. D'après mon calcul, 60 feuilles suffiront, et le restant pourra être employé pour la partie spéciale. Nos collaborateurs s'attacheront non pas à fournir une abondance de détails, mais à faire ressortir les points de vue régulateurs, et de cette manière seule ils s'assureront la reconnaissance de leurs lecteurs. Ce. sera la dogmatique du droit qui aura la parole décisive dans la deuxième section, et la politique criminelle dans la troisième.

La tâche de la *partie spéciale* consiste dans l'exposé des crimes en particulier et des peines y attachées. On pourra étendre la division du travail et obtenir une exécution détaillée, du moment que la rédaction élabore un système complet, entrant dans les détails et mettant à jour les points de vue marquants, et met en même temps à la disposition des collaborateurs le matériel législatif.

Le travail présente des difficultés fort sérieuses, mais nullement insurmontables. Les points suivants, que je ne puis qu'indiquer brièvement, sont déterminants:

1º L'exposé de la partie spéciale du droit pénal présentera d'abord une image complète des intérêts que les divers codes protègent contre les atteintes. A cette fin, tous les crimes sans distinction qui sont punis par les lois des divers pays sont à examiner au point de vue de l'intérêt qui est protégé par la peine. A côté de la vie, de la liberté, de l'honneur, de la fortune et d'autres intérêts des particuliers, se placent les intérêts de la communauté, et tous se condensent dans un seul système, qui doit nécessairement être de beaucoup plus complet et plus instructif que tout système de droit national. La rédaction devra prendre soin d'assurer à ce système la plus grande élasticité, afin qu'il puisse s'adapter à la conception des différents droits sur le même groupe de crimes (qu'on songe, par exemple, aux soi-disant délits contre la religion).

2⁰ On remplira le système en traitant et comparant les **divers crimes** appartenant au même groupe, qui ne forment en définitive qu'autant d'espèces d'atteintes portées à l'intérêt protégé par la peine. Dans cette opération, les cas graves et les cas moins graves se grouperont autour du cas ordinaire, et l'utilité pratique pour la législation s'en dégage sans peine. L'essai „Sur les homicides" écrit par le Dr Rosenfeld, que la plupart de mes lecteurs sans doute connaissent, ou que l'éditeur s'empressera, le cas échéant, de mettre à leur disposition, pourra servir d'explication de ce qui précède.

3⁰ Les degrés de **la peine** ne sont à prendre en considération qu'en tant qu'ils expriment l'appréciation en droit du fait.

4⁰ Pour le moment et pour des motifs extrinsèques, on ne s'occupera pas de la législation pénale particulière (lois pénales militaires, délits maritimes, etc.). Les idées reçues par des pays qui sont à la tête du mouvement auront la prépondérance en ce qui concerne la délimitation souvent changeante. La possibilité n'est pas exclue de comprendre plus tard dans notre travail également ce groupe puissant et important dans la pratique.

Tel est mon plan. Aucun de nous ne saurait dire aujourd'hui que nous serons assez heureux de pouvoir l'exécuter. Le succès extérieur n'est pas en notre pouvoir. Si les nombreux amis de la science du droit criminel comparé des divers pays nous appuyent efficacement, il nous sera bien possible de trouver dans un délai rapproché le nombre absolument nécessaire d'acheteurs de l'ouvrage complet. Nous devons attendre que cette question préalable ait reçu sa solution. Mais je puis affirmer que nous vaincrons toute autre difficulté du moment que les frais de publication de l'une seulement des deux éditions seront couverts. Malgré les lourds sacrifices qu'ils auront à faire, les collaborateurs ne nous feront pas défaut. Je puise cette conviction, qui élève et rassure en même temps, dans les expériences que j'ai faites en travaillant à la rédaction du premier volume. Et si les forces venaient à nous abandonner, d'autres après nous reprendront le travail. La science du droit pénal vient de prendre un essor rapide. C'est pourquoi elle ne connaît pas pour ses représentants la notion de grandeurs fongibles. Mais aussi c'est parce qu'elle ne cesse pas d'aspirer à plus haut, que chacun de nous, debout sur les épaules de ses prédécesseurs, travaille pour l'avenir. Nous pouvons, s'il le fallait, transmettre sans crainte à la jeune génération le travail que nous-mêmes n'avons pu achever: pour notre science l'ère des épigones est loin d'être venue.

I.

1. La France.

Par **Albert Rivière,**

Ancien Magistrat,
Secrétaire général de la Société générale des prisons à Paris.

2. La Belgique.

Par **Adolphe Prins,**

Inspecteur général des prisons,
professeur de droit pénal à Bruxelles.

3. Le Luxembourg.

Par **Victor Berg,**

Avocat à Luxembourg.

4. La Principauté de Monaco.

Par **Edmond Turrel,**

Avocat général et conseiller d'État à Monaco

et par **Georg Crusen,**

Docteur en droit à Hannover.

1

Sommaire.

---

1. France.

I. Droit pénal général. § 1. Introduction. § 2. De l'infraction. § 3. De l'agent. § 4. De la peine.
II. Droit pénal spécial. § 5. Code pénal. § 6. Lois spéciales.
III. § 7. Colonies françaises.

2. Belgique.

I. Code pénal. § 1. Aperçu historique. § 2. Code pénal belge de 1867. § 3. Principes généraux. § 4. Classification des infractions. § 5. Les peines.
II. § 6. Droit pénal spécial.

3. Luxembourg.

4. Monaco.

1. France.

I. Droit pénal général.[1])

§ 1. Introduction.

Le Code pénal français date de 1810.

Il a pris sa source dans les deux droits qui, après les invasions des barbares, se sont rencontrés sur le sol de la Gaule. Le droit gallo-romain était très différent du droit germanique. Aussi a-t-il fallu quatorze siècles pour opérer leur fusion. Elle s'est opérée par le christianisme et sous l'influence du droit canonique.

Ce fut Louis XIV qui, avec l'aide des grands travaux d'unification accomplis par les jurisconsultes du 16e siècle, posa, avec ses ordonnances générales (ordonnance criminelle de 1670), les bases de notre Unité juridique. Mais ce ne fut que la Révolution qui la réalisa. Elle la fit, non pas en éliminant aucun des éléments qui avaient concouru à sa formation, mais en les combinant tous dans une puissante et heureuse synthèse dont le caractère impersonnel a permis à nombre de pays étrangers d'adopter notre droit.

Elle ne le fit cependant pas du premier coup. Il fallut d'abord faire passer dans la législation nouvelle les principes formulés par la philosophie du 18e siècle. Il fallut ensuite en faire la codification: ce fut l'œuvre du Code pénal du 6 octobre 1791 complété par la loi du 22 juillet 1791 qui régit la France jusqu'en 1810.

Notre Code pénal a été inspiré par le système utilitaire dont Bentham[2]) a été le principal apôtre: „Ce qui justifie la peine, c'est son utilité, ou, pour mieux dire, sa nécessité."

Mais les réformes qui y ont été introduites depuis 1832 se sont plutôt inspirées des systèmes éclectiques qui ont été développés en France particulièrement par Rossi. Le principe du droit de punir se trouve dans la justice et la mesure de son exercice dans l'utilité.

---

[1]) Dans la Bibliographie générale, nous citerons particulièrement: Blanche, A., Études pratiques sur le Code pénal (7 vol. in-8º. Paris 1861—1872). Boitard et Faustin Hélie, Leçons de droit criminel (18e éd. Paris 1874). Chauveau et Faustin Hélie, Théorie du Code pénal (6 vol. in-8º. Paris 1873). Ortolan, Cours de législation pénale comparée. Dalloz, Code pénal annoté (in-4º. Paris 1882) et Répertoire général. R. Garraud, Traité du droit pénal français (en cours de publication, chez Larose. Paris 1888). C'est l'ouvrage le plus recommandable et dont nous nous sommes le plus servi pour la rédaction de cette notice. Parmi les périodiques, nous citerons: le Journal de droit criminel, le Bulletin des arrêts de la Cour de cassation, la Revue pénitentiaire (Bulletin de la Société générale des Prisons).

[2]) Ses doctrines pénales et pénitentiaires eurent en France une telle faveur que la Convention lui décerna le titre de citoyen français.

Sans doute son système des incriminations n'était pas parfait; son système des pénalités, en l'absence d'établissements correspondant à la distinction des peines, était plus fictif que réel; la pénalité était souvent excessive. Mais tel qu'il était, ce Code réalisait un immense progrès sur la législation antérieure.

Toutefois, après près d'un siècle, et malgré les grandes réformes de 1832 et de 1863, malgré les nombreuses revisions notamment de 1850, 1854, 1874, 1885 et 1891, il est loin d'occuper dans la science pénale le rang qu'il avait mérité tout d'abord. Bien des pays qui s'étaient inspirés de ses principes, l'Espagne, la Belgique, le Luxembourg, la Hollande et l'Italie, ont profondément modifié ou refait leurs Codes pénaux et à leur tour nous fourniraient des modèles.

Le gouvernement l'a senti depuis longtemps et en 1887 une Commission a été instituée au Ministère de la justice avec la mission de préparer la réforme de notre législation pénale. Elle a travaillé très activement, sous la présidence de M. Ribot, pendant 2 ans, et a rédigé les 112 premiers articles d'un nouveau projet, c'est-à-dire toute la partie générale du Code. Elle a été reconstituée le 30 juin 1892 et, divisée en 4 sections: crimes et délits contre la chose publique, contre les personnes, contre la propriété, lois spéciales, va rapidement achever son œuvre, en précisant les faits punissables et fixant le taux des peines.

Dans l'exposé qui va suivre nous nous conformerons autant que possible à l'ordre du Code pénal.

§ 2. De l'Infraction.

Caractères. Le Code ne définit pas l'infraction, mais ses quatre caractères peuvent se résumer ainsi: action ou inaction prohibée et punie par la loi, et pleinement imputable à son auteur. D'où il résulte que l'infraction, de même que la peine, doivent être expressément prévues par la loi, et que c'est au nom de l'État qu'elle est punie.

Le Code divise les infractions en crimes, délits et contraventions suivan qu'elles sont punies de peines afflictives ou infamantes, ou de peines correctionnelles ou de peines de police (art. 1). Cette classification tripartite est très critiquée et a été abandonnée par les Codes Hollandais et Italien qui naguère procédaient du Code Français. Elle présente l'avantage d'être claire et pratique.

Nous avons déjà dit qu'il n'y a ni infraction, ni peine sans une loi.

Rétroactivité. Il faut en outre que cette loi fût promulguée avant que l'infraction n'ait été commise (art. 4).

D'ailleurs sous le terme général de loi, on comprend: 1º les lois proprement dites, œuvre du pouvoir législatif; 2º les décrets du Chef de l'État, arrêtés des Ministres, ordonnances du Préfet de Police, arrêtés des maires, œuvre du pouvoir exécutif.

Territorialité. La loi pénale s'applique, dans toute l'étendue du territoire français, aux Français comme aux étrangers (art. 3 du Code civil). Il n'y a d'immunité que: 1º en ce qui concerne le Chef de l'État, responsable seulement en cas de haute trahison, et les représentants du peuple, à l'occasion des opinions ou votes émis par eux dans l'exercice de leurs fonctions, 2º en ce qui concerne les agents diplomatiques.

Toutefois, qu'il s'agisse d'un crime ou d'un délit, aucune poursuite n'a lieu, si l'inculpé prouve qu'il a été jugé définitivement à l'étranger (art. 5 du Code d'instruction criminelle). Notre Code moins hardi que le nouveau Code Italien n'a pas osé affirmer que la règle non bis in idem a pour limites les frontières de chaque État. L'étranger ne peut être poursuivi, à l'occasion des faits commis hors du territoire, qu'à raison des crimes contre la sûreté de l'État ou le crédit public (art. 7 ibid.). On doit regretter que notre Code, à l'exemple du Code Italien, ne prévienne pas le scandale malheureusement trop fréquent d'un étranger commettant hors du territoire un méfait grave et échappant à toute répression par le seul fait de son passage sur un autre territoire. Tous les crimes commis à l'étranger par un Français, quelle que soit la nationalité de la victime, peuvent être punis (art. 5 ibid.).

Les délits commis à l'étranger par un Français ne sont jugés que s'ils sont punis par la loi du pays où ils ont été commis. C'est au Ministère public de faire la preuve de l'existence de cette pénalité.

Les délits commis à l'étranger contre un Français ou un étranger ne peuvent être poursuivis qu'à la requête du ministère public et sous la condition préalable d'une plainte de la partie lésée ou d'une dénonciation officielle du pays où le délit a été commis (art. 5 ibid.).

Les contraventions commises à l'étranger par un Français ne sont poursuivies en France que si elles sont commises en matière forestière, rurale, de pêche, de douane ou de contributions indirectes, si elles sont commises sur le territoire de l'un des États limitrophes et s'il y a réciprocité légalement et publiquement constatée.

On voit que notre Code, sans obéir aussi largement que le Code Italien au principe de l'exterritorialité, l'admet (depuis 1866) dans une mesure déjà ample et se montre favorable au système mixte qui prépare l'entente progressive des États quant à l'application des principes du droit criminel.

Le projet de Code pénal confirme ces principes.

Droit d'expulsion. La loi du 3 décembre 1849 donne au Gouvernement le droit d'expulser du territoire les étrangers dont la conduite ou les antécédents sont ou deviennent un danger.

Extradition. Les étrangers seuls sont passibles de l'extradition: le national ne peut jamais être extradé.[1] L'extradition ne s'accorde que pour des infractions non politiques et présentant une certaine gravité: la nomenclature de ces infractions varie suivant les traités. L'extradition s'effectue, en France comme dans la plupart des pays d'Europe, par l'intermédiaire du Ministre des affaires étrangères et, s'il y a lieu, du Ministre de la justice.[2] Mais une fois l'extradition réalisée, le pouvoir judiciaire ne peut profiter de la présence du prévenu sur son territoire pour exercer contre lui une répression qui n'est pas entrée dans les prévisions de l'État requis.

Éléments matériels. Les éléments moraux feront l'objet d'un paragraphe spécial. Nous ne nous occuperons ici que des actes d'exécution, c'est-à-dire de la préparation, de la tentative et de la consommation.

Les actes préparatoires ne sont jamais punis, pas plus que la pensée et la résolution.[3]

Mais dès qu'apparaît un commencement d'exécution, si l'effet n'a été suspendu ou manqué que par des circonstances indépendantes de la volonté de l'auteur, il y a tentative. La tentative peut ainsi comprendre le méfait tenté, le méfait manqué et le méfait impossible. Ce dernier n'est jamais puni. Mais le crime tenté et le crime manqué sont confondus par le Code dans une même disposition et assimilés au crime consommé (art. 2). Cette assimilation,[4]

---

[1] Mais l'article 5 déjà cité du Code d'instruction criminelle atténue sensiblement ce que cette règle a de trop absolu.

[2] L'Assemblée constituante, le 19 février 1791, avait voté la subordination de l'acte du pouvoir exécutif à une décision conforme du pouvoir judiciaire. Cette même garantie, sanctionnée par les Codes Belge, Hollandais et Italien, se retrouve dans le projet voté par le Sénat le 4 avril 1879.

[3] Il n'y a d'exception qu'au cas de complot dirigé contre le Chef de l'État (art. 89).

[4] Il y a quelques exceptions, notamment en matière d'avortement et de faux témoignage.

peu conforme aux principes juridiques et abandonnée par la plupart des législations modernes, n'est pas consacrée par le projet de Code pénal.

On trouve une exagération égale, mais en sens contraire, dans l'article 3 qui ne punit le délit tenté ou manqué que dans les cas où un texte formel le déclare punissable.

La tentative en matière de contravention n'est jamais punissable.

§ 3. De l'agent.

Pluralité d'agents.

La distinction entre les auteurs ou coauteurs et les complices est faite par les articles 59 et 60.

Sans distinguer le provocateur ou l'instigateur, ils réservent le nom d'auteurs ou coauteurs à ceux qui ont exécuté physiquement les actes constitutifs de l'infraction et appellent complices tous ceux qui ont participé autrement que par une exécution matérielle.

Les articles 60—62 énumèrent limitativement les cas de complicité, ce qui est la règle des Codes de langue française, tandis que celle des Codes de langue allemande considère uniformément comme complices tous ceux qui par des actes ou par des conseils ont coopéré au délit. Ces cas sont au nombre de six: la provocation, les instructions, la fourniture des armes ou des instruments, l'aide ou l'assistance, le recel des personnes, le recel des choses.

Le complice d'un crime ou d'un délit est puni de la même peine que l'auteur, sauf les cas où la loi en a disposé autrement. Cette assimilation, manifestement exagérée et abandonnée par la majorité des législateurs étrangers, se trouve atténuée dans la pratique par une large application des circonstances atténuantes. Aussi le projet de Code pénal l'a-t-il maintenue.

1° Causes modifiant la responsabilité.

Causes d'exclusion ou d'atténuation. Les circonstances qui excluent le discernement et la liberté, et par suite la responsabilité, sont, d'après les articles 64, 66 à 72, la démence, l'âge et la contrainte. Aucune part n'est faite aux redoutables théories de l'école positiviste sur les impulsion de la nature physique et du milieu social ainsi que sur l'atavisme. La certitude du libre arbitre est profondément gravée dans toute notre législation sans même qu'elle ait jugé utile de lui donner une formule solennelle.

Démence. Les législations les plus récentes ont évité toute dénomination des maladies qui excluent l'imputabilité. C'est ainsi que le Code Hollandais parle de ce développement incomplet ou trouble maladif de l'intelligence, que le Code Italien parle de „l'infirmité d'esprit". D'autres, comme celle de l'Angleterre, précisent les règles qui serviront au magistrat à reconnaître la démence. Notre législation suit un système mixte, en évitant de donner une définition, mais en usant d'un terme scientifique „démence". Dans ce cas, aux termes de l'article 64 „il n'y a ni crime ni délit" ni contravention.

Les juridictions doivent donc, même au cours de l'instruction, rendre une ordonnance de non-lieu. Ce qui n'implique nullement le désarmement de la Société puisque la loi de 1838 sur les aliénés permet à l'autorité administrative „le placement d'office de toute personne dont l'aliénation compromet l'ordre public ou la sûreté des personnes". Mais cette loi ne contient aucune disposition spéciale aux aliénés criminels. Elle est à cet égard très vivement attaquée et très énergiquement défendue depuis quelques années. Le Conseil supérieur de l'Assistance publique consulté en juin 1891 au sujet du projet pris en considération par la Chambre des Députés le 23 février 1891, a exprimé un avis défavorable à la création d'asiles spéciaux analogues à ceux de l'Angleterre, de la Hollande, de l'Italie, de l'Allemagne, des États-Unis. Les quartiers spéciaux créés administrativement dans nos établissements pénitentiaires de Gaillon, de la Santé et de Montpellier doivent en effet suffire aux condamnés devenus aliénés et les aliénés non-condamnés sont des malades qui doivent être disséminés dans les établissements ordinaires. L'opinion de la Chambre est d'ailleurs conforme à celle du Conseil supérieur.

Remarquons en terminant que notre Code 1° n'admet pas, comme le Code Italien, de degré intermédiaire entre la sanité et l'insanité d'esprit, 2° ne prévoit pas les états autres que la démence, tels que la surdi-mutité, le somnambulisme et l'hypnotisme, l'ivresse. Dans ce deuxième cas, le juge doit apprécier, d'après les principes généraux, si l'agent avait encore la conscience du bien et du mal.

Age. Notre Code fixe à 16 ans l'âge du plein discernement. Contrairement à toutes les législations, sauf la Belgique[1]) et la Turquie, il n'a fixé aucun âge au-dessous duquel l'enfant serait nécessairement irresponsable. Il s'en est rapporté à la sagesse du juge. Des circulaires ministérielles, en 1855 et en 1876 notamment, ont rappelé aux magistrats qu'il y avait lieu de ne jamais poursuivre un enfant au-dessous de 7 ou 8 ans. En fait cette absence de limite ne paraît pas avoir donné lieu à de graves abus et la dernière statistique pénitentiaire montre que sur 5713 mineurs détenus par application des articles 66 et 67 un pour 100 seulement avaient moins de 6 ans, 11 pour cent seulement avaient de 8 à 10 ans. De longues et ardentes discussions ont été tenues à ce sujet au sein de la Société Générale des Prisons de janvier à avril 1892. La majorité semble avoir reconnu la difficulté et le danger de fixer une limite. Toutefois le projet de Code pénal la fixe à 10 ans.

Au-dessous de 16 ans le juge doit donc toujours se poser la question de discernement.

S'il est décidé que l'enfant a agi sans discernement, il est acquitté. Mais il est, selon les circonstances, soit remis à ses parents, soit confié à un tiers (famille honorable, établissement charitable),[2]) soit conduit dans une maison d'éducation pénitentiaire (art. 66). L'État ou les maisons d'éducation pénitentiaire agréées par lui[3]) se chargent de le détenir et de l'élever jusqu'à l'âge fixé par le jugement et qui ne peut excéder 20 ans. Mais l'Administration pénitentiaire a toujours le droit de mettre l'enfant en libération provisoire (loi de 1850).

S'il est décidé que l'enfant a agi avec discernement, la peine est atténuée. En matière criminelle, c'est une peine d'emprisonnement correctionnel de 20 ans au maximum qui est prononcée.[4]) En matière correctionnelle, la durée

---

[1]) Le Parlement est saisi d'un projet de loi fixant à 10 ans l'âge d'irresponsabilité.
[2]) La loi du 24 juillet 1889 évite souvent le renvoi en éducation pénitentiaire en autorisant soit la déchéance, soit la cession de la puissance paternelle, et par suite, dans ce dernier cas, la remise directe de l'enfant par le juge d'instruction aux institutions de patronage avant sa comparution devant le tribunal.
[3]) Les colonies de l'État sont les Douaires, St Hilaire, St Maurice, le Val d'Yèvre (agricoles), Aniane (industrielle), Belle-Ile (agricole et maritime) et les cinq quartiers correctionnels de Nantes, Rouen, Dijon, Lyon et Villeneuve-sur-Lot, où sont internés les condamnés à plus de 2 ans et les insubordonnés des colonies. Parmi les colonies privées nous citerons Mettray, Frasnes le Château, Limoges, St Ilan, Ste Foy, la Jommelière.
[4]) L'affaire est jugée par les tribunaux correctionnels quand il n'y a pas de complices majeurs et présents et quand le crime n'est passible ni de la peine de mort, ni des travaux forcés à perpétuité, ni de la déportation, ni de la détention (art. 68).

de la peine ne peut excéder la moitié de celle à laquelle il aurait pu être condamné s'il avait eu 16 ans (art. 67).[1])

Cette article est critiquable à deux points de vue.

Un mineur de 16 ans coupable d'un crime capital (à 15 ans par exemple) sera toujours et nécessairement libre à 35 ans!

Il est regrettable et dangereux que le jeune détenu condamné à une peine, souvent courte, d'emprisonnement ne puisse être renvoyé dans une maison d'éducation pénitentiaire jusqu'à 20 ans.

Nous voudrions même que cet âge fut reculé jusqu'à 21 ans pour assurer le passage direct de l'enfant de la discipline pénitentiaire sous la discipline militaire.[2])

A ce dernier égard le projet de Code pénal nous donne complète satisfaction.

Contrainte. Il n'y a ni crime ni délit lorsque le prévenu a été contraint par une force, physique ou morale, à laquelle il n'a pu résister(art. 64).

Il en est de même quand il existe une cause de justification.

La légitime défense et l'ordre de la loi sont les deux seuls faits justificatifs ayant un caractère général.

„Il n'y a ni crime ni délit, lorsque l'homicide, les blessures et les coups étaient commandés par la nécessité actuelle de la légitime défense de soi-même ou d'autrui (art. 328 C. P.)." Il faut que l'agression 1° soit grave, c'est-à-dire menace la victime d'une manière imminente d'un mal irréparable; 2° soit injuste, c'est-à-dire ne soit pas commise par un agent de la force publique agissant dans l'exercice régulier de ses fonctions. Il faut que la défense résiste à un danger imprévu, actuel, absolu; elle n'est pas justifiée si elle résiste à un attentat contre les biens (controverse dans ce dernier cas).

Ordre de la loi. „Il n'y a ni crime ni délit lorsque l'homicide, les blessures et les coups étaient ordonnés par la loi et commandés par l'autorité légitime (art. 327 C. P.)." Cette cause de justification, de même que la précédente, doit être généralisée, car elle s'applique non-seulement aux cas qui y sont prévus, mais aussi à ceux d'arrestation, de détention, de violation de domicile, etc.

Les causes d'atténuation des peines sont déterminées soit par la loi (elles portent alors le nom d'excuses), soit par le juge (elles gardent celui de circonstances atténuantes).

Excuses. Elles sont tantôt absolutoires, tantôt seulement atténuantes, suivant qu'elles excluent ou diminuent la peine. Elles sont générales ou spéciales suivant qu'elles s'appliquent à une série d'infractions ou seulement à certaines infractions déterminées.

Notre Code n'indique que 2 causes générales d'excuse atténuante: Minorité de 16 ans (nous avons déjà vu sur ce point le système des articles 67 et 69).

Provocation. Les infractions ainsi excusables sont les délits de sang: meurtre, homicide volontaire, coups et blessures volontaires, castration (art. 321—326). Il y a exception au cas de parricide et de meurtre entre époux.

---

[1]) L'exécution de la peine d'emprisonnement pour les mineurs est très mal assurée par notre législation. Ceux condamnés à moins de 6 mois restent dans les maisons d'arrêt et de correction départementales, ceux condamnés de 6 mois à 2 ans sont conduits dans les colonies pénitentiaires où ils sont confondus avec les acquittés, ceux condamnés à plus de 2 ans sont envoyés dans les quartiers correctionnels (loi de 1850).

[2]) A ce propos nous signalerons les immenses services rendus à l'enfance coupable par la Société de protection des engagés volontaires élevés sous la tutelle administrative.

Mais 4 faits seulement constituent des excuses: coups et violences graves envers les personnes, outrage violent à la pudeur, flagrant délit d'adultère, violation à l'aide d'escalade ou d'effraction du domicile pendant le jour. En dehors de ces 4 cas les faits de provocation ne constituent plus des excuses légales, mais seulement des circonstances atténuantes.

Les excuses absolutoires sont assez nombreuses. Elles sont motivées tantôt par la nature des relations entre l'agent et la victime (art. 114, 190, 248, 280), tantôt par la réparation qui a été faite du préjudice (art. 247, 357), tantôt par les services rendus à la société (art. 100, 108, 138, 144, 213 et 285), etc.

Circonstances atténuantes. Elles sont illimitées et indéfinissables. Depuis 1832 le juge a, en matière correctionnelle et de police, un pouvoir presque absolu,[1]) qui est, au contraire, assez limité en matière criminelle (art. 463).

Les circonstances atténuantes sont applicables en toutes matières, même militaires, sauf aux délits prévus par des lois spéciales.

Leur effet est de diminuer la peine: obligatoirement d'un degré et facultativement de 2 degrés, en matière criminelle (sauf certaines limites); sans limites, en matière correctionnelle; sans limites, même en cas de récidive, en matière de contravention (art. 483).

Mitigation. L'état physique du condamné peut modifier la peine: le sexe et la vieillesse (art. 65).

2° *Causes d'aggravation.*

Circonstances aggravantes. Permettre au juge, même quand il reconnaît des circonstances aggravantes, de dépasser la peine fixée par la loi eût été revenir au système des peines arbitraires, condamné par la Révolution. Mais la loi détermine, à priori, certaines circonstances qui aggravent la peine à appliquer soit à toutes les infractions, soit à telle infraction spéciale.

Les unes sont spécialement prévues et définies par la loi et elles ont pour conséquence de faire appliquer nécessairement une peine plus forte que la peine normale. En matière criminelle, elles sont déclarées par le jury.

Les autres sont laissées à l'appréciation du juge; mais elles n'ont pour effet que de lui permettre d'atteindre le maximum de la peine. Elles sont déclarées par la Cour d'assises.

Les circonstances aggravantes légales sont spéciales ou générales. De cette dernière sorte le Code indique: la qualité de fonctionnaire ou d'officier public (art. 198) et la récidive.

Du Concours d'infractions. Le législateur de 1808, réagissant à l'excès contre la fausse interprétation donnée sous l'ancien droit à la loi romaine, consacre le système absolu de l'absorption: „la peine moindre absorbe la plus forte (art. 365 C. instr. crim.)."

Le principe du non-cumul, en ce qui concerne les infractions, est général: il s'applique à tous les crimes et délits (mais pas aux contraventions), qu'ils soient prévus par le Code ou par des lois spéciales, sauf les exceptions spécifiées par les textes mêmes.

La règle du non-cumul, en ce qui concerne les peines, s'applique en prenant pour base l'ordre de gravité établi par le Code pénal. Elle s'applique aux peines pécuniaires comme aux autres.

Récidive. Elle est générale, c'est-à-dire qu'elle motive une aggravation de peine, quelle que soit la nature du délit antérieur par rapport au nouveau

---

[1]) Il peut, même en cas de récidive, descendre à un franc d'amende, minimum des peines de simple police.

méfait. Elle est illimitée dans le temps, c'est-à-dire que quelle que soit la durée écoulée depuis la dernière condamnation, elle produit toujours son effet aggravant.

Pour qu'il y ait récidive il faut: 1⁰ qu'il y ait eu condamnation antérieure, définitive, pénale et prononcée par un tribunal français; 2⁰ que le deuxième fait punissable soit indépendant du premier.

La récidive de crime à crime[1]) oblige le juge à prononcer, en principe, la peine du degré supérieur. Toutefois on ne passe pas d'une peine temporaire à une peine perpétuelle; on se contente d'élever la première au double du maximum. On ne passe pas facilement d'une peine de l'ordre politique à une peine de droit commun (art. 56).

La récidive de crime à délit emporte la condamnation au maximum et ce maximum peut être porté jusqu'au double, avec interdiction de séjour. Il faut toutefois que la première condamnation ait été supérieure à 1 an d'emprisonnement et ne remonte pas à plus de 5 ans (art. 57).

La récidive de délit à crime n'est pas réprimée, par le motif que le premier avertissement a été insuffisant.

La récidive de délit à délit est prévue depuis la loi du 26 mars 1891 de manière à réprimer la réitération des petits délits (art. 58). Cette petite récidive était d'ailleurs déjà prévue depuis la loi de 1885 sur la relégation, dont nous devons dès maintenant dire un mot, à ce point de vue.

Relégation. Les étrangers et les femmes peuvent être frappés de la relégation comme les nationaux du sexe masculin. Seuls les individus âgés de plus de 60 ans ou de moins de 21 ans à l'expiration de la peine qui entraînerait leur relégation, en sont dispensés (art. 8 de la loi de 1885). — La loi établit une présomption légale d'incorrigibilité et son critérium repose sur la répétition d'un certain nombre de délits dans un délai de 10 ans: 1⁰ 2 condamnations aux travaux forcés ou à la réclusion; 2⁰ 3 condamnations dont une aux travaux forcés ou à la réclusion et 2 à un emprisonnement de plus de 3 mois; 3⁰ 4 condamnations à un emprisonnement de plus de 3 mois; 4⁰ 7 condamnations définies (art. 4 de la loi). De l'étude de ce texte complexe résulte la preuve que la loi a surtout voulu atteindre: 1⁰ les grands criminels, déjà atteints et considérablement réduits par la loi de 1854, 2⁰ les petits récidivistes, 3⁰ les mendiants et les vagabonds, principaux artisans de la criminalité. Nous reviendrons bientôt sur cet important sujet.

§ 4. De la peine.

Le Code énumère, dans ses articles 6 à 11 et 464, les différentes sortes de peines en les divisant en 3 catégories: 1⁰ les peines en matière criminelle qui sont ou afflictives et infamantes ou seulement infamantes; 2⁰ les peines en matière correctionnelle; 3⁰ les peines de police.

Les peines afflictives et infamantes sont:

1⁰ la mort;
2⁰ les travaux forcés à perpétuité;
3⁰ la déportation dans une enceinte fortifiée;
4⁰ la déportation simple;
5⁰ les travaux forcés à temps;
6⁰ la détention;
7⁰ la réclusion;

---

[1]) C'est à la peine prononcée et non à la nature de l'infraction qu'on s'attache pour établir les termes de la récidive.

8⁰ l'interdiction légale;

9⁰ la double incapacité de disposer et de recevoir à titre gratuit par donation ou par testament;

10⁰ l'assignation de domicile après prescription de la peine.

Les peines infamantes sont:

1⁰ le bannissement;

2⁰ la dégradation civique.

La déportation et la détention, le bannissement et la dégradation civique forment l'échelle des peines politiques.

Les peines correctionnelles sont:

1⁰ l'emprisonnement de 6 jours à 5 ans;

2⁰ l'interdiction à temps de certains droits civiques, civils ou de famille;

3⁰ l'amende.

Les peines de police sont:

1⁰ l'emprisonnement de 1 à 5 jours;

2⁰ l'amende;

3⁰ la confiscation de certains objets.

Cette dernière peine, de même que la publicité de certains jugements, est commune aux matières criminelles et correctionnelles.

Ajoutons à cette nomenclature 2 peines communes aux matières criminelles et correctionnelles, et réglementées par une loi spéciale de 1885:

1⁰ l'interdiction de séjour;

2⁰ la relégation.

Notons enfin que: 1⁰ l'interdiction légale, 2⁰ l'incapacité de disposer et de recevoir, 3⁰ l'assignation de domicile, 4⁰ la publicité des jugements, 5⁰ certaines incapacités particulières, sont toujours des peines accessoires; — tandis que 1⁰ la dégradation civique, 2⁰ l'interdiction de séjour sont tantôt peines principales, tantôt peines accessoires.

Peine de mort.

Tout condamné à mort a la tête tranchée (art. 12).

Le principe de cette peine de sang est vivement attaqué en France comme dans presque tous les pays. Mais les abolitionnistes sont plutôt une phalange de brillants orateurs qu'une armée nombreuse. Lors de la discussion tenue en 1887 dans les Assemblées générales de la Société générale des Prisons les partisans du maintien de cette peine suprême furent aussi acharnés que nombreux. Depuis cette époque il n'apparaît pas que les crimes atroces commis avec tant d'audace par des misérables de tout âge aient conquis à la cause de l'abolition de nouveaux adhérents.[1])

Il en est différemment en ce qui concerne la publicité des exécutions. Les scandales auxquels ont donné lieu certaines exécutions célèbres ont créé un courant d'opinion en faveur, sinon de la clandestinité, au moins d'une publicité très restreinte dans l'enceinte de la prison. Le Parlement a été saisi de cette question dès 1887: la difficulté de la fixation du nombre et de la qualité des témoins nécessaires est une des causes qui ont retardé jusqu'ici la solution.

Peines d'expatriation.

Travaux forcés. La peine des travaux forcés s'exécute, depuis la loi de 1854, en Guyane et, depuis le décret de 1863, à la Nouvelle Calédonie.

---

[1]) Il est juste aussi de rappeler avec quelle magnanimité, souvent accusée de faiblesse, s'exerce la clémence du Chef de l'État, même à l'égard des crimes les moins excusables.

Elle ne frappe obligatoirement que les hommes, et encore faut-il qu'ils aient moins de 60 ans.

Les transportés sont employés aux travaux les plus durs de la colonisation et à tous autres travaux d'utilité publique.

Ceux condamnés à moins de 8 ans sont tenus, à l'expiration de leur peine, de résider dans la colonie un temps égal à la durée de leur condamnation. Ceux condamnés à 8 ans ou plus y restent toute leur vie.

Tout condamné que sa bonne conduite, son travail et son repentir a rendu digne d'indulgence peut obtenir: 1° l'autorisation de travailler soit pour les habitants de la colonie, soit pour les administrations locales; 2° une concession de terrain et la faculté de le cultiver pour son propre compte. — Cette concession ne devient définitive qu'après sa libération.

Il peut encore obtenir: 1° l'exercice de tout ou partie des droits dont le prive son état d'interdiction légale; 2° la jouissance ou la disposition de tout ou partie de ses biens, etc.

Des concessions provisoires ou définitives de terrains peuvent être faites à celui qui a subi sa peine et reste dans la colonie.

On connaît les nombreuses et justes critiques auxquelles a donné lieu l'exécution de cette peine.

Les travaux exécutés dans les colonies étaient si peu pénibles et même si peu actifs, la discipline était si débonnaire, le régime physique si excellent, qu'une légende s'était accréditée dans les maisons centrales: „La Calédonie était un Eldorado où il faisait bon vivre et mieux valait commettre un grand crime passible des travaux forcés qu'un crime simplement puni de la réclusion." On assassinait ses gardiens pour bénéficier de la transportation dans les colonies pénales! En 1880 le Parlement dut voter une loi pour arrêter les crimes commis dans l'intérieur des prisons.[1])

Les frais de transport et d'entretien aux colonies sont considérables et les résultats positifs étaient nuls: pas de routes, pas de ports, pas de défrichements, etc. . . . !

Les concessions étaient accordées avec une déplorable facilité aux individus les moins dignes de faveur. Les autorisations de travailler chez des particuliers étaient données en bloc à des centaines d'individus à peine débarqués, sans qu'aucune preuve d'amendement ait été exigée d'eux.

Enfin la promiscuité engendrait une démoralisation profonde.

En résumé, on ne trouvait dans les travaux forcés aucun des caractères qui doit réunir toute peine: châtiment, exemple, amendement.

De récents décrets ont complètement réorganisé leur mode d'exécution et ont remédié à la plupart des abus signalés.

Le décret du 4 septembre 1891 sur le régime disciplinaire, notamment, a considérablement renforcé l'action répressive du personnel en rendant l'exécution des punitions plus immédiate et plus rigoureuse, en créant des quartiers et camps spéciaux pour les incorrigibles, en divisant les condamnés en trois classes suivant le degré d'amendement et en assignant les dernières aux travaux les plus pénibles, en augmentant la durée et l'intensité du travail, en réduisant au pain et à l'eau celui qui n'a pas achevé sa tâche, en restreignant la disponibilité du pécule, etc.

Le décret du 15 septembre 1891 réglemente en le restreignant le régime de l'assignation, il limite les cessions de main d'œuvre aux administrations locales tout en les autorisant au profit des colonies non-pénitentiaires.

---

[1]) Le 2 mars 1889 le Sénat a voté une proposition de loi imposant 6 années d'emprisonnement cellulaire préable à la transportation, au cas de commutation de la peine de mort en celle des travaux forcés.

D'autres décrets réglementent le nombre et les conditions des mises en concession, la condition des transportés libérés, la répression des évasions, la répartition des condamnés entre les deux colonies pénales suivant la durée de leur peine, le service de l'inspection qui de permanente est devenue mobile, etc.

Déportation. La loi du 8 juin 1850 a organisé deux sortes de déportation, toutes deux perpétuelles, afflictives et infamantes, et qui ne diffèrent que par leur régime.

Les condamnés à la déportation dans une enceinte fortifiée jouissent, aux termes de la loi de 1872, de toute la liberté compatible avec la nécessité d'assurer la garde de leur personne et le maintien de l'ordre.

Les condamnés à la déportation simple jouissent d'une liberté encore plus grande et qui n'a d'autres limites que les précautions à prendre contre les évasions et le désordre.

Aux premiers est affectée la presqu'île Ducos, dans la Nouvelle-Calédonie; aux seconds l'île des Pins, dépendance de cette même colonie.

Aucun travail ne peut être imposé aux déportés:

Tous ont droit à l'oisiveté!

Dans de telles conditions, étant donnée surtout la périodicité des mesures de clémence qui ramènent si vite dans la métropole tous les condamnés politiques, le mieux serait de supprimer cette peine: elle est coûteuse; elle est, en fait, très temporaire; elle ne fait que gêner l'exécution, à la Nouvelle-Calédonie, de celles des travaux forcés et de la relégation.

Le projet de Code pénal n'en fait plus mention.

Relégation. Quoique cette peine ne soit pas à proprement parler criminelle, nous en parlerons ici; à cause de son analogie avec les 2 précédentes quant à son mode d'exécution.

Il est impossible, en effet, de distinguer autrement que théoriquement[1] le régime du relégué[2] et celui du transporté. Tous deux sont transférés soit à la Guyane soit à la Nouvelle-Calédonie, tous deux sont astreints à des travaux de colonisation, peuvent être engagés chez des colons libres, peuvent être mis en concession, être autorisés à exercer tout en partie des droits civils dont ils auraient été privés, etc. L'unique différence pratique consiste entre l'assignation de territoires différents aux relégués sur le Haute-Maroné en Guyane et dans l'île des Pins en Calédonie.

Nous avons vu contre quelles catégories de personnes peut être prononcée la relégation.

Nous n'insisterons pas sur les étrangetés de son organisme qui font d'une peine accessoire une peine perpétuelle subie aux colonies, alors que la peine principale est temporaire et est subie en France, qui font d'un libéré un véritable forçat.

Elle est, aux termes de la loi de 1885, collective ou individuelle. Le relégué collectif, avons nous dit, est soumis à un régime absolument analogue à celui du transporté. Le relégué individuel jouit d'une liberté relative qui le rapproche du déporté. Il est simplement expatrié dans une colonie déterminée, qui peut n'être pas une colonie pénale. Il y est soumis au régime de droit commun et aux juridictions ordinaires.

A quelles conditions est-on admis au bénéfice de la relégation individuelle? Il suffit de justifier de moyens d'existence ou d'être apte à recevoir une

---

[1] L'interdiction légale, la dégradation civique, la double incapacité de disposer et de recevoir ne résultent pas de la relégation; mais presque toujours elles sont entraînées par les condamnations antérieurement encourues par le relégué.

[2] Nous ne parlons pas ici du relégué individuel qui n'est qu'une exception.

concession ou d'être autorisé à contracter un engagement de travail pour le compte de l'État, des colonies ou des particuliers.

On voit de suite combien ce régime est contraire à la règle élémentaire de l'égalité de la peine pour tous. Il suffit qu'un relégué possède quelques ressources (provenant peut-être de vols antérieurs) pour avoir droit à une existence qui rappelle l'Eden auprès de celle de son collègue de la relégation collective. — Tout ce qu'on peut répondre pour excuser une aussi monstrueuse inégalité est que rarement se rencontreront des relégués pouvant justifier de ressources personnelles. En fait leur nombre est absolument infime.

Peines privatives de liberté.

Il y a 4 peines qui s'exécutent par l'emprisonnement sur le territoire continental: la détention, la réclusion, l'emprisonnement correctionnel, l'emprisonnement de simple police.

Détention. La détention et la réclusion occupent, l'une dans l'échelle des peines politiques, l'autre dans celle des peines de droit commun, une place similaire. Mais elles diffèrent au point de vue de la durée, du régime et du lieu d'exécution (art. 20).

La détention peut être prononcée pour 5 ans et 20 ans au plus, tandis que la réclusion ne peut dépasser 10 ans. Elle est moins dure que la réclusion, car le détentionnaire n'est pas astreint au travail et peut communiquer librement avec les personnes du dehors. Elle est subie dans une forteresse et non dans une maison de force.

Réclusion. La réclusion emporte la dégradation civique et l'interdiction légale. Elle passe dans le monde des criminels pour la plus dure de toutes les peines. La rigueur avec laquelle est imposée l'obligation du travail, la modicité de sa rémunération, la stricte observation du silence, la monotonie de cette existence consumée dans les hautes murailles et les étroits préaux des maisons de force, sans jamais autre variété que le passage du dortoir à l'atelier, de l'atelier au réfectoire, du réfectoire au préau où la promenade se fait en silence au pas cadencé à la file indienne, exercent sur l'esprit des malfaiteurs une profonde intimidation.

Le travail industriel est fortement organisé dans toutes ces maisons, tantôt sous le système de la régie, comme à Melun, Fontevrault, Gaillon, Clairvaux, Loos, Beaulieu etc; tantôt sous le système de l'entreprise, comme à Poissy, Albertville, Embrun etc.

Le réclusionnaire n'a droit qu'aux dixièmes du produit de son travail et encore la moitié seulement de ces dixièmes est à sa disposition, l'autre devant constituer son pécule de réserve pour l'époque de sa sortie.

La plupart de nos maisons de force sont déjà transformées suivant le système d'Auburn en prisons en commun pendant le jour (ateliers, réfectoire, préau, chapelle-école) et en prisons cellulaires pendant la nuit (dortoirs): Melun.

Nous ne parlerons que pour mémoire de l'exécution en plein air de la peine de réclusion dans les 3 pénitenciers agricoles de Castelluccio et de Chiavari en Corse, et Berrouaghia dans la province d'Alger. Ils ne reçoivent guère que des Arabes: les produits de leur exploitation (vins, céréales, bois etc.), sans être aussi abondants qu'on pourrait l'espérer, sont importants.

Emprisonnement correctionnel.[1] L'emprisonnement est subi dans des établissements différents, suivant qu'il est d'un an et un jour ou supérieur à cette durée.

---

[1] Nous avons déjà parlé des maisons d'éducation pénitentiaire Nous parlerons dans la Partie spéciale du renvoi dans un dépôt de mendicité (art. 274).

Dans le 1er cas il est subi dans les maisons départementales d'arrêt, de justice et de correction, qui reçoivent ainsi les prévenus, les accusés et les condamnés jusqu'à un an et un jour. Nous devons ajouter les jeunes détenus condamnés à moins de 6 mois, les détenus pour dettes envers l'État et les condamnés à l'emprisonnement de simple police, dont nous parlerons plus loin.

Dans le 2e cas il est subi dans les maisons centrales de correction, qui appartiennent à l'Etat, et dont le régime, et souvent même les locaux, ne diffèrent en rien des maisons centrales de force. Nous n'en dirons rien: la confusion non encore supprimée dans toutes les maisons centrales de détention entre des condamnés criminels et des condamnés correctionnels, l'entassement d'un trop grand nombre de détenus dans des bâtiments trop étroits (abbayes, anciens châteaux, etc.) nullement destinés à cet usage, la promiscuité qui y règne trop souvent de jour et de nuit, appelant avec urgence une réforme radicale.

Le régime des courtes peines est tout différent. Depuis la loi de 1875 il est celui de la séparation individuelle de jour et de nuit, c'est-à-dire que les détenus ne communiquent jamais entre eux, qu'ils vont à la promenade dans des préaux distincts, aux offices et à l'école dans des alvéoles ouvertes seulement du côté de l'officiant et de l'instituteur, etc. sauf à recevoir dans leurs cellules toutes les visites de nature à aider à leur moralisation, telles que celles du Directeur et du personnel, de l'aumônier, du docteur, de l'instituteur, des membres des sociétés de patronage, des contre-maîtres, etc. Le bénéfice de cette séparation est encore accru par la réduction du quart[1]) qui leur est acquise de plein droit.

Ce bénéfice peut d'ailleurs être accordé, sur leur demande, aux condamnés à plus d'un an.

Malheureusement la transformation exigée par cette loi ne marche que bien lentement, par suite de l'indifférence des départements pour tout ce qui touche aux réformes pénitentiaires. Sur 382 prisons départementales, 23 seulement ont été construites ou aménagées conformément aux prescriptions de la loi de 1875 (il est juste de dire que ces 23, à elles seules forment un total de 4072 cellules sur 26815 qui sont nécessaires en tout)! Aussi une proposition de loi a-t-elle été votée par le Sénat dans le but d'accélérer cette réforme, la commission de la Chambre vient de conclure à son adoption et tout fait espérer qu'elle entrera bientôt en vigueur.

Un Conseil supérieur des prisons pris parmi les hommes s'étant notoirement occupés des questions pénitentiaires est chargé de veiller à l'exécution de la réforme inaugurée par la loi de 1875.

Le travail, sauf dans quelques rares départements, est organisé par l'entreprise; mais il est loin d'être aussi actif qu'il serait désirable et nécessaire surtout pour des détenus séparés individuellement. Les métiers les plus généralement exercées sont la cordonnerie, la vannerie, la couture, la brosserie, la confection des jouets, des fleurs artificielles, etc. Les détenus ont le choix de leur métier; mais le nombre de ces industries est si restreint que, en fait, ils ne peuvent exercer ce choix. Ils perçoivent les $^5/_{10}$ du produit de leur travail, mais cette quote part est diminuée d'un dixième par condamnation antérieure, sans pouvoir tomber au-dessous de $^3/_{10}$. De plus ce pécule n'est à leur disposition immédiate que pour moitié, l'autre moitié étant mise en réserve pour le jour de la libération.

---

[1]) Cette réduction est justifiée par la plus grande austérité et par l'effet infiniment plus moralisateur de la peine ainsi exécutée. Elle ne s'applique toutefois qu'aux peines supérieures à 8 mois.

L'administration se compose d'un directeur ou d'un gardien chef suivant l'importance de la prison. Il a sous sa direction un personnel tantôt laïque pour les hommes, un personnel tantôt laïque, tantôt religieux pour les femmes. Les gardiens-chefs sont contrôlés par les directeurs de chacune des 35 circonscriptions pénitentiaires de France et d'Algérie. Les directeurs sont soumis au contrôle des inspecteurs généraux, qui rendent compte directement au Ministre de l'Intérieur. Enfin, outre les visites prescrites par le Code d'instruction criminelle (art. 611—613) aux préfets, sous-préfets, magistrats, etc., une surveillance est exercée par les Commissions instituées par un décret de 1819 et dont nous aurons à reparler.

Emprisonnement de simple police. Nous avons dit qu'il est subi dans les maisons départementales d'arrêt, dans un quartier à part, lorsque la prison n'a pas encore été transformée en maison cellulaire. Il peut être aussi subi dans les petites prisons cantonales ou municipales.

Le travail n'est pas obligatoire.

Peines restrictives de liberté.

La privation ou la restriction du droit de libre circulation par l'expulsion des lieux où l'on réside ou par l'obligation de résider dans un lieu déterminé s'exerce de 3 façons.

Bannissement. C'est une peine réservée, depuis 1863, aux crimes politiques de gravité secondaire. C'est une sorte d'exil qui peut être prononcé de 5 à 10 ans. En cas de rupture de ban la peine prononcée est la détention pendant une durée égale à celle qui restait à courir, durée qui peut être portée au double (art. 32 et 33). — Cette peine, peu usitée, peu efficace, inégale, nullement réformatrice, préjudiciable aux bonnes relations internationales, doit disparaître de notre législation.

Interdiction de séjour. Cette peine a été substituée par la loi de 1885 à celle de la surveillance de la haute police, dont les inconvénients étaient déplorés depuis longtemps sans que les nombreux essais tentés par le législateur aient pu y remédier.

Le gouvernement, à l'expiration de sa peine, a le droit de désigner au libéré certains lieux où il lui sera interdit de paraître. Certaines localités telles que Lyon, Marseille, Bordeaux, les départements de la Seine, de Seine et Oise, etc. sont interdites, à titre général, à tous les condamnés, d'autres peuvent l'être à titre spécial.

Quoique l'interdiction de séjour soit plutôt une mesure préventive qu'une peine de répression, elle est considérée comme une peine. Elle est tantôt principale, tantôt accessoire, tantôt complémentaire.

Sa durée ne peut excéder 20 ans. La contravention aux obligations qu'elle impose est punie de l'emprisonnement correctionnel (art. 44).

Interdictions de certains séjours. La législation française, à côté de l'interdiction de séjour, édicte certaines restrictions spéciales à la liberté de locomotion et de résidence. C'est une sorte de bannissement local. Exemples: articles 229 du Code pénal et 635 du Code d'instruction criminelle.

Peines privatives de droits.

Dégradation civique. Elle entraîne la privation de tous les droits politiques, d'un certain nombre de droits publics et de certains droits de famille. Elle est indivisible et perpétuelle: elle ne peut cesser que par l'effet de l'amnistie ou de la réhabilitation (art. 34).

C'est une peine essentiellement inégale et qui, à ce titre, exige les profondes réformes projetées par la Commission de révision.

Interdiction des droits civiques, civils et de famille. En matière correctionnelle les juges peuvent parfois prononcer tout ou partie d'une peine qui se rapproche de la dégradation civique, mais s'en distingue par des caractères essentiels, car elle est moins dure et temporaire. Nous voulons parler de l'interdiction de 8 groupes de droits énumérés par l'article 42.

Interdiction légale. L'interdiction légale consiste en une déchéance des droits civils, suite nécessaire de certaines condamnations. Sa théorie, fort incomplètement formulée dans les articles 29—31, donne lieu à de nombreuses controverses. Elle est à la fois un moyen d'assurer l'efficacité du châtiment principal en retirant au condamné l'administration de ses biens et une sauvegarde pour ses intérêts en lui conférant un tuteur. Aussi cesse-t-elle avec la peine principale.

Déchéances remplaçant la mort civile. La loi de 1854 en abolissant la mort civile l'a remplacée par 1º la dégradation civique, 2º l'interdiction légale, 3º la double incapacité de disposer et de recevoir à titre gratuit, à laquelle s'ajoute la nullité du testament antérieurement fait.

Cet ensemble de déchéances frappe les condamnés à toutes les peines perpétuelles, les 2 premières seules frappent les condamnés aux peines simplement afflictives mais non perpétuelles.

Incapacités résultant de lois spéciales. Nous citerons: 1º les incapacités édictées par les lois électorales, 2º certaines déchéances qui sont la suite de la dégradation civique, comme l'incapacité de servir dans l'armée, et que les juges correctionnels peuvent en certains cas ajouter à celles de l'article 42.

Peines pécuniaires.

Amende. L'amende, seule de toutes les peines, permet de rendre la peine strictement égale pour tous; elle profite au Trésor public sans porter atteinte à la liberté et sans entraîner les conséquences morales qui affligent le détenu libéré. C'est la peine par excellence, a dit Bentham, et nous regrettons que notre législation au lieu de prodiguer l'emprisonnement ne l'applique pas plus souvent. La cause en est dans les difficultés de son recouvrement. C'est dans les classes pauvres que se recrutent le plus souvent les condamnés: leur insolvabilité résoud habituellement l'exécution de cette peine en l'application de la contrainte par corps, qui n'est en définitive que l'emprisonnement. Et encore, trop souvent, par la négligence des officiers du parquet, cette contrainte n'est même pas appliquée, de sorte que cette peine, en fait, illusoire est de moins en moins prononcée par les tribunaux.

De bons esprits voudraient voir généraliser chez nous l'application de l'article 210 du Code forestier qui autorise la conversion de l'amende en prestations en nature, en cas d'insolvabilité.

Confiscation. Depuis que la Charte de 1814 a définitivement aboli la confiscation générale, notre législation n'autorise plus que la confiscation de certains objets mobiliers ayant un rapport plus ou moins direct avec l'infraction parce qu'ils en sont le corps même, l'instrument ou le produit (art. 11, 464 et 470).

La confiscation, en principe, a pour effet de rendre l'État propriétaire, mais parfois elle rend propriétaire soit un établissement public, comme un hospice, soit la partie lésée, à titre de réparation. Parfois encore la destruction de l'objet confisqué est ordonnée, dans l'intérêt de la morale, de la sûreté ou de la santé publiques.

Elle constitue ainsi tantôt une mesure purement pénale, tantôt une mesure de police, remise au soin de l'autorité judiciaire, tantôt une mesure de réparation.

2

Peines humiliantes.

L'amende honorable, si usitée dans notre ancien droit, n'est plus prononcée que dans 2 cas (art. 226 et 227).

Mais la publicité de certaines condamnations est fréquemment prononcée.

Dispositions diverses.

La condamnation aux peines établies par la loi est toujours prononcée sans préjudice des restitutions et dommages-intérêts qui peuvent être dus aux parties. L'exécution des condamnations aux restitutions, dommages-intérêts et aux frais peut être poursuivie par la voie de la contrainte par corps (art. 51 et 52). La solidarité existe entre les condamnés (art. 55).

La durée des peines temporaires compte du jour où le condamné est détenu en vertu de la condamnation, devenue irrévocable. S'il était détenu préalablement, sa détention s'impute de plein droit sur la durée de la peine, à moins que le juge n'en ordonne autrement (art. 23 et 24 du Code d'instr. crim. révisés le 15 novembre 1892).

En ce qui concerne les erreurs judiciaires, la Chambre a voté le 7 avril 1892 un projet de loi augmentant le nombre des cas de revision des procès criminels et correctionnels et réglementant les indemnités dues aux victimes d'erreurs judiciaires (art. 443—446 c. d'instr. crim.). Le Sénat est actuellement saisi de ce projet qui a été soumis préalablement au Conseil d'Etat.

Institutions secondaires (préservation et relèvement).

Condamnation conditionnelle. Pour aider à son relèvement celui qu'une première faute a laissé capable de revenir au bien, notre législation a organisé toute une série de mesures préventives, de patronage ou de réhabilitation.

Elle a rejeté le blâme judiciaire, tel qu'il existait dans notre ancienne législation et l'admonition telle que l'a adoptée le nouveau Code Italien, et leur a préféré, comme plus intimidante, la condamnation conditionnelle dont elle a trouvé le modèle en Angleterre (Probation of first offenders Act), en Amérique et surtout en Belgique (loi du 31 mai 1888).[1]) La loi du 26 mars 1891 donne au juge le droit de surseoir à l'exécution de la peine en cas de première condamnation. Après 5 ans, la condamnation est considérée comme non avenue (art. 1).

Libération conditionnelle. Patronage. Libération. La libération conditionnelle, instituée par la loi du 14 août 1885, est la récompense accordée au détenu dont la conduite et le travail attestent un sincère repentir (art. 1). Elle n'est accordée qu'aux détenus condamnés à subir un emprisonnement de plus de 6 mois et ayant subi la moitié de leur peine. Elle est applicable même aux peines qui doivent être suivies de la relégation (art. 2).

Cette même loi complète l'institution par des mesures propres à développer les œuvres de patronage notamment en ce qui concerne les libérés conditionnels (art. 7 et 8).

Enfin elle simplifie dans une large mesure les formalités exigées pour la réhabilitation (art. 10). Celle-ci efface complètement la condamnation et, par suite, toutes mentions portées au casier judiciaire. C'est, aujourd'hui un acte du pouvoir judiciaire.

Extinction.

Mort. Le décès de l'inculpé éteint et l'action publique et l'exécution des peines corporelles. Pour les peines pécuniaires il y a quelques réserves à faire.

---

[1]) Il est juste de noter que la Belgique a emprunté la plus grande partie de sa loi au projet de M. Bérenger, déjà déposé sur le bureau du Sénat.

Grâce et amnistie. La grâce consiste dans la remise accordée par le chef de l'État de l'exécution de tout ou partie de la peine.

L'amnistie anéantit jusque dans le passé les conséquences du jugement: elle est prononcée par une loi (art. 3 de la loi constitutionnelle du 25 février 1875). Le pouvoir législatif a usé plusieurs fois de ce droit, notamment en 1878, 1879, 1880 et 1881.

Prescription. La prescription tient de l'amnistie, quand elle éteint l'action publique, et de la grâce, quand elle met obstacle à l'exécution de la condamnation. Sa durée, en ce qui concerne l'action publique, est de dix ans pour les crimes, trois ans pour les délits, un an pour les contraventions (art. 637, 638 et 640 c. d'instr. crim.). Elle est, en principe, la même pour l'action civile. Toutes deux sont interrompues par des actes d'instruction ou de poursuite.

En ce qui concerne la peine, la durée est de 20, 5 et 2 ans (art. 635, 636 et 639 c. d'instr. crim.).

II. Droit pénal spécial.

§ 5. Code pénal.

Pour la punition des crimes et des délits, le Code a adopté la classification en deux titres: I. Crimes et délits contre la chose publique; II. Crimes et délits contre les particuliers.

Le Titre I est subdivisé en 3 chapitres: I. Sûreté de l'État (extérieure et intérieure); II. Constitution; III. Paix publique (faux, forfaiture, ministres des cultes, résistance à l'autorité, associations de malfaiteurs [vagabondage et mendicité], associations ou réunions illicites). (art. 75—294).

Le Titre II est subdivisé en 2 chapitres: I. Celui relatif aux Personnes traite des attentats dirigés contre la vie, les mœurs, la liberté, la bonne administration de la justice etc.; II. Celui relatif à la propriété vise les vols, banqueroutes et escroqueries, destructions et dégradations (art. 295—463).

Pour la punition des contraventions, le Code les divise en trois classes d'après le taux de la peine (art. 464—483).

Le cadre restreint de cette étude ne nous permet pas de passer la revue complète de toutes les infractions. L'intérêt de cette revue est d'ailleurs diminué par ce fait que la plupart des législations inspirées par notre Code en ont perfectionné les qualifications. Nous nous contenterons donc d'étudier celles dont la répétition est la plus fréquente, et de signaler les lacunes qui ont été ou devraient être comblées par des lois spéciales.

Au Titre I, sur le chapitre I, rien à noter, si ce n'est que le changement de régime de septembre 1870 a supprimé virtuellement les articles 86, 87 medio et 90 relatifs à la protection de la vie de l'Empereur et de sa famille, et à l'ordre de successibilité au trône. L'attentat contre la vie du Président de la République ou de sa famille est devenu un crime de droit commun, passible, par suite, d'extradition.

Dans le chapitre II sont réprimés les crimes et délits ayant pour but d'empêcher le libre exercice des droits civiques et notamment du droit de vote (art. 109—113), les attentats à la liberté commis par les fonctionnaires (sauf au cas où ils n'ont fait qu'exécuter un ordre hiérarchique), les Ministres, les magistrats, les gardiens de prisons (art. 114—122). Enfin la dégradation civique est prononcée contre tout fonctionnaire de l'ordre judiciaire qui aura empiété sur les attributions d'un fonctionnaire de l'ordre administratif, ou réciproquement (art. 127—131). Les cas où les préfets peuvent élever le conflit et les formes qu'ils doivent observer sont réglés par l'ordonnance du 1er juin 1828.

Chapitre III. Le crime de faux concerne la fausse monnaie, la contrefaçon des sceaux de l'Etat, des billets de banque, etc., des écritures publiques ou privées, des passe-ports, permis de chasse, etc. (art. 132—165). Les éléments essentiels du crime de faux mal définis par le Code ont été précisés par la jurisprudence; ce sont: 1° l'altération de la vérité, 2° l'intention de nuire; 3° la possibilité d'un préjudice.

Les crimes commis par les fonctionnaires publics dans l'exercice de leurs fonctions entraînent en principe la dégradation civique (art. 166 et 167). Ce sont: les soustractions commises par les comptables publics (art. 169), les concussions (art. 174), l'ingérence salariée des fonctionnaires dans des entreprises dont ils ont la surveillance (art. 175), l'acceptation de présents et la corruption (art. 177—183), les abus d'autorité contre les particuliers ou contre la chose publique (art. 184—191), l'exercice illégal de l'autorité (art. 196 et 197).

Les ministres des cultes peuvent troubler l'ordre public: 1° en célébrant un mariage avant que les officiers de l'état civil n'en aient préalablement dressé l'acte; 2° en critiquant ou en censurant l'autorité publique dans un discours ou un écrit pastoral; 3° en entretenant avec des Puissances étrangères une correspondance sur des matières de religion (art. 199—208).

La résistance, la désobéissance et les autres manquements envers l'autorité publique (art. 209—264) comprennent: 1° la rébellion contre les agents de la force publique, avec ou sans armes, avec ou sans attroupement (loi du 9 juin 1848); 2° les outrages et violences envers les dépositaires de l'autorité: 3° le refus de service légalement dû (commandant de la force publique et jurés); 4° l'évasion de détenus: 5° les bris de scellés et les enlèvements de pièces dans un dépôt public; 6° les dégradations de monuments; 7° l'usurpation de titres, fonctions, costumes, décorations; 8° les entraves au libre exercice des cultes. Sous ce dernier paragraphe sont punis 1° les obstacles apportés à l'observation des prescriptions ou des fêtes religieuses et à la célébration du culte, 2° les outrages aux objets du culte et aux ministres (art. 260—264).

L'association de malfaiteurs est un crime par le seul fait de son organisation. Les chefs sont punis des travaux forcés à temps, les autres membres de la réclusion (art. 265—268).

La vagabondage est un délit par le seul fait de n'avoir ni domicile certain,[1] ni moyens de subsistance ni profession habituelle. Il est puni de 3 à 6 mois d'emprisonnement et de l'interdiction de séjour. Les enfants mineurs de 16 ans ne peuvent être condamnés à l'emprisonnement, mais la Cour de cassation a jugé le 30 juin 1892 qu'ils pouvaient être soumis à l'interdiction de séjour. Cette jurisprudence, contraire aux principes généraux du droit, est très attaquée par la doctrine et par les institutions de patronage.

Les étrangers sont expulsés du territoire; — les nationaux peuvent être réclamés par leur Commune ou cautionnés par un citoyen solvable; en cas d'agrément du gouvernement ils sont élargis (art. 269—273).

La mendicité n'est un délit que si elle est pratiquée dans un lieu pour lequel existe un dépôt de mendicité (art. 274). Ces dépôts ont été institués par un décret du 5 juillet 1808 dans le but d'obvier à la mendicité. En fait bien peu sont organisés d'une manière pratique et efficace, et souvent les tribunaux, pour prononcer une peine, doivent fermer les yeux sur leur absence.

---

[1] Toutefois l'article 4 de la loi du 27 mai 1885 assimile aux vagabonds les bonneteurs et les souteneurs, même s'ils ont un domicile certain.

Car, en leur absence, le délit n'existe que s'il est commis d'habitude et par un individu valide: il est puni seulement de 1 à 3 mois (art. 275). Au cas de l'article 274 il est puni de 3 à 6 mois et le libéré doit être conduit au dépôt de mendicité. Ce prolongement arbitraire de la peine, dont l'exécution est confiée aux Préfets, est très critiqué et donne en fait si peu de résultats que le Conseil supérieur de l'Assistance publique étudie sa suppression. Il est néanmoins maintenu, mais avec les garanties judiciaires nécessaires, par le projet de Code pénal.

Les associations ou réunions illicites sont prévues par les articles 291—294 complétés par les lois du 10 avril 1834 et du 6 juin 1868. L'interprétation des articles 291 et 292 a soulevé en 1880, à propos des congrégations religieuses, des controverses qu'il y eût eu avantage à faire juger par les tribunaux au lieu de les trancher violemment à l'aide des trop fameux décrets sur l'expulsion des dites congrégations.

Au titre II, le chapitre relatif aux personnes contient sept sections.

La première concerne le meurtre et l'assassinat, avec de justes aggravations de peine fondées sur les liens de famille unissant le coupable à la victime, et les menaces (art. 295—308). Nous regrettons ici l'absence d'un paragraphe semblable à celui qui, dans le nouveau Code pénal italien, interdit de se faire arbitrairement justice à soi-même. Il n'est pas de disposition, comme l'a dit excellemment M. Lacointa, qui, jointe à une sévère répression des tribunaux, soit mieux de nature à affirmer l'éducation des hommes libres. Dans ses développements elle aurait tout naturellement à prévoir et à réprimer le duel, et même la provocation non suivie d'effet. Les détours tentés par la jurisprudence (art. 302), à défaut d'un texte nécessaire, sont impuissants à arrêter un mal que de récentes catastrophes viennent de signaler comme de plus en plus menaçant. Le duel n'est pas seulement une convention contraire à la loi divine, c'est une usurpation du pouvoir social qui ne doit pas le tolérer et qui, en fait, dans presque tous les pays, le punit avec une sage fermeté. Le 2 juillet 1892 la Chambre des députés a pris en considération une proposition de loi contre cette barbare pratique. Dans le même ordre d'idées le Code italien réprime énergiquement et notre Code laisse à tort sans sanction le fait d'exciter au suicide ou d'aider celui qui l'accomplit.

La deuxième section est relative aux lésions personnelles (art. 309—318). Elle assimile aux coups et blessures les autres violences et voies de fait, laissant sous le coup de l'article 605 n° 8 du Code de brumaire an IV les violences légères, mais apportant une légitime aggravation aux lésions volontairement commises sur la personne des ascendants, ou avec préméditation, ou en réunion séditieuse. — L'avortement est sévèrement réprimé, mais nous aimerions à lui voir appliquer la peine de l'interdiction de leur profession pour les médecins, pharmaciens, et sages-femmes qui l'ont procuré (art. 317).

Dans la 3e section, les articles 319 et 320 sur l'homicide et les blessures et coups involontaires reçoivent journellement d'importantes applications en matière de chasse, de transport, d'exploitation minière et autres, etc. — Nous retrouvons (art. 321—329) les causes d'excuses dont nous avons parlé au début.

Les attentats aux mœurs, dans la 4e section, sont punis avec une sévérité spéciale quand ils sont commis sur des enfants de moins de 13 ans, ou par des ascendants ou autres personnes ayant autorité sur les victimes (art. 330—333). Mais les ruses nouvelles que la perversité humaine puise dans la science restent en dehors de leurs prévisions et nous aurions d'utiles emprunts à faire aux Codes Hollandais et Italien. L'excitation à la débauche est punie de peines spéciales quand elle a pour auteur un ascendant (art. 335 et loi du

24 juillet 1889, art. 1). L'inceste, même quand il cause un scandale public, n'est jamais puni. Enfin l'adultère n'est jamais puni que sur la plainte de l'époux outragé: il n'est punissable chez le mari qu'au cas d'entretien d'une concubine au domicile conjugal, circonstance rare et qui assure au mari presque toujours l'impunité (art. 336 et 339).

Nous donnons une complète approbation à ces dispositions en ce qui concerne la plainte de la victime. Autant il est naturel de laisser le conjoint juge de la conduite à tenir vis-à-vis du coupable, autant il nous semble inefficace et dangereux de subordonner à la plainte des victimes la poursuite des attentats prévus aux articles antérieurs; il est certain que de graves méfaits échapperaient souvent à la justice. — On peut seulement regretter que, dans un beaucoup plus grand nombre de cas, notre législation ne subordonne pas la poursuite des délits à une plainte préalable.

La 6e section protège l'enfant contre les attentats qui peuvent menacer soit sa vie soit son état civil soit sa moralité. Notons que l'article 347 ne punit la personne qui, ayant trouvé un enfant, ne le remet pas à l'autorité que si l'enfant est nouveau-né. Notre législation trouvera avantage à s'inspirer des dispositions charitables qui, en Italie, punissent cette coupable négligence même à l'égard d'un enfant de 6 ans ou d'un adulte infirme. — Le rapt est puni plus ou moins sévèrement suivant l'âge du ravisseur et de la personne enlevée et suivant que celle-ci y avait ou non donné son consentement (art. 354—356). Si le mariage a suivi l'enlèvement, le ravisseur ne peut être poursuivi que sur plainte (art. 357).

La 7e section contient 2 paragraphes. Le 1er réprime le faux témoignage même en matière civile (art. 361—366). On regrette de n'y pas trouver un texte visant la simulation d'un délit. En son absence les tribunaux sont obligés de la considérer comme un outrage envers l'autorité à laquelle il est dénoncé.

Le 2e prévoit la dénonciation calomnieuse, sans avoir le soin de déterminer des réductions de peine en cas de rétractation (art. 373). — La révélation de secrets par les avocats, médecins et autres dépositaires, par profession, de ces secrets est punie de un à six mois d'emprisonnement. Ils doivent de même refuser de répondre aux interrogatoires sur ces sujets.

Le chapitre relatif aux propriétés ne comprend que 3 sections: 1º Vols; 2º Banqueroutes et autres fraudes en matière économique; 3º Destructions et dégradations.

Le vol se distingue de l'escroquerie et de l'abus de confiance en ce qu'il consiste à soustraire frauduleusement au lieu de se faire remettre ou de s'approprier. Il n'est pas punissable entre époux (art. 380); mais il est puni comme crime quand il est commis avec certaines circonstances énumérées dans les articles 381—399. L'extorsion, le détournement d'objets saisis, les larcins, la filouterie d'aliments sont prévus par les articles 400 et 401.

La 2e section prévoit la banqueroute (simple et frauduleuse) et l'escroquerie; l'abus de confiance (art. 406—409); les contraventions aux réglements sur les maisons de jeu, les loteries (loi du 21 mai 1836) et les maisons de prêt sur gage (loi du 24 juin 1851); les entraves à la liberté des enchères; les atteintes à la liberté du travail, etc. (art. 414—429); les retards et les fraudes commis par des fournisseurs (art. 423, 424, 430—433); l'incendie et la destruction d'immeubles appartenant à l'État ou à des particuliers (art. 95, 434—438; on a cru néanmoins devoir les fortifier par la loi du 3 avril 1892 contre les attentats par la dynamite); la destruction de registres, de denrées, de récoltes, d'instruments ou animaux agricoles, etc. (art. 439—462). Mais elle laisse en dehors nombre d'incriminations que les progrès de la science ont introduites dans les Codes plus récents, notamment en matière de falsification de denrées commerciales, d'emploi de substances explosibles, narcotiques ou dangereuses, d'incendie, de transport au moyen de la vapeur, d'émigration, de piraterie, d'exercice de la traite, d'assurances, d'émissions publiques, etc.

En ce qui concerne les contraventions, la division par ordre de matières (ordre public, sécurité publique, moralité publique, protection de la propriété) serait plus scientifique et plus commode que celle adoptée par notre Code.

Quoiqu'il en soit, les articles 471—483 entrent dans une énumération minutieuse relative notamment à la sécurité de la voirie, aux troubles dans la rue ou dans la propriété rurale, aux réglements concernant les voitures ou les hôtels, à la garde des fous ou animaux dangereux, au refus de secours en cas d'accidents ou de calamités, à la protection des récoltes et de la propriété mobilière, à l'emploi illégal d'armes, à l'emploi de poids ou mesures non légaux, etc.

Ils ont été complétés par des lois postérieures, dont nous allons retrouver un bon nombre, comme celle sur l'ivresse, etc.; mais, en général, et sauf à puiser encore de nouvelles indications dans les nouveaux Codes, ils suffisent à réprimer toutes les atteintes de quelque importance portées à la tranquillité publique.

§ 6. Lois spéciales.

Le Code de 1810 ne pouvait prévoir toutes les infractions que le développement de l'activité sociale suscite chaque jour. Un grand nombre lui ont été ajoutées par des lois subséquentes, mais un plus grand nombre encore devaient, par leur nature même ou par suite de la difficulté de les faire postérieurement rentrer dans son cadre, rester en dehors.

Telles sont d'un côté les Codes spéciaux comme les Codes militaires, forestier; d'autre part les infractions relatives à la police rurale, aux matières financières, à la presse, à la protection de l'enfance, etc.

Notre Code de justice militaire date, pour l'armée de terre, du 9 juin 1857 et, pour l'armée de mer, du 4 juin 1858. Les tribunaux militaires sont: 1° Les Conseils de guerre; 2° les Conseils de revision. Des Prévôtés sont établies aux armées dans certains cas. — Les militaires en activité, qu'ils soient présents au corps ou simplement en congé sont justiciables des Conseils de guerre pour crimes et délits de toute nature. — Lorsque des complices sont justiciables des tribunaux de droit commun, tous les prévenus leur sont déférés, sauf l'exécution des peines être confiée, pour les militaires, à l'autorité militaire. Les peines en matière de crime sont les mêmes que celles de droit commun (art. 185; 7 et 8 C. p.), sauf que la dégradation militaire est substituée à la dégradation civique. Le condamné à mort est fusillé. En matière de délit, les peines sont: la destitution, les travaux publics, l'emprisonnement, l'amende. — Les articles 204—266 énumérent les infractions et leur punition. — Nous devons mentionner ici celles prévues et punies par la loi du 15 juillet 1889 sur le recrutement de l'armée et la loi du 18 avril 1886 contre l'espionnage.

Le Code forestier date de 1827. Il règle la police et la conservation des bois et forêts, la poursuite par l'administration forestière des délits et contraventions commis dans les bois soumis ou non soumis au régime forestier, la pénalité à appliquer (amendes et emprisonnement) et le mode d'exécution des jugements.

Notre Code rural n'a été voté que par fragments: Loi du 6 octobre 1791 sur les usages ruraux et la police rurale (loi du 21 juillet 1881); loi du 3 mai 1844 sur la chasse (dont la révision est à l'étude, notamment en ce qui concerne la vente et le colportage du gibier en temps prohibé); loi du 31 mai 1865 sur la pêche; loi du 20 août 1881 sur les chemins ruraux et l'exploitation; loi du 9 avril 1889 sur les animaux domestiques; loi du 9 juillet 1889 sur le parcours, la vaine pâture, le ban des vendanges, le louage des domestiques, etc.

Depuis la loi du 29 juillet 1881, qui a abrogé les nombreuses lois sur les délits de presse, la France possède un véritable Code général de la presse. Son caractère, en ce qui concerne l'imprimerie et la librairie; la publication des écrits périodiques; l'affichage, le colportage et la vente; la répression des crimes et délits provoqués ou commis contre la chose publique, les personnes, les chefs d'État ou ambassadeurs étrangers; les immunités parlementaires et judiciaires; la détermination des personnes responsables, — est éminemment libéral. Aucune mesure préventive n'est imposée aux rédacteurs et imprimeurs. L'excès seul est réprimé soit par la cour d'assises, soit par les tribunaux correctionnels ou de simple police.

Parmi les lois spéciales proprement dites nous devons d'abord citer celles concernant la protection de l'enfance. La loi du 24 juillet 1889 complète les dispositions absolument insuffisantes du Code civil et du Code pénal en ce qui regarde les abus de la puissance paternelle. Elle prononce la déchéance de plein droit ou la déchéance facultative suivant la gravité des faits à la charge des parents ou tuteurs. Elle aurait besoin de trouver son corollaire dans des mesures plus énergiques mises à la disposition des parents en cas de mauvaise conduite de leur enfant: les articles 375—383 ne leur accordent que des moyens insuffisants et surtout inefficaces (six mois de détention au maximum). — Les lois du 23 décembre 1874 sur la protection des enfants du premier âge et en particulier des nourrissons, du 2 novembre 1892 sur le travail des enfants et des filles mineures employés dans l'industrie, du 7 décembre 1874 (art. 2) sur les professions ambulantes assurent, à la condition d'être énergiquement appliquées, à la vie, à la santé et à la moralité de l'enfant une partie des garanties qui lui manquaient. — Une loi nouvelle est en préparation sur les enfants assistés.

La moralité et la santé des adultes sont protégées d'abord par la loi du 23 janvier 1873 tendant à réprimer l'ivresse publique et à combattre les progrès de l'alcoolisme. Malheureusement les sages dispositions de cette loi, d'une part sont trop mollement appliquées, d'autre part sont tenues en échec par la liberté absolue, depuis le 17 juillet 1880, d'ouvrir des cabarets sous la seule condition d'une déclaration à l'autorité; — ensuite par les lois et décrets sur les logements insalubres (25 mai 1864), sur les ateliers et manufactures insalubres, etc.

Plusieurs lois réglementant notamment le travail des adultes dans les établissements industriels et les assurances ouvrières sont en cours d'élaboration, mais l'extrême complexité de pareilles questions quand l'État prétend les résoudre par voie législative nous fait douter qu'elles puissent bientôt être votées. Enfin la police sanitaire sur les frontières de terre ou de mer, ou dans l'intérieur est sanctionnée, par la loi du 3 mars 1822, par la peine de mort ou par des peines inférieures auxquelles peuvent s'ajouter des amendes de 200 à 20000 francs. (Loi du 21 juillet 1881 sur la police sanitaire des animaux.)

La sûreté publique est protégée par les lois sur les associations (10 avril 1834), sur les clubs (21 juin 1851), sur les réunions publiques (6 juin 1868), sur les coalitions (25 mai 1864), sur les attroupements (déjà citée sous l'article 213), sur l'association internationale (14 mars 1872), etc.

Le crédit commercial et financier est garanti, en ce qui concerne les émissions et négociations d'actions, les répartitions de dividendes fictifs, la constitution et la publication des actes de société par les articles 13—16, 45, 56 et 61 de la loi du 24 juillet 1867 sur les sociétés. — Une modification de cette loi ainsi que de l'article 421 du Code pénal sur les paris sur la hausse ou la baisse des effets publics est depuis longtemps à l'étude.

La propriété littéraire, artistique et industrielle est protégée, concurremment avec les articles 425—429 du Code Pénal, tant à l'égard des étrangers que des nationaux, par les décrets des 24 juillet 1793 et 28 mars 1852, qui prononcent des peines pécuniaires contre les contrefacteurs littéraires; — par la loi du 5 juillet 1844 (art. 40—49) sur les brevets d'invention; par la loi du 23 juin 1857 (art. 7—15) sur les marques de fabrique et de commerce.

La sécurité des transports par voie ferrée est assurée par la loi du 15 juillet 1845 sur la police des chemins de fer dont la surveillance est exercée par des commissaires spéciaux (loi du 27 février 1850).

La violation du secret des lettres et des correspondances télégraphiques est réprimée par des lois qui complètent les dispositions insuffisantes de l'article 187 du Code pénal.

Enfin la législation fiscale contient de nombreuses dispositions pénales pour réprimer les fraudes. La loi du 22 frimaire an VII (art. 33—40), en matière d'enregistrement, porte des amendes, en général proportionnées au montant du droit, contre le défaut d'enregistrement, ou de déclaration, les omissions, les fausses déclarations et les contre-lettres; — elle est complétée par les lois des 23 août 1871 et 21 juin 1875 qui autorisent les investigations des agents pour la constatation des délits. La loi du 23 août 1871 modifie et complète les lois antérieures relatives au timbre, notamment celle du 13 brumaire an VII (art. 26—30). Les contributions directes trouvent la sanction de leur recouvrement seulement dans les lois du 12 novembre 1808 et 28 pluviôse an VIII (art. 4), de même que les contributions indirectes et taxes diverses la trouvent dans les lois spéciales qui les établissent. Mais tandis que, pour ces dernières, les contestations et contraventions sont jugées par les tribunaux répressifs, le contentieux des impôts directs est dévolu aux tribunaux administratifs.

L'usure est un délit seulement quand il y a habitude. La liberté du prêt à intérêt est complète en matière commerciale, mais en matière civile elle est limitée à 5%. L'intérêt légal est de 5% en matière civile et de 6% en matière commerciale (lois des 19 décembre 1850 et 12 janvier 1886).

III. Colonies françaises.

§ 7.

Le droit criminel en vigueur en France l'est également dans la plupart des colonies françaises. On trouvera l'énumération des actes par lesquels les Codes criminels ont été promulgués aux colonies, dans Les Codes criminels des établissements français de l'Inde, publiés en 1884 à Paris par M. Sauvel.

Il n'existe de règles spéciales qu'en très petit nombre et l'espace restreint dont nous disposons ne nous permet pas de les exposer. En ce qui concerne spécialement l'Algérie nous renverrons aux deux ouvrages de M. Jacquey, De l'application des lois françaises en Algérie, 1883; et de M. Albert Desjardins, De l'application des lois criminelles en Algérie et dans les colonies (Revue critique, 1886).

2. Belgique.

I. Code pénal.[1]

§ 1. Aperçu historique.

La Belgique après avoir vécu sous l'empire de la loi salique, fut au moyen-âge régie par un droit criminel local, les Keures ou Chartes communales. A partir de Charles-Quint et jusqu'au 10ème siècle les matières criminelles sont réglées par les Édits ou Ordonnances, c'est-à-dire par des actes du Souverain, applicables dans tout le pays après avoir été publiés spécialement dans chaque province. Après Charles-Quint et Philippe II, Marie-Thérèse et Joseph II essayèrent de réformer quelques parties de la législation pénale. Mais en Belgique, pas plus que dans le reste de l'Europe, on n'est parvenu à codifier les lois pénales sous l'ancien régime. La procédure pénale seule a fait l'objet d'une codification. — Les lois pénales avaient donc conservé un caractère coutumier, c'est-à-dire national, lorsque à la révolution française elles disparurent devant des lois d'origine étrangère: les provinces belges occupées à la fin de 1792 par les armées françaises furent par un décret, du 9 Vendémiaire an IV (1er octobre 1795) réunies à la France et toutes les lois françaises publiées depuis 1789 y devinrent immédiatement obligatoires, et avec elles notamment le code pénal de 1791, œuvre de l'assemblée constituante.

Le sort du pays devait rester jusqu'en 1815 lié à celui de la France; la Belgique reçut donc les lois napoléoniennes et fut soumise, comme tous les peuples, qui de Rome à Hambourg faisaient partie de l'empire français, au célèbre code pénal de 1810.

A la dislocation de l'Empire la Belgique fut réunie à la Hollande et constitua le Royaume des Pays Bas. Le Gouvernement des Pays Bas modéra le taux des peines et abolit la confiscation générale des biens, sans toucher aux bases essentielles du code de 1810.

Enfin en 1830, la Belgique ayant conquis son indépendance, le Congrès national proclama la nécessité d'une législation nationale et la Constitution de 1831 prescrivit la révision des Codes. Elle eut soin d'ailleurs de supprimer immédiatement elle-même la mort civile et de maintenir la suppression de la Confiscation générale des Biens.

[1] J. J. Haus, Principes généraux du Droit pénal belge. 2 volumes. 3ème édition. Gand 1874. Patria Belgica. Encyclopédie nationale par van Bemmel. Vol. II, p. 619. Nypels, Le Droit pénal. 3 vol. Bruxelles 1873, Bruylant Christophe. Nypels, Le code pénal belge interprété. 3 volumes. Bruxelles, Bruylant Christophe. 1867. Nypels, Législation criminelle de la Belgique ou Commentaire et Complément du code pénal belge. 4 volumes. Bruxelles, Bruylant Christophe. 1872. Thiry, Cours de Droit criminel. 1 vol. Liège, Desoer. 1892. Prins, Criminalité et Répression. 1 vol. Bruxelles, Muquardt. 1886.

Pour le code pénal les travaux commencèrent en 1834; un premier projet de révision fut alors élaboré par une commission spéciale. — En 1848 un arrêté royal nomma une commission chargée des travaux préparatoires de la révision. Cette commission où figuraient MM. Haus et Nypels présenta aux Chambres législatives la 1ère partie de son travail. Et après 18 ans d'études et de discussions, l'on a abouti au code pénal actuel du 15 octobre 1867. Le code pénal français avait en ce moment régi la Belgique pendant cinquante-six ans.

§ 2. Code pénal belge de 1867.

Les caractères théoriques du code pénal de 1867 et les principes qui ont inspiré ses rédacteurs sont en opposition avec ceux qui donnent sa physionomie au code de 1810. Les auteurs du code Impérial appartenaient à cette école qui sous l'influence de Bentham ne trouvait d'autre justification à la peine que l'utilité et la nécessité. »C'est la nécessité de la peine, disait Target, qui la rend légitime.« La théorie de la nécessité des peines convenait à l'esprit despotique de Napoléon Ier qui marqua le code pénal de son individualité et poussa les criminalistes dans la voie de l'exagération des peines, en leur faisant prendre comme objectif essentiel: l'Intimidation. Les faits élevés au rang de crimes et de délits étaient loin d'être tous punissables en eux-mêmes; la tentative était toujours assimilée au fait consommé; la complicité toujours assimilée à la coopération principale; la peine de mort prodiguée avec une révoltante profusion, parfois accompagnée de mutilations; le code de 1810 conserve les peines afflictives et infamantes, la mort civile, la confiscation générale des biens; la marque et le carcan; la surveillance de la haute police de l'État. De plus les cas les plus différents étaient confondus et Rossi pouvait dire que »le législateur du code de 1810 frappait en masse avec une sorte de laisser aller.« — Il est évident que le système adopté renfermait dans des catégories étroites des faits qui n'avaient rien de semblable. Enfin la disproportion entre les peines et les infractions était choquante et le système des circonstances aggravantes inflexible.

Tels sont les abus que la science pénale signalait à cette époque en faisant remarquer que le code de 1810 avait été bien plus une œuvre de réaction qu'une œuvre de progrès et qu'il était indispensable de créer une législation criminelle qui fut en rapport avec la civilisation de notre temps, et les réformes accomplies en Europe depuis la Codification de l'Empire.

C'est là la signification du code de 1867. — D'abord en ce qui concerne le principe inspirateur du code, les disciples de Rossi l'emportent sur ceux de Bentham et ce n'est plus la nécessité qui justifie la peine, c'est la justice. — Le principe de l'utilité intervient encore dans l'exercice du droit de punir, non pour légitimer ce droit mais pour le limiter à ce qui est indispensable. Aux yeux du législateur de 1867, le but essentiel du Droit répressif est le rétablissement de l'ordre public. Le Pouvoir social ne punit plus uniquement pour intimider. Assurément il veut que la peine soit exemplaire; mais il veut surtout qu'elle soit réformatrice; qu'elle ramène le coupable au bien. En résumé la théorie du code belge c'est la répression dans les strictes limites de la nécessité et du juste, avec l'espoir d'amender le condamné. C'est la pensée dirigeante à laquelle obéissent les auteurs du code et dont ils appliquent les conséquences, dans les 100 premiers articles qui consacrent les principes généraux et dans les articles suivants qui s'occupent des infractions et de leur répression en particulier.

§ 3. **Principes généraux.**

En ce qui concerne les 100 premiers articles, on remarque la tendance à l'adoucissement dans les dispositions sur la tentative qui est punie de la peine immédiatement inférieure à celle du crime (art. 52). — Le complice est puni d'une peine inférieure à celle qu'il aurait eue s'il était auteur de l'infraction (art. 69). — En matière de récidive alors que le code de 1810 consacrait un système draconien et obligeait le juge à passer toujours à l'application de la peine du degré supérieur, le code belge, allant à l'extrême contraire, fait de la récidive une simple présomption de culpabilité plus grande et laisse toujours au juge la faculté de ne pas aggraver la peine. Quand il l'aggrave, la récidive ne changeant pas le caractère du fait ne modifie pas la nature de la peine, dont la durée seule est augmentée (art. 54 sq.)

Par contre le législateur admet un système complet et très large de circonstances atténuantes; il permet d'accorder le bénéfice des circonstances atténuantes à tous les crimes, à tous les délits et même aux contraventions. En matière criminelle la déclaration de circonstances atténuantes entraîne toujours une modification, c'est-à-dire, la diminution d'un degré au moins de la peine normale du crime; en matière correctionnelle le juge a la faculté d'abaisser le degré de la peine jusqu'au minimum des peines de simple police. — En matière de contraventions, la déclaration de circonstances atténuantes permet de réduire jusqu'à 1 franc l'amende. — Enfin le tribunal peut admettre les circonstances atténuantes et par conséquent réduire la peine même en faveur d'un récidiviste. — Ainsi du côté de la sévérité aucune obligation pour le juge, du côté de l'indulgence et de l'humanité aucun frein pour lui; le système de la modération a été poussé jusqu'à ses dernières limites. —

Le concours d'infractions est (art. 58 et 59) l'objet d'un système modérateur destiné à empêcher les effets exagérés du principe du cumul des peines sans tomber dans l'abus d'indulgence du principe de l'absorption. —

Le principe de la responsabilité n'est pas formulé dans le code belge. — Le législateur n'a pas cru devoir préciser la conception de l'imputabilité; et il laisse ainsi à la jurisprudence et à la science le soin de construire, cette partie essentielle de la science pénale. — A l'époque où les articles du code de 1867 ont été d'ailleurs discutés aux Chambres législatives, les questions relatives à la responsabilité n'avaient pas encore surgi avec l'importance et le caractère qu'elles ont actuellement. Les auteurs du code, et notamment leur illustre inspirateur M. Haus, ne voyaient dans le délinquant que le type abstrait de l'homme normal doué d'une volonté intelligente et libre; ils ne pensaient pas que l'appréciation de la volonté ou du discernement fut susceptible de nuances, et pût donner lieu à des difficultés, et ils se sont bornés à indiquer des formules négatives, c'est-à-dire des circonstances légales dont l'admission exclut l'imputabilité: Ce sont d'abord la démence et la contrainte (art. 71 c. p.) et ensuite, quand le juge constate l'absence de discernement, le surdo-mutisme et le jeune âge de moins de 16 ans (art. 72 et 76). Il est à noter que la loi ne fixe pas d'âge au dessous duquel la poursuite des enfants est interdite.[1])

Le système sur les causes d'exclusion de l'imputabilité est incomplet et **la doctrine et la jurisprudence ont dû suppléer** à son insuffisance en s'en **référant aux principes généraux.**

---

[1]) Le projet de loi sur la protection de l'enfance remédie à cette lacune en **fixant à dix ans** l'âge des poursuites.

A côté de causes d'exclusion de l'imputabilité la loi belge admet aussi des causes de diminution de l'imputabilité et par conséquent de réduction de la peine: Ce sont le jeune âge et le surdo-mutisme quand le juge constate l'existence du discernement (art. 73 et 76), et en cas d'homicide, de blessures et de coups, la colère provoquée par des violences graves et injustes ou par le flagrant délit d'adultère (art. 411 sq.).

§ 4. Classification des Infractions.

En ce qui concerne la division des Infractions, le code de 1867 adopte la division tripartite des faits délictueux en crimes, délits et contraventions suivant le genre de la peine dont ces faits sont frappés: peine criminelle, correctionnelle ou de police. — Les auteurs de la loi belge ont répondu au reproche d'arbitraire dirigé contre cette division en disant que la gravité du châtiment étant déterminée par la gravité de l'offense, cette division était logique et juste.

Il n'ont pas examiné la question de savoir si la tendance moderne qui fait aboutir tout le système répressif à la peine de l'emprisonnement et donne ainsi à une pénalité dont la durée seule varie un caractère de plus en plus uniforme, ne permettait pas une division plus simple en deux catégories: Infractions graves et Infractions légères.

Pour la classification des faits punissables, le code belge adopte pour les crimes et les délits le principe de la division par groupes en considérant le caractère prédominant qu'ils présentent par rapport à leur objet. Il range ainsi les crimes et les délits en neuf catégories suivant qu'il s'agit de la sûreté de l'État, des droits garantis par la constitution, de la foi publique, des atteintes à l'ordre public commises par les fonctionnaires, de celles commises par les particuliers, des atteintes à la sécurité publique, à l'ordre des familles, à la moralité publique, de la lésion des personnes et de la lésion des propriétés. Quant aux contraventions elles sont divisées en 4 classes d'après le taux de la peine. — Cette division, comme toute division des infractions, ne peut être jamais qu'approximative; une exactitude rigoureuse est impossible; c'est plutôt une mesure d'ordre. Mais en décomposant les groupes en espèces multiples et en adaptant à cette spécialisation plus grande des infractions une spécialisation plus grande des peines, le législateur a encore ici contribué à assurer la modération de la répression.

§ 5. Les Peines.

Il reste à examiner l'organisation de la pénalité.

En matière de crimes le code adopte comme peines:

la mort qui figure dans le texte mais qui en fait est depuis un grand nombre d'années toujours commuée en Belgique de sorte que l'exécution capitale n'a plus lieu;

les travaux forcés à perpétuité ou à temps;

la détention à perpétuité ou à temps (pour les crimes politiques);

la réclusion de 5 à 10 ans.

En matière de délits et de contraventions le code consacre l'emprisonnement. La durée de l'emprisonnement correctionnel est de 8 jours au moins et de 5 ans au plus.

La durée de l'emprisonnement de police est de 1 jour au moins et de 7 jours au plus.

L'interdiction de certains droits politiques et civils et le renvoi sous la surveillance spéciale de la police sont des peines communes aux crimes et aux délits; l'amende et la confiscation spéciale sont communes à toutes les infractions. —

L'amende pour contravention est de 1 fr. à 25 fr. — L'amende pour crime ou délit est de 26 fr. au moins. — Le taux le plus élevé fixé par certains articles du code est de 10 000 fr.

Si l'on s'en tient aux articles du code pénal, l'amende est une peine à laquelle la législation belge a donné la souplesse, la flexibilité et la variété nécessaire. — En pratique pourtant il n'en est rien et l'application des condamnations aux peines pécuniaires se signale en Belgique par les circonvenients signalés aussi dans les autres pays. C'est-à-dire que les délinquants appartenant en général aux classes insolvables, l'amende ne peut pas dans la plupart des cas être récupérée et se transforme en peine privative de liberté.

Le législateur de 1867 partant toujours de cette idée qu'il ne faut ni dépasser la mesure de l'utilité ni entraver la régénération du coupable a supprimé la marque et le carcan, les peines afflictives et infamantes; il a, avec beaucoup de raison, considéré toutes ces dispositions de l'ancien droit comme impolitiques et dangereuses.

Il a également rejeté comme contraires à la nature réformatrice de la peine l'exil et le bannissement. — Il n'a pu enfin s'occuper de la déportation et de la relégation, la Belgique n'entrevoyant pas en 1867 l'espoir d'une colonie.

De cette manière la peine de mort étant écartée en fait par la grâce, et l'amende ne jouant qu'un rôle très secondaire, tout le système répressif belge repose sur la prison qui a ainsi reçu la mission de réunir les trois conditions essentielles que le législateur recherchait dans la peine: le châtiment, l'exemple, l'amendement. — Pour obtenir ce résultat on a choisi comme régime d'emprisonnement l'isolement cellulaire et la loi du 4 mars 1870 a consacré le régime cellulaire. Il en résulte que les distinctions classiques des peines en travaux forcés, réclusion, emprisonnement ont perdu beaucoup de leur importance et ne sont plus que des distinctions de mots. — La cellule impliquant une grande uniformité d'application, les peines ne diffèrent entre elles que par la durée et par certaines nuances relatives au pécule du condamné.

Les condamnés à perpétuité et aux longues peines ne peuvent être contraints à subir le régime de l'isolement que pendant 10 années. De plus le régime cellulaire étant considéré comme plus rigoureux que le régime commun, la loi de 1870 décide que la durée des peines prononcées par les juges et subies en cellule doit être réduite d'après un barême qu'elle établit et qui abrège d'autant plus la détention que la peine à exécuter est plus longue. Cette mesure de clémence s'appliquant à toute détention cellulaire supérieure à un mois de prison affaiblit la répression surtout en ce qui concerne les petits délits. Car si on comprend qu'il faille abréger la durée des longues détentions cellulaires, on comprend beaucoup moins qu'il soit nécessaire ou utile d'abréger les courtes détentions. Et cette réduction est d'autant moins fondée que le juge répressif se borne à appliquer la peine édictée par le code pénal sans tenir compte de la réduction administrative; il en résulte que le condamné ne subit pas en fait, la peine que le juge lui applique en droit.

Pour être complet sur le système de la pénalité belge il importe enfin d'ajouter aux dispositions légales précédentes la loi du 31 mai 1888 sur la condamnation conditionnelle et la libération conditionnelle.

Cette loi consacre une peine nouvelle, la condamnation conditionnelle, en faveur du condamné qui n'a jamais subi de condamnation antérieure et dont l'emprisonnement à subir ne dépasse pas 6 mois. Elle consacre un nouveau mode d'exécution de la peine, la libération conditionnelle en faveur de condamnés dignes d'intérêt pourvu que la condamnation soit d'au moins neuf mois.[1])

En résumé le code de 1867 a été un progrès considérable sur le code de 1810 au point de vue des idées humanitaires. Il s'inspire du souffle généreux de l'époque; il abandonne complètement en ce qui concerne la pratique répressive la théorie de l'intimidation pour concentrer tous ses efforts sur l'amendement. — Mais, il n'a peut-être pas assez tenu compte de la nature rebelle de certains délinquants et il a été entraîné trop loin dans la voie de l'indulgence en ce qui les concerne.

Deux récents projets de loi non encore discutés par les Chambres essaient de réagir contre cette tendance. Un projet de loi du 5 juillet 1889 sur l'application du régime cellulaire supprime les réductions de peine établies par la loi de 1870 en faveur des condamnés qui subissent leur détention en cellule.

Un projet de loi du 15 avril 1890 remédie aux défectuosités du code en matière de récidive et consacre un système d'aggravation progressive des peines en proportion du nombre des condamnations déjà prononcées.

II. Droit pénal spécial.

§ 6.

Le code de 1867 n'a pu embrasser toutes les matières pénales. A côté de ses dispositions il y a des codes spéciaux, le code Militaire, le code rural et le code forestier et un grand nombre de lois spéciales qui n'ont pu trouver place dans le cadre du code commun parce qu'il s'agit, soit de matières particulières, soit de catégories de citoyens soit d'objets de nature variable.

Le code pénal Militaire date du 27 mai 1870. — Les militaires sont comme les autres citoyens soumis aux prescriptions du code de 1867. Comme militaires ils sont soumis à des lois pénales particulières qui font l'objet du code militaire. — Ces lois étant exceptionnelles doivent se renfermer dans des limites étroites; ne tirant leur justification que des exigences de la discipline militaire, elles doivent déroger le moins possible aux lois pénales ordinaires.

Aussi le code pénal militaire ne contient que 58 articles. — Il prévoit notamment la trahison, l'espionnage, la capitulation, l'abandon du poste, l'offense aux autorités, l'insubordination et la révolte; les violences et les outrages, la désertion, les détournements, les vols et la vente des effets militaires.

Les peines militaires sont la mort par les armes, l'incorporation dans une compagnie de correction, la dégradation militaire, la destitution.

Le code rural du 7 octobre 1886 prévoit dans ses articles 86 à 92 une série de contraventions rurales et les punit de peines de police variant de 1 fr. d'amende à 7 jours de prison.

Enfin le code forestier du 19 octobre 1854, contient des dispositions sur les délits et les contraventions commis dans les bois et forêts soumis au régime

---

[1]) Prins, La loi sur la libération conditionnelle et les condamnations conditionnelles. Bruxelles, Muquardt 1888.

forestier. Il commine contre ces faits des amendes et dans certains cas
l'emprisonnement, et charge l'administration forestière de la poursuite. La
pêche fluviale qui était encore régie en Belgique par le titre XXXI de
l'ordonnance française des eaux et forêts de 1669 et par la loi du 16 floréal
an X est désormais réglée par la loi du 19 janvier 1883 sur la pêche fluviale
qui rattache celle-ci à l'administration forestière, ainsi chargée de la surveillance des eaux et forêts.

Quant aux lois spéciales proprement dites, l'une des plus importantes par
sa portée sociale et ses rapportes avec la criminalité est la loi récente du 27
septembre 1891 sur la répression du vagabondage et de la mendicité.
La loi en question renforce considérablement cette répression; elle organise à cet
effet des maisons de refuge, des écoles de bienfaisance et des établissements
de correction sous la dénomination de dépots de mendicité. — Les dépots de
mendicité sont affectés aux mendiants, aux vagabonds et aux souteneurs de
filles publiques; l'internement de ces trois catégories d'individus peut aller
jusqu'à sept ans.

D'autre part la loi fait prédominer la Bienfaisance sur la Répression en
ce qui concerne les enfants; elle organise dans ses articles 25 sq. tout un
système de protection des enfants coupables de moins de 16 ans.

Les enfants de cette catégorie qui ont commis des faits peu graves (et
c'est la grande majorité des enfants traduits en justice) ne peuvent pas être
condamnés à la prison. — Le juge de paix peut ou bien les acquitter ou
bien les mettre à la disposition du gouvernement.

Les enfants qui ont commis des faits plus graves et sont traduits devant
les tribunaux correctionnels et condamnés à la prison doivent, à l'expiration
de leur peine, être jusqu'à leur majorité mis à la disposition du Gouvernement.

Le gouvernement, qui a la disposition des enfants, les place dans des
écoles de Bienfaisance de l'État, et peut, après 6 mois d'observation, les
mettre soit dans des établissements publics ou privés d'instruction ou de
charité, soit en apprentissage chez des cultivateurs ou des artisans.

Cette loi dans le domaine de la lutte contre la criminalité, remonte à
la source même du mal, c'est-à-dire à l'enfance abandonnée ou coupable et
réalise une réforme considérable en enlevant dans la mesure du possible
l'enfant à la prison tout en sauvegardant l'avenir de l'enfant et l'intérêt de
la société.

Il y a à citer parmi les autres lois spéciales:

1º La loi du 20 décembre 1852 relative à la répression des offenses
envers les chefs des gouvernements étrangers et la loi du 12 mars 1858 sur
les crimes et les délits qui portent atteintes aux relations internationales.

Ces deux lois ont pour but de prévoir et de punir les offenses, les
attentats et les complots dirigés contre les chefs des gouvernements étrangers.

Basées sur le droit des gens elles dérivent directement du principe
de neutralité politique du pays et de la tradition qui ouvre le territoire
belge aux réfugiés politiques et risquerait d'en faire un asyle pour les con-
spirateurs. Les relations internationales imposent des obligations qui sont
sanctionnées par les lois de 1852 et de 1858.

2º La loi du 7 juillet 1875 doit être rattachée au même ordre d'idées;
elle punit les offres ou propositions de commettre certains crimes et l'acceptation
de pareilles offres. Elle doit son existence à ce fait qu'en 1873 un chau-
dronnier de Seraing, dans une lettre adressée à l'Archevêque de Paris, offrait
pour une somme de 60 000 fr. d'assassiner le Prince de Bismarck. — L'Arche-

vêque communiqua la lettre au Gouvernement belge qui ne put aboutir à faire condamner le coupable, les faits ne tombant sous l'application d'aucune loi pénale en vigueur. — C'est pour combler cette lacune que le gouvernement a fait voter la loi de 1875.

3⁰ La loi du 15 octobre 1881 sur les dépots, débits et transports de la poudre à tirer, de la dynamite et de toutes autres substances explosives. Elle punit les infractions aux dispositions réglementaires d'un emprisonnement de 15 jours à 2 ans et d'une amende de 100 fr. à 1000 fr. L'emprisonnement peut aller jusqu'à 5 ans en cas de mort résultant de l'infraction. Un arrêté royal récent du 1er décembre 1891 prend un ensemble de dispositions pour tout ce qui concerne l'application de cette loi.

4⁰ La loi du 26 décembre 1881 punit les faux commis dans les bilans et comptes de société. Le bilan existe d'après cette loi dès qu'il est soumis à l'inspection des actionnaires ou des sociétaires. Celui qui aura fait usage des actes faux sera puni comme l'auteur du faux. La peine est la réclusion et une amende de 26 à 2000 fr.

La Cour de Cassation ayant décidé plusieurs fois que les faux dans les bilans n'étaient pas prévus par le code pénal; il a été nécessaire de rémédier par la loi de 1881 au silence de la législation.

5⁰ La loi du 28 février 1882 sur la Chasse a eu pour but de pourvoir mieux que par le passé à ce triple but: répression du braconage, sauvegarde des agents de la force publique, conservation du gibier. De nombreuses pétitions avaient été adressées aux Chambres pour réclamer des mesures efficaces contre la croissance du braconage et contre la cause du mal. — Ce qui encourageait l'action des braconiers c'était la facilité avec laquelle ils pouvaient vendre le produit de leurs délits et le peu de rigueur des peines encourues. — La loi de 1882 cherche à modifier cet état de choses.

6⁰ La loi du mois d'août 1887 sur l'ivresse publique est un premier pas, timide, de la législation dans la voie de la lutte contre l'alcoolisme. — La loi érige en délit l'ivresse publique, le fait des cabaretiers et débitants qui servent des boissons à des personnes manifestement ivres ou à un mineur de 16 ans qui n'est pas sous la surveillance d'une autre personne; le fait de proposer ou d'accepter un défi de boire quand ce défi aura amené l'ivresse; le fait de colporter ou de vendre des boissons spiritueuses en dehors des cafés, cabarets, ou débits de boissons. Elle punit aussi le fait de débiter dans les maisons de débauche des comestibles ou des boissons.

Les infractions à ces prescriptions sont frappées d'amende et de prison et la récidive de chacun de ces faits est l'objet de mesures spéciales d'aggravation. — L'interdiction d'exercer la profession de cabaretier peut être prononcée.

7⁰ Loi sur la Presse: La Constitution belge s'occupe de la Presse dans son article 18. Elle proclame la liberté de la Presse, elle prohibe la censure et le cautionnement; elle déclare contrairement à la théorie de la complicité, que quand l'auteur est connu et domicilié en Belgique, l'éditeur, l'imprimeur ou le distributeur ne peut être poursuivi.

Les autres dispositions relatives à la Presse sont contenues dans le décret sur la Presse du 20 juillet 1831, dans la loi du 6 avril 1847 et dans l'article 384 du code pénal de 1867.

La caractéristique de la législation belge sur la Presse c'est le système répressif pur; c'est-à-dire que les lois belges interdisent toute mesure préventive et que l'autorité n'intervient que pour réprimer des délits commis.

Le délit de Presse n'est pas défini par le Code. D'après la doctrine et la jurisprudence, il y a délit de Presse quand un délit de droit commun commis par la voie de la Presse constitue une manifestation abusive de la pensée. Le Jury a donc à apprécier la moralité du fait. Un simple fait matériel commis par la Presse, sans qu'il y ait élément intentionnel, ne constitue pas le délit de Presse. — Ainsi sont notamment délits de Presse, l'attaque méchante contre la force obligatoire des lois, la provocation à y désobéir; l'attaque méchante contre l'autorité constitutionnelle du Roi, contre l'inviolabilité de sa personne, contre les droits de sa dynastie, contre les droits ou l'autorité des Chambres; l'atteinte méchante à l'honneur d'une personne, l'excitation au duel, quand tous ces faits ont lieu par le moyen de la Presse.

Notons encore que le mot Presse employé par la constitution comprend la Presse typographique, autographique, lithographique et l'impression des images comme des écrits.

8° La législation industrielle en Belgique est en voie d'élaboration. Parmi les lois votées il faut citer:

a) La loi du 21 octobre 1887 sur la réglementation du payement des salaires aux ouvriers.

Cette loi exige que les salaires des ouvriers soient payés en monnaie métallique ou fiduciaire ayant cours légal; que les salaires ne dépassant pas 5 fr. par jour soient payés à l'ouvrier au moins deux fois par mois. Elle interdit le payement des salaires dans des cabarets, débits de boissons, magasins, boutiques ou locaux y attenant; elle défend également aux patrons d'imposer aux ouvriers certaines conventions de nature à enlever à ceux-ci la libre disposition de leur salaire.

Elle sanctionne ces prescriptions en frappant ceux qui y contreviennent d'amendes pouvant aller de 50 à 2000 fr.

b) La loi du 22 décembre 1889 sur le travail des femmes, des adolescents et des enfants dans les établissements industriels.

Cette loi interdit le travail des enfants de moins de 12 ans; l'emploi des filles et des femmes de moins de 21 ans dans les travaux souterrains des mines, minières et carrières; elle interdit aussi, sous certaines conditions et dans certaines circonstances, l'emploi des enfants, des adolescents, des filles et des femmes de moins de 21 ans à des travaux dangereux ou excédant leurs forces.

Elle frappe les chefs d'industrie, patrons, etc. qui auront sciemment contrevenu à la loi, d'amendes pouvant s'élever à 1000 fr. Elle punit de la prison en vertu des articles 269 à 274 du code pénal ceux qui auront mis obstacle à la surveillance que la loi organise.

9° Législation fiscale.

La loi du 26 août 1822 est la plus importante et la base de toutes celles qui concernent l'administration des contributions directes, douanes et accises. — Applicable dans l'origine aux accises et douanes seulement, quelques unes de ses dispositions ont été depuis rendues communes à certains impôts directs. — L'étude de cette loi est rendue difficile par les nombreuses modifications qu'elle a subies, les arrêtés d'exécution, les lois spéciales qui viennent s'y relier. — Au point de vue qui nous occupe il suffira de citer la loi du 6 avril 1843 sur la répression de la fraude et la loi du 6 août 1849 sur les marchandises en transit.

La loi du 26 août 1822 contient un chapitre XX art. 205 à 232 qui commine les amendes et les peines en général, c'est-à-dire les saisies, les confiscations, l'emprisonnement et la fermeture des fabriques, usines ou ateliers.

La loi de 1843 sur la répression de la fraude (art. 18 à 36) abroge ou modifie un grand nombre d'articles de la loi du 26 août 1822. Elle se lie intimement à celle-ci et ne forme en quelque sorte qu'un tout avec elle. Elle a eu pour but de renforcer la législation de cette époque où l'élévation des droits était un appât à la fraude. Depuis, le gouvernement par un réglement du 27 février 1852 et divers arrêtés a accordé certaines facilités au commerce et à l'industrie dans le territoire réservé de la douane. La loi de 1849 sur le transit modifiée par les lois des 3 mars 1851, 1er mai 1858 et 27 mai 1861 établit dans son chapitre V tout un système de pénalités, c'est-à-dire d'amendes pour les infractions à la loi.

L'administration peut transiger sur les matières fiscales (art. 229 de la loi de 1822) toutes les fois que l'affaire sera accompagnée de circonstances atténuantes et que l'on pourra supposer qu'il y a plutôt négligence et erreur que fraude préméditée.[1])

La Belgique ne possède pas de loi pénale spéciale sur la banqueroute. — La loi du 18 avril 1851 sur les faillites, banqueroutes et sursis définit la banqueroute simple et la banqueroute frauduleuse et donne dans ses articles 573 à 578 les conditions des deux espèces de banqueroute; et le code pénal (articles 489 et 490) commine les peines contre le banqueroutier simple ou le banqueroutier frauduleux et contre ceux qui se rendent coupables de certaines fraudes dans les faillites.

La législation belge ne connaît pas le délit d'usure comme tel; elle ne punit le fait de prêter à un taux excédant l'intérêt légal que comme abus de confiance, c'est-à-dire quand le prêteur aura habituellement fourni des valeurs à un taux excédant l'intérêt légal en abusant des passions ou des faiblesses de l'emprunteur. C'est là la signification de l'article 494 du Code pénal. — En dehors de ce cas la liberté du prêt à intérêt est complète. Une loi du 5 mai 1865 porte que le taux de l'intérêt conventionnel est déterminé librement par les parties contractantes.

---

[1]) Consulter pour la législation fiscale de la Belgique: Loi générale du 26 août 1822. Commentaire par H. P. Adam. Bruxelles, Ad. Wahlen et Cie. 1837. — Code des contributions directes, douanes et accises. Imprimerie Guyot. 1871.

3. Grand-Duché de Luxembourg.

La législation pénale du Grand-Duché de Luxembourg n'a pas le mérite de l'originalité: la loi criminelle fondamentale est, sauf quelques rares modifications, la reproduction littérale du code belge de 1867; les lois pénales spéciales ont été empruntées, pour la plupart, à l'un ou à l'autre des pays limitrophes.

Le Luxembourg, séparé de la France, avait conservé la législation française. Mais, dès avant l'adoption de la loi pénale belge, d'importantes modifications avaient été apportées au système pénal français. Suivant l'exemple des autres pays où la loi française avait été introduite, le législateur luxembourgeois s'était efforcé d'atténuer la rigueur excessive du système de répression de l'Empire, et d'y appliquer les correctifs que réclamaient l'adoucissement des mœurs et le développement de certaines institutions publiques.

C'est ainsi que la loi du 9 septembre 1814 et l'arrêté royal du 20 janvier 1815 avaient autorisé les tribunaux, si les circonstances paraissaient atténuantes, à réduire les peines de la réclusion et des travaux forcés. Cette faculté a été successivement étendue à tous les genres de peines par l'arrêté royal du 31 décembre 1841 et les lois des 9 décembre 1861 et 10 janvier 1863 (Mémorial du Grand-Duché de Luxembourg, Année 1862, I p. 126; id. année 1863, I p. 25). La matière est aujourd'hui régie par la loi du 18 juin 1879 portant attribution aux Cours et aux Tribunaux de l'appréciation des circonstances atténuantes. (Pasinomie luxembourgeoise chez Buck, éditeur à Luxembourg.)

La loi fondamentale de 1815 avait aboli la confiscation des biens, et la Constitution décrétée le 17 octobre 1868 en prohibe l'établissement, en même temps qu'elle supprime la peine de mort en matière politique, la mort civile et la flétrissure (art. 17 et 18). (Organisation politique, judiciaire et administrative du Grand-Duché de Luxembourg par Ruppert, chez Buck, éditeur.)

Devançant la réforme générale, les lois du 25 novembre 1854 sur les coups et blessures, sur l'attentat aux mœurs et sur l'enlèvement et la destruction d'objets saisis, celle du 18 décembre 1855 sur l'infanticide et l'homicide avaient introduit des améliorations signalées par la doctrine et la jurisprudence.

Viennent ensuite les lois du 17 décembre 1859 sur la police des chemins de fer;

20 janvier 1863 sur la compétence des tribunaux de police;

20 juillet 1869 sur la presse;

28 mai 1879 sur les élections;

et d'autres de moindre importance. (Pasinomie luxembourgeoise, à leurs dates.)

La plupart des dispositions de cette législation spéciale ont été incorporées et refondues, avec des pénalités généralement plus douces, dans le nouveau Code pénal luxembourgeois promulgué le 18 juin 1879.

Les modifications apportées aux textes originaux du code belge se divisent en trois catégories:

1º celles qui ne contiennent qu'une rectification du texte, sans rien changer au principe de la disposition;

2º celles qui modifient le code pour l'adapter aux institutions pénitentiaires ou autres du Grand-Duché;

3º celles qui changent le principe même de la loi.

L'édition officielle du Code pénal luxembourgeois chez Buck donne un aperçu de ces divers changements: les modifications et ajoutes apportées au texte des articles différents du code belge ainsi que les dispositions nouvelles sont imprimées en caractères *italiques*.

Les changements les plus essentiels ont pour objet le régime des prisons pour les condamnés à la réclusion ou aux travaux forcés (art. 14); la théorie du concours d'infractions (art. 59—62); la libération conditionnelle des condamnés (art. 100); les offres ou les propositions de commettre certains crimes (art. 331); le meurtre commis pour faciliter le viol ou pour en assurer l'impunité (art. 376); le duel (art. 426 et 432); le chantage, espèce particulière de l'extorsion (art. 470); le recel du cadavre d'un enfant nouveau-né (art. 340); l'attentat à la pudeur (art. 373); l'infanticide (art. 419); les délits contre les corps constitués (art. 448); la soustraction d'objets saisis (art. 507).

Ces innovations dont l'expérience avait démontré l'utilité ou qui étaient nécessitées par la situation particulière du pays, sont inspirées du même esprit d'humanité et de justice qui domine l'œuvre du législateur belge de 1867. Elles ont fait l'objet de discussions approfondies de la part des corps judiciaires et du conseil d'État, dont les avis se trouvent consignés dans le Compte-rendu des séances de la chambre des députés du Grand-Duché de Luxembourg, session extraordinaire du 19 à 20 juillet 1875 et session législative de 1875 à 1876 (9 novembre 1875 à 21 juin 1876; documents et annexes). M. Nypels, professeur de droit criminel à l'université de Liège, avait été chargé par le Gouvernement luxembourgeois de lui signaler les lacunes et les défectuosités que la mise en pratique du code pénal belge avait révélées, ainsi que les modifications à introduire dans cette œuvre législative. Les observations, dont le législateur luxembourgeois a largement tenu compte, sont rapportées dans le Compte-rendu, l. c.

Ces études préliminaires et les débats auxquels elles ont abouti à la chambre des députés luxembourgeoise (Compte-rendu, sessions législatives de 1876 à 1877 et de 1878 à 1879) trouvent leur complément naturel dans les travaux préparatoires des commissions et dans les comptes-rendus des séances des chambres belges.

Les décisions des tribunaux luxembourgeois sont recueillies dans la Pasicrisie luxembourgeoise (Buck, éditeur); enfin, il est indispensable de recourir, pour l'examen des points spéciaux, aux documents de doctrine et de jurisprudence belges.

Avant et depuis le code de 1879, il a été publié un grand nombre de lois pénales spéciales dont l'énumération complète, avec indication des dates, se trouve placée à la suite de l'édition officielle du code pénal luxembourgeois (édition de 1879 p. XXXVII sq.). Pour le texte de ces dispositions et les renvois aux travaux préparatoires, il suffit de se reporter à la Pasinomie luxembourgeoise où l'on trouvera également la suite de cette législation spéciale depuis le 18 juin 1879 jusqu'à nos jours.

La parfaite ressemblance qui existe entre la législation pénale du Grand-Duché de Luxembourg et celle des pays voisins, explique pourquoi la littérature indigène n'offre que de rares représentants; citons toutefois Eyschen, Le droit public du Grand-Duché de Luxembourg (Mohr, éditeur à Fribourg en Brisgau, 1890), Speyer, Des contraventions de simple police (Schroell, éditeur à Luxembourg, 1880), Keucker, Le Code de la pêche (Bück, éditeur à Luxembourg, 1888), Ulveling, Les étrangers dans le Luxembourg (Paris, Arthur Rousseau, éditeur, 1890).

4. Principauté de Monaco.

Bibliographie. Édition officielle du C. p. du 17 décembre 1874. Monaco. Imprimerie du Journal. 1875. — Vu la concordance qui existe, en général, entre le droit pénal monégasque et la législation pénale française, il n'y a pas de littérature spéciale au premier. „L'Annuaire de législation étrangère" publié par la Société de législation comparée de Paris, contient des communications annuelles sur les „Ordonnances souveraines" du Prince de Monaco. Voir, pour le droit pénal, les volumes VII (1877) p. 485, XII (1882) p. 729, XIII (1883) p. 489, XV (1885) p. 356, XVI (1886) p. 445 à 447, XVII (1887) p. 542, XVIII (1888) p. 582, XIX (1889) p. 489, XX (1890) p. 462. Ces notices émanées (abstraction faite de la première, dont l'auteur est M. Georges Louis) de M. Christian Daguin, avocat à la cour d'appel de Paris, nous ont été de la plus grande utilité pour la rédaction de l'aperçu qui va suivre.

I. **Introduction.** La Principauté souveraine de Monaco a une superficie de quinze kilomètres carrés et une population fixe d'environ 12000 âmes. En 1792 elle avait été annexée à la France, sous le protectorat de laquelle elle avait jadis été placée à l'époque de Louis XIII. Séparée en 1814, et rendue à la famille des Matignon-Grimaldi, elle passa sous le protectorat de la Sardaigne en vertu du traité de Paris du 20 novembre 1815. A la suite d'une révolte, le roi Charles Albert, en 1848, fit occuper militairement les villes de Roquebrune et de Menton, qui furent, en 1860, annexées à la France en même temps que le comté de Nice.

Actuellement non-seulement les rapports internationaux mais même de la plus grande partie de l'administration intérieure du pays, reposent sur la „Convention relative à l'union douanière et aux rapports de voisinage" conclue avec la France le 9 novembre 1865. En vertu de celle-ci des branches entières de l'administration (postes, télégraphes, perception des droits de douane et de navigation, frappe des monnaies) ont été confiées au gouvernement français. Sauf ces concessions faites volontairement à la France, le prince est investi de la plénitude de la souveraineté. Les lois ou ordonnances sont élaborées par le Conseil d'État dont le rôle est purement consultatif, mais c'est du prince seul qu'elles émanent: le secrétaire d'État les contresigne et le Tribunal supérieur les enregistre. Le Conseil d'État, dont l'organisation est réglée par un décret de 1857 compte cinq membres: le gouverneur général, qui est le premier fonctionnaire du pays, en est de droit le président; les autres membres sont nommés par le Prince et choisis parmi des jurisconsultes, fonctionnaires ou non, qui habitent la Principauté.

L'organisation judiciaire du pays est très simple. Il y a un juge de paix pour la juridiction en première instance; le tribunal supérieur connaît en appel des décisions rendues par le juge de paix et en première et dernière instance des affaires qui excèdent la compétence de celui-ci. Le tribunal, selon l'ordonnance du 10 juin 1859, modifiée par celle du 31 janvier 1883, se compose d'un président, d'un vice-président et de trois juges. Il n'y a pas de jury; au grand criminel le tribunal se compose de trois magistrats de profession et de „trois juges suppléants pris à tour de rôle dans la commission communale de la ville de Monaco".

L'action publique pour la répression des délits, appartient, devant toutes les juridictions, à l'Avocat général, qui est le chef du Parquet.

On peut se pourvoir en „révision" devant le Prince contre les sentences des juges, mais seulement pour vice de forme ou pour fausse interprétation de la loi. Si le Prince casse un arrêt ou un jugement, il renvoie les parties devant le Tribunal composé d'autres juges.

Quant à la législation, la Principauté, tout en étant, relativement à la forme extérieure, indépendante de la France, dépend, au fond, complètement de celle-ci. De 1792 à 1815 elle fut régie par les lois françaises; lors du rétablissement de la souveraineté une commission fut chargée d'examiner les codes français pour les adapter à la situation du pays. Aujourd'hui la législation monégasque comprend bon nombre de lois parmi lesquelles il faut citer comme les plus importantes en matière de droit pénal, le c. d'instr. crim. du 31 décembre 1873 et le C. p.

II. Le C. p. du 19 décembre 1874 comparé au C. p. français de 1810.

Le C. p. monégasque actuellement en vigueur a été promulgué par le prince, sur la proposition de la Commission législative nommée par lui, le 17 décembre 1874. Il est entré en vigueur le 1er janvier 1875. Abstraction faite de quelques particularités dont nous ferons mention plus tard, le code est la reproduction presque textuelle du C. p. français de 1810, mais avec les modifications que ce dernier a subis jusqu'en 1873. Les quelques différences que l'on puisse signaler, ont leur source ou bien (comme p. e. la simplification du système des pénalités) dans la situation particulière de la Principauté, ou bien (comme p. e. l'insertion de certaines dispositions du droit civil ou du droit relatif à la presse dans le C. p., art. 67, 266 à 273) dans une différence de technique législative, qui n'affecte point les bases fondamentales de la loi. Nous n'oserions affirmer que ces changements de même que les différences de rédaction soient toujours des améliorations. Cependant, il faut dire, que le Code monégasque a sur la loi française un grand avantage; le Code de 1810 a subi de telles modifications depuis sa promulgation qu'on peut le considérer comme une œuvre rapiécée; la loi monégasque au contraire est une œuvre uniforme, claire et, par suite, essentiellement pratique.

Le C. p. monégasque (C. p. mon.) renferme 485 articles (le C. p. français — abrégé: C. p. fr. — en a 484) et est divisé en quatre livres. En général, pour l'analyse du code, nous pouvons renvoyer au traité de M. Albert Rivière sur le droit pénal français, qui se trouve dans ce volume; nous nous bornerons à signaler les différences qui existent entre les deux lois à l'exception de celles relatives à la rédaction et à la mesure des peines.

Livre I. Dispositions préliminaires; art. 1 à 4 (division tripartite des faits punissables, tentative; principe: nullum crimen sine lege) = C. p. fr. art. 1 à 4. La disposition de l'art. 5 de ce dernier code qui porte que les articles du code ne s'appliquent pas aux contraventions, délits et crimes militaires, n'existe pas dans le C. p. mon. — Le titre unique: Des peines en matière criminelle, correctionnelle et de police contient les art. 5 à 55, correspondant identiquement aux art. 6 à 58 et 464 à 466 du C. p. fr. Cependant Monaco jouit d'un système de pénalités simplifié et ne connaît ni la déportation ni la détention. La peine de mort a été maintenue; elle est comminée dans neuf cas: l'attentat contre la vie ou la personne du prince (art. 76), l'attentat contre la personne d'un membre de la famille princière (art. 77), l'assassinat (art. 281, 287, 288), le parricide (art. 284, 287), l'infanticide (art. 285,

287), l'empoisonnement (art. 286, 287), le meurtre qualifié (art. 289), l'incendie (en certains cas) (art. 441, 442) et l'altération de la pureté des eaux à l'aide de substances de nature à donner la mort, si la mort s'en est suivie (art. 470). En outre, d'après l'art. 53 al. 4 (= art. 56 C. p. fr.), quiconque, ayant été condamné aux travaux forcés à perpétuité, aura commis un second crime emportant la même peine, sera condamné à la peine de mort. — Le renvoi sous la surveillance spéciale de la haute police, abrogée en France et remplacée par „l'interdiction de séjour" (loi de 1885) a passé dans le C. p. mon. (art. 10, 41 à 44). — Les peines d'emprisonnement, de réclusion et de travaux forcés prononcées par les cours monégasques sont subies dans les établissements français conformément à l'art. 21 de la convention de 1865. — Restent à noter deux différences, celle de l'art. 50 (réglant l'ordre à suivre dans l'exécution en cas de concurrence des frais et de l'amende avec les restitutions et dommages-intérêts, les biens du condamné ne suffisant pas à en payer le total) et l'art. 52 (fixation de la part incombant à chacun des condamnés dans les peines pécuniaires) du C. p. mon.

Livre II. Des personnes punissables, excusables ou responsables, en matière de crimes ou de délits; ce livre est subdivisé en trois chapitres et contient les art. 56 à 69, correspondant aux art. 59 à 74 du C. p. fr., sauf les modifications suivantes. D'après l'art. 57 al. 4 du C. p. mon. est puni comme complice d'un crime ou d'un délit celui qui, d'une manière quelconque, a publiquement provoqué l'auteur à le commettre. L'art. 67 oblige à des dommages et intérêts envers la partie lésée certaines personnes qui, tout en étant étrangères au délit commis, ont certains liens de parenté avec le coupable, telles que: le père, la mère, le tuteur, le patron, etc. — Les aubergistes et hôteliers convaincus d'avoir donné pendant plus de 24 heures logement à un individu qui, durant son séjour a commis un crime ou un délit, sont civilement responsables de certaines conséquences de l'action punissable, faute par eux d'avoir inscrit sur leur registre le nom, la profession et le domicile du coupable (C. p. mon. art. 68, C. p. fr. art. 73).

Livre III. Des crimes et délits et de leur répression; art. 70 à 471; deux titres.

Titre premier. Crimes et délits contre la chose publique; art. 70 à 279; trois chapitres. — Chapitre I. Crimes et délits contre la sûreté de l'Etat; quatre sections. Section première. Crimes et délits contre la sûreté extérieure de l'État; art. 70 à 75 = art. 75, 77, 78, 80, 82, 85 du C. p. fr.; cependant le fait d'avoir porté les armes contre la patrie n'est pas puni de mort, comme en France, mais des travaux forcés à perpétuité. — Section 2. Des attentats contre la sûreté intérieure de l'État. Attentats et complots contre le souverain et sa famille; les art. 76 à 86 sont en harmonie presque complète avec les art. 86 à 90 du C. p. fr.; l'art. 87 renferme une disposition étrangère au droit français concernant ceux qui commettent certains actes tendant à livrer le gouvernement au mépris public. — Section 3. Des crimes tendant à troubler l'État par la guerre civile, l'emploi illégal de la force armée, la dévastation et le pillage; art. 88 à 94 = art. 91 à 100 du C. p. fr. — Section 4. De la révélation et de la non-révélation des complots et crimes contre la sûreté de l'État; art. unique 95 = art. 108 du C. p. fr. — Chapitre II. Attentats à la liberté; art. 96 à 100 = art. 114, 117, 119 à 121 du C. p. fr. — Chapitre III. Crimes et délits contre la paix publique; sept sections. — Section première. Du faux; les art. 101 à 129 correspondent aux art. 132 à 164 du C. p. fr. (sauf quelques différences insignifiantes); cependant le C. p. mon. ne contient pas de dispositions analogues à celles des art. 155 à 158 du C. p. fr., et d'autre part, ce dernier n'a pas d'équivalent aux art. 107 et 126 du C. p. mon. — Section 2. De la forfaiture et des crimes et délits des fonctionnaires publics dans l'exercice de leurs fonctions; art. 130 à 160 = C. p. fr. art. 166 à 175, 177 à 181, 184 à 186, 188 à 198; les art. 176, 182, 183 de ce dernier n'ont pas passé dans le C. p. mon.; C. p. fr. art. 187 (violation du secret des lettres) correspond à l'art. 410 du C. p. mon. Il faut s'étonner que le législateur monégasque ne se soit pas abstenu de traiter dans l'art. 177 de cette section, contenant des dispositions contre les délits des fonctionnaires, de la violation du domicile commise par un particulier, comme le fait le C. p. fr. dans l'art. 184 i. f. — Section 3. Des troubles apportés à l'ordre public par les ministres des cultes dans l'exercice de leur ministère; art. 161 à 168 = C. p. fr. art. 199 à 206. — Section 4. Attroupements, résistance, désobéissance et autres manquements à l'autorité publique; les art. 169 à 174 sur les attroupements ont été puisés dans la loi spéciale française du 9 juin 1848; art. 175 à 218 = C. p. fr. art. 209 à 216, 218 à 226, 228 à 234, 236 à 246, 247 à 257; les art. 217 (abrogé), 227, 235, 246 du C. p. fr. n'ont pas été insérés dans le C. p. mon.; les art. 219 à 230 de ce dernier traitent des délits contre les chemins de fer et les lignes télégraphiques, matière réglée en France par des lois spéciales (quant aux chemins de fer: loi du 15 juillet 1845) et par suite, ne faisant pas partie du C. p.; les art. 231, 232, 234 à 240 du C. p. mon. = art. 258 à 264 du C. p. fr.; l'art. 233 du C. p. mon. fait défense de porter publiquement des travestissements ou déguisements hors le temps autorisé par l'autorité et de prendre pour déguisements ou travestissements des costumes religieux ou des costumes distinctifs des autorités ou des agents de la force publique. — Section 5. Associations de malfaiteurs, vagabondage, mendicité, ivrognerie; art. 241 à 254 = C. p. fr. art. 265 à 272, 274, 276 à 281; la tendance des art. 255 à 258 du C. p. mon., de combattre l'ivrognerie manifestée publiquement, est la même que celle de la loi spéciale française du 23 janvier 1873. — Section 6. Délits commis au moyen d'écrits, images, ou gravures distribués sans noms d'auteur, imprimeur ou graveur; les art. 259 à 264 correspondent aux art. 283 à 289 (abrogés aujourd'hui) du C. p. fr.; les art. 265 à 273 étendent considérablement les dispositions françaises correspondantes; voir sur cette section et sa comparaison avec la loi française du 29 juillet 1881 sur la presse, la communication de M. Daguin dans l'Annuaire de législ. étrangère T. XIX. p. 493 note 1. — Section 7. Des réunions illicites; art. 274 à 279 = art. 291 à 294 du C. p. fr. modifiés par les lois du 10 avril 1834 et du 6 juin 1868.

Titre II. Crimes et délits contre les particuliers; art. 280 à 471; deux chapitres. — Chap. I. Crimes et délits contre les personnes. — Section première. Meurtres et crimes capitaux, menaces d'attentat contre les personnes; art. 296 à 306 = C. p. fr. art. 309 à 318 et art. 101. Les art. 307 à 313 du C. p. mon. punissent le duel, qui, en France n'est pas réprimé ou, du moins ne peut être qualifié infraction que par une interprétation assez criticable de la loi. Les peines comminées par le législateur monégasque sont sévères; le défi n'est pas puni; le duel, c'est à dire le fait, que deux personnes par suite de conditions préalablement arrêtées, se rencontrent munies d'armes, accompagnées de témoins, et font usage de leurs armes l'une contre l'autre — est puni: s'il n'a pas été suivi de blessures, d'un emprisonnement d'un mois à trois mois; s'il en est résulté des blessures, d'un emprisonnement dont la durée varie, selon la gravité de celles-ci, de 3 mois à 3 ans; si l'un des participants à été tué: d'un emprisonnement de 2 à 5 ans. Les témoins sont considérés comme complices; les médecins et chirurgiens ne sont pas punis. — Les art. 314 à 365 (à l'exception des art. 334 et 335 contenant des additions insignifiantes) correspondent aux art. 319 à 366 du C. p. fr.; les art. 366 à 376 du C. p. mon. traitent des diffamations, calomnies et injures; les art. 367 à 378 du C. p. fr.

concernant les mêmes délits ont été abrogés à l'exception des art. 373, 376 et 378. — Chap. II. Crimes et délits contre les propriétés; trois sections; les art. 377 à 407 == C. p. fr. art. 379 à 409; les art. 408 à 416 du C. p. mon. traitent de la violation du secret des lettres et autres infractions aux lois sur le service de la poste; pour la France cette matière est réglée, outre les dispositions insuffisantes de l'art. 187 du C. p. (== C. p. mon. art. 410), par des lois spéciales. Les art. 417 à 425 du C. p. mon. relatifs aux infractions aux lois et réglements sur les jeux de hasard, les loteries, les prêts sur gages ou usuraires, sont beaucoup plus détaillés que les art. 410 et 411 du C. p. fr. correspondants. Notons que, d'après les termes de l'art. 417, ceux qui, sans l'autorisation préalable du gouvernement auront établi ou tenu soit des maisons de jeux de hasard, soit des loteries, seront punis d'un emprisonnement de 2 mois à 6 mois et d'une amende de 100 francs à 6000 francs. — Est considéré comme usuraire, le prêt fait à un taux supérieur à 6 $^0/_0$ par an; ce fait ne constitue un délit punissable que lorsqu'il est habituel (art. 424, 425); les dispositions des lois françaises de 1850 et 1886 diffèrent de celles du droit monégasque. C. p. mon. art. 426 à 436 == C. p. fr. art. 412 à 424. — Le C. p. fr. ne contient pas de dispositions analogues à celles des art. 437 à 440 du C. p. mon. concernant la vente et la fabrication des substances ou denrées alimentaires et des médicaments. Les art. 425 à 429 du C. p. fr. correspondent aux art. 17 à 26 de l'ordonnance monégasque du 27 février 1889 sur la protection des œuvres artistiques et littéraires. — Les art. 441 à 469 du C. p. mon. == art. 434 à 461 du C. p. fr., à l'exception de l'art. 454 du premier qui assure une protection spéciale aux oliviers, orangers et citronniers, arbres de la plus haute importance pour les habitants de la Principauté. L'art. 470 du C. p. mon. contient une disposition relative à l'altération de la pureté des eaux déjà mentionnée ci-dessus. — Art. 471 == C. p. fr. art. 463.

Livre III. Contraventions de police (art. 472 à 484). Elles sont divisées en trois classes, suivant qu'elles sont punies d'une amende de 1 à 5, de 6 à 10, ou de 11 à 15 francs. Le contenu des dispositions des art. 464 à 470 du C. p. fr. relatives aux peines en matière de contraventions sont reproduites au premier Livre du C. p. mon.; d'ailleurs les art. 472 à 484 de ce dernier correspondent aux art. 471 à 483 du C. p. fr.

III. **Les autres lois relatives au droit pénal.** A côté du C. p., les lois et Ordonnances souveraines suivantes contiennent des dispositions pénales.

1. Le C. d'instr. crim. du 31 décembre 1873 (édition officielle, Nice, Cauvin & Cie, 1874) règle le droit pénal international dans ses art. 14 à 22. La loi adopte le principe de la territorialité; le délit commis à l'étranger n'est puni par les juges monégasques que dans les cas prévus spécialement par le Code. — Aux termes de l'art. 22 l'extradition des malfaiteurs aura lieu conformément aux conventions internationales; la Principauté a conclu de ces conventions avec: l'Italie, le 26 mars 1866; la Belgique, le 29 juin 1874, complétée par une déclaration du 30 décembre 1881; la France, le 8 juillet 1876; les Pays-Bas, le 10 août 1876; l'Espagne, le 3 avril 1882; la Russie, le 5 septembre 1883; la Suisse, le 10 décembre 1885; l'Autriche, le 22 février 1886; la Grande-Bretagne, le 17 décembre 1891. Des extraits de ces conventions se trouvent dans l'Annuaire de législation étrangère à partir du douzième volume (1882).

Les art. 76, 355, 358 et 444 du C. d'instr. crim. ont été modifiés par une ordonnance du 16 août 1888, et l'art. 467 par une ordonnance du 22 mai 1891.

2. Loi française du 3 mars 1822 relative à la police sanitaire. Cette loi, dont l'introduction à Monaco avait déjà été visée par la convention de 1865, a été déclarée applicable à la Principauté par un décret du gouverneur général du 4 juillet 1890.

3. Loi sur l'enregistrement et le timbre du 29 avril 1828; les art. 73 à 75, 77, 89 et 90 de cette loi ont été modifiés par l'ordonnance sur les timbres mobiles du 23 août 1887.

4. Ordonnance du 16 janvier 1863 contenant les statuts de l'Ordre de St. Charles, art. 18 à 21, 25 à 28 concernant les pénalités.

5. La convention franco-monégasque relative à l'union douanière et aux rapports de voisinage de 1867 contient des dispositions relatives à l'exécution des peines privatives de liberté prononcées par les juges monégasques (art. 13 et 21).

6. Ordonnance du 6 juin 1867 sur la Police générale.

7. Ordonnance du 2 octobre 1880, art. 3 et ordonnance du 4 mai 1853, art. 6, édictant des peines relatives à la Police édititaire.

8. Ordonnance du 2 octobre 1880 et ordonnance du 30 juillet 1883 sur le tir des mines et les substances explosibles.

9. Ordonnance sur le notariat du 4 mars 1886; titre III, pénalités.

10. Ordonnance sur les ventes publiques aux enchères du 7 avril 1887; art. 18.

11. Ordonnance sur la protection des œuvres artistiques et littéraires du 27 février 1889; pénalités: titre III, art. 17 à 26.

12. Ordonnance du 18 mars 1891, déclarant applicables au téléphone les pénalités protectrices du matériel télégraphique et du secret des correspondances.

13. Ordonnance du 24 juin 1892, modifiant l'art. 471 du C. p.

14. Ordonnance du 8 septembre 1892 pour la répression de certaines fraudes relatives aux timbres-poste et à diverses branches du service postal.

15. Ordonnance du 6 février 1893, art. 5 et 6 édictant des peines contre les infractions à diverses mesures de police sanitaire.

II.

SUISSE.

1. La Suisse allemande
(y compris la législation fédérale).

Par **A. Teichmann,**

Professeur de droit pénal à Bâle.

(Traduction de **A. Graz** à Genève.)

2. La Suisse romande.

Par **A. Gautier,**

Professeur de droit pénal à Genève.

3. Le Canton du Tessin.

Par **Stefano Gabuzzi,**

Avocat à Bellinzona.

Sommaire.

1. Suisse allemande.

I. Introduction. Sources et bibliographie. § 1. Droit codifié et non codifié. § 2. Droit pénal fédéral et droit pénal cantonal. § 3. Bibliographie.

II. Première section. Droit pénal fédéral. § 4. Le C. p. helvétique. § 5. Période de la Confédération d'États de 1803 à 1848. § 6. La législation pénale de la Confédération depuis 1848.

III. Deuxième section. § 7. La législation pénale cantonale. 1. Canton d'Argovie. 2. Canton de Saint-Gall. 3a. Canton de Bâle (Bâle-Ville). 3b. Canton de Bâle-Campagne. 4. Canton de Lucerne. 5. Canton de Schaffhouse. 6. Canton de Zurich. 7. Canton de Thurgovie. 8. Canton des Grisons. 9. Canton de Soleure. 10. Canton d'Appenzell (Rhodes Ext.). 11. Canton d'Unterwalden le Haut. 12. Canton de Berne. 13. Canton de Glaris. 14. Canton de Schwyz. 15. Canton de Zug.

2. Suisse romande.

I. Les sources. § 1. Vaud. § 2. Valais. § 3. Fribourg. § 4. Genève. § 5. Neuchâtel.

II. Les traits caractéristiques. § 6. Existe-t-il en Suisse un droit pénal romand? § 7. Partie générale du droit pénal. § 8. Partie spéciale.

3. Canton du Tessin.

I. Introduction. § 1. Bibliographie. § 2. Notices historiques.

II. La partie générale du Code. § 3. La loi pénale. § 4. L'acte punissable. § 5. Des peines. § 6. De l'extinction de l'action pénale et de celle des peines.

III. § 7. Des délits et de leur punition.

IV. § 8. Contraventions. Droit pénal spécial.

1. Suisse allemande.

I. Introduction. Sources et bibliographie.

En Suisse aussi, on peut soutenir la thèse de M. Oscar Bülow (Gesetz und Richteramt, Leipzig 1885) que la loi et le juge créent au peuple son droit. Toutefois, l'influence du juge est ici plus grande qu'ailleurs où il peut paraître utile de lier la magistrature indépendante et versée dans la jurisprudence, à des dispositions de loi nettement formulées et d'établir un contrôle sous ce rapport au moyen d'un système de recours bien développé. Au contraire, la législation de la Suisse montre tout d'abord, en vertu même des facteurs qui servent de règle à son établissement, une autre forme qui laisse aux juges laïques, élus du peuple, d'une manière (plus ou moins directe) une plus grande latitude pour déclarer un acte coupable ou non. Le principe „nulla poena sine lege" n'est pas partout contenu expressément dans la constitution, dans le C. p. ou dans la loi de procédure, souvent il n'est que sous-entendu ou admis tacitement, mais alors non pas sans certaines limitations. Et même, où ce principe est admis, il résulte souvent de la forme donnée à la loi pénale elle-même que dans leurs arrêts, les tribunaux de recours auxquels on en a appelé sur ce point, ne peuvent reconnaître la violation de ce principe, ou constater l'incompatibilité de la décision pénale en question avec ce principe que dans des cas tout à fait exceptionnels.

§ 1. Droit codifié et non codifié.

Comme dans beaucoup d'autres États, en Suisse aussi, ce n'est que successivement depuis le commencement de ce siècle, et peu après l'unification que le droit pénal a été codifié, dans la forme systématique moderne, dans les vingt-deux cantons, comme pour les intérêts les plus importants de la Confédération. Ce qui donna lieu à cette codification, c'est la conviction qu'on avait de la nécessité de grandes réformes dans tous les domaines de la vie publique, conviction éveillée par les idées du siècle philosophique et raffermie ensuite par les efforts de la République helvétique dans un domaine plus vaste. A cette conviction se joignait une entente toujours plus grande des exigences de la nouvelle époque qui commençait à poindre et qui, après l'écroulement des choses vieillies ayant fait leur temps, et puisqu'on avait secoué le joug étranger, faisait apparaître une régénération de la Confédération, par ses propres forces, comme un but digne d'efforts.

Une codification des principes servant de règles à l'administration de la justice criminelle, adaptée aux formes de vie très différentes de la population dans les différents territoires suisses, devait être plus désirable encore que pour tout autre domaine. Cette notion pénétra d'abord principalement dans les classes dirigeantes, plus cultivées, tandis que le peuple, dans l'expression de ses désirs, procédait encore très modérément et ne témoignait quelque intérêt que pour certaines innovations. Ce n'est que peu à peu qu'il chercha par ses efforts, à faire reconnaître les droits de la liberté de l'individu et de l'égalité de tous devant la loi. Il fallait surtout se persuader que sans la séparation des pouvoirs judiciaire, législatif et exécutif, tout progrès était impossible et qu'à la place de juridictions multiples, une organisation judiciaire plus simple était nécessaire comme base à une procédure publique avec un système d'accusation et de défense. De même, on ne pouvait méconnaître qu'une clarté et une précision plus grandes dans la loi, auxquelles visaient de plus en plus les travaux de codification des États voisins, présenteraient des avantages évidents, de sorte qu'il était impossible et mauvais de s'en tenir à une législation confuse, défectueuse au fond et à la forme, ou à l'appréciation illimitée du juge. Seuls, les gens à vue bornée, pouvaient refuser plus longtemps au peuple une instruction plus soignée et plus approfondie, tandis que les gens plus instruits estimaient avec raison qu'il était de leur devoir d'éclairer le peuple sur la nature du droit de l'État, les droits et les devoirs du citoyen et du juge, etc. Peu à peu, le peuple aussi réclama sa part dans la direction de l'État et commença la lutte contre les constitutions admettant la restriction contenue dans l'art. 7 du Pacte fédéral du 7 août 1815, au lieu du principe simple de l'art. 3 de l'Acte de médiation du 19 février 1803, chapitre 20: „Il n'y a plus en Suisse de pays sujets. Tous les privilèges que le domicile et l'origine conféraient, ainsi que ceux des personnes et des familles, sont abolis." On demanda alors d'abolir les mesures vexatoires prises contre la presse; on réclama le droit de fixer librement son domicile, la liberté du commerce et de l'industrie, le droit de réunion, la limitation des cas où la peine de mort devait être appliquée, l'adoucissement d'autres peines graves; en particulier on demanda de renoncer à des peines aussi peu coûteuses que peu utiles, même nuisibles, par lesquelles on cherchait à se débarrasser du délinquant aussi vite que possible; enfin, on exigea de l'État une sollicitude plus grande pour les moyens préventifs, là où des mesures simplement répressives ne pouvaient suffire. Les efforts philanthropiques faits dans le but de sauvegarder et d'améliorer les jeunes gens délaissés et abandonnés dirigèrent l'attention sur les grands défauts du régime des prisons d'alors et firent comprendre que sans de gros sacrifices sous ce rapport, toute réforme du droit pénal serait de prime abord impraticable. Ces motifs et d'autres semblables décidèrent les cantons, „souverains" depuis l'Acte de médiation, à entreprendre, plus tôt ou plus tard, selon les circonstances, des travaux de codification dans le domaine du droit pénal. Assurément la promulgation d'un C. p. pouvait passer comme une des prérogatives de la souveraineté. Cependant, on se tromperait si l'on voulait en déduire l'origine de l'impulsion donnée aux travaux de législation pénale dont les cantons s'occupaient sans contredit avec un zèle tout particulier. En jetant un regard sur les résultats de cette activité fertile et étendue que nous analysons ici, on ne pourra se soustraire à l'impression que c'était un intérêt vif et réel pour la dignité et la prospérité de l'Etat, qui servait de stimulant et amena quelques cantons à introduire à plusieurs reprises des améliorations commandées par l'expérience. Il fallait chercher un modèle; comme le droit pénal, du moins dans la Suisse allemande, n'avait jamais été cultivé ni développé scientifiquement, les regards des rédacteurs se tournèrent presque naturellement du côté du pays dont on avait déjà reçu maintes impulsions parce que le droit pénal y avait été de tout temps l'objet d'une attention particulière; et tout cela avec d'autant plus de raison que justement dans ce siècle, en Allemagne, la science du droit pénal se développait d'une manière brillante.

Notons parmi les œuvres de législation mises à profit le Code autrichien des crimes de 1803, puis le Code bavarois de 1813 qui eut encore plus d'influence; plus tard les lois du Hanovre, de Bade et de Prusse, et récemment le C. p. de l'Empire d'Allemagne, même en dehors du territoire de la Suisse allemande. Pour utiliser le droit étranger, il fallait surmonter de grandes difficultés que, même à présent, nous n'apprécions point à leur juste valeur.

Un bon sens réfléchi et un dévouement complet à la grande tâche contribuèrent sensiblement à la réussite de plusieurs de ces travaux. Abstraction faite des grandes divergences au point de vue du droit public, il s'agissait en Suisse de faire des Codes simples, brefs, concis, ayant un but pratique, sans digressions philosophiques ou doctrinaires. Ils devaient être intelligibles à tout le monde et devaient pouvoir être appliqués par les juges laïques. Des institutions particulières devenues chères au peuple et restées conformes à la conscience juridique, devaient être maintenues et développées. Sous ce rapport on n'a pas toujours été heureux. Souvent on a sacrifié ce qu'on aurait dû maintenir à ce qui était meilleur en apparence seulement; plus souvent encore, on s'est écarté mal à propos, pour le désir mesquin d'innover, de ce qui était en vigueur ailleurs, où une telle originalité était très mal placée, ou bien, l'on est allé si loin en fait de simplification et de concision qu'on n'y pouvait presque plus voir une réglementation claire et nette. Les Suisses mêmes déplorèrent longtemps le peu d'indépendance qu'on pouvait remarquer dans les travaux législatifs, quoique alors plus qu'aujourd'hui, les cantons eussent une nature spéciale nettement tranchée! Soyons justes cependant. Il y a certes des qualités à mentionner, car, évidemment, les Codes d'Appenzell, Rhodes-Extérieures, Schwyz et Glaris constituent des œuvres nationales d'une simplicité sans rivale. Si l'on n'a pas mieux réussi, la raison en est moins dans la volonté et l'intelligence des personnes chargées de ces travaux que dans les circonstances générales. La Suisse, en effet, ne pouvait pas se soustraire à la longue au processus de nivellement qui de plus en plus façonne sur le même modèle les institutions pénales des différents peuples et permet aux vues cosmopolites de se faire jour. Il faut aussi remarquer que les traces d'une empreinte nationale qui existent sans doute dans la législation suisse, ne pouvaient alors s'étendre convenablement. Au point de vue patriotique, cet aveu est si pénible qu'il ne faut pas s'étonner si de vrais patriotes se refusent à le faire. Avouons aussi que certaines questions ne sont pas encore suffisamment éclaircies, parce qu'en général, on ne pouvait que difficilement se faire une idée complètement juste de l'administration de la justice pénale, faute de publications détaillées et continues.

A une époque plus récente, d'autres difficultés ont surgi. Car, à côté des autorités qui décidaient seules à l'origine sur le sort d'un projet de loi, intervint encore, dès le milieu de ce siècle, dans un nombre toujours croissant de cantons, une votation populaire qui posa des limites inconnues ailleurs.

Les codifications cantonales se multiplièrent de plus en plus; on les introduisait en profitant des changements à apporter dans la constitution des tribunaux ou dans la procédure ou au moyen de lois d'occasion, en tenant compte des divers courants de l'époque. Si la législation particulière allemande comprend jusqu'en 1870 vingt codes environ, quarante sont entrés en vigueur séparément et successivement, dans le même espace de temps, en Suisse et aujourd'hui encore, à côté des deux lois fédérales, il y a vingt-deux lois différentes pour les vingt-deux cantons, abstraction faite des lois de simple police. Dans les États allemands qui étaient assez considérables, il se trouvait bien des érudits qui commentaient les lois; par contre, cela était impossible la plupart du temps, en Suisse, parce que l'empire des lois suisses était trop

restreint. Les grands désavantages d'un tel éparpillement juridique, alors que
dans beaucoup d'autres domaines l'unité l'emportait, devaient entraver toujours
de plus en plus tout progrès, surtout sur le terrain de l'exécution des peines.

Tout à fait comme en Allemagne, où au milieu de l'année 1870 il n'y
avait que trois territoires sans codification (les Mecklembourg, Lippe-Schaumbourg
et Brême), de même trois territoires de la Suisse (les demi-cantons d'Appenzell, Rhodes-Intérieures, et Unterwalden le Bas ainsi qu'Uri) sont restés jusqu'ici
sans codification. (Le canton d'Uri va l'entreprendre.) C'est du reste facile à
comprendre. Là, dans un cercle étroit où la conscience juridique du peuple
peut immédiatement se manifester, l'esprit d'indépendance, héritage des ancêtres,
résiste contre toute réglementation artificielle au moyen d'articles de lois plus
ou moins savants. On abandonne la sentence avec une entière confiance aux
juges en tant qu'hommes du peuple, qu'ils aient recours ou non aux sources
anciennes, modernisées ou adaptées à l'esprit de notre temps, et on les reconnaît volontiers, pour ainsi dire, comme les créateurs du droit.

§ 2. Droit pénal fédéral et droit pénal cantonal.

A côté de la distinction en droit codifié et non-codifié, il faut distinguer
le droit pénal fédéral d'avec le droit pénal cantonal; cette distinction correspond à la nature de l'État fédératif, c'est à dire à la forme politique actuelle
de la Confédération depuis la Constitution du 12 septembre 1848. En effet,
même l'État simple („Einheitsstaat") peut non seulement avoir, du moins dans
le domaine du droit pénal, un droit commun national, mais doit en outre, eu
égard à plusieurs circonstances locales dont on ne peut tenir compte que par
des principes juridiques particuliers, reconnaître un droit spécial; soit qu'il
publie lui-même des lois en vigueur pour une partie seulement du territoire
de l'État, soit qu'il y pourvoie par délégation de compétence faite à des autorités, corps autonomes ou corporations. Dans l'État fédératif[1]) cette distinction
est encore plus importante et plus utile. Bien entendu, le règlement de compétence entre le pouvoir central et celui des États-membres peut se faire très
différemment. En veut-on la preuve? L'expérience nous la donne. La dénomination „d'État fédératif" n'est au dire de M. Hänel (Deutsches Staatsrecht,
Leipzig 1892, I, p. 199 et 200) qu'un terme usité pour désigner l'état de fait qui
ressort des institutions politiques des États-Unis de l'Amérique du Nord (depuis
1787), de la Suisse (depuis 1848) et de l'Allemagne (depuis 1867); savoir division méthodique de la tâche politique à accomplir, entre un organisme central
et une foule d'organismes décentralisés; moyens juridiques de contrainte distribués également au pouvoir central et aux pouvoirs décentralisés pour accomplir les tâches imposées à chacun; volonté de l'organe central, formée sous
la double influence des États particuliers et des citoyens de l'État dans son
ensemble. La notion d'État fédératif n'est pas immuable, inaccessible à toute
modification, mais plutôt un résumé des traits essentiels communs au droit
positif de ces trois confédérations d'États. M. Hänel est entré dans certains détails
et a montré clairement les différences qu'il y a quand il s'agit de déterminer la
sphère d'activité du pouvoir central et des États confédérés. La Constitution
de l'Union de l'Amérique du Nord s'est efforcée d'appliquer dans toute sa
pureté le principe de l'équilibre entre les deux pouvoirs, d'après lequel aucun
État particulier n'est obligé juridiquement, pour accomplir les tâches incombant

---

[1]) Cpz. Trieps, Das deutsche Reich und die deutschen Bundesstaaten in ihren
rechtlichen Beziehungen. Berlin 1890. — Westerkamp, Bundesstaat und Staatenbund.
Leipzig 1892.

à l'Union, de tenir à la disposition de celle-ci, sa législation ou ses moyens d'exécution; les organes de chaque État sont indépendants de ceux de l'Union et l'Union n'a pas le droit de contrainte. La Constitution de la Confédération suisse par contre n'a nulle part, malgré son art. 2 et l'art. 3 (qui proclame comme règle la „souveraineté" cantonale), formulé systématiquement les rapports réciproques des deux parties, mais a fixé pêle-mêle les compétences concourantes de ces parties, partant du principe que les cantons sont appelés à agir ensemble et contraints à exécuter. Ainsi la Confédération a en mains, d'après la Constitution actuelle, tantôt la législation et son application (ce qui a trait aux postes, télégraphes et téléphones; douanes, monopole de la poudre et de l'alcool; monnaie), tantôt la législation et la surveillance ou haute surveillance (ce qui touche au service militaire, poids et mesures; police des eaux et des forêts dans les Alpes); tantôt la législation et une certaine juridiction (droits civiques, droits d'auteur, brevets; poursuites et faillites; extradition) ou la législation tout simplement (construction et exploitation des chemins de fer); quelquefois seulement, elle donne certaines directions (presse, associations, liberté du culte, commerce et industrie; espèces de peines). Pour développer cette législation et pour modifier la Constitution, les cantons ont un droit de coopération, tandis que dans la législation de l'Empire allemand, ce droit de coopération n'est pas accordé aux États particuliers en dehors de leur représentation au Conseil fédéral. Or, la compétence fédérale pour la législation pénale est même de nos jours infiniment plus bornée qu'en Allemagne. Il s'agissait tout d'abord lors de l'organisation fédérale, d'avoir un tribunal fédéral pour l'administration de la justice avec des jurés. Il va sans dire qu'on ne pouvait proposer cet appareil coûteux et lourd que pour un nombre restreint de cas, ceux où les intérêts les plus importants de la Confédération seraient en jeu. On laissa à la législation fédérale ultérieure le soin de régler ce point en détail, car on était pressé d'en finir avec l'œuvre de la Constitution. On se garda soigneusement d'empiéter sur la souveraineté cantonale, pour autant qu'il n'était pas nécessaire à la Confédération de réclamer une compétence particulière pour la sauvegarde de ses intérêts. C'est vers l'unification de la législation militaire que l'on marcha tout d'abord, aussitôt qu'on eut fait les lois les plus importantes commandées par la Constitution. Des lois antérieures, essais de réglementation unitaire pour les corps de troupe nationaux et ceux au service étranger, offraient une base solide à une réforme correspondant aux exigences toujours croissantes du temps: dans ce domaine on n'était du reste pas opposé à une centralisation dans la main énergique de la Confédération, de sorte qu'en 1851 déjà put paraître une loi contenant le C. p., la loi sur l'organisation des tribunaux et la loi de procédure. Lors de l'élaboration du C. p. général, on devait s'en tenir aux limites tracées par la Constitution (art. 104 et 107b de la Constitution fédérale de 1848) et ce n'est qu'implicitement (appuyé sur l'art. 106) qu'on alla un peu au delà de ces limites, sans se heurter à une opposition. On avait obtenu en 1853 tout ce qui était alors possible et on devait se contenter d'avoir créé une loi-modèle sous plusieurs rapports. Quelques essais faits pour compléter et développer la loi pénale fédérale, ainsi que pour étendre la compétence de la Confédération en matière pénale, ont échoué; cependant depuis ces dernières années, on a reconnu qu'il serait désirable d'avoir une législation pénale fédérale embrassant tout, et même dans certains cantons, l'œuvre législative a été suspendue, vu les travaux préparatoires déjà commencés d'un nouveau C. p. fédéral. — La Confédération n'a pu déployer une grande activité que là où il s'agissait de satisfaire des intérêts généraux, conformément à la mission civilisatrice toujours plus grande de l'État moderne. Mais du reste les cantons étaient et sont restés, sauf

4*

quelques limitations imposées par la Constitution fédérale, seuls compétents pour légiférer en matière pénale, et ils ont usé largement de ce droit.

§ 3. Bibliographie.

A. Droit pénal. Ce n'est que de nos jours que la littérature du droit pénal de la Suisse allemande est devenue quelque peu volumineuse. Longtemps, la législation pénale suisse, n'a été étudiée d'une manière détaillée que par M. Mittermaier, qui, surtout dans le „Archiv des Strafrechts", en suivait le développement avec un grand intérêt et louait assez souvent la supériorité de ces travaux vis-à-vis des travaux analogues allemands. Puis, parmi les savants suisses, c'est M. Johannes Schnell (1812—1889)[1] qui a surtout, comme principal fondateur de la „Zeitschrift für schweizerisches Recht", Bâle 1852 sq., à côté de la publication des anciennes sources du droit, rassemblé assidûment la législation cantonale, et, en critique sévère, jugé les projets et les lois, la littérature et l'organisation judiciaire des cantons. De même M. Osenbrüggen (1807—1879)[2] en puisant dans les sources anciennes, a contribué par ses travaux historiques remarqués et ses travaux moins importants sur le droit moderne, à mieux faire connaître la Suisse. M. A. von Orelli (1827—1892)[3] aussi a étudié à plusieurs reprises les institutions de la Suisse et ouvert spécialement la voie aux progrès à introduire dans le régime pénitentiaire.

Le premier de tous, M. Constantin Siegwart-Müller, a essayé d'exposer le droit pénal de plusieurs cantons dans son livre intitulé „Das Strafrecht der Kantone Uri, Schwyz, Unterwalden, Glarus, Zug und Appenzell", St. Gallen 1833, dans le but d'indiquer les défauts de ce droit et de rapprocher la jurisprudence de ces cantons démocratiques du courant des idées modernes. Longtemps après M. Temme (1798—1881)[4] qui s'était déjà maintes fois occupé de la Suisse, publia le premier et jusqu'à présent le seul manuel de droit pénal suisse: „Lehrbuch des schweizerischen Strafrechts nach den Strafgesetzbüchern der Schweiz. Aarau 1855, XV, 684 pages. Ennemi déclaré de la centralisation et de la codification, il s'efforça de chercher dans la conscience juridique du peuple la véritable source du droit. Mais il n'exposa que le droit de onze cantons régis par une législation essentiellement allemande, et, en quelques pages, le droit pénal fédéral (excepté le droit pénal militaire). Malheureusement cette œuvre d'un très haut mérite pour son temps n'a pas été revue et augmentée malgré les nombreux changements survenus plus tard dans la législation pénale. Il est vrai que la quantité des lois cantonales en rendait toute étude détaillée impossible. Pourtant les aspirations vers l'unification ne trouvèrent que peu à peu des défenseurs. A côté de l'intérêt toujours grandissant pour les recherches de droit comparé, concernant la Suisse, deux sociétés, qui ont bien mérité de la science, stimulèrent les efforts. Ce fut d'un côté la „Société des juristes suisses",[5] fondée en 1861, qui discuta aussi des thèmes de droit pénal; de l'autre „la Société suisse pour la réforme pénitentiaire", fondée en 1867 qui prit un grand développement et introduisit dans ses assemblées des rapports sur les progrès faits dans ces domaines et sur la législation cantonale.[6] Tout récemment s'y est jointe à cette société dans les assemblées l'Association internationale des sociétés de patronage. Les travaux des directeurs de pénitenciers suisses (Kühne, Hürbin, Dr Guillaume et autres) furent appréciés de plus en plus et à juste titre, aussi à l'étranger. Depuis longtemps en relations intimes avec les savants suisses,

---

[1] Nécrologie de M. Andreas Heusler dans la „Zeitschr. für schweizerisches Recht", XXXI, 1—8.

[2] Voir „Gerichtssaal" XXXI (1879), 321—326; „Kritische Vierteljahrsschrift" XXII, 321—326; Allgemeine deutsche Bibliographie XXIV, 463—468.

[3] Nécrologie de M. Rivier dans la Revue de droit international XXIV (1892), 104—108; M. Zürcher dans la Revue pénale suisse V, 84—87; M. Andreas Heusler dans la „Zeitschrift für schweizerisches Recht" XXXIII, 305—308.

[4] Cpz. J. D. H. Temme, Lebenserinnerungen, herausgegeben von Stephan Born, Leipzig 1883.

[5] Voir le rapport de M. A. Zeerleder: Der Schweizer Juristenverein. Übersicht seiner Thätigkeit in den ersten 25 Jahren 1861—1886. Basel, C. Detloff's Buchhandlung, 1887.

[6] Jusqu'à présent il y a eu 17 assemblées de ce „Verein für schweizerisches Straf- und Gefängniswesen". Les „Verhandlungen" ou „Actes de la Société" ont paru à différents endroits, depuis quelque temps à Aarau chez H. R. Sauerländer. Les meilleurs renseignements sont donnés par M. Gustave Correvon, La société suisse pour la réforme pénitentiaire et l'unification du droit pénal en Suisse. Lettre adressée à M. le secrétaire général de la Société générale des prisons de France. Paris 1893.

M. de Holtzendorff, donna dans son „Handbuch des deutschen Strafrechts", vol. I, Berlin 1871, p. 145—152, un aperçu sur la législation pénale de la Suisse et fut suivi en particulier avec plus de détails sur le régime des prisons, par M. de Jagemann dans le „Handbuch des Gefängniswesens", publié avec M. de Holtzendorff (vol. I, Hamburg 1888, p. 206—222). Enfin M. le prof. Carl Stooss hasarda pour le droit pénal suisse, la publication de la „Revue pénale suisse", revue consacrée à toutes les disciplines du droit pénal, Berne dès 1888, qui grâce au concours de collaborateurs de tous les cantons fournit des renseignements sur tous les événements importants et a donné une puissante impulsion au développement d'une science de droit pénal vraiment suisse. Bientôt après parut, après des travaux préparatoires de plusieurs années, l'œuvre de M. Heinrich Pfenninger, „Das Strafrecht der Schweiz", Berlin 1890, XXVIII, 839 pages. L'auteur remonte assez haut sous le rapport historique et suit le développement des différents codes pénaux, de leur naissance à nos jours. Cette œuvre permet de se faire une idée du matériel législatif immense qui existe; elle contient en même temps des aperçus remarquables sur la forme et la teneur d'un C. p. suisse unique. Le Conseil fédéral chargea M. le professeur Stooss des travaux préparatoires à un tel code. Comme base à tout travail ultérieur, M. Stooss crut nécessaire de publier d'abord un résumé textuel et par ordre de matières de ce qu'il y avait de plus important dans tous les Codes pénaux de la Suisse: „Die schweizerischen Strafgesetzbücher" (Les Codes pénaux suisses). Rangés par ordre de matières et publiés à la demande du Conseil fédéral. Bâle et Genève 1890, XXXI, 869 pages; cité „Stooss"); à ce travail vint s'ajouter bientôt un volume plus étendu contenant les „Grundzüge des schweizerischen Strafrechts", I. Band, Basel und Genf 1892, X, 470 pages. Cet ouvrage contient la liste de tous les Codes pénaux cantonaux ainsi qu'une bibliographie du droit pénal suisse, un exposé du droit pénal fédéral en ses différentes branches, un tableau particulièrement détaillé (basé sur des recherches sur place) de la culture juridique dans les cantons sans codification, enfin une critique comparative des principes de la partie générale des Codes avec des considérations spéciales sur la réglementation du régime pénitentiaire et autres institutions qui s'y rapportent. Sous ce dernier rapport, on a pu surtout utiliser les constatations récentes sur l'organisation des pénitenciers et le mouvement de la population des prisons, etc., qui sont faites avec le plus grand soin depuis que M. le Dr Guillaume a été nommé directeur du Bureau fédéral de statistique. — Le second volume vient de paraitre.

Pour les monographies,[1]) les quelques traités, les revues qui paraissaient autrefois et qui paraissent encore aujourd'hui, nous renvoyons aux indications données par M. Stooss dans les „Grundzüge" p. 17; pour ces importants, aux indications de M. Pfenninger relatives aux Codes respectifs et, en ce qui concerne les dernières années, à la „Revue pénale suisse". En outre une édition augmentée de la „Bibliographie pénale et pénitentiaire suisse", Lenzbourg 1885 (Actes du congrès pénitentiaire international de Rome, II, 127—167) est en préparation pour le 25e anniversaire (en 1893) de la Société suisse pour la réforme pénitentiaire. — Un recueil officiel des arrêts du tribunal fédéral suisse parait à Lausanne depuis 1876.

B. Droit public moderne de la Suisse. Blumer, Handbuch des schweizerischen Bundesstaatsrechts, 2 Bände, Schaffhausen 1863, 1864; 2. Auflage von Dr. J. Morel, Schaffhausen und Basel 1877—87 in 3 Bänden; 3. Auflage, Basel, Band I, 1886. — Rüttimann, Das nordamerikanische Bundesstaatsrecht, verglichen mit den politischen Einrichtungen der Schweiz, 2 Teile, Zürich 1867, 1872, 1876. — A. von Orelli, Das Staatsrecht der schweiz. Eidgenossenschaft (in Marquardsen's Handbuch des öffentlichen Rechts, 4. Band, 1. Halbband, 2. Abt.), Freiburg i.B. 1885. — Kaiser (Die Bundesverfassung) in Wirth, Allgemeine Beschreibung und Statistik der Schweiz, Bd. II, Zürich 1873. — Strickler (Bundesverfassungen) im Supplement zum Volkswirtschafts-Lexikon der Schweiz von A. Forrer, Bern 1891, S. 79—104. — Strickler, Verfassungsbüchlein, 2. Aufl., Bern 1891. — Contuzzi, Il diritto pubblico della confederazione svizzera, Venezia 1889. — Adams et Cunningham, La confédération suisse, préface de M. L. Ruchonnet, Bâle, Genève, Lyon 1891. — Vincent, State and Federal Government in Switzerland, Baltimore 1891. — A. Bushnell Hart, Introduction to the study of federal government, Boston 1891. — Boyd Winchester, The Swiss Republic, Philadelphia 1891. — Pour les arrêtés des autorités fédérales, le recueil important de M. Ullmer, Die staatsrechtliche Praxis der schweizerischen Bundesbehörden, Bd. I (1848—1860), Zürich 1862, Bd. II (1848—1863), Zürich 1866, traduit en français par Eugène Borel, Neuchâtel 1864 et 1867. — Schweizerisches Bundesrecht. Staatsrechtliche und verwaltungsrechtliche Praxis des Bundesrates und der Bundesversammlung seit dem 29. Mai 1874. Im Auftrage der schweizerischen Bundesrates dargestellt von Prof. Dr. L. R. von Salis, bisher 3 Bände, Bern

---

[1]) La dernière publication importante est celle de M. G. Wolf (Oberrichter), Rechtswirrwarr und Rechtseinheit oder das jetzige und das zukünftige schweizerische Recht. Zürich 1892.

1891—1892. En français: Le droit fédéral suisse. Jurisprudence du conseil fédéral et de l'assemblée fédérale en matière de droit public et administratif. Traduit par Eugène Borel, Dr en droit et procureur général du canton de Neuchâtel, vol. I et II, Berne 1892, 1893. La traduction italienne est confiée à M. le docteur en droit Luigi Colombi, Conseiller d'État (2 volumes parus, Bellinzona 1892, 1893).

    C. Législation fédérale. Le „Recueil officiel des lois et ordonnances de la Confédération suisse" a paru pour les années 1848 à 1874 à Berne (Imprimerie Jenny, puis C. J. Wyss) en 11 volumes (le 1er volume a pour titre „Recueil officiel des pièces concernant le droit public de la Suisse, des lois fédérales, traités, décrets et arrêtés depuis l'introduction de la nouvelle Constitution fédérale du 12 septembre 1848). Il y a une nouvelle série de 10 volumes pour les années 1874 à 1888; depuis 1889 une 2e partie de la nouvelle série dont le 1er volume est habituellement désigné par n. S. volume XI, le suivant, vol. XII. L'édition allemande dont le texte est seul officiel (voir v. Salis, I, 415 sq.) a pour titre (dès le second volume) „Amtliche Sammlung der Bundesgesetze und Verordnungen der schweizerischen Eidgenossenschaft". Le premier volume dit „Offizielle Sammlung", Bern 1849, 2. Aufl. 1850. L'édition italienne paraît sous le titre de „Raccolta officiale". — L'organe de publicité officiel de la Confédération est intitulé „Schweizerisches Bundesblatt", Bern 1848 sq. L'édition française en est la „Feuille fédérale suisse".

    Une œuvre très consciencieuse et très pratique due à M. P. Wolf, docteur et licencié en droit, avocat, est „Die schweizerische Bundesgesetzgebung". Nach Materien geordnete Sammlung der Gesetze, Beschlüsse, Verordnungen und Staatsverträge der schweizerischen Eidgenossenschaft, sowie der Konkordate. Basel, 2 Bände, 1890, 1891.

II. Première section. Droit pénal fédéral.

§ 4. Le Code pénal helvétique.

    Pendant la courte période de la République helvétique (1798 à 1803) la Confédération composée alors des anciens treize cantons („Orte", „Stände"), a eu un droit pénal unique (pour les délits graves), qui probablement, vu les circonstances, n'a pu être appliqué partout. Sous l'influence française, la Confédération devint, en suite de la proclamation faite par les députés de tous les cantons réunis à Aarau le 12 avril 1798, tout d'un coup un État unitaire, la „République une et indivisible". L'unification du droit civil et pénal, y compris la procédure, devait paraître dans les circonstances, d'alors, très désirable et sembler une conséquence naturelle de l'unification politique, quand bien même ce point n'avait pas été expressément touché dans la première Constitution helvétique. Ce ne sont que les Constitutions suivantes, en particulier la seconde du 12 mai 1802, qui en font mention, bien entendu avec certaines restrictions pour ce qui était en dehors du domaine du droit pénal et de la procédure pénale (voir M. Carl Hilty, Öffentliche Vorlesungen über die Helvetik, Bern 1878, p. 616 sq.). En tout cas, pour raffermir le nouveau gouvernement, le besoin d'une législation pénale moderne se faisait grandement sentir. Les matériaux contenus dans le quatrième volume du grand Recueil officiel, „Amtliche Sammlung der Acten aus der Zeit der Helvetischen Republik", publié par M. le Dr Strickler (vol. I à III, Bern 1886—89) nous donnent maintenant les renseignements nécessaires sur les détails des travaux et des événements de cette époque. Grâce à l'obligeance du rédacteur qui m'a communiqué les épreuves du volume qui vient de paraître, je puis en donner quelques extraits qui ne sont peut-être pas sans quelque intérêt.

    Déjà le 27 avril 1798, une commission fut nommée pour délibérer sur la juridiction criminelle; une impulsion générale fut donnée par le Directoire dans le message du 4 octobre (vol. III, n° 8, p. 71, 72) et fut renouvelée le 10 novembre. Il s'agissait de l'organisation, de la procédure et du C. p. Un premier préavis de la commission du Grand Conseil, rédigé par M. B. F. Kuhn „Über die Grundideen einer neuen Einrichtung des Kriminalgerichtswesens" fut présenté le 24 janvier 1799 (vol. IV, 415—429). Il a été publié à part in-8⁰ (47 p. et en français 51 p.). Le 25 mars on saisit l'assemblée d'un projet qui n'est qu'un extrait sans grands changements du C. p. français du 25 septembre — 6 octobre 1791). Lors des délibérations, M. Secretan (rapporteur) explique que „élaborer un Code tout nouveau et l'adopter dans les deux conseils après l'avoir soigneusement examiné, réclamerait un travail de longue haleine. Or, comme on devait encore actuellement suivre dans les différentes parties de la République helvétique les Codes les plus sévères, il serait même conforme à l'humanité autant qu'à la sagesse et aux besoins de la patrie, d'accepter pour la République helvétique aussi, sans retard et sans délibération ultérieure, confiant dans l'excellence du Code français, ce système basé sur des principes vrais." M. Escher, d'accord sur le besoin urgent d'un Code, se prononçait pour la discussion et en particulier contre la peine de mort et le bannissement. M. Carrard considérait le Code français comme connu de tous, comme le plus humain de tous et basé sur les principes de philosophie les plus modernes, par conséquent comme acceptable sans discussion. M. Escher contestant que le Code fût si connu, opinait à cause des changements proposés dans le projet, pour une délibération, ce qui fut décidé. — Dans la séance du 27 mars, M. Escher fit un grand discours contre la peine de mort; il considérait le peuple suisse comme digne de prendre les devants pour l'abolir. Par contre M. Huber surtout prit fait et cause pour la peine de mort, qu'il disait moins cruelle que le halage institué par Joseph II. Mais il demanda le renvoi à la commission parce que cette peine ainsi que la peine des fers pour une durée de 20 ans était édictée trop souvent par le code. M. Secretan trouvait l'abolition de la peine de mort en ce moment-là trop dangereuse. De nouvelles discussions en faveur de cette peine ayant eu lieu, le projet fut adopté le 30 mars; du reste, on désirait une introduction. M. Secretan s'en chargea le 1er avril; il déclara que le besoin d'une législation meilleure ne se faisait nulle part sentir plus vivement qu'à l'égard de la législation pénale; en outre la „Caroline provoquant l'horreur" n'était pas légalement abolie et, ajoutait-il, les codes des tyrans gouvernaient des hommes libres. La ressemblance des institutions de la Suisse avec celles de la grande République donnait, selon lui, de prime abord une préférence très naturelle à la loi française; mais en outre cette préférence était légitime, puisque la commission était persuadée que „ce recueil de lois simples et claires unissait la sévérité de la justice au respect dû à l'humanité". Nulle part la peine de mort n'y était appliquée à profusion; partout on observait une juste proportion entre les crimes et les peines, de sorte que pour l'appliquer en Suisse, il fallait seulement de très petites modifications. Bref, le projet fut sanctionné. Le 11 avril, il fut soumis au Sénat, qui le renvoya à une commission. Quelques fautes de rédaction ayant été corrigées, la commission du Grand Conseil présenta de nouveau, le 29 avril, le projet qui fut accepté sans grands débats dans la séance du 3 mai suivant. Le „C. p. helvétique" adopté par le Grand Conseil à Lucerne le 1er avril 1799, ratifié par le Sénat le 4 mai fut remis le 8 mai par le président du Directoire, M. Peter Ochs, au ministre de justice et police, M. F. B. Meyer von Schauensee de Lucerne, pour être imprimé et communiqué aux tribunaux de la République. L'impression traîna en longueur, de sorte qu'un décret du 4 juin dut en hâter la publication.

Le texte français (publié alors dans le Bulletin des loix II, 542 à 589) fut reproduit soigneusement révisé dans le Recueil officiel surnommé vol. IV, 393 à 414; le texte allemand officiel d'alors se trouve dans le „Tageblatt der Gesetze und Dekrete der gesetzgebenden Räte der Helvetischen Republik", Bern 1798, gedruckt in der Nationalbuchdruckerei, 2. Heft, S. 569 à 621. Une

édition à part in-4⁰ sine loco et anno comprend 38 pages, une édition française
(Lausanne, Imprimerie d'Henri Vincent) en a 28; l'édition italienne in-8⁰ (Lugano, presso Rossi, 1 ottobre 1800 avec les décrets du 27. I. 1800 et 28. II.
1800) est de 40 pages. Le texte allemand (qu'on dit avoir été composé en
une nuit) est assez défectueux, moins cependant que la traduction de la loi du
25 septembre 1791 parue à Strassbourg chez F. G. Levrault, imprimeur du
département du Bas-Rhin. — Citons aussi les bonnes éditions de ce code,
savoir: 1⁰ Peinliches Gesetzbuch der helvetischen einen und unteilbaren Republik mit 18 Supplementen, wie es im Kanton Bern noch in Anwendung ist.
Genau nach dem Originaltext aufs neue gedruckt und vermehrt durch das
Kindermords-, Hochverrats- und Diebstahlsgesetz. Bern 1838. Druck und Verlag
von Chr. Fischer. — 2⁰ Helvetisches peinliches Gesetzbuch mit den dasselbe in ein-
zelnen Paragraphen und ganzen Titeln aufhebenden, modifizierenden und ergän-
zenden späteren Gesetzen für die Republik Bern. 1839 bei C. Langlois in Burgdorf.

En comparant le texte du C. p. avec celui du modèle français,[1] on peut
constater qu'on n'a fait que quelques changements ou omissions de peu d'importance commandés par les circonstances particulières de la Suisse. Ce qu'il
y a de nouveau, c'est la numérotation des articles qui ne se trouve en France
que dans le code des délits et des peines du 3 brumaire an IV. Le code se
termine en réalité par des dispositions transitoires restreintes à 2 alinéas qui
suivent l'art. 209. Puis vient un titre additionnel sur l'égalité des peines avec
4 articles d'origine, ce semble, jusqu'à présent inconnue. Ils sont tirés
textuellement de la loi française du 21 janvier 1790 (voir Sagnier, Code criminel
de la république française, 2ᵉ édition, Paris an VII, p. 217, 218. — Code judiciaire, 2ᵉ édition, Paris 1793, tome II, p. 11, 47 sq.).

Déjà auparavant (12 mai 1798) la torture, pour autant qu'elle existait
encore, avait été abolie dans toute l'Helvétie. Une loi du 19 octobre 1798,
interdit la confiscation des biens en cas de suicide, une autre du 17 février
1799, abolit toutes les peines établies par les gouvernements cantonaux contre
les opinions religieuses sectaires (voir M. E. Herzog, Über Religionsfreiheit in
der helvetischen Republik, Bern 1884).

Le code montre cette même douceur en certains points; ainsi la peine
de mort, prévue cela se comprend pour les crimes contre la sûreté extérieure
et intérieure de l'État, et quelques crimes contre la Constitution, doit être exécutée par décollation, sans torture quelconque. Les peines usitées jusqu'alors
comme la potence, la marque et le fouet sont abolies. Les peines privatives
de liberté ne sont pas perpétuelles; la peine des fers est au maximum de
24 ans; on ne peut l'appliquer aux femmes. Le travail obligatoire est réservé
à la peine des fers et aux travaux forcés. L'individu condamné à la détention (sans fers ni liens et dans un lieu éclairé) et aux arrêts peut choisir son
travail avec certaines restrictions et une fois sa peine terminée, il a droit à
une partie du produit de son travail. Les personnes au-dessus de 75 ans sont
traitées avec plus de douceur, comme aussi les délinquants au-dessous de
16 ans qui ont agi sans discernement. Outre la prescription de la poursuite
pénale, il y a celle de la peine;[2] par contre on n'a pas admis la grâce.[3]

---

[1] Voir sur les détails M. Correvon, Avant-projet de C. p., Lausanne 1879, p. 60
à 64; reproduit dans les Actes du congrès pénitentiaire international de Rome (tome II,
1ʳᵉ partie, Rome 1888, p. 652—659). — M. Pfenninger, 142—156. — M. Stooss, „Grundzüge" I, 2—6.

[2] L'opinion de M. L. Meyer-Knonau dans ses „Bemerkungen über die Gebrechen
des helvetischen Kriminalwesens", Zürich 1802, p. 36, d'après laquelle cela voudrait
dire seulement que la peine prononcée ne peut être appliquée sans révision, n'est pas juste.

[3] Le C. p. de 1791, 1ʳᵉ part. titre VII art. 13 abolit toute forme de rémission
d'une peine prononcée avec le concours de jurés. Cette disposition correspond à la

Les conséquences des peines privatives de liberté touchant à l'honneur sont dures, injustes vis à vis des peines absolues par fois très douces par fois d'une rigueur excessive. On abandonna du reste bientôt cette sévérité. Le décret du 27 janvier 1800 déclara les peines du code simplement comme maxima; il permit en cas de circonstances atténuantes, de convertir la peine de mort en celle des fers d'une durée de onze ans et dans tous les autres cas de réduire les peines jusqu'au quart du maximum fixé par le code; il prescrivit l'insertion dans le jugement des motifs d'atténuation. De même, une loi du 6 mai 1800 ne laissa subsister l'exposition publique de l'art. 28 (qui n'était pourtant que d'une heure) que pour les condamnés à dix ans de fers et plus ou au bannissement (à l'exception des femmes) sans déchéance des droits civiques. Le carcan ne devait s'appliquer qu'en cas de récidive et contre les étrangers. On peut citer avec M. Pfenninger, p. 155, comme caractéristique pour le régime des prisons d'alors la loi du 16 février 1801 qui, tout en réglant avec plus de détails les peines contre les délinquants qui se sont évadés, diminue d'un mois pour chaque année de prison, la peine de ceux qui n'ont fait aucune tentative d'évasion. Par contre, une loi du 11 juin 1801, „en considération de la nécessité de protéger d'une manière énergique l'agriculture, le commerce des toiles et celui des bestiaux, sources de la prospérité nationale" édicte certaines aggravations; menace ainsi par exemple de la peine de mort les attaques à main armée ou la troisième récidive.

De nos jours où l'on apprécie à sa juste valeur le modèle français, on reconnaît de plus en plus que ce code plus qu'aucun autre de ce temps, était bien fait pour ménager la transition de l'ancien droit et ouvrir la voie à un développement rationnel. Dans certains cantons, il est resté en vigueur assez longtemps, corrigé, il est vrai, ça et là par des Novelles, ou avec force subsidiaire seulement; ainsi il est resté en vigueur à Lucerne jusqu'en 1827, en Thurgovie jusqu'en 1841, dans le canton de Vaud jusqu'en 1843, dans celui de Soleure jusqu'en 1859, à Berne jusqu'en 1866; ailleurs, il s'est heurté à une résistance plus vigoureuse. Il paraissait à quelques-uns, comme par exemple à M. L. Meyer-Knonau de Zurich, appelé à prendre part aux travaux de législation,[1]) trop peu sévère et impraticable vu le régime pénitentiaire de ce temps-là. Le code n'a pas été complété pour les délits de moindre importance, de sorte que les cantons ont dû y suppléer tant par des lois particulières (Vaud 1805, lois de police du canton de Lucerne de 1806, 1815 et 1817), qu'en remettant en vigueur de vieilles ordonnances et réglements (loi bernoise du 27 juin 1803), ou par des dispositions dans les lois de procédure pénale ou civile.

§ 5. Période de la Confédération d'États de 1803 à 1848.

L'Acte de médiation du 19 février 1803 mit fin à l'État unitaire. La Suisse devint par l'adjonction de six nouveaux cantons, savoir Saint-Gall, Grisons, Argovie, Thurgovie, Tessin et Vaud, une Confédération d'États de dix-neuf cantons soumis à d'importantes limitations quant à leur souveraineté. Ce n'est qu'au moyen de concordats qu'on pouvait arriver à des réglements plus ou moins unitaires.

---

suppression des peines perpétuelles et aux peines absolues. Voir M. Garraud, Traité théorique et pratique du droit pénal français I (1888), p. 91—92; Molinier, Traité (éd. Vidal 1893) I, p. 178.

[1]) Le travail de M. Meyer cité plus haut a été provoqué par la circulaire du département de justice du 7 juin 1802 à toutes les autorités leur enjoignant de communiquer en vue de travaux législatifs, leurs expériences et remarques sur le système pénal du nouveau gouvernement. Voir sur l'auteur le livre intitulé: L. Meyer von Knonau, Lebenserinnerungen 1769—1841. Herausgegeben von Gerold Meyer von Knonau, 1883.

Sous le rapport pénal, on peut mentionner les concordats concernants:

1° La réquisition, la poursuite, l'arrestation et l'extradition des malfaiteurs ou des prévenus; les frais qui s'y rapportent; l'interrogatoire et l'évocation des témoins dans les cas criminels; la restitution des effets volés. Ce concordat du 8 juin 1809 fut confirmé le 8 juillet 1818. Les art. 19 et 20 sont encore en vigueur à côté de la loi fédérale du 24 juillet 1852. Dans ce concordat, le principe de l'extradition de délinquants de gouvernement à gouvernement, est complètement reconnu, tandis que l'art. 8 de l'Acte de médiation n'avait dit que ceci: aucun canton ne peut donner asile à celui qui est condamné ou poursuivi légalement par la justice d'un autre canton.

2° La citation réciproque des délinquants en matière de police, concordat du 7 juin 1810, confirmé le 9 juillet 1818, interprété en 1840.

3° Les mesures de police contre les escrocs, vagabonds et individus dangereux du 17 juin 1812, confirmé le 9 juillet 1818 (l'art. IV prévoit même des colonies pénitentiaires et des maisons de force concordataires).[1]

Pour l'assez longue période[2] de la Confédération d'États (depuis le Pacte fédéral auquel les députés des vingt-deux cantons jurèrent fidélité jusqu'à la Constitution fédérale de 1848) il y a peu de chose à dire. Les mesures qu'on réclamait de tous côtés contre la presse, devenue un peu trop libre, formèrent assez longtemps un objet de discussion. Déjà le 16 mai 1815, la Diète avait décidé d'inviter les cantons à soumettre les feuilles publiques qui s'imprimaient sur leur territoire, à une censure sévère. Bientôt les plaintes se multiplièrent à tel point que la Diète en 1819 se vit forcée de prendre des mesures pour empêcher la propagation d'injures ou d'articles outrageants contre l'une ou l'autre des professions de foi, dans les imprimés, brochures ou journaux. En 1823, sous la pression des États étrangers, on publia un autre décret qui invite énergiquement les cantons à prendre les mesures nécessaires et satisfaisantes pour que:

1° dans les journaux, feuilles quotidiennes, brochures et revues, en parlant des affaires étrangères, on écarte soigneusement tout ce qui pourrait blesser le respect dû aux puissances amies ou donner lieu à des réclamations fondées;

2° on cherche, par ces mesures, non seulement à punir les contraventions, mais surtout à les prévenir.

On ne laissa tomber ce décret renouvelé d'année en année qu'en 1829. Plusieurs cantons répondirent à ces invitations, les uns en introduisant des articles spéciaux dans les codes pénaux cantonaux, les autres en édictant des lois spéciales sur la presse.

Dans un autre domaine aussi, celui des réfugiés, la Suisse ne pouvait que céder aux pressions toujours plus menaçantes de l'étranger. On en arriva le 11 août 1836 au fameux décret sur les étrangers. Par ce décret, l'expulsion des étrangers qui troublent l'ordre public est mise sous la haute surveillance et la direction du Vorort, c'est-à-dire de la Diète.[3]

Enfin, on peut joindre à ce décret celui du 20 mars 1845 qui défendit de constituer des corps francs armés sans l'assentiment ou le concours des gouvernements cantonaux, et invita les États confédérés à prendre les mesures nécessaires contre eux.

---

[1] Cpr. M. Wolf, „Die schweizerische Bundesgesetzgebung" II, 1891, p. 321 sq.
[2] Citons pour cette période l'ouvrage de M. L. Frey, „Entwurf zu einem republikanischen Strafgesetzbuch", Bern 1835.
[3] Voir M. Feddersen, Geschichte der schweizerischen Regeneration. Zürich 1867, p. 238 sq., 401 sq.   ·

§ 6. La législation pénale de la Confédération depuis 1848.

Après la défaite du Sonderbund, l'intervention étrangère pesa pendant un certain temps sur la tête de la Confédération. Cette intervention, de ce qu'on a appelé la Conférence de médiation, ne pouvait point revenir sur des faits accomplis, ni ébranler la souveraineté de la Suisse. Les députés de l'Autriche, de la Prusse et de la France croyaient encore pouvoir juger le procès de la petite Suisse. Mais la révolution du février 1848 éclata et empêcha d'aller plus loin. La Suisse, après avoir repoussé avec autant de ténacité que d'énergie, l'ingérence projetée avait désormais la main libre pour décider sur ses propres destinées. Diverses opinions furent émises sur ce qui serait nécessaire, désirable et praticable. Le projet d'une Constitution démontra avec raison que le cantonalisme avait des racines trop profondes, des habitudes séculaires trop de puissance pour permettre la transformation en État unitaire. „Un système de fédération qui respecte les deux éléments tels qu'ils existent en Suisse, savoir l'élément national ou général et l'élément cantonal ou particulier; qui donne à chacun d'eux son importance, selon l'intérêt de tous et des parties; qui les fonde, les combine; qui soumette les parties à l'ensemble, le cantonal au national, car autrement aucune Confédération ne serait possible et les cantons devraient périr dans leur isolement, voilà précisément ce dont la Suisse actuelle a besoin et c'est l'idée dominante du projet.“ On admit le système des deux chambres, en repoussant l'élection du Conseil fédéral par le peuple, pour l'abandonner à l'Assemblée fédérale (Conseil national et Conseil des États réunis) et on conféra à la Confédération la compétence nécessaire pour faire du nouvel État fédératif un organisme viable. Certes, il fallait savoir se borner, surtout en ce qui concernait la matière que nous traitons ici. La proposition de la députation de Soleure visant à l'unification du droit pénal et bien accueillie par les députations de Berne et Fribourg, ne reçut pas ailleurs un accueil favorable. Le 12 septembre 1848,[1]) la Constitution fédérale fut accepté par 15½ cantons et la majorité de la population. Elle correspondait aux besoins d'alors et formait un heureux compromis entre le fédéralisme à l'intérieur et la centralisation nécessaire à l'extérieur. C'est de cette Constitution qu'est sortie la Constitution actuelle du 29 mai 1874,[2]) qui, jusqu'à ce moment, a déjà subi diverses modifications sur certains points et est sans doute passible de modifications plus profondes encore.

La Constitution fédérale de 1848 (R. O. I, 3 sq.) dit dans son art. 94: „Il y a un tribunal fédéral pour l'administration de la justice en matière fédérale. Il y a de plus un Jury pour les affaires pénales.“

Art. 103: „L'action du Tribunal fédéral comme cour de justice pénale sera déterminée par la loi fédérale qui statuera ultérieurement sur la mise en accusation, les Cours d'assises et la cassation.“

Art. 104: „La Cour d'assises, avec le jury qui prononce sur les questions de fait, connaît:[3])

a) des cas concernant les fonctionnaires déférés à la justice pénale par l'autorité fédérale qui les a nommés;

b) des cas de haute trahison envers la Confédération, de révolte ou de violence contre les autorités fédérales;

---

[1]) Des éditions officielles de la Constitution fédérale (en 3 langues) et des constitutions cantonales alors en vigueur, ont paru à Berne en 1864, puis 1880, enfin 1891.

[2]) R. O. n. S. I, 1 sq., aussi éditions à part. M. Mann a publié une édition avec commentaire (Schweizerische Bundesgesetze mit Erläuterungen I), Bern 1888.

[3]) Sur ces art. 104 et 106 voir M. le docteur Hafner dans la Revue pénale suisse I, 250, M. Léo Weber (I, 370).

c) des crimes et des délits contre le droit des gens;

d) des délits politiques qui sont la cause ou la suite de troubles qui ont nécessité une intervention fédérale armée.

L'Assemblée fédérale peut toujours accorder l'amnistie ou faire grâce au sujet de ces crimes et de ces délits."

Art. 106: „Outre les cas mentionnés aux art. 101, 104 et 105, la législation fédérale peut placer d'autres affaires dans la compétence du Tribunal fédéral."

Art. 107: „La législation fédérale déterminera:

a) l'organisation du Ministère public fédéral;

b) quels délits seront dans la compétence du Tribunal fédéral, ainsi que les lois pénales à appliquer;

c) les formes de la procédure fédérale, qui sera publique et orale;

d) ce qui concerne les frais de justice.

Il s'agit ici, comme on le voit, de régler la juridiction pénale fédérale. Les cas mentionnés dans l'art. 104 sont exclusivement de la compétence du Tribunal fédéral; d'autres cas peuvent lui être déférés (art. 106). Ce qui a trait à la législation pénale à appliquer n'est qu'effleuré dans l'art. 107 b et d'une manière peu claire.

On semble partir, comme M. Stooss l'explique dans ses „Grundzüge", p. 39, de l'idée que la législation à appliquer est et doit être la conséquence de la juridiction du Tribunal fédéral. — Parmi les travaux législatifs auxquels donnèrent lieu les dispositions de la Constitution, il convient de citer les lois fédérales suivantes de quelque intérêt ici:

1a. LF. sur l'organisation judiciaire fédérale du 5 juin 1849 (R. O. I, 65 sq., Wolf, I., 392 sq.) qui dans son art. 49 nos. 1, 2, 3 reproduit la teneur des art. 104 et 106 et ajoute dans le n⁰ 4 que la législation d'un canton d'accord avec l'Assemblée fédérale peut mettre encore d'autres cas dans la compétence des assises — ce qui n'a pas eu lieu.

Cette loi (vu la nouvelle Constitution fédérale) a été remplacée par

1b. LF. sur l'organisation judiciaire fédérale du 27 juin 1874 (R. O. n. S. I, 117 sq., Wolf, I, 380 sq.). Les art. 32 et 33 correspondent à l'art. 49 de la loi ci-dessus nommée et à l'art. 112 (ancien art. 104) de la Constitution fédérale en raison du C. p. du 4 février 1853 paru entre temps. — Une nouvelle loi sera probablement promulgué en 1893.

2. LF. sur la procédure pénale fédérale du 27 août 1851 (R. O. II, 735 sq., Wolf, I, 413 sq.). C'est la loi de procédure fédérale encore en vigueur.

3a. LF. sur les attributions et le traitement du procureur général du 20 décembre 1850 (R. O. II, 163 sq.), abolie par l'art. 64 alinéa 2 de la loi sous numéro 1b. Cependant cette fonction fut rétabli par

3b. LF. sur le ministère public de la Confédération du 28 juin 1889 (R. O. n. S. XI, 223, Wolf, II, 1132). Voir Revue pénale suisse II, 395—398, III, 276—277; voir Salis-Borel, I, 296—299.

4. LF. sur le mode de procéder à la poursuite des contraventions aux lois fiscales et de police de la Confédération du 30 juin 1849 (R. O. I, 87, Wolf, I, 433). Il s'agit ici des contraventions aux lois fédérales sur les péages (douanes), les postes, la poudre, les monnaies, les poids et mesures, etc. Mais il n'y a pas de dispositions sur la contravention à la régale des monnaies ou plutôt les dispositions sur la falsification et la fabrication de fausses monnaies furent abandonnées au droit pénal commun des cantons parce que, lors du projet du C. p. fédéral, on fit valoir que les lois pénales cantonales suffisaient. D'un autre côté l'art. 10 de la loi sur les poids et mesures du 23 décembre 1851 (R. O. III, 85 sq.) fut aboli par l'arrêté fédéral du 18 juillet 1856 (R. O. V,

310 sq., Wolf, I, 709). Par contre, les dispositions pénales des art. 14 à 17 de la nouvelle loi fédérale sur les poids et mesures du 3 juillet 1875 sont actuellement en vigueur (R. O. n. S. I, 686 sq., Wolf, I, 709; voir M. Léo Weber dans la Revue pénale suisse I, 378 sq.).

5. LF. sur la responsabilité des fonctionnaires et autorités de la Confédération du 9 décembre 1850 (R. O. II, 145 sq., Wolf, I, 29 sq.). Cette loi, dans ses art. 6 et 8, renvoie aux dispositions ultérieures d'un C. p. fédéral.

6. LF. sur les garanties politiques et de police en faveur de la Confédération du 23 décembre 1851 (R. O. III, 33, Wolf, I, 27). Voir Blumer, II, 75 sq.; Blumer-Morel, 2ᵉ éd. III, 201 sq.

7. LF. sur l'extradition des malfaiteurs et accusés du 24 juillet 1852 (R. O. III, 161 sq., Wolf, I, 429 sq.). Cette loi est conforme à l'art. 55 de la Constitution fédérale de 1848, conçu en ces termes: „Toutefois l'extradition ne peut être rendue obligatoire pour les délits politiques et ceux de la presse.“ La disposition de l'alinéa 2 de l'art. 1ᵉʳ est importante: „L'extradition des ressortissants d'un canton, ou d'individus qui y sont établis, peut toutefois être refusée, si ce canton s'engage à les faire juger et à les punir, à teneur de ses lois ou à mettre à exécution une peine déjà prononcée contre eux.“ — Il y a des lois complémentaires des 24 juillet 1867 et 2 février 1872 quelque peu modificatives (R. O. IX, 85 sq., X, 632, Wolf, I, 432). Voir sur les détails: Schauberg dans la „Zeitschr. für schweizerisches Recht“, XVI, 117—220. — Pfenninger, 326 sq. — Blumer-Morel, 3ᵉ éd., I, 291 sq. — Colombi dans la „Zeitschr. für schweizerisches Recht“, n. F. VI, 453 sq.

En 1851 parut une loi fédérale sur la justice pénale pour les troupes fédérales, dont la partie générale a servi de modèle à la partie générale du C. p. fédéral de 1853.

A. Loi fédérale sur la justice pénale pour les troupes fédérales du 27 août 1851.

Recueil officiel II, 598 à 733. Il y a aussi des éditions à part. Le texte italien de l'art. 732 lettre e fut corrigé par l'arrêté fédéral du 16 décembre 1887 (R. O. X, 396, Wolf, II, 276). La Confédération puisait sa compétence pour la promulgation de cette loi dans l'art. 20 de la Constitution fédérale de 1848, puis dans l'art. 102 de la loi sur l'organisation militaire du 8 mai 1850.

La loi fédérale comprend trois livres dont le premier embrasse les dispositions pénales tandis que le second traite de l'organisation de la justice et le troisième de la procédure. Le premier livre est un C. p. militaire complet en deux parties. La première partie précédée d'un titre servant d'introduction (art. 1—3) se divise en Chap. I (dispositions générales, art. 4—40), et Chap. II (des différentes espèces de délits, art. 41—116 en 13 titres). La deuxième partie traite des fautes contre la discipline ou l'ordre (art. 166—197), puis vient un titre supplémentaire (art. 198—203) avec des dispositions sur la compétence en matière civile. La loi, dans ses art. 1—3 relatifs aux non-militaires qui sont soumis à la juridiction et aux lois militaires, va plus loin que les lois analogues d'autres pays (voir Blumer-Morel, 2ᵉ éd., II, 349). La loi prévoit: 1⁰ la peine de mort; 2⁰ les travaux forcés de 1 à 30 ans, exceptionnellement à perpétuité (art. 125); 3⁰ la prison jusqu'à 6 ans; 4⁰ l'expulsion; 5⁰ la révocation; 6⁰ la suspension; 7⁰ la perte des droits civiques. Les dispositions de la partie générale se retrouvent avec des modifications de peu d'importance dans le C. p. fédéral de 1853; seulement la récidive (art. 32 lettre d) est ici expressément mentionnée comme motif général d'aggravation. Du reste l'art. 35 entre dans les détails; d'un autre côté, l'art. 33 lettre e admet pour les individus au-dessous de 16 ans une atténuation de culpabilité. Les dispositions de la loi pénale militaire sont plus douces que celles de la loi pénale ordinaire en ce que, pour les crimes de droit commun (c'est-à-dire les actes qui sont punis dans la vie civile, abstraction faite de la position militaire de l'auteur, comme le meurtre, le vol à main armée, le vol simple, l'escroquerie, etc.), la poursuite pénale, suivant l'art. 38, se prescrit, pour les délits punis de la peine de mort ou des travaux forcés à perpétuité, par 10 ans, pour les délits punis de travaux forcés par 5 ans et dans tous les autres cas par 2 ans; les délits purement militaires se prescrivent par une année à partir de la dissolution du corps auquel le délinquant appartenait.

Sont désignés comme délits de droit commun: titre VI l'homicide (assassinat, meutre, homicide par négligence, duel); titre VII lésions corporelles et violences contre les personnes (viol, outrage fait à la personne, rapt, séquestration illégitime, violation du domicile); titre VIII incendies, ravages, dévastation et dommages apportés à la propriété; titre IX vol, vol à main armée, extorsion et pillage; titre X abus de confiance, escroquerie et faux témoignage; titre XI outrages faits à l'honneur; titre XII troubles apportés au culte; titre XIII menaces.

Cette loi suivait trop la législation des années 1836 et 1837,[1]) qui repose à son tour sur les travaux des années 1806 à 1817, c'est-à-dire sur les lois pénales pour les troupes suisses au service étranger; on en reconnut bien vite les défauts:[2]) confusion complète des délits militaires et de droit commun, puis des délits commis en service actif ou en temps de guerre qui se trouvent dans un seul et même article avec les délits commis en service d'instruction; procédure combinée pour le service actif, mais contraire à la fonction du jury qu'on venait d'introduire; enfin, minima par fois très élevés de quelques délits qui se commettent souvent dans le service d'instruction, à côté d'une douceur relativement très grande pour des délits très graves comme par exemple la trahison envers la Confédération en temps de guerre, ou même impunité complète de quelques-uns et répression insuffisante pour d'autres. Voilà pourquoi une motion présentée au Conseil des États le 21 juillet 1863, mais rejetée, proposa l'abaissement des minima pour les cas soumis aux conseils de guerre, et l'extension de la compétence disciplinaire des commandants en chef, des autorités militaires fédérales et cantonales pour leur permettre de punir les délits peu importants contre la propriété (Blumer-Morel, 2e éd., II, 351). Mais on n'entreprit des travaux de révision qu'après 1874 (principalement après la nouvelle organisation militaire du 13 novembre 1874.[3]) M. le professeur Hilty élabora en 1878 un projet de loi très court (de 80 articles). Mais ce système ne plut pas à la Commission (1879); on désirait un code dans la forme usitée jusqu'alors. Le rédacteur fit un second projet de 140 articles avec titre supplémentaire,[4]) projet qui fut définitivement rédigé en 1884 et soumis à l'Assemblée fédérale par le message du Conseil fédéral du 30 mai 1884 (F. f. 1884). En suite des longues délibérations et discussions au sein des deux conseils on chargea M. le colonel Müller (en juin 1886) de présenter un projet sur l'organisation des tribunaux militaires et la procédure militaire. Le projet qu'il

---

[1]) Le message du Conseil fédéral du 2 juin 1851 (F. f. de 1851, II) dit qu'elle est l'œuvre des juristes les plus distingués de la Suisse.

[2]) Sur les anciennes ordonnances militaires, la traduction française de la Caroline, etc., voir Zürcher, Die Wünschbarkeit eines gemeinsamen schweizerischen Strafrechts, Frauenfeld 1882. — Hilty, Vorlesungen über die Helvetik, Bern 1878, p. 622, 623. — Hilty, Grundzüge eines Militärgesetzbuches für die schweizerische Eidgenossenschaft, Bern 1876, 2. Aufl. 1878. — Schneider, Zur Geschichte der militärischen Rechtspflege in der zürcherischen Zeitschrift für Gerichtspraxis und Rechtswissenschaft, Bd. II, 1875.

[3]) Loi publiée avec introduction historique et commentaire par M. Mann (Sammlung schweizerischer Gesetze, Band II), Bern 1890, p. 204 sq.

[4]) Voir M. Hilty dans la „Zeitschr. für die ges. Strafrechtswissenschaft" II, 803 sq.

proposait déjà à la fin de juillet 1886 fut approuvé par la commission; cependant on reconnut que son acceptation rendait nécessaire la refonte du droit pénal (décret du 3 février 1887). Mais le travail relatif au droit pénal, à l'ordonnance disciplinaire et aux articles de la loi martiale, réclamant trop de temps, on se décida, après le retrait de la proposition le 30 mai 1884, à faire faire d'abord un projet sur l'organisation des tribunaux militaires. Ce projet fut présenté avec le message du 10 avril 1888 à l'Assemblée fédérale et accepté par celle-ci avec quelques modifications le 28 juin 1889.[1]) Cette loi entra en vigueur le 1er janvier 1890. On a aussi élaboré un projet de loi sur les peines disciplinaires.[2]) Des travaux plus considérables ont été différés jusqu'à ce qu'on se soit prononcé sur un C. p. fédéral qu'on a en vue. Par la loi susdite les art. 1 à 2 de la loi fédérale de 1851 ont été remplacés par de nouvelles dispositions; sont abrogés les art. 36, 37, 304—449, de même les dispositions de l'arrêté fédéral du 10 juillet 1854 (R. O. IV).

Dubs, Das neue schweizerische Militärstrafrecht (dans le „Gerichtssaal", 1852, IV 2, p. 147 sq., 305 sq.). — K. G. König, Grundzüge eines eidgenössischen Militärstrafrechts, Bern 1872. — Stooss, Bemerkungen zum dem Entwurf eines schweizerischen Militärstrafgesetzbuches. Tötung und Körperverletzung, Bern 1885; dans la Revue pénale suisse I, 261; dans ses „Grundzüge" p. 52—55. — Gretener, Zum Entwurf eines Militärstrafgesetzbuches für die schweizerische Eidgenossenschaft. Bern 1886. — Hilty, Das eidgenössische Militärstrafrecht (dans le „Politisches Jahrbuch der schweizerischen Eidgenossenschaft" IV, 747 sq.) — Pfenninger, 614 sq.

B. Code pénal fédérale du 4 février 1853. (Recueil officiel III, 335 à 359.)

Les travaux préparatoires de ce C. p. avaient commencé déjà en 1849, mais ils traînèrent en longueur, parce que le rédacteur était surchargé d'occupations. Un premier projet (non publié) fut présenté en 1852 au Conseil fédéral qui le discuta jusqu'au 1er juillet 1852. Le projet de 84 articles qui sortit de ces délibérations (F. f. 1852) fut exposé avec motifs à l'appui dans le message du 1er juillet 1852, ensuite critiqué au fonds dans l'excellent rapport de la commission du Conseil national rédigé par M. Dubs (F. f. 1853). L'Assemblée fédérale le discuta au commencement de 1853. Il fut adopté avec quelques modifications par le Conseil national le 3 février 1853 et par le Conseil des États le lendemain, puis promulgué par le Conseil fédéral le 6 avril 1853 avec force de loi à partir du 1er mai 1853.

Dans l'introduction il est dit simplement: „L'Assemblée de la Confédération suisse, vu le projet présenté par le Conseil fédéral, décrète." Il s'agissait de réaliser l'art. 107b de la Constitution fédérale de 1848, c'est-à-dire d'édicter des dispositions pénales pour protéger les intérêts et institutions de la Confédération, en quoi on cherchait à „s'émanciper de la législation cantonale". Cela explique l'étendue minime de ce code qui, dans sa première partie (dispositions générales) ne contient que 7 titres avec 35 articles, dans sa seconde partie (des diverses espèces de crimes et de délits) également 7 titres avec 37 articles; puis vient un titre supplémentaire (art. 73—77 Dispositions sur la compétence). Le code se termine par l'art. 78 qui a trait à l'époque de son entrée en vigueur.

La partie générale des art. 2—35 est, sauf quelques petits changements, conforme aux art. 4—35, 38 et 39 du C. p. militaire (voir plus haut).

Le Code ne connaît pas la peine de mort, mais prévoit comme peines privatives de liberté: 1⁰ La réclusion (qui entraîne toujours la **privation des**

---

[1]) Voir M. Stooss dans la Revue pénale suisse" I, 261—303. Le texte se trouve dans le R. O. n. S. XI, 254; Wolf, II, 277 sq.
[2]) Voir M. Stooss dans la Revue pénale suisse V, 385 sq.

droits politiques pendant un temps déterminé par le juge) de 1 à 30 ans; exceptionnellement seulement, suivant les art. 36, 37, 62², à perpétuité.

2⁰ L'emprisonnement jusqu'à 6 ans. Le juge peut y joindre la destitution et la privation des droits politiques; en dehors de cela il est interdit d'aggraver „la privation de la liberté par d'autres souffrances". Toutefois, les assises fédérales peuvent, en jugeant des délits communs soumis à la compétence cantonale, appliquer toutes les peines admises dans les C. p. cantonaux (même la peine de mort); par contre elles ne doivent jamais infliger un châtiment corporel, la marque ou l'exposition publique, mais les remplacer par une peine privative de liberté proportionnelle (art. 9 § 2, art. 76). La destitution emporte l'incapacité de remplir des fonctions publiques ou un emploi public pendant un temps à déterminer qui peut varier de 2 à 10 ans. Les condamnés à la privation des droits politiques sont inhabiles à exercer les droits de vote et d'élection que leur confèrent la Constitution et les lois de la Confédération ou du canton, ou à revêtir un emploi public. Cette peine, en cas de réclusion, peut être à vie; en cas d'emprisonnement, elle ne peut excéder de dix ans la durée de celui-ci (art. 6, 7).

Du reste, le code connaît encore le bannissement et l'amende. La première de ces peines ne peut être prononcée contre des citoyens suisses pour un temps qui excède 10 ans; elle ne doit jamais l'être contre des criminels dangereux. Le bannissement n'est prononcé que conjointement avec une peine privative de liberté et s'il y a probabilité que le condamné pourra, par des moyens légitimes, pourvoir à son existence hors du pays. La Confédération applique ici une peine qu'elle a enlevée plus tard aux cantons (Constitution fédérale de1874, art. 44).

L'amende peut s'élever jusqu'à 10,000 francs. Le message fédéral donne comme raison qu'on a suivi ici les lois fédérales de l'Amérique du Nord autant que possible. Ces lois, dit-on, prévoient toujours, à côté d'une peine privative de liberté, l'amende; cette amende est de 10,000 dollars pour un emprisonnement de 10 ans. Eu égard à la grande différence des conditions économiques en Amérique et en Suisse, on a souvent trouvé cette raison peu concluante. Lorsque l'amende ne peut être recouvrée dans le délai de 3 mois ou que le condamné est insolvable, cette peine est convertie en celle de l'emprisonnement (1 jour pour 5 francs).

En ce qui concerne l'empire de la loi, le code varie entre les systèmes de territorialité (art. 1ᵉʳ) et de personnalité¹) (art. 1ᵉʳ alinéa 2, art. 36—40, 45, 61 et 65); il donne lieu ici à des difficultés d'interprétation pour délimiter la compétence fédérale vis à vis de la compétence cantonale.

En tout cas le code se distingue par sa clémence. Abstraction faite de crimes graves contre la sûreté de l'État, il n'y a pas de minimum; rarement un maximum et assez souvent le juge a le choix entre plusieurs espèces de peines, et par conséquent un grand pouvoir d'appréciation. La négligence n'est punie qu'exceptionnellement (art. 57, 67 alinéa 2).

Il y a tentative d'un délit lorsqu'une personne, dans le dessein qu'elle a conçu de le commettre, a fait un acte extérieur qui peut être envisagé tout au moins comme un commencement d'exécution de ce délit. Le maximum de la peine de la tentative est la moitié de la peine fixée pour le délit consommé, si celle-ci est divisible. L'art. 16 donne au juge des indications plus détaillées.

Sont punissables tous ceux qui participent à un délit, savoir les auteurs, complices et fauteurs. Le complice est puni à l'ordinaire des ³/₄ au plus et

---

¹) Voir M. Fervers dans la Revue pénale suisse IV, 330.

du $^1/_4$ au moins, de la peine portée contre l'auteur principal; la peine du fauteur se règle sur celle de l'auteur; elle est réduite au moins de moitié.

Ne sont pas punissables ceux qui, au moment de l'action étaient, sans leur faute privés de l'usage de leur raison ou de leur libre arbitre. A cette catégorie appartiennent en particulier les cas de fureur, de démence, etc. (art. 27). L'art. 28 concerne l'ordre formel; l'art. 29, la légitime défense pour protéger sa propre personne, sa vie, sa propriété, sa liberté ou la personne, la vie, la propriété ou la liberté d'autrui. Les enfants de 12 à 16 ans ne sont punis que s'ils ont agi avec discernement (art. 30).

Parmi les cas dans lesquels le juge, en appliquant la peine dans les limites de la loi, doit la fixer plus rigoureusement, se trouve la récidive ainsi que le dit l'art. 31 lettre d en ces termes: „en raison du nombre de condamnations déjà encourues par le prévenu pour des crimes ou délits dérivant du même penchant coupable.“ L'ivresse quand elle résulte de la faute de l'accusé (ivresse volontaire), n'est dans la règle pas envisagée comme circonstance atténuante (art. 32 lettre b); par contre la jeunesse en est une (art. 30—32 lettre c).

Sans mentionner le concours de délits réel et idéal, l'art. 33 dispose tout simplement: „s'il s'agit de prononcer, par un seul et même jugement, sur plusieurs crimes ou délits commis par le même individu et pas encore punis, on lui applique la peine du crime ou du délit le plus grave; les autres crimes ou délits sont considérés comme des circonstances spécialement aggravantes.“

La prescription existe aussi bien pour la poursuite pénale que pour l'exécution de la peine. L'action pénale se prescrit par 15 ans pour les crimes entraînant la réclusion à perpétuité, par 10 ans pour les crimes punis de réclusion, par 3 ans dans les autres cas; la peine elle-même se prescrit par 30 ans pour la réclusion à perpétuité, par un laps de temps variant entre 5 et 25 ans pour les autres cas; on tient compte de la durée de la peine prononcée, mais pas encore subie (art. 35 lettre b). Dans les cas de fraude, de faux ou de détournement, l'action pénale ne se prescrit que du jour où le délit à été découvert.

L'art. 74 traite de la grâce et dispose que l'Assemblée fédérale se réserve toujours l'exercice du droit de grâce pour les crimes et délits prévus par le code, quand même ils ont été renvoyés par devant les autorités cantonales (ce qui doit s'appliquer à toutes les affaires pénales fédérales, comme M. Stooss le dit dans ses „Grundzüge“ p. 461). Du reste, la loi sur la procédure pénale fédérale du 27 août 1851 contient dans ses art. 169—182 des dispositions sur la grâce et sur la réhabilitation.

La seconde partie (partie spéciale) traite, suivant un ordre bizarre, dans son titre Iᵉʳ des crimes contre la sûreté extérieure et la tranquillité de la Confédération, c'est-à-dire trahison militaire ou diplomatique envers la patrie et actes contraires au droit des gens;[1] dans son titre II des crimes et délits contre les États étrangers; dans son titre III des crimes et délits contre l'ordre constitutionnel et la sûreté intérieure. La question difficile à résoudre par un État fédératif, l'était particulièrement ici, parce que la Constitution fédérale art. 5 garantit le territoire des cantons, leur souveraineté, leur constitution (pour autant que cette garantie est demandée et accordée), la liberté, les droits du peuple et les droits constitutionnels des citoyens et parce que d'un autre côté, il fallait admettre le droit d'intervention de la Confédération en cas de troubles. Le résultat ne pouvait naturellement pas être simple (voir M. Temme, Lehrbuch, p. 350 sq.). Sur ce terrain, il s'agissait d'apporter des limitations

---

[1] Voir M. Lammasch dans la „Zeitschr. für die gesamte Strafrechtswissenschaft“ III, 404.

essentielles au pouvoir législatif cantonal; malheureusement beaucoup de lois cantonales n'y firent pas suffisamment attention, de sorte qu'on rencontre à cet égard des dispositions ou superflues, ou entachées de nullité. A l'étranger, on devait bien reconnaître que la Suisse cherchait à remplir ses devoirs internationaux selon ses forces, pour punir les attaques politiques dirigées contre les États étrangers. La teneur de l'art. 41: „quiconque viole un territoire étranger ou commet tout autre acte contraire au droit des gens" était, il faut en convenir, assez vague. Mais les art. 42—44 surtout (outrages publiques envers une nation étrangère ou son souverain, ou un gouvernement étranger, etc.) provoquèrent en Suisse de vives critiques, car on croyait sentir la pression des grandes puissances (sentiment qui n'était point modifié par les explications données dans le message du Conseil fédéral). Toutefois, suivant l'art. 42, les poursuites ne peuvent être exercées „qu'en cas de réciprocité . . ." On peut consulter là-dessus les discussions dans l'affaire Schill (jugée par les Assises fédérales à Bâle les 18 et 19 juin 1888).[1]

Un autre article (titre III, art. 52) a souvent occupé les esprits et fera encore l'objet de bien de discussions. Cet article dit:

„Lorsque l'un des actes mentionnés aux art. 45—50 est dirigé contre une Constitution cantonale garantie par la Confédération, ou contre une autorité ou un fonctionnaire d'un canton, ou quand il se rapporte à des élections, à des votations ou autres opérations semblables, les dispositions de ces articles sont appliquées par analogie, si les actes qui y sont prévus ont été la cause ou la conséquence de troubles qui ont amené une intervention fédérale armée."

Reconnaissant qu'il peut y avoir encore d'autres délits politiques que ceux mentionnés dans les art. 45—50 pour lesquels l'art. 104d de la Constitution fédérale voulait établir un juge impartial dans les Assises fédérales, le Conseil des États en 1865 décida d'inviter le Conseil fédéral à examiner si, et dans l'affirmative, de quelle manière, il y aurait lieu de procéder à une révision de ces dispositions. La proposition du Conseil fédéral de faire appliquer par les assises fédérales la loi pénale cantonale fut rejetée et renvoyée à l'examen. Cependant on laissa tomber l'affaire. Ce n'est qu'après le procès Stabio du 22 octobre 1876 que les travaux furent repris. En suite de ce procès[2] M. Brosi, député au Conseil des États, présenta le 19 juin 1880 une motion qui vint en discussion au Conseil des États le 28 juin, pour inviter le Conseil fédéral à présenter aux Conseils de la Confédération un rapport et une proposition sur la révision du droit pénal fédéral dans le sens d'une extension de la notion des crimes et délits politiques qui sont de la compétence des Assises fédérales. Un projet fut enfin présenté le 13 janvier 1882; et l'Assemblée fédérale adopta le 19 décembre 1883, se fondant sur l'art. 114 de la nouvelle Constitution fédérale (correspondant à l'art. 106 de l'ancienne) un article supplémentaire 74 bis. Suivant cet article le Conseil fédéral peut renvoyer au Tribunal fédéral l'instruction et le jugement des crimes, même non prévus par le présent code, si ensuite d'agitations politiques, on n'a plus confiance en l'indépendance ou l'impartialité des tribunaux cantonaux qui devraient juger l'affaire. En suite du referendum cet arrêté fédéral fut soumis à la votation populaire et rejeté par le peuple le 11 mai 1884.[3]

Le titre IV comprend les délits commis par des fonctionnaires fédéraux

[1]) Voir Revue pénale suisse I, 304—306, 314—320.
[2]) Voir Atti del processo di Stabio, Bellinzona 1880; Scartazzini, Der Stabio-Prozess, Zürich 1880; Der Stabio-Prozess im „Neuen Pitaval", neue Folge, Bd. XVI, Leipzig 1881.
[3]) Sur les détails voir M. de Salis, I, 81 sq. (M. Borel, I, 82 sq.).

dans l'exercice de leurs fonctions:[1]) violation intentionnelle des devoirs inhérents à la charge du fonctionnaire; excès ou abus de pouvoir; vénalité; négligence grave; détournement de lettres et paquets par les employés des postes; violation du secret des lettres ou dépêches. Puis viennent (conformément à l'art. 106 de la Constitution fédérale de 1848) dans un ordre systématique très contestable, dans le titre V, les délits contre les fonctionnaires fédéraux et dans le titre VI (art. 61—68) des dispositions diverses: délit de falsification de documents fédéraux; faux témoignage devant une autorité fédérale; rupture de ban (en cas d'expulsion émanant d'une autorité judiciaire fédérale); secours donné à un étranger expulsé; enrôlement défendu (abrogé par la loi fédérale du 30 juillet 1859); interruption apportée au service télégraphique; dommages causés aux postes et aux chemins de fer et atteintes portées à leur sécurité.

Dans le titre VII, la responsabilité pour les délits commis par la voie de la presse est réglée suivant „le système par cascades". Du reste, la Confédération n'a pas exercé le droit qui lui est accordé par la Constitution fédérale de 1848 art. 45 (art. 55 de la nouvelle Constitution) d'édicter des dispositions pénales pour les délits de presse dirigés contre la Confédération et ses autorités.

Il ne nous est pas possible ici d'entrer dans beaucoup de détails sur les dispositions de compétence des art. 73—76 qui soulèvent bien des difficultés, si l'on tient compte d'autres dispositions existant alors ou qui sont entrées en vigueur plus tard. La transformation du Tribunal fédéral en une Cour permanente par la législation de 1874, et une longue série de lois fédérales spéciales ont complètement embrouillé les limites de la compétence fédérale et cantonale. Seule, une révision du droit pénal et de la procédure pénale fédérale peut y remédier. On s'en occupe depuis longtemps[2]) et tout récemment on vient de terminer un nouveau projet sur lequel on est heureusement tombé d'accord, de sorte que la nouvelle loi sera promulguée probablement en 1893. On n'en peut pas dire autant des travaux entrepris récemment pour compléter le droit pénal fédéral et qui sont réclamés par tout le monde. On reconnaît en effet de plus en plus les défectuosités de ce droit vis-à-vis des exigences de la nouvelle époque. Le président du département fédéral de justice, M. le conseiller fédéral Dr L. Ruchonnet, lors d'une motion faite par M. Forrer s'exprima le 8 mars 1888 ainsi (Revue pénale suisse I, 208): „Ce Code est suranné. Il ne connaît pas les délits politiques des temps présents. Il ne connaît ni les anarchistes,[3]) ni la dynamite, ni l'espionnage politique. Dans un autre ordre d'idées, ce code n'a aucune disposition pour protéger la monnaie,[4]) non plus que les timbres-poste. Il nous laisse désarmés dans bien des cas où nos rapports internationaux sont en jeu."

C'est pourquoi on élabora, non sans tenir compte du plan projeté de faire un C. p. fédéral unique, une Novelle, résultat des délibérations d'une commission dont M. Stooss parle dans sa Revue III, 160 sq. et dans ses „Grundzüge" I, p. 44—45, mais qui ne fut pas encore discutée dans les chambres.

Le C. p. fédéral reste donc provisoirement en vigueur tel quel, sauf que l'art. 26 a été modifié par le code des obligations art. 60 et 88 et que l'art. 65 a été remplacé par la loi fédérale concernant les enrôlements du 30 juillet

---

[1]) Sur les infractions à la discipline voir l'art. 77d. Voir Blumer-Morel, 2e éd., I, 544—563; II, 391; III, 215.

[2]) Voir les explications de M. le Dr Hafner et M. le Dr Léo Weber dans la Revue pénale suisse I, 228—260, 361—389. Le texte récent se trouve dans la F. f. de 1893, I.

[3]) Voir M. Ed. Müller, Bericht über die Untersuchung betr. die anarchistischen Umtriebe in der Schweiz, Bern 1885.

[4]) Rapport du département de justice dans la F. f. de 1883, II, sur le procès de Genève concernant la fabrication des monnaies égyptiennes.

1859. — Une des principales controverses qui occupe de plus en plus la pratique et la doctrine est la question de savoir quelle importance il faut donner aux principes contenus dans la partie générale du Code. La législation fédérale complémentaire n'a pas toujours pris les dispositions nécessaires pour la résoudre. Ainsi, par exemple, quand elle passe sous silence la prescription, on se demande s'il faut suppléer à ce silence en appliquant les dispositions du code fédéral ou de la loi cantonale ou s'en rapporter même à l'appréciation du juge. Certes, l'opinion émise surtout par M. Stooss („Grundzüge" I, p. 49 et dans la Revue pénale suisse IV, 157) qu'il faut appliquer le droit fédéral correspond seule au but de la loi. Mais récemment, dans l'un des Conseils, lors de la délibération de la nouvelle loi sur la pêche, l'opinion s'est fait jour qu'on appliquerait le droit cantonal au détriment du droit fédéral (voir M. Léo Weber, Revue pénale suisse I, 389, II, 269).

Malheureusement, le C. p. n'a pas trouvé de commentateur. Il faut renvoyer aux notices données par M. Stooss dans le „Gerichtssaal" vol. 40 (1888), 121—129; „Grundzüge" I, 41—43; M. Pfenninger, 346—355; Blumer-Morel, 2e éd., III, 195—205. On trouve des cas récents intéressants dans la Revue pénale suisse, surtout dans le vol. V, 88 sq., 230 sq., 519 sq., VI, 129 sq.

Dans le domaine de l'extradition, on peut signaler de meilleurs résultats. Le nombre de traités ou conventions sur l'extradition conclus par la Suisse avec d'autres États augmentant toujours, l'opinion s'est manifestée qu'on devrait régler les différentes questions par voie législative, comme d'autres États l'ont déjà fait. Il fallait délimiter les compétences des deux autorités fédérales appelées à statuer en matière d'extradition et augmenter les attributions du Tribunal fédéral. On voulait aussi sortir des nombreux différends, qui avaient éclaté entre l'autorité centrale et les gouvernements cantonaux. L'avant-projet, élaboré par M. le professeur Rivier, consul général de la confédération à Bruxelles, fut discuté par une commission nommée à ces fins dans les séances du 14 au 23 avril 1890 à Berne et soumis à l'Assemblée fédérale par le Message du Conseil fédéral du 9 juin 1890 (F. f. 1890). Le projet modifié çà et là lors des délibérations fut adopté par le Conseil national le 21 et par le Conseil des États le 22 janvier 1892. La loi fédérale sur l'extradition aux États étrangers ainsi adoptée est immédiatement entrée en vigueur (le nombre de signatures pour le referendum ayant été insuffisant). D'après cette loi (R. O. n. S. XII), le Conseil fédéral pourra sous la réserve de réciprocité ou même, par exception, sans cette réserve, extrader dans les conditions résultant des dispositions de la présente loi, tout étranger poursuivi, mis en prévention ou en accusation ou condamné par l'autorité judiciaire compétente de l'État requérant, qui sera trouvé sur le territoire de la Confédération. S'il requiert d'un État étranger l'extradition d'un individu poursuivi, mis en prévention ou accusation ou condamné par un tribunal compétent suisse, le Conseil fédéral pourra promettre la réciprocité dans les limites des dispositions de la présente loi. Lorsqu'il existe un traité d'extradition entre la Suisse et l'État requérant, il pourra néanmoins, sous la réserve de réciprocité, ou même sans cette réserve, accorder l'extradition pour une infraction non prévue dans le traité, dans les limites fixées par la présente loi, et si la Suisse est requérante, promettre, dans les mêmes limites, la réciprocité. — A la teneur de l'art. 2 aucun citoyen suisse ne pourra être livré à un État étranger. Sur la demande ou en refusant l'extradition, le Conseil fédéral garantira à l'État requérant qu'un citoyen suisse trouvé sur le territoire de la confédération et réclamé pour un des délits prévus dans le traité ou dans la promesse de réciprocité sera jugé et, s'il y a lieu, puni en Suisse, conformément à la loi du tribunal compétent suisse, moyennant l'assurance donnée par l'État requérant que ce citoyen, une fois la peine prononcée contre lui en Suisse subie, ne sera pas poursuivi sur son territoire une seconde fois pour le même fait et que la condamnation qui aurait été prononcée contre lui dans l'État requérant ne sera pas exécutée. Si cette assurance est donnée, le canton d'établissement ou, à son défaut, le canton d'origine est tenu de traduire en justice le citoyen comme si le délit avait été commis sur le territoire du canton. — L'art. 3 énumère tous les faits donnant lieu à l'extradition, tandis que l'art. 4 permet l'extradition même pour un fait qui, tout en étant compris dans l'énumération de l'art. 3 et punissable d'après la loi de l'État requérant, n'est pas spécialement prévu par le droit du canton de refuge, si cette omission provient uniquement de circonstances extérieures, telles que la différence des situations géographiques des deux pays. — D'après l'art. 9, l'extradition ne sera accordée qu'à la condition que l'individu livré ne soit pas traduit devant un tribunal d'exception. — L'art. 10 interdit l'extradition pour crimes et délits politiques, mais l'accorde cependant, alors même que le coupable alléguerait[1]) un motif ou un but politique, si l'infraction pour laquelle elle est demandée constitue principalement un crime ou délit commun. Le tribunal fédéral appréciera librement, dans chaque cas particulier, le caractère de l'infraction selon les faits de la cause. — Le Conseil fédéral accorde aussitôt l'extradition si l'individu arrêté a déclaré y consentir, si aucun empêchement légal ne s'oppose à son extradition, ou s'il n'a soulevé contre celle-ci que des objections qui ne se fondent pas sur la loi, sur le traité ou sur une déclaration de réciprocité (art. 22). Au cas contraire, le Tribunal fédéral prononcera qu'il y a ou qu'il n'y a pas lieu à l'extradition (art. 23). — Suivant l'art. 30, le Conseil fédéral peut, avec l'assentiment de tous les intéressés, accorder l'autorisation de subir, dans une prison du pays, une peine d'emprisonnement prononcée à l'étranger. La Confédération (art. 31) supporte les frais des extraditions aux États étrangers ordonnées par ses organes. L'art. 58 de la loi fédérale sur l'organisation judiciaire du 21 juin 1874 (remplaçant l'ancienne du 5 juin 1849) réglant jusqu'ici les attributions du Tribunal fédéral et du Conseil fédéral, est abrogé par l'art. 33 de la loi sur l'extradition. Le tableau II du message du 9 juin 1890 donne l'énumération des traités et conventions d'extradition existant actuellement. Voir sur les détails v. Salis III, 380 sq.

C. Lois pénales fédérales spéciales.

Le C. p. fédéral, ainsi que le constate M. Stooss dans ses „Grundzüge", p. 50, a sauvegardé les intérêts fédéraux, surtout:

I. La Confédération comme telle et dans ses relations internationales, puis les États étrangers (art. 36—44).

II. Le pouvoir fédéral et ses organes (art. 45—51, 59—60).

III. L'administration fédérale a) en général (art. 53—58), b) la justice fédérale (art. 61—63), c) le trafic des postes et chemins de fer (art. 66—68).

La Confédération a aussi fait usage dans les domaines les plus divers, de la compétence législative qui lui était accordée expressément ou tacitement par la Constitution et édicté des dispositions pénales. Or, il peut s'élever des contestations sur la délimitation de la souveraineté fédérale et cantonale, d'autant plus que pour le droit pénal, la souveraineté cantonale est sans contredit la règle. Ces conflits de compétence devaient être tranchés, suivant la Constitution fédérale de 1848 (art. 74, numéro 17 et art. 80) par l'Assemblée fédérale; la nouvelle constitution de 1874 (art. 113) abandonne ces différends au

---

[1]) Cette traduction du texte allemand: „obgleich der Thäter einen politischen Beweggrund oder Zweck vorschützt" . . . ne rend peut-être pas le sens du texte allemand, seul officiel. Voir M. Rolin dans la Revue de droit international XXIV, 1892, p. 25; M. Berney, ibid., p. 212—223.

Tribunal fédéral, qui doit appliquer les lois votées par l'Assemblée fédérale et les arrêtés de cette Assemblée qui ont une portée générale. Il doit se conformer également aux traités ratifiés par l'Assemblée fédérale. Tandis que la Constitution fédérale des Etats de l'Amérique du Nord laisse prononcer les tribunaux de l'Union sur la constitutionnalité des lois,[1]) l'Assemblée fédérale peut étendre peu à peu le ressort de sa compétence; elle n'accorde aux individus que quelques garanties (referendum facultatif, révision).[2])

C'est grâce à une grande modération dans la centralisation et au respect de l'indépendance cantonale qu'il n'y a pas eu trop de conflits entre la Confédération et les cantons. On a très bien compris que les institutions fédérales devaient se modifier continuellement selon les besoins du temps.

Nous trouvons des dispositions pénales dans les lois fédérales suivantes, rangées par ordre de matières:

I. État civil et heimatlosat.

1⁰ LF. sur l'heimatlosat du 3 décembre 1850 (R. O. II, 15 sq.), art. 18 (vagabonds); LF. du 24 juillet 1867.

Wolf, I, 153. — Gebhardt,[3]) 25—26. — Blumer-Morel, 2e éd., II, 221 sq. — v. Salis, I, 477 sq.

2⁰ LF. concernant l'État civil, la tenue des registres qui s'y rapportent et le mariage du 24 décembre 1874 (R. O. n. S. I, 411), art. 59.

Wolf, I, 158 sq. — Gebhardt, 36—38. — Pfenninger, 587. — Blumer-Morel, 2e éd., III, 217.

II. Droit des obligations. Propriété littéraire. Poursuite pour dettes.

1⁰ C. fédéral des Obligations du 14 juin 1881 (R. O. n. S. V, 577 sq.). L'art. 864 prévoit une amende pour la non-inscription au registre du commerce. D'après l'art. 880 les dispositions pénales concernant la tenue et l'obligation de conserver les livres de commerce sont réservées à la législation cantonale. Voir encore les art. 50—60 et 69.

Édition française avec des notes de concordance par M. Charles Soldan. Lausanne 1881. — Éd. officielle (textes allemand, français, italien) Berne 1882. — Kommentar von Schneider und Fick, grössere unter Benutzung der Praxis bearbeitete Ausgabe, Zürich 1891—1893. — Haberstich, Handbuch des schweizerischen Obligationenrechts, Zürich 1884—1887. — Textausgabe mit Anmerkungen von Dr. H. Hafner, Zürich 1892. — M. Virgile Rossel, Manuel du droit fédéral des obligations, Lausanne 1892.

2⁰ LF. sur la propriété littéraire et artistique du 23 avril 1883 (R. O. n. S. VII, 239 sq.) Art. 13 sq.

Wolf, I, 259 sq. — Gebhardt, 67—72. — Blumer-Morel, 2e éd., III, 498 sq. — A. v. Orelli, Das schweizerische Bundesgesetz betr. das Urheberrecht an Werken der Litteratur und Kunst unter Berücksichtigung der bezüglichen Staatsverträge, Zürich 1884. — H. Rüfenacht, Das litterarische und künstlerische Urheberrecht in der Schweiz mit besonderer Rücksicht auf die bestehenden Staatsverträge. Dissertation. Bern 1892. — Meili, Die schweizerische Gerichtspraxis über das litterarische, künstlerische und industrielle Eigentum, I, Zürich 1890. — Niesper-Meyer, Der Schutz des industriellen Eigentums in der Schweiz und im deutschen Reich, Zürich 1892.

3⁰ LF. sur la protection des marques de fabrique et de commerce, les indications de provenance et les mentions de récompenses industrielles du 26 septembre 1890 (R. O. n. S. XII), art. 24—34.

---

[1]) Voir sur la justice fédérale dans les État-Unis, M. le prof. G. Vogt dans la „Zeitschrift für schweizerisches Recht XXXI, 566—586. — Westerkamp, Bundesstaat und Staatenbund, p. 327, 350, 408.

[2]) Le chap. III de la Constitution fédérale de 1874 (art. 118—121) a été modifié et augmenté (art. 118—123). Ces nouvelles dispositions sont en vigueur depuis le 29 juillet 1891. Voir Westerkamp, p. 414 sq.

[3]) C'est-à-dire: Gebhardt, Sammlung der eidgenössischen Straf- und Strafprozessgesetze, Luzern 1889.

Meili, Die schweizerische Gesetzgebung über den Schutz der Erfindungen, **Marken,** Muster und Modelle. Textausgabe, Zürich 1890, p. 9 sq. — Meili, Das Markenstrafrecht, Bern 1888. — Blumer-Morel, 2ᵉ éd., III, 508 sq., sur l'ancienne loi fédérale du 19 décembre 1879. (R. O. n. S. V, 35. — Wolf, I, 265.)

4⁰ LF. sur les brevets d'invention du 29 juin 1888 (R. O. n. S. X, 684 sq.), art. 25 sq.

Wolf, I, 276. — Gebhardt, 101—103. — Meili, Die schweizerische Gesetzgebung ..., Zürich 1890, p. 21 sq. — Meili, Die Principien des schweizerischen Patentgesetzes, Zürich 1890. — Pfenninger, 602. — Simon, Der Patentschutz, Bern 1891.

5⁰ LF. sur les dessins et modèles industriels du 21 décembre 1888 (R. O. n. S. XI, 71 sq.), art. 20 sq.

Wolf, II, 1122. — Gebhardt, 179—181. — Meili, Die schweizerische Gesetzgebung, Zürich 1890, p. 55 sq. — Pfenninger, 603. — Revue pénale suisse II, 268.

6⁰ LF. sur la poursuite pour dettes et la faillite du 11 avril 1889 (R. O. n. S. XI, 486 sq.). Cette loi contient dans ses articles 91, 96, 163 alinéa 2, 164, 222, 229 des dispositions pénales; elle dispose dans son article 25 alinéa 3 que les cantons doivent édicter les dispositions pénales rendues nécessaires par la mise en vigueur de cette loi, et dans son art. 26 qu'il appartient aux cantons de déterminer, sous réserve des dispositions fédérales sur les droits politiques des citoyens suisses (art. 66 de la Const. féd.), les conséquences de droit public attachées à la saisie infructeuse et à la faillite. Le droit pénal cantonal en ce qui concerne les faillites n'est pas modifié. La loi est entrée en vigueur le 1ᵉʳ janvier 1892 (elle fut, exceptionnellement, traduite aussi en „romansch").

Édition officielle, Berne, Stämpfli, 1890. — Commentar von Dʳ Leo Weber et Dʳ A. Brüstlein, Bern 1892; édition française par MM. Brüstlein et Rambert, Lausanne 1892. — Taschenausgabe von Dr. H. Hafner, Zürich 1892. — Zürcher dans la Revue pénale suisse II, 293—343. — F. Zeerleder, ibid. IV, 401.

III. **Police des industries.**

1⁰ LF. sur le travail dans les fabriques du 23 mars 1877 (R. O. n. S. III, 224 sq.), art. 19.

Wolf, I, 291. — Gebhardt, 48. — Pfenninger, 588. — Blumer-Morel, 2ᵉ éd., II, 273 sq. — Das Bundesgesetz vom 23. März 1877 kommentiert, Bern 1888.

2⁰ LF. sur la responsabilité civile des fabricants du 26 avril 1887 complétant la loi fédérale du 25 juin 1881 (R. O. n. S. V, 510 sq.), art. 8.

Wolf, I, 295. — Gebhardt, 91. — Pfenninger, 601. — Zeerleder, Die schweizerische Haftpflichtgesetzgebung, Bern 1888.

3⁰ LF. concernant la fabrication et la vente d'allumettes chimiques du 22 juin 1882, puis le règlement du 17 octobre 1882, art. 2 (R. O. n. S. VI, 439 sq.).

Wolf, I, 299. — Gebhardt, 64—67. — v. Salis, I, 414. — Léo Weber dans la Revue pénale suisse III, 277. — Une nouvelle loi est en préparation.

4⁰ a) LF. concernant le contrôle et la garantie du titre des ouvrages d'or et d'argent du 23 décembre 1880 (R. O. n. S. V, 332 sq.), art. 6, 7, 9, 10; loi supplémentaire du 21 décembre 1886 (R. O. n. S. X, 45).

Wolf, I, 302, 305. — Gebhardt, 59—62. — v. Salis, I, 25. — Pfenninger, 594.

4⁰ b) LF. concernant le commerce des déchets d'or et d'argent du 17 juin 1886 (R. O. n. S. IX, 222 sq.), art. 6.

Wolf, I, 317. — Gebhardt, 77.

5⁰ LF. sur l'émission et le remboursement des billets de banque du 8 mars 1881 (R. O. n. S. V, 369 sq.), art. 47—50.

Wolf, I, 326. — Gebhardt, 62—64. — Pfenninger, 595. — Blumer-Morel, 2ᵉ éd., III, 208. — v. Salis, III, 220.

6⁰ LF. sur les opérations des agences d'émigration du 22 mars 1888 (R. O. n. S. X, 594 sq.), art. 18—20, puis le règlement d'exécution du 10 juillet 1888, art. 35, alinéa 2.

Wolf, I, 358. — Gebhardt, 92—100. — Pfenninger, 601. — Revue pénale suisse II, 265.

7⁰ LF. concernant la surveillance des entreprises privées en matière d'assurance du 25 juin 1885 (R. O. n. S. VIII, 167 sq.), art. 10—11; règlement du 29 octobre 1886, art. 8.

Wolf, I, 366, 368. — Gebhardt, 74—76. — Pfenninger, 599. — v. Waldkirch, Die Staatsaufsicht über die privaten Versicherungsunternehmungen nach Bundesgesetz vom 25. Juni 1885, Zürich 1892.

8⁰ LF. concernant les taxes de patente des voyageurs de commerce du 24 juin 1892, art. 8 et Arrêté fédéral du 1 novembre 1892 (R. O. n. S. XIII). Voir Hilty, Politisches Jahrbuch der schweizerischen Eidgenossenschaft, VII, 601.

IV. Eaux et forêts. Protection des oiseaux.

1⁰ a) LF. sur la haute surveillance de la Confédération sur la police des forêts dans les régions élevées du 24 mars 1876 (R. O. n. S. II, 298 sq.), art. 27—29.

Wolf, I, 776. — Gebhardt, 44—47. — Blumer-Morel, 2e éd., II, 198 sq. — Pfenninger, 588.

1⁰ b) LF. sur la police des eaux dans les régions élevées du 22 juin 1877 (R. O. n. S. III, 186 sq.), art. 13.

Wolf, I, 906. — Gebhardt, 49. — Blumer-Morel, 2e éd., II, 205 sq. — Pfenninger, 588.

2⁰ LF. sur la chasse et la protection des oiseaux du 17 septembre 1875 (R. O. n. S. II, 23 sq.), art. 5, 21, 22.

Wolf, I, 784. — Gebhardt, 40. — Blumer-Morel, 2e éd., II, 301 sq. — Pfenninger, 588.

3⁰ LF. sur la pêche du 21 décembre 1888 (R. O. n. S. XI, 59 sq.), art. 31—38.

Wolf, I, 797. — Gebhardt, 181—190. — Revue pénale suisse II, 268.

V. Lois concernant la santé publique.

1⁰ LF. concernant les mesures de police contre les épizooties du 8 février 1872 (R. O. X, 966 sq.), art. 26, 36, 37. Dispositions additionnelles du 19 juillet 1873 (R. O. XI, 213 sq.), art. 2, du 1er juillet 1886 (R. O. n. S. IX, 274 sq.). Règlement d'exécution du 14 octobre 1887 (R. O. n. S. X, 268 sq.), art. 31, 103.

, Wolf, I, 747 sq. — Gebhardt, 30—36. — Blumer-Morel, 2e éd., II, 265 sq.

2⁰ LF. concernant les mesures contre les épidémies offrant un danger public du 2 juillet 1886 (R. O. n. S. IX, 277 sq.), art. 9. — Ordonnance concernant le transport des corps à inhumer du 6 octobre 1891 (R. O. n. S. XII), art. 22.

Wolf, I, 893. — Gebhardt, 79—82. — Pfenninger, 600. — v. Salis, I, 5.

3⁰ Règlement d'exécution concernant les dispositions contre le phylloxéra du 29 janvier 1886 (R. O. n. S. IX, 3 sq.), art. 27.

Wolf, I, 740. — v. Salis, I, 13—16. — Blumer-Morel, 2e éd., III, 568 sq.

VI. Finances.

1⁰ LF. sur les péages du 27 août 1851 (R. O. II, 527 sq.), art. 50—57.

Wolf, I, 442 sq. — v. Salis, III, 88 sq. — Gebhardt, 26—29. — Blumer-Morel, 2e éd., II, 379 sq. — Une nouvelle loi est en préparation.

2⁰ a) LF. sur la régale des postes du 2 juin 1849 (R. O. I, 98 sq.), art. 6, 9, 11.

Wolf, I, 502. — Gebhardt, 23. — v. Salis, III, 178 sq. — Une nouvelle loi est en préparation.

2⁰ b) LF. sur les taxes postales du 26 juin 1884 (R. O. n. S. VII, 524 sq.), art. 21, 36; loi complémentaire du 24 juin 1890 (R. O. n. S. XI, 665 sq.). Révision de quelques dispositions du 17 juin 1891 (R. O. n. S. XII). Ordonnance sur les transports du 7 octobre 1884 (R. O. n. S. VII, 560 sq.), art. 15³, 16², et du 26 mai 1891, art. 11 (R. O. n. S. XII).

Wolf, I, 525 sq. — Gebhardt, 23—25, 72. — Blumer-Morel, 2e éd., I, 536 sq.

3⁰ LF. sur la régale des poudres du 30 avril 1849 (R. O. I, 164 sq.), art. 6.

Wolf, I, 956. — Gebhardt, 22. — Blumer-Morel, 2e éd., II, 392 sq.

4⁰ LF. sur les spiritueux du 23 décembre 1886 (R. O. n. S. X, 60 sq.), art. 14—17, 19. Arrêté fédéral concernant la dénaturation de l'alcool du 2 septembre 1887 (R. O. n. S. X, 163). Règlement du 24 juillet 1888 (R. O. n. S. X, 663).

Wolf, I, 963 sq. — Gebhardt, 82—91. — v. Salis, III, 192 sq.

VII. Trafic des chemins de fer.

1º LF. sur l'expropriation pour cause d'utilité publique du 1ᵉʳ mai 1850 (R. O. I, 319 sq.), art. 9.

Wolf, I, 896. — Gebhardt, 25. — Blumer-Morel, 2ᵉ éd., II, 162 sq.

2º a) LF. concernant l'établissement et l'exploitation des chemins de fer du 23 décembre 1872 (R. O. XI, 1 sq.), art. 34.

Wolf, I, 588 sq. — Blumer-Morel, 2ᵉ éd., II, 36 sq. — v. Salis-Borel, I, 44 sq. — Hürlimann, Die eidgenössische Eisenbahngesetzgebung mit Angabe der Quellen für die Kenntnis der darauf bezüglichen Praxis der Bundesbehörden bis Ende 1885, Zürich 1887.

2º b) LF. concernant la police des chemins de fer du 18 février 1878 (R. O. n. S. III, 400 sq.), art. 8, 9.

Wolf, I, 608. — Gebhardt, 49—53. — Blumer-Morel, 2ᵉ éd., II, 106 sq. — Pfenninger, 589.

2º c) LF. sur la durée du travail des employés des chemins de fer et autres compagnies de transport (R. O. n. S. XI, 658), art. 7.

F. Zeerleder dans la Revue pénale suisse IV, 402.

3º LF. sur l'organisation de l'administration des postes du 2 juin 1849 (R. O. I, 105 sq.), art. 14, 15 (Wolf, I, 129).

4º a) LF. sur l'organisation et l'administration des télégraphes du 20 décembre 1854 (R. O, V, 1 sq.), art. 16, 17 (Wolf, I, 135). Ordonnance concernant les peines disciplinaires des fonctionnaires et employés de l'administration des télégraphes du 22 janvier 1855 (ibid. V, 63 sq.), art. 1, 4 (Wolf, I, 566 — Gebhardt 29).

4º b) LF. concernant la correspondance télégraphique dans l'intérieur de la Suisse et le secret des dépêches dans les bureaux du 22 juin 1877 (R. O. n. S. tome III, 151 sq.), art. 4 (abolie par l'ord. du 30 juillet 1886).

5º a) LF. sur l'établissement des lignes télégraphiques et téléphoniques du 26 juin 1889 (R. O. n. S. XI, 231), art. 9, 11.

5º b) LF. sur les téléphones du 27 juin 1889 (ibid. XI, 236), art. 19 al. 2.

Wolf, II, 1137 sq. — Meili, Das Telephonrecht, Leipzig 1885. — Meili, Das Recht der modernen Verkehrs- und Transportanstalten, Leipzig 1888. — Léo Weber dans la Revue pénale suisse III, 275. — v. Salis, III, 189 sq.

D. La constitution fédérale et son influence sur le droit pénal des cantons.

La constitution fédérale de 1848, comme celle de 1874, contient plusieurs dispositions qui ont eu de l'influence sur le droit pénal cantonal. Nous voulons parler ici des points suivants:

a) **Interdiction de la peine de mort.** L'exécution de l'avocat Nessi dans le canton du Tessin et le jugement prononcé à Lucerne contre le Dʳ Robert Steiger qui put s'évader avant l'exécution, ainsi que l'exemple donné par la France amenèrent le législateur à poser le principe de l'art. 54 de la Constitution fédérale de 1848 „Il ne pourra être prononcé de peine de mort pour cause de délit politique". Cette disposition a été étendue aux crimes de droit commun par l'art. 65 de la Constitution fédérale de 1874 où il est dit: „La peine de mort est abolie. Sont réservées toutefois les dispositions du C. p. militaire en temps de guerre."

En suite de la panique causée par quelques grands crimes, on fit des pétitions pour réclamer l'abolition de cette interdiction. M. Freuler de Schaffhouse, membre du Conseil des États, déposa le 2 décembre 1878 une motion tendant à abolir l'art. 65 pour rétablir l'ancien article. Les deux Conseils approuvèrent complètement cette motion le 17 décembre 1878 et la renvoyèrent au Conseil fédéral pour en délibérer. Celui-ci, dans son message du 7 mars 1879 (F. f. de 1879, I), s'y opposa en proposant de ne pas entrer en matière. Mais l'Assemblée fédérale se prononça cependant pour la révision de l'article. L'article ainsi révisé par l'arrêté fédéral du 28 mars 1879 fut adopté par l'Assemblée fédérale et admis par le peuple le 18 mai 1879 (200485 acceptants et 181588 rejetants; États acceptants 13⁴/₂, rejetants 6²/₂; savoir Zurich, Berne, Thurgovie, Tessin, Neuchâtel, Genève, Bâle-Ville, Bâle-Campagne). L'arrêté fédéral du 20 juin 1879 autorisa donc les cantons à appliquer la peine de mort, sauf pour délits politiques. Firent usage de cette permission:

1⁰ Appenzell, Rhodes-Intérieures, par le décret de la Landsgemeinde du 25 avril 1880; 2⁰ Unterwalden le Haut par la loi du 25 avril 1880; 3⁰ Uri par le décret de la Landsgemeinde du 2 mai 1880; 4⁰ Schwyz dans le C. p. du 20 mai 1881; 5⁰ Zug dans la loi concernant la révision du C. p. du 1ᵉʳ juin 1882; 6⁰ St Gall par la loi du 2 décembre 1882; 7⁰ Lucerne par la loi du 6 mars 1883; 8⁰ Valais par la loi du 24 novembre 1883; 9⁰ Schaffhouse en se prononçant pour l'initiative relative au rétablissement de cette peine (9 avril 1893).

Le canton de Zurich avait été près de faire la même chose. Lors de la votation populaire du 27 mai 1883 28394 votants se prononcèrent pour la peine de mort et seulement 25254 contre. Mais le projet de loi présenté au peuple ensuite de ce vote fut repoussé.

La peine de mort avait été abolie avant le 29 mai 1874 dans les cantons de Fribourg qui avait pris les devants (Constitution de 1848, art. 8, C. p. de 1849 en vigueur jusqu'au 1ᵉʳ janvier 1874, date de l'entrée en vigueur du nouveau C. p.); Neuchâtel (loi du 13 juin 1854, C. p. du 19 janvier 1856); Zurich (Constitution de 1869, art. 5, C. p. de 1871); Genève (loi du 24 mai 1871); Bâle-Ville (où avait lieu en 1819 la dernière exécution, en suite des lois du 11 octobre 1849 et 1ᵉʳ février 1869, C. p. du 17 juin 1872); Bâle-Campagne (C. p. du 3 février 1873); Tessin (Arrêté du Grand-Conseil du 3 mai 1871, codice penale 3 febbrajo 1873). Dans le canton de Soleure, le Conseil du canton avait décidé le 19 mai 1873, lors de la discussion du nouveau C. p. du 19 mai 1873, l'abolition par 70 voix contre 11, mais ce dit Code ne fut accepté par le peuple que le 12 juillet 1874. Les dernières exécutions avaient eu lieu en 1867 (Lucerne), 1868 (Vaud); aussi, malgré les lois que nous avons mentionnées et vu les recours en grâce admis surtout à Lucerne, ou pouvait considérer la peine de mort comme abolie en réalité; mais le 18 mars 1892, en suite du rejet de son recours en grâce, Gatti fut exécuté à Lucerne.

Stooss, System. Zusammenst., 108—111; Grundzüge I, 56—58, 285—303, II, 478 et dans sa Revue II, 453—455. — Dr Plazid Meyer von Schauensee dans la Revue pénale suisse III, 196, V, 68—71, 221—229. — Repond, ibid. III, 47. — Dr Thurneysen, ibid. IV, 184. — Soldan et Decoppet, ibid. V, 163—201. — Hilty dans son Jahrbuch VII, 413. — v. Salis, I, 388. — Blumer-Morel, 3e éd., I, 574.

b) Peines corporelles. Un typographe du canton d'Uri, Ryniker, ayant été condamné à 20 coups de bâton pour blasphème et outrage à la religion, M. Eytel, conseil national, proposa, lors des délibérations sur la Constitution fédérale en 1871, d'abolir aussi les peines corporelles. Cette proposition fut acceptée et l'art. 65 de la nouvelle Constitution de 1874 dit alinéa 2: „Les peines corporelles sont interdites." Malheureusement on ne sait pas ce que ça veut dire; si l'on veut défendre par là les châtiments corporels comme peines seulement ou aussi comme moyens disciplinaires, et si l'art. 65 a laissé subsister la peine des fers prévue dans certains codes ou non. Blumer-Morel, 3. éd., I, 575, mentionne le fouet, le pilori et la marque. Mais ces deux dernières peines sont cependant — comme M. Stooss le remarque dans ses „Grundzüge" 59 — d'après leur nature, des peines infamantes.[1])

c) Bannissement. Tandis que l'art. 43 de la Constitution fédérale de 1848 disposait simplement „qu'aucun canton ne peut priver un de ses ressortissants du droit d'origine ou de cité," l'art. 44 de la nouvelle Constitution dispose „qu'aucun Canton ne peut renvoyer de son territoire un de ses ressortissants, ni le priver du droit d'origine ou de cité." Suivant l'art. 60 qui prescrit que tous les Cantons sont obligés de traiter les citoyens des autres États confédérés comme ceux de leur État en matière de législation et pour tout ce qui concerne les voies juridiques, le Tribunal fédéral s'est prononcé plusieurs fois dans le sens qu'aucun canton ne peut renvoyer un „citoyen suisse" de son territoire ni d'une partie de ce territoire (Arrêts du Tribunal fédéral I, 75 sq., 263, XII, 512).

Hilty, Über die Landesverweisung nach eidgenössischem Recht (Discussions de la Société suisse pour la réforme pénitentiaire à Lucerne des 4 et 5 juin 1876, Lucerne 1877, p. 68 sq., aussi dans la „Zeitschrift für schweizerische Rechtspflege und Gesetzgebung", Band II [Zürich 1876], p. 605—634). — Langhard, Das Recht der politischen Fremdenausweisung mit besonderer Berücksichtigung der Schweiz, Leipzig 1891, p. 49 sq. — A. Chantre, Du séjour et de l'expulsion des étrangers, Genève 1891, p. 7—15. — Blumer-Morel, 3e éd., I, 575 sq. — Stooss, Grundzüge I, 60—65. — v. Salis, I, n° 345, p. 495; II, 325. — Pfenninger, 319, 548, 549.

d) Peines pour cause d'opinion religieuse. Suivant l'alinéa 2 de l'art. 49 de la Constitution de 1874 nul ne peut encourir des peines, de quelque nature qu'elles soient, pour cause d'opinion religieuse. La jurisprudence du Tribunal fédéral sur cet art. 49 et l'art. 50 qui garantissent tous deux la liberté de croyance et de conscience, est riche.

Voir là-dessus et sur les décisions du Conseil fédéral: Langhard, Die Glaubens- und Kultusfreiheit nach schweizerischem Bundesrecht, Bern 1888, p. 55 sq. — Blumer-Morel, 3e éd., I, 425. — Stooss, Grundzüge, I, 65—68. — v. Salis, II, 289—432.[2]) F. f. de 1886, I, 63. — Pfenninger, 562, 649. — v. Salis, Die Religionsfreiheit in der Praxis, Bern 1892. — Stooss dans sa Revue V, 515. — Alb. Maechler, Das Begräbniswesen nach schweizerischem Bundesrecht, Berner Diss., Herisau 1892.

e) Contrainte par corps. Elle est abolie par l'art. 59 de la Constitution fédérale. La jurisprudence du Tribunal fédéral a déclaré inadmissible l'emprisonnement comme moyen d'exécution pour le recouvrement de créances, de frais ou d'une indemnité. Mais les cantons peuvent convertir l'amende en peine privative de liberté.

Pfenninger, 550—582. — Stooss, Grundzüge 411. — Blumer-Morel, 3e éd., I, 580.

f) Liberté de la presse. Déjà l'art. 45 de la Constitution fédérale de 1848 avait édicté „la liberté de la presse est garantie. Toutefois les lois cantonales statuent les mesures nécessaires à la répression des abus; ces lois sont soumises à l'approbation du Conseil fédéral." L'art. 55 de la nouvelle Constitution est analogue. C'était l'affaire de la jurisprudence de fixer ce qu'il fallait entendre par „liberté de la presse" et par „abus" et quelles étaient les conséquences qu'entraînait pour les cantons le fait de se passer de l'approbation du Conseil fédéral. Jusqu'à présent, ces questions n'ont pas été résolues d'une manière complètement satisfaisante.

Blumer-Morel, 3e éd., I, 492—510. — Stooss, Grundzüge I, 207—212. — Herm. Huber, Der Begriff der Pressfreiheit nach schweizerischem Rechte, Bern 1891. — Pfenninger, 336, 576. — Paccaud, Du régime de la presse en Europe et aux États-Unis, Lausanne 1887.

---

[1]) Dans son commentaire de la Constitution fédérale de 1874 p. 180 M. Mann fait remarquer que le texte soumis au Conseil des États le 19 décembre 1873 contenait encore les mots . . . „et les peines infamantes à perpétuité". Il ne semble pas qu'on ait voté sur ce texte; dans le projet soumis au peuple, ces mots manquent. Ils doivent donc avoir été retranchés, comme la commission l'avait proposé.

[2]) Sur le cas de Bâle, voir „Der Basler Religionsprozess vom Jahre 1884/85. Bern 1886 et M. le Dr F. Thurneysen dans la Revue pénale suisse IV, 215 note.

g) **Liberté d'association.** L'art. 46 de l'ancienne constitution et l'art. 56 de la nouvelle posent en principe que „les citoyens ont le droit de former des associations, pourvu qu'il n'y ait dans le but de ces associations ou dans les moyens qu'elles emploient rien d'illicite ou de dangereux pour l'État. Les lois cantonales statuent les mesures nécessaires à la répression des abus." Par cette disposition, le droit d'association n'est garanti, ce semble que pour les citoyens suisses, pas pour les étrangers. Les constitutions cantonales peuvent aller plus loin sur ce terrain, comme aussi en ce qui concerne le droit de réunion. Mais la Constitution fédérale pose de plus grandes limites aux associations qu'à la presse, en ce qu'elle exclut dès l'abord certaines associations dont l'existence et l'activité semblent incompatibles avec l'ordre public.

Blumer-Morel, 3e éd., I, 511 sq. — v. Orelli, Staatsrecht der Schweiz p. 72, 78. — v. Orelli, Les droits des étrangers en Suisse (Revue de droit international XIV, 473 à 489). — Pfenninger, 335, 579.

h) **Égalité devant la loi.** Le principe de l'art. 4 de la Constitution fédérale: „tous les Suisses sont égaux devant la loi" comme celui de l'art. 60 (ancien art. 48) mentionné plus haut d'après lequel tous les cantons sont obligés de traiter les citoyens des autres États confédérés, comme ceux de leur État en matière de législation et pour tout ce qui concerne les voies juridiques, est l'article le plus souvent visé en matière de recours. Il peut y avoir violation de ce principe en ce qu'on n'observe pas la règle „aucune peine sans loi pénale."

Voir en particulier Stooss, Grundzüge I, 129—135. — Guggenheim dans la Revue pénale suisse I, 306 sq. — Pfenninger, 318, 336, 572 sq.

III. Deuxième section.

§ 7. La législation pénale cantonale.

Pour rester dans le cadre de cet ouvrage, nous ne pouvons faire qu'un court exposé de l'activité législative des cantons. M. Pfenninger caractérise en détail les codes particuliers ainsi que M. Zürcher dans son Rapport sur l'utilité d'un C. p. suisse unique (Discussions de la Société suisse pour la réforme pénitentiaire, XII. Assemblée, Frauenfeld 1882, p. 85 sq., aussi publiées séparément). M. Stooss dans ses „Grundzüge" I, p. 8—13 nous donne l'énumeration par ordre chronologique.

Dans l'exposé que nous allons faire nous suivrons l'ordre chronologique en ce qui concerne la première codification de chaque canton.

1⁰ Canton d'Argovie.

A peine entré dans la Confédération, ce canton fit paraître en 1804, calqué sur le C. p. autrichien de 1803, le premier de tous les Codes pénaux cantonaux. Ce code qui comprend 185 articles, est daté du 19 décembre 1804; il fut promulgué par le Petit Conseil du Canton le 26 du même mois et entra en vigueur le 1er mars 1805, sous le titre: „Kanton Aargauisches Gesetzbuch über Kriminalverbrechen." Aarau 1805. Gedruckt in der obrigkeitlichen Buchdruckerei. (Gesetzsammlung von 1826, I, 220—269). Ce code fut remplacé par un autre „Peinliches Strafgesetz für den Kanton Aargau" du 11 février 1887, entré en vigueur le 1er mai 1857 (Gesetzsammlung IV, 521—555, aussi en édition séparée). Sur 174 articles, la partie générale en comprend 59; dans la partie spéciale, les délits particuliers sont exposés en 34 titres. La simplicité extrême du système des peines et le peu d'appréciation laissé au juge sont les traits caractéristiques. Une loi modificative parut le 19 février 1868 (ibid. vol. VI, 334—336) en même temps qu'une loi sur la police correctionnelle du 19 février 1868 (vol. VI, 322—332) qui contient des définitions très peu précises et des peines non déterminées. Une loi complémentaire concernant la justice pénale du 7 juillet 1886 (Gesetzsammlung n. F. II, 191—196) a tellement embrouillé les choses que maintenant on est en train de faire une révision (Stooss, Grundzüge, p. 137). Voir l'édition de M. G. Stierli, Zuchtpolizeigesetz und peinliches Strafgesetz für den Kanton Aargau mit den Abänderungen, Aarau 1827. — M. Heuberger (Oberrichter) vient de publier un nouveau projet (dont on l'a chargé) en 505 articles (Brugg 1892).

Le 26 septembre 1887 parut une loi sur l'usure (Gesetzsammlung n. F. II, 385—386); Stooss, 830.

On rencontre encore des dispositions pénales dans la loi d'exécution du 11 mars 1891 de la loi fédérale du 11 avril 1889,[1] comme aussi dans la loi du 11 mars 1865 sur les impôts art. 27—29, dans la loi sur l'emploi des biens publics et des impôts du 30 novembre 1866, art. 48, 49 (voir M. Schanz, Die Steuern der Schweiz, vol. V, 1890, p. 5, 13).

Pfenninger, 176—180, 391—400. — Guggenheim, Der Grundsatz „nulla poena sine lege" im aargauischen Strafrecht (Revue pénale suisse I, 306 sq.). — Stooss, Grundzüge I, 130 sq., 137.

2⁰ Canton de Saint-Gall.

En 1807 déjà, ce canton fit paraître son C. p.: „Strafgesetzbuch über Verbrechen" du 14 mai 1807 comprenant 225 articles (St. Gallen, Druckerei von Zollikofer et Züblin) ainsi qu'un code de police du 10 décembre 1808 contenant 194 articles: Strafgesetz wider geringe Verletzungen und Übertretungen allgemeiner Polizeiverordnungen (Strafgesetzbuch 2. Teil über Vergehen), dont quelques articles sont encore en vigueur.

Le code susnommé fut remplacé par un autre „Strafgesetzbuch. Erster Teil. Über Verbrechen" du 25 juin 1819, entré en vigueur le 1er octobre 1819 avec 222 articles. St. Gallen, gedruckt bei Zollikofer et Züblin (Gesetzsammlung St. Gallen 1842, I, 779—832), remplacé à son tour par le „Strafgesetzbuch über Verbrechen und Vergehen" du 4 avril 1857, entré en vigueur le 11 juin 1857 avec 217 articles (ibid. vol. V, 1868, 154—218). Ce code fut enfin remplacé par celui du 25 novembre 1885 „Strafgesetz über Verbrechen und Vergehen", entré en vigueur le 4 janvier 1886, appliqué depuis le 1er mai 1886 (Gesetzsammlung n. F. V, 1—88, aussi séparément St. Gallen, Druckerei Zollikofer 1886) complété par une loi supplémentaire du 21 novembre 1889 sur la prescription (Revue pénale suisse III, 297—298) et la loi du 22 mai 1891 concernant les jeunes délinquants (Revue pénale suisse V, 447 sq.). Cette loi avec 207 articles distingue les crimes, les délits et les contraventions et connaît comme peines criminelles: 1⁰ la peine de mort réintroduite par la loi du 2 décembre 1882 (Gesetzsammlung n. F. IV, 80 sq.) et 2⁰ les travaux forcés; comme peines correctionnelles 11 espèces parmi lesquelles la maison de travail de 3 mois à 6 ans, la prison de 1 jour à 2 ans, la détention dans une maison de correction de 1 à 4 ans; on applique une „polizeiliche Abwandlung" aux contraventions. L'amende est fort souvent prévue. La partie spéciale traite des crimes et des délits A) contre la fortune et la confiance publique; B) contre l'honneur; C) contre la liberté personnelle; D) contre la santé et la vie; E) contre l'ordre public, la sécurité et la stabilité de l'État; F) contre la paix confessionnelle; G) contre les mœurs; H) contre les devoirs de famille particuliers.

Les articles 193—199 concernent les délits de presse. Cpr. aussi la loi sur

---

[1] C'est la loi fédérale sur la poursuite pour dettes et la faillite.

l'usure du 21 mai 1884 (Stooss, Syst. Zus. 841—842). — Loi du 3 mars 1891, art. 50—78 en exécution de la loi fédérale du 11 avril 1889 (les art. 84 b, c, 85, 86 et 87 du C. p. y sont abolis). — Loi sur les impôts du 24 février 1832, art. 15 (voir M. Schanz, Steuern der Schweiz, V, 306).

Pfenninger, 180—190, 400—409, 658—662. — Zeitschrift für die gesamte Strafrechtswissenschaft VI, 726—729.

3⁰ a) Canton de Bâle (Bâle-Ville).

Ce canton s'efforçait continuellement d'améliorer sa législation, en mettant à profit les expériences faites. Après de longs travaux préparatoires parut le code criminel très simple dans sa partie matérielle (160 articles): „Kriminalgesetzbuch. Erster Teil. Über Verbrechen und deren Bestrafung" du 3 avril 1821, entré en vigueur le 1er août 1821 (Gesetzsammlung V, 147), remplacé par le „Kriminalgesetzbuch für den Kanton Basel-Stadtteil" du 18 mai 1835, entré en vigueur le 1er août 1835 (ibid. vol. VIII, 423—503); ce dernier fut à son tour remplacé par le „Kriminalgesetzbuch" du 1er août 1846 avec 168 articles (ibid. vol. XI, 219—296).

D'un autre côté, la loi concernant les délits moins importants „Gesetz über die korrektionelle Gerichtsbarkeit" du 6 octobre 1824 (Gesetzsammlung VI, 73—107) a été remplacée par celle du 1er août 1846: „Korrektionelles Gesetz Erster Teil. Von den Vergehen und deren Bestrafung" (ibid. vol. XI, 367—401). Des éditions séparées de ces lois ont paru à Bâle chez Schweighauser.

En voulant nettement séparer les crimes des contraventions de police, on a été amené à édicter les lois actuellement en vigueur, savoir:

1⁰ Strafgesetz für den Kanton Basel-Stadt", adopté par le Grand Conseil le 11 juin 1872, entré en vigueur le 1er janvier 1873 avec 178 articles trèscourts ayant pour base surtout le C. p. de l'Empire d'Allemagne (Gesetzsammlung XVIII, 1—68).

2⁰ „Polizeistrafgesetz" du 23 septembre 1872, entrée en vigueur également le 1er janvier 1873 avec 165 articles (ibid. XVIII, 69—142), loi dans laquelle — comme M. Stooss le fait remarquer dans ses „Grundzüge" I, p. 168 — la notion de la contravention de police est mieux comprise que dans d'autres lois pénales suisses.

L'édition officielle porte le titre: „Strafgesetzgebung für den Kanton Basel-Stadt" (Juni und September 1872). Basel. Schweighauserische Buchdruckerei. 1872. — Une nouvelle édition (sans caractère officiel) est intitulée: „Gesetze betr. die Strafrechtspflege für den Kanton Basel-Stadt." Basel. Benno Schwabe, Verlagsbuchhandlung, 1887.

Loi sur l'usure du 9 avril 1883 (§§ 152 a, b, c, d du C. p.). — Droit sur la presse: Strafprozessordnung du 5 mai 1862, §§ 163—165 (Stooss, 838). — Loi du 22 juin 1891, art. 31—34 en exécution de la loi fédérale du 11 avril 1889 (complétant les deux codes pénaux et modifiant le texte de l'art. 54 du C. p.). — Loi concernant les impôts directs du 31 mai 1880 avec modifications du 21 mars 1887, art. 34 (art. 45 de la „Polizeistrafgesetz" est modifié). — Loi concernant l'imposition des sociétés industrielles anonymes du 14 octobre 1889, § 6 (cpr. M. Schanz, Die Steuern der Schweiz, vol. V, 48—50).

Pfenninger, 203—207, 251—262, 646—652. — Dr E. Thurneysen, Die Strafrechtspflege des Kantons Basel (Revue pénale suisse IV, 165—230). — Zeitschrift für schweizerisches Recht XIX, 85, 86. — Dr E. Brenner (Regierungsrat), Entwicklung des Gefängnis- und Strafwesens in Basel (Verhandlungen des schweizerischen Vereins für Straf- und Gefängniswesen, XVII. Versammlung, 2. Heft, Aarau 1892, p. 25—81).

3⁰ b) Canton de Bâle-Campagne.

Le code criminel bâlois du 3 avril 1821 et la loi correctionnelle du 6 octobre 1824, comme aussi la loi d'atténuation du 2 août 1824 furent conservés par Bâle-Campagne après sa séparation de Bâle-Ville, sous réserve cependant d'une révision immédiate qui, du reste, ne fut pas entreprise. Quelques articles de la loi de 1824 sont encore en vigueur d'après la loi introductive du nouveau C. p. du 10 mars 1873. Ce nouveau C. p., conforme, sauf quelques petites modifications, à celui de Bâle-Ville du 17 juin 1872 fut décrété par le Conseil cantonal le 3 février 1873, adopté par le peuple le 11 mai 1873 et entra en vigueur le 1er juin 1873 (Amtsblatt 1873, p. 139—198, 287—295; Gesetzsammlung IX, 683—752). On a publié une édition qui porte le titre: „Kanton Basel-Landschaft. Gesetze und Erlasse betr. Strafrecht und Strafrechtspflege." Liestal, Buchdruckerei von A. Brodbeck, 1889.

Voir en outre la loi du 31 août 1891, art. 43—51 en exécution de la loi fédérale du 11 avril 1889 qui contient des dispositions pénales; de même la loi sur l'imposition des biens, acquêts et revenus du 11 août 1852, art. 12 et la loi modificative du 16 novembre 1858, art. 8 (voir M. Schanz, Die Steuern der Schweiz, vol. V, 32—33) et enfin la disposition relative à l'usure „Gesetz über die korrektionelle Gerichtsbarkeit" du 6 octobre 1824, § 50.

Pfenninger, 256/7. — Zeitschrift für schweizerisches Recht XIX, 86.

4⁰ Canton de Lucerne.

Sur le modèle de la loi bâloise de 1821, ce canton publia son C. p. „Kriminalstrafgesetz" du 18 février 1827 avec 176 articles et son code de police „Polizeistrafgesetz" du 18 février 1827 avec 68 articles entrés en vigueur tous deux le 1er juillet 1827 (Dritte Sammlung der Gesetze, V [1827], 1—75, 133—158). Ces deux lois furent remplacées par le C. p. „Kriminalstrafgesetzbuch" en 281 articles du 12 mars 1836 entré en vigueur le 16 mars 1836 et le code de police „Polizeistrafgesetz" en 167 articles du 23 mars 1836, entré en vigueur le 1er mai 1836 (Vierte Sammlung der Gesetze, IV [1836], 1—104, 105—160). Sous l'influence des pétitions qui réclamaient des lois plus sévères, l'application des peines corporelles et l'extension de la peine de mort, ces deux lois furent remplacées par le C. p. „Kriminalstrafgesetz" du 29 décembre 1860, entré en vigueur le 28 janvier 1861, avec 257 articles et le code de police „Polizeistrafgesetz" du 6 juin 1861, entré en vigueur le 11 août 1861, avec 176 articles. Édition officielle sans indication de lieu et sans date. Fünfte Sammlung der Gesetze, vol. III [1861], 325—392, 487—538. — Éditions annotées de M. Casimir Pfyffer (en allemand), Luzern 1861, 1862.

Suivant l'opinion de M. Pfenninger, 491, on s'y montra aussi doctrinaire qu'autrefois et on suivit de trop près le modèle allemand pour la punition des crimes contre l'autorité publique et les outrages envers les fonctionnaires et les particuliers. (Révision en préparation: Revue pénale suisse VI, 112.)

La peine de mort fut réintroduite par la loi du 6 mars 1883.

Usure: Code civil, art. 595—600; loi de police susmentionnée de 1861, art. 109—110; loi concernant l'encaissement, les cessions, les prêts et les affaires de change du 4 mars 1880 (Stooss, 832—834). — Droit de la presse: Loi sur la liberté de la presse du 31 décembre 1848 (Stooss, 845). — Loi d'exécution du 30 mai 1891 de la loi fédérale du 11 avril 1889, art. 21. — Loi sur les impôts du 18 septembre 1867, art. 38 (voir M. Schanz, Die Steuern der Schweiz, vol. V, 206—207).

Pfenninger, 207—211, 263—270, 441—450. — Dr Plazid Meyer von Schauensee, Luzerns Strafgesetzgebung (Revue pénale suisse III, 88—93, 195—202, V, 498—505); die Todesstrafe (ibid. V, 68—71); Wuchergesetzgebung (ibid. IV, 80—84). — J. Zimmermann, Über bedingte Freilassung (ibid. III, 203—206). — Gretener, Über schwere Körperverletzung (ibid. II, 399—408); Über Päderastie (Zeitschrift des bernischen Juristenvereins XXII, 108 sq.). — Dr Sigrist, Sammlung grundsätzlicher Entscheide und Maximen des Obergerichts, Band I, Luzern 1882.

5⁰ Canton de Schaffhouse.

Ce canton adopta comme C. p. à titre d'essai pour 4 ans le projet bâlois de 1833 avec 175 articles; il entra en vigueur le 22 février 1834 (Gesetzliche Bestimmungen, III. Abteilung 1833, p. 160—203). De même la loi de police correctionnelle du 25 février 1842 qui entra en vigueur le 1er mai, contenant 93 articles, est calquée sur la loi bâloise de 1824 (Offizielle Gesetzsammlung, Schaffhausen 1846, p. 645—669).

Plus tard, le C. p. „Strafgesetz für den Kanton Schaffhausen", très casuistique et doctrinaire, traita à la fois des crimes et des délits. Ce code de 267 articles, discuté dans les séances du Grand Conseil du 22 décembre 1858 et 23 mars 1859, entra en vigueur le 3 avril 1859. (Offizielle Gesetzsammlung n. F. Band III, Schaffhausen 1861, p. 61—172.) Il est actuellement modifié sur bien des points par la Novelle du 9 novembre 1891 (Amtsblatt N⁰ 52 du 29 décembre 1891). Voir M. Stooss, Grundzüge I, 14—16 et Revue pénale suisse, V, 466—471.

Droit sur la presse: C. p., art. 204 (Stooss, Syst. Zus. 845). — Usure: C. p., art. 230 (Stooss, Syst. Zus. 832). — Loi du 8 juin 1891, art. 32—39 en exécution de la loi fédérale du 11 avril 1889. — Loi sur les impôts du 29 septembre 1879 et loi d'application du 20 mai 1885, art. 133—134 (voir M. Schanz, Die Steuern der Schweiz, vol. V, 275).

Pfenninger, 257, 415—424. — Zeitschrift für schweizerisches Recht IX, 161 sq. — Stokar, Verbrechen und Strafe in Schaffhausen vom Mittelalter bis in die Neuzeit (Revue pénale suisse V, 309—384).

6⁰ Canton de Zurich.

Après de longs travaux préparatoires, le projet de M. Ulrich, juge à la Cour supérieure, remarquable par sa concision, sa simplicité, la netteté de ses définitions et sa douceur, fut adopté et publié comme „Strafgesetzbuch für den Kanton Zürich" le 24 septembre 1835; il entra en vigueur le 1er janvier 1836 (273 articles), Zürich 1835. (Offizielle Gesetzsammlung IV, 43—148.)

Ce code fut remplacé par l'œuvre de M. le Dr Rudolf Benz „le C. p. pour le canton de Zurich", décrété par le Conseil du Canton le 24 octobre 1870, adopté par le peuple le 8 janvier 1871, en vigueur dès le 1er février 1871. Il comprend 227 articles et est suivi d'une loi de 18 articles (élaborée par M. A. von Orelli) sur l'exécution des peines privatives de liberté dans le pénitencier cantonal. (Offizielle Gesetzsammlung XV, 392—475.)

Le projet fut critiqué par M. Glaser, Bemerkungen, Wien 1867; M. de Holtzendorff dans l'Allgemeine deutsche Strafrechtszeitung 1866, p. 465 sq., 542 sq. Voir sur le code même A. v. Orelli dans l'Allgemeine deutsche Strafrechtszeitung 1871, p. 281—360; Schnell dans la Zeitschrift für schweizerisches Recht XVIII, 105 sq. — Pfenninger, 238—251, 637—646. — Le rédacteur de la loi l'a commentée lui-même, Zürich 1871; la 2e éd. est due à M. le Dr Émile Zürcher, Zürich 1886. Plus tard parut la traduction: Il codice penale zurighese, versione italiana, preceduta da un'introduzione critica dell'avv. Emilio Brusa con note del medesimo e del prof. Francesco Carrara, Venezia 1873.

Loi sur l'usure du 27 mai 1883 (art. 181 a, b, c du C. p. — Stooss, 837—838. — Zürcher dans la Revue pénale suisse, III, 207, 209). — Droit sur la presse: art. 222—227 du C. p. — Loi du 11 mai 1891, art. 103—117 en exécution de la loi fédérale du 11 avril 1889 (modifiant et complétant le C. p.). — Loi concernant les impôts du 24 avril 1870, art. 38—39 (voir M. Schanz, Die Steuern der Schweiz, vol. V, 428—429).

7⁰ Canton de Thurgovie.

Le C. p. „Strafgesetzbuch" de ce canton, promulgué le 15 juin 1841, entré en vigueur le 1er octobre de la même année (Frauenfeld 1841) en 385 articles (Kantonsblatt IV, 81—181), a pris comme modèle le projet badois; on a apporté des améliorations dans le nouveau C. p. du 10 février 1868 avec 287 articles, entré en vigueur le 13 mai 1868 (Édition officielle sans indication de lieu et sans date. — Gesetzsammlung V, 281—337). L'ordre des matières de la partie spéciale est caractéristique. Partant des homicides, etc. le code aborde les délits contre la fortune, mais aussi le parjure et les délits contre la monnaie; puis, après avoir traité des injures, il s'occupe des délits politiques, du délit qui consiste à se rendre justice à soi-même et du duel, ensuite des délits contre la religion et finalement des délits des fonctionnaires.

Loi sur l'usure du 24 avril 1887 (neue Gesetzsammlung, vol. V, 387. — Stooss, 830). — Droit sur la presse: art. 231—233 du C. p. (Stooss, 843 et 844). — Loi du 3 mai 1892, art. 62—77 en exécution de la loi fédérale du 11 avril 1889 (abrogeant les art. 162—164 du C. p.). — Loi concernant un impôt général sur la fortune et sur les revenus du 6 mars 1849 avec les modifications faites en 1866, art. 41 (voir M. Schanz, Die Steuern der Schweiz, vol. V, 365).

Pfenninger, 270—280, 476—482. — Grundsätzliche Entscheidungen des Obergerichts sowie der Rekurskommission und Kriminalkammer. Frauenfeld 1880.

8⁰ Canton des Grisons.

D'un projet de 1825, sortit un nouveau projet en 1829 avec 133 articles, en vigueur jusqu'au moment où un 3e de 1850 de 208 articles fut adopté par le peuple et promulgué comme „Strafgesetzbuch für den Kanton Graubünden", il entra en vigueur le 8 juillet 1851 (Amtliche Gesetzsammlung Band II, Chur 1864, p. 1—62; éd. italienne du Recueil des lois).

La partie générale qui montre l'influence prépondérante des codes allemands, est très détaillée. Les peines prévues dans la partie spéciale n'ont pas de minimum. Comme code de police on a la loi du 26 juillet 1873 intitulée „Gesetz über Ausscheidung der Polizeivergehen von den kriminellen, sowie über das bei Aburteilung der ersteren einzuhaltende Verfahren" (Gesetzsammlung IV, 327—337).

Droit sur la presse: Loi contre l'abus de la liberté de la presse du 13 juillet 1839 (Amtliche Gesetzsammlung II, Chur 1864, p. 66—70). Il faut y ajouter le C. p., art. 203 et la loi de police, art. 37—41. — Loi sur les faillites du 1er janvier 1854, confirmée par les dispositions pénales de la loi du 27 mai 1891, art. 38—46 en exécution de la loi fédérale du 11 avril 1889. — Loi sur les impôts du 28 août 1881, art. 29—30 (voir M. Schanz, Die Steuern der Schweiz, vol. V, 194).

Pfenninger, 371—379. — Zeitschrift für schweizerisches Recht XIX, 88. — Rechtsquellen des Canton Graubünden, herausgegeben von Wagner und v. Salis, Basel 1887—1892.

9⁰ Canton de Soleure.

Une fois qu'on eut perdu toute espérance sur l'éventualité d'un code embrassant plusieurs cantons ou même d'un C. p. suisse unique, on entreprit la codification des nombreuses Novelles parues dès le commencement du siècle dans le C. p. „Strafgesetzbuch" rédigé avec soin du 3 juin 1859, entré en vigueur le 1er août de la même année. De ses 191 articles 57 visent les crimes, 55 les délits (Amtliche Sammlung, Band LIV, 101—154).

Pour faciliter l'unification du droit pénal, le nouveau C. p. du 21 mai 1873 (197 articles) prit pour modèle le C. p. du Canton de Zurich; il fut adopté par le peuple le 12 juillet 1874 et entra en vigueur le 18 juillet. — Amtliche Ausgabe, Solothurn. Druck von J. Gassmann Sohn, 1874.

En suite d'importantes modifications dans la procédure parut, calqué sur le C. p. de l'Empire d'Allemagne, le nouveau C. p. „Strafgesetzbuch für den

Kanton Solothurn" du 29 août 1885, adopté par le peuple le 25 octobre et entré en vigueur le 1er juillet 1886 (195 articles).   Ausgabe; Solothurn, Druck der Zepfelschen Buchdruckerei, 1886.

Usure: Loi sur les affaires de banque et les poursuites du 25 février 1879 (Amtliche Sammlung Band LVIII, 181; Stooss, 841). — Droit sur la presse: art. 182—187 du C. p. (Stooss, 851). — Loi du 27 mai 1891, art. 5—6 en exécution de la loi fédérale du 11 avril 1889. — Loi concernant l'organisation communale du 8 octobre 1875 avec novelle du 10 juillet 1880, art. 82 (voir M. Schanz, Die Steuern der Schweiz, vol. V, 299).

Pfenninger, 424—433, 652—658. — Zeitschrift für schweizerisches Recht XXI, 254 sq., XXVII, 475 sq. — Zeitschrift des bernischen Juristenvereins XXI, 497. — Gerichtssaal 1886 (38), 396—397. — Verhandlungen des schweizerischen Vereins für Straf- und Gefängniswesen, X. Versammlung, Solothurn 1880 (Beilage I, Vortrag von Ständerat A. Brosi).

10⁰ Canton d'Appenzell (Rhodes Extérieures).

Le C. p. de ce canton „Strafgesetzbuch der Landsgemeinde" du 16 octobre 1859 en 145 articles, remarquable par sa simplicité et sa logique, est le fidèle représentant du droit national; il réalise la science et la législation de ce temps (Gesetzsammlung für Appenzell A.-Rh., Herisau 1864, I, 26—88).

Ce code fut révisé par la „Landsgemeinde" le 28 avril 1878 (Gesetzbuch für Appenzell A.-Rh., Herisau 1883, p. 86—162). — Puis une édition sans indication de lieu et sans date.

La loi appelle „crimes" les actes punis des travaux forcés, „délits" ceux punis de prison. Pour les contraventions (délits de police), le code ne prévoit que les arrêts, les travaux obligatoires ou l'amende. Les travaux forcés peuvent aller jusqu'à perpétuité, la prison jusqu'à 2 ans, les arrêts (le cas de conversion d'une amende excepté) jusqu'à 4 semaines. Il y a en tout 15 espèces de peines. La partie spéciale traite dans les art. 56—134 des crimes et délits, puis dans l'art. 135 de l'usure; l'art. 136 de la loterie; l'art. 137 du jeu; viennent dans les art. 138—170 les contraventions; à la fin des prescriptions fédérales. Les art. 33—35 s'appliquent aux délits de presse. — Ajoutons la loi de la „Landsgemeinde" du 26 avril 1891 en exécution de la loi fédérale du 11 avril 1889, art. 47—51. — Lois sur les impôts du 30 août 1835 et 24 avril 1836, art. 5 (voir M. Schanz, Die Steuern der Schweiz, vol. V, 25).

Pfenninger, 433—441, 676—678. — Zeitschrift für schweizerisches Recht XXII, 142—145.

11⁰ Canton d'Unterwalden le Haut.

La législation de ce Canton ne présente pas les mêmes qualités que celle du Canton d'Appenzell Rh. Ext. Le C. p. „Kriminalstrafgesetz" de ce canton fut décrété par le triple Conseil le 20 octobre 1864 et entra en vigueur le 1er juillet 1865 (116 articles). Il faut y ajouter une loi de police „Polizeistrafgesetz" en 152 articles, décrétée par le Conseil du Canton le 20 avril 1870, entrée en vigueur le 1er mai 1870. (Sammlung der Gesetze, Vol. II, 447—501, III, 269—327. — Amtliche Ausgabe des Kriminalstrafgesetzes. Sarnen 1864, Druck von Baumann).

Les dispositions détaillées sur l'outrage et les dispositions sévères pour protéger la religion et les mœurs sont caractéristiques. La peine de mort fut réintroduite par la loi du 25 avril 1880, où il est dit: „in Erwägung, dass sie hinsichtlich der allerschwersten Verbrechen eine gerechte Strafe ist, in den weitaus meisten Ländern zu Recht besteht, dass übrigens das Strafverfahren gegen zu rasche Ausfällung der Todesstrafe besondere Bestimmungen vorsieht und dass überhin dem Kantonsrate das Recht der Strafumwandlung zusteht." (Gesetzsammlung IV, 405).

Droit sur la presse: Polizeistrafgesetz, art. 68 (Stooss, 486). — Usure: Loi sur les hypothèques du 20 février 1858, art. 13, 18, 19, 23, 24; Polizeistrafgesetz, art. 93, 94 (Stooss, 834—836). — Loi du 21 mai 1891, art. 57—82 en exécution de la loi fédérale du 11 avril 1889. — Lois sur les impôts du 3 mars 1870, art. 36; Polizeistrafgesetz, art. 41 (voir Schanz, Die Steuern der Schweiz, Vol. V, 250).

Pfenninger, 450—459. — Zeitschrift für schweizerisches Recht XIII, 153 sq., XVIII, 118, 119.

12⁰ Canton de Berne.

Après une longue et obscure période de projets — comme le dit M. Stooss dans les remarques historiques servant d'introduction à son édition annotée — parut enfin le C. p. „Strafgesetzbuch für den Kanton Bern" du 30 janvier 1866, entré en vigueur le 1ᵉʳ janvier 1867 (258 articles). — Amtliche Ausgabe: Bern, gedruckt bei J. A. Weingart. — Textausgabe mit Anmerkungen von C. Stooss, Bern 1885. — Texte français pour le Jura dans la „Collection des lois pénales du canton de Berne, publiée par J. Feune, avocat." Delémont. Imprimerie Léon Feune fils, 1867, p. 3—69. — Kohler, Sammlung von kantonal-bernischen und eidgenössischen strafrechtlichen Bestimmungen, Bern 1886.

De l'avis de M. Pfenninger (461) ce code qui possède la division tripartite des délits est „rédigé avec habileté et concision, formant un mélange spécial des droits français et allemand, avec réminiscences des anciennes lois (Gerichts- und Ehegerichtsordnung) et parfois des doctrines de droit commun."

Les décrets législatifs ultérieurs importants sont:

1⁰ Décret concernant le remplacement de la peine de mort par les travaux forcés à perpétuité et l'abolition du bannissement du 30 décembre 1874 (Gesetze, Dekrete und Verordnungen, n. F. XIII, 254).

2⁰ Loi du 2 mai 1880 concernant quelques modifications de la procédure dans les affaires pénales et du C. p. (ibid. XIX, 60—64).

3⁰ Loi concernant l'industrie des orfèvres, prêteurs et brocanteurs ainsi que l'usure du 26 février 1888 (ibid. XXVII, 20—37; Revue pénale suisse I, 174—181).

4⁰ Loi du 26 février 1888 concernant le commerce des comestibles, aliments et objets usuels ainsi que les modifications des art. 232 et 233 du C. p. (ibid. XVII, 38—48; Revue pénale suisse I, 181—185).

Le droit sur la presse est réglé par les art. 240—247 du C. p. — Voir en outre loi du 18 octobre 1891, art. 47—57 en exécution de la loi fédérale du 11 avril 1889 (abolissant les art. 124—230 du C. p.). — Loi sur la taxe mobilière du 15 mars 1856 avec modification du 26 juin 1857, art. 39; loi sur les revenus du 18 mars 1865, art. 35; loi sur les impôts communaux du 2 septembre 1867, art. 14 (voir M. Schanz, Die Steuern der Schweiz, vol. V, 64, 82, 89).

Pfenninger, 459—470. — Pfotenhauer, Beiträge zur Geschichte der Strafgesetzgebung im Kanton Bern seit fünfzig und einigen Jahren (Zeitschrift des bernischen Juristenvereins XIV [1855], 1—18). — Zeitschrift für schweizerisches Recht XV, 136 sq. — Türler, Bernische Strafurteile aus dem 16. Jahrhundert (Revue pénale suisse V, 217—220).

13⁰ Canton de Glaris.

Le C. p. de ce canton, portant le titre: „Strafgesetzbuch", élaboré par M. le Dʳ J. J. Blumer (1819—1875),[1] décrété par la Landsgemeinde en 1867 (138 art.) est un des meilleurs codes pénaux de la Suisse. — (Amtliche Gesetzsammlung, Glarus 1867, 2. Heft, p. 12—41; Landsbuch des Kantons Glarus, 3. Teil, Glarus 1878, p. 289—327. — Strafrecht und -Prozess für den Kanton

---

[1] Voir sur ce législateur très renommé dans son canton d'origin, la belle biographie: (Dʳ J. Heer) Dr. J. J. Blumer. Sein Leben und Wirken, 2. Aufl., Glarus 1877.

Glarus. Glarus, Buchdruckerei von F. Schmid, 1878, p. 3—41). Ce code fut remplacé par le C. p. „Strafgesetzbuch" de la Landsgemeinde du 22 mai 1887 avec 149 articles (Amtsblatt n⁰ 28 du 9 juillet 1887). Une édition usuelle, mais qui n'est pas tout à fait correcte, est intitulée „Strafrecht und -Prozess für den Kanton Glarus", Schwanden. Buchdruckerei von D. Tschudy-Aebly, 1887.

Usure: art. 145 du C. p. (Stooss, 837). — Droit sur la presse: art. 183 du code de procédure pénale du 22 mai 1887 (Stooss, 502).

14⁰ Canton de Schwyz.

Le C. p. du canton de Schwyz „Kriminalstrafgesetz" est extrêmement concis, doux et national. Il fut adopté par les „Kreisgemeinden" le 31 janvier 1869 (115 art.) et entra en vigueur le 15 avril de la même année). — Gesetzsammlung des Kantons Schwyz, Band VI (Schwyz 1873), 3—36. — Amtliche Ausgabe: Schwyz 1869. Bei A. Eberle & Söhne.

En suite de la loi sur le rétablissement de la peine de mort du 26 septembre 1880 et d'autres modifications du 8 mai 1881, ce code fut remanié (117 articles) et daté du 20 mai 1881, mis en vigueur dès le 1ᵉʳ août de la même année. — Amtliche Gesetzsammlung, Band VIII [1881], 294—303. — Amtliche Ausgabe: Schwyz 1881. Druck von C. Weber & Cⁱᵉ.

Comme loi de police, on se servit sauf en ce qui concerne l'échelle des peines, sur l'ordre du Conseil du Canton du 22 mars 1848, de la loi de police du Canton de Lucerne (abolie à Lucerne) du 23 mars 1836. Voir Arrêt du Tribunal fédéral du 7 mai 1881 dans l'affaire Wiser (vol. VII, 298). On prépare en ce moment une loi cantonale.

Cpr. aussi la loi sur l'usure du 28 mai 1854 (Stooss, 840). — Loi du 4 septembre 1891, art. 73—100 en exécution de la loi fédérale du 11 avril 1889. — Loi sur les impôts du 10 septembre 1854, art. 22 (voir M. Schanz, Die Steuern der Schweiz, vol. V, 293).

Pfenninger, 482—488, 679. — Zeitschrift für schweizerisches Recht XXIII, 278.

15⁰ Canton de Zug.

Sur le modèle du C. p. du Canton de Zurich on promulgua un code en **132 articles:** „Strafgesetz für den Kanton Zug", décrété par le Conseil du Canton le 20 octobre 1876, entré en vigueur le 21 février 1877 (Gesetzsammlung Band VI, No. 2, p. 5—62, édition sans indication de lieu ni date). Puis vint une loi du 1ᵉʳ juin 1882, rétablissant la peine de mort (Gesetzsammlung Band VI, No. 23, p. 307—313).

Droit sur la presse: art. 130—132 du C. p. — Loi du 5 octobre 1891 (art. 38—56) en exécution de la loi fédérale du 11 avril 1889. — Loi sur les dépenses publiques du 1 juin 1876, art. 87 (voir Schanz, Die Steuern der Schweiz, V, 449).

Pfenninger, 673—676. — Zeitschrift für schweizerisches Recht XX, 251; XXIV, 471.

Disons en terminant que le département fédéral de justice et police vient de convoquer (mars 1893) une commission de juristes — dont font partie entre autres MM. Leo Weber, Hürbin, Gabuzzi, Correvon, le Dᵣ Plazid Meyer von Schauensee, les professeurs Gretener, Zürcher, Favey, Gautier — qui, joints à M. le professeur C. Stooss, rédacteur du projet à élaborer, doivent délibérer en mois d'avril 1893, sous la présidence de M. Ruchonnet, conseiller fédéral, sur un questionnaire communiqué aux membres (Revue pénale suisse VI, 115).

---

2. Suisse romande.

I. Les sources.

Littérature générale: Pfenninger, Das Strafrecht der Schweiz. Berlin 1890 (bibliographie p. 1 sq.) (cité Pfenninger). — Stooss, Les Codes pénaux suisses. Bâle et Genève 1890. — Stooss, Die Grundzüge des Schweizer Strafrechts, I. Bâle et Genève 1892 (bibliographie p. 17 sq.) (cité Stooss). — Périodiques: Mémoires et documents publiés par la Société d'histoire de la Suisse romande, parait à Lausanne, sans intervalles réguliers, Ie série 1838—1884, T. I—XXXVI, IIe série 1887—1891, T. I—III; contient détails sur le droit ancien, spécialement sur les chartes communales. — Zeitschrift für Schweizerisches Recht (citée Z.) depuis 1852. Neue Folge (Bâle, Reich) depuis 1882. Rend compte des codes nouveaux et cite les cas intéressants de la jurisprudence cantonale. La nouvelle série contient des rapports annuels de Heusler sur les modifications législatives. — Revue pénale suisse (citée R. P.) (Zeitschrift für Schweizer Strafrecht), en deux langues, publiée par Stooss en collaboration avec les professeurs de droit pénal des universités et académies suisses, etc. Berne, Staempfli, depuis 1888. Organe central pour le droit pénal, la procédure pénale, l'organisation judiciaire, les questions pénitentiaires, etc. Contient aussi la jurisprudence fédérale et cantonale. Donne chaque année un rapport détaillé sur les modifications aux lois pénales fédérales et cantonales. (Voir I p. 72, 174; II p. 265; III p. 274; IV p. 401.) Principaux articles traitant des Codes romands, parus dans la R. P.: Brodbeck, Die Antragsdelikte der Schweizer Kantonalgesetze, I p. 475. Fervers, Das sog. internationale Strafrecht in der Schweiz, IV p. 271. Gautier, Études sur les législations pénales de la Suisse romande. 1° Récidive I p. 15. 2° Prescription I p. 443. Picot, La tentative dans les C. p. suisses, I p. 111. Picot, Les délits contre les mœurs dans les C. p. suisses, II p. 51. — Verhandlungen des Schweizer Vereins für Straf- u. Gefängniswesen 1867—91; voir notamment les rapports du Dr Guillaume (cités en détail par Stooss p. 21) sur les progrès de la législation pénale et du système pénitentiaire. — Journal des Tribunaux et de jurisprudence. Lausanne 1853—74, continué sous le titre de Gazette des Tribunaux suisses (1875—76), puis depuis 1877 sous le nom de Journal des Tribunaux, revue de jurisprudence. Lausanne 1877—91. — Revue judiciaire, journal des Tribunaux suisses et de législation. Lausanne depuis 1884. — Semaine judiciaire, journal des Tribunaux, jurisprudence suisse et étrangère. Genève depuis 1879. Ces deux derniers recueils traitent surtout les questions civiles.

§ 1. Vaud.

Code pénal du Canton de Vaud, adopté par le Grand Conseil le 18 février 1843, entré en vigueur le 1er janvier 1844. Lausanne, Imprimerie G. Bridel, 1867.

Littérature: Mittermaier, Die Strafgesetzgebung in ihrer Fortbildung usw. 1841—43. II p. 204. — Fehr, Le C. p. expliqué par lui-même (répertoire). Lausanne 1846 et 1867. — Temme, Lehrbuch des Schweizer Strafrechts. Aarau 1855, p. 53 sq. Pfenninger, p. 280 sq. Stooss, passim. — Travaux préparatoires. Projet de C. p. présenté par la Commission législative 1841. — Projet de C. p. présenté par le Conseil d'État avec exposé des motifs. Novembre 1842. — Rapport de la commission du Grand Conseil sur le projet de C. p. Lausanne, Imprimerie Vincent fils, 1842. Discussion dans le Bulletin des Séances du Grand Conseil du Canton de Vaud. Session d'automne 1842, p. 16 sq. — Jurisprudence: Boven, Répertoire des arrêts rendus 1846—77. —

Travaux de révision: Avant-projet de C. p. présenté au Conseil d'État par la commission législative chargée de réviser le C. p. de 1843, précédé du résumé des procès-verbaux des séances de la commission et d'une notice sur le développement historique du droit pénal dans le Canton de Vaud (par Correvon). Lausanne, Imprimerie Vincent fils, 1879. — Projet de C. p. (précédé du résumé des procès-verbaux de la Commission). Lausanne, Imprimerie Genton & Viret, 1882.

Division. I. Partie générale, 7 Titres: 1⁰ Dispositions préliminaires. 2⁰ Peines. 3⁰ Délit consommé et tentative. 4⁰ Auteurs et complices. 5⁰ Circonstances qui excluent, effacent ou atténuent la culpabilité, etc. 6⁰ Cumulation des délits et récidive. 7⁰ Extinction de l'action pénale et des peines. — II. Partie spéciale, 11 Titres: 1⁰ Délits contre la sûreté de l'État, la paix et l'ordre publics. 2⁰ Contre la foi publique. 3⁰ Contre les mœurs. 4⁰ Contre la vie d'autrui. 5⁰ Lésions corporelles. 6⁰ Délits contre l'état civil. 7⁰ Contre la liberté et la sûreté des personnes. 8⁰ Atteintes au bien d'autrui dans le but de se l'approprier. 9⁰ Idem ayant pour effet de détruire ou endommager. 10⁰ Délits des fonctionnaires. 11⁰ Dispositions finales et transitoires. — Nombre des articles: 363. Le C. ne traite pas des contraventions de police.

Historique. Lors de l'Acte de médiation (1803) le C. p. helvétique de 1799 est maintenu et reste en vigueur jusqu'en 1843 avec modifications datant de la période révolutionnaire (voir notamment la loi du 27 janvier 1800 qui rompant avec le système général du C. helvét., décide que les peines de ce code ne sont que des maxima et que les juges peuvent les réduire jusqu'au ¼ de leur durée, la peine de mort pouvant être convertie en fers d'une durée de 11 ans au moins). Les délits non prévus par le C. helvét. sont régis par les anciens coutumiers et ordonnances bernoises, puis par le C. correctionnel du 30 mai 1805, dont les traits saillants sont: abolition des minima (sauf pour vol) et faculté donnée au juge de substituer une peine à une autre. Le C. correctionnel a été inséré presque en entier dans le C. actuel. — Donc, dès le début du siècle, vive réaction contre les peines sévères et immuables du C. helvétique; dès 1810, désir marqué d'unification. Concours sur le jury (1819). Deux projets (manuscrits) comprenant C. p. et C. de proc. pénale, l'un 1826 (sans jury), l'autre 1827 (avec jury) échouent. On réforme alors la procédure (C. du 28 janvier 1836, remplacé par le C. du 1ᵉʳ février 1850) et quelques points spéciaux du droit pénal (loi du 1ᵉʳ juin 1829 sur le vol, etc.). La Constitution de 1831 prévoit la révision des lois pénales et de l'organisation judiciaire. Nomination d'une Commission législative qui commence ses travaux en 1832 et présente un projet au Conseil d'État en 1841 (rédacteurs principaux Guisan et Secrétan). Ce projet revu par le Conseil d'État est présenté au Grand Conseil en automne 1842 avec Exposé des motifs remarquable. Il est examiné par une Commission du Grand Conseil qui présente un Rapport à l'appui (rédacteur Verrey). Après discussion le C. est adopté le 18 février 1843 avec quelques modifications au projet, dont les plus importantes portent soit sur la différence entre la réclusion et l'emprisonnement et les délits à punir de chacune de ces peines, soit sur la notion du faux.

Caractères généraux. Le plus ancien C. suisse après celui de Thurgovie. Apprécié favorablement par les auteurs et à juste titre, car c'est une œuvre remarquable, surtout pour son époque. Son application pendant une si longue période n'a pas donné lieu à des plaintes sérieuses; c'est si vrai que les projets de révision (voir infrà) se bornent à remettre au point le vieux C. tout en conservant ses bases essentielles. Donc loi vraiment nationale, en harmonie avec les besoins du peuple vaudois. — L'influence de la science et des C. allemands est prépondérante; d'après Temme, ce C. contient „essentiellement du droit allemand“; jugement trop absolu, car l'influence française est manifeste aussi; il vaut mieux dire avec Pfenninger que ce C. offre un mélange heureux des deux tendances. — Douceur et grande latitude au juge sont les deux caractères dominants. L'application déjà rare de la peine de mort est tempérée par de nombreuses restrictions. L'innovation créée par le C. correctionnel est consacrée en ce que les minima n'existent que pour les infractions graves. Enfin l'option est fréquemment donnée au juge entre plusieurs genres de peines. — On peut reprocher au C. vaudois: sa complication qui le rend peu maniable pour le jury; les nombreux et fastidieux renvois d'un article à l'autre qui nuisent à la clarté; les distinctions parfois trop nombreuses et casuistiques (récidive, lésions corporelles, vol); enfin le mal matériel causé par le délit (valeur de la chose, durée de l'incapacité de travail) a trop d'influence sur le taux de la peine. Quant à la qualification „d'œuvre de professeurs“ jetée au C. dans la discussion, le reproche, si c'en est un, est immérité, car on ne trouve pas trace de doctrinarisme dans le style, ni de pédanterie dans les définitions.

Principales lois pénales non abrogées par le C.: Loi sur la presse, du 26 décembre 1832; loi sur la brigue dans les élections, du 18 décembre 1832; loi sur la liberté religieuse, du 22 janvier 1834; loi sur l'interdiction de la fréquentation des établissements destinés à la vente des boissons, du 4 juin 1841.

Lois postérieures: Loi modifiant l'art. 311 du C. p., du 28 mai 1849 (adoucissant les peines de la récidive des délits contre la propriété). — C. de procédure pénale du 1er février 1850 (dont les art. 14 et 15 remplacent l'art. 6 du C. p. abrogé). — Décret sur le taux de réduction des amendes en nouvelle monnaie, du 21 novembre 1850. — Décret concernant la création de colonies agricoles pour les vagabonds (1871). — Décret établissant la réclusion perpétuelle en remplacement de la peine de mort, du 20 janvier 1875. La dernière exécution capitale dans le canton de Vaud a eu lieu en 1868. Dès lors le bourreau n'avait plus fonctionné en Suisse jusqu'à l'exécution de Gatti à Lucerne le 18 mars 1892. — Décret modifiant les art. 141 à 144 du C. p., du 21 janvier 1875 (remplace pour les mendiants, vagabonds, etc., la réclusion par l'internement dans une colonie agricole et l'interdiction des auberges). — Loi sur l'organisation des établissements de détention, du 17 mai 1875 (colonies agricoles et industrielles, libération conditionnelle, patronage, etc.). — Loi sur la prohibition des loteries, du 5 décembre 1876. — Décret modifiant la formule de certains serments, du 23 février 1877.

Les quelques défectuosités signalées plus haut, les modifications de la législation fédérale et surtout le mouvement récent des sciences pénales ont fait paraître nécessaire la révision complète du C. de 1843. Une Commission législative, nommée en 1874 par le Conseil d'État, a présenté en 1879 un Avant-projet et en 1882 un Projet de C. p. rédigés par Correvon, aujourd'hui président du Tribunal Cantonal. Ce projet (368 articles) conserve l'ordre des matières établi par le C. (avec adjonction au Titre I, Partie spéciale, de deux chapitres destinés à réprimer l'un les délits relatifs à l'exercice des droits politiques, l'autre les jeux de hasard et loteries) et ne régit pas les contraventions. L'esprit du projet peut se caractériser ainsi: Augmentation de la latitude laissée au juge, par la faculté plus fréquemment accordée de substituer une peine à une autre, l'expérience de ce droit d'option ayant donné de bons résultats; abolition des minima (sauf quelques cas spéciaux) et inversément élévation des maxima; suppression de l'échelle des peines basée sur la valeur des objets (délits contre la propriété) et sur la durée de l'incapacité de travail (délits contre les personnes); le juge appréciera librement en quelle mesure il faut tenir compte de ces résultats de l'acte. Enfin le système français des circonstances atténuantes, discuté par la commission, n'a été admis que pour

deux cas: Réclusion perpétuelle (les circonstances atténuantes ont été introduites par le décret du 20 janvier 1875) et délits contre la propriété en
2ᵉ et 3ᵉ récidive (à cause des minima élevés fixés ici par le projet); la commission a estimé qu'en général la fixation de la peine devait dépendre de la
Cour et non du jury. — Ce projet, qui consacre des innovations intéressantes,
n'a pas encore été soumis au Grand Conseil. On a pensé sans doute que
l'unification du droit pénal suisse, intervenant à bref délai, rendrait inutile
cette réforme législative.

§ 2. Valais.

Code pénal du Canton du Valais adopté par le Grand Conseil le 26 mai
1858, entré en vigueur le 1ᵉʳ janvier 1859. 2ᵉ édition. Sion, Imprimerie
L. Schmid, 1880.

Littérature: Pfenninger, p. 409 et sq. Stooss passim. Aucun commentaire.
Depuis quelques années les rapports annuels du Tribunal supérieur contiennent les
arrêts les plus importants.

Division. I. Partie générale, 7 Titres: Les 4 premiers comme dans Vaud,
puis 5⁰ Cumulation des délits et récidive. 6⁰ Imputabilité. 7⁰ Circonstances
aggravantes et atténuantes. II. Partie spéciale divisée en 2 livres. Livre I.
Des crimes, des délits et de leur punition, 11 Titres: 1⁰ Infractions au respect
dû à la religion de l'État. Les titres 2 à 6 correspondent aux Titres 1 à 5
de Vaud. 7⁰ Délaissement des personnes. Les Titres 8 à 11 correspondent
aux Titres 6 à 9 de Vaud. Les délits des fonctionnaires figurent au Titre II
chapitre 8. — Livre II. Des contraventions de police et des peines, 2 Titres:
1⁰ Contraventions de simple police. 2⁰ Punition des contraventions. — Nombre
des articles 353.

Historique. Les Statuta Vallesiae (1571) sont les premières lois écrites,
avec les „Abscheids" qui leur font suite. La réception de la Caroline est d'abord
marquée par des troubles (voir H. Gay, Histoire du Vallais, II, p. 61 sq., 78),
mais la législation impériale prend pied peu à peu et le Commentaire de
Froehlichsburg (1710) acquiert force de loi (Révision des Abscheids, art. II).
Après la période révolutionnaire, une loi du 22 novembre 1804 investit de
nouveau Froehlichsburg de l'autorité légale. Arbitraire du juge; la jurisprudence consulte les ouvrages de Feuerbach, puis les coutumes et précédents
des cantons voisins. — Il est difficile de décrire comment la transition s'est
faite entre l'ancien droit et le Code actuel, car il n'existe sur ce C. ni travaux
préparatoires, ni exposé des motifs, ni rapports, ni résumé des discussions.
Les quelques détails ci-dessus sont empruntés à Pfenninger (p. 74, 83, 409);
il ne m'a pas été possible d'obtenir d'autres renseignements sur les origines
du C. valaisan.[1])

Caractères généraux. Oeuvre de compilation pour laquelle le C. vaudois en première ligne et accessoirement les C. français et neuchâtelois (1855)

---

[1]) M. le Dʳ Loretan, président du Tribunal à Louèche, a bien voulu dès lors me
transmettre les renseignement ci-après: Dès 1808 une loi chargea le Conseil d'État de
nommer une commission pour la rédaction d'un C. de procédure criminelle (avec abolition de la torture). Mais la réunion du Valais à l'empire français et les difficultés de
la réorganisation de la République après la chute de Napoléon ont retardé la révision
législative. Puis la refonte de la législation civile a entravé celle du droit pénal.
Mais la coutume a réalisé ce que le droit positif tardait à faire. L'opinion publique
a stigmatisé les peines du fouet et de la marque ainsi que la condamnation à mort
pour vol. Aussi les tribunaux, reculant devant l'application de Froehlichsburg, ont
pris pour base les principes généraux du droit et recouru aux codes modernes. La
procédure pénale a été codifiée en 1848. Le rédacteur du projet de C. p. (et du C. de
procédure pénale) est le Dʳ Cropt, professeur à Sion.

ont été mis à contribution. Le rédacteur, pour éviter une copie textuelle, use parfois de procédés presque enfantins, transpositions, interpolations, changements de termes souvent contestables (p. ex. création du Titre VII, Livre I, Partie spéciale qui n'a qu'un seul article). Dispositions surannées et rigoureuses, surtout dans la Partie générale (art. 25, 27, 29). La peine de mort est conservée, la réclusion peut être aggravée par les fers. Cependant les peines corporelles proprement dites sont supprimées; le C. valaisan a donc devancé leur abolition par la Constitution fédérale de 1874. Naïveté de certaines dispositions. Caractère religieux très accentué (art. 101 sq.). Cependant les pénalités sont en moyenne moins sévères que dans Vaud et les minima plus bas. Les minima sont même souvent supprimés et cela pour des infractions graves (meurtre, infanticide, vol, duel, brigandage, inceste, etc.). — Le caractère international de certaines dispositions est remarquable: Application de la loi étrangère plus douce en cas de délit commis hors du canton (14); la condamnation intervenue à l'étranger suffit à baser la récidive (79). — L'application du C. par les tribunaux valaisans paraît rigoureuse.

Lois postérieures. Loi du 24 mai 1876 modifiant l'art. 20 du C. p. — Loi du 23 mai 1879 en application de l'art. 49 de la Constitution fédérale concernant la formule du serment. — Loi du 24 novembre 1883 rétablissant la peine de mort et modifiant quelques articles du C. p. et du C. de procédure pénale. (Valais est le seul canton romand qui ait fait usage de la faculté rendue aux États suisses par la modification de l'art. 65 de la Constitution fédérale en rétablissant la peine capitale, mais elle n'a pas encore été appliquée. La dernière exécution remonte à 1842.) — Loi du 30 novembre 1887 concernant la répression de l'usure et modifiant l'art. 314 du C. p.

§ 3. Fribourg.

Code pénal du Canton de Fribourg adopté par le Grand Conseil en mai 1868, entré en vigueur le 1er janvier 1874. Fribourg, Imprimerie Fragnière, 1873.

Littérature: Jusqu'au C. de 1849 voir Pfenninger, p. 370. — Sur le droit actuel: Pfenninger, p. 662. — Stooss passim. — Schaller, H., Discours d'ouverture sur l'état du droit pénal et du système pénitentiaire dans le Canton de Fribourg, dans les Verhandlungen des Vereins für Straf- und Gefängnisswesen, 1888, p. 11. — Repond, J., Les sources du droit pénal fribourgeois, R. P. III, p. 46. — Voir aussi Z. XIX, p. 83. Le projet de C. p. est imprimé sans indication de lieu ni de date. — Pour la discussion voir le Bulletin officiel des Séances du Grand Conseil 1868, p. 10 sq.

Division très caractéristique. Le C. traite successivement et séparément les crimes, les délits et les contraventions. 4 Livres: Livre I, Partie générale, 10 Titres: 1º Dispositions préliminaires. 2º Peines. 3º Volonté, préméditation et négligence. 4º Tentative. 5º Auteurs et complices. 6º Causes qui atténuent ou excluent la criminalité. 7º Concours et récidive. 8º Extinction de l'action pénale et des peines. 9º Réhabilitation. 10º Grâce. — Livre II, Partie spéciale, 12 Titres: 1º Crimes contre la sûreté de l'État. 2º Rébellion, etc. 3º Crimes relatifs à la religion. 4º Crimes contre les personnes. 5º Atteintes à la liberté et sûreté des personnes. 6º Crimes contre l'état civil. 7º Contre la foi publique. 8º Contre les mœurs. 9º Atteintes à la propriété pour la détruire ou l'endommager. 10º Idem dans le but de se l'approprier. 11º De la fraude. 12º Crimes commis dans l'exercice des fonctions publiques. Livre III, Des délits, 11 Titres: 1º Dispositions générales. 2º Délits contre l'État. 3º Contre la religion, etc. 4º Contre la foi publique. 5º Contre la vie et la sûreté des personnes. 6º Contre les mœurs. 7º Vagabondage et mendicité. 8º Délits contre l'honneur. 9º Contre la propriété. 10º Dommage causé aux propriétés.

11⁰ Délits des fonctionnaires. — Livre IV, Des contraventions, 2 Titres: 1⁰ Dis-positions générales. 2⁰ Diverses espèces de contraventions. — L'application de la partie générale du C. est réglée par les art. 295, 456 sq. — Le classement des infractions dans les titres est peu systématique. — Nombre des articles 464 (le plus élevé des C. suisses).

Historique. Le droit fribourgeois dès son origine est essentiellement germanique, ce qui a préparé le terrain à la Constitutio criminalis Carolina. La législation impériale reste en vigueur jusqu'au C. helvétique et de suite après l'Acte de médiation la loi du 28 juin 1803 abroge la législation révolutionnaire et rétablit la Caroline en restreignant l'emploi de la torture (abolie seulement par la Constitution de 1830). Dès 1808 cependant, un membre du Tribunal d'appel, T. Barras, avait présenté un projet de C. p. (analysé par Pfenninger p. 361). Un décret du 21 mai 1832 prescrit la confection d'un C. p. et d'un C. d'instr. crim. „attendu que le C. p. de Charles V. n'est plus en harmonie avec les institutions actuelles" (!). Le C. de procédure pénale est promulgué en 1840, puis remplacé en 1850. Plusieurs projets de C. p. (1844, 1846) n'aboutissent pas. En 1848 changement de régime politique et abolition de la peine de mort (pour la première fois en Suisse). Puis en mai 1849 adoption d'un C. p. en 509 articles. Ce C., œuvre de compilation (Vaud, Lucerne, Zurich, Bâle, France), porte le caractère de la douceur. Il ne connaît ni peine de mort ni peines corporelles. L'emploi exclusif du bannissement pour les crimes contre l'État est caractéristique. Il inaugure la division en trois codes séparés traitant de chaque catégorie d'infractions, division qui rompt l'unité et complique les recherches. Voir l'analyse et l'appréciation détaillée dans Pfenninger, p. 362. — Ce C. est resté en vigueur jusqu'au C. actuel. Les débats au Grand Conseil n'ont apporté au projet que des modifications très peu importantes. La seule question ardemment débattue a été celle de la peine de mort.

Caractères généraux. Le C. fribourgeois de 1873 (rédacteur Frachebound, juge cantonal) a été l'objet de critiques vives et méritées. Il se caractérise comme une œuvre de réaction politique et de recul. Il rétablit la peine de mort. Repond (l. c. p. 49) lui reproche d'incriminer toute une série d'actes (lesquels?) impunis dans les autres législations; il critique la sévérité outrée de certaines dispositions (art. 205, 411). L'ancien code n'avait presque pas de minima; l'actuel en édicte presque toujours. La rédaction souvent doctrinaire et pédante se perd en définitions oiseuses (consommation, délit impossible, etc.) qui paraissent empruntées à de vieux manuels. La division en trois codes séparés a persisté avec tous ses inconvénients (notamment difficulté dans l'application de la partie générale). Quant à l'origine et à la tendance, le C. vaudois est resté la base principale; le C. de la Confédération du Nord a été largement utilisé et combiné avec le C. français parfois avec beaucoup de légèreté (voir les art. 228 et 259, escroquerie et fraude). Repond conclut en disant que „les quelques dispositions isolées qui sont propres à la législation fribourgeoise ne méritent pas d'être conservées".

Principales lois non abrogées par le C. (voir C. p. art. 25, 345, 366, 406): Loi du 28 mai 1850 sur la police de santé. — Loi du 31 janvier 1852 sur le régime des prisons de district. — Loi sur la presse du 3 mai 1854. — C. forestier du 18 décembre 1858. — Loi électorale du 22 mai 1861. — Loi sur le paupérisme du 17 novembre 1869.

Lois postérieures. Loi du 19 août 1874 sur l'abolition de la peine de mort (dernière exécution en 1832). — Loi du 13 mai 1875 fixant une peine pour l'escroquerie correctionnelle (complète l'art. 229). — Loi du 27 août 1875 concernant les amendes et frais de justice (modifie les art. 26, 28, 303, 455). — Loi du 15 novembre 1875 modifiant l'art. 346 du C. p. (outrages aux églises, corporations, etc.). — Loi du 20 novembre 1877 sur les pénitenciers (introduit une libération conditionnelle du 10 %). — Loi du 28 septembre 1888 sur les auberges. — Sur quelques-unes de ces lois voir Z. XXVII, p. 482 et XXIX, p. 557.

§ 4. Genève.

Code pénal du Canton de Genève adopté par le Grand Conseil le 21 octobre 1874, entré en vigueur le 30 octobre 1874. Genève, Imprimerie Jarrys, 1874.

Littérature sur l'ancien droit: Mémoires et documents publiés par la Société d'histoire et d'archéologie de Genève, paraissant sans intervalles fixes. Iᵉ série (in-8⁰) T. I—XX. Genève 1841—1888. — IIᵉ série (in-8⁰) T. I—III. Genève 1882—1888. — Série in-4⁰. T. I—II. Genève 1870—1892. — Flammer, Ant., Lois pénales, d'instr. crim. et de police du Canton de Genève (précédées d'une introduction historique). Genève 1862. — Dunant, Alb., Notice sur la législation pénale du Canton de Genève. R. P. III, p. 178. — Pfenninger, p. 72, 97, 190. — Sur le code actuel: Rapport à l'appui du projet (rédacteur Dunant) dans le Mémorial des séances du Grand Conseil 1873/1874, II, p. 1415. — Discussion ibidem II et III passim. — Pfenninger, p. 670. Stooss aussi. Voir aussi: Z. XXI, p. 266. — Hornung, J., La révision du C. p. de 1810. Genève 1873. — Hornung, Le nouveau C. p., dans la Revue de droit international 1875. — Bret et Le Fort, Répertoire des règlements adoptés par le Conseil d'État de 1876 à 1887. Genève 1888. — Aucun commentaire. — La Semaine judiciaire publie les principaux arrêts de la Cour de Cassation cantonale.

Division. Les crimes et les délits sont traités ensemble et les contraventions mises à part (système français). Trois livres: Livre I, Dispositions générales, 7 Titres: 1⁰ Infractions. 2⁰ Tentative. 3⁰ Peines. 4⁰ Personnes punissables. 5⁰ Causes qui excluent ou atténuent la culpabilité. 6⁰ Extinction et prescription des peines. 7⁰ Signification de quelques termes employés par le C. — Livre II. Crimes, délits et leur punition, 9 Titres: 1⁰ Crimes et délits contre la sûreté de l'Etat. 2⁰ Contre les droits garantis par la Constitution. 3⁰ Contre la foi publique. 4⁰ Contre l'ordre public par des fonctionnaires. 5⁰ Idem par des particuliers. 6⁰ Contre la paix ou sécurité publique. 7⁰ Contre les personnes. 8⁰ Contre les propriétés. 9⁰ Diverses espèces de fraudes. — Livre III. Des contraventions de police et de leur punition. Nombre des articles 388.

Historique. L'ancien régime est caractérisé par la juridiction du Petit Conseil (exécutif) et par l'arbitraire des peines. Sévérité en matière de délits contre les mœurs et la religion (Calvin). Essai de réforme par le C. genevois de 1791. En 1792 révolution politique. La Constitution de 1794 sépare le judiciaire de l'administratif, introduit jury, oralité et publicité. En 1798 conquête française; Genève est soumise au C. du 3 Brumaire an IV, puis au C. d'instr. crim. et au C. p. En 1814 Restauration de la république, puis réunion à la Suisse. Le C. de 1810 reste en vigueur jusqu'en 1874, mais avec des modifications profondes. Les lois des 6 janvier 1815 et 5 février 1816, tout en maintenant le C. français, y apportent les changements suivants: Suppression du jury, restriction de la peine de mort, institution de la prison domestique (imitée du C. de 1791), abolition de la confiscation générale, abolition des minima et maintien des maxima du C. p. — Projets de révision générale sur des bases analogues en 1821 et 1829 (Étienne Dumont). Réforme pénitentiaire depuis 1822. Le jury est rétabli en principe par un arrêté du 8 janvier 1831, puis par la Constitution de 1841. Entretemps un projet (1838) de révision de l'organisation judiciaire et de la procédure pénale n'aboutit pas. L'importante loi du 12 janvier 1844 introduit le jury criminel, les circonstances atténuantes et très atténuantes et rétablit les minima (sauf en cas de circonstances très atténuantes). Elle abolit définitivement la marque et le carcan, en désuétude depuis une vingtaine d'années. — Un projet de C. p. (resté manuscrit) présenté en 1845 (Rigaud, Cramer, Duval) est emporté par la révolution politique de 1846. Constitution de 1847; Loi du 4 mars 1848 qui étend le jury au correctionnel avec abolition des minima pour cette juridiction. Loi du 16 décembre 1848 donnant le droit de grâce au Grand Conseil. En 1849, loi garantissant la liberté individuelle et l'inviolabilité du domicile. En 1856 loi abolissant la mort civile (pour la concordance du C. p. avec toutes ces lois postérieures voir Flammer l. c. p. 333). Enfin, loi du 24 mai 1871 abolissant la peine de mort (dernière exécution en 1862). En 1873 Dunant demande au Grand Conseil la révision complète des lois pénales, les dispositions trop sévères du C. français n'étant plus conformes aux besoins et énervant la justice. Nomination d'une Commission de 7 puis 9 membres. (Dunant rapporteur et rédacteur du projet.) Discussion article par article au Grand Conseil d'août à octobre 1874; très fâcheuse, dissentiments politiques; pluie d'amendements souvent irréfléchis ou contraires à l'esprit général de la loi (ainsi le rétablissement en deuxième débat des circonstances très atténuantes supprimées par le projet).

Caractères généraux. Douceur; les minima sont constants et paraissent parfois élevés, mais l'abolition du minimum par les circonstances très atténuantes permet une jurisprudence des plus douces. Compilation assez ingénieuse, mais sans rien de national. C'est au fond du droit français édulcoré et amélioré par l'imitation des lois plus modernes (p. ex. infanticide). La plupart des définitions reproduisent textuellement le C. de 1810.

Principales lois non abrogées par le C. Loi du 27 février 1829 sur les constructions dangereuses. — Loi du 5 février 1838 sur le placement et la surveillance des aliénés. — Loi du 28 février 1840 sur l'administration des prisons. — Loi du 23 avril 1849 sur la liberté individuelle et l'inviolabilité du domicile. — Loi du 7 novembre 1849 sur la responsabilité du Conseil d'État.

Lois postérieures. Loi du 12 juin 1875 sur la grâce. Lois du 15 juin 1878 et du 21 octobre 1881 sur les fraudes électorales. Loi du 7 avril 1883 sur la vente des vins. C. d'instr. p. du 25 octobre 1884 (clause abrogatoire art. 7). Loi du 29 janvier 1887 sur les imprimés imitant des billets de banque ou valeurs fiduciaires. Loi du 19 mars 1888 permettant de poser au jury la question d'aliénation mentale (à propos de l'affaire Lombardi). Loi du 26 septembre 1888 concernant les délits et contraventions contre la morale publique. Lois du 1er octobre 1890 et du 28 mars 1891 modifiant le C. d'instr. pénale. (La première de ces lois établit la participation du Président de la Cour à la délibération du jury sur la culpabilité et la participation du jury à la délibération de la Cour sur l'application de la peine; elle supprime les circonstances très atténuantes au correctionnel et donne aux circonstances atténuantes l'effet suppressif des minima). Loi du 20 mai 1891 sur la puissance paternelle. Convention du 3 novembre 1891 entre les Cantons d'Argovie, Neuchâtel et Genève pour la création au château d'Aarbourg d'une colonie pénitentiaire pour les jeunes détenus. Loi du 30 mars 1892 sur l'enfance abandonnée. — Un projet de loi sur la peine conditionnelle (rédacteur M. le Conseiller d'Etat Richard) est actuellement soumis au Grand Conseil et a reçu un accueil favorable (voir R. P. V p. 17). Enfin le Conseil d'État prépare un projet de loi modifiant les art. 48 sq. (influence de l'âge sur l'imputabilité) et 278 (attentat à la pudeur sans violence sur l'enfant) du C. de 1874.[1] — Voir sur quelques-unes de ces lois Z. XXI p. 275, XXII p. 153, XXIX p. 454 et 458 et R. P. II p. 344 et 536, III p. 441, IV p. 425.

---

[1] Depuis la rédaction de ce travail, les projets ci-dessus sont devenus: la loi du 22 juin 1892 modifiant les art. 48 à 51 et 277 à 280 du C. p. de 1874 et la loi du 29 octobre 1892 sur la peine conditionnelle.

§ 5. Neuchâtel.

Code pénal de la République et Canton de Neuchâtel adopté par le Grand Conseil le 12 février 1891, entré en vigueur le 1er juillet 1891. Chaux-de-Fonds, Imprimerie du National Suisse, 1891.

Littérature sur l'ancien droit: Matile, De l'autorité du droit romain, de la coutume de Bourgogne et de la Caroline dans la principauté de Neuchâtel. 1838. Matile, Histoire des institutions judiciaires et législatives de Neuchâtel. 1838. Guillaume, Esquisse historique du développement de la législation pénale et du système des prisons dans le Canton de Neuchâtel. Verhandlungen des Schweizer Vereins für Straf- und Gefängnisswesen. Neuchâtel 1872, p. 1. Pfenninger, p. 76, 84, 379. Sur le C. de 1855: Pfenninger, p. 381, avec index de la littérature concernant ce C. p. 390. — Sur le C. actuel: Correvon, De l'Avant-projet de C. p. pour le Canton de Neuchâtel. R. P. II, p. 139. Avant-projet de C. p. septembre 1888. Chaux de Fonds, Imprimerie du National Suisse, 1888. Projet de C. p. mars 1889. Chaux de Fonds, Impr. du National Suisse. Les excellents travaux préparatoires du C. ont été réunis en un volume extrait du Mémorial du Grand Conseil (volume 51) et intitulé Bulletin concernant le C. p. Société d'imprimerie de Cernier, 1891. Ce volume contient: 1⁰ Motion pour la révision du C. p. du 6 mars 1884. 2⁰ Projet de C. p. (rédacteur Cornaz, Conseiller d'État). 3⁰ Exposé des motifs (Cornaz). 4⁰ Discussion générale, prise en considération et renvoi à la Commission législative. 5⁰ Rapport de la Commission législative (Jeanhenry) et modifications proposées. 6⁰ Discussion, adoption du C. et propositions finales. — Voir Stooss passim.

Division générale pareille à celle de Genève, sauf que la différence entre crimes et délits est abolie. — Trois livres: Livre I, Dispositions générales, 10 Titres: 1⁰ Introduction. 2⁰ Peines. 3⁰ Libération conditionnelle. 4⁰ Tentative. 5⁰ Auteurs, complices et fauteurs. 6⁰ Intention et négligence, circonstances qui excluent, effacent ou atténuent la culpabilité. 7⁰ Concours. 8⁰ Récidive. 9⁰ Extinction de l'action pénale et des peines. 10⁰ De la poursuite des délits. Livre II. Des délits et de leur punition, 11 Titres: 1⁰ Délits politiques. 2⁰ Délits relatifs à l'administration et aux fonctions publiques. 3⁰ Délits contre l'administration de la justice. 4⁰ Délits contre la paix et l'ordre publics. 5⁰ Délits contre la foi publique. 6⁰ Délits contre la sécurité publique. 7⁰ Délits contre les mœurs. 8⁰ Délits contre les personnes. 9⁰ et 10⁰ comme les Titres 8 et 9 de Vaud. 11⁰ Délits commis par la voie de la presse. Livre III. Des contraventions de police et des peines. Nombre des articles 448.

Historique. La question de l'autorité à reconnaître à la Caroline jusqu'en 1848 a été à plusieurs reprises très vivement débattue à Neuchâtel. Le 5 juin 1848 discussion sur ce sujet au Grand Conseil à propos d'une proposition d'abrogation de la législation impériale. Après un débat confus où les opinions les plus opposées se firent jour, on décida qu'elle ne serait plus appliquée. La même question a été soulevée à titre de polémique historique lors de la discussion du C. actuel (Bulletin p. 673). L'opinion qui paraît la plus conforme à la vérité est celle de Matile (dans le même sens Cornaz et Jeanhenry), d'après lequel, sans avoir jamais été reçue à titre de loi, la Constitutio criminalis Carolina formait cependant la base du droit pénal, le droit commun auquel recouraient les tribunaux. La torture et la marque avaient disparu. — Plusieurs lois de détail précèdent la révision générale, notamment la loi du 8 juin 1854 sur l'abolition de la peine de mort (dernière exécution en 1834). Le C. du 21 décembre 1855, entré en vigueur le 1er janvier 1862, a été abrogé par le C. actuel. C'était le plus français des C. suisses (rédacteur Piaget), une copie atténuée du C. de 1810. Les éloges que lui prodigue Pfenninger sont exagérés; être bref n'est pas un mérite quand on n'est pas complet. Cornaz l'a justement appelé une œuvre hâtive et précaire, sans rien de national; on peut ajouter ni rien d'original. Les erreurs du C. français sur la tentative et la complicité sont reproduites, bien qu'atténuées. Le C. de 1855 est cependant doux dans son ensemble;

il ne connaît ni la peine de mort, ni les peines corporelles. **Voir les modifi-cations** subies par ce code dans Pfenninger, p. 390 et dans Stooss, **Codes pénaux** p. XXIII. — Les travaux préparatoires du C. actuel sont énumérés plus haut. Il faut citer aussi avec éloges le mode de discussion du C. de 1891; on a respecté l'œuvre; pas d'amendements de la dernière heure; seules les modifica-tions raisonnées proposées par la Commission législative ont été admises.

Caractères généraux. Le dernier-né des C. suisses est une œuvre approfondie et moderne. Il cherche à tenir compte des idées actuelles de réforme: La distinction vieillie entre crimes et délits est supprimée. La sépa-ration des criminels d'habitude et d'occasion est partiellement réalisée dans les dispositions sur la récidive (96), sur le vol d'habitude (399), sur la sur-veillance administrative des récidivistes (38) et d'autre part dans la libération conditionnelle (43), le patronage (38, 81), et surtout dans les dispositions des art. 86 (impunité des petits délits contre la propriété quand le dommage est couvert) et 400 sq. (sursis à la condamnation en cas de premier délit contre la propriété). Les enfants peuvent être détenus sans condamnation préalable. — L'accent est mis sur la réforme du condamné; on cherche à éviter la conta-gion pénitentiaire par l'extension de l'amende (proportionnelle à la fortune et payable par à comptes, 27) et de la prison civile sans caractère infamant; la détention encourue pour non-paiement d'une amende peut être convertie en travail sans incarcération (28). Caractère international également accentué; il est tenu compte des condamnations étrangères pour la privation des droits (37), pour la création de la récidive (96). Voir aussi art. 20 et 91. — Tendance humanitaire marquée (21, 25, 29). — Option fréquente au juge entre plusieurs peines. Les minima n'existent que pour délits très graves. Les maxima paraissent souvent trop peu élevés. On peut critiquer aussi la longueur du C.; certaines dispositions doctrinaires qui l'alourdissent seraient mieux à leur place dans un traité scientifique (1, 51, 59, 69, 95, 112, 232, etc.) D'autres articles ne sont pas à leur place (76, 86). Enfin la disposition de l'art. 16[3], bien que tout exceptionnelle, fait tache dans le C. (aggravation de la détention perpétuelle par les chaînes en cas de nouveau délit). Sur la con-stitutionnalité de la peine des fers (peine corporelle?) voir Stooss, p. 59.

Loi non abrogée par le C. Loi sur l'assistance publique et la pro-tection de l'enfance malheureuse du 23 mars 1889. R. P. III p. 295.

II. Les traits caractéristiques.

§ 6. Existe-t-il en Suisse un droit pénal romand?

Il ne peut s'agir ici de principes nationaux au sens strict du mot. Nos criminalistes sont en désaccord sur la question de savoir s'il existe un droit pénal suisse et la négative paraît probable (Stooss, p. 7). Il serait plus témé-raire encore d'attribuer une valeur prépondérante à l'influence des races et d'admettre l'existence en Suisse d'un droit pénal romand, distinct de celui des cantons de langue allemande. Pour justifier cette affirmation, il faudrait avant tout prouver l'existence et la persistance entre cantons romands d'un lien de parenté, d'une communauté d'origine et de principes, l'existence d'une coutume romande en un mot. Or, dans le passé, l'histoire politique montre l'inanité de cette hypothèse. Rien de plus arbitraire et factice que cette notion de la Suisse romande, rien qui ressemble moins à une nation, rien de plus disparate que les éléments qui la composent. Le pays de Vaud, dont l'indépendance ne date pas d'un siècle, l'évêché puis République du Valais, Fribourg, un des anciens cantons de la Confédération, la vieille République de Genève et la Principauté de Neuchâtel ont subi des destinées historiques trop dissemblables pour avoir acquis un fonds de traditions communes. Et même aujourd'hui qu'un lien fédératif les unit, tout tend encore à séparer ces populations groupées artificiellement sans même que des frontières géographiques les séparent de l'étranger. Diversité des intérêts (urbains et ruraux, industriels et agricoles), diversité des climats et des genres de vie (plaine et montagne), diversité de culture et presque de civilisation, différence très accentuée dans les religions, diversité même dans la langue. Il faudrait des siècles de vie commune pour amalgamer ces peuples réunis d'hier. Tout cela a entravé et entrave encore la création d'un esprit romand spécial dont on aurait pu trouver le reflet dans nos législations. Et en réalité l'éclectisme cosmopolite règne en maître dans les C. actuels de la Suisse romande. Au pénal chacun prend son bien où il le trouve et les ressemblances inévitables s'expliquent simplement par l'imitation toute superficielle du C. plus ancien par le plus moderne, ou par l'imitation d'un modèle étranger commun. Parmi ces derniers, le C. français est le seul qui ait exercé sur toutes les législations romandes une influence constante; mais encore agit-elle à des degrés très divers et sur des points très différents suivant les cantons. Le seul trait commun que l'on puisse relever dans l'histoire pénale des pays romands, c'est le fait qu'aucun de ces cantons, devenus souverains, ne s'est doté de suite d'une législation nouvelle; le droit existant (Caroline, C. helvétique ou C. français) est resté partout en vigueur pendant une période assez prolongée. Mais ce caractère tardif de la codification est accidentel et s'explique dans chaque canton par des raisons particulières.

Il faut donc renoncer à tout groupement historique ou scientifique. Pour créer l'unité sinon dans la loi au moins dans les doctrines, une chose eût été nécessaire, une science romande. Or elle n'existe pas. Les criminalistes anciens, dont on cite les noms avec orgueil, les Quisard, les Seigneux, les Matile, ne regardaient guère par dessus les frontières de leur canton et de nos jours ce particularisme a persisté. On a vu combien notre littérature est pauvre. Ce défaut d'efforts scientifiques d'ensemble a eu pour résultat non seulement d'accentuer l'isolement où vit chaque canton, mais encore de rendre singulièrement ardue la tâche de ceux qui cherchent la comparaison des C. Tout commentaire fait même défaut; les textes et parfois les travaux préparatoires sont les seuls matériaux à mettre en œuvre. Les principes auxquels chaque C. obéit doivent donc être recherchés par une étude analytique de toutes les dispositions éparses où ces principes peuvent se manifester. Voici (sans prétendre à être complet) les résultats principaux de cet examen présentés en tenant compte de l'influence française.

§ 7. Partie générale du droit pénal.

Division générale. Influence française nulle. Nos C. traitent la partie générale en une seule subdivision, puis la partie spéciale en une série de titres analogues quant au nombre et au contenu. Fribourg seul est à part avec sa division en trois C. déjà critiquée.

Division des infractions. La division tripartite calquée sur les anciens degrés de justice a passé de France (C. p. fr. 1) à Fribourg (2) et Genève (1). Dans ce dernier C. il ne s'agit que d'une simple „qualification" conservée faute de mieux. — Vaud (1) et Neuchâtel (1) ne distinguent pas entre crimes et délits. — Valais (2) dit que le délit prend le nom de crime, lors d'un haut degré de culpabilité, mais cette distinction n'a pas d'importance pratique dans le reste du C. — Tous les C., sauf Vaud, consacrent leurs dispositions finales aux contraventions.

Peines. La notion de peine afflictive et infamante (C. Neuchâtel 1855 art. 1) n'est plus admise nulle part. La peine de mort n'existe qu'en Valais. Quant aux peines privatives de liberté, tous les C. en connaissent au moins deux espèces principales (réclusion et emprisonnement). Vaud (15, 16) est caractéristique par sa façon de traiter ces deux peines. Toutes deux ont un maximum élevé et un minimum d'un jour. On a donc créé deux peines d'égale durée, mais de nature différente, la réclusion devant s'appliquer aux délits qui émanent d'une perversité réelle, l'emprisonnement à ceux qui révèlent seulement une volonté égarée (Rapport Verrey, p. 37). Dans les autres cantons le minimum de la réclusion est plus élevé. Neuchâtel (23) étend beaucoup la prison civile, custodia honesta, pour délits légers ou n'impliquant pas des sentiments bas (délits politiques, duel, etc.). — Les dispositions sur l'aggravation de la réclusion par les fers (Valais 25 sq., Neuchâtel 16) sont un anachronisme choquant. Valais admet même l'exposition publique, mais elle est tombée en désuétude. — L'exécution des peines est le plus souvent imparfaite, les condamnés à des peines de noms différents étant confondus dans les mêmes locaux et astreints au même régime (Stooss, p. 303 sq., 334 sq.). Vaud (loi du 17 mai 1875), Fribourg (loi du 20 novembre 1877; Repond l. c. p. 48) et Neuchâtel 43 sq. connaissent la libération conditionnelle. Des maisons de travail pour vagabonds, fainéants, etc. existent à Neuchâtel (maison de travail et de correction de Devens) et Vaud (colonies de Payerne et Orbe). La peine de l'interdiction des auberges, très efficace à la campagne, existe dans Vaud 30, Fribourg 309 et Neuchâtel 41. — La réprimande est conservée par Vaud 31 (projet vaudois 35), Fribourg 310 et Neuchâtel 8; le projet sur la peine conditionnelle l'introduit à Genève. — Quand à l'amende, Neuchâtel 27 sq. élève son maximum à 15000 fr. et contient d'excellentes dispositions sur le mode de paiement. Tous les C., sauf Genève, admettent la transformation en détention de l'amende non payée. Vaud (loi 17 mai 1875, art. 7) et Neuchâtel 28 permettent de racheter cette détention par un travail public.

Quant aux peines accessoires, la surveillance de la police, d'origine française, est conservée par Valais 29 (qui la règle de façon tracassière avec détention administrative en cas de désobéissance), Fribourg 11, 32 et Neuchâtel 8, 38 (surtout pour récidivistes). — La privation des droits honorifiques avec son contenu baroque imité de la dégradation civique (interdiction du témoignage, du port d'armes, etc.) a passé dans tous les C. Elle est un accessoire obligé des condamnations graves partout, sauf à Genève 10, 11, où, très heureusement, la faculté est laissée au juge, soit d'appliquer ou non cette peine, soit de choisir les droits dont le condamné sera privé.

Pouvoir appréciateur du juge. Valais 96 sq. seul détermine les circonstances aggravantes et atténuantes dont le juge devra tenir compte. Grande latitude au juge: 1° Par l'abolition des minima (complète dans le projet vaudois; au fond c'est un acheminement vers les peines indéterminées, car les raisons inverses justifient l'abolition des maxima; au reste le projet élève ces derniers) réalisée partiellement par Vaud, Valais, Fribourg, et presque complètement par Neuchâtel. A Genève (C. d'instr. pénale 338 et 381) les circonstances atténuantes au correctionnel et très atténuantes au criminel conduisent au même résultat. 2° Par l'option laissée au juge entre plusieurs peines. Vaud 28, 49, 56, 57, 59, 121, 133, 246, 248, 251, 301, 302, etc. donne fréquemment le choix entre réclusion, prison et amende et autorise parfois même l'impunité (voir la très intéressante disposition du projet vaudois 56 qui, pour les condamnés de 14 à 18 ans, laisse latitude entière de la réprimande à la peine entière du délit en passant par l'internement dans une colonie). Valais et Fribourg passim imitent Vaud. — Neuchâtel (75, 230, etc.) accorde parfois l'option entre réclusion, emprisonnement et prison civile. Genève moins large donne l'option plus rarement et seulement entre prison et amende (amende seule très rarement prononcée en pratique). — Caractéristique est la disposition de Vaud 270 qui autorise à ne punir que de la réprimande un premier vol de peu d'importance. Imité par Valais 301 (peine de police) et Fribourg 421. Voir aussi Neuchâtel 400 qui autorise la condamnation conditionnelle à certaines conditions. — Le système français des circonstances atténuantes indéterminées existe (outre Genève) dans Vaud 61 et Fribourg 67 pour les condamnations perpétuelles et au contraire à Neuchâtel 441 pour les contraventions.

Imputabilité. Tous les C. adoptent la notion classique de la responsabilité et désignent soit les états qui la suppriment, soit les facultés dont le défaut la fait disparaître. Voir Vaud 51, Fribourg 56, Valais 85, Genève 52 et Neuchâtel 70. Fribourg affirme même l'existence du libre arbitre et l'exposé des motifs de Neuchâtel, réfutant l'école italienne, dit que la conception du droit pénal suppose deux faits de conscience: la loi morale et la liberté d'y conformer ses actes. Remarquables sont Valais 86 et Neuchâtel 70 alin. 2, qui rompant avec la théorie française qui envisage la responsabilité comme un bloc indivisible, admettent une responsabilité atténuée. En revanche la notion française de la „force irrésistible" (C. p. français 64) a passé presque textuellement dans tous les C. et dans le projet vaudois (voir cependant Fribourg 56 b). Sur la concordance entre cette notion et le Notstand allemand voir Stooss, p. 260. — Parmi les causes qui agissent sur l'imputabilité, l'âge vient en première ligne. Tous les C. (contra C. p. français) admettent une période pendant laquelle l'enfant ne peut être condamné (Fribourg 60, très préférable, interdit les poursuites). En revanche le détestable système français de la question du discernement a été imité partout (le projet vaudois l'abolit). L'absurdité est au comble quand c'est le jury qui la tranche. La seule question à résoudre c'est celle de savoir, si l'enfant a besoin d'une éducation correctionnelle (Stooss, p. 189). Neuchâtel 83 qui permet d'enfermer sans jugement l'enfant insoumis est conforme à cette tendance actuelle. — La question délicate de la création d'une période intermédiaire, entre la fin de l'âge critique et l'âge adulte, est résolue affirmativement par Valais 92, Fribourg 63 et Neuchâtel 84 (ces deux derniers seulement en cas de réclusion perpétuelle). Les autres C. imitent le C. français et assimilent l'adolescent à l'homme fait.

Légitime défense envisagée partout comme fait justificatif général (contra C. p. français 328; cependant Valais après avoir posé le principe général dans l'art. 95, copie le C. français à propos de l'homicide, Valais 228 et 229). La définition étroite du C. 1810, „défense de soi-même et d'autrui" n'a passé qu'à Genève 55 (avec l'adjonction contestable des nos 1 et 2 copiés du C. p. français 329). Les autres C. admettent la défense contre l'attaque au domicile ou à la propriété, mais restreignent d'autre part en exigeant que la protection de l'autorité n'ait pu être obtenue ou que les moyens de réaction soient proportionnés au danger couru. Vaud 57 (imité par Valais 95 et Fribourg 66), Neuchâtel 73. L'excès dans la défense est une circonstance atténuée. Des dispositions spéciales sur l'état de nécessité n'existent qu'à Fribourg 59 (disposition archaïque, vol de comestibles, imitée de la Constitutio criminalis Carolina 166) et Neuchâtel 44 (plus large que C. allem. 52, 54 en ce qu'il n'exige pas la parenté en cas d'intervention d'un tiers).

Tentative. Vaud 35, Valais 56, Fribourg 38, Genève 5 admettent avec quelques modifications la définition du C. p. français 2. Neuchâtel 52 se rapproche du C. allemand 43 et du C. italien 58. — Tous les C. différencient la tentative du délit consommé quant à la peine. — Le délit manqué est mentionné par Valais 54, Fribourg 36 et Neuchâtel 57.

Complicité. Influence française presque nulle. L'instigateur est partout considéré comme auteur (contra C. p. fr. 60). L'instigation non suivie d'effet est impunie dans Vaud 42 (imité par Valais 65 et Fribourg 45) et Neuchâtel 60. Genève 43 2⁰ et 3⁰ est peu clair à cet égard. Voir C. p. français 60 et aussi l'incompréhensible disposition de Valais 66 § 2 en contradiction avec 65. — Des articles sur le complot (imités de C. p. français 89) se trouvent dans Vaud 47, 48, Valais 71, 72, Fribourg 52, 53, mais ces articles absolument superflus ne sont guère qu'une définition (Stooss, p. 227), la peine du participant au complot n'étant pas aggravée comme en France; en outre le complot n'est punissable que lorsque le délit comploté a été commis (la disposition contraire de Fribourg 52 § 2 paraît inapplicable) et la proposition non agréée n'est jamais punie. — Valais 64, 67 (imitation adoucie de C. p. français 62) considère comme fauteurs les receleurs d'objets.

Récidive. Le système français de la récidive générale n'est suivi que par Genève 34 sq. (avec améliorations) et sauf en ce qui concerne les contraventions (388). Les autres C. exigent la reitération de délits du même genre. Vaud 68, Fribourg 74 et Neuchâtel 97 énumèrent ces délits. Valais 79 ne donne aucune définition de ce terme, et admet la récidive générale pour les contraventions (352). La prescription de la récidive est admise partout. — Valais 79 et Neuchâtel 96 accentuant très justement le caractère international de la criminalité d'habitude, assimilent les condamnations étrangères aux nationales pour la création de la récidive. Notons enfin que des mesures de défense sociale sont prises contre les vagabonds et les récidivistes en matière de délits contre la propriété, par élévation du minimum dans Vaud 142, 311 (modifiés par la loi du 28 mai 1849 et le décret du 21 janvier 1875) ainsi que dans Neuchâtel 398. Le projet vaudois (279, 286, 291, 341) porte à 3 et 7 ans de réclusion le minimum des 2ᵉ et 3ᵉ récidives.

Concours. Genève 39 (imitation du droit français) applique le principe de l'absorption. Les autres C. admettent l'aggravation facultative. Neuchâtel 91 innove heureusement en admettant le concours intercantonal et en autorisant le Conseil d'État à conclure des concordats tendant à ce que les infractions de même nature commises dans plusieurs cantons fassent l'objet d'un seul jugement.

§ 8. Partie spéciale.

Délits contre l'État. Pour la sûreté extérieure, Genève 85, Valais 103, Neuchâtel 113 et 114 renvoient à juste titre au droit fédéral. Vaud 89 sq. qui s'inspire malheureusement du C. p. français (Vaud 95 sq. = C. p. français 75 sq. avec des pénalités un peu adoucies; ces articles malencontreux ont été maintenus dans le projet vaudois par de bien pauvres arguments, voir Rapport p. 47) et Fribourg 102 contiennent des dispositions spéciales, dont l'applicabilité est au moins douteuse (Stooss, p. 50). — Pour la sûreté intérieure l'accent est mis comme de raison sur les délits contre la constitution. Le mot français si vague d'attentat persiste dans tous les C. sauf Genève. — Autre imitation française, Vaud 107, Valais 106 et Neuchâtel 116 font infraction aux règles générales de la tentative et punissent les actes préparatoires aux délits contre la sûreté intérieure. Seul Fribourg 106 dispense de peine le complice révélateur (C. p. fr. 108). La non-révélation n'est incriminée nulle part.

Délits contre la religion. Ici éclatent des différences caractéristiques entre cantons catholiques et protestants, les premiers protégeant la religion elle-même, les derniers ne s'occupant que de la paix religieuse. Valais 101 sq. fait de ces infractions la pierre d'angle de la partie spéciale; peines rigoureuses, punition du blasphème et du sacrilège. Fribourg 119 et 346 sq.

punit la profanation, le blasphème, l'usurpation du droit d'administrer les sacrements (sur la constitutionnalité de ces incriminations et sur la modification de l'art. 346 par la loi du 15 novembre 1875, voir Stooss, p. 65). Vaud 133 et Genève 107 protègent seulement l'exercice du culte. Neuchâtel 183 et 184 incrimine aussi les outrages aux objets du culte. — Une disposition caractéristique est celle de Neuchâtel 185 qui réprime les actes de prosélytisme religieux faits contre le gré du chef de famille (poursuite seulement sur sa plainte) à l'égard de ses enfants mineurs de 16 ans (Armée du Salut, etc.). L'origine de cet article se trouve dans le projet vaudois 135 qui mentionne aussi l'essai de conversion de la femme (voir Rapport p. 56). — Les dispositions rigoureuses du C. p. français 199 sq. contre les ministres du culte n'ont pas passé en Suisse. Genève 169 prévoit un cas spécial.

Délits contre les mœurs. Divergences profondes entre Genève et les autres cantons et cette mansuétude du droit genevois actuel est curieuse si l'on se reporte à l'histoire pénale de l'ancienne ville de Calvin. Genève 277 sq. (encore plus étroit que le C. p. français) ne punit pas l'adultère (le rapport dit que frapper l'adultère c'est rabaisser le mariage et faire un scandale inutile; la vraie sanction c'est le divorce; d'ailleurs plaintes très rares) et n'incrimine que le viol, l'attentat à la pudeur et la bigamie. Partout ailleurs l'adultère des deux sexes (contra C. p. français 337, 339) est réprimé (Fribourg 398 punit le double adultère du maximum; Fribourg 400 incompréhensible punit l'adultère aggravé moins rigoureusement que l'adultère simple). Fribourg 129 et Valais 225 excusent l'homicide commis par les parents en cas d'adultère ou fornication flagrants des enfants. — L'inceste et les délits contre nature sont punis en cas de scandale public par Fribourg 401 et Neuchâtel 281 et 282. L'inceste seul (sans condition) par Valais 202. — Vaud 197, Valais 198 et Fribourg 395 font un délit de la simple prostitution. Neuchâtel 291 et le projet vaudois 207 exigent qu'il y ait provocation déshonnête ou infraction aux réglements (réglement du 12 août 1881 pour Genève, analogue). — Le viol et l'attentat à la pudeur (sauf lésion grave ou scandale public) ne sont poursuivis que sur plainte par Vaud 202, Valais 206, Fribourg 197 et Neuchâtel 275, 280. — Valais 196 va jusqu'à punir le fait d'entretenir un commerce illicite avec scandale public (Vaud 343 et 344 et Valais 134, immoralité des fonctionnaires) et Fribourg 402 l'accouchement clandestin d'une femme non-mariée. — La séduction est punie jusqu'à 18 ans par Vaud 205 (seulement si acte aggravé par la qualité de l'agent) et Fribourg 397; jusqu'à 16 ans et seulement sur les jeunes filles par Neuchâtel 269 et sans limite d'âge par Valais 199. — L'outrage à la pudeur par simples propos est puni par Vaud 195, Valais 196, Fribourg 394 (vague) et Neuchâtel 288 (contra Genève 212).

Ces deux dernières catégories d'infractions où se révèlent des points de vue diamétralement opposés créeraient des difficultés sérieuses à toute tentative d'unification pénale.

Pour les délits poursuivis sur plainte (nombreux dans Vaud et Fribourg) voir Brodbeck, R. P. I p. 475. — Pour la répression des délits de presse voir Stooss, p. 207.

Notons pour terminer que l'influence française se fait encore sentir dans les infractions suivantes:

1° La notion de la diffamation et de l'injure a été reçue partout. Valais 275 y ajoute sans utilité la calomnie.

2° De même pour le meurtre et l'assassinat (sauf que Vaud 211 et 212 en fait deux variétés du même délit). L'assimilation à l'assassinat du meurtre qui prépare ou dissimule un autre délit (C. p. français 304) a passé dans Valais 222 et Genève 253.

3⁰ La définition du parricide (C. p. français 299) est copiée par Genève 254 et Valais 217 (sauf parents adoptifs). Neuchâtel 297 dit généralement „le meurtre d'un ascendant“. Vaud 212 assimile aux ascendants les descendants, conjoints, frères et fonctionnaires. Fribourg 126 idem, plus les ministres du culte.

4⁰ On sait que le C. français ne mentionne pas le duel et on connaît la jurisprudence rigoureuse de la Cour de Cassation. Ajoutons que les poursuites n'interviennent guère que s'il y a mort d'homme ou déloyauté constatée. Ce silence législatif n'a été imité que par Genève, où la question des poursuites et de la répression ne s'est jamais posée. Valais 244 et Fribourg 382 incriminent même le duel à l'étranger. Fribourg 381 punit les témoins.

5⁰ L'aggravation du délit de coups et blessures par la durée de l'incapacité du travail a été imitée partout, sauf par Neuchâtel 314 sq. (et projet vaudois 239 sq.) qui tient surtout compte du genre des lésions.

6⁰ L'excuse de provocation comprise dans un sens matérialiste par le C. français (321 sq.) a influé sur Genève 57, où même les injures graves n'excusent que les violences légères. Valais 225 et Neuchâtel 296, 320 élargissent heureusement en admettant la provocation par l'injure.

7⁰ Enfin tous les C. ont conservé les trois délits fondamentaux contre la propriété. Tous, sauf Genève, ont également accepté la notion allemande du brigandage (Raub). La définition du vol (C. p. français 379) est reproduite par Genève 316 et Neuchâtel 360. Vaud 269 la complique et Fribourg 230 surcharge encore le texte vaudois. Valais 288 combine France et Vaud. — Genève 361 et Neuchâtel 385 ont également copié la définition française de l'abus de confiance (C. p. français 408), compliquée et dangereuse en ce qu'elle procède par énumération. Valais 308 généralise heureusement la notion française. Vaud 283 et Fribourg 247 sont indépendants. — La détestable définition de l'escroquerie (C. p. français 405) est reçue textuellement par Neuchâtel 389 et par Genève 364 (avec une adjonction généralisante). Vaud 282 allègue la fastidieuse énumération du C. français. Valais 306 et Fribourg 228 copient Vaud. On sait que Fribourg ajoute sans utilité une notion générale de la fraude.

En résumé, à part l'influence française et à part l'imitation plus ou moins adroite, on peut poser en fait qu'il n'existe pas entre les C. actuels de la Suisse romande une parenté plus étroite qu'entre ceux de pays arrivés à un degré de civilisation identique mais étrangers les uns aux autres. — Et si l'on voulait absolument grouper d'après leurs ressemblances et leur origine les législations dont nous venons d'indiquer les principes fondamentaux, le classement suivant, qui ne prétend pas à la rigueur scientifique, serait le plus acceptable: 1⁰ Groupe vaudois comprenant outre le C. de Vaud ses imitateurs les C. de Valais et Fribourg. — 2⁰ Groupe français où figurerait le C. de Genève. — 3⁰ Groupe moderne où serait placé le nouveau C. de Neuchâtel.

3. Canton du Tessin.

I. Introduction.

§ 1. **Bibliographie.**

Codice penale della Repubblica e Cantone del Ticino. Lugano, presso Francesco Veladini e Comp. 1816. — Progetto di Codice penale per il Cantone Ticino dell'avvocato Carlo Battaglini, novembre 1868. Lugano, Tipografia e Litografia cantonale. — Progetto di Codice penale per il Cantone Ticino, colla relazione della Commissione Governativa. Bellinzona, Tipografia e Litografia cantonale, 1870. — Emilio Brusa, Studi sui progetti di Codice penale ticinese. Bellinzona, Tipolitografia cantonale, 1871. — Carrara, Prof. Francesco, Del progetto di Codice penale ticinese, relazioni alta Commissione per il nuovo Codice penale ticinese, Opuscoli, vol. II, edizione 4º, p. 513. Prato, tipografia Giachetti, 1885. — F. Chicherio, Progetto di regolamento organico per il penitenziere cantonale preceduto da un memoriale di giustificazione dei suoi principii fondamentali. Bellinzona, Tipolitografia cantonale, 1872. — Lo Stesso, Sistemi penitenziari in Italia e in Svizzera, Relazione del Direttore del Penitenziere cantonale al Consiglio di Stato, coll'aggiunta di due relazioni dei signori Avv. Carlo Olgiati e Architetto Defilippis. Bellinzona, Tipolitografia cantonale, 1872. — Lo Stesso, Relazione accompagnante un progetto di legge per la riduzione delle pene da scontarsi nel Penitenziere cantonale. Bellinzona, Tipografia di Carlo Colombi, 1872. — Lo Stesso, Aperçu historique du droit pénal et des procédures pénales dans le Canton du Tessin et statistique de son mouvement pénitentiaire dans la période de 1873 à 1891. Bellinzona, Eredi Carlo Colombi, 1892. — Codice penale per il Cantone Ticino, edizione officiale. Bellinzona, Tipografia e Litografia cantonale, 1873. — Raccolta officiale delle leggi e degli atti esecutivi della Repubblica e Cantone del Ticino dal 1803 al 1891. — Nuova Raccolta generale delle leggi e dei decreti del Cantone Ticino dal 1803 al 1886 in vigore e degli atti più importanti del diritto pubblico svizzero. 4 vol. Bellinzona, Tipolitografia cantonale, 1886 al 1887. — Processi verbali del Gran Consiglio della Repubblica e Cantone del Ticino, dal 1831 al 1891. — Stooss, Carl, Die schweizerischen Strafgesetzbücher. Zur Vergleichung zusammengestellt. Basel und Genf, Georg, 1890. — Le même, Die Grundzüge des schweizerischen Strafrechts im Auftrage des Bundesrathes vergleichend dargestellt. Basel und Genf, Georg, 1892. — Pour la jurisprudence: Repertorio di giurisprudenza patria. De 1866 à 1878 (XIII volumes), il a été publié sous la direction de M. l'avocat Gio. Battista Meschini († 1878), sécrétaire auprès du Département de justice du Canton. Une nouvelle série a commencé en 1881 sous la direction de MM. le Dr Louis Colombi, Conseiller d'État, directeur du Département de justice et l'avocat Étienne Gabuzzi à Bellinzone. Cette nouvelle série se publie à Bellinzone, Eredi Carlo Colombi, et se trouve à son douzième volume.

§ 2. **Notices historiques.**

Le premier C. p. du Tessin a été adopté le 1ᵉʳ juillet 1816; il entra en vigueur le 1ᵉʳ janvier 1817. Jusqu'à cette époque-là, en faisant abstraction de la période très agitée de la République Helvétique (1799 à 1803), le droit pénal tessinois était contenu dans les statuts des divers districts, constituant les huit baillages qui jusqu'en 1799 restèrent sous la domination des cantons suisses.

Le C. de 1816 était très sévère; il avait deux catégories de peines, de haut criminel et correctionnelles. Au sommet de l'échelle des peines était inscrite la peine capitale, appliquée en treize articles, à délits contre la sûreté de l'État (art. 101, 102, 103 et 104), contre la Constitution (art. 110 et 111), contre la justice publique (art. 121, 122 et 135), contre la vie de l'homme (art. 250, 252 et 264) et contre la propriété (art. 338); suivaient la peine des fers à perpétuité et la peine des travaux forcés à temps. Plusieurs lois ont modifié dans le temps le C. de 1816. Une loi du 20 janvier 1851 abolit la peine de mort et toutes les peines infamantes, à l'exception de la dégradation civique, pour les crimes de nature exclusivement politique, pour lesquels elle instituait une peine spéciale, l'emprisonnement, dont une loi aurait plus tard déterminé le lieu, où elle devait se subir, et les modalités. Cette loi n'a jamais été édictée.

La rédaction d'un nouveau C. p. a été résolue par le Grand Conseil dans sa session du mois de mai de 1863. L'impulsion à la révision a été donnée par le mouvement d'abolition de la peine de mort. Trois avocats tessinois, Battaglini Charles de Lugano († 1886), Olgiati Charles de Bellinzone († 1888) et Victor Scazziga de Locarno († 1891), ont été chargés de la rédaction du nouveau C. Le premier rédigea un avant-projet, qu'il présenta au Conseil d'État en 1868. Le projet de la Commission entière a été terminé en 1870 et le Grand Conseil l'accepta le 23 janvier 1873. Dans le même temps était supprimée l'ancienne maison de force de Bellinzone et instituée à Lugano une maison pénitentiaire. Le projet de C. p. tessinois avait été examiné par le Professeur F. Carrara, de l'Université de Pise. Les enseignements de ce criminaliste éminent exercèrent une grande influence dans la rédaction du C. Le C. qui entra en vigueur le 1er juillet 1873, régit encore aujourd'hui le Canton du Tessin.

Il est divisé dans un titre préliminaire et en trois livres. Le titre préliminaire traite en neuf articles de la loi pénale et de son application dans l'espace et dans le temps. Le livre premier contient la partie générale du droit pénal. Il se divise en sept titres, qui traitent des peines, des causes qui excluent ou diminuent l'imputabilité, de la tentative et du délit manqué, du concours de plusieurs agents dans le délit, du concours des délits, de la récidive et de l'extinction de l'action pénale et des peines. Le livre second s'occupe de la punition des différents crimes et délits, et le troisième des contraventions. Le C. a reçu des modifications par deux lois: la loi du 28 janvier 1886 sur la liberté de l'Église catholique et l'administration des biens ecclésiastiques, et celle du 11 avril 1889 sur l'application au Canton du Tessin de la loi fédérale sur la poursuite pour dettes et la faillite. La première abrogea toutes les dispositions du C. p. de 1873 contre les abus des membres du clergé dans l'accomplissement de leur ministère. La deuxième loi abrogea les art. 231 à 233 du C., qui prévoient la banqueroute dans la catégorie des délits contre le commerce. Sous la rubrique des notices historiques, il est peut-être encore à remarquer que le C. n'a pas abrogé la loi du 13 juin 1834 (Nuova Raccolta, vol. I p. 113) sur la presse, qui énumère plusieurs délits commis par la voie de la presse. La loi prévoit des délits contre la religion, contre les mœurs, et en particulier contre les autorités publiques. La responsabilité pénale pèse avant tout sur l'auteur; si celui-ci ne peut être découvert ou se trouve hors de la juridiction du canton, sur l'éditeur, à défaut sur l'imprimeur. L'auteur, l'éditeur, l'imprimeur sont dans tout cas solidairement responsables pour le payement des frais, des amendes et des dommages intérêts.

II. La partie générale du Code.

§ 3. La loi pénale.

L'article premier du C. dispose que l'action pénale est limitée aux faits que le C. appelle crimes, délits ou contraventions. Cela n'est pas exact. Indépendamment des délits et contraventions prévues par la législation fédérale et qui sont réservées par l'art. 8 du C., il y a plusieurs lois spéciales, qui prévoient des faits punissables. L'article premier a voulu sanctionner le principe que nul ne peut être puni qu'en vertu d'une disposition de la loi pénale. Ce principe se trouve énoncé d'une manière plus correcte dans l'article premier de la loi de procédure pénale du 8 décembre 1855, où il est dit qu'aucune peine ne peut être infligée que par l'autorité compétente, en application d'une loi et suivant les formes légales.

Le C. tessinois établit la règle que la loi pénale n'a jamais d'effet rétroactif au préjudice de l'accusé. Elle a au contraire un effet rétroactif en sa faveur, de manière que cessent de plein droit les effets d'une condamnation déjà prononcée, si une loi postérieure ôte le caractère de fait punissable au fait pour lequel la condamnation a été prononcée sur la base d'une loi antérieure. Les peines en cours d'exécution et les effets de condamnations précédentes seront réduits ou adoucis suivant les dispositions de la loi nouvelle (art. 8). La même règle est appliquée par l'art. 87, qui entre les dispositions de la nouvelle loi et celles de la loi ancienne applique les dispositions plus favorables à l'accusé ou au condamné pour la prescription de l'action pénale ou de la peine.

Quant à l'application de la loi dans l'espace, l'art. 2 établit que les dispositions du C. sont applicables à toutes les infractions commises sur le territoire du canton. Les art. 3, 4, 5 et 6 prévoient les cas et les conditions de l'application de la loi pénale tessinoise aux faits commis hors du canton. S'il s'agit de crimes ou délits contre la sûreté de l'État, de contrefaçon du sceau de l'État, et de faux ou altération de titres de crédit public du canton, la loi du canton est applicable, même si les auteurs, citoyens ou étrangers, avaient été déjà punis dans le pays où l'acte a été commis. Toutefois on doit imputer dans la nouvelle peine celle qui a été déjà subie à l'étranger. Le citoyen tessinois coupable d'homicide, d'infanticide, d'incendie volontaire, de chantage et brigandage, de vol qualifié d'une valeur au-dessus de 1000 frs., de viol, de rapt, sera jugé et puni suivant la loi du canton s'il n'y a pas eu procès ailleurs ou si le coupable s'est soustrait au jugement en contradictoire ou à l'exécution de la peine. Pour les crimes et délits moins graves commis par le Tessinois hors du territoire, le jugement et la punition dans le canton n'ont lieu que s'il y a plainte de la partie lésée, ou demande du gouvernement du pays, dans lequel l'acte punissable a été commis, ou du pays auquel appartient la partie lésée. Dans les mêmes conditions sera poursuivi et puni suivant les lois du canton l'étranger qui entre dans le canton et qui aura commis en pays étranger un crime ou délit au préjudice d'un Tessinois, s'il n'est pas le cas de l'extradition, ou si l'extradition n'est pas acceptée par le gouvernement du pays, dans lequel le délit a été commis. Pour les deux premiers cas, la loi ne dit pas que le coupable doit se trouver sur le territoire du canton. Cette condition n'est mentionnée que dans le dernier cas, où il s'agit de faits commis par l'étranger hors du territoire. Dans les cas prévus par les art. 4 et 5 du C., le juge tessinois appliquera la loi plus favorable au coupable. Si le fait n'est pas qualifié comme délit par la loi du pays, où il a été commis, il ne sera pas poursuivi dans le canton. De même il ne pourra pas être poursuivi, si l'action pénale n'a pas été intentée en temps utile ou si elle est prescrite suivant la loi du lieu delicti commissi. Dans tous les cas l'action sera prescrite dans le canton par la moitié du temps voulu pour la prescription de l'action pour les délits commis sur le territoire du canton.

§ 4. L'acte punissable.

I. Division des délits. Le C. maintient la division tripartite des actes punissables consacrée par le C. français de 1810, en basant la distinction sur la qualité de la peine portée contre chacun d'eux. Cette division avait son importance pratique lorsque le jugement des crimes était déféré au jury. Elle n'en a plus aujourd'hui, la même procédure étant appliquée pour la poursuite et le jugement des crimes et délits. Le jury a été supprimé dans le Tessin par la loi constitutionelle du 10 février 1883. Le jugement des contraventions appartient aux juges de paix (loi du 8 février 1873). Parmi les contraventions se trouvent rangés aussi des délits intentionnels minimes, comme les vols simples, et les abus de confiance pour des valeurs au-dessous de 5 francs. Malgré la démarcation légale entre les crimes et les délits, le C. en a traité simultanément et il applique généralement aux uns et aux autres les mêmes règles de pénalité.

II. Imputabilité. L'art. 46 dit qu'il n'y a pas d'imputabilité, si l'agent au moment du délit se trouvait dans un tel état qu'il n'avait pas la conscience de ses actes ou s'il a été contraint par une force morale ou physique, à laquelle il n'a pas pu résister. Il est dit en outre dans le même article que l'ignorance de la loi n'exclut pas l'imputabilité. — L'art. 47 prévoit une responsabilité limitée et autorise le juge à descendre dans l'application de la peine d'un à trois degrés suivant que l'imputabilité, sans être complétement exclue, a été plus ou moins diminuée par les causes définies par l'article précédent. La loi donne des règles spéciales sur l'ivresse, l'âge et le sourd-mutisme. Elle distingue l'ivresse complète, et l'ivresse partielle, qui n'a pas privé complètement l'agent de la conscience de ses actes. L'ivresse complète exclut le dol, mais pas la faute. La faute est exclue si l'ivresse complète a été involontaire ou accidentelle. L'ivresse partielle diminue la peine d'un degré, à moins qu'elle n'ait été procurée pour commettre le délit. — Le C. tessinois distingue cinq périodes d'âge. La culpabilité pleine et entière est admise après l'âge de vingt ans. Celui qui n'a pas atteint l'âge de dix ans n'est pas imputable. De dix à quatorze ans on doit poser la question, si l'agent a agi avec discernement. Si le discernement est admis, la peine doit être réduite de deux à trois degrés. S'il n'y a pas eu de discernement, le juge ordonne de pourvoir à l'éducation du mineur aux frais de la famille ou de la commune. Pour un délinquant de l'âge de quatorze à dix-huit ans, on diminue les peines d'un à deux degrés, et d'un degré est réduite la peine pour le délinquant de l'âge de dix-huit à vingt ans. — Le sourd-muet n'est pas imputable jusqu'à l'âge de quatorze ans. De quatorze à dix-huit ans il faut décider pour lui la question préalable du discernement et on procède comme pour le mineur de dix à quatorze ans. La question du discernement doit être posée aussi pour le sourd-muet d'un âge supérieur à dix-huit ans et dans tout cas la peine est réduite d'un à deux degrés.

Dans le titre qui traite des délits des fonctionnaires publics contre les citoyens, on rencontre une disposition qui est l'application d'un principe général d'exclusion de l'imputabilité. L'art. 108 dit que le fonctionnaire subalterne n'est pas puni, s'il prouve qu'il n'a fait qu'obéir à l'ordre exprès de l'autorité supérieure et sans connivence avec elle.

III. De la tentative. Le C. distingue entre la simple tentative et le délit manqué (delitto mancato) (art. 54 à 57). Est coupable de délit manqué quiconque dans l'intention directe de commettre un délit, a fait tout ce qui était nécessaire pour sa consommation, lorsque celle-ci n'a manqué son effet que par des circonstances accidentelles et indépendantes de sa volonté. Se rend coupable de tentative quiconque par des actes d'exécution proches et capables à atteindre le but, a manifesté son intention directe à commettre le délit, mais pour des circonstances accidentelles et indépendantes de sa volonté, n'a pas fait tout ce qui était nécessaire pour sa consommation. Dans le doute, auquel entre plusieurs délits ou auquel entre plusieurs effets dommageables d'un même acte délictueux étaient dirigés les actes d'exécution, on présume qu'ils étaient dirigés au délit moins grave ou à l'effet moins dommageable (art. 55). La tentative qui a été suspendue par la volonté de l'agent, n'est pas punissable. Si l'acte d'exécution constitue en lui-même un délit, l'auteur sera punissable de ce chef. La peine du délit manqué est d'un degré inférieure à celle du délit consommé; la peine de la tentative inférieure de deux à trois degrés, suivant que les actes d'exécution étaient plus ou moins loin de la consommation.

IV. Du concours de plusieurs agents dans le délit. Le C. distingue les auteurs et les complices (art. 59 et 60). Sont auteurs du délit: 1⁰ Les exécuteurs directs de l'acte constitutif du délit; 2⁰ ceux qui ont coopéré directement et matériellement à son exécution; 3⁰ ceux qui ont décidé quelqu'un à commettre un délit par mandat, par des présents ou des promesses, par des menaces, par un abus d'autorité ou de pouvoir. Sont complices: 1⁰ Ceux qui intentionnellement ont provoqué au délit, ou ont donné des instructions pour le commettre, ou se sont mis précédemment d'accord avec les auteurs ou les complices sur l'assistance et l'aide à donner après que le délit aura été commis pour en assurer les avantages ou l'impunité; 2⁰ ceux qui ont procuré des armes, des instruments ou tout autre moyen qui aura servi à l'exécution du délit, sachant qu'ils devaient y servir; 3⁰ ceux qui ont sciemment prêté aide ou assistance dans les faits qui ont préparé ou facilité l'exécution du délit. Les circonstances et les qualités personnelles ne se communiquent pas aux participants (art. 61); aussi les circonstances matérielles ne se communiquent pas, si elles n'étaient pas connues au moment de l'action, et si on ne devait pas les prévoir par leur même nature dans le délit concerté (art. 62). La peine des complices est d'un à trois degrés inférieure à celle de l'auteur. Ils seront punis de la même peine, s'il résulte que le délit n'aurait pas été commis sans leur coopération (art. 63).

Dans le système de notre C., le fauteur n'est pas un complice. Son délit est prévu comme un délit spécial, qui rentre dans la catégorie des délits contre l'administration de la justice (art. 171 à 174).

V. De la punibilité de l'acte. A l'égard de la punibilité de l'acte, il y a à rappeler les cas où l'action pénale ne peut s'ouvrir que sur la plainte préalable de la partie offensée. La loi tessinoise n'abandonne jamais l'exercice de l'action pénale à la partie offensée. L'action pénale, dit l'art. 3 du C. de procédure pénale, est exclusivement publique, elle n'appartient qu'aux autorités et aux fonctionnaires chargés par la loi de son exercice. Toutefois il y a des cas assez nombreux, dans lesquels la loi fait dépendre l'exercice de l'action publique de la plainte de la partie offensée. Nous mentionnons les délits contre l'honneur (art. 355), les lésions corporelles légères (art. 313), le rapt (art. 260), le viol (art. 256), les mauvais traitements en famille entre descendants et ascendants et entre époux (art. 333), la violation du domicile (art. 342), le vol, l'abus de confiance, la fraude, et l'appropriation des choses trouvées entre époux séparés légalement, entre frères et sœurs et alliés en deuxième degré et qui ne convivent pas (art. 367, 383, 386 et 393), l'abus de confiance, la fraude, l'usure et l'appropriation de choses trouvées dans les cas moins graves (art. 380, 381 § 1, 388, 391 § 3), la révélation de secrets privés (art. 358), la violation du secret des lettres (art. 343) et le faux en documents privés (art. 220).

Dans certains cas, les rapports de parenté entre l'agent et la personne en faveur de laquelle le délit a été commis, ou entre l'agent et la partie offensée ôtent au fait le caractère d'acte punissable. Rentrent ici le recèlement et tout fait tendant à faire disparaître les traces d'un délit commis par l'ascendant, le descendant, le frère, ou la sœur, le beau-frère, l'oncle, ou le neveu, le beau-père ou le beau-fils, ou l'époux du recéleur (art. 176). De même le faux témoignage en faveur de l'imputé n'est pas puni, si le témoin est parent de celui-ci dans un degré, qui le dispensait de prêter le serment (art. 187 du C. p. et art. 85 du C. de procédure pénale). Le faux témoignage n'est pas non plus puni, si le témoin en disant le vrai aurait pu exposer à un procès pénal soi-même, ou son époux, ses ascendants ou descendants, ses frères et sœurs, ses oncles ou neveux ou ses alliés dans les mêmes degrés (art. 187 § 2). Les vols même qualifiés, les abus de confiance, les fraudes et les appropriations de choses trouvées ne sont pas punissables, lorsqu'ils sont commis entre époux non légalement séparés, entre frères et sœurs et alliés en deuxième degré qui convivent en famille, et entre ascendants ou descendants, consanguins ou d'affinité et entre parents et fils adoptifs (art. 367, 383, 389 et 392).

Dans d'autres cas le repentir de l'agent fait cesser le caractère délictueux de l'acte. Ne sont pas punis: a) ceux qui ont pris part à une sédition ou rébellion et qui s'éloignèrent ou cessèrent de toute action séditieuse sur l'intimation de l'autorité (art. 96); b) le calomniateur qui spontanément se rétracte avant que le calomnié ait été cité devant l'autorité judiciaire, et avant qu'on ait procédé à des actes d'arrestation ou de perquisition à domicile (art. 181 § 2); c) le témoin, l'expert ou l'interprète qui auront rétracté la fausse déposition et révélé la vérité en temps utile pour la justice et avant la clôture du jugement (art. 188); d) celui qui rétracte le faux serment dans une cause civile avant la décision de l'affaire (art. 190); e) celui qui a commis un faux en document privé et qui sur l'interpellation que le juge doit lui faire, aura déclaré de ne pas en faire usage (art. 220); f) l'auteur d'un vol non qualifié, d'un abus de confiance, d'une fraude et d'une appropriation de chose trouvée, qui dans les vingt-quatre heures après le délit, et avant qu'il ait été porté à la connaissance du public ou de l'autorité, aura restitué la chose volée et satisfait tout dommage à la partie lésée (art. 364, 383, 389 et 392); g) celui qui en prête sa coopération au suicide d'autrui et en se repentant aura réussi à empêcher le suicide (art. 301).

La légitime défense enfin exclut la punibilité de l'acte. Le C. tessinois traite de la légitime défense dans le titre des délits contre la vie et l'intégrité de la personne. L'homicide volontaire, dit l'art. 293, n'est pas puni, s'il a été commis: a) dans la nécessité actuelle de la légitime défense de soi-même ou d'autrui, ou aussi de sa pudeur ou de celle d'autrui; b) dans la nécessité actuelle de la légitime défense de la propriété contre les auteurs de vols, ou de pillages exécutés avec violence contre les personnes; c) dans l'acte de repousser les auteurs d'escalade, d'effraction ou d'incendie d'une maison ou d'un appartement habité ou de leurs dépendances, si cela arrive pendant la nuit, ou s'il s'agit de maisons situées en lieux isolés, et s'il y a juste crainte pour la sûreté de personnes qui s'y trouvent. L'excès dans la légitime défense porte une forte diminution de la peine et n'est pas punissable, lorsqu'il résulte des circonstances de personne, de temps, de lieu et du mode de l'attaque que l'agent était sous l'empire de la crainte ou de la terreur.

§ 5. Des peines.

I. Peines privatives de la liberté. La réclusion perpétuelle est la peine la plus sévère prévue par la loi. Elle est subie dans le pénitencier. Pendant trois ans le condamné reste isolé en cellule, obligé au silence et au travail. Après trois ans d'isolement cellulaire, il est admis graduellement au travail en commun pendant le jour, sous silence. Pour les femmes et les hommes qui ont atteint l'âge de 70 ans, l'isolement cellulaire est réduit à deux ans. — La réclusion à temps, autre peine applicable aux crimes, est divisée en cinq degrés, de quatre à vingt-quatre ans. La peine est subie dans le pénitencier; le condamné est obligé au silence, il est pendant la nuit enfermé dans sa cellule, et pendant le jour il est assujetti au travail en commun. La période d'isolement cellulaire a une durée de huit mois à un an.

Les condamnés à la détention sont enfermés dans la même maison pénitentiaire des condamnés à la réclusion. Ils sont cependant séparés de ceux-ci et ont un habillement divers. Le détenu est enfermé dans une cellule pendant la nuit, obligé au silence et admis au travail en communion avec les autres détenus pendant le jour. Il peut se choisir un travail parmi ceux admis par le réglement. Pour lui aussi il y a une période d'isolement cellulaire qui varie d'un mois à six. La peine de la détention se divise en cinq degrés, le premier de trois jours à trois mois, le cinquième de trois ans à quatre. Le juge peut, pour des circonstances spéciales, ordonner dans le jugement que le condamné au premier degré de détention ait à subir sa peine dans la prison du district, où le jugement a eu lieu. Si la peine est appliquée pour trois jours seulement, il peut autoriser le condamné à la subir dans sa propre maison sous la surveillance de la municipalité.

La libération conditionnelle, avec assujettissement à la surveillance spéciale et directe du directeur du pénitencier, peut être accordée aux condamnés à la réclusion à temps et à la détention pour une durée supérieure à un an, qui eut une conduite irréprochable pendant les trois quarts de leur peine. La constatation de la conduite irréprochable et la décision sur l'admission au bénéfice de la libération conditionnelle, et sur sa révocation pour le cas d'inconduite du libéré, sont de compétence du Conseil de surveillance préposé à l'administration de la maison pénitentiaire. Ce Conseil de surveillance est composé par le Conseiller d'État, Directeur du Département de justice, par le Président du Tribunal d'Appel et par le Procureur public. Le Conseil de surveillance doit motiver ses décisions, contre lesquelles le condamné et l'autorité exécutive peuvent recourir au Tribunal d'Appel.

Pour les délits de nature politique (art. 88 à 91), le C. prévoit une peine spéciale, l'emprisonnement (la prigionia), qui se divise en cinq degrés, d'un an à vingt. L'art. 23 dit que cette peine est subie dans une prison de l'État, dans laquelle le condamné est enfermé pendant toute la durée de la peine, habillé avec ses propres vêtements, entretenu avec le régime des prisons préventives, avec faculté pour le condamné de se nourrir à ses frais, et avec liberté de travailler, étudier et recevoir des visites. Jusqu'à aujourd'hui il ne s'est pas encore présenté le cas d'appliquer cette peine. L'emprisonnement (arresto) applicable aux contraventions est subi dans les prisons de district et ne peut être appliqué pour moins d'un jour, ni pour plus de sept jours.

II. Dégradation civique et interdiction. La réclusion perpétuelle et à temps entraîne de plein droit la dégradation civique pour toute la durée de la peine. La dégradation peut dans les cas déterminés par la loi étendre ses effets aussi après la réclusion à temps, pour une durée d'un an à huit ans. Dans les cas prévus par la loi, la dégradation civique est prononcée aussi avec la détention et pour un certain temps après l'expiration de cette peine. La dégradation civique consiste: 1⁰ dans la destitution et exclusion du condamné de toutes fonctions, emplois et offices publics; 2⁰ dans la privation de tous les droits civiques et politiques; 3⁰ dans l'exclusion de l'exercice de la profession d'avocat et notaire; 4⁰ dans l'incapacité d'être tuteur, si ce n'est de ses enfants; 5⁰ dans l'incapacité d'être exécuteur testamentaire, d'être expert et d'être employé comme témoin dans les actes (art. 31).

La peine de l'interdiction consiste dans la privation du condamné des droits civiques et politiques, et dans l'exclusion des offices publics, dans l'incapacité d'exercer une fonction publique déterminée, ou une profession, un négoce, une industrie ou une art. Cette peine se subdivise en quatre degrés: le premier d'un mois à un an, le quatrième de six à dix ans. Elle est appliquée seule ou conjointement avec d'autres peines.

III. Les peines pécuniaires. Le C. établit deux peines pécuniaires; l'une pour les délits que la loi appelle multa, l'autre pour les contraventions appelée amende (ammenda). La première se divise en huit degrés; le premier de 5 à 25 francs; le huitième de 3500 à 5000 francs. Elle est appliquée seule ou conjointement avec d'autres peines. L'amende se divise en quatre degrés, entre les limites de 2 à 50 francs.

La peine de la multa, en cas d'insolvabilité du condamné, est convertie en détention. La durée de cette détention est calculée à raison d'un jour pour 5 francs d'amende; toutefois elle n'excédera jamais trois mois (art. 30). Si la multa est infligée conjointement avec la réclusion ou la détention et si elle n'est pas payée, la peine privative de la liberté sera augmentée à raison d'un jour de réclusion pour 15 francs d'amende et d'un jour de détention pour 10 francs. L'augmentation n'excédera jamais trois mois (art. 31).

IV. Graduation et application des peines. Les peines s'appliquent par degrés. Le juge applique les peines dans les limites des degrés fixés par la loi en tenant compte de la gravité du fait, de l'intensité du dol, du dommage qu'il en est résulté et du danger qu'il y a eu d'un dommage plus étendu. S'il y a une circonstance atténuante, la peine doit être appliquée au-dessous de la moitié du degré, dont il s'agit. S'il y a deux circonstances atténuantes, on descend d'un degré. S'il y a concours de circonstances d'aggravation et d'atténuation, on fait compensation entre les unes et les autres. La loi énumère à l'art. 53 les circonstances atténuantes. Elles sont au nombre de quatre: 1⁰ Si le coupable s'est toujours bien conduit antérieurement au délit; 2⁰ s'il a été poussé au délit par la misère; 3⁰ s'il a volontairement et promptement réparé le dommage; et 4⁰ s'il s'est mis volontairement dans les mains de la justice et s'il a avoué son délit.

Le temps de la détention préventive peut être en tout ou en partie calculé dans la peine, à raison d'un jour de réclusion ou de détention, de deux jours d'interdiction, et de 5 francs d'amende pour chaque jour de détention préventive (art. 33).

La récidive est une cause d'aggravation de la peine. Il n'y a de récidive que s'il y a eu condamnation antérieure passée en force de chose jugée. Le nouveau délit doit être de même nature du précédent. On considère de même nature les délits, qui sont compris dans le même titre du C. (art. 69). Pour les effets de la récidive on n'a aucun égard aux jugements des tribunaux étrangers et des autres cantons de la Suisse, aux délits antérieurs provenant de simple négligence, et aux condamnations jusqu'à six mois de détention, lorsque la peine, qui doit être appliquée au nouveau délit, est la réclusion (art. 70). Il n'y a pas récidive dans le cas d'amnistie et lorsqu'il s'est écoulé plus de dix ans depuis l'extinction de la peine du délit précédent. Pour l'aggravation de la peine la loi distingue suivant que le nouveau délit est commis pendant l'expiation de la peine précédente, ou après que cette expiation a eu lieu, ou avant son commencement. Si le récidiviste commet un nouveau délit pendant l'expiation de la réclusion perpétuelle, on lui appliquera l'isolement cellulaire pour un an, s'il s'agit d'un délit emportant la peine de la détention, et jusqu'à cinq ans, s'il s'agit d'un crime frappé de la réclusion. Dans les autres cas la peine ordinaire s'augmente d'un degré, si le récidiviste avait déjà subi entièrement la peine précédente. On applique le maximum du degré, si le nouveau délit est commis pendant l'expiation de la peine précédente; si l'expiation de la peine n'était pas encore commencée, la peine du nouveau délit ne peut pas être prononcée dans le minimum du degré prévu par la loi (art. 72).

Une autre cause d'aggravation de la peine, c'est le concours des délits. Lorsque par un seul et même acte un individu tombe sous le coup de plusieurs dispositions de la loi pénale, on lui appliquera la disposition qui inflige la peine la plus forte (art. 64). Dans le concours de plusieurs délits distincts, le C. tessinois suit en général le système du cumul juridique, en rendant plus sévère la peine appliquée au délit plus grave en relation avec la nature et la durée de la peine appliquée au délit moins grave. Voir les art. 65 à 67.

V. Effets des condamnations. Le condamné à la réclusion perpétuelle est privé de l'administration de ses biens et de la tutèle de ses enfants. Il est traité comme un individu dont l'absence a été déclarée par décret du Tribunal. Le condamné à la réclusion à temps est aussi privé de l'administration de ses biens et de la tutèle de ses enfants pendant la durée de sa peine. On lui nomme un tuteur comme à un incapable. — Les individus condamnés pour un même fait sont tenus solidairement des dommages-intérêts, des restitutions et des frais. En cas de concurrence de l'amende et des frais dus à l'État avec les restitutions et les dommages-intérêts, sur les biens insuffisants du condamné, ces dernières condamnations obtiendront la préférence (art. 36). L'art. 39 établit la présomption légale que toute obligation ou aliénation des biens, à titre onéreux ou gratuit, faite par le coupable après le délit, a été faite au préjudice des droits de la partie lésée et de l'État. — Avec la condamnation principale doit être prononcée la confiscation du corps du délit, et des choses qui ont servi ou ont été destinées à le commettre, quand la propriété en appartient au condamné.

Dans certains cas la loi prévoit l'assujettissement du condamné à la surveillance spéciale du préfet du gouvernement ou de la Municipalité de la Commune après l'expiation de la peine, pour un temps qui ne peut excéder deux ans (art. 22).

§ 6. De l'extinction de l'action pénale et de celle des peines.

L'action pénale s'éteint: 1º Par le décès du prévenu; 2º par l'amnistie; 3º par la rémission de la partie lésée, dans les cas où l'action ne peut s'exercer que sur son instance; 4º par la prescription (art. 73). L'art. 75 dit que la rémission de la partie lésée ne produit aucun effet, si l'accusé refuse de l'accepter. L'amnistie n'éteint l'action pénale que dans les cas où elle peut être exercée sans la plainte de la partie lésée. Les termes de la prescription sont de vingt, quinze, dix, cinq et trois ans suivant la qualité et la quantité des peines, en ayant égard à toutes les circonstances que la loi détermine spécialement et qui exercent influence sur la détermination de la qualité et des degrés de la peine. Une disposition singulière est celle de l'art. 78. Cet article dit que la prescription est interrompue pendant l'instruction du procès. Toutefois si dans le délai de cinq ans après l'ouverture du procès, ou de la date d'un décret de désistement, une condamnation n'a pas été prononcée, l'action pénale est prescrite. Par conséquent, lorsqu'il y a eu des actes d'instruction et même lorsque l'instruction a donné lieu à un décret d'accusation, si une condamnation définitive n'est pas intervenue dans le délai de cinq ans, l'action pénale ne peut plus continuer. Cette disposition a été édictée par le désir d'empêcher que l'autorité puisse maintenir pendant longtemps un citoyen sous le coup d'une prévention. — L'art. 102 établit le délai de six mois après la clôture du procès-verbal de l'assemblée pour la prescription de l'action pénale pour les fraudes en matière électorale ou pour les délits commis à l'occasion d'une assemblée électorale (art. 97 à 101). — L'art. 357 établit aussi des délais spéciaux pour la prescription de l'action pénale des délits contre l'honneur. Le délai est d'un an pour la diffamation et de trois mois pour l'injure. L'action pénale contre les contraventions se prescrit par deux mois (art. 438).

La peine s'éteint: 1° par son exécution; 2° par le décès du condamné; 3° par l'amnistie ou la grâce; 4° par la rémission de la partie lésée, si la loi le déclare expressément; 5° par la prescription (art. 79). Le décès du condamné n'empêche pas les actes d'exécution pour les effets du jugement, passé en force de chose jugée avant le décès. L'État a donc le droit d'obtenir sur les biens du condamné le payement de la peine pécuniaire aussi après sa mort. — Les cas dans lesquels la rémission de la partie lésée éteint la peine sont ceux prévus aux art. 251, 261 et 273. Par le mariage entre le séducteur et la femme séduite cesse de plein droit la peine de la séduction. Par le mariage entre le ravisseur et la fille enlevée cesse la peine du rapt. La rémission faite à l'époux coupable d'adultère fait cesser tout effet de la condamnation aussi pour le complice de l'adultère. La peine de la réclusion perpétuelle et celle de la réclusion à temps au-dessus du deuxième degré (12 ans) ne s'éteignent pas par la prescription. Pour les autres peines les termes de la prescription sont de trente, vingt-cinq, vingt, quinze et dix ans suivant la qualité et quantité de la peine. La prescription de la peine fait cesser aussi les effets de l'interdiction légale du condamné.

III. Des délits et de leur punition.

§ 7.

Nous ne pouvons pas entrer ici dans plusieurs détails; nous devons nous borner à relever la classification des faits punissables qui repose sur l'objectivité juridique du fait, c'est à dire sur le droit, contre l'existence ou l'exercice duquel le délit était dirigé. Les différents faits punissables sont groupés en treize titres, dont voici l'intestation: I. Des délits contre l'ordre constitutionnel et la sûreté intérieure de l'État; II. des délits relatifs à l'exercice des droits politiques; III. des délits contre les garanties constitutionnelles et contre l'administration publique; IV. des délits des particuliers contre l'administration publique et les fonctionnaires publics; V. des délits contre l'administration de la justice; VI. des délits contre l'ordre public; VII. des délits contre la foi publique; VIII. des délits contre le commerce et les industries; IX. des délits contre les mœurs et l'ordre des familles; X. des délits contre la vie et l'intégrité de la personne; XI. des délits contre la liberté personnelle; XII. des délits contre l'honneur, et XIII. des délits contre la propriété.

IV. Contraventions. Droit pénal spécial.

§ 8.

Les contraventions se trouvent groupées dans le livre troisième du C. sous différents chapitres, qui traitent du port d'armes, de la mendicité et du vagabondage, de la violation des devoirs sociaux, des actes contre les mœurs, de quelques actes contre la santé et la décence publique, et enfin des transgressions contre la propriété. Beaucoup d'autres contraventions et faits punissables sont prévus et punis tantôt par la voie administrative, tantôt aussi par la voie judiciaire, dans d'autres lois. Rappelons: La loi organique communale du 15 juin 1854 aux chapitres V et XI (Nuova Raccolta, I, 458); le titre Vme de la loi du 9 juin 1853 sur la police des étrangers (N. R., I, 385); la loi du 5 mai 1875 sur la surveillance de l'État sur les matières explosives ou incendiaires (N. R., I, 428); le C. sanitaire du 26 novembre 1888 (Bulletin officiel des lois, 1889, p. 149); le réglement du 11 juin 1844 sur l'exercice du notariat (N. R., I, 293); les lois et réglements du 28 novembre 1840, du 4 mai 1870, du 13 février 1878 et du 1er juin 1880 sur la police des bois et forêts (N. R., II, 300, 315 sq.). Il est à peine nécessaire de nommer les lois en matière fiscale, sur le droit de timbre, loi du 27 novembre 1858 (N. R., II, 477); sur les cartes de jeu, loi du 6 décembre 1853 (ibidem, 484); sur les taxes d'industrie et de commerce, sur les arts et les professions et sur les métiers ambulants, lois du 1er décembre 1875 et du 21 novembre 1879 (N. R., II, 515 et 525, etc.). — Aussi dans la législation en matière électorale, qui surtout dans les derniers temps compte de nombreux documents dans le Tessin, sont prévus des délits, des contraventions et des peines. Voir la loi du 3 décembre 1888 qui règle les votations populaires avec le système du bulletin enfermé dans une enveloppe officielle; les lois du 1er décembre 1890 et du 24 novembre 1891 qui introduisent le système du vote proportionnel pour les élections au Grand Conseil et à la Constituante. Dans ces lois sont menacées des amendes jusqu'à 200 francs contre les municipalités et les bureaux électoraux, qui ne remplissent pas les devoirs qui leur sont imposés pour le fonctionnement régulier des élections et votations.

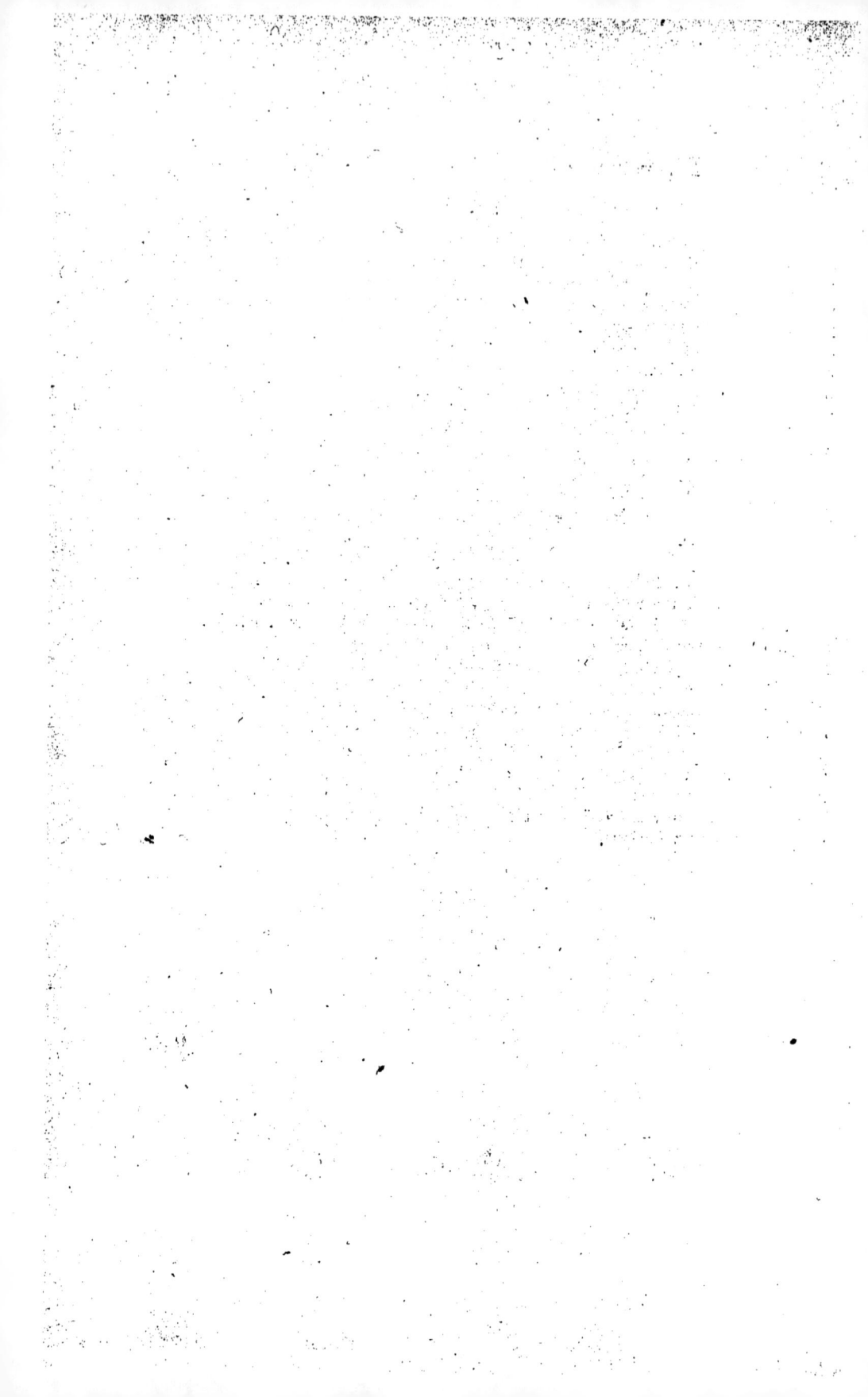

III.

LA PÉNINSULE ITALIENNE.

Par

Bernardino Alimena,

Professeur de droit pénal à l'Université de Naples.

Sommaire.

---

1. Italie.

I. Introduction. § 1. Les bases historiques et scientifiques de la législation pénale § 2. L'unification législative de 1889.
II. Le droit pénal actuel de l'Italie. § 3. Partie générale du Code. § 4. Partie spéciale du Code. § 5. Procédure pénale. § 6. Délits du Code de commerce. § 7. Délits prévus par les lois spéciales. § 8. Le droit pénal militaire.
III. § 9. Colonie érythrée (Massaouah, Assab et le protectorat sur la côte des Somali).
IV. § 10. Bibliographie.

2. Saint Marin.

1. Italie.

I. Introduction.

§ 1. Les bases historiques et scientifiques de la législation pénale.

L'Italie que l'on a appelé la terre classique du droit criminel, fut, au moyen-âge, le berceau de la pratique judiciaire; et au XVIIIe siècle, alors que la situation politique s'opposait à l'éclosion d'une législation uniforme et que la tradition n'était cultivée que dans les écoles, elle a vu semer les germes qui devaient renverser des lois criminelles déjà arriérées. La révolution française fit éclore ces germes, et, sans renier le droit romain, elle propagea les idées prêchées en Italie par César Beccaria. Aussi les Codes français, implantés dans les divers États de l'Europe par les armées de l'empire, trouvèrent-ils en Italie la terre même à laquelle ils devaient leur naissance. L'esprit juridique italien qui sommeillait depuis longtemps se réveilla et alors s'épanouit une époque de renouvellement législatif.

Dès le début du siècle nous trouvons, dans l'Italie du nord les Progetti di codice penale e di codice di procedura penale per il Regno italico (1807) et dans l'Italie du sud la loi pénale de 1808 d'un esprit assez progressiste. Cette législation était digne d'une nation jeune et déjà avancée dans la vie juridique; elle répondait aux travaux des juristes Romagnosi, Renazzi, Cremani, Nani, Lauria qui fleurissaient à cette époque.

Après la chute de la domination française, une vie législative nouvelle fit éclosion dans les petits États italiens: beaucoup de législations vinrent à naître, vraies filles de la Révolution, quoique plusieurs aient été inspirées par une réaction despotique.

En Sardaigne, ce mouvement, commencé en 1837, aboutit au Codice di procedura criminale per gli stati sardi de 1847. Ce Code, améliorant la législation française, marque une victoire du droit international: il punit les délits commis par des Sardes à l'étranger même contre des étrangers. D'autre part il étudie avec soin les degrés de complicité, le concours, la fausse-monnaie, le duel et les cas où le parricide et l'empoisonnement peuvent être excusés.

En Toscane, la législation était déjà très avancée; les lois de 1786 y furent complétées par la réforme judiciaire de 1838.

Plusieurs modifications de détail furent faites au Code de Parme de 1820, notamment en ce qui concernait la complicité et le duel.

Mais ce mouvement réformateur atteignit son apogée dans les lois napolitaines de 1819 qui abolirent l'infamie attachée aux peines ainsi que la mort civile, qui améliorèrent les théories du meurtre et de l'infanticide, et qui distinguèrent nettement la fraude pénale de la fraude civile. Ce Code est véritablement un monument de la science et de la jurisprudence italienne.

Seule la législation romaine, sous le règne du pape Grégoire XVI, demeurait rebelle à tout progrès et se montrait la gardienne jalouse de la procédure inquisitoriale.

Ces différentes législations étaient imitées des Codes français de 1808 et 1810; elles se ressentaient de l'esprit juridique qui avait bouleversé la doctrine des pays étrangers. Aussi portent-elles la marque de progrès nombreux, hormis, bien entendu, pour ce qui concerne les délits politiques et les délits contre la religion. Les Codes étudièrent la responsabilité des enfants, en se souvenant du droit romain à cet égard, celle des sourds-muets, la théorie de la tentative et celle des excuses, spécialement de la provocation. La procédure pénale fut modifiée et rendue, en de nombreux cas, plus parfaite même que la procédure française qu'elle imitait. — Le jury fut repoussé.

A cette rénovation législative s'ajoutèrent les travaux de la jurisprudence et des auteurs. Les Cours de Naples et de Florence se distinguèrent particulièrement. Quant à la science, elle fut cultivée avec éclat par une succession de savants qui forment une suite ininterrompue partant de Rossi, Baroli, De Giorgi pour aboutir à Mamiani, Mancini, Nicolini et autres.

A partir de cette époque la Sardaigne, la Toscane et Naples sont les trois foyers d'où rayonnent les progrès scientifiques et législatifs.

L'étude du droit pénal italien, au point de vue historique, se divise dès lors en trois périodes: le droit pénal des États italiens jusqu'au moment de l'unification, en 1860; le droit pénal du royaume d'Italie jusqu'au nouveau Code, le Code de 1889.

En tête se trouve le Piémont, qui connut le premier l'avénement de l'ère de la liberté, grâce au Statut de 1848, octroyé par Charles-Albert, statut qui est toujours, à l'heure présente, la loi fondamentale du royaume d'Italie. Une commission gouvernementale étudia alors la révision du C. p.; une loi sur la presse, assez libérale, fut promulguée le 26 mars 1848; elle établit le jury en matière de délits de presse et fut complétée, sur ce point, par la loi du 20 juin 1858; un projet de loi étendait même cette institution aux délits de droit commun. A ces réformes s'ajoutèrent bientôt des modifications dans le système pénitentiaire et la création d'une statistique pénale. — Pendant la même période le Piémont vit fleurir de nombreux juristes tant piémontais que napolitains, ces derniers s'y étant réfugiés pour fuir la tyrannie des Bourbons: rappelons les noms des Piémontais Sclopis, Vegezzi, Onnis, Poletti et des Napolitains Mancini, Zuppetta, et Pisanelli, l'apôtre du jury.

Le C. p. toscan parut en 1853; fruit de l'esprit juridique de la Toscane et des travaux sur les Codes de France et d'Allemagne, ce Code fit l'objet d'études de Carmignani, Puccioni, Mori, Buonfanti. Il commine la peine de mort, qui avait été abolie par un décret du 11 octobre 1847, puis rétablie par une loi de 1852. Il n'adopte pas la classification tripartite des infractions en crimes, délits et contraventions, comme le Code sarde, mais ne parle que de délits, réservant les contraventions pour une loi spéciale, système qui se retrouve dans plusieurs législations modernes. Faisant siens les progrès du droit international et les théories nouvelles sur l'imputabilité qu'avait déjà acceptés la législation sarde, il transforma le système pénal. Les autres caractères importants de ce Code sont l'analyse de la participation criminelle, la notion du délit continu, la restriction de l'idée de la récidive à la seule récidive spécifique, le calcul de la détention préventive. Il était peu rigoureux, même à l'égard des délits politiques. — Nous y trouvons des dispositions rédigées avec soin sur les injures à la mémoire des morts, sur la fausse monnaie, sur les meurtres et les blessures, sur l'aide prêtée à la perprétation du suicide, sur l'infanticide et sur les atteintes à la propriété. Comme nous l'avons dit, le C. p. était complété par un règlement s'occupant des contraventions.

Les autres États italiens ne jouirent pas de la même rénovation législative.

La Lombardo-Vénétie était régie par des lois autrichiennes: le Code de 1803, remplacé dans la suite par celui de 1852.

Dans l'état de Modène parut, en 1855, un C. p. sans importance.

A Naples les avantages qui résultaient du Code de 1819 furent étouffés par la réaction.

Mais en ces différents pays, la réaction n'empêcha point la germination de travaux sur la science juridique dont les représentants se réfugiaient dans les universités. Tels, en Lombardo-Vénétie: Tolomei et Ambrosoli; dans l'Italie centrale: Giuliani; à Naples: Nicolini, Roberti, Ulloa.

Il faut, pour être complet, mentionner le Code de Malte de 1854, qui fut, en partie, le fruit des études italiennes.

Cependant l'esprit des temps nouveaux, transformant la politique, renouvelait également la législation.

La révolution éclata et l'unification commença à se faire. Dans le Piémont se firent jour, en 1859, deux législations nouvelles, beaucoup plus nationales que leurs devancières: le C. p. et le Code de procédure pénale. Le C. p. se signalait par plusieurs progrès: abolition de l'amende honorable et du pilori, dispositions relatives aux délits contre la religion, contre le roi, contre l'État, contre les mœurs, à la fausse monnaie et au duel. Par contre il modifia fort peu le système des peines des Codes antérieurs. — Le Code de procédure pénale fut, pour ainsi dire, une traduction du Code français de 1808 avec des modifications particulières; aussi y trouvons-nous toutes les erreurs de la procédure française; cependant il introduisit, par la même occasion, le système du jury. — Cette réforme législative fut complétée, en la même année, par la promulgation du C. p. militaire et de la loi sur l'organisation judiciaire.

Dès 1860 l'unité italienne, fruit des efforts du roi et de son peuple, rêve de Dante et de Machiavel, était réalisée. Les petites principautés et leurs législations avaient vécu.

L'unification législative suivit de près l'unification politique.

Les Codes sardes furent appliqués dans l'Italie septentrionale et dans une partie de l'Italie centrale. Mais la Toscane et l'Italie du sud les repoussèrent, la première parce que, depuis le décret de 1860, elle avait aboli la peine de mort qu'édictait encore la loi sarde, la seconde parce qu'elle demeurait attachée aux traditions des Codes de 1819. Ainsi, tandis que la Haute-Italie était régie par les Codes sardes de 1859, la Toscane conservait son C. p. de 1853 et l'Italie méridionale adoptait le Code sarde modifié par un décret du 17 février 1861.

En 1862 le Code de procédure pénale sarde était accepté par l'Italie entière, sauf la Toscane. — Rome seule demeurait écartée de cette unification.

Cependant la vie juridique du jeune royaume était intense. En 1865 furent promulgués à la fois le Code civil, le Code de commerce (abrogé par celui de 1882), le Code de la marine marchande, la loi d'organisation judiciaire, le Code de procédure civile et le Code de procédure pénale qui, cette fois, fut agréé même par la Toscane.

Ce dernier Code établit le principe de la publicité du jugement, ce qui était un progrès sur le Code français.

Rome adopta les Codes sardes en devenant, en 1870, la capitale de l'Italie et après avoir aboli le Regolamento gregoriano de 1832.

L'unification législative était presque accomplie. Seule l'unification pénale ne se réalisait pas encore. Son grand obstacle était la question de la peine de mort; celle-ci était vue avec faveur en Piémont et à Naples, alors que Florence la repoussait énergiquement. Et cette divergence rendit vains les efforts du gouvernement, du parlement et de la science.

Ce n'est pas que cette dernière ne donnât jour à aucun projet de C. p.; il y en eut toute une série, due à 'cette école que l'on a appelée „classique" parce qu'elle avait recueilli l'héritage de Beccaria et qui s'illustrait par les travaux des Mancini, Pessina, Carrara, Tolomei, Lucchini, Canonico, Brusa, Ellero, Nocito, Faranda, Buccellati. Elle étudiait le côté juridique et impersonnel du délit, rejetant à l'arrière plan ou omettant même complétement l'individualité du criminel.

A la même époque se développaient la statistique criminelle sous l'impulsion du directeur général de la statistique Bodio, et la réforme pénitentiaire sous celle du directeur général des prisons Beltrani-Scalia.

A l'école classique s'opposa bientôt l'école „positiviste" ou „anthropologique", sous la direction de Lombroso, Garofalo et Ferri. Elle changea le droit pénal en sociologie criminelle, étudia la biologie du délinquant, envisagea le délit comme un phénomène naturel et ôta à la peine tout caractère spécifique.

De la lutte de ces deux écoles naquit une tendance nouvelle, une tendance vers une école „expérimentale" par sa méthode, mais „critique" par ses idées, école qui distingue et éloigne le droit pénal de la sociologie criminelle, qui refuse d'admettre le type du criminel, qui considère le délit comme un phénomène très complexe et éminemment social, qui reconnaît à la peine une valeur morale et une action distincte de celle des autres facteurs de l'hygiène sociale. — Cette école doit sa naissance et son développement à nos études et à celles de Colajanni, Poletti, Vaccaro, Carnevale, Impallomeni et, peut-être même Lucchini en Italie; de Liszt en Allemagne; de Tarde et Lacassagne en France; de Prins en Belgique; de Drill et Foinitski en Russie.

Ce mouvement critique s'est affirmé résolument par la fondation de l'Union internationale de droit pénal.[1]

§ 2. L'unification législative de 1889.

Telles sont les bases scientifiques et historiques du droit pénal italien.

L'œuvre d'unification fut achevée, en 1889, par le Garde des sceaux Zanardelli qui a systématisé en partie les travaux de ses devanciers.

Examinons préalablement les deux questions suivantes: Quelle était l'opportunité de cette unification? Quelle était l'école qui devait inspirer le nouveau Code?

La première de ces questions peut paraître superflue: Nous savons, en effet, qu'après l'unification politique, l'unification législative était nécessaire: les efforts faits de toutes parts depuis près de trente années le prouvent à toute évidence; d'autre part, l'Italie ne pouvait demeurer étrangère aux progrès de toutes les législations. — Si nous abordons la question, c'est parce que l'école anthropologique a nié cette nécessité d'une unification législative; invoquant l'exemple de la Suisse qui a un Code particulier pour chaque canton, elle a déclaré que l'Italie était „unie mais non unifiée" et, à l'appui de cette assertion, on a cité des statistiques et des tableaux démontrant l'importance de l'influence locale sur la longévité, les mariages, les professions, les délits.[2] — Un autre

---

[1] Pour l'histoire du droit pénal italien contemporain, voir: Pessina, Dei progressi del diritto penale in Italia nel secolo XIX, dans les „Opuscoli di diritto penale". Napoli 1874.

[2] Lombroso, Troppo presto. Torino 1888. Ferri, Sociologia criminale, p. 334. Torino 1892.

savant, étranger à cette école, Carrara, avait lui aussi nié l'utilité de l'unification; mais cette thèse lui était probablement inspirée par la crainte qu'il
ressentait de revoir le bourreau en Toscane.[1]) — Pour cela, il a même écrit,
avant sa mort, une lettre dans laquelle il loue l'unification.

S'il avait admis les idées de M. Lombroso et de ses élèves, le législateur
italien aurait dû non pas laisser subsister les trois Codes existants, mais en
créer soixante-neuf: un par département. — L'exemple de la Suisse n'est pas
concluant; car ce pays a des races diverses parlant des langues différentes;
on y parle français, allemand, italien, rhéto-roman; en Italie, l'unité de langue
existe. — Pourquoi ne pas citer d'ailleurs en exemple le monde entier? Le
„régionalisme", trouvé en Italie par Lombroso et Rossi, existe partout. — On
invoque des tableaux prouvant la distribution géographique des délits en Italie;
mais cette distribution ne se produit-elle pas partout? Les délits seraient-ils,
ailleurs, distribués uniformément? — On cite la statistique des professions, des
âges, des mariages; mais a-t-on oublié les recherches de von Mayr sur la mortalité et les métiers en Bavière, celles de Quetelet sur la statistique matérielle
et morale de la France, celles de Guerry pour l'Angleterre? — Dans tous les
pays on trouve tel département plus criminel, telle ville plus honnête, telle
région se distinguant par les délits contre les personnes, telle autre par les
atteintes à la propriété, telle autre encore par les attentats aux mœurs; partout on découvre des cités remarquables par leur grand nombre de gens
instruits, d'autres brillant par celui des illettrés.

Pourquoi les différences statistiques qui ont suggéré à M. Lombroso l'idée
du régionalisme italien ne lui ont-elles pas inspiré celle du régionalisme français ou allemand? Entre la Sicile et la Lombardie la diversité n'est pas plus
grande qu'entre la Seine et la Creuse, entre Königsberg et le Schleswig.
N'a-t-on pas discuté à Londres le point de savoir si une partie de la ville
n'était pas plus honnête que l'autre? — Dans tous le pays, à toutes les époques,
nous trouvons une littérature régionale, à commencer par l'Iliade et l'Enéide
pour finir avec les romans de Daudet. Il est donc absurde de faire une distinction particulière à l'Italie; tout au plus pourrait-on dire que la situation
politique spéciale du pays pendant de longues années y a accentué le régionalisme. Au reste, si nous concédons même à M. Lombroso que l'Italie n'est
pas unifiée, quelle conclusion en tirer, sinon qu'il faut que le législateur aide
à opérer cette fusion des différentes parties du royaume. Car à côté de
l'adaption naturelle se trouve une adaption artificielle;[2]) les deux plus grands
moyens en sont l'emploi de la même langue et l'établissement d'une même
législation. — En théorie peut-être les lois spéciales à chaque département,
à chaque ville, à chaque rue sont-elles mieux adaptées aux conditions de la
vie réelle que des Codes généraux; mais en pratique pareil système est impossible parce que ces diversités ne se bornent pas au droit pénal, mais
frappent tous les domaines du droit et touchent même aux institutions fondamentales de l'État. — Il faut que chaque département sacrifie quelque chose
à l'unité nationale qui est impossible sans l'unité législative.[3])

Le Code italien marque-t-il, en second lieu, un progrès?

---

[1]) Carrara, Lineamenti di pratica legislativa penale XXIV. Torino 1882.
[2]) Alimena, La législation comparée dans ses rapports avec l'anthropologie,
l'ethnographie et l'histoire (Archives de l'anthropologie criminelle et des sciences
pénales, V).
[3]) Voir sur cette question: Ch. Comte, Traité de législation. Bruxelles 1837. —
Pi y Margall, Les nationalités, Paris 1879. — Donnat, La politique expérimentale.
Paris 1885. — Bagehot, Lois scientifiques du développement des nations. Paris 1885. —
Bordier, La vie des sociétés. Paris 1887.

Il faut répondre oui; car avant tout, c'est toujours un progrès que d'avoir un seul Code au lieu de trois. Le Code nouveau a été trop loué et trop méprisé. Ce n'est pas la perfection, mais ce n'est pas davantage, comme le répètent continuellement l'école anthropologique et certains classiques, un tissu de sottises.

L'école anthropologique aurait désiré un Code reflétant ses idées; mais cela était impossible parce que, ainsi que je le disais au Congrès d'anthropologie criminelle tenu à Paris, le législateur ne peut accepter que des théories hors discussion; il doit marcher avec des sandales de plomb. A la veille de la promulgation du nouveau Code, une lutte très vive mettaient aux prises l'école classique et l'école anthropologique; une tendance à l'équilibre entre ces deux systèmes se manifestait dans le développement d'un mouvement critique. — Cependant le renouvellement législatif qui se faisait jour partout ne rejetait pas entièrement les anciennes traditions juridiques; il se contentait de greffer sur elles les idées nouvelles. Le Code italien est un produit de l'école classique, mais, comme tous les Codes des époques de transition, il est aussi un compromis entre le passé et l'avenir, entre les doctrines insuffisantes d'autrefois et les théories encore douteuses d'aujourd'hui. — Les anthropologues l'ont traité „d'éclectique“, oubliant que l'éclectisme était nécessaire au moment de sa confection. Pour eux il est trop arriéré, pour certains juristes il est trop progressiste. C'est dire que pour le juger sainement, il ne faut pas se placer au point de vue exclusif d'une école.

II. Le droit pénal actuel de l'Italie.

§ 3. Partie générale du Code.

Le Code divise les infractions en délits et contraventions. La question de la division tripartite (Code français) et de la division bipartite fut très discutée par les législateurs. Je crois qu'elle ne mérite pas l'importance qu'on lui a donnée, mais il faut reconnaître que la nouvelle méthode est plus scientifique.

Il comprend trois livres: le premier des délits et des peines en général, le deuxième des délits et des peines en particulier, le troisième des contraventions. Le Code s'est rapproché donc des législations belge, espagnole, hollandaise, portugaise, génevoise et du projet autrichien, s'écartant des législations de Zurich, de Vaud et de Bâle qui ont placé les contraventions dans des lois spéciales. — Le nombre des articles est de quatre cent quatre-vingt-dix-huit alors qu'il était de six cent quatre-vingt-douze dans le Code sardonapolitain, soit près de deux cents de plus. Le Code se rapproche ainsi des Codes allemands, usant de simplicité et supprimant quelques définitions. — Il essaie, d'autre part, de distinguer toujours les délits réels, effectifs, de ceux qui sont d'ordre purement politique, les délits qui décèlent la perversité, de ceux qu'a dictés une passion généreuse.

Le premier livre a neuf titres.

I. De l'application de la loi pénale (art. 1 à 10). II. Des peines (art. 11 à 30). III. Effets et exécution des condamnations (art. 31 à 43). IV. Imputabilité et causes qui l'excluent ou l'atténuent (art. 44 à 60). V. Tentative (art. 61 à 62). VI. Participation criminelle (art. 63 à 66). VII. Concours d'infractions et des peines (art. 67 à 79). VIII. Récidive (art. 80 à 84). IX. Extinction de l'action pénale et des peines (art. 85 à 103).

Le Code répète, tout d'abord la loi romaine: nullum crimen sine lege et établit la règle de l'application de la loi la plus douce en cas de succession de législations (art. 1 et 2). La loi italienne est applicable à tous les délits commis en Italie et à tous les Italiens, même jugés à l'étranger, pourvu toutefois, en ce dernier cas, qu'une condamnation prononcée par un tribunal italien ait suivi celle rendue par le tribunal étranger. — La loi règle la répression des délits perpétrés contre l'État italien par des étrangers et à l'étranger, en se basant sur la théorie prônée par l'Institut de droit international. Quant à l'extradition, la formule en est toute générale de telle sorte que l'extradition est la règle, la non-extradition l'exception; elle n'est cependant pas autorisée envers les citoyens italiens ni pour les délits politiques.

Les peines sont les suivantes:

1⁰ Pour les délits: la réclusion perpétuelle ou ergastolo, la réclusion (reclusione), la détention (detenzione), l'exil dans un pays indiqué par le magistrat ou confino, l'interdiction des fonctions publiques (interdizione dei pubblici uffici), l'amende de dix à dix mille francs ou multa.

2⁰ Pour les contraventions: les arrêts (arresto), l'amende de un à deux mille francs (ammenda), la suspension de l'exercice d'une profession ou d'un métier (sospensione dall'esercizio d'una professione o arte).

Il y a en outre une peine accessoire: surveillance de la police (vigilanza della pubblica sicurezza), et un „sostitutivo penale“: réprimande judiciaire (riprensione giudiziale).[1] Nous avions proposé également la condamnation conditionnelle, mais elle n'a pas été agréée.[2]

Comme on le voit la législation italienne se distingue par une très grande simplicité dans l'échelle des peines, ce qui est d'une réelle utilité pratique. — La peine de mort a été abolie; en fait elle l'était déjà; sa suppression n'a fait l'objet d'aucune discussion et est absolue pour tous les délits, même pour le régicide. — L'ergastolo qui la remplace est la réclusion perpétuelle avec sept années d'incarcération cellulaire. — En cas de circonstances atténuantes, cette réclusion est de trente ans, sans qu'on puisse jamais appliquer, en pareil cas, la libération conditionnelle; à l'expiration de cette peine le condamné est soumis à la surveillance de la police. — Après l'écoulement des sept premières années de cellule, le forçat est admis au travail en commun, mais sous la plus stricte obligation du silence et la séparation pendant la nuit. Il peut être réintégré dans sa cellule, par mesure disciplinaire.

La réclusion, selon le système irlandais ou graduel, ainsi que la détention sont subies en cellule avec obligation de travail; elles peuvent être abrégées par la libération conditionnelle.

Le Code proportionne la peine au mobile du délit. Ce système est celui des Codes russes (art. 129, n⁰ 3), Zurichois (§ 125) et brésilien (art. 16, n⁰ 4). — Le Code du Tessin l'adopte pour les délits politiques seuls. L'application la plus large s'en trouve dans le Code allemand (§ 20) et le projet autrichien (§ 14). — C'est un premier pas dans la voie de l'individualisation des peines.

La réprimande ne correspond pas, comme dans les Codes russe, espagnol et portugais, à tels ou tels délit ou contravention; elle remplace la peine, son but est d'éviter les dangers de l'emprisonnement de courte durée et de ne pas frapper trop rigoureusement des individus plus malheureux que coupables.

Les peines ne sont pas divisées en degrés; le juge a une assez grande latitude entre le maximum et le minimum de chaque infraction pour adapter la condamnation qu'il prononce au délinquant qui l'a encourue.

[1] Alimena, La riprensione giudiziale e la sospensione della pena (Rivista penale t. XXVII).
[2] Alimena, Le projet du nouveau Code pénal italien. Paris, Lyon 1888 (Archives de l'anthropologie criminelle et des sciences pénales t. III).

Pour les délits qui portent atteinte à l'honneur d'un citoyen ou d'une famille, le juge peut condamner à une amende privée (art. 38); c'est la „Busse“ allemande (Code allemand §§ 186 à 188, 231). — A ce propos, regrettons l'obstination du législateur à admettre parfois un minimum de trois jours de prison, alors qu'il est démontré que les peines de courte durée sont inutiles et dangereuses, qu'elles favorisent la petite criminalité. Pourquoi ne pas faire une plus large application de l'amende privée et ne pas organiser des compagnies de travail?[1]

Abordons maintenant l'éternel problème de l'imputabilité.[2]

En matière délictueuse il faut que le coupable ait voulu l'infraction comme conséquence de l'action ou de l'omission, sauf les cas où la loi décrète le contraire; pour les contraventions cette démonstration n'est pas exigée (art. 45).

L'agent est irresponsable quand une maladie de l'esprit lui enlève la „conscience ou la liberté de ses actes“, formule malheureuse, car elle peut mettre en jeu cette question si controversée du libre-arbitre d'une part, et de l'autre elle ne nous explique pas ce qu'il faut entendre par conscience. Ce mot est en effet susceptible d'équivoque en italien comme en français, parce qu'il s'entend et de la „connaissance“ et de la „moralité intérieure“, „Bewusstsein“ et „Gewissen“ en allemand. Si le législateur italien a voulu lui donner le premier sens, nous trouverons bien peu de fous sans conscience; la plus grande partie des fous serait donc condamnée? S'il s'agit du second, pourquoi ne l'avoir pas dit? Et le législateur est-il bien sûr que le criminel qui n'est pas fou a la conscience bien éclairée?

D'après moi, ces formules trop détaillées sont dangereuses et inutiles. Il fallait adopter le système en vigueur en France, en Belgique, en Espagne, en Portugal, en Hollande même et dire, d'une façon générale: il n'y a pas imputabilité quand le prévenu, au moment du fait, était sous l'influence d'une maladie mentale ou d'un trouble maladif de l'esprit.

Deuxième désavantage: l'internement du fou criminel n'est pas obligatoire, mais facultatif! (art. 46.)

Si la situation psychologique de l'agent ne permet pas d'écarter entièrement la responsabilité, mais doit la faire considérer comme atténuée, les peines seront réduites en proportion (art. 47).

Il y a justification: quand le fait est ordonné par la loi ou commandé par l'autorité compétente; quand il y a légitime défense; quand il y a état de nécessité (art. 49).

Mais il n'y a que atténuation de la peine si, dans ces hypothèses, on a outrepassé les bornes qu'imposait la loi, la défense ou la nécessité (art. 50). — Le législateur a rejeté une disposition du projet qui admettait la justification quand ces bornes n'avaient été dépassées que par crainte.

Il y a encore atténuation quand le délit est la conséquence de la colère ou de la douleur causées par une injuste provocation: cette provocation est grave ou légère (art. 51).

L'ivresse est tantôt une cause de non-imputabilité, tantôt une circonstance atténuante, tantôt ni l'une ni l'autre (art. 48).

Le Code renferme des dispositions concernant les sourds-muets (art. 57 et 58).

Il a, malheureusement, maintenu, comme âge de responsabilité complète, l'âge de vingt et un ans (le projet disait dix-huit). Au-dessous de cet âge,

[1] J'ai présenté cette thèse aux Congrès de Saint-Pétersbourg (1890) et de Bruxelles (1892).

[2] Cf. au sujet des solutions apportées par la science et par les diverses législations, à cette question et aux problèmes de la non-imputabilité, de la justification et de l'excuse, mon livre: I limiti e i modificatori dell'imputabilità. Torino 1893.

il y a une période d'entière irresponsabilité et une période pendant laquelle l'individu n'est coupable que s'il a agi avec discernement (art. 53 à 56).

Enfin le Code établit des circonstances atténuantes génériques (art. 59).

Comme on le voit les excuses sont placées dans la partie générale du Code; il y a cependant des exceptions:

Dans la légitime défense en général ne rentre pas celle de la propriété qui est mentionnée à la partie spéciale, lorsqu'on parle du meurtre et des blessures (art. 376). — Il y a également excuse légale quand le meurtre est commis pour venger un adultère ou tout autre déshonneur flagrant (art. 377), ou qu'il a été perpétré par le concours de plusieurs agents sans que l'auteur du meurtre soit connu (art. 378).

Il y a aussi une provocation sui generis en matière de duel (art. 240) et d'injures (art. 397); une excuse spéciale à l'avortement (honneur à sauver) (art. 385) et à la supposition de part (art. 363); pour les délits contre la propriété on admet comme excuses le désir de se dédommager, la faible valeur de l'objet (art. 168, 432 et 431) et la restitution (art. 203); pour ceux contre l'ordre public, la renonciation au projet de commettre le délit réalisée en temps utile (art. 330); pour l'évasion, la constitution volontaire dans les mains de l'autorité (art. 232); pour le faux, l'intention de prouver par son usage une chose vraie (art. 282); pour la calomnie, la rétractation (art. 212 et 213); pour les crimes contre l'autorité, le désir d'amener sa libération (art. 190 et 191), etc.

Le Code déclare qu'il n'y a pas culpabilité quand il y a atteinte à un officier public, si ce dernier a posé des actes illégaux (art. 199), en certains cas de faux témoignages et de faux serments (art. 215 et 216) et, en matière de duel, quand les témoins se sont efforcés d'empêcher la rencontre (art. 241).

Le Code n'admet la tentative punissable que pour les délits, jamais pour les contraventions. Il fait la distinction entre le délit „tenté" (tentato) et le délit „manqué" (mancato) (art. 61) et substitue à la vieille formule: „intention manifestée de commettre le délit" celle-ci: „commencer l'exécution" qui est plus exacte et se rapproche de celle du droit français (commencement d'exécution) et de celle du droit allemand (Anfang der Ausführung).

A la différence des Codes allemand (§ 43), hongrois (§ 65) et hollandais (§ 45) qui ne résolvent pas la question de la tentative impossible, et du Code grec (art. 53) qui l'admet, le Code italien repousse toute peine quand la tentative ne pouvait réussir par suite de l'inefficacité du moyen employé. Ce système, qui est aussi celui du dernier projet anglais (sec. 32), est conforme aux traditions de l'école italienne.

Le problème de la participation criminelle (art. 63) est bien traité par notre loi; elle fait d'une part la distinction entre coauteurs et complices, de l'autre celle entre circonstances personnelles et circonstances matérielles.

En cas de concours de délits, les peines sont cumulées (art. 67 sq.).

Quant à la récidive, la législation italienne distingue: la récidive générique empêche le juge d'appliquer le minimum de la peine; la récidive spécifique oblige le juge à augmenter le taux de la peine proportionnellement au nombre des récidives (art. 80 sq.).

Le premier livre se termine par l'examen des causes d'extinction de l'action pénale et de la peine; ce sont: la mort du coupable, la grâce royale, la prescription, la réhabilitation, le pardon de la partie lésée, le payement pour certaines petites contraventions frappées d'amende (art. 85 sq.). — Remarquons, en ce qui concerne la prescription que le délai en est calculé selon la peine applicable au délit envisagé in concreto, c'est-à-dire telle qu'elle ressort des circonstances, et non in abstracto, telle que la commine l'article du Code relatif au délit qu'elle frappe.

§ 4. Partie spéciale du Code.

Le deuxième livre se divise en dix titres: I. Délits contre la sûreté de l'État (art. 104 à 138). II. Délits contre la liberté (art. 139 à 167). III. Délits contre l'administration publique (art. 168 à 209). IV. Délits contre l'administration de la justice (art. 210 à 245). V. Délits contre l'ordre public (art. 246 à 255). VI. Délits contre la foi publique (art. 256 à 299). VII. Délits contre la sécurité publique (art. 300 à 330). VIII. Délits contre les mœurs et l'ordre des familles (art. 331 à 363). IX. Délits contre les personnes (art. 364 à 401). X. Délits contre les propriétés (art. 412 à 433).

La classification des délits a été très soignée et scientifiquement établie; en cela le Code actuel est de beaucoup supérieur à ses devanciers.

La division des délits contre la sûreté de l'État en délits contre la sûreté externe et délits contre la sûreté interne de l'État a disparu. — La grève que certains Codes rangent parmi les délits contre le commerce, prend place parmi ceux qui portent atteinte à la liberté du travail. La menace, jadis classée parmi les infractions à la tranquillité publique, figure dans le chapitre des atteintes à la liberté individuelle, à côté de la séquestration, de la violence, etc. La violation de sépulture fait partie des délits contre la religion, c'est-à-dire que l'on voit disparaître cette disposition absurde qui la considérait comme une atteinte aux lois sur l'inhumation. La simulation de délit, la calomnie, le faux témoignage, le duel figurent parmi les délits contre l'autorité judiciaire. L'incendie et l'inondation (jadis délits contre les propriétés), la falsification des boissons, les infractions graves à la circulation des chemins de fer sont placés parmi les délits contre la sécurité publique.

Le premier titre, délits contre la sûreté de l'État, comprend: les délits contre la patrie, c'est à dire contre l'unité et l'indépendance du territoire, la révélation des secrets d'État, des plans de forteresse, etc., l'espionnage, l'acceptation d'une décoration ou autre avantage d'un peuple ennemi; les attentats au Roi, à la Reine, au prince héritier, au Régent; les atteintes à la Constitution et au Parlement; la rébellion contre les pouvoirs publics, l'usurpation des fonctions officielles; les offenses envers les puissances étrangères et leurs représentants. — Certains de ces délits commis envers des États alliés sont mis au même rang que ceux envers l'Italie. — La peine est la détention, si le mobile a été un but politique et la réclusion s'il y a eu intention criminelle.

Dans les délits contre la liberté, le Code a rangé les atteintes à la liberté politique, à la liberté religieuse, à la liberté individuelle; la violation du domicile et celle du secret des lettres; les attentats à la liberté du travail. La peine est toujours plus forte si le coupable est un fonctionnaire public. La coalition et la grève ne sont pas frappées en elles-mêmes, le législateur ne réprime que les menaces et les violences mises en œuvre pour porter ombrage à la liberté du travail.

Les délits contre l'administration comprennent ceux commis par des particuliers comme ceux perpétrés par des officiers publics: péculat, abus de fonctions, détournements, forfaiture, abus d'autorité des ministres du culte, usurpation de fonctions publiques, rébellion, outrages, bris de scellés, enlèvement de pièces dans les dépôts publics.

A ce moment, on discute beaucoup, en Italie, la question, si, à l'égard de ces délits, les sénateurs et les députés soient des officiers publics.

En ce qui concerne spécialement les infractions commises par les ministres du culte, le législateur, tout en respectant la liberté de conscience, a voulu réprimer les abus des prêtres qui s'arment de la puissance de leur ministère pour exciter à la désobéissance aux lois, au mépris des institutions et des ordres de l'autorité. — Le Code distingue en cela les ministres du culte des autres citoyens, d'abord parce que toujours on punit plus rigoureusement celui auquel ses fonctions accordent une facilité plus grande dans l'accomplissement du délit, par exemple l'ascendant en cas de viol, l'officier public dans les atteintes à la liberté, la sage-femme dans l'avortement, le notaire dans le faux; d'autre part l'Italie a, à cet égard, une situation spéciale, l'Église et le Gouvernement y étant en lutte continuelle. Il faut remarquer d'ailleurs que le Code belge (art. 267 sq.) a des dispositions semblables, bien plus rigoureuses, quoique, en Belgique, le parti catholique soit fort souvent au pouvoir.

Le fait d'user de violences envers un officier public entraîne une peine bien grave. — Par officier public on entend celui qui est chargé d'une fonction publique même gratuite, même temporaire. — Que faire si la violence est amenée par un acte illégal d'un officier public? Il y a, dans la doctrine, deux théories à ce sujet; l'une, l'obéissance passive à l'autorité; l'autre, l'illégalité commise par l'officier public lui fait perdre son caractère, donc pas de délit. La seconde de ces théories est celle du Code italien qui, avec raison, a reconnu que la loi protège la fonction, non son titulaire et que celui-ci n'a droit à aucune protection spéciale quand il sort de son rôle.

Les infractions contre l'administration de la justice comprennent le refus de rendre un service dû en vertu de la loi; la simulation de délit, la calomnie, le faux judiciaire (corruption de témoins ou d'experts, faux témoignage, faux serment dans un procès civil), la forfaiture des avocats, le favoreggiamento ou aide prêtée au coupable après le délit, l'évasion, le fait de se rendre justice à soi-même, le duel. Pour ce dernier délit, le Code punit le défi au duel même non accepté et le provocateur qui a amené le défi; les témoins sont punis sauf l'exception vue ci-dessus; l'emploi des armes, même sans conséquence funeste, est puni; mais la loi frappe surtout ceux qui insultent publiquement celui qui a refusé de se battre en duel ou divulguent ce refus, comme ceux qui excitent au duel en affichant du mépris pour celui qui s'y refuse, et ceux qui provoquent au duel dans l'espoir de soutirer de l'argent. La mort et les blessures, suites d'un duel, sont punies des peines ordinaires.

Dans les délits contre l'ordre public sont rangés la provocation à commettre des délits, l'association créée dans un but criminel, l'excitation à la guerre civile, au pillage, au massacre.

Les délits contre la foi publique comprennent: le faux monnayage; la falsification des sceaux, timbres, etc.; les faux en écriture; les manœuvres doleuses en matière commerciale et industrielle. En cette matière le législateur a mis fin à un système puisé dans le Code napolitain de 1819 et qui était une récompense à la ruse et à l'habileté des délinquants; jadis le juge devait, pendant l'instruction, interpeller le prévenu et lui demander si son intention était de se servir ou non du document falsifié; si l'inculpé répondait négativement, il était acquitté. On peut comprendre quels graves inconvénients offrait une semblable procédure.

Le septième titre, délits contre la sécurité publique ou de „danger commun" comme dit notre Code, renferme l'incendie, l'inondation, etc.; les infractions à la sécurité des transports; les délits contre l'hygiène publique.

Les crimes contre les mœurs sont réprimés par le législateur italien, mais sans que la protection qu'il assure à la famille et à l'honneur soit d'une rigueur telle qu'elle ne devienne plus dangereuse que le délit lui-même; c'est pourquoi on ne les punit d'ordinaire que sur plainte de la victime, sauf le cas de scandale public et autres situations analogues prévues par la loi. — On y comprend le viol, l'attentat à la pudeur, la corruption des mineurs, le rapt, le proxénétisme, l'adultère, la bigamie, l'avortement, la supposition de part.

Abordons les crimes contre les personnes. En premier lieu se trouve le meurtre: meurtre volontaire, meurtre praeter intentionem, aide au suicide, meurtre ex culpa.

Le meurtre entraîne la réclusion de dix-huit à vingt et un ans; la peine est moindre cependant si la victime a succombé, non seulement des suites de ses blessures, mais par l'effet de conditions spéciales préexistantes et inconnues du coupable ou de circonstances postérieures au délit. L'ancienne législation considérait comme meurtre les blessures qui causaient la mort dans les quarante jours, à moins qu'on ne pût facilement envisager cette conséquence fatale. Le Code a écarté ce système en décidant que les blessures faites dans l'intention de blesser seulement, mais suivies de mort, resteraient toujours un délit de blessures, susceptible seulement d'être frappé d'une peine plus grave parce qu'elles ont été mortelles. Cela est évidemment plus juste; la volonté de l'agent étant différente en cas de meurtre et en cas de blessures ayant entraîné la mort sans intention de la donner; quant à la limite de quarante jours on en comprend toute l'absurdité et l'arbitraire.

Une deuxième catégorie de meurtres comprend les omicidi aggravati, punis de vingt-deux à vingt-quatre ans de réclusion. Ce sont le meurtre de l'époux, d'un frère ou d'une sœur, du père ou de la mère adoptive, des alliés en ligne directe; celui d'un membre du parlement ou d'un officier public à l'occasion de ses fonctions; l'empoisonnement.

Enfin l'ergastolo, peine perpétuelle, est réservée aux omicidi qualificati, c'est à dire le parricide, le meurtre d'un fils, d'un ascendant ou d'un descendant légitime ou naturel, le meurtre prémédité; le meurtre qui n'est inspiré que par une méchanceté féroce (brutale malvagità); le meurtre commis en usant d'un délit contre la sécurité publique ou de „danger commun" (incendie, inondation, etc.); le meurtre perpétré dans le but d'exécuter, de préparer, de faciliter ou de dissimuler un délit, ou de se débarrasser d'un complice.

Le Code ne définit pas la préméditation, pareil en cela aux législations de la Toscane (Code aboli), de l'Espagne, de Saint-Marin, de Genève, de Fribourg, du Valais, de Berne, de Vaud, des Grisons, de Glaris, d'Appenzell, d'Argovie, de Thurgovie, des deux cantons de Bâle, de Zug, de Lucerne, de Saint-Gall, de Schwyz, de Soleure, de Zurich, de la Belgique, du Luxembourg, de la Hollande, de la Suède-Norwége, de la Finlande, du Danemark, de l'Allemagne, de l'Autriche, de la Hongrie, de la Bosnie, de l'Herzégovine, de la Grèce, de la Russie et de plusieurs États américains. — L'Angleterre, Malte, l'Hindoustan, l'Amérique anglaise, les États-Unis n'emploient aucune définition pour distinguer les deux types d'homicide (murder et manslaughter). — Seuls la France, le Portugal, la Turquie, le Code sardo-napolitain (aboli) et certains autres définissent la préméditation.

J'en suis arrivé, moi, à une nouvelle notion juridique de la préméditation. Le caractère différentiel des meurtres étant le mobile, je crois qu'il faut considérer la préméditation comme une circonstance aggravante et caractéristique du délit entre délits inspirés par un „mobile de même nature"; car elle est alors l'indice d'une intention plus perverse, cette intention étant née au moment où l'esprit était calme et froid, et s'étant développée pendant une série d'états de conscience semblables.[1] — Ces observations ont contribué à édifier la théorie du Code de 1889.[2]

---

[1] Alimena, La premeditazione in rapporto alla psicologia, al diritto, alla legislazione comparata. Torino 1887.
[2] Relazione officiale CXXXIX. — Lucchini, dans la Rivista penale: Bullettino bibliografico (Sez. II. n. 787 p. 370).

Mais il faut regretter que ce dernier ait établi une même peine invariable pour tout meurtre prémédité.

Le législateur italien a distrait de l'assassinat le meurtre avec guet-apens parce qu'il n'implique pas toujours la préméditation.

L'infanticide n'est pas non plus comme dans la législation antérieure, un assassinat; c'est un meurtre ordinaire caractérisé par l'honoris causa. Le Code italien fait ainsi du mobile de l'honneur, admis comme excuse dans les autres législations, une caractéristique essentielle de ce délit; c'est là une notion vraiment scientifique.

Le Code punit l'aide au suicide. Des auteurs italiens ont combattu cette thèse; à tort, me semble-t-il, car, ici encore, ce qu'il faut examiner, c'est le mobile déterminant. Si ce mobile est un sentiment de douleur profonde et justifiée, ou la nécessité de faire échapper un être aimé à un malheur immense ou à un grand déshonneur, le fait sera excusé; mais on ne peut généraliser ces cas particuliers et mettre tous les complices de suicide au rang des Arria („non dolet").

Le Code s'occupe ensuite des homicides par inexpérience ou imprudence et des coups et blessures. Parmi ces derniers il parle notamment d'un délit fréquent dans l'Italie du sud: le fait de balafrer son ennemi et il distingue entre la balafre simple et celle qui défigure.

Le législateur assure l'impunité aux auteurs de meurtres ou de blessures faites à ceux qui commettent certains actes contre la propriété. Cette disposition complète les dispositions relatives à la légitime défense et écarte l'inconvénient d'une disposition générique.

Des chapitres spéciaux sont consacrés à l'avortement, à l'abandon des enfants, à l'abus des moyens de correction.

Les injures et la diffamation sont punies très sévèrement, avantage qui est en corrélation étroite avec les articles relatifs au duel. — Quand l'injure n'est frappée que de quelques jours d'emprisonnement, il faut bien que l'offensé se fasse justice à lui-même. C'est en s'inspirant des mêmes principes que le Code a fait rentrer dans le droit commun les diffamations commises par la voie de la presse. — Le Code frappe également l'injure à la mémoire des morts.

L'injure est excusée quand il y a provocation et justifiée en cas de violences; si les injures ont été réciproques, le juge peut acquitter soit les deux parties, soit l'une d'elles seulement. L'exceptio veritatis n'est admise que si l'offensé est un officier public, ou si les injures sont relatives à une poursuite criminelle exercée contre l'offensé, ou si ce dernier demande lui-même que l'auteur de l'insulte fournisse la preuve de ses allégations.

Le deuxième livre se termine par les délits contre la propriété. On y comprend le vol, le vol avec violence (rapina), l'extorsion et le chantage, l'escroquerie, l'abus de confiance, le recel, l'usurpation, la destruction et les détériorations. La banqueroute ne figure pas au C. p., mais au Code de commerce.

Le vol peut être simple ou aggravé. Les circonstances aggravantes sont de deux espèces selon leur gravité. On comprend dans le vol l'hereditatis expilatio, c'est-à-dire le vol de l'hérédité non encore acceptée et indivise, ou le vol de choses communes. — La notion de l'escroquerie et celle des autres manœuvres frauduleuses sont fort élargies. C'est ainsi qu'on range dans l'escroquerie le fait d'abuser des passions d'un mineur et celui d'exciter à l'émigration en trompant le citoyen que l'on y pousse.

Le Code ne range pas parmi les circonstances aggravantes la haute valeur de l'objet dérobé. Jadis il avait fixé un chiffre comme ligne de démarcation entre deux vols. Ainsi deux vols commis dans les mêmes conditions étaient frappés de peines très différentes parce que l'un des voleurs n'avait trouvé dans le coffre fracturé qu'une somme de cinq cents francs, alors que l'autre en avait découvert cinq cent un! On juge si les récidivistes, connaisseurs du Code, avaient beau jeu. Le Code a donc adopté le système suivant: si l'objet volé est de peu de valeur, la peine pourra être réduite de moitié; si la valeur en est des plus minimes, des deux tiers; si, au contraire il s'agit d'une chose très précieuse, la peine pourra être aggravée de moitié. Ces réductions ne sont pas applicables aux récidivistes ni aux auteurs de vols avec menaces ou violences. La peine sera de même diminuée si le voleur, avant d'être informé légalement du procès dirigé contre lui, restitue l'objet soustrait ou son équivalent.

Le troisième livre traite des contraventions, c'est-à-dire des faits qui, sans être criminels ni même méchants en eux-mêmes, doivent être réprimés dans un but de prévention et d'utilité sociales.

Ce livre se subdivise en quatre titres: I. Contraventions contre l'ordre public (art. 434 à 459). II. Contre la sûreté publique (art. 460 à 483). III. Contre la moralité publique (art. 484 à 491). IV. Contre la protection assurée aux propriétés (art. 492 à 498).

Le premier s'occupe du refus d'obéissance à l'autorité, de l'omission du médecin de répondre à un appel, des contraventions aux lois sur les monnaies, sur la typographie, sur les théâtres, les établissements et les débits publics, l'engagement non autorisé, la mendicité, les contraventions à la tranquillité publique ou privée, l'abus de la crédulité.

Le deuxième comprend les atteintes aux dispositions relatives aux armes et matières explosibles, la dégradation des monuments publics et des appareils de service public, le jet et le placement dangereux de certains objets, l'absence de garde-fous, le manque de surveillance des animaux et attelages et autres contraventions à la sécurité publique (danger commun).

Le troisième punit les jeux de hasard, l'ivresse, les actes contraires aux mœurs, les mauvais traitements aux animaux.

Et le quatrième: la possession non justifiée d'objets et de valeurs, l'absence de prudence et de mesure dans les opérations commerciales, la vente prohibée de clefs et rossignols, l'ouverture interdite des serrures, la détention de poids et mesures prohibés.

Telle est l'esquisse de la législation pénale italienne, législation tout à la fois trop louée et trop méprisée; mais, dans son ensemble, digne du peuple qu'elle est destinée à régir.

§ 5. Procédure pénale.

Notre Code de procédure pénale dérive en partie du Code français. — Le système qu'il consacre est mixte, c'est à dire que l'instruction préparatoire est secrète et inquisitoriale alors que l'instruction définitive est publique et contradictoire. — Le Ministère public, en la personne des procureurs, a seul le droit de poursuite, même s'il y a plainte de la partie lésée et même s'il faut plainte de cette partie pour qu'il puisse agir.

Le jugement définitif est précédé d'une ordonnance de renvoi rendue par la „Chambre du conseil" (camera di consiglio) près du tribunal et par la „Chambre des mises en accusation" (sezione d'accusa) pour les délits plus graves près de la Cour d'appel. La législation italienne est cependant en progrès sur la législation française en ce qui concerne la Chambre des mises en accusation; dans la législation française, la procédure reste secrète jusqu'à ce que l'ordonnance de renvoi soit rendue; en Italie, elle devient contradictoire dès le prononcé du réquisitoire du procureur près la Cour; à partir de ce moment, le prévenu, sous certaines conditions, a le droit de prendre communication du dossier et celui de se défendre.

Remarquons que pour les infractions de peu d'importance notre législation connaît la citation directe sans ordonnance préalable.

L'organisation judiciaire au criminel est la suivante: 1º les préteurs (pretori); 2º les tribunaux, siégeant tant en première instance qu'en degré d'appel des sentences du préteur; 3º les Cours d'appel; 4º les Cours d'assises avec jury; 5º la Cour de Cassation dont le siége est à Rome.

On voit que notre procédure n'est pas à la hauteur de la science et de la pratique modernes; aussi, depuis le décret de coordination du 1er décembre 1889, parle-t-on d'une réforme organique de la procédure.

Le congrès des juristes italiens réuni à Florence en 1891 a, à cet égard, émis différents vœux. — Sur le rapport de Cassuto, on a demandé une publicité plus grande au cours de l'instruction préparatoire; suivant le mien, on a voté la suppression des Chambres du conseil et des mises en accusation ainsi que de l'ordonnance de renvoi que l'on a remplacé par l'opposition de la procédure autrichienne; sur les conclusions de De Notter on a proposé d'admettre la participation de la partie lésée à la poursuite du délit dont elle est la victime; avec Garofalo, on a réclamé une réparation sérieuse pour les victimes du délit et celles des erreurs judiciaires; enfin, selon le rapport de Codacci Pisanalli, on s'est rallié à l'actio popularis pour quelques délits.[1])

On voit donc qu'il y a un mouvement important tendant à amener une réforme de la procédure criminelle basée sur les progrès de notre siècle et sur les traditions romaines.

§ 6. Délits du Code de commerce.

Les délits spéciaux aux commerçants sont prévus et punis par le Code de commerce. — On les divise en trois classes:

1º Ceux commis à l'occasion de la formation d'une société commerciale: faussetés, simulation, etc. (art. 246 sq.).

2º Ceux relatifs aux chèques: absence de date, fausseté de la date, etc. (art. 344).

3º Banqueroutes et autres délits en matière de faillites (art. 638 sq.).

Le procureur du roi, dès la déclaration de la faillite, doit ouvrir l'instruction dans le but de rechercher si un délit a été commis selon la jurisprudence, l'action pénale relative à la banqueroute ne doit pas nécessairement être précédée de la déclaration de faillite; cette thèse, que je crois erronée, est combattue par bon nombre de criminalistes italiens.

La banqueroute peut être simple ou ex culpa, c'est-à-dire amenée par la négligence, ou frauduleuse, c'est-à-dire empreinte d'une intention criminelle. — A ces deux catégories il faut joindre les délits commis à l'occasion de la faillite par des individus autres que le failli: complices, recéleurs, curateurs, etc.

Il va sans dire que ces derniers délits tombent sous la juridiction des tribunaux répressifs.

§ 7. Délits prévus par les lois spéciales.

Il y a, en Italie, beaucoup de lois spéciales, distinctes du Code, en matière pénale. Les plus importantes sont la loi sur la presse du 26 mars 1848 et la loi de sûreté générale du 30 juin 1889.

---

[1]) Voir Atti del terzo Congresso giuridico italiano 1891.

La loi sur la presse renferme les chapitres suivants:

Chapitre I. Dispositions générales. II. Provocation publique à commettre des infractions. III. Infractions contre la religion de l'État, les autres cultes et les mœurs. IV. Offenses publiques au roi. V. Offenses publiques au parlement et aux gouvernements étrangers. VI. Diffamation, injures et libelles. VII. Dispositions spéciales. VIII. Publications périodiques. IX. Dessins, lithographies et autres emblèmes. X. Compétence et procédure.

Lors de la promulgation de cette loi, il y avait encore beaucoup d'autres dispositions relatives aux jurés et à la procédure. Mais depuis l'institution du jury pour juger tous les délits graves et depuis l'unification de la procédure, elles ont perdu leur utilité.

La loi de sûreté générale comprend quatre titres. I. Dispositions relatives à l'ordre public et au „danger commun". Cette partie concerne les réunions publiques, les cérémonies religieuses, les processions, le port d'armes, la mode de prévenir les malheurs et les désastres, les industries insalubres et dangereuses. — II. Dispositions sur les salles de théâtres et spectacles quelconques, les cabarets et auberges, les établissements typographiques, les agences publiques, les camelots, les ouvriers, les directeurs d'établissements, les domestiques. — III. Dispositions contre les classes dangereuses de la société. Cette partie commine notamment: l'admonition (ammonizione) qu'il ne faut pas confondre avec la réprimande du C. p., la surveillance de la police (sorveglianza speciale) que nous connaissons déjà et le domicile forcé (domicilio coatto) distinct du confinement du C. p. — IV. Dispositions transitoires et complémentaires.

A ces deux lois il faudrait ajouter la foule de dispositions pénales établies dans nombre de lois spéciales. Bornons nous à mentionner les plus importantes.

Il y a des dispositions pénales dans les lois et arrêtés suivants: Réglement sur les eaux gazeuses (25 septembre 1870, n⁰ 5902); forêts (loi du 20 juin 1877, n⁰ 3917); concessions gouvernementales (loi du 13 septembre 1874, n⁰ 2086); octrois (loi du 3 juillet 1864, n⁰ 1827); douanes (réglement du 7 septembre 1862); émigration (loi du 30 décembre 1888, n⁰ 5866, 3ᵉ série); fabrication de la bière (réglement du 19 novembre 1874, 2ᵉ série); phylloxera (loi du 31 juillet 1881, n⁰ 380, 3ᵉ série); interdiction d'employer les enfants dans des métiers ambulants (loi du 21 décembre 1873, n⁰ 1733, 2ᵉ série); instruction primaire obligatoire (loi du 15 juillet 1877, n⁰ 396, 2ᵉ série); travail des enfants (loi du 11 février 1886, n⁰ 3657, 3ᵉ série); „lotto" et loteries (décret du 21 novembre 1880, n⁰ 5744, 2ᵉ série); monnaies (loi du 24 août 1862, n⁰ 788); pêche (loi du 4 mars 1877, n⁰ 3706, 2ᵉ série); poids et mesures (loi du 23 août 1890, n⁰ 7088, 3ᵉ série); poudre à canon (loi du 5 juin 1869, n⁰ 5111); postes (loi du 5 mai 1862, n⁰ 604); régie du sel et des tabacs (loi du 15 juin 1865, n⁰ 2397); réquisitions militaires (loi du 30 juin 1889, n⁰ 6168, 3ᵉ série); culture du riz (loi du 12 juin 1866, n⁰ 2967); hygiène en matière maritime (loi du 31 juillet 1859, n⁰ 3544); santé publique (loi du 22 décembre 1888, n⁰ 5849, 3ᵉ série); alcools (loi du 12 octobre 1883, n⁰ 1640, 3ᵉ série); travaux publics (loi du 20 mars 1865, n⁰ 2848); minières (loi du 20 novembres 1859); chasse (loi du 13 septembre 1874), etc., etc. — A Rome est punie, par l'ancien édit du cardinal Pacca et par la loi du 28 juin 1871, l'aliénation des œuvres d'art des galéries fidéicommissaires.

Certains délits sont prévus et punis par la loi électorale générale du 24 septembre 1882, par la loi électorale communale et provinciale du 10 février 1889, par la loi consulaire du 28 janvier 1866; par les lois sur le droit d'auteur des 25 juin 1865 et 10 août 1875; par celles sur la propriété industrielle des

30 octobre 1859 et 31 janvier 1864; par celle sur les marques de fabrique du 30 août 1868, et par le Code de la marine marchande du 24 octobre 1877.[1])

§ 8. Le droit pénal militaire.

Cette partie du droit pénal est régie par deux Codes: le C. p. de l'armée de terre de 1870 et celui de l'armée de mer de 1869. Chacun est divisé en deux parties: 1[0] les délits et les peines, 2[0] la procédure, soit en temps de paix, soit en temps de guerre. — Les peines sont de deux espèces: les unes privent le coupable de sa qualité de soldat pour indignité, les autres la lui conservent. Celles de la première catégorie sont: la mort par la fusillade dans le dos, les travaux forcés à perpétuité ou à temps, la réclusion de droit commun, la dégradation, la destitution. Parmi les secondes il faut citer: la mort par la fusillade dans la poitrine, la réclusion militaire, la prison militaire, la démission, le déplacement du grade, la suspension.

Une commission étudie la question de la réforme de ces Codes. Remarquons que, dans la loi nouvelle, la peine de mort subsistera quoique abolie dans le droit commun.[2])

III.

§ 9. Colonie érythrée (Massaouah, Assab et le protectorat sur la côte des Somali).

Dans les colonies d'Afrique, le gouvernement a introduit les C. p. italiens: C. p. ordinaire et Codes militaires.

Un décret royal du 13 mai 1886 a assimilé le trafic des esclaves au vol avec violences (grassazione, rapina).[3])

A Massaouah, en vertu des décrets du 1er janvier et du 3 avril 1890, le tribunal militaire juge toutes les infractions militaires et les délits de droit commun les plus graves; le tribunal correctionnel juge les autres délits, et le président de ce tribunal les contraventions.

A l'Asmara, il existe un tribunal spécial qui statue sur les délits de droit commun les plus graves selon le Code militaire, et sur les autres délits selon les lois et coutumes du pays. Et, conformément à la procédure indigène, le président du tribunal, avant de prononcer la sentence, dans ce dernier cas, interroge les chefs, les notables et les prêtres indigènes présents sur leurs lois, leurs coutumes, leurs mœurs, leurs traditions.

Les peines ordinairement prononcées sont la détention avec obligation de travailler, l'amende et le bannissement. La fusillade a été parfois employée. La fustigation, appliquée autrefois, est abolie.

Il y a un troisième tribunal à Keren.

La commission d'enquête italienne a proposé d'enlever au tribunal militaire la connaissance des délits de droit commun pour la confier aux juridictions ordinaires.[4])

---

[1]) Il est impossible de mentionner tous les commentaires et traités concernant les lois spéciales. Il y a un recueil complet sur cette matière: Le Leggi speciali, en plusieurs volumes, publié par l'Unione tipografica editrice torinese.

[2]) Sur la jurisprudence des tribunaux militaires, consulter les recueils publiés par Mel, avocat militaire.

[3]) Memoria sull'ordinamento politico-amministrativo e sulle condizioni economiche di Massaua, presentata del ministro degli affari esteri (Di Robilant). Roma 1886.

[4]) Relazione generale politica e amministrativa della commissione reale d'Inchiesta sull'Eritrea diretta da S. E. il Ministro degli affari esteri (Gazzetta ufficiale del Regno d'Italia 1891).

IV.

§ 10. Bibliographie.

I. Travaux préparatoires. Progetto di codice penale presentato del Ministro di Grazia e Giustizia e dei culti (Zanardelli). Roma 1887. — Relazione ministeriale sul libro primo. Roma 1887. — Relazione ministeriale sul libro secondo e sul libro terzo. Roma 1887. — Relazione alla camera dei deputati (Villa). Roma 1888. — Relazione al senato (Pessina, Canonico, Costa, Puccioni). Roma 1888. — Discussioni alla Camera dei deputati (del 26 marzo al 9 giugno 1888). — Discussioni al Senato (dell' 8 al 17 novembre 1888). — Proposte, voti ed osservazioni delle commissioni parlamentari, dei singoli deputati e senatori e dei cultori della scienza (bozze di stampa). — Verbali della commissione. Roma 1889. — Progetto del codice penale con le modificazioni della sottocommissione e della commissione di revisione. Roma 1889. — Progetto delle disposizioni per l'attenuazione del codice penale. Roma 1890. — Verbali della commissione. Roma 1890. — Relazione del Ministro a S. Maestà il Rè. Roma 1889. — Nous avons cités les éditions officielles, mais les travaux préparatoires ont été publiés aussi par l'Unione tipografica editrice torinese.

II. Traductions. Le nouveau C. p. italien a été traduit en français par Lacointa (C. p. d'Italie, traduit, annoté et précédé d'une introduction. Paris 1890), par Sarraute (Le C. p. pour le royaume d'Italie, traduit, annoté et précédé d'une introduction. Paris 1890), et par Turrel (C. p. italien. Paris 1890). Il a été aussi traduit en allemand par Stephan (Strafgesetzbuch für das Königreich Italien. Berlin 1890), et par la „Zeitschrift für die gesamte Strafrechtswissenschaft", T. X.

III. Critique du projet. Alimena, Le projet du nouveau C. p. italien. Paris 1888. — Appunti al nuovo codice penale (travaux de Lombroso, Garofalo, etc.). Torino 1889. — Brusa, Sul sistema penale del nuovo progetto di codice nella Rivista italiana per le scienze giuridiche, vol. VII. — Benoist, Les principes économiques et le nouveau C. p. italien (Journal des économistes 1888). — Barzilai, Il nuovo codice penale nella Rivista di discipline carcerarie 1888—89. — Benedikt, Der neue italienische Strafgesetzentwurf. Wien 1888. — Bennati, Brevi osservazioni sul progetto del nuovo codice penale. Pontremoli 1888. — Buccellati, Progetto di codice penale pel regno d'Italia (Atti dell'Istituto lombardo, serie II, vol. XXXI). — von Buri, Observations manuscrites envoyées au Ministère (Bibliothèque du Ministère de la Justice). — Castori, Prolusione ad un corso sui progetti del codice penale. Padova 1889. — Carcani, Il duello e il codice penale nella Revista militare 1888. — Cavagnari, Sul libro primo del progetto di codice penale italiano. Savona 1888. — Conti, I minorenni delinquenti e il progetto Zanardelli nel Filangieri a. XIII. — Cogliolo, Il prossimo codice penale. Firenze 1889. — Delogu, Progetto del codice penale per il regno d'Italia nell'Antologia giuridia a. II. — De Pedys, Osservazioni medico-legali sul nuovo codice penale. Roma 1888. — Fiore, Considerazioni sull'efficacia extraterritoriale della sentenza penale straniera nel progetto di codice penale nel Monitore dei tribunali 1888. — Garofalo, Contro la corrente. Napoli 1888. — Garbosso, Delle contravvenzioni nella Legge, vol. XXVIII. — Gelli, Responsabilità penale dei duellanti. Firenze 1888. — Giannelia, Del secondo progetto Zanardelli nella Gazzetta dei Tribunali di Trieste 1888. — von Holtzendorff, Die Strafandrohungen im neuesten italienischen Strafgesetzentwurf, in Gerichtssaal V, 1888. — Lacointa, Le dernier projet de C. p. italien. Paris 1888. — von Liszt, Der italienische Strafgesetzentwurf. Freiburg i. B. 1888. — Lombroso, Troppo presto. Torino 1888. — Lucchini, Critici di fantasia nella Rivista penale, vol. XXVII. — Majno, Il progetto Zanardelli, nel Monitore dei tribunali 1888. — Mayer, Der Entwurf eines Strafgesetzes für das Königreich Italien. Berlin 1888. — Orestano, Progetto di codice penale nel Circolo giuridico anno XX. — Porto, Progetto del codice penale. Roma 1888. — Pugliese, Il nuovo codice penale italiano. Travi 1888. — Semmola, Un quesito intorno alla retroattività del nuovo codice penale. Napoli 1888. — Seuffert, Mitteilungen aus dem Entwurfe eines Strafgesetzbuches für Italien. Breslau 1888. — Stoppato, Presunzioni inique nelle contravvenzioni. Venezia 1888. — Tamassia, Il progetto del codice penale presentato da Zanardelli (Atti dell'Istituto veneto, vol. VI). — Tedeschi, Il presente e l'avvenire nell'opera legislativa della codificazione d'Italia. Torino 1888. — Tolomei, Sui progetti di codice penale comune a tutto il regno (Atti dell'Istituto veneto, vol. VI). — Tolomei, Sull'odierna questione degli abusi dei ministri dei culti nell'esercizio delle loro funzioni. Padova 1888. — Tuozzi, Le prime impressioni del Progetto di codice penale. Napoli 1888. — Torres Campos, El nuevo proyecto de código penal italiano (Revista de la los tribunales tomo XVII). — Wahlberg, Die Strafgesetzgebung für das Königreich Italien. Wien 1888. — Zucker, dans la Zeitschrift für das Privat- und öffentliche Recht der Gegenwart, vol. XV.

IV. Commentaires, traités, monographies. Arabia, I principi del diritto penale applicati al codice italiano. Napoli 1891. — Alimena, La premeditazione in rapporto alla psicologia, al diritto, alla legislazione comparata. Torino 1887. — Alimena, I limiti e i modificatori dell'imputabilità. Torino 1893. — Bozzo, Il codice penale italiano e la sua genesi. Roma 1891. — Curcio, Osservazioni storiche, statistiche, giuridiche intorno al codice penale italiano. Napoli 1890. — Crivellari, Il codice penale per il regno d'Italia interpretato. Torino 1889—91. — Completo trattato teorico e pratico di diritto penale secondo il codice unico del Regno d'Italia pubblicato da Cogliolo con la collaborazione di avvocati e professori. Milano 1888. — Fezzi, Il nuovo codice penale (Nuova Antologia) 1889. — Fioretti, Il nuovo codice penale italiano annotato. Napoli 1889. — Fioretti, La legitima difesa. Napoli 1885. — Giustiniani, Tavole delle referenze degli articoli dei codici sardo e toscano col codice penale per il regno d'Italia. Torino 1889. — Impallomeni, Il codice penale italiano illustrato. Firenze 1890. — Impallomeni, Il carattere dei moventi nell'omicidio premeditato. Roma 1888. — Lombardi, Il codice penale per il Regno d'Italia. Siracuse 1889—90. — Lozzi, Libertà e giustizia secondo il nuovo codice penale e la „scuola positiva". Torino 1890. — Magni, I motivi del nuovo codice penale. Pisa 1893. — Masucci, Il codice penale italiano. Napoli 1891. — Majno, Commento al codice penale italiano. Verona 1890. — Masse, Le C. p. italien. Besançon 1890. — Mel, Il nuovo codice penale italiano con le disposizioni transitorie e di coordinamento. Roma 1889. — Norcen, Il codice penale per il Regno d'Italia. Arona 1890. — Nicola, Das neue italienische Strafgesetzbuch (Revue pénale Suisse 1890). — Olivecrona, Om Ändringar i förslag till ny Strafflag för Konungariket Italien och om de deri upptagna Straff. Kristiania-Stockholm 1890. — Pessina, Il nuovo codice penale italiano. Milano 1890. — Perrone-Ferrante, Del nesso causale e della sua imputazione. Palermo 1888. — Puglia, Manuale di diritto penale secondo il nuovo codice penale italiano. Napoli 1890. — Peratoner, Dei delitti contro la libertà. Catania 1891. — Pincherli, Il codice penale italiano annotato. Torino 1890. — Precone, Dei reati contro il buon costume. Milano 1892. — Paoli, Le nouveau code pénal italien et son système pénal (La France judiciaire 1890). — Setti, Dell'imputabilità secondo gli art. 44, 45, 46, 47, 48 del codice penale italiano. Torino 1892. — Stephan, Das neue italienische Strafgesetzbuch (Preussische Jahrbücher 1890). — Scarlata, La imputabilità e le cause che la escludono o la diminuiscono. Milano 1891. — Speciale, Il codice penale per il regno d'Italia. Studio dei progetti comparati. Roma 1889—90. — Travaglia, Il nuovo codice penale italiano. Roma 1889. — Tuozzi, Corso di diritto penale secondo il nuovo codice d'Italia. Napoli 1890.

V. Bibliographie des délits du Code de commerce. Outre tous les traités de droit commercial et les traités relatifs à la faillite, je cite les ouvrages suivants qui expliquent et commentent le droit pénal commercial: Alfani, Bancarotta dans le Digesto italiano. — Carfora, Del reato di bancarotta nel vigente diritto italiano. Napoli 1887. — Casorati, Della bancarotta (Rivista penale, vol. XVII). — Fioretti, Le disposizioni penali del codice di commercio. Napoli 1891. — Lemmo, Dei reati in materia di fallimento. Napoli 1890.

VI. Jurisprudence. La jurisprudence pénale italienne est recueillie dans presque toutes les revues juridiques. Savoir: Annali di giurisprudenza italiana. — Archivio di psichiatria, scienze penali e antropologia criminale. — Il foro italiano. — Rivista penale. — Giurisprudenza italiana. — La Corte suprema di Roma. — La legge. — La cassazione unica. — Giurisprudenza penale. — Il foro penale. — Temi veneta. — La giustizia. — La pratica legale. — Annuario di diritto penale. — La scuola positiva. — Il y a aussi des manuels de jurisprudence pénale. Nous rappelons Coen, Manuele di giurisprudenza sul codice penale italiano. Livorno 1891, et Angiolini, Il Massimario penale della cassazione italiana. Ancona 1891.

2. Saint Marin.

L'ancienne législation pénale de Saint Marin — la „république honnête" — était renfermée dans les Leges statutae Reipublicae Sancti Marini.[1])

Le professeur Zuppetta[2]) de l'université de Naples fut chargé, par les capitaines régents, de la confection d'un avant-projet de C. p. Ce projet, publié en 1859, fut révisé par Giuliani et devint la loi de 1865.

Ce Code (comme l'ont dit Pessina et d'autres criminalistes) a plutôt l'apparence d'un abrégé scientifique que d'une loi. Ajoutons en outre que bien souvent il est trop doctrinaire.

Le Code est divisé en deux parties.

La première traite de la loi pénale, de l'infraction et de la peine en général. Elle se subdivise en trois livres: Livre I. De la loi pénale en général (art. 1 à 12). Livre II. De l'infraction en général (art. 13 à 140). Livre III. De la peine en général (art. 141 à 190).

Le Code débute par des dispositions relatives aux limites assignées aux juges dans l'application de la loi, à la définition des infractions, aux éléments du délit, etc.

Les infractions sont divisées en crimes (misfatti), délits (delitti) et contraventions (contravvenzioni).

Il y a sept classes de crimes, selon la gravité du fait commis.

Le Code parle des maladies mentales, de la demi-responsabilité, de l'âge, de l'ignorance et de l'erreur, de la contrainte physique et morale.

La tentative, conformément aux traditions du droit italien, s'entend du délit manqué comme du délit tenté.

Cette législation ne connaît point les circonstances atténuantes génériques, mais énumère longuement les circonstances atténuantes déterminées et les circonstances aggravantes. — La récidive spécifique est seule admise et la peine peut s'élever de deux degrés au maximum, proportionnellement au nombre des récidives.

Le titre de la complicité mentionne la complicité appelée „correspective", c'est-à-dire que, quand plusieurs individus ont participé à l'exécution d'une infraction sans que l'auteur de celle-ci soit connu, ils sont complices „correspectifs", théorie empruntée aux traditions du droit napolitain.

La prescription, quand il y a condamnation par contumace, a trait à l'action pénale, non à la peine.

Les peines sont principales ou accessoires.

---

[1]) Delfico, Memorie storiche della repubblica di San Marino. Firenze 1842—44. — Bruzzi, Quadro storico statistico della serenissima repubblica di San Marino. Firenze 1842. — Fanti, De la législation pénale de la République de Saint-Marin. Imola 1878.
[2]) Zuppetta, Testo del progetto del codice penale di S. Marino. Napoli 1867.

Les peines principales sont les travaux publics à perpétuité (lavori pubblici a vita), ou à temps (a tempo), l'emprisonnement perpétuel (prigione a vita) ou temporaire (a tempo), l'interdiction des droits civiques (interdizione) et l'amende de cinq à cinq cents francs (multa).

Le peines accessoires sont le bannissement (bando) et l'amende.

Il y a sept degrés de travaux publics et douze d'emprisonnement.

La deuxième partie est divisée en trois livres.

Livre premier: des crimes. 1re classe: crimes contre la sûreté de l'État (art. 191 à 217); 2e classe: crimes contre la société (art. 218 à 405); 3e classe: crimes contre la famille (art. 406 à 445); 4e classe: crimes contre les individus (art. 446 à 538). — Livre deuxième: des délits. Titre I: considérés en eux-mêmes (art. 539 à 542); Titre II: en concours avec des crimes (art. 543 à 548). — Livre troisième: des contraventions (art. 549 à 551).

Les crimes contre la sûreté de l'État sont généralement punis de prison et d'amende. Ils comprennent les crimes contre la sûreté extérieure et ceux contre la sûreté intérieure.

La seconde classe comprend la guerre civile, les massacres, le pillage, la dévastation; les crimes contre l'administration de la République, contre l'administration de la justice, contre la religion, les crimes des ministres du culte contre le gouvernement; les crimes contre les mœurs, contre la santé publique, contre les mesures prises par l'autorité au sujet de l'achat et de la vente des denrées alimentaires, contre le commerce et la liberté des enchères, le faux, l'escroquerie, les crimes de „danger commun", les abus qui font que l'estime publique est usurpée, les crimes qui blessent la solidarité sociale.

Parmi les crimes contre la famille signalons: les crimes contre le mariage, contre l'honneur de la famille, le rapt, les crimes contre l'État civil, l'avortement, l'infanticide, l'exposition et l'abandon d'un nouveau-né.

La dernière classe des crimes mentionne entre autres: les attentats à la vie d'autrui, les crimes contre l'intégrité et l'inviolabilité individuelle ainsi que les cas de justification et d'excuses, la diffamation, l'injure, les crimes contre la propriété dans un but de lucre.

Le Code de Saint-Marin ne donne le nom de délits qu'aux infractions commises sans intention criminelle, ex culpa. Ils sont punis différemment selon qu'ils existent seuls ou concourent avec des crimes.

Les contraventions sont classées en quarante-sept groupes et le Code déclare que pour qu'elles existent, il ne faut pas intention coupable ad hoc ni volonté de transgresser la loi.

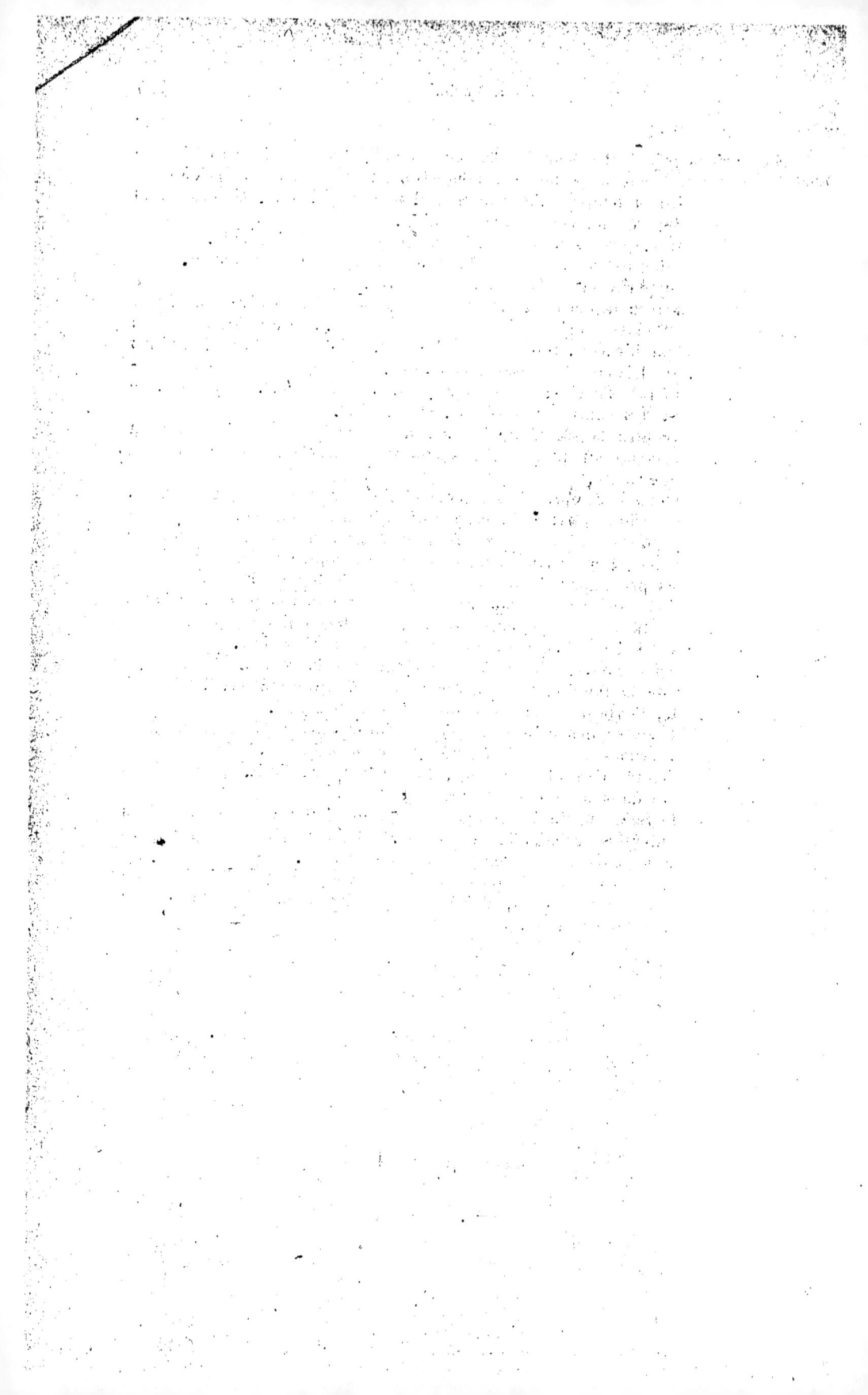

IV.

LA PÉNINSULE IBÉRIQUE.

1. L'Espagne.

Par **Ernest Rosenfeld,**

Docteur en droit à Halle s. S.

Traduction de M. J. Ogereau à Paris.

2. Le Portugal.

Par **J. J. Tavares de Medeiros,**

Avocat à Lisbonne.

Traduction de M. **Georges Crusen,** docteur en droit,
à Hannover.

Sommaire.

1. Espagne.

I. Le développement historique du droit pénal espagnol. § 1. Le droit pénal basé en grande partie sur les institutions visigothes. § 2. Les Siete Partidas. § 3. Le droit pénal commun espagnol. § 4. Le dix-neuvième siècle.

II. Le C. p. espagnol présentement en vigueur. § 5. Partie générale, particulièrement le crime. § 6. Le système des peines. § 7. Les crimes contre la chose publique. § 8. Les crimes contre les particuliers. § 9. Les contraventions.

III. Le droit pénal spécial. § 10. Droit pénal concernant la presse et les associations. § 11. Protection de la propriété intellectuelle. § 12. Droit pénal relatif aux communications. § 13. Le droit pénal douanier. § 14. Lois ayant un caractère de police général.

IV. Le C. p. militaire. § 15. Le droit pénal pour l'armée de terre. § 16. Le C. p. pour la marine.

V. Le droit pénal des Colonies. § 17. Les possessions africaines. § 18. Les possessions aux Indes occidentales. § 19. Les Philippines.

2. Portugal.

I. Origines et développement historique du droit pénal portugais. § 1. Aperçu historique.

II. § 2. Bibliographie.

III. Code du 16 septembre 1886. § 3. Partie générale. § 4. Partie spéciale du code.

1. Espagne.

I. Le développement historique du droit pénal espagnol.

Littérature. MARTÍNEZ MARINA, Ensayo histórico-crítico sobre la antigua legislación .. de Leon y Castilla, especialmente sobre .. las Siete Partidas (Madrid, 1. ed. 1808, 3. ed. 1845). PRIETO, Historia del Derecho real de España. Madrid 1821 (1. ed. 1738). MANRESA Y SANCHEZ, Historia legal de España, desde la dominación goda hasta nuestros días. Madrid 1841—43. SEMPERE, Historia del Derecho español continuada hasta nuestros días. 3. ed. Madrid 1846 (édition continuée par MORENO, Madrid 1847). Marqués de PIDAL, Lecciones sobre la historia del gobierno y legislación de España, pronunciadas en el Ateneo de Madrid en los años de 1841 y 1842. Madrid 1880. ANTEQUERA, Historia de la legislación española, desde los tiempos más remotos hasta nuestros días. 2. ed. Madrid 1884. (1. ed. 1849, nuevamente escrita 1874). MURO MARTÍNEZ, Recopilación histórico-crítica de la legislación de España desde que ésta en el siglo IV se constituyó en nación independiente hasta nuestros días. Ilustrada con los retratos de los reyes autores de los respectivos Códigos. 2 T. Madrid, Gomez 1881. HINOJOSA, Historia general del Derecho español. T. I. 1887. FERREIRO LAGO y CARRERAS y MARTÍNEZ, La legislación penal especial. Obra que comprende la Historia de la Legislación penal de España con todas los leyes y disposiciones asi comunes come especiales. Madrid, Campuzano. T. I, 1. livraison. 1887. PACHECO, El Código penal. Introducción (p. 1—63); 6. ed. Madrid 1888. v. BRAUCHITSCH, Geschichte des spanischen Rechts. Berlin 1852. DU BOYS, Histoire du droit criminel de l'Espagne. Paris 1870. — Los CÓDIGOS ESPAÑOLES concordados y anotados. 12 T. 2. ed. Madrid, 1872—73. Juan de la REGUERA VALDELOMAR, Coleción general de Códigos antiguos y modernos de España. (Extractos) Barcelona 1845—48. MUÑOZ Y ROMERO, Coleción de fueros municipales y cartas pueblas de los reinos de Castilla, León, Corona de Aragón y Navarra. T. I. Madrid 1847. Marcelo Martinez ALCUBILLA, Códigos antiguos de España. 2 T. Madrid 1885. — FUERO JUZGO en latin y castellano cotejado con las más antiguos y preciosos códices por la Real Academia Española. Madrid 1815. BRUNNER, Deutsche Rechtsgeschichte. Leipzig 1887. T. I, p. 320, 402. v. SAVIGNY, Geschichte des römischen Rechts im Mittelalter. T. II, § 25. BLUHME, Zur Textkritik des Westgotenrechts 1872 (Appendice: Pariser Fragmente). GAUDENZI, Un'antica compilazione di diritto Romano e Visigoto con alcuni frammenti delle leggi di Eurico. 1886. — (GONZALEZ), Coleción de cédulas etc. concernientes á las Provincias Vascongadas. Madrid 1829—30 et Coleción de privilegios etc. de la Corona de Castilla. Madrid 1830—33. 6 T. LEGISLACIÓN FORAL de España. Madrid, Nuñez, 1887 ff. (CASTELLS Y DE BASSOLS-Cataluña; BERGES-Aragón; CASTEJOU-Navarra; MANRA-Mallorca; LECANDA-Vizcaya). LLORENTE, Noticias históricas de las tres Provincias Vascongadas. 5 T. Madrid 1806—1808. SORALUCE, Fueros de Guipúzcoa. Madrid 1866. ILARREGUI Y LAPUERTA, Fuero general de Navarra. Pamplona 1869. REPRESENTACIÓN de los vascongados y navarros residentes en Madrid, pidiendo la conservación de los fueros de sus provincias. Madrid 1839. CALATRAVA, La abolición de los fueros vasco-navarros. Madrid 1876. OLIVER, Historia del Derecho en Cataluña, Mallorca y Valencia. Código de las costumbres de Tortosa. 4 T. Madrid 1876—1881. RUANO, Fuero de Salamanca, 1870. — D. Jgnacio Jordan de Asso Y DEL RIO y D. Miguel de MANUEL y RODRIGUEZ, El Fuero viejo de Castilla, sacado y comprobado con el ejemplar de la misma obra que existe en la Real Biblioteca de esta corte y con otros manuscritos. Con notas históricas y legales. Madrid 1771. Nouvelle édition avec discurso preliminar par PIDAL, Madrid 1847. OPÚSCULOS legales del Rey Don Alfonso el Sabio, publicados por la Real Academia de la Historia. 2 T. Madrid 1836. LAS SIETE PARTIDAS, publiées par Diaz Montalvo, 1. ed. 1491; par Gregorio Lopez (avec la Glosse), i. ed. 1555; par l'Academia de la Historia, 1. ed. 1807. LLAMAS Y MOLINA, Comentario crítico, jurídico, literal á las leyes de Toro. Madrid, 1. ed. 1827, 5. ed. 1876. Pacheco, Comentario histórico-crítico y jurídico á las leyes de Toro. Madrid 1862 (continué 1876 par Gonzalez y Serrano). Novísima Recopilación de las leyes de España, dividida en 12 libros en que se reforma la recopilación publicada por el Sr. D. Felipe II. en el año 1567, reimpresa últimamente en el de 1775, y se incorporan las pragmàticas etc. expedidas hasta el de 1804, mandado formar por el Sr. D. Carlos IV. Madrid 1805—7. 6 T. Martínez Marina, Juicio crítico de la Novísima Recopilación. Madrid 1820. Colección de decretos y órdenes (de las Cortes 1810—23). 10 T. Madrid 1820—23. Colección de decretos y órdenes. Séries: 1814—23, 1824—36, 1837—45, 1846—56, 1856—79. En tout 123 T. — Lardizábal y Uribe, Discurso sobre las penas, contraido a las leyes criminales de España, para facilitar su reforma. Madrid, 1. ed. 1782, 2. ed. 1828. Puga y Araujo, Diccionario cronológico penal de toda la legislación española. Santiago 1842. — Código penal español decretado por las Cortes en 8 de Junio, sancionado por el Rey y mandado promulgar en 9 de Julio de 1822. Madrid 1822. Discusión del proyecto en las Cortes extraordinarias de 1821, et Variaciones que . . . propone la Comisión etc. En tout 4 T. Madrid 1822. Proyecto de Código criminal presentado por una Comisión nombrada por el Gobierno de S. M. 1834. Fernandez de la Hoz, Código criminal redactado con arreglo á la legislación vigente. 1843. Proyecto de Código penal de 1847. Barcelona 1847. Código penal des 19 mars 1848 et 21./22. September 1848. Édition officielle. Madrid 1848. Código penal de España du 30. juin 1850. Edición oficial reformada, Madrid 1850. 2. ed. 1863. Código penal reformado, mandado publicar provisionalmente, en virtud de autorización concedida al Gobierno por la ley de 17 de Junio de 1870. Edición oficial, Madrid 1870.

§ 1. Le droit pénal basé en grande partie sur les institutions visigothes.

I. C'est „des forêts de la Germanie et des steppes de la Scythie" que les habitants de la péninsule ibérique ainsi que tous les autres peuples des provinces romaines ont reçu l'élément le plus puissant pour la formation d'une nation bien distincte, d'une législation et d'une civilisation individuelle. La race des Visigoths introduisit, il est vrai, aux premiers temps de sa domination, dans la législation espagnole la plus ancienne, une séparation rigoureuse des vainqueurs et des vaincus de la manière connue sous le nom du „principe de personnalité". C'est à cette époque qu'appartiennent les fragments d'Eurich (446—484) (fragments Parisiens), la Compilation provençale découverte par Gaudenzi, le Breviaire d'Alarich II (484—507), une grande partie des Leges antiquae, les Formulae wisigothicae rédigées à Cordoue. Après le premier tiers peu fertile en résultats du septième siècle, il se produisit cependant un bouleversement dans la législation qui fut amené par la conversion à l'église catholique de Rekkared Ier (586—601) et qui se termine par l'ouvrage réformateur de la Lex Wisigothorum préparé par Chindasuinth (641—652) et continué par Rekkessuinth (649—672) au temps de sa pleine souveraineté. Ce qu'il y a de caractéristique, c'est l'étude systématique de tout le domaine légal, faite surtout en s'appuyant servilement sur les modèles romains, et la fin de la séparation des Goths d'avec les Romains. A partir de 642 le législateur traite tous ses sujets de la même manière. L'obstacle au mariage provenant d'une différence de nationalité est supprimé, l'emploi de sources juridiques romaines (par conséquent aussi du Bréviaire) est interdit, et on fixe à 6 solidi le prix du nouveau code. Le code encore une fois entièrement remanié par Rekkessuinth subit encore jusqu'à la fin du royaume visigoth une nouvelle rédaction et divers développements (Erwigiana 682. Lex wisigothorum vulgata). Sa forme la plus récente, celle dans laquelle il a survécu à la domination des Maures, est la traduction en vieux castillan faite pour Cordoue en 1229 sous Ferdinand III el Santo de Castille: c'est le fameux Fuero Juzgo, Forum Judicum des Espagnols.

II. Une partie relativement importante du Fuero Juzgo est consacrée au droit pénal; en plus de 4 livres (VI à IX) il y a presque tout le livre XII et des parties des livres II et III. Les matières qui y sont traitées sont: faux témoignage; enlèvement de femmes, adultère, prostitution, mariages prohibés, pédérastie, sodomie; sorcellerie, prédiction de l'avenir, avortement, coups et blessures, homicide; vol, plagiat, mise en liberté de prisonniers et jugements injustes, falsification de documents, fabrication de fausse monnaie; violence, crime d'incendiaire; dégâts commis dans les champs et dans les forêts, dégâts commis sur du bétail ou au moyen de bétail, dommage commis au moyen d'abeilles, vol d'abeilles; asile donné et protection accordée à des esclaves en fuite, mise en liberté d'esclaves et assistance prêtée à ceux-ci pour se sauver, abandon par la fuite des drapeaux (avec divers germes d'un droit pénal militaire), violation du droit d'asile dans les églises; persécution des hérétiques et des juifs,[1]) diffamation. Les principes que le législateur émet de temps en temps, tels que l'égalité de tous devant la loi, la personnalité de la peine, qui doit s'éteindre avec le coupable, — la brièveté et le caractère peu équivoque des prescriptions — n'ont pas plus que les rudiments insuffisants de la partie générale réussi à pénétrer le tout au delà du cas concret, alors même que la rédaction nous surprend parfois par sa justesse et sa précision. Contrairement au principe, on se heurte continuellement à des dégénérations de la distinction romaine dans le traitement des nobiliores et des humiliores; on y parle de ome de mejor guisa, de grand guisa, poderoso et de ome de menor guisa, de vil guisa. Encore plus privilégiés sont quelquefois le courtisan et le noble (fijodalgo). Le plus malheureux de tous est l'esclave. En général voici ce qui se passe: c'est que l'homme d'un rang supérieur paie davantage ou seul, tandis que l'homme d'un rang inférieur reçoit plus de coups ou ne reçoit que des coups (azotes). Ceci, ainsi que la transformation d'une amende irrecouvrable en châtiment corporel d'après des calculs assez exacts distingue un très grand nombre des prescriptions. De plus contrairement au principe proclamé, la rédaction est très prolixe, et les antinomies pullulent. A la rigueur on peut considérer comme appliqué dans une certaine mesure le principe fréquemment mis en avant de l'intimidation (motivée, par exemple, par la fréquence d'un crime, comme de l'avortement). En concordance avec l'esprit du temps on trouve souvent des peines capitales ou des châtiments corporels (tranchage d'une main, d'un pouce, castration, surtout la flétrissure). Ce qu'il y a d'étrange, c'est la livraison du coupable à la merci de sa victime (ou de ses parents ou du roi), à laquelle seulement il n'est pas permis de le tuer; cette livraison a lieu parfois lorsque le coupable ne peut payer l'amende, mais parfois il arrive qu'elle n'a pas lieu par suite d'une compositio entre les parties. L'idée du talion se montre d'une manière manifeste dans un certain nombre de prescriptions; c'est en partie un talion identique (dans les cas d'accusation fausse, sorcellerie!, mutilation et détentions illégales,[2]) meurtre de parents, condamnation à mort injuste), en partie un talion analogue (par exemple dans les cas de pédérastie, mise en liberté de prisonniers, incapacité du recéleur d'un brigand de le livrer aux autorités). Très nombreux sont, comme nous l'avons déjà dit, les cas de punitions corporelles et d'amendes; ces dernières représentent des sommes déterminées ou bien le paiement multiple (2, 4, 6, 7, 9, 11 fois) d'une valeur, somme ou objet, et encore la confiscation de toute la fortune du coupable ou d'objets déterminés (par exemple des charrettes et des bœufs en cas de vol forestier). Il y a un grand nombre de peines atteignant l'honneur et les droits, et enlevant le pouvoir de tester et de servir de témoin.

---

[1]) Les premières lois relatives aux juifs remontent au roi Sisibut (612—620), et à une première pétition des juifs de Tolède au roi Rekkessuinth de l'année 654.
[2]) Si on allègue l'ignorance ou l'insuffisance du droit, VI, 4, 5 va encore plus loin: „qu'il souffre lui-même dans son corps tout le danger et tout le déshonneur et toute la torture et tout le dommage qu'il a fait à autrui, et en outre qu'il reçoive 100 coups et qu'il soit défiguré, en signe de honte dès lors pour tous les temps.“

On a jugé de bien des manières le Fuero Juzgo. Les écrivains allemands disent que c'est un exemple de nullité législative, que son style est boursouflé au delà de toute expression, et qu'il révèle une servitude sénile vis-à-vis du modèle romain, et trahit l'influence fâcheuse de l'église. Par contre les Espagnols mettent le Fuero Juzgo incomparablement au-dessus de toutes les autres créations législatives du septième siècle, comme pouvant aller de pair avec les lois de Rome, et leur étant parfois supérieur à cause de son esprit d'humanité; ils disent que sa manière de penser est exacte et que son style est clair. Les deux jugements sont exagérés; dans bien des cas l'influence germanique se fait voir (dans les garanties à propos de la torture VI, 1, 2. 3; dans le tarif des blessures et des membres VI, 4, 1. 3; dans les tarifs pour les bestiaux et les plantes utiles VII, 2, 11, VIII, 3—5; dans les tarifs des prix du sang des différents âges de la vie VIII, 4, 16): si elle n'a point réussi à éliminer le droit romain si admirablement rédigé, qui pourrait s'en étonner? D'ailleurs il faut avouer sans restriction qu'il est souvent difficile au milieu d'un bavardage de cagots, de reconnaître la valeur d'une ordonnance; mais à l'occasion nous trouverons des jugements dignes de toute législation. Ce qu'il faut faire ressortir d'une manière particulière, c'est l'harmonie qui existe entre les préceptes visigoths et la manière dont on comprend de nos jours le droit public. La peine n'est point un pacte des individus; il n'y a point trace dans le Fuero Juzgo de parentés ennemies et de garants du sang. On y entend le langage d'un roi qui parle à des sujets d'un pays maintenu dans une forte unité: l'image n'est pas ternie par les efforts de grands personnages (ricos hombres, fijosdalgo) qui cherchent à marcher de pair avec leur chef. On avait posé là une première pierre d'un véritable droit pénal public, et c'est avec raison que Pacheco appelle le Fuero Juzgo „un verdadero código", un vrai code.

III. Ceci se modifie plus tard profondément. Après la chute de la monarchie visigothe et la formation d'un grand nombre de petits royaumes dans l'Espagne septentrionale, toutes les manifestations jusque là comprimées du sentiment d'individualité germanique finissent par se faire jour à l'époque des lois particulières, des Fueros locaux, et la lutte contre ces tendances dure encore longtemps après le moyen-âge. Si l'unité de la nation espagnole n'est plus remise en question au point de rétablir la différence entre les Goths et les Romains — puisqu'au contraire la fusion est intime et définitive — cependant on voit s'élever à nouveau d'une manière énergique le principe de la personnalité vis-à-vis les Juifs et les Maures, et dans chacun des nouveaux États distincts et des territoires soumis à un Fuero contre tous ceux qui ne sont pas indigènes. La monarchie se trouve encore essentiellement opprimée jusqu'à l'état de royaume militaire vieux-germanique, au milieu de la noblesse (les infanzones, ricos hombres, fijosdalgo, caballeros) le Roi n'est souvent que le premier, et souvent celui qui est le plus gêné dans l'exercice de son activité légitime; les grands tourmentés du désir de commander lui déclarent la guerre comme à leurs autres égaux. Ce qui distingue alors les sources du droit pénal, ce sont les duels judiciaires et les jugements de Dieu, les haines de partis et le rachat de la vengeance en comptant le prix partagé, simple ou multiple. Il faut ajouter que tout grand vassal cherche à devenir le maître indépendant de son territoire, et chaque ville à se transformer en république militaire; et comme tous ces siècles n'offrent qu'un combat ininterrompu contre la domination étrangère sarrasine, on comprend alors l'immense chaos de prescriptions capricieuses au milieu duquel „le droit pénal devient une loterie, la procédure un tournoi ou une tentation dérisoire du ciel." (Pacheco.)

Indiquons maintenant brièvement les étapes de ce développement pour les parties principales de l'Espagne, et pour les pays en dehors de la Castille aussi pour le temps suivant la période dont nous nous occupons.

Le témoignage le plus ancien de l'esprit oligarchique, ennemi de la monarchie, se trouve dans le Fuero de Sobrarbe (écrit dans la langue du pays vers 1030) qu'on a fait remonter jusqu'aux temps de Pélage et d'Inigo Arista. Voici le point de départ du développement juridique pour l'Aragon et la Navarre, et parce que, comme on sait, les provinces basques ont une connexion étroite avec la Navarre, pour celles-ci aussi. En Aragon où la lutte entre le pouvoir royal et la noblesse fut la plus aigüe et amena fréquemment l'abaissement de la monarchie, le premier code fut préparé par Jacques Ier aux Cortès de Huesca en 1247. Le livre 8 des Observancias consacré au droit pénal est compilé à neuf vers 1400 par Martin Didaci d'Aux. L'esprit opiniâtre d'indépendance devant lequel Philippe II lui-même dût plier, dans l'affaire Perez, ne fut brisé que par Philippe V qui après un soulèvement sans succès des Aragons leur retira leurs fueros et privilèges, et les soumit entièrement au droit castillan (1707). — Pendant le temps le plus long entre toutes les provinces espagnoles, il exista en Navarre et dans les territoires basques, dans ce qu'on appelle l'España foral, un droit spécial. La Navarre en s'appuyant sur le Fuero de Sobrarbe, et subissant à partir de l'année 1076 l'influence aragonaise reçut pour la première fois un recueil de ses leyes y fueros en 1237 dans le Codex diplomaticus de Théobald I, ouvrage dont Philippe d'Evreux entreprit la correction en 1330, jusqu'à ce que dans le deuxième tiers du seizième siècle, parut un Fuero reducido (rédacteurs: Pasquier et Otalora) qui fut complété par les nouveaux recueils de 1735 et 1815. Les pays basques à propos desquels Llorente a tâché sans grand succès de faire remonter la situation particulière indépendante à une époque assez moderne voient s'opérer la fin du développement juridique dans la Biscaye avec le code de 1452, réformé en 1527, et avec l'établissement complet d'une législation centrale en 1632; dans le Guipuzcoa avec le recueil de fueros de Tolosa 1375, remanié en 1463, augmenté en 1526 et 1583 et la nouvelle compilation de 1692 (1696); dans Alava qui était la plus voisine de la Castille, et était soumise en partie au Fuero Real avec le code de 1463, confirmé solennellement en 1483 (1488). C'est seulement le 19ème siècle qui a vu la fin de la fière España foral qui dans ses derniers vestiges pouvait encore défier le C. p. actuel. Le traité de Vergara qui a mis fin d'une manière essentielle à la guerre carliste de 1839 enleva en grande partie aux Navarrais et aux Basques leurs droits particuliers, — et la Campagne carliste de 1875/76 à laquelle ces deux pays fournirent l'armée de l'insurrection, leur enleva le restant de ces lois (loi du 19 juillet 1876 et 7 mai 1877). — La couronne d'Aragon posséda encore la Catalogne (Usatici Barcinonenses 1068, avec récusation consciente du Fuero Juzgo), les Baléares (Fuero de Mallorca, 1230 sous Jacques Ier qui se distingue par la suppression du duel judiciaire) et Valence (Fueros ou Furs de Valence, qui révèlent très fortement l'influence romaine). Ces droits particuliers ont disparu avec le droit aragonais.

Bien plus importants pour le développement judiciaire sont les pays de la Couronne de Castille, et parce que leur étendue était plus considérable, et parce que là on s'efforça toujours de réaliser l'idée d'une unité juridique et que parurent toujours des ouvrages de législation avec la prétention d'être appliqués généralement. Le développement des royaumes de Léon et de Castille est alors, à l'exception de la période d'union de 1037 à 1157, un peu différent jusqu'au moment où l'année 1230 vit se produire leur union indissoluble. Pour le premier de ces royaumes (ainsi que pour les Asturies, la Galice et le Portugal) le point de départ est Alphonse V de Léon qui en 1003 sanctionne le Fuero Juzgo et promulgue en 1020 le Fuero Leonés. En Castille Alphonse VI (el Viejo) confirme en 1076 le Fuero de Sepúlveda qui remonte à Ferdinand Gonzalez (vers 923) et dans Tolède qui a été reconquise en 1085 il replace les chrétiens de Castille sous le Fuero Juzgo — pendant que d'autres classes de la population ont des Fueros particuliers. Avec le temps on emprunta des droits particuliers aux villes reconquises ou récemment fondées — telles que dans le Léon à Salamanque, Zamora, Bono Burgo de Caldelas, Caceres; dans la Castille à Burgos (vers 1050), Madrid, Talavera (1118), Escalona, Lara (1130), Baeza, Cuenca (1177), Santander (1190) — d'après un système dans lequel l'idée de la centralisation fut maintenue par ce qu'on cherchait à généraliser un code soit avec des emprunts analogues (comme Alphonse VII l'Empereur avec son Fuero general) ou en laissant le pourvoi d'une affaire se présenter à Tolède devant le Forum Visigoth. C'est-à-dire que le premier moyen est celui que devait suivre également Alphonse X pour exécuter ses travaux de réforme. Depuis Ferdinand III le Saint (1217 à 1252) la législation se sert du langage vulgaire au lieu du latin.

IV. Pendant la plus grande partie du moyen-âge on vit se produire dans le droit pénal espagnol par suite de la situation que nous venons de représenter, le manque d'unité et le déchirement les plus extraordinaires, et entre des ordonnances de la même époque ou de cités voisines, il se produisait les dissonances les plus criantes. D'un côté on trouve la cruauté la plus raffinée, de l'autre une indulgence excessive. A Escalona on pend les assassins, à Tolède on les lapide, et à Cuenca on les enterre vivants, à Logroño et à Sahagun ils ont 500 solidi à payer; à Nájera l'assassin d'un noble a à payer 250 soldi; pour l'assassinat d'un roturier l'amende est de 100 soldi, d'un maure de 12 soldi $1/_2$, c'est-à-dire dans ce dernier cas autant que pour avoir tué un âne. D'ailleurs à Nájera ces sommes désignent le fredum, vu qu'alors ce Fuero ne règle que les relations du monarque avec les membres de la commune, tandis que le prix du sang et l'expiation sont abandonnés entièrement à leur accord particulier. Les condamnations à mutilation sont nombreuses: à Cuenca on coupe les oreilles au voleur dans les établissements de bains; à Soria on arrache les dents au faussaire; à Fuentes on tranche le poignet à celui qui frappe son père nourricier et à Plasencia on fend les narines à la femme surprise en flagrant délit d'adultère. Il y a des menaces d'un caractère presque sauvage contre celui qui ose violer l'organisation juridique; mais c'est plutôt un épouvantail fait pour effrayer ces criminels lorsque le Fuero Leonés dit: Evulsis oculis, fracta manu, pede et cervice, fusis intestinis, percussus lepra una cum gladio anathematis in aeterna damnatione cum diabolo et angelis ejus luat. Enfin nous avons peine à comprendre les châtiments contre l'insolvabilité; la mort par la faim est souvent infligée à celui qui ne paie pas son amende.

La disproportion de la peine est augmentée d'une manière monstrueuse parce qu'en réalité très souvent le coupable reste impuni. Parfois le criminel se met sous la protection d'un Rico-hombre qui, pour faire réussir ses projets dirigés contre la monarchie, recherche le concours d'aventuriers et de criminels; parfois il est protégé, ainsi que le meurtrier dans le Léon, par un délai de 9 jours pendant lequel on ne peut le saisir, contre les poursuites de l'État, ou par le droit d'asile aussi contre la vengeance privée. A cela il faut ajouter les violents empiétements commis sur la loi par les arrangements privés, et les défis privés qui sont le plus souvent réglés exactement par l'État (rieptos y desafíos, la sommation et la provocation). Les duels judiciaires et les jugements de Dieu sont souvent seuls employés pour établir la preuve; en Aragon la procédure romaine (la pesquisa, inquisitio) est généralement interdite. C'est avec la plus ignoble inégalité qu'on traite les étrangers à la race ou à la commune; à Sepúlveda celui qui a tué un étranger n'encourt que $\frac{1}{8}$ de la peine. La guerre d'extermination contre les Juifs et les Maures se prolonge jusqu'au dix-huitième siècle.

Il est clair et admis généralement que les siècles qui suivirent le Fuero Juzgo représentent un brusque retour en arrière; „les législateurs ne sont plus inspirés par la saine raison, sans parler d'idées scientifiques", ainsi s'exprime Pacheco. Au milieu de la barbarie qui ne fait qu'augmenter on voit reparaître la vengeance privée („vendetta"), et tout ordre social se trouve complètement bouleversé.

V. Le Fuero Juzgo est cependant resté nominalement la législation générale de l'Espagne, ainsi que cela ressort de ce que nous avons dit pour la Castille, et il en est de même pour l'Aragon et la Navarre jusqu'au treizième siècle. Mais lorsque par suite de l'éclosion tumultueuse des vieilles idées germaniques le développement du caractère national eut pris une direction toute différente, il fallut bien constater l'insuffisance de la Lex wisigothorum et la traduction en vieux castillan, quoiqu'elle dût flatter le sentiment national déjà éveillé, ne pouvait qu'accélérer ce mouvement. Cela doit paraître d'autant plus étrange qu'à une époque où les nouveaux droits communs s'étaient déjà solidement implantés, et où également les Siete Partidas étaient déjà reconnues comme valables, le Fuero Juzgo était encore sans aucun doute appliqué journellement. Bien plus, il survécut à la Nueva Recopilación (1567) et à la dernière édition de celle-ci (1775) et il conserva sa valeur en thèse jusque dans notre siècle; car une Cédula de Charles III de 1778 enjoint au Tribunal royal de Grenade d'appliquer le Fuero Juzgo de préférence aux Siete Partidas, vu qu'on n'y a jamais dérogé. Un pareil fait, à mon avis, n'est explicable que par suite du manque de notions solides du droit public, et particulièrement du manque de notion de la force de la loi. Nous ne pouvons vraiment nous représenter que difficilement un tel état juridique dans lequel la formule: lex posterior derogat priori, n'existe pas, et dans lequel, à propos de matières identiques on se trouve en présence des lois les plus diverses toutes laissées au choix du juge. La seule vraie issue était donc celle présentée par l'ordenamiento de Alcalá de 1348 (l. 1 tit. 28). Au moment où on fixa les rapports entre les législations communes et les lois particulières locales, on fit disparaître le Fuero Juzgo dans la masse de ces dernières et on lui fit partager leur sort; il était alors devenu d'un usage simplement formel comme droit particulier de Cordoue.

VI. Au douzième siècle les rois bien qu'ils combattissent avec une cruauté inouïe les bandes de brigands et leurs chefs en les cuisant dans l'huile, en les écorchant, en les brûlant, en les précipitant du haut des tours, n'obtenaient pas de résultats sérieux dans leur lutte contre le crime qui prenait un développement considérable. Ce ne fut qu'après les victoires de Ferdinand III qui avaient créé la base territoriale d'un vaste royaume, que son fils Alfonse X[1]) put travailler à son organisation intérieure au moyen de ces ouvrages de législation qui ont valu à ce souverain de grand savoir le surnom de Sage (el Sabio). C'est sur ses travaux que repose le développement juridique ultérieur de la Castille et aussi de l'Espagne.

Son premier soin fut de réunir dans un seul code général, renfermant

---

[1]) Lui même se désigne sous le nom de „Alonso el Nono", tandis qu'on ne compte pas Alfonso IX (1188—1220) qui alors ne régnait que sur le Léon. On sait qu'il fut un certain temps, pendant l'interrègne, Empereur allemand.

toutes les questions principales conformément à la situation légale d'alors, toutes les lois de son royaume qui, en plus des Fueros, se composaient de décisions particulières (fazañas) et de jugements arbitraires (alvedríos). Ce code est le Fuero Real (Forum Regale),[1] terminé en 1255, dont la publication eut lieu de la manière déjà indiquée, en l'accordant comme droit municipal aux magistrats de certaines villes (concejos), comme par exemple il arriva dans les années de 1255 à 1261 pour Aguilar de Campó, Sahagun, Soria, Burgos, Valladolid, Escalona. Il ne paraît cependant pas avoir manqué d'une proclamation solennelle, et jusqu'à l'année 1270 nous devons considérer le Fuero Real comme en vigueur dans tout le royaume d'Alfonse X, par conséquent en Castille, à Tolède, dans le Léon, en Galice, à Séville, Cordoue, Murcie, Jaen, Badajoz, Baeza et Algarbe. C'est avec quelque raison que Pacheco appelle le Fuero Real un code malheureux; il a paru à une époque trop rapproché du Code fameux dans le monde entier d'Alphonse X, les Siete Partidas, pour n'avoir pas été éclipsé par celui-ci au point de vue historique. Mais le monde d'alors était d'un autre avis; il trouvait dans le Fuero Real un code répondant à ses mœurs, à ses habitudes, à ses tendances, à ses désirs, qui était à la portée de tout le monde et mettait à jour des sentiments ardents (d'amitié ou de haine). Les Siete Partidas qui reposaient sur des études profondes et un savoir immense et dans lesquelles le roi avait tracé les lignes d'une législation de l'avenir restèrent étrangères au monde d'alors, et on les traita avec une résistance morne mêlée de mépris.

Dans toutes les éditions imprimées le Fuero Real est accompagné de commentaires pour plusieurs de ses ordonnances, qui sont les 252 „Lois de l'usage des Tribunaux" (Leyes del Estilo ou Declaraciones de las leyes del Fuero Real). Ce sont des jugements tirés de la pratique et s'appuyant visiblement sur des cas particuliers concrets. Les Leyes del Estilo qui jouissaient d'une haute considération près des savants et des jurisconsultes, et qui sont aussi révisées dans la Novísima Recopilación ne proviennent donc d'aucun roi et d'aucunes Cortès, et particulièrement pas d'Alphonse X. Elles proviennent plutôt d'une époque plus reculée, ainsi qu'il résulte de l'emploi et de la citation du droit romain[2] et canonique, des Siete Partidas et du Speculum judiciale de Durantis. Plus tard Alfonso augmenta encore le Fuero Real par 27 lois et 17 mandats et réponses, qui forment les Leyes Nuevas.

VII. Le droit pénal est contenu dans le livre IV (comparez cependant en passant I, 2 à 7, II, 3. 8, III, 1. 8. 10) dont la disposition est absolument dépourvue de système. Le plus souvent il prescrit la peine de mort (parfois il indique le moyen: par le feu, la pendaison; lorsqu'il s'agit d'assassinat et de guet-apens, le coupable sera traîné jusque sur le lieu du supplice) et des amendes (tarif pour coups et blessures IV, 5, 3[3]), pour calomnies IV, 3, 2)[4], et quelquefois bannissement. Celui qui ne peut payer sera mis, en qualité d'esclave, à la disposition de la victime ou du roi, ce qui se trouve aussi

---

[1] Les autres noms sont: Fuero de las Leyes, Libro de los Concejos de Castiella, Fuero de Libro, Fuero de Castilla, Flores de las Leyes. Comme la base du Code est essentiellement visigothe, il appartient donc bien à notre § 1.

[2] C'est ainsi qu'on cite dans l. 57 Estilo en matière de rixe: § Sed si plures servum (l. 11 § 2) D. ad leg. Aquil. (9, 2).

[3] Le tarif le plus élevé, en cas de concours réel, est l'amende entière (le „Wergeld") de 500 solidi qui est également infligée pour tous les homicides par négligence dans IV, 17. Sur ces sommes, il en revient les ³/₅ au roi, les ²/₅ à la victime ou à ses héritiers.

[4] Il faut ajouter à cela l. 83 Estilo. Si dans une dispute plusieurs mots injurieux sont prononcées, il n'y a que les plus injurieux qui soient punis. La compensation a lieu aussi. Voir l. 11 Leyes Nuevas.

comme peine principale; il y a aussi la contrainte par corps qui ne peut pas dépasser un an. Certains délits entraînent la mutilation (ainsi par exemple on arrache les yeux au coupable de crime de haute trahison qui a été gracié I, 2, 1); la perte des mains (falsification d'actes par un notaire IV, 12, 1; voir II, 3, 3; de plus en cas d'un premier vol important, lorsque le voleur ne peut pas fournir neuf fois la valeur de l'objet volé IV, 5, 6; ici aussi) enlèvement des oreilles; castration (avec pendaison en cas de Sodomie IV, 9, 2); arrachement des dents (faux témoignage IV, 12, 3); marque au fer rouge (infligée au prêtre qui falsifie le sceau du roi IV, 12, 2). Ce qui est très caractéristique du contraste existant vis-à-vis le Fuero Juzgo d'une part, et de la monarchie combattant vigoureusement les droits particuliers de l'autre c'est IV, 21: De los rieptos y desafíos. Partant de l'alliance d'amitié et de fidélité conclue par les fijosdalgo sous Alphonse VII el Emperador à Nájera, il nous est présentée une réglementation inspirée par la conviction du pouvoir divin de la monarchie relative à la déclaration de guerre privée, à la perfidie ou déloyauté (alevosía), à la procédure sur ce sujet devant le roi, et au duel considéré comme une sorte de jugement de Dieu.[1])

La langue du code est moins concise que celle du Fuero Juzgo, et le législateur ne nous épargne presque jamais ses motifs qui souvent s'appuient sur ses convictions religieuses. Je ne regarde pas comme injuste le jugement de Sempere qui dit que le code est confus. Il faut mentionner un mérite du Fuero Real: c'est qu'il représente les premiers débuts d'un système de procédure d'office. En cas de crime notoire, l'alcalde doit poursuivre, sans qu'il soit nécessaire qu'il y ait plainte; d'ailleurs dans d'autres cas, lui et le roi peuvent reprendre une instruction interrompue (IV, 20, 8. 10).

VIII. Les nobles de Castille et de Burgos s'opposèrent énergiquement au Fuero Real et réclamèrent le droit de vivre, comme jusqu'alors, suivant leur „vieux" code, leurs décisions légitimes et droits arbitraires, de manière à se mettre fièrement sur le même rang que le roi. Ce Fuero „Viejo" (qui porte aussi le nom de Fuero de los Fijosdalgo, de las fazañas, de alvedrío) remonte d'après la légende — qu'Espinosa contemporain de Charles V (I) et après lui d'autres savants ont fidèlement conservée — à un Fuero général du Comes Castiliae Don Sancho García († 1035) et paraît avoir été confirmé par Ferdinand Ier en 1050 à Coyanca. Cette opinion s'appuyait sur des tournures mal comprises dans certains droits particuliers et sur le surnom de Sancho „de los buenos fueros" (des bons droits) qui se rapporte cependant aux privilèges accordés à certaines villes frontières conquises. Mais cette opinion doit être regardée comme réfutée par Marina. Les sources du Fuero Viejo sont plutôt diverses ordonnances, en particulier celle de Nájera (1128), le droit coutumier, et des jugements; sa rédaction date du temps d'Alphonse VIII (1188—1214) malgré le veto duquel il fut appliqué. Alphonse X le Sage voulut le remplacer par le Fuero Real, mais la noblesse en 1270 et 1272 le força, les armes à la main, à laisser l'ancien état de choses subsister à Burgos et en Castille. La rédaction que nous connaissons est celle qui fut dressée et remaniée en 1356 par Pedro IV el Cruel; il est impossible de dire combien de temps elle resta en vigueur jusqu'au moment de sa disparition qui n'a pu être précisé.

La plus grande partie du contenu traite du droit public; elle donne une peinture fidèle de ce qu'était la noblesse turbulente vis-à-vis du souverain, de ses pairs et de ses vassaux dans les treizième et quatorzième siècles. Le livre II renferme le droit pénal: mais là encore le but qu'on se propose plus ou moins

---

[1]) Du Boys, p. 196 dit que ce sujet est traité dans le Fuero Real „comme une espèce de procédure barbare, débris d'un autre âge".

c'est d'expliquer les droits et les devoirs des Fijosdalgo. On y voit se détacher d'une manière bien tranchée une vieille couche favorisant l'indépendance des Grands contre des ordonnances plus récentes au sujet de l'agrandissement du pouvoir royal, et en particulier de son autorité judiciaire. C'est à la première qu'appartiennent les ordonnances intéressantes et qui rappellent les droits des pays du Nord pour les criminels hors la loi et les vieux jugements avec tous les faits de la cause relatifs au talion dans le cas de coups et blessures graves (I, 5, 14) et à la punition du viol (II, 2, 2. 3). Par suite de ses antinomies irrémédiables, et du manque d'unité, il devait être impossible au Fuero Juzgo de se maintenir longtemps dans son ensemble en vigueur; cependant jusqu'à la fin du quinzième siècle, il a été confirmé à diverses reprises.

§ 2. Les Siete Partidas.

I. Immédiatement après avoir terminé le Fuero Real Alfonso el Sabio se consacra au grand travail de sa vie. Déjà depuis le commencement du treizième siècle, à la suite de la fondation des universités de Valencia (1209) et de Salamanque (1222) un courant plus international s'était fait sentir dans la vie intellectuelle de l'Espagne. Alors, sous un prince qui s'intéressait à toutes les branches de la science et qui, à ce qu'il semble, sans préférence pour telle ou telle confession, offrait un asile aux savants de toutes catégories, il était naturel que dans la science juridique les progrès de la jurisprudence romaine et canonique commençassent à se manifester. Il y avait là, au point de vue politique, pour la lutte entre les Fueros particulares, le Fuero Viejo et le Fuero Real, un terrain neutre qui avec son étendue universelle promettait de faire naître une législation uniforme. Enfin Alphonse agit conformément aux désirs et aux travaux antérieurs de son père qui reconnaissant l'insuffisance du Fuero Juzgo avait commencé à exécuter le plan d'un code divisé en sept parties dans le projet qui est resté sous le nom de Septenario.[1]) C'est sur cette base que naquirent dans les années 1256 à 1265 (le 20 août) les Siete Partidas qui en fixant les résultats de la science du droit romain telle qu'elle existait alors, représentent une rupture avec le passé visigoth, et sont d'une importance capitale pour le développement de la jurisprudence criminelle en Espagne.

Si précédemment on a fortement discuté sur la question de savoir si le roi avait écrit lui-même les Partidas ou s'il les avait rédigées au moins, il nous semble aujourd'hui bien compréhensible qu'il ait eu son Tribonien et son Théophile. Comme collaborateurs il faut citer probablement: le précepteur du roi, le docteur Jacome Ruiz (Micer Jacobo de las leyes), auteur d'une Summa Legum; l'archidiacre de Zamora, Fernando Martinez qui fut ambassadeur près de Grégoire X; et le Maestre Roldan qui en 1276 rédigea pour combattre la passion du jeu les sévères „Ordonnances concernant les maisons de jeu", composées avec un esprit très casuistique, mais qui bientôt tombèrent dans l'oubli (Ordenanzas de las Tafurerias qui comprennent 44 lois).

„ Les 7 parties (se divisant en tituli et en leges) comprennent dans l'ordre suivant: Le droit canonique; la constitution de l'État; l'organisation judiciaire,

---

[1]) Le premier projet des Siete Partidas a été découvert par l'Academia de la Historia, et par divers auteurs dans les cinq livres incomplets de l'Espéculo. Marina place même l'apparition de l'Espéculo avant celle du Fuero Real. Par suite des absurdités auxquelles une pareille opinion conduirait, et par suite de la nature de l'unique manuscrit, il ne peut y avoir aucun doute que nous nous trouvons ici en présence d'un travail particulier, appartenant à la deuxième moitié du quatorzième siècle et destiné à la pratique.

la procédure, le droit commun; le droit du mariage, de la famille, du status; le droit des obligations; le droit d'héritage; le droit pénal. Il y a aussi d'autres titres intéressants au point de vue pénal, tels que I, 9 (excommunication), I, 11 (asile), I, 18 (sacrilège), II, 13—19 (fidélité envers le roi, sa famille, ses fonctionnaires, etc.), II, 28 (le droit pénal à la guerre), III, 7 (citations en justice), III, 27 (exécution des jugements), IV, 3 (mariages clandestins) et lois particulières telles que III, 11, 26 à 29. 16, 42 (parjure) et V, 5, 22 (achat d'armes à des infidèles).

II. Les Siete Partidas peuvent être considérées comme le premier code montrant une tendance indéniable vers la formation de la partie générale du droit pénal (Tit. VII, 31. Des peines).[1]) Mais il y a naturellement encore beaucoup de questions, telles que l'illégalité, la culpabilité, la complicité qui ne sont qu'indiquées, ou qui ne sont traitées qu'au point de vue de la casuistique, et en particulier en matière de meurtres (VII, 8).

1^0 Les crimes, décrits (non définis) dans l'introduction à P. VII sous le nom de „mauvaises actions qui se font pour le plaisir de l'un et pour le détriment et le déshonneur de l'autre", sont groupées superficiellement d'après le mode d'exécution dans VII, 31, 3. Cependant la distinction des crimes les plus graves (haute trahison, assassinat, enlèvement et viol de femmes) d'avec des crimes moins graves, est d'une plus grande importance. On exige l'imputabilité du crime, et c'est pour cela qu'on rejette toute poursuite contre les fous, les furieux et les idiots (VII, 1, 9; toutefois les parents qui ont mal surveillé les fous sont déclarés responsables, voir le droit pénal actuel); il en est de même pour les enfants de moins de 10 ans et $^1/_2$ et pour ceux au-dessous de 14 ans pour les crimes qui se rattachent à la „luxuria" (et dans les cas de sodomie VII, 21, 2); pour un coupable qui n'a pas encore 17 ans la peine est toujours atténuée (VII, 31, 8). Le droit pénal actuel distingue encore trois degrés dans l'âge de l'enfant. L'ivresse est traitée d'une manière casuistique; en cas de crime de lèse-majesté, elle exonère le coupable de toute peine, et en cas de meurtre elle n'entraîne que la peine appliquée d'ailleurs pour les meurtres par imprudence. — Il faut agir volontairement (VII, 31, 3: a sabiendas con mala intencion — scienter cum mala intentione). Le „dolus indeterminatus" semble suffire (arg. VII, 17, 5: yaziendo con muger casada non lo sabiendo, nin cuydando que lo era). On ne connaît guère encore une idée générale de l'imprudence (culpa); dans les cas d'homicide il y a des cas particuliers qui sont discutés et qui sont frappés de peines analogues. Les définitions de dolus et de culpa (VII, 33, 11) ne se rapportent qu'au droit civil. La tentative est considérée comme le crime même. La loi VII, 31, 2 s'efforce de tracer par des exemples les limites entre la mauvaise pensée pure et simple (mal pensamiento) et le commencement de la réalisation (comenzar à meter en obra). C'est seulement dans les crimes moins graves que le recul devant l'accomplissement de l'action enlève toute culpabilité (comparez au point de vue casuistique VII, 2, 5, indication du complice dans le cas de conspiration contre le roi). Nulle part la complicité n'est traitée d'une manière connexe; cependant on frappe souvent des mêmes peines à côté des acteurs principaux (fazedores) ceux qui ont proposé ou conseillé le crime, ainsi que ceux qui y ont aidé, y ont consenti, ou ceux qui ont servi de recéleurs (comparez aussi la règle des vieux sages dans VII, 34, 19 et à la p. 163). Il faut remarquer pour le vol la considération de la causalité (VII, 14, 18: qu'il ne soit condamné à rendre que le double de ce qui a été volé grâce à son concours et pas plus). Plu-

---

[1]) Les citations suivantes tirées de ce titre ainsi que de VII, 1 (de demandes en justice) se rapportent donc à tout l'ensemble des actes punissables.

sieurs fois on voit des effets de la prescription: le voleur qui pendant 5 années n'a pas été poursuivi ne peut plus être condamné à mort (VII, 14, 18); dans le cas d'adultère il faut que la plainte se produise dans les 5 ans, dans le cas de viol dans les 30 ans (VII, 17, 4); pour le brigandage il y a prescription dans un annus utilis (VII, 13, 3).

2⁰ Dans la peine on distingue deux éléments: l'un émendant, rapportant un bien à la personne lésée — la réparation (pecho); et l'autre pénal proprement dit, occasionnant un mal au coupable — la correction (escarmiento). Dans VII, 31, 4 nous trouvons une échelle assez mal établie des peines d'après leur gravité relative. Le système pénal est très étendu. Il y a quelque 40 cas où les amendes et autant de cas où la peine capitale est infligé. En cas de peine capitale, le plus souvent le mode d'exécution n'est point fixé. Il y a environ 30 cas où on inflige des peines corporelles (mutilation, marque au fer rouge, coups de bâton) et des peines d'emprisonnement. Ces dernières sont le plus souvent le bannissement perpétuel ou temporel; rarement on subit la condamnation à perpétuité aux chaînes, aux fers ou aux travaux forcés dans les ateliers du roi, cette dernière est aussi temporelle. La participation au sacrifice des infidèles est punie alternativement d'un emprisonnement jusqu'à l'amélioration et la conversion du coupable (VII, 26, 2), tandis que par ailleurs on maintient le principe de la l. 8 § 9 Dig. de poenis 48, 49 (carcer ad continendos homines, non ad puniendos haberi debet, voyez P. VII, 29, 11. 31, 4). Les peines relatives à l'honneur et aux droits sont nombreuses comme encore aujourdhui (ce qui est caractéristique c'est le „valoir moins“, menos valere; tit. VII, 5). A côté se remontrent fréquemment des peines absolument indéterminées et plus rarement celles relativement déterminées, mais c'est encore relativement aux autres que le juge a une certaine liberté, de sorte que déjà il avait dû se développer l'enseignement de l'application des peines dont les principes fondamentaux, comme aujourd'hui, sont traités dans la partie générale (VII, 31, 8). Quant à la liberté laissée au juge dans le choix du genre de la peine et de son exécution, ce qui est un principe absolument contraire au droit actuel espagnol, il y a certaines peines qui sont absolument interdites, mais que le législateur inflige lui-même de temps en temps (VII, 31, 6, comparez l. 8 § 1. l. 25 § 1 Dig. 48, 19).

III. De ces deux éléments qui constituent la peine, on considère déjà la première, la réparation (qui à l'occasion est caractérisée par la vengeance personnelle, venganza) comme quelque chose d'étranger au droit pénal public; la nature de la peine réside dans l'escarmiento pour lequel le législateur voit un double but (tit. VII, 1): 1⁰ porque los fazedores resciban la pena que merescen, afin que les criminels reçoivent la peine qu'ils méritent; 2⁰ porque los otros que lo oyeren ayan miedo, ou: se espanten, ou: se guarden despues de fazer atales cosas, afin que les autres qui entendent cela aient peur, ou s'effraient, ou s'abstiennent de faire de pareilles choses (c'est donc la prévention générale). Le centre de gravité c'est le premier but; il semble incompatible avec la vraie justice, avec la justicia derecha (tit. II, 28) qu'un criminel reste impuni. La mesure de ces peines est incontestablement inspirée par l'idée de l'expiation qui peut à l'occasion s'élever jusqu'au talion. Généralement il n'y aura jamais de peine s'il n'existe pas de culpabilité, et c'est la malice plus tenace qui forme le motif pour frapper le récidiviste d'une peine plus forte. Mais parfois aussi le dommage causé par le crime sert à le qualifier (par exemple VII, 10, 8). Les fils du traître sont punis sans qu'il y ait eu culpabilité (VII, 2, 2 sous des modifications correspondant à la Lex quisquis, c. 5 Cod. 9, 8). La nature publique du droit pénal n'est pas toujours sauvegardée, ainsi pour les peines capitales on peut recourir à un arrangement privé (avenencia VII, 1, 22; guisada cosa es e derecha que todo ome pueda redemir su sangre — il est juste que chacun puisse racheter son sang,[1]) en cas d'adultère le pardon accordé par l'époux annulle la peine, et en cas de violation de sépulture les parents ont le choix entre la demande de peine corporelle et la réparation (pecho).

IV. Le titre 8 s'occupe des homicides. 1⁰ Il les divise (l. 1) en a) homicides injustes (tortizeramente) sans différence de la personne de la victime, punis s'il s'agit d'un fidalgo de la déportation perpétuelle (deportatio in insulam) et s'il s'agit d'un humilior, de la mort (2. 15). On y fait ressortir l'omission des esclaves de venir en aide à leur maître; le crime du juge qui condamne injustement à une peine capitale, et du témoin qui fait une fausse déposition dans le même procès; le crime du complice qui livre des armes (16. 11. 10) au meurtrier (ou au suicidé). Des cas graves sont ceux de meurtre avec traición ou aleve (15: d'après le droit coutumier espagnol, fuero de España, voir V, c'est toujours la peine de mort, c'est le germe de l'assassinat considéré dans le droit commun espagnol de nos jours); assassinat d'un parent (12: culeus, de même l'extraneus pour l'aide, de même que pour les actes préparatoires en vue d'empoisonner le père de famille); empoisonnement (7: l'acheteur et le vendeur de poison sont punis de mort; lorsque ces crimes sont accompli: damnatio ad bestias, voyez l. 3 § 5 Dig. 48, 8). b) Meurtres justifiés. En cas de légitime défense (tornando sobre sí, 2: non ha de esperar que el otro le fiera primeramente, l'attaqué n'est pas tenu d'attendre pour se servir de son arme qu'il ait été frappé lui-même). On permet en outre le meurtre de l'épouse, fille, sœur qui est surprise en flagrant délit de concubinage, du voleur trouvé la nuit avec des armes, du déserteur qui s'oppose à son arrestation; de l'incendiaire nocturne, du fur famosus (ladron conoscido), du voleur de grand chemin. La castration dans le but de guérir une maladie n'est l'objet d'aucune poursuite (13). c) Morts accidentelles. Tout en échappant à la peine, celui qui est cause de la mort d'un autre homme doit prêter un serment destiné à le purifier, et il doit en outre prouver avec des boni homines qu'il ne nourrissait aucune animosité contre sa victime. S'il ne fournit pas cette preuve, alors comme un soupçon est possible, il est renvoyé devant l'arbitrium judicis (4). Le code mentionne ici aussi les homicides coupables dont les exemples sont tirés des Digestes (ainsi l. si putator 31 D. ad legem Aquiliam 9, 2). L'émondeur d'arbres qui oublie d'avertir; le cavalier qui ne reste pas sur la route; le somnambule qui n'avertit pas de son infirmité; l'ivrogne; le médecin et le chirurgien qui font preuve d'incapacité, le père, señor ou professeur qui dépasse son droit de correction, tous ces individus lorsqu'ils causent la mort d'un homme sont déportés dans une île pour 5 années.[2]) Le chirurgien, qui sciemment commet une erreur de métier, l'apothicaire, qui sans ordonnance de médecin livre des remèdes dangereux, sont punis de mort (5. 6. 9). 2⁰ Il y a certains actes dangereux qui sont placés au même rang a) que les homicides volontaires: Expulsion avortive du fruit „déjà vivant", castration, livraison d'un arme à une personne qui veut se suicider (8. 13. 10); b) que les homicides coupables par négligence: expulsion avortive du fruit „non encore vivant": le fait de ne pas prévenir un père qu'un frère prémédite de l'assassiner (8. 12).

V. Deux notions très importantes pour le développement du droit pénal espagnol sont la traición et l'aleve, la trahison et la déloyauté. Cette dernière en qualité de violation de l'alliance existant entre les Fijosdalgo a été déjà mentionnée ici (p. 147). Ses formes les plus graves sont considérées

---

[1]) Deutscher Klagspiegel, comparez Stintzing, Populäre Litteratur des römisch-kanonischen Rechts, p. 401: „es ist ziemlich einem jeglichen, dass er sein Blut erlösen mag."

[2]) On retire aussi au médecin le droit de pratiquer son art.

comme traición. Partida VII, 2, 1 énumère 14 sortes de trahison, manœuvres en vue d'amener la mort ou le détrônement du roi, alliance avec l'ennemi en vue d'une guerre, défection et excitation à la révolte, etc., et elle se termine par ces mots: „Et nous disons en général que. lorsqu'un des crimes ci-dessus mentionnés est commis contre le roi ou son pouvoir ou contre le bien public du pays, c'est une traición dans son sens propre, et lorsque cet acte est commis contre d'autres hommes, c'est alors un aleve d'après le droit coutumier espagnol." La traición devait ainsi prendre peu à peu la signification de crime contre l'État, de haute trahison et de trahison envers le pays, surtout qu'elle est employée comme traduction de l'expression laesae majestatis crimen, et qu'on comprend aussi sous cette expression la violation de tous les devoirs de fidélité envers le roi énumérés dans le droit constitutionnel (II, 13—19). Par contre ce qu'on appelle aujourd'hui l'alevosia devient une manière aggravante de commettre un délit; au début c'était une manœuvre sans provocation contre une personne exempte d'inquiétude dans le sentiment qu'elle avait de sa sécurité légitime, puis plus tard ce fut toute manœuvre caractérisée par la lâcheté et la perfidie, et aujourd'hui d'après la définition légale (C. p. espagnol art. 10 n^0 2), en matière de crimes contre les personnes, c'est l'emploi de moyens, procédés et manières d'exécution qui tendent tous directement et spécialement à l'assurer, sans risque pour le coupable, qui pourrait résulter de la défense de la personne attaquée. Selon la pratique y sont compris des actes commis contre les aveugles, les vieillards, les enfants. Ce qui caractérise les codes pénaux reposant sur des principes espagnols, c'est qu'un meurtre exécuté seulement avec alevosia ou avec d'autres circonstances aggravantes constitue l'assassinat (asesinato) (voir C. p. espagnol, art. 418 n^0 1, cpz. ci-dessus IV).

VI. Si maintenant nous cherchons à nous former un jugement général sur le droit pénal des Siete Partidas, sans pénétrer plus avant dans les détails, nous pouvons bien dire que ce code a contribué plus qu'aucun autre à mettre l'Espagne à la hauteur des idées scientifiques de l'époque. Marina prétend qu'on trouve dans cet ouvrage la force et l'énergie qui manquent dans la plupart des ouvrages de législation qui parurent à cette époque ou dans les siècles suivants. Sempere objecte, et non sans quelque raison que dans ce code il domine un ultramontanisme trop violent, et qu'on y donne trop de place au droit des décrétales. Il est vrai peut-être que justement cette tendance fut plus tard fatale à l'Espagne, mais pour Alphonse X elle n'avait qu'une valeur politique momentanée pour attirer le Pape de son côté dans sa lutte pour la couronne impériale d'Allemagne. Dans tous les cas il n'y a pas là de quoi diminuer la valeur du côté juridique pénal de cet ouvrage, car il n'y a que les ordonnances sur les Juifs, les Maures et les hérétiques qui soient conformes au droit canonique. Pacheco qui généralement estime moins que les autres la septième Partida oppose de nombreuses objections basées en partie sur des méprises qui sont évidentes; il semble surtout trouver trop dures les prescriptions pénales. Cependant ces prescriptions étaient rendues nécessaires parce qu'il fallait lutter énergiquement contre la criminalité qui ne faisait que croître. Du Boys trouve que la langue manque de précision et de concision; c'est plus un manuel qu'une loi, dit-il. Pour moi cette dernière phrase ne saurait être un reproche, car les instructions reposent le plus souvent sur une disposition bien combinée, facilitant la vue d'ensemble qui fait comprendre de suite à l'esprit la ratio legis, et sans se servir jamais d'un langage qui dégénère en bavardages (comme dans le Fuero Juzgo et Real), mais au contraire d'un langage toujours scientifique. En présence de l'éducation préparatoire de la plupart des juges d'alors, il pourrait même y avoir là-dedans un avantage.

Malgré toutes les critiques, le jugement que Pacheco porte finalement a toujours sa valeur: „Si Alphonse et ses collaborateurs avaient créé une législation
pénale aussi bonne que leur législation civile, ils auraient été non-seulement
des grands hommes et des législateurs remarquables, mais nous aurions devant
nous une merveille mystérieuse, un phénomène indéchiffrable.“

§ 3. Le droit pénal commun espagnol.

I. A la mort d'Alphonse el Sabio en 1284, les Siete Partidas n'étaient
pas encore appliquées comme lois. Leur publication les aurait inévitablement
mises en antagonisme avec le Fuero Real qui était partout d'une application
générale. Si malgré cela l'Ordenamiento de Alcalá déclare qu'Alphonse X
aurait ordonné la mise en vigueur (mandó ordenar) des Partidas, ceci veut
dire simplement que le roi en fit distribuer des copies à quelques villes, et
qu'il remit ce code à ses juges pour leur servir de guide dans leurs jugements.
Cette valeur qui n'était tout d'abord que théorique ne fit plus tard que s'accroître, et sans que les rois qui suivirent aient tenté, d'une manière énergique,
d'arriver à une législation unique. Nous voici arrivés au commencement de
cette période de six siècles qui devait rester privée d'un code de lois: on voit
paraître des ordonnances (ordenamientos) d'une portée plus ou moins grande,
et de temps en temps on compile ces lois spéciales dont le nombre est infini
dans un travail de mosaïque renfermant les recueils des lois (recopilaciones).
Ainsi après l'époque nationale visigothe et l'époque scientifique romaine, il
arrive une époque de chaos, dans laquelle la législation varie suivant le cas,
édicte des lois entièrement sous l'impression du moment, et dans laquelle on
ne trouve aucune idée d'un principe unique.

II. Si on a cru devoir douter que les Partidas aient jamais eu quelque
valeur, c'est-à-dire aient jamais été des lois, nous allons en trouver la preuve
concluante dans la première des dites ordonnances, l'Ordenamiento de Alcalá
édicté en 1348 par les Cortès envoyées par 17 villes et qui fut plus tard confirmé un nombre infini de fois. Les sources de ce code d'Alphonse XI (el
Justiciero) sont les Cortès de Villa-Real, l'ordonnance de Nájera, en partie les
Partidas, et en plus les ordonnances de Valladolid 1325 et de Ségovie 1347.
Dans son ensemble ce code essaie, mais sans succès, de trouver un moyen
terme entre les Fueros et les Siete Partidas. Comme offrant de l'intérêt au
point de vue du droit pénal il faut citer les titres 20 (délits professionnels des
juges, des gardiens de prison, etc.), 21 (adultère et prostitution), 22 (meurtre),
23 (usure), 30 (capture et destruction de châteaux et maisons), 31 (devoirs du
vassal envers le roi), 32 (attroupement; ensuite traición et rieptos, ces deux
matières tirées mot à mot des Partidas). Le titre 22 porte contradictoirement
avec le droit coutumier de quelques localités, 1⁰ que l'asechanza (le meurtre
épié, exécuté avec des aides loués, il existe encore dans plusieurs codes sud-
romains) doit être puni de mort comme un cas aggravé, lors même qu'il n'y
a eu que des coups, 2⁰ que le meurtre au cours d'une rixe (pelea) doit être
puni de mort.

La grande importance de l'Ordenamiento réside dans le côté formel, dans
la loi dite ley de prelación (loi de préférence, 1. 1. tit. 28) qui a donné force
de loi aux Siete Partidas. 1⁰ C'est d'après elle que devront entrer en première
ligne en vigueur les dispositions (d'ailleurs peu nombreuses) de l'Ordenamiento;
lors qu'elles sont insuffisantes, on applique les Fueros à l'exception de ceux,
a) que le roi améliore ou change peut-être, b) de ceux qui sont contraires à
la loi divine, c) de ceux qui sont contraires à la raison. En troisième ligne
viennent les Siete Partidas auxquelles pour la première fois on donne en pleine

conscience et d'une manière positive force de loi; la longueur de ces dispositions indique combien le roi les avait à cœur. Elles doivent être appliquées partout où elles ne sont pas en contradiction avec l'Ordenamiento et les Fueros; c'est-à-dire, par conséquent que le droit romain, tel qu'il fut codifié en 1265, fut appliqué subsidiairement. 2° Lorsque les Fidalgos dans leurs relations avec leurs vassaux sont régis par un Fuero de albedrío (le Fuero Viejo) alors rien ne doit être changé. Dans les rieptos et les desafíos, il faut s'en tenir à la coutume telle qu'elle est établie obligatoirement dans le titre 32 de l'Ordenamiento. 3° Toutes explications nécessaires, éclaircissements, amendements, développements de la loi, toute solution de jugements contraires se rapportant à une même loi sont du ressort du roi.

III. Mais il est facile de comprendre que malgré tout cela la confusion ne tarda guère à régner, d'autant plus que dans le siècle qui suivit de nouvelles prescriptions furent introduites dans la législation. Il fut nécessaire de prendre des arrêtés défendant l'importation (du vin venant d'Aragon, de la Navarre, du Portugal) et des arrêtés défendant l'exportation (de chevaux, or, argent) accompagnés de sanctions pénales, et avant tout il fallut prendre des mesures énergiques contre la mendicité et le vagabondage qui prenait un développement considérable (et contre les ruffians qui comme les bravi italiens se mettaient à la solde de caballeros). Déjà en 1433 les Cortès de Madrid demandèrent au roi Jean II qu'on publiât un recueil des lois en vigueur, en retranchant celles qui étaient superflues, et en séparant les provisoires de celles qui devaient rester. Cette demande fut renouvelée en 1458 sous Henri IV. Mais ce ne fut que sous le gouvernement d'Isabelle, alors que par son mariage avec Ferdinand II d'Aragon toute l'Espagne était réunie sous un même sceptre, qu'on songeât à remédier à cet état de choses. Alfonso Diaz de Montalvo qui malheureusement était déjà dans un âge trop avancé (il était né en 1405), fut en 1480 chargé de rassembler toutes ces lois, et en 1483 il déposa un recueil de 1163 lois comprenant 115 titres et 8 livres qui reçut la sanction royale. Ce sont les ordonnances de Castille, connues aussi sous le nom d'Ordenamiento Real ou d'Ordenamiento de Montalvo, et qui furent imprimées pour la première fois en 1485 à Huete. Elles contiennent les dispositions principales du Fuero Real, l'Ordenamiento de Alcalá et les lois postérieures qui furent encore en vigueur, Ordonnances et Pragmatiques, et souvent des répétitions tirées des Siete Partidas. Le droit pénal est renfermé dans les 19 titres du 8e livre. Le dernier travail que fit Montalvo avant de mourir fut de publier la première édition imprimée des Siete Partidas (Seville 1491) pour lesquelles, de même que pour le Fuero Real, il écrivit un commentaire. Son travail fut pour les tribunaux jusqu'à l'année 1567 le principal livre qui fut consulté, bien qu'il partageât tous les défauts des Recopilaciones qui parurent plus tard.

IV. En 1502 les Cortès de Tolède réclamèrent un code destiné à expliquer certaines obscurités de l'Ordenamiento de Montalvo. La pénible révision confiée par Isabelle au docteur Palacios Rubios eut pour résultat les 83 lois de Toro (Leges Taurinae), publiées en 1505 aux Cortès assemblées à Toro. Ce code célèbre et très souvent commenté depuis Gomez jusqu'à Pacheco ne s'occupe presqu'exclusivement que du droit civil et il ne contient du droit pénal que dans les lois 80 à 83 relatives à l'adultère et au faux témoignage. Ce qu'il faut remarquer c'est la ley 1, dans laquelle la ley de prelación est répétée et développée de sorte que, en première ligne, à côté de l'Ordenamiento de Alcalá et de la loi actuelle, ce sont toutes les ordonnances et pragmatiques des souverains passés et à venir qui doivent être en vigueur.

V. Puis il se passe encore 60 années pendant lesquelles la législation ne subit aucun changement. Bien qu'Isabelle († 1504) ait insisté dans son testament sur la nécessité d'avoir un code succinct mais aussi complet que possible, bien que pendant une longue période (en 1532, 1448, 1552, 1560, 1563) les différentes villes aient adressé des pétitions à ce sujet, bien qu'à cette époque il y eût un désir général de posséder un grand code national abrogeant tous les autres, malgré cela Charles Ier qui avait dans le même temps édicté la Constitutio Criminalis en Allemagne, ne put cependant rien faire en faveur de ses Espagnols. Et lorsqu'à la fin Philippe II procéda à la rédaction d'un recueil, on ne fit que reprendre la méthode défectueuse de Montalvo, et on se servit tout simplement de son ouvrage et des travaux similaires de Juan Ramirez en 1503 et de Miguel de Eguia en 1528. Le résultat fut une grande désillusion; ce n'était point un habit neuf, mais on s'était contenté de coudre l'un à l'autre de vieux morceaux qui n'étaient que plus bariolés, moins intelligibles, et aussi inserviables. Telle était la Nueva Recopilación qui fut plusieurs fois rééditée dans les siècles suivants (une dernière fois en 1775). Le droit pénal est contenu dans le livre VIII où le titre 23 parle des meurtres sur lesquels il faut jeter un regard afin de pouvoir porter un jugement sur quelque chose. On retrouve là, comme chez Montalvo, les dispositions du Fuero Real (IV, 17) relatives aux homicides excusables et accidentels, aux meurtres avec traición ou aleve, et aux rixes. D'autres lois s'occupent du meurtre à la cour du roi (le fait d'avoir dégaîné est puni de la perte de la main), du meurtre au moyen d'un incendie, du meutre à coup de flèches, du meurtre précédé de vol, du meurtre au moyen d'armes à feu; c'est sans exception qu'on ordonne en faveur de la chambre royale la confiscation de la moitié (ou d'un tiers) de la fortune du coupable.

La critique la plus vive faite aux lois de la Nueva Recopilacion, qui non seulement se contrarient l'une l'autre, mais se contredisent elles-mêmes, a été faite par Marina (dans le Juicio Crítico): „On y a méconnu le mérite distinctif des Partidas. Au lieu de suivre ce qui en est si digne d'admiration, c'est-à-dire leur beau système et leur méthode délicate, les législateurs ont adopté le style des plus anciennes compilations qui avaient été formées successivement et par agrégation. Vouloir trouver un plan, un ordre, une méthode dans une pareille agglomération, dans un pareil chaos de lois anciennes et nouvelles, si différentes et sans connexité, ce serait la même chose que de chercher un système d'architecture sur les pauvres maisonnettes d'un village.“

VI. Ce ne fut que deux siècles et demi après, que la législation essaya à reprendre son essor. En 1798 Charles IV chargea D. Juan de la Reguera Valdelomar de la rédaction d'un code. L'habile critique de ce qui existait déjà, ne réussit pas à créer un ouvrage pour l'avenir. La Novísima Recopilación de 1805 qu'on attendait avec impatience ne fut qu'une Nueva augmentée et, si possible, encore plus mauvaise. L'ouvrage partagé d'une manière encore plus capricieuse en 12 livres, renferme le droit pénal et la procédure pénale dans les 42 titres du dernier livre. Les changements les plus importants du système pénal — application des galères et autres peines d'emprisonnement — appartiennent encore au temps de Philippe II. Marina qui avait attaqué aussi impitoyablement la Novísima Recopilación que la précedente fut pour ce fait traduit devant les tribunaux. (Son livre Juicio crítico parut en 1820.) Un supplément à la Novísima Recopilación parut encore en 1808.

VII. Ce droit pénal commun espagnol qui fut aussi introduit dans toutes les colonies espagnoles, qui resta en vigueur dans la mère-patrie jusqu'en 1848, dans lequel se révèle l'esprit du moyen-âge en opposition avec l'esprit du dix-neuvième siècle, ne peut être mieux caractérisé que par les paroles célèbres de Pacheco qu'ont répétées tous les écrivains qui se sont occupés du droit

pénal espagnol: „Toutes les absurdités, toutes les cruautés que contenait depuis
six siècles notre législation se retrouvent encore, avec leur crudité complète, en
plein dix-neuvième siècle. Seule la torture a été supprimée par les Cortès de
1812 et par le roi Ferdinand en 1817. Mais ce n'étaient que les Cortès qui
suspendirent la confiscation des biens.[1]) Le fouet (los azotes), la marque et la
mutilation subsistaient toujours; nous avons tous vu appliquer la première de
ces peines: Si les deux autres peines n'ont pas été exécutées (ce dont je ne
suis pas sûr) il n'en est pas d'autre cause que l'arbitraire illimité du juge, ce
dogme étrange des Codes pénaux actuels. Étaient condamnés à mort ceux
qui dans une partie quelconque du royaume avaient volé 5 brebis ou à
Madrid la valeur d'un peseta (= 1 franc); et pour ces délits la peine non
seulement existait dans la loi, mais on l'appliquait, il n'y a encore que quelques
années, avec une sévérité draconienne. La sodomie et l'hérésie étaient égale-
ments des crimes punis de mort et les bûchers de l'inquisition s'allumèrent
plus d'une fois pour des sorcières ou des sectaires judaïsants."

§ 4. Le dix-neuvième siècle.

I. Ce fut avec un désir plus puissant que jamais, et avec une force
d'expansion accrue par les événements de la Révolution Française et les luttes
si violentes qui eurent lieu à l'intérieur du pays, qu'on travailla dès le début
du dix-neuvième siècle à sortir du chaos qui existait à cette époque. Tandis
que, d'une époque antérieure (en 1752 sous Ferdinand VI), on ne connaît que
le projet de C. p. du Ministre Marquis de la Caseñada, on ne cessa plus alors
de travailler à une codification générale. Si Joseph Bonaparte (6 juin 1808
au 11 décembre 1813) avait régné plus longtemps en Espagne, il eut sûrement
réussi à réaliser son plan qui était d'implanter ici le code français. D'ailleurs,
et il ne pouvait en être autrement, c'est le C. p. Napoléon qui servit de base
à la rédaction du C. p. édicté par les Cortès pendant la première période
constitutionnelle. Proposé par l'ancien ministre de la justice, Calatrava, ce
code fut discuté en quelque mois, et le 9 juillet 1822 il entra en vigueur.
Sa durée ne fut que d'un an et trois mois, car la réaction de Ferdinand VII
élimina tous les décrets des Cortès à partir du 7 mars 1820 jusqu'au 1er octobre 1823.

II. Un Titulo preliminar (13 chap., §§ 1 à 187) expose la partie générale
dans laquelle se trouvent aussi le droit d'accusation, la procédure de contumace,
la grâce et l'indemnité accordée aux innocents (chap. 7, 8, 10, 12). Dans
beaucoup de points essentiels on voit déjà les traits principaux du droit pénal
espagnol actuel. Division des actes délictueux en delitos (avec malicia) et
culpas (sans malicia). Bien qu'on ait adopté la rédaction française, la tentative
et les actes préparatoires ne sont pas séparés; la prise et la déclaration d'une
résolution sont impunies, mais la „conjuration" ainsi que la „proposition" sont
quelquefois, dans la partie spéciale, placées sous le coup de la loi. La tentative
abandonnée est impunie. Relativement aux acteurs des crimes (autores), complices (complices), aides et fauteurs (auxiliadores y fautores), recéleurs (re-
ceptadores y encubridores) il y a des prescriptions très compliquées qui
dégénèrent toujours en une énumération casuistique sans qu'on rencontre une
définition résumant bien les caractères communs à tous ces cas; d'ailleurs cette
manie de ne jamais caractériser un délit, mais d'épuiser la portée de l'idée
qu'il évoque au moyen d'une énumération soi-disant complète, est surtout

---

[1]) En effet elle reparut après 1823 dans le droit pénal et continua à être appliquée cf. § 4. I.

particulière au code de 1822. Il n'y a pas de responsabilité dans les cas de force absolument majeure, chez les enfants au dessous de 7 ans, chez les adultes au dessous de 17 ans ayant agi sans discernement et pendant l'état de démence (l'ivresse ne supprime pas la responsabilité). La prescription n'existe que pour la poursuite, et elle est interrompue par un nouveau crime.

Le système pénal distingue 11 sortes de peines corporelles, 13 de peines non-corporelles, et 2 de peines pécuniaires. Pour calculer la peine (motifs d'aggravation et d'atténuation, §§ 106, 107), on emploie un calcul artificiel, en égalant les peines indivisibles à des divisibles d'une durée trop grande. Le résultat des prescriptions relatives aux trois degrés de chaque peine trouve son expression la plus succincte dans la formule suivante: si les deux limites du tableau des peines sont a et b $(a < b)$, alors le tableau des peines du premier degré (degré inférieur) est a jusqu'à $\frac{6a + b}{6}$, du degré du milieu $\frac{3a + 2b}{6}$ jusqu'à $\frac{3a + 4b}{6}$, du degré supérieur, $\frac{5}{6}$ b jusqu'à b. En intercalant des chiffres on voit que pour les différents tableaux de délits, les tableaux de graduation de la peine se touchent bientôt, empiètent bientôt l'un sur l'autre, puis s'éloignent bientôt l'un de l'autre. La chose est encore rendue plus compliquée par les tableaux dressés pour la tentative $(\frac{1}{4}$ à $\frac{1}{2})$, pour la complicité $(\frac{1}{4}$ à $\frac{1}{3})$, la provocation $(\frac{1}{2}$ à $\frac{2}{3})$, le recel $(\frac{1}{4}$ à $\frac{1}{2})$; et par les réductions qui viennent ici se croiser pour les mineurs ayant agi avec discernimiento $(\frac{1}{4}$ à $\frac{1}{2})$ et pour ce qu'on ne peut pas admettre absolument comme cas de force majeure $(\frac{1}{3}$ à $\frac{2}{3})$. Quant à la récidive et à la remise partielle de la peine non encore complètement expiée, par suite de bonne conduite, on trouve des prescriptions dignes de remarque (chap. 5, 9).

III. La même surabondance de distinctions sans que pour cela on arrive à une compréhension plus grande, domine dans toute la partie spéciale (Partie I: Crimes contre la société, 9 titres, §§ 188—604; Partie II: Crimes contre les individus, 3 titres, §§ 605—816). Un exemple particulièrement frappant de cet état de choses est la manière dont sont traités les crimes contre la Sûreté intérieure de l'État, où la rébellion et la sédition sont divisées chacune en trois classes, tandis que l'émeute, la révolte, les factions et tous autres actes de résistance à l'autorité sont séparés d'une manière incompréhensible et qu'il est par conséquent impossible d'observer dans la pratique. Ainsi donc cette énumération d'alternatives toujours nouvelles et la préoccupation d'arriver au moyen d'un terme quelconque plus abstrait à une interprétation plus large, de même que surtout les dispositions ayant pour but de calculer la peine prouvent que le législateur entrant absolument dans l'esprit de l'époque des Révolutions, avait pour but d'enlever tout arbitraire au juge de droit (juez de derecho). Des pareilles graduations et catégories de la peine (escalas graduales, escalamiento) caractérisent d'ailleurs encore le système actuel dans lequel le juge se trouve encore bien plus gêné pour peser la valeur des circonstances aggravantes et atténuantes. On ne peut s'empêcher de reprocher au code de 1822 son style trop administratif; d'ailleurs on voit d'une manière évidente qu'il a été rédigé très hâtivement. Si donc il était resté plus long-temps en vigueur on aurait bientôt vu, malgré la grande modération d'une partie de ses lois, qu'il ne pouvait être utilisé.

IV. Même la réaction qui avait, à nouveau, eu recours à cette misérable Novísima Recopilación, devait reconnaître, elle aussi, la nécessité d'un C. p. Ferdinand VII chargea en 1829 une commission de rédiger un projet qui ne fut présenté aux Cortès qu'après la mort du roi en 1834, et que Pacheco caractérise des expressions suivantes: „préparé par la monarchie absolue pour la monarchie absolue". Un second projet élaboré par une autre commission pendant les années 1839 et 1840 et qui se distingue par sa concision, n'a jamais été discuté dans les assemblées législatives. Enfin en 1843 le gouvernement provisoire de Barcelone sur l'initiative de Joaquín López institua une commission sous la présidence de ce dernier, qui renfermait les juristes les plus distingués de l'Espagne, tels que Cortina, García Goyena, Bravo Murillo, Castro y Orozco, Pacheco, Perez y Hernandez, Ortiz de Zúñiga. Il en résulta le C. p. de 1848, publié le 19 mars par la reine Isabelle II, entré en vigueur depuis le 1er juillet, et sur quelques points modifié par les ordonnances royales des 21 et 22 septembre. Le Code (494 art.) traite la partie générale (livre I) dans 6 titres (art. 1 à 127), la partie spéciale, après la division en délits (delitos) et contraventions (faltas) dans le livre II (titre I à VIII, crimes contre la chose publique, art. 1 à 322; titre IX à XV, crimes contre les individus, art. 323 à 467) et dans livre III (2 classes de contraventions, art. 468 à 479 et 480 à 494). Les sources auxquelles on a puisé sont, en dehors du code de 1822 et du droit pénal espagnol commun, principalement les Siete Partidas, le C. p. français (quoiqu'on y ait fait peu d'emprunts) et d'après le renseignement de Pacheco le C. p. du Brésil (1830) et de Naples (1819) qui servaient de règle pour la rédaction de beaucoup de prescriptions. Dans la loi concernant l'introduction de ce code, art. 2, le gouvernement s'était réservé le droit de proposer un amendement dans une période de 3 ans sur la base des expériences à faire, et déjà par une ordonnance du 30 juin 1850 on publia une révision sous le titre d'edición reformada (une deuxième édition officielle suivit en 1863). Le code embrassa désormais 506 articles: le livre I comme précédemment; le livre II, les titres I à VIII comme précédemment; les titres IX jusqu'à XV, les art. 323—480; le livre III, les art. 481 à 505 et la conclusion. C'est sous cette forme qu'il resta pendant 20 ans, et il provoqua une importante littérature, qui n'a point perdu de son intérêt pour l'époque actuelle, car le C. p. actuel n'est qu'un remaniement graduel, mais fait avec plus de soin, de celui de 1850. Surtout le commentaire le plus renommé, celui de Joaquín Francisco Pacheco, sert encore aujourd'hui de base fondamentale pour la pratique et pour l'étude du C. p.

V. La pensée d'un nouveau remaniement naquit à la suite des événements politiques de l'automne de 1868. Comme depuis le commencement du siècle, chaque changement de Constitution amenait des modifications dans le domaine de la loi et en particulier dans le droit pénal, on vit apparaître encore à ce moment un projet pour la réforme du C. p., remanié par le Ministre de la justice Montero Rios, et qui s'appuyait sur la Constitution démocratico-progressiste du 1er (6) juin 1869. Par une loi du 17 juin 1870 les Cortès constituants en ordonnèrent l'observation provisoire, et le código penal reformado ainsi créé fut publié le 30 août par le régent Serrano. Mais les travaux de délibération et de publication furent faits avec une telle précipitation que le code renfermait un grand nombre de fautes d'inattention, d'impression et de rédaction. Peu de temps avant l'arrivée du roi Amédée à Madrid le 2 janvier 1871, le ministère de la justice fut à nouveau invité par une ordonnance du Régent (du 1er janvier 1871) à faire paraître une nouvelle édition du Code qui devait contenir les corrections prévues dans la dite ordonnance. Malgré la promesse formelle le texte définitif n'a plus jamais été soumis à la discussion des Cortès. Un amendement du 17 juillet 1876 ne touchait que des points peu importants.[1]) Tel est aujourd'hui le C. p. espagnol. (Livre I: Partie

---

[1]) Dans l'art. 608, on a quelque peu modifié les contraventions relatives au passage sur la propriété d'autrui, et en outre on a retiré l'art. 606 no 1 (vol sans impor-

générale, art. 1 à 135; livre II: Crimes, art. 136 à 582; livre III: Contraventions, art. 583 à 626).

VI. On travaille énergiquement au perfectionnement du droit pénal espagnol, et pendant la première moitié de la dernière dizaine du siècle qui vient de s'écouler presque chaque ministre de la justice, ainsi que cela se passa en Italie, a déposé un nouveau projet. Le 17 juin 1880 Bugalall déposa le premier projet de cette sorte devant les Cortès, et il le renouvela le 31 janvier 1881; après vint Manuel Alonzo Martinez avec son projet du 11 avril 1882; et enfin ce fut le tour de Francisco Silvela le 29 décembre 1884 (Proyecto de Código penal, imprimé en 1885, Madrid, García). En 1886, Alonzo Martinez, de nouveau ministre de la justice, prit une autre voie; il présenta le 19 novembre devant le Sénat le projet d'une loi relative aux bases de la réforme du C. p. (Ley estableciendo bases para la reforma del Código penal, 10 art.) Au Sénat on divisa le projet en 15 articles, et c'est sous cette forme qu'il fut présenté au congrès le 28 février 1887.[1]) Le même projet fut repris dans les périodes de session de 1887/1888 et 1888/1889, mais depuis cette époque il semble avoir disparu complètement de l'ordre du jour. Mais si tôt ou tard la question de la réforme du C. p. en Espagne venait à prendre une tournure aiguë, il est certain qu'on en reviendra tout d'abord au projet Silvela. Ce projet suit pas à pas, et en se plaçant sur le même terrain, le code actuel, mais il est mieux disposé et rédigé d'une manière plus claire. Bien des choses, et particulièrement le système pénal et le calcul des peines sont modifiés, sans qu'on ait toutefois abandonné les principes. Les changements les plus importants se trouvent au chapitre de la complicité, et dans les règlements de la responsabilité des corporations (voir plus bas).

II. Le C. p. espagnol présentement en vigueur.

Littérature. L'édition la plus recommandable MEDINA et MARAÑÓN, Leyes penales de España (dans la Biblioteca manual de Derecho español), 2. ed. Madrid 1891. ABELLA, Los códigos españoles vigentes en la Península y Ultramar. Madrid 1890. MARTÍ, Cód. p. de 1870, reformado según las disposiciones legales promulgadas hasta el dia y ampliado con un apéndice. 9. ed. Valencia 1889. Les éditions publiées presque chaque année par la rédaction du journal EL CONSULTOR de los Ayuntamientos y de los Juzgados Municipales (Guide des Conseillers municipaux et tribunaux municipaux). 12. ed. Madrid 1890. Parmi les ouvrages anciens il y en a encore aujourd'hui dont on ne peut se passer et qu'on publie à nouveau: PACHECO, Estudios de Derecho penal. Lecciones pronunciadas en el Ateneo de Madrid en 1839 y 1840. Madrid, 1. ed. 1842, 5. ed. 1887, et PACHECO, El Código penal concordado y comentado. Madrid 3 volumes. 1. ed. 1848, 6. ed. 1888 (vol. III à V des Obras Jurídicas de Pacheco parues chez Tello). Il y faut ajouter l'appendice de GONZALEZ Y SERRANO qui rend cet ouvrage immédiatement utilisable pour le juge moderne: Apéndice à los comentarios del Código penal de Pacheco, ó sea El Nuevo Código, comentadas las adiciones que contiene. Madrid, Jubera. 1. ed. 1870, 4. ed. 1889. Parmi les ouvrages sur le C. p. de 1850, il faut nommer: CASTRO Y OROZCO et ORTIZ DE ZÚÑIGA, Código penal explicado para la común inteligencia y fácil aplicación de sus disposiciones. Granada 1848. VIZMANOS y ALVAREZ MARTÍNEZ, Comentarios al nuevo Código penal. 2. ed. Madrid 1848. 2 vol. VICENTE Y CARAVANTES, Código penal reformado, comentado novísimamente. Madrid 1851. AURIOLES MONTERO, Instituciones del Derecho penal español, escritas con arreglo al nuevo Código. Madrid 1849 (également dans la Biblioteca de Jurisprudencia y Legislación). SAAVEDRA et COLMENARES, Gran cuadro sinóptico del Derecho penal de España. Madrid 1848. CASTILLO-VALERO, Observaciones críticas sobre el Código penal de

---

tance, vol d'articles alimentaires, vol de bois) des contraventions pour le placer parmi les crimes après l'art. 531 nº 5. Dans l'art. 530 on a conservé à tort la citation de l'art. 606 nº 1 qui n'existe plus.

[1]) C'est sous cette forme que S. Mayer, Gerichtssaal Vol. 40, p. 472 l'a commenté.

España. Madrid 1860. Hernandez de la Rua, Código penal, con notas y observaciones. Madrid 1863. Rada y Delgado, Código penal con formularios y un diccionario del Código. Madrid 1867. — Relativement au C. p. de 1871 il faut nommer les ouvrages suivants: Exposition systématique principale Luis Silvela, El Derecho penal estudiado en principios y en la legislación vigente en España. 2 vol. Madrid 1874, 1879. Commentaire principal Viada y Vilaseca, Código penal etc., concordado y comentado para su mejor inteligencia y fácil aplicación, con una multitud de ejemplos y cuestiones prácticas extractadas de la jurisprudencia del Tribunal Supremo en materia de casación criminal. 4 vol. 1. ed. Barcelone, Grenade 1874, 1876. 4. ed. Madrid 1890. Puis Ramón Ramiro Rueda, Elementos de Derecho penal con arreglo al programa de esta asignatura en la Universidad de Santiago. 2. ed. Santiago 1889. (Livre d'enseignement dédié à ses auditeurs). Groizard y Gomez de la Serna, El Código penal de 1870 concordado y comentado. 3 vol. Burgos 1870—1883. Azcutía, La ley penal. Estudios prácticos sobre la interpretación, inteligencia y aplicación del Código de 1870, en su relación con los de 1848 y 1850, con nuestras antiguas leyes patrias y con las principales leyes extranjeras. Madrid 1876. Varela, Derecho penal español. Madrid 1878. Crespo, Exposición del Derecho penal español según los principios de la filosofía y los proyectos presentados à las Cortes para su reforma. Madrid 1886. Laget-Valdeson, Théorie du Código penal español comparée avec la législation française. 2. ed. Paris 1881. — Recueil de Jugements dans la Jurisprudencia criminal, Colección completa de las sentencias dictadas por el Tribunal Supremo en los recursos de casación y competencias en materia criminal, desde la instalación de sus Salas segunda y tercera en 1870. Publiée par Pantoja dans la Biblioteca jurídica de la Revista general. Vol. 1 à 37, Madrid 1871 à 1888 sq. Martínez Alcubilla, Diccionario de la jurisprudencia penal de España. Appendice au Diccionario de la Administración española qui est publié tous les deux ans. — Parmi divers revues il faut citer la Revista General de Legislación y Jurisprudencia, fondée par José Reus y García, et qui est maintenant publiée par Manresa y Navarro. Vol. 1 à 81. Madrid 1853—1892. Boletin de la Revista general. Periódico oficial del ilustre Colegio de Abogados de Madrid. Vol. 74 sq. Madrid 1885 sq. Revista de Antropología Criminal, fondée par Taladriz. Vol. I, Madrid 1888. — La littérature de monographies, en dehors de celles qui se rapportent aux systèmes pénitentiaires et à la peine capitale est très pauvre; il faut citer les suivantes relatives aux contraventions (Livre III du C. p.), sur le duel, le suicide et les crimes contre l'État: Mirete, Tratado general sobre faltas. Alicante 1848. Montaut y Trigueros, Delitos y faltas, ó sea estudio sistemático del libro III del Código penal, con la jurisprudencia del Tribunal Supremo en materia de faltas. Madrid 1879. Pastor, Los desafíos, su origen etc. Madrid 1840. Alvarez Martínez, Ensayo histórico-filosófico-legal sobre el duelo. Madrid 1847. Alvarez Arenas, Cuestiones filosófico-político-legales sobre los delitos del suicidio y del duelo. Madrid 1859. Sierra Valenzuela, Duelos, rieptos y desafios. Madrid 1878. Prax, El suicidio, consideraciones filosóficas. Madrid 1875. Rivera Delgado, El criterio legal de los delitos políticos. Madrid 1873.

§ 5. Partie générale, particulièrement le crime.

I. L'art. 1 du C. p. divise les actes punissables en crimes et contraventions (delitos et faltas) et c'est à cette division en deux parties que correspond entièrement la partie spéciale où les crimes sont traités dans Livre II et les contraventions dans Livre III. Malgré cela, C. p. art. 6 présente une division en trois parties d'après les peines, qui est empruntée à la définition dépourvue de tout caractère scientifique du droit français. Les crimes sont divisés en graves et moins graves. Cette subdivision n'est appliquée que dans l'art. 8 n⁰ 1, section 2, 3: l'aliéné qui a commis un delito grave doit être mis en sûreté dans un établissement d'aliénés; dans l'art. 74 où une classe particulière de recéleurs dans le cas d'un delito grave est punie de l'inhabilitation perpétuelle, ou dans les autres cas, d'une inhabilitation spéciale à temps; et dans l'art. 581 où elle sert à graduer la peine dans les divers cas d'imprudence. D'ailleurs cette soi-disant division tripartite n'a aucune valeur, même au point de vue de la procédure; et c'est avec raison que Pacheco dit qu'elle est inutile: il est facile de voir qu'il y a des graduations à établir dans la gravité des actes punissables, mais alors on pourrait aussi bien faire des milliers de catégories. En réalité c'est avec autant de raison qu'on pourrait aussi partager les contraventions en deux classes; car en matière de contraventions contre la personne et la propriété, la contravention manquée (falta frustrada) est punissable, pour les autres contraventions non (art. 5). Comme si le code lui-même avait conscience de son jeu de cache-cache, il dit dans l'art. 6 avec des expressions qui ont été remarquées par les divers commentateurs: Les contraventions sont tels et tels actes, par contre il faut considérer comme crimes graves (moins graves) tels et tels actes, et qui présentent, pour ainsi dire, un degré inférieur en réalité. Il faut aussi observer la graduation argutieuse dans laquelle les crimes graves sont punis de peines afflictives, les crimes moins graves sont réprimés par des peines correctionnelles, tandis que pour les contraventions le code indique des peines légères. Suivant Pacheco il y a là une indication du but de l'expiation, de la correction, de l'avertissement. Le projet Silvela adopte le même point de vue équivoque que le code.

II. La définition des actes punissables ne comprend que des faits et des omissions volontaires. Cette conception se rapporte à l'intention ou suivant l'expression favorite des auteurs (car le projet Silvela l'emploie aussi) à la malice (malicia). La langue du code emploie assez souvent ces désignations synonymes; voici comment juge le Tribunal Suprême.[1]) Dans le cas où l'intention n'est pas entièrement prouvée, mais où le contraire n'est pas établi non plus, l'art. 1 § 2 du C. p. contient une présomption pour l'existence de cette intention. Il est incontestable que cette présomption peut être affaiblie par une preuve du contraire. Si le mal proposé et le mal exécuté ne sont pas identiques, alors il faut d'un côté considérer C. p. art. 1 § 3: „Celui qui volontairement commettrait un crime ou une contravention, encourra une responsabilité de droit criminel, quand même le mal exécuté serait différent de celui qu'il s'était proposé d'exécuter", et à cela il faut ajouter les prescriptions pour l'application de la peine de l'art. 65: si le délit exécuté est passible de la peine plus forte, alors on applique au plus haut degré la peine correspondant au mal proposé; si le délit proposé est le plus gravement punissable, on applique au plus haut degré la peine correspondant au mal exécuté à moins qu'il n'y ait alors dans les actes exécutés la tentative ou la non-réussite du délit proposé pour lesquelles la loi indique une peine plus sévère, alors on appliquera le plus haut degré de la peine contre la tentative (peine contre le délit manqué); — et d'un autre côté il faut considérer l'art. 9 n° 3 du code: „il y a circonstance atténuante si le coupable n'avait pas l'intention de commettre un mal aussi grave que celui qu'il a produit." Dans le code de 1850, l'art. 1 § 3 (correspondant aux prescriptions qui existent souvent dans les codes romains pour les délits d'homicide) ne se rapportait qu'au cas où l'acte criminel frappait une personne différente de celle qu'on se proposait de frapper; l'art. 9 n° 3 disait que le coupable n'avait pas eu l'intention de causer „tout le mal"; les prescriptions de l'art. 65 actuel n'existaient pas encore. Par suite de la rédaction actuelle, le dilemne qui s'était déjà présenté autrefois s'est fait voir d'une manière évidente; il faut trouver la solution contre Pacheco et Groizard avec Rueda dans ce fait que dans l'art. 9 n° 3 le mal réalisé, dépasse les limites du mal voulu, mais sans modifier le caractère de l'acte coupable (il reste le même art. à appliquer); tandis que dans l'autre cas, d'après l'apparence extérieure, il s'est produit un crime entièrement diffé-

---

[1]) Le Tribunal Suprême est compétent, d'après la Loi organique du Pouvoir judiciaire, art. 279 sq., pour les révisions et les recours en nullité, et pour ces derniers, en tant qu'il y a eu des infractions de loi en matière criminelle, c'est le second Sénat (Sala segunda) qui est compétent.

11

rent et indépendant.[1]) Précisément ce motif de différence ne se dégage pas
clairement dans la rédaction actuelle de l'art. 9, tandis que dans l'art. 1 il faut
bien accueillir (contre Serrano) la dernière rédaction qui n'est plus restreinte
à l'error in persona, et à l'aberratio ictus qui n'en avait pas été séparée.

D'après la définition les faits non volontaires, accomplis sans malice, ne
peuvent pas être compris parmi les crimes et contraventions. Donc, il n'y a
pas pour l'imprudence de prescriptions générales; si les actes de négligence sont punissables, il faudrait les désigner sous le nom de quasi-délits,
comme le font quelques-uns des codes sud-romains (Chile 490). D'accord
avec cette doctrine, le C. p. espagnol met à la fin du livre II le titre de „imprudence téméraire" (art. 581, cpz. dans la partie générale l'art. 8 n⁰ 8 et
l'art. 85).[2]) On distingue l'imprudence „téméraire" de la „simple" imprudence
ou négligence. Dans le premier cas l'action qui, s'il y avait malice, constituerait un delito grave, est punie d'arrêts forcés d'une durée de 4 à 6 mois,
et d'un emprisonnement correctionnel allant de 6 mois à 4 ans 2 mois; si le
fait présentait un delito menos grave, alors la peine serait de 1 à 4 mois
d'arrêts forcés; toutefois on ne peut pas appliquer une peine plus sévère que
lorsqu'il y a intention. Dans le deuxième cas l'action sera punie, s'il y a eu
en même temps une inobservation des règlements, d'arrêts forcés de 2 à 6 mois,
et dans tous les autres cas (étant considérée comme falta dans livre III) d'une
amende et d'une réprimande (art. 606, n⁰ 3). Comparez encore le code des
chemins de fer du 23 novembre 1877, art. 21, 22; C. p. art. 20.[3]) 366.[4]) Le
projet Silvela place l'imprudence dans la partie générale, sans renoncer à considérer les actes de négligence comme des quasi-délits.

III. C. p. art. 3 distingue d'après le précédent du Code de Naples entre
la consommation (delito consumado), le crime manqué (delito frustrado) et la
tentative (tentativa) du crime; il y a en plus dans l'art. 4 la conspiration
(conspiración) et la proposition (proposición), voir le C. p. de 1822. On a
beaucoup travaillé pour donner une définition du crime manqué et de la tentative; pour le premier, on dit qu'il existe: „lorsque le coupable a pratiqué
tous les actes d'exécution qui auraient dû produire (deberian producir)
comme résultat le crime, mais ne l'ont pas produit pour des motifs indépendants de la volonté de l'agent." On dit qu'il y a tentative lorsque „le
coupable commence à exécuter directement par des actes extérieurs l'accomplissement du crime et lorsque par suite d'un motif ou d'un accident
qui n'est pas son désistement personnel et volontaire, il ne pratique pas tous
les actes d'exécution qui devraient (deberian) produire le crime". Dans la
pratique on fait rentrer dans l'art. 3 aussi bien le crime manqué que le
crime tenté avec des moyens inefficaces; c'est une chose contre laquelle
s'élève le projet Silvela, car il admet déjà dans la définition l'efficacité.
Pour le crime manqué (art. 20) il demande que „les actes d'après leur nature
aient pu suffire à produire le résultat"; pour la tentative (art. 21, n⁰ 1) les

---

[1]) Le projet Silvela évite la solution: il laisse au juge le choix entre l'art. 9
n⁰ 3 (Projet art. 33 n⁰ 3) et l'art. 1, 65 (Projet art. 14. 89).

[2]) Art. 8 n⁰ 8: „Reste impuni celui qui en occasion d'exécuter un acte permis
avec les précautions requises, vient par l'effet du pur hasard à causer un mal, sans
imprudence ni intention de le causer." Si toutes les conditions voulues par cet article
ne se trouvent pas réunies, alors l'art. 85 renvoie à l'art. 581.

[3]) Les cabaretiers, etc. dans l'établissement desquels un crime est commis sont
civilement responsables si eux ou leurs employés ont commis une contravention contre
les règlements de police.

[4]) Le juge qui soit par négligence ou par ignorance inexcusable aura rendu
un jugement injuste sera puni de l'inhabilitation spéciale de 10 à 12 ans ou perpétuelle.

actes extérieurs doivent avoir été „nécessaires pour la production du résultat". Mais à côté de cela il expose ce crime manqué dans lequel les actes considérés comme nécessaires par le coupable étaient au contraire sans effets d'après leur nature, comme une deuxième sorte de la tentative (sic! art. 21 n° 2, naturellement seulement en ce qui concerne les suites de la peine), tandis que la tentative (tentativa) entièrement vaine n'est frappée d'aucune peine. A cette conception sciemment illogique on pourrait encore préférer celle du C. p. Les art. 66, 67 du C. p. ordonnent que la peine pour le crime manqué soit inférieure d'un degré, et pour la tentative de deux degrés à celle édictée pour l'exécution du crime. Il y a des dérogations à cela dans la partie particulière (art. 137: trahison envers le pays à la guerre — même pénalité que pour l'exécution; art. 158, 163: meurtre du Roi et de l'héritier au trône — même pénalité ou pénalité plus faible; art. 519 assassinat suivi de vol — catégorie particulière de peine, plus élevée que celle des art. 66, 67; art. 622 assassinat — possibilité d'une punition encore plus faible que d'après les dispositions des art. 66, 67). La conspiration et la proposition rentrent seulement en vertu de réglements précis sous une peine indiquée dans ces réglements (art. 139 trahison envers le pays; art. 158, 163 meurtre du Roi et de l'héritier au trône; art. 249, 254: rébellion et sédition). Il en est de même de Silvela, seulement il détermine la peine d'une manière générale (art. 39 du Proj.).

Ceux qui ont pris part à un acte criminel se divisent — d'après une simplification de la subdivision existant dans le C. p. de 1822, et en supplément à la vieille constitution[1]) générale espagnole — en auteurs (autores), complices (cómplices) et fauteurs (encubridores). Dans le cas de contraventions la participation des fauteurs reste impuni. L'auteur (art. 13) est 1° celui qui prend une part directe à l'exécution; 2° celui qui force ou provoque directement d'autres personnes à l'exécuter; 3° celui qui lors de l'exécution y coopère par un acte sans lequel le crime ne se serait pas réalisé (exemple dans la pratique: désarmement d'une personne qu'on se propose de tuer). Le complice (art. 15) est celui qui autrement en se livrant à des actes commis avant ou après le crime prend part à son exécution. (Dans la pratique on demande un dolus particulier du complice.) Est réputé fauteur celui qui ayant connaissance de l'accomplissement du crime, mais sans y avoir pris une part directe, postérieurement à l'exécution favorise le coupable d'une des manières suivantes: 1° en tirant profit des avantages du crime, ou en prêtant son concours aux criminels de manière que ceux-ci en tirent profit; 2° en cachant ou en anéantissant l'objet, les produits ou le moyen du crime, pour empêcher la découverte; 3° en hébergeant ou cachant le coupable ou en favorisant sa fuite dans le cas où a) le receleur se rend alors coupable d'un abus de ses fonctions publiques, ou b) que le coupable ait commis un crime de trahison, de régicide ou de parricide, ou soit par ailleurs un criminel habituel reconnu; 4° en refusant, comme chef de famille, aux autorités judiciaires l'entrée pendant la nuit de son domicile pour y arrêter le coupable qui s'y trouve. — A l'exception du cas 1, il n'y a point de peine (art. 17) contre le fauteur de ses parents. Pour les fauteurs dans les conditions de 3 a, l'art. 74 édicte une peine déterminée (voir ci-dessus p. 160); d'ailleurs les complices sont atteints d'une peine qui est de 1 degré, les fauteurs d'une peine qui est de 2 degrés inférieure à celle qui frappe l'auteur du crime consommé, manqué ou tenté de sorte qu'il y ait 5 degrés de pénalité (art. 68 à 73). Les complices d'une contravention sont frappés du degré le plus bas de la peine édictée pour l'auteur. — Le projet

---

[1]) Qu'on pourrait faire remonter „à la Règle des anciens Sages" dans Partida VII, 34, 19 où les coupables, conseillers et receleurs sont frappés de la même peine.

Silvela place la participation des fauteurs dans la partie spéciale et il est en outre (Proj. art. 26 n° 3 et art. 90) rédigé de telle sorte, que même la tentative d'instigation est punissable et que le repentir effectif de l'instigateur annule sa culpabilité. En outre le projet art. 25 renferme des règlements sur la punition des corporations.

IV. Les motifs qui excluent la responsabilité sont indiqués dans l'art. 8 et portent les numéros suivants: Tout d'abord on s'occupe du point de vue des défectuosités intellectuelles. 1° L'idiot et l'aliéné; excepté le lucidum intervallum. Dans le cas d'un delito grave il faut enfermer le coupable dans une maison de Santé dont il ne pourra sortir qu'avec l'autorisation préalable du même tribunal; dans le cas d'un delito menos grave le tribunal peut rendre l'aliéné à sa famille si celle-ci présente les garanties suffisantes de bonne surveillance. Ni la surdi-mudité ni le somnambulisme ne sont mentionnés ici; les écrivains considèrent dans ce dernier cas la définition du crime d'après l'art. 1 comme inapplicable, parce qu'on ne se trouve pas en présence d'un acte volontaire. Bien que l'ivresse ne soit qu'une circonstance atténuante (voir ci-dessus), l'ébriété portée à son dernier degré d'inconscience a été pareillement placée ici par les commentateurs; ou, on se reporte à l'art. 1.[1]) (Le traitement des prisonniers aliénés est régi par l'art. 101 C. p. et par l'ordonnance royale du 13 janvier 1864). 2° Âge au-dessous de 9 ans. 3° Âge entre 9 et 15 ans lorsqu'il n'y a pas eu discernement. Le jeune homme sera alors remis à sa famille qui sera tenue de le surveiller et de l'élever, ou bien (dans le cas où il n'y aurait dans la famille personne capable de ce soin) il sera mis dans un orphelinat ou hospice d'enfants trouvés. S'il y a eu discernement, alors suivant l'art. 68 on appliquera une peine inférieure d'au moins un à deux degrés. Une fois qu'on a dépassé cet âge on devient punissable sans restriction; cependant jusqu'à l'âge de 18 ans, le coupable sera moins sévèrement puni, et c'est toujours la peine qui vient immédiatement en dessous qui sera appliquée (art. 9, n° 2, 86 § 2). Ce n'est plus l'imputabilité, mais bien l'illégalité[2]) qu'excluent les circonstances suivantes qu'il faut interpréter en se plaçant aux points de vue de la défense légitime ou du cas de force majeure. 4° Défense de la personne elle-même et de ses droits lorsqu'on se trouve en présence a) d'une attaque illégitime, b) de la légitimité du moyen employé pour empêcher cette attaque de se produire ou pour s'en préserver, c) lorsqu'il n'y a pas eu provocation suffisante de la part de celui qui se défend. 5° Défense de la personne ou des droits des parents,[3]) lorsqu'on se trouve en présence de 4 a) et b), et c) que celui qui a commis l'action n'a pris aucune part à la provocation. 6° Défense de la personne ou des droits d'un étranger, lorsqu'on se trouve en présence de 4 a) et b), et c) que la personne qui se défend n'agit pas par vengeance, haine ou par d'autres motifs illégitimes. 7° Le fait de causer un dommage à la propriété d'autrui pour éviter un danger menaçant, a) s'il y a réalité c'est-à-dire compréhension immédiate (Pacheco) du mal à éviter; b) si le mal à éviter est plus grand que celui occasionné en évitant ce mal; c) lorsqu'il n'y a aucun autre moyen

---

[1]) Le projet Silvela art. 31 n° 3 intercale ici l'état d'esprit dans lequel le coupable est entièrement privé de la conscience de ses actes comme établissant pareillement l'irresponsabilité. Dans le cas d'ivresse non intentionnée Silvela revient, ce qui est très intéressant, au point de vue des Siete Partidas en laissant à la sagacité du juge le soin de punir comme imprudence les actes commis.

[2]) On explique cette signification diverse dans le projet Silvela en renvoyant à divers art. (art. 31: falta de imputabilidad; art. 32: justificación).

[3]) Les époux,- ascendants légitimes, illégitimes et adoptifs, les descendants et frères et sœurs, beaux-frères et belles-sœurs, et autres alliés jusqu'au quatrième degré.

pratique ou moins préjudiciable pour empêcher ce même mal. 8⁰ Hasard, étudié ci-dessus (p. 162); pour le législateur il semble avoir de l'analogie avec le cas de force majeure. 9⁰ Force majeure. 10⁰ Crainte insurmontable d'un mal pareil ou d'un mal plus grand. Enfin sont à l'abri de toute pénalité à raison de devoir légal: 11⁰ L'accomplissement d'un devoir ou l'exercice légal d'un droit, service ou emploi. 12⁰ Obéissance envers les supérieurs. 13⁰ Omission parce qu'on est empêché par un motif provenant de la loi ou par un motif insurmontable. — En général le projet Silvela ne présente point de différence sur tous ces points; il y a seulement le point 8 qui est placé à côté de l'intention et de l'imprudence (Proj. art. 18) et les points 9 et 10 sont considérés comme des motifs supprimant l'imputabilité (Proj. art. 31, n⁰ 6, 7). On considère comme analogue la transgression du droit de légitime défense, qu'elle ait eu lieu dans un moment de crainte ou un moment de stupéfaction (Proj. art. 32, n⁰ 1 § 2).

V. Dans les Chap. III et IV, art. 9 et 10, le code énumère les circonstances atténuantes et aggravantes, en épuisant ces dernières et en admettant pour les premières l'analogie (l'art. 9, n⁰ 8 est dans la pratique interprété très strictement par le Tribunal Suprême; dans le C. p. de 1850 les circonstances aggravantes étaient également susceptibles d'une extension par analogie). Les circonstances atténuantes sont: 1⁰ Les circonstances de l'art. 8, lorsque quelques-unes des conditions nécessaires pour l'exclusion de la responsabilité ne se trouvent pas dans le cas dont il s'agit. L'interprétation est très contestable; on sépare suivant Pacheco les circonstances de l'art. 8 en 3 groupes: a) celles qui dérivent d'un seul fait, pouvant être strictement prouvé, qui existe ou n'existe pas, et où il n'y en a pas un troisième — purement et simplement n⁰ 2; b) celles qui d'après leur expression sont à la vérité simples, mais ne dérivent pas d'un fait matériel, saisissable, mais d'un fait moral (idéal) que l'intelligence doit apprécier en se plaçant à divers points de vue, parce qu'il présente plusieurs principes, et qu'il est composé de divers éléments et par conséquent compliqué — n⁰s 1, 3, 9, 10, 11, 12, 13; c) celles dont le code énumère séparément les hypothèses particulières — n⁰ 4 à 8. Il est clair que l'art. 9 n⁰ 1 est exclu du groupe a, mais qu'il est admis dans le groupe c; l'objet du débat est le groupe b. Les commentateurs prétendent toujours et partout que ces circonstances qui excluent la pénalité pourraient toutes suivant leur expression „dégénérer en circonstances atténuantes" — mais la pratique leur donne un démenti formel sur ce point. Rueda se place dans une situation intermédiaire, il considère cette „dégénération" comme possible pour les n⁰s 10, 11, 12 et n⁰ 13, en tant que cette situation s'occupe d'un empêchement par suite d'un motif provenant de la loi; il la considère comme exclue dans les autres cas. C'est au même point de vue que se place le projet Silvela, art. 33 n⁰ 1 qui résout la question législativement.[1] Donc, ces intermédiaires nient l'imputabilité diminuée (pour les cas dans lesquels on ne peut pas parler d'aliénation) comme cela est déjà arrivé précédemment dans le commentaire d'Alvarez Martinez. 2⁰ Âge au-dessous de 18 ans et 3⁰ Mal plus grave que celui projeté — nous en avons déjà parlé (p. 161). 4⁰ Provocation ou menace absolument conforme. 5⁰ Vengeance se produisant aussitôt après une offense grave commise envers le coupable ou ses parents. 6⁰ Ivresse, à moins que celle-ci ne soit habituelle (habitual) ou qu'elle ne soit postérieure à la résolution criminelle (actiones liberae in causa). L'ivresse habituelle ne produit ainsi d'effet ni atténuant ni excluant la peine — voir donc ci-dessus p. 164 à l'art. 8 n⁰ 1; C. p. de 1848 est muet sur la manière de comprendre cela, et le C. p. de 1871 laisse

[1] Il y a seulement le n⁰ 13 = Projet art. 32 n⁰ 5, qui n'est pas dépécé.

au juge le soin de décider ce qu'il faut faire, tandis que le C. p. de 1850 donnait une des définitions les plus malheureuses qu'on puisse imaginer.[1]) 7⁰ Affection.

Les circonstances aggravantes sont entr'autres: 2⁰ alevosía (voir ci-dessus p. 151 sq.), 3⁰ le fait d'être soudoyé, 4⁰ l'emploi du poison ou de moyens générale- ment dangereux (cpz. 13), 6⁰ augmentation préméditée et inutile du résultat domageable. De plus 7⁰ Préméditation consciente (premeditación conocida) qu'il faut, suivant la jurisprudence du Tribunal Suprême, ne pas considérer comme inhérente à l'alevosía, 9⁰ abus de la supériorité, 10⁰ abus de confiance, 18⁰ récidive (reincidencia) c'est-à-dire condamnation judiciaire précédente pour un crime contenu sous le même titre du C. p. Si dans le même jugement précédent il y a eu condamnation pour deux crimes distincts de la même sorte, il s'agit alors d'après le Tribunal Suprême d'une double récidive (voir p. 182 à l'art. 533 n⁰ 3). 21⁰ Escalade, c'est-à-dire pénétrer par une route qui n'est pas destinée à cela. 23⁰ Etat de vagabondage (ser vago el cul- pable). Parmi les circonstances aggravantes il y a deux petits groupes à faire ressortir: a) ceux que le tribunal, d'après la nature du fait et celle du coupable, peut regarder comme aggravants, mais ne doit pas regarder comme tels — 15⁰: accomplissement d'un crime pendant la nuit ou en plein champ (en despoblado)[2]), ou en plein champ et en groupe (en cua- drilla — désigné à l'occasion en cas de brigandage comme coopération de plus de trois malfaiteurs armés), ces circonstances doivent d'après la pratique avoir été expressément cherchées par l'auteur du crime; 17⁰: ex- piation précédente d'une peine à l'occasion d'un crime puni autant ou plus sévèrement, ou de deux ou d'un plus grand nombre de crimes punis plus légèrement (de ce qu'on appelle reiteracion; la reincidencia est désignée sous le nom de reiteración específica). b) Des circonstances que le tribunal d'après la nature de l'acte peut aussi regarder comme circonstances atténuantes, et que le projet Silvela embrasse dans leur ensemble sous le nom de circun- stancias mixtas — n⁰ 1: circonstance d'après laquelle la personne lésée est parent du coupable; n⁰ 5: emploi de la presse, de la lithographie, de la photographie et autres moyens analogues. — Il y a encore 2 art. à retirer de la doctrine qui enseigne l'application des peines, que le projet Silvela insère avec raison, à savoir l'art. 79: les circonstances qui constituent la notion d'un crime ou qui lui sont inhérentes ne peuvent jamais avoir un effet aggravant: et l'art. 80: les circonstances modifiant la peine qui reposent sur un motif personnel ne peuvent être imputées qu'à ceux des auteurs, complices et recéleurs chez lesquels elles existent; celles qui reposent sur le mode d'exécution seront imputées à tous ceux qui en ont eu conscience. Comme l'art. 80 ne se réfère pas au cas des circonstances qui constituent une nouvelle notion du crime, alors ce cas est sujet à controverse et l'extraneus participant d'un parricide est puni dans des décisions contradictoires comme fauteur d'après l'art. 417 (parricidio), comme coauteur d'après l'art. 419 (homicidio).

VI. En plus d'un certain nombre de décisions déjà citées sur des cas du concours de la loi, les art. 88 à 90 s'occupent de l'unité et de la pluralité

---

[1]) „On dit qu'un fait est habituel s'il se passe trois ou un plus grand nombre de fois avec au moins 24 heures d'intervalle entre l'un et l'autre acte." Pacheco déduit avec beaucoup de raison de cette définition qu'un ivrogne habituel est celui qui s'est grisé trois fois dans sa vie, et non pas celui qui s'enivre deux fois chaque jour.
[2]) Le premier C. p. de 1870 n'avait que ces premiers mots, mais l'ordonnance de 1871 ajouta ceux qui sont à la suite. On contestait beaucoup la question de savoir si les mots „ou en plein champ" devaient exister deux fois; précédemment il y a eu quatre décisions contre, et maintenant il y en a quatre pour cette opinion.

du crime. Pour plusieurs crimes ou contraventions on applique toutes les peines, les plus sévères d'abord; la durée de la peine ne peut toutefois pas dépasser le triple de la plus haute peine infligée, et dans tous les cas une durée de 40 années. Si un seul fait présente deux ou plusieurs crimes, ou si un des crimes est un moyen indispensable à l'exécution d'un autre, alors on n'applique que la peine à son plus haut degré se rapportant au crime le plus sévèrement puni. (Voir C. p. art. 188, 273, 279, 423, 503 et Ord. royale du 22 avril 1889: 501 § 3, 516 n⁰ 1 à 4 (brigandage); 519, 530 § 3, 579 § 2, 3, 585 et 276 et Ord. royale du 22 septembre 1848 art. 5, voir p. 176; Ley de Enjuiciamento criminal du 14 septembre 1882 = C. d'instr. crim. art. 733, 912 n⁰ 3, autrement loi du 30 juin 1887 art. 10 § 4.

VII. Le C. p. espagnol renferme des décisions détaillées sur la responsabilité civile pour crimes et contraventions laquelle dépasse de beaucoup la responsabilité pénale et embrasse par exemple aussi les nᵒˢ 1, 2, 3, 7, 10 de l'art. 8 (qui excluent la peine). Les art. 18 à 21 indiquent les personnes responsables, les art. 121 à 128 l'étendue de la responsabilité (comparez art. 24 § 2, art. 135).

VIII. L'infraction à la condamnation (el Quebramiento de la condena) c'est-à-dire le fait de se dérober à l'accomplissement de la peine, et le fait de commettre de nouveaux crimes avant l'expiration du temps fixé par la condamnation, forment depuis des siècles un chapitre particulier dans le droit pénal espagnol. Dans le premier cas les peines qui enlèvent la liberté sont élevées, celles qui limitent la liberté sont converties en peines la supprimant complètement, et aux peines qui enlèvent les droits on ajoute une amende. Dans le dernier cas, qui se rapproche du cas de concours réel, le nouveau crime est puni d'une manière particulièrement sévère. (Tit. V, art. 129 à 131.)

IX. Le droit de punir public s'éteint par la mort, l'expiation, l'amnistie, la grâce du coupable, le pardon de la personne lésée si la poursuite dépend de la plainte du lésé, et la prescription qui se divise en prescription pour les crimes et prescription pour la peine. Cette dernière, entr'autres cas sera interrompue à la suite d'un séjour dans un pays avec lequel il n'y a pas de traités d'extradition, et à la suite d'un nouveau crime (Tit. VI, art. 132 à 135).

X. Pour la rétroactivité des prescriptions du code, voir les art. 22, 23, 2. Le code ne trouve son application que pour les actes commis après sa mise en vigueur; la loi plus douce a effet rétroactif, même pour celui qui est déjà en train d'expier sa peine. Si un acte digne de punition n'est pas compris dans le code, ou si la peine est sévère d'une manière exagérée, alors le Tribunal est obligé de faire un rapport motivé au Gouvernement. L'analogie est par conséquent exclue; elle est admise ou nécessaire exceptionnellement pour quelques cas, comparez art. 9 n⁰ 3, 10, n⁰ 5, 76, n⁰ 5, 98. — Pour l'application territoriale du code, la loi organique du Pouvoir judiciaire du 15 septembre 1870 indique les art. 333 à 346. — Pour les personnes exemptes de la loi pénale, voir la Constitución du 30 juin 1876 art. 48 (Roi), art. 46, 47 (sénateurs et députés); loi organique du pouvoir judiciaire art. 334 (chefs d'États étrangers, leurs représentants, etc.). Voir en outre art. 7, 626.

§ 6. **Le système des peines.**

I. Au sommet de la classification de l'art. 6 qui renferme 30 moyens différents de punir se trouve la peine de mort, toujours alternative avec l'emprisonnement sévère, dans 14 cas,[1] et qu'on applique au moyen du garrot

---

[1] Art. 136, 137 (trahison la plus grave envers le pays, qu'elle ait été consommée, manquée ou tentée, 138 (simple trahison envers le pays), 156 (piraterie), 153, 157, 158,

suivant les art. 102 à 105. Dans le cas de grâce (voir les lois du 18 juin 1870 sur l'exercice du droit de grâce) il y a lieu d'appliquer la peine accessoire prescrite par la loi de l'inhabilitation absolue.

II. Peines privatives de libertés. En ce qui concerne les peines de liberté, le droit espagnol en renferme un véritable luxe, et il faut ajouter que souvent des peines identiques, ne différant que par leur durée, portent des dénominations différentes, ou bien sous la diversité du nom il n'existe pas en réalité une trop grande diversité dans le mode d'application. C'est ici qu'on rencontre les éléments de la simplification du système pénal essayé par Silvela. Voici en partant d'en bas la graduation que présentent les peines privatives de liberté: 1 à 30 jours arresto menor (simple arrêt); 1 mois et 1 jour jusqu'à 6 mois d'arresto mayor (arrêt sévère); 6 mois 1 jour jusqu'à 6 ans de prisión correccional et presidio correccional (prison correctionnelle et détention correctionnelle dans une forteresse); 6 ans et 1 jour jusqu'à 12 ans de prisión mayor et presidio mayor (emprisonnement sévère et détention sévère dans une forteresse); 12 ans et 1 jour jusqu'à 20 ans de reclusión temporal et cadena temporal (réclusion temporelle et chaîne temporelle); enfin reclusión perpetua et cadena perpetua (réclusion perpétuelle et chaîne perpétuelle). Chacune des peines temporelles se divise (voir ci-dessus C. p. de 1822) en 3 degrés (grado mínimo, medio et máximo) dont nous allons indiquer les limites avec les chiffres correspondants aux degrés inférieurs (art. 97): de 1 à 10, à 20, à 30 jours; de 1 à 2, à 4, à 6 mois; de 6 mois à 2 ans et 4 mois, jusqu'à 4 ans et 2 mois, jusqu'à 6 ans; de 6 à 8, à 10, à 12 ans; de 12 ans jusqu'à 14 ans et 8 mois, jusqu'à 17 ans 4 mois, jusqu'à 20 ans. Même dans les peines perpétuelles il existe jusqu'à un certain point une graduation, et en général au bout de 30 ans la grâce est accordée excepté le cas d'indignité (art. 29 § 1), d'élévation de la peine (art. 94 nº 1) et du quebrantamiento (art. 129 nº 1 § 2). — 1º La peine de la chaîne représente les travaux durs et pénibles pour l'État, dans lesquels le condamné porte une chaîne allant de la ceinture au pied. 2º La réclusion est le travail forcé pour l'État à l'intérieur de l'établissement pénitentiaire. On expie la peine de la chaîne, et de la réclusion perpétuelle, et s'il y a une ordonnance ministérielle spéciale, celle de la réclusion temporelle aussi, à Ceuta, Melilla, Alhucemas, Peñón de la Gomera et aux Îles Chafarinas; les autres établissements de réclusion temporelle sont à Carthagène, Santoña, San Miguel de los Reyes de Valencia et Tarragona. Lorsque le condamné a dépassé l'âge de 60 ans il subit la peine de la chaîne dans une forteresse (à Burgos, Chinchilla, etc.). Pour les femmes on leur applique la réclusion à la place de la peine de la chaîne. Voir pour tout celà et pour l'expiation de la peine après l'âge de 70 ans, et lorsque le condamné est aveugle, goutteux et atteint de maladie chronique les art. 96, 106 à 110 du C. p., l'ordonnance royale du 13 janvier 1864, celles du 13 décembre 1886 et du 11 août 1888, art. 1, 2, 5, 7. — Les peines accessoires dans le cas d'une condamnation à la chaîne perpétuelle sont a) la dégradation: Si un fonctionnaire public a accompli l'acte criminel en abusant de sa situation officielle, un huissier lui arrache publiquement et sur l'ordre solennel du président du tribunal son uniforme, ses insignes, ses décorations (art. 54, 120). Il y a en outre b) la

_____

163 (assassinat consommé, manqué ou tenté du roi et de l'héritier au trône), 184 nº 1, 2. 244, 245 (haute trahison et rébellion chez les chefs, et dans les cas graves même chez les sous-chefs), 361 (le juge qui sciemment rend un jugement injuste sera frappé de la peine qui aura été infligée à l'innocent), 417 (meurtre de parents), 418 (assassinat), 516 nº 1 (assassinat suivi de brigandage). Voir décret du 21 janvier 1874 art. 1 et ci-dessous le § 7, III, 2.

perte des droits civils (interdicción civil) c'est-à-dire que le coupable perd le droit d'exercer l'autorité paternelle, la charge de tuteur, curateur, le droit de prendre part à un conseil de famille, etc. (art. 43). Même après avoir été gracié le condamné ne pourra plus jusqu'à sa mort exercer une charge publique. La peine accessoire dans le cas de condamnation temporelle à la chaîne est la perte des droits civiques et l'inhabilitation absolue et perpétuelle; en cas de réclusion perpétuelle c'est seulement la dernière condamnation qui est infligée; si le condamné n'a été frappé que de la peine de la réclusion temporelle, il n'est frappé de l'inhabilitation absolue que pour le même nombre d'années (art. 54, 55, 57, 60). 3⁰ La détention dans une forteresse (presidio) est accompagnée de travail forcé à l'intérieur de l'établissement, une partie du produit de son travail est remise au condamné. 4⁰ Ce n'est que partiellement que l'emprisonnement est accompagné de travail forcé. L'expiation de toute détention dans une forteresse ou de l'emprisonnement sévère a lieu dans des établissements particuliers à Burgos, Chinchilla, Granada, Ocaña, Puerto de Santa Maria, San Augustin de Valencia, Valladolid et Zaragoza; l'emprisonnement correctionnel a lieu dans l'arrondissement du Tribunal qui a prononcé la condamnation (Carcel de la audiencia), les prisonniers sont séparés des prévenus, et peuvent être au besoin envoyés dans un établissement pénitentiaire. Pour les femmes, on leur applique l'emprisonnement au lieu de la détention. Voir C. p. art. 96, 113 à 115, décret royal du 11 août 1888, art. 3, et du 15 avril 1886. — Peines accessoires: dans le cas de détention sévère dans une forteresse, inhabilitation absolue pour la même durée; dans le cas de détention correctionnelle suspension, et par suite d'une condamnation à l'emprisonnement suspension, pour le temps de la condamnation (art. 58, 59, 62). La différence entre la détention sévère dans une forteresse et la même détention correctionnelle ou l'emprisonnement ne repose donc, comme on le voit, que dans la différence de la durée; ceci montre encore une fois le côté artificiel de la séparation en trois parties des actes punissables, car les peines d'emprisonnement sévères caractérisent les delitos graves comme penas aflictivas, et les peines d'emprisonnement correctionnelles caractérisent les delitos menos graves. 5⁰ L'arrêt sévère est comme l'emprisonnement accompagné de travaux forcés partiels, et son expiation a lieu dans l'édifice public destiné à cet effet du chef-lieu de l'arrondissement du tribunal (partido); peine accessoire: suspension pour la durée de la condamnation. Le simple arrêt est un simple retrait de la liberté, et suivant les dispositions du jugement on le subit à la mairie ou dans tout autre édifice public, ou bien chez soi; ce n'est qu'une peine de contravention. Voir les art. 118, 119, 62, 26.

III. Les peines restrictives de liberté sont, en même temps qu'elles sont désignées par 3 degrés comme ci-dessus: l'interdiction de séjour (destierro) allant de 6 mois jusqu'à 2 ans et 4 mois, jusqu'à 4 ans et 2 mois, jusqu'à 6 ans; l'internement de 6—8—10—12 ans; l'expulsion (extrañamiento) et l'exil (relegación) depuis 12 ans jusqu'à 14 ans et 8 mois, jusqu'à 17 ans et 4 mois, jusqu'à 20 ans; enfin l'expulsion perpétuelle du pays et l'exil perpétuel avec ou sans l'amnistie après 30 ans. 1⁰ L'exil est la transportation dans les pays d'outremer (Ultramar), le transporté a le droit de s'occuper librement dans un certain cercle qui lui est fixé et sous la surveillance des autorités. 2⁰ L'expulsion est le renvoi hors du territoire espagnol. Les peines accessoires sont les mêmes que pour les peines correspondantes de réclusion (art. 111, 112, 56, 60). 3⁰ L'internement est le transport aux Îles Baléares ou aux Îles Canaries où le condamné a liberté de séjourner (et par exemple d'entrer dans le service militaire s'il veut); on tient du reste pour cela compte de la profession ou du genre de vie du condamné. La peine accessoire est l'inhabilitation

absolue pour la durée de la condamnation (art. 116 § 1 à 3, 61). **4⁰** L'interdiction de séjour est la défense de franchir certaines localités et leurs envi-
rons, dont le rayon doit être fixé dans le jugement et va de 25 à 250 kilomètres.

IV. Les peines se rapportant aux droits sont: Suspension depuis 1 mois
jusqu'à 2—4—6 ans; inhabilitation spéciale et absolue de 6—8—10 et 12 ans;
enfin inhabilitation perpétuelle. Nous avons déjà dit où ces peines apparaissent
d'après la loi comme peines accessoires; pour leur durée il faut donc se reporter à ce que nous avons fait remarquer à ce sujet (art. 28 § 1, 30). **1⁰** L'Inhabilitación absoluta perpetua comprend a) la perte de tous les honneurs,
emplois, situations publiques, quand bien même ils ont été acquis dans des
élections publiques; b) incapacité de rentrer dans leur possession; c) perte du
droit d'être électeur et éligible; d) perte de toute pension, solde et autre bénéfice de ce genre. **2⁰** L'inhabilitación absoluta temporal embrasse a jusqu'à c;
b et c seulement pour le temps déterminé. **3⁰** L'inhabilitación especial perpetua
et **4⁰** temporal, ainsi que **5⁰** la suspension tombent dans les divisions a) pour
fonctions publiques, b) pour le droit d'être élu et éligible, c) pour une industrie
déterminée ou une profession déterminée. Les peines établies par la loi n'ont
point à intervenir dans les honneurs, charges et droits conférés par l'église aux
ecclésiastiques. Voir art. 32 à 42, et les art. 45, 46 sur la réhabilitation.

V. Les autres peines sont: **1⁰** La réprimande (represión) prononcée
dans la salle d'audience, qui peut être publique ou privée, c'est-à-dire
prononcée à huis clos (art. 117). La première est infligée d'une manière
expresse dans le cas de deux crimes ayant causé un scandale public (art. 455,
456), et elle représente dans l'échelle des peines (voir ci-dessous VI) vis-à-vis
le destierro la „pena inferior" (la peine plus basse); la dernière n'est qu'une
peine de contravention (art. 589, 596, 603, 605). Dans les cas où la réprimande
est expressément infligée, la chose se fait par cumulation. **2⁰** Amende jusqu'à
125 pesetas (francs) pour une peine de contravention; au-dessus de 2500 pesetas elle est considérée comme pena aflictiva (art. 27). Dans le calcul de la
peine les juges ne sont pas autant obligés de tenir compte des circonstances
aggravantes ou atténuantes que de la fortune et des capacités du coupable
(art. 84). Elle est considérée comme la peine la plus basse de toutes les
échelles de peine (art. 93 § 1). Si elle doit elle-même être élevée ou abaissée
d'un ou plusieurs degrés, on élève le maximum de $^1/_4$, et on diminue
le minimum de $^1/_4$, même si la somme n'est pas exprimée d'une manière
fixe, mais proportionnelle (art. 95). Si le coupable se voit infliger plusieurs obligations pécuniaires, voici comment ces obligations se suivent:
a) la réparation du dommage causé, b) l'exemption pour l'État des frais du
papier timbré et autres dépenses, c) les dépenses de la partie civile, d) les
autres frais du procès, y compris ceux de la défense, e) l'amende. Si le
coupable est insolvable, il se produit alors à cause des obligations pécuniaires
sous a, c, e, une contrainte par corps subsidiaire, c'est-à-dire pour ces peines
privatives de liberté qui ne dépassent pas la détention correctionnelle dans
une forteresse, une élévation de 1 jour par 5 pesetas qui toutefois ne peut pas
dépasser $^1/_3$ et être de plus d'une année; dans le cas de réprimande, amende
ou caution une detención dans la prison de l'arrondissement, pour chaque
5 pesetas 1 jour, en cas de crime au plus 6 mois, en cas de contravention
au plus 15 jours (voir art. 49 à 52, 624). **3⁰** La Caution (caución, dans
l'art. 92, caución de conducta) impose au condamné l'obligation de fournir un
répondant sûr qui garantisse que le condamné n'accomplira pas le mal qu'il
s'agit d'éviter, et qui dans le cas contraire s'engage à payer une certaine
somme. Si le condamné ne remplit pas son devoir, alors il y a lieu d'appliquer

le destierro (interdit de séjour). L'importance et la durée de la caution sont
fixées par le tribunal (art. 44, 29 § 9). La caution est dans l'art. 509 admise
comme facultative pour tous les cas de la menace; d'ailleurs elle est dans les
échelles de peines pena inferior vis-à-vis la réprimande publique (art. 92). —
Comme peines accessoires l'art. 26 cite à côté de la degradación et de l'interdicción civile que nous avons déjà traitées: 4⁰ La perte ou la confiscation
des outils du coupable et des objets qui sont le produit du crime. L'art. 63
ordonne cette confiscation pour tous les crimes si les outils et objets n'appartiennent pas à des gens qui n'ont pas pris part au crime. Les art. 622, 623
servent pour les contraventions. 5⁰ Le paiement des frais est considéré comme
peine accessoire (art. 28 § 2, 47, 48).

L'art. 25 dit qu'on ne devra pas regarder comme peines a) l'arrestation
et la détention préventives, b) la privation du service ou de l'emploi pendant
le procès ou aux fins de l'instruction, c) les amendes et autres redressements
(correcciones) qui sont ordonnées administrativement ou disciplinairement par
les chefs, d) la perte du droit et l'indemnité d'après la loi civique.

Le système pénal proprement dit avec ses 26 peines principales et
4 peines accessoires se trouve ainsi épuisé. Disons maintenant au sujet de
l'exécution des peines que le C. p. espagnol ne renferme aucune prescription
relative à l'emprisonnement isolé et qu'il ne connaît pas la libération conditionnelle. Nous arrivons maintenant aux règles bien caractéristiques sur le
calcul des peines et leur graduation.

VI. Si le juge est obligé pour certains cas de choisir la peine inférieure
ou la peine supérieure la plus rapprochée, ou (ce qui revient au même)
d'abaisser ou d'élever la peine d'un ou de plusieurs degrés (grados, le meilleur
terme serait: échelons) il a évidemment besoin pour cela d'une échelle (Escalamiento) des peines à laquelle il puisse se maintenir. C'est pourquoi les peines
sont rangées en 6 échelles graduelles diverses (escalas graduales), sur lesquelles le juge se place lorsqu'il doit infliger la peine inférieure ou supérieure.
Alors il descend ou il monte d'un échelon à partir de la peine infligée au
délit dont il s'agit laquelle se présente comme échelon dans une échelle. Plusieurs fois un échelon est commun à plusieurs échelles, alors le juge se tient
à cette échelle dont les échelons se présentent le plus souvent dans la section,
titre ou chapitre dont il s'agit.

Pour les peines privatives de liberté il existe deux échelons qui vont de
la peine capitale à l'arrêt sévère, en passant d'un côté par la peine de la
chaîne perpétuelle ou temporelle, la détention dans une forteresse (presidio)
sévère et correctionnelle, et en passant de l'autre côté par la réclusion
(reclusión) perpétuelle et temporelle, l'emprisonnement sévère et correctionnel.
Les peines restrictives de liberté ont également deux échelles, l'une qui commence avec l'exil (relegación) perpétuel et temporel, l'autre commençant avec
l'expulsion hors du pays (extrañamiento) perpétuelle et à temps, toutes deux
se continuant par l'internement (confinamiento), l'interdiction de séjour (destierro),
la réprimande publique, la caution. Les deux échelles de peines se rapportant
aux droits de l'individu sont d'un côté les échelles absolues, de l'autre côté
les spéciales avec l'échelon commun le plus bas: la suspension (suspensión).
L'échelon le plus bas de toutes les six échelles est l'amende; nous avons déjà
dit (voir ci-dessus p. 170) comment il faut procéder, quand il faut descendre
encore plus bas. En montant il se produit quelques divergences avec les
échelles, une fois pour l'amende, comme il a été observé plus haut; ensuite s'il fallait dépasser les échelles ou monter jusqu'à la peine capitale,
alors on monte: depuis l'expulsion perpétuelle à l'exil perpétuel, depuis ce
dernier à la réclusion perpétuelle, depuis celle-ci et depuis la peine de la

chaîne perpétuelle et l'inhabilitation perpétuelle à ces mêmes peines mais en ne pouvant appliquer l'amnistie qu'au bout de 40 ans.

Ainsi qu'on l'a fait ressortir lors de la discussion des punitions séparées, chacune des peines qui se comptent d'après la durée (penas divisibles) se divise en un grado mínimo, medio et máximo; chaque échelon de ce genre de chaque échelle a ainsi trois degrés différents. Celà permet d'infliger des échelons de peines en quelque sorte brisés et d'exposer des échelles brisées; par exemple, le vol ordinaire de plus de 2500 pesetas est puni de presidio correccional au grado medio et máximo (art. 531, nº 1 c'est-à-dire par conséquent détention correctionnelle dans une forteresse de 2 ans 4 mois 1 jour à 6 ans), le vol ordinaire entre 500 et 2500 pesetas est puni du presidio correccional au grado mínimo et medio (art. 531, nº 2, c'est-à-dire détention correctionnelle dans une forteresse de 6 mois et 1 jour à 4 ans 2 mois). L'ascension ou la descente se produit ici jusqu'aux degrés voisins du même échelon, ou aux degrés qui se rapprochent le plus, de l'échelon voisin. La pena inferior ou superior se compose alors d'autant de degrés de ces échelons, que l'échelon de sortie comprenait de degrés.[1]) Si donc les peines édictées pour le vol doivent être dans des cas graves conformément à l'art. 533 élevées d'un échelon, on applique alors: presidio mayor au grado mínimo et medio (c'est-à-dire détention sévère dans une forteresse de 6 à 10 ans) — ou presidio correccional au grado máximo jusqu'au presidio mayor dans le grado mínimo (c'est-à-dire détention correctionnelle dans une forteresse de 4 ans 2 mois 1 jour jusqu'à 8 ans de détention sévère dans une forteresse). Si pour le complice (cómplice) il faut pratiquer un abaissement de la peine, alors on applique: arresto mayor dans le grado máximo, jusqu'au presidio correccional dans le grado mínimo (c'est-à-dire arrêt sévère de 4 mois et 1 jour jusqu'à 2 ans 4 mois de détention correctionnelle dans une forteresse), — ou l'arresto mayor au grado medio et máximo (c'est-à-dire arrêt sévère de 2 mois et 1 jour jusqu'à 6 mois). — Pour la peine se composant de trois degrés: la prisión mayor dans le grado medio jusqu'à la reclusión temporal au grado mínimo (par exemple l'art. 245, ceux qui ne font qu'obéir d'une rébellion dans des cas graves) la pena inferior est: la prisión correccional au grado medio jusqu'à la prisión mayor au grado mínimo; la pena superior: reclusión temporal au grado medio jusqu'à la reclusión perpetua, etc. — Voir art. 92 à 98, 68, 76, 77.

VII. Nous avons déjà vu, lors de l'examen des diverses formes d'un crime, et des formes de participation dans un crime (p. 163) qu'il faut pour exprimer les diverses gravités de la responsabilité cinq échelons de la peine.[2]) C'est à cela que servent les échelons des Escalas graduales et ces échelons qui doivent être calculés à part, et que nous venons de désigner sous le nom d'échelons „brisés“. C'est à l'intérieur de chacun de ces échelons que s'oriente alors la peine suivant les circonstances aggravantes ou atténuantes, et les trois degrés que chaque échelon possède servent dans ce but. 1º Pour la distinction par degrés de l'action et du criminel il faut encore observer les règles

---

[1]) Le C. p., il est vrai, n'exprime pas ce principe, mais il résulte de l'art. 76 nº 4 et 5 en relation avec la jurisprudence du Tribunal Suprême de Justice (Jugement du 2e Sénat du 30 novembre 1876).

[2]) 1º Autor del delito consumado — auteur du délit consommé. 2º Autor del delito frustrado, et cómplice del delito consumado — auteur du délit manqué, et complice du délit consommé. 3º Autor de la tentativa, cómplice del delito frustrado et encubridor del delito consumado — auteur de la tentative, complice du délit manqué, et fauteur du délit consommé. 4º Cómplice de la tentativa et encubridor del delito frustrado — complice de la tentative et fauteur du délit manqué. 5º Encubridor de la tentativa — fauteur de la tentative.

suivantes: a) **sur plusieurs peines terminatives alternatives** c'est toujours la plus basse qui donne la mesure pour déterminer la pena inferior. b) Si la peine terminative se compose d'une ou de plusieurs peines indivisibles et d'une peine divisible au grado máximo, alors on formera la pena inferior au moyen du grado medio et mínimo de cette peine divisible et du grado máximo de celle qui est le plus près en dessous. Les autres règles sont déjà insérées dans notre exposition. Voir art. 64 à 77. 2⁰ Pour l'appréciation des circonstances aggravantes ou atténuantes il faut considérer: a) Dans le cas d'une seule peine indivisible, cette appréciation est exclue; pour une amende, le tribunal est libre dans l'appréciation. b) De deux peines inséparables il faut dans le cas d'une circonstance aggravante, ou bien si par une compensation judicieuse les circonstances aggravantes l'emportent, appliquer la peine la plus sévère,[1]) et autrement la plus légère. c) Toutes les autres peines (échelons) doivent avoir chacune 3 degrés; éventuellement, dans le cas où elles comprennent moins de degrés, elles sont partagées proportionnellement en trois périodes de temps égales. Pour les deux peines de vol mentionnées ci-dessus, il se produit ainsi par exemple les degrés suivants: 2 ans 4 mois 1 jour jusqu'à 3 ans 6 mois 20 jours jusqu'à 4 ans 9 mois 10 jours jusqu'à 6 ans de détention correctionnelle dans une forteresse d'une part et 6 mois 1 jour jusqu'à 1 an 8 mois 20 jours jusqu'à 2 ans 11 mois 10 jours jusqu'à 4 ans 2 mois de détention correctionnelle dans une forteresse d'autre part. d) Pour l'application de ces 3 degrés il y a 7 règles: I⁰ Circonstances ni aggravantes ni atténuantes — grado medio. II⁰ Une circonstance atténuante — grado mínimo. III⁰ Une circonstance aggravante — grado máximo. IV⁰ Coïncidence de circonstances atténuantes et aggravantes — compensation d'après un calcul judicieux, dans laquelle toutes les circonstances ne doivent point être considérées comme d'une égale valeur, la fixation de la peine est réglée d'après ce qui a le plus de poids. V⁰ Plusieurs circonstances atténuantes et ayant une valeur considérable — passage à la pena inferior dont le juge a toute liberté pour établir le degré. VI⁰ Plusieurs circonstances aggravantes — toujours seulement le grado máximo. VII⁰ Calcul de la quantité à l'intérieur du degré en première ligne d'après le nombre et l'essence des circonstances modifiant la peine, en deuxième ligne d'après la gravité du résultat. e) Dans le cas où pour établir une circonstance supprimant la peine il ne manque que la minorité des conditions voulues pour cela (art. 8, 9 n⁰ 1 ci-dessus p. 165), alors il faut abaisser la peine de 1 à 2 degrés, suivant la libre appréciation du tribunal. Voir pour tout cela les art. 78 à 87.

Nous terminons ici l'exposition du système pénal espagnol et des principes qui règlent son application. Il était nécessaire d'entrer dans tous les détails à propos de ce point caractéristique pour pouvoir bien comprendre d'une manière générale le système sud-romain des peines. Nous ferons encore observer que nous avons distingué strictement les uns des autres, les „échelons" et les „degrés", mais que le C. p. espagnol emploie pour ces deux choses l'expression „grado".

§ 7. Les crimes contre la chose publique.

I. Sur les 15 titres du 2ᵉ livre, les sept premiers se classent comme crimes contre la chose publique. Le Titre Iᵉʳ s'occupe des crimes contre la sûreté

---

[1]) Si cette peine est la peine capitale, la peine perpétuelle de la chaîne ou de l'emprisonnement, les art. 145, 153 du Code de procédure pénal exigent qu'il y ait trois voix qui le demandent. Dans la pratique, on considère C. p. art. 81 § 1 n⁰ 1 comme modifié par ces prescriptions.

extérieure de l'État. Chap. 1. Trahison envers le pays (traición, art. 136 à 143, voir ci-dessus p. 152, 163, 167). Les cas les plus graves sont: La provocation d'une déclaration de guerre de la part d'une puissance étrangère, le fait de servir de guide à l'ennemi pour l'amener dans le pays, de lui livrer des places, des navires, des munitions; provocation de troupes espagnoles à passer à l'ennemi, enrôlement de soldats en Espagne pour une puissance étrangère en guerre avec l'Espagne. Les crimes qui viennent après sont entr'autres ceux consistant à servir dans l'armée ennemie, à fournir à l'ennemi des armes et des munitions ou par ailleurs de provoquer à le faire, à lui livrer les plans des forteresses, à empêcher l'approvisionnement en armes de troupes espagnoles. On applique la pena inferior pour l'étranger, et lorsque le crime a été commis contre une puissance alliée avec l'Espagne dans une guerre. Un autre petit groupe comprend les crimes des ministres d'État qui contrairement à la constitution laissent se produire des cessions de territoire, permettent à l'ennemi d'envahir le pays et laissent se former des traités d'alliance et de subsides. Le chap. 2 s'occupe des actes qui mettent en danger la paix et l'indépendance de l'État: publication ou exécution de bulles papales ou d'ordonnances d'États étrangers, cas moins graves de trahison envers le pays, en particulier correspondance avec le pays ennemi en temps de guerre (art. 114 à 152). Le chap. 3 s'occupe des crimes contre le droit des gens (meurtre de chefs d'État étrangers, autres attentats envers eux, violation de leur immunité). La supposition de cette situation exceptionnelle est une réciprocité garantie par la loi (art. 153, 154). Le chap. 4 y ajoute la piraterie (art. 155, 156).

II. Quant aux crimes contre l'existence intérieure de l'État et son régime légal, ils sont renfermés dans le titre II (crimes contre la Constitution) et le titre III (crimes contre l'ordre public). 1° Tit. II, chap. 1, art. 157—158 crimes contre la majesté royale, crimes contre les Cortès, le ministère, la forme du gouvernement. Ici il faut citer avant tout le meurtre du roi (art. 157), de l'héritier au trône ou du régent (art. 163, voir ci-dessus p. 163, 168); attentat contre la liberté, contrainte et blessures corporelles plus ou moins graves, offenses et menaces en présence ou pendant l'absence de ces personnes, violation de domicile, lorsque ces crimes sont commis contre la personne du roi; on appliquera la pena inferior, si ces crimes sont commis contre l'héritier au trône ou le régent. L'action de porter atteinte aux droits des Cortès d'instituer une régence sera punie de la relegación temporal au grado máximo jusqu'à la relegación perpetua si les coupables sont des membres de la famille royale, des ministres, des autorités, des fonctionnaires publics. Les ministres sont condamnés au banissement si le roi ne remplit pas certains devoirs constitutionnels. Les art. 167—177 assurent l'inviolabilité des Cortès et la protection de chacun de ses membres contre l'injure, la menace, la contrainte ou le maintien en prison contrairement à la constitution. Le conseil des ministres et ses membres jouissent de la même protection. Les crimes contre la forme du gouvernement se divisent en 3 groupes, dont le plus important (art. 181) se rapporte à l'entreprise ayant directement pour but, par des moyens illégaux, de changer la constitution de la monarchie constitutionnelle, de priver les Cortès, le roi, le régent de leurs droits constitutionnels, de changer la succession au trône, et d'empêcher les régents provisoires de s'acquitter de leurs fonctions. Ces crimes peuvent s'accomplir de deux manières, soit par un soulèvement à main armée et en se livrant à des actes d'hostilité ouverte, ou sans aucun soulèvement de ce genre. Dans la première manière on distingue (art. 184) les chefs (principales autores), les sous-chefs (los que ejercieren un mando subalterno) et ceux qui obéissent purement et simplement (meros ejecutores). Pour ces deux dernières sortes de complices il y a encore des cas plus légers et des cas plus graves (lorsqu'il y a eu combat avec les troupes du gouvernement, dégâts causés aux propriétés, mauvais traitements des personnes, interruption des communications par télégraphe ou par chemin de fer, lorsqu'on a prélevé des contributions ou qu'on a détourné les fonds publics de leur emploi légitime). **2.** Tit. II, chap. 2, section 1 et 2, art. 189 à 235, crimes se rapportant à l'exercice des droits individuels garantis par la constitution, lorsqu'ils sont accomplis par des particuliers, section 1 (abus du droit de réunion, voir loi du 15 juin 1880, et du droit d'association, voir loi du 30 juin 1887, voir ci-dessous § 10, II); lorsqu'ils sont accomplis par des fonctionnaires, section 2 (extraordinairement développée). **3.** Tit. II, chap. 2, section 3, art. 236 à 241, crimes relatifs à l'exercice libre d'un culte. Voir Ordonnance royale du 23 octobre 1876 sur la tolérance religieuse, par laquelle en conformité de l'art. 11 § 3 de la constitution toute manifestación publica d'un culte différent de la religion catholique qui est la religion de l'État, est interdite. **4.** Titre III, chap. 1 à 3, art. 243 à 262: Rébellion et sédition. Ces deux actes sont encore traités d'une façon absolument casuistique, comme dans le code de 1822, seulement l'abondance des différences n'est plus si considérable. Se rendent coupables de rébellion ceux qui ouvertement et en se livrant à des hostilités manifestes se soulèvent contre le gouvernement pour déposer le roi ou le régent, les priver de leur liberté ou leur imposer une contrainte quelconque; pour empêcher dans tout le royaume la convocation des Cortès; pour dissoudre les Chambres, les empêcher de délibérer ou leur imposer une résolution; pour combattre les droits des Cortès d'instituer une régence; pour soustraire une partie du royaume ou des détachements de troupes à l'obéissance envers l'autorité supérieure; pour d'une manière analogue porter atteinte aux droits des ministres. Se rendent coupables de sédition ceux qui se soulèvent publiquement et d'une manière tumultueuse pour empêcher avec violence ou d'une façon illégale la publication et l'exécution des lois, ou la libre convocation des élections dans une province, un district ou un cercle électoral; pour de la même façon empêcher un fonctionnaire public d'exercer librement ses droits ou de remplir ses obligations administratives ou judiciaires; pour de la même façon commettre un acte de haine ou de vengeance sur la personne ou sur la propriété d'une autorité publique ou sur celle de ses employés, ou sur des particuliers dans un but politique, etc. Les échelonnements de peines s'établissent d'après la différence des chefs, sous-chefs et simples obéissants, et parfois en s'appuyant sur les prescriptions relatives à la haute trahison. L'autorité administrative a, excepté lorsque les insurgés mettent le feu, à leur adresser deux sommations (intimaciones) pour se disperser; si ceux-ci obéissent, alors on leur applique des réductions de peine importantes, parfois même on ne les poursuit pas. Si les auteurs d'un crime ordinaire commis lors d'un soulèvement ne peuvent être découverts, alors les chefs de la rébellion ou de la sédition sont considérés comme auteurs principaux. **5.** Le titre III, chap. 4 s'occupe sous le nom de atentado, des attaques avec violence dirigées contre une autorité (sans soulèvement public), de la résistance et de la désobéissance envers l'autorité publique; le chap. 5 traite, sous le nom de desacato, des calomnies, insultes, injures (au nombre desquelles il faut aussi placer la provocation en duel) contre un ministre ou un fonctionnaire supérieur à propos de l'exercice de leur charge (la peine est échelonnée suivant que l'insulté était présent ou absent); des mêmes actes commis par un employé contre ses supérieurs; le chap. 6 traite des divers troubles de l'ordre public (desórdenes públicos) p. ex. cris séditieux, de la mise en liberté de prisonniers, de destruction de communications sur les voies ferrées ou lignes télégraphiques (voir les réglements de police pour les chemins de fer du 23 novembre 1877; la loi des câbles sous-marins du 12 jan-

vier 1887); la détérioration de monuments publics. Le chap. 7 renferme des
pénalités augmentées contre les employés de l'autorité qui se rendent coupables
des crimes désignés au chap. 4 à 6, et contre les ecclésiastiques qui excitent
à de tels crimes. Voir pour tout cela les art. 263 à 279. Pour l'art. 276 (détérioration de monuments) voir la contravention analogue dans l'art. 585 et relativement au rapport de ces deux articles, l'art. 5 du décret royal du 22 septembre 1848 concernant l'interprétation du C. p.; les tribunaux ont tout d'abord
à se préoccuper de bien peser l'extension et les conséquences de l'acte criminel.

III. Pour les crimes qui viennent d'être traités, il y a deux lois importantes. 1. La loi du 15 février 1873 sur les crimes politiques. Comme tels il
faut considérer les crimes des Titres I, chap. 1 à 3, Titre II, chap. 1 et 2,
section 1 et 3, section 2 seulement dans quelques articles, Titre III, chap. 1 à 3;
chap. 4 et 5 lorsque par rapport au caractère de l'autorité ou de l'acte officiel
le crime peut être regardé comme politique. Il y a en plus tous les crimes
du C. p., lorsqu'ils sont commis par la presse, à moins qu'il n'y ait poursuite
sur la demande du parti, et les crimes qui sont connexes aux crimes politiques et dont il appartient au tribunal de fixer la nature, la tendance, l'objet
et le rapport avec le délit principal, particulièrement la confiscation de deniers
publics, l'enlèvement d'armes, munitions, chevaux, l'interruption des voies ferrées
et lignes télégraphiques, l'arrêt de la correspondance et tous autres délits qui
sont un moyen naturel et fréquent de préparer, développer ou de provoquer
le crime de rébellion. La prison préventive et l'emprisonnement pour crimes
politiques doivent être subis dans des locaux distincts entièrement séparés de
ceux réservés aux criminels ordinaires; les fonctionnaires de l'autorité administrative, militaire et judiciaire qui par contre manquent à leurs devoirs sont
punis comme s'étant rendus coupables dans l'exercice de leurs fonctions d'attentat contre la liberté d'autrui (C. p. art. 210 à 214). 2. Décret du 21 janvier
1874 relatif aux crimes contre l'ordre public. Sont considérés comme tels et
sont punis de mort ou des diverses peines prévues dans le titre III, chap. 1
et 2: l'enlèvement des rails de chemins de fer, le fait de couper une route de
quelque façon que ce soit, la destruction de ponts, l'attaque à main armée
de trains, la destruction ou la détérioration de matériels de chemins de fer et
les autres dégâts causés aux chemins de fer qui sont susceptibles de nuire à
la sûreté des voyageurs ou au transport des marchandises. La procédure est
réglée par l'art. 2, voir la loi du 23 avril 1870.

IV. Le titre IV traite des faux, savoir: dans le chap. 1 falsifications de
la signature, du sceau du roi, du régent, des ministres, des chefs d'États
étrangers (il y a graduation de peine suivant que l'usage a eu lieu en Espagne
ou hors d'Espagne), falsifications du sceau de l'État, du sceau d'un État
étranger, des sceaux et timbres de diverses administrations et d'entreprises
industrielles et commerciales. Le simple usage d'une signature falsifiée, etc.
sera généralement puni d'une peine inférieure d'un échelon (art. 280 à 293).
Chap. 2. Falsification de monnaies, l'acte de rogner les monnaies (cercenar)
avec une graduation de peine suivant que la monnaie a ou n'a pas cours
dans le pays, si elle est d'or, d'argent ou de cuivre, si elle est d'une valeur
égale ou moindre que la véritable. Celui qui de bonne foi a reçu de la
monnaie fausse, et qui la donne en paiement après avoir reconnu qu'elle était
fausse sera lorsqu'il s'agit de sommes dépassant 125 pesetas puni d'une amende
représentant 2 à 3 fois le montant de la monnaie fausse. Pour des sommes
au-dessous de 125 pesetas, on ne considère cet acte que comme une contravention de l'art. 592 n° 2: 1 à 20 jours d'arrestation ou de 5 à 50 pesetas
d'amende). Art. 294 à 302. Chap. 3. Falsification de billets de banque, papiers
de crédit, papiers timbrés, sceaux du télégraphe, timbres-poste et tous autres

timbres de taxes émis par l'Etat. Art. 303 à 313. Chap. **4.** Falsification de documents publics, officiels, commerciaux (il y a une graduation suivant la personne du coupable: employé, ecclésiastique, particulier; si on n'a fait que se servir de ces documents, la peine est inférieure de 2 échelons, voir à cet effet la loi électorale du 26 juin 1890, art. 85 sq.), falsification de dépêches télégraphiques, de documents privés, de cartes de séjour et de certificats. Art. 314 à 325. Chap. **5.** Comme addition aux chap. 1 à 4, les art. 326 à 329 punissent certains actes préparatoires, l'art. 330 décide que l'amende devra représenter 2 ou 3 fois le gain réalisé ou espéré si une amende plus forte n'est pas prescrite. Le Chap. **6** comprend a) la dissimulation de la fortune ou de l'industrie pour échapper aux contributions sur le revenu ou les patentes (art. 331; voir pour la procédure et les petites contraventions l'instruction du 12 mai 1888); b) faux témoignage (il existe une graduation suivant que l'affaire est civile ou criminelle, suivant que dans ce dernier cas ce témoignage est indifférent ou pour ou contre l'accusé, enfin il existe 9 distinctions suivant les condamnations prononcées et suivant que la peine a commencé à être exécutée ou non) et expertise (ici il faut toujours appliquer le grado máximo), dépositions de moindre importance contraires à la vérité, production de faux témoins ou de faux documents (art. 332—339); c) fausse accusation en justice: il faut un jugement suspensif à propos du crime imputé — graduation de la peine suivant qu'il a été imputé un delito grave, un menos grave ou une falta (art. 340, 341). Le Chap. **7** traite de l'appropriation frauduleuse de fonctions, qualités, titres; de l'usage illégitime de noms, du port illégitime d'uniformes, insignes, décorations (art. 342 à 348).

V. Le titre V s'occupe des actes contraires à la loi relative aux inhumations, de la violation des sépultures (actes contraires au respect dû à la mémoire des morts) — Chap. 1, art. 349, 350; crimes contre la salubrité publique — Chap. 2, art. 351 à 357. Titre VI parle des jeux de hasard, loteries, tirages au sort, jeux de dés — art. 358 à 360.

VI. Le titre VII, art. 361—416 embrasse en 13 chapitres le droit pénal des fonctionnaires. Est fonctionnaire (l'art. 416) celui qui par une disposition immédiate de la loi, ou par une élection publique, ou par une nomination faite par l'autorité compétente prend part à l'exercice de fonctions publiques. Le titre punit: la prévarication, manque de surveillance des prisonniers, conservation infidèle de documents, livraison de secrets, désobéissance et refus de prêter secours légitime, exercice trop précipité ou trop tardif et refus d'exercice (abandono) d'une fonction officielle, usurpation de droits et titres, attentat aux mœurs, corruption (cohecho), dissipation de deniers publics, escroqueries et perceptions illégales d'impôts, exercice de professions défendues. Les délits de fonctionnaires sont d'ailleurs, comme il a déjà été dit en partie, disséminés dans le livre II, titres I à VI. Dans les lois accessoires, on rencontre à plusieurs reprises des délits commis par les fonctionnaires, voir le décret royal du 5 décembre 1862 pour les réquisitoires et les demandes en révision, art. 3, 4; loi du 15 février 1873 sur les crimes politiques, art. 4; ordonnance du 18 octobre 1887 sur les corps de sûreté et vigilance (Cuerpos de Seguridad y Vigilancia) art. 54 sq., 120 sq.; instruction du 12 mai 1888 sur la procédure contre les débiteurs de l'administration des finances, art. 81 nos 3 à 6; loi électorale du 26 juillet 1890, art. 88, 90, 98. Le droit pénal disciplinaire se trouve pour les employés judiciaires et les avocats dans la Ley orgánica del poder judicial (code de procédure judiciaire du 15 septembre 1870) art. 731 à 762; voir Ordonnance du 17 avril 1890 sur la procédure administrative du ministère de la justice, art. 117 à 127. D'ailleurs il faut voir pour les notaires la loi du 28 mai 1862, art. 41 à 44; pour les employés d'administration la loi du

2 octobre 1877 (ordonnance des municipalités — Organización de los ayuntamientos), art. 182 sq., 203 et loi du 29 août 1882 (sur l'administration provinciale) art. 130 sq.; pour les employés de prisons l'ordonnance royale du
16 mars 1891, art. 43 sq.

§ 8. Les crimes contre les particuliers.

I. Crimes contre la personne — Tit. VIII, art. 417 à 447. 1⁰ L'homicide.
Les cas graves sont a) le parricide, c'est-à-dire le meurtre des père, mère, fils
(légitimes ou illégitimes) des divers parents de la ligne ascendante ou descendante, de l'époux — art. 417, peine: cadena perpetua jusqu'à la peine
capitale, voir ci-dessus p. 166 pour le traitement de l'extraneus; b) assassinat
(asesinato, voir p. 152), c'est-à-dire meurtre accompli avec alevosia, pour un
prix ou une récompense promise, par submersion, incendie ou poison, avec
préméditation consciente (voir ci-dessus p. 166), dans un accès de rage (ensa-
ñamiento) en augmentant d'une manière préméditée et inhumaine les douleurs
de la victime — art. 418, peine: cadena temporal dans le grado máximo
jusqu'à la peine capitale; c) meurtre accompagné de brigandage, voir art. 516
n⁰ 1.   Cas ordinaire: Meurtre (homicidio) — art. 419, peine: reclusión temporal.   Pour les cas des art. 417 à 419 les peines qui se rapportent au crime
manqué et à la tentative peuvent être abaissées d'un échelon — art. 422. Les
cas les plus légers sont a) l'infanticide (infanticidio), il doit être commis pour
cacher la honte (deshonra, dans d'autres législations espagnoles on se sert
souvent du mot fragilidad), l'enfant ne doit pas être âgé de plus de 3 jours;
sont privilégiés la mère et à un degré moindre ses parents — art. 424;
b) l'aide du suicidé, dans une proportion moindre, si lui-même se charge de
l'exécution — art. 421; c) l'époux qui surprend sa femme en flagrant délit
d'adultère et la tue elle ou son complice; de même le père qui surprend dans
sa maison sa fille âgée de moins de 23 ans avec son séducteur — à moins
que ces personnes n'aient provoqué ou facilité la prostitution — art. 438, peine:
destierro.   2⁰ Le fait d'avoir déchargé une arme à feu sur une personne est
puni d'une peine particulière lorsqu'il ne représente pas le crime manqué ou
la tentative de parricide, d'assassinat ou de meurtre ou d'un autre crime —
— art. 423. Dans l'application de cet article et dans la délimitation de son
domaine contre la tentative d'homicide, la jurisprudence du Tribunal Suprême
est très casuistique et pleine de contradictions. Dans un très grand nombre
de cas, des menaces longtemps répétées ou qui se sont produites immédiatement avant ou pendant le coup de feu, ou des coups de feu répétés n'ont
pas été considérés comme des signes certains de l'intention de tuer. — Avant
que le Tribunal Suprême se décide à faire abstraction de l'art. 423, il faut
généralement qu'il existe déjà des circonstances qui constituent l'assassinat.
Il faut qu'on soit absolument certain que le coup était dirigé contre une personne déterminée, sans celà on ne se trouve en présence que d'une contravention de l'art. 587. 3⁰ Avortement.   Art. 425 à 428. Pénalités particulières
contre le médecin et le pharmacien. 4⁰ Coups et blessures. Cas les plus
graves a) Castration — art. 429, peine: cadena temporal jusqu'à cadena
perpetua; b) mutilation intentionnelle (de proposito) — art. 430, reclusión
temporal; c) en cas de brigandage: les infractions graves de l'art. 431, n⁰ 1
et 2 — art. 516 n⁰ 2 et 3, peine cadena temporal au grado medio jusqu'à
la cadena perpetua, et la cadena temporal; d) en cas de séquestration:
blessures graves — art. 496, n⁰ 3, peine reclusión temporal. Lésions graves,
quatre cas différents suivant le résultat: a) imbécillité, impuissance, cécité,
b) perte d'un œil, d'un membre important, incapacité perpétuelle de se

livrer aux occupations habituelles, c) déformation, perte d'un membre moins important, incapacité de travail ayant dépassé 90 jours (le calcul se fait a momento ad momentum), d) maladie ou incapacité de travail de plus de 30 jours. (Art. 431, n⁰ 1—4). Les peines sont généralement beaucoup plus élevées s'il y a les circonstances du parricide ou de l'assassinat. N'y est pas compris l'excès du droit de correction de la part du père vis-à-vis de son fils. — La lésion peut se faire par l'empoisonnement, l'abus de la crédulité ou de la faiblesse d'esprit de la victime. Le cas de surprise en flagrant délit d'impudicité est encore privilégié (peine le destierro). Voir les art. 431, 432, 438. Il y a lésions moins graves, lorsque l'incapacité de travail a duré de 8 à 30 jours, ou lorsqu'un traitement médical de cette durée a été nécessaire. Les peines sont plus élevées a) lorsque l'intention de commettre une offense était manifeste, ou lorsqu'il y a des circonstances outrageantes, b) lorsque des ascendants, tuteurs, professeurs ou des personnes de l'autorité publique sont lésés (art. 433, 434). L'impunité existe pour le cas de l'art. 438 (Surprise en flagrant délit d'impudicité). Il y a une rédaction spéciale pour le cas de la mutilation accomplie par d'autres et de la mutilation personnelle pour échapper au service militaire (art. 436). Les lésions légères appartiennent aux contraventions: a) le fait d'avoir causé une incapacité de travail ou un traitement médical de 1 à 7 jours — art. 602; b) lésion sans incapacité de travail ou nécessité d'un traitement medical — art. 603 n⁰ 1, voir n⁰ 2; c) coups et mauvais traitements sans lésion extérieure — art. 604, n⁰ 1. 5⁰ Rixe (riña tumultuaria). Si un des combattants est tué, sans qu'on sache qui lui a porté le coup mortel, ceux qui ont causé les lésions graves sont condamnés à la prisión mayor; si ceux-là sont inconnus tous ceux qui ont exercé des violences sur la personne de la victime sont condamnés à la prisión correccional dans le grado medio et máximo. Ces derniers, pour le cas où il y a eu blessures graves et où leur auteur est inconnu sont frappés d'une peine qui est inférieure d'un échelon à celle correspondant aux blessures. Art. 420, 435 et les contraventions 603 n⁰ 12. 6⁰ Duel, art. 439 à 447; voir ci-dessus art. 268.

II. Attentats aux mœurs. — Tit. IX, art. 448 à 466. 1⁰ Est coupable d'adultère la femme qui accomplit le coït avec un autre homme que son mari; l'homme ne commet un adultère que s'il a une concubine au domicile conjugal ou au dehors de manière à causer un scandale public. La plainte doit provenir de l'époux qui peut aussi faire la remise de la peine; le sort de l'époux coupable est partagé par son complice. 2⁰ Le viol c'est-à-dire le coït avec une femme ou le viol contre nature avec une personne quelconque lorsque a) ils sont commis avec violence ou par intimidation, b) avec des aliénés ou des idiots, c) avec des personnes au-dessous de 12 ans. 3⁰ Le fait de causer un scandale public, comme par exemple la conclusion d'un mariage civil si le mariage religieux précédent n'a pas encore été dissous. 4⁰ Commerce charnel a) d'une personne appartenant à l'autorité supérieure, d'un prêtre, d'un tuteur ou b) d'une autre personne, en employant la ruse, avec une jeune fille de 12 à 23 ans; commerce charnel avec une sœur ou une descendante. Excitation habituelle, ou en abusant de l'autorité, de mineurs à la débauche. 5⁰ Enlèvement (rapto).

III. Crimes contre l'honneur — Tit. X, art. 467—482. On distingue la calomnie (calumnia) c'est-à-dire une accusation fausse d'un crime pour lequel il doit y avoir poursuite devant les tribunaux, et l'injure (injuria) c'est-à-dire toute articulation produite, ou tout acte fait dans le but de déshonorer, discréditer ou rendre méprisable une autre personne. Il existe une graduation de la peine suivant que les injures sont graves (par exemple une accusation faussé pour un crime qui n'est pas un délit officiel) et les injures légères; au nombre de ces dernières celles qui ne sont pas publiques sont considérées comme contraventions (voir art. 605 n⁰ 1). La preuve de la vérité n'est admise que pour la calomnie.

IV. Crimes contre le status des personnes, substitution d'enfants, conclusion de mariages illégaux — Tit. XI, art. 483 à 494.

V. Crimes contre la liberté et la sécurité légitime personnelle. Tit. XII, art. 495—514. 1⁰ Séquestration d'une autre personne, cas ordinaire, art. 495. Peine prisión mayor; celui qui fournit le local de la prison est passible de la même peine. Mais la peine peut être considérablement adoucie, si l'on a mis en liberté le prisonnier dans 3 jours et qu'il n'y ait pas encore d'actes judiciaires. Cas graves (peine reclusión temporal): a) durée de la séquestration ayant dépassé 20 jours, b) en usurpant l'autorité supérieure, c) lorsque la personne séquestrée a eu à subir de graves lésions corporelles, ou si elle a été menacée de mort. Ce qui est le plus légèrement puni, c'est l'arrestation provisoire d'une autre personne (art. 497). 2⁰ L'enlèvement (sustracción) de mineurs est puni de la cadena temporal. La même peine frappe celui auquel la personne d'un mineur avait été confiée, et qui ne le rend pas à ses parents ou tuteurs, et ne peut pas non plus donner d'explication suffisante de sa disparition. Une peine essentiellement plus douce sera appliquée à celui qui excite un mineur âgé de plus de 7 ans à quitter la maison de la personne chargée de le surveiller. 3⁰ Abandon d'enfant (abandono de niño, art. 501); objet un enfant au-dessous de 7 ans; la peine est élevée si cet abandon a pour conséquence de mettre en danger la vie de l'enfant ou de le faire périr. 4⁰ Celui qui a séquestré illégalement un homme, ou a enlevé un enfant de moins de 7 ans, qui ne donne aucun renseignement sur le séjour des personnes séquestrées et qui ne fait point la preuve qu'il les a mises en liberté; de même celui qui abandonne un enfant de moins de 7 ans, et qui ne fait point la preuve qu'il l'a abandonné sans accomplir un nouveau crime est puni aux termes de l'art. 503 de la cadena temporal au grado máximo jusqu'à la cadena perpetua. 5⁰ Violation de domicile, art. 504 à 506. 6⁰ Menace et contrainte (amenaza et coacción) à divers degrés, art. 507 à 511. Les cas les plus légers sont des contraventions (art. 604 n⁰ 2 à 5). 7⁰ Révélation de secrets d'autrui. Est puni le fait de s'emparer de papiers d'autrui, pour découvrir les secrets d'une autre personne (à l'exception de l'époux, du fils, du pupille); on élève la peine si on a donné à ces secrets une certaine publicité. On punit plus sévèrement l'administrateur employé ou apprenti qui divulgue les secrets de son patron; le cas le plus sévèrement puni est celui où il y a divulgation de secrets d'affaires par les employés d'une entreprise industrielle (art. 512 à 514).

VI. Les crimes contre la propriété sont traités au titre XIII en 9 chap., art. 515 à 580. 1⁰ En tête se trouve le brigandage (robo), art. 515 à 529. Est coupable d'un brigandage (art. 515) celui qui dans une intention de réaliser un gain s'empare de la chose d'autrui avec violence (violencia) ou menace (intimidación) contre la personne ou par la force (fuerza) pour les choses. On considère comme pareil (art. 520) le cas où quelqu'un dans une intention frauduleuse force une autre personne, par violence ou menace, à signer, abandonner, ou remettre un écrit ou un document public. Les cas les plus graves du brigandage avec violence ou menace contre les personnes sont a) lorsqu'à l'occasion du brigandage il y a mort d'homme (p. 178), cadena perpetua jusqu'à peine capitale, pour la tentative et le crime manqué cadena temporal au grado máximo jusqu'à la cadena perpetua); lorsque le brigandage a été accompagné de violences ou de mutilations intentionnelles, ou lorsqu'à l'occasion du brigandage il s'est produit un des accidents prévus par l'art. 431, n⁰ 1 (idiotisme, impuissance, cécité), ou lorsque le volé a été retenu prisonnier pour obtenir une rançon (bajo rescate) ou pendant plus d'un jour — peine: cadena temporal au grado medio jusqu'à cadena perpetua; c) lorsqu'à l'occasion du brigandage, une des blessures prévues par l'art. 431 n° 2 (perte d'un œil ou d'un membre principal ou incapacité de se livrer à son travail habituel) aura été occasionnée — peine cadena temporal; d) lorsque la violence ou la menace employée était d'une gravité manifestement inutile, ou lorsqu'un des coupables a occasionné à une personne qui n'était pas responsable du brigandage, un des accidents prévus par l'art. 431, n° 3 et 4 (fracture, perte d'un membre moins important, incapacité de travail de plus de 90 ou de plus de 30 jours) — peine: presidio mayor au grado medio jusqu'à la cadena temporal au grado mínimo; e) pour les autres cas de violence ou de menace contre les personnes la peine est: presidio correccional jusqu'à presidio mayor au grado medio. Un deuxième groupe de cas graves comprend le brigandage dans une maison habitée (définition art. 523 § 1) ou dans des édifices publics ou consacrés au service divin, lorsque les coupables ont pénétré dans la maison habitée, dans l'édifice ou dans une de ses dépendances (définition art. 523 § 2, 3) a) au moyen d'un escalamiento (voir ci-dessus p. 166), b) par une brèche faite à travers un mur, plancher ou toit, par effraction de portes ou fenêtres, c) par l'emploi de fausses clefs (définition art. 529), de crochets ou d'outils semblables, d) en brisant des portes, armoires, caisses ou autres récipients fermés ou scellés, ou en les emportant au dehors pour pouvoir en forcer l'ouverture, e) en prenant le nom ou l'apparence extérieure d'un magistrat. Pour ce deuxième groupe on applique le presidio mayor au grado medio jusqu'à la cadena temporal si le coupable s'est servi d'armes ou si la valeur des objets volés dépassait 500 pesetas; la peine est abaissée d'un échelon s'il manquait une de ces deux conditions, elle est abaissée de deux lorsque ces deux conditions manquent; si les objets volés appartiennent au service divin, il faut appliquer le grado máximo des échelons dont il s'agit. Le grado máximo doit être encore infligé dans tous les cas du deuxième groupe et dans ceux du premier groupe sous c jusqu'à e, si le brigandage est commis en plein champ (en despoblado) ou en bande (en cuadrilla, définition art. 518 § 2: plus de trois malfaiteurs armés). Le chef de bande dans les cas du premier groupe, même si la bande qu'il commande n'est armée que partiellement, est passible de la pena superior. Les malfaiteurs présents à un vol de ce genre sont punis comme auteurs de l'attaque corporelle commise s'ils n'ont pas essayé par des actes prouvés d'empêcher cette attaque, et leur affiliation habituelle à une bande établit contre eux la présomption qu'ils ont assisté au crime (art. 518, § 2, 3). Pour la compétence éventuelle des tribunaux militaires, voyez l'art. 8 du décret des Cortès du 17 avril 1821 qui est encore en vigueur (?) selon les différents jugements du Tribunal Suprême. Les cas moins graves, en nombre très considérable, sont ceux du deuxième groupe, si le brigandage est commis dans la dépendance d'une construction, après escalade d'un mur extérieur, et se borne à l'enlèvement de céréales, comestibles, fruits ou bois ne dépassant pas une valeur de 25 pesetas. Puis les crimes qui ne sont pas compris dans le deuxième groupe pour lesquels sont employés les moyens a jusqu'à d du deuxième groupe; première pénalité: presidio correccional au grado medio et máximo pour brigandage dépassant 500 pesetas, pena inferior pour un brigandage de 25 à 500 pesetas; deuxième pénalité: arresto mayor au grado medio et máximo pour brigandage de moins de 25 pesetas, pena inferior, lorsqu'il s'agit de vol de comestibles, fruits, bois. Dans tous les cas peu graves pour le deuxième et les autres cas de récidive on applique la pena superior (art. 527). — Enfin l'art. 528 prescrit une peine pour les actes préparatoires (tels que la possession et la préparation de fausses clefs). 2⁰ Commet un simple vol (art. 530—533) celui qui dans une intention intéressée s'empare sans violence ou menace contre les personnes et sans violence par rapport aux objets, d'un objet mobilier appartenant à autrui sans le consentement de son propriétaire; b) celui qui dans une intention intéressée s'approprie une chose trouvée dont il connaît le propriétaire; c) celui qui enlève ou utilise le produit ou l'objet d'une détérioration commise par lui (ce cas est réglé d'une manière très casuistique, on ne trouve pas ici les contraventions des art. 607 nᵒ 1 à 3, 608 nᵒ 1, 610 nᵒ 1, 611, 613, 617 § 2, 618; voyez par contre l'art. 50 de la loi sur la chasse du 10 janvier 1879), graduation de la peine d'après la valeur de ce qui a été volé: au delà de 2500 pesetas, de 500 à 2500 pesetas, de 100 à 500 pesetas, de 10 à 100 pesetas, au-dessous de 10 pesetas; pour ce dernier cas, il est traité comme le vol de comestibles, fruits ou bois qui ne dépasse pas 20 pesetas.[1]) L'art. 532 régit les cas d'entrée violente ou non autorisée dans des terrains appartenant à autrui pour y chasser ou y pêcher. L'art. 533 élève les peines d'un échelon pour le vol a) d'objets du culte ou provenant d'édifices religieux, b) des domestiques ou lorsqu'on commet un grave abus de confiance, c) lorsqu'il y a eu deux ou plusieurs fois récidive. 3⁰ Le délit de l'usurpación (chap. 3) s'applique à l'usurpation d'objets ou droits immobiliers commise avec violence ou menace contre les personnes. On a placé encore ici le déplacement des bornes (art. 535). 4⁰ Les escroqueries (defraudaciones), art. 536—554, se divisent en (section 1) engagements non exécutés, banqueroute (quiebra) et incapacité de payer punissable (il y a graduation de peine suivant que, d'après les prescriptions du Code de commerce, le failli aura été déclaré en état d'insolvencia fraudulenta ou d'insolvencia culpable) art. 536 à 546, et en (section 2) fraude et autres impostures (estafas y otros engaños) parmi lesquelles il y a aussi la vente ou la mise en gage d'un objet appartenant à autrui, enlèvement d'un objet pour le soustraire à son propriétaire légitime, formation d'un traité fictif au détriment des tiers, dépouillement de mineurs — art. 547 à 554. 5⁰ Le Chap. IV comprend les manœuvres destinées à faire changer le prix des objets: le fait d'empêcher de mettre des enchères à des ventes aux enchères, création abusive de rings pour abaisser les prix, diffusion de faux bruits, etc. — art. 555 à 558. 6⁰ Les art. 559 et 560 s'occupent des crimes des prêteurs sur gages (prestamistas). 7⁰ Les crimes d'un danger général des autres codes pénaux sont à peu près représentés par les art. 561 à 574. Le crime d'incendiaire est puni suivant diverses graduations (de la cadena perpetua à l'arresto mayor au grado medio) suivant la nature de l'objet et l'importance du dommage causé. Le danger d'une extension possible de l'incendie a pour effet d'élever la peine. Les mêmes peines s'appliquent à la production d'autres accidents (estragos): perte ou échouement d'un navire, inondation, déraillement d'un train, dérangement de signaux, destruction de communications télégraphiques, etc. (art. 572 voir ci-dessus p. 176). Le fait d'incendier des objets appartenant à soi-même n'est punissable que s'il a eu lieu pour causer volontairement un dommage à un tiers, ou si ce dommage a réellement été causé, ou si dans la même localité une construction a été atteinte par le feu. Le chap. 8 s'occupe des dégâts (daños) dont la notion forme une sorte de clausula generalis ajoutée aux divers crimes contre la propriété. Art. 575 à 579. Les cas les plus légers sont des contraventions, voir les art. 585, 616, 619. 9⁰ L'art. 580 s'occupe des cas où il n'y a pas de pénalité à propos de

---

[1]) Voir pour la fausse citation de l'art. 601 nᵒ 1 et pour le plus petit vol et le vol d'aliments la citation ci-dessus p. 158, note.

vols, escroqueries et détériorations d'objets pouvant se produire entre époux,[1]) parents et alliés de la ligne ascendante et descendante, entre frères et sœurs vivant ensemble. Ni la responsabilité civile, ni la responsabilité correctionnelle d'un extraneus ne sont touchées par ces dispositions.

VII. Le titre XIV, art. 581 de l'imprudence téméraire a déjà été traité ci-dessus p. 162. Titre XV voir ci-dessous p. 186, § 10, I 6.

§ 9. Les contraventions.

I. Quelques-unes des prescriptions de la partie générale sont changées pour le livre III (Titre V, art. 620 à 625). Ainsi dans le calcul de la peine le tribunal n'est pas tenu d'observer toutes les prescriptions si compliquées, mais il a toute liberté pour juger le cas qui lui est soumis (cpz. p. 173). Quant aux complices on leur applique au grado mínimo la peine qui atteint les auteurs. Les fauteurs (encubridores) ne sont pas punis, ainsi qu'il a été dit ci-dessus p. 163. La peine accessoire de la confiscation n'est pas prescrite si sévèrement que dans l'art. 63 (p. 171) pour les crimes; mais elle est limitée aux sujets nommés dans l'art. 622 et elle est aussi ici facultative. Dans le cas où il y a incapacité de payer l'amende, et de satisfaire vis-à-vis d'un tiers aux autres obligations pécuniaires provenant d'une contravention, il y a un jour de détention par 5 pesetas. Dans les ordonnances de police postérieures au C. p., on ne doit pas infliger de peines plus élevées que celles du livre III. Voir à ce propos l'ordonnance des municipalités (organización de los Ayuntamientos), loi du 2 octobre 1877, art. 77 (suivant l'importance de la localité la police ne peut infliger que des peines allant jusqu'à 50, 25, 15 pesetas). Art. 72, § 2, secundo, art. 74, n[0] 1.

II. Au nombre des contraventions particulières, on doit, aux termes de l'art. 5 § 2, considérer comme les plus graves celles dirigées contre les biens des particuliers, car pour elles la contravention manquée est punissable (voir ci-dessus p. 161). 1[0] Le Titre III, art. 602 jusqu'à 605 comprend les contraventions contre les personnes. Art. 602, 603 n[0] 1, 2, 12, 604 n[0] 1, 2 à 5, 605 n[0] 1 et 3 sont déjà cités aux art. 431, 435, 474, 507, 581. L'art. 603 n[0] 2 à 8 punit diverses contraventions de devoirs conjugaux et de devoirs de famille, de tutelle, et de devoirs pupillaires. Sont frappés d'un arrêt de 5 à 15 jours et d'une réprimande ceux qui rencontrent un enfant abandonné âgé de moins de 7 ans dans une position où sa vie est en danger et ne le livrent pas à l'autorité ou à sa famille; ceux qui, d'après l'art. 603 n[0] 11, rencontrent en plein champ une personne ayant reçu des coups ou étant en danger de périr, et qui ne lui portent pas secours, quand ils peuvent le faire sans inconvénient pour eux. Il en est de même pour le cas de l'art. 605 n[0] 2: ceux qui, malgré la prière d'autres personnes, omettent de leur prêter l'assistance nécessaire pour garantir ces personnes d'un mal encore plus grand, quoiqu'à eux-mêmes il ne leur en surviendrait aucun inconvénient, sont frappés d'une amende de 5 à 25 pesetas et d'une réprimande. 2[0] Le titre IV, art. 606 à 619 qui s'occupe des contraventions contre la propriété, a déjà été en partie mentionné. Le caractère complémentaire du droit pénal des contraventions se montre ici d'une manière significative particulière. Une peine est infligée aux cas qui ne sont point rangés dans le livre II de violation de domicile, passage sur des terrains appartenant à autrui (surtout pour y pêcher ou y chasser, art. 608, 609), détérioration d'objets (en particulier par des bestiaux qui causent des dégâts sur les

---

[1]) Même quand l'autre époux est déjà décédé, mais qu'un tiers n'a pas encore pris possession des objets.

propriétés d'autrui, art. 611 à 613; il y a parfois de très petites amendes pour chaque pièce de bétail qui descendent jusqu'à $^1/_4$ et $^1/_8$ de peseta), incendie, dégâts occasionnés aux arbres. L'art. 606 frappe d'arresto menor ceux qui pour se procurer un avantage ou un gain se livrent à des prophéties ou à des prédictions, ou abusent d'une manière analogue de la crédulité du public. L'art. 619 s'occupe de dégâts causés au bien d'autrui par négligence (voir ci-dessus p. 182; la peine est de $^1/_2$ à $^1/_1$ du dommage reconnu, ou elle varie de 5 à 75 pesetas).

III. Le titre I, chap. 1 comprend les contraventions relatives à la presse (délits contre les ordonnances de la loi de la presse, art. 584, voir ci-dessous § 10); le chap. 2 comprend les contraventions contre l'ordre public, dont l'art. 587 a déjà été traité (p. 178), les autres dégradations d'un caractère peu grave de monuments et de tableaux,[1]) les dérangements peu graves apportés au service divin, à la tranquillité publique, aux séances des tribunaux; il punit aussi la dissimulation de la personnalité devant l'autorité (art. 590), l'exercice illégal d'une industrie, le travestissement, le port d'armes sans autorisation. Le titre II traite un grand nombre de petites contraventions contre l'intérêt public et contre les ordonnances locales de police qui ont un caractère généralement préventif, par exemple de petits délits monétaires (tels que l'art. 592 n° 2 dont il a déjà été parlé ci-dessus p. 176), des infractions aux réglements relatifs aux poids et mesures, à la pureté des aliments, à la défense des jeux de hasard, etc. art. 592 à 601.

III. Le droit pénal spécial.[2])

Littérature. Colección Legislativa de España. (Recueil officiel des lois.) Madrid, Imprenta del Ministerio de Gracia y Justicia. Jusqu'à 1891 144 volumes. Éditions les plus recommandables: les Leyes penales de España, mentionnées ci-dessus, de Medina et Marañón, Madrid 1891: Apéndice que contiene las Leyes, Reales decretos, Reales órdenes, Reglamentos y Circulares de aplicación mas frecuente en los Tribunales ordinarios. Puis Compilación de disposiciones penales no comprendidas en el Código penal, publiée par la rédaction du journal: El Consultor de los Ayuntamientos etc. Madrid 1884. Bravo, Legislación penal especial. Madrid, Núñez, 3 vol. et supplément 1885, 1887. — Sur les sujets spéciaux: Presse — Leyes de Imprenta, Reunión y Asociación vigentes en la Península, anotadas, con la jurisprudencia y disposiciones dictadas para la mejor inteligencia de sus preceptos hasta 1892. Publiées par la rédaction de la Revista de los Tribunales. Madrid, Góngora. 2. ed., 1892. Travaux de mines — Freixa y Rabasó, Legislación de Minas. 2. ed. Madrid 1892. Sanchez de Ocaña, La Legislación minera. Madrid 1892. Chemins de fer — Colección legislativa de ferrocarriles, publiée par la direction du journal fondé en 1856: Gaceta de los caminos de hierro. Madrid 1891/92. Molto, Legislación de ferrocarriles. Madrid 1891. Droits et Taxes — Ordenanzas generales de la renta de aduanas, vol. I = vol. 90 de la Biblioteca judicial qui paraît à Madrid chez Núñez. Agut y Fernandez, Legislación del impuesto de timbre etc. concordada con la antigua renta del sello del Estado y anotada con los códigos de comercio y penal. Madrid 1882. Droit forestier, droit concernant la chasse — Diaz Rocafull, Legislación forestal. Madrid 1881. Abella, Manual del Derecho de Caza. Madrid 1883 (avec un précis historique). Ramos, Legislación de Montes. 1888. Bravo, Legislación de Montes. Madrid, Núñez, 1892.

§ 10. Droit pénal concernant la presse et les associations.

I. L'art. 13 de la Constitution espagnole dit: „Tout Espagnol a le droit d'exprimer librement ses idées et opinions, soit en paroles, soit par écrit, en

---

[1]) Art. 585, voir ci-dessus à l'art. 276.
[2]) Dans ce qui suit nous avons rendu ley par loi, decreto par décret, orden par ordonnance, reglamento par réglement, ordenanzas par prescriptions.

se servant de la presse ou de tout autre procédé semblable, sans être exposé à une censure préalable." 1⁰ L'exercice de ce droit est réglé par la loi sur la presse du 26 juillet 1883, qui comprend sous l'expression d'ouvrage imprimé „toute manifestation d'une pensée au moyen de la presse d'imprimerie, de la lithographie, de la photographie ou d'un autre procédé mécanique qui serve à la reproduction de mots, dessins et images sur le papier, la toile ou une autre substance quelconque." Les ouvrages imprimés se divisent en livres (lorsqu'ils dépassent 200 pages), brochures, feuilles volantes (d'au plus 8 pages), bulletins et journaux (periódicos); pour ces derniers il ne faut pas que la période de temps qui s'écoule entre deux numéros qui se suivent dépasse 30 jours (art. 3 § 5, par ailleurs la définition du journal est dans le sens du règlement relatif à la propriété intellectuelle du 3 septembre 1880, art. 15). Pour chaque sorte d'ouvrage imprimé il y a relativement à la publication diverses conditions exigées (remise de trois ou d'un plus grand nombre d'exemplaires à certains pouvoirs publics, dépôt d'explications données par écrit, etc.); en particulier pour les journaux périodiques relativement à leur fondation, la publication de chaque numéro, la suspension du journal, si le représentant est condamné à la perte de ses droits civils et politiques, art. 4 à 13. 2⁰ Les délits contre ces prescriptions sont en partie des crimes d'après l'art. 203; pour publications clandestines (loi de la presse art. 18, c'est-à-dire celles qui paraissent sans indication ou avec une fausse indication de l'imprimerie; feuilles volantes, bulletins et journaux pour lesquels on n'a pas observé les conditions de la publicité; journaux à suspendre et qui continuent à reparaître) sont responsables les rédacteurs, directeurs, etc. dans leur rang qui va être discuté tout à l'heure; pour avoir omis de déclarer le nom du directeur[1]) et éventuellement de l'éditeur d'un journal périodique on frappe les directeurs, etc. Les infractions contre les autres prescriptions de la loi de la presse sont punies comme contraventions aux termes du C. p. art. 584; la remise de ces „correcciones" a lieu administrativement, et contre cette remise il y a pourvoi de plein droit. Il y a prescription au bout de 8 jours. Loi de la presse art. 19. 3⁰ Les art. 14 à 16 règlent les conditions nécessaires pour l'admission des déclarations et informations des personnes qui se trouvent lésées par une publication. L'exercice du droit de ces personnes et la procédure résultant du refus de recevoir ces déclarations sont réglés d'une manière précise, et pour un refus non justifié, on applique une amende de 300 pesetas. 4⁰ La responsabilité des délits de presse est réglée d'une manière différente de celle des autres prescriptions. Aux termes de l'art. 12 du C. p. ne sont responsables que le rédacteur principal, par conséquent point le complice ou le fauteur. L'auteur est (art. 14 du C. p.) en première ligne l'écrivain, qu'il ne soit a) inconnu, ou b) non domicilié en Espagne, ou c) excempt de responsabilité pénale aux termes de l'art. 8 du C. p. (v. p. 164); lorsque ceux-ci font défaut, en deuxième ligne les directeurs sous les mêmes suppositions; en troisième ligne les éditeurs, en dernière ligne les imprimeurs, c'est-à-dire les chefs de l'établissement d'imprimerie. — D'après les art. 816 à 823 du C. d'instr. crim. une personne responsable en première ligne peut être poursuivie dans le cours du procès à la place de l'inculpé primitif; toutefois on ne peut plus intenter de poursuites sur une personne responsable en première ligne si une autre personne qui se trouve sur la ligne derrière elle a été condamnée légalement (art. 821, 820 § 2). Relativement à la saisie immédiate et la confiscation de tous les exemplaires et de la composition, v. le C. d'inst. crim. art. 816, 822, cpz. l'art. 63 du

---

[1]) Ou bien lors d'un changement dans la direction le nom du nouveau directeur (jurisprudence).

C. p. 5⁰ Comme nous l'avons déjà vu (p. 166) l'accomplissement d'un crime
au moyen de la presse représente une circonstance mixte que les tribunaux
peuvent considérer comme aggravante ou atténuante. C'est absolument dans
l'esprit de la loi si le Tribunal Suprême considère en cas d'injures cette circonstance comme n'étant jamais atténuante; car c'est justement le fait d'offenses commises au moyen de la presse qui transforme en crimes des contraventions (art. 605, n⁰ 1, 474. Satisfaction accordée au moyen de l'insertion du
jugement dans les journaux, art. 479). La publication de faits de la vie privée
n'ayant point un caractère offensant est punissable dans certaines circonstances,
art. 584, n⁰ 2. 6⁰ Si la presse provoque à l'accomplissement d'un crime, alors
il y a lieu d'infliger la peine de ce crime qui sera abaissée d'un échelon si
cette provocation a été suivie d'effet; sans cela elle sera abaissée de deux
échelons, art. 583, 582. La publication scandaleuse de théories contraires à
la morale publique est punie d'une amende variant de 125 à 1250 pesetas
suivant l'art. 457. On considère comme de simples contraventions la provocation à la désobéissance envers la loi et l'autorité, l'apologie d'un crime, les
offenses faites à la morale, aux bonnes mœurs, à la tranquillité publique,
art. 584 n⁰ 4 (25 à 125 pesetas d'amende). 7⁰ Quant à l'emploi de la presse
par des fonctionnaires de la justice et des officiers, et aux délits officiels qui
peuvent en résulter, v. la Ley orgánica art. 734 n⁰ 9 et le Código de Justicia
militar (Code militaire, ci-dessous § 15) art. 329 n⁰ 4. Quant à la place donnée
aux délits de presse parmi les délits politiques v. § 7, III 1.

II. L'art. 13 de la Constitution garantit en outre à tous les Espagnols le
droit de s'assembler tranquillement et de se former en sociétés pour les intérêts
de la vie humaine. 1⁰ La loi du 15 juin 1880 prescrit comme condition préalable
pour l'exercice du droit de réunion la déclaration faite par écrit 24 heures
auparavant et adressée à l'autorité supérieure; pour des réunions dans des rues
ou sur des places il faut la permission écrite de l'autorité. L'autorité peut
assister aux réunions et les dissoudre dans les cas de l'art. 5. Sont considérées
comme n'étant pas des réunions pacifiques celles qui ont lieu au mépris de
règlements de police qui ne sont pas purement provisoires, celles qui ont lieu
la nuit, celles où la plupart des assistants sont armés, et celles dans lesquelles
on·prépare ou on exécute un des crimes du C. p., Livre II, Titre III (v. § 7,
II 4, 5). Cpz. les prescriptions pénales du C. p. art. 189 à 197 et les contraventions contre le devoir de déclaration, art. 597 n⁰ 1. Les autres rassemblements défendus sont ceux qui ont lieu devant l'édifice où les Cortès sont en
séance (C. p. art. 168, 169), et ceux tenus en vue d'entreprises de haute trahison (C. p. art. 182, 186, 188). Ne sont pas soumis d'après l'art. 7 aux prescriptions de la loi sur les réunions: les processions catholiques, les rassemblements des sociétés catholiques et des autres sociétés religieuses tolérées (v. la
disposition royale sur la tolérance religieuse du 23 octobre 1876 et ci-dessus
§ 7, II 3), les réunions faites par des associations ou entreprises agréées par
l'autorité supérieure, celles qui ont lieu dans les théâtres ou lieux de spectacle;
toutefois il faut observer ici les dispositions du règlement du 2 août 1886 pour
la police des théâtres et de l'art. 597 n⁰ 1 du C. p. — Pour les fonctionnaires
de l'ordre judiciaire voir la Ley orgánica art. 7 n⁰ 5. 2⁰ Le droit d'association
est contenu dans la loi du 30 juin 1887. Voir l'art. 10 sur la compétence
pénale des autorités provinciales. Crimes contre ce droit art. 198 à 201. Les
associations illicites sont a) celles qui d'après leur objet ou leurs circonstances offensent la morale publique; b) celles qui ont pour objet l'accomplissement d'un crime. La jurisprudence du Tribunal Suprême considère comme ne
retombant pas sous le coup de l'art. 13 les réunions où on prêche l'anarchie
et le collectivisme, car ce serait, d'après les lois naturelles, incompatible avec

les intérêts de la vie humaine. Pour les crimes que les fonctionnaires publics commettent au mépris du droit d'association et de réunion, v. les art. 229 à 235 du C. p.

§ 11. Protection de la propriété intellectuelle.

I. La loi du 10 janvier 1879 ainsi que l'ordonnance qui a paru plus tard du 3 septembre 1880 traitent de la propriété intellectuelle appliquée aux ouvrages scientifiques, littéraires et artistiques. Relativement au même objet on a conclu le traité (convenio) du 9 septembre 1886 pour la formation d'une union internationale en vue de protéger les ouvrages des artistes et des écrivains, et qui est entré en vigueur le 5 décembre 1887; ce traité a été conclu par l'Espagne et ses colonies avec la Belgique, l'Allemagne, la France avec ses colonies, la Grande Bretagne et l'Irlande avec ses colonies, Haïti, l'Italie, Liberia, la Suisse, la Tunisie. Toujours pour le même objet il existe aujourd'hui les traités particuliers avec la Belgique du 26 juin 1880, avec la France du 16 juin 1880, avec la Grande Bretagne du 11 août 1880, avec l'Italie du 28 juin 1880, avec le Portugal du 9 août 1880, et avec la Colombie il y a le traité du 28 novembre 1885, qui est entré en vigueur depuis le 1er janvier 1887. La violation des droits de propriété intellectuelle d'autrui (defraudación de la propiedad intelectual) est comminée par les art. 45 à 49, à la loi du 10 janvier 1879, aux art. 52, 53, ordonnance du 3 septembre 1880 en renvoyant aux articles 552 du C. p.

II. La loi des brevets du 30 juillet 1878 a pour but la protection de la propriété intellectuelle relative aux inventions industrielles (propiedad industrial). L'usurpation d'un brevet (usurpación) est aux termes des art. 49 à 52 punie d'une amende de 200 à 2000, en cas de récidive de 2001 à 4000 pesetas, les complices sont punis d'une amende de 50 à 200, en cas de récidive d'une amende de 201 à 2000 pesetas. La falsification de brevets tombe sous le coup du C. p., livre II, Titre IV, chap. 1, v. § 7, IV 1. Ces prescriptions, conformément au traité international du 20 mars 1883, trouvent également leur application aux sujets de la Belgique, de la France, du Guatemala, de l'Italie, de la Hollande, du Portugal, du Salvador, de la Suisse, de la Serbie; et, à la suite de déclarations supplémentaires ultérieures, aux sujets de la Grande Bretagne, de la Tunisie et de l'Équateur.

III. La protection des marques de fabrique est réglée dans l'ordonnance royale du 20 décembre 1850 et dans les art. 291 à 293 du C. p.

§ 12. Droit pénal relatif aux communications.

I. En exécution du traité international des câbles télégraphiques du 14 mars 1885, publié en Espagne le 19 mai 1888, entré en vigueur au 1er mai 1888, on a édicté la loi du 12 janvier 1887 relative à la protection des câbles sous-marins. La rupture ou la détérioration d'un tel câble, faite volontairement ou par négligence coupable (descuido culpable) de telle sorte que les communications télégraphiques soient interrompues ou dérangées entièrement ou en partie sont punies d'après l'art. 3 de la prisión correccional au grado medio et máximo; excepté le cas où l'existence de l'équipage et la sécurité du navire l'exigent, et où on a observé les précautions nécessaires pour éviter la déchirure ou la détérioration du câble; si dans des cas pareils, en vue d'éviter que le câble subisse des avaries, on a été obligé de laisser des ancres, des filets ou autres ustensiles de pêche, le propriétaire du câble est tenu aux termes de l'art. 6 de remplacer ces objets. De même si les mouvements d'un navire viennent à causer quelque dommage au câble, le capitaine est passible d'une amende (art. 7). Si ces opérations sont accomplies dans une intention malicieuse (maliciosamente), alors on les assimile au crime manqué de l'art. 3; pour la deuxième récidive on présume qu'il y a eu intention mauvaise et sans permettre qu'on puisse fournir la preuve du contraire. Les peines réglementaires pour le cas où un navire en train de poser ou de réparer un câble ne fait pas les signaux prescrits, ou que d'autres navires ne fassent pas attention à ces signaux et restent éloignés d'eux à une distance d'un mile marin, et des bouées servant aux câbles à une distance de $1/4$ de mile marin, se trouvent dans l'art. 4. La compétence des Tribunaux maritimes se trouve à l'art. 11.

II. Pour les crimes contre les chemins de fer il y a 1^0 comme établissant les principes la loi de la police des chemins de fer du 23 novembre 1877: art. 16 destruction de la voie ou pose d'obstacles sur la voie, opérations faites en vue d'amener un déraillement; art. 17 adhésion subsidiaire des chefs à une rébellion ou à une sédition; v. § 7, II 4, III 2 aux art. 243, 250 du C. p. et l'ordonnance du 21 janvier 1874, art. 1. En cas de concours idéal (accompagné par exemple d'homicide, de blessures corporelles) il y a lieu d'appliquer la peine la plus grave au grado máximo (art. 79). La résistance contre les employés de chemins de fer est punie (art. 23) comme atentado d'après l'art. 263 du C. p.; la menace accompagnée du crime désigné aux art. 16 et 17 est punie conformément à l'art. 507 du C. p., toutefois au grado máximo ou au grado mínimo de l'échelon qui est immédiatement au-dessus; art. 21 traite des délits par négligence (v. C. p. art. 581), l'art. 24 traite des contraventions, v. encore C. p. art. 572 sous le titre de crimes présentant un danger général. 2^0 L'ordonnance du 8 septembre 1878 donne des détails plus complets relativement à la police des chemins de fer, v. les art. 184, 180, et à la procédure art. 160 à 168. 3^0 Quant à l'étendue du territoire où les divers réglements sont en vigueur, v. l'ordonnance du 2 octobre 1885 sur les chemins de fer entre l'Espagne et le Portugal.

§ 13. Le droit pénal douanier.

I. Les principes fondamentaux de ce droit pénal se trouvent dans le décret royal du 20 juin 1852 relatif à la contrebande et à la fraude, et dont les art. 17 à 35 ont une importance particulière pour le droit pénal. Pour avoir tous les renseignements à ce sujet, il faut consulter les ordonnances des douanes (Ordenanzas de Aduanas) du 19 novembre 1884 qui dans les art. 246 à 265 règlent le droit pénal en matière de douanes d'une manière complète et casuistique, et souvent sous la menace d'amendes absolues. Voir en plus le décret royal du 16 mars 1886, et le décret du 5 mai 1886 relatif aux charges publiques d'avoué, art. 59.

II. Les dispositions douanières se divisent en contrebande, fraude et délits connexes. 1^0 Les cas de contrebande sont énumérés dans les 13 chiffres de l'art. 18; ils comprennent principalement la fabrication et la vente d'objets pris en régie dont l'introduction, l'importation, l'exportation est interdite, ainsi que les actes préparatoires. La peine appliquée à ces délits est la confiscation (comiso) des articles, machines, moyens de transport, etc., énumérés dans l'art. 24, et d'après l'art. 25 l'amende s'élève depuis trois fois jusqu'à six fois la valeur de l'objet de la contrebande. 2^0 L'art. 19, n^0 1 à 11 comprend la fraude, le fait de se dérober au paiement des droits d'entrée ou de consommation, et il expose généralement toutes les violations des règlements administratifs ayant pour but d'échapper au paiement de taxes fixées par la loi, ou de refuser ce paiement. La peine consiste, d'après l'art. 26, et dans la plupart des cas, dans la confiscation de l'objet de la fraude, et d'après l'art. 27 l'amende représente de deux à quatre fois la somme des droits qu'on a voulu éviter de payer. 3⁰ Les délits connexes (corruption d'employés, résistance contre ceux-ci, pour mener à bonne fin un acte de contrebande ou de fraude) sont énumérés dans les art. 17 et 20; ils sont jugés d'après les lois ordinaires (art. 31). 4⁰ Les art. 21 à 23 contiennent une exception aux principes généraux du C. p. en ce sens qu'ils énumèrent les circonstances aggravantes et atté- nuantes qui peuvent être invoquées en matière de contrebande et de fraude, et qu'ils laissent plus de liberté au juge pour les peser. 5⁰ Sont responsables pour les amendes les parents et les époux, art. 34, 35. Les amendes non payées sont converties en prisión correccional de 2 ans au plus, art. 28. Si l'on se trouve en présence de la circonstance aggravante de l'art. 22 n⁰ 4 (con- duite armée de la contrebande) ou d'une troisième récidive, alors il y a lieu d'appliquer, en plus des peines ci-dessus mentionnées, de 7 mois jusqu'à 3 ans de presidio correccional, art. 29, 36.

§ 14. Lois ayant un caractère de police général.

I. Loi du 23 avril 1870 sur l'ordre public (état de siége et état de guerre). Suspension des garanties constitutionelles. Décret du 10 août 1876 sur le port des armes.

II. Règlement des pharmaciens du 18 avril 1860. — Ordonnance royale du 31 décembre 1887 concernant les boucheries. C. p. art. 356. Ordonnance royale du 28 juillet 1887 concernant les boissons alcooliques. — Ordonnance royale du 27 novembre 1858 concernant les hôteliers. C. p. art. 600 n⁰ 1.

III. Décret du 13 mai 1857 sur les voitures. Loi du 13 juin 1879 sur la législation des cours d'eau. Décret royal du 8 mai 1884, exposant le C. p. forestier. (Legislación penal de Montes.)

IV. La loi sur la chasse du 10 janvier 1879 (sont particulièrement de droit pénal les art. 44 à 54) v. C. p. art. 532, 608 n⁰ 1 et 3, 615 n⁰ 2. — Décret du 3 juin 1834, Titre V sq. art. 36 sq. sur les pêcheries (v. au point de vue pénal les art. 53 à 55), voyez aussi ici les art. mentionnés du C. p., et comme suite à l'art. 53 l'ordonnance du C. p., art. 576 n⁰ 3. Voir encore pour la pêche des côtes entre l'Espagne et le Portugal le règlement du 2 octobre 1885, et pour la pêche dans la Bidassoa les traités avec la France des 28 février 1886 et 20 septembre 1888.

IV. Le Code pénal militaire.

Littérature: Manuels de MEDINA et MARAÑÓN, Legislación penal de Guerra y Marina (dans la Biblioteca manual de Derecho penal). Madrid, Tello, 1891. BACARDI, Diccionario de legislación militar, ó sea Repertorio general y completo de legislación militar. 4 vol. Barcelona 1887. — Sánchez OCAÑA, Código de Justicia militar, anotado y concordado con la legislación anterior. Madrid 1890. BENITO É INFANTE, Código de Justicia militar. Madrid 1891. — Código penal de la Marina de Guerra, con algunas notas y concordancias con los Códigos penal común y para el ejército. (Publié par la Redacción de la Revista de los Tribunales.) Madrid 1888. ROMERO Y VILLANUOVA, Có- digo penal de la Marina de guerra, con comentario y citas del Tribunal Supremo. Madrid 1888.

§ 15. Le droit pénal pour l'armée de terre.

I. Après le C. p. militaire du 1ᵉʳ janvier 1885, c'est le Code général de justice militaire du 27 septembre 1890 (Código de Justicia militar) qu'on ob- serve aujourd'hui et qui se divise en trois sections (Tratados): 1⁰ Organisation et autorité des tribunaux militaires. 2⁰ Lois pénales. 3⁰ Procédure militaire. C'est seulement la deuxième section avec ses 11 titres, art. 171 à 339 qui nous intéresse ici.

II. Les titres I à IV représentent la partie générale, dans laquelle on renvoie le plus souvent aux dispositions du C. p. civil. Il faut toutefois remarquer: 1⁰ Les peines désignées dans les décrets (bandos) d'un général en chef ou d'un gouverneur d'une ville assiégée ou bloquée sont assimilées aux actes punis dans la loi (art. 171 § 2). 2⁰ Le Tribunal est libre d'apprécier comme il lui plait les motifs d'après lesquels la peine doit être établie, art. 172, 173. 3⁰ L'ivresse n'est jamais une circonstance atténuante, art. 173 § 2. 4⁰ L'abus de l'autorité en cas de répression instantanée d'une insubordination peut être une circonstance atténuante (abaissement de la peine de 1 à 2 échelons). 5⁰ L'assassinat, le meurtre, les blessures, le brigandage, le vol, l'escroquerie, qui généralement sont compris dans le C. p. civil, doivent, lorsque ces actes se rapportent au service, être frappés d'une peine infligée au grado máximo ou élevée d'un à deux échelons; en cas de brigandage le crime manqué est assimilé au crime consommé; le viol est puni d'une peine plus élevée de 1 à 2 échelons; les détournements de fonds publics et les faux sont toujours punis comme s'ils étaient commis par un fonctionnaire, et au grado máximo. 6⁰ Il y a prescription pour le déserteur lorsqu'il a atteint sa cinquantième année ou qu'il est impropre au service militaire, art. 217.

III. Le système pénal (Titre II, art. 176 à 215) distingue les peines, penas, et corrections, correcciones. Les premières se divisent en peines militaires et peines ordinaires, auxquelles s'ajoutent les peines accessoires. Les peines militaires sont: 1⁰ La peine de mort. 2⁰ La réclusion militaire perpétuelle (elle est expiée au bout de 30 ans). 3⁰ La réclusion militaire à temps. 4⁰ La prison militaire sévère. 5⁰ Perte d'emploi. 6⁰ Prison militaire correctionnelle de 3 à 6 ans. 7⁰ Séparation du service actif. 8⁰ Prison militaire correctionnelle jusqu'à 3 ans. Les peines accessoires sont: la dégradation militaire, destitution temporelle du service (dans ce cas la place peut être occupée par un autre — suspensión de empleo; ou non — deposición de empleo), envoi dans une compagnie de discipline, expulsion de l'armée.

IV. Le titre V à IX est la partie spéciale pour les crimes, art. 222—306. Le titre V contient les crimes contre la sûreté de la patrie; trahison envers le pays, espionnage, crime contre le droit des gens, dévastation et pillage. Le titre VI embrasse les crimes contre la sûreté de l'État et de l'armée; rébellion, sédition, insultes contre les sentinelles, postes et troupes en armes. On trouve dans le titre VII les crimes contre la discipline militaire: Insulte contre les supérieurs, désobéissance, abus de l'autorité, usurpation d'une charge. Voici la table des matières du titre VIII: Abandon du service, négligence dans l'accomplissement du devoir, refus de prêter assistance, violation des devoirs de la faction, violation du devoir de résistance, désertion à divers degrés et participation à la désertion, emploi de moyens pour se rendre impropre au service, crimes contre l'honneur militaire, tels que crimes contre „le but et les moyens de l'activité militaire". Le titre IX parle de crimes contre les intérêts de l'armée (escroquerie, falsification des aliments).

V. Le titre XI, art. 310 à 339 correspond au livre 3 du C. p. civil, il contient les contraventions dont la punition porte le nom de correcciones. On distingue les faltas graves et leves; les correcciones pour les premières sont pour un officier: suspensión de empleo de 2 mois jusqu'à un an, arrêts de 2 à 6 mois; pour un simple soldat: envoi dans une compagnie de discipline pendant 1 à 6 années, prolongation de service (recargo en el servicio) de 2 mois à 4 ans, arrêts de 2 à 6 mois. Les correcciones des faltas graves sont pour un officier: arrêts chez lui jusqu'à 8 jours, arrêt à la caserne de 15 jours à 2 mois; avertissement, réprimande; pour le simple soldat: deposición de empleo, arrêts à 3 degrés jusqu'à 8, jusqu'à 15, jusqu'à 2 mois, exercices supplémentaires. La récidive répétée des mêmes contraventions les transforme en crime, v. Titre X, art. 307—309.

§ 16. Le Code pénal pour la marine.

Il existe un C. p. particulier du 24 août 1888 pour la marine, qui est entré en vigueur le 1ᵉʳ janvier 1889 (343 art.). De même que le C. p. civil, il est divisé en 3 livres, ne contient que peu de renvois à celui-là, reproduit même brièvement les crimes communs, et permet d'observer fréquemment, surtout dans le système pénal, des emprunts indéniables au projet Silvela, ainsi du reste qu'on peut le voir en jetant un coup d'œil sur le système de graduation des peines d'emprisonnement. Les 14 degrés sont (art. 36): la réclusion perpétuelle, à temps de 17 à 20 ans, de 14 à 17 ans, de 12 à 14 ans, emprisonnement dans une forteresse (presidio) de 10 à 12 ans, de 8 à 10 ans, de 6 à 8 ans, emprisonnement (prisión) de 4 à 6 ans, de 2 à 4 ans, d'une demie année à 2 ans, arrêt de 4 à 6 mois, de 2 à 4 mois, de 1 à 2 mois, de 1 à 30 jours.

V. Le droit pénal des Colonies.

Littérature. Cacho Negrete, Instituto criminal teórico-práctico. Habana 1838. Valdés, Diccionario de Legislación y Jurisprudencia criminal en que se comprenden todas las disposiciones que rigen en la isla de Cuba. Habana 1858. Recopilación de leyes de los reinos de las Indias (recueil fait sur le commandement de Charles II.), 2. ed. 1756. 5. ed. (corregida por la Sala de Indias del Tribunal Supremo). Madrid 1841. Rodriguez San Pedro, Legislación ultramarina concordada y anotada. 16 t. Madrid 1865—69. — Éditions des Codes pénaux: Pour les Indes Occidentales Código penal para las islas de Cuba y Puerto Rico. Madrid, Centro editorial de Góngora, 1886, et Apéndices, 1887, embrassant le droit pénal spécial. Pour les Philippines: Bravo, Código penal vigente en las islas Filipinas. Annoté et avec la jurisprudence. Madrid (Nuñez, Biblioteca judicial) 1887. La Revista General de Derecho (t. XIII jusqu'à la fin de 1892) publiée à Habana par Ramon J. Carbonell y Ruiz contient aussi des traités pénaux et des jugements du Tribunal Suprême en matière criminelle.

§ 17. Les possessions africaines.

Les établissements situés au Maroc, et que nous avons désignés plus haut (v. p. 168) sous le nom de Presidios comme étant des établissements où les condamnés à la chaîne et à la réclusion expient leur peine, ainsi que les Îles Chafarinas dont nous avons parlé au même endroit, et les Îles Canaries où séjournent les condamnés à l'internement (confinamiento v. p. 169), appartiennent administrativement à la mère patrie et sont soumis ainsi au régime du C. p. de 1871. Les autres possessions africaines: Fernando Póo, Annobon, Corisco, Elobey et le Cap San Juan forment une Capitainerie générale particulière de Guinée, mais cependant il n'y a aucun code particulier pour elles. Les Espagnols qui y sont établis sont donc soumis en tout cas au régime du C. p. de 1871; il n'a pas été possible de savoir comment on traite les indigènes.

§ 18. Les possessions aux Indes occidentales.

Pour la Capitainerie générale de la Havane, comprenant l'Île de Cuba et l'Île de Pinos, et pour la Capitainerie générale de Puerto-Rico, qui comprend l'Île de Puerto-Rico avec Culebra, Culebrita et Vieques, un C. p. a été publié.

par ordonnance royale du 21 mai 1879 qui en grande partie s'accorde mot pour mot avec le C. p. espagnol. Les articles se rapportant à la presse ont été supprimés; au nombre des peines accessoires figure, comme dans le Code espagnol de 1850, la surveillance de la police (art. 24, 42). Dans la partie spéciale se trouvent les crimes des fonctionnaires contre les droits garantis par la Constitution qui ont subi un léger changement et une petite simplification; les crimes contre la religion ont été remaniés plus profondément. Dans le chapitre de l'énumération des cas de mariages illégaux, on a ajouté un article (art. 493). Les dispositions des art. 415, 417, 429 dernier §, 430, 448, 454, 460, 461, 464, 465 § 2, 534 à 544, qui tous se rapportaient aux crimes commis par les esclaves, étaient absolument nouvelles. Cependant à Puerto-Rico l'esclavage avait été supprimé depuis le 22 mars 1873, et cette suppression a eu lieu à Cuba par la loi du 13 février 1880.

§ 19. Les Philippines.

Les groupes d'Îles de l'Océan Pacifique appartenant à l'Espagne (Capitainerie générale de Manille) sont placés sous le régime du Código penal de las Islas Filipinas. Par décret royal du 4 septembre 1884 et du 17 décembre 1886 le C. p. y a été introduit avec de très légères modifications.

Pour les deux derniers codes que nous venons de nommer, et qui portent le nom de Códigos penales de Ultramar, il faut remarquer que l'importance des amendes qu'ils renferment est en général de $2^{1}/_{2}$ à 3 fois plus considérable que dans le Code espagnol. C'est pour se conformer au principe de l'art. 99 du vieux C. p. de 1822: dans les pays d'Ultramar toutes les amendes, à moins qu'il n'y ait de disposition relative, sont doublées.

2. Portugal.

I. Origines et développement historique du droit pénal portugais.

§ 1. Aperçu historique.

Pour remonter aux origines historiques du droit pénal portugais, il faut se reporter à l'époque qui précéda la formation du royaume de Portugal; celui-ci, à sa naissance au XIe siècle, dans l'ancienne Lusitanie, sur une partie du royaume de Léon, et plus tard sur les débris de l'empire arabe, était régi par le code des Visigoths et les recueils des conciles, bases du „Fuero de Leon" dont les règles s'étendaient au Portugal, à la Galice et aux Asturies (selon la résolution du Concile de Coyence de 1050). Les lois pénales formaient alors la partie principale de la législation et la plupart des peines étaient pécuniaires ou remplacées par des amendes fiscales. Les „foraes" imités du Fuero de Leon et donnés par les rois et seigneurs à leurs villes généralisèrent considérablement cette législation, à mesure que s'opéraient les conquêtes nouvelles. — Peu à peu cependant apparurent les peines corporelles, mort et mutilation, qui exprimaient sans doute un sentiment de vengeance privée, sentiment presque effacé sous l'empire des lois visigothes; c'est à la résurrection de ce genre de pénalités que l'on doit attribuer probablement le besoin des lettres d'assurance, de pardon, de refuge et d'asile, autorisées par les rois Alphonse IV et Pierre Ier en leurs lois de 1364 et 1385.

Le roi Jean Ier prépara une réforme systématique des lois en vigueur, réforme qui ne fut achevée que sous le règne de son petit-fils Alphonse V en 1446 sous le nom d'„ordonnances alphonsines". Ces ordonnances, quoique basées sur les résolutions des Cortès, sur les mœurs et coutumes nationales, se ressentent beaucoup de l'influence des droits romain et canon dont l'action s'affirmait de jour en jour avec plus d'énergie, depuis leur enseignement à l'université de Coïmbre. Le nouveau code divisait les matières comme les décrétales dont plusieurs des dispositions y étaient entièrement reproduites. Les principes dominants étaient l'intimidation et la vengeance, sans qu'il soit tenu aucun compte du vrai but de la répression ni de la proportionnalité de celle-ci au délit qui l'a provoquée. Les peines cruelles y étaient prodiguées: la mort, la mutilation, le feu, la marque, le fouet, pour les crimes les plus minimes, même pour des fautes purement imaginaires et pour les péchés. D'autre part, on distinguait, conformément aux idées féodales, entre les nobles et les plébéiens. — Les ordonnances alphonsines ne furent refondues que par Emmanuel, en 1521, sans toucher ni à la division des matières, ni au système de pénalités, ni aux principes servant de bases. — En 1603 parurent les ordonnances philippines, puisées aux mêmes sources et affectées des mêmes vices: pas de définitions strictes des peines et des délits, mélange des infractions et des péchés, le crime de lèse-majesté manquant d'autant de fixité que dans la constitution d'Arcadius et d'Honorius, des peines barbares: la mort par des modes cruels, le fouet, la main coupée, tous les genres de torture, joints à l'infamie attachée aux parents des coupables. Bref, ces ordonnances joignaient aux défauts des codes antérieurs, ceux provenant du despotisme qui croissait chaque jour et les vices du tribunal inquisitorial importé par Jean III. D'autres lois, comme celles du 6 décembre 1612 et du 31 mars 1742, vinrent compléter le système des tortures par l'introduction de la marque au dos et de l'estrapade.

Cependant le mouvement philosophique du XVIIIe siècle et les réformes pénales de la France, de l'Autriche, de la Bavière et de la Prusse eurent leur écho en Portugal et, après plusieurs tentatives infructueuses, la reine Maria Ire chargea le 22 mars 1783 le savant docteur Paschoal José de Mello Freire, professeur à l'université, de rédiger les codes de droit public et de droit criminel. Mais les projets de l'éminent juris consulte, présentés cinq ans après, ne purent aboutir à une réforme définitive devant l'opposition redoutable qu'avaient déjà rencontrée ses devanciers. On se borna à permettre aux juges, par les décrets du 12 décembre 1801 et 11 janvier 1802, de remplacer la peine de mort par la peine des galères dans les grands crimes.

La constitution de 1822 établit les bases d'un code criminel nouveau mais comme elle fut éphémère, il fallut attendre la charte de 1826 pour voir apparaître une réforme complète du droit pénal. La charte promettait la rédaction d'un code basé sur la justice et l'équité, et supprimait dès à présent le fouet, la torture, la marque, toutes les peines cruelles et afflictives, décidant également que désormais la peine serait purement personnelle et n'entraînerait ni confiscation ni infamie pour les parents du condamné. C'est à la charte également que l'on doit la consécration de la liberté de conscience et de la parole ainsi que les garanties contre les arrestations arbitraires (habeas corpus) par la stipulation que nul ne pourrait être arrêté sans qu'il lui fût fait mention préalable du crime dont on l'accusait ni sans mandat écrit émanant de son juge, hormis les cas de flagrant délit et de quelques crimes graves. — Cependant les évènements politiques qui suivirent, marqués par la victoire du système constitutionnel en 1832 et par les troubles continuels qui lui succédèrent, retardèrent la codification jusqu'en 1852. Ce n'est que le 10 décembre de cette année qu'apparut le décret approuvant le premier C. p. portugais, œuvre d'une commission de jurisconsultes nommés par l'arrêté du 10 janvier 1845. — Les sources de ce code étaient les codes français et espagnol, en certains points les codes brésilien, napolitain et autrichien, la loi belge sur le duel, quelques dispositions des lois romaines et des coutumes nationales; enfin les avis de Rossi, Chauveau et Faustin-Hélie. — La loi du 14 juin 1884, qui fut une révision partielle de celle de 1852 ne fit que mettre d'accord les peines du régime cellulaire, inauguré par la loi du 1er juillet 1867, avec les dispositions du code, en abolissant la peine de mort et toutes les peines perpétuelles et en modifiant quelques-unes des peines temporaires et des dispositions sur la responsabilité en général et certains crimes en particulier. — C'est avec de semblables modifications qu'apparut le code actuel du 16 septembre 1886.

Ce code est divisé en deux livres: le premier s'occupe des règles générales relatives aux infractions, de la responsabilité, des peines, de leurs effets, application et exécution et se termine par des dispositions transitoires; le second traite des diverses espèces de délits en particulier, c'est-à-dire, des crimes contre la religion du royaume et abus des fonctions religieuses, des crimes contre la sûreté de l'État, contre l'ordre et la tranquillité publics, contre les personnes et contre les propriétés.

C'est à la même période de transformation que se rattache le Code de justice militaire du 9 avril 1875 divisé en quatre parties: délits et peines, organisation judiciaire, compétence et procédure. Le livre premier, qui renferme le droit pénal militaire proprement dit, traite, outre quelques dispositions générales, des crimes contre la sûreté de l'État, contre l'honneur et le courage militaire, contre l'ordre public et l'armée, des infractions commises dans l'exercice des fonctions militaires, des crimes contre la sûreté des personnes et des crimes contre les propriétés.

Tel est actuellement le droit pénal en vigueur dans le royaume de Portugal et ses colonies. Chacune de ces dernières n'a pas un droit pénal particulier; à la vérité l'organisation judiciaire varie un peu et il n'y a pas de jury; on n'y applique pas non plus le système cellulaire; mais, à part cela, les peines sont les mêmes. Remarquons enfin que la déportation ne peut s'exécuter qu'en Afrique, où les condamnés sont placés sous l'autorité des gouverneurs.

II.

§ 2. Bibliographie.

Le premier ouvrage classique de droit criminel est celui du célèbre professeur Dr Paschoal José de Mello Freire: Institutiones juris criminalis lusitani, imprimé en latin à Lisbonne d'abord, à Coïmbre ensuite en 1815, devenant dès lors la base des leçons de la faculté de droit. Cette œuvre (184 p. in-8⁰), puisée dans le droit romain, les ordonnances et les écrivains étrangers, était supérieure à son temps, mais ne présente plus de nos jours qu'un intérêt historique. — A la même époque parut la: Classification des crimes par ordre systématique avec les peines correspondantes, selon la législation actuelle, du savant avocat du palais de supplication de Lisbonne, Joaquim José Caetano Pereira e Sousa, Lisbonne, 3e édition, 1880, in-8⁰, 388 p. — Basé également sur les ordonnances et les lois postérieures, cet ouvrage témoigne néanmoins d'une connaissance très vaste de la législation et de la doctrine étrangères; il est, aujourd'hui encore, fort estimé comme étant d'une haute valeur historique. — Il faut mentionner également les: Leçons de droit criminel, du Dr Basilio Alberto de Sousa Pinto, professeur, puis recteur de l'université, publiées à Coïmbre en 1863, 1 vol. in-8⁰ de 454 p. — C'est le développement des Institutiones juris criminalis et l'explication du code de 1852. — Ces leçons s'ouvrent par une introduction historique très importante et traitent, dans le livre I des délits, délinquants et peines en général; dans le livre II de quelques crimes en particulier. — A citer, comme Commentaire au code de 1852 celui du Dr Levy Maria Jordão, avocat, Lisbonne 1853, 4 vol. in-8⁰, 300 p. chacun; après une introduction historique excellente, l'auteur reprend un à un les articles du code, en faisant suivre le texte de l'indication des sources et d'un commentaire explicatif. — La Théorie du droit pénal portugais appliquée au code pénal portugais comparé aux codes et législations étrangères tant anciens que modernes, du conseiller au Tribunal Suprême, F. A. F. da Silva Ferrão, Lisbonne 1856, 8 vol. gr. in-8⁰, de plus de 800 p. chacun, est une œuvre de grand intérêt tant comme explication du code qu'au point de vue de son mérite historique et de sa valeur comme étude de législation comparée.

Est également digne de mention le Projet de code pénal présenté en 1864 par MM. Ferreira de Lima et Levy Maria Jordão, projet très renommé à l'étranger. Le rapport qui précède le projet, 1 vol. in-8⁰, 255 p., révèle une érudition et une science de premier ordre.

Le projet lui-même, 1 vol., 200 p., renferme un titre préliminaire et trois livres, divisés en 510 articles.

Quant à la jurisprudence des différents tribunaux, elle n'est pas recueillie en une seule publication, mais se trouve éparse en diverses revues juridiques, et notamment dans le Recueil des jugements du Tribunal Suprême, recueil qui contient toutes les matières de la compétence de cette cour. Il existe cependant une publication qui doit être citée: Le code pénal annoté de M. le docteur Henriques Sêcco, ancien professeur à l'université, Coïmbre 1881, 1 vol. in-8⁰, 340 p., où l'on peut trouver nombre d'arrêts.

Quant aux motifs des diverses lois pénales, consulter les rapports des ministres et les discussions parlementaires publiées au journal officiel.

III. Code du 16 septembre 1886.

§ 3. Partie générale.

Le livre premier, consacré aux dispositions générales, comprend quatre titres: 1⁰ des crimes en général et des criminels; 2⁰ des peines et de leurs effets; 3⁰ de l'application et de l'exécution des peines; 4⁰ dispositions transitoires.

1⁰ Notions préliminaires. Les premiers articles du titre premier sont consacrés à la définition des crimes et délits et à celle des contraventions. Le code qualifie crime ou délit tout fait volontaire déclaré punissable par la loi pénale; contravention tout fait volontaire punissable mais consistant seulement soit dans la violation, soit dans le défaut d'observation des dispositions préventives des lois et règlements, indépendamment de toute intention méchante. Dans les contraventions la faute est toujours punie, tandis que dans les crimes elle n'est punissable que quand elle constitue l'omission d'un devoir et dans les cas stipulés par la loi. Nul fait ne peut être réputé criminel s'il n'a été déclaré tel par une disposition antérieure de la loi.

La loi pénale n'a d'effet rétroactif que dans les cas où elle cesse de punir un fait qui tombait sous le coup de la législation antérieure, où elle prononce une peine moins rigoureuse que la législation antérieure, et, en général, où elle contient des dispositions plus favorables aux condamnés, sauf les droits des tiers.

La majorité est la même qu'en droit civil: 21 ans pour les deux sexes (chap. I, art. 1 à 7).

On appelle crime ou délit militaire, toute infraction à la loi pénale militaire (Code de justice militaire art. 1).

2⁰ De la criminalité. La loi punit le crime consommé, le crime manqué et la tentative (art. 8). Les peines prévues ne concernent que les crimes consommés, sauf application expresse aux crimes manqués ou à la tentative (art. 9). Il y a crime manqué lorsque l'agent a accompli avec intention tous les actes d'exécution qui auraient du avoir pour résultat la consommation du crime et qui néanmoins n'ont pas eu cette conséquence par des circonstances indépendantes de sa volonté (art. 10). Il y a tentative aux conditions suivantes: 1⁰ intention de l'agent; 2⁰ exécution commencée et incomplète des actes qui doivent entraîner la consommation du crime; 3⁰ suspension de l'exécution par des circonstances indépendantes de la volonté de l'agent, sauf les cas de l'art. 13; 4⁰ peine majeure appliquée à l'infraction consommée; si la peine n'est que correctionnelle, il faut que formellement la loi déclare punissable la tentative du délit prévu (art. 11). Aux cas où ni la tentative, ni les actes préparatoires ne sont déclarés punissables comme tels, les actes qui les constituent ne tombent sous l'application de la loi pénale que s'ils sont, pris en eux-mêmes, qualifiés crimes, délits ou contraventions (art. 12 et 14). — Quand la tentative est assimilée par la loi au crime consommé, elle est punissable, nonobstant la suspension de l'exécution par la volonté de l'agent (art. 13).

Ne sont réputés crimes que les actes ainsi qualifiés soit par le code, soit par des lois spéciales ou par la législation militaire (art. 15). Les crimes militaires sont les faits qui portent directement atteinte à la discipline de l'armée ou de la marine et que la loi militaire qualifie et punit comme des violations du devoir militaire, qu'ils soient commis par des militaires ou par d'autres personnes appartenant à l'armée ou à la marine; les crimes de droit commun commis par eux sont toujours frappés des peines prévues par la loi générale, encore que le jugement en appartienne aux tribunaux militaires (art. 16, Code de justice militaire art. 2 à 8).

Sauf dérogation expresse, le code respecte les dispositions des lois civiles qui, par suite de l'accomplissement ou de l'omission de certains faits, modifient l'exercice de quelques-uns des droits civils, ou prévoient des condamnations relatives à des intérêts particuliers, ou seulement donnent lieu à une action civile (art. 17). Nulle analogie ou induction n'est admissible sous prétexte de parité ou de supériorité de motifs pour qualifier un acte crime; il est toujours nécessaire d'y constater les éléments constitutifs du délit tels que la loi les a précisés (art. 18). Chap. II.

3⁰ **Des agents du crime.** Les agents du crime sont auteurs, ou complices, ou recéleurs (encobridores). Sont **auteurs**: 1⁰ ceux qui commettent le crime ou y prennent une part directe; 2⁰ ceux qui, par violence physique, menace, abus d'autorité ou de pouvoir, contraignent autrui à commettre le crime, que la contrainte puisse ou non être surmontée; 3⁰ ceux qui, par convention, don, promesse, ordre, demande, ou par quelque moyen frauduleux et direct, déterminent autrui à commettre le crime; 4⁰ ceux qui, par leurs conseils ou leurs excitations poussent autrui à le commettre alors que, sans cela, le crime n'aurait pas été commis; 5⁰ ceux qui concourent directement à faciliter ou à préparer l'exécution, dans les cas où, sans ce secours, le crime n'aurait pas été commis. La révocation du mandat sera considérée comme une circonstance spécialement atténuante si elle est antérieure à tout commencement d'exécution, et comme une circonstance simplement atténuante si l'exécution avait déjà commencé (art. 19 et 20).

L'auteur, mandant ou instigateur est également considéré comme auteur: 1⁰ des actes nécessaires à la perpétration du crime, bien qu'ils ne constituent pas des actes d'exécution; 2⁰ de l'excès à la charge de la personne chargée de l'exécution, lorsqu'il y avait lieu de le prévoir comme conséquence probable du mandat ou de l'instigation (art. 21).

Sont **complices**: 1⁰ ceux qui, sans tomber sous le coup de l'art. 20, poussent directement quelqu'un par leurs conseils ou leurs instigations à commettre le crime; 2⁰ ceux qui concourent directement à faciliter ou à préparer l'exécution, dans les cas où, sans ce concours, le crime n'en aurait pas moins pu être commis (art. 22).

Sont **recéleurs**: 1⁰ ceux qui altèrent ou font disparaître les traces du crime, dans l'intention d'empêcher ou de rendre plus difficile la formation du corps du délit; 2⁰ ceux qui cachent ou rendent inutiles les preuves, instruments ou objets du crime, avec l'intention d'en favoriser l'impunité; 3⁰ ceux qui, étant tenus, à raison de leur profession, emploi, art ou office, de faire quelque examen relativement à un crime, altèrent ou dissimulent dans cet examen la réalité des faits, avec l'intention de rendre service à l'un des coupables; 4⁰ ceux qui, par achat, nantissement, don ou quelque autre moyen, s'approprient ou aident le coupable à s'approprier les produits du crime, alors que, au moment où ils agissent, ils en connaissent la provenance criminelle; 5⁰ ceux qui donnent asile au coupable ou facilitent sa fuite avec l'intention de le soustraire à l'action de la justice. Ne seront pas considérés comme recéleurs le conjoint, les ascendants ou descendants et les collatéraux ou alliés du coupable jusqu'au troisième degré qui commettront l'un des faits prévus aux n⁰ 1, 2 et 5 de cet art. 23.

Il n'y a ni recéleur, ni complice à défaut d'auteur, mais la punition d'un auteur, complice ou recéleur n'est pas subordonnée à celle des autres agents du crime (art. 24).

La complicité et le recel ne sont pas punissables en matiére de contra-vention (art. 25). Chap. III.

4⁰ De la responsabilité criminelle. Les art. 26 à 53, qui s'occupent de la responsabilité criminelle, après avoir posé quelques règles générales, précisent les circonstances aggravantes, formulent les circonstances atténuantes et fixent les cas où cesse la responsabilité.

La responsabilité criminelle consiste dans l'obligation de réparer le mal causé à la société en subissant la peine établie par la loi et appliquée par les tribunaux compétents. Elle est exclusivement personnelle aux agents des crimes, délits ou contraventions (art. 26 à 28).

La responsabilité subsiste en cas d'ignorance de la loi, d'illusion sur la criminalité du fait, d'erreur sur la personne ou la chose, de persuasion per-sonnelle de la légitimité du but visé ou des motifs déterminants, de consente-ment de la victime, sauf les exceptions prévues par la loi, d'intention de com-mettre un crime différent et moins grave. L'ignorance ni l'illusion ne peuvent jamais être réputées circonstances atténuantes. L'erreur sur la personne rend le crime plus ou moins grave selon les circonstances (art. 29).

La responsabilité et la peine sont aggravées ou atténuées selon les circonstances spéciales à l'agent, sauf en matière de contraventions où il n'en est ainsi que s'il y a récidive dans les six mois (art. 30 à 33 et 36).

Est circonstance aggravante le fait d'avoir commis le crime: avec préméditation; — moyennant dons ou promesses; — sur le refus de la victime de faire ou de laisser faire une chose contraire à la loi où à la morale; — dans le but d'accomplir un autre crime; — à la suite d'offenses, menaces ou injonctions de la part du coupable — après une première tentative infructueuse; — de concert avec d'autres personnes; — avec guet-apens, surprise, abus de pouvoir ou de confiance, ou au moyen de quelque autre fraude; — à l'aide d'escalade, d'effraction ou de fausses clefs; — à l'aide de poison, inondation, incendie, déraillement, naufrage, armes prohibées; — dans la maison de la victime, ou dans celle du coupable, sans qu'il y ait eu, en ce dernier cas, aucune provocation; — dans une église, un tribunal, un édifice public; — sur une route ou en un lieu désert; — de nuit, à moins que la gravité du crime n'augmente à raison du scandale provenant de la publicité; — par un moyen de publicité, quand cette circonstance est de nature à augmenter la gravité de l'infraction; — au mépris d'un fonctionnaire public dans l'exercice de ses fonctions; — à l'occasion de quelque sinistre ou calamité publique; — avec accompagnement d'actes de cruauté, de spoliation ou de destruction non nécessaires à la consommation du crime; — par un fonctionnaire public se prévalant de sa qualité; — au mépris d'un devoir spécial pour l'agent du crime de ne pas le commettre, de l'empêcher, ou d'aider à le réprimer; — contre un ascendant, descendant, conjoint, parent ou allié jusqu'au deuxième degré, instituteur ou élève, tuteur ou pupille, maître ou domestique, et, en général, contre un supérieur ou un inférieur; — avec une supériorité manifeste à raison de l'âge, du sexe ou des armes dont l'agent s'était nanti; — au mépris du respect dû à l'âge, au sexe, ou aux infirmités, etc. Il en serait encore de même s'il est résulté du crime un autre mal en dehors de celui qui en découle immédiatement, si ce dernier mal est aggravé par quelque circonstance d'ignominie, s'il y a récidive, succession ou cumul de crimes. Ces circon-stances aggravantes n'augmentent la responsabilité des agents du crime qu'autant qu'ils en avaient connaissance ou devaient les prévoir, et il ne doit en être tenu aucun compte, comme telles, lorsqu'elles sont, de par la loi même, des circonstances essentielles et constitutives du crime (art. 32, 34 et 40).

Il y a récidive lorsque l'agent, après avoir été condamné définitivement pour un crime, en commet un autre de même nature, moins de huit ans après la condamnation, encore que la peine encourue pour le premier crime soit prescrite ou lui ait été remise. Mais en cas d'amnistie, il n'y a pas récidive; de même si l'un des deux faits a seul été intentionnel ou tombe exclusivement sous le coup de la loi militaire, ou n'a été réprimé que par un tribunal étranger. Au contraire, il y aurait récidive encore que l'agent ait été l'auteur de l'un des crimes et simplement le complice de l'autre et que les deux crimes ou l'un d'eux, n'aient pas été consommés (art. 35).

Si deux crimes de même nature ont été commis dans un délai de plus de huit ans après la première condamnation, ou si, commis à n'importe quel intervalle, ils sont de nature différente, il y a succession de crimes (art. 37).

Il y a cumul lorsque l'agent commet plusieurs crimes dans la même occasion ou qu'en ayant commis un, il en perpètre un autre avant d'avoir été definitivement condamné pour le premier; mais la seule circonstance qu'un même fait est prévu et puni par deux ou plusieurs dispositions légales, comme constituant des crimes différents, ne donne pas lieu au cumul (art. 38).

Les circonstances atténuantes sont aussi énumérées au Code dans l'ordre suivant: 1⁰ bonne conduite antérieure; 2⁰ services rendus à la société; 3⁰ âge inférieur à 14, 18 ou 21 ans, ou supérieur à 70 ans; 4⁰ provocation; 5⁰ intention d'éviter un mal ou de produire un mal moindre; 6⁰ connaissance imparfaite du mal qu'on faisait; 7⁰ contrainte physique qu'on eût pu surmonter; 8⁰ imprévoyance ou connaissance imparfaite des maux résultant du crime; 9⁰ aveu spontané du crime; 10⁰ réparation spontanée du dommage; 11⁰ ordre au conseil d'un ascendant, tuteur, instituteur ou maître de maison, l'agent étant un mineur non émancipé; 12⁰ ordre donné par un supérieur hiérarchique, dans le cas où il ne suffit pas pour justifier l'acte; 13⁰ affront subi personnellement ou par son conjoint ou par un proche parent ou allié; 14⁰ emportement subit causé par une circonstance qui excite une juste indignation publique; 15⁰ peur insurmontable; 16⁰ résistance aux ordres d'un supérieur hiérarchique. si l'obéissance n'était pas due et si l'accomplissement des ordres eût constitué un crime plus grave; 17⁰ excès dans la légitime défense; 18⁰ constitution volontaire du coupable; 19⁰ insignifiance du dommage ou facilité de le réparer; 20⁰ révélation des noms des autres agents, des instruments du crime ou du corps du délit, si la révélation est véridique et utile à l'action de la justice; 21⁰ ivresse, soit incomplète et imprévue, postérieure ou non au projet criminel; soit incomplète, provoquée sans dessein criminel et non postérieure au projet; soit complète provoquée sans dessein criminel et postérieure au projet; 22⁰ tous les faits qualifiés circonstances dans les cas prévus par la loi; 23⁰ en général, toutes les circonstances qui précèdent, accompagnent ou suivent le crime, si elles rendent moins grave la faute de l'agent, ou le crime ou ses effets (art. 39). — Les circonstances aggravantes cessent de l'être quand la loi les considère comme éléments constitutifs du crime et autres cas analogues.

La responsabilité disparaît: 1⁰ par défaut d'imputabilité; 2⁰ par la justification du fait (art. 41). Ne leur sont pas imputables les actes commis par les mineurs de 10 ans et les aliénés qui n'ont pas d'intervalles lucides (art. 42). Ne sont pas responsables: 1⁰ les mineurs de dix à quatorze ans ayant agi sans discernement; 2⁰ les aliénés qui. bien qu'ayant des intervalles lucides, ont agi en état d'aliénation mentale; 3⁰ ceux qui, pour quelque autre raison indépendante de leur volonté, étaient accidentellement privés de l'exercice de leurs facultés au moment de l'acte. Une négligence ou une faute est toujours considérée comme un acte ou une omission dépendant de la volonté (art. 43).

L'acte se justifie lorsqu'il a été commis: 1⁰ sous l'empire d'une force étrangère, physique et irrésistible; 2⁰ sous l'empire de la crainte insurmontable d'un mal égal ou pire, imminent ou sur le point de s'accomplir; 3⁰ en vertu de l'obéissance légalement due aux supérieurs légitimes, sauf les excès dans les actes ou dans le mode d'exécution; 4⁰ en vertu d'une autorisation de la loi, dans l'exercice d'un droit ou l'accomplissement d'une obligation, si d'ailleurs on a procédé avec l'attention voulue, ou si l'acte a été un résultat purement fortuit; 5⁰ en état de légitime défense. Il en est de même lorsque la criminalité de l'acte ne provenant que de circonstances spéciales propres à la victime ou à l'acte lui-même, l'auteur ignorait et n'avait pas le devoir de connaître l'existence de ces circonstances spéciales, et, en général, lorsqu'il a agi sans intention criminelle et sans faute (art. 44).

Pour qu'il y ait justification d'un acte pratiqué sous l'empire de la crainte, il faut: réalité du mal, impossibilité de recourir à la force publique ou à la légitime défense, absence d'un autre moyen causant un préjudice moins grave et probabilité de l'efficacité du moyen employé (art. 45). Pour qu'il y ait légitime défense de soi-même ou d'autrui, trois conditions sont nécessaires: 1⁰ attaque illégale, exécutée ou imminente, sans provocation, offense ni autre crime actuel; 2⁰ impossibilité de recourir à la force publique; 3⁰ nécessité d'user du moyen employé pour prévenir ou suspendre l'aggression (art. 46).

La loi détermine les cas où les fous et les mineurs agissant sans responsabilité seront rendus à leurs familles ou enfermés en des maisons d'aliénés ou de correction selon les circonstances (art. 47 à 49).

La privation volontaire et accidentelle des facultés intellectuelles y compris l'ivresse volontaire et complète au moment de la perpétration du délit, ne détruit nullement la responsabilité, encore qu'elle n'ait pas été provoquée en vue de le perpétrer. Toutefois elle constitue une circonstance atténuante de nature spéciale dans les deux cas suivants: 1⁰ si la privation ou l'ivresse complète est imprévue, qu'elle soit d'ailleurs postérieure ou non à la formation du projet criminel; 2⁰ si elle est complète, procurée sans dessein criminel et non postérieure à la formation du projet (art. 50). L'exemption de responsabilité criminelle n'implique pas celle de responsabilité civile s'il y a lieu (art. 51).

5⁰ Des limites d'application de la législation portugaise. Sauf convention diplomatique contraire, la loi pénale portugaise est applicable: 1⁰ à toutes les infractions commises sur le territoire du royaume ou de ses colonies, quelle que soit la nationalité du coupable à moins qu'il ne s'agisse d'un crime commis dans un port ou dans les eaux portugais, à bord d'un navire de guerre étranger, ou d'un navire marchand, si, dans ce dernier cas, le fait n'intéresse que l'équipage et n'a pas troublé la tranquilité du port; 2⁰ aux crimes commis à bord de navires portugais en haute mer, de navires de guerre portugais mouillés dans un port étranger, ou de navires marchands dans les mêmes conditions, si l'infraction n'intéresse que les gens de l'équipage et n'a pas troublé la tranquillité du port; 3⁰ aux crimes commis par un Portugais en pays étranger, contre la sécurité intérieure ou extérieure de l'État, y compris la contrefaçon de sceaux publics, de monnaies portugaises, de papiers de crédit, de billets de la Banque nationale ou de compagnies légalement autorisées à en émettre, à moins que les coupables n'aient déjà été jugés dans le pays où ils ont commis le crime; 4⁰ aux étrangers qui commettent à l'étranger l'un de ces crimes, s'ils se font saisir sur le territoire portugais ou si l'on peut obtenir leur extradition; 5⁰ à tout autre crime ou délit commis par un Portugais à l'étranger, sous les conditions suivantes:

a) que le coupable soit arrêté en Portugal; b) que le fait soit qualifié crime ou délit par la loi du pays où il a été commis; c) que le coupable n'ait pas encore été jugé dans le dit pays. Si, dans ce cas, le fait ne comporte qu'une peine correctionnelle, le ministère public ne doit poursuivre que sur la plainte de la victime ou sur la demande officielle du pays où le délit a été commis. Lorsque dans les cas des 3⁰ et 5⁰, le coupable condamné dans le pays où l'infraction a été perpétrée, se soustrait à l'accomplissement de tout ou partie de sa peine, il peut être traduit à nouveau devant les tribunaux portugais (art. 53).

6⁰ Des peines et de leurs effets. Les peines se divisent en majeures, correctionnelles et spéciales, ces dernières applicables aux fonctionnaires publics.

Les peines majeures sont celles de la loi du 1ᵉʳ juillet 1867: l'emprisonnement cellulaire de huit années, suivi de déportation pour vingt ans dont deux peuvent être consacrées, au gré du juge, à la prison dans le lieu de la déportation; l'emprisonnement cellulaire de huit ans suivi de douze ans de déportation; l'emprisonnement de six ans et déportation de dix; l'emprisonnement de quatre ans et déportation de huit, l'emprisonnement de deux à huit ans (art. 54 à 56).

L'emprisonnement cellulaire implique: 1⁰ séparation absolue de jour et de nuit, des autres condamnés; 2⁰ travail forcé dans la cellule pour tous ceux qui n'en sont pas expressément incapables à raison de leur âge ou de leur santé. Les prisonniers peuvent être visités, par leurs parents et amis, les membres de patronages, et autres personnes vouées à leur instruction et à leur moralisation; toutefois les rapports avec d'autres que les employés de la prison et les personnes chargées d'instruire et de moraliser le condamné ne sont autorisés qu'à titre exceptionnel et comme récompense. — Le produit du travail des détenus est divisé en quatre parts égales: l'une pour l'État; l'autre pour indemniser la victime s'il y a lieu; la troisième pour la femme et les enfants du détenu; la quatrième pour un fonds de réserve qui est remis au prisonnier après sa libération. Les deuxième et troisième parts reviennent à l'Etat en cas de non-emploi (loi du 1ᵉʳ juillet 1867, art. 20 à 23). En attendant la mise en vigueur complète du régime pénitentiaire, les juges doivent indiquer dans la sentence, les peines qui le remplacent, dans l'ordre suivant: déportation de 28 ans et emprisonnement dans le lieu de déportation pour 8 à 10 ans; déportation de 25, 20 et 15 ans; emprisonnement majeur temporaire; déportation temporaire; expulsion du royaume pour un délai déterminé ou non; suspension des droits politiques pendant un délai de 15 à 20 ans (art. 57 et 129).

Les peines correctionnelles sont: 1⁰ l'emprisonnement correctionnel; 2⁰ l'internement (desterro); 3⁰ la suspension temporaire des droits politiques; 4⁰ l'amende; 5⁰ la réprimande (art. 58). L'emprisonnement est subi dans les prisons du district; le détenu, isolé d'une façon absolue de ses codétenus, n'est pas astreint au travail, si, à part le loyer de la cellule, il paie ses frais d'entretien; dans la mesure où le travail est purement facultatif, le produit en appartient au détenu. L'emprisonnement correctionnel ne dure pas plus de deux ans (art. 64 et loi 1867, art. 33 sq.).

La peine de l'internement oblige le condamné à rester dans une localité désignée par le jugement et autre que celle où il a commis son délit ou à quitter le canton (comarca) pour un temps n'excédant pas trois ans (art. 65).

Le condamné à l'amende est obligé de payer à l'État une somme proportionelle à son revenu, jusqu'à trois ans au maximum, fixée par la sentence, de telle sorte qu'elle ne soit pas, par jour, de moins de 100 reis (100/180 fr.) et de plus de 2000 reis (2000/180 fr.) sauf le cas où la loi fixe une somme déterminée (art. 67).

La réprimande a lieu en audience publique (art. 68).

Les peines spéciales aux fonctionnaires publics sont: la destitution, la suspension et la censure (art. 59).

Le code de justice militaire commine les peines suivantes: 1° la mort, quoique cette peine ne soit pas exécutée; 2° les travaux publics; 3° l'emprisonnement majeur cellulaire; 4° la déportation dans une colonie (degredo); 5° la dégradation militaire; 6° la démission; 7° l'emprisonnement dans une place de guerre; 8° la déportation militaire ou le transfert du service du royaume pour celui de quelque province d'outre-mer; 9° la réclusion dans un établissement militaire (art. 9 sq.).

Effets des peines (art. 74 à 83). — Toute condamnation emporte confiscation des instruments du délit, sans que la victime ou un tiers ait le droit de se les faire attribuer. Le condamné est tenu en outre: 1° de restituer à la victime les objets dont il l'a privée ou leur valeur; 2° de payer, s'il en est requis, des dommages et intérêts; 3° de solder les frais du procès et de l'expiation (art. 79 et 76). — Toute condamnation à une peine majeure entraîne: 1° la perte de tout emploi public, dignités, titres, noblesse, décorations; 2° l'incapacité temporaire d'être électeur ou élu; 3° l'incapacité d'être tuteur, curateur, procureur en justice ou membre d'un conseil de famille (art. 76 à 78).

Une condamnation correctionnelle n'entraîne ces conséquences que pendant la durée de la peine (art. 77 et 78). Les effets des peines se produisent de plein droit (art. 83).

7° Application et exécution des peines. (Titre III, art. 84 à 128.)

a) Application des peines en général. Aucune peine ne peut être appliquée si elle n'est établie par la loi, ni remplacée par une autre, sauf les cas exprès. — Le juge ne peut appliquer les peines comminées aux 2°, 3° et 4° des art. 55 et 57 que moyennant les conditions y précisées sans en amoindrir ni en accroître la durée; il en est de même pour le 1° des art. 55 et 57; mais le juge peut, en égard à la gravité du délit et sans qu'il y ait néanmoins des circonstances aggravantes, déclarer dans la sentence que le condamné subira de deux à dix ans de prison dans le lieu de la déportation. Si les peines majeures temporaires d'emprisonnement ou de déportation ne dépassent pas trois ans, le condamné n'est pas astreint au travail, pourvu néanmoins qu'il ait les moyens pour subvenir à ses besoins. — Quant au remplacement des peines majeures cellulaires par des peines temporaires, la durée des premières doit être égale aux deux tiers de la durée des secondes. L'emprisonnement majeur cellulaire se compute entre les six dixièmes et les deux tiers de la déportation temporaire. L'amende est toujours appliquée aux cas où elle est imposée avec la peine remplacée. — Quand un individu ne jouissant pas des droits politiques commet un crime puni de perte ou suspension de ces droits, la peine est remplacée par l'emprisonnement correctionnel de vingt jours dans le premier cas et d'un an au maximum dans le second (art. 84 à 90).

b) Application des peines s'il y a des circonstances aggravantes ou atténuantes. En cas de circonstances aggravantes, la peine la plus sévère de l'échelle pénale peut être portée à dix ans d'emprisonnement cellulaire au lieu de huit et en cas d'atténuation, les peines correctionnelles peuvent se réduire à une simple amende de trois jours (art. 91 à 99).

c) Application des peines en cas de récidive, succession de

crimes, cumul, complicité, délit manqué et tentative. La récidive emporte pour les peines majeures la substitution de l'emprisonnement à une partie de la peine de la déportation; quand cette dernière peine n'est pas prévue ou quand elle est prévue seule, la récidive oblige le juge à appliquer au moins les deux tiers du maximum, une première fois, et le maximum une fois ultérieure (art. 100).[1]) — En cas de succession de crimes, on applique la peine la plus rigoureuse prévue par la loi pour le crime qui a déjà donné lieu à une condamnation définitive (art. 101). En cas de cumul s'il s'agit de deux crimes punis de la même peine, on applique la peine immédiatement supérieure et, à son défaut, on ne descend pas au-dessous de la moitié du maximum prévu; si les crimes sont punis de peines différentes, on applique la plus forte des deux, avec aggravation; les amendes sont toujours cumulées (art. 102). — Pour la complicité, la peine des complices du crime consommé est la même que celle des auteurs du crime manqué; celle des complices du crime manqué, la même que celle des auteurs d'une tentative; celle des complices du crime tenté, la même que celle des auteurs, mais réduite au minimum. — Le crime manqué est puni en général d'une peine inférieure d'un degré à celle qui frappe le crime consommé, et le crime tenté de la même peine que le crime manqué commis avec des circonstances atténuantes (art. 103 à 105).

d) Application des peines en certains cas spéciaux. Le recéleur subit une peine qui varie avec la gravité de la répression encourue par l'auteur principal: l'emprisonnement correctionnel lorsque l'auteur est passible d'une peine majeure, et la même peine pour trois mois au plus si l'auteur est lui-même passible d'emprisonnement correctionnel (art. 106).

Si le criminel est un mineur de vingt et un ans, il ne pourra être puni de plus de six ans d'emprisonnement cellulaire suivis de déportation pour dix ans ou déportation pour vingt ans; s'il a moins de dix-huit ans, le maximum de la peine à lui appliquer est l'emprisonnement cellulaire de deux à huit ans, ou l'emprisonnement majeur ou la déportation temporaire; s'il a moins de quatorze ans, et que le crime tombe sous l'application des art. 55 et 57, on ne peut jamais le frapper d'une peine supérieure à quatre ans d'emprisonnement cellulaire, ou l'emprisonnement majeur temporaire, ou la déportation temporaire; aux cas où le fait était déjà, par lui-même, punissable d'une de ces peines, on les applique au mineur, mais en les réduisant au minimum ou à l'emprisonnement correctionnel (art. 108 et 109). Quand le crime n'est que le résultat d'une faute, et dans les circonstances de l'art. 50, on ne peut appliquer une peine supérieure à l'emprisonnement correctionnel avec l'amende correspondante.

e) De l'exécution des peines. Les femmes enceintes ne subissent pas d'autre peine corporelle que l'emprisonnement correctionnel jusqu'à la fin du mois qui suit leur délivrance (art. 113). Quand un crime est commis pendant l'accomplissement de la première condamnation, la peine en est exécutée, si elle est compatible avec la première soit simultanément, soit successivement; sinon la peine la plus forte sera aggravée (art. 115).

L'obligation de payer l'amende passe aux héritiers du condamné, si le jugement est devenu définitif avant sa mort (art. 122). Faute de biens libres

---

[1]) La loi du 21 avril 1892 a modifié ces dispositions: les condamnés qui ont subi trois peines majeures, ou deux peines majeures et deux correctionnelles, ou une peine majeure et quatre correctionnelles, ou six peines correctionnelles, peuvent être déportés par le gouvernement à l'outre-mer s'ils sont âgés de plus de 18 ans et moins de 60. — Il n'y est pas compris le condamné pour les crimes politiques et les énumerés aux art. 169, 368, 369, 381 à 388, 407, 410, 411, 419 et 420 du C. p.

suffisants pour acquitter l'amende, elle se convertit en prison sur le pied de un jour par 500 reis (500/180 frs.).

Les peines, sauf les amendes, restent personnelles au délinquant et ne peuvent faire l'objet d'aucune transaction ni compensation (art. 123 et 124).

f) De l'extinction de la responsabilité criminelle. Elle s'éteint: 1⁰ par la mort du délinquant (sauf les amendes); 2⁰ par la prescription; 3⁰ par l'amnistie; 4⁰ par le pardon de la partie lésée, s'il y a lieu. La prescription est de quinze ans pour délits entraînant une peine majeure; de cinq ans pour ceux entraînant une peine correctionnelle; d'un an pour ceux auxquels le juge de droit est compétent pour appliquer une peine en matière correctionnelle.

Les peines se prescrivent: les majeures par vingt ans, les correctionnelles par dix, les peines pour contravention par une année. — Le pardon n'a de valeur que s'il est antérieur à toute plainte ou poursuite, sauf certains cas spécialement prévus par la loi (art. 125).

Les peines prennent fin, soit par leur accomplissement, soit par l'effet de la grâce (perdão real) ou de la réhabilitation (art. 126). En cas de réhabilitation, l'individu condamné à tort se voit allouer sur sa demande, par la sentence de réhabilitation, une indemnité pour le préjudice subi par l'accomplissement de la peine, à moins que cette peine ne fût une simple amende, auquel cas on se borne à lui en restituer le montant.

L'indemnité et la restitution sont à la charge de l'État. Le jugement de réhabilitation est publié trois jours consécutifs au journal officiel (Diario do Governo) et affiché à la porte du tribunal tant du domicile que du lieu de la condamnation (art. 126).

La responsabilité civile connexe à un fait délictueux est déterminée et graduée selon les art. 2367 sq. du Code civil (art. 127).

Les frais du procès ne sont pas exigés de l'individu acquitté ni même du condamné avant que la sentence soit définitive (art. 128).

g) Dispositions transitoires. Elles obligent le juge à statuer par alternative, c'est-à-dire en appliquant les peines du régime pénitentiaire de l'art. 55 et celles correspondantes de l'art. 57 jusqu'au jour où ledit régime sera mis en complète exécution (art. 129).

§ 4. Partie spéciale du code.

Le livre II, divisé en sept titres, s'occupe des différents crimes ou délits, c'est-à-dire des crimes contre la religion du royaume et abus des fonctions religieuses, crimes contre la sûreté de l'État, contre l'ordre et la tranquillité publics, contre les personnes et contre les propriétés; les deux derniers titres sont consacrés à la provocation publique à commettre des crimes et aux contraventions de police.

Titre I.

1⁰ Crimes contre la religion du royaume. Le manque de respect à la religion catholique, apostolique, romaine, soit par des injures publiques, des faits, des écrits publics, soit par la propagation de doctrines contraires aux dogmes, soit par la célébration publique de cérémonies d'un autre culte est punissable d'un emprisonnement correctionnel de un à deux ans et d'une amende de trois mois à trois ans. Si le criminel est étranger, il peut être frappé d'expulsion pour un terme maximum de douze années. S'il n'y a eu aucune intention d'outrager le culte ni de faire des prosélytes à une secte contraire, la peine est la réprimande, laquelle peut être cumulée avec l'emprisonnement de trois à quinze jours. La profanation de la Sainte-Eucharistie ainsi que les actes de violence perpétrés dans le but d'empêcher l'exercice du culte sont frappés de deux à huit ans d'emprisonnement cellulaire ou, alternativement, d'emprisonnement majeur (art. 130 et 131).

L'offense envers un ministre du culte dans l'exercice de ses fonctions entraîne la même peine que celle commise contre les autorités publiques (art. 132). Les violences ou les menaces employées pour empêcher autrui d'exercer son culte sont punissables de six mois d'emprisonnement au plus, sauf le cas où la violence encourt une peine plus grave (art. 133). L'usurpation des fonctions religieuses est punie d'emprisonnement majeur cellulaire de deux à huit ans ou, alternativement, de déportation temporaire, s'il y a eu acte d'exécution (art. 134).

L'apostasie publique de la religion catholique entraîne la suspension des droits politiques pour vingt ans, et même l'expulsion indéfinie si le coupable est prêtre. Ces peines cessent lorsque les criminels rentrent dans l'église (art. 135).

2º Crimes provenant d'abus des fonctions religieuses. Le ministre du culte abusant de ses fonctions dans un but réprouvé par la loi, est punissable d'emprisonnement correctionnel et d'une amende d'un mois à trois ans. La révélation du secret de la confession ou la séduction d'une pénitente dans un but malhonnête entraîne l'emprisonnement majeur cellulaire de quatre ans suivi de huit années de déportation, ou, alternativement, quinze ans de déportation. La célébration du mariage sans les formalités légales préalables est punie d'un à deux ans d'emprisonnement correctionnel et d'un mois à un an d'amende (art. 136). Les injures contre l'autorité publique, contre ses actes, la forme du gouvernement ou les lois, la négation ou la mise en doute des droits de la couronne en matière ecclésiastique, ainsi que la provocation au crime par des sermons ou écrits publiés entraînent l'emprisonnement d'un à deux ans et l'amende de trois mois à trois ans (art. 137). Le non-accomplissement des sentences des tribunaux civils, l'exécution des bulles ou lettres du pape sans le placet légal sont frappés d'une amende d'un à trois ans, sauf les circonstances aggravantes (art. 138). L'exercice des fonctions religieuses nonobstant la suspension, le refus des sacrements ou de quelque acte du ministère religieux sans motif légitime sont punissables de trois à deux ans d'emprisonnement (art. 139). Quiconque, malgré la prohibition de la loi est admis en quelque communauté religieuse autorisée, de même que celui qui l'admet ou concourt à son admission, est punissable d'une amende d'un mois à un an (art. 140).

Titre II.

3º Crimes contre la sûreté extérieure de l'État. Tout Portugais qui porte les armes contre sa patrie est condamné à l'emprisonnement majeur cellulaire pendant huit ans avec déportation pendant vingt ans et au gré du juge, prison dans le lieu de déportation pendant deux ans, ou, alternativement à la déportation pendant vingt-huit ans avec prison dans le lieu de déportation pendant huit à dix ans. Si, avant la déclaration de guerre, le coupable était au service de la nation ennemie avec autorisation du gouvernement, la peine est réduite à six ans d'emprisonnement cellulaire suivis de dix ans de déportation (art. 141).[1] Le Portugais qui s'entend avec une puissance étrangère pour faire déclarer la guerre au Portugal, l'induit ou tente de l'induire en erreur dans ce but, est passible de six ans d'emprisonnement cellulaire et dix ans de déportation, si la guerre s'ensuit et de quatre ans d'emprisonnement

---

[1] L'alternative est toujours sous-entendue, quoique nous n'en fassions pas mention.

et huit ans de déportation dans le cas contraire (art. 142). — Quand un Portugais aide ou tente d'aider une puissance ennemie dans l'exécution de mesures hostiles à l'État, il encourt une peine de six ans d'emprisonnement cellulaire suivis de dix ans de déportation.

Si le coupable de l'un de ces crimes est un ministre ou un agent diplomatique chargé d'affaires avec la puissance étrangère, la peine s'élève à huit ans d'emprisonnement cellulaire suivis de vingt ans de déportation et, au gré du juge, deux ans au plus de prison dans le lieu de déportation, pourvu d'ailleurs que les hostilités aient suivi (art. 143). Le complot contre la sûreté extérieure de l'État est puni de quatre ans d'emprisonnement cellulaire et huit ans de déportation s'il y a eu commencement d'exécution et de deux à huit ans de prison avec déportation temporaire au cas contraire (art. 144). — Tout Portugais qui entretient avec les sujets d'une puissance ennemie une correspondance défendue par la loi ou le gouvernement et, sans tomber sous l'application de l'art. 143, donne des informations nuisibles à l'État ou utiles aux projets des ennemis, encourt la peine de six mois à deux ans d'emprisonnement correctionnel; s'il n'y a eu ni préjudice pour l'État, ni profit pour l'ennemi, la peine ne peut s'élever au-delà de six mois d'emprisonnement correctionnel et un mois d'amende (art. 145). Le Portugais qui passe à une nation ennemie, sans coopérer cependant à la guerre contre sa patrie, est passible de un à deux ans d'emprisonnement correctionnel et d'un mois à un an d'amende (art. 146). L'expulsion est prononcée contre le Portugais qui, étant au service de l'ennemi avec ou sans autorisation gouvernementale, y demeure après la déclaration de guerre (art. 147). — Le fait d'amener l'État à une déclaration de guerre ou de causer des représailles de la part d'une puissance étrangère par des moyens non autorisés par le gouvernement entraîne l'emprisonnement majeur cellulaire de deux à huit ans si la guerre ou les représailles suivent; sinon, l'emprisonnement correctionnel de un à deux ans (art. 148). Tout Portugais accueillant un espion ennemi, en connaissance de cause, est punissable de six ans d'emprisonnement majeur cellulaire suivis de dix ans de déportation. La même peine frappe les étrangers qui, étant au service du Portugal, commettent les crimes énumérés aux articles précédents (art. 149 et 150). Sauf les cas spéciaux, les étrangers qui commettent les crimes énumérés aux art. 143, 145 et 149, en résidant dans le royaume, sont condamnés à la peine immédiatement inférieure (art. 151). — Quant aux militaires et aux individus qui leur sont assimilés, la peine à leur égard est la mort avec dégradation (code de justice militaire, art. 47 à 49).[1]

4⁰ Crimes lésant les intérêts de l'État dans ses relations avec les puissances étrangères. L'agent officiel de l'État auprès d'une puissance étrangère qui fera un mauvais usage de ses pouvoirs et lésera la dignité, les intérêts ou la confiance de la nation portugaise ou traitera sans autorisation préalable, encourra la peine de deux à huit ans d'emprisonnement cellulaire. La révélation à une puissance amie ou neutre du secret d'une expédition ou d'une négociation, ainsi que la remise de plans des moyens de défense de l'État, sont frappés de la même peine (art. 152 et 153).

Tout Portugais qui se fait naturaliser à l'étranger ou qui accepte d'une puissance étrangère une décoration ou un emploi sans l'autorisation de son gouvernement est passible de vingt ans de suspension des droits politiques, et d'emprisonnement correctionnel s'il accepte de servir sous pavillon étranger

---

[1] Cf. les art. 43 à 49 du code de justice militaire établissant la peine de mort avec dégradation et l'emprisonnement à vie ainsi que les art. 56 à 75 sur la lâcheté et la désertion.

dans la marine marchande ou militaire (art. 155). Le fait de recruter ou salarier des gens pour le service militaire étranger et celui de réunir des armes, des navires ou des munitions dans le même but sont punis du maximum de l'emprisonnement correctionnel et d'amende (art. 156). — Sera condamné à la destitution ou à la suspension et à l'emprisonnement correctionnel avec six mois d'amende au maximum, l'agent diplomatique qui faillira à la protection que les lois lui ordonnent d'accorder aux Portugais dans le pays où il est accrédité (art. 157). — La prolongation illégale et l'abandon d'emploi commis par un diplomate sont frappés de vingt ans de suspension des droits politiques outre la peine ordinaire à ce genre de crimes (art. 158). — L'offense à une personne royale étrangère résidant en Portugal ou à un diplomate étranger ou sa famille, la violation de son domicile ou des droits que lui confère le droit des gens, l'atteinte à la sûreté d'otages, parlementaires ou personnes munies d'un sauf-conduit entraînent le maximum de la peine correspondante au délit commis (art. 159).

L'offense publique par paroles, écrits ou dessins publics, au chef d'une nation étrangère est passible de six mois d'emprisonnement correctionnel et un mois d'amende au maximum (art. 160).

Le Portugais qui, commandant un navire étranger avec autorisation du gouvernement, porte atteinte à un navire portugais en temps de paix, est passible de deux à huit ans d'emprisonnement majeur cellulaire et d'amende; s'il n'avait pas l'autorisation, de six ans d'emprisonnement suivis de déportation avec le maximum d'amende (art. 161). — La piraterie et la course pour le compte d'un souverain étranger sont frappées de huit ans d'emprisonnement et d'amende, avec aggravation de peine s'il y a eu mort d'homme (art. 162).

5° Crimes contre la sûreté intérieure de l'État.

a) Attentats et offenses contre le roi et sa famille. L'attentat contre la vie du roi ou de son successeur immédiat est puni de huit ans d'emprisonnement cellulaire avec déportation pendant vingt ans et emprisonnement dans le lieu de déportation au gré du juge. — L'attentat consiste dans l'exécution ou dans la tentative. S'il s'agit d'un régent, l'homicide consommé ou manqué est frappé de la même peine, mais la tentative n'entraîne plus que six ans de prison cellulaire et dix ans de déportation (art. 163). La simple résolution de commettre un de ces crimes accompagnée d'actes préparatoires est punie de deux à huit ans de prison cellulaire (art. 164); le complot dans le même but, de quatre ans de la même peine avec huit ans de déportation s'il y a eu acte préparatoire; sinon, de deux à huit ans d'emprisonnement (art. 165). Les mêmes crimes commis contre un membre de la famille royale, sont punissables de huit ans de prison cellulaire avec déportation pour vingt années et emprisonnement dans le lieu de déportation (art. 166).

Toute atteinte physique au roi ou à la reine régnant, ou à leur successeur immédiat, commise avec violence entraîne l'emprisonnement cellulaire pour six ans, suivi de dix ans de déportation; commise contre un membre de la famille royale ou le régent, quatre ans d'emprisonnement cellulaire et huit ans de déportation (art. 167). — La violation de leur domicile est punie de deux à huit ans d'emprisonnement cellulaire; les injures et offenses directes d'emprisonnement correctionnel et d'amende, le simple manque de respect d'un mois d'emprisonnement au maximum (art. 168). L'offense publique envers le roi peut être frappée de six mois d'emprisonnement correctionnel et d'un mois d'amende; envers les autres personnes dont il a été parlé ci-dessus seulement de six mois d'emprisonnement. La preuve de la vérité des faits avancés n'est pas reçue (art. 169). A confronter à ce sujet, les art. 407 sq. du C. p., la loi du 17 mai 1866, le décret ayant force de loi, du 29 mars 1890 et la loi du

7 août de la même année sur la liberté de la presse, lesquels outre l'emprisonnement correctionnel, comminent l'amende de 30 000 à 500 000 reis et la suspension ou suppression du journal. Cette amende est garantie par le matériel d'impression. Les éditeurs sont responsables à défaut d'auteurs.

b) Rébellion. Quiconque tente de changer la forme du gouvernement ou l'ordre de succession au trône, de déposer ou séquestrer le roi ou le régent, encourt l'emprisonnement cellulaire pour une durée de six ans suivis de dix ans de déportation. La même peine atteint ceux qui tentent de rompre l'unité du royaume, qui excitent à la guerre civile ou à la rébellion contre l'autorité du roi ou des ministres, qui engagent à porter atteinte à la libre réunion et délibération des chambres législatives. Le complot dans le même but est puni de la peine indiquée à l'art. 144 (art. 170, 171 et 172). Celui qui prend le commandement d'un soulèvement ou d'une bande organisée ayant pour objet un de ces crimes, de même que ceux qui ont excité à l'émeute dans le même but encourent la peine de six ans d'emprisonnement cellulaire suivis de dix ans de déportation; les autres coauteurs, quatre ans d'emprisonnement cellulaire et huit ans de déportation (art. 173 et 174). Ceux des coauteurs qui abandonnent spontanément l'émeute ou la bande sont exemptés de toute peine; s'ils dirigent le soulèvement ou sont les auteurs de l'excitation à l'émeute, la peine se réduit à l'emprisonnement correctionnel (art. 175). Il est également fait remise de la peine aux coupables des crimes prévus aux art. 144, 165, 172 et 164 qui en avertiront l'autorité en dénonçant les auteurs ou complices avant qu'ils soient connus ou avant l'ouverture du procès.

Titre III.

6⁰ Réunions criminelles, séditions et rassemblements tumultueux (assuada).

a) Disposition générale. Les promoteurs de tout rassemblement populaire en dehors des conditions légales encourent la peine qui frappe la désobéissance, de même que ceux qui n'obtempèrent pas à l'ordre de dispersion, sauf le cas de crime plus grave (art. 177). Par réunion armée on entend toute réunion dans laquelle deux personnes au moins portent des armes ostensiblement. En ce cas la peine atteint tous ceux qui portent des armes, même cachées, à moins qu'ils ne les possèdent accidentellement sur eux, ou pour en faire un usage ordinaire et sans mauvais dessein (art. 178).

b) Sédition. L'émeute et le tumulte sans attentat contre la sûreté intérieure de l'État, mais accompagnés de violences, de menaces, d'injures ou de la tentative d'envahir quelque édifice public, quelque résidence de fonctionnaire, 1⁰ soit pour empêcher l'exécution d'une loi ou d'un ordre légitime de l'autorité, 2⁰ soit pour contraindre, empêcher ou troubler dans l'exercice de ses fonctions un corps constitué, un magistrat ou un agent quelconque de l'autorité, 3⁰ soit pour éviter l'accomplissement de quelque obligation, 4⁰ soit pour perpétrer quelque acte de vengeance ou de haine contre un fonctionnaire ou un membre du pouvoir législatif, entraînent pour les coupables l'emprisonnement correctionnel pour un an au plus, si la sédition n'a pas lieu à main armée, l'emprisonnement cellulaire au cas contraire. S'il n'y a eu ni violences, ni menaces, ni injures, le maximum descend à six mois. Mais si la sédition atteint son but, la peine s'élève et varie entre deux et huit ans de prison cellulaire. La conspiration dans un but de sédition entraîne au maximum trois mois d'emprisonnement correctionnel accompagnés d'amende, si la sédition n'a pas eu lieu; dans le cas contraire elle en est une circonstance aggravante (art. 179).

c) Rassemblement tumultueux (assuada). Le fait de se rassembler en un lieu public pour exercer un acte de vengeance ou de haine contre un citoyen ou le troubler dans l'exercice de ses droits individuels, ou pour commettre quelque crime est puni de six mois d'emprisonnement correctionnel au plus, si la réunion est armée, mais sans qu'il y ait eu commencement d'exécution; si la réunion n'est pas armée, le maximum s'abaisse à trois mois. Le concert dans le même but entraîne trois mois de prison au plus, mais seulement s'il y a un commencement de rassemblement ou quelque acte préparatoire (art. 180).[1])

7⁰ Injures contre les autorités publiques. L'offense directe par paroles, menaces ou autres outrages, envers un ministre ou conseiller d'État, un membre des chambres législatives, un magistrat de l'ordre judiciaire ou administratif, un membre du ministère public, un professeur ou examinateur public, un juré, un commandant de la force publique, proférée devant eux et dans l'exercice de leurs fonctions ou à raison de leurs fonctions est punie d'un an de prison correctionnelle au maximum; s'il n'y a pas de publicité, le maximum descend à six mois. Si l'offenseur est un fonctionnaire public et l'offensé son supérieur hiérarchique le maximum d'un an est maintenu et accompagné d'amende, même s'il n'y a pas de publicité. Même peine pour l'offense commise en séance publique d'une des chambres envers la chambre elle-même, un de ses membres ou un ministre d'État même non présent, ou à l'audience d'un tribunal contre la cour elle-même ou un de ses membres, fût-il absent (art. 181). Le maximum est de trois mois si l'offensé est un agent de la force publique ou de l'autorité, un expert ou un témoin dans l'exercice de ses fonctions (art. 182).

8⁰ Actes de violence contre les autorités publiques. L'outrage corporel contre l'une des personnes désignées à l'art. 181 et dans les conditions de cet article, entraîne l'emprisonnement correctionnel pour un an et l'amende. S'il y a menaces à main armée ou rassemblement de plus de trois personnes dans le but de produire un mal immédiat, la peine sera l'emprisonnement correctionnel avec amende; si la violence a entraîné la maladie ou l'incapacité de travailler suivant l'art. 360, 1⁰ à 4⁰, la peine s'élève à l'emprisonnement cellulaire de deux à huit ans; elle sera celle du 5⁰ dudit article avec circonstances aggravantes au cas où il y a eu lésion ou privation d'un membre ou d'un organe (art. 183). Les mêmes offenses pratiquées sur une des personnes énumérées à l'art. 182 sont punies des peines comminées aux art. 359 sq., mais toujours aggravées (art. 184). — Les cris offensants proférés contre les personnes de l'art. 181 sont punis de six mois d'emprisonnement correctionnel. Quiconque trouble l'ordre dans les cérémonies ou les lieux publics, ou y pousse des cris subversifs est punissable de trois mois d'emprisonnement correctionnel. L'ivresse publique est une contravention frappée de huit jours d'amende la première fois, de dix jours de prison en cas de première récidive, de quinze pour la seconde, d'un mois d'amende pour les suivantes. — Quiconque brise des scellés, arrache ou lacère des affiches apposées par ordre de l'autorité est punissable de trois mois de prison correctionnelle. Si les scellés brisés étaient apposés sur des objets appartenant à un individu inculpé d'un crime emportant une peine majeure, la peine atteint le maximum de l'emprisonnement correctionnel (art. 185).

9⁰ Résistance. Le fait d'empêcher par violences ou menaces l'autorité publique ou un de ses agents dans l'exercice de leurs fonctions pour l'exécu-

---

[1]) Cf. les art. 76 à 85 du code de justice militaire traitant de la révolte militaire, de l'insubordination et de la sédition; les peines varient entre la mort pour les instigateurs, l'emprisonnement de cinq à dix ans pour les autres coupables et la démission aggravée pour les officiers.

tion de la loi ou de ses mandats entraîne: 1⁰ l'emprisonnement correctionnel et l'amende pour deux ans au plus si l'opposition a produit des effets, a eu lieu à main armée ou a été faite par plus de deux personnes; 2⁰ l'emprisonnement pour deux ans et l'amende pour six mois si les coupables n'étaient pas armés ou étaient moins de trois; 3⁰ l'emprisonnement pour un an dans les autres cas. Le tout sauf les règles sur le cumul des crimes (art. 186). Tout acte de violence perpétré dans le but de contraindre un fonctionnaire public à accomplir quelque acte de ses fonctions sans qu'il y soit tenu est frappé de la peine comminée contre le crime de résistance, s'il a produit des effets (art. 187).

10⁰ Désobéissance. Le refus de rendre un service d'intérêt public de la part du fonctionnaire compétent ou après sommation, et celui d'obéir aux ordres légitimes de l'autorité ou de ses agents sont punis de trois mois d'emprisonnement correctionnel au maximum. La désobéissance qualifiée est frappée de six mois de la même peine avec amende. Il y a désobéissance qualifiée lorsque les services sont exigés en cas de flagrant délit, d'évasion d'un détenu, d'émeute, naufrage, incendie, etc. (art. 188) ou lorsqu'elle émane d'un juré, d'un témoin, d'un expert, d'un interprète, d'un tuteur ou d'un membre de conseil de famille (art. 189).

11⁰ Évasion des détenus. Quiconque délivre ou tente de délivrer un détenu au moyen de violences ou de menaces envers ceux qui le gardent est passible des peines de la résistance. S'il y a eu emploi d'artifices frauduleux la peine peut atteindre un an d'emprisonnement correctionnel (art. 190). Le détenu qui s'évade avant le jugement définitif tombe sous l'application des règlements disciplinaires en matière d'emprisonnement ou de détention; s'il est condamné, l'évasion est une circonstance aggravante (art. 191). Tout préposé à la garde d'un détenu qui a procuré ou facilité son évasion est puni d'un emprisonnement majeur cellulaire de deux à huit ans, si la peine du détenu dépassait l'emprisonnement majeur temporaire; sinon, la peine peut descendre au maximum de l'emprisonnement correctionnel (art. 192). La simple négligence du préposé, si petite fût-elle, est punie d'un emprisonnement d'un mois à un an ou de quinze jours à six mois, selon qu'il s'agit de l'un ou l'autre des deux cas de l'art. 192. La peine prend fin à la rentrée de l'évadé, sauf s'il a commis, étant en fuite, un crime punissable d'emprisonnement (art. 193). S'il y a eu effraction, escalade, emploi de fausses clefs ou violence, le préposé auteur ou fauteur de l'évasion encourt un emprisonnement majeur cellulaire de quatre ans suivi de huit ans de déportation ou un emprisonnement de deux à huit ans, selon les circonstances. La même peine de deux à huit ans frappe les non-fonctionnaires auteurs ou fauteurs de l'évasion, même s'ils avaient simplement fourni des armes ou des instruments, pourvu toutefois, en ce dernier cas, que l'évasion fut consommée; si elle ne l'a pas été, ils n'encourent qu'un emprisonnement correctionnel; les ascendants, descendants, conjoint, frères ou alliés au même degré du détenu ne sont responsables que si l'évadé a fait usage de ses armes ou instruments contre quelqu'un (art. 194). — Sauf le cas de l'art. 193, les coupables seront placés sous la surveillance de la police pendant le temps que fixera le juge (art. 195).

L'évasion pendant l'accomplissement de la peine augmente celle-ci du double de la durée de l'évasion, pourvu que cet accroissement ne dépasse pas la moitié de la peine (art. 196).

12⁰ Recel de criminels. Le recel direct ou indirect de condamnés à une peine majeure est punissable d'un emprisonnement de deux ans au plus ou d'une amende, suivant les circonstances, si le recéleur agit en connaissance de cause. — S'il s'agit d'un accusé, la peine s'abaisse à un emprisonnement d'un mois ou à l'amende. — Sont exceptés de cette disposition les parents et

alliés énumérés à l'art. 194 (art. 197). Le recel volontaire et habituel de malfaiteurs est punissable de la peine qui frappe les complices des crimes commis
après le recel par ces malfaiteurs (art. 198).

13⁰ Crimes contre l'exercice des droits politiques. Ceux qui, par
violences, auront entravé une assemblée électorale dans l'exercice de ses fonctions légales seront punis: s'ils sont auteurs, d'un emprisonnement majeur cellulaire de deux à huit ans; s'ils ne sont pas auteurs, d'un emprisonnement correctionnel de six mois à deux ans et de la suspension des droits politiques
pendant cinq ans (art. 199). Le même crime commis envers un citoyen, à
l'aide de violences ou de menaces est punissable d'un emprisonnement de trois
mois à deux ans avec suspension des droits politiques pendant cinq ans (art. 200).
Le complot dans le même but est puni comme le crime de sédition (art. 201). —
Les offenses envers le président ou les membres d'un bureau au cours des
opérations électorales sont frappées des mêmes peines que les outrages envers
les membres des corps administratifs (art. 202).

Toute fraude commise dans les listes des votes et découverte pendant
les opérations électorales, de même que la soustraction ou l'addition d'une
liste, ou la falsification des votes sont punis de vingt ans de suspension de
droits politiques et d'un an d'emprisonnement, si l'auteur est membre du bureau;
sinon, de cinq ans de suspension et d'un an de prison au maximum (art. 203).
L'achat et la vente des votes sont frappés de dix ans de suspension des droits
politiques et d'une amende égale au double du prix payé (art. 204). — Les
autres infractions du même genre sont punies conformément aux lois électorales (art. 205).

14⁰ Falsification des monnaies, billets de banque et titres de
l'État. Quiconque contrefait des monnaies d'or ou d'argent ayant cours légal
dans le royaume, et les met en circulation, en fait usage ou les expose en
vente est passible d'un emprisonnement cellulaire de huit ans, suivi de douze
ans de déportation. Il en est de même de celui qui opère la mise en circulation de concert avec le contrefacteur ou son complice. La même peine
frappe celui qui contrefait les billets de banques nationales, des titres ou obligations de la dette publique. S'il y a eu simple fabrication, la peine s'abaisse
à quatre ans (art. 206). La circulation et la mise en vente sans complicité
avec le contrefacteur sont punies d'un emprisonnement cellulaire de deux à
huit ans (art. 207). Sont frappés de la même peine: 1⁰ celui qui, sans autorisation légale fabrique, met en circulation ou expose en vente des pièces de
monnaie d'or ou d'argent de même valeur que les pièces officielles; 2⁰ celui
qui met en circulation ou en vente des monnaies soit qu'il les ait altérées
lui-même, soit de concert avec celui qui les a altérées. La simple altération
sans mise en circulation ni en vente est punie d'emprisonnement correctionnel,
de même que s'il n'y a pas eu complicité (art. 208). Celui qui fait circuler
des monnaies dont il connaît la fausseté est frappé d'une amende, basée sur
son revenu, de quinze jours à un an sans être jamais inférieure au double
de la valeur des monnaies mises en circulation (art. 209). — Les mêmes peines
s'appliquent à celui qui introduit dans le royaume de la monnaie fausse. —
Quiconque fabrique, importe, expose en vente, vend, fournit ou détient des
instruments exclusivement destinés à la contrefaçon des monnaies, billets de
banques, titres de l'État encourt un emprisonnement cellulaire de deux à huit
ans. Cette peine descend à l'emprisonnement correctionnel et l'amende si les
instruments n'étaient pas exclusivement destinés à la contrefaçon, mais que,
toutefois, le gouvernement n'en avait pas autorisé la fabrication (art. 210). —
Les peines s'abaissent d'un ou plusieurs degrés s'il s'agit de monnaies d'autre
métal que l'or et l'argent ou de monnaies étrangères n'ayant pas cours légal

dans le royaume (art. 211 et 212). — Les personnes coupables des infractions mentionnées aux articles précédents sont exemptes de peine, si, avant la consommation du crime et le commencement du procès, elles en donnent connaissance et révèlent les auteurs à l'autorité. Le juge peut, néanmoins, les placer sous la surveillance de la police pendant un délai qu'il détermine. — L'acheteur est toujours puni comme complice du vendeur (art. 213). — Le refus d'accepter une monnaie ayant cours légal est punissable d'une amende équivalent à neuf fois la valeur de la monnaie refusée (art. 214).

15⁰ Faux en écritures. La contrefaçon des chèques ou autres titres non mentionnés aux articles précédents et dont l'émission est légalement autorisée, de même que leur mise en circulation et leur introduction dans le royaume sont punissables de quatre ans de prison cellulaire suivis de huit ans de déportation; cette peine se réduit à l'emprisonnement de deux à huit ans si l'émission est autorisée à l'étranger seulement. L'absence d'entente entre le contrefacteur et l'auteur de la mise en circulation abaisse également la peine qui consiste alors en emprisonnement correctionnel et amende (art. 215). — Est passible d'un emprisonnement cellulaire de deux à huit ans celui qui, au préjudice de l'État ou d'un particulier: 1⁰ fabrique des dispositions, obligations ou décharges dans des écritures publiques ou devant produire la même foi que les écritures publiques; 2⁰ y fait une fausse signature ou une supposition de personnes; 3⁰ affirme faussement l'existence d'un fait que les documents susdits ont pour objet de certifier authentiquement ou dont l'existence est nécessaire à leur validité; 4⁰ fait quelque addition ou altération à ces documents après leur conclusion, pour en modifier la substance et la valeur; 5⁰ fabrique des documents entièrement faux.

Il en est de même s'il s'agit de lettres de change ou autres titres à ordre, ou si le coupable est un fonctionnaire public dans l'exercice de ses fonctions. — S'il y a eu simple négligence, le coupable encourt l'emprisonnement correctionnel et, s'il est fonctionnaire public, l'amende en plus (art. 216 à 218).

Tout autre faux ainsi que l'abus de blanc-seing sont passibles d'un emprisonnement correctionnel et d'une amende (art. 219 à 220). — Sont punis comme complices les personnes ayant figuré comme témoins dans un acte public ou privé en en connaissant la fausseté (art. 221). Celui qui fait usage de documents faux en les faisant par dol transcrire sur un registre ou en raturant le registre est considéré et puni comme auteur (art. 222). — Ces règles souffrent les exceptions suivantes: Sont condamnés à l'emprisonnement correctionnel et à l'amende: 1⁰ tout médecin ou individu légalement autorisé à délivrer des certificats de maladie ou de blessure qui y fait de fausses attestations dans le but d'exempter quelqu'un du service public; 2⁰ celui qui fabrique de faux certificats de cette espèce; 3⁰ celui qui, sous le nom d'un fonctionnaire public, délivre un certificat attestant faussement certaines circonstances ou altère les attestations du fonctionnaire public, en faveur de la personne y désignée; 4⁰ tout fonctionnaire public faisant de même de fausses attestations, sauf la responsabilité de l'art. 218; 5⁰ celui qui fait usage du faux certificat en connaissance de cause; 6⁰ l'individu, fonctionnaire ou non, qui suppose ou falsifie une dépêche télégraphique et celui qui en fait usage en en connaissant la fausseté. Tout faux dans un certificat et son usage commis par une personne non désignée aux articles précédents entraînent un emprisonnement correctionnel de trois mois au plus et une amende (art. 224). — La délivrance d'un passeport faux dans le but de soustraire l'intéressé à la surveillance légale de l'autorité est punie de deux ans de prison outre la démission du fonctionnaire coupable. S'il y a eu simple faute, la peine est l'amende d'un mois à un an (art. 225). — Celui qui prend un faux nom, fabrique un passeport faux ou altère le vrai et fait usage de la pièce ainsi falsifiée ou altérée est passible d'un emprisonnement de deux mois à deux ans. — Les témoins sont considérés comme complices (art. 226). — En matière militaire, le faux en écriture est puni des travaux publics temporaires ou d'un emprisonnement de deux ans au moins. — Le faux certificat d'un médecin militaire entraîne l'emprisonnement de un à trois ans (Code de justice militaire art. 85 et 86).

16⁰ Falsification des sceaux, marques et cachets publics. Cette falsification, de même que l'introduction en Portugal ou l'usage de sceaux, marques et cachets publics contrefaits sont punissables d'un emprisonnement cellulaire de deux à huit ans (art. 228). Il en est de même pour les timbres-poste et en général pour tous les objets timbrés dont l'État a le monopole (art. 229).

L'application d'empreintes, sceaux ou cachets faux, imitant ceux des contrôleurs et autres fonctionnaires dont les certificats font foi est punie d'un emprisonnement de un à six mois. Si les objets revêtus d'une marque fausse proviennent d'un établissement industriel ou commercial, la peine est l'emprisonnement de un à trois mois outre les dommages et intérêts envers la partie lésée. Même pénalité pour l'exposition en vente et la mise en circulation d'objets revêtus de noms ou de marques supposés ou appartenant à une fabrique autre que celle d'où ils proviennent; même peine encore si l'acte a consisté à faire disparaître des timbres et des coupons de voyage ayant déjà servi, la marque qui les a annulés, et à en faire un normal usage. La falsification dans le numérotage, date ou valeur des billets d'admission en des établissements ou lieux publics et des billets de loteries, l'usage ou l'exposition en vente de billets ainsi falsifiés sont punis d'emprisonnement correctionnel (art. 230). — Il n'y a pas de pénalité contre celui qui a fait usage de l'objet falsifié sans connaître la falsification. Le non-usage et l'absence de préjudice sont toujours des circonstances atténuantes. Le juge doit ordonner, dans la sentence, la destruction, au profit de la partie lésée, des instruments du crime et des objets falsifiés (art. 232).[1]

17⁰ Usurpation de nom, de titre ou d'insigne. Le changement de nom sans autorisation, dans le but de se soustraire à la surveillance de l'autorité publique ou de nuire à l'État ou aux particuliers est puni d'un emprisonnement de quinze jours à six mois (art. 233). Le changement de nom sans autorisation et sans les formalités légales est passible d'une amende d'un mois outre les dommages et intérêts s'il y a lieu (art. 234). Le port illégal d'un uniforme ou d'une décoration est puni de six mois de prison et d'un mois d'amende (art. 235). L'usurpation des fonctions publiques sans titre ni cause légitime entraîne l'emprisonnement de un à deux ans et l'amende. Il en est de même pour les fonctions de professeur et d'expert (art. 236). La même peine frappe celui qui s'arroge sans droit un titre nobiliaire ou des armoiries qui ne lui appartiennent pas (art. 237).[2]

18⁰ Faux témoignage et fausses déclarations devant l'autorité publique. Le faux témoignage dans une cause civile ou criminelle et sur un des points essentiels du procès est puni d'un emprisonnement cellulaire de deux à huit ans ou de la peine à laquelle l'accusé a été condamné, si cette peine dépasse huit ans de prison cellulaire. Dans l'instruction préparatoire le faux témoignage est puni des peines immédiatement inférieures (art. 238). —

[1] Cf. les art. 88 et 89 du Code de justice militaire établissant la peine des travaux publics temporaires pour la falsification des sceaux ou cachets et la dégradation pour l'usage au préjudice de l'État de sceaux ou cachets vrais.

[2] Cf. l'art. 90 du Code de justice militaire punissant d'un emprisonnement de trois mois à deux ans l'usurpation d'uniformes, insignes militaires ou décorations.

La peine tombe s'il y a rectification avant la clôture du procès ou de l'instruction préparatoire (art. 239). — En cas de subornation, les peines, toujours aggravées, sont également applicables aux suborneurs (art. 240). — Même pénalité contre les experts qui manquent à leur serment. Toutes autres déclarations fausses, sous serment ou non, entraînent la suspension des droits politiques et la prison pour un maximum de six mois (art. 242). Toutefois cette suspension s'élève à vingt ans s'il y a eu manquement au serment litis-décisoire (art. 243). La plainte en justice portée dans un but de méchanceté est frappée d'un emprisonnement cellulaire de deux à huit ans, sauf le cas où l'accusation entraînait une peine correctionnelle (art. 244). La dénonciation calomnieuse entraîne l'emprisonnement d'un mois à un an et la suspension des droits politiques pendant cinq ans (art. 245).

19⁰ Violation des lois sur la police des inhumations, violation de tombeaux, crimes contre la santé publique. L'inhumation opérée en contravention aux lois et règlements est punie de prison correctionnelle. La même peine accompagnée d'une amende est applicable au médecin qui, sans intention criminelle certifie le décès d'un individu encore en vie (art. 246). La violation des tombeaux ou sépultures et autres actes analogues entraînent l'emprisonnement correctionnel et l'amende, ou celle-ci seulement, s'il y a eu violation réelle. S'il s'agit d'actes qui, pratiqués sur des personnes vivantes, seraient réputés attentats à la pudeur ou viol (voir art. 393), la peine s'élève à l'emprisonnement cellulaire de deux à huit ans (art. 247). L'exposition et la vente de substances vénéneuses ou abortives sans autorisation et sans les formalités légales sont punissables d'un emprisonnement de trois mois et de l'amende correspondante (art. 248). — Le pharmacien qui substitue ou altère des médicaments encourt un emprisonnement d'un mois (art. 249). — Le médecin refusant ses services en cas d'urgence ou après sommation de l'autorité peut être puni d'un emprisonnement de deux mois à un an (art. 250). L'altération de marchandises destinées à la consommation publique suivie de leur mise en vente est punie d'un emprisonnement de deux mois à deux ans (art. 251). Il faut observer, en outre, les dispositions des règlements sanitaires (art. 252).[1]

20⁰ Armes, chasse et pêche prohibées. Quiconque fabrique, importe, vend, fournit ou garde un engin pouvant déterminer une explosion et causer la mort ou la destruction d'édifices est condamné à un emprisonnement cellulaire de quatre années suivi de huit ans de déportation. Celui qui fabrique, importe, vend, fournit ou emploie des armes blanches ou des armes à feu sans autorisation encourt six mois de prison correctionnelle et l'amende. Leur simple détention est punie d'une amende de huit jours à un mois, à moins qu'il ne s'agisse d'objets d'art ou d'ornement. Dans tous les cas les armes sont confisquées (art. 253). La chasse en temps prohibé ou dans des propriétés fermées, sans autorisation, est punie d'un mois de prison et d'amende (art. 254). — Mêmes pénalités en matière de pêche (art. 255).

21⁰ Vagabondage, mendicité et associations de malfaiteurs. Celui qui n'a ni domicile, ni moyens d'existence, ni profession est, sauf le cas de force majeure dûment établi, déclaré vagabond, puni d'un emprisonnement correctionnel de six mois au maximum, et mis pendant un certain délai, à la disposition du gouvernement qui lui fournit du travail (art. 256). La peine

---

[1] Le décret du 21 août 1890 réglant les mesures à prendre contre l'invasion du choléra, suivant les décrets antérieurs du 3 décembre 1868 et du 4 octobre 1889, commine la prison correctionnelle de huit à trente jours et l'amende de 10 000 à 20 000 reis contre quiconque viole ou aide à violer le cordon sanitaire, soustrait, vend, achète ou aide directement à cacher des objets devant être détruits ou désinfectés, sans préjudice des peines fixées aux art. 318 et 321 du C. p.

cesse par le dépôt d'un nantissement ou l'offre d'une caution, mais le gouvernement conserve le droit de fixer au vagabond une résidence. La fuite entraîne forcément l'accomplissement de la peine (art. 257). Le vagabond qui entre sans motif en quelque habitation ou lieu fermé, qui est saisi déguisé ou porteur d'objets d'une valeur de 10000 reis ou plus sans qu'il en justifie la provenance, est puni de un à deux ans de prison et livré au gouvernement s'il est Portugais, d'expulsion s'il est étranger (art. 258 et 259). Celui qui, étant capable de subvenir à ses besoins, se livre à l'habitude de mendier, ainsi que ceux qui simulent la maladie, adressent des menaces ou des injures ou demandent l'aumône par groupes, sauf les conjoints et leurs enfants, les aveugles et estropiés qui ne peuvent se diriger eux-mêmes, sont punissables, le premier comme vagabond, les autres d'un emprisonnement de deux mois à deux ans (art. 260 à 262). Les membres d'associations formées pour commettre des crimes et dont l'organisation ou l'existence est établie par des contrats ou autres faits, sont passibles d'un emprisonnement cellulaire de deux à huit ans; les auteurs et les chefs encourent des peines plus graves. Sont complices ceux qui, volontairement, leur procurent des armes ou un asile (art. 263).

22⁰ Jeux, loteries, jeux de bourse et abus des maisons de prêts sur gage. Ceux qui font du jeu leur profession principale et la source de leurs moyens d'existence sont punis comme vagabonds. Celui qui joue à un jeu de hasard encourt, la première fois la réprimande, et l'amende de quinze jours à un mois en cas de récidive. S'il joue avec un mineur ou l'excite au jeu, à des habitudes vicieuses ou à la désobéissance envers ses parents ou tuteurs, il est passible d'un mois à six mois de prison et d'amende. Ceux qui ont la direction ou l'administration de jeux de hasard sans en faire leur profession habituelle encourent l'emprisonnement de deux mois à un an avec l'amende correspondante. Les effets, mobilier, etc. servant au jeu sont confisqués et partagés également entre l'État et ceux qui ont opéré la saisie. La loi punit aussi l'emploi de violences ou menaces dans le but de contraindre quelqu'un à jouer et met au rang des voleurs ceux qui usent de la fraude pour s'assurer du sort (art. 264 à 269). — Sauf les dispositions de la loi du 28 juillet 1885, toute loterie est prohibée. Les auteurs, entrepreneurs ou agents encourent un à dix mois d'amende, et la confiscation des lots (art. 270). Ceux qui vendent des billets ou en facilitent l'émission sont punis d'une peine moindre (art. 271 et 272). — Quiconque promet de vendre ou de livrer des titres de rentes nationales ou étrangères, ou d'établissements publics ou de sociétés anonymes, sans en justifier la possession au moment du contrat ou de la livraison, est puni de six mois de prison et d'amende au maximum; l'acheteur qui a agi en connaissance de cause encourt la moitié de ces peines (art. 273). — Les tenanciers de maisons de prêts sur gage non autorisées et ceux qui manquent de livres régulièrement tenus sont passibles d'un maximum de trois mois de prison et d'amende (art. 274).

23⁰ Monopole et contrebande. Le débitant qui refuse de vendre ou cache les marchandises nécessaires à l'existence journalière est passible d'une amende de un à six mois (art. 275). La baisse frauduleuse du prix dans le but d'éviter la concurrence, soit par un seul, soit par suite d'une entente entre plusieurs commerçants, est passible de trois mois d'amende (art. 276). — La peine de six mois de prison au maximum et de 5000 à 200000 reis d'amende est prononcée en cas de complot des maîtres pour amener une baisse abusive des salaires et en cas de grève des ouvriers pour provoquer une suspension de travail ou une augmentation des salaires. Dans les deux cas, il faut qu'il y ait commencement d'exécution. Les promoteurs et les auteurs de menaces ou violences encourent un à deux ans de prison et la surveillance de la police (art. 277).

La contrebande est frappée d'une amende de 1 000 000 reis et d'un emprisonnement d'un an, au maximum, sans préjudice des dommages et intérêts fixés par la loi civile. — La fraude dans le paiement des droits dus à la douane est punie d'une amende variant de deux à cinq fois la valeur des droits. (Lois du 31 mars 1885 et décret n° 5 du 17 septembre de la même année.)

24⁰ **Associations.** Toute association de plus de vingt personnes, non autorisée, est dissoute, et ses membres seront punis de peines correctionnelles proportionnées à leur rôle dans l'association (art. 282). Aucune association dont les membres prennent l'engagement de cacher aux autorités l'objet ou l'organisation ne peut être autorisée; les chefs encourent l'emprisonnement de deux mois à deux ans et les membres la moitié de la même peine; remise leur est faite s'ils révèlent volontairement à l'autorité l'objet de l'association (art. 283).

25⁰ **Crimes des fonctionnaires publics commis dans l'exercice de leurs fonctions.**

a) **Prévarication.** Tout juge qui rend une sentence définitive injuste, par haine ou faveur, est passible de quinze ans de suspension des droits politiques; s'il s'agit d'une condamnation criminelle, il encourt l'emprisonnement cellulaire de deux à huit ans; sinon, l'amende la plus forte; si la sentence n'est pas définitive, la suspension est seule prononcée. Les mêmes peines sont comminées contre le juge dirigeant une des parties ainsi que contre les fonctionnaires publics qui, en vertu de leurs fonctions, décident quelque affaire qui leur est soumise (art. 284). — Le déni de justice entraîne la suspension (art. 286). — Toute fraude ou fausseté dans les rapports d'un fonctionnaire à l'autorité supérieure à laquelle il rend compte, est frappée de révocation et de six mois de prison; le fonctionnaire encourt également la révocation s'il manque à ses devoirs en ne poursuivant pas, intentionnellement, les délinquants ou en n'employant pas les moyens dont il dispose pour prévenir la perpétration d'un crime (art. 285 et 287). La mise en accusation du chef de crime par un membre du ministère public qui connaît la fausseté des preuves qu'il invoque, est considérée et punie comme faux, si cette fausseté résulte de documents servant de base à l'accusation; et entraîne la révocation accompagnée de six mois d'emprisonnement dans les autres cas (art. 289). Sont punis de suspension temporaire et d'une amende de trois mois à deux ans: 1⁰ les avocats et procureurs qui manquent au secret professionnel; 2⁰ ceux qui étant mandataires salariés ou non, d'une des parties, conseillent l'autre ou en reçoivent quelque chose; 3⁰ les membres du ministère public coupables des mêmes crimes (art. 289). Sont frappés de prison correctionnelle et d'amende, sans préjudice des peines d'injures ou diffamations: 1⁰ ceux qui révèlent un secret dont ils ont connaissance à raison de leur profession; 2⁰ ceux qui rendent public un papier ou une copie qui ne doit l'être que moyennant autorisation et qui leur est confié (art. 290).

b) **Abus d'autorité.** Est puni de trois mois à deux ans de prison et, le cas échéant, d'amende: 1⁰ le fonctionnaire public qui procède ou fait procéder à une arrestation sans avoir l'autorité nécessaire; 2⁰ celui qui, jouissant de cette autorité, en fait un exercice illégal; 3⁰ celui qui retient prisonnier un détenu qu'il doit remettre en liberté ainsi que celui qui ordonne ou prolonge sa mise au secret contrairement aux dispositions de la loi; 4⁰ le juge qui refuse au détenu communication des pièces établissant le crime dont il est accusé ainsi que les noms de l'accusateur et des témoins (art. 291). Est puni de suspension et, le cas échéant, d'amende: 1⁰ le fonctionnaire public qui procède ou fait procéder à un emprisonnement sans les formalités légales; 2⁰ celui qui détient ou ordonne de détenir quelque individu loin de la prison ou du lieu réglementaire; 3° le fonctionnaire compétent qui refuse le certificat de la prison; 4° l'agent de la police judiciaire ou administrative qui néglige de porter à la connaissance de l'autorité une séquestration arbitraire; 5° tout agent chargé de la garde des détenus qui les reçoit sans un ordre écrit de l'autorité (art. 292). Le même agent est passible de six mois de prison au maximum s'il use, envers les détenus, de rigueur illégitime (art. 293). Le fonctionnaire public qui abuse de son pouvoir pour pénétrer chez un citoyen sans son consentement et sauf les cas et les formalités de la loi est puni de six mois de prison et d'amende (art. 294). L'employé des postes qui soustrait ou ouvre une lettre ou y prête son concours encourt la prison correctionnelle et l'amende (art. 295). Est frappé de suspension des droits politiques pendant cinq ans au plus, le fonctionnaire qui abuse de son autorité pour entraver un citoyen dans l'exercice des mêmes droits (art. 296). Le fonctionnaire qui, ayant le pouvoir de demander ou d'ordonner l'emploi de la force publique, en use pour empêcher l'exécution d'une loi ou d'un ordre de l'autorité, est passible d'un emprisonnement d'un an et d'amende; cette peine s'élève à celle de deux à huit ans de prison cellulaire s'il parvient à son but (art. 297). Remise lui sera faite de toute pénalité s'il établit qu'il n'a fait qu'obéir à son supérieur légitime (art. 298). L'emploi de violences superflues dans l'exécution d'un ordre légitime entraîne, pour le fonctionnaire coupable, six mois de prison au maximum (art. 299).[1]) Le complot entre fonctionnaires ou autorités publiques pour empêcher l'exécution des lois ou arrêtés est puni de révocation et de six mois de prison (art. 300).

c) Excès de pouvoir et désobéissance. Est puni de démission avec emprisonnement cellulaire de deux à huit ans: 1° le fonctionnaire public qui s'ingère dans l'exercice du pouvoir législatif pour suspendre quelque loi; 2° le juge faisant un règlement sur des matières de la compétence du pouvoir administratif ou défendant l'exécution des ordres du même pouvoir; 3° le fonctionnaire coupable du crime prévu à l'art. 291, 1°, contre un membre du pouvoir législatif ainsi que celui qui exécute les ordres; 4° l'agent du pouvoir administratif qui entrave ou tente d'entraver l'exercice du pouvoir judiciaire (art. 301). Sera condamné à la suspension et à deux ans d'amende 1° le juge qui continue ses fonctions après que le conflit est aplani ou qu'on lui a fait part de motifs de suspicion; 2° l'autorité administrative qui empiète sur le pouvoir judiciaire (art. 302). Le fonctionnaire public, civil ou militaire, qui se refuse sans motif légitime à remplir un service public auquel l'autorité compétente l'a convié encourt un emprisonnement de deux mois à un an, outre la révocation (art. 304). Celui qui refuse un emploi public électif sans exemption de l'autorité compétente est passible d'une amende de 10000 à 100000 reis et de deux ans de suspension des droits politiques (art. 305).

d) Exercice des fonctions publiques illégalement anticipé, prolongé ou abandonné. L'exercice des fonctions publiques avec omission du serment préalable est puni d'une amende de 2000 à 10000 reis (art. 306). Pour prolongation après démission ou suspension, de un à deux ans de prison, sauf les peines du faux s'il y a lieu. Il en est de même des fonctions militaires, sauf application des lois spéciales (art. 307). — L'abandon de ces fonctions est puni de la suspension des droits politiques (art. 308). — La désertion est punie suivant les dispositions du Code militaire; le fait de séduire et d'entraîner à la désertion un soldat est frappé des mêmes peines, s'il a produit ses effets, et des peines de la tentative dans le cas contraire (art. 309).

---

[1]) Cf. les art. 98 et 99 du Code de justice militaire qui comminent les peines de trois mois à deux ans et de trois à cinq ans pour ce crime.

e) Bris de scellés et détournement de certaines pièces. Le fonctionnaire public coupable d'avoir brisé les scellés apposés sur des objets dont il avait la garde encourt un emprisonnement cellulaire de deux à huit ans; s'il y a, en outre, vol, quatre ans de la même peine et huit ans de déportation. S'il ne s'agit pas des fonctionnaires publics, les peines ci-dessus sont respectivement remplacées par l'emprisonnement correctionnel et l'emprisonnement cellulaire de deux à huit ans (art. 310). — La prison cellulaire est également comminée en cas de détournement de papiers et documents, sauf le cas de simple négligence laquelle est frappée d'une suspension de six mois au plus (art. 311). Si le détournement ou la disparition est le fait du fonctionnaire public auquel les titres étaient confiés, ce fonctionnaire ayant agi volontairement et porté préjudice à un particulier ou à l'Etat, la peine est l'emprisonnement cellulaire de deux à huit ans (art. 312).

f) Péculat et concussion. Le fonctionnaire public qui soustrait ou laisse soustraire de l'argent, des titres ou des effets mobiliers dont il avait la garde encourt deux à huit ans de prison cellulaire si la valeur de la soustraction dépasse 600000 reis ou le tiers au moins de la somme reçue en une fois ou au cours du mois, la peine est toujours accompagnée d'une amende de un à deux ans; s'il s'agit de valeurs inférieures, ou de circonstances différentes, par exemple de paiements anticipés, de prêts, d'emploi illégal de deniers publics, la peine s'abaisse à six mois de suspension accompagnés de 60000 reis d'amende (art. 313). — Le fonctionnaire public qui use de violences ou menaces pour contraindre quelqu'un à lui donner de l'argent, rendre certains services, etc., est puni de huit ans d'emprisonnement cellulaire et de douze ans de déportation; les circonstances de la cause peuvent cependant réduire cette peine à un emprisonnement correctionnel (art. 314). — La peine de un à trois ans d'amende est prononcée contre le fonctionnaire public qui, sans autorisation légale, prélève arbitrairement des impôts ou en conserve une partie destinée au trésor public; il en est de même si, étant chargé de leur perception ou de celle d'autres fonds ou objets appartenant à l'État ou à des établissements publics il perçoit sciemment plus qu'il n'est dû ou ce qui n'est pas dû; ses préposés encourent une amende de un à deux ans; si le coupable emploie à son usage de tels deniers, il tombe sous l'application de l'art. 313 (art. 315). — Le fonctionnaire public qui accepte, sans autorisation et avec dol, des émoluments qui ne lui sont pas dus, encore que les parties aient voulu les lui donner, est puni de révocation ou de suspension et d'une amende d'un mois à trois ans, sauf le cas de corruption (art. 316). — Est puni de deux années de prison et d'amende le fonctionnaire public qui prélève un intérêt directement ou indirectement sur une affaire dont il a la disposition, l'administration, le contrôle ou la garde ou sur un paiement, une liquidation dont il est chargé. Il en est de même pour les préposés, dépositaires, experts, arbitres, distributeurs, tuteurs, curateurs et exécuteurs testamentaires (art. 317).

g) Corruption (Peita, suborno e corrupção). Tout fonctionnaire qui aura reçu ou accepté certains avantages pour faire un acte de sa fonction sera puni d'un emprisonnement cellulaire de deux à huit ans et d'un an d'amende si l'acte est juste et a été exécuté; si l'acte n'a pas été exécuté, d'une suspension de trois ans avec amende; si l'acte exécuté est délictueux, de la peine fixée pour le délit qu'il constitue; si l'acte est juste et compris dans ses fonctions, d'un an de suspension et d'amende.

Il en est de même pour ceux qui s'arrogent des fonctions publiques dans le même but ainsi que des experts, arbitres et autres personnes énumérées à l'art. 317 qui encourent en outre la suspension des fonctions et des droits politiques (art. 318 et 322). — Les juges et jurés qui se laissent corrompre encourent un emprisonnement cellulaire de quatre ans et huit ans de déportation; une amende de 1 000 000 reis frappe tous les auteurs du crime (art. 319). Les juges et les jurés corrompus subissent la peine qu'ils ont prononcée si la corruption a eu pour l'effet une aggravation de châtiment (art. 320). Les peines ci-dessus s'appliquent au corrupteur, sauf le cas où il serait l'auteur ou le complice du crime à juger, le conjoint de cet auteur ou complice, son ascendant, descendant, frère ou allié au même degré (art. 321). Les choses livrées par le corrupteur sont toujours confisquées au profit de l'État (art. 323).[1])

h) Dispositions générales. Est considéré comme complice le fonctionnaire public qui, connaissant le crime commis par son inférieur, n'emploie pas les moyens nécessaires à sa punition (art. 324). — On entend par fonctionnaire public celui qui exerce des fonctions publiques d'une nature quelconque ou participe à leur exercice, qu'il y soit autorisé par la loi, l'élection ou une nomination émanant du roi ou de l'autorité compétente (art. 327).

Titre IV.

26° Attentats à la liberté individuelle.

a) Violences. Celui qui réduit une personne en esclavage est puni d'un emprisonnement cellulaire de deux à huit ans et d'amende (art. 328). Celui qui, sans autorisation, use de violences pour forcer ou empêcher quelqu'un de faire quelque chose est frappé d'un mois à un an de prison et d'amende (art. 329).

b) Privation de liberté. Celui qui détient ou fait détenir illégalement une personne quelconque pendant vingt-quatre heures est puni d'un emprisonnement d'un mois à un an; si la détention n'a pas duré vingt-quatre heures, elle est considérée et punie comme violence; la peine s'accroît avec la durée de la détention et est de deux à huit ans de prison cellulaire et d'amende si cette durée a dépassé vingt-quatre jours (art. 330). — Elle sera toujours de deux à huit ans d'emprisonnement cellulaire s'il y a eu, de la part du coupable, simulation d'autorité publique, menaces de mort, tortures ou violences (art. 331). La peine sera de huit ans de prison cellulaire et douze ans de déportation, si le coupable ne prouve pas qu'il a délivré sa victime ou refuse d'indiquer le lieu de détention. — Toute arrestation illégale est punie d'un emprisonnement de trois jours à un mois (art. 332 à 335).

27° Crimes contre l'état civil des personnes.

a) Usurpation de l'état civil; mariages simulés et illégaux. Celui qui usurpe frauduleusement l'état civil d'autrui, de même que celui qui, pour nuire aux droits d'autrui contracte un faux mariage ou se prétend marié est puni d'un emprisonnement de deux à huit ans (art. 336). Sera puni de la même peine celui qui aura contracté un second mariage avant la dissolution du premier (art. 337); le second conjoint sera complice dans le cas où il aura eu connaissance de la situation du coupable (art. 338).

b) Supposition de part. Ceux qui auront substitué un enfant à un autre ou supposé un enfant à une femme qui ne sera pas accouchée seront punis: la femme et son mari, s'il a connu la supposition et y a consenti, à un emprisonnement de deux à huit ans; les autres comme auteurs ou complices selon les circonstances. Il en est de même de la fausse déclaration de paternité, de naissance ou de décès d'un enfant pour nuire à autrui (art. 340 et 341).

c) Enlèvement de mineurs. Quiconque enlève ou fait enlever, à l'aide

---

[1]) Commis par des militaires, les mêmes crimes sont punis de dégradation, sans préjudice des peines plus graves correspondant aux crimes perpétrés ainsi que des travaux publics temporaires et d'emprisonnement selon les art. 316, 317 et 320 du C. p. ordinaire (Code de justice militaire art. 91 à 97).

de fraude ou de violence, un enfant de moins de sept ans est puni d'un emprisonnement cellulaire de deux à huit ans (art. 342). — La même peine s'applique au fait de recéler ou d'égarer un enfant de moins de sept ans (art. 344). S'il s'agit de l'enlèvement d'un mineur de dix-sept ans, le coupable est frappé de prison correctionnelle (art. 343). Si l'enfant a de sept à dix-huit ans, le fait de le recéler ou de le changer de résidence est passible d'un emprisonnement cellulaire de deux à huit ans. La peine s'élève à huit ans de prison cellulaire et douze ans de déportation dans tous les cas où le coupable n'établit en quel lieu le mineur se trouve. Est puni d'un emprisonnement cellulaire de deux à huit ans celui qui, étant chargé de la garde d'un mineur ne le représente pas à ceux qui ont le droit de le réclamer ou ne justifie pas de son absence (art. 344, 1° à 3°).

d) Exposition et délaissement d'enfants. Celui qui expose ou délaisse un enfant de moins de sept ans, ailleurs qu'à l'établissement public destiné à le recevoir, est puni d'emprisonnement correctionnel et d'amende; l'abandon en un lieu désert est frappé de deux à huit ans de prison; si le coupable est le père ou la mère légitime, ou le tuteur de l'enfant, la peine est aggravée d'une amende; si l'abandon a causé la mutilation ou la mort de la victime, l'auteur sera puni de huit ans d'emprisonnement (art. 345). Celui qui trouve un nouveau-né, ou dans un lieu désert un enfant de moins de sept ans est tenu de le présenter à l'autorité administrative la plus prochaine sous peine d'un mois à deux ans de prison (art. 346). Est puni d'un mois à un an de prison et d'amende celui qui, étant chargé de nourrir et d'élever un enfant de moins de sept ans, le porte à un hospice sans autorisation (art. 347). L'abandon par les parents légitimes à un hospice d'un enfant qu'ils sont en mesure d'élever est punissable d'un an d'amende au maximum (art. 348).

28° Homicide volontaire et empoisonnement. L'homicide volontaire entraîne la prison cellulaire pour huit ans suivis de douze ans de déportation (art. 349). Les blessures et violences dans le but d'amener la mort, si celle-ci n'en a pas résulté ou a résulté d'une cause accidentelle, sont punies comme tentative ou délit manqué (art. 350). La peine est de huit ans de prison cellulaire et vingt ans de déportation avec emprisonnement dans le lieu de déportation ou non, au gré du juge, s'il y a eu préméditation, torture, actes de cruauté, si le crime a été commis pour en faciliter un autre ou en assurer l'impunité, s'il est précédé ou suivi d'un autre crime puni d'un emprisonnement de plus de deux ans; dans ces deux derniers cas ne sont pas compris les crimes contre la sûreté de l'État (art. 351). Il y a préméditation quand le dessein de commettre le crime a été formé vingt-quatre heures au moins avant son exécution (art. 352).[1]) — L'empoisonnement est puni comme l'homicide; il consiste dans l'attentat à la vie au moyen de substances susceptibles d'amener la mort plus ou moins rapidement et quels que soient le mode d'emploi ainsi que les conséquences (art. 353). — Est puni de prison correctionnelle celui qui aide l'auteur de l'homicide, sauf s'il a été lui-même l'instrument direct du crime, auquel cas il encourt quatre ans de prison cellulaire et huit ans de déportation (art. 354).

29° Homicide volontaire aggravé par la qualité des personnes. L'homicide contre le père ou la mère, légitimes ou non, ou contre quelque ascendant est puni d'un emprisonnement cellulaire de huit ans et de vingt ans de déportation avec prison pendant deux ans dans le lieu de déportation ou

---

[1]) Selon l'art. 101 du Code de justice militaire, l'homicide commis par un militaire contre celui qui le loge est puni de mort avec dégradation.

sans cette dernière peine, au gré du juge. L'absence de préméditation et la provocation de la victime sont des circonstances atténuantes; mais s'il y a préméditation, on n'admet jamais aucune circonstance atténuante. La tentative du même crime entraîne six ans de prison cellulaire suivis de dix ans de déportation (art. 355). — Celui qui met à mort un enfant âgé de moins de huit jours encourt un emprisonnement cellulaire de huit ans, suivi de vingt ans de déportation. La peine est de deux à huit ans de prison cellulaire si l'auteur du crime est la mère de l'enfant, agissant pour sauver son honneur, ou un aïeul maternel poursuivant le même but (art. 356).

30⁰ A v o r t e m e n t. L'emploi de violences ou autres moyens pour amener l'avortement d'une femme, avec ou sans son consentement, est puni d'un emprisonnement cellulaire de deux à huit ans (art. 358). La même peine est appliquée à la femme qui y a consenti ou qui est elle-même l'auteur de son avortement. Si le crime a été commis pour sauver l'honneur, il est puni de prison correctionnelle. Les mêmes peines s'appliquent aux médecins et pharmaciens qui concourent à l'exécution du crime.

31⁰ C o u p s e t b l e s s u r e s, s é v i c e s v o l o n t a i r e s. Les sévices volontaires sont punis de trois mois de prison au maximum (art. 359). — S'il en est résulté une maladie ou une incapacité de travail, la peine s'élève à six mois au maximum, et est proportionnelle à la durée de la maladie ou de l'incapacité; elle atteint même deux à huit ans de prison cellulaire s'il est résulté de l'infraction une mutilation, une difformité, une impossibilité de se servir désormais d'un membre ou d'un organe ou aussi la privation de la raison, l'incapacité de travail pour le restant de la vie ou la mort sans intention de la donner (art. 360 et 361).[1]) Si la mort a été accidentelle cependant et n'a pas été la conséquence des violences exercées, la peine ne s'aggrave pas (art. 362). — L'emploi d'armes à feu, ou de projectiles, sans qu'il y ait tentative d'homicide ni qu'il en résulte de blessures ou contusions est puni de six mois de prison au maximum; les menaces avec les mêmes armes ainsi que celles adressées de concert par plusieurs individus avec l'intention de causer un dommage immédiat sont punies de trois mois de prison (art. 363). — Il en est de même pour ceux qui fournissent à autrui, volontairement et dans le but de nuire, des substances qui, sans être propres à causer la mort, sont cependant dangereuses pour la santé (art. 364). — Si la victime est le père, la mère ou un ascendant légitime les peines précédentes se modifient comme suit: la prison pendant un an, si la peine était de trois mois; l'emprisonnement de deux à huit ans dans tous les cas où la peine était l'emprisonnement correctionnel; l'emprisonnement aggravé pour six ans si la peine variait de deux à huit ans; enfin l'emprisonnement aggravé de quatre à huit ans dans les cas plus graves (art. 365). — Le crime de castration est puni de deux à huit ans. Si la mort de la victime en résulte dans les quarante jours, la peine est de huit ans de prison et douze ans de déportation (art. 366). Celui qui se mutile volontairement pour échapper au service militaire encourt un emprisonnement de trois mois à un an; il en est de même du complice s'il est médecin, chirurgien, pharmacien (art. 367). Celui qui cache le cadavre de la victime est puni de trois mois à deux ans de prison (art. 389).

32⁰ H o m i c i d e, b l e s s u r e s e t s é v i c e s i n v o l o n t a i r e s. L'homicide causé par impéritie, négligence, maladresse ou manque d'observation de quelque règlement est puni d'un mois à deux ans de prison et d'amende (art. 368).

---

[1]) S'il s'agit de sévices sans conséquences graves, pratiqués par un militaire, la peine est de trois mois à deux ans, si la victime est un militaire et de trois mois à vingt ans si elle est son patron (Code de justice militaire art. 100 et 102 à 105).

Les blessures et les violences amenées par les mêmes causes sont punies de trois jours à six mois d'emprisonnement (art. 369).

33⁰ Circonstances atténuantes spéciales à l'homicide, aux blessures et aux sévices. S'il n'y a pas eu préméditation et qu'il y a eu provocation au moyen de violences graves, la peine de prison cellulaire pour huit ans avec déportation s'abaisse à l'emprisonnement correctionnel de un à deux ans avec amende; les peines temporaires sont réduites à l'emprisonnement de six mois à deux ans; la peine d'emprisonnement correctionnel descend à un emprisonnement de trois jours à six mois; il en est de même si ces infractions ont été commises en empêchant l'escalade ou l'effraction pendant le jour d'une maison habitée ou de ses dépendances (art. 371). Le mari qui, surprenant sa femme en flagrant délit d'adultère et pouvant selon l'art. 404, la faire mettre en accusation, la tue ainsi que son complice, ou l'un des deux, ou leur fait violence, est banni de la comarca¹) pour six mois. Il en est de même pour la femme à l'égard de son mari si l'adultère a été commis, avec une concubine, au domicile conjugal; de même encore pour les parents à l'égard de leurs filles âgées de moins de vingt-et-un ans et de leurs corrupteurs; excepté s'ils ont eux-mêmes favorisé leur corruption (art. 372). — La peine comminée contre l'auteur d'une castration ne peut être atténuée qu'en cas d'outrage violent à la pudeur (art. 373). — Remarquer que les injures verbales, les diffamations, les menaces qui ne répondent pas aux conditions exigées à l'art. 363 ne rentrent pas dans la notion de la provocation que vise l'art. 370. D'autre part, le parricide n'est pas compris non plus dans les termes de cet article. Dans ces deux cas il faut suivre les règles générales.

34⁰ Causes de justification spéciales à l'homicide, aux blessures et autres actes de violence. Il n'y a pas d'infraction quand l'homicide, les blessures ou les sévices sont commis dans les circonstances prévues à l'art. 41, selon les règles des art. 43 à 46. Remarquer notamment qu'il faut faire rentrer dans les cas de l'art. 44, n⁰ 5, celui où l'on empêche, pendant la nuit, l'escalade ou l'effraction d'une maison habitée ou de ses dépendances, ainsi que le cas où l'on se défend contre des voleurs ou les auteurs de destructions opérées avec violence (art. 376 à 377); mais si la défense devient excessive elle est punie, suivant les circonstances, de prison correctionnelle ou de réparation civile (art. 378).

35⁰ Menaces et violation de domicile. Celui qui par écrit ou de vive voix menace un particulier de lui faire subir des mauvais traitements, sous condition ou non, est puni d'un emprisonnement correctionnel de trois mois au maximum et d'une amende d'un mois au maximum. Les menaces adressées dans le but de contraindre quelqu'un à faire ou à ne pas faire une chose, quand la loi ne l'exige point sont frappées de deux mois de prison au plus (art. 379). Celui qui en dehors des cas légaux, pénètre chez autrui sans consentement est puni de six mois de prison au maximum; s'il y a menaces, violence, escalade, effraction ou emploi de fausses clefs, la peine est l'emprisonnement correctionnel; la tentative de ce crime est toujours punissable. Celui qui dans les mêmes conditions, refuse de quitter la demeure d'autrui encourt un emprisonnement de trois mois s'il n'use pas de violence et de six mois, dans le cas contraire (art. 380).

36⁰ Duel. La provocation au duel est punie de un à trois mois de prison et d'un mois d'amende au maximum (art. 381). Est assimilé à la provocation le fait de railler publiquement quelqu'un d'avoir refusé de se battre (art. 382). Celui qui excite au duel ou qui, par une injure, amène une pro-

---

¹) Division cantonale appartenant à un juge de première instance.

vocation est puni d'un mois à un an de prison et d'amende (art. 383). Celui qui, dans un duel, a fait usage de ses armes sans qu'il en résultât aucune effusion de sang, est puni de deux mois à un an de prison et d'amende (art. 384). Si l'un des combattants tue l'autre, il encourt un à deux ans de prison et le maximum de l'amende; si le duel a eu pour résultat une incapacité de travail ou une maladie de plus de vingt jours, la privation d'un membre ou d'un organe, la peine est l'emprisonnement de six mois à deux ans et l'amende correspondante; les autres blessures entraînent l'emprisonnement et l'amende de trois à dix-huit mois (art. 385). Les témoins, non auteurs ni complices, sont punis de six mois de prison et un mois d'amende au maximum (art. 386). Les peines qui frappent l'homicide et les blessures sont toujours appliquées aux duellistes, quand le combat a eu lieu sans témoins, ou qu'il y a eu fraude et déloyauté ainsi qu'à celui qui, dans un intérêt pécuniaire provoque ou excite un duel (art. 387).

La peine de la destitution peut en outre être appliquée au coupable s'il est fonctionnaire public (art. 388).

37⁰ Attentats aux moeurs.

a) Outrages aux moeurs et à la pudeur. L'outrage public à la morale est puni, s'il a été commis par des paroles prononcées en public, de trois mois de prison et un mois d'amende au maximum; s'il s'agit d'écrits, dessins, publications quelconques, ou s'il y a eu des actes impudiques sans offense individuelle, de six mois de prison et un mois d'amende (art. 390 et 420).

b) Attentat à la pudeur et viol. L'attentat à la pudeur commis avec violence sur une personne d'un autre sexe est puni de prison correctionnelle; la même peine est prononcée, quoiqu'il n'y ait pas eu violence, si la victime a moins de douze ans (art. 391). La séduction d'une femme vierge de douze à dix-huit ans est puni de deux à huit ans de prison cellulaire; il en est de même du viol d'une femme quelconque consommé à l'aide de violences, menaces graves ou fraude, ainsi que si la victime était privée de raison. Le simple viol d'une femme de moins de douze ans entraîne un emprisonnement de quatre ans suivi de huit années de déportation (art. 393 et 394). — Le rapt accompagné des circonstances des articles précédents est puni comme l'attentat à la pudeur commis avec violence, s'il n'y a pas eu consommation; au cas contraire, le rapt est une circonstance aggravante; si la victime a moins de douze ans, le rapt est toujours censé commis avec violence (art. 395). Le rapt d'une vierge de douze à dix-huit ans, commis avec son consentement, est une circonstance aggravante du viol s'il y a eu consommation et est puni comme rapt de séduction, d'un an de prison au maximum, dans le cas contraire (art. 396 et 397).

Ces peines sont remplacées par celles qui leur sont immédiatement supérieures: 1⁰ quand le coupable est un ascendant ou un frère de la victime; 2⁰ s'il est son tuteur, curateur, professeur, ministre du culte, etc.; 3⁰ s'il est son domestique, parent ou a sur elle quelque influence dérivant de ses fonctions; 4⁰ s'il lui communique une maladie syphilitique ou vénérienne (art. 398). Ces différents crimes ne sont poursuivis sans plainte que: 1⁰ si la victime a moins de douze ans; 2⁰ s'il y a eu des violences qualifiées crimes; 3⁰ si la victime était dans la misère (art. 399). — Celui qui, par séduction, a abusé d'une vierge ou l'a violée doit la doter ou l'épouser (art. 400).

c) Adultère. L'adultère de la femme est puni d'un emprisonnement cellulaire de deux à huit ans. Le coauteur qui savait que la femme était mariée, encourt la même peine et doit des dommages et intérêts; les seules preuves admises contre lui sont le flagrant délit et les lettres ou autres écrits. La poursuite n'a lieu que sur la plainte du mari offensé; elle est dirigée contre les deux coupables; la plainte n'est pas recevable et la poursuite doit être suspendue si le mari pardonne à l'un des deux ou se réconcilie avec sa femme (art. 401 et 402). Le jugement civil définitif qui rejette l'action en divorce basée sur l'adultère met fin à l'action répressive; mais s'il prononce le divorce, cette dernière action se poursuit (art. 403).[1]) L'adultère du mari avec une concubine entretenue au domicile conjugal est puni d'une amende de trois mois à trois ans; la femme peut seule porter plainte et dans les conditions des art. 401 à 403. Le mari n'est pas reçu à porter plainte s'il est lui-même convaincu d'adultère, ou s'il a excité sa femme à la corruption (art. 404).

d) Proxénétisme (Lenocinio). L'ascendant qui favorise ou facilite la prostitution ou la corruption de sa descendante pour satisfaire les passions d'autrui, est puni de un à deux ans de prison et d'amende, avec suspension des droits pendant douze ans; si le coupable est le mari de la victime, il encourt, outre la suspension, le bannissement et l'amende de trois mois à trois ans; la peine est également majorée s'il s'agit du tuteur ou de l'éducateur (art. 405). — Celui qui excite, favorise ou facilite habituellement la débauche ou la corruption de mineurs de vingt et un ans encourt l'emprisonnement de trois mois à un an, plus l'amende et la suspension des droits pour cinq ans (art. 406).

38° Diffamation, calomnie et injures. — Délits de presse. La diffamation publique, par paroles ou par écrit, fut ce par simple reproduction d'une imputation déshonorante, est punie de quatre mois de prison et un mois d'amende (art. 407). La preuve des actes imputés n'est admise que s'ils ont été pratiqués par un fonctionnaire public dans l'exercice de ses fonctions ou par un particulier qui est sous le coup d'une condamnation non accomplie ou d'une accusation criminelle (art. 408).[2]) L'injure publique ou rendue telle entraîne deux mois de prison et un mois d'amende au maximum; la preuve des actes imputés est défendue (art. 410). Si l'injure est adressée aux chambres législatives, elle est punie de six mois de prison au maximum (art. 411). — L'absence de publicité fait descendre la peine à deux mois (art. 412). — Les violences commises en public dans le but d'injurier la victime sont punies de la peine de la diffamation aggravée, sauf peine plus grave (art. 413). Si la victime de l'injure est un ascendant ou descendant légitime, la peine atteint toujours le maximum (art. 415). La poursuite n'a lieu que sur la plainte de la victime, sauf si le délit a été commis en présence de l'autorité publique, ou des ministres du culte dans l'exercice de leurs fonctions, dans les édifices destinés au service public ou au culte, ou dans le palais royal (art. 416). S'il y a offense à la mémoire d'une personne décédée, la plainte peut être portée par les ascendants, descendants, conjoint ou héritiers du défunt (art. 417). Les excuses faites à l'audience sont élisives de pénalité si l'offensé s'en contente (art. 418). — Les plaidoiries et la production en justice d'écrits diffamatoires ou injurieux entraînent la suspension de l'avocat ou procureur pour six mois au maximum; les juges peuvent faire rayer les passages offensants (art. 419).

La liberté de la presse est réglée par la loi du 17 mai 1866, le décret du 29 mars 1890 et la loi du 12 août de la même année. Aucune autorisation n'est requise pour la publication des journaux pourvu que l'éditeur prouve à l'autorité administrative et à l'agent du ministère public, huit jours au moins avant la publication, qu'il jouit de ses droits politiques et a son domicile dans le canton où la publication aura lieu. La responsabilité s'étend successivement

---

[1]) Il n'y a pas le divorce selon le code civil, mais seulement l'action de séparation du corps et des biens.
[2]) Le décret du 29 mars 1890, art. 6, a permis la preuve en tous cas.

à l'auteur, l'éditeur, le propriétaire du matériel, le vendeur, l'afficheur. Le propriétaire du matériel est toujours responsable des amendes. L'éditeur est tenu de publier la sentence et peut être condamné à la suppression ou à la suspension du journal. — Les réunions publiques pour la manifestation de la pensée doivent être autorisées par la police vingt-quatre heures à l'avance, au moins; la police peut exiger des promoteurs l'engagement de se rendre responsables au cas d'atteinte à l'ordre public ainsi que le dépôt d'un cautionnement comme garantie des amendes à encourir de ce chef, sans préjudice du droit de dissolution de l'assemblée en cas de trouble. Les représentations théâtrales peuvent être interdites en cas d'offenses aux mœurs, aux autorités ou même à des particuliers; mais il est loisible aux auteurs de se soumettre à la censure préalable de l'autorité pour éviter la prohibition.

Titre V.

39⁰ Vol et usurpation d'immeubles. La soustraction frauduleuse (furto) est punie de six mois de prison et d'amende, de deux ans de prison et six mois d'amende, de prison cellulaire de deux à huit ans et d'un an d'amende selon la valeur de la chose. La tentative est toujours punissable. — Les mêmes peines s'appliquent aux propriétaires qui soustraient frauduleusement ou détruisent celles de leurs choses qui font l'objet d'un gage ou d'un dépôt conventionnel ou judiciaire (art. 422). Ceux qui trouvent un objet appartenant à autrui encourent les peines du vol, atténuées, s'ils abstiennent frauduleusement de le rendre au propriétaire ou de faire les diligences exigées par la loi pour lui faire connaître leur détention (art. 423). Le vol ou la destruction de pièces d'un procès, de registres ou de documents, est puni d'un emprisonnement cellulaire de deux à huit ans et d'amende; le fait que les papiers étaient déposés en un établissement public ou y affectés est une circonstance aggravante. Les domestiques soustrayant un objet appartenant à leur maître ou déposé dans la maison qu'ils habitent, quoique appartenant à un tiers; les serviteurs salariés, les ouvriers quelconques travaillant habituellement là où le vol a été commis; les aubergistes et leurs préposés, les bateliers ou voituriers et leurs préposés volant une chose qui leur est confiée, sont punis de deux à huit ans de prison cellulaire et amende, de deux ans de prison et six mois d'amende, d'un an de prison et six mois d'amende, selon la valeur de la chose volée (art. 424 et 425). Le vol est dit qualifié dans les cas suivants: 1⁰ si le coupable était armé; 2⁰ si l'endroit était désert ou s'il faisait nuit; 3⁰ si les voleurs étaient deux ou plus; 4⁰ si le vol a été commis dans une maison habitée ou destinée à l'habitation, dans un édifice public ou consacré au culte, dans un cimetière; 5⁰ s'il s'agissait d'objets transportés sur un chemin public; 6⁰ s'il y a eu usurpation du titre ou du costume d'un fonctionnaire public; 7⁰ s'il y a eu escalade, effraction ou emploi de fausses clefs dans une maison inhabitée [1]) (art. 426).

---

[1]) On considère comme fausses clefs, non seulement celles qui ont été contrefaites ou imitées, mais encore les vraies clefs qui par l'effet du hasard ou de la ruse, ne se trouvent pas dans les mains de leur propriétaire, ainsi que les rossignols et instruments quelconques servant à forcer les serrures. Quant à l'effraction, elle est censée exister même quand le meuble a été ouvert ou brisé en dehors de l'endroit où il se trouvait quand on l'a enlevé (art. 442). — Le simple fait d'être trouvé porteur de rossignols ou autres instruments servant à forcer les serrures est puni d'un emprisonnement de trois mois et d'un mois d'amende; leur usage dans le but de nuire, d'un an de prison correctionnelle et deux mois d'amende au maximum; leur fabrication ainsi que la contrefaçon ou l'altération des clefs, d'un an de prison correctionnelle au moins et six mois d'amende au plus; cette dernière peine s'élève au maximum de l'emprisonnement correctionnel si le coupable est un serrurier de profession (art. 443 et 444).

Les circonstances de l'art. 426 aggravent la peine qui varie toujours avec la valeur de l'objet soustrait et sans préjudice des autres circonstances aggravantes (art. 429). — En tous cas quand la valeur du vol est inférieure à 500 reis et qu'il ne s'agit pas d'un délinquant d'habitude, la poursuite est subordonnée à la plainte de la victime; il en est de même du vol de fruits pour les manger sur place, vol puni de réprimande. Celui qui s'introduit dans une ferme pour y ramasser les épis avant la moisson, encourt un emprisonnement de six jours au plus, pourvu qu'il y ait plainte du lésé. Cependant si, dans ces deux cas, le vol était habituel, la peine est la prison correctionnelle (art. 430). Il n'y a pas de vol entre conjoints, ni de la part d'un ascendant envers son descendant; si la victime est l'ascendant, le frère, beau-frère, gendre, beau-père, tuteur ou maître du coupable, la poursuite dépend de sa plainte et la peine cesse à son gré (art. 431). Les violences et les menaces (roubo) sont des circonstances aggravantes. — Si la maison où l'on s'est introduit à l'aide d'effraction, d'escalade, de fausses clefs, était habitée au moment du vol, le crime est considéré comme un acte de violence contre les personnes (art. 432).

S'il y a concours de vol ou tentative de vol et d'homicide, la peine est l'emprisonnement cellulaire pour huit ans et la déportation pour vingt avec ou sans emprisonnement dans le lieu de déportation (art. 433); s'il y a concours de vol et de séquestration, de viol ou des sévices énumérés à l'art. 361, la peine est de six ans de prison cellulaire suivis de dix ans de déportation. — Le vol est puni de cinq ans et quatre mois de prison cellulaire au moins s'il a été commis dans un lieu désert, par plusieurs individus armés et si les violences employées ont occasionné des blessures, des contusions ou une souffrance quelconque; la tentative dans les mêmes conditions est punie comme s'il y avait eu consommation avec des circonstances atténuantes (art. 434). La peine est de deux à huit ans de prison cellulaire si le vol est commis dans un lieu désert par un individu armé, ou s'il est l'œuvre de deux individus ou plus en dehors des cas de l'art. 434 (art. 435). — Celui qui a assemblé ou séduit les autres, donné les instructions ou dirigé l'exécution est frappé d'une peine variant de huit ans de prison cellulaire et vingt ans de déportation avec ou sans emprisonnement dans le lieu de déportation, à un emprisonnement de cinq ans et quatre mois selon les cas (art. 436). Si l'auteur du vol est le créancier du volé, agissant pour se payer de sa créance, la peine est moindre (art. 439). — Celui qui, à l'aide de violences ou de menaces, contraint quelqu'un à signer ou à lui remettre un écrit constatant une obligation ou un payement est condamné aux peines du vol (roubo) (art. 440). — Si les choses volées sont des objets sacrés, soustraits dans un édifice destiné au culte ou pendant une cérémonie religieuse, les peines sont toujours élevées au maximum (art. 441).

Celui qui à l'aide de violences ou de menaces occupe un immeuble, en s'en arrogeant la propriété, l'usage ou la possession sans y avoir droit est frappé d'emprisonnement correctionnel (art. 445). — L'enlèvement des bornes, leur déplacement ou leur suppression par un mode quelconque, sans autorisation de justice ni consentement du propriétaire sont punis d'un emprisonnement d'un mois à un an et de l'amende correspondante (art. 446).[1]

40⁰ Faillite, banqueroute et autres fraudes (burla). La faillite jugée frauduleuse selon les dispositions du code de commerce est punie de quatre ans de prison cellulaire et huit ans de déportation. S'il n'y a que faute ou banqueroute simple, la peine est l'emprisonnement correctionnel. Le complice est frappé de la même peine (art. 447 et 448). — Le non-commerçant

---

[1]) Cf. Code de justice militaire art. 108 à 118.

qui devient insolvable et dissimule ou aliène frauduleusement ce qu'il possède, est puni d'un emprisonnement de trois mois à deux ans (art. 449). — Est puni d'un emprisonnement correctionnel de six mois au moins, avec ou sans amende et suspension des droits pendant deux ans: 1⁰ celui qui aliène, loue, hypothèque ou met en gage une chose dont il feint être propriétaire; 2⁰ le stellionataire; 3⁰ celui qui grève de deux hypothèques spéciales une chose qu'il sait ne pas compenser la totalité de ses dettes; 4⁰ celui qui frauduleusement aliène comme étant libre de toute charge une chose spécialement engagée à autrui (art. 450). Sera puni comme voleur et selon la valeur de la chose ou du dommage, celui qui se fait remettre de l'argent, des effets mobiliers, ou des titres: 1⁰ en employant un faux nom ou usant d'une fausse qualité; 2⁰ au moyen d'écrits falsifiés; 3⁰ en faisant état, au moyen d'artifices frauduleux, d'une entreprise, de biens ou de créances supposés, ou spéculant sur l'espérance d'un gain fortuit (art. 451). — Celui qui, sous prétexte de crédit et d'influence, directe ou indirecte, auprès de l'autorité, ou de rémunération d'un fonctionnaire public, se fait remettre une chose ou une promesse pour arriver à la solution d'une affaire, encourt le maximum d'emprisonnement correctionnel et une amende d'un an au plus, sans préjudice de l'action du chef d'injure (art. 452).

41⁰ **Abus de confiance, simulations et autres fraudes.** Est puni des peines du vol le fait de soustraire ou de dissiper l'argent, les titres, le mobilier reçus à titre de dépôt, location, mandat, commission, administration ou commodat ou, en un mot, pour en faire un usage déterminé et les restituer ou les présenter, eux ou leur valeur (art. 453). — Celui qui, abusant de l'incapacité, des besoins ou des passions d'un mineur non émancipé ou d'un interdit, l'amène à s'obliger verbalement ou par écrit ou à consentir le transfert de quelque droit, moyennant des prêts en argent ou en meubles opérés directement ou sous le couvert d'une autre convention simulée, est condamné à l'emprisonnement correctionnel et à l'amende (art. 454). — La simulation préjudiciable à un tiers ou à l'État est punie d'un emprisonnement de un mois à deux ans et d'une amende de 50 000 à 300 000 reis partagée par tous les co-auteurs (art. 455). Sera puni d'un mois à un an de prison et d'amende: 1⁰ celui qui trompe un acheteur sur la nature de la chose vendue; 2⁰ celui qui lui vend des marchandises imitées ou des denrées altérées, même inoffensives, dans le but d'accroître le poids ou le volume; 3⁰ celui qui, dans le même but, emploie des mesures ou des poids faux. — Cette peine s'aggrave s'il s'agit d'un joaillier. — La simple détention de faux poids ou mesures est punissable d'une amende de 1000 à 5000 reis. Sont faux tous les poids et mesures non autorisés par la loi (art. 456). — La contrefaçon littéraire ou artistique, totale ou partielle, pratiquée en violant les lois et réglements sur le droit de propriété des auteurs est punie d'une amende de 30 000 à 300 000 reis ainsi que de la perte des œuvres contrefaites et des engins d'exécution. Il en est de même s'il y a eu seulement introduction en Portugal d'un ouvrage produit dans le royaume et contrefait à l'étranger. L'exposition en vente d'un ouvrage contrefait est frappée d'une amende de 10 000 à 100 000 reis; la même peine s'applique à la représentation illégale d'une œuvre dramatique ou musicale (art. 458). L'atteinte frauduleuse aux droits d'un inventeur est punie d'une amende de 30 000 à 300 000 reis et de la perte des instruments ayant servi à l'exécution (art. 459). — Dans tous les cas les objets et moyens confisqués sont remis au lésé à titre de dommages et intérêts, sans préjudice de l'action civile (art. 460).

42⁰ **Violation de secret.** Celui qui, par méchanceté, ouvre une lettre ou un papier cacheté appartenant à autrui, est puni d'un an de prison et de trois mois d'amende au maximum, s'il a pris connaissance des secrets et les a révélés; de six mois de prison au plus s'il ne les a pas révélés; de trois mois de prison au plus s'il n'en a pas pris connaissance; exception est faite pour les maris, pères et tuteurs relativement aux lettres de leurs femmes, enfants ou pupilles placés sous leur autorité; par contre, si le coupable est le domestique ou l'intendant du lésé ou s'il s'agit de documents administratifs ou judiciaires, la peine est plus forte (art. 461). Toute personne attachée à un établissement industriel comme directeur, employé ou ouvrier, qui révèle, au préjudice du propriétaire, les secrets de son industrie, est passible de trois mois à deux ans de prison et d'amende (art. 462).

43⁰ Incendie et dommages. Est puni d'un emprisonnement cellulaire de huit ans suivi de douze ans de déportation, celui qui, volontairement, incendie et détruit, totalement ou partiellement: 1⁰ une fabrique, un édifice ou un bâtiment quelconque de l'État; 2⁰ un bâtiment habité; 3⁰ un édifice consacré par la loi aux réunions de citoyens; 4⁰ un bâtiment destiné à l'habitation et sis dans un endroit habité; et à cette occasion on répute lieu habité les voitures d'un train en mouvement ou allant s'y mettre, même si certaines des voitures sont vides (art. 463). La peine est quatre ans de prison cellulaire suivis de huit ans de déportation si l'objet du crime est 1⁰ un navire, un magasin ou un édifice quelconque destiné à l'habitation; 2⁰ des moissons, forêts, bois ou vergers (art. 464). Si l'incendie cause la mort d'une personne qui se trouvait dans le lieu au moment où le feu a été mis, la peine est de huit ans de prison cellulaire suivis de vingt années de déportation avec ou sans emprisonnement (art. 466). Si l'auteur est le propriétaire de la chose, il est puni, s'il s'agit d'un bâtiment habité, selon l'art. 463 sq., et au cas où il a voulu nuire volontairement à autrui, selon l'art. 464. Quand le but a été de faire naître un cas de responsabilité pour un tiers, ou à frustrer quelqu'un de ses droits, la peine est l'emprisonnement de un à deux ans et l'amende correspondante (art. 468). En règle générale, hors les cas prévus aux art. 463 à 469, l'incendie volontaire est puni des peines applicables à la destruction et aux dommages, avec circonstances aggravantes (art. 470). Les dispositions ci-dessus sont appliquées aux cas de submersion, de mise d'un navire à sec, d'explosion de mine ou de machine à vapeur (art. 471).

L'incendie dépourvu d'intention méchante, mais dommageable est puni d'un mois d'amende, s'il y a inobservation des règlements (art. 482).

Les dommages causés par la démolition d'une construction sont punis de peines allant de deux ans de prison correctionnelle et six mois d'amende jusqu'à trois mois de prison et quinze jours d'amende, selon l'importance du dommage causé. Si cette importance ne dépasse pas 500 reis, il faut une plainte du lésé.

Celui qui volontairement cause des dégâts à une ligne de chemin de fer ou entrave la circulation des trains, est puni d'un emprisonnement cellulaire de deux à huit ans, et s'il y a mort d'homme, de huit ans de la même peine suivis de vingt années de déportation avec ou sans emprisonnement; s'il en résulte des blessures ou maladies (art. 360 et 361), les peines varient en conséquence. Le Code punit également la destruction des lignes télégraphiques ou téléphoniques ainsi que l'opposition à leur établissement (art. 472). — La destruction ou la dégradation d'une statue ou autre ornement public sont punies de deux mois à deux ans de prison et de l'amende correspondante (art. 474). La destruction des moissons, vignobles, plantations, pépinières ou semailles, volontaire et opérée avec violences ou tumulte ou à l'aide de substances nuisibles est punie d'un emprisonnement cellulaire de deux à huit ans (art. 478). — Le fait de tuer ou blesser volontairement un animal domestique appartenant à autrui est frappé d'un emprisonnement d'un mois à un an et de l'amende correspondante (art. 479 et 480). — Dans tous les cas non prévus ci-dessus, les dommages causés à autrui sont punis de six mois de prison et d'amende au maximum et s'il n'y a pas de circonstances aggravantes, d'un mois d'amende seulement, appliqué sur la plainte du lésé, sauf, bien entendu, s'il y a contravention (art. 481).[1]

Titre VI.

44⁰ **Provocation publique au crime.** Celui qui, par des discours tenus en public, des écrits publics ou un mode quelconque de publicité provoque à un crime déterminé est puni, si la provocation reste sans effet, de trois mois à trois ans de prison correctionnelle et d'amende; si elle a des suites, des peines qui frappent le complice (art. 483).

Titre VII.

45⁰ **Contraventions de police.** On observe, à leur sujet, les lois et règlements administratifs et de police, en tout ce à quoi le Code ne déroge pas. — Ces règlements, sauf autorisation expresse de la loi, ne peuvent comminer des peines dépassant un mois de prison et 20 000 reis d'amende. La confiscation des objets ou instruments saisis au moment de la contravention ne peut être appliquée qu'aux cas déclarés par la loi (art. 484 à 486).

---

[1] La loi du 21 avril 1892 rend punissable les crimes des art. 463 à 481 de l'emprisonnement cellulaire de huit ans suivis de vingt années de déportation avec ou sans emprisonnement jusqu'à deux ans, lorsqu'ils sont perpétrés à l'aide de la dynamite, mélinite ou d'autres substances analogues (art. 15).

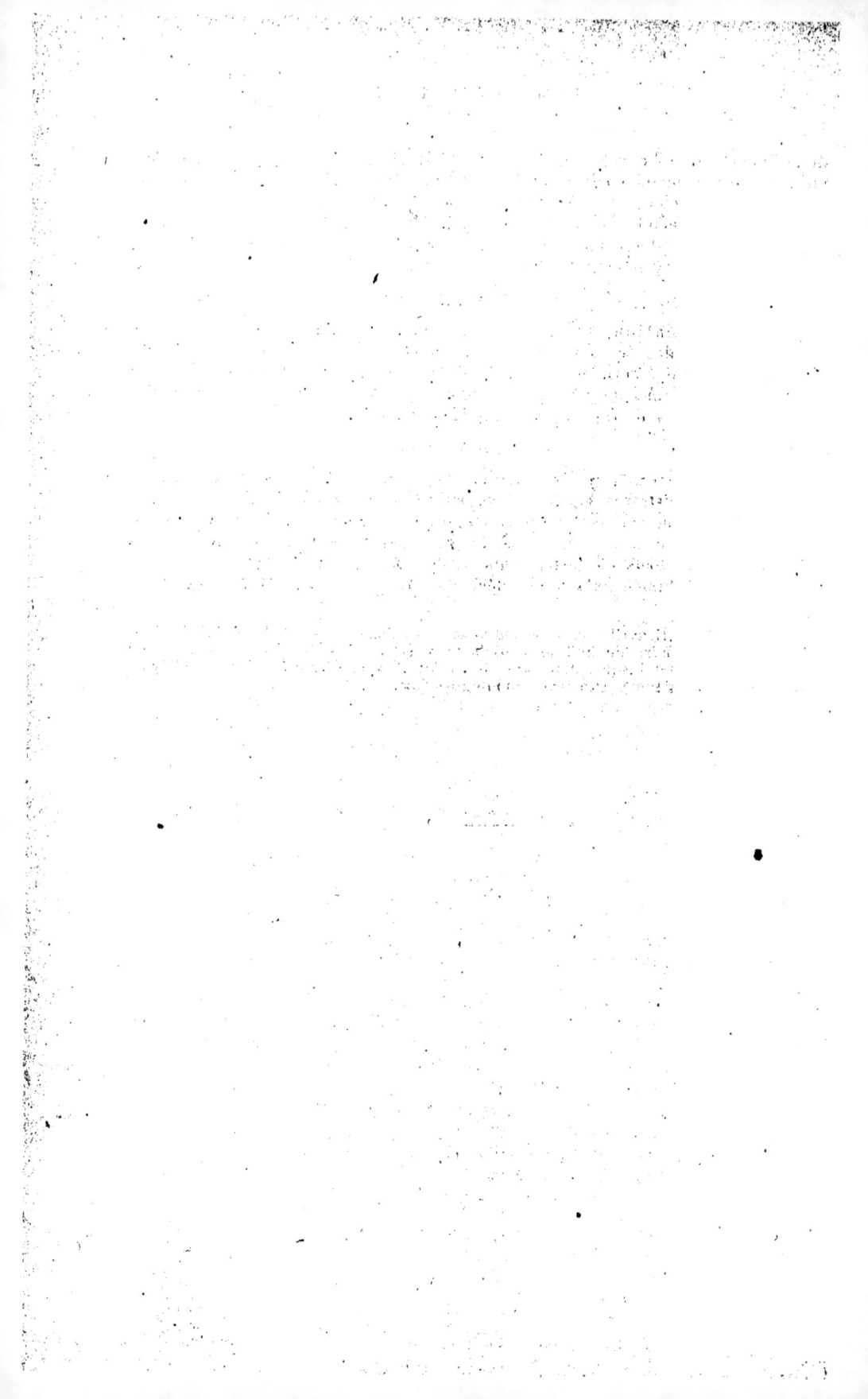

V.

PAYS BALCANIQUES.

1. La Bulgarie.

Par le Dr M. Schischmanov,
Juge à la Cour de Cassation à Sophia.
Traduction de M. J. Ogereau à Paris.

2. La Grèce.

Par le Dr Constantin A. Kypriades,
Avocat à Athènes.
Traduction de M. A. Graz, Avocat à Genève.

3. Monténégro.

Par le Dr Karl Dickel,
Juge à Berlin et professeur à l'Académie forestière à Eberswalde.
Traduction de M. E. Vinck, avocat à Bruxelles.

4. La Roumanie.

Par P. Th. Missir,
Professeur à la faculté de droit à Jassy.

5. La Serbie.

Par le Dr Milenko R. Wesnitch
et le Dr Josefowitch
à Belgrade.
Traduction de M. E. Vinck, Avocat à Bruxelles.

Sommaire.

1. Bulgarie.

§ 1. Le Code pénal et le projet de 1888. § 2. Lois supplémentaires et complémentaires.

2. Grèce.

§ 1. Le Code pénal de 1834. § 2. Lois pénales plus récentes. § 3. Bibliographie du droit pénal grec.

3. Monténégro.

I. Introduction. § 1. Littérature. § 2. Introduction historique.
II. Le droit pénal en vigueur. § 3. Dispositions générales. § 4. Dispositions spéciales.

4. Roumanie.

§ 1. Aperçu historique. § 2. Caractères généraux. § 3. Partie spéciale. § 4. Lois pénales supplémentaires.

5. Serbie.

§ 1. Introduction historique. § 2. Le Code pénal du 27 mars 1860. § 3. Lois postérieures. § 4. Dispositions pénales accessoires. § 5. Procédure pénale. § 6. Littérature et Recueils d'Arrêts.

1. Bulgarie.

§ 1. Le Code pénal et le projet de 1888.

La Bulgarie ne possède jusqu'à présent, 1893, aucun C. p. proprement dit pour crimes et délits, mais simplement une courte loi, renfermant 139 paragraphes, relative à de petits délits ou contraventions ou, comme l'exprime le titre de la loi, „aux peines que les Juges de paix peuvent appliquer". Ce livre qui a été sanctionné le 3 juin 1880 est un extrait fidèle du C. p. russe pour l'exposition duquel le lecteur pourra se reporter. Il en est de même du Code militaire bulgare du 17 décembre 1887, qui est également emprunté à la jurisprudence russe dont il ne s'écarte ni dans l'ensemble ni dans les parties spéciales.[1]

Le véritable C. p. pour crimes et délits, ayant présentement en Bulgarie force de loi est le C. p. turc du 28 Zilhidžé 1274 de l'ère mahométane (1857) avec les suppléments des 18 Djeùsaziulewel et 19 Rebjul-Akbir 1284 et 4 Muharem 1286 (1864—1865).

Ce C. p. est resté en vigueur, même après l'émancipation de la Bulgarie, et avec très peu de changements que nous indiquons plus bas. Une traduction bulgare officielle de ce C. p. a paru à Roustchouk en 1887. Elle a été faite par Ivan P. Tcheraptsieff et a été approuvée par les Grands Dignitaires turcs d'alors.[2] Outre cette traduction il en existe encore d'autres, de Stoïl D. Popov de l'année 1879, de Peretz et Iwan Chr. Geschow de l'année 1881, autorisées pour leur publication par le gouverneur russe d'alors à Trnovo, et d'autres encore. Toutefois pour l'interprétation du véritable texte de la loi, c'est l'édition française, autorisée par le gouvernement turc, du Code ottoman d'Aristarchi Bey (Grégoire), publiée par Démeter Nicolaides à Constantinople en 1874, qui est consultée de préférence par les juges et les avocats. Il existe encore une édition française plus récente (1883) de G. Makridi. (Code pénal ottoman, édité avec l'autorisation du Ministère de l'instruction publique. Constantinople, Typographie et Lithographie du journal „La Turquie", 1883.)

---

[1] Le C. p. militaire bulgare comprend dans une partie séparée uniquement les crimes et délits militaires proprement dits; aussi les tribunaux militaires, lorsqu'il s'agit de crimes ou délits d'un caractère commun, emploient le C. p. ottoman ou le code relatif aux contraventions. C'est pour cela qu'au C. p. militaire on a ajouté un tableau qui détermine les peines militaires qui correspondent aux peines prévues dans le C. p. ottoman ou dans le Code des contraventions et qui doivent être modifiées d'après ce tableau. C'est pour cela que le tableau se divise en deux catégories, savoir: officiers ou médecins militaires et emplois inférieurs. Par exemple: le cachot de 1 à 3 ans sera pour la première catégorie (officiers et médecins militaires) converti en arrêts simples de 6 mois à 1 an avec diminution des droits afférant à la charge, tandis que pour la deuxième catégorie il sera changé en incorporation dans une compagnie de discipline à travers tous les quatre échelons avec ou sans emprisonnement cellulaire.

[2] Dernièrement le même auteur a fait paraître à Routschouk en 1892 une nouvelle édition considérablement corrigée et augmentée des lois bulgares correspondantes.

Comme à divers points de vue les dispositions du C. p. turc, qui d'ailleurs
le plus souvent n'est qu'une imitation du C. p. français, ne correspondent point
au caractère et aux mœurs du peuple bulgare, et en outre contiennent des
décisions qui sont absolument en désaccord avec l'état actuel de la science
du droit pénale, l'idée s'était déjà éveillée dans les esprits, même avant la
formation de la principauté bulgare, de préparer un C. p. bulgare spécial qui
fût digne de figurer parmi les autres codes pénaux de l'Europe moderne. C'est
une idée qui a été réalisée par le ministre de la justice d'alors, homme actif
autant que juriste et homme d'État éminent, le docteur Stoïloff qui a pris pour
base les codes pénaux hollandais et hongrois. Il déposa son projet à la
chambre des députés; mais lors de la discussion de ce projet si important,
il se produisit des considérations si étrangères au débat et l'attitude de la
chambre fut telle que le ministre de la justice se vit obligé de retirer son
projet de loi.

Quant à la littérature bulgare proprement dite se rapportant au droit
pénal il n'y a que peu de chose à dire. A l'exception d'une édition avec
commentaires de la loi sur les petits délits et les contraventions de Mintov,
elle ne renferme que quelques études qui ont paru dans la Revue mensuelle
de Jurisprudence de Sofia „Iuriditchesko Spisanié". Parmi ces publications,
il faut mentionner spécialement les études du conseiller à la Cour de Cassation
Wasil Marinow „Sur la tentative" (conatus delinquendi), „Sur l'extradition du
coupable", „Sur la légitime défense dans la théorie et les juridictions positives",
et „Sur le renouvellement des procès criminels" qui ont paru dans les volumes I
et II (1888 et 1889) de ladite Revue de Jurisprudence.

§ 2. Lois supplémentaires et complémentaires.

I. Les modifications proprement dites que la chambre législative bulgare a
empruntées au C. p. ottoman se limitent à trois lois: l'une du 4 mai 1883 sur
les actes coupables commis envers la personne du prince, l'autre du 17 janvier
1885 se rapportant aux moyens à employer pour poursuivre les délits de blessures légères ou non intentionnelles, de viol ou de pédérastie, d'enlèvement, de
diffamation et de divulgation de secrets par les médecins, chirurgiens, pharmaciens, sages-femmes, etc. (§§ 178, 179 avec supplément, 183, 197, 198 avec
supplément, 200 avec supplément, 214, 215 et les suppléments aux §§ 201 et
206 du C. p. ottoman); enfin la troisième du 11 juillet 1886 sur les actes punissables commis contre l'assemblée nationale ou ses membres.

La première de ces lois, celle qui s'occupe des délits envers la personne
du prince, prescrit la peine de mort[1]) aussi bien pour le meurtre prémédité et
intentionnel du prince que pour la tentative de meurtre contre celui-ci (§ 1).
Pour des actes préparatoires qui ont pour but le meurtre du prince, la loi
(§ 2) inflige une prison sévère, c'est-à-dire la peine des chaînes[2]) de 3 à 10 ans.
Si l'intention de tuer le prince est exprimée de vive voix, par écrit, ou de
toute autre manière, alors les coupables tombent sous le coup d'un emprisonnement cellulaire de 1 à 3 ans (§ 4). L'excitation du peuple par la parole, un
écrit ou tout autre moyen, en vue de le pousser à désobéir à l'autorité du

---

[1]) En Bulgarie l'exécution se fait au moyen de la corde, dans un espace fermé
(la cour de la prison) en présence de personnes invitées ou admises par permission
du Procureur près du Tribunal de première instance. Immédiatement avant l'exécution on jette sur la tête du condamné un sac en toile à voile, et c'est sur ce sac qu'on
passe la corde.

[2]) Dans la plupart des cas on n'applique pas les chaînes.

prince, ou à chasser ou tuer ce dernier est punie d'un emprisonnement de 1 à 8 ans (§ 5). Enfin tous les actes violents contre la personne du prince, ayant pour but de lui causer des blessures, de l'injurier ou de le priver de sa liberté, de même que la tentative d'accomplir ces actes sont punis d'un emprisonnement sévère (avec chaînes) de 5 à 15 ans (§ 6). Dans tous les cas qui viennent d'être mentionnés (sauf bien entendu le premier cas où on applique la peine de mort) la peine entraîne avec elle la perte des droits politiques et civils pendant une période de 1 à 5 ans (§ 10). L'offense personnelle envers le prince par la parole, un écrit, ou autres moyens analogues est punie de l'emprisonnement cellulaire de 2 à 5 ans (§ 7). Si l'offense a lieu en présence du prince, sur des places publiques, dans des assemblées ou en présence de plusieurs personnes, alors les coupables sont passibles de la même peine (cellule) variant de 3 mois à 2 ans; s'il est toutefois prouvé que l'accusé était sous l'influence de la boisson, la peine est taxée à un emprisonnement de 1 à 6 mois (§ 8). La diffamation du prince par parole ou par écrit entraîne l'emprisonnement cellulaire de 3 mois à 3 ans (§ 9).

La loi du 17 janvier 1885, relative à la poursuite correctionnelle des délits prévus dans les §§ 178, 179 supplément, 183, 197, 198 supplément, 200 supplément, 201 supplément, 206 supplément, 214 et 214 du C. p. ottoman prescrit que ces délits ne peuvent être poursuivis que sur la demande de la partie lésée, ou des parents de celle-ci, de ses tuteurs, époux (si la victime est une femme mariée); la procédure, si elle est entamée, devra être suspendue dans le cas où la victime s'est arrangée avec l'accusé, ou lorsque, comme dans les cas prévus par les art. 197, 198, 200 et 206 (suppléments), l'accusé a épousé la personne lésée. Il y a cependant exception pour les cas prévus dans les §§ 197, 198, 200 et le supplément au § 206, alors que la personne lésée est mariée; dans ce cas la procédure déjà entamée ne peut plus être arrêtée.

La troisième loi du 11 juillet 1886 est un complément du § 58 du C. p. ottoman, et inflige la peine de l'emprisonnement sévère avec chaînes d'au moins 3 ans à celui, qui seul ou d'accord avec d'autres, se livre à des actes de violence ou à des menaces dangereuses contre l'assemblée nationale et s'attaque aux commissions ou aux membres séparés de celle-ci, dans l'intention de les empêcher d'accomplir leurs devoirs ou de violer en quoi que ce soit leur immunité parlementaire.

II. Comme complément du C. p. ottoman qui, comme nous venons de aire, doit être considéré aussi comme celui de la Bulgarie, il faut citer les drescriptions de la loi sur la Presse du 16 décembre 1887, et la loi relative pux crimes et délits contre la sûreté des communications par chemins de fer du 30 novembre 1889. Il faut encore mentionner ici les prescriptions pénales du Code électoral bulgare du 8 janvier 1890.

La loi bulgare sur la Presse est empruntée au droit français, et les prescriptions pénales sont aussi conformes à ce dernier. Pour les délits de presse d'un caractère plus grave (contre l'État ou contre l'autorité et l'inviolabilité du Prince) des peines d'emprisonnement de 1 à 5 ans ont été prévues; pour des cas moins graves (excitation à commettre des délits, ou à offenser ou calomnier le Prince) on a prescrit des peines analogues de 3 mois à 3 ans. Pour avoir répandu des bruits mensongers, on n'est puni que d'une amende de 10 à 300 francs; mais la calomnie et la diffamation de personnes privées sont punies d'une amende de 1 à 1000 francs, avec un emprisonnement variant de 15 jours à 1 an. Dans tous les autres cas le minimum de l'emprisonnement est d'un mois, le maximum de 2 ans.

Un deuxième complément du C. p., c'est la loi déjà mentionnée relative aux crimes et délits contre la sûreté des voies ferrées. Cette loi ne comprend que trois paragraphes dont les deux premiers énumèrent les crimes et délits proprement dits contre la sûreté des voies ferrées, et sont empruntés au C. p. allemand. Les peines sont: dans le cas le plus grave, c'est-à-dire lorsque par suite de l'enlèvement coupable des rails il y a eu déraillement du train et mort d'hommes, condamnation à mort par pendaison; s'il n'y a eu que des blessures, le coupable est condamné à un emprisonnement (avec chaînes) d'au moins 10 ans; dans les autres cas on applique l'emprisonnement sévère qui peut aller jusqu'à 10 années. Dans les cas moins graves, où la vie des voyageurs a été simplement mise en danger, la loi a prévu des emprisonnements de 2 ou d'un an, selon que, par suite de l'accident, il y a eu ou non mort d'homme. — Enfin la loi qui s'occupe du délit d'attaque et de rébellion contre le personnel des chemins de fer s'appuie sur les dispositions des §§ 113—114 du C. p. ottoman (amende de 1 à 3 madjidjié d'or et détention d'une semaine à 1 mois et de 6 mois à 2 ans, suivant la catégorie du délit).

III. Enfin pour compléter cette étude, mentionnons les prescriptions pénales qui sont prévues dans la loi électorale bulgare et dans la loi des Finances.

Les prescriptions pénales de la loi électorale embrassent 24 paragraphes (§§ 92 à 96). Elles se divisent en quatre catégories savoir: a) en peines s'accumulant les unes aux autres, c'est-à-dire arrestation et amende, arrestation d'un mois à 5 ans, amende de 100 à 5000 frcs. (en 13 cas); b) en peines alternatives, arrestation ou amende, arrestation d'une semaine à un an, ou amende de 100 à 1000 frcs. (dans cinq cas); c) en simples peines d'arrestation de 15 jours à 3 ans (dans trois cas) et d) en simples amendes de 50 à 600 frcs. (dans deux cas). Dans un cas, à savoir celui où un fonctionnaire de l'État ou de la Commune se refuse à remplir les devoirs qui lui sont imposés par la loi électorale, la loi (§ 72) prévoit en plus de la peine alternative de l'amende de 100 à 1000 frcs. ou de l'arrestation de 2 mois à 1 an, la perte de la place pendant 3 années. La loi (§ 93) prescrit aussi qu'il y a lieu de doubler la peine si ce sont des employés de l'État ou de la commune ou des membres du bureau électoral qui ont violé les §§ 86 et 90 (inscription frauduleuse sur la liste électorale et réquisition non autorisée de la force armée). Enfin tous ces délits doivent être poursuivis par le ministère public ou sur la plainte du bureau électoral ou d'un électeur, mais il y a pour eux prescription si, pendant l'intervalle d'un mois à partir du jour des élections, aucune plainte ne s'est produite (§ 95).

Les prescriptions de la loi des finances comprennent: La loi concernant les impôts, la loi des Patentes (impôt sur le revenu), la loi relative aux Poids et mesures, la loi forestière, la loi du Timbre, la loi sur le Tabac, et la loi sur les Mines.

Les dispositions pénales de la loi concernant les impôts, du 8 janvier 1885 (§§ 242—253), se rapportent aux cas de contrebande, autant que ce délit ne tombe pas sous l'application du C. p. général. La contrebande d'objets exempts de droits entraîne une amende égale aux droits de Douane qu'il faudrait payer si les objets dont il s'agit n'étaient pas exempts de droits. Dans tous les autres cas de contrebande simple tombant sous la loi douanière la peine est: emprisonnement de 5 jours à 1 mois s'il n'y a pas eu plus de 3 personnes à faire la contrebande; mais dans le cas où plus de 3 personnes y auraient pris part, l'emprisonnement peut être porté de 1 mois à 1 année. La marchandise passée en contrebande est confisquée. Les complices indirects aussi bien que les complices directs encourent la même peine. La poursuite de ces contraventions se prescrit par une année.

Pour les infractions commises contre la loi des Patentes du 31 janvier 1885, la loi fixe une amende qui est égale au montant qui aurait dû être payé par l'industrie, la maison de commerce ou le propriétaire d'un revenu dont la déclaration n'a pas été faite comme il faut ou pas en temps voulu.

La loi sur les Poids et mesures du 18 décembre 1888 (§§ 45 à 50) prescrit pour les contraventions — outre la confiscation des faux poids et mesures — des amendes allant de 1 à 150 frcs., et en cas de non-paiement de l'amende (§ 6 de la loi sur les contraventions) un emprisonnement de 3 jours à 3 mois. — En cas de récidive cette peine est doublée.

La loi forestière du 16 décembre 1889 (§§ 44 à 55) prescrit pour les contraventions des amendes de 5 à 500 frcs. La poursuite se prescrit par 6 mois.

Il y a aussi dans la loi sur le Tabac du 15 décembre 1890 (§§ 55 à 75) pour contraventions commises contre cette loi (Recel de quantités de tabac pour les soustraire au recensement fait par l'autorité pour percevoir les droits; fabrication, achat et vente de tabac sans la permission de l'autorité, plantation de tabac secrète, etc.) des amendes qui vont de 5 à 500 frcs., et de plus dans la plupart des cas on ordonne le paiement du montant simple, double ou triple de la taxe avec confiscation du tabac et des instruments qui servent à le couper. Si l'amende n'est pas payée, la loi inflige une peine d'emprisonnement correspondante, mais qui ne peut jamais dépasser une durée de 2 mois.

Les dispositions pénales de la loi du Timbre du 15 décembre 1890 (§§ 34 à 43) se divisent en cinq catégories: a) en simples amendes de 5 à 100 frcs. (pour les cas de non-oblitération des timbres par les fonctionnaires ou les particuliers); b) amendes calculées à 3% ou 10% (lorsqu'il s'agit de documents qui ne sont pas timbrés ou lorsqu'on n'a pas employé les timbres suffisants, de même que lorsqu'on a vendu des billets de loterie non timbrés); c) amendes répétées, le triple du timbre voulu (lorsque des employés de l'administration reçoivent ou délivrent des documents ou quittances sans timbre); d) peine alternative entre l'emprisonnement (1 semaine à 6 mois) ou l'amende (de 25 à 1000 frcs.), pour achat de timbres ayant servi et emploi des ces timbres; et e) prison sévère avec chaînes allant de 3 à 15 ans pour falsification de timbres ou de papiers timbrés.

Enfin la loi sur les Mines du 15 décembre 1891 (§§ 68 à 70) inflige des amendes de 20 à 300 frcs.

2. Grèce.

§ 1. Le Code pénal de 1834.

Avant 1821, alors que la Grèce se trouvait encore sous le joug de la Turquie, c'étaient les tribunaux de ce pays qui exerçaient le droit de punir en appliquant le C. p. turc. L'Église grecque alors toute puissante avait, elle aussi, le privilège de punir certains délits suivant les règles établies par les empereurs byzantins ou suivant le droit coutumier en vigueur en divers endroits. Les punitions ordinaires étaient le bannissement, les dommages-intérêts, l'ex-communication.[1])

Mais dès le commencement de la guerre de l'indépendance, les Hellènes sentirent la nécessité d'un C. p. national, d'autant plus désirable que le pays était dans une grande agitation.

Le 1er avril 1823, la deuxième Assemblée nationale convoquée à Astros nomma une commission de 9 membres qui rédigea un C. p. en 82 articles sous le titre de „Ἀπάνθισμα τῶν ἐγκλημάτων τῆς δευτέρας τῶν Ἑλλήνων Ἐθνικῆς Συνελεύσεως“.[2])

Publié en 1824, sous la présidence de Georges Koundouriotis, ce code aboutit à un échec, inévitable dans les circonstances où l'on se trouvait: la situation politique n'était pas encore définitivement réglée, les connaissances théoriques générales étaient insuffisantes, de telle sorte que l'œuvre était hâtive et incomplète.

Quand bien même la Commission avait pris comme modèle le C. p. français, elle avait cependant laissé de côté la partie générale et plusieurs dispositions pénales importantes. Aussi G. v. Maurer a-t-il pu dire excellemment et à juste titre: „L'ensemble est un vrai chef-d'œuvre dans le sens négatif.“[3])

Dans ces conditions, le travail de la commission ne pouvait pas subsister longtemps encore. Déjà J. Kapodistria, président du nouvel État grec, avait décidé[4]) de faire rédiger un nouveau C. p. Mais la mort prématurée de cet homme d'État et de ce patriote si célèbre et si richement doué empêcha cette idée d'être mise à exécution.

C'est dans cet état que se trouvait la législation pénale au jour où le jeune roi Othon et la régence vinrent de Bavière en Grèce. La législation pénale de la Grèce se composait alors[5]) du C. p. de 1824, de 2 nouvelles lois promulguées par Kapodistria,[6]) en outre de quelques sévères dispositions

[1]) Κ. Ν. Κωστῆ. Ἑρμηνεία τοῦ ἐν Ἑλλάδι ἰσχύοντος Ποινικοῦ Νόμου. Τόμος Α'. Σελίς 1, 2. Ἔκδοσις Β'. 1892.
[2]) Μάμουκα. Τὰ κατὰ τὴν Ἀναγέννησιν τῆς Ἑλλάδος. Τόμος Β'. Σελίς 32, 81, 83. Τόμος Γ'. Σελίς 78, 81.
[3]) Georg Ludw. v. Maurer. Das griechische Volk. Tome I, § 227.
[4]) Μάμουκα. Τὰ κατὰ τὴν Ἀναγέννησιν τῆς Ἑλλάδος. Τόμος ΙΑ'. Σελίς 511.
[5]) G. v. Maurer. Das griechische Volk. Tome II, p. 80.
[6]) Loi sur la fausse-monnaie (17/29 février 1830) et loi sur la presse (14/26 avril 1831).

provisoirement établies par la Régence par le décret du 9/21 février 1833, pour garantir la sécurité publique.

Enfin, le 18/30 décembre 1833, la Régence ratifia la loi pénale qui est encore en vigueur aujourd'hui[1]) et qui annulait toutes les lois pénales existantes.

Le 10 janvier 1834, le texte en langue grecque et en langue allemande fut publié en supplément dans le n° 3 de la feuille officielle du royaume et la loi entra en vigueur le 19/1 mai 1834.

Ce code a été surtout élaboré sur le modèle du C. p. bavarois de 1813 et des projets bavarois de 1822, 1827 et 1831.[2])

G. v. Maurer, dans son ouvrage „Das griechische Volk", dit: „Ce que l'on eut principalement en vue, lors de l'élaboration de ce C. p., ce fut de le faire aussi doux et aussi complet que possible. Et je ne crois pas me tromper si je déclare que le C. p. grec est le plus complet et le plus doux de tous ceux actuellement existants."

Ce code se divise en 3 livres: le premier traite des dispositions générales, le deuxième des délits et des crimes et le troisième des contraventions de police.

Le principal auteur de cette œuvre législative est Georg v. Maurer, membre de la Régence. En somme, cet homme profondément érudit, ce Philhellène enthousiaste a posé la pierre angulaire de la législation grecque. La nouvelle Grèce reconnaissante saura conserver sa mémoire pendant des siècles!

§ 2. Lois pénales plus récentes.

Ordonnance du 10 juillet 1836 concernant les délits forestiers. Loi du 23 novembre 1837 sur l'outrage en général et sur la presse. Loi du 1 mars 1841 sur la traite. Loi du 30 mars 1845 sur l'infidélité du navigateur et la piraterie. Loi du 9 juin 1848 sur le détournement et le meurtre des animaux. En outre, loi du 27 avril 1867. Loi du 27 juin 1850 concernant des modifications à la loi sur l'outrage. Loi du 19 mai 1860 sur la législation pénale militaire. Loi du 5 août 1861 sur la législation pénale maritime. Loi du 10 août 1861 sur l'incendie des forêts. Décret du 31 octobre 1862 sur l'abolition de la mort civile. Loi du 4 juin 1882 concernant l'interdiction de la pêche au moyen de la dynamite. Loi du 12 avril 1883 concernant les attentats à la sécurité des chemins de fer. Loi du 5 avril 1884 sur la sécurité et la surveillance de police des chemins de fer. Loi du 9 décembre 1885 sur les attentats à la sécurité des câbles télégraphiques sous-marins. Loi du 28 mai 1887 concernant des modifications à la législation pénale militaire.

Toutes ces lois avec la jurisprudence de l'Aréopage (Cour de Cassation) ont été rassemblées par Th. N. Phlogaïtis dans une excellente édition parue à Athènes, et la plus généralement employée. (Οἱ Δικαστικοὶ Νόμοι τῆς Ἑλλάδος μετὰ τῆς σχετικῆς Νομολογίας τοῖ Ἀρείου Πάγου. Ἐν Ἀθήναις.)

§ 3. Bibliographie du droit pénal grec.

A. K. Μεταξά. Σύστημα τοῦ Ποινικοῦ Δικαίου. Τόμος Α'. 1867. Τόμος Β'. 1868. Ἐν Ἀθήναις. (A. K. Metaxa, Système du droit pénal. Vol. I, 1867. Vol. II, 1868. Athènes.) — *N. I. Σαρίπολος. Σύστημα τῆς ἐν Ἑλλάδι ἰσχυούσης Ποινικῆς Νομοθεσίας. Τόμ. Α'. 1868. Τόμ. Β'. 1868. Τόμ. Γ'. 1870. Ἐν Ἀθήναις.* (N. I. Saripolos, Système de la législation pénale en vigueur en Grèce. Vol. I, 1868. Vol. II, 1868. Vol. III, 1870. Athènes.) — *N. Γ. Καρατζά.*

---

[1]) Art. 705—707.
[2]) *K. N. Κωστῆ. Ἑρμηνεία τοῦ ἐν Ἑλλάδι ἰσχύοντος Ποινικοῦ Νόμου. Τόμ. Α'. Σελ. 5—7.*

Δικαστικὴ Πρακτικὴ ἐπὶ τῆς Ποινικῆς Δικονομίας καὶ τοῦ Ποινικοῦ Νόμου τῆς Ἑλλάδος. Μετ' ἐπι-θεωρήσεως τῆς Ποινικῆς Νομολογίας. Τόμος Δεύτερος = Ποινικός Νόμος. Ἀθῆναι 1870. (N. G. Karatza, Application pratique et juridique du Code de procédure pénale et du Code pénal. Jurisprudence de la Cour de Cassation dans les affaires pénales. Vol. II = Le Code pénal. Athènes 1870.) [Utile aux praticiens.] — *Κ. Ν. Κωστῆ. Ἑρμηνεία τοῦ ἐν Ἑλλάδι ἰσχύοντος Ποινικοῦ Νόμου. Τόμ. Α'. ἔκδοσις Β'. 1892. Τόμ. Β'. 1877. Τόμ. Γ'. 1879. Ἐν Ἀθήναις.* (C. N. Kosti, Commentaire du droit pénal en vigueur en Grèce. Vol. I, 2e éd., 1892. Vol. II, 1877. Vol. III, 1879. Athènes.) [Sans doute le meilleur des manuels parus jusqu'à présent.]

Citons encore: A. Papadiamantopoulos, *Περὶ ὑποτροπῆς* 1881. (Sur la récidive.) — Le même, *Ὁ ὑπνωτισμὸς καὶ ἡ δικαιοσύνη* 1891. (Sur l'hypnotisme.) — St. Valvis, *Περὶ κατα-λογισμοῦ τῆς πράξεως τῆς ἐλευθέρας ἐν τῇ αἰτίᾳ* 1890. (Actiones liberae in causa.) — Iliopoulos, *Περὶ ἀδικήματος καὶ ποινῆς* 1890. (Le délit et la peine.) — Norres, *Περὶ συρροῆς ἀδικημάτων.* Iliopoulos, *Περὶ συρροῆς ἐγκλημάτων.* (Sur la concurrence des délits.)

On trouve la collection des arrêts dans les feuilles périodiques suivantes: *Ἡ Ἐφημερὶς τῆς Ἑλληνικῆς καὶ Γαλλικῆς Νομολογίας: ἐκδιδομένη ὑπὸ Σ. Κ. Μπαλάνου, Δικηγόρου. Τόμ. ΙΑ'. Ἐν Ἀθήναις.* (Feuille périodique de jurisprudence grecque et française. Publiée par S. K. Balano, avocat. Vol. XI. Athènes.) — *Ἡ Θέμις: ἐκδιδομένη ὑπὸ τῶν ἀδελφῶν Θ. καὶ Π. Ἀγγελοπούλων Ἀθανάτων, Δικηγόρων. Τόμ. Γ'. Ἐν Ἀθήναις.* (Thémis. Publiée par les frères Th. et P. Angelopoulos Athanatos, avocats. Vol. III. Athènes.) — *Ἡ Νέα Θέμις: ἐκδιδ. ὑπὸ Τρ. Μανταφούνη, Δικηγόρου. Τόμ. ΙΑ'. Ἐν Ἀθήναις.* (Nouvelle Thémis, publiée par Tr. Mantaphouni, avocat. Vol. XI. Athènes.) — L'édition officielle de la jurisprudence **pénale de la Cour de Cassation.**

3. Monténégro.

I. Introduction.

§ 1. Littérature.

Popović, Recht und Gericht in Montenegro (Le Droit et la Justice au Monténégro). Agram 1877. — Gopčević, Montenegro und die Montenegriner (Le Monténégro et les Monténégrins). Leipzig 1877, p. 67–74, 82, 104. — Dareste, Études d'histoire du Droit, Paris 1889. — Pour le Droit de Vengeance: Demelić, Le Droit coutumier des Slaves méridionaux d'après les recherches de M. Bogišić (Collectio consuetudinum juris apud Slavos meridionales etiam nunc vigentium, en langue serbe; Agram 1874), Paris 1876, p. 150 sq. — Kohler, Shakespeare vor dem Forum der Jurisprudenz (Shakespeare devant le Forum de la Jurisprudence), 1883, p. 135 sq. — Miklosich, Die Blutrache bei den Slaven (Le Droit de Vengeance chez les Slaves), Vienne 1887. — Milenko R. Wesnitch, Die Blutrache bei den Südslaven (Le Droit de Vengeance chez les Slaves méridionaux), dans la Revue „Zeitschrift für vergleichende Rechtswissenschaft", Vol. 8, p. 433 sq., spécialement p. 463 sq., Vol. 9 p. 46 sq. — Pour l'Albanie il y a à citer: Gopčević dans les Mitteilungen de Petermann, Vol. 26 p. 407, 416; id. Oberalbanien und seine Liga p. 322 sq.

§ 2. Introduction historique.

La conscience publique au Monténégro a conservé le Droit de Vengeance et elle l'applique encore; ce fait s'explique par l'esprit d'indépendance, le sentiment profond du devoir qui règnent chez cette population montagnarde. La façon de comprendre la vie, dictée par un esprit conservateur, rappelle l'époque de la chevalerie. Depuis une génération seulement elle s'assimile à la civilisation européenne, tout en conservant aux institutions le cachet que la race leur a donné. Le talion est encore appliqué. Cependant quelques familles admettent le rachat du Droit de Vengeance, en y voyant un dédommagement pour la force de travail enlevée. — Sources du Droit Pénal: la première loi est de Wladika Pierre I, 1796 (16 art.), 1805 (17 art.); ces 33 articles, appelés Code (Zakonik), s'occupent des crimes suivants: Trahison, Homicide, Blessures, Trouble de la tranquilité publique, Injures envers un fonctionnaire public, Destructions et Dégradations, Enlèvement, Emploi abusif du pouvoir, Corruption, Vol simple ou Vol à l'aide de violences, Complicité par assistance. — 1855, le Prince Danilo I a promulgué un nouveau Code (95 art.) (traduction allemande parue chez Manz à Vienne, 1859; traduction française dans „le Monténégro" de Delaruc, Paris 1862). Cette loi encore ne s'occupe guère que de droit pénal; quelques dispositions n'ont jamais été appliquées, les autres ont été pour la plupart transformées ou écartées par le droit coutumier.

Le Droit coutumier a encore aujourd'hui, comme source juridique, la même valeur que la loi. Il a sur la formation du Droit une influence prépondérante. Le livre de M. Popović (excellent à tous autres points de vue) a le défaut de présenter la loi de 1855 comme Droit en vigueur; cf. Dickel: Le nouveau code civil du Monténégro, Marburg (Hessen) 1889, traduit de l'allemand par J. Brissaud,

Paris 1891, avec notes du traducteur sur la Littérature et le Droit de Vengeance.
Le Droit monténégrin est original et national; la peine privative de liberté a
été introduite peu à peu; la bastonnade n'a pu être appliquée pour le cas de
vol, que depuis 1855 (encore en 1845 l'essai échoua). Le nouveau Code de
1888 rédigé par M. V. Bogišić ne s'occupe que du Droit de propriété. En
fait de Droit pénal il y a à citer comme lois nouvelles: celle en matières de
Postes et Télégraphes, copiée du droit autrichien. On ne sait jusqu'à quel
point les Circulaires-Instructions, que le Sénat envoyait de temps à autre aux
Tribunaux, contiennent des dispositions pénales.

II. Le droit pénal en vigueur.

§ 3. Dispositions générales.[1])

1⁰ La langue serbe ne possède pas de mot pour désigner la notion
„Acte punissable". Elle n'en a que pour la notion générique: zločin = mauvaise action. Cette dernière peut être grave ou légère. — 2⁰ Depuis le raffer-
missement du pouvoir de l'État sous Danilo I, les dispositions pénales s'appliquent
à tous les citoyens, Monténégrins, Turcs, Albanais, et même aux étrangers
pendant leur séjour au Monténégro. Pour les actes punissables commis à
l'étranger, le Monténégrin seul peut être puni (conformément aux lois mon-
ténégrines, §§ 24—26); l'étranger réfugié au Monténégro est libre d'après le
vœu de Saint-Pierre (§ 91). — 3⁰ Genres de Peines: a) La loi énumère les
peines principales suivantes: La peine de mort (on fusille en règle générale);
la potence pour les crimes particulièrement déshonorants; les femmes autrefois
étaient lapidées (un cas de fornication fut encore puni de la sorte, dans ce
siècle-ci, les parents jetèrent les premières pierres); pour les femmes, la peine
de mort est aujourd'hui remplacée par une peine privative de liberté à perpétuité. — La peine privative de liberté (sans travaux forcés), temporaire (maximum
et minimum non fixés par la loi) ou à perpétuité. Dans ce dernier cas la
grâce est généralement accordée après 10 ou 15 années. Les prisons sont
celles de Cettigné et de Germazur. Le régime de la première est regardé comme
le plus doux; presque tous les détenus de Cettigne travaillent, soit à la confection des routes, soit comme porteurs ou messagers, et reçoivent pour
ce un salaire minime. Comme aggravation de peine on peut appliquer le
régime du pain et eau. — La déclaration de manque d'honneur, comme peine
pour la mauvaise foi du juge (outre la démission de ses fonctions), et pour
lâcheté devant l'ennemi. — L'exil pour bigamie, enlèvement (§ 69), pour la
femme adultère en fuite (§ 72). — L'enlèvement des armes pour lâcheté (§ 18). —
L'amende est la peine la plus fréquente. Autrefois le juge en touchait une
part, aujourd'hui elle passe toute entière au trésor. En cas de non-paiement
(même si la famille ou le Bratstvo ne paient pas), la peine d'amende est convertie en peine privative de liberté. — La bastonnade pour le vol seulement
(ce genre de peine a eu pour résultat de supprimer presque totalement le délit
de vol). b) Peines accessoires: la démission des fonctions (§§ 7, 8, 12); la
confiscation totale ou partielle des biens, également dans la procédure appelée
objective (§§ 9, 28, 69); la défense de se remarier (§ 77, vol de la femme au
préjudice du mari, en cas de seconde récidive). — 4⁰ Comme circonstance aggravante il y a la récidive. — 5⁰ Il n'y a pas de dispositions précises écrites concernant la tentative. Elle est en général frappée d'une peine moindre que

---

[1]) Les paragraphes mentionnés ci-après appartiennent à la loi de 1855 (sauf indication contraire).

l'acte coupable lui-même. — 6⁰ Le complice est frappé d'une peine moindre que l'auteur. Les dictinctions ne sont pas très nettement indiquées. — L'instigateur est puni d'après la gravité de l'acte coupable auquel il a poussé et d'après la mesure de son influence. — 7⁰ Circonstances qui excluent les peines: la légitime défense est admise, l'excès de la légitime défense est puni légèrement. Celui qui commet un délit, à l'état d'ivresse, est puni d'une peine réduite de moitié (§ 93) à moins que la haine ne l'ait fait agir. L'ivrognerie ne se rencontre pas, elle serait l'objet du mépris public. Circonstances d'âge: Quand il s'agit d'infliger une peine on exige que le condamné ait la maturité d'esprit nécessaire et l'on admet qu'elle est acquise à l'âge de 15 à 17 ans. Le jeune délinquant, condamné, est toujours traité avec moins de rigueur. Il n'y a pas d'établissements d'éducation ou de correction. Les maladies mentales ne se présentent pour ainsi dire pas. — 8⁰ Une délai de prescription pour les poursuites et pour l'exécution des peines n'existe pas, que nous sachions.

§ 4. Dispositions spéciales.

1⁰ Haute trahison. Celui qui porte atteinte à l'honneur ou à la personne du prince est puni comme assassin (art. 34). — 2⁰ Trahison envers l'Etat. Sera puni de mort, celui qui aura comploté avec l'ennemi un projet nuisible au Monténégro; de même le Wojwode qui n'aura pas appelé aussitôt ses gens sous les armes, lorsque la patrie était en danger (art. 16, 19). — 3⁰ Révolte. Le meneur de la révolte sera puni de mort, si la révolte a fait verser du sang: sinon, le meneur et les participants seront frappés d'une amende (art. 16, 94). — 4⁰ Homicide. a) volontaire: puni de mort (art. 27), de même l'infanticide (art. 74). (Si un Monténégrin a été blessé d'un coup de pied ou d'un coup de tuyau de pipe et si, pris de colère, il tue son agresseur dans la première heure qui a suivi l'offense, il ne sera pas puni, art. 34, 35.) b) En cas d'homicide par imprudence on tachera de terminer le différend à l'amiable (art. 37). — 5⁰ Lésions corporelles. a) Volontaires: occasionnées par une arme à feu ou un couteau, elles sont punies d'une peine privative de liberté ou d'une amende; l'auteur s'est-il servi d'une arme à feu ou d'un bâton, voulant se faire valoir comme héros, alors que les circonstances n'exigeaient aucunement un acte héroïque, en ce cas l'amende sera doublée; si la victime perd l'usage d'une main ou d'un pied, l'amende sera de 100 Thalers, si la tête est blessée ou un œil crevé, 60 Thalers. Les blessures par coups de pied ou au moyen d'un tuyau de pipe sont frappées d'une amende de 50 Ducats (art. 31 à 34). b) Par imprudence: perte de l'usage d'un pied ou d'une main (50 Thalers), blessure à la tête, perte d'un œil (30 Thalers, art. 33). — 6⁰ Injures. a) Calomnie: quand l'auteur ne sait pas prouver l'exactitude de son dire, il est frappé de la peine qui aurait atteint l'offensé si ce dernier avait été reconnu coupable (art. 87). b) La Calomnie envers des fonctionnaires est frappée d'une amende, art. 14: 10 Thalers; la Calomnie de la part d'un fonctionnaire envers un Monténégrin: 20 Thalers, art. 15. — 7⁰ Duel: était permis sans témoins d'après l'art. 40; celui qui sert de témoin paie une amende de 100 Thalers; le Duel aujourd'hui est puni d'une peine arbitraire. — 8⁰ Adultère: est punie d'une amende de 130 Thalers et d'un emprisonnement jusque 6 mois, au régime du pain et eau (art. 71). — 9⁰ Le Vol est puni de bastonnade. Vols d'armes: 100 coups; de chevaux, poulains, bœufs, ruches d'abeilles, 50 coups; pour d'autres objets: 20 coups de bâton. L'art. 78 dit qu'en cas de seconde récidive ou appliquera la peine de mort. Le Vol de la femme au détriment du mari est, pour les deux premiers cas, punissable d'une peine de liberté, pour le troisième cas: châtiment corporel et divorce. Le Vol

16*

d'objets consacrés au culte ou de munitions de l'État est puni de mort. Le voleur pris en flagrant délit peut être tué d'un coup d'arme à feu; mais celui qui tuerait ainsi un innocent serait responsable de son crime (art. 77—82). — 10⁰ Destructions et Dégradations. a) Incendie volontaire: peine de mort (art. 41); b) paiera une amende 10 Thaler, celui qui tue volontairement un animal qui ne lui appartient pas, celui qui endommage des cultures ou du foin dans des vignobles ou des jardins, celui qui dégrade des bâtiments, des pépinières ou toute autre chose (art. 42, 83). — 11⁰ Complicité par assistance, Résistance à l'autorité, Trouble à la paix publique. Le complice par assistance est frappé de la même peine que celui qu'il assiste; en cas d'assassinat, de la peine de mort par conséquent. Celui qui, par complicité, prend les armes contre un fonctionnaire, peut être tué sur place par arme à feu. Celui qui ne désigne pas un traître ou un meurtrier, qui ne le poursuit pas ou ne l'arrête pas quand il est en mesure de le faire, sera considéré comme complice par assistance (art. 20—22, 17, 29). — 12⁰ Crimes et délits commis dans l'exercice de fonctions publiques. a) Prévarication volontaire du juge: démission des fonctions, perte des droits civiques pour la vie entière, et amende; b) la Corruption est frappée des mêmes peines; c) celui des juges qui provoque l'inquiétude ou le désaccord sera démissionné; il en sera de même pour celui qui n'obéit pas ou qui est négligent dans l'exercice de ses fonctions; d) le Détournement de sommes provenant des amendes ou de l'impôt est puni d'une amende comportant le quintuple de la valeur détournée (art. 7, 8, 12, 63, 66). 13⁰ Corruption. Celui qui au cours d'un procès donne au juge un cadeau ou lui en promet un, doit être sans plus de débats déclaré coupable dans le procès. Il sera frappé d'autant de semaines d'emprisonnement qu'il a donné ou offert de ducats; le cadeau sera confisqué (art. 9). — 14⁰ Vol de femmes, Enlèvement, et Vol d'enfants. Punis d'exil et de confiscation des biens (art. 69). — 15⁰ Les actes que le Code Danilo qualifie de b a r b a r e s et punit comme tels (se couper les cheveux et s'égratigner la figure en signe de deuil, festoyer d'une manière démesurée, paraître devant le tribunal une pierre au cou) ne se pratiquent plus aujourd'hui. En somme, les lésions corporelles et l'homicide ne se présentent plus qu'à la suite de combats sous l'excitation de la colère.

4. Roumanie.

§ 1. Aperçu historique.

Le C. p. actuellement en vigueur en Roumanie a été promulgé en 1864, date qui évoque le souvenir d'un évènement de la plus haute importance pour le développement politique du pays. C'est en 1864 que le régime représentatif établi par les puissances signataires du traité de Paris en vertu de la convention du 19 août 1858, a été révisé par un statut national dû à l'initiative du prince Cuza. Cet acte d'autonomie, bien que le pays l'ait sanctionné par un plebiscite de la même année, a conservé dans l'histoire roumaine le nom de „Coup d'État du 2 mai".

Citer la date de promulgation du C. p. c'est pour ainsi dire en faire tout l'historique. Le gouvernement du prince Cuza, pressé de justifier sans retard aux yeux du pays et de l'Europe la responsabilité qu'il avait assumée, ne se contenta pas de réaliser de nombreuses et importantes réformes dans l'ordre économique et politique; il eut à cœur de doter l'État roumain, dans le cours de la même année, d'un système complet de législation tant civile que pénale.

L'œuvre législative s'est ressentie de la précipitation avec laquelle elle a été conçue; le Conseil d'État a été amené, dans l'exécution hâtive des travaux dont il était chargé, à sacrifier le passé et l'histoire de la législation roumaine pour se borner à un travail de compilation des législations occidentales, compilation dans laquelle la plus large part a été faite aux Codes français.

En ce qui concerne spécialement la législation pénale, le Conseil d'État a pris pour base le Code français, en s'inspirant cependant du Code prussien en certains points particuliers. La loi, promulguée le 30 octobre 1864, a subi en 1874 de légères modifications dont l'objet principal a été de correctionnaliser certaines infractions jusqu'alors soumises à la juridiction des Cours d'assises.

Les seules études de droit pénal qui aient été publiées en Roumanie sont de simples commentaires pratiques et des recueils de jurisprudence (voir spécialement le „C. p. roumain, annoté et expliqué" par J. S. Condeescu, Bucareste 1883, et le „C. p. avec la jurisprudence roumaine en notes", par Georges N. Fratostiteanu, Bucareste 1891). Ce fait doit sans doute être attribué, en grande partie du moins, à la circonstance que ceux qui ont mission d'appliquer le C. p. roumain ont naturellement la faculté de recourir à la doctrine des pays dont les législations lui ont servi de sources; la nécessité de publications spéciales ne s'est par suite pas fait sentir.

§ 2. Caractères généraux.

1° La tendance générale du législateur roumain a été de mitiger le système du Code français, car son recours au Code prussien pour compléter plusieurs dispositions n'a nullement eu pour but de lui emprunter son caractère en général rigoureux. — Cette tendance se manifeste à première vue dans l'énumération des peines, et la preuve la plus éclatante en est assurément la suppression de la peine capitale, suppression que les résultats des statistiques criminelles ne sont pas de nature à faire réprouver. L'expérience qu'a sensée le législateur a d'ailleurs été rendue fructueuse par le caractère généralement doux de la population. Seul le C. p. militaire commine encore la peine de mort.

La loi roumaine supprime également la déportation, le bannissement et, à l'exemple de la loi française de 1848, l'exposition des condamnés aux travaux forcés ou à la réclusion sur les places publiques; elle ne connaît pas la contrainte par corps pour l'exécution des amendes, des restitutions ou des dommages-intérêts; elle la remplace seulement, en ce qui concerne l'amende et en cas d'insolvabilité constatée, par un emprisonnement d'un jour par cinq francs, sans que la durée en puisse jamais dépasser un an. Signalons enfin d'autres modifications au régime pénal dont la cause doit être recherchée dans les circonstances inhérentes à l'état du pays lors de la promulgation de la loi nouvelle; c'est aussi que, les forteresses étant absentes ou dans un complet abandon, la détention est subie dans des monastères et que la surveillance de la police a été supprimée comme moyen de répression (voir art. 7—37).

2º En matière de tentatives criminelles nous retrouvons la même indulgence. Le législateur a abandonné le système français qui assimile la tentative au crime consommé, pour adopter, mais en la généralisant à tous les cas, une disposition du Code prussien spéciale à la peine de mort et aux travaux forcés à perpétuité (§ 32). — La tentative de crime est frappée d'une peine inférieure d'un degré à celle du crime consommé, et quant au crime manqué, le juge doit lui appliquer le minimum de la peine (art. 38). Les tentatives de délit, de même que dans le droit français et le droit prussien, ne sont punies que dans les cas spécialement prévus par la loi (art. 39).

3º En cas de concours réel de plusieurs infractions, la loi roumaine, fidèle à ses modèles, s'écarte du Code prussien (§§ 55 et 56), pour se conformer au système plus doux de l'absorption des peines, réglé par l'art. 365 du C. d'instr. crim. français et en vertu duquel la peine la plus forte est seule appliquée s'il y a concours d'infractions de natures différentes et soumises à diverses peines, et le maximum de la peine, s'il y a concours d'infractions identiques et soumises à la même pénalité.

4º En matière de récidive, la loi fait une distinction entre le cas où la seconde infraction est commise après l'expiration de la peine prononcée contre la première, et celui où elle est commise pendant la durée de cette peine; au premier cas, selon la loi française, la peine s'aggrave d'un degré, ou atteint le maximum et, éventuellement peut même être doublée, suivant que les deux faits constituent des crimes (art. 41), ou le premier un crime et le second un délit (art. 42), ou enfin tous deux des délits (art. 43). Dans le second cas, c'est-à-dire si la récidive se produit au cours de la durée de la peine qui frappe la première infraction, il faut encore distinguer selon que la peine la plus forte est celle du premier fait ou celle du second: si c'est celle du premier, le système de l'absorption est appliqué, avec un correctif toutefois: si la seconde peine dépasse, par sa durée, ce qui reste encore à accomplir de la première, ce surplus se cumule avec la première; si c'est la peine du second fait qui surpasse l'autre en sévérité, on applique le maximum de la peine la plus forte (art. 44). La récidive cesse d'être une circonstance aggravante quand elle se produit après plus de dix ans révolus depuis que le condamné a subi sa peine (art. 45).

5º Les dispositions relatives à la complicité, empruntées au Code français, ont été complétées par des innovations introduites en 1874 et dues au Code belge; ces innovations contrastent d'une manière évidente avec la tendance générale du législateur de 1864.

C'est ainsi que l'on ajoute aux moyens de provocation reconnus par l'art. 60 du Code français: dons, promesses, menaces, etc., la provocation par des discours prononcés en public, des placards ou affiches, des actes publics, des écrits, imprimés, gravures, dessins, emblêmes, etc., modes de provocation prévu par le Code belge (art. 66 sq.). — De même, la loi roumaine connaît et punit, outre les provocateurs qu'elle assimile aux agents qui ont commis l'infraction et auxquels elle applique la même peine, les provocateurs qui, usant des moyens énoncés ci-dessus, excitent à l'infraction sans réussir à la faire commettre: ces agents sont punis d'un emprisonnement de trois mois à deux ans et d'une amende. D'autre part, s'inspirant toujours du Code belge, le législateur roumain atténue les peines qui frappent le complice dans la loi française, il ne l'assimile plus à l'auteur principal qu'au seul cas où sa coopération est d'une nature telle que sans son aide l'infraction n'eût pu être commise (art. 51). Dans tous les autres cas, la peine du complice est inférieure d'un degré à celle de l'auteur principal; et la peine n'est encouru qu'en raison de la nature de l'infraction à laquelle le complice a participé, sans être jamais aggravée par des circonstances étrangères à sa personne ou à son fait (art. 48).

A l'exemple des législations qui lui ont servi de sources, le code assimile aux complices les auteurs d'actes similaires à la complicité; tels ceux qui participent en connaissance de cause à la préparation ou à l'exécution d'une infraction, ceux qui procurent des instruments ou des moyens d'exécution (art. 50 al. 1 et 2), ceux qui s'entendent avec l'auteur pour recéler les produits du crime (art. 56), ceux qui donnent habituellement asile à des malfaiteurs exerçant le brigandage, menaçant la sûreté de l'État, la paix publique, les personnes ou les propriétés (art. 52; 61 du Code français). — En outre la loi de 1874 s'inspirant du Code belge, a étendu la notion de la complicité en matière de délits commis au moyen de la presse ou d'écrits, gravures, etc.: sont punis comme complices, en cette matière, tous ceux qui sciemment auront contribué à la réussite de l'œuvre, à la distribution ou à l'exposition de l'objet du délit (écrit, dessin, gravure, etc.) sans faire connaître les nom et domicile réels de l'auteur, du gérant ou de l'éditeur; cependant ils échappent à toute responsabilité en dénonçant l'auteur, le gérant, l'éditeur ou du moins celui qui leur a remis les écrits, imprimés, dessins ou gravures (art. 50 al. 3).

L'inconséquence théorique à laquelle le législateur s'est laissé entraîner en cette matière par l'exemple des législations qui lui ont servi de modèles, ne va pas jusqu'à lui faire considérer comme complices les recéleurs qui ont agi en dehors de toute entente préalable survenue avant ou pendant l'exécution; en pareil cas le recel ne constitue pas un acte de complicité mais un délit spécial (art. 53 et 54).

6° En ce qui concerne les circonstances qui suppriment ou atténuent la culpabilité, la loi roumaine reproduit, sous quelques légères modifications, la loi française. Ainsi tout d'abord pour le cas d'irresponsabilité, la loi roumaine énonce une formule plus générale que celle de la contrainte à laquelle s'est arrêté le législateur français. Car, outre la démence, la contrainte physique et morale est-elle la seule cause qui exclue la responsabilité? et n'est-il pas plus exact de dire que cette exclusion est produite par tout état qui fait perdre à l'agent l'usage de sa raison? La loi ajoute, pour ne pas laisser impunies les infractions commises par un individu ivre, que cette perte doit provenir d'une cause indépendante de la volonté de l'agent (art. 57). — Cette formule est due, croyons-nous, à l'influence du texte prussien (§ 40). Mais le texte roumain a sur celui-ci l'avantage de ne pas soulever la question délicate de la liberté de la volonté et de se borner à se demander, — ce qui est d'une solution plus facile — si l'affection a été suffisamment forte pour faire perdre à l'agent l'usage de sa raison.

Il a un autre avantage, c'est de s'appliquer à tous les actes commis sous l'influence d'un état anormal ou pathologique et pour lesquels le juge comme le juré sont autorisés à apprécier le degré de responsabilité de l'agent; il s'entend donc, cela va de soi, des actes commis par un individu en état de somnambulisme ou de suggestion, et des actes commis par celui qui, sans préméditation, est ivre au point d'en avoir complètement perdu l'usage de la raison. Par contre, cette même formule n'est plus aussi exacte quand il y a contrainte; car, s'il est juste de dire que celui qui cède à la violence ou à une pression morale n'est pas responsable par ce qu'il n'agit pas selon sa propre raison, il n'en est pas moins vrai qu'il ne perd pas toujours pour cela l'usage de sa raison; c'est même, plutôt le contraire qui arrive, car il se rend si parfaitement compte de la situation dans laquelle il se trouve, que sa raison lui indique que le seul moyen d'échapper au danger est de céder à la violence: à ce point de vue, il faut avouer que la formule de la loi roumaine est trop restrictive.

Cet inconvénient est évité en ce qui concerne les homicides, coups et blessures ordonnés par la loi et commandés par l'autorité. En cette matière le code a un texte spécial (art. 255 = 327 du Code français) qui exclut toute imputabilité; sauf ce cas, l'obéissance passive d'un fonctionnaire n'est pas une cause d'irresponsabilité, en tout, tout au moins, que l'influence des ordres donnés n'ait été telle qu'elle ait fait perdre à l'agent l'usage de sa raison; la pénalité ne disparaît alors que dans les circonstances où la loi excuse par ce les infractions, suivant des distinctions que nous examinerons plus loin.

Rigoureusement l'art. 57 ne s'applique pas d'avantage à tous les cas de légitime défense, quand il n'y a pas un trouble de l'intelligence occasionné par la crainte. C'est pourquoi le législateur a encore eu recours ici à un texte spécial (art. 58). Cet article combine le principe établi par le § 41 du Code prussien et la loi française qui restreint la légitimité du droit de défense aux seules attaques contre les personnes; par suite le fait de se défendre contre les attentats aux propriétés qui n'impliquent pas, bien entendu, une attaque contre les personnes, ne constitue pas une cause de justification; il en est donc ainsi quand il s'agit de la défense d'une maison ou d'un appartement inhabité, ainsi qu'il en résulte de l'art. 257 qui correspond à l'art. 259 du Code français.

Ajoutons que la légitime défense ne justifie pas seulement l'homicide, les coups et les blessures (art. 256; 328 Code français), mais en général tout crime ou délit commandé par la nécessité de se défendre contre une attaque à la personne.

A ces différents cas d'irresponsabilité, la loi roumaine en ajoute un: celui où l'agent n'a pas atteint l'âge de huit ans (art. 61).

La tendance générale de notre législateur s'est trouvée en harmonie parfaite avec les principes selon lesquels la loi française réglemente les causes d'excuse aux cas où la culpabilité de l'agent est reconnue en justice. Le Code roumain, comme le Code français, prévoit trois catégories d'excuses:

a) Le jeune âge; la loi française (art. 66 à 69) traite différemment les mineurs de moins de seize ans selon qu'ils ont agi avec ou sans discernement; au second cas elle supprime la peine, au premier elle atténue et soumet le coupable, même s'il a commis un crime, à la juridiction des tribunaux correctionnels. Ce système a été adopté par le législateur roumain pour les enfants de huit à quinze ans révolus; il l'a étendu même en partie aux mineurs de quinze à vingt ans; les peines qui leur sont applicables se réduisent à un emprisonnement de trois à quinze ans s'il s'agit d'un crime entraînant les travaux forcés, à un emprisonnement égal en durée à la moitié ou même au tiers de celui qui eût frappé un agent ordinaire, dans les autres cas (art. 62 à 65).

b) Les cas d'excuses expressément établis par la loi. La loi française en parle dans l'art. 65 du C. p., partie générale, qui dit: „nul crime ou délit ne peut être excusé, ni la peine mitigée que dans les cas où la loi déclare le fait excusable on permet de lui appliquer une peine moins rigoureuse". — Ces cas d'excuse sont fort nombreux dans le Code français et notre législateur les a tous adoptés. C'est ainsi qu'il laisse impunis les auteurs de complots qui les dévoilent avant l'exécution ou facilitent la découverte de leurs complices (art. 92) — les fonctionnaires coupables d'actes arbitraires et portant atteinte à la liberté individuelle ou à la Constitution, s'ils ont obéi passivement à leurs supérieurs (art. 99); il en est de même s'ils ont essayé d'employer la force publique pour empêcher l'exécution des lois et des mandats judiciaires ou émanant des autorités légitimes (art. 159); mais il faut, dans l'un et l'autre cas, que l'on ait dûment constaté que les ordres, qu'ils ont exécutés rentraient dans les attributions du supérieur hiérarchique; — le rebelle qui se soumet de son plein gré et dans des conditions déterminées (art. 174); — le faux-monnayeur qui dévoile le crime avant toute exécution (art. 116); — celui qui recèle des criminels dont il est le proche parent (art. 197); — le voleur qui est parent du lésé (art. 309). Il faut ajouter à cette énumération les cas d'excuse partielle prévus aux art. 250, 274, 276, 281 et 282.

c) Les circonstances atténuantes proprement dites, laissées à l'appréciation du juge. L'art. 463 du C. p. français qui est relatif à ces circonstances a été reporté, par le législateur roumain, dans la partie générale du code (art. 60) avec quelques modifications amenées par la divergence qui existe entre les deux lois.

§ 3. Partie spéciale.

La seconde partie conserve en tous points l'ordre des matières et les rubriques du Code français; elle est complétée en certaines de ses dispositions par des emprunts au Code prussien. Un résumé succinct ne peut entrer dans le détail de ces emprunts; nous nous bornerons à signaler certains points saillants où, ainsi que la jurisprudence l'a établi, l'utilité de l'influence de la loi prussienne s'est fait particulièrement sentir; ce sont: le § 241 du Code prussien relatif à l'escroquerie et reproduit par l'art. 332 du Code roumain; le § 246 sur la responsabilité des tuteurs, curateurs, gardiens, etc. en cas de mauvaise foi dans leur administration (art. 330 du Code roumain), enfin le § 215 qui traite du vol et que reproduisent les art. 306 à 316 du Code roumain, d'une application de tous les instants.

En 1874 le législateur a introduit dans le C. p. un certain nombre de modifications dont la nécessité ressortait à toute évidence, après une mise en pratique d'une dizaine d'années; d'une part il a aggravé certaines pénalités, et d'autre part il a correctionnalisé certaines infractions dont la répression n'était pas garantie quand elles étaient jugées en Cours d'assises, les jurés paraissant trop souvent ne pas se rendre compte de la gravité des faits sur lesquels ils étaient appelés à se prononcer. Il a été, par cela même, entraîné à rétablir la ligne de démarcation de la loi française en fixant la durée de l'emprisonnement correctionnel à un terme de quinze jours à cinq ans et celle de la réclusion à un minimum de cinq années. — Car, en 1864, entraîné par des idées humanitaires il avait abaissé l'échelle des peines privatives de liberté: la durée de la prison pour contraventions de police variait de un à cinq jours; celle de l'emprisonnement correctionnel de six jours à deux ans et celle de l'emprisonnement pour crimes avait un minimum de trois ans. — En 1874, en correctionnalisant un certain nombre de crimes, et en les surmettant ainsi à des peines d'emprisonnement alors que, jadis, ils étaient frappés de réclusion pour trois ans au minimum, le législateur a été amené tout naturellement à rétablir les lignes de démarcation de la loi française, c'est-à-dire qu'il fixa la durée de l'emprisonnement correctionnel à un terme de quinze jours à cinq ans et la limite inférieure de la réclusion à cinq ans.

D'où deux ordres de modifications de texte dans le code; d'une part pour tous les délits qui entraînaient le maximum de l'emprisonnement, le législateur a remplacé le terme maximum par celui de deux ans; d'autre part pour les crimes correctionnalisés, la peine de la réclusion a été remplacé par celle de l'emprisonnement jusqu'à cinq ans. — C'est ainsi que la falsification des timbres, insignes, sceaux officiels et le fait de se servir des produits de cette falsification qui étaient autrefois punis de réclusion, sont, depuis 1874, frappés de peines correctionnelles (art. 118, 119, 120); il en est de même du fait de se servir, en connaissance de cause d'actes publics et de billets de banque faux (art. 126), des soustractions et concussions des fonctionnaires publics (art. 140 et 141), de la corruption (art. 145), des violences et des blessures envers des fonctionnaires publics dans l'exercice de leurs fonctions (art. 186, 187), des bris de scellés officiels (art. 200), des soustractions ou destructions d'actes renfermés dans les archives ou dépôts publics (art. 204 à 205), des attentats à la pudeur (art. 263, 264), de la bigamie (art. 271), du faux temoignage (art. 287), des vols qualifiés (art. 310), de la banqueroute frauduleuse (art. 343, 344, 348), de la destruction des actes d'une administration publique ou d'effets de banque (art. 367). — En dehors de ces modifications, le législateur de 1874 a voulu compléter certaines dispositions qui lui semblaient insuffisantes; retraçons-les succinctement. C'est d'abord le texte de l'article relatif aux offenses publiques au souverain, à son épouse et à ses enfants (art. 77); la loi de 1874 a ajouté des pénalités contre ceux qui se rendraient coupables du même fait envers tout membre de la famille régnante jusqu'au troisième degré de parenté ou d'alliance; contre ceux qui, par des discours prononcés en public, des placards affichés, des écrits, des imprimés, des dessins, des gravures, des emblèmes, etc. porteraient atteinte à l'autorité et l'inviolabilité du souverain, ou aux droits constitutionnels de la dynastie; enfin contre ceux qui imputeraient au souverain un acte dont la responsabilité incombe exclusivement au gouvernement. — L'art. 97 relatif aux délits électoraux a également été modifié, puis complété par la loi électorale de 1884.

La falsification des billets de banques autorisées par des lois étrangères a été assimilée au faux en écritures publiques, commerciales et de banque, prévu par l'art. 125, ainsi que l'usage de semblables billets: Le législateur de 1874 a également ajouté aux dispositions du code sur les violences et les outrages envers les autorités, l'art. 181 qui qualifie délits et punit comme tels: la provocation publique à l'insubordination aux lois et autorités ou au mépris de la religion. le fait de conseiller, par un moyen de publicité quelconque, des infractions, celui d'ouvrir des souscriptions pour couvrir les amendes pénales, et celui de reproduire des discours, écrits, dessins ou emblèmes frappés d'interdiction par une décision de justice.

Les coups et blessures simples étaient qualifiés délits et punis comme tels selon l'art. 238 du code. Le législateur de 1874 a établi une distinction; quand ces infractions ont été commises dans des cabarets, foires ou marchés, elles sont rangées dans les contraventions de police; sinon, elles conservent leur nature de délits. — De plus, la loi de 1879 sur l'organisation des justices de paix a attribué la connaissance de ces faits, même quand ils constituent des délits, en premier ressort au juge de paix.

L'art. 294 sur la calomnie a été complété par une énumération empruntée à la loi française de 1810 (art. 367), celle des différentes façons dont les propos calomnieux peuvent se manifester; la loi se réfère à cette énumération en plusieurs autres de ses articles.

Enfin, une dernière innovation fut introduite en 1874, relative au cas prévu en l'art. 193, sous la rubrique: refus d'un service légalement dû. La loi de 1874 punit d'amende par jour de retard les gérants et éditeurs de journaux qui refusent de publier les réponses que sont en droit de leur adresser ceux qui, directement ou indirectement, ont été atteints par leurs publications, etc.; ou qui ne veulent pas publier les jugements rendus contre les personnes condamnées pour délits de presse commis à l'aide de leurs publications; ou qui enfin s'opposent à la publication de communiqués officiels destinés à redresser les erreurs publiées dans leurs journaux.

Cette disposition est une des mesures législatives à l'égard de la presse. Nous en avons vu une autre en matière de complicité (art. 50). Il en est une troisième qui se rattache aux principes sur la récidive (art. 43) et en vertu de laquelle le délinquant pour crime ou délit de presse ne peut être regardé comme récidiviste que si sa première condamnation a été encourue pour un délit de presse ou un délit politique. Quant aux peines en matière de délits de presse, l'art. 398 du code maintient celles qu'édictait la loi sur la presse du 1er avril 1862. Cette loi renferme la sanction expresse du droit de propriété littéraire et artistique et réglemente l'exercice de la liberté de la presse; elle établit des pénalités pour garantir tantôt l'exercice du droit de propriété littéraire, tantôt les mesures préventives édictées contre la presse; elle énumère enfin tous les délits qui peuvent se commettre par la voie de la presse, délits que nous retrouvons presque tous au C. p.

Des diverses pénalités de la loi de 1862, il en est une catégorie qui n'a plus d'application de nos jours, malgré la disposition générale de l'art. 308 du code; ce sont celles qui ont trait aux mesures préventives. — En effet la Constitution roumaine (1866 et 1884) abolit ces mesures et, partout, aussi les pénalités destinées à en garantir l'exécution.

§ 4. Lois pénales supplémentaires.

En dehors des crimes, délits et contraventions prévus au C. p., il existe des infractions punies par des lois spéciales, d'ordre divers; et même, certaines pénalités édictées par ce droit spécial surpassent en sévérité les peines les plus fortes du C. p. commun: telle la peine de mort que commine le Code de justice militaire.

Ce régime répressif voit son fonctionnement assuré par un code de procédure inspiré de l'organisation française et promulgué au cours de la même année 1864. Les lois spéciales établissent en outre et réglementent certaines juridictions d'exception.

A côté de ces deux codes: C. p. et Code de procédure pénale, qui forment le droit commun, citons quelques lois spéciales.

1⁰ Le Code de justice militaire, promulgué le 24 mai 1881, fidèle reproduction de la loi française du 9 juin 1857; ce code institue une juridiction spéciale, appelée à connaître des infractions de droit commun comme des infractions particulières qui pourraient se produire dans l'ordre militaire.

2⁰ Le Code de justice pour la marine, promulgué le 6 juin 1884, se distingue de la loi française, bien qu'établi sur les bases de juridiction du Code de justice militaire.

3⁰ Le Code forestier, promulgué le 24 juin 1881, qui réglemente le régime des forêts et commine l'amende ou même, en cas d'insolvabilité constatée, l'emprisonnement de cinq jours à trois mois.

4⁰ Enfin les lois qui répriment les contraventions fiscales; les peines sont généralement pécuniaires et ne se transforment en emprisonnement qu'en cas d'insolvabilité. Il faut noter principalement:

La loi générale des douanes du 15 juin 1874, qui punit même d'emprisonnement certains cas de contrebande.

La loi sur le monopole des tabacs, etc. du 6 février 1872.

La loi sur les taxes des licences pour la vente des boissons spiritueuses, du 1ᵉʳ avril 1873;

La loi établissant un impôt sur les boissons spiritueuses, du 14 février 1882;

La loi sur le timbre et l'enregistrement, du 31 juillet 1881.

Les contraventions à ces diverses lois sont soumises à un système de juridiction spécial; elles sont jugées en premier ressort par l'autorité fiscale même qui les constate et en degré d'appel par les tribunaux ordinaires.

Toutes les lois roumaines, de 1864 à 1885, spécialement en ce qui concerne la procédure et l'organisation judiciaire, sont reproduites dans le recueil publié par les soins de M. B. Boerescu jusqu'en 1882 et de MM. C. Boerescu et C. Vlahuti depuis lors.

5. Serbie.

§ 1. Introduction historique.

Le Droit pénal actuellement en vigueur dans le royaume de Serbie a pour base essentielle la loi du 27 mars 1860. La continuité d'une évolution depuis la législation du moyen-âge, telle qu'elle est reproduite dans les lois de l'empereur Douchan, jusqu'à la situation juridique d'aujourd'hui ne se présente pas. A un point de vue exclusivement national, cette situation peut être regrettable. En effet l'œuvre juridique de Douchan est un des plus beaux monuments de la culture intellectuelle de la Serbie du moyen-âge, non seulement parce qu'elle suppose un niveau de civilisation et de culture élevé pour son époque (14ᵉ siècle), mais aussi parce qu'elle est relativement très indépendante de toute influence étrangère. Enfin elle mérite cet éloge pour la logique et la science juridique qu'elle révèle. Cependant la marche des évènements explique parfaitement, dans le cas qui nous occupe, cette brusque interruption d'une évolution organique.

Après de violentes dissensions intestines, qui ébranlèrent l'État Serbe jusqu'à la base, l'invasion d'Osman couvrit les pays balcaniques comme les flots d'une inondation. Ce qui subsistait de la législation et des coutumes anciennes, l'invasion l'emporta sauf de rares débris. Elle réduisit les Slaves des Balcans à l'état de „Raja“. Ils vécurent cinq siècles sous cet esclavage, régis non par des lois, mais par l'arbitraire des Turcs. Ce régime était en certains endroits adouci par des coutumes locales (non écrites cependant). Dans les premières années du siècle des mouvements révolutionnaires commencèrent à agiter la presqu'île des Balcans. Lorsque les Serbes, les premiers, engagèrent le combat de l'indépendance et de la liberté, les forces vives de la nation furent toutes consacrées à soutenir cette lutte décisive pour la patrie. On ne put donc pendant nombre d'années songer à édifier une législation et une administration modernes. Lorsque le jeune État eut ses rapports extérieurs plus stables et plus sûrs, alors seulement il put commencer (de 1840 à 1850) à régler peu à peu par des lois spéciales les dispositions du Droit pénal. Parmi ces lois spéciales, qui peuvent en réalité être regardées comme les premiers jalons d'une codification complète, on peut citer comme les plus importantes:

La loi punissant les révoltes et séditions, du 22 octobre 1843; loi contre le vol simple, et le vol commis à l'aide de violences, du 26 mai 1847; loi contre les méfaits des Heiduques, du 13 avril 1850; dispositions pénales concernant les délits et contraventions de police, du 27 mai 1850; loi pour la conversion de la peine des verges en réclusion, du 6 mai 1859.

Enfin vers 1860 la nécessité se fit impérieusement sentir de donner à la principauté (d'alors) un Code pénal renfermant la solution systématique de toutes les questions jusque dans leurs détails. Cependant la situation interne du pays et la situation politique générale très troublée ne permirent guère au législateur de songer à la confection d'une œuvre juridique, qui tout en se réclamant des progrès de l'époque, garda un caractère essentiellement national (serbe).

La solution de ce problème eut demandé une somme de travail et de science juridique considérablement plus grande que celle que l'on avait l'intention et bien aussi la possibilité de lui consacrer. On voulait plutôt, pour contenter ces revendications naissant de la grande transformation dans la culture des esprits, se contenter d'adapter des dispositions empruntées à une législation pénale moderne reconnue bonne.

On choisit le C. p. prussien de 1851. Il était en effet très estimé à l'étranger et avait l'avantage d'être à cette époque un de travaux les plus récents dans ce domaine. Ce C. p. (ainsi que quelques dispositions isolées du C. p. badois introduites plus tard par voie de novelle et dont nous parlerons plus loin) servit dans ses dispositions essentielles de base au C. p. serbe promulgué le 27 mars 1860. Le C. p. prussien pouvant être supposé connu, nous ne devons donc nous occuper du C. p. serbe que pour autant qu'il s'écarte de son modèle. Ce dernier fait a sa cause dans a) le niveau de culture relativement moins élevé, b) le caractère de la population s'adonnant presque exclusivement à l'agriculture et à l'élevage du bétail, c) la situation créée par un développement historique particulier aux pays balcaniques (Heiduques, Klephtes, etc.).

§ 2. Le Code pénal du 27 mars 1860.

Les écarts se font surtout sentir en ce qui concerne:
1º Les peines.

a) La bastonnade est encore maintenue dans le C. p. de 1860, mais on ne l'applique qu'aux vagabonds, journaliers, voleurs et aux individus dont la condamnation à une peine privative de liberté mettrait la famille dans le besoin. Cependant la bastonnade est formellement abolie par la novelle du 11 décembre 1873 parce qu'elle ne répond pas aux résultats qu'on en attendait. Le C. p. militaire ensuite, en n'admettant plus cette peine, lui donne un cachet suranné. La même novelle détermine que dans tous les cas où le code antérieur prescrivait un châtiment corporel, il y aura conversion en peine privative de liberté, ou peine pécuniaire.

b) L'exil également est encore maintenu dans le système du C. p. de 1860. La suppression définitive n'en fut prononcée que par l'art. 14 de la constitution serbe du 22 décembre 1888. Celle-ci dit: Aucun citoyen serbe ne peut être expulsé du pays. Le séjour d'un sujet serbe dans un certain lieu ne peut être soumis à des restrictions ou défendu que dans les cas expressément prévus par la loi.

c) Outre les peines de réclusion et d'emprisonnement le Code serbe contient encore comme custodia honesta une certaine peine de forteresse (appelée Zatotchenïe). Elle a ceci de particulier que quant à son minimum et maximum (§§ 14 et 15), et quant à la façon dont on peut la réduire en une autre peine privative de liberté, elle est complètement semblable à la réclusion. Fonctionnaires et ecclésiastiques sont punis de forteresse non de réclusion, sauf dans le cas où il est prouvé que l'action reconnue coupable a pour cause une intention particulièrement malhonnête (§ 24).

d) Le C. p. de 1860 n'établit pas de distinction essentielle entre la détention et l'emprisonnement.

e) Les condamnés à mort ne sont pas décapités, comme le prescrit le C. p. prussien, mais fusillés.

f) Des peines privatives de liberté à perpétuité n'existent pas dans le Droit pénal serbe. Les peines de réclusion et de forteresse ont pour maximum 20 ans, pour minimum 1 an (§§ 14, 15). Le minimum pour l'emprisonnement est 30 jours (§ 20). Le minimum pour les peines pécuniaires est un thaler monnaie idéale actuelle évaluée à 5 frcs. (dinars), ainsi donc un minimum considérablement plus élevé que celui du Code prussien, si l'on tient compte de l'époque à laquelle le Code serbe a été publié et de la valeur relative de l'argent à cette époque.

g) Quant aux peines accessoires, la loi de 1860 ne connaît pas la mise sous la surveillance de la police. La novelle du 20 mars 1863 l'introduit comme peine accessoire et en réalité avec les mêmes effets que dans le Code prussien et allemand. Quant à sa durée le § 37 a déclaré que le minimum est 1 an, le maximum 5 ans, sauf pour des cas déterminés prévus par la loi où une surveillance de 10 ans peut être prononcée. Ces cas spéciaux ont été supprimés dans ces derniers temps (loi du 29 mars 1891).

h) L'interdiction des droits civiques enfin, a en général les mêmes effets qu'en Droit pénal prussien (sauf cependant que la privation des fonctions ou emplois publics, dignités, titres, ordres ou décorations ne peut être prononcée que pour une durée de 5 ans).

II° Quant aux dispositions générales du C. p. serbe il y a encore à noter les points caractéristiques suivants:

a) Le § 51 établit l'obligation de dénoncer un crime capital. La négligence de ce devoir sera punie d'un emprisonnement pouvant atteindre 5 années.

Le § 57 établit de la manière suivante les limites de la responsabilité d'après l'âge: 1° Période d'irresponsabilité absolue jusque 7 ans; 2° période ou la responsabilité dépend de l'existence chez l'inculpé du discernement nécessaire pour comprendre la culpabilité de son action, de 7 à 14 ans; 3° période où le discernement de la culpabilité est présumé, la loi admettant cependant des circonstances atténuantes, jusque 21 ans. A partir de la 21e année la responsabilité existe complète.

III° Quant à la partie spéciale du C. p., les dispositions concernant: le vol simple, le vol à l'aide de violences et les méfaits de Heiduques, doivent faire l'objet d'un exposé plus complet, attendu qu'ils caractérisent la manière de voir du législateur serbe.

a) A propos des dispositions relatives au vol la rédaction première du C. p. de 1860 se rattachait étroitement au modèle prussien. Mais nous voyons le législateur déterminer d'année en année des peines plus fortes en cette matière, et en même temps établir des catégories d'après la valeur de l'objet volé.

La rigueur est surtout grande pour le vol d'objets se trouvant aux champs et le vol de bétail, ainsi que pour les cas de récidive.

Voici ce qui disait le texte primitif du C. p. § 222, 3°: Le vol d'instruments aratoires se trouvant aux champs, de bétail aux champs ou à la prairie, de linge au blanchissage, de fruits mis en tas sur le champ, ou de tout objet laissé sans garde en pleine campagne par confiance dans l'honnêteté publique, sera puni d'un emprisonnement de trois mois au moins et de la perte des droits civiques et peut même être frappé de cinq années de réclusion.

La novelle du 10 janvier 1879 dit par contre: „Le vol d'instruments aratoires où que ces objets puissent se trouver, lorsque leur valeur est supérieure à 200 piastres = 40 frcs., sera frappé de 2 à 5 ans de réclusion. Ces vols sont à classer eo ipso parmi les vols qualifiés et sont de la compétence des jurys."

Les dispositions concernant la récidive en cas de vol sont particulièrement sévères et paraissent même excessives comparées aux dispositions pénales des autres pays d'Europe. La novelle du 30 mars 1863 porte: Celui qui aura commis trois vols qualifiés ou plus ou bien deux ou plusieurs vols simples et en outre deux vols qualifiés sera puni de mort. La même peine frappe celui qui commet un vol qualifié après avoir été précédemment condamné deux fois pour vol simple ou une fois pour vol qualifié.

Cependant le législateur n'est pas allé jusqu'à étendre ces dispositions draconiennes au vol d'instruments aratoires ou de bétail en cas de récidive et de concours d'infractions. Il excepte ces cas spécialement.

La novelle du 17 juin 1861 a établi pour le vol différentes catégories avec maximum et minimum de peine d'après la valeur de l'objet volé: moins ou plus de 200 piastres (40 frcs.) ou bien: moins ou plus de 10 piastres (2 frcs.). Les mêmes catégories ont été créées pour le détournement, l'escroquerie et le crime d'incendie par la novelle du 21 mars 1863.

D'autre part il est intéressant de noter que le législateur ne punit pas le vol (simple), quand l'auteur de vol, avant qu'il soit découvert ou arrêté, a rendu l'objet volé à son propriétaire ou a indemnisé complètement ce dernier.

b) Les dispositions concernant les méfaits des Heiduques doivent paraître peu compréhensibles pour celui qui n'en connaît pas les raisons historiques. L'existence des Heiduques est en réalité une réaction, une protestation vivante contre la domination turque et son despotisme; de même le mouvement klephte dans la Grèce moderne. On donnait le nom de Heiduques à celui qui fuyait dans la montagne craignant la haine des Turcs ou animé lui-même d'un sentiment de vengeance provoqué par une injustice. Quelquefois aussi il lui était impossible de supporter plus longtemps cette tyrannie, il fuyait pour se sauver la vie, décidé à se faire justice lui-même. Le nom de Heiduque n'était aucunement déshonorant, puisque le peuple y voyait plutôt celui d'un héros que d'un brigand; celui d'un héros qui, les armes à la main, défend le droit des faibles contre le pouvoir du tyran, un protecteur naturel du Raja asservi. „La plupart," dit Wuk S. Karadjić, un des auteurs les plus compétents en cette matière, „se font Heiduque, non pas dans un but criminel, pour vivre de pillage et de meurtre, mais plutôt pour protéger leur propre vie, ou se venger de quelqu'un, ou simplement vivre en liberté. Mais quand un homme (de la basse classe surtout) quitte ainsi la société, il est bien à craindre qu'il ne glisse sur une pente mauvaise et ne commette bientôt des actes coupables. Cependant, encore aujourd'hui, en traiter un de voleur ou violateur de femmes (przibaba) c'est lui faire la plus grande injure. Un vrai Heiduque ne tuera pas un homme qui ne lui a fait aucun tort, à moins qu'il n'y soit poussé par un ami ou un complice (jatak). Il aurait honte de voler quelque chose à un pauvre (sauf cependant de belles armes), mais dévaliser des marchands sur la grande route, ou piller l'habitation d'un riche, ne lui paraît nullement honteux."

Cependant l'autorité croissante du pouvoir de l'État, la disparition du danger turc d'une part, d'autre part l'introduction des idées modernes sur le pillage et le brigandage, tout cela fit disparaître de plus en plus la raison d'être des Heiduques. Les héros se transformèrent toujours plus en bandits. Le peuple cependant, les voyait encore entourés de cette ancienne auréole glorieuse de héros. Le législateur serbe devait donc les traiter avec une attention spéciale. Le bon sens politique lui dictait de laisser aux Heiduques un chemin de retour, de leur donner toute facilité pour revenir à l'existence de citoyens honnêtes, plutôt que de les pousser à une résistance désespérée par des mesures terrorisantes et de rendre plus dangereux encore pour la société ces hardis brigands et les nombreux complices qu'il comptent dans le pays entier.

C'est pourquoi le § 244 du C. p. dit:

„Celui qui se fait Heiduque sera frappé d'une peine d'emprisonnement pouvant atteindre 5 années et de l'interdiction des droits civiques. Cependant si avant d'avoir commis un méfait de Heiduque il quitte cet état et se livre aux autorités, toute peine lui sera remise.

Revient-il sans avoir encore commis de délit comme Heiduque, mais après avoir reçu plusieurs sommations de l'autorité, et se rend-il à discrétion, dans ce cas il sera frappé d'un emprisonnement de 6 mois au plus."

§ 245. „Le Heiduque qui comme tel a commis un crime, sera puni de la peine de mort; s'il commet un délit, il sera frappé de 10 à 20 ans de réclusion. Si le Heiduque après avoir commis un crime se livre de lui-même à l'autorité, il sera puni d'une réclusion pouvant atteindre 15 années, dans le même cas s'il a commis un délit, la peine sera un emprisonnement de 5 ans au plus et l'interdiction des droits civiques. Si ayant commis le crime, il se livre, mais seulement après sommations de l'autorité, il sera puni d'une réclusion de 20 années au plus, et pour un délit d'une réclusion de 5 ans au plus."

Enfin le § 250 dit au sujet des complices (jatak) d'Heiduques: „Celui qui aide les Heiduques à échapper aux poursuites de l'autorité ou à s'assurer le bénéfice de leur action coupable, sera puni d'une réclusion de 10 années au plus. S'il fait de cet état de complice une habitude ou une profession, la peine pourra atteindre 15 années."

§ 3. Lois supplémentaires.

Comme nous l'avons fait remarquer plusieurs fois déjà, le C. p. a été complété par de nombreuses novelles, dont les plus importantes sont les lois du 17 juin 1861, du 20 mars 1863, du 15 juin 1863 et du 11 décembre 1873. Ces novelles sont en grande partie empruntées à la législation badoise, leur modèle. Elles montrent toutes cette tendance de la législation serbe de se rapprocher des législations de l'Europe moderne. Les lois précitées ont modifié complètement les dispositions concernant la haute-trahison, la trahison envers l'État, et l'offense envers le prince. Elles ont également introduit la possibilité de la mise sous la surveillance de la police, comme peine accessoire, et ont modifié les dispositions concernant la tentative et le concours d'infractions. Quand ces délits sont commis par voie de presse, ils tombent sous le coup de la loi du 24 octobre 1870. En outre le chapitre concernant la résistance envers l'autorité publique a été considérablement modifié par les novelles précitées ainsi que par celles du 23 octobre 1870 et du 10 janvier 1876. La loi du 11 décembre 1873 est très importante parce qu'elle supprime la bastonnade.

§ 4. Dispositions pénales accessoires.

Parmi les lois spéciales contenant des dispositions pénales il faut citer:
a) Le C. p. militaire du 28 avril 1864, complété et remanié par les novelles du 17 juin 1876 et 12—24 août 1876.
b) La loi du 17 mars 1861 concernant la faillite et qui indépendamment du chap. XXVI du C. p. porte au sujet de la banqueroute aux art. 130, 131 des dispositions pénales contre le codébiteur.
c) La loi sur la presse de janvier 1890. Cette loi a en réalité pour base l'art. 22 de la constitution du 22 décembre 1888, qui a créé de nouvelles dispositions essentielles pour la législation sur la presse. Elle supprime en effet la censure préventive, le dépôt d'une caution et ne permet la saisie qu'en cas d'offense envers le prince ou sa famille, envers des princes étrangers ou leurs familles et en cas d'excitation à la révolte.
La responsabilité d'un article atteint d'abord l'auteur. Si celui-ci est inconnu ou n'habite pas la Serbie, ou ne peut être arrêté, la responsabilité atteint le rédacteur, l'imprimeur ou le distributeur.
d) La loi spéciale du 30 juin 1882 a introduit des dispositions pénales pour les délits en matière de chemins de fer.

e) La loi concernant l'organisation de la douane, du 12 décembre 1863 porte au § 119 des dispositions pénales punissant la contrebande. A ajouter la novelle du 14 décembre 1867.

La loi concernant l'ordre des avocats et celles concernant les domestiques (serviteurs) contiennent quelques dispositions pénales.

Une loi spéciale sur l'usure n'existe pas en Serbie.

§ 5. La procédure pénale.

Il reste à exposer brièvement dans ses grandes lignes le Code de procédure pénale serbe du 16 juin 1865. Il est la copie fidèle de son modèle (le Code de procédure pénale autrichien de 1853). Il est conçu d'après le système inquisitorial, quoique mainte disposition soit empruntée au système accusatoire. Ainsi:

a) L'instruction de tout acte coupable se fait exclusivement par la police et l'autorité judiciaire (§§ 4, 5, 151, 198, 208, 209), et seulement pour la séance finale il est fait une concession en ce sens qu'ici un juge représentant le ministère public soutient la plainte. La fonction n'est cependant pas distincte de celle du tribunal. Il est en somme le rapporteur du tribunal.

b) Non seulement les recherches préliminaires, mais toute l'instruction préparatoire se trouve aux mains de la police.

La Constitution du 24 décembre 1888 introduisit ici une importante modification en ce sens que les fonctions appartenant jusqu'alors à la police furent confiées à un commissaire d'enquête (appelé istrazni sudija), ayant qualité de juge et un pouvoir propre. Les preuves de culpabilité sont elles suffisantes l'affaire est déférée au tribunal compétent, qui fonctionne alors comme Chambre d'accusation, peut ordonner un complément d'instruction et lancer contre les inculpés des mandats d'arrêt.

c) La séance finale seule peut être orale.

d) La publicité également n'est autorisée que pour cette séance principale (cf. art. 153 de la Constitution déjà citée).

e) Autorisation de la défense. Dans les premières années cette autorisation ne fut accordée que d'une façon restreinte pour des mineurs, absents, malades, personnes ignorant la langue du pays, femmes. La loi du 25 mai 1868 lui donna plus d'extension. Enfin l'art. 154 de la Constitution accorde ce droit à tout accusé de crime ou délit (à partir de l'ouverture de l'instruction préparatoire) et même il prescrit que les personnes précitées doivent avoir un défenseur, alors que toutes autres n'ont que la faculté d'en avoir un.

f) Introduction des jurys; mais seulement pour vol avec violence, vol qualifié et crime d'incendie.

§ 6. Littérature et recueils d'arrêts.

Un recueil des décisions de la Haute Cour concernant les questions de droit pénal n'existe pas en Serbie, mais elles sont publiées dans les Revues juridiques, actuellement dans le „Pravnik" („le Juriste") dirigé par M. le Dr Vesnitch. A signaler comme commentaire du C. p. celui de M. le conseiller d'État Zounitch, publié vers 1860—70; comme système celui de M. Avakoumovitch, actuellement ministre en Serbie. Ce travail a paru sous le titre „Théorie du droit pénal" en 1882—84, mais il n'est pas encore terminé. La procédure pénale a fait l'objet d'un travail de M. Radovitch (1870).

VI.

L'EMPIRE D'ALLEMAGNE.

Par

Hermann Seuffert,

Docteur en droit, Conseiller intime de Justice et Professeur de droit pénal
à l'Université de Bonn.

Traduction de M. Raoul de la Grasserie,

Docteur en droit, Juge au tribunal de Rennes, Membre de la Société de Législation comparée.

Sommaire.

I. Des principes de la législation criminelle allemande. § 1. De la Constitutio Criminalis Carolina et du droit commun antérieur. § 2. De la législation des États allemands jusqu'à 1869.
II. Origine et formation du C. p. § 3. Historique de la période précédant les projets. § 4. Les projets. § 5. Les débats au Reichstag de la Confédération du Nord. § 6. Transformation du C. p. de la Confédération du Nord en C. p. allemand. § 7. Des modifications apportées au C. p.
III. Le contenu du C. p. § 8. Dispositions préliminaires. § 9. Dispositions générales. § 10. Deuxième partie du C. p. § 11. De la loi de mise en vigueur du C. p. § 12. Conclusions.
IV. Des lois pénales spéciales de l'Empire d'Allemagne. § 13. Introduction. § 14. Du droit des organes de l'Empire de rendre des ordonnances avec effet pénal. § 15. Immunités de peines accordées en dehors du C. p. § 16. Limitations apportées à la liberté de la circulation par suite des condamnations pénales. § 17. Des sanctions relatives à l'état des personnes. § 18. Protection spéciale de la vie et de la santé. § 19. Protection spéciale du public contre les dommages aux biens. § 20. Protection de la pêche et de la conservation des oiseaux. § 21. Lois spéciales pour la protection du commerce. § 22. Incriminations spéciales à la navigation. § 23. Commerce, monnaie et banque. § 24. Droit pénal relatif à l'industrie. Protection des travailleurs. § 25. Droit pénal relatif aux assurances. § 26. De la sanction des droits d'auteurs. § 27. Droit pénal relatif à la presse et aux associations. § 28. Protection pénale des revenus de l'Empire (Droit pénal fiscal). § 29. Refus et négligence des devoirs professionnels ou relatifs aux procès. § 30. Injustices commises par les autorités. Violation du devoir du secret des délibérations. § 31. Des peines comme moyen de contrainte. § 32. Des faits relatifs à la guerre. § 33. Du droit pénal dans les traités. § 34. Des traités d'extradition en particulier. § 35. Des dispositions du droit fédéral impérial relativement au droit de grâce.
V. Du droit pénal spécial relatif aux fonctionnaires et des peines disciplinaires. § 36.
VI. Du droit pénal militaire. § 37. 1º Histoire du C. p. militaire. 2º Du contenu du C. p. militaire. § 38. Remarques préliminaires et dispositions servant d'introduction. § 39. De la première partie du C. p. militaire. § 40. De la seconde partie du C. p. militaire. 3º Complément du droit pénal militaire par le droit disciplinaire. § 41. 4º Du droit pénal dans l'état de guerre (état de siège, loi martiale). § 42.
VII. De la législation pénale des États. § 43. Des rapports entre la législation pénale de l'Empire et celle des États. § 44. Des lois des États pour la mise en vigueur du C. p. § 45. Des différentes sources du droit pénal des États allemands. § 46. Du contenu des lois pénales des États. Annexe. § 47. Bibliographie et jurisprudence.

I. Des principes de la législation criminelle allemande.

§ 1. De la Constitutio Criminalis Carolina et du droit commun antérieur.[1]

L'évolution du droit dans l'Empire allemand, comme dans les autres États continentaux de l'Europe occidentale, s'est accompli dans le cours du 15ᵉ siècle sous l'influence du droit romain-italien. Dans les livres, dans les lois des villes et des États, les idées juridiques de l'Étranger avaient pénétré, sans cependant dominer entièrement ni éliminer partout les idées et les principes traditionnels et nationaux. D'ailleurs chez les nombreuses personnes participant à l'administration de la justice, il n'existait pas une force d'esprit et une discipline suffisante pour coordonner et s'assimiler ces éléments en présence du grand nombre des matériaux juridiques et du conflit entre les idées diverses qui s'en dégageaient. En outre, les conditions politiques et sociales venaient paralyser dans l'administration de la justice répressive la puissance effective du droit et de la justice. Les plaintes sur cet état de choses éclatèrent à la fin du 15ᵉ siècle dans l'Empire d'Allemagne. La Cour supérieure de justice érigée en 1495 était saisie de recours contre les princes, les villes impériales et les autres autorités, fondés sur ce qu'ils laissaient condamner à mort et exécuter sans droit et sans motif légal des citoyens innocents. Quant aux coupables, ils étaient soustraits au châtiment mérité, au grand préjudice de l'intérêt général, par suite des retards insolites et volontaires apportés à l'instruction. L'Empereur Charles V et la loi d'instruction criminelle du Saint Empire Romain, la Constitution dite Carolina — promulguée le 27 juin 1532 après de longs débats à la Diète d'Augsbourg (1530) et à celle de Ratisbonne (1532), devait donner satisfaction à ces réclamations. Considérée comme loi de procédure pénale, la Carolina contenait aussi à partir de l'art. 104 des dispositions sur la punition des infractions. Elle édictait des peines contre le blasphème, le parjure, la violation de la paix jurée, la sorcellerie, la diffamation, la fabrication de la fausse monnaie, les autres cas de faux (parmi eux aussi ceux d'escroquerie), la prévarication, les nombreux crimes contre les mœurs (sodomie, inceste, séduction, attentat à la pudeur avec violence, adultère, bigamie, proxénétisme), puis la trahison, l'incendie, le vol avec violence, la sédition, les crimes contre la paix publique, la guerre privée. On y traitait

---

[1] G. Geib, Cours de droit pénal allemand. Leipzig 1861. Tome 1, p. 240. v. Bar, Manuel du droit pénal allemand, Tome 1. Histoire du droit pénal allemand et des théories de droit criminel. Berlin 1882, p. 112. Hälschner, Histoire du droit pénal de la Prusse et du Brandebourg (1ʳᵉ partie du droit pénal prussien). Bonn 1855, p. 57. v. Wächter, Droit commun allemand, spécialement droit commun pénal allemand. Leipzig 1844. Brunnenmeister, Origines de la Bambergensis. Leipzig 1879. Güterbock, Histoire de l'origine de la Caroline d'après des recherches dans les archives, et des projets récemment découverts. Wurtzbourg 1876.

d'une manière complète des crimes d'homicide (empoisonnement, infanticide, exposition d'enfants, détournement, homicide par imprudence, suicide, meurtre par les animaux, meurtre et homicide). Dans cet ensemble se trouvaient aussi des dispositions sur les causes justificatives en cas de meurtre, sur les cas de meurtre douteux, sur les rixes, l'autopsie et d'autres points de procédure. Le vol et l'abus de confiance y sont traités à fond. L'art. 176 s'occupe de la caution de bonne conduite (Friedensbürgschaft), l'art. 177 de la participation, l'art. 178 de la tentative punissable. L'art. 179 traite de l'influence du jeune âge et d'autres causes d'irresponsabilité, l'art. 180 ramène à la procédure, en prévoyant l'évasion illégale des prisonniers et la connivence à cette évasion. Quant aux peines, elles sont en rapport avec les mœurs et l'esprit du temps. Le feu, le glaive, l'écartèlement, la roue, la potence, la noyade, l'enterrement du corps vivant, l'emploi du fer rouge, l'exil, la flagellation sont les moyens par lesquels au 16e siècle on voulait montrer son amour de la justice, inspirer la crainte, en un mot, faire triompher l'intérêt général. La Carolina, en tenant compte de l'époque et en se plaçant à son point de vue, fut le résultat d'un heureux mélange de l'élément national et des éléments étrangers. Œuvre surtout du chevalier et homme d'État franconien Jean de Schwarzenberg, elle semble donner sa direction et son cachet pendant plus de deux siècles à tout le droit criminel allemand. La situation politique et gouvernementale de l'Empire au 16e siècle ne pouvait, il est vrai, laisser à la législation impériale cette puissance effective que possédèrent les constitutions de la Confédération de l'Allemagne du Nord et de l'Empire allemand dans la deuxième moitié du 19e. Cette législation n'avait pas alors la force de faire prévaloir les lois de l'Empire sur celle des États confédérés. L'Empereur Charles V déclare mainte fois à la fin du préambule (lettres patentes d'introduction) de la Caroline „que par ce rappel gracieux aux princes électeurs, aux princes et aux États il n'a voulu en rien déroger à leurs vieilles coutumes légitimement établies et équitables". Et beaucoup de princes et d'États ne se regardèrent pas comme liés par cette loi nouvelle, ou tout au moins ils crurent qu'il fallait l'adhésion de leur volonté de maîtres de leurs États pour y introduire la loi Impériale. Malgré tout cela, la Caroline est devenue le fondement du droit commun pénal allemand. Elle a pris pour point de départ les droits „impériaux" (droit romain et droit canonique) et pour s'intégrer elle recourut encore à eux, ainsi qu'à l'analogie, et dans une certaine mesure aux louables usages et bonnes coutumes. Mais ce n'est qu'au 17e siècle et principalement sous l'influence de la jurisprudence Saxonne (en particulier de Benoît Carpzov, Practica nova Imperialis Saxonica rerum criminalium) que de ces matériaux juridiques se forma le droit criminel commun allemand avec sa fonction de droit subsidiaire, lequel posséda une valeur officielle pendant plus d'un siècle et continua essentiellement d'être en vigueur jusqu'au 19e. Son but était la protection sans restriction de la Société contre les natures criminelles, sans exclure le point de vue de la vindicte publique. Le progrès des mœurs et des idées amena, à partir du 17e siècle et surtout pendant le cours du 18e, à critiquer les pénalités cruelles du droit écrit. Cette campagne fut vivement favorisée par les idées de l'école du droit naturel. L'autorité et la valeur du droit pénal écrit furent fortement ébranlées. La jurisprudence et la doctrine se mirent au-dessus des peines légales et firent régner leur fantaisie à leur place. On n'était point surpris de voir prononcer une amende de 20 thalers, au lieu de la peine de mort, ou un accusé d'adultère et de crimes contre les mœurs être condamné à l'exil perpétuel ou à une amende de 30 thalers. Même de nos jours, bien souvent l'Union internationale de droit pénal a réclamé l'extension du droit du juge de prononcer la peine. Nous ne nous étonnons point, si la loi anglaise du 6 août 1861 (24, 25 Victoria, Cap. 100 n⁰ 5)[1]) a confié à la Cour de Justice le pouvoir de condamner le meurtrier „to be kept in Penal servitude for Life or for any Term not less than Three Years, — or to be imprisoned for any Term not exceeding two Years, with or without hard Labour, or to pay such Fine as the Court shall award, in addition to or without any such other discretionary Punishement as aforesaid." Mais ce n'est qu'à des juges éclairés et indépendants que nous confions un tel droit. La loi pénale militaire allemande § 88 (Journal officiel de l'Empire allemand, p. 190) contient en un cas un mandat encore plus étendu conféré au juge. Voir infrà § 40 n⁰ 5. Le 18ᵉ siècle n'aurait pas dû accorder une telle confiance à ses juristes. La législation devait, au contraire, être plus circonstanciée pour mettre un frein à l'anarchie et au bon plaisir des juridictions criminelles, qui étaient devenues intolérables.

§ 2. De la législation des États allemands jusqu'en 1869.[2])

I. Le vieil Empire allemand en dissolution n'avait plus la force de produire de nouveaux actes législatifs. Chacun de ses États suivait sa propre direction, laissait de côté la valeur officielle du droit pénal commun, et édifiait des codes à sa place. 1⁰ Le codex juris Bavarici criminalis de l'an 1751 ouvrit la série des législations pénales spéciales à chaque Etat, qui pendant plus d'un siècle s'efforcèrent de promouvoir et de transformer le droit pénal jusqu'à ce que la Confédération de l'Allemagne du Nord et le nouvel Empire allemand soient arrivés à édifier un C. p. allemand. Binding a fait connaître ces œuvres de la législation allemande, tant lois que projets de lois, qui de 1751 à 1869 ont été élaborés par des États allemands (y compris l'Autriche). 2⁰ Le Code bavarois fut suivi d'abord de la Thérésiana du 31 décembre 1768. Ces deux codes, malgré leur sécession formelle du droit commun, en conservent cependant l'esprit. On leur reproche une plus grande rigueur que celle de la Caroline et on les signale comme un recul si on les compare au code de Jean de Schwarzenberg. Relativement à la Thérésiana, ce reproche n'est pas fondé de tout point. En tout cas il ne faut pas rendre Marie Thérèse responsable de la sévérité exagérée de son code, surtout du maintien de la torture; ce sont les juristes, ses conseillers, qui l'ont exigé de cette Impératrice dont l'esprit leur était bien supérieur. 3⁰ Le C. p. autrichien de Joseph II (la Joséphina) de 1787, le Code (Landrecht) prussien commun, partie II, titre 20 (1577 paragraphes) de 1794 et le C. p. autrichien de 1803 portent la marque d'un esprit de civilisation. Ils forment la transition de la législation du 18ᵉ siècle à celle du 19ᵉ. 4⁰ Une nouvelle période de la législation criminelle allemande s'ouvrit par le célèbre C. p. bavarois de 1813, qui eut pour auteur principal Anselm de Feuerbach, éminent criminaliste. Ce code, par son contenu, son économie et son style, ouvre la législation moderne en Allemagne. Il devait mettre une limite et un frein à l'arbitraire du juge; de là des nuances nombreuses tant dans les incriminations que dans les pénalités. Des notes officielles (3 volumes 1813 et 1814) devaient remplacer

---

[1]) The Statutes of the united Kingdom of Great Britain and Ireland 24 and 25 Victoria 1861 by George Kettilby Rickards, Esq. London 1861, p. 426.

[2]) Geib, Cours. Tome 1, p. 306. von Bar, Manuel. Tome 1, p. 155. Berner, La législation pénale allemande depuis 1751 jusqu'à nos jours. Leipzig 1867. Binding, Les Codes pénals communs allemands du 26 février 1876 et du 20 juin 1872. Commentaire. I. Introduction. 2ᵉ édition augmentée. Leipzig 1877, p. 4 sq. Binding, Manuel, I, § 8, p. 38—48. Esquisse (4ᵉ édition 1890), § 14, p. 34. von Liszt, Cours (5ᵉ édition 1892), § 10, p. 66. — Particulièrement utile: M. Stenglein, Collection des Codes pénals allemands. Trois fascicules avec une table. Munich 1858.

les commentaires de la doctrine. Ces notes furent rédigées par Gönner, adversaire de Feuerbach, jurisconsulte de talent, sans doute, mais qui, quant à la sûreté des principes et à la discipline philosophique, n'était pas à la hauteur de son rival. Les notes ne valent pas le texte du code; en outre, elles ont souvent mis le juge dans l'embarras par leurs contradictions avec ce texte. Le C. p. bavarois de 1813 est l'expression législative la plus remarquable de la théorie de la contrainte psychologique. Malgré son importance si grande qu'il fit époque, le C. p. bavarois de 1813 présente cependant de graves défauts, parmi lesquels celui d'une rédaction trop scientifique. Ce fut souvent pour ceux qui étaient chargés d'appliquer la loi une tâche pénible de soumettre les faits à ses minutieuses distinctions. Le code bavarois de 1813 est plus remarquable, tant par l'impulsion qu'il a donnée au mouvement juridique en Allemagne, par sa méthode et son langage bien appropriés à un texte législatif, que par ses dispositions elles-mêmes. Lorsqu'Oldenbourg en 1814 se fut approprié presque littéralement ce code, il y eut un moment d'arrêt dans le mouvement de la législation en Allemagne. Les travaux préparatoires continuaient, il est vrai, pour de nouveaux projets; en Bavière même dès l'an 1822 un nouveau projet fut publié; mais ce ne fut qu'en 1838 que parut un code nouveau; c'était le code royal de Saxe qui exerça une notable influence sur la législation pénale d'un grand nombre des Etats de la Confédération allemande.[1]) Ce qu'il faut y remarquer surtout, au point de vue de ce qu'on recherche actuellement dans la réforme du droit pénal, c'est la peine du travail manuel subsidiaire à l'emprisonnement. Comp. Wächter p. 219. Le C. p. saxon de 1838 a servi de base à ceux de Weimar (1839), Saxe-Altenbourg (1841), Saxe-Meiningen (1844) et Schwarzbourg-Sondershausen (1845); il servit aussi de modèle au code dit de Thuringe qu'adoptèrent en 1849 un grand nombre des États du centre de l'Allemagne, non, il est vrai, sans de nombreuses, mais légères modifications, toutes de détail (Weimar, Meiningen, Kobourg-Gotha, Schwarzbourg-Sondershausen, Schwarzbourg-Rudolstadt, Reuss ligne aînée, Reuss ligne cadette, Anhalt-Dessau et Köthen).[2]) Le royaume de Saxe aussi procéda deux fois, en 1855 et 1868 à une révision de son C. p. En 1840 parut celui de Brunswick qui ne faisait point, il est vrai, abstraction des travaux législatifs antérieurs, mais qui cependant constituait une œuvre nouvelle et originale.[3]) Ce qu'il contient de plus remarquable, c'est la disposition du § 4 d'après lequel les prescriptions de la loi doivent s'appliquer aux actions et aux omissions „qui, soit d'après la lettre, soit d'après l'esprit, soit d'après les motifs de chacune de ses prescriptions doivent être considérés comme y étant indubitablement comprises". C'est ainsi que, contrairement au droit pénal actuel de l'Allemagne, mais conformément à l'art. 105 de la Caroline, l'analogie fut admise pour l'application du droit pénal. C'est l'état de législation qui serait certainement l'idéal si l'on n'avait pour administrer la justice que des personnes d'idéale nature. Mais en présence de l'imperfection inévitable du juge, la limitation actuelle de leur pouvoir discrétionnaire nous semble incomparablement meilleure que la faculté qui lui était donnée de juger par analogie. En 1843 le C. p. de Brunswick fut adopté par la Principauté de Lippe-Detmold. Son influence se fit aussi sentir sur le Code de Hambourg de 1869. Le Hanovre se donna aussi en 1840 un C. p. qui est resté en vigueur jusqu'à l'adoption du C. p. prussien en 1867. Après de grands travaux préparatoires et de longs débats le Grand-Duché de Hesse eut en 1841 un C. p. qui devint la base en 1849 de celui de Nassau, en 1856 de celui de Francfort,

---

[1]) Voir relativement à ce sujet spécialement: Wächter, Le droit pénal de la Saxe et de la Thuringe. Manuel. Introduction et partie générale. Stuttgart 1857, p. 1—27.
[2]) Voir Wächter, Droit pénal de la Saxe et de la Thuringe, p. 54 sq.
[3]) Voir, en outre, III.

et en 1859 de celui de Hesse-Hombourg. — Bade possédait dans un édit de 1803 une codification du droit commun sur la base de la Caroline. Après des travaux préparatoires et des débats longs et très-vifs on aboutit au C. p. badois de 1845. Wurttemberg avait imité en 1839 surtout le C. p. bavarois de 1813. Ce fut le Code prussien du 14 avril 1851 qui eut au milieu du 19e siècle l'influence la plus décisive sur la législation pénale allemande, et même sur le droit commun actuel de l'Empire. Ce code fut le résultat de travaux personnels aussi que de délibérations et de résolutions en commissions qui durèrent bien un quart de siècle.

Le C. p. prussien a été conçu sous l'influence du C. p. français, spécialement en ce qui concerne la division tripartite des infractions et aussi relativement à la tentative et à la complicité. C'est dans ce code qu'il est question pour la première fois dans un Code allemand[1]) du système français des circonstances atténuantes, quoiqu'elles n'y soient admises qu'avec des modifications aux lois françaises du 25 juin 1824 et du 28 avril 1832. La science juridique allemande déplore cette imitation de la législation des Français. Ce reproche nous semble juste en ce qui concerne la division tripartite des infractions et l'admission des circonstances atténuantes. Mais il en est autrement en ce qui regarde les règles de la tentative et de la complicité; ceux-là ne peuvent les blâmer qui cherchent surtout dans la répression à protéger la société contre le renouvellement d'actes nuisibles pour elle de la part des coupables et qui pensent que la pénalité doit être dirigée dans ce but. Il y avait une dérogation malheureuse à ce principe dans le C. p. prussien et une concession à l'idée juridique allemande qui tient un trop grand compte du résultat de l'infraction, lorsque précisément dans les cas les plus graves on le rejetait, et que, par exemple, on ne punissait la tentative de meurtre que de la réclusion (Zuchthaus) de 10 à 20 ans (C. p. prussien § 32 alinéa 2). Voir, par contre, le C. p. bavarois de 1861, art. 49, lequel assimile, quant à la peine, la tentative au fait lui-même et accorde seulement aux magistrats (sans adjonction de jurés) le droit d'atténuer cette peine. Le C. p. prussien servit de modèle et de type, tantôt textuellement, tantôt par ses idées et son économie, à ceux d'Anhalt-Bernbourg (1852) (qui plus tard, il est vrai, adhérait au Code thuringien), de Waldeck et de Pyrmont (1855), d'Oldenbourg (1858), de Lubeck (1861), de Bavière (1861). En 1867 le C. p. prussien fut introduit dans les pays acquis par la Prusse en 1866 (Schleswig-Holstein, Hanovre, Hessen-Nassau et Francfort sur M.).

II. L'exposé des motifs du projet de C. p. pour la Confédération de l'Allemagne du Nord distinguait huit groupes, au point de vue du droit pénal, dans la Confédération, savoir: le Prussien, le Saxon, le Hessois, celui de la Thuringe, celui de Brunswick, celui de l'Altenbourg, celui de Hambourg et le droit pénal commun allemand. Si l'on examine leurs rapports historiques et leur contenu, le groupement se simplifie, et peut se réduire aux groupes suivants: le Prussien, le Saxon, le Thuringien, celui de Brunswick, le Hessois, et celui du droit commun. C'est ce dernier qui régnait encore avec des modifications dans les deux grand-duchés de Mecklenbourg, dans Schaumbourg, à Lippe et à Brême. D'ailleurs, dans toutes ces législations il y avait beaucoup de coïncidences, mais il s'y rencontrait aussi des divergences nombreuses; et ce qui était le plus gênant, c'est que dans les 22 états confédérés il sub-

---

[1]) Auparavant la loi bavaroise (spéciale) sur la protection contre les abus de la presse du 17 mars 1850 avait admis les circonstances atténuantes dans le sens du droit français. Voir aussi: Revue générale du droit pénal (Zeitschrift für die gesamte Strafrechtswissenschaft), XI, p. 220 (46).

sistait 18 législations particulières indépendantes, sans compter le vieux droit commun.

III. Ni l'ensemble du droit pénal, ni chacune des lois n'étaient dirigés par des principes uniformes. Les motifs et les notes du projet de C. p. de Brunswick disaient bien qu'il doit y avoir des principes supérieurs qu'on suit en élaborant un C. p. „avec ou sans intention, consciemment ou inconsciemment". Et après une analyse de l'essence de la pénalité qui rappelle Kant, on y déclare que „le fondement et le but de la législation, en général, et de la législation criminelle, en particulier, doivent consister uniquement dans le maintien et le progrès de l'ordre moral". Il serait difficile de concilier cette déclaration avec la disposition du § 31 de ce code qui refuse de tenir compte de l'erreur accréditée d'après laquelle telle contravention punie par la loi est permise par la conscience et la religion. Il serait difficile aussi de justifier, au point de vue de l'ordre moral, l'atténuation de pénalité pour la tentative; dans cet ordre d'idées, la gradation de la peine infligée pour les lésions corporelles volontaires suivant l'effet produit et en particulier d'après la durée de la maladie qu'elles ont causée serait inexplicable. Sans qu'ils s'en aperçussent les auteurs des codes pénals allemands et ceux qui les approuvaient avaient plus ou moins l'esprit imbu à la fois de théories absolues et de théories relatives, de telle sorte qu'ici c'était le but qui l'emportait, là telle autre considération qui décidait. On ne peut cependant méconnaître que la philosophie allemande, spécialement celle d'Hegel, n'ait eu son expression dans les Codes pénals. La mise en vedette de „l'égalité devant la loi" qu'on y observe n'est pas sans rapport avec les spéculations philosophiques sur le droit de punir.

IV. Lorsque les codes se multiplièrent, et que l'organisation judiciaire des divers États appartenant autrefois à la Confédération germanique devint plus indépendante, la jurisprudence pénale perdit de plus en plus le souvenir du droit commun antérieur. Dans les plus petits États point ne pouvait être question d'un développement et d'une évolution intégrale et vigoureuse. Le droit pour s'étendre a besoin ·d'un plus large espace; sur un sol trop restreint dépérissent racines et tige et rameaux de l'arbre auquel on peut le comparer. La science juridique allemande a toujours conservé et caressé l'idée de l'unité de législation. Tantôt sur le fondement des anciennes coutumes communes, tantôt sur celui des législations nouvelles elle essayait de construire un droit pénal allemand. Bien des élaborations du droit pénal d'un grand mérite alors, et maintenant encore non sans valeur dans certaines de leurs parties, sont issues de ces efforts tendant à créer l'unité législative. Cependant cette jurisprudence ne fut que d'une utilité restreinte pour l'usage immédiat. Pour celui-ci on employait surtout les recueils de doctrine et de jurisprudence, excellents pour les juristes indépendants, dangereux pour les autres. Une récension remarquable et tout à fait sûre des ouvrages allemands du droit criminel depuis la fin du siècle dernier a été faite par Binding. Esquisse du droit criminel allemand. I. Introduction et partie générale; 4e édition, Leipzig 1890, p. 43 à 48. Voir aussi von Liszt, dans son Cours (5e édition 1892), p. 64 à 66. Une petite collection des concordances des droits criminels fut composée pour le Zollverein allemand, c'est-à-dire pour cette association d'ordre économique des États allemands dans laquelle dès les trente premières années du 19e siècle la politique prussienne avait déposé de longue main les premiers germes de l'Empire allemand actuel. La loi d'union douanière, en vigueur encore aujourd'hui, de la Confédération de l'Allemagne du Nord du 1er juillet 1869 (Journal officiel p. 355) contient les principes du droit criminel qui étaient déjà contenus dans les traités antérieurs.

II. Origine et formation du Code pénal.[1])

§ 3. Historique de la période précédant les projets.

Dès avant l'époque de la constitution de la Confédération de l'Allemagne du Nord plusieurs projets d'un C. p. commun avaient été élaborés. La Constitution de l'Empire de 1849 traçait dans le § 59 (64) son programme de fonder l'unité de législation pour la nation allemande, en rédigeant des Codes généraux, civil, de commerce et de change, pénal et de procédure. En conséquence, un projet du C. p. commun à toute l'Allemagne fut proposé par le Ministère de la justice de Prusse. „Il considère, au point de vue du droit criminel, toute l'Allemagne comme un État unique, et à l'intérieur des frontières allemandes efface toute distinction entre l'intérieur et l'extérieur."[2]) Conformément aux principes adoptés dans la Constitution de l'Empire (1849) le projet prussien (!) avait aboli la peine de mort. Avec la chute rapide de cette Constitution ce projet devint sans objet, et il fut mis sous le pilon — à l'exception de quelques exemplaires. Une proposition de la Bavière (à la diète de Francfort) d'examiner la possibilité et l'utilité d'une législation pénale et civile uniforme (1859) ne trouva aucun écho dans cette Assemblée divisée. Même dans la sphère des personnes compétentes le besoin d'une telle législation semblait se faire si peu sentir que même le projet de la constitution de la Fédération de l'Allemagne du Nord qui fut proposé au Reichstag Constituant de 1867 ne comprit pas le droit criminel parmi les objets d'une législation fédérale. Et lorsque les députés Miquel et Lasker firent une motion dans ce sens, le célèbre criminaliste saxon, le procureur général de Schwarze, déclara que suivant lui il était impossible actuellement et d'ici longtemps de posséder un C. p. commun. Heureusement l'idée de l'unité nationale l'emporta sur les opinions individuelles! Karl von Wächter, entre autres, défendit avec éloquence le programme national dont la justice lui apparaissait aussi claire, aussi évidente, que la lumière du soleil. Le droit pénal fut compris dans l'art. 4 n° 13 de la Constitution de la Confédération de l'Allemagne du Nord parmi les objets soumis à la législation fédérale. Dès le printemps de l'année suivante (18 avril 1868) le Reichstag de la Confédération du Nord, avait résolu d'inviter le Chancelier de cette Confédération à faire préparer des lois pénale et de procédure criminelle. Le Conseil fédéral s'associa à cette décision. A défaut d'organes de la Confédération pour la préparation de ces lois, le Chancelier demanda au Ministre de la justice de Prusse de faire dresser un projet.

§ 4. Les projets.

C'est le Dr Friedberg, Conseiller intime supérieur de justice (Geheimer Oberjustizrat) (plus tard Ministre de la Justice de Prusse) qui fut chargé de la préparation du projet de loi. On lui adjoignit le juge d'arrondissement prussien Rüdorff et l'assesseur prussien Dr Rubo. Un mémoire de Friedberg au Conseil fédéral du 21 novembre 1868 développa le programme que le rédacteur

---

[1]) Binding, Manuel, I, §§ 9—18, p. 48—96. Le même: Esquisse, 4e édition. 1890, § 15. Rubo, Commentaire sur le Code pénal de l'Empire Allemand et la loi de mise en vigueur du 31 mai 1870 etc. D'après des sources officielles. Berlin 1879, p. 1—84. Rüdorff, Code pénal de l'Empire Allemand, avec commentaire. 4e nouvelle édition, revue et se référant spécialement à la jurisprudence du tribunal d'Empire, par M. Stenglein. Berlin 1892, p. 6—26, 35—38.
[2]) Rüdorff (Stenglein), p. 8.

s'était tracé. La tâche était en partie nouvelle et d'un genre spécial. Il y avait, il est vrai, dans les codes des divers États de riches matériaux dont une partie avait subi l'épreuve de l'expérience; d'ailleurs, il fallait que le Code prussien servit de fondement au nouveau code. Mais le Code prussien n'avait été fait que pour un État unique, le nouveau devait servir à une Confédération, et à une Confédération se composant surtout de monarchies. Les ressortissants à l'un des États étaient entrés par la Constitution fédérale en rapports juridiques politiques avec les autres et par conséquent avec les autorités de ceux-ci. Ces rapports devaient être protégés par des sanctions pénales. D'autre côté, on ne pouvait méconnaître que les relations des sujets d'un des États avec les autorités de son propre État étaient plus étroites que celles avec les autorités des autres États. La différence des sanctions pénales devait marquer cette nuance.

Outre les matériaux législatifs accumulés au Ministère de la Justice de Prusse, les contributions fournies par la doctrine et par la jurisprudence au droit pénal prussien, spécialement dans les archives de Goltdammer, ainsi que le projet d'un C. p. pour la Confédération de l'Allemagne du Nord rédigé avec exposé des motifs par John, furent pris en considération. Le 31 juin 1869 Friedberg remit son projet au Chancelier fédéral. Ce projet fut imprimé et soumis aussitôt à l'examen critique du public.[1] Il consistait en six cahiers in-folio et comprenait le projet lui-même en 356 paragraphes, et celui d'une loi de mise en vigueur en 6 paragraphes; on y avait joint l'exposé des motifs et quatre annexes. Ces dernières renfermaient un tableau synoptique des dispositions pénales du pays et de l'Étranger, une discussion sur la peine de mort, des observations sur les questions de droit pénal relatives à la médecine légale, ainsi que l'avis des fonctionnaires des établissements pénitentiaires sur la durée maxima de la réclusion.

Le projet ainsi préparé (premier projet, ou projet ministériel) fut soumis à des discussions plus ou moins approfondies dans un grand nombre de communications manuscrites à la commission dont il sera question ci-après, ainsi que dans de nombreuses brochures (principalement de Berner, Binding, Geyer, Hälschner, Heinze, John, H. Meyer, Vollert), enfin dans des consultations de Stenglein, Ad. Merkel, von Gossler et Seeger et au Congrès des juristes allemands.[2] Au Conseil Fédéral on fut d'avis que les représentants de la doctrine dans le droit pénal avaient eu la parole assez longtemps, et on choisit pour examiner le projet une commission de sept praticiens du Nord de l'Allemagne „dont les services relatifs au droit criminel étaient notoires au point de vue législatif, doctrinal et professionnel." Charles de Wächter ne leur fut pas adjoint. Faisaient partie de cette commission: le Ministre de la Justice de Prusse Leonhardt, en qualité de Président, et le procureur général saxon von Schwarze comme Vice-Président, Friedberg (l'auteur du projet) comme Rapporteur, le Sénateur Donandt de Brême, l'avocat-avoué Dorn de Berlin, le Conseiller de Cour d'appel Bürgers de Cologne, et le Conseiller de Cour d'appel supérieure Budde de Rostock. Rüdorff et Rubo étaient de nouveau secrétaires. Il s'agissait de terminer le projet dans la première période de la session législative du Parlement Fédéral. Dans ce but on se mit d'accord sur un plan de travail qui mérite d'être recommandé à toutes les commissions législatives. On ne devait faire porter la discussion que sur les propositions écrites se rapportant au projet et rédigées sous forme de loi. La rédaction des résolutions

[1] Il fut en même temps communiqué à des hommes éminents dans la doctrine et la jurisprudence.
[2] Voir Rüdorff (Stenglein), Commentaire. 4e édition, p. 16 sq.

prises incombait au rapporteur, le Dr Friedberg, avec la collaboration de Schwarze, et était faite presque toujours le jour même de la séance. Après trois lectures et au bout de 43 séances les travaux furent terminés le 31 décembre 1869. Le même jour le projet II (celui de la Commission)[1]) fut remis imprimé au Chancelier fédéral. Ce projet comprenait 366 paragraphes, et la loi d'introduction en contenait 8. L'exposé des motifs n'y était pas annexé. Le projet fut communiqué aux gouvernements des États confédérés, ainsi qu'à ceux qui avaient donné leur avis. Il y eut encore des demandes de sursis à l'adoption de cette œuvre législative rapidement terminée. Les gouvernements des grand-duchés de Saxe et de Mecklenbourg, la Première Chambre du royaume de Saxe et la chambre des Seigneurs de Prusse firent des objections contre la clôture. Cependant dès le 11 février 1870 le projet fut adopté à l'unanimité, moins le vote contraire des grands-duchés de Mecklenbourg et sauf de légères modifications, et en rejetant la plupart des propositions qui avaient été faites par les divers gouvernements. Le royaume de Saxe lui-même, dont les propositions de modifications avaient toutes été écartées, avait donné son approbation sous l'influence du motif de l'unification nationale.

§ 5. Les débats au Reichstag de la Confédération du Nord.

Le 14 février 1870 à l'ouverture du Reichstag de la Confédération du Nord le discours du trône annonça le Code pénal dont le projet III (celui du Conseil fédéral) était présenté au Reichstag le jour même. On y avait ajouté l'exposé des motifs qui avait été rédigé sur la base de celui du premier projet par Friedberg et par Schwarze avec la collaboration des secrétaires. Cet exposé n'avait pas été présenté au Conseil fédéral. Les annexes du projet I y furent joints cette fois aussi.

Au Reichstag on résolut de délibérer immédiatement en réunion plénière sur l'introduction, la première partie et les sept premières sections de la deuxième partie du projet (haute trahison, trahison envers la patrie, outrages contre le souverain et les princes des États fédéraux, hostilités contre les États amis, crimes et délits relatifs à l'exercice des droits civiques, résistance aux autorités publiques, et crimes et délits contre l'ordre public, ainsi les crimes et délits qui ont souvent une couleur politique) et, au contraire, de faire examiner d'abord par une commission les sections 8 à 29 de la deuxième partie. En vingt séances (du 28 février au 8 avril 1870) la seconde lecture eut lieu en réunion plénière. Un point essentiel du débat était la question de la peine de mort. On ne peut méconnaître qu'à la question de la nécessité et de la légitimité de cette peine agitée depuis Beccaria, même depuis Carpzov, il avait été répondu dans le sens négatif par la majorité de ceux qui l'avaient débattue. Ce n'étaient pas seulement les juristes qui „par une répugnance, née de faiblesse de caractère, à exercer leurs fonctions jusqu'à leur extrême limite" (paroles de Bismarck) parlaient et écrivaient contre la peine de mort. Des philosophes aussi et des théologiens s'étaient prononcés contre ce moyen suprême du droit de punir. Mais le comte de Bismarck, au contraire, s'exprimait ainsi dans la séance du 1er mars 1870: „quant à moi, je ne trouve pas qu'il soit juste de soumettre sans merci la majorité pacifique des citoyens à l'épreuve de l'abolition de la peine de mort." Dans ces paroles de Bismarck sur la peine capitale on retrouve, d'un côté, l'écho de la doctrine psychologique de Feuerbach sur la contrainte répressive, d'autre côté, la croyance à une mission de Dieu pour

---

[1]) Projet de Code pénal pour la Confédération de l'Allemagne du Nord. Berlin, 31 décembre 1869, in-fol.

exercer le droit de punir. „Une force humaine qui ne sent pas en elle sa justification venir d'en haut n'est certes pas assez forte pour tenir le glaive de la justice." Malgré cette vive défense de Bismarck la peine de mort succomba lors de la deuxième lecture du projet; elle fut repoussée par 118 voix contre 81. Cette résolution, ainsi que deux autres, parurent inadmissibles au Conseil fédéral. A la fin de la seconde lecture le Conseil délibéra, contre les habitudes législatives, de prendre position dans les débats du Reichstag. Dans la séance du 21 mai 1870 le ministre de la justice de Prusse Dr Leonhardt indiqua, tout en reconnaissant le dévouement du Reichstag pour l'œuvre nationale, quelles étaient celles de ces résolutions qui lui paraissaient inadmissibles par le Conseil fédéral. La peine de mort, disait-il, devait être maintenue pour le meurtre et les cas les plus graves de haute trahison, la réclusion à vie devait être conservée comme peine exclusive dans les cas les plus graves de trahison contre la patrie, et pour certains crimes politiques on devait permettre aux États d'instituer des jurisdictions spéciales. De nouveaux débats eurent lieu au cours desquels on tenta de faire en faveur des États qui avaient déjà aboli la peine de mort (royaume de Saxe, Oldenbourg, Anhalt et Brême) une exception pour leur permettre de conserver cette abolition. Mais par une décision du 22 mai le Conseil fédéral rejeta cette situation spéciale faite à certains États, comme incompatible avec l'unité du droit pénal sur un point essentiel. La troisième lecture eut lieu les 23, 24 et 25 mai 1870. Bismarck prit part encore aux débats. Tandis que c'étaient des motifs de politique pénale qu'il avait fait valoir surtout en seconde lecture, ce furent des motifs de politique nationale qui passèrent au premier plan, lorsqu'il combattit le 23 mai 1870 l'idée de concéder un droit spécial à quelques États de la Confédération du Nord. „Pour arriver au projet originaire, déclarait Bismarck, chacun des gouvernements, je puis le dire, presque chaque prince personnellement, presque chaque conseiller d'un prince allemand a dû sacrifier essentiellement ses convictions, ses désirs, ses sentiments juridiques, presque ses convictions juridiques. Ils s'en sont volontairement dépouillés au profit du but plus élevé de l'unification des lois chez la nation allemande." „Les gouvernements ont prouvé qu'ils peuvent se résoudre à faire ce sacrifice de leurs propres convictions, de leurs idées juridiques au but plus élevé de l'unité nationale; il n'y a qu'un sacrifice qu'ils ne peuvent pas lui faire, c'est celui du principe de cette unité nationale elle-même." „Il m'est absolument impossible, ce serait renier tout mon passé, de consentir à une loi qui sanctionnerait ce principe que l'Assemblée fédérale créerait deux droits distincts dans l'Allemagne du Nord, qu'en conséquence on créerait aussi deux classes d'Allemands du Nord — quelques-uns formant l'exception qui par leurs mœurs, par leur éducation seraient arrivés à un tel stade de civilisation que même les criminels parmi eux n'auraient plus besoin de la menace de la hache, et d'autre côté, le profanum vulgus, se nombrant à 27 millions, qui n'auraient pas atteint cette civilisation de la Saxe et de l'Oldenbourg, et sur la tête desquels la hache devrait encore rester suspendue pour les arrêter. Nous ne pouvons pas consentir à une telle situation." Là-dessus la proposition fut retirée, et par 127 voix contre 119 la peine de mort fut définitivement inscrite dans le code. Dans une séance de nuit du 24 à 25 mai 1870 fut close la rédaction du projet en tenant compte des nombreux amendements résolus en troisième lecture, et le 25 mai le projet ainsi transformé fut voté à une grande majorité. Le Conseil fédéral donna le même jour son adhésion à l'unanimité, et Guillaume Ier, en qualité de Chef de la Confédération du Nord, pouvait le 26 mai à la clôture du Reichstag proclamer l'adoption de la grande et difficile œuvre législative. Le 31 mai 1870 il promulgua le code qui fut publié dans l'Officiel de la Confédération du

Nord n⁰ 16, p. 195 le 8 juin 1870. La loi d'introduction avait fixé son entrée en vigueur au 1ᵉʳ janvier 1871. — Les années 1532 et 1870 sont dans l'histoire du droit pénal allemand les époques où des Codes pénaux allemands ont vu le jour. Une grande différence d'état de civilisation sépare ces deux codes; ceux-ci diffèrent aussi l'un de l'autre, dans leur contenu, leur économie, leur style; mais tous les deux doivent être salués avec joie et reconnaissance par la nation allemande.

§ 6. Transformation du Code pénal de la Confédération du Nord en Code pénal allemand.

I. Dès avant le jour où le C. p. devait entrer en vigueur, les relations entre les États dont il avait été tenu compte dans sa confection étaient changées. 1⁰ La transformation de la Confédération du Nord en Empire d'Allemagne étendit la sphère d'application de ce code. L'art. 80 de la Constitution transitoire de la Confédération allemande convenue avec Bade et Hesse déclara le C. p. C. p. de l'Empire et décida que les prescriptions qui se rapportaient à la Confédération du Nord vaudraient pour l'Empire entier, enfin il disposa que ce code entrerait en vigueur pour la Hesse en 1871 et pour Bade le 1ᵉʳ janvier 1872. 2⁰ Ces dispositions furent étendues au Wurttemberg par convention du 25 novembre 1870, de sorte que le code devait y entrer en vigueur le 1ᵉʳ janvier 1872. 3⁰ Les dispositions de transition (art. 79) de la Constitution fédérale conclue avec la Bavière le 23 novembre 1870 déclaraient, il est vrai, le C. p. du 1ᵉʳ janvier 1872 loi fédérale; mais sous le III § 8 de ces dispositions l'introduction du C. p., comme celle de la plupart des lois fédérales, fut réservée pour la Bavière à un acte de la Législation fédérale nouvellement constituée. II. A l'instigation de la Bavière la loi d'Empire du 22 avril 1871 (Officiel, p. 87) § 7 introduisit le C. p. en Bavière à partir du 1ᵉʳ janvier 1872. Seulement relativement au § 4 de la loi d'introduction sur la punition de certains crimes commis pendant l'état de siège et en temps de guerre, on réserva au profit de la Bavière une exception qui est devenue en grande partie sans objet, non cependant tout-à-fait, par l'adoption de la loi militaire et du C. p. militaire. Voir ci-après le § 42. III. Par la loi du 15 mai 1871 (Officiel de l'Empire, p. 127) le C. p. reçut, avec effet du 1ᵉʳ janvier 1872, en qualité de C. p. pour l'Empire allemand, une rédaction nouvelle répondant aux modifications qui s'étaient produites dans les rapports entre les États, et qui fut élaborée au ministère de la justice de Bavière. A la place des expressions relatives à la Confédération du Nord on en inscrivit d'autres répondant à l'Empire allemand récemment fondé. Ainsi on remplaça les mots de Chef de la Confédération par ceux d'Empereur d'Allemagne, et la distinction faite par les §§ 102 et 103 entre les États allemands n'appartenant pas à la Confédération et les autres fut effacée, puisqu'il n'y avait plus d'Etats allemands en dehors de celle-ci. La loi du 15 mai 1871 n'avait pas seulement pour but une rédaction nouvelle du C. p.[1]) IV. Il est remarquable que la loi d'introduction du C. p. de la Confédération du Nord du 31 mai 1870 ne subit pas de changement de rédaction, de sorte qu'aujourd'hui même elle conserve encore dans son texte officiel celle relative à la Confédération du Nord. V. Une loi du 30 août 1871 rendue pour l'Alsace-Lorraine (Officiel d'Alsace-Lorraine, n⁰ 14, p. 255, comp. loi du 14 juillet 1873, p. 166) par l'Empereur avec l'assentiment du Conseil fédéral (comp. loi du 9 juin 1871, Officiel de l'Empire, p. 212 § 3) ordonna l'introduction du C. p. avec sa nouvelle rédaction dans l'Alsace-Lorraine, avec effet du 1ᵉʳ octobre 1871. La loi d'introduction de l'Allemagne du

---

[1]) Voir Binding, Manuel, I, p. 90.

Nord n'y avait pas été en vigueur; mais celle rendue pour l'Alsace-Lorraine contient en substance les mêmes dispositions. Il faut y remarquer l'assimilation de l'Alsace-Lorraine aux autres États confédérés qui est contenue dans l'art. 1, alinéa 2. A l'art. 2 de cette loi d'introduction d'Alsace-Lorraine est venue s'ajouter le 29 mars 1888 (Officiel de l'Empire, p. 127) une loi d'Empire interprétative. VI. Depuis le 1er janvier 1872 le C. p. de l'Empire d'Allemagne est donc en vigueur comme tel dans l'Empire entier, et il l'est comme les autres lois d'Empire, directement pour toutes les personnes à l'intérieur ou en dehors de l'Empire, auxquelles ses dispositions se rapportent au fond, sans que ces dispositions aient besoin de passer d'abord dans la législation de chacun des États.[1]) VII. Le C. p. a été introduit dans l'Heligoland, avec effet du 1er avril 1891 (loi du 22 mars 1891, p. 21, art. 1, n° IX) dans sa rédaction du 26 février 1876 dont il sera question plus loin, en même temps que la loi d'introduction de la Confédération du Nord et que celle sur l'usure. VIII. Dans les pays de juridiction consulaire le C. p. est obligatoire pour tous les sujets de l'Empire y habitant et pour ceux qui se trouvent sous son protectorat (loi sur la juridiction consulaire du 10 juillet 1879, p. 197, § 1); dans les pays de protectorat pour les mêmes catégories de personnes, et pour celles auxquelles a été étendue la juridiction allemande par ordonnance impériale (loi relative à la situation juridique des pays sous le protectorat allemand du 15/19 mars 1888, p. 75, § 3, n° 3). Ce sont, en particulier, toutes celles qui habitent ou qui résident dans ces pays, et en outre, celles qui sont soumises à une juridiction dans l'intérieur du pays de protectorat; quant aux indigènes, il faut qu'ils y aient été soumis spécialement. (Comp., par exemple, les ordonnances relatives aux relations juridiques dans les pays de protectorat de la Compagnie de la Nouvelle-Guinée du 5 juin 1886, p. 187, § 2.) Les actes de ces personnes dans les pays de juridiction consulaire ou de protectorat sont, au point de vue pénal, assimilés à ceux commis sur le territoire de l'Allemagne.[2])

§ 7. Des modifications apportées au Code pénal.[3])

1° Dès avant le 1er janvier 1872 le C. p. avait été modifié par l'addition du § 130a (paragraphe relatif aux abus de paroles commis dans la chaire) (loi du 10 décembre 1871, p. 442; voir en outre loi du 15 juillet 1872 pour l'Alsace-Lorraine. Officiel, p. 531). 2° La loi du 30 novembre 1874, p. 143, § 14 sur la protection accordée aux marques abrogea et remplaça le § 287 du C. p., et la loi sur l'État civil des personnes du 6 février 1875, p. 23, § 67, le § 337 du même code (défense de la célébration du mariage religieux avant celle devant l'officier de l'état civil). 3° Peu de temps après la mise en vigueur du C. p. on y découvrit de nombreuses inadvertances de rédaction. C'est ainsi que d'après le texte littéral du § 102, le meurtre d'un monarque étranger ne pouvait être puni que d'une détention (Festungshaft) de 1 à 10 ans! En outre, la protection que la loi pénale doit donner n'était sous plus d'un rapport pas suffisamment assurée par le code. Il est vrai qu'on y rémédiait en partie par les lois d'Empire spéciales,[4]) et que d'autre côté on en venait à une révision du code lui-même. Le ministre de la justice de Prusse avait dès l'introduction du C. p. fait prévoir au Reichstag de la Confédération du Nord cette révision qui devait se faire environ cinq ans après. L'exemple du Codex repetitae praelectionis avait ainsi un imitateur après 13 siècles! Après de pro-

[1]) Voir Hänel, Droit Constitutionnel Allemand. Leipzig 1892. § 42, tome 1, p. 268.
[2]) Voir Binding, Manuel, I, p. 410 sq.
[3]) Voir p. 271, note 1.
[4]) Voir infrà § 13.

fondes études de la part des gouvernements des États confédérés et du Conseil fédéral le chancelier d'Empire présenta le 25 novembre 1875 au Reichstag le projet d'une révision (le projet relatif à la caution de bonne conduite avait échoué au Conseil fédéral). Après de vifs débats au Reichstag le projet élaboré en partie en commission fut adopté avec des changements essentiels, puis la loi de révision du 26 février 1876 (ainsi que le Code révisé) publiée le 6 mars (Off. de l'Empire, p. 25). Cette loi retranchait plusieurs erreurs de rédaction (pas toutes), convertissait les thalers en marks, changeait 44 paragraphes (spécialement en supprimant l'obligation d'une plainte et du retrait régulier de la plainte, comp. art. III), ajoutait 6 nouveaux paragraphes (49a, 103a, 223a, 296a, 353a, 366a), complétait le § 361, et donnait au chancelier de l'Empire le pouvoir de publier une nouvelle rédaction du texte. Avec ces 375 paragraphes ainsi obtenus le C. p. du 26 février 1876 est entré en vigueur le 20 mars 1876. 4⁰ La loi d'introduction de la loi sur la faillite pour l'Empire d'Allemagne du 10 février 1877, p. 390 abrogea dans son § 3, n⁰ 3 les §§ 281 à 283 du C. p. sur la banqueroute. Ils furent remplacés par les §§ 209 à 214 de la loi sur la faillite. (Voir loi d'introduction de cette loi § 4, alinéa 2, et § 5, n⁰ 2; et aussi loi sur la faillite § 76, pénalités contre le directeur de la faillite.) 5⁰ La loi contre l'usure du 24 mai 1880, p. 109, ajouta les §§ 302a—d sur la punition de l'usure et remplaça le n⁰ 12 du § 360. 6⁰ La loi relative aux débats judiciaires à huis-clos du 5 avril 1888, p. 133, compléta par son art. IV le § 184 du C. p.; voir plus loin le § 30. 7⁰ La loi du 13 mai 1891, p. 107, compléta les §§ 276, 364 et 367, remplaça les §§ 317 et 318 ainsi que le § 360 n⁰ 4 et intercala le § 318a. (Il s'agissait de la sanction pénale jusqu'alors insuffisante contre l'usage illégal des timbres de la poste et du télégraphe et de l'extension de la répression en matière télégraphique aux réseaux tubulaires et téléphoniques.)

Actuellement — 1ᵉʳ novembre 1892 — le C. p. compte $370 + 1 - 1 - 1 + 6 - 3 + 4 + 1 = 377$ paragraphes. Une addition plus considérable, celle ayant pour objet de frapper les souteneurs, fut tentée par un projet de loi proposé au Reichstag au début de cette année (1892). Ce projet n'a pas abouti. On s'attend à la présentation d'un autre.

III. Le contenu du Code pénal.[1]

§ 8. Dispositions préliminaires.

Le C. p. se divise en „dispositions préliminaires" et en deux autres parties. 1⁰ Les dispositions préliminaires introduisent dans le droit commun allemand la division tripartite du droit français de toutes les infractions en crimes, délits et contraventions d'après le maximum de la peine édictée, division qui avait déjà été admise par les codes pénaux de plusieurs des États.[2] 2⁰ Le § 2 établit deux principes: a) celui, qu'une peine ne peut être prononcée qu'en vertu du droit écrit (une loi) et non d'après les coutumes, ni par ana-

---

[1] Édition officielle: Journal Officiel de l'Empire 1876, p. 40. Éditions du texte avec de brèves annotations: Rüdorff, 16ᵉ édition (publiée après la mort de l'auteur par les soins d'Appelius). Berlin 1892. Olshausen, 4ᵉ édition. Berlin 1891. Édition augmentée, renfermant spécialement les décisions du tribunal d'Empire. Daude, 4ᵉ édition. Berlin 1891. Relativement aux commentaires voir infrà § 47.
[2] Voir cependant la loi bavaroise du 18 août 1879 d'introduction du Code de procédure pénale de l'Empire, art. 5, qui modifie un peu l'étendue du domaine de la loi fédérale. Voir infrà § 44.

logie,[1]) et b) celui qu'en cas de changement de la législation dans l'intervalle entre l'infraction et sa punition il faut appliquer la loi la plus douce.[2]) **3⁰** Les §§ 3 à 9 contiennent les règles du droit pénal international. Pour les infractions commises à l'intérieur le § 3 établit le principe de la territorialité, pour celles commises à l'étranger la loi se place surtout au point de vue du principe de la personnalité ou de celui de la nationalité active. Dans des cas rares seulement la loi admet pour ces dernières le principe de réalité ou de nationalité passive. (Voir C. p. militaire § 161. Off. de l'Emp. 1872 p. 202.) La sanction prononcée par le C. p. relative aux attaques commises à l'étranger contre les droits et biens situés à l'intérieur est insuffisante. Les coups d'armes à feu, les cris, les lettres et autres envois qui passent par-dessus la frontière allemande, ne sont, lorsque l'auteur est un étranger, punissables que dans des cas exceptionnels peu nombreux par les juridictions allemandes d'après le C. p. La jurisprudence répressive allemande a dû avoir recours à un moyen détourné de donner à ces actes, en envisageant le lieu où ils ont reçu exécution ou produit effet, une relation avec le territoire allemand; elle établit, en tenant compte de ce lieu, cette fiction que l'acte a été commis sur ce territoire lui-même, et lui applique alors le principe de territorialité posé par le § 3. C'est ainsi qu'on transporta chez nous par la pensée la négociation d'un marché de bestiaux fait en Russie, pour pouvoir punir le négociateur comme complice de la contrebande de bétail à la frontière allemande opérée ensuite par d'autres personnes. Un cri de „Vive la France", était-il poussé sur le territoire français, on supposait qu'il l'avait été sur le territoire allemand, parce que ce cri, et c'était bien d'ailleurs l'intention de son auteur, pouvait s'entendre sur ce dernier territoire! Des auteurs nombreux ont traité cette question de savoir dans quel lieu l'infraction est commise.[3]) Lorsque la loi n'impose pas de fiction, la question ne doit pas être résolue en droit. Il ne s'agit que de décider en fait où s'est accompli une action tombant sous les sens. On a agi là et seulement là, au point de l'espace où l'on se trouvait au moment de l'acte. L'exposé des motifs du Code de procédure pénale allemande déclarait qu'il n'y avait pas besoin d'une disposition spéciale sur le lieu de l'infraction, parce qu'il s'entendait de soi qu'il s'agit seulement du lieu de l'acte et non de celui de ses effets. Toute extension de cette définition est arbitraire et conduit à des fictions pénales inadmissibles. En réalité, une protection nous est nécessaire contre les attaques que nos voisins par malice ou sédition dirigent contre nos droits par-dessus nos frontières. Mais cette sanction doit être donnée par une disposition spéciale de la loi; la jurisprudence qui la crée ne se conforme pas au § 2 du Code. — Les §§ 5 et 7 (voir aussi le § 37) tiennent compte du jugement rendu à l'Étranger sur une infraction punissable en Allemagne, le § 6 déclare que les contraventions qui y sont commises ne sont punissables qu'en vertu de lois spéciales (voir par exemple la loi forestière bavaroise infrà § 46, art. 49, alinéa 3) ou de contrats (voir le traité douanier avec l'Autriche du 6 décembre 1891, infrà § 28). Le § 8 définit le sens du mot: le pays étranger,

---

[1]) Sous d'autres rapports l'analogie n'est exclue par aucune disposition légale.

[2]) Une singularité sur le domaine de la législation pénale allemande c'est la loi du 17 juillet 1881, promulguée le 26 juillet 1881, p. 287, sur la répression des contraventions aux lois douanières d'Autriche-Hongrie, laquelle dans son § 1 avait un effet rétroactif au 1er juillet 1881. Voir à ce sujet Binding, Manuel, I, p. 249; en sens contraire Laband, Droit Constitutionnel § 57, tome 1, p. 589, note 1. Aussi la loi bavaroise du 31 janvier 1888 sur la taxe sur les chiens (Officiel de Bavière, p. 73), qui dans son art. 4 modifiait la pénalité édictée par l'art. 7, alinéa 1, de la loi précédente sur le même sujet, et s'attribuait effet rétroactif à partir du 1er janvier 1888.

[3]) Voir en particulier von Lilienthal, Du lieu de commission de l'infraction, Marbourg 1890, dont nous ne pouvons d'ailleurs approuver ici les conclusions.

au point de vue pénal.[1]) Le § 9 contient un principe constitutionnel qui interdit l'extradition des Allemands à un gouvernement étranger. 4⁰ Le § 10 statue en dehors du domaine du C. p., lorsqu'il décide que les lois pénales générales de l'Empire s'appliquent aux militaires (voir la note ajoutée au C. p. militaire du 20 juin 1892, Officiel de l'Empire p. 204) à moins de dispositions contraires des lois militaires. 5⁰ Les §§ 11 et 12 contiennent un fragment du droit constitutionnel commun des États, avec des immunités pénales. La Constitution de l'Empire (art. 30) avait accordé aux membres du Reichstag relativement à leurs votes et à tout ce qu'ils avaient pu dire dans l'exercice de leur mandat l'immunité de toute poursuite judiciaire ou disciplinaire, ainsi que de toute responsabilité hors de l'Assemblée. L'art. 22 de la même constitution avait exempté de toute responsabilité les comptes-rendus fidèles des débats des séances officielles du Reichstag. Les §§ 11 et 12 du C. p. (ajoutés lors de la discussion du Reichstag de la Confédération du Nord) étendirent l'immunité aux membres des Assemblées législatives des États confédérés et admirent l'irresponsabilité de la presse relativement aussi aux comptes-rendus fidèles des débats des Diètes des divers États.[2])

§ 9. Dispositions générales.

La première partie du C. p. contient dans 5 sections et 67 paragraphes (§§ 13 à 79) des dispositions générales sur la punition des crimes, des délits et des contraventions. C'est là que se trouve le centre et le pivot du droit pénal allemand actuel. Ces dispositions régissent aussi les lois pénales spéciales de l'Empire et les lois pénales des États, toutes les fois que celles-ci n'y ont pas dérogé valablement. (Voir ci-après § 43.)

La première section, §§ 13 à 42, traite des peines, la seconde, §§ 43 à 46, de la tentative, la troisième, §§ 47 à 50, des co-auteurs et des complices, la quatrième, §§ 51 à 72, des causes d'exemption ou d'atténuation de la peine, la cinquième, §§ 73 à 79, du concours des infractions.

I. Les peines du Code se divisent en principales et accessoires. Les premières sont la peine de mort, celles privatives de liberté et les amendes; pour les jeunes condamnés, aussi le blâme. (C. p. § 57, 4.)

1⁰ La peine de mort s'exécute par la décapitation (au moyen de la hache, du glaive, de la guillotine) et cela intrà muros; en campagne et en état de siége, infrà § 42, par la fusillade. Un autre mode, mais ne portant pas aggravation, peut être établi par ordonnance impériale pour les pays de protectorat (loi d'organisation des pays de protectorat du 15/19 mars 1888, Off. de l'Empire, p. 75, § 3, n⁰ 8; voir en outre, l'ordonnance sur les pays de protectorat du sud-ouest de l'Afrique du 10 août 1890, Off. de l'Emp., p. 171, § 14; et enfin ordonnance pour les îles Marshall du 7 février 1890, Off. de l'Emp., p. 55, § 9; exécution par la fusillade ou par la pendaison.) Les condamnations à la peine de mort n'ont pas besoin de confirmation; l'exécution cependant n'a lieu que lorsque le chef de l'État a décidé qu'il ne fera pas usage de son droit de grâce. Dans les affaires jugées en première instance par le tribunal de l'Empire on doit demander la décision de l'Empereur. (Code de proc. pénale § 484. Voir cependant infrà § 42.) La peine de mort s'applique au meurtre (§ 211), à la tentative de meurtre sur la personne de l'Empereur, sur celle du chef de l'État confédéré auquel on appartient, ou

---

[1]) Voir en sens contraire, par exemple, l'art. 99 de la loi bavaroise du 8 décembre 1889 (infrà § 46), dans laquelle relativement à plusieurs de ses dispositions tout pays non bavarois est considéré comme situé à l'étranger.
[2]) Voir aussi infrà § 15.

bien où l'on demeure (cas plus graves de haute trahison § 80) et dans le cas le plus grave des meurtres volontaires au moyen de matières explosives. Loi du 9 juin 1884 § 5.

2⁰ Les peines privatives de liberté du C. p. sont la réclusion, la prison, les arrêts et la détention. La réclusion (Zuchthaus) est prononcée tantôt à vie, tantôt à temps. Dans ce dernier cas la durée minima est d'un an, et celle maxima de 15 ans. Il y a spécialement des minima de 1, 2, 3, 5 et 10 ans, des maxima de 3, 5, 10 et 15 ans. La peine de la réclusion doit au-dessus d'une année être prononcée par périodes pleines d'années et de mois. La jurisprudence en bien des circonstances a passé outre malgré cette disposition de principe, mais un peu minutieuse.[1] La peine de la réclusion doit être employée sans avoir égard au genre de vie habituel du condamné; celui-ci doit se livrer aux travaux en usage dans l'établissement où il se trouve; bien entendu, en tenant compte de ses aptitudes physiques et mentales. Il peut aussi être employé aux travaux du dehors, en ayant soin de le tenir séparé des travailleurs libres. La peine de la réclusion rend de plein droit pour toute la vie indigne d'occuper des emplois publics, d'être militaire ou marin. L'incapacité de prêter serment et les autres déchéances des droits civiques et civils ne sont pas la conséquence de cette peine. Cependant dans beaucoup de cas on doit lui joindre la déchéance des droits civiques.

La peine de l'emprisonnement peut être prononcée pour une durée d'un jour à cinq ans; en cas de concours de plusieurs peines de cette nature, elles peuvent être portées à dix ans; pour les jeunes condamnés l'emprisonnement au maximum de 15 ans remplace la peine de mort et celle de réclusion à vie. L'emprisonnement doit être prononcé par jours entiers, semaines, mois ou années. Il y a des minima d'un jour, une semaine, quatorze jours, un mois, deux, trois et six mois, un, deux et trois ans, des maxima de deux, trois et six mois, d'un, deux, trois et cinq ans. Les condamnés peuvent être employés dans la prison d'une manière en rapport avec leurs aptitudes et leur situation, et même ils doivent l'être sur leur demande. On ne peut leur faire faire de travaux au dehors que de leur consentement. (Voir cependant C. p. mil. § 15, al. 2.) L'emprisonnement n'entraîne pas d'autres conséquences pénales; on peut y joindre dans certaines conditions la déchéance des droits civiques, ou une diminution de capacité et de situation juridiques.

Le régime cellulaire n'est admissible pour les condamnés à la réclusion et à l'emprisonnement, sans leur consentement, que pendant trois ans. Une diminution de cette durée de la peine n'est pas la conséquence nécessaire de ce régime. — Les condamnés qui le sont pour un temps plus long peuvent, après avoir subi les trois quarts de leur peine et au moins un an, s'ils ont eu une bonne conduite pendant ce temps, être mis en liberté conditionnelle, s'ils y consentent. C'est un des bienfaits de la législation saxonne d'avoir mis la première en pratique en Allemagne cette excellente et féconde idée. — A cette institution se rapportent les §§ 23 à 26 du Code.

Les arrêts (Haft) consistent dans la simple privation de la liberté (C. p. § 18). Ils peuvent être prononcés pour une durée d'un jour à six semaines; en cas de concours de plusieurs infractions, de trois mois au maximum (§ 77). C'est une pénalité normalement applicable aux contraventions, quelquefois aux délits (par exemple C. p. §§ 185 et 233). Les vagabonds, les mendiants, les gens incapables de subvenir à leurs besoins par suite d'ivrognerie, les femmes qui se livrent à la prostitution, ceux qui refusent de travailler, lorsqu'ils sont con-

---

[1] Stenglein, Revue de Jurisprudence, tome 14 (1875), p. 100. Décisions du tribunal d'Empire en matière répressive, t. 4 n⁰ 58.

damnés à l'arrêt en vertu du § 361, nᵒˢ 3 à 8 du Code, peuvent être tenus de travaux en rapport avec leurs aptitudes et leur situation à l'intérieur de l'établissement, et même au dehors pourvu qu'ils soient isolés des travailleurs libres. En même temps ces condamnés peuvent être remis par le tribunal aux autorités chargées de la police dans un État, lesquels ont par là même le droit de les placer pendant deux ans au plus (après l'expiration de la peine) dans une maison de travail ou de les employer à des travaux publics, et même, lorsque le condamné est un étranger, de l'expulser hors du territoire de la Confédération.

L'arrêt dans une forteresse (la détention) s'emploie comme peine à vie et comme peine temporaire d'une durée de 1 jour à 15 ans. C'est une peine applicable aux crimes lorsqu'elle dépasse 5 ans, dans le cas contraire, aux délits. Les maxima, outre celui général de 15 ans, sont 10, 5, 3, 2 ans et 1 an, 6 mois; les minima, 1 jour et 1 semaine, 1, 2, 3, 6 mois, 1, 2, 3, 5 ans. La détention est une custodia honesta; elle consiste dans la privation de la liberté, en ayant égard aux occupations et au genre de vie du détenu qu'on doit garder dans les forteresses ou autres lieux à cela destinés, et séparé, en tout cas, des autres prisonniers.

Lorsqu'il y a lieu d'appliquer diverses pénalités et d'en établir la valeur relative (par exemple C. p. §§ 7, 44, 49, 157, Code de procédure pénale § 492), la réclusion vis-à-vis de l'emprisonnement, et celui-ci vis-à-vis de la détention sont dans la proportion de 2 : 3; c'est-à-dire que deux parts de réclusion = 3 parts de prison, et 2 parts de prison = 3 parts de détention (C. p. § 21).

Chacun des États allemands est chargé de l'exécution des peines privatives de liberté prononcées par ses tribunaux. Celles de réclusion qui le sont par le tribunal d'Empire en première instance sont exécutées à la diligence du Procureur général de l'Empire dans l'établissement pénitentiaire de Halle en Prusse. Si une peine totale se compose de peines distinctes prononcées par les tribunaux de différents États, l'exécution en appartient à l'État dont le tribunal a prononcé la dernière condamnation qui s'ajoute aux autres, ou la condamnation totale; cependant elle peut être dévolue rarement et simplement à l'État où a été prononcée la plus forte peine. (Sentence du Conseil fédéral du 11 juin 1885, Centralblatt 1885, p. 270.)[1] Lorsque la peine privative de liberté n'excède pas une durée de 6 semaines, elle doit être accomplie dans l'État confédéré où se trouve le condamné, sans qu'il y ait lieu de tenir compte du lieu où la condamnation a été prononcée. (Loi sur l'organisation judiciaire § 163.) — Relativement aux conditions de procédure de l'exécution des peines corporelles voir aussi le Code de proc. pén. §§ 481 à 483, 487 à 490, 492 à 494.

Le point essentiel, c'est-à-dire ce en quoi doivent consister les peines privatives de liberté, n'est pas réglé encore par une loi fédérale. L'exécution est réglementée par les législations des États dans des lois et surtout dans des ordonnances, qui dans le même pays, par exemple en Prusse, sont différentes en ce qui concerne les maisons de réclusion (établissements pénitentiaires), du ressort du ministère de l'intérieur, et les prisons dépendant du ressort du ministère de la justice. Tous les systèmes d'exécution pénale, depuis la peine subie en commun sans aucune direction, jusqu'au régime cellulaire systématique et peut-être trop absolu, se rencontrent dans les prisons et dans les maisons de réclusion de l'Allemagne. Les peines privatives de liberté admises dans l'Empire allemand ont partout le même nom, leurs maxima sont partout

---

[1] La sentence citée renferme aussi d'autres dispositions, spécialement celles relatives aux dépens.

les mêmes, mais par ailleurs c'est le règlement en vigueur pour chaque institution et enfin le caractère, la science, l'expérience pratique de chaque directeur qui détermine la consistance et l'effet de ces pénalités. Trois ans de
réclusion ou de prison dans un de ces établissements et la même peine subie
dans un autre peuvent être, en réalité, des peines tout à fait différentes.
L'Empire allemand n'a un droit uniforme que partiellement et précisément en
ce qui concerne la partie la moins importante de la pénalité. Les conditions
dans lesquelles la société doit punir sont, abstraction faite du domaine des lois
pénales réservées à chaque État, réglées uniformément. Les peines sont éti-
quetées de la même manière; mais leurs moyens d'exécution sont au fond tout
à fait différents et, par conséquent, leurs effets ne sont pas identiques. Reconnaissant ce malentendu essentiel, le gouvernement impérial avait fait préparer
au secrétariat de la justice de l'Empire (Reichsjustizamt) un projet de loi pour
la réglementation uniforme de l'exécution des peines privatives de liberté et
l'avait fait examiner et arrêter par une commission de membres éminents du
personnel pénitentiaire. Le 19 mars 1879 ces travaux furent terminés. Mais
tant les revirements des idées et des systèmes en matière de droit pénal que
surtout des considérations financières firent mettre de côté le projet de loi, qui
n'arriva pas jusqu'au Reichstag.[1]) L'exposé des lois, ordonnances et règlements
d'exécution pénale des divers États n'entre pas dans le plan du présent travail.

3⁰ Le minimum de l'amende est de 1 mark pour les contraventions et
de 3 marks pour les délits et les crimes. Si le maximum dépasse 150 marks,
l'infraction devient un délit. La peine d'amende la plus élevée édictée par le
C. p. est de 15000 marks (§ 302 d sur l'usure). Le Code de commerce, art. 249,
249 a, 249 b (Off. de l'Emp. 1884, p. 166) édicte des amendes de 20000 marks;
dans des lois spéciales il y a des amendes qui peuvent équivaloir à la confiscation d'une grande fortune, lorsqu'elles consistent dans le multiple d'une
valeur dont l'État a été privé. Les amendes qui ne peuvent être recouvrées
sont, en général, converties en peines privatives de liberté (C. p. §§ 28 à 30).
Et même le Code confère aux tribunaux le droit de remplacer pour les délits
et les crimes des amendes de 3, 4 et jusqu'à 15 marks par un jour de privation de liberté, tandis que pour les contraventions un jour peut remplacer
1 mark. Il semble pourtant peu naturel que pour les contraventions une
amende de 15 marks soit remplacée par 15 jours, tandis que pour les délits
5 jours suffisent pour leur équivaloir; il est étrange que l'équivalence entre
l'amende et l'emprisonnement soit plus défavorable au condamné quand il
s'agit de contraventions que lorsqu'il s'agit de délits. Dans plusieurs lois spéciales cette conversion paraît interdite, par exemple dans celle sur l'impôt
du timbre sur les effets de commerce du 10 juin 1869 (Off. de l'Emp., p. 193,
§ 15). Même la vente aux enchères en exécution d'une condamnation pénale
est quelquefois défendue dans le cas où le condamné est un national (Inländer).
La conversion de l'amende en prison, telle qu'elle est prévue par le C. p. allemand et qu'elle est appliquée par la jurisprudence répressive, est une mesure
purement nominale et sans effet, plutôt nuisible, dont on doit poursuivre l'abrogation en employant un autre moyen de compensation de l'amende; cette
abrogation, d'ailleurs, a été proposée par l'Union Internationale de droit
pénal. C'est seulement lorsque d'après les lois (valables) des États le travail
dans les forêts ou pour les communes est édicté ou admis au lieu et place de
l'emprisonnement ou de l'amende que cette disposition doit trouver son emploi

---

[1]) Voir l'exposé de Jagemann dans le Manuel des établissements pénitentiaires,
publié par Holtzendorff et Jagemann. Hambourg 1888. Tome 1, p. 142 sq., spécialement p. 150 sq.

en vertu du § 6, alinéa 2 de la loi de la mise en vigueur du C. p. Sur ce point la législation d'Empire devra prendre des mesures, employer et développer même dans le droit fédéral les idées qu'on trouve dans les lois des États particuliers.

4° Le blâme n'est en usage que pour les délits et contraventions des jeunes inculpés, c'est-à-dire de ceux qui à l'époque de l'infraction étaient âgés de plus de 12 ans et de moins de 18, et pour les infractions les plus légères (C. p. § 57, n° 4).

Comme peines accessoires le C. p., outre les effets ipso jure de la réclusion déjà mentionnés, ne contient que 1° la déchéance des droits civiques accessoirement à la peine capitale et à celle de la réclusion, et même à celle de l'emprisonnement dans certaines conditions spéciales. Cette déchéance consiste tant en perte de certains droits qu'en incapacité de les acquérir. L'incapacité dure, en cas de déchéance des droits civiques, pendant l'exécution de la peine et quelque temps après. Le tribunal peut fixer ce dernier temps en cas de réclusion à une durée de 2 à 10 ans, en cas d'emprisonnement à une autre de 1 à 5 ans.[1]) La déchéance des droits civiques emporte avec elle, aussi bien d'après le droit de l'Empire que d'après celui des États, une situation d'infériorité sous différents rapports, laquelle cependant ne peut être considérée comme une pénalité proprement dite, et par conséquence n'est pas soumise aux limites fixées par le § 5 de la loi de mise en vigueur du C. p. (Voir, par exemple, loi sur l'organisation judiciaire § 176, loi sur l'industrie § 53, 83¹, 100⁶, 106; loi prussienne sur la police de la chasse du 7 mars 1850. Off., p. 165, § 15 b. Ordonnance prussienne sur l'établissement d'une représentation de l'ordre des médecins du 25 mai 1887, Off., p. 169 § 4, alinéa 3.) En cas de peine d'emprisonnement la déchéance peut être restreinte à l'incapacité de remplir les fonctions publiques; pour quelques délits, on ne doit prononcer que cette incapacité. — Les condamnations d'un Allemand à l'étranger n'ont pas d'effet dans l'Empire, mais par une décision complémentaire la déchéance totale ou partielle des droits civiques peut être prononcée. (C. p. § 37. Voir une disposition semblable dans le § 42, alinéa 2 du C. p. militaire.) 2° Le C. p. allemand compte encore parmi ses peines accessoires, ou plutôt parmi ses peines subséquentes, le renvoi sous la surveillance de la police (§§ 38 et 39) et l'arrêt subséquent (Nachhaft), voir § 2 n° 2; puis 3° la confiscation de certains objets (§ 40) et la suppression des imprimés, gravures, expositions (§ 41). Voir aussi le § 42 qui permet ces deux dernières mesures sous certaines conditions, même lorsqu'on n'a pu atteindre et punir le coupable (Code de procéd. pén. §§ 477 à 479). En dehors des peines sus-mentionnées on rencontre encore dans le C. p., comme peines accessoires, les mesures suivantes: 4° la déchéance de la capacité de prêter serment en qualité d'expert ou de témoin (C. p. § 161); 5° celle du droit d'être employé dans les chemins de fer ou dans les télégraphes ou dans certaines branches de ces services (C. p. § 319); 6° la privation de l'avantage obtenu ou de sa valeur dans le cas de corruption (C. p. § 335). L'éducation forcée dans un établissement de correction dans le cas des §§ 55 et 56 du C. p. ne doit pas être considérée comme une pénalité.

---

[1]) A la restitutio ex capite gratiae (réhabilitation) se rapporte, par exemple, la loi bavaroise du 10 juillet 1861 relative à l'abolition des effets de la peine. On part de ce principe que les souverains allemands ont le pouvoir de lever même l'incapacité de remplir toutes fonctions civiles, militaires ou dans la marine résultant ipso jure de la réclusion d'après le § 31 du C. p. Voir Binding, Manuel, I, p. 375, 376. Un ministre condamné à la destitution en vertu de l'art. XII de la loi bavaroise du 4 juin 1848 relative à la responsabilité ministérielle ne peut être grâcié que du consentement des deux chambres.

II. En matière de tentative la 2ᵉ section suit les principes du C. p. français, lorsqu'elle établit comme moment décisif le commencement d'exécution. Relativement aussi à la déclaration de culpabilité le Code allemand se rattache au Code français, en ce qu'il punit la tentative de tout crime, mais celle des délits seulement dans des conditions déterminées. Par contre, la circonstance que le manque d'accomplissement a été indépendant de la volonté de l'auteur n'est pas le criterium de la tentative, comme dans le Code français, le prussien et le bavarois; l'abstention définitive ou le recul est plutôt (§ 46) un élément pris en considération pour éteindre la peine. Le Code allemand s'éloigne surtout de son modèle dans sa disposition ci-dessus critiquée que la tentative de crime ou de délit est punie moins sévèrement que l'infraction accomplie. A mon estime il y a là un retour du droit pénal allemand à un état moins parfait. La législation des États est arrivée sur bien des points à celui du droit français. (Voir ci-dessous § 43.)

III. Dans la théorie de la complicité le C. p. s'est inspiré d'une conception métaphysique du libre arbitre. Partant de l'idée que l'homme qui n'est point soumis à la contrainte ou à l'erreur tire de son âme de nouvelles séries de causalité et que l'influence psychique des autres ne doit pas être comptée au point de vue de la recherche des causes, il rejette la supposition d'une participation purement intellectuelle. Le Code voit dans les instigateurs et les complices non des co-auteurs du résultat criminel, mais seulement des participants à la criminalité d'autrui. Cette idée, en elle-même pleine de contradiction, ne pouvait produire ses conséquences extrêmes. Et l'application de ce principe bien souvent place la loi devant des problèmes insolubles. Il est impossible de distinguer avec netteté le co-auteur du complice actif, lorsqu'ils existent au moment même de l'infraction. Et cependant le Code a précisément pour les crimes les plus graves donné une importance pratique très grande à cette distinction, puisqu'il assimile pour la pénalité la complicité à la tentative, de telle sorte que le complice de meurtre n'est atteint que d'une peine privative de liberté temporaire, tandis que le co-auteur encourt la peine capitale. Au § 49a, paragraphe dit Duchesne, le C. p. révisé a fait l'essai malheureux de rendre punissable dans certaines conditions l'action de donner un salaire pour commettre un crime, et celle de s'offrir pour le commettre. (Sur la participation des civils aux délits militaires voir infrà § 38.)

L'action de favoriser une infraction est renvoyée à la partie spéciale et traitée avec le recel dans la 21ᵉ section. Malheureusement on juxtapose ainsi des délits qui sont d'une nature essentiellement différente. L'infraction qui consiste à favoriser la fuite d'un criminel de droit politique, d'un duelliste ou d'autres coupables de ce genre ne trouve pas sa place naturelle dans la même section que le recel. Cette réunion irrationnelle a conduit même à des dispositions qui ne le sont pas moins. Pourquoi la punition de celui qui à son propre profit porte assistance à l'auteur ou au co-auteur d'une infraction déjà commise ne peut-elle pas être plus sévère que celle infligée à l'infraction elle-même?

IV. La quatrième section de la première partie sous cette rubrique: „Causes d'immunité ou d'atténuation de la peine" établit les situations et les circonstances qui produisent cet effet à divers points de vue.[1]) Le seul lien entre elles est leur influence sur la pénalité. 1⁰ L'idée même de la criminalité disparaît, lorsque le libre consentement est détruit par l'inconscience ou les

---

[1]) Comme cause générale d'aggravation de la peine le C. p. général n'admet que le concours de plusieurs infractions, voir infrà V. Le C. p. militaire admet pour les militaires des aggravations sous d'autres rapports. Voir infrà § 39.

perturbations mentales morbides (§ 51), aussi en cas de contrainte irrésistible (§ 52), en cas de nécessité (Notstand) (§§ 52; 54) et en cas de défense légitime (Notwehr) (§ 53). On voit de suite que dans les deux premiers cas (manque de volonté libre et contrainte irrésistible) il n'y a pas même d'acte proprement dit, tandis que dans les deux autres c'est la culpabilité qui fait défaut. Le cas de la légitime défense est magistralement traité; le Code, au contraire, est insuffisant en ce qui concerne celui de la nécessité.[1]) 2⁰ Les §§ 55 à 57 s'occupent de l'influence du jeune âge. Ne sont pas punissables les infractions de celui qui n'avait pas 12 ans au moment où elles ont été commises. Le Code ne dit pas que ces actes ne sont pas des actes punissables; il en interdit seulement la poursuite. La révision de 1876 a prévu la possibilité de faire constater l'infraction par les autorités tutélaires et de pouvoir soumettre alors à l'éducation forcée; la manière d'appliquer celle-ci étant laissée aux législations de chaque État.[2]) Si l'auteur au moment de l'infraction était âgé de plus de 12 ans, et de moins de 18, le Code exige qu'on pose la question de savoir s'il avait agi avec le discernement nécessaire pour comprendre la culpabilité de son action. Dans le cas de réponse négative il doit être acquitté; dans le cas de l'affirmative il devra être condamné à une peine considérablement atténuée et qui doit être subie dans des établissements spéciaux. Consulter surtout le Dr H. Appelius, Régime particulier des jeunes coupables et des enfants abandonnés. Berlin 1892. Le projet de loi consistant en 100 paragraphes et annexé à cet ouvrage distingue les enfants coupables de moins de 14 ans et les jeunes prévenus de 14 à 18 ans. Pour les premiers point de poursuite au répressif, seulement on prescrit l'éducation sous la surveillance de l'État; pour les seconds le tribunal a l'option entre l'application d'une peine, ou l'éducation sous la surveillance de l'État, ou une peine privative de liberté plus cette éducation, ou la remise à la famille. Même sans qu'on se trouve en présence d'une infraction, l'éducation sous la surveillance de l'État des personnes âgées de moins de 16 ans peut être ordonnée, lorsqu'on établit qu'elles sont moralement abandonnées ou que leur situation familiale est de nature à le faire craindre et que cette mesure paraît nécessaire pour les préserver de la contagion du vice. Dans la 6ᵉ section le projet règle l'exécution des peines pour les jeunes condamnés. L'atténuation de peine prescrite par le § 57 du C. p. n'est pas admise par le C. p. militaire § 50, ni en général par les lois des États. (Voir la loi prussienne sur les vols forestiers [infrà § 46] § 10 et la loi prussienne sur la police rurale et forestière [infrà § 46] § 4.) En cas d'acquittement le juge doit, d'après le § 56 du C. p., décider s'il y a lieu d'ordonner l'éducation forcée qui peut se prolonger jusqu'à 20 ans révolus. On doit poser aussi la question de discernement pour les sourd-muets (§ 58), mais en cas de réponse affirmative il n'y a pas lieu ici à atténuation de peine. La disposition du § 59 relative à l'erreur a donné lieu à de nombreux commentaires. La jurisprudence a fait de grands efforts pour établir qu'elle est inapplicable à l'erreur dite de droit relative à l'existence de la peine. 3⁰ A l'imputation de la détention préventive se rapporte la disposition du § 60. 4⁰ Les §§ 61 à 65 s'occupent de la nécessité d'une plainte comme condition de la poursuite. (Voir

---

¹) Voir des dispositions spéciales intéressantes sur le cas de nécessité, par exemple dans le traité international pour la protection du câble télégraphique sous-marin, art. 2 (infrà § 20, n⁰ 4) dans la loi prussienne de police rurale et forestière du 1ᵉʳ avril 1880, § 10, alinéa 2, dans la loi forestière bavaroise du 28 mars 1852 (voir infrà § 46) art. 61 (60).
²) Voir loi prussienne sur le placement des enfants abandonnés du 13 mars 1878. Recueil des lois, p. 132, et loi complémentaire du 27 mars 1881, enfin loi du 23 juin 1884, Recueil, p. 306.

suprà § 7.) 5⁰ Les §§ 66 à 69 règlent la prescription de la poursuite, les §§ 70
à 72 celle de l'exécution de la peine. D'après la loi aucune infraction et
aucune peine prononcée ne sont imprescriptibles.

V. 1⁰ La cinquième section s'occupe des cas spéciaux du concours idéal
ou réel des infractions. Lorsqu'un acte renferme les éléments de plusieurs
infractions (concours idéal), on ne doit appliquer que la pénalité la plus sévère
ou que le maximum de la peine (C. p. § 73). Dans le cas de concours réel le
Code tantôt admet une seule peine, tantôt prescrit le cumul de plusieurs. La
jurisprudence admet que le dernier système doit être employé dans les cas qui
n'ont pas été réglés par la loi. Cependant les jugements par lesquels le même
serait condamné à mort et à la réclusion temporaire ou à vie sembleraient au
moins étranges. On peut être certain que le législateur n'avait pu prévoir
qu'on eût admis ces impossibilités. 2⁰ Pour le cas de concours des lois, par
exemple §§ 113 et 114, §§ 267 et 363, ainsi que pour ceux de délits continus
le Code n'a rien édicté.[1]) Les tribunaux doivent recourir aux règles générales de l'interprétation, considérer que la réunion de plusieurs mouvements
musculaires ne forme en définitive qu'une seule action, et qu'il doit en être
de même ici. 3⁰ A la différence du droit prussien le Code allemand n'a pas
considéré la récidive comme une cause générale d'aggravation. Il en est
autrement dans le C. p. militaire (voir infrà § 39); voir aussi les prescriptions disciplinaires prussiennes pour l'armée du 31 octobre 1872, § 3 C. 4
(infrà § 41). Ce n'est qu'en matière de vol avec violence, de vols assimilés
au premier, d'extorsion, de recel, d'escroquerie (C. p. § 250 n⁰ 5, 252, 255,
244, 261, 264), de même pour les délits douaniers, pour les contraventions
aux lois d'impôts sur le tabac, le sucre, le sel, l'eau de vie et la bière, pour
celles à la loi sur le timbre impérial (voir infrà § 28 I à III) que tantôt
la première, tantôt la seconde récidive entraine la possibilité d'une aggravation,
et suivant les cas (pour la mendicité, C. p. § 362, al. 2) celle de l'envoi ultérieur dans une maison de travail forcé.[2]) Le C. p. a pour chacune de ces infractions désigné celles dont la répression doit être plus forte en cas de récidive.
(Voir aussi la loi sur la liberté de la circulation du 1ᵉʳ novembre 1867, Off.
de l'Emp. p. 55 § 3.) — 4⁰ La circonstance de l'habitude est considérée comme
un élément constitutif de l'infraction pour les délits relatifs à la monnaie
§ 150 et pour le proxénétisme simple (§ 180); pour le recel (§ 260) et l'usure
(§ 302 d). Voir aussi l'effet important de l'habitude telle qu'elle est définie par
la loi dans la loi forestière de Bavière du 28 mars 1852 (Off. de Bavière 1879,
p. 1313) art. 104 (103) et 105 (104). 5⁰ La profession habituelle est un caractère constitutif du délit dans les jeux de hasard (§ 284) et la prostitution
(§ 361, n⁰ 6); une cause d'aggravation pour les délits de chasse (§ 294), le recel

---

[1]) Une disposition particulière intéressante, relativement à la continuité se
trouve dans l'art. 20 de la loi bavaroise sur les véhicules devant parcourir les
chaussées du 25 juillet 1850 (Officiel Bavarois, p. 321). Toute contravention commise au sujet du même véhicule dans le même jour, ne doit subir qu'une seule peine.
Et celui qui pendant un voyage a été l'objet d'une instruction ou a été puni pour une
contravention aux art. 1—9 ne peut plus l'être pour la suite du même voyage ou
pour le retour dans le même convoi, s'il s'est fait délivrer un certificat conforme à
l'alinéa 3 de l'art. 20. D'après le § 10 de la loi prussienne du 20 juin 1887 (Recueil des
lois, p. 301, art. II, § 11) une nouvelle peine peut être prononcée pour des contraventions continues dans le même voyage, si le changement de véhicule n'a pas eu lieu
à la première station où il pouvait s'effectuer.

[2]) Même dans les lois des États la récidive est considérée comme une cause
d'aggravation. Loi prussienne sur les vols forestiers du 15 avril 1878, Recueil des
lois, p. 222, §§ 7 et 8; loi prussienne sur la police rurale et forestière du 1ᵉʳ avril 1880,
p. 230, § 2b, § 3; loi bavaroise forestière du 28 mars 1852 (Off. 1879, p. 1313), art. 59
(58), n⁰ 12.

(§ 260) et l'usure (§ 302 d). **6⁰** L'exploitation commerciale a une influence décisive dans le cas du § 144 (embauchage pour l'émigration).

§ 10. **Deuxième partie du Code pénal.**

La deuxième partie du Code contient 28 sections encore en vigueur.
Leur nombre est de 29, mais la 24e sur la banqueroute a été abrogée (voir
suprà le § 7). Voici les rubriques des sections. **1⁰** Haute trahison et
trahison envers la patrie. **2⁰** Outrage au chef d'un État. **3⁰** Outrage aux
princes de la Confédération. **4⁰** Hostilité contre les États confédérés ou amis.
5⁰ Crimes et délits relatifs à l'exercice des droits civiques. **6⁰** Rébellion contre
la force publique. **7⁰** Crimes et délits contre l'ordre public. **8⁰** Crimes et délits
relatifs à la monnaie. **9⁰** Faux serment. **10⁰** Fausse accusation. **11⁰** Délits
relatifs à la religion. **12⁰** Crimes et délits contre l'état des personnes.
13⁰ Crimes et délits contre les mœurs. **14⁰** Injures. **15⁰** Duel. **16⁰** Crimes
et délits contre la vie. **17⁰** Lésions corporelles. **18⁰** Crimes et délits contre
la liberté individuelle. **19⁰** Vol et abus de confiance. **20⁰** Vol avec violence
et extorsion. **21⁰** Aide et secours et recel. **22⁰** Escroquerie et infidélité.
23⁰ Faux en écriture. **24⁰** (manque). **25⁰** Cupidité punissable et violation de
secrets. **26⁰** Destruction et détérioration. **27⁰** Crimes et délits dangereux pour
la sûreté publique. **28⁰** Crimes et délits dans l'exercice des fonctions.[1] **29⁰** Contraventions. — Les rubriques ne répondent pas en tous points au contenu des
sections, et on ne peut les consulter sans réserve pour se rendre compte de
l'ordre d'idées des dispositions qu'elles embrassent. Dans la 2e section on
punit les outrages, non-seulement ceux faits aux chefs des États, mais aussi
ceux qui s'adressent aux membres de leurs familles. Dans celle sur l'outrage
aux princes de la Confédération se trouvent des pénalités relatives aux infractions contre les membres de leurs familles ou contre les régents. Dans la
5e section sont punis les actes de violence contre les Sénats et les Bourgeoisies
des villes libres et contre les assemblées législatives et leurs membres; puis les
actes de violence et les illégalités dans les élections. La 6e section (rébellion
contre la force publique) répond bien à sa rubrique; cependant s'y trouvent
aussi les actes de violence contre les propriétaires des forêts et les ayants-droit
aux bois ou à la chasse, et contre les gardes commissionnés par eux. La
rubrique de la 7e section „crimes et délits contre l'ordre public" ne fait pas
deviner tous ceux qu'elle va contenir. A cette section appartiennent: la perturbation de la paix domestique (§§ 123, 124) et de la paix publique (§ 125), le
trouble à la paix publique par la menace d'un crime d'un danger général
(§ 126), les associations illicites et la participation à ces associations (§§ 127 à
129), le trouble à la paix par l'excitation des classes de citoyens les unes
contre les autres (§ 130), l'excitation par abus de paroles dans la chaire (§ 130a),
au mépris des institutions de l'État et des ordonnances de l'autorité publique
par des mensonges (§ 131), l'usurpation de fonctions (§ 132), l'usage illégal
des objets consignés ou placés dans des dépôts publics (§ 133), les illégalités
relatives aux affiches publiques (§ 134), celles relatives aux insignes publics
d'autorité ou de distinction (§ 135), le bris des sceaux publics (§ 136), la
violation de la saisie (§ 137), les fausses excuses des échevins, jurés, témoins
ou experts (§ 138), le défaut de dénonciation de certains crimes importants
(§ 139), les transgressions des obligations de service militaire (§§ 140, 142, 143),
l'enrôlement au moyen de manœuvres (§ 141), l'embauchage à l'émigration, comme
profession habituelle, en employant des moyens propres à tromper (§ 144),

---

[1] Voir infrà § 36.

la transgression des ordonnances maritimes (§ 145). La section 25 ne semble contenir qu'un simple agglomérat de sujets différents. Les §§ 284 à 286 se rapportent aux jeux de hasard; (le § 287 est remplacé par la loi sur la protection des marques, voir infrà le § 26); le § 288 prévoit la destruction de l'exécution forcée accomplie; le § 289 les atteintes au droit d'usage ou de rétention d'autrui; le § 290 le cas du furtum usus, le § 291 un cas spécial de vol. Les §§ 292 à 295 punissent les atteintes au droit de chasse d'autrui. Les transgressions des règlements de police sur la chasse sont prévues par des lois des États.[1]) Les atteintes au droit de pêche d'autrui sont prévues comme contraventions dans le § 370, n⁰ 4; deux cas seulement sont punis comme des délits dans les §§ 296 et 296 a (pêche illégale du poisson et de l'écrevisse de manière à nuire à la pêche, et la pêche sans droit des étrangers dans les eaux du littoral allemand). Le § 297 s'applique à la mise en péril d'un navire ou de sa cargaison de la part des passagers, des gens de mer ou des marins, en chargeant des marchandises dangereuses ou défendues, le § 298 atteint l'infidélité des gens de mer. L'ouverture illégale des correspondances est punie par le § 299 (voir aussi le § 354), la violation du secret professionnel par les avocats, avoués, notaires, défenseurs, médecins et autres personnes s'occupant d'art médical par le § 300. La violation de ce secret est, sauf dans un seul cas (§ 353 a), non punie d'une peine proprement dite, mais laissée à l'application d'une peine disciplinaire par la corporation à laquelle le coupable appartient. Les §§ 301 et 302 prévoient l'abus intéressé de la légèreté et de l'inexpérience des mineurs, les §§ 302 a—d l'usure. Ce n'est donc pas une idée unique et commune qui domine toutes ces incriminations de la 25ᵉ section, et qui établit un lien entre elles. Et on ne peut prétendre que l'omission d'un acte qui était classé par les Codes des États dans ce groupement de pur ordre (voir § 270 du C. p. prussien), puisse équivaloir à une déclaration d'impunité.

Encore plus arbitraire est le groupement des infractions dans la 29ᵉ section. C'est seulement le peu d'importance des peines prononcées qui a déterminé la législation de l'Empire à comprendre sous la rubrique: Contraventions, en une seule section des infractions contre des règles de nature toute différente. On y trouve à la fois des lésions d'un droit, la mise en péril des biens, des cas de simple désobéissance, lesquels forment dans cette section l'agglomérat le plus étrange.[2]) Dans le § 360, par exemple, le plan pris illicitement des forteresses, le port sans droit d'une décoration, le refus de secours, le tapage public et le scandale, les mauvais traitements en public contre les animaux, l'établissement sans permission de jeux de hasard se trouvent prévus ensemble. Dans le § 361, outre les mendiants, les vagabonds et les filles publiques, se trouvent compris les parents qui négligent d'empêcher leurs enfants de chasser ou de pêcher sans droit. Comme motifs d'incrimination par le Code fédéral d'une série de contraventions on peut faire valoir l'intention de rendre plus certaine la punition de certains actes et de certaines omissions, et aussi celle de limiter les peines dans certains cas. „Les dispositions qui les concernent,“ dit l'annexe I aux motifs du C. p. de l'Allemagne du Nord, „devront se borner à celles qui peuvent essentiellement s'appliquer partout, et laisser le reste aux législations particulières ou aux prescriptions libres des autorités des cercles et des communes, suivant les diversités d'organisation politique des divers États.“ Il est entendu que les incriminations de la 29ᵉ section ne restreignent les droits de la législation des Etats qu'en ce que

---

[1]) Voir infrà § 46.

[2]) Voir Rosin dans von Stengel, Dictionnaire de droit administratif. Tome 2, p. 275 (§ 5).

ceux-ci n'ont pas régulièrement le droit de déclarer non-punissable un des faits de la dite section ou de les punir autrement que le C. p. de l'Empire ne l'a fait. Par ailleurs le droit pénal des États a plein pouvoir; il peut créer des incriminations qui atteignent des faits analogues à ceux de la 29ᵉ section. Voir par exemple le C. p. de Pol. de Bavière (infrà § 46) art. 30 avec le C. p. d'Emp. § 360, nᵒ 11, le C. p. de Pol. art. 39 avec celui d'Emp. § 367, nᵒ 9, l'art. 44 avec le § 366, nᵒ 10, etc. Lorsqu'il s'agit de „dispositions" qui sont déclarées maintenues par le § 2, alinéa 2, de la loi de mise en vigueur du C. p., la législation des États peut même traiter ces infractions d'une manière qui s'écarte de celles de la 29ᵉ section (voir infrà § 43). Les contraventions ne sont pas, comme dans le C. p. prussien, rejetées dans une partie particulière avec des dispositions générales spéciales. On a voulu par là faire comprendre „que même les contraventions de police proprement dite sont une matière vraiment punissable et doivent être poursuivies et punies par les tribunaux au même titre que des crimes ou des délits."[1] Lorsqu'en raison de motifs d'utilité pratique il y a lieu de les traiter d'une manière différente, cela est exprimé aux places convenables, par exemple, quand il s'agit des contraventions commises à l'étranger (§ 6), de la tentative (§ 43), de la complicité (§ 49), de l'aide et assistance (§ 257).

§ 11. **De la loi de mise en vigueur du Code pénal.**[2]

Cette loi a encore aujourd'hui conservé la teneur qu'elle avait lors de sa promulgation pour la Confédération du Nord. Voir suprà § 6 IV. La disposition du § 1 sur l'entrée en vigueur a déjà été appliquée (voir suprà § 6); les §§ 2, 3 et 5 à 7 qui ont pour objet la relation du droit pénal des États à celui de l'Empire, sont exposés et commentés au § 43 du présent travail. Le § 4 se rapportant au droit pénal en cas de guerre ou d'état de siége sera expliqué au § 42. Le § 8 donnera l'occasion d'examiner les lois d'introduction dans chaque État (voir infrà § 44).

§ 12. **Conclusions.**

En se reportant à l'époque où le C. p. a été promulgué pour l'Empire d'Allemagne, on doit le considérer comme bon et pratique. De même que ses devanciers, il ne s'est pas exclusivement inspiré d'une seule des théories de droit criminel, on ne peut méconnaître que l'idée de conciliation ne l'emporte chez lui sur les tendances pratiques. Les idées, tant de morale que juridiques sur la valeur des actions qui sont répandues dans la nation allemande et la dominent ont trouvé, en général, leur expression dans ce Code. A ces idées se rapporte la grande importance que le Code attache au résultat de l'infraction. En matière de tentative, de même que dans beaucoup d'autres cas, la peine diffère suivant que l'infraction a eu un certain résultat ou qu'elle ne l'a pas atteint. Les lois pénales spéciales ont encore augmenté le nombre de ces cas. Voir par exemple infrà § 18 la loi sur les denrées. Et la jurisprudence est entrée si avant dans cette voie qu'elle applique la peine la plus sévère lorsque l'infraction a produit un certain effet, sans qu'il soit besoin qu'il y ait culpabilité du délinquant proportionnée à ce résultat.[3] La conséquence est que le plus léger excès du droit de correction est puni comme la lésion cor-

---

[1]) Voir, en outre, l'exposé fait par Rosin et posant les vrais principes dans von Stengel, Dictionnaire de droit administratif, Du droit pénal de police, t. 2, p. 273 sq., surtout § 5, p. 275 sq.

[2]) Rüdorff (Stenglein), p. 45 à 48.

[3]) Voir, par exemple, les décisions du tribunal d'Empire, t. 5, nᵒ 9.

porelle grave (C. p. §§ 224, 226), lorsque cet excès, sans faute particulièrement lourde de l'auteur, a eu une issue fatale. Et comme le droit de correction dans l'éducation est limité d'une manière différente dans les divers États, même à l'intérieur de la Prusse, il peut facilement arriver que le même acte de discipline scolaire qui a un résultat fatal et imprévu est considéré dans un des États, dans une des provinces, comme un accident sans effet au point de vue de la répression, et dans les autres comme un crime de grave lésion corporelle. Cette considération excessive du résultat de l'infraction, contraire aux principes essentiels du droit pénal, se rencontre aussi dans le C. p. français et dans la législation prussienne, mais elle ne répond pas à la doctrine du droit commun allemand; elle ne répond pas non plus à l'idée dominant les lois particulières des États allemands. Voir par exemple l'art. 238 du C. p. bavarois de 1861,[1]) lequel se fonde sur des appréciations pénales bien plus délicates que la jurisprudence pénale actuelle de l'Empire allemand. — La sanction des droits que le public est en droit d'attendre des lois pénales n'est pas suffisamment assurée par le Code. Sous beaucoup de rapports les lois postérieures de l'Empire ont amélioré la situation. Voir infrà le § 13. Spécialement les armes que le C. p. fournissait pour combattre les crimes dangereux pour la société n'étaient pas assez topiques et restaient insuffisantes pour empêcher le mal. Sans doute l'Allemagne n'avait pas besoin contre les criminels de la peine du bâton condamnable sous tous les rapports; que le destin préserve les Allemands du zèle mal avisé des apôtres du bâton et du fouet! Mais la répression allemande a besoin d'une législation qui la mette à même d'appliquer aux ennemis de la société des peines plus effectives et plus appropriées que cela n'est possible aujourd'hui. Non seulement contre les souteneurs, mais aussi contre les autres classes dangereuses, les chevaliers du couteau, les calomniateurs et les dénonciateurs de profession, contre les voleurs récidivistes, les escrocs, ceux qui se livrent au chantage et les faussaires, il faut que la loi donne aux tribunaux et aux autorités chargées d'exécuter les peines des moyens qui opèrent efficacement et énergiquement. Relativement aux délits militaires commis par des militaires ces moyens sont déjà mis à la disposition des autorités préposées à la justice militaire (voir infrà §§ 37, 39). Un essai d'extension de l'aggravation des peines aux civils a été fait par un projet de loi qui a été présenté au Reichstag allemand au commencement de la présente année (1892). (Voir suprà § 7 in fine.) La mise au pain et à l'eau et l'obligation du coucher sur la dure au commencement et pendant des périodes déterminées jusqu'à ce qu'on ait fait preuve de retour à de meilleurs sentiments et de bonnes résolutions sont quelques-uns des moyens par lesquels on peut agir sur la criminalité. Mais lorsqu'on est en présence d'un coupable qui l'est pour la première fois et d'un criminel qui l'est accidentellement, les sanctions contenues déjà dans le C. p. sont bien suffisantes. Si dans le public et lors des débats des corps législatifs on s'est plaint bien des fois de l'indulgence excessive du Code allemand, ces reproches sont sans fondement. Ce Code donne des moyens suffisants pour faire une telle impression, qu'elle les éloigne presque toujours du renouvellement des actes contraires à la société, sur les caractères malléables, même sur ceux plus durs, mais non réfractaires à l'effet des peines. Si sous ce rapport tous les résultats qu'on pouvait souhaiter n'ont pas été obtenus, la faute en est à la jurisprudence qui n'a pas toujours bien utilisé toutes les armes

---

[1]) Lorsqu'une violence corporelle ne produit un de ces effets (graves) qu'en raison de circonstances fortuites, non connues de l'auteur, sans que celui-ci eut l'intention de les produire, la punition ne doit être prononcée qu'en raison de l'effet qui aurait existé sans ces circonstances, sous toute réserve de la peine plus forte encourue pour meurtre ou lésion corporelle causée par imprudence.

qui lui étaient mises en main par la loi. — Le système du C. p., susceptible de critiques dans le détail, est clair et répond dans son ensemble aux besoins pratiques. Qu'un C. p. dominé par des idées de réforme fût arrivé à un traitement essentiellement différent de la répression pénale, c'est une considération qui ne doit pas être envisagée dans l'appréciation d'un Code fondé dans d'autres conditions et poursuivant d'autres buts. — Le style du Code est exact et exprimant bien d'ordinaire les idées du législateur. On y a évité la casuistique qui se trouvait dans les anciens Codes. On peut à peine faire une critique de ce que çà et là on pourrait désirer quelque définition qui manque. Bien des jugements auraient été autres si le Code n'avait pas considéré le mot de titre (Urkunde) comme un de ceux qui n'ont pas besoin d'être définis, s'il avait bien indiqué, lorsqu'il l'emploie, quel est le sens du mot: offense (Beleidigung), ou ce qu'il entend par l'expression de grave scandale (grober Unfug). Cependant bien des exagérations en matière criminelle ont trouvé récemment leur correction sans qu'on aie portée atteinte au C. p. En se plaçant dans la situation où se trouvait le législateur de 1870, on pourrait suffire à tout pendant longtemps encore avec le C. p. actuel. Mais si l'on attend de ce Code avant tout une sanction suffisante des droits, on doit en désirer une révision complète. Cependant l'époque actuelle dans laquelle les idées fondamentales sur la mission de la répression se dressent les unes contre les autres sans conciliation ni transaction n'est pas propice pour obtenir cette révision.

IV. Des lois pénales spéciales de l'Empire d'Allemagne.[1]

§ 13. **Introduction.**

1⁰ L'Empire allemand n'avait pas seulement le droit d'édicter un C. p. en vertu de la constitution; celle-ci soumettait purement et simplement tout le droit pénal à la législation d'Empire (Const. de l'Emp. art. 4 n⁰ 13); et on doit étendre cette expression aussi au droit pénal de police proprement dit.[2]

[1] Binding, Manuel, I, §§ 25, 26, p. 123—144. — von Liszt, Cours, 5e édition, 1892, § 14, p. 88—92. — Staudinger, Recueil des lois pénales spéciales de l'Empire allemand. Texte avec brèves annotations. Nördlingen 1880. Premier fascicule complémentaire. 1886. — Hellweg et Arndt, La législation pénale allemande Recueil de toutes les lois de l'Empire allemand, actuellement en vigueur, et relatives au droit et à la procédure pénale. Avec un supplément contenant toutes les lois et ordonnances pénales de Prusse les plus importantes. Édition contenant le texte avec des annotations, et une table complète chronologique et par ordre des matières. Berlin et Leipzig 1883. Fascicules complémentaires 1883—1885. 1886. — Borchert, Code du droit pénal et de la procédure pénale allemande et prussienne, contenant toutes les lois et ordonnances de l'Empire allemand et de la Prusse qui sont en vigueur actuellement sur le droit pénal et la procédure pénale, lorsqu'elles intéressent les juridictions ordinaires et leur ministère public. Avec commentaires. Berlin 1882. 1887. — En présence de l'abondance de la législation pénale actuelle dans l'Empire d'Allemagne, la composition d'un nouveau recueil est chose difficile. Avant que le présent travail soit imprimé, il peut être devenu déjà inexact dans quelques-unes de ses parties, surtout si d'autres articles de la Constitution de l'Empire sont le point de départ d'une nouvelle élaboration par le Conseil fédéral, comme cela a eu lieu pour les art. 42 et 43. (Voir infrà § 14 I, n⁰ 5.) Malgré la crainte de le voir rapidement devenir suranné dans quelques-unes de ses parties, un Corpus juris criminalis d'après l'état actuel de la législation de l'Empire allemand serait le bienvenu. A la législation pénale spéciale de l'Empire est consacré un ouvrage qui a paru pendant l'impression du présent dans la librairie d'Otto Liebmann à Berlin: „Les lois pénales accessoires de l'Empire allemand", avec commentaire par M. Stenglein, Dr Appelius et Dr Kleinfeller. Dans ses 11 sections sont expliquées toutes les lois d'Empire (73).

[2] Voir en particulier Heinze, Des rapports entre le droit pénal d'Empire et celui des États, p. 12. — Binding, Manuel, I, p. 276.

L'Empire peut sur tous les domaines tant édicter des lois pénales complètes qu'établir simplement des pénalités, en laissant à la législation de chaque État la fixation des règles. En supposant qu'un intérêt touchant à l'Empire soit en jeu, celui-ci peut aussi fixer des pénalités en les restreignant à tel ou tel des États. (Voir la loi du 8 juillet 1868, infrà § 28 II n⁰ 4.) C'est seulement lorsque lors de la Constitution de l'Empire en 1870 des droits ont été réservés à l'un des États que l'Empire ne peut sans le consentement de celui-ci restreindre ni exclure les sanctions pénales par ses propres lois. La loi d'introduction bavaroise du 26 décembre 1871 qui est considérée comme un modèle (voir infrà § 44 n⁰ 4) a à bon droit, malgré la disposition générale du § 7 de la loi d'introduction au C. p. sur la prescription des réclamations contre les perceptions de l'impôt sur la bière, considéré qu'elle avait le droit de contenir une disposition, en harmonie, il est vrai, quant au fond avec cet art. 7, et ce, en vertu de son droit propre de légiférer. (Voir art. 24 n⁰ 14 de la loi bavaroise citée et maintenant l'art. 20 n⁰ 14 de celle du 18 août 1879.) L'Empire ne peut non plus sur les matières réservées aux États confédérés les obliger à prendre des mesures répressives, lorsque ces États estiment qu'ils peuvent s'en passer; il a, en outre, par la reconnaissance des droits réservés, abstraction faite des limites des §§ 5 et 6 de la loi d'introduction du C. p. (voir infrà § 43), renoncé à la faculté de statuer sur le mode et la mesure de la sanction pénale. Cela résulte pour quelques-uns de ces droits des termes mêmes de ces réserves, ainsi, par exemple, quand il s'agit de celui de Bavière relativement aux rapports résultant du domicile d'origine, et de la résidence autorisée (Heimat und Niederlassung) (Const. de l'Emp. art. 4 n⁰ 1) et des chemins de fer (Const. de l'Emp. art. 46 alinéa 2, comp. infrà § 14 n⁰ 6). En ce qui concerne tous les droits réservés il faut cependant observer qu'une législation est incomplète, lorsqu'elle ne peut statuer sur la sanction pénale, et qu'on ne connaît aucun fait historique qui puisse justifier cette lacune des droits réservés. C'est le cas d'invoquer la maxime du jurisconsulte romain Javolenus: „Cui jurisdictio data est, ea quoque concessa esse videntur, sine quibus jurisdictio explicari non potuit." (L. 2 D. de jurisdictione 2, 1.)   2⁰ Dès avant le C. p. un grand nombre de lois d'États avaient été rendues relativement au droit pénal.[1]) Quelques-unes seules d'entre elles ont été abrogées par le C. p., ou par la loi d'introduction; ainsi, par exemple, l'art. 74 de la Constitution d'Empire, le § 23 de la loi sur l'impôt du timbre des effets de commerce du 10 juin 1869; enfin le § 2 de la loi sur l'introduction des timbres de la poste et télégraphiques du 16 mai 1869, Off. de l'Empire, p. 377, en tant qu'elle vise les peines du faux. C'est ainsi que le § 2 se rapporte aux peines de la fraude; il a encore aujourd'hui une valeur pratique, malgré l'alinéa 2 du § 276 (loi du 13 mai 1891, p. 107, art. I). La plupart des lois spéciales rendues avant le C. p. touchent des matières auxquelles ne se rapporte pas celui-ci: aussi n'ont-elles pas été abrogées (voir infrà § 43 II) en vertu du § 2 de la loi de mise en vigueur de ce Code.   3⁰ Les lois spéciales de l'Empire sont devenues bien plus nombreuses depuis la promulgation du C. p. Tantôt il s'agit de rapports qui n'ont pas fait l'objet d'une réglementation juridique officielle ou qui n'ont été traité juridiquement que dans ces derniers temps, par exemple, les associations et les assurances, tantôt on ne peut méconnaître le courant nouveau du droit criminel dans le dernier développement du droit allemand législatif ou jurisprudentiel (voir, par exemple, infrà § 19, I 1). On est arrivé à se convaincre que dans la confection du C. p. et dans la rédaction des lois spéciales on a sous beaucoup de rapports trop espéré du bon sens, de l'intelligence et

---

[1]) Voir Binding, Manuel, I, p. 126—136. — von Liszt, Cours, 5ᵉ édition, p. 88 et 89.

du respect de la loi de la part de la nation et établi trop peu de sanctions. Non seulement un progrès ou un retour à une plus grande intelligence du parti qu'on peut tirer des peines s'est accompli, mais aussi en ce qui concerne les idées du public allemand il s'est établi dans les vingt dernières années un courant vers une répression plus énergique.[1]) On ne peut méconnaître que l'application énergique du levier pénal peut obtenir instantanément des résultats qui feraient défaut avec une plus grande modération de la répression. L'établissement de peines est pour celui qui ne s'occupe pas de leur exécution et qui n'observe pas leurs conséquences un moyen de gouvernement assez facile et commode à manier. Mais c'est aussi un moyen qui, de même que les remèdes violents peuvent engendrer des suites inquiétantes, est plus dangereux encore pour le corps social que les infractions qui entraînent la punition. Dans un corps social parfaitement sain dans son ensemble, comme l'est aujourd'hui la nation allemande, l'exagération des incriminations et des peines peut se corriger d'elle-même et être surmontée avec le temps. Mais un peuple ne peut s'habituer trop longtemps aux effets d'un régime pénal drastique, ou il court le danger de s'endurcir et de devenir insensible à la punition. „Plus les lois sont cruelles, plus l'âme humaine devient dure aussi, car de même que les liquides elle se met toujours de niveau avec les objets ambiants; et la force toujours vive des passions fait qu'après cent années de cruels supplices la roue n'inspire pas plus de frayeur que la prison."[2])

§ 14. Du droit des organes de l'Empire de rendre des ordonnances ayant un effet pénal.[3])

I. Le langage juridique allemand comprend aussi parmi les lois pénales les ordonnances de même nature, c'est-à-dire celles qui sont d'une application générale, et qui sont rendues sans la participation des Assemblées représentatives. La Constitution de l'Empire, il est vrai, n'accorde le pouvoir de les édicter ni à l'Empereur, ni au Conseil fédéral, ni à aucune autorité administrative. L'art. 4 n[0] 13 de cette Constitution ne se rapporte qu'aux lois pénales dans le sens constitutionnel du mot, c'est-à-dire aux incriminations et aux sanctions qui sont faites et publiées au nom de l'Empire et avec l'assentiment du Conseil fédéral et du Reichstag. Mais dans quelques-unes des lois d'Empire on trouve organisé le droit de rendre des ordonnances pénales sur des sujets déterminés.

1[0] Il faut citer sous ce rapport pour l'Intérieur la législation relative aux assurances dont il sera traité infrà § 25. Les sociétés d'assurances, les autorités préposées à l'exécution, les autorités centrales d'un État, les Statuts des institutions d'assurance, et les dispositions statutaires d'unions de communes ou de communes peuvent établir des règles pour certains cas, et en sanctionner l'inobservation par des peines dans une certaine mesure. Loi d'assurance en cas de sinistre du 6 juillet 1884, § 78 n[0] 2, Off. de l'Emp. p. 100; en outre, loi du 28 mai 1885, § 9 et § 2, alinéa 3, Off. de l'Emp. p. 161; loi du 11 juillet 1887, § 44 n[0] 1, Off. de l'Emp. p. 304; loi du 13 juillet 1887, § 90, Off. de l'Emp. p. 363; loi sur l'assurance contre la maladie et la vieillesse du 22 juin 1889, § 112, Off. de l'Emp. p. 131; loi sur l'assurance contre la ma-

---

[1]) Voir aussi Binding, L'honneur et les attentats à l'honneur. Leipzig 1892, p. 21.
[2]) Beccaria, dei delitti e delle pene, § 27.
[3]) Binding, Manuel, § 43, I, p. 204. — Laband, Le droit constitutionnel de l'Empire allemand, § 58, t. 1, p. 589. — Hänel, Droit constitutionnel allemand, §§ 43—48, t. 1, p. 271; surtout p. 284. Voir aussi les indications bibliographiques infrà § 45.

ladie du 10 avril 1892, § 6 a II, § 26 a II. Il faut noter surtout le § 109 alinéa 2
(Off. de l'Emp. 1889, p. 130) de la loi sur l'assurance contre la maladie et la
vieillesse, paragraphe qui donne au Conseil fédéral le droit d'édicter des dispositions sur l'annulation et la destruction des marques d'assurances et en
sanctionner la transgression par une peine. Ainsi voici que l'on confie au
Conseil fédéral le droit d'édicter une peine dont les limites mêmes n'avaient
pas été posées! (Voir infra § 25 II, n° 7.) Cette délégation n'est pas en harmonie avec les principes habituels de la législation d'Empire. 2° La loi sur les
juridictions consulaires du 10 juillet 1879, Off. de l'Emp. p. 197, § 4, alinéa 3,
donne au consul le pouvoir de rendre des ordonnances de police obligatoires
pour les personnes soumises à sa juridiction et celles se trouvant dans sa circonscription ou dans une partie seulement de celle-ci, et d'y ajouter la sanction
d'amendes qui peuvent atteindre 150 marks. Le Chancelier de l'Empire auquel
on doit communiquer ces prescriptions peut les annuler. 3° Le même droit
appartient dans les pays de protectorat allemand au fonctionnaire qui a été
désigné par le Chancelier d'Empire pour rendre la justice. Loi relative à la
situation juridique des pays de protectorat dans sa teneur du 15/19 mars 1888,
p. 75 § 2. 4° Dans ces mêmes pays le § 3 n° 3 de cette loi permet à l'Empereur de rendre des ordonnances sur les sujets qui n'ont pas été l'objet du
C. p. allemand et de prononcer comme sanction l'emprisonnement d'un an au
plus, les arrêts, l'amende et la confiscation de certains objets. Le Chancelier
de l'Empire peut, en vertu du § 11, alinéa 2 de cette loi, édicter des dispositions relatives à la police ou au gouvernement des pays de protectorat avec
des sanctions d'emprisonnement de trois mois au plus, d'arrêts, d'amende ou
de confiscation de certains objets. Il peut déléguer ce droit aux sociétés coloniales qui sont pourvues de lettres de protectorat et aux fonctionnaires des
pays de protectorat. Voir aussi l'ordonnance du 6 mai 1890, p. 67, et celle
du 15 juin 1892, p. 673. 5° Le règlement de police routière sur les chemins
de fer allemands du 30 novembre 1885, p. 312, contient des sanctions pénales
dans son § 62. Le caractère obligatoire de ces sanctions édictées par le
Conseil fédéral est douteux. Pour prévenir toute hésitation de ce genre l'ordonnance dans son § 74, alinéa 2, p. 316 dit que le règlement qui est imprimé
dans l'Officiel de l'Empire doit l'être aussi dans la Feuille Centrale, et sera
publié par les gouvernements des États confédérés. Cette dernière prescription
serait inexplicable si l'on avait considéré ce règlement, en tant qu'il contient
des règles de droit, comme loi d'Empire. Et en effet, en réalité, le règlement
n'établit pas un droit d'Empire, mais un droit des États, commun à tous les
États de l'Empire allemand, dont la force obligatoire dans chaque État doit
s'apprécier d'après le droit de celui-ci. Le tribunal de l'Empire l'a compris
autrement: Recueil des sentences en matière criminelle, volume 10, p. 327.
„Le règlement sur la police des routes a été résolu constitutionnellement par le Conseil fédéral et a force de loi." Au contraire Laband dans
son droit public de l'Empire allemand, tome 2 p. 374, 2e édition p. 118 et 119,
surtout note 1, et en invoquant l'autorité de Laband, le tribunal de l'Empire
jugeant au civil, tome 15 p. 156: „c'est à tort que l'on attribue au règlement
sur les chemins de fer le caractère d'une loi de police." Voir aussi Ulrich
dans von Stengel, Dictionnaire de droit administratif, tome 1, p. 336.[1]) Un
nouveau règlement sur les chemins de fer allemands a remplacé d'après un
acte du Chancelier de l'Empire du 5 juillet 1892, Off. de l'Emp. p. 691, celui

---

[1]) Pour le réseau des chemins de fer secondaires allemands a été édictée en
même temps une loi (Off. de l'Emp. 1892, p. 764) dans laquelle le § 45 établit des
pénalités.

du 30 novembre 1885.   Ce règlement a été arrêté par le Conseil fédéral sur la base des art. 42 et 43 de la Constitution de l'Empire le 30 juin 1892. La sanction du § 62 a été maintenue, mais les incriminations sont modifiées, et rendues plus spéciales.   La prescription ordonnant que la loi sera. aussi publiée dans la Feuille Centrale et par les gouvernements des États, est abandonnée; on lit seulement au § 74, alinéa 2 „elle (la loi) sera publiée dans l'Officiel de l'Empire“.   Il va de soi que la valeur juridique ne peut être augmentée par ce changement de mode de publication.   L'ordonnance est entrée en vigueur le 1er janvier 1893, mais pas pour toute l'Allemagne.[1])   En Bavière le règlement n'est pas en vigueur d'après l'art. 46, alinéa 2 de la Constitution de l'Empire, en son lieu et place on y observe encore aujourd'hui le règlement de police du 29 mars 1886 (Off. de Bavière 1886, p. 73), lequel a été rendu sur la base du C. p. de police bavarois et se rattache au règlement impérial.

II. Il ne faut pas confondre avec le droit des ordonnances pénales, celui d'édicter en vertu d'une mission, d'une concession ou d'un renvoi de la loi, des défenses ou des ordres dans une direction déterminée, défenses et ordres dont la loi elle-même a sanctionné l'inobservation par des peines dont elle a fixé les limites ou qu'elle a indiquées.   Cela se produit souvent dans les lois de l'Empire et dans celles des États.[2])   La peine est en ce cas édictée par la loi (dans le sens constitutionnel de ce mot).   La loi donne alors une sorte de blanc-seing.[3])   A ce point de vue il faut comprendre aussi les prohibitions que le chef militaire émet en déclarant l'état de siège et pendant la durée de cet état dans l'intérêt de la sûreté publique (loi prussienne sur l'état de siège du 4 juin 1851, Off. Pruss. p. 451, § 9 lit. b. et infrà § 42 II).

III. La situation au point de vue pénal est la même, lorsque la loi édicte des peines contre celui qui méprise les ordres de l'autorité relatifs à des faits spéciaux ou à un ordre limité de faits. (Voir C. p. § 360 n⁰ 10; § 361 n⁰ 1, 6, 7; § 367 n⁰ 13, 14 sq.; infrà § 46 I à la fin.)

§ 15. Des immunités de peines accordées en dehors du C. p.[4])

I. Pour des raisons de droit constitutionnel: 1⁰ L'immunité des princes de la Confédération, aussi du roi de Prusse, se fonde dans leurs États sur les lois fondamentales de l'État qui y sont relatives;[5]) dans les autres États sur la participation des princes de la Confédération à la puissance souveraine de l'Empire.   2⁰ En ce qui concerne les députés au Reichstag voir Const. de l'Emp. art. 30, et aussi art. 31; en ce qui concerne les députés au Landtag, voir C. p. § 11 et suprà § 8.   3⁰ Sur les comptes-rendus fidèles des séances du Reichstag et des Landtage des États, publiés de bonne foi dans les journaux, voir Const. de l'Emp. art. 22 et C. p. § 12 (suprà § 8). — Les priviléges des membres des familles régnantes et des seigneurs médiatisés sont uniquement du domaine de l'organisation judiciaire et du droit de procédure, non de celui du droit pénal.

II. Pour des raisons relatives au droit des gens:[6]) 1⁰ les immunités des chefs d'États étrangers et de ceux qui les accompagnent dans leurs voyages;

---

[1]) L'expression „Allemagne“ n'est pas justifiée par la Constitution de l'Empire.
[2]) Voir le C. p. §§ 145, 360 nos 2, 9, 12; § 361 n⁰ 6; § 365; § 366 nos 1, 10; § 366a; loi sur les denrées §§ 5, 6 et 8.
[3]) Binding, Manuel I, § 35, p. 179 et 180.
[4]) Binding, Manuel I, § 140—143, p. 667.
[5]) Par exemple Const. prussienne de 1850, art. 43; bavaroise de 1818, titre II, § 1; saxonne de 1831, § 4; wurttembergeoise de 1819, § 4; badoise de 1818, § 5, etc.
[6]) Voir Rivier, Cours de droit des gens, Stuttgart 1889, § 33, p. 239; § 38 III, p. 267.

2⁰ celles des ambassadeurs. Ces dernières sont reconnues constitutionnellement dans l'Empire d'Allemagne, et réglémentées dans les §§ 18 et 19 de la loi de l'organisation judiciaire du 27 janvier 1877, Off. de l'Emp. p. 41. Les fonctionnaires en mission accrédités auprès de l'Empire d'Allemagne ne sont pas soumis à la juridiction ni à la loi pénale allemande. Ceux d'un autre État allemand ou d'un État étranger qui sont en mission et accrédités auprès d'un des États allemands ne sont pas soumis non plus à la juridiction ni aux lois pénales de cet État. Les membres du Conseil fédéral allemand qui ne sont pas de Prusse ne sont pas soumis à la juridiction et au droit pénal prussien.[1] Ces immunités sont étendues aux membres des familles, aux employés, et aux serviteurs non-allemands des fonctionnaires en mission. Les consuls établis dans l'Empire d'Allemagne et aussi les missi n'ont l'immunité que lorsque cela a été convenu dans les traités avec l'Empire (Loi d'org. jud. all. § 21). **3⁰** Relativement à l'exterritorialité des corps de troupes étrangères et de l'équipage des vaisseaux de guerre voir Rivier, droit de gens § 28 II, p. 199; Dollmann, Commentaire de C. p. bavarois de 1861, partie I, p. 104. Dans les Conventions d'Étappes entre la Bavière et l'Autriche du $\frac{1^{er}\ février}{9\ mars}$ 1858, $\frac{27\ juillet}{5\ septembre}$ 1861 et $\frac{23\ avril}{6\ août}$ 1863 il n'est pas question de cette exterritorialité; la convention du 24 juin 1818, l. 2, alinéa 4, lettre d (Döllinger, Coll. t. 10 p. 1107) contenait des dispositions qui supposent l'exterritorialité des troupes.

§ 16. Limitations apportées à la liberté de la circulation par suite des condamnations pénales.[2]

La loi fédérale du 1ᵉʳ novembre 1867, p. 55 (aujourd'hui loi d'Empire, Off. de l'Emp. 1871, p. 87) sur la liberté de la circulation confère à tous les Allemands le droit de libre séjour et de libre établissement sur toute l'étendue de la Confédération. Mais d'après le § 3 de cette loi sont maintenues les lois des États, d'après lesquelles les condamnés peuvent être soumis par la police à des interdictions de séjour. Aux personnes sujettes à ces restrictions dans un des États confédérés ou à celles qui ont été condamnées dans l'un d'eux depuis moins de 12 mois pour mendicité habituelle ou vagabondage réitéré, le séjour peut être refusé par la police dans tous les autres États. (Voir en outre C. p. § 39, n⁰ 1.) A cet ordre d'idées se rapportent encore les dispositions des lois des États relatives aux voyages et à la police des sujets étrangers. (Voir par exemple le C. p. de police bavarois art. 45 à 50.) D'après la législation actuelle de l'Empire, il est, au contraire, inadmissible que la police expulse des personnes non condamnées en raison de leur séjour précédent dans un lieu où règne une épidémie; des ordonnances dans ce sens ne seraient pas valables.

§ 17. Des sanctions relatives à l'état des personnes.

Le 6 février 1875 fut promulguée une loi sur la constatation de l'état des personnes et sur la célébration du mariage (Off. de l'Emp. p. 23). Cette loi attribua la constatation des naissances, des mariages et des décès à des officiers spéciaux de l'état civil, § 1, et établit le principe qu'à l'intérieur de l'Empire allemand un mariage ne peut être valablement contracté que devant

---

[1] Le § 18 de la loi d'organisation judiciaire s'exprime d'une manière plus abstraite.
[2] H. Seuffert, dans le Dictionnaire de droit administratif, publié par von Stengel, t. 2, p. 258—261 (§ 11).

ces officiers, § 41. Le § 67 (qui remplaça le § 337 du C. p., voir suprà § 7) établit une peine contre les ministres d'une religion, qui avant d'avoir la preuve de la célébration devant l'officier civil passeraient outre aux cérémonies du mariage religieux; le § 69 établit une peine contre l'officier civil qui aura prêté son ministère à un mariage sans que les formalités prescrites par la loi aient été remplies. La violation de l'obligation de déclaration, et l'omission des devoirs imposés aux capitaines et aux pilotes sur les navires pendant une traversée, relativement à la constatation des naissances et des décès est réprimée par le § 68. Voir aussi le § 11, alinéa 2 (blâme et amendes contre les officiers de l'état civil par les autorités préposées à l'inspection) le § 68 alinéa 3 (punitions à titre de contrainte par les fonctionnaires de l'état civil) et le § 70 relatif à l'emploi des amendes.

§ 18. Protection spéciale de la vie et de la santé.

I. La loi sur la vaccination du 8 avril 1874 (Off. de l'Emp. p. 31)[1] soumet à la vaccination préventive tout enfant avant qu'il ait atteint l'âge d'un an révolu, s'il n'a pas eu la petite vérole, et tout élève d'un établissement public d'instruction ou d'une école libre (excepté les écoles du dimanche et celles du soir) pendant l'année où l'élève a atteint 12 ans, lorsque dans les 5 années précédentes il n'a pas eu la petite vérole ou n'a pas été vacciné avec succès. Les §§ 14 à 16 de cette loi prononcent des peines d'amende et d'arrêts, contre les père et mère, ceux qui les remplacent, les tuteurs, les médecins et les instituteurs négligents et se refusant à remplir cette obligation et contre ceux qui vaccinent sans en avoir le droit. Les fautes par négligence dans les vaccinations sont punies d'amendes de 500 marks et d'emprisonnement de 3 mois au plus, lorsque le C. p. n'édicte pas de peine supérieure; le § 17, alinéa 3 du § 18 contient une réserve au profit des lois des États au sujet des vaccinations obligatoires au moment où éclate l'épidémie de petite vérole.

II. 1⁰ La législation pénale allemande reçut une grande extension par la loi sur le commerce des denrées alimentaires et autres objets de consommation ou d'usage du 14 mai 1879, p. 145 (loi dite sur l'alimentation).[2] Les dispositions contenues au C. p. §§ 263, 367 n⁰ 7, 324, 326 s'étaient montrées insuffisantes contre la cupidité sans scrupule relative précisément aux objets d'un usage et d'un commerce quotidien. La loi soumit, en conséquence, le commerce des aliments et autres denrées, ainsi que des jouets, tapisseries, teintures, vaisselles de table et de cuisine, et de pétrole à la surveillance de l'autorité (§ 1). La police fut investie du pouvoir d'entrer dans les locaux de débit et de prélever des échantillons au prix courant. Pour les personnes qui en vertu des §§ 10, 12 et 13 de la loi ont été condamnées par un jugement ayant acquis force de chose jugée, la police possède à partir de ce moment, mais pendant trois ans après l'exécution de la peine principale, un droit d'exercice dans les locaux du débit et dans les magasins où se trouvent des

[1] Voir von Jolly dans le Dictionnaire de droit administratif de von Stengel t. 1, p. 670.
[2] Documents ayant servi à la loi d'Empire sur le commerce des denrées, etc., dans Golddammer, Archives de droit pénal commun d'Allemagne et de Prusse, t. 27, Berlin 1879, p. 316, 420, 481. — Schwarze, dans l'Audience, 1879, t. 31, p. 81. — Zinn (rapporteur de la Commission du Reichstag), loi d'Empire sur le commerce des denrées, etc., avec introduction, commentaires et table. Nördlingen 1879. 2e édition augmentée des décisions du tribunal de l'Empire, etc., revue par R. Haas. 1885. Éditions ultérieures: Ortloff, Neuwied et Leipzig 1882. Marcinowsky, Berlin 1884. Meyer et Finkelnburg, Berlin 1885. — von Liszt, Cours (1892) § 158, p. 532. Voir aussi Finkelnburg dans von Stengel, Dictionnaire de droit administratif t. 1, p. 152.

dépôts de marchandises (§ 3). Les §§ 5 et 6 donnent à l'Empereur la faculté d'établir, avec l'assentiment du Conseil fédéral, des règles prohibitives qui cependant doivent être abrogées sur la demande du Reichstag (§ 7). La transgression des ordonnances impériales est punie par le § 8, et le refus de se conformer aux mesures de police autorisées par la loi l'est par le § 9 de cette loi. Les §§ 12, 13 et 14 sont consacrés spécialement à la protection de la vie et de la santé. La loi distingue dans la fixation des peines les objets qui sont de nature à nuire à la santé humaine, et ceux qui peuvent la détruire. Elle frappe la fabrication, le commerce de ces objets, qu'il soit le résultat d'intention frauduleuse ou de simple faute. Ils sont punissables par eux-mêmes, quand il n'en serait résulté aucun dommage. Mais s'il s'est produit une grave lésion corporelle (C. p. § 224) ou mort d'homme, les peines s'élèvent considérablement et dans un cas vont même jusqu'à la réclusion à vie. En cas de fautes par négligence la loi considère tout dommage à la santé comme une cause d'aggravation de la peine.[1]

Les §§ 10 et 11 de la loi visent d'abord une addition au § 263 du C. p. sur l'escroquerie. Ils ont pour but de préserver le public de dommages économiques. L'imitation et la falsification d'aliments et d'autres denrées dans un but frauduleux, la vente et la mise en vente des objets corrompus ou contrefaits en laissant ignorer ces circonstances, sont punies d'un emprisonnement de 6 mois au plus et d'une amende de 1500 marks au maximum, ou de l'une de ces peines, la vente ou la mise en vente sans fraude, mais avec faute, d'une amende d'au maximum 150 marks ou de la peine des arrêts. Le but de ces pénalités n'est pas purement celui de protéger la fortune privée. La loi a voulu plutôt, et même tout d'abord, empêcher que l'alimentation publique ne souffrît et que la population ne fût atteinte dans sa santé et dans sa force, si elle ne recevait pas par les aliments et denrées les éléments nécessaires à la réfection corporelle. Voir aussi les pénalités contre les boulangers et les marchands de pain qui vendent du pain n'ayant pas le poids, dans le C. p. de police bavarois de 1871, art. 142 alinéa 3. Le § 15 de la loi règle la confiscation des objets délictueux, le § 16 la publication du jugement en cas d'acquittement comme en cas de condamnation,[2] le § 17 les dispositions sur les amendes. Comp. à cette loi l'ordonnance du 24 février 1882, p. 40, et celle du 1er février 1891, p. 11 (concernant l'interdiction d'engins pour la fabrication artificielle des grains de café). Une grande analogie existe entre les §§ 10 et 11 de la loi sur les aliments et 2⁰ la loi relative au commerce des substances employées pour remplacer le beurre (loi sur le beurre) du 12 juillet 1887,[3] p. 375, §§ 5, 6. Au même ordre d'idées appartient 3⁰ la loi votée après de longues hésitations et de vifs débats sur le commerce des vins et boissons tenant lieu de vin du 20 avril 1892, Off. de l'Emp. p. 597 (lois sur les vins).[4] D'après le § 1 de cette loi certaines substances ou les mélanges avec ces substances ne doivent être ajoutées, ni au moment de la fabrication, ni postérieurement, aux vins ou boissons similaires et

---

[1] Voir aussi C. p. § 118.

[2] Par la loi du 29 juin 1887 (Off. de l'Emp. p. 276), une addition a été faite à ce paragraphe, relative aux frais des recherches de la police en cas de condamnation.

[3] Consultez quant à cette loi, ainsi qu'à celles mentionnées sous les nos 4 et 5: R. Haas, les lois d'Empire du 25 juin 1885 et du 12 juillet 1887 sur 1⁰ le commerce des objets de cuivre et de zinc, 2⁰ l'emploi de couleurs nuisibles à la santé, etc., 3⁰ le commerce des matières remplaçant le beurre, avec des dispositions d'exécution, et une annexe, contenant la loi sur la falsification des denrées alimentaires du 29 juin 1887, avec introduction, explications, documents techniques et table. Nördlingen 1887.

[4] Loi sur le commerce des vins, etc., avec l'exposé de motifs, tant général que technique, présenté au Reichstag. Berlin 1892.

destinées à l'alimentation?! ou à la consommation de luxe. (Les sels solubles d'aluminium [alun, etc.], combinaisons de baryum, acides boriques, glycérine, baies de Kermès, combinaisons de magnésium, acide salicique, esprits non purs [contenant de l'amylalcool pur], saccharine non pure [non pure au point de vue technique], combinaisons de Strontium, substances colorantes goudronneuses.) Le vin, etc. auquel ces substances sont additionnées ne doit être ni exposé en vente, ni vendu (loi § 2). De même le vin rouge dont la composition contient par litre plus d'acide sulfurique qu'il ne s'en trouve dans deux grammes de Kalium neutre acidulé avec cet acide. Cette disposition cependant ne s'applique pas à ceux des vins rouges qui sont dans le commerce à titre de vins de liqueur d'origine étrangère (vin du Sud, vins doux), § 2, alinéa 2. La chimie nous apprend, il est vrai, que dans le vin naturel se trouve depuis 0,5 jusqu'à 0,8 %/0 de glycérine. Une addition modérée d'acides saliciques est recommandée par beaucoup de personnes comme un hygiénique inoffensif. L'usage une ou deux fois de boissons dans lesquelles se trouvent des quantités modérées de ces substances ne serait pas aussi inquiétant pour la santé que l'empoisonnement alcoolique répété par des quantités exagérées du vin du Rhin le plus naturel. Mais un vrai danger résulte de l'usage continu, quoique modéré, des boissons dans lesquelles se trouvent les substances prohibées, en particulier les combinaisons de baryum et de strontium, sans que le consommateur puisse avoir conscience de la cause de sa maladie. Toutes les substances nommées sont — surtout dans des quantités non-contrôlées — d'une innocuité douteuse. Les boissons qui en contiennent un mélange ne produisent plus les effets bienfaisants qu'on peut attendre du vin naturel. C'est pourquoi la loi défend le mélange de ces substances et punit le fabricant de vin qui contrevient à la prohibition. Les peines sont les mêmes que celles de la loi sur les aliments §§ 10 et 11 (suprà p. 294). Voir loi sur les vins § 7, n⁰ 1 et § 8 (ce dernier concernant la simple faute!). Si un danger qu'on puisse constater résulter de la falsification des vins est tel qu'il altère ou détruise la santé d'autrui, on applique les § 12 et 13 de la loi sur les denrées alimentaires (loi sur les vins § 10). Les §§ de 3 à 6 de cette dernière complètent le § 10 de celle sur l'alimentation. Le § 3 indique un certain nombre de modes de traitement des vins qu'on ne doit pas considérer comme falsification ou imitation. Parmi eux se trouve l'addition de saccharine dans les limites réglementaires pour le vin indiqué par l'étiquette. Le vin ainsi dépouillé de ses acides ou édulcoré peut être vendu tout simplement comme vin; mais il ne doit pas l'être avec une étiquette indiquant un vin naturel pur. Dans ce cas, le fabricant encourt la peine du § 7 n⁰ 2. Le mélange de certaines substances est déclaré falsification du vin dans le sens de la loi sur les denrées alimentaires § 10, et la vente n'en est permise que sous la condition que l'on indique sur l'étiquette le caractère particulier de la mixture. Lois sur les vins § 4. Pour les vins mousseux les §§ 5 et 6 établissent des règles spéciales; voir aussi § 4, alinéa 2 relatif aux vins de liqueurs (vin du Sud, vins doux). Le § 9 s'occupe de la confiscation. D'après le § 10 de la loi, en cas de condamnation aussi bien qu'en cas d'acquittement la publication du jugement a lieu, comme d'après le § 16 de la loi sur les denrées alimentaires; il en est de même de ce qui concerne l'affectation des amendes (loi sur les denrées aliment. § 17).[1] Le but de protéger la santé publique est aussi celui 4⁰ de la loi sur l'emploi des teintures nuisibles à la santé (loi sur les teintures) du 5 juillet 1887, p. 277, §§ 12, 13);[2] 5⁰ de celle

---

[1] Sur le § 11 de la loi sur les vins voir la déclaration du Conseil fédéral du 29 avril 1892 (Off. de l'Emp. p. 600).
[2] Voir p. 294, note 3.

sur le commerce des objets contenant du plomb ou du zinc du 25 juin 1887, p. 273, §§ 4 à 7. Voir aussi l'Off. de l'Emp. 1888, p. 114.[1])

III. 1⁰ La loi sur la fabrication . . . . des allumettes du 13 mai 1884, p. 49 §§ 3, 4. Elle rentre aussi dans les lois de protection des travailleurs. 2⁰ La loi contre l'usage criminel ou dangereux de matières explosives du 9 juin 1884, p. 61.[2]) En outre la déclaration du 13 mars 1885, p. 78 (une vraie loi complémentaire, Laband, Droit constitutionnel I, p. 593, note 1); déclaration du 16 avril 1891, p. 105. D'après le § 1, alinéa 1 de cette loi, la préparation, l'expédition et la possession de matières explosives, et leur importation n'est permise qu'avec l'autorisation de la police, sauf les autres restrictions existantes. Voir en outre le § 1, alinéa 2 à 4 et les §§ 2 à 4. Les §§ 5 à 13 contiennent des dispositions pénales sévères, dont une partie en contradiction avec un principe fondamental du droit pénal (relativement à la culpabilité, élément nécessaire du droit de punir). La réclusion avec maximum de 15 ans atteint ceux qui à dessein par l'emploi de matières explosives mettent en danger la propriété, la santé ou la vie d'autrui. La peine est la réclusion de 5 à 15 ans, si l'acte a causé une grave lésion corporelle, et la réclusion de 10 à 15 ans ou à vie, s'il en est suivi mort d'homme. Si l'auteur a pu prévoir ce résultat on doit lui appliquer la peine capitale (loi § 5).[3]) Le complot et les associations à ce sujet sont punis de réclusion de 5 à 15 ans, même s'il n'y a pas eu commencement d'exécution (§ 6). La réclusion de 10 ans au maximum atteint la préparation de ce crime en fabriquant, procurant ou commandant des matières explosives. Il suffit même de posséder criminellement ces substances et de les livrer à d'autres personnes, lorsque l'auteur sait qu'un crime à commettre au moyen de ces matières a été projeté (§ 7). Le § 8 prononce la réclusion au maximum de 5 ans ou un emprisonnement de 1 à 5 ans contre celui qui fabrique, procure, commande, tient sciemment en sa possession ou livre à d'autres personnes ces matières, dans des circonstances qui ne justifient pas sa conduite. Celui qui manipule des matières explosives est réputé vouloir en faire un mauvais usage, s'il ne peut démontrer l'existence d'un but honnête. Même celui qui poursuit évidemment un but licite, est envoyé en prison de 3 mois à 2 ans, si sans autorisation de police il a entrepris de fabriquer ces matières, de les importer, de les exposer en vente, de les vendre, ou de les livrer à d'autres personnes. Est passible de la même peine celui qui en est trouvé possesseur sans pouvoir produire une autorisation de police, de même celui qui dépasse les limites de cette autorisation (loi § 9). La jurisprudence, en conformité de l'opinion régnante en matière d'erreur sur le droit, décide que dans le cas d'infraction au § 9 de la loi il n'y a pas lieu de tenir compte de l'ignorance de l'ordre ou de la prohibition, et que la culpabilité du dessein ne dépend que de l'illicité objective. Décisions du tribunal de l'Empire en matière criminelle t. 15, p. 159; au t. 13 p. 49 se trouve cette phrase singulière „on peut se demander, si d'après le § 9 (de la loi sur les matières explosives) une culpabilité déterminée est nécessaire." Hé bien! que peut-on punir alors, s'il n'y a pas de culpabilité?

---

[1]) Voir p. 294, note 3.

[2]) Loi sur la dynamite. — Loi d'Empire sur l'usage criminel et dangereux pour le public des matières explosives; avec les ordonnances ministérielles prussiennes, les instructions et circulaires données pour son exécution, et aussi les principes de droit admis par le tribunal d'Empire. Berlin et Neuwied 1887. — Éditions de Biberstein. Berlin 1885. Scheiff. Berlin 1886. — von Liszt, Cours § 157 (1892), p. 528. — Ommelmann (entrepreneur de mines), La loi sur la dynamite et ses effets. Essen 1887 (récit d'un accusé en vertu de cette loi).

[3]) D'après le texte littéral de la loi est puni de mort même celui qui ne s'est pas imaginé de produire l'effet mortel qu'on pouvait prévoir de son entreprise criminelle.

La provocation publique, ou par publication d'écrits, au crime d'explosion des §§ 5 ou 6, l'excitation ou l'instigation dans ce but par des louanges ou des encouragements sont punis de réclusion au maximum de 15 ans (§ 10). Voir aussi le § 11 (surveillance de police et confiscation), § 12 (application absolue de la loi aux crimes d'emploi de matières explosibles commis à l'étranger), § 13 (non-dénonciation en cas de certaines crimes de ce genre). Les §§ 14 et 15 contiennent des dispositions transitoires. A cet ordre d'idées appartient 3⁰ la loi sur la vérification des canons et des culasses des armes à feu portatives du 19 mai 1891, p. 109, § 9. Le § 8 de cette loi est déjà en vigueur; pour les autres dispositions l'époque d'exécution n'est pas encore fixée; l'Empereur doit la déterminer avec l'assentiment du Conseil fédéral. La déclaration du 22 juin 1892, p. 674, contient une disposition préparatoire.

IV. Voir infrà § 19 VI, n⁰ 1 à 3; § 21, n⁰ 2; § 22 n⁰ 1 et 7 à 12; voir aussi n⁰ 6.[1])

§ 19. Protection spéciale du public contre les dommages aux biens.

I. Les lois mentionnées dans le § précédent II n⁰ 1 à 3 (lois sur les denrées alimentaires, sur le beurre, sur le vin) ont aussi rapport à la protection des biens. Voir le § précédent. En outre, il y a lieu de citer:

II. 1⁰ La loi sur la vérification du titre des matières d'or ou d'argent, du 16 juillet 1884, p. 120, § 9;[2]) 2⁰ celle relative à la contenance des récipients contenant les liquides du 20 juillet 1888, p. 249, § 5.[3])

III. La loi sur la faillite du 10 février 1877, p. 351, §§ 209 à 214, sur la banqueroute et cas analogues.[4])

IV. La loi sur les titres au porteur à lots du 8 juin 1871, p. 210, § 6 (contre les jeux);[5]) voir la loi prussienne sur l'émission des titres d'obligations au porteur du 17 juin 1833, p. 75 § 5; en outre, l'ordonnance du 17 septembre 1867, p. 1518 (extension de cette loi aux nouvelles parties du territoire).

V. La loi sur les matières explosibles. Voir suprà p. 296.

VI.[6]) 1⁰ La loi sur la désinfection lors de l'expédition des bestiaux par chemins de fer, du 25 février 1876, p. 163, § 5. 2⁰ Celle sur les infractions aux interdictions d'importation du bétail pour préserver de la peste bovine, du 21 mai 1878, p. 95, § 1 à 4. 3⁰ Celle sur les précautions à prendre et les moyens de combattre les épizooties du 23 juin 1880, p. 153, §§ 65 à 67.

VII.[7]) La convention internationale sur le phylloxera du 3 novembre 1881, Off. de l'Emp. 1882, p. 125, art. 1, n⁰ 4, conclue entre les États ci-après: l'Empire d'Allemagne, l'Autriche-Hongrie, la France, le Portugal, la Suisse. Est

---

[1]) L'apparition brusque du choléra dans l'été de 1892 a inspiré au public allemand le désir d'une loi sur les épidémies. La presse quotidienne s'est faite l'écho de ce désir, et l'on dit que le Conseil fédéral s'occupe de présenter un projet sur ce sujet au Reichstag. Il est à souhaiter que la loi attendue n'offre pas seulement une protection contre l'épidémie, mais aussi trace aux esprits trop inquiets et aux fonctionnaires de police trop zélés les limites de leur sphère d'action, pour que le public bien portant ne soit pas exposé à toutes les vexations inutiles.
[2]) Voir Lexis dans von Stengel, Dictionnaire de droit administratif, t. 1, p. 378 à 380 et la bibliographie qui y est contenue.
[3]) Lexis t. 2, p. 400.
[4]) Voir v. Liszt, Manuel (1892), § 136, p. 475. Surtout: Petersen et Kleinfeller, Loi fédérale allemande sur la faillite. Commentaire. 3e édition. Lahr 1892, p. 588 sq.
[5]) Voir Landgraff dans von Stengel, Dictionnaire de droit administratif, t. 1, p. 671, surtout § 3 p. 672. von Liszt, Cours (1892), § 146, III, p. 502.
[6]) Sur VI 1—3 voir Dammann dans von Stengel, Dictionnaire de droit administratif, t. 2, p. 809.
[7]) Voir Hermes dans von Stengel, Dictionnaire de droit administratif, t. 2, p. 329.

adhéré: la Belgique, Off. de l'Emp. 1882, p. 138; le Luxembourg, Off. de l'Emp. 1882, p. 139. — La loi allemande sur la préservation et la guérison de la maladie du phylloxera du 3 juillet 1883, p. 149, § 12.

§ 20. Protection de la pêche et conservation des oiseaux.[1])

La législation de l'Empire a laissé en principe à celle des États le droit de réglementer la chasse et la pêche, en tant qu'il ne s'agit pas des actes de violence contre les garde-chasse ou garde-pêche ou de violation illégale du droit d'occupation (C. p. § 117 à 119, 370, n° 4, 296a). Voir la loi d'introduction du C. p. § 2. Mais récemment 1° l'Empire a assuré la conservation des oiseaux notamment dans l'intérêt de l'agriculture, et établi des pénalités contre la violation de la loi. Loi relative à la conservation des oiseaux, du 22 mars 1888, p. 111, § 6, 7, 9. 2° La pêche dans la mer du Nord est devenue l'objet de conventions internationales et d'une législation fédérale exécutoire. Convention internationale, relative au règlement de police de la pêche dans la mer du Nord au-delà du littoral, du 6 mai 1882, Off. de l'Emp. 1884, p. 25. Parties contractantes: l'Empire d'Allemagne, la Belgique, le Danemark, la France, la Grande-Bretagne et l'Irlande, les Pays-Bas, art. 35. Voir art. 32 et 34. Voir aussi les art. 14, 16, 19 à 22, intéressant la théorie de la nécessité (Notstand). En outre, la loi allemande sur la mise en vigueur de la convention internationale du 6 mai 1882, relative à la réglementation de la police de la pêche dans la mer du Nord, en dehors du littoral, du 30 avril 1884, p. 48, § 2. (Le § 1 est relatif aux règles des art. 6 à 23 de la convention sur les bâteaux de pêche maritime même pendant leur séjour dans les eaux du littoral de cette mer.) 3° La loi relative au temps d'interdiction de pêche (Schonzeit) pour la pêche des phoques, du 4 décembre 1876, p. 233. Voir, en outre, l'ordonnance impériale du 29 mars 1877, p. 409. 4° Une convention entre l'Empire d'Allemagne et la Belgique du 29 avril 1885, Off. de l'Emp. p. 251, a réglé de concert la répression des délits forestiers, ruraux, de pêche et de chasse commis sur leurs territoires respectifs. Voir C. p. § 296a.

§ 21. Lois pénales spéciales pour la protection des postes, des chemins de fer et des télégraphes.

1° Loi sur les postes de l'Empire allemand du 28 octobre 1871, p. 347, §§ 18, 19, 23; aussi §§ 27 à 33 (fraudes).[2]) Loi d'introduction du C. p. § 7. Loi pour l'Alsace-Lorraine du 4 novembre 1871, Off. p. 348; loi pour l'Heligoland du 22 mars 1891, Off. de l'Emp. p. 21. 2° Règlement de police pour les chemins de fer allemands. Déclaration du Chancelier de l'Empire du 30 novembre 1885 en conformité des résolutions prises par le Conseil fédéral dans sa séance du 26 novembre 1885 en vertu des art. 42 et 43 de la Constitution. Off. de l'Emp. 1885, p. 289, § 62 (p. 312); du 1er janvier 1893, nouvelle ordonnance de police sur les chemins de fer; voir suprà § 14 p. 290. 3° Loi sur les télégraphes de l'Empire allemand du 6 avril 1892, p. 467, §§ 9, 10; voir § 15. Loi sur l'introduction des timbres télégraphiques du 16 mai 1869, p. 377, § 2; encore en vigueur malgré l'addition au § 276 du C. p., de même que le § 27 de la loi sur la poste. Voir aussi l'art. 9 de la loi bavaroise du 18 août 1879 concernant l'exécution du Code allem. d'instr. crim. 4° Convention internationale pour la protection des câbles télégraphiques sous-marins avec un article additionnel et une déclaration du 14 mars 1884, Off. de l'Emp. du

---

[1]) Staudinger dans von Stengel, Dictionnaire de droit administratif, t. 1, p. 408.
[2]) Voir Sydow dans von Stengel, Dictionnaire de droit administratif, t. 2, p. 291.

1888, p. 151, art. 2, 5, 6, 8 à 12.[1]) En outre, déclaration du 1er décembre 1886, 23 mars 1887, Off. de l'Emp. 1888, p. 167, relatif au mot: „vorsätzlich" (volontairement). Cette convention a été conclue entre les États suivants: l'Empire d'Allemagne, la Confédération Argentine, l'Autriche, la Belgique, le Brésil, Costa-Rica, le Danemark, Saint-Domingue, l'Espagne, les États-Unis du Nord de l'Amérique, les État de Columbie, la France, la Grande-Bretagne et l'Irlande (Indes), le Guatemala, la Grèce, l'Italie, la Turquie, les Pays-Bas (Luxembourg), la Perse, le Portugal, la Roumanie, la Russie, le Salvador, la Serbie, la Suède et la Norvège, l'Uruguay. Ont adhéré: les colonies britanniques et les possessions du Canada, Newfoundland, le Cap, Natal, la Nouvelle Galles du Sud, la Tasmanie, l'Ouest-Australie, la Nouvelle-Zélande. Déclaration du 26 novembre 1888, p. 292; enfin Tunis, déclaration du 6 septembre 1889, p. 194. En outre, loi d'Empire pour l'exécution de la convention internationale pour la protection du câble télégraphique sous-marin du 21 novembre 1887, Off. de l'Emp. 1888, p. 169. Est particulièrement intéressant au point de vue pénal l'art. 2 de la convention lequel fait une extension du § 4 du C. p. et contient dans son alinéa 2 une définition du cas de nécessité (Notstand).

§ 22. Incriminations spéciales à la navigation.[2])

1° Loi sur les gens de mer du 27 décembre 1872, p. 409, §§ 81 à 103, 107. Voir §§ 30, 32, 79. von Liszt, Cours, § 195 (1892), p. 668. Lewis dans von Stengel, Dictionnaire de droit administratif, t. 2, p. 415, § 5. 2° Loi fédérale sur la nationalité des navires de commerce, et leur droit de porter le pavillon de la Confédération, du 25 octobre 1867. Off. de l'Emp. p. 35, §§ 13—15. Voir Lewis dans von Stengel, Dictionnaire de droit administratif, t. 1, p. 632. 3° Loi sur l'immatriculation et le nom des navires de commerce du 28 juin 1873, p. 184, § 4. Voir aussi la loi sur le jaugeage des navires du 20 juin 1888, p. 190, § 36, nos 4 et 5; en outre, Hänel, droit constitutionnel, p. 281; Lewis dans von Stengel, Dictionnaire de droit administratif, t. 2, p. 411, § 3. 4° Loi sur le cabotage du 22 mai 1881, p. 97, § 3. En outre, deux ordonnances du 29 décembre 1891, p. 275 et 276. (Cette dernière remplacée en partie par les nouveaux traités de commerce.) Voir Lewis dans von Stengel, Dictionnaire de droit administratif, t. 2, p. 412. 5° Loi sur la déclaration des navires aux consulats de l'Empire allemand du 25 mars 1880, p. 181, § 4, avec l'ordonnance du 28 juillet 1880, p. 183. 6° Loi sur l'obligation des navires de commerce allemands de prendre à bord les gens de mer en détresse du 27 décembre 1872, p. 432, § 8. 7° En addition au C. p. § 145: ordonnance sur les signaux de détresse et sur le pilotage des navires en mer et dans les eaux des côtes du 14 août 1876, p. 187. 8° Ordonnance pour empêcher la collision des navires en mer du 7 janvier 1880, p. 1. Lewis dans von Stengel, Dictionnaire de droit administratif, t. 1, p. 419. 9° Ordonnance sur les rapports entre capitaines après une rencontre de navires en mer, du 15 août 1876¦, p. 189, § 1. 10° Ordonnance pour compléter celle sur les rapports entre capitaines après la rencontre en mer, etc. du 29 juillet 1889,

---

[1]) Voir Sydow dans von Stengel, Dictionnaire de droit administratif, t. 2, p. 619.
[2]) Voir la citation faite à la rubrique du § 23. Meves, Les dispositions pénales expliquées I. dans la loi sur la nationalité des bâtiments de commerce et leur aptitude à porter le pavillon fédéral du 25 octobre 1869, ainsi que la loi sur l'immatriculation et la désignation des navires de commerce du 28 juin 1873; II. dans la loi sur les gens de mer du 27 décembre 1872; III. dans la loi sur la réception et le transport des gens de mer indigents du 27 décembre 1872; IV. dans la loi sur l'échouement du 17 mai 1874. Erlangen 1876.

p. 171. **11⁰** Loi sur l'échouement du 17 mai 1874, p. 73, § 9, alinéa 2 (C. p.
§ 360, n⁰ 10), § 43. Lewis dans von Stengel, Dictionnaire de droit administratif,
t. 2, § 574. **12⁰** Loi sur l'instruction à faire en cas de sinistre maritime du
27 juillet 1877, p. 549, §§ 26, 34.

§ 23. Commerce, monnaie et banque.

I. **1⁰¹**) Les modifications faites au Code de commerce allemand sont
caractéristiques pour la marche de l'évolution tracée dans le § 13. A l'origine
le Code de commerce, commun d'abord aux États de l'ancienne Confédération
allemande, puis déclaré loi de la Confédération du Nord par la loi du 5 juin
1869, ne contenait en fait de dispositions pénales importantes que celles de
l'art. 84 qui confie la répression des violations par les courtiers de commerce
de leur devoirs professionnels aux lois de chaque État. Voir loi prussienne
d'introduction du Code de commerce du 24 juin 1861. Recueil des lois p. 449,
art. 9. Déjà la loi fédérale du 11 juin 1870 sur les sociétés en commandite par
actions et les sociétés anonymes, Off. de l'Emp. p. 375, prononçait des peines
contre les infractions aux obligations des Membres associés responsables et
solidaires et des Membres du Conseil de Surveillance des sociétés en commandite par actions et contre les infractions aux obligations du Conseil de Surveillance et de la Direction des sociétés par actions (art. 206, 249, 249 a). Les
abus dans les actes constitutifs des sociétés dans les années 1870 à 1880
et l'extension des sociétés par actions ont amené à une répression plus complète par la loi relative aux sociétés en commandite par actions et aux sociétés
par actions du 18 juillet 1884, p. 123, par suite de laquelle le Code de commerce, livre 2, titre 2, section 2 et titre 3 (art. 173—249), a reçu une nouvelle
rédaction. Les sanctions sont contenues dans les nouveaux art. 249 à 249 f.
Ils prononcent des peines d'emprisonnement jusqu'à un maximum de 5 ans,
des amendes jusqu'à 20 000 marks, et fréquemment aussi la déchéance des droits
civiques, tandis que la loi du 11 juin 1870 n'allait pas au-delà de 3 mois d'emprisonnement et en cas de circonstances atténuantes, de 3000 marks d'amende.
Voir aussi l'art. 249 g (peines réglementaires [Ordnungsstrafen] à prononcer par
les tribunaux de commerce). A cet ordre d'idées se rattachent aussi **2⁰** les
peines édictées par la loi sur les associations industrielles et de régie coïntéressée[2])
(d'abord du 4 juillet 1868, actuellement: du 1 mai 1889, p. 55, §§ 140—145).
Voir aussi §§ 152 et 155, et loi d'Empire du 23 juin 1873, p. 146 § 2
relativement à la Bavière; puis **3⁰** loi sur les sociétés à responsabilité limitée
du 20 avril 1892, p. 477, §§ 80—82 (le § 81 se réfère aux pénalités de la loi
sur la faillite, §§ 209—211); voir aussi § 62 (dissolution des sociétés en cas de
mise en péril de l'actif social, par exemple, de résolutions prises contrairement
à la loi, ou d'actions illégales des directeurs).

II. **1⁰** Loi sur la monnaie du 9 juin 1873, p. 233, art. 13. Koch dans
von Stengel, Dictionnaire de droit administratif, t. 2, p. 146 (§ 7). **2⁰** Loi contre
la contrefaçon des papiers employés à la confection des bons de caisse de
l'Empire du 26 mai 1885, p. 165, §§ 2, 3. Koch dans von Stengel, Dictionnaire
de droit administratif, t. 2, p. 205.

III. **1⁰** Loi sur l'émission des billets de banque du 21 décembre 1874,
p. 193, art. II, § 2. Koch dans von Stengel, Dictionnaire de droit administratif,

---

¹) Edwin Katz, Les dispositions pénales du Code de commerce sur les punitions
disciplinaires des délits des courtiers, ceux relatifs aux actions et le droit pénal maritime avec commentaire et annotations. Berlin et Leipzig 1885.

²) Ludolf Parisius, La loi d'Empire sur les associations industrielles et de régie
coïntéressée, texte avec annotations et table. Berlin 1889.

t. 2, p. 169. 2⁰ Loi sur la Banque, du 14 mars 1875, p. 177, §§ 55—59. Koch
dans von Stengel, Dictionnaire de droit administratif l. c.
IV. Voir suprà § 19, III, IV.

§ 24. Droit pénal relatif à l'industrie. — Protection des travailleurs.[1])

Du système des corporations forcées, des concessions faites par l'autorité, des droits réels et de celui des droits de contrainte et de banalité la
législation industrielle allemande, suivant le courent de la législation étrangère, est passée au principe de la liberté de l'industrie.   Cependant la
loi sur l'industrie de la Confédération du Nord du 21 juin 1869, Off. de la
Confédération p. 245, contenait déjà une série de sanctions, tant dans le
but de protéger le public, que dans celui de garantir les artisans et les
jeunes gens employés dans l'industrie contre l'exagération de l'exploitation
industrielle.   La première rédaction de cette loi contenait déjà les germes de
cette protection des travailleurs.   Dans ces deux directions la législation de
l'Empire suivant une impulsion de politique de socialisme d'État est allée bien
au-delà, au moyen de nombreuses modifications et additions.   Voir sur ce
sujet Binding, Manuel I, p. 132 f (n⁰ 19).   Cette législation avait son expression
provisoire dans une loi du 1ᵉʳ juillet 1883, p. 159, qui donna au Chancelier de
l'Empire le droit de promulguer de nouveau le texte de la loi sur l'industrie,
tel qu'il résulte des lois de 1872, 1874, 1876, 1878, 1879, 1880, 1881, 1883,
ainsi que des résolutions du Conseil fédéral de 1881 et de 1883, approuvées
par le Reichstag.   L'insertion au Journal officiel eut lieu en 1883, p. 177 sq.
La loi du 6 juillet 1887, p. 281 et la résolution du Conseil fédéral du 14 décembre 1888 approuvée par le Reichstag Off. de l'Emp. de 1889, p. 1, opérèrent
de nouvelles modifications.   Enfin la loi sur la modification de la loi sur l'industrie, en date du 1 juin 1891, p. 261, est de la plus grande importance.   C'est
cette dite loi sur la protection des travailleurs dont le but principal, dans ses
règles et ses sanctions, est la protection des travailleurs, aides d'industrie,
femmes, mineurs et enfants, contre l'exploitation excessive de la part de ceux
qui les emploient, et dans le même ordre d'idées c'est une loi sur le chômage
du dimanche.   La loi sur la protection des travailleurs forme avec celles
d'assurances, dont il sera question au paragraphe suivant, la réalisation des
idées avec lesquelles l'Empereur Guillaume Iᵉʳ dans son célèbre message au
Reichstag du 17 novembre 1881 entreprit la législation de socialisme d'État
dans l'Empire allemand.   La loi sur la protection des travailleurs est entrée
en vigueur, pour partie le 1ᵉʳ octobre 1891, mais pour la partie principale le
1ᵉʳ avril et le 1ᵉʳ juillet 1892.   Pour quelques dispositions de détail elle s'en
réfère à des ordonnances impériales rendues avec l'assentiment du Conseil
fédéral (loi citée, art. 9).   Voir sur une partie de ces dispositions relatives à
l'industrie commerciale l'ordonnance du 28 mars 1892, p. 339: 1ᵉʳ avril et
1ᵉʳ juin 1892.   Des dispositions transitoires avec effet jusqu'au 1ᵉʳ avril 1894
sont contenues dans les alinéas 4 et 5 de l'art. 9 de cette loi.   Malheureusement l'ordonnance sur l'industrie n'a pas reçu une rédaction nouvelle.   Il
appartient à l'activité privée de l'obtenir.   En vertu du § 139a de la loi sur

---

[1]) von Liszt, Cours (1892), § 190, p. 652. Les travaux de Meves et de Pfeiffer ont été
dépassés par les modifications de la législation industrielle. Loi sur l'industrie pour
l'Empire d'Allemagne dans la teneur de la loi d'Empire du 1ᵉʳ juin 1891. Avec une
table alphabétique. Munich 1892. (La table est insuffisante en ce qui concerne le droit
pénal industriel.) — Muensterberg dans von Stengel, Dictionnaire de droit administratif; volume complémentaire 1, p. 1 (protection des travailleurs). — Kulemann, La
protection des travailleurs jadis et actuellement en Allemagne et à l'Étranger.
Leipzig 1893.

la protection des travailleurs toute une série de déclarations du Conseil fédéral sur l'emploi des femmes et des jeunes gens dans des industries spéciales a été rendue. Voir Off. de l'Emp. 1892, p. 317, 324, 327, 328, 331, 334, 602, 604; voir aussi p. 337; en outre, Off. de l'Emp. 1888, p. 88, 172. Voir aussi les dispositions relatives à la protection des travailleurs dans la loi prussienne du 24 juin 1892, Recueil des lois p. 131, sur la modification de quelques dispositions de la loi générale sur les Mines du 24 juin 1865, §§ 207a à 207e; enfin l'autorisation conférée par la loi aux présidents supérieurs et aux présidents du gouvernement de Schleswig-Holstein, Hanovre et Hesse-Nassau et des territoires de Hohenzollern de rendre des ordonnances sur le chômage du dimanche du 9 mai 1892. Recueil des lois, p. 107.

La loi sur l'industrie fut rendue d'abord pour la Confédération du Nord, elle a été introduite ensuite dans les autres parties de l'Empire; en Bavière par la loi du 12 juin 1872, Off. de l'Emp. p. 170; en Alsace-Lorraine par celle du 27 février 1888, p. 57. Voir aussi la Déclaration du 27 décembre 1888, p. 301. A la protection du travail se rapporte aussi la loi sur la fabrication, etc. des allumettes du 13 mai 1884, p. 49, §§ 1 à 4.

II. La loi sur l'industrie contient de nombreuses dispositions pénales très importantes, non seulement dans le titre X qui porte cette rubrique, mais aussi ailleurs. 1⁰ La déchéance des droits civiques prononcée en vertu du C. p. influe sous plusieurs rapports sur la situation relative à l'industrie. Voir §§ 53, 83 n⁰ 1, 86, 100 alinéa 6, 106. De même 2⁰ le placement sous la surveillance de la police, §§ 57, 57b n⁰ 2, 58, 62 alinéa 2. 3⁰ La condamnation pour certains délits entraîne ou peut entraîner le refus d'une patente de commerçant-ambulant et de l'autorisation d'être accompagné de plusieurs personnes dans ce genre de commerce, §§ 57 n⁰ 3, 57b n⁰ˢ 2, 3, 62 alinéa 2. 4⁰ La loi sur l'industrie donne prise à cette idée qui n'est suggérée que de temps à autre par le droit pénal allemand, qu'une collectivité peut, comme telle, commettre une action illicite, voir §§ 103 n⁰ 3, 104g n⁰ 3. 5⁰ Avec le droit d'éducation du père le § 127 accorde au maître un droit de correction. 6⁰ Voir aussi les §§ 98a n⁰ 5, 100b alinéa 3, 100d n⁰ 2, 104 alinéa 3, 1041 alinéa 2 (sanctions réglementaires [Ordnungsstrafen]), § 130 (contrainte de l'élève au retour par des punitions de police). 7⁰ Le § 134b établit des limites aux punitions dans les règlements du travail, voir aussi § 134c alinéa 2.

III. Le droit pénal relatif à l'industrie proprement dite est contenu au titre X §§ 143 à 153 et au § 154a; les §§ 143 à 145 établissent quelques dispositions générales (privations de droits relatifs à l'industrie, voir la loi du 27 juillet 1877, p. 549, § 26 sur l'instruction en cas de sinistres maritimes, les renvois au droit pénal commun et autres sanctions, la prescription). Les sanctions prononcées par les §§ 146 à 150, 153 et 154a tantôt forment des lois pénales complètes, tantôt renvoient aux règles déjà établies dans le même ordre d'idées, tantôt ce sont des lois pénales en blanc-seing dans le sens indiqué supra au § 14, II, p. 291. Le classement de ces sanctions dans les divers paragraphes ne tient pas compte du lien naturel entre les faits incriminés, mais seulement de la gravité de la peine. La plus élevée de celles édictées est une amende de 2000 marks, et en cas d'insolvabilité un emprisonnement de 6 mois; la moins élevée, une amende de 20 marks qui peut être remplacée par un arrêt de 3 jours. Le § 151 règle la responsabilité pénale en cas de contravention aux prescriptions de police par les personnes qui sont préposées à la direction de l'exploitation ou à sa surveillance; le § 152 défend toute prohibition ou pénalité contre les grèves; mais le § 153 prononce des peines contre l'emploi de la contrainte, les menaces, les outrages et les interdictions à propos de ces grèves.

§ 25. **Droit pénal relatif aux assurances.**

I. La loi d'Empire sur les caisses de secours inscrites du 7 avril 1876, p. 125, se rapporte, même dans la teneur qui lui a été donnée ensuite par celle du 1 juin 1884, p. 54, aux associations libres qui ont pour but des secours mutuels entre leurs Membres en cas de maladie. Ces caisses sont sous la surveillance des autorités de chaque État qui peuvent édicter, prononcer et appliquer des amendes de 100 marks au maximum pour contraindre aux obligations nées de cette loi; voir § 33 (nouvelle rédaction). Le § 34 édicte des peines contre les Membres de la direction, des comités et des administrations locales qui agissent à l'encontre des dispositions de la loi, et les place sous l'empire du § 266 du C. p. (infidélité), s'ils ont fait tort à la caisse à dessein.

II. La loi sur les assurances rendue dans ces derniers temps[1]) a ouvert un nouveau champ à la législation de socialisme d'État, et ce, au moyen de dispositions pénales nouvelles. Dans beaucoup de cas l'assurance obligatoire a pris la place de l'assurance libre, soit individuelle, soit par sociétés, et s'est réalisée par des sociétés forcées, par des Institutions des États ou de l'Empire. A cette idée de contrainte devaient se joindre des dispositions pénales. Ce sont tantôt des peines qui doivent être prononcées par les tribunaux au moyen de la procédure ordinaire (même des sanctions réglementaires s'y trouvent), tantôt des peines réglementaires et de contrainte qui sont appliquées par les autorités administratives (tribunaux administratifs) ou par des organes des sociétés. Sous ce rapport, comme sous celui du droit pénal des ordonnances (voir suprà § 14, I in fine), on peut observer une évolution du droit fédéral qui prend une direction opposée à celle qu'il avait prise d'abord. On considérait comme un Palladium du droit prussien, et plus tard du droit de l'Empire, que le litige sur l'application d'une peine publique, abstraction faite des faits tout à fait subordonnés, fut aussitôt porté devant le juge, ou pût, au moins, y être porté par voie d'opposition à la décision des autorités de police. Maintenant le nombre des dispositions légales qui permettent de prononcer une peine pour des faits contraires aux règlements au moyen d'une procédure administrative, contentieuse ou non, mais excluant la compétence du juge ordinaire, s'est considérablement accru. Voilà une évolution qui n'a rien de rassurant pour ceux qui tiennent aux principes du droit constitutionnel!

1⁰ La série des lois sur les assurances obligatoires commence par la loi sur l'assurance des travailleurs contre la maladie du 15 juin 1883, p. 73, qui a reçu nouvelle teneur par celle du 10 avril 1892, p. 379 (Mise en vigueur de la loi revisée à partir du 1er janvier 1893.[2]) § 42 III (renvoi au C. p. § 266); §§ 81, 82, 82 a à 82 c, 83; §§ 76 a alinéa 3, 76 b alinéa 2, 76 c (sanctions de contrainte); § 6 a II, 26 a nᵒˢ 2 et 2 a, § 45.[3])

A cette idée se rattachent 2⁰[4]) la loi d'assurance contre les accidents du

---

[1]) Voir R. Piloty, Sur la bibliographie relative aux droits d'assurance des travailleurs dans la Revue critique trimestrielle de législation et de droit, publiée par Bechmann et Seydel. T. 34 (nouvelle série t. 15), 1892, p. 399.

[2]) Von Woedtke, Loi sur l'assurance contre les maladies dans la teneur de la nouvelle loi du 10 avril 1892. Édition contenant le texte avec commentaires. Berlin 1892.

[3]) Les dispositions des §§ 50 et 71 ne contiennent cependant qu'une obligation à indemniser et non une peine, comme le paraît supposer von Woedtke, loi sur les assurances en cas de maladie, table p. 292. De même les mesures des § 62 et 68, alinéa 2, ne doivent pas être considérées comme des pénalités.

[4]) Sur les nᵒˢ 2 à 6 voir le livre de von Woedtke: Manuel de l'assurance contre les accidents. Les lois sur cette matière (loi principale, lois extensives, loi sur l'assurance contre les accidents dans l'industrie, contre ceux dans la construction ou la

6 juillet 1884, p. 69, laquelle dans les §§ 11 alinéa 3, 49 alinéa 3, 78 (n⁰ 1), n⁰ 2, 80, 82, 85, 88 alinéa 3 et 89 édicte des sanctions de contrainte (en partie des élevations de la prime), dans les §§ 103 à 106 des peines pour infractions aux règlements (à prononcer par les préposés des sociétés) et dans les §§ 26 (C. p. § 266), 107, 108 des pénalités ordinaires. Puis 3⁰ la loi sur l'extension de l'assurance contre les accidents et les maladies du 28 mai 1885, p. 159, § 9 (aussi § 2, alinéa 3) v. § 17. L'ordonnance du 25 septembre 1885, p. 271, sur la mise en vigueur de la loi d'assurance contre les accidents du 6 juillet 1884 et la mise en vigueur partielle de la loi sur l'extension de celle sur l'assurance contre les accidents et les maladies du 28 mai 1885. 4⁰ La loi sur les assurances contre les accidents et maladies provenant des industries rurales et forestières pour les employés de ces industries du 5 mai 1886, p. 132, §§ 29 alinéa 3, 53 alinéa 3, 87, 90 alinéa 2, 96 alinéa 3 in fine, 123 à 126 (punitions de contrainte et de réglementation); les §§ 31, 127, 128 (peines ordinaires). (Voir § 129.) Relativement à la mise en vigueur de cette loi il faut se référer tantôt à son § 143, tantôt aux ordonnances impériales rendues en vertu de ce paragraphe, qui fixent pour la mise en vigueur dans les États confédérés différentes époques au cours des années 1888 et 1889. (Voir Off. de l'Emp. 1888, p. 125, 175, 207, 217, 235 pour 1888; Off. 1888, p. 237, 289, 297; Off. 1889, p. 51, 195 pour 1889.) 5⁰ Loi sur les assurances contre les accidents des personnes employées aux constructions du 11 juillet 1887, p. 287, §§ 44 n⁰ 1, 49 alinéa 2, 51. 6⁰ Loi sur les assurances contre les accidents des gens de mer et autres employés à la navigation du 13 juillet 1887, p. 329, §§ 30 alinéa 3, 52 alinéa 4, 90, 93 alinéa 3, 98 alinéa 3, 99, 117 à 120, 122. (Voir aussi l'ordonnance d'introduction [pour le 1ᵉʳ janvier 1888] du 26 décembre 1887, p. 537.) 7⁰ Loi sur l'assurance contre les infirmités et la vieillesse du 22 juin 1889, p. 97,[1] §§ 18, 126, 131 in fine, voir § 134 alinéa 1 in fine (punitions de contrainte); §§ 60, 73 alinéa 3 (refus de nomination par élection, refus ou négligence des charges auxquelles on est appelé), §§ 109 alinéa 2, 112 n⁰ 2 in fine, 142, 143 (voir §§ 144, 145), 146 (actes contraires aux réglements, négligences), § 59 (référence au C. p. § 266), §§ 147 à 155 (peines publiques). En outre: ordonnance du 25 novembre 1890, p. 191, sur la mise en vigueur de la loi sur les assurances en cas d'infirmités ou de vieillesse. Cette institution est entrée en fonction le 1ᵉʳ janvier 1891. Déclaration sur l'extension de l'assurance obligatoire, etc. aux ouvriers travaillant chez eux à l'industrie de la fabrication du tabac du 16 décembre 1891, p. 395 n⁰ 3 alinéa 3, n⁰ 6, 7 alinéa 4, n⁰ 9 alinéa 2. Ordonnance concernant l'exécution de la loi sur l'assurance contre les infirmités et la vieillesse, p. 399; voir suprà § 14 I n⁰ 1 in fine, p. 33, sur la mise hors d'usage et la destruction des marques.

---

marine, ordonnance sur la procédure devant les arbitres, annexe) présenté par les membres de l'office d'Assurances de l'Empire, avec les documents officiels de ces fonctionnaires. P. VIII et 802 (malheureusement sans table générale). Leipzig 1892. Résumé par von Woedtke dans von Stengel, Dictionnaire de droit administratif, tome 2, p. 636.

[1] Éditions de: Bosse et von Woedtke. Leipzig 1891. D'après des sources officielles avec introduction et commentaires, p. 851.— R. Landmann et R. Rasp. Munich 1891. 1ᵉʳ volume des commentaires de Landmann et Rasp. La législation relative à l'assurance des travailleurs pour l'Empire allemand dans son application au royaume de Bavière, p. 815. — Stenglein, Berlin 1890, p. 275. — Freund, Berlin 1891, p. 308. — Fuld, Erlangen 1891, p. 561. — Gebhard, Altenbourg 1891, p. 384. — Trutzer, Ansbach 1891. Bref exposé par von Woedtke dans von Stengel, Dictionnaire de droit administratif, t. 1, p. 681.

§ 26. De la sanction des droits d'auteur.[1])

A la protection des droits d'auteur se rapportent des lois et des traités de l'Empire. I. La loi fondamentale est celle sur les droits d'auteur aux écrits, dessins, compositions musicales et œuvres dramatiques du 11 juin 1870 (Off. de la Conf. p. 339). Elle est devenue loi d'Empire. La 1ère section concerne les écrits, la 2e les dessins géographiques, topographiques, d'histoire naturelle, architectoniques, techniques et autres analogues — on controverse si elle s'applique aux œuvres d'art plastique —; la 3e, les compositions musicales; la 4e, la représentation en public d'œuvres dramatiques, musicales ou dramatico-musicales; la 5e contient des dispositions générales. Les §§ 18 à 38 établissent un droit à dommages-intérêts pour la reproduction des écrits, fixent les peines, et règlent la procédure. Les §§ 43, 45, 54 et 56 étendent ces dispositions à la sanction des règles établies dans les divisions II à IV. II. Loi relative au droit des auteurs sur les œuvres de sculpture du 9 janvier 1876, Off. de l'Emp. p. 4, § 6 n° 4; § 16.

Relativement à I et II: convention sur la formation d'une union internationale pour la protection des œuvres d'art et de littérature conclue à Berne le 9 septembre 1886, avec article additionnel, protocolle final, protocolle relatif à l'exécution. (Off. de l'Emp. 1887, p. 493 à 516.) La convention a été conclue avec les États suivants: Belgique, Empire allemand, France, Grande-Bretagne, Haïti, Italie, Liberia (non ratifié), Suisse, Tunis, Espagne. Le Luxembourg, y a adhéré, déclaration du 30 juillet 1888. Off. de l'Emp. p. 227. Voir loi d'exécution du 4 avril 1888, p. 139. Traités particuliers encore en vigueur, voir convention internationale, art. 15 —, sur la protection des œuvres d'art et de littérature ont été conclues des conventions entre l'Empire allemand et les nations suivantes: Belgique 12 décembre 1883, Off. de l'Emp. 1884, p. 173, art. 13; France 19 avril 1883, Off. de l'Emp. p. 269, art. 13; Grande-Bretagne 2 juin 1886, p. 237; (voir au sujet de l'interprétation Allfeld l. c. p. 427); Italie 20 juin 1884, Off. de l'Emp. p. 193, art. 13; Suisse 13 mai 1869, Off. de la Conf. p. 624, et traité du 23 mai 1881, Off. de l'Emp. p. 171; Etats-Unis d'Amérique 15 janvier 1892, ratifié 15 avril 1892, Off. de l'Emp. p. 473. Voir aussi loi allemande sur les droits des auteurs du 11 juin 1870 § 62, et loi du 6 janvier 1876 § 21 relative à l'Autriche, au Lichtenstein et au Luxembourg. Voir enfin le tableau synoptique dans Allfeld p. 432.

---

[1]) Dambach dans le Manuel d'Holtzendorff, t. 3 (1874), p. 1022 et la bibliographie qui y est contenue. Le même dans les compléments, 4e volume supplémentaire (1877) p. 467. — Hugo Meyer, Cours de droit pénal. 4e édition. Erlangen 1888. § 108 (99), p. 781, surtout note 1. — von Liszt, Cours (1892), §§ 124, 125, p. 424. — Streissler, Le droit des auteurs, de la librairie et de la presse. I. Dictionnaire de droit pour les auteurs, les libraires et la presse dans les pays de langue allemande. II. Les législations et conventions internationales des droits d'auteurs. Leipzig 1890. — C. Davidsohn, Les lois d'Empire sur la protection de la propriété intellectuelle industrielle (lois sur propriété des œuvres industrielles et techniques): 1° La loi sur les marques de commerce du 30 novembre 1874, 2° celle sur les modèles du 11 janvier 1876, 3° celle sur les brevets du 7 avril 1891, et 4° celle sur la protection des modèles d'objets d'usage du 1er juin 1891; avec introduction et explications en tenant compte des décisions du tribunal d'Empire et du bureau des brevets, ainsi qu'avec une table des matières. Manuel pour les juristes, les industriels et les techniciens. Munich 1891. Voir les indications bibliographiques qui s'y trouvent p. V. — Staudinger, Recueil des traités de l'Empire allemand au sujet des juridictions. Textes avec annotations, table des matières, etc. Nördlingen 1882. IIe section, p. 144—182. 1 volume supplémentaire. Nördlingen 1884. II, p. 18—42. — Stenglein, Appelius et Kleinfeller, Les lois pénales accessoires. Berlin 1892/93. Ire division: lois pour la protection de la propriété intellectuelle, p. 1. — Allfeld, Les lois d'Empire sur les droits d'auteurs littéraires et artistiques. Munich 1893.

III. La loi sur la protection de la photographie contre la contrefaçon
du 10 janvier 1876, Off. de l'Emp. p. 8 § 9. Voir la convention sur la formation d'une union internationale pour la protection des œuvres de littérature
et d'art du 8 septembre 1886, Off. de l'Emp. 1887, p. 493, protocolle final
n⁰ 1 (p. 508). Dans l'Empire allemand les photographies ne font pas partie
des œuvres d'art. (Voir aussi le traité avec l'Italie du 20 juin 1884, protocolle
final n⁰ 4, Off. de l'Emp. 1884, p. 210.) La protection des œuvres photographiques
a été assurée aux citoyens des États-Unis d'Amérique par une convention des
15 janvier et 15 avril 1892, Off. de l'Emp. p. 473, art. 1. — Les épreuves
photographiques, qui avant le 1ᵉʳ juillet 1876 avaient été protégées par les
lois des États contre la contrefaçon, conservent cette protection, cependant
avec les restrictions locales prévues par la loi de chaque État; § 12 de la
loi. La loi bavaroise sur la protection des droits des auteurs ou des productions littéraires et des œuvres d'art du 28 juin 1865 (Off. de Bav. p. 65),
s'applique aussi aux photographies. D'après l'art. 12 de cette loi la reproduction
est interdite pendant toute la vie de l'auteur et pendant trente ans après sa
mort et cette interdiction est sanctionnée par l'art. 37. Voir aussi les art. 38,
61, 62 et 66 de cette loi. D'après le dernier de ces articles la protection
légale est accordée à toutes les œuvres des auteurs ayant une résidence fixe
sur le territoire de la Confédération allemande (antérieure) ainsi qu'à celles
publiées par un éditeur résidant sur le territoire de la Confédération, et par
conséquent aussi des photographes autrichiens. Voir sur ce sujet Staudinger,
De l'introduction des lois de justice de l'Allemagne du Nord en Bavière,
IIᵉ partie, 1871, Exkurs XII.

IV. Pour la protection de la propriété intellectuelle industrielle l'Empire allemand a fait quatre lois et de nombreux traités avec les autres États
qui accordent aux sujets de ces États la même protection sur ces points qu'aux
nationaux. La protection s'étend dans l'Empire allemand: aux marques
distinctives qui sont placées sur les marchandises elles-mêmes, ou sur leurs
enveloppes, pour les distinguer des autres (marques), aux échantillons et
modèles industriels (protection des modèles), aux inventions nouvelles qui sont
passibles d'exploitation (brevets d'invention) et aux modèles (matériels) d'instruments de travail et d'objets d'usage ou de parties de ces objets, lorsqu'elles servent au travail ou à l'usage pour une nouvelle forme, un agence-
ment ou une préparation (protection des modèles pour l'usage). 1⁰ Loi sur
les marques du 30 novembre 1874, Off. de l'Emp. p. 143 § 14 (en remplacement du C. p. § 287), § 15 (droit à indemnité), § 17. Voir § 20. La protection
réciproque des marques a été convenue entre l'Empire allemand et les États
ci-après: l'Amérique du Nord, Convention consulaire du 11 décembre 1871,
Off. de l'Emp. 1872, p. 95, art. 17; la Belgique, déclaration du 13 septembre
1875, p. 301; le Brésil, déclaration du 28 février 1877, p. 406; le Danemark,
déclaration du 4 avril 1879, p. 123; la France, déclaration du 8 octobre 1873,
p. 365; la Grande-Bretagne, déclaration du 14 avril 1875, p. 199; l'Italie,
convention du 18 janvier 1892, p. 293; le Luxembourg, déclaration du 2 août
1883, p. 268; les Pays-Bas, déclaration du 19 janvier 1882, p. 5; l'Autriche-
Hongrie, Convention sur la protection réciproque des patentes, des modèles et
des marques du 6 décembre 1891, Off. de l'Emp. 1892, p. 289; le Portugal, traité
de commerce et de navigation du 2 mars 1872, p. 254, art. 10; la Roumanie,
convention du 27 janvier 1882, p. 7; la Russie, déclaration du 18 août 1873,
p. 337; la Suède et la Norvége, déclaration du 11 juillet 1872, p. 293; la Suisse,
déclaration du 31 janvier 1892, p. 304; la Serbie, convention du 7 juin 1886,
p. 231; l'Espagne,·traité de commerce et de navigation du 12 juillet 1883,
p. 307, art. 7 (voir convention du 28 août 1886, p. 295 et déclaration du

16 janvier 1892, p. 307); le Venezuela, déclaration du 8 décembre 1883, p. 339. Voir aussi traité de commerce et de navigation avec la Grèce du 9 juillet 1884, Off. de l'Emp. 1885, p. 23, art. 7; traité de commerce, de navigation et consulaire avec la République de Saint Domingue du 30 janvier 1885, Off. de l'Emp. 1886, p. 3, art. V; traité d'amitié et de commerce avec la République Sud-Africaine du 22 janvier 1885, Off. de l'Emp. 1886, p. 209, art. 6. Et encore les traités avec l'Équateur du 28 mars 1887, Off. de l'Emp. 1888, p. 136, art. II, avec le Paraguay du 21 juillet 1887, Off. de l'Emp. 1888, p. 178, art. 2; avec le Guatemale du 20 septembre 1887, Off. de l'Emp. 1888, p. 238, art. 5; avec le Honduras du 12 décembre 1887,, Off. de l'Emp. 1888, p. 262, art. 5; la convention avec le Salvador du 12 janvier 1888, Off. de l'Emp. 1889, p. 191, en outre Off. de l'Emp. 1872, p. 377, art. IV pourraient être rapportés à la protection des marques, lorsque dans ces pays cette protection a été introduite légalement. 2^0 Loi sur le droit des auteurs sur les formes et modèles du 11 janvier 1876, p. 11 § 14. (Cette loi se rapporte seulement aux modèles de goût; il est vrai aux surfaces aussi bien qu'aux solides.) 3^0 La loi sur la protection des modèles d'usage (corporels) du 1er juin 1891, p. 290 § 10 (§ 11 indemnité). A la protection des modèles se rapportent les traités suivants qui se rapportent aussi bien à ceux de goût qu'à ceux d'usage.[1]) Convention consulaire avec le Nord de l'Amérique du 11 décembre 1871, Off. de l'Emp. 1872, p. 95, art. 17; convention avec la Belgique du 12 décembre 1883, Off. de l'Emp. 1884, p. 188; déclaration de l'art. 6 du traité de commerce du 30 mai 1865 entre le Zollverein et la Grande-Bretagne du 14 avril 1875, p. 199; traité de commerce et de navigation avec le Portugal du 2 mars 1872, p. 254, art. 10; convention avec l'Italie du 18 janvier 1892, p. 293; traité de commerce, etc. avec l'Espagne du 12 juillet 1883, p. 307, art. 7; convention avec l'Autriche du 6 décembre 1891, Off. de l'Emp. 1892, p. 289; la Serbie, convention du 3 juillet 1886, Off. de l'Emp. 1887, p. 151. La déclaration du 11 juillet 1872, p. 293 étend la protection des modèles, en se référant au § 287 du C. p., à la Suède et à la Norvége. Mais ce paragraphe ne s'applique guère non plus que le § 14 de la loi sur les marques qui lui a été substitué, à la protection des échantillons et modèles. Voir aussi le traité avec la Grèce, suprà I in fine. 4^0 Loi sur les brevets du 7 avril 1891, p. 79 §§ 36 (37), 39, 40.[2]) De l'ancienne loi sur les brevets du 25 mai 1877, p. 501, ne sont plus en usage que les dispositions transitoires §§ 41 à 45 qui n'ont pas été abrogées. Voir le traité de commerce, etc. avec l'Espagne du 12 juillet 1883, p. 307 (déclaration du 16 janvier 1892, p. 307), art. 7. Les traités avec l'Autriche et l'Italie déjà plusieurs fois mentionnés ci-dessus se réfèrent à la loi sur les brevets.

§ 27. Droit pénal relatif à la presse et aux associations.

I.[3]) La loi sur la presse du 7 mai 1874, Off. de l'Emp. p. 65, §§ 5, 14, 16, section 2, 18, 19. Relativement à la responsabilité pour les infractions de presse

---

[1]) Cela est dit expressément dans les traités avec l'Autriche et l'Italie.
[2]) Voir Landgraf dans von Stengel, Dictionnaire de droit administratif I (1892), p. 97, surtout § 9 p. 74.
[3]) Marquardsen, Loi d'Empire sur la Presse, etc., avec introduction et commentaire. Berlin 1875. — Schwarze, La loi d'Empire sur la presse, etc., expliquée. 2e édition. Erlangen 1885. — Koller, La loi d'Empire sur la presse, etc., en tenant compte des autres lois d'Empire relatives à la presse, ouvrage enrichi des décisions de la jurisprudence et aussi d'une bibliographie. Nördlingen 1888. — Berner, Cours du droit sur la presse en Allemagne. Leipzig 1876. — von Liszt, Le droit d'Empire allemand sur la presse, avec mention de la bibliographie et de la jurisprudence, etc.;

§§ 20, 21. — Prescription § 22. A la saisie spéciale des imprimés se rapportent les §§ 23 à 29, parmi lesquels § 28 alinéa 2 avec une sanction. Relativement au § 20 et à ses rapports avec le § 193 du C. p. il faut consulter la décision des chambres criminelles réunies du tribunal d'Empire du 6 juin 1891 dans le recueil des décisions t. 22, p. 65. Au § 30 il est fait plusieurs réserves au profit de la législation des États. Voir la loi prussienne sur la presse du 12 mai 1851, Rec. des lois p. 273, et la loi bavaroise d'exécution du 18 août 1879, art. 12, voir infrà § 42 in fine.

II. Le droit pénal relatif aux associations a été réglé par les lois de chaque Etat.[1]) La loi d'Empire contre les socialistes du 21 octobre 1878, p. 351, a été abrogée le 1er octobre 1890. Quant aux contraventions à cette loi qui ont été commises avant ce jour, une décision du tribunal de l'Empire du 15 janvier 1891 (t. 21, p. 294) prétend que la loi est encore applicable. Mais une telle décision, malgré toutes les raisons qu'on s'est efforcé d'en donner, est inconciliable avec le § 2, alinéa 2 du C. p.

III. Voir suprà § 23, I 2, 3.

§ 28. Protection pénale des revenus de l'Empire. (Droit pénal fiscal.)

I. Droit pénal douanier.[2]) Longtemps avant la fondation de l'Empire d'Allemagne et même de la Confédération du Nord il existait entre la majeure partie des États allemands une union douanière (Zollverein) qui, il est vrai, n'avait que le caractère d'une institution du droit des gens. (Commencement: 1er janvier 1834; renouvellement: 1841, 1853, 1865.) L'organe de cette Union, le Congrès général douanier, avait établi les principes généraux relatifs à la punition des délits douaniers. D'abord le traité entre la Confédération du Nord, la Bavière, le Wurttemberg, Bade et Hesse du 8 juillet 1867 (Off. de la Conf. p. 81) posa la base constitutionnelle d'une législation uniforme. D'après l'art. 18 de ce traité, le droit de grâce et de commutation de peine fut réservé à chaque État sur son propre territoire. En 1869 fut rendue pour le Zollverein allemand la loi sur les douanes de l'Union qui offrait un droit pénal complet; voir infrà chiffre 1. D'après la Constitution de l'Empire, art. 33, l'Allemagne entière forme un territoire douanier et commercial duquel sont exclues les portions de ce territoire qui ne sont pas propres à être englobées dans les limites douanières. Le domaine douanier allemand est actuellement (novembre 1892) formé de tout l'Empire allemand à l'exception de 68,7 Kilomètres carrés et de 12 288 habitants. (Parties d'Hambourg, Brême, Bade et l'Héligoland.) Des territoires non-allemands appartiennent au Zollverein le Grand-Duché de Luxembourg, la commune tyrolienne de Jung-

---

mis dans un ordre systématique. Berlin et Leipzig 1880. — von Liszt, Cours (1892) § 42 p. 187, § 184 p. 637. — L. Jolly dans von Stengel, Dictionnaire de droit administratif, t. 2, p. 301.

[1]) Voir L. Jolly dans von Stengel, Dictionnaire de droit administratif, t. 2, p. 666; et entre autres la loi bavaroise, relative aux réunions et associations, du 26 février 1850, Off. p. 53, art. 20 à 24; loi prussienne à l'effet d'empêcher les abus des droits de réunions et d'associations dangereux pour la liberté et l'ordre légal du 11 mars 1850, Recueil des lois p. 277 §§ 12 à 19 (ordonnance du 25 juin 1867, Recueil des lois p. 921, art. II). — Loi prussienne sur l'approbation des donations et dispositions de dernière volonté, et sur la transmission des immeubles aux corporations et autres personnes juridiques du 23 février 1870, Recueil des lois p. 118, § 5.

[2]) Loebe, Le droit pénal douanier allemand. Les prescriptions du droit pénal douanier de l'Empire allemand dans leurs rapports avec le C. p. et le Code de procédure criminelle, ainsi qu'avec la jurisprudence du tribunal d'Empire; 2e édition complètement revue. Leipzig 1890. — Dr von Mayr dans von Stengel, Dictionnaire de droit administratif, t. 2, p. 973 sq.

holz et celle de Mittelberg dans le Vorarlberg (Autriche).[1]) Voir la loi sur la garantie des limites du Zollverein dans les parties du territoire d'Hambourg qui en sont exclues, du 1er juillet 1869, Off. de la Conf. p. 370, art. 1 à 12, 15 (art. 18 alinéa 2 et 3), et loi sur la garantie des limites douanières communes dans les parties du territoire de Brême exclues du Zollverein du 28 juin 1879, Off. de l'Emp. p. 159; puis traité avec l'Autriche-Hongrie du 2 décembre 1890, Off. de l'Emp. 1891, p. 59; protocolle final III n° 6, IV n°s 1, 3. D'après l'art. 9 de ce traité, les infractions aux lois allemandes de douanes et d'impôts qui sont commises sur le sol de l'Autriche peuvent être jugées au répressif par les autorités administratives bavaroises en fonctions en Autriche, lorsque l'inculpé présent se soumet et paie ou fournit sûreté. En ce cas l'amende et les objets saisis appartiennent au Trésor bavarois, tandis qu'ils passent au Trésor autrichien, quand la contravention est jugée par les tribunaux autrichiens. Ceux-ci procèdent d'après leur code de Procédure pénale, mais doivent appliquer les peines en vigueur dans l'Empire allemand et en Bavière. Protocolle final IV, 1 (§ 67). Au Luxembourg la loi douanière de l'Union (allemande) a été promulguée par la loi du 11 décembre 1869.

1° La loi d'union douanière a été rendue le 1er juillet 1869 avec le concours du Conseil fédéral du Zollverein allemand et du parlement douanier allemand, et a été publiée dans le recueil des lois de la Confédération du Nord n° 30, p. 317, le 16 juillet 1869, ainsi que dans les autres États du Zollverein. La partie XX p. 355 sq. contient dans les §§ 134 à 165 le droit pénal douanier allemand, savoir: le § 134, la définition et les peines de la contrebande, le § 135 celles de la fraude (défraudation) (présomptions de droit); les §§ 136 à 139 contiennent les faits de la contrebande et de la fraude; les §§ 140 à 143, les peines en cas de récidive; les §§ 144 à 148, la contrebande et les fraudes avec circonstances aggravantes; le § 149, la peine de la participation; le § 150, le mode d'exécution des peines privatives de liberté et leurs effets (maintenant c'est le C. p. qui règle ces matières); les §§ 151, 152, les peines réglementaires; le § 153, l'obligation subsidiaire des tiers pour les délits;[2]) les §§ 154 à 157, la confiscation; les §§ 158 et 159, le concours d'infractions; le § 160, la corruption; le § 161, la rébellion; le § 162, la conversion des amendes en emprisonnement (C. p. allemand §§ 28 et 29); le § 163, l'ignorance des lois douanières; le § 164, la prescription; le § 165, relatif à la procédure, le renvoi aux lois des États. Actuellement aussi Code de Procédure pénale §§ 459 à 469. 2° Loi du 23 juin 1882 sur la modification des tarifs douaniers du 15 juillet 1879, Off. de l'Emp. 1882, p. 59 § 1 in fine. 3° Loi sur la statistique du Commerce des marchandises de l'Union douanière de l'Allemagne avec l'Étranger du 20 juillet 1879, p. 261, § 11, comp. § 11. 4° Sur la base du traité de commerce et de la convention douanière avec l'Autriche du 23 mai 1881 il avait été déjà rendu le 17 juillet 1881 (Off. de l'Emp. p. 247) une loi qui punissait l'infraction aux lois douanières de l'Autriche-Hongrie. Voir §§ 2 à 5 de cette loi. Actuellement additionnellement au traité de commerce entre l'Allemagne et l'Autriche du 6 décembre 1891 il a été conclu une nouvelle convention douanière (Off. de l'Emp. 1892, p. 63) qui par des

[1]) Tableaux géographiques statistiques d'Otto Hübner, de tous les pays de la terre, publiés par le professeur von Jurascheck. Édition de 1892, p. 17. Voir Laband, Droit constitutionnel de l'Empire d'Allemagne (1891), t. 2, p. 899, et Eyschen, Le droit constitutionnel du Grand-Duché de Luxembourg, dans le Manuel de droit public (Marquardsen), t. 4, 1re livraison, 1re partie, p. 234.

[2]) Voir, en outre, von Liszt, Cours, 5e édition, 1892, § 59, note 5, p. 249 et les citations qui s'y trouvent. En outre, Julius Haimann, De la nature juridique des obligations subsidiaires des tiers d'après les lois douanières et fiscales de l'Empire allemand. Munich 1892.

clauses nombreuses, tantôt pénales, tantôt de procédure, oblige l'Empire allemand à protéger l'Autriche-Hongrie contre les violations de ses lois douanières. Voir, entre autres, les §§ 12 à 16 du nouveau traité douanier. 5⁰ Voir aussi le traité de commerce et douanier entre l'Empire allemand et la Belgique du 6 décembre 1891, Off. de l'Emp. 1892, p. 241, dispositions sur l'organisation douanière, etc. p. 276 art. 19.

II. En conformité de l'art. 35 de la Constitution de l'Empire, l'Empire a, en outre de la législation douanière, le droit de rendre des lois sur l'imposition du sel et du tabac produits sur le territoire de la Confédération, de l'eau-de-vie et de la bière qui y sont fabriqués, du sucre et du sirop extraits de la betterave et des autres produits du pays, et sur la protection réciproque contre la fraude des impôts de consommations levés dans chaque État. Pour la Bavière, le Wurttemberg et Bade l'imposition des eaux-de-vie indigènes et de la bière fut réservée à ces États. En réalité, la protection réciproque des impositions de consommation d'un État (impôts de circulation) est réglée encore aujourd'hui par la législation des États, par les lois: en Prusse du 23 janvier 1838, en Bavière du 17 novembre 1837, en Saxe du 3 avril 1838, en Wurttemberg du 15 mai 1838, à Bade du 3 août 1837, à Hesse du 9 mars 1838. Il faut remarquer surtout la loi rendue pour l'Alsace-Lorraine le 30 juin 1873.[1]) Le privilège de l'Allemagne du Sud pour les eaux-de-vie a été abandonné par les États intéressés; il ne comprend plus que la bière. Relativement à la protection pénale des impôts de consommation de l'Empire il faut citer les lois suivantes: 1⁰ Loi sur l'impôt du tabac du 16 juillet 1879, p. 245, §§ 32 à 47. Voir aussi loi du 5 avril 1885, p. 83.[2]) 2⁰ Loi sur l'impôt sur le sucre du 31 mai 1891, p. 295, §§ 43 à 56, §§ 58 à 64.[3]) Exécutoire à partir du 1er août 1892. A partir de ce jour toutes les prescriptions légales qui existaient sur l'impôt du sucre dans tout le territoire régi par la loi sont abrogées. Pour les parties du territoire qui au 1er août 1892 se trouvaient en dehors des limites douanières, la loi devient applicable, si elles viennent à être enfermées dans ces limites, à partir de ce moment; § 66. Les §§ 43 à 46 définissent la fraude en matière d'impôt sur le sucre. Voir surtout le § 45: „on doit assimiler au cas de fraude à l'impôt du sucre, celui où quelqu'un achète ou met en circulation du sucre qu'il sait ou doit savoir d'après les circonstances avoir été l'objet d'une fraude commise." Peine en cas de fraude à l'impôt du sucre § 47. Peine en cas de récidive §§ 48, 49. Circonstances aggravantes § 50. Punitions pour infractions aux règlements §§ 51 à 53. Peine contre les détenteurs et les directeurs des fabriques du sucre §§ 54 à 56. Il faut noter: § 55: possibilité de transmettre la responsabilité pénale. § 58: obligation des tiers de représenter subsidiairement (responsabilité des amendes prononcées contre les administrations, les compagnons industriels et certains commensaux en cas de culpa in eligendo). La phrase finale du I établit une praesumtio juris relativement à la faute. § 59: concours de plusieurs infractions. § 60: conversion des amendes en peines privatives de liberté. § 61: prescription de l'infraction. §§ 62 et 64: procédure pénale. § 63: attribution des amendes. 3⁰ Loi sur l'impôt du sel du 12 octobre 1867, p. 41; exécutoire depuis le 1er janvier 1868. §§ 11 à 18;

---

[1]) von Mayr dans von Stengel, Dictionnaire de droit administratif, t. 2, p. 638.
[2]) Voir von Mayr dans von Stengel, Dictionnaire de droit administratif, t. 2, p. 597, surtout § 11, p. 601.
[3]) Voir, en outre, l'exposé de von Mayr dans von Stengel, Dictionnaire de droit administratif, t. 2, p. 982, et dans le volume complémentaire 1 (1892), p. 109, surtout § 14, p. 116.

voir § 19.[1]) La loi a été rendue d'abord pour la Confédération du Nord de l'Allemagne, et a été ensuite introduite avec de légères modifications en Bade, Hesse du Sud, Bavière, Wurttemberg et Alsace-Lorraine. 4⁰ Loi sur l'impôt des eaux-de-vie du 24 juin 1887, p. 253,[2]) §§ 17 à 24, 26 à 35, 37, 40, 42 III (§ 25 a été abrogé par la loi du 7 avril 1889, p. 49); puis loi fédérale sur l'impôt des eaux-de-vie dans divers États et territoires appartenant à la Confédération du Nord du 8 juillet 1868, Off. de la Conf. p. 384, §§ 50 à 68; loi d'introduction du C. p. § 7 (relativement à la prescription); ordonnance sur l'impôt des eaux-de-vie dans le Grand-Duché de Bade du 9 septembre 1887, p. 485; dans le Wurttemberg du 23 septembre 1887, p. 487; dans les territoires du Hohenzollern du 25 septembre 1887, p. 489; en Bavière du 27 septembre 1887, p. 491.[3]) Loi sur l'immunité de l'impôt sur les eaux de vie dans le but de favoriser l'industrie du 19 juillet 1879, p. 259, §§ 2 à 4. Voir la loi du 24 juin 1887, § 47 (Off. de l'Empire p. 271). 5⁰ Loi sur l'impôt sur la bière du 31 mai 1872. p. 153,[4]) §§ 27 à 42. Voir la loi d'introduction du C. p. § 7 (relativement à la prescription). Elle ne s'applique pas (voir suprà II, introduction et § 13 p. 288) à la Bavière, au Wurttemberg et à Bade; ni à l'Alsace-Lorraine (loi du 25 juin 1873, p. 161, § 4); ni non plus au territoire de la juridiction grand-ducale d'Ostheim en Saxe et au bailliage de Königsberg en Saxe-Cobourg-Gotha, adhérents au système bavarois d'impôts sur la bière.[5])

III.[6]) Sanction pénale de l'impôt d'Empire sur le timbre. 1⁰ Loi sur le timbre des cartes à jouer du 3 juillet 1878, p. 133, §§ 10 à 20, 25, 26. 2⁰ Loi sur le timbre des effets de commerce dans la Confédération du Nord du 10 juin 1869. Off. de la Conf. p. 193 (en vigueur en Hesse méridionale, Bade, Wurttemberg, à partir du 1er janvier 1871, en Bavière du 1er juillet 1871, en Alsace-Lorraine du 15 août 1871). §§ 15 à 19. (En outre, loi du 4 juin 1879, p. 151.) Au lieu du § 23 de cette loi: C. p. §§ 275, 276, 364; voir aussi C. p. § 360 n⁰ 4. 3⁰ Loi sur l'impôt impérial du timbre (sur les titres d'actions, rentes et obligations, comptes et arrêtés de comptes, lots) du 1er juillet 1881, p. 185; en outre, loi qui l'a modifiée du 29 mai 1885, p. 171; nouvelle rédaction de toute la loi, Off. de l'Empire 1885, p. 179, §§ 18 à 20, 25, 33, 36 (point de conversion de l'amende en emprisonnement, point non plus d'expropriation forcée des immeubles appartenant à un Allemand d'après le § 15 alinéa 3 de la loi citée n⁰ 2, et d'après le § 36 de celle citée sous le

---

[1]) Voir von Mayr dans von Stengel, Dictionnaire de droit administratif, t. 2, p. 396, surtout § 10, p. 399.

[2]) Voir von Mayr dans von Stengel, Dictionnaire de droit administratif, t. 1, p. 232.

[3]) La procédure employée par la Bavière lors de l'introduction de la législation d'Empire sur les eaux-de-vie peut être considérée comme un modèle au point de vue constitutionnel. Le § 47 de la loi d'Empire du 24 juin 1887 faisait dépendre la mise en vigueur de la loi dans les États n'appartenant pas à l'union fiscale sur les eaux-de-vie de leur consentement. C'est alors que le gouvernement bavarois se fit autoriser à donner ce consentement par une loi votée par le Landtag: loi bavaroise du 27 septembre 1887, Off. p. 547; puis il déclara son consentement, enfin l'Empereur, conformément au § 47, alinéa 3 de la loi d'Empire, ordonna son introduction en Bavière. Le gouvernement bavarois fit alors imprimer la loi, non pour la publier dans le sens légal, mais pour l'instruction du public. Voir aussi Laband, Droit constitutionnel de l'Empire allemand, t. 2, p. 919.

[4]) Voir von Mayr dans von Stengel, Dictionnaire de droit administratif, t. 1, p. 240.

[5]) Voir Laband, Droit constitutionnel de l'Empire allemand, t. 2, p. 924.

[6]) Hecht, Les pénalités dans les lois modernes du timbre, Stuttgart 1885. — Jacob dans von Stengel, Dictionnaire de droit administratif, t. 2, p. 470. — Landgraf, au même ouvrage p. 872, surtout § 6, p. 875; le même t. 1, p. 227, surtout § 5 lettre b, p. 231, t. 1, p. 671, surtout § 3. — Olshausen, Commentaire au § 275, remarque 9 (4e édition 1892), p. 1085.

n⁰ 3). **4⁰** Voir loi sur les titres au porteur avec primes du 8 juin 1871, p. 210, § 3 (§ 5), § 6; voir suprà § 19 IV, p. 41. **5⁰** Voir aussi suprà I n⁰ 3 (droits de statistique).

§ 29. Refus et négligence des devoirs de la profession ou relatifs aux procès.

I. En même temps qu'elles invitaient les particuliers à prendre part aux fonctions de justice et d'administration publique (self-government) plusieurs lois d'Empire ont édicté des pénalités contre le refus et la négligence de ces devoirs. **1⁰** La loi d'organisation judiciaire du 27 janvier 1877, p. 41, §§ 56 et 96 sur les échevins et les jurés. Voir aussi le C. p. § 138. **2⁰** La loi sur la faillite § 76, Off. de l'Emp. 1877, p. 366, Pénalités contre le Directeur. **3⁰** La loi sur l'instruction relative aux sinistres maritimes du 27 juillet 1877, p. 549, § 12 alinéa 2, § 29 alinéa 1 in fine. **4⁰** Loi sur l'industrie (texte de 1883), § 100 d n⁰ 2 (Off. de l'Emp. p. 215). **5⁰** Loi sur l'assurance en cas d'accidents du 6 juillet 1884, p. 69, § 49 alinéa 3, voir loi du 5 mai 1886, p. 132, § 53 alinéa 3, puis loi du 13 juillet 1887, § 52 alinéa 4, p. 350. **6⁰** Loi sur l'assurance contre les infirmités et la vieillesse du 22 juin 1889, § 60, p. 116, § 73 alinéa 3, p. 120. **7⁰** La loi sur les juridictions industrielles du 29 juillet 1890, p. 141, § 21. **8⁰** La loi sur l'assurance contre la maladie du 15 juin 1883 dans la rédaction de la loi du 10 avril 1892, § 6 a II, 26 a n⁰ 2 a. Ces pénalités ne sont pas prononcées dans un procès à la suite d'une action publique, mais incidemment dans le procès où se produit le refus ou l'omission.

II. Pénalités contre les témoins ou les experts qui ne comparaissent pas ou qui refusent sans motif de déposer ou de prêter serment. **1⁰** Code de procédure civile du 30 janvier 1877, p. 83, §§ 345 (346), 355, 374. **2⁰** Code de procédure pénale du 1er février 1877, p. 253, §§ 50, 69, 77. Voir 1 et 2 C. p. § 138. **3⁰** Loi sur la poste dans l'Empire allemand du 28 octobre 1871, § 38, p. 355. **4⁰** Relativement aux peines contre les témoins réfractaires dans les affaires disciplinaires des fonctionnaires de l'Empire, voir Laband, Droit Constitutionnel de l'Empire allemand, 2ᵉ édition, 2ᵉ volume (1890), § 90, p. 462 n⁰ 6. **5⁰** Loi sur l'industrie § 21 n⁰ 1 (Off. de l'Emp. 1883, p. 183). **6⁰** Loi sur l'assurance en cas d'accident, du 6 juillet 1884, p. 69, § 50 alinéas 1 et 4; en outre, ordonnance impériale du 2 novembre 1885, p. 279, § 17 (renvoi au Code de procédure civile). **7⁰** Loi sur l'assurance contre les infirmités et la vieillesse du 22 juin 1889, p. 97, § 74, alinéas 2 et 5; en outre, ordonnance impériale du 1er décembre 1890, p. 193, § 17 alinéa 3 (comme au n⁰ 6). **8⁰** Loi sur les juridictions industrielles du 29 juillet 1890, p. 141, § 24.

§ 30. Outrages commis contre les autorités. Violation du devoir du secret des débats.

I. Les lois de l'Empire, ainsi que celles des États, donnent aux autorités et aux fonctionnaires le pouvoir de réprimer ou de faire réprimer aussitôt la résistance qu'on oppose à leurs actes et à leurs ordres. En outre, on a concédé aux tribunaux et aux autorités remplissant les fonctions judiciaires le pouvoir, quoique limité, de punir les outrages commis à leur égard. **1⁰** Loi d'organisation judiciaire § 178; Code de procédure pénale § 162; ordonnance impériale sur la procédure à suivre devant les juridictions arbitrales établies en vertu de la loi sur l'assurance en cas d'accidents du 2 novembre 1885, p. 279, § 12 alinéa 2; de même, ordonnance du 1er décembre 1890, p. 193 relative à la loi sur l'assurance contre les infirmités et la vieillesse, § 12 alinéa 2; loi sur les juridictions industrielles du 29 juillet 1890, p. 141, § 36 alinéa 3. 2⁰ Pénalité: loi d'organisation judiciaire § 179, édictant des peines pouvant s'élever jusqu'à cent Marks ou des arrêts de trois jours exécutoires immédiatement (!) contre les parties, les prévenus, les témoins, les experts, le public, § 180 (peines pouvant s'élever à 100 Mark contre les avocats-avoués et les défenseurs); le § 182 donne ce même pouvoir au juge siégeant seul dans l'exercice de ses fonctions; voir aussi les §§ 181, 183 et 184. Le droit accordé aux tribunaux par la législation française (c. d'instr. crim. art. 181 et 505 à 508) d'ouvrir les débats et de statuer immédiatement sur les infractions commises à leur audience ne leur a pas été accordé par la législation allemande. Voir cependant la loi d'organisation judiciaire § 185. La loi ci-dessus mentionnée sur les juridictions industrielles dans son § 36 alinéa 3 et l'ordonnance impériale rendue pour l'exécution de la loi sur les assurances contre les infirmités et la vieillesse dans son § 12 alinéa 2, accordent ce droit de punir prévu dans la loi d'organisation judiciaire § 179 sq., aussi aux juridictions industrielles et aux juridictions arbitrales établies en vertu de la dite ordonnance. (Relativement aux recours voir la loi § 55 et l'ordonnance § 12 in fine.)

II. Le devoir imposé aux échevins et aux jurés par le § 200 de la loi d'organisation judiciaire allemande de garder le secret de leurs délibérations et de leurs votes n'a pas reçu de sanction, pas plus que la justice des décisions des échevins et des jurés.[1]) La législation d'Empire ne contient jusque dans ces derniers temps que dans de rares circonstances des pénalités contre la révélation des secrets. Voir infrà § 36. La loi d'Empire du 5 avril 1888 sur les débats judiciaires à huis-clos, Off. de l'Emp. 1888, p. 133, admit dans une plus large mesure l'obligation effective au secret et sanctionna cette obligation par des pénalités.[2]) Lorsque la publicité d'un débat judiciaire a été interdite pour cause de sûreté de l'État, le tribunal peut ordonner aux personnes présentes (les juges, les jurés, les échevins et le ministère public sont naturellement compris parmi elles) de tenir secrets les faits qui sont parvenus à leur connaissance au moyen des débats, de l'acte d'accusation, ou d'autres pièces officielles du procès. Lorsque dans un débat judiciaire le huis-clos a été ordonné pour cause de sûreté de l'État, la presse ne doit publier aucune nouvelle relative aux débats. Il en est de même à la fin du procès, en ce qui concerne la publication de l'acte d'accusation et des autres pièces officielles. Les infractions à ces dispositions sont punies d'une amende qui peut s'élever à mille marks ou d'arrêts ou d'un emprisonnement au maximum de six mois.

§ 31. **Des peines comme moyen de contraintes.**

Les pénalités sont souvent prononcées par la loi (surtout à titre de pénalités réglementaires) dans le but de contraindre quelqu'un à l'exécution d'un devoir public. Voir suprà § 14 III p. 291, § 29, et infrà § 45 I in fine. Le Code de procédure civile allemand va beaucoup plus loin dans l'emploi d'une peine comme moyen de forcer à l'exécution, il admet dans son § 774 des amendes jusqu'à 1500 marks et même une contrainte par corps pour amener un défendeur condamné à faire un acte que des tiers ne pourraient pas accomplir à sa place et qui dépend exclusivement de sa volonté. Le § 775 admet des amendes jusqu'à concurrence de 1500 marks ou la condamnation

---

[1]) Le § 336 du C. p. punissant le déni de justice comme telle ne s'applique pas aux échevins ni aux jurés. Ceux-ci sont — tant qu'il ne s'agit pas de la corruption — responsables seulement devant Dieu et leur conscience.
[2]) Kleinfeller, Les lois de l'Empire sur les débats à huis-clos. Erlangen 1888.

à des arrêts au maximum de six mois pour chaque contravention à un jugement portant une défense. En cas de plusieurs infractions la peine privative
de liberté peut dans le second cas s'élever jusqu'à deux ans. Ces mesures et
punitions doivent être prononcées par la juridiction de première instance.

§ 32. Des faits relatifs à la guerre.

I. Au recrutement de l'armée se rapportent, outre les §§ 140 à 143 du
C. p. 1° la loi militaire impériale du 2 mai 1874, p. 45,[1]) §§ 18, 33, alinéa 1
et 3, 39, 60 n°s 2 et 3.[2]) 2° La loi sur l'exercice du contrôle militaire sur
les personnes en congé du 15 février 1875, p. 65, §§ 6 et 7; voir aussi
§ 4 lit. b.

II. 1° Loi sur les servitudes imposées à la propriété foncière dans le
voisinage des forteresses du 20 décembre 1871 (loi d'Empire sur les zones
militaires), p. 459, § 32.[3]) 2° Loi sur les ports de guerre, etc. du 19 juin
1883, p. 105, § 2, in fine, et § 4. 3° Loi sur les fournitures en cas de guerre
par réquisition, du 13 juin 1873, p. 129, § 27, 2e partie.[4]) 4° Ordonnance sur
l'introduction des lois de l'Empire dans l'Héligoland du 22 mars 1891, p. 21,
art. 1 n° IV. 5° Loi sur la presse du 7 mai 1874, Off. de l'Emp. p. 65, § 15
et 18 n° 1.

§ 33. Du droit pénal dans les traités.[5])

Des conventions importantes sous divers rapports au point de vue pénal
se rencontrent dans les traités conclus par la Confédération du Nord de
l'Allemagne et par l'Empire allemand. Ces conventions ont déjà trouvé en
partie leur place dans les autres paragraphes; ainsi, par exemple, la convention
internationale sur le phylloxéra, celles pour la protection des droits d'auteurs
d'œuvres industrielles ou intellectuelles, le traité international sur la pêche
dans la mer du Nord, celui avec la Belgique pour la répression des délits
forestiers et ruraux, de pêche et de chasse, la convention douanière avec
l'Autriche. En outre, l'attention doit être appelée sur les traités suivants:
1° La convention additionnelle au traité d'amitié, etc. allemand-chinois du 2 septembre 1861 avec des dispositions spéciales et explicatives du 31 mars 1880,
Off. de l'Emp. 1881, p. 261, art. 3, 4 et 6, dispositions spéciales §§ 4, 5, 6, 9.
2° Le traité avec le Japon du 20 février 1869; Officiel de la Confédération
1870, p. 1 art. 3 in fine, art. 6 et 7. 3° Le traité de commerce avec la Corée
du 26 novembre 1883, Off. de l'Emp. 1884, p. 221, art. III n°s 4, 5, 6 et 10,
IV n°s 6 et 7, art. VI et dispositions du règlement du commerce p. 237, I 3 et 6;
III (sanction douanière) 2 à 5. 4° Le traité de commerce avec la Serbie du
6 janvier 1883, p. 41. Dispositions particulières p. 57, § 3. 5° Le traité d'amitié
avec la République sud-africaine du 22 janvier 1885, Off. de l'Empire 1886,
p. 209, art. 9 alinéa 2. 6° Le traité d'amitié, etc. avec le sultan de Zanzibar
du 20 décembre 1885, Off. de l'Emp. 1886, p. 275 art. XIII, XIV alinéa 4, XVI,

---

[1]) Lois militaires de l'Empire allemand, publiées avec explications par les soins
du Ministère de la guerre prussien. Nouvelle édition revue. Berlin 1890, t. 1, II, p. 29,
39, 41, 53.
[2]) § 69 de la loi militaire d'Empire a été abrogé par l'art. II, § 35 de la loi du
11 février 1888, Off. de l'Emp. p. 11.
[3]) Voir les lois militaires de l'Empire allemand (suprà note 1) t. 1, III, p. 237,
au § 32, III, p. 251.
[4]) Voir les lois militaires, etc. (suprà note 3) t. 1, III, p. 153, au § 27, p. 182 et 183.
[5]) Staudinger, Recueil des traités de l'Empire allemand sur les objets de jurisprudence. Nördlingen 1882, premier volume de supplément 1884.

XVII. Les conventions tantôt établissent des immunités de juridiction et tantôt obligent à tenir la main à ce que certains délits soient punis. 7⁰ L'acte avec le Congo (actes généraux de la conférence de Berlin) du 26 février 1885. Off. de l'Emp. p. 215 art. 19 alinéa 4. 8⁰ Les actes généraux de la conférence de Bruxelles pour l'abolition de l'esclavage, avec la déclaration du 2 juillet 1890, Off. de l'Emp. 1892, p. 605 art. V, obligeant à édicter des pénalités contre les auteurs et les complices de la traite, contre ceux qui sont coupables de la mutilation des adultes et des enfants du sexe masculin, contre tous ceux qui prennent part à la capture des esclaves, contre les marchands d'esclaves, ceux qui conduisent et transportent des troupes d'esclaves et contre les coauteurs et les complices de toutes ces personnes. Voir aussi art. LXVII.

§ 34. Des traités d'extradition en particulier.[1]

1⁰ Plusieurs États de l'ancienne Confédération allemande avaient conclu des traités d'extradition avec des États non-allemands, par exemple la Prusse, Bade, la Bavière, Brême, Hambourg, Hesse-Darmstadt, Lubeck, Mecklenbourg-Schwerin et -Strelitz, Oldenbourg, la Saxe, Saxe-Weimar, Waldeck-Pyrmont, le Wurttemberg avec la France; la Prusse, Bade, la Bavière, Brême, Hambourg, Hesse-Darmstadt, Mecklenbourg-Schwerin, Oldenbourg, la Saxe, le Wurttemberg avec les Pays-Bas; la Prusse, la Bavière et Hesse-Darmstadt avec la Russie; la Prusse, la Bavière et Bade avec les États-Unis de l'Amérique du Nord. 2⁰ Pour les États de la Confédération allemande, y compris l'Autriche, la Convention fédérale du 26 janvier 1854 (voir le recueil de droit prussien 1854, p. 359), forma entre eux la base internationale du droit d'extradition. 3⁰ Les traités avec la France furent renouvelés après la guerre. Convention additionnelle au traité de paix de Francfort du 11 décembre 1871, Off. de l'Emp. 1872, p. 7, art. 18. L'Autriche considère, aux termes d'une circulaire ministérielle du 7 décembre 1870, depuis la dissolution de l'ancienne Confédération allemande, la résolution prise par cette Confédération au sujet du droit d'extradition du 26 janvier 1854 comme une convention internationale et se regarde comme liée par elle, de même que les États de la Confédération allemande l'observent, après comme avant. 4⁰ Relativement aux rapports actuels des États de la Confédération allemande les uns avec les autres, l'obligation de l'extradition s'est trouvée déjà établie sur une base constitutionnelle par la loi de la Confédération de l'Allemagne du Nord du 21 juin 1869, concernant l'assistance à se fournir réciproquement en ce cas, Off. de la Conf. 1869, p. 305, et depuis la mise en vigueur de la loi d'organisation judiciaire allemande du 27 janvier 1877, c'est-à-dire depuis le 1er octobre 1879 les juridictions ordinaires allemandes forment une unité judiciaire intérieure, aussi bien que les tribunaux d'un État centralisé. Le pouvoir judiciaire de tous les tribunaux allemands s'étend

---

[1] Traités d'extradition. Berlin 1875. Édition officielle. Staudinger, Recueil des traités de l'Empire allemand sur des objets de jurisprudence. Édition contenant les textes avec annotations, table des matières, etc. Nördlingen, librairie Beck, 1882. Iʳᵉ section p. 1—143. Premier volume supplémentaire 1884. Première section p. 1—17. — G. Hetzer, Traités d'extradition allemands. Collection des traités d'extradition conclus par l'Empire d'Allemagne, la Confédération de l'Allemagne du Nord et les divers États de l'Allemagne avec des États étrangers, encore aujourd'hui en vigueur, avec les dispositions relatives à leur exécution, édictées par l'Allemagne et par la Prusse; des tableaux comparatifs et des commentaires pour l'usage pratique. Berlin 1883. — Lammasch, De l'obligation d'extrader et du droit d'asile. Étude sur la théorie et la pratique du droit pénal international. Leipzig 1887. — Binding, Manuel, I, § 81. — von Liszt, Cours (5e édition 1892), § 20, p. 112.

sur toutes les personnes habitant l'Empire, de telle sorte que l'ordre de faire
une sommation, d'amener ou d'arrêter une personne peut être mise à exécution
par les fonctionnaires chargés des significations et des exécutions dans tous
les États confédérés, que le Tribunal qui ordonne et le fonctionnaire qui
exécute appartiennent ou non au même État confédéré. L'ordre d'arrestation
rendu par un juge de bailliage bavarois doit être exécuté en Prusse de la
même manière qu'en Bavière (loi d'organisation judiciaire § 161). Il n'y a
même pas besoin de recourir à l'intervention du juge du lieu (loi d'org. jud.
allemande § 162). 5° Relativement au rapport juridique actuel entre l'Empire
et les États confédérés d'une part et l'Étranger de l'autre, ils ne sont point
réglés fondamentalement par des lois d'extradition, comme cela a lieu dans
quelques autres pays, la Belgique, la Hollande, l'Angleterre, le Luxembourg,
le Canada, la République argentine et en partie les États-Unis (von Liszt,
Cours, 5e édition 1892, § 20 Note 2, p. 113). Les rapports entre l'Empire
allemand et les États particuliers relativement à l'extradition reposent pour
la plus grande partie, abstraction faite de la réglementation de quelques
questions par la loi — par exemple la défense de livrer ses propres nationaux,
C. p. allemand § 9 — sur les traités internationaux et les usages du
droit des gens. Il n'est pas douteux que l'Empereur d'Allemagne peut
négocier pour l'Empire des traités d'extradition. Seulement l'assentiment
du Conseil fédéral est nécessaire pour leur conclusion et l'approbation du
Reichstag pour leur validité (Constitution de l'Empire art. 11, alinéa 3) et
lorsque ce traité est valable, les traités quelconques des divers États de
la Confédération perdent leur valeur conformément à l'art. 2 de la Constitution de l'Empire; même ceux-ci ne peuvent plus eux-mêmes faire de
traités d'extradition avec les pays étrangers avec lesquels l'Empire a contracté.
Mais lorsque l'Empire, et avant lui la Confédération du Nord de l'Allemagne,
n'ont point réglé les rapports avec les divers pays étrangers relativement
à l'extradition, les traités déjà faits restent en vigueur et chaque État a le droit
d'en conclure de nouveaux, droit dont la Prusse et la Bavière ont fait usage
dans les traités d'extradition avec la Russie en 1885, d'ailleurs très critiqués.
6° La Confédération de l'Allemagne du Nord est convenue avec l'Amérique
du Nord de rendre fédéral le traité prussien-américain de 1852. Le Wurttemberg avait déjà adhéré à ce traité par une ordonnance du 2 mars 1854
(Officiel du royaume de Wurttemberg 1854, p. 31). La Bavière et Bade se
trouvent encore aujourd'hui, en ce qui concerne l'extradition, engagés par
des traités particuliers envers les États-Unis. Traité bavarois du 12 septembre
1853, Officiel 1854, p. 1089; traité badois du 30 janvier 1857, Officiel de Bade
de 1857, p. 154. En 1875 a été publiée une édition officielle des traités
d'extradition allemands (Berlin 1875). Cette édition a été rendue incomplète
par les traités conclus depuis 1876, 1877, 1878 et 1880. Voir les recueils
cités ci-dessus. C'est-à l'époque tout-à-fait actuelle qu'appartient le traité que
l'Empereur au nom de l'Empire a conclu au profit des pays de protectorat
allemand avec le Congo. Traité du 25 juillet 1890, Off. de l'Emp. 1891,
p. 91.[1]) 7° Tandis que dans le traité prussien-nord-allemand avec les États-
Unis on ne vise comme cas d'extradition que sept crimes et groupes de
crimes, le traité allemand avec le Congo, de même que ceux conclus avec la
Belgique, le Luxembourg, l'Espagne et l'Uruguay, en vise trente-quatre groupes.
Celui conclu avec la Grande-Bretagne s'applique à 18, celui avec le Brésil à
19, et celui conclu avec la Suisse à 23. Dans les derniers traités, ceux avec
l'Italie, la Belgique, le Luxembourg, l'Espagne, l'Uruguay et le Congo et

---

[1]) Ce traité n'est pas valable pour l'Empire lui-même. Art. 17.

même, en ce qui concerne les points essentiels, dans ceux conclus avec la Suisse, la Suède-Norvége et le Brésil, ce sont les mêmes principes de droit, presque toujours dans les mêmes termes, qui sont exprimés. C'est ici qu'on peut observer l'évolution du droit coutumier. Le meilleur règlement par un traité international d'extradition qui s'appliquerait au monde entier, règlement qu'on a déjà proposé bien des fois, échouerait bientôt par suite de la différence de sentiments, d'opinions politiques et juridiques qui existent encore dans les diverses sphères gouvernementales dirigeantes. Si l'anarchie qui se sert de matières explosibles vient à menacer les nations plus encore qu'elle ne le fait aujourd'hui, la nécessité des temps pourra vite amener à conclure un traité d'extradition général, quoique limité, dont le contenu et les tendances seraient exposés au danger d'une résolution trop hâtive, danger qui serait évité si on s'occupait à temps de ce projet. En somme, on ne peut méconnaître dans les traités d'extradition une tendance à l'affermissement de la répression, tendance qui, il est vrai, serait affaiblie par la situation que les divers États semblent prendre relativement aux crimes et aux délits qui consistent dans les actes de violence et l'explosion des passions sans qu'un autre en éprouve de lésion. L'omission d'un crime ou d'un groupe de crimes dans un traité d'extradition est d'ailleurs souvent fondée sur ce motif que ce crime ou ce groupe est déjà contenu dans un concept plus compréhensif des incriminations établies dans ce pays. Par exemple, le mot „murder" dans un traité avec la Grande-Bretagne, comprend implicitement l'infanticide qui dans les autres traités est nommément indiqué. Souvent une condition de l'extradition consiste en ce que les lois des deux pays punissent l'acte dont il s'agit. C'est ce qui est fréquemment stipulé relativement à la tentative. 8⁰ Dans les traités avec les États-Unis, la Grande-Bretagne et la Suède-Norvége, l'extradition n'est accordée en raison de la tentative que pour quelques infractions. A l'exception du traité avec l'Amérique, l'extradition s'applique expressément partout ailleurs à la complicité comme à l'acte lui-même. La Grande-Bretagne ajoute comme condition que l'acte doit être punissable dans les deux pays. 9⁰ Tous les traités, excepté celui de l'Empire allemand avec le Congo, excluent l'extradition lorsqu'il s'agit de crimes politiques. Mais cette définition n'est pas assez nette pour que dans l'usage cette restriction puisse avoir des limites certaines. On doit compter comme tel „tous les crimes faits avec intention et dirigés contre l'existence et la sûreté de l'État, le chef de l'État et les droits politiques des citoyens". von Liszt, Cours § 20, p. 114 (dans l'Empire allemand: la haute-trahison, la trahison contre la patrie, l'outrage contre le souverain de l'un des États ou contre les princes de la Confédération, contre les membres des familles régnantes et du régent, les hostilités contre les États alliés, les crimes et les délits relatifs à l'exercice des droits civiques). On ne peut cependant méconnaître que beaucoup de ces crimes dans certains cas n'ont rien à voir avec la politique et qu'à l'inverse beaucoup d'autres délits, par exemple, l'attaque contre un homme d'Etat dirigeant peut avoir un caractère hautement politique. Dans le traité belge et dans ceux ci-après (Luxembourg, Suède-Norvége, Espagne, Brésil, Uruguay) à l'exclusion des crimes politiques on ajoute la clause dite de l'attentat qui restreint cette exception. „L'attaque contre le chef d'un gouvernement étranger ou les membres de sa famille ne doit être considérée ni comme un crime politique, ni comme connexe à un tel crime, quand cette attaque consiste en meurtre ou en empoisonnement.[1]), [2])

---

[1]) L'empoisonnement ne figure pas dans le traité avec le Brésil; cela n'a pas importance pratique.

[2]) Dans le traité avec le Congo, l'exception relative aux délits politiques ne figure pas; par conséquent l'exceptio exceptionis n'était pas nécessaire.

	1. Nord-Amérique. 22 février 1868. Off. d'Emp. p. 228.	2. Italie. 31 octobre 1871. Off. d'Emp. p. 446.	3. Grande-Bretagne. 14 mai 1872. Off. d'Emp. p 229.	4. Suisse. 24 janv. 1874. Off. d'Emp. p. 113.	5. Belgique. 24 décembre 1874. Off. d'Emp. 1875, p. 73.	6. Luxembourg. 9 mars 1876. Off. d'Emp. p. 223.	7. Suède-Norvège. 19 janvier 1878. Off. d'Emp. p. 213.	8. Espagne. 2 mai 1878. Off. d'Emp. p. 259.	9. Brésil. 17 septembre 1877. Off. d'Emp. 1878, p. 267.	10. Uruguay. 12 février 1880. Off. d'Emp. 1883, p. 287.	11. Empire allem. des pays de protectorat avec le Congo. 25 juillet 1890. Off. d'E. 1891, p.97.
Meurtre et assassinat	art. I. (meurtre)	1	1, 2	1	1	1	1	1	1	1	1
Infanticide	—	1	(murder) 1	1	1	1	1	1	1	1	1
Avortement volontaire	—	2	—	2	2	2	2	2	2	2	2
Exposition	—	3	—	3	3	3	3	3	3	3	(personnes abandonnées) 3
Coups portés ou blessures graves, faites volontairement	—	10	(en tant que manslaughter)	10	15	15	13	15	6	15	15
Atteinte à la liberté par des particuliers	—	6	—	6	6	6	6	6	5	6	6
Id. par des fonctionnaires	—	6	—	6	—	—	—	—	—	—	6
Trouble à la paix domestique	—	*	—	—	7	7	—	7	—	7	7
Trouble à la paix publique	—	—	—	—	9	9	—	9	—	9	9
Supposition, suppression, substitution d'enfant	—	4	11	4	4	4	4	4	4	4	4
Vol d'enfant	—	—	—	4	4	4	4	4	3	4	5
Rapt d'homme	—	—	—	—	—	—	—	—	—	—	5
Détournement de mineur	—	(des hommes en général) 5	(des femmes en général) 10	5	5	5	5	—	(des hommes en général) 2	5	5
Contrainte	—	—	—	—	—	—	7	—	—	—	—
Menaces	—	—	—	—	8	8	—	8	—	8	8
Viol	—	8	9	8	11	11	9	11	—	11	11
Attentat à la pudeur avec violence ou menaces	—	—	—	—	12	12	10	12	4	12	12
Attentat à la pudeur envers les enfants	—	—	—	—	13	13	11	(13ans, suivant les cas, 16ans) 13	—	(13ans, suivant les cas, 14ans) 13	13
Excitation à la débauche	—	9	—	9	—	—	12	12	—	—	14
Excitation à la débauche habituelle et par profession	—	9	—	9	14	14	—	14	—	14	14
Bigamie	—	7	—	7	10	10	8	10	—	10	10
Vol	—	(grave ou dépassant 1000 fr.) 11	5, 12	11	16	16	15	16	—	16	15
Soustraction	—	12	5	12	17	17	16	17	(vol grave) 7	17	17
Rapine	art. I. (aussi vol au mur)	11	14	11	16	16	14	16	15, 17	16	16
Extorsion	art. I.	11	15	11	16	16	14	17	8	17	16
Détournement et concussion de la part de fonctionnaires publics	art. I. (soustraction dans l'exercice de fonctions)	—	—	21	29	29	26	29	16	29	29
Escroquerie	—	(au-dessus de 1000 fras.) 12	6	13	18	18	16	13	8	18	18
Abus de confiance	—	—	8	—	17	17	16	—	15	17	17
Recélement	—	—	—	—	34	34	31	34	—	34	34
Destruction (simple)	—	—	—	—	—	—	—	—	—	—	34
Destruction qualifiée	—	—	—	—	33	33	29, 30	33	—	33	33
Faux serment (dans un procès civil)	—	14	—	14	20	20	18	20	—	20	20
Faux témoignage, fausse déclaration d'un expert, fausse traduction d'interprète	—	15	—	15	21	21	18, 19	21	9	21	21
Subornation de témoin, expert ou interprète	—	16	—	16	22	22	22	22	9	22	22
Faux en écritures	art. I.	17	4	17	23	23	20	23	10	23	23
Destruction, dégradation ou suppression volontaire de titres	—	—	—	—	24	24	21	24	18	24	24
Contrefaçon ou falsification des timbres, etc.	—	—	—	—	25	25	22	25	11	24	24
Fausse monnaie	—	18	3	18	26	26	23	26	12	26	26
Faux dans les effets de commerce	art. I.	19	4	19	27	27	24	27	12	27	27
Banqueroute et préjudice frauduleux à la masse des créanciers	art. I.	13	7	13	19	19	17	19	8	19	19
Incendie volontaire	art. I.	20	13	20	28	28	25	28	14	28	28
Destruction de chemins de fer, machines à vapeur, fils télégraphiques	—	24	—	23	32	32	(ainsi des navires, etc.) 29	32	18	32	32
Entraves volontaires à la circulation par chemins de fer	—	24	—	23	32	32	29	32	—	32	32
Attaques contre les personnes à bord d'un navire	—	—	17	—	—	—	—	—	—	—	—
Destruction, résistance avec violence, échouement d'un navire	—	23	16	—	31	31	28	31	17	31	31
Mutinerie à bord d'un navire	—	23	18	22	31	31	28	31	17	31	31
Corruption	—	22	—	—	30	30	27	30	16	30	30

10⁰ Le tableau ci-dessus doit donner un aperçu des crimes relativement auxquels l'extradition est accordée à l'Empire d'Allemagne, ou suivant les cas,
à la Confédération du Nord de l'Allemagne (et au Wurttemberg) et vice versa.
Les chiffres se rapportent aux numéros sous lesquels les groupes de délits
sont portés dans les différents traités. Pour favoriser la vue synoptique et
économiser l'espace, les groupes de délits ne sont pas indiqués d'une manière
aussi complète que sur les traités, même les détails auxquels on attache de
l'importance ne sont pas tous relatés. Ce tableau a été dressé surtout dans
le but d'attirer et de diriger l'attention; en ce qui concerne l'usage pratique,
il y a lieu de recourir au traité lui-même. Il n'est pas besoin de dire que
les États ne se bornent pas à faire l'extradition seulement dans les cas prévus.
Dans ces cas, en conséquence des traités et du droit des gens, les États sont
obligés d'extrader. Mais ils ont l'habitude de l'accorder même en dehors de
ces cas sur demande spéciale, lorsque les lois du pays n'y font point obstacle
et qu'il n'y a pas de motif d'hésiter dans l'espèce. L'Amérique n'a pas spécifié
le cas du vol — l'indication qu'on trouve dans le tableau de Hetzer repose sur un
mal-entendu —, cependant l'Amérique ne refuse presque jamais l'extradition
des voleurs avec effraction, de même qu'aucun État allemand ne se refusera, à
la requête des autorités compétentes de New-York, à extrader l'Américain
qu'on lui réclamera en vertu du § 530 du C. p. de New-York du 26 juillet
1881 comme s'étant rendu coupable de vol qualifié. **11⁰** Enfin il faut encore
rappeler que même dans les autres traités allemands on trouve des conventions
spéciales sur l'extradition, en particulier, des déserteurs de la marine. Traité
de commerce, etc. avec le Portugal du 2 mars 1872, Off. de l'Emp. p. 254
art. 18; traité d'amitié, etc. avec le Mexique du 5 décembre 1882, Off. de
l'Emp. 1883, p. 247 art. 21; traité de commerce et d'amitié, etc. avec la
Corée du 26 novembre 1883, Off. de l'Emp. 1884, p. 221 art. III, n⁰ 9; traité
d'amitié, etc. avec la République Sud-Africaine du 22 janvier 1885, Off. de
l'Empire 1886, p. 209 art. 31; traité d'amitié, etc. avec le Zanzibar du 20 juin
1885, Off. de l'Emp. 1886, p. 261 art. XV. Actes généraux de la Conférence
anti-esclavagiste de Bruxelles du 2 juillet 1890, Off. de l'Emp. 1892, p. 605,
art. V, alinéa 3 in fine. Un traité d'extradition avec la Serbie a été conclu
par une convention préliminaire entre l'Empire allemand et la Serbie, traité
consulaire du 6 janvier 1883, art. XXV alinéa 3. Off. de l'Emp. p. 70, jusqu'à la
mise en vigueur duquel les droits de la nation la plus favorisée relativement
à l'extradition furent stipulés au profit de l'Empire allemand sous la condition
de la réciprocité. **12⁰** A l'extradition des déserteurs militaires entre l'Empire
allemand et l'Autriche se rapporte la convention encore existante, en tout cas
de nouveau en vigueur, qui fut acceptée par l'Assemblée fédérale allemande
le 10 février 1831; recueil des lois de Prusse 1831, p. 41, et la convention
entre le gouvernement prussien d'une part et le gouvernement danois de l'autre,
du 25 décembre 1821. Recueil des lois prussiennes 1822, p. 33. Voir les
lois militaires de l'Empire allemand. II. Section XI. Nouvelle édition revue,
Berlin 1890, p. 189 sq.

§ 35. Des dispositions du droit de la Confédération et de l'Empire relativement au droit de grâce.[1]

L'exercice du droit de grâce n'a pas été réglé fondamentalement par la
législation d'Empire. Spécialement c'est le droit de chaque État qui décide

---

[1] Binding, Manuel, I, § 166—169, p. 860. — H. Meyer, Cours (4e édition 1888),
§ 46, p. 390. — von Liszt, Cours 1892, § 77, p. 293. — Laband, Droit constitutionnel
de l'Empire d'Allemagne (2e édition 1890), t. 2, § 91, p. 479.

si et jusqu'à quel point, on peut, avant que le jugement ait acquis l'autorité de la chose jugée, arrêter l'action pénale et mettre à néant une poursuite commencée (abolition).[1] Lorsque les tribunaux d'Empire jugent en première instance, l'abolition n'est pas admise. Le droit d'Empire ne connaît pas cette institution. La grâce dans son sens propre, c'est-à-dire la remise totale ou partielle d'une peine prononcée ayant force de chose jugée, se détermine également d'après le droit des États, lorsque la peine a été prononcée en première instance par un tribunal d'un des États confédérés. Le Code de procédure pénale exige seulement que les sentences de peines capitales soient soumises au chef de l'État et ne permet qu'elles soient exécutées que lorsque celui-ci a décidé qu'il ne fera pas usage du droit de grâce. Code de procédure pénale, § 485. L'art. 18 du traité d'Union douanière du 8 juillet 1867, Off. de la Conf. p. 102, a confié le droit de grâce en matière douanière à chaque État compris dans l'Union. Par la déclaration du Pouvoir Impérial en Alsace-Lorraine — loi du 9 juin 1871, Off. de l'Emp. p. 212, § 3 — le droit de grâce a été aussi reconnu à l'Empereur pour cet État. La loi du 4 juillet 1879, Off. de l'Emp. p. 165, règle la transmission de ces droits de l'Empereur au gouverneur d'Alsace-Lorraine, et en vertu de cette loi ont été rendues les ordonnances impériales du 23 juillet 1879 (p. 282), du 23 septembre 1885 (p. 273), du 15 mars 1888 (p. 130) et du 20 juin 1888 (p. 189), lesquelles autorisent le gouverneur à remettre les amendes qui ont été prononcées par un jugement de justice ayant force de chose jugée ou administrativement, ainsi qu'à accorder la réhabilitation. Le Code de procédure pénale du 1er février 1877, § 484, transfère à l'Empereur le droit de grâce dans les affaires où le tribunal d'Empire a jugé en premier ressort. La loi sur la juridiction des consuls du 10 juillet 1879, Off. de l'Emp. p. 197 § 42, dans les affaires jugées en première instance par le consul ou le tribunal consulaire a confié le droit de grâce à l'Empereur.[2] Pour les pays de protectorat voir la loi du 17 avril 1886 et du 15/19 mars 1888, Off. de l'Emp. 1888, p. 75, § 2. — Relativement à la ratification des décisions pénales militaires voir le code de procédure pénale prussienne militaire du 3 avril 1845, §§ 150 à 153, l'ordre du Cabinet du 1er juin 1867, Off. de l'armée p. 55; l'ordre du Cabinet 1868, Off. de l'armée p. 100; Code de procédure pénale militaire §§ 162 à 175, 205, 206 et 267; et relativement à la ratification des peines capitales prononcées en cas d'état de siège, loi prussienne du 4 juin 1851, recueil des lois p. 451, § 13 n° 6 et infrà § 42.

V. Du droit pénal spécial relatif aux fonctionnaires et des peines disciplinaires.[3]

§ 36.

I. Le C. p. contient dans la 28ème section de la 2e partie, ainsi que dans plusieurs autres paragraphes, des pénalités contre les fonctionnaires pour

---

[1] Voir H. Seuffert dans von Stengel, Dictionnaire de droit administratif, t. 1, p. 148 et 149.

[2] En outre, ordonnance sur la compétence consulaire à Samoa du 29 octobre 1890, Off. de l'Emp. p. 189, § 1 n° 3 (restriction de la compétence consulaire).

[3] Laband, Droit constitutionnel, 2e édition (1890), t. I, § 48, p. 462. — Harseim dans von Stengel, Dictionnaire de droit administratif, t. 1, p. 266. — Hänel, Droit constitutionnel allemand, t. 1 (1892), § 76, p. 455. — Seydel, Droit constitutionnel bavarois, t. 3, 2e division, Munich 1887, p. 478. — H. Meyer, Cours, 4e édition 1888, § 2 lettre C,

crimes ou délits dans l'exercice de leurs fonctions (fonctions d'échevins, fonctions de jurés). Meurtre et lésions corporelles occasionnées par faute en négligeant l'attention spéciale que les fonctions imposaient, §§ 222 alinéa 2, 230 alinéa 2; lésions corporelles à dessein dans l'exercice des fonctions, § 340; actes d'immoralité commis avec des personnes qui sont sous l'autorité du fonctionnaire, § 174 nos 2 et 3; contrainte et trouble de la paix domestique par abus de ces fonctions, §§ 339 et 342; soustractions dans l'exercice des fonctions, §§ 350 et 351; concussion, §§ 352 et 353; exaction, § 339 alinéa 2 et § 253; participation à des associations défendues, § 128 alinéa 2 et § 129 alinéa 2; trouble apporté à l'exercice du culte, § 339 et § 167; de même, obstacle à prendre part à une séance d'assemblée législative, § 339 et § 106; de même, contrainte dans l'exercice de droits électoraux, § 339 et § 107; corruption, §§ 332 et 334 (§ 335); déni de justice, § 336; abus du droit de punir et des pouvoirs de l'instruction, §§ 343 à 345; omission d'exercer des poursuites et de punir contraire à la loi, § 346; connivence à l'évasion d'un prisonnier, § 347; faux commis dans les titres, §§ 348 et 349; violation du secret professionnel, désobéissance, et fausses informations données par les fonctionnaires des affaires étrangères de l'Empire, § 353a; violation du secret dans les postes et télégraphes, §§ 354 et 355; complicité en connaissance de cause, avec un fonctionnaire de l'état civil en cas de célébration d'un mariage entaché de bigamie, § 338, voir aussi suprà § 17; subornation de subordonnés et connivence des employés chargés de la surveillance et du contrôle, § 357. L'obligation de garder le secret professionnel imposé aux avoués, aux avocats, aux médecins, aux chirurgiens, aux sages-femmes, aux pharmaciens et aux auxiliaires de ces personnes existe sous une sanction, C. p. § 300. Voir aussi la loi sur les assurances contre les accidents du 6 juillet 1884, §§ 107 et 108, et celle sur les assurances contre les infirmités et la vieillesse du 22 juin 1889, §§ 152 et 153 où dans certaines circonstances on prononce pour les indiscrétions une peine au maximum de 5 ans, avec déchéance des droits civiques, et une amende au maximum de 3000 marks. Par contre, une pénalité générale contre la violation du secret professionnel ne se rencontre point dans le droit pénal de l'Empire, et d'après l'art. 2 de la Constitution de l'Empire et le § 2 de la loi de la mise en vigueur du C. p., il ne serait pas permis à la législation d'un État d'édicter une peine publique contre la violation du secret professionnel. Voir infrà § 43.

II. Le droit pénal spécial aux fonctionnaires trouve un complément essentiel dans le droit pénal disciplinaire. Il est vrai que des auteurs éminents soutiennent en Allemagne cette opinion que la peine publique et celle disciplinaire sont deux entités essentiellement distinctes. C'est ce qu'enseignent en particulier Binding, von Liszt, Laband, Hänel. La différence de traitement des infractions punissables comme crime ou délit professionnel et du délit disciplinaire, et surtout ce fait que la peine disciplinaire n'est pas épuisée par l'application de la peine publique et réciproquement militent en faveur de cette distinction essentielle. Mais elle n'est pas reconnue dans toute la législation allemande; voir spécialement le Code (Landrecht) prussien général de 1794, 2e partie, titre 20, §§ 323 à 508, surtout §§ 352 et 363, et récemment la loi bavaroise du 18 août 1879 d'introduction du Code de procédure pénale de l'Empire allemand (infrà § 44 no 4) section 6e, de même la loi d'introduction du C. p. militaire allemand (infrà § 41) § 3. On ne

p. 9. — Binding, Esquisse, 4e édition 1890, § 87, no 6, p. 153 (3e édition 1884, § 38, p. 83). — v. Liszt, Cours, 1892, § 176, 177, p. 592. — H. Seuffert dans von Stengel, Dictionnaire de droit administratif, t. 1, p. 47.

peut nier que la peine disciplinaire fait souvent fonction de peine publique, de même que celle-ci, lorsqu'elle entraîne l'incapacité de remplir des fonctions ou lorsque cette incapacité ou la perte des fonctions lui est connexe, rend inutile l'action de la discipline avec ses épurations. Le bon ordre et l'élimination des éléments propres à déshonorer les fonctions ne sont pas les fins dernières de la peine disciplinaire. Celle-ci vise indirectement la protection des intérêts que la fonction devait garder ou favoriser. Or cette protection, d'après les idées que nous soutenons ici, est aussi la justification de la peine publique. La législation prussienne, au commencement de la dernière moitié de notre siècle, en particulier dans la loi du 7 mai 1851 sur les délits professionnels des juges et leur déplacement d'office ou leur destitution, donna la direction de la législation allemande relative aux fonctionnaires et le caractère du droit disciplinaire, Rec. des lois 1851, p. 218; il en est de même de la loi du 21 juillet 1852 sur les délits professionnels des fonctionnaires non-judiciaires, etc., Recueil des lois 1852, p. 465. Plusieurs lois des autres États confédérés (l'Alsace-Lorraine, le Wurttemberg, Bade, le royaume de Saxe, Hesse) ont adopté cette législation, surtout celle de l'Empire allemand a pris pour modèle celle de la Prusse. La loi sur la situation juridique des fonctionnaires de l'Empire du 31 mars 1873, Off. de l'Emp. p. 61, qualifie de délit professionnel la violation des devoirs imposés aux fonctionnaires de l'Empire et les punit de peines disciplinaires, § 72. Ces devoirs consistent d'après le § 10 à remplir consciencieusement et d'une manière conforme à la Constitution et aux lois les fonctions conférées et à tenir la conduite convenable que cette situation exige, tant dans l'exercice que hors de l'exercice des fonctions. Les peines disciplinaires consistent en pénalités réglementaires et dans la cessation des fonctions (changement de résidence et destitution à titre pénal). Les peines réglementaires (avertissement, blâme, amende) et le déplacement à titre de peine servent à l'amélioration et à la correction, la destitution à l'épuration. Loi §§ 73 à 75. D'après la gravité plus ou moins grande du délit relatif aux fonctions et en tenant compte de la conduite générale de l'inculpé, on décide quelle est la peine qui doit être appliquée. Loi § 76. Les peines réglementaires sont prononcées par les supérieurs hiérarchiques, lorsque le fonctionnaire a été mis à même de se défendre, et sous réserve d'un recours exercé sous forme d'instance. La cessation des fonctions (déplacement ou destitution à titre pénal) ne doit avoir lieu qu'à la suite d'une procédure disciplinaire dans toutes les formes, et organisée comme dans un procès. Loi §§ 82 à 84. Pour les Membres du tribunal d'Empire, de l'office fédéral de l'indigénat (Heimatwesen), de l'office des chemins de fer d'Empire, de celui des brevets, de la commission de rayon de défense de l'Empire et de celle fédérale des assurances il y a des dispositions spéciales, de même pour les fonctionnaires judiciaires de la Justice militaire. Dans la législation bavaroise ressortent bien surtout les rapports entre la pénalité publique et la pénalité disciplinaire. La loi bavaroise d'introduction du C. p. du 26 décembre 1871 et maintenant celle d'introduction du 18 août 1879 contiennent dans leur VIᵉ section art. 103 à 110 les dispositions pénales disciplinaires qui, de même que le C. p., punissent une série de faits de la vie du fonctionnaire. Ce sont des amendes de 300, 600, 900 et 1500 marks, et aussi la destitution. L'instruction et la sentence relatives aux affaires disciplinaires sont faites par les tribunaux régionaux (ordinaires) conformément à la loi d'organisation judiciaire et au Code de procédure pénale. L'instruction légale des affaires disciplinaires se distingue des autres affaires criminelles surtout en ceci, que les débats ont lieu à huis-clos, que contre les sentences rendues en première instance existe l'appel, mais non la révision, et que dans la loi et dans les condamnations les peines sont qualifiées en y ajoutant le mot: disciplinaire. Que l'on compare les textes suivants:

C. p. d'Empire § 266:

En raison de leur infidélité sont punis de la peine de l'emprisonnement, à laquelle on peut ajouter la privation des droits civiques: 1° Les tuteurs, curateurs, administrateurs de biens, etc., lorsqu'ils agissent au préjudice des personnes ou des biens qui leur sont confiés. Voir loi sur les caisses de secours du 1er avril 1884, § 34; loi sur les assurances contre les accidents du 6 juillet 1884, § 26; loi sur les assurances contre les infirmités et la vieillesse du 22 juin 1889, § 59; Code de commerce, art. 249; loi sur les Sociétés du 1er mai 1889, § 140.

Loi bavaroise du 18 août 1879, art. 107:

Les notaires ou les huissiers qui dans les affaires qui leur sont confiées en raison de leur qualité officielle agissent en connaissance de cause au préjudice de leurs mandants, sont punis disciplinairement d'une amende de 1500 marks. Art. 108: Dans les cas des art. 103 à 107 on peut en même temps prononcer à titre disciplinaire la destitution.

Il serait difficile de trouver une différence réelle entre les délits ci-dessus de l'administrateur de biens et le délit disciplinaire du notaire. Relativement aux juges il faut consulter maintenant la loi bavaroise disciplinaire du 26 mars 1881.

Pour les avocats-avoués c'est la loi sur les avocats-avoués du 1er juillet 1878, Off. de l'Emp. p. 177, qui règle la situation.[1] L'avocat-avoué doit exercer ses fonctions en conscience, et mériter l'estime que sa position exige par sa conduite aussi bien dans l'exercice qu'en dehors de l'exercice de ses fonctions. Loi § 28; voir sur ses devoirs en détail §§ 29 à 49, et surtout le § 31. L'avocat-avoué qui oublie ses devoirs subit des peines qui sont prononcées par un tribunal d'honneur, § 62. L'avertissement, la censure, l'amende jusqu'à 3000 marks, avec ou sans censure, la déchéance du droit d'être avocat-avoué, § 63; voir, en outre, le § 5 n° 2, et le § 6 n° 3, § 21 n° 3 (effets de la déchéance, de la censure, de l'amende de plus de 150 marks). Le § 97 statue sur la destination des amendes. — Relativement aux médecins voir la loi sur l'Industrie § 53, Off. de l'Emp. 1883 p. 195 (révocation du droit d'exercer).

VI. Du droit pénal militaire.[2]

1° Histoire du Code pénal militaire.

§ 37.

Les droits des peuples allemands au commencement du moyen-âge et les lois des rois francs contenaient déjà des dispositions sur la discipline et sur les infractions militaires. A côté de la menace de peines sévères contre la désertion (herisliz) et les autres délits militaires la note gaie dans ces

[1] Laband, Droit constitutionnel de l'Empire allemand. 2e édition, 1890, § 39, t. 2, p. 417, surtout p. 428.
[2] Wetzel, Système du Code civil ordinaire. 3e édition. Leipzig 1878, § 37, p. 446. — E. Dangelmaier dans les Archives de Goltdammer, t. 32 (1884), p. 449. — Hecker, Cours de droit allemand pénal militaire. Stuttgart 1887. Introduction. — Binding, Manuel, I, §§ 20—24, p. 100. — von Liszt, Cours (1892), § 201, p. 685. — Koppmann, Le C. p. militaire pour l'Empire allemand avec la loi de mise en vigueur. Avec commentaire. 2e édition. Nördlingen 1885. Introduction, p. I.

lois se rencontre ainsi que dans quelques autres vieux documents juridiques
en Allemagne. Un Capitulaire de Charlemagne de 811 décidait: ut in hoste
nemo parem suum vel quemlibet alterum hominem bibere roget. Et qui-
cunque in exercitu ebrius inventus fuerit, ita excommunicetur, ut in bibendo
sola aqua utatur, quousque male fecisse cognoscat. Mais il n'y avait pas de
juridiction particulière pour les militaires, le roi et ses lieutenants étaient
à la fois chefs à la guerre et autorités ordinaires en temps de paix.[1]) Cette
situation changea lorsqu'apparurent le service à la solde et les armées per-
manentes. Les tribunaux militaires se séparèrent des juridictions ordinaires; les
gens de guerre y furent soumis pour toutes les affaires civiles et aussi au
répressif. Le droit pénal pour les militaires reposait encore, quant au fond,
à la fin du moyen-âge sur les monuments législatifs communs, mais aussi, en
outre, sur des articles et des usages spéciaux à cet état, dont le contenu était
déterminé par la destination spéciale des militaires et par le besoin d'une
sévère discipline. D'ailleurs, même les délits de droit commun étaient souvent
traités d'une manière particulière en raison de leurs rapports avec la discipline
et la subordination militaires. Cette autonomie des juridictions et du droit
pénal militaires fut favorisée par les prescriptions spéciales militaires du droit
romain qui pénétraient partout. Voir l. 2 Cod. Theod. de jurisd. 2, 1 et L. 18
pr. Cod. Just. de re milit. 12, 35 (36). Cette situation spéciale des militaires
relative à l'organisation judiciaire, au droit pénal et à la procédure criminelle
s'est perpétuée jusqu'à nos jours. Il s'est produit, il est vrai, bien des essais
de les limiter aux infractions purement militaires et ayant rapport au service;
ainsi au commencement de ce siècle le Chancelier de Prusse von Schrötter,
lors de la suppression de la juridiction militaire dans les affaires civiles.
Scharnhorst fit rejeter cette proposition.[2]) Voir aussi les principes de droit
en Allemagne de 1849, § 35 (Roth et Merck, Collection des documents pour
les sources du droit public allemand depuis 1848; 2ᵉ tome 1852, p. 122).
Dans le même sens en l'année 1865 la Chambre des Députés de Bavière avait
voté une adresse à la Couronne par 113 voix contre 4.[3]) Mais on peut penser
que de longtemps la situation spéciale des militaires relativement tant à la
loi qu'à la juridiction pénale maintenues depuis tant de siècles ne sera pas
modifiée essentiellement. On verra persister cette idée qui a été exprimée
dans un livre imprimé en 1848, mais non publié, et qui avait pour auteur le
prince de Prusse, plus tard Empereur Guillaume Iᵉʳ. Dans les „annotations
au projet de l'organisation de la défense de l'Empire allemand, décembre
1848" le futur Empereur disait sous l'art. XII, Discipline et administration
de la justice, p. 92: „— nous devons nous en tenir fermement à ce principe
qu'en temps de guerre ou de paix la pleine juridiction pénale doit appartenir
aux juges militaires, si l'on ne veut pas perdre un des plus fermes fondements
de l'armée."

Les articles de guerre relatifs aux lansquenets de Maximilien Iᵉʳ (1508)
et le règlement de Cavalerie sous Maximilien II, édictés au Reichstag de
Spire en 1570, formèrent avec les articles de guerre de Gustave Adolphe de
1621 qui furent introduits au Brandebourg électoral par le prince Grand-
Électeur, la principale base du droit pénal militaire prussien.[4]) On n'en vient
qu'au 19ᵉ siècle à la codification du droit pénal militaire.

---

[1]) Voir Brunner, Histoire du droit allemand (Manuel de Binding, 2ᵉ division,
1ʳᵉ partie, t. 2), t. 2, § 60, p. 11 sq.
[2]) Dangelmaier, p. 455.
[3]) Compte-rendu sténographique de la Chambre des députés 1865, t. 2, n° 45
(séance du 2 juin 1865), p. 348.
[4]) Dangelmaier, p. 454 et 455.

D'après l'art. 61 de la Constitution de la Confédération du Nord de l'Allemagne, puis d'après l'art. 61 de la Constitution de l'Empire, la législation militaire prussienne en son entier devait être immédiatement introduite dans toute la Confédération, puis dans tout l'Empire, en particulier le C. p. militaire du 3 avril 1845 et celui d'organisation de justice pénale militaire du 3 avril 1845, de même que l'ordonnance sur les juridictions d'honneur du 20 juillet 1845. Cela eut lieu d'abord pour la Confédération de l'Allemagne du Nord par une ordonnance du roi de Prusse du 29 décembre 1867, Off. de la Conf. p. 185. Le royaume de Saxe seul conserva son C. p. militaire formé sur le modèle du Code prussien du 4 novembre 1867. Dans le Grand-Duché de Hesse, au Sud du Mein, le C. p. militaire entra en vigueur avec la Constitution de la Confédération;[1] à Bade il fut introduit par l'ordonnance impériale du 24 novembre 1871, Off. de l'Emp. p. 401. En Bavière il ne fut pas mis en vigueur, et cela, en vertu du traité d'alliance du 23 novembre 1870 (Off. de la Conf. 1871, p. 9), en Wurtemberg, en vertu de la Convention militaire du 21/25 novembre 1870, Off. de la Conf. 1870, p. 658. Après l'établissement de l'Empire il resta quatre Codes pénals militaires: 1° le wurttembergeois du 20 juillet 1818; 2° le prussien du 3 avril 1845; 3° le saxon du 4 novembre 1867 et 4° le bavarois du 29 avril 1869. Ces codes non seulement différaient entre eux sur beaucoup de points, mais même n'étaient pas d'accord sur les principes essentiels avec le droit pénal ordinaire devenu uniforme. Une fusion était nécessaire, „si le droit pénal militaire ne devait pas rester en arrière des progrès de la science et des conditions de la bonne administration de la justice, et ne devait pas être livré au danger de l'isolement et, par conséquence, de l'immobilité." L'armée qui se trouve en temps de guerre sous le même commandant en chef doit déjà en état de paix être soumise aux mêmes lois. Un important élément politique pour l'affermissement de l'Empire devait résulter de ce fait que l'armée allemande entière composée de différents contingents serait soumise à la même loi en temps de paix comme en temps de guerre. Spécialement „le Code pénal militaire prussien avait été fait à une époque où les nécessités dont la guerre confie la sanction à un C. p. militaire avaient été trop mises en oubli. Des personnes compétentes ont dit avec raison que le C. p. militaire prussien suffit en temps de paix, mais non en temps de guerre".

Dès la discussion sur le C. p. ordinaire la proposition fut faite dans le Reichstag de la Confédération du Nord de l'Allemagne avec l'approbation du Ministre de la guerre, le Comte Dr von Roon, d'une prompte révision de la législation pénale militaire. Un projet (I) préparé par l'auditeur général prussien Fleck sur la base de la législation prussienne et en tenant compte du C. p. militaire bavarois fut soumis ensuite à une commission composée d'officiers et de jurisconsultes militaires. Des délibérations de cette commission qui durèrent trois mois sortit le Projet II qui avec quelques modifications fut accepté par le Conseil fédéral et fut présenté au Reichstag le 8 avril 1872. (Projet III.) On y ajouta le projet en 3 paragraphes d'une loi de mise en vigueur, et aussi l'exposé des motifs qui fut rédigé par le Conseiller intime de justice Keller et le juge prussien Dr Rubo, le premier Membre, le second un des Secrétaires de la Commission. Le projet en son entier fut au Reichstag confié à l'examen préalable d'une Commission de 21 Membres. Le président de cette Commission était le Député Feldmaréchall Comte de Moltke, et son suppléant, le futur président du Reichstag, von Forckenbeck. Parmi les Membres de la Commission se trouvaient les Députés Gneist, Windthorst,

---

[1] Binding, Manuel I, p. 101.

Schwarze, Lasker et Lamey. Ce dernier faisait fonction de rapporteur dans l'Assemblée plénière du Reichstag. Pendant vingt-six séances la Commission soumit le projet à deux lectures. Des oppositions vives se firent jour. Elles étaient surtout relatives à l'idée de créer des peines spéciales pour les militaires, même relativement à des délits du droit commun, à celle de traiter en principe différemment les officiers, les sous-officiers et les simples soldats, à la supériorité donnée aux militaires sur les civils, enfin au principe absolu de l'obéissance passive[1]) et à la consistance de la peine des arrêts. Après une communication en Assemblée plénière du Reichstag (Comptes-rend. sténogr. p. 810) les Gouvernements des États confédérés déclarèrent que les résolutions prises par la Commission en première lecture relativement aux arrêts étaient inacceptables, que la loi échouerait si on les maintenait, pour ce motif que ces dispositions sont incompatibles avec la discipline. Encore sous d'autres rapports le Conseil fédéral après la première lecture en commission donna son avis. Le 7 juin 1872 on passa à une deuxième lecture, et le 8 juin à une troisième en réunion plénière. Le discours du Député Comte de Moltke du 7 juin est si bien pensé et se tient tellement dans l'ordre des idées qui inspirent actuellement les tentatives de réforme relatives au droit pénal qu'il y a lieu de reproduire ici la substance de ce discours.[2]) Moltke s'opposait à l'essai d'adoucir essentiellement la peine des arrêts.

„Je crois qu'un trop grand adoucissement de la sévérité des peines ne peut qu'augmenter le nombre des cas où il faudra les employer. Lorsqu'il s'agit de faire une loi pour l'armée, ... nous ne devons pas nous poser exclusivement au point de vue civil, juridique ou médical, il faut nous placer alors au point de vue militaire. Autorité en haut, obéissance en bas; en un mot, la discipline est l'âme de l'armée. La discipline seule fait l'armée ce qu'elle doit être, et une armée sans discipline est une institution en tout temps coûteuse, mais insuffisante en temps de guerre et dangereuse en temps de paix. ... Ce ne sont pas les punitions seules qui font la discipline, toute l'éducation de l'homme y concourt. ... Cependant nous ne pouvons nous passer des pénalités. ... Vous me concéderez qu'il faut une autorité d'une force vraiment extraordinaire pour déterminer des milliers d'hommes, au milieu des situations les plus difficiles, des souffrances et des privations, à exposer leur santé et leur vie pour l'exécution d'un ordre donné. Une telle autorité ... ne peut s'acquérir et ne peut subsister que si elle est sanctionnée. Le sous-officier doit avoir une situation privilégiée vis-à-vis du soldat, et l'officier doit jouir de prérogatives sur les deux premiers. Là se trouve ... il est vrai ... l'inégalité devant la loi. Mais il ne s'agit pas tant de prérogative de l'officier que d'une prérogative du préposé, et il faut remarquer ici que dans toute l'armée chacun peut être aujourd'hui supérieur, et demain subordonné. Le général, à la tête de son corps d'armée, est dans un rôle d'obéissance lorsqu'il se trouve en contact avec un général supérieur, et de même le simple soldat peut devenir supérieur, lorsque le service l'y appelle. Chaque sentinelle, chaque soldat de première classe, qui conduit une patrouille, doit exiger l'obéissance. — Nous n'avons pas besoin ... de punitions sévères contre la majorité de nos hommes qu'on peut conduire facilement par l'instruction, les avertissements, la réprimande, tout au plus par de légères peines disciplinaires, mais ... nous avons aussi affaire à de très mauvais sujets. Lorsque tout est sous les armes, les mauvais sujets qui se rencontrent dans toutes les nations y sont aussi. ... La commission de recrutement ne peut pas scruter l'état moral des recrues. Aussi nous avons chez nous des gens qui sont peut-être destinés aux maisons de correction, s'ils ne sont pas préservés de ce malheur par une éducation militaire sévère. .... — Il y a eu d'importants adoucissements de peine, en particulier, des abréviations dans les arrêts sévères d'un tiers entier de leur durée. Nous nous en sommes déclaré satisfait. Les peines courtes, mais sévères, sont conformes à l'intérêt militaire — mais nous ne pouvons nous contenter de peines à la fois courtes et légères.

---

[1]) D'après le § 58 du projet, le subordonné n'était pas punissable quand par l'accomplissement d'un commandement relatif au service il avait commis une infraction sans dépasser l'ordre de service. Le supérieur qui avait donné l'ordre était considéré comme l'auteur. Il était admis une exception seulement pour les actes contre la fidélité militaire. Voir, en sens contraire, le C. p. militaire actuel § 47.

[2]) Comptes-rendus sténographiques des discussions du Reichstag allemand, Ière période de législature, IIIe session 1872, t. 2, p. 814.

Le coucher dur a été déclaré être une sorte de cruauté. Messieurs, nous condamnons tous les jours nos hommes à cette peine, lorsqu'ils montent la garde, et même avec cette aggravation, qui n'existe pas dans les arrêts, que l'homme est appelé au dehors tous les quatre heures pour pendant deux heures monter la garde sous le vent et la pluie. Un coucher dur, mais à sec, et à l'abri du vent et de la pluie . . . est un incroyable bienfait en comparaison du bivouac sur la neige ou sur un terrain humide, comme nos hommes furent obligés de le subir pendant bien de nuits. Comme le soldat et même l'officier échangeraient volontiers ce bivouac pour un tel lit! Si vous donnez au paresseux, à l'incorrigible, un matelas dans le lieu où il est enfermé, et si vous ne le privez de sa nourriture ordinaire que tous les trois jours, il restera à paresser pendant tout le temps de ses arrêts, dormira et se réjouira de ce que ses camarades montent la garde pour lui et de ce qu'il est dispensé de faire l'exercice. . . . Avec de telles peines nous n'arriverons à rien. Pensez bien que les peines sévères ne frappent pas le soldat ordinaire, le bon soldat, tel que vous le voyez dans la rue ou à l'exercice, mais les quelques mauvais sujets."

A une grande majorité le projet modifié fut adopté avec les trois paragraphes de la loi de mise en vigueur dans le vote final du 8 juin 1872 et approuvé par le Conseil fédéral le jour suivant (9 juin). Le 20 juin l'Empereur Guillaume Ier promulgua ce code. Le 25 juin 1872 il fut publié comme „C. p. militaire de l'Empire allemand" du 20 juin 1872 dans le n^0 18 de l'Officiel de l'Empire p. 173. Le code fut appliqué à partir du 1er octobre 1872. Loi de mise en vigueur du C. p. militaire § 1. Off. de l'Emp. p. 173. Pour l'Alsace-Lorraine, où la Constitution de l'Empire n'entra en vigueur que le 1er janvier 1874, une loi impériale du 8 juillet 1872 (Off. de l'Alsace-Lorraine p. 473) fixa la mise en vigueur du C. p. militaire aussi au 1er octobre 1872.

2^0 Du contenu du Code pénal militaire.[1]

§ 38. Remarques préliminaires et dispositions servant d'introduction.

I. 1^0 Le C. p. militaire n'est pas seulement un code pour les militaires. Beaucoup de ses dispositions s'appliquent aussi sous certaines conditions aux civils. Voir infrà § 40 III. 2^0 Ce code tantôt contient un droit pénal spécial pour les militaires en temps de paix et tantôt constitue le droit en temps de guerre; voir infrà II, n°s 14 et 15. 3^0 Le C. p. militaire tantôt punit des actions qui étaient déjà punissables en droit commun et tantôt incrimine d'autres actions qui ne l'étaient pas d'après ce droit. Ces deux catégories réunies forment les crimes et les délits militaires. Lorsqu'au contraire la considération du service est laissée seulement à la répression pénale ordinaire, l'action dont il s'agit n'apparaît pas comme un délit militaire, quand même elle contiendrait, outre l'infraction au droit commun, la violation d'un devoir spécial au service.[2] Le caractère de droit pénal militaire est aussi écarté lorsque conformément au § 55 du C. p. militaire, il n'y a eu qu'une aggravation de peine pour un acte qui serait déjà punissable en droit commun et qu'une peine particulière

---

[1] Hecker, Cours de droit pénal militaire allemand. Stuttgart 1887. — Fleck, Code pénal militaire allemand pour l'Empire d'Allemagne avec les lois, ordonnances, circulaires et instructions générales rendues depuis sa publication et relatives à l'administration de la justice dans l'armée prussienne et dans la marine impériale. 2e édition. Berlin 1881. 2e partie. Continué par C. Keller. Berlin 1880. — Keller, Le Code pénal militaire pour l'Empire d'Allemagne expliqué avec référence à l'exposé des motifs et aux discussions du Reichstag. 2e édition. Berlin 1873. — Hecker, Le Code pénal militaire pour l'Empire d'Allemagne avec la loi de mise en vigueur expliquées. Berlin 1877. — Koppmann, Le Code pénal militaire pour l'Empire d'Allemagne, avec la loi de mise en vigueur; publié avec commentaires. 2e édition, 1885. — Solms, Droit et procédure pénales pour l'armée et la marine de l'Empire allemand. 3e édition. Berlin 1892. Voir aussi les indications bibliographiques dans le Cours de Hecker, p. 315 et 316. — von Liszt, Cours (1892), §§ 201, 202, p. 685.
[2] Koppmann, l. c. note 28 au § 1, p. 27.

n'a pas été prononcée dans une partie spéciale du Code militaire.[1]) 4⁰ Le C. p. militaire se divise, comme le C. p. ordinaire, en „dispositions servant d'introduction" (§§ 1 à 13) et deux parties dont la première (§§ 14 à 55) traite de la peine en général et la seconde (§§ 56 à 166) des différents crimes et de leur punition. Le contenu de la loi d'introduction du C. p. militaire consistant en trois paragraphes a été déjà mentionné en son lieu et place.[2])

II. Dispositions d'introduction. 1⁰ Comme dans le C. p. ordinaire, le C. p. militaire groupe les délits militaires d'après le maximum de la peine prononcée. Mais il ne connaît que les crimes et les délits et qualifie crime militaire un acte qui est puni par lui de mort, de réclusion, d'emprisonnement, de détention de plus de 5 ans, tandis que les peines privatives de liberté inférieures à 5 ans classent cet acte au nombre des délits. L'emprisonnement est donc, à la différence de ce qui a lieu dans le C. p. ordinaire, une peine tant de crimes que de délits. Les pénalités du C. p. militaire trouvent un complément important dans la discipline militaire. Voir infrà § 41. 2⁰ Les dispositions du C. p. ordinaire sont déclarées applicables, lorsqu'elles répondent aux crimes militaires. § 2. Cela se comprend en supposant que la première partie du Code militaire ne contienne pas de dispositions contraires. Par les §§ 7, 15, 29, 47, 49, 55, 127 le C. p. ordinaire a subi des modifications importantes quand il s'applique aux militaires. 3⁰ Le § 3 décide, contrairement au projet, que les actes des militaires qui ne sont pas des crimes ou des délits militaires doivent être jugées d'après les lois pénales ordinaires. Il en est ainsi même des duels entre officiers, lorsque les §§ 112 et 113 du C. p. militaire ne sont pas en jeu. Voir, en outre, l'introduction aux ordonnances impériales sur les juridictions d'honneur pour les officiers de l'armée prussienne et de la marine impériale du 2 mai 1874 et du 2 novembre 1875.[3]) 4⁰ D'après le § 4 de l'introduction sont considérés comme militaires:[4]) les personnes ayant la situation de soldat et les employés militaires qui appartiennent à l'armée ou à la marine. Par armée il faut entendre l'armée allemande et par marine la marine impériale. 5⁰ En ce qui concerne la différence de traitement, au point de vue pénal, de ceux qui appartiennent à l'armée, on a dans une annexe au C. p. militaire (Off. de l'Emp. p. 204) auquel renvoie le § 5 du code, dressé le tableau du rang des militaires appartenant à l'armée allemande et à la marine impériale.[5]) 6⁰ Les militaires en congé sont soumis, d'après le § 6, au C. p. militaire pendant la durée de leur service; on leur applique, en outre, les §§ 68, 69, 113 (89 à 112), 126 (114 à 125), puis les §§ 10 n⁰ 2 et 42. Relativement à la question de savoir ceux qui sont en état de congé, voir la loi militaire de l'Empire du 2 mai 1874 (Off. de l'Emp. p. 45, § 56). 7⁰ Pour les officiers dits „officiers à la suite" qui n'appartiennent pas à l'armée militaire c'est le § 2 alinéa 3, de la loi de mise en vigueur du C. p. militaire qui règle leur soumission à ce Code. 8⁰ Pour les officiers congédiés avec pension voir la loi du 3 mai 1890 § 1, Off. de l'Emp. p. 63. En outre, Laband, Droit constitutionnel II, p. 697. 9⁰ Relativement à la gendarmerie, le § 2 de la loi de mise en vigueur du C. p. militaire fait une réserve au profit du droit pénal des États confédérés. En Prusse

---

[1]) Koppmann, l. c., p. 28 et 29. Voir aussi note relative aux §§ 56, 136 et 145. Mais voir infrà § 39 in fine, p. 79.

[2]) Voir § 37 in fine, ce paragraphe II, n⁰ˢ 9 et 10 et infrà § 41 n⁰ 1.

[3]) Solms, Droit et procédure pénale pour l'armée et la marine de l'Empire allemand. 3ᵉ édition, p. 535.

[4]) Voir aussi Hecker dans von Stengel, Dictionnaire de droit administratif, t. 2, p. 125.

[5]) Relativement aux officiers mis en disponibilité voir Hecker dans von Stengel, Dictionnaire de droit administratif, t. 2, p. 128; en sens contraire Laband, Droit constitutionnel (1890), t. 2, p. 694, surtout note 6.

comme dans les autres pays de la Confédération (même en Alsace-Lorraine)
où la législation prussienne est en vigueur, mais non en Bavière, les gendarmes appartiennent à l'état militaire et sont comme tels soumis au Code
militaire de l'Empire, mais aussi, en outre, aux §§ 48 alinéas 2 et 188, première
partie du Code militaire prussien qui ont été maintenus par le § 2 alinéa 2
de la loi d'introduction du Code militaire. En Bavière les gendarmes n'appartiennent pas à l'état militaire, mais étaient soumis au C. p. militaire bavarois
du 29 avril 1869, en conformité de l'art. 7 de la loi d'introduction de ce code,
et celui-ci est encore applicable aujourd'hui aux simples soldats et aux sous-
officiers de la gendarmerie bavaroise, avec les modifications que lui a données
la loi bavaroise du 28 avril 1872.[1]) 10⁰ La réserve contenue dans le § 2 alinéa 2
de la loi de mise en vigueur du C. p. militaire relativement aux déserteurs est,
en réalité, de simple procédure. Voir à ce sujet Koppmann l. c., p. 5 et Solms l. c.,
p. 6. 11⁰ Les personnes éloignées de l'armée ou de la marine (voir infrà § 39 I
in fine), de même que les officiers qui ont été renvoyés du service à la suite
d'une procédure ayant abouti à un jugement de déchéance et les officiers qui
ont été renvoyés au moyen d'un congé pur et simple ne sont plus soumis aux
lois pénales militaires. Ces officiers peuvent perdre leurs grades par suite
d'une privation de leurs droits civiques prononcée plus tard en vertu du § 33
du C. p. ordinaire. 12⁰ Le § 7 du C. p. militaire étend aux militaires à
l'étranger la faculté de les poursuivre contrairement au § 4 du C. p. ordinaire.
Leurs infractions doivent être punies comme celles commises à l'intérieur lorsque
les militaires en les commettant à l'étranger se trouvaient avec leur troupe
ou de tout autre manière dans l'exercice de leur service. 13⁰ D'après le § 8
les crimes et les délits militaires qui ont été commis contre les militaires des
États alliés dans le service commun, peu importe où, sont punis, en cas de
stipulation de réciprocité, comme s'ils étaient commis contre des militaires allemands. Voir le C. p. militaire § 161 et infrà § 40 III, n⁰ 5. 14⁰ La seconde partie
du C. p. militaire établit un certain nombre de prescriptions pour les infractions
commises en campagne. Ces dispositions forment les lois de guerre; et les
§§ 9 et 10 déterminent les époques et les personnes pour lesquelles elles sont
en vigueur. (L'époque de l'état de mobilisation,[2]) de l'état de guerre, infrà
§ 42; les détachements pendant les époques de sédition, de mutinerie
ou d'une entreprise militaire qui se trouvent soumises aux lois de guerre, de
même les prisonniers de guerre.) D'après le § 11 du code, une troupe doit
être considérée „comme se trouvant en face de l'ennemi" (voir, par exemple,
C. p. militaire §§ 73, 108, 141 alinéas 2 et 3), lorsqu'en prévision d'une rencontre
avec l'ennemi on a commencé le service de sûreté contre lui. 16⁰ Le § 12
explique le terme de „troupes réunies" par ce fait, qu'outre le supérieur et le
militaire dont il s'agit, trois autres personnes de l'état militaire assemblées pour
un service militaire sont aussi présentes. 17⁰ La récidive est en partie traitée
d'une manière qui s'écarte de celle du C. p. ordinaire (voir suprà § 9 p. 25).
Elle existe lorsque l'auteur a déjà été jugé et puni par un tribunal allemand
pour le même crime ou le même délit militaire que celui dont il s'agit. C. p.

---

[1]) Les officiers de gendarmerie bavarois sont des militaires comme des officiers
détachés de l'armée. Voir sur ce sujet Koppmann, Commentaire (2ᵉ édition), p. 2 sq. —
Très remarquable est la compétence en ce qui concerne les gendarmes de l'État bavarois. Pour les crimes et les délits militaires, ils sont justiciables des tribunaux militaires, par ailleurs, des tribunaux ordinaires.

[2]) L'état de mobilisation est ordonné par l'Empereur; pour le contingent bavarois, sur l'invitation de l'Empereur, par le roi de Bavière. Voir Koppmann l. c. p. 51.
Dans la marine l'armement en guerre d'un vaisseau équivaut à l'état de mobilisation.
On doit considérer comme en état de guerre tout navire de la marine qui navigue
isolément en dehors des eaux territoriales de son pays. Code p. militaire § 164.

militaire § 13; voir alinéas 2 et 3 de ce paragraphe. Pour les sous-officiers et les soldats on peut, en cas de nouvelle récidive, prononcer le passage à la seconde classe de simple soldat et, suivant les cas, à la dégradation, C. p. militaire, § 37 alinéa 2 n⁰ 1 et § 40 alinéa 2 n⁰ 2, et pour les officiers, l'éloignement de l'armée et, suivant les cas, le congé absolu et définitif. C. p. militaire, § 31 alinéa 3 et § 34 alinéa 2 n⁰ 2. En cas d'abus de la force qui aurait été confiée pour le service on peut prononcer dès la première récidive le renvoi du service ou la dégradation, § 114 alinéa 2, en cas de mauvais traitements envers les inférieurs on prononce, s'il y a nouvelle récidive, outre l'emprisonnement et la détention dans une forteresse, le renvoi du service ou la dégradation, § 122 alinéa 2. En cas de désertion la récidive entraîne, au lieu des peines de délits prononcées pour la première infraction et pour la première récidive, la réclusion de 5 à 10 ans, § 70; la désertion en campagne est dès la première récidive punie d'une réclusion de 5 à 15 ans et même de mort, lorsque la première désertion avait eu lieu elle-même en campagne, § 71. Il y a récidive dans le sens étendu du mot quand on commet un délit militaire et que pour un délit militaire on a déjà été frappé d'une peine privative de la liberté. Le code ne donne pas alors la qualification de récidive, mais traite le nouveau délit comme tel, en ce sens que les arrêts rigoureux doivent être prononcés contre celui qui se rend coupable de la même infraction répétée, même dans les cas où cette peine n'est pas spécialement édictée. C. p. militaire § 22 alinéa 3. Voir aussi la loi disciplinaire pour l'armée du 31 octobre 1872 (infrà § 41) § 3 C. 4.

§ 39. De la première partie du Code pénal militaire.

La première partie se divise en 5 sections. I. La première traite des pénalités contre les militaires. Lorsqu'il s'agit de délit de droit commun, c'est-à-dire puni d'après les lois ordinaires, on doit prononcer les peines du C. p. ordinaire. Les peines pour crimes et délits militaires contre les militaires sont: la peine capitale, les peines privatives de liberté et celles privatives d'honneur. Il n'y a pas d'amende en matière de délit militaire, et lorsque les lois pénales ordinaires prononcent facultativement une amende ou une peine privative de liberté, on ne doit pas condamner à l'amende, si les infractions lèsent en même temps un devoir relatif au service militaire. C. p. militaire n⁰ 29. — 1⁰ Celui qui est condamné à mort doit être fusillé quand la peine a été prononcée pour un crime militaire. Elle est édictée dans 15 paragraphes (58, 60, 63, 71, 72, 73, 84, 95, 97, 107, 108, 132, 133, 141, 159) et il faut l'ajouter seulement pour des crimes commis en campagne. La peine de mort en campagne est exécutée en fusillant le condamné, même lorsqu'il a été prononcé pour des crimes non-militaires, § 14. — 2⁰ La réclusion est une peine commune au C. p. militaire et au C. p. ordinaire. Voir suprà § 9 I, n⁰ 2, p. 276. Si elle est prononcée, l'exécution en appartient aux autorités civiles. C. p. militaire § 15, alinéa 3. — 3⁰ Les autres peines privatives de liberté pour les délits militaires sont l'emprisonnement, la détention dans une forteresse et les arrêts. Elles sont organisées sous plusieurs rapports d'une manière autre que dans le C. p. ordinaire. L'emprisonnement et la détention dans une forteresse peuvent être à vie ou temporaires. La durée pendant toute la vie (§ 63 n⁰ˢ 2 et 3 et partie finale, § 95 alinéa 2, § 97 alinéa 3, § 141 alinéa 2) est une peine intermédiaire entre la peine de mort et les autres peines privatives de liberté; dans deux cas (§§ 93 et 100) la durée à vie est l'aggravation de la peine temporaire de la peine privative de la liberté. Pour l'emprisonnement et la détention à temps, le maximum est de 15 ans, le minimum de 6 semaines

et d'un jour; entre ces limites, il y a, en outre, des maxima de 10, 5, 3 et 2 ans,
1 an et 6 mois et des minima de 10, 5, 3 et 2 ans, 1 an, 6 et 3 mois.
4° Les arrêts se meuvent entre un minimum d'un jour, 1 semaine, 14 jours,
3 semaines et un maximum de 4 et 6 semaines. Ils se divisent en arrêts en
chambre, arrêts simples, arrêts moyens et arrêts rigoureux. (La plus longue
durée des derniers est de 4 semaines, § 24.) Les arrêts en chambre n'ont
lieu que contre les officiers et les fonctionnaires du même rang, les arrêts
simples se prononcent contre les sous-officiers et les simples soldats, les arrêts
moyens seulement contre les sous-officiers ne portant pas l'épée (sergents et sous-
officiers proprement dits) et contre les simples soldats; les arrêts rigoureux seulement contre les simples soldats (§ 20; voir § 44). Les arrêts en chambre sont
subis dans la propre demeure du condamné, celui-ci ne doit pas en sortir pendant
tout le temps de sa peine ni même recevoir des visites. Contre les capitaines,
les maîtres de cavalerie et les officiers subalternes on peut aussi prononcer les
arrêts en chambre aggravés, lesquels doivent être accomplis dans une chambre
d'arrêt spéciale pour les officiers (§ 23). Les autres sortes d'arrêts doivent être
subis dans l'isolement (§ 24). Dans les arrêts moyens, le condamné doit coucher
sur un lit dur et avoir comme nourriture du pain et de l'eau; les aggravations
sont supprimées dans les 12 premiers jours chaque fois le 4e, puis le 3e (§ 25).
Les arrêts rigoureux doivent être subis dans une cellule obscure; par ailleurs
ils sont les mêmes que les arrêts moyens avec cette différence cependant que
l'aggravation consistant dans le coucher sur un lit dur et dans la réduction de
nourriture au pain et à l'eau tombent dès les premiers huit jours chaque
fois le 3e jour (§ 26). Il serait à désirer que ces aggravations de peines puissent
avoir lieu dans certains conditions pour les civils.[1]) Les §§ 27 et 28 prévoient
la possibilité de déroger à ces règles d'exécution des arrêts, en raison de
l'état de santé du condamné ou à l'époque de la guerre ou de l'armement
d'un navire de guerre. Si une peine privative de liberté est établie comme
telle avec un minimum de plus de six semaines, le tribunal peut facultativement condamner à la prison ou à l'arrêt dans une forteresse. S'il n'y a pas
de minimum ou si celui-ci se meut entre 6 semaines et un jour, alors le
tribunal peut choisir entre l'emprisonnement, la détention dans une forteresse
et les arrêts (§§ 16 et 21). Si les arrêts sont édictés expressément ou sous le
terme général de peine privative de la liberté, on peut prononcer l'une ou l'autre
des sortes d'arrêts qui sont possibles d'après le rang militaire de l'inculpé. Si
la sorte d'arrêts édictés n'est pas possible d'après le rang de l'inculpé, il faut
prononcer celle la plus voisine possible d'après lui. Les arrêts rigoureux ne
sont admissibles que dans les cas où ils sont expressément édictés et dans
celui de la récidive militaire (§ 22). Voir supra § 38 II, n° 17.

A l'exécution des peines privatives de liberté contre les militaires se
rapporte le § 15. Voir, en outre, l'instruction pour l'exécution des peines
militaires du 9 février 1888 et l'ordonnance du 22 janvier 1889 sur l'exécution
des punitions à bord.

Les peines spéciales privatives d'honneur contre les militaires sont:
a) contre toutes les classes, l'exclusion de l'armée ou de la marine (§ 30 n° 1),
voir à ce sujet le C. p. militaire §§ 31 à 33; b) contre les officiers le congé-
diement (§ 30, n° 2), voir §§ 34 à 36; c) contre les sous-officiers et les simples
soldats l'abaissement de grade à la seconde classe de soldat (§ 30, n° 3),
voir §§ 37 à 39, voir aussi la loi militaire d'Empire du 2 mai 1874, Off. de
l'Emp. p. 45, § 50 d'après laquelle les volontaires d'un an qui ont été transférés à la seconde classe de soldat perdent cette qualité et le droit d'être

---

[1]) Voir supra § 12, p. 286.

renvoyés après leur année de service; d) contre les sous-officiers la dégradation (§ 30, n° 4), voir §§ 39 à 41. — Relativement aux peines privatives d'honneur contre les militaires en congé, voir C. p. militaire § 42.

II. La 2ᵉ section (§§ 43 et 44) règle la perte d'emploi et les arrêts pour les fonctionnaires militaires, le § 45 applique au fonctionnaire les dispositions des §§ 14 et 15 (accomplissement des peines).

III. Le § 46 (3ᵉ section) déclare qu'on peut prononcer en matière militaire les peines privatives d'honneur à côté de la peine principale, lorsqu'il s'agit de tentative, qu'elle soit permise ou ordonnée dans ce cas, tandis que d'après le § 45 de la loi du C. p. ordinaire la déchéance des droits civiques est ordonnée accessoirement aux peines de la tentative, lorsqu'elle l'est relativement aux faits accomplis.

IV. La 4ᵉ section avec son § 47 est d'une importance essentielle. Contrairement au § 58 du projet, ce paragraphe déclare que le subordonné est responsable personnellement des crimes militaires ou civils par lui commis, l'eussent ils été sur l'ordre d'un chef. Il est vrai, le premier alinéa semble poser le principe contraire, puisqu'il rend le supérieur qui a donné le commandement seul responsable de l'exécution dans les affaires de service, si ce commandement est en contravention avec une loi pénale. Mais aussitôt après le subordonné se trouve soumis aux peines de la complicité (C. p. ordinaire §§ 47 sq.), lorsqu'il a dépassé le commandement et aussi lorsqu'il savait que le commandement du supérieur avait pour but un acte constituant un crime ou un délit ordinaire ou militaire. En cela le C. p. militaire se trouve partiellement d'accord avec cette idée juste, il est vrai, mais rejetée par la jurisprudence allemande et par la doctrine prédominante, à savoir que l'ignorance excusable des lois exclut la culpabilité et par conséquent la punition. Et même le C. p. militaire va plus loin encore, lorsqu'il admet l'excuse en cas d'ignorance de l'incrimination de tel acte comme crime ou délit et aussi en cas d'ignorance de ce qu'il est puni de telle ou telle peine. Mais dans le cas où l'agent sait que l'action est punissable, le code déclare responsable le subordonné qui a obéi et par conséquent rejette la théorie dite de l'obéissance passive (de l'obéissance aveugle) en matière militaire. Si le subordonné considère l'acte qui lui est commandé comme une simple contravention (C. p. ordinaire § 1 et suprà § 8) il ne subit aucune responsabilité.

Après la promulgation du C. p. ordinaire, il fut admis que la participation à des infractions purement militaires de la part du civil n'était punissable que lorsque le C. p. ordinaire contenait une disposition en ce sens (C. p. § 112, § 142 alinéa 2, § 370 n° 3). Voir Koppmann, Commentaire, note 9 sur la 4ᵉ section p. 162 sq.; voir aussi spécialement le C. p. militaire prussien, partie I, § 1. Mais la jurisprudence de nos jours admet sans raison suffisante le contraire. Voir décisions du tribunal d'Empire en matière criminelle, t. 6 p. 9.

V. La 5ᵉ section du C. p. militaire est, comme la 4ᵉ du C. p. ordinaire, consacrée aux causes qui excluent, atténuent ou aggravent la peine. Les dispositions du C. p. ordinaire y sont tantôt complétées, tantôt modifiées. Le § 48 exprime l'idée qui n'est pas contenue expressément dans ce Code, mais qui résulte des principes généraux des lois pénales, que l'agent ne peut invoquer les idées particulières de sa conscience ou de sa confession religieuse. Le § 49 alinéa 1 dit que la violation d'un devoir relatif au service par crainte du danger est aussi bien punissable que s'il s'agit d'une violation faite à dessein. Cette formule est incorrecte, car la violation d'un devoir dans le service, faite par crainte, peut être intentionnelle; mais l'idée est claire: le soldat dans son service ne doit pas prendre en considération le danger pour commettre cette violation, une telle nécessité ne l'excuse pas. — L'ivresse inexcusable

ne constitue point une cause d'atténuation de la peine dans les infractions
contre les devoirs de la subordination militaire, pas plus que dans celles
commises dans les exercices du service (§ 49 alinéa 2). Même en matière de
crimes et délits militaires l'atténuation accordée par le C. p. ordinaire § 57
en raison du jeune âge (voir suprà § 9, p. 281) n'existe pas (§ 50). La présentation d'une plainte n'est jamais nécessaire pour les délits militaires (§ 51).
La 5e section renferme de plus des dispositions sur la prescription en ce qui
concerne la peine des arrêts (§ 52), sur l'aggravation des peines (§§ 53 et 55)
et sur le concours de peines privatives de liberté (§ 54). Il y a lieu
aggravation de peines, lorsque le supérieur commet de concert avec l'inférieur
une infraction, si celle-ci a lieu par l'abus des armes ou des droits accordés
pour le service ou dans le service, ou lorsque plusieurs accomplissent en
commun une infraction devant la troupe réunie ou devant un rassemblement
d'hommes (§ 55). Ce paragraphe est considéré comme le plus difficile de
tout le C. p. militaire (Koppmann, 1re édition, p. 185). Ainsi on controverse
la question de savoir s'il s'applique à des délits non-militaires, question qu'on
doit résoudre dans le sens de l'affirmative d'après la lettre du texte, de telle
sorte que le droit pénal ordinaire a ainsi reçu, en ce qui concerne les militaires,
une aggravation essentielle.[1])

§ 40. De la seconde partie du Code pénal militaire.

Cette partie se divise en 4 titres dont le premier se subdivise en 11 sections.
La division correspond aux différentes catégories de personnes auxquelles
s'applique le C. p. militaire.

I. Le premier titre contient le droit spécial aux militaires et s'occupe
des délits en campagne et en temps de paix. Les sujets des 11 sections sont
les suivants: 1° Haute trahison, trahison contre la patrie, trahison en
temps de guerre, §§ 56 à 61. La trahison contre la patrie commise en
campagne par un militaire est toujours une trahison de guerre qui est puni
de réclusion de dix ans au minimum, de réclusion à vie, et dans les cas les
plus graves (§ 58) de mort. L'action d'avoir négligé de dénoncer à temps
l'entreprise d'une trahison de guerre dont on a eu connaissance plausible est
punie comme complicité, § 60. Par contre, la dénonciation, en temps utile,
d'une trahison de guerre donne l'impunité aux coauteurs, § 61. 2° La seconde
section, §§ 62 et 63, traite de la mise en péril de la force militaire en campagne.
3° La 3e section, §§ 64 à 80, punit l'absence sans permission et la désertion.
Au § 80 alinéa 2 est aussi édictée une peine contre l'officier qui pendant les
arrêts en chambre reçoit des visites contrairement à la loi (voir suprà § 39
I, 4). 4° Mutilation et simulation d'infirmités, §§ 81 à 83. 5° Lâcheté,
§§ 84 à 88. Le § 88 est très remarquable et juste, „lorsque l'agent
dans les cas des §§ 85 et 86 aura donné après l'infraction des preuves
éclatantes de courage, la peine peut être réduite au-dessous du minimum de
la peine privative de liberté et même dans les cas des §§ 85 et 87 être
entièrement abolie".[2]) 6° Infractions contre les devoirs de la subordination

---

[1]) Voir Koppmann, 2e édition, p. 212 sq. — Hecker, Cours de droit pénal militaire
allemand. Stuttgart 1887, p. 110 sq.
[2]) L'opinion de Binding (De l'honneur et des atteintes à l'honneur, Leipzig 1892,
p. 19 et 20) que le droit tient un livre séparé pour l'honneur et un autre pour le déshonneur, qu'il n'en tient pas un compte unique et courant, que le droit rejette „résolument
toute la théorie de la compensation entre l'honneur et le déshonneur", cette opinion
devrait être modifiée en face de § 88 du C. p. militaire. De même la loi sur les fonctionnaires de l'Empire (suprà § 36 II) dans son § 76 admet dans le traitement disciplinaire des fautes dans le service la compensation entre le mérite et la faute.

militaire, §§ 89 à 113.[1]) **7⁰** Abus de la force donnée par le service, §§ 114 à 126. **8⁰** Entreprises illégales en campagne contre les personnes ou les propriétés, §§ 127 à 136. **9⁰** Autres entreprises illégales contre les propriétés, §§ 137 et 138. (Dégradations intentionnelles et illégales, destructions, abandon des objets de service; vol et abus de confiance dans le service, en violant une obligation de service militaire, contre les supérieurs, les camarades, les habitants où on loge et les personnes qui en dépendent.) **10⁰** Violation du devoir de service en exécutant des services spéciaux, §§ 139 à 145; (dommages causés par la violation d'un devoir devant l'ennemi [C. p. militaire § 11], par exemple par l'ivrognerie ou en s'abandonnant au sommeil. est puni de mort et, dans les cas moins graves, d'une peine privative de liberté au minimum de dix ans ou à vie, § 141). **11⁰** La 11ᵉ section „autres infractions contre l'ordre militaire", §§ 146 à 152, forme un supplément et punit différentes atteintes à l'ordre militaire. Abandon de la garde confiée ou de son poste, négligences dans la surveillance des subordonnés, dans les avis qu'on est chargé de donner ou dans la poursuite des infractions; blessure ou meurtre par l'usage des armes ou des munitions, usage illégal des armes ou ordre d'en faire cette usage, mariage sans autorisation réglementaire (la nullité de mariage, auparavant prononcée par la loi, n'existe plus, § 150 alinéa 2); ivrognerie pendant le service; recours exercés de mauvaise foi, ou d'une manière répétée et avec légèreté, ou en dehors des voies hiérarchiques.

II. Le 2ᵉ titre, §§ 153 et 154, contient des peines contre les crimes et délits militaires des employés militaires. A ceux-ci s'appliquent uniquement les peines édictées dans les sections 1, 2, 3, 6 et 8 du 1ᵉʳ titre, et seulement sous la condition que les infractions aient eu lieu en campagne. Pour les autres faits et en temps de paix surtout, les employés militaires sont jugés (§ 154) d'après le droit pénal ordinaire applicable aux fonctionnaires (voir spécialement le C. p. ordinaire section 28, §§ 331 à 358).

III. Le 3ᵉ titre, §§ 155 à 161, aussi ne s'occupe que des infractions commises en campagne. **1⁰** Il soumet aux dispositions du C. p. militaire, spécialement aux lois de guerre, toutes les personnes qui, en temps de guerre, se trouvent près de l'armée belligérante à titre auxiliaire ou en vertu d'une convention, ou se tiennent à tout autre titre près d'elle ou la suivent, § 155. On considère spécialement comme tels, les membres des ambulances libres, les vivandiers, les voituriers, les reporters de journaux, les peintres, les dessinateurs et les photographes. **2⁰** Les officiers étrangers qui sont admis auprès de l'armée belligérante sont traités comme des allemands sous réserve des ordres contraires de l'Empereur, § 157. **3⁰** Les §§ 158 et 159 sont relatifs aux prisonniers de guerre. **4⁰** Le § 160 déclare les §§ 57 à 59 et 134 du C. p. militaire applicables aux étrangers et aux Allemands qui se sont rendus coupables d'une trahison de guerre ou d'avoir dépouillé des corps abandonnés sur le champ de bataille. **5⁰** Le § 161 remplit en partie une lacune qui se trouve dans le § 4 du C. p. ordinaire, relative au cas de l'occupation d'un territoire étranger par des troupes allemandes. Les actes commis contre les troupes allemandes ou les personnes qui en dépendent ou contre les autorités constituées par l'Empereur, que l'auteur soit Allemand ou étranger, sont punis comme si elles avaient été commises sur le territoire de la Confédération. Voir, par contre, suprà § 8 n⁰ 3, p. 274. Voir aussi le C. p. ordinaire § 91 qui soumet les étrangers aux usages de la guerre s'ils commettent des infractions prévues par les §§ 87, 89 ou 90 du C. p. ordinaire.

---

[1]) Sur le § 95 alinéa 1 voir le communiqué Off. de l'Emp. 1878, p. 138.

IV. Le titre 4e, §§ 162 à 166, contient des dispositions additionnelles pour la marine. Les §§ 162 à 165 renferment des dispositions interprétatives, le § 166 assimile aux militaires tous ceux qui font partie d'un vaisseau de guerre relativement aux lois pénales militaires, et soumet les autres personnes embarquées à bord d'un navire pour y remplir un service aux lois de guerre pendant la durée de l'état de guerre.

3⁰ Complément du droit pénal militaire par le droit pénal disciplinaire.[1]

§ 41.

1⁰ Le prétendu contraste du droit pénal et de la discipline, mentionné au § 36, II, se laisse encore moins soutenir au point de vue des choses militaires. Relativement au service militaire les lois pénales et civiles se pénètrent réciproquement en pratique. La loi de mise en vigueur du C. p. militaire permet dans des cas nombreux la punition par voie disciplinaire au lieu de la condamnation par les tribunaux militaires et en vertu du C. p. militaire. Mais on ne peut prononcer ainsi que des peines privatives de liberté, à savoir les arrêts simples et les arrêts en chambre jusqu'à 4 semaines, les arrêts moyens jusqu'à 3 semaines et les arrêts rigoureux pendant 14 jours au maximum. Les infractions sont: l'action d'avoir dépassé le terme du congé (§ 64), les légers manquements au respect (§ 89 alinéa 1), le mensonge volontaire dans les affaires de service (§ 90), le cas de légères offenses envers un préposé ou un supérieur (§ 91 alinéa 1) et aussi l'offense ou le traitement, contraire au règlement, d'un subordonné (§ 121), la désobéissance à un ordre de service (§ 92). (Au moyen de ce paragraphe d'un côté et du § 47 de l'autre un subordonné peut se trouver facilement dans un conflit de devoirs.) Il faut ranger ici, en outre, la dégradation, la destruction et l'abandon d'un objet destiné au service faites volontairement et illégalement (§ 137), les cas légers de négligence coupable de service et d'insubordination, en particulier, l'abandon d'un poste, d'une garde, d'une place (§§ 141 alinéa 2, et 146), l'ivrognerie de manière à se rendre incapable de faire son service (§ 151, voir § 49 alinéa 2), puis l'action d'emprunter de l'argent et de recevoir des dons des subordonnés à l'insu du supérieur commun (§ 114 et loi de mise en vigueur du Code militaire, § 3 n⁰ 2). 2⁰ Même en dehors du traitement disciplinaire des cas sus-énoncés qui appartiennent au droit pénal proprement dit, la discipline militaire donne au supérieur des droits très étendus pour maintenir la discipline, l'ordre et les prescriptions du service pour lesquels les lois militaires n'ont pas de pénalité. (La réprimande simple, solennelle ou sévère, les arrêts en chambre jusqu'à 14 jours pour les officiers, de même la réprimande, la soumission à certains services en dehors de son tour, par exemple, l'obligation de monter la garde à titre de punition, les arrêts dans la caserne, dans le quartier ou les arrêts simples jusqu'à 4 semaines, les arrêts moyens jusqu'à 3 semaines contre les sous-officiers, la soumission à certains services en dehors de son tour, par exemple, à des exercices à titre de punition, le retrait de la libre disposition du salaire, l'obligation de rentrer plus tôt à la caserne ou au quartier, les arrêts à différents degrés jusqu'à 4, 3 et 2 semaines contre les simples soldats, y compris ceux de première classe et les supérieurs de cette classe, et aussi le retrait de leurs charges à ces deux derniers; le classement dans une compagnie de discipline contre les simples soldats de 2e classe après emploi infructueux des

---

[1] Voir les citations suprà § 36 p. 321 note 3. En outre Hecker dans von Stengel, Dictionnaire de droit administratif, t. 2, p. 106 et la bibliographie de la p. 109, en particulier Hecker dans: l'Audience („Gerichtssaal"), t. 31 (1879), p. 481.

moyens ci-dessus). Voir la loi pénale disciplinaire pour l'armée du 31 octobre 1872, Off. des Ordonnances pour l'armée 1872, p. 330, §§ 1 à 3 et la loi disciplinaire bavaroise conforme du 12 décembre 1872. Voir aussi la loi pénale disciplinaire pour la marine impériale du 4 juin 1891, Off. des Ordonnances de marine 1891 p. 116, dont la première partie relative aux peines disciplinaires à terre s'accorde en général avec celle pour l'armée de terre, même dans sa nouvelle teneur. La seconde partie relative à la punition à bord des navires et des vaisseaux armés ordonne les arrêts suivant les divers cas et prononce, en outre, plusieurs peines s'adaptant à la navigation, par exemple la station sur le pont pendant les heures de liberté pendant au maximum 6 heures, mais cependant pas plus de 2 heures le même jour, avec ou sans le hamac, la peine d'être attaché au mat jusqu'à trois fois dans un certain espace de temps, suivant la grandeur du navire. 3° Pour les officiers de l'armée prussienne et de la marine impériale il y a, en outre, les ordonnances sur les tribunaux d'honneur du 2 mai 1874 et du 2 novembre 1875. Voir Solms (3e édition 1892) p. 535 et p. 602; voir aussi p. 632, l'ordonnance du 16 juin 1891, relative aux officiers allemands de la troupe impériale de protectorat pour l'Afrique orientale allemande.

4° Du droit pénal dans l'état de guerre. (État de siège; loi martiale.)[1]

§ 42.

I. La puissance protectrice de la pénalité doit s'exercer de la manière la plus large non seulement pendant la guerre, mais aussi lorsque les bases politiques et sociales de la collectivité sont inquiétées ou déjà ébranlées. Dans les luttes intérieures pour le pouvoir politique ou pour la jouissance des richesses le glaive, la poudre et le plomb ont la parole non seulement près des armes et sur les barricades, mais aussi sur le terrain de la justice. La destruction du perturbateur vaincu de l'ordre public a paru nécessaire comme mesure de conservation non seulement pour se protéger contre lui, mais aussi pour décourager de pareilles tentatives. Un droit et une juridiction extraordinaires remplacent dans ces cas les institutions établies pour les époques de paix et de tranquillité. Il s'agit alors de l'état de guerre ou de siège. Dans l'Empire d'Allemagne le droit de l'état de guerre n'est pas encore uniforme et définitif de tous côtés.

II. D'après l'art. 68 de la Constitution de l'Empire, lorsque la sûreté publique est menacée sur le territoire de la Confédération, l'Empereur[2] peut déclarer tout ou partie de ce territoire en état de guerre. Jusqu'à ce qu'il ait été rendu une loi d'Empire réglant la forme de publication et les effets d'une telle déclaration, il y a lieu d'appliquer les dispositions de la loi prussienne du 4 juin 1851 (Recueil des lois 1851, p. 451 sq.).[3] A partir de la déclaration de l'état de siège existe un droit extraordinaire d'émettre des ordonnances

---

[1] Laband, Droit constitutionnel (2e édition 1890), 2e volume, 2e division, § 95, p. 537. — Seydel dans von Stengel, Dictionnaire de droit administratif, t. 1, p. 158. — Hänel, Droit constitutionnel, § 73, t. 1 (1892), p. 432.

[2] L'art. 68 a dérogé à la loi prussienne d'après laquelle la déclaration devait émaner du ministère d'État, et en cas d'urgence, sous la réserve de la confirmation de ce ministère, du commandant en chef de forces militaires. On ne peut justifier dans l'état actuel du droit la déclaration de l'état de siège faite par le commandant militaire en chef pour deux territoires prussiens le 28 mars 1885. Voir à ce sujet Hänel, Droit constitutionnel, p. 443, note 19 in fine.

[3] Pour l'Alsace-Lorraine voir actuellement la loi du 30 mai 1892, Off. de l'Emp. p. 667, relative aux préliminaires de l'état de guerre.

pénales,[1]) le pouvoir exécutif passe au commandant en chef militaire, la compétence des tribunaux ordinaires peut être exclue pour certains crimes et
passe à des tribunaux extraordinaires. (Voir aussi la loi d'organis. judic.
§ 16.) Les §§ 8 et 9 de la loi (prussienne) contiennent tantôt des aggravations
de peine (peine de mort à la place des peines privatives de liberté), tantôt des
pénalités pour des infractions qui sans cela ne seraient pas punissables. Le
droit de ratification, en ce qui concerne la peine capitale, passe au Général
en chef. Un complément et en partie une modification a été apportée à la
loi prussienne déclarée loi de la Confédération et plus tard de l'Empire par
le § 4 de la loi de mise en vigueur du C. p. ordinaire. D'après elle, jusqu'à
ce qu'une loi d'Empire ait été rendue sur l'état de guerre, les crimes prévus par
les §§ 81, 88, 90, 307, 311, 312, 315, 322, 323, 324 du C. p. ordinaire, lorsqu'ils y sont punis de la réclusion à vie, doivent être punis de mort, s'ils
ont été commis sur une portion du territoire de la Confédération que l'Empereur a déclarée en état de guerre. Par le C. p. militaire l'effet de cette disposition pour les militaires n'existe plus, en tant que les §§ 88 et 90 du C. p.
ordinaire sont en jeu, parce que les actes qui y sont réprimés sont prévus
aussi par les §§ 57 et 58 chiffre 1 du C. p. militaire, que ces paragraphes sont
des lois de guerre et que d'après le § 9 chiffre 2 du C. p. militaire les lois
de guerre ont effet contre les militaires dans „l'état de guerre". La condition
résolutoire que le § 4 de la loi de mise en vigueur du C. p. ordinaire s'est
imposée a lieu ici. Par ailleurs, le § 4 est encore en vigueur pour les
militaires pendant l'état de guerre. Pour les civils il est en vigueur, en
général, pendant cet état. Le § 4, au contraire, a perdu son application
primitive à la guerre, relativement aux civils aussi bien qu'aux militaires,
depuis la mise en vigueur du C. p. militaire. Les civils eux-mêmes sont
maintenant soumis sur les lieux du théâtre de la guerre au C. p. militaire,
principalement aux lois de guerre. Voir C. p. militaire §§ 155, 156, 160. Ce
résultat des dispositions dont il s'agit est controversé sous plusieurs rapports.
Voir Olshausen, Commentaire au § 4, 3e et 4e édition, p. 19 à 21, Hecker, Cours
§ 6, p. 43 à 45.

III. Pour la Bavière, en vertu du traité de Versailles et de la Constitution
d'Empire, les dispositions ci-dessus ne sont pas en vigueur.[2]) Là règnent encore
les art. 441 à 451 du C. p. bavarois de 1813, partie II, qui ont été modifiés
par l'art. 3 chiffre 12 de la loi d'exécution bavaroise du 18 août 1879 du Code
de procédure pénale allemand (voir infrà § 44 n° 4). En Bavière on distingue
d'ailleurs entre l'état de loi martiale (Standrecht) et l'état de siège. Le Standrecht peut être ordonné en cas d'un surcroît d'entreprises de haute trahison,
de crimes contre la Constitution (actuellement C. p. d'Empire § 105), de sédition,
d'émeute et de rupture de la paix publique, de meurtre, rapt et pillage,
lorsqu'au moyen du droit pénal ordinaire la paix et la sécurité publique ne
pourraient être rétablies. Voir sur l'application de ces règles, beaucoup plus
sévères que celles de la loi prussienne, sur les institutions dans le palatinat
du Rhin bavarois et sur l'état de siège militaire Seydel dans von Stengel,
Dictionnaire de droit administratif, t. 1, p. 160. Voir aussi la loi bavaroise
du 18 août 1879 (sur la loi de procédure pénale d'Empire), art. 6. (Pénalités
contre la transgression des ordonnances rendues en cas de guerre déclarée
ou imminente.)

---

[1]) Voir suprà § 14, II, p. 291.
[2]) Traité de Versailles du 23 novembre 1870, III, § 5, Off. de l'Emp. 1871, p. 19. —
Disposition finale de la Constitution de l'Empire à la section XI, Off. de l'Emp. 1871,
p. 82. — Voir loi de l'Emp. du 22 avril 1871, Off. de l'Emp. p. 87, § 7, alinéa 2; Loi
d'organis. jud. § 16.

VII. De la législation pénale des États.

§ 43. Des rapports entre la législation pénale de l'Empire et celle des États.[1])

I. L'Empire allemand a, comme nous l'avons exposé au § 13, à quelques exceptions près, le pouvoir constitutionnel d'organiser des sanctions pénales dans tout le domaine des relations entre les hommes. Mais à bon droit l'Empire n'a pas épuisé ce pouvoir. Grande était déjà après le particularisme séculaire la tâche de codifier dans un droit d'Empire les principes de droit pénal dont l'ensemble formait traditionnellement l'essence des Codes pénaux des États. De plus, il y avait à s'occuper de nombreuses matières qui avaient un besoin urgent de réglementation uniforme. Voir suprà § 13. Cette tâche exigeait toute l'activité laborieuse de la législation de l'Empire; sur beaucoup de sujets cette législation devait faire des réserves. En outre, il y a de nombreuses relations d'hommes à hommes et d'hommes à choses qui sont réglées d'une manière diverse, en raison de la nature du pays où l'on vit, et surtout de l'évolution historique, où se meut une société, il y a des relations réglées d'une manière différente dans les États qui se réunissaient plus tard à un État ou à une Confédération et d'une manière différente dans les provinces, cercles et communes du même État centralisé. Si les grands principes juridiques ne peuvent naître et se développer que sur le grand terrain national ou international, par contre la sanction des règles de droit naturellement ou historiquement particulières doit se développer séparément et individuellement. Tous les grands États possèdent pour ce motif à côté du droit commun un droit provincial, plus ou moins territorialement restreint. Il peut y avoir lieu de punir le même acte sur le territoire soumis aux mêmes lois de peines plus ou moins sévères suivant les localités. Que l'on compare un délit forestier dans la plaine, et celui dans un bois situé sous la moraine frontale d'un glacier! Dans un État centralisé le droit régional puise sa valeur dans la volonté de l'État entier qui l'admet. De même, à l'intérieur de l'Empire allemand il y a beaucoup de pénalités que le droit d'Empire a établies, tandis que le droit de l'État, de la Province ou du lieu en limite les règles. Voir suprà § 14 II. Mais il existe aussi beaucoup de rapports entre les hommes dont le droit pénal de l'Empire ne s'est pas occupé du tout. Dans cette sphère les États confédérés ne dérivent pas leur pouvoir législatif de l'Empire; il s'agit alors plutôt d'un pouvoir qui s'est développé historiquement de lui-même et auquel l'Empire jusqu'à présent n'a pas porté atteinte. C'est le droit pénal des États qui est en vigueur dans les pays allemands à côté du droit pénal de l'Empire et qui n'est pas d'égale valeur au point de vue de l'importance des biens protégés et de la gravité des peines qui peuvent être infligées, mais qui surpasse le droit pénal d'Empire quant au nombre des peines édictées et à la fréquence de leur emploi. Le nombre des con-

---

[1]) Heinze, Commentaires, au point de vue constitutionnel et au point de vue pénal, du projet officiel d'un C. p. pour la Confédération de l'Allemagne du Nord. Leipzig 1870. — Heinze, Des rapports entre le droit pénal de l'Empire et le droit pénal des États, avec référence spéciale aux lois des États nécessitées par le C. p. d'Empire. Leipzig 1871. — Binding, L'antagonisme entre le C. p. allemand et le projet de la loi d'introduction badoise du C. p. allemand. Fribourg-en-Brisgau 1871. — Binding, Manuel, I, §§ 60—70, p. 270—331. — von Liszt, Cours (1892) § 16, p. 95. — Laband, Droit constitutionnel (2e édition 1890), t. 1, § 59, p. 614. — Hänel, Droit constitutionnel de l'Empire allemand (1892), t. 1, §§ 77—79, p. 460.

damnations passées en force de chose jugée en Bavière pour des crimes ou des délits contre les lois d'Empire (à l'exclusion des dispositions sur la perception des impôts et des droits) s'est monté en 1888 à 49 736. Celui des personnes condamnées dans la même année seulement pour des affaires de délits forestiers d'après la législation bavaroise s'élève à 102 877.[1])

II. Sous la réserve des limites ci-après mentionnées les divers États de l'Empire allemand, après comme avant la fondation de l'Empire, ont le pouvoir de faire des lois pénales, lorsque l'Empire lui-même n'en a pas établi et n'a pas déclaré son intention qu'un acte ne doit pas être puni. Les vieilles lois des États qui ne sont pas en contradiction avec celles de l'Empire restent en vigueur. Le principe est très simple dans l'art. 2 de la Constitution de l'Empire; c'est précisément l'inverse de celui exprimé par l'ancien Empire débile dans sa préface de la Carolina en 1532. (Voir supra § 1, p. 262.) Le droit de l'Empire a maintenant la prépondérance sur celui des États; ce n'est que là où le premier n'a pas pris pied que le second peut s'exercer. Mais en pratique la limite exacte entre l'un et l'autre est quelque fois difficile à tracer et est controversée tant en doctrine qu'en jurisprudence. Déjà bien de sentences ont été cassées par les tribunaux supérieurs, parce qu'elles étaient fondées sur une loi considérée comme inadmissible. La difficulté n'est pas diminuée, mais plutôt augmentée par un expédient au moyen duquel dans le § 2 de la loi de mise en vigueur du C. p. du 31 mai 1870 la législation a essayé d'en sortir. Il s'agissait d'abord des rapports entre le nouveau Code et le droit pénal en vigueur lors de son apparition dans la Confédération du Nord de l'Allemagne et du droit pénal de chacun des États confédérés, par conséquent d'un rapport de droit nouveau à droit antérieur. L'intention qui s'était fait jour, lors de la préparation du code, d'abroger d'une manière expresse tous les Codes pénaux des différents États fut abandonnée précisément pour ne pas renoncer à des dispositions que le C. p. voulut laisser intactes et qui étaient contenues dans ces codes. On pensait que les législations des États procéderaient à une révision et abrogeraient tout ce qui serait devenu incompatible avec les lois de l'Empire. On se contenta dans le projet du Conseil fédéral et dans la loi de la rédaction suivante: „à partir de ce jour (1er janvier 1871) le droit pénal de la Confédération et des États, lorsqu'ils ont trait aux matières qui font l'objet du C. p. de la Confédération du Nord, est abrogé." La doctrine et la jurisprudence non seulement ont adopté cette idée en ce qui concerne les rapports transitoires entre le nouveau droit fédéral et l'ancien droit de la Confédération et des États, mais ils crurent y voir, en outre, l'expression de la volonté de l'Empire relativement aux limites du droit pénal fédéral et du droit pénal des États. Et l'on ne peut nier que la réduction du droit pénal antérieur des États par le nouveau droit pénal fédéral ne fût un affermissement du second contre le premier. On peut voir dans le § 2 de la loi de mise en vigueur du C. p. une application de l'intention manifestée par l'art. 2 de la Constitution fédérale d'établir la supériorité de la Confédération. Mais il ne faut pas croire, comme point de départ, que le mot „matière", emprunté au langage juridique français, ait apporté un élément nouveau et important pour le judicium finium regundorum entre les domaines du droit pénal fédéral et de celui des États. L'expression: matière est une de celles dont on a coutume de se servir quand on veut exprimer une idée dont on n'a pas saisi la portée dans toutes ses directions. On n'approche pas d'avantage du but si l'on a d'abord déterminé suivant un canon fixe la

---

[1]) Statistique de l'administration de la justice civile et criminelle, etc. dans le royaume de Bavière. Munich, Christian Kaiser. Année 1889, p. 78; année 1888, p. 76.

valeur de cette expression: matière, et si l'on cherche ensuite à résoudre le problème qui se présente d'après la signification de ce mot qui se dégage de la loi selon l'opinion de l'interprète. Le mot: matière, peut signifier une foule de faits et une foule de lois qui possèdent un signe commun. Ce signe peut consister dans la ressemblance et l'identité des droits menacés ou sanctionnés; leur point de contact peut aussi se trouver dans l'analyse des besoins communs servant de motifs à des infractions par ailleurs distinctes; ou bien l'on peut rattacher à la même matière les actes commis pour différents motifs, mais de même mode de manifestation. Le groupement traditionnel d'un certain nombre d'actes de même direction et de même mode de commission dans une même section d'une loi peut faire ressortir ces actions et les lois qui s'y rapportent comme une seule matière. Ce n'est qu'une question d'interprétation spéciale de savoir si la législation d'Empire par son silence au sujet de tel ou tel acte a voulu dire que cet acte n'est pas punissable ou si elle a voulu seulement ne pas s'en occuper et le laisser à la législation des États. On admet, par exemple, que les mensonges devant les tribunaux et les autres autorités sont une matière dont la 9e section de la 2e partie du C. p. voulait s'occuper d'une manière complète à l'exclusion du droit des États, qu'au contraire l'idée de la convoitise punissable n'est pas une matière traitée d'une manière complète et exclusive par la 25e section. Voir suprà § 10 p. 284.

III. La loi de mise en vigueur du C. p. ne s'est pas bornée à proclamer ce principe général que le C. p. abroge l'ancien droit pénal de la Confédération et des États lorsque ce dernier est incompatible avec lui, mais dans son alinéa 2 du § 2 il a indiqué un certain nombre de sujets auxquels le droit de l'Empire ne s'étend pas et sur lesquels, par conséquent, la législation ancienne des États et de la Confédération reste en vigueur. L'énumération est faite à titre d'exemple, et n'est pas limitative; il y a, en dehors des cas énumérés, bien d'autres auxquels ne se rapporte pas le droit de l'Empire et où celui des États est demeuré en vigueur et peut subir des modifications. La disposition de ce deuxième alinéa a encore une signification qui va au-delà de l'exemplification. Dans ces domaines législatifs le rapport entre le droit fédéral (d'Empire) et celui des États est interverti. Ce dernier peut y établir des dispositions en contradiction avec le droit de l'Empire. Celui-ci ne régnera que là où le droit des États ne contient pas de dispositions différentes; il est ici un droit subsidiaire et se trouve avec le droit des États dans le même rapport que le vieux droit commun avec ce dernier.[1]) Les objets dont la loi de mise en vigueur faisait réserve au profit des lois particulières de la Confédération (de l'Empire) et des États, étaient les dispositions sur les infractions à la police de la presse, aux lois sur la poste, les douanes, la pêche, la chasse, le régime forestier et les délits ruraux, les prescriptions relatives à l'abus des droits de réunion et d'association et au vol de bois en forêts. Pour les lois spéciales de douanes et d'impôts lors de la mise en vigueur du C. p. on maintenait plusieurs pénalités du droit de la Confédération, voir suprà § 28, lorsqu'elles n'étaient pas changées par le nouveau droit de l'Empire. Relativement à la police de la presse, aux postes, à plusieurs impôts et revenus publics, et à certaines affaires de pêche, la

---

[1]) La question est très controversée. Voir Décisions du trib. de l'Emp., t. 4, p. 51; Binding, Manuel, I, § 73, p. 344; en sens contraire, von Liszt, Cours, § 16, note 3 (1892), p. 98. Cette situation est très marquée, par exemple, dans le § 6 de la loi prussienne de police rurale et forestière du 1er avril 1880 (infrà § 46 no 15). Voir aussi l'art. III de la loi bavaroise du 8 décembre 1889 sur l'impôt sur le malt. Bull. des lois bavaroises, p. 586.

législation postérieure de l'Empire a établi de nombreuses incriminations et réduit d'autant le domaine de la législation pénale des États demeurée en vigueur après l'introduction du C. p.[1]) Mais lorsque tel n'était pas le cas, par exemple, en matière d'impôts au profit des États, de pêche, de chasse, de vol de bois dans les forêts, de police rurale, de liberté et d'abus des réunions et des associations, après comme avant l'émission du C. p. les dispositions pénales de la législation des États sont restées en vigueur, même à l'exclusion du droit de l'Empire qui serait applicable à ces situations. Les fausses déclarations faites en se serrant la main en guise de serment ne sont punies ni comme violation de la sincérité de serment d'après le § 156 du C. p., ni comme tromperie d'après le § 263 du même code, Décision du tribunal de l'Empire, t. XIV p. 294, t. XXII n° 34, lorsque le droit pénal des États contient là-dessus des dispositions spéciales, quand même les situations dont il s'agit rempliraient les conditions des §§ 156 ou 263 du C. p.[2]) Le troisième alinéa du § 2 de la loi de mise en vigueur du C. p. qui se rapporte aux peines de la banqueroute des non-commerçants est devenu sans objet depuis la loi allemande sur la faillite.

IV. Dans le domaine laissé à la législation des États non seulement les lois existantes peuvent rester en vigueur, mais la législation des États pouvait et peut exercer toujours son activité. Elle y peut non seulement définir les faits punissables suivant son appréciation, mais aussi dans les limites mentionnées sous le n° V, déterminer la nature et le maximum des peines, et déclarer que telles et telles circonstances sont des causes d'atténuation ou d'aggravation: la législation des États a même dans ces limites le pouvoir d'établir relativement aux conditions générales de la culpabilité des dispositions différentes de celles du droit d'Empire. En doctrine c'est une théorie qui n'est pas sans être contestée dans ses détails. Sous la foi de la reconnaissance de la validité de ces dispositions par les juridictions supérieures (tribunaux régionaux supérieurs et tribunal de l'Empire) plusieurs lois des États sont arrivées à telles dérogations au droit commun de l'Empire; spécialement en matière des peines de la tentative et de la complicité.[3]) Mais lorsque le droit pénal spécial des États ne contient pas de dispositions sur les conditions générales de l'incrimination, celles du C. p. de l'Empire doivent être employées, même dans les matières du domaine du droit des États, et ainsi, dans un certain sens, le C. p.

---

[1]) Relativement aux droits de réunion et d'association voir suprà § 27 II.

[2]) La loi prussienne sur le droit de succession du 30 mai 1873, Recueil des lois, p. 329, § 42, alinéa 2 exclut l'emploi de ses dispositions pénales, lorsqu'on a trompé les fonctionnaires chargés de la perception de l'impôt en falsifiant des titres ou en prêtant un faux serment, et qu'une peine est prononcée pour ces délits. Les rapports ordinaires entre le droit de l'Empire et celui des États se trouvent alors rétablis.

[3]) Voir la loi prussienne du 15 avril 1878 sur le vol forestier, Recueil des lois p. 222, § 4, et la loi prussienne du 1er avril 1880 sur la police rurale et forestière, Recueil des lois p. 230, § 78. Voir aussi la loi prussienne du 26 mars 1856 sur la répression de l'appropriation illégale des minéraux, Recueil des lois p. 203, § 2, alinéa 2; la loi prussienne du 22 février 1867 sur l'appropriation illégale de l'ambre, Recueil des lois p. 272, art. I, alinéa 2. La loi prussienne sur le vol forestier § 10 exclut l'atténuation des peines prévue par le § 57 du C. p. de l'Empire en raison du jeune âge; de même la loi de police rurale et forestière, § 4. Voir aussi la loi forestière bavaroise du 28 mars 1852 (infrà § 46, n° 15) art. 56; la loi bavaroise d'introduction du 18 août 1879 (infrà § 44 n° 4) art. 5, qui élève le maximum de la peine de la contravention plus que ne le fait la loi d'Empire; de même, la loi bavaroise sur les mines du 20 mars 1869, art. 206; la loi bavaroise sur l'impôt du malt dans sa rédaction du 8 décembre 1889, Recueil des lois p. 600, art. 65, conversion de l'amende en peine privative de liberté qui peut s'élever jusqu'à 3 mois. En outre, loi bavaroise du 18 août 1879, art. 5; voir infrà V.

forme le point milieu de la législation pénale des États et de celle de l'Empire.[1]) Bien plus, le C. p. de l'Empire forme le complément des lois pénales des États promulguées avant son apparition, même dans les matières où ces lois renvoyaient expressément au C. p. des États existant alors. Ce code de chaque État doit être écarté dans ce sens, même lorsqu'il n'a pas été abrogé par la législation d'introduction dans cet État — voir le paragraphe suivant —, et les dispositions complémentaires doivent être empruntées au C. p. de l'Empire. — Loi d'introduction du C. p., § 3.

V. Sous quelques rapports le droit de l'Empire, spécialement la loi de mise en vigueur du C. p., a établi des dispositions servant de principes qui doivent dominer d'une manière absolue la législation pénale des États.[2]) Une disposition contraire du droit des États serait nulle. 1⁰ D'après la loi de mise en vigueur du C. p. — 1er janvier 1871 (1er janvier 1872) —, en appliquant les dispositions pénales du droit des États on ne doit prononcer aucune autre espèce de peines que celles qui sont contenues dans le C. p. de l'Empire. De vieilles lois des États qui en prononçaient d'autres, par exemple, la maison de travail comme peine principale, n'étaient et ne sont plus applicables, même lorsque les incriminations subsistent, si la législation d'exécution des États n'a pas pourvu au remplacement de ces peines devenues hors d'emploi par l'une de celles admises par le C. p. La disposition ci-dessus n'est pas seulement directrice de la législation des États, mais c'est aussi une règle pratique immédiate pour les tribunaux allemands. Une substitution des peines atténuées par le C. p. de l'Empire à celles des États qui ne sont plus admissibles, si elle était faite par les tribunaux, ce que quelques auteurs admettent, serait en contradiction avec le § 2 du C. p. Cependant on pourrait remplacer les peines de prison de peu de durée, d'un maximum de 6 semaines, par des peines correspondantes d'arrêts, ainsi, par exemple, la peine de prison prononcée par la loi prussienne sur les domestiques, du 8 novembre 1810 (§ 51). Et lorsque dans les lois des États on prononce ou l'on permet le travail en forêt ou au profit de la commune au lieu de l'emprisonnement ou d'une amende, cette disposition continue d'être appliquée. Loi de mise en vigueur du C. p., § 6 alinéa 2. Ce paragraphe exclut la confiscation comme telle. Les peines consistant en voies de fait ne sont pas reconnues par le § 6, et par conséquent sont interdites par le droit criminel. La loi allemande sur les gens de mer défend ces peines, même comme moyen de discipline pour maintenir l'ordre sur les navires. Cette interdiction existe aussi dans les lois et les ordonnances des États qui se rapportent au traitement des condamnés dans les prisons. Loi bavaroise du 26 décembre 1871, sur l'introduction du C. p. en Bavière, art. 36 alinéa 2, de même loi bavaroise du 18 août 1879 d'introduction du Code de procédure pénale de l'Empire, art. 27 alinéa 2; règlement prussien sur les prisons du 16 mars 1881 (§ 55 in fine). Dans les maisons de réclusion de Prusse, dans le royaume de Saxe, le Mecklenbourg, le Schwarzbourg-Rudolstadt, Hambourg et Lubeck on considère comme admissible l'emploi des corrections corporelles comme moyen de discipline.[3]) C'est ici qu'on doit se demander si cette pratique peut encore exister valablement en présence du § 6 de la loi d'introduction. Le bâton et les verges

---

[1]) Voir spécialement la loi bavaroise du 18 août 1879 d'exécution du Code de procédure pénale d'Empire, art. 4; puis la loi bavaroise sur l'impôt du malt du 8 décembre 1889, art. 49.

[2]) Voir Olshausen, Commentaire. 4e édition 1892, p. 37. Dispositions préliminaires, note 2c.

[3]) von Jagemann dans le Manuel pénitentiaire, publié par lui et von Holtzendorff. Hamburg 1888, t. 2, p. 94.

ont absolument le même effet, qu'ils soient appliqués en vertu du C. p. ou en vertu d'un règlement de prison; l'efficacité douteuse de ce moyen ne change pas parce qu'on l'emploie à titre disciplinaire. On peut donc se demander si l'on est en droit par l'addition de ce mot „disciplinaire" de transgresser la volonté non douteuse du droit d'Empire qui rejette la correction corporelle.

En indiquant une mesure comme règle de police ou comme un moyen administratif, quelquefois les dispositions des droits des États cherchent à justifier une mesure de nature pénale, et à la concilier avec le § 6. Par exemple, la Bavière qui observe si scrupuleusement les limites entre les deux législations s'est permis, malgré le § 6 de la loi d'introduction, d'attacher à certaines condamnations prononcées en vertu de la loi bavaroise sur l'impôt sur le malt la privation temporaire du droit de concasser le malt, en motivant cette disposition sur ce qu'il s'agirait là non d'une peine, mais d'une mesure de police. Voir, en outre, la loi de l'Empire sur l'industrie § 143 alinéa 2. De même, relativement aux privations de biens et de droits qu'on rencontre souvent dans les dispositions de droit privé et dans les lois administratives on est à l'abri du § 6 par ce motif que ces privations ne sont pas des peines proprement dites. Cependant il faut encore un examen attentif des rapports entre les mesures de police et ces déchéances, d'une part, et les peines, de l'autre, pour pouvoir décider sûrement si ces mesures de police et ces déchéances sont admissibles en présence du droit d'Empire.[1] Spécialement l'admissibilité des déchéances de droits héréditaires par mesure fiscale prononcée souvent par les tribunaux, n'est pas définitivement reconnue.[2] Les rapports entre le droit d'Empire et les peines dites de droit privé ouvrent de nombreuses controverses.[3]

Il est impossible d'entrer ici dans de grands développements sur ces questions en présence de leur nombre infini, de l'abondance des sources y relatives et des recherches et commentaires nombreux et pour la plupart très étendus qui ont été faits. Au contraire, il est possible et utile d'en donner les résultats. On doit se référer en partie au § 2 de la loi de mise en vigueur du C. p. a) Sur la différence entre la peine privée et la déchéance d'un droit la solution de la question ne peut se résoudre d'après les motifs ci-dessus.[4] b) Les usages de la législation allemande conduisent à admettre que le C. p. allemand avec sa loi de mise en vigueur n'a voulu traiter que les parties fondamentales et les plus .importantes du droit pénal public[5] et que l'institution

---

[1] Voir Binding, Manuel, I, § 70, p. 326.

[2] Voir H. Seuffert dans von Stengel, Dictionnaire de droit administratif, t. 1, p. 311.

[3] Voir Windscheid, Cours de droit des Pandectes, § 326, notes 4 et 5, 7e édition 1891, t. 2, p. 222; voir aussi § 123, note 4a, t. 1, p. 350 et § 472, note 7a et 8, t. 2, p. 701. — Binding, Manuel, § 65, III, t. 1, p. 304, note 27. — von Liszt, Cours (1892), § 17, p. 101. — Mandry, Le contenu de droit civil dans les lois de l'Empire, § 22, 3e édition, p. 220. — von Ihering, Répression des injures dans les Annuaires de la dogmatique du droit romain actuel et du droit civil allemand, t. 23 (1885), p. 155—338 (aussi dans la collection de Mémoires, t. 3, Jéna 1886, p. 233—443). — Dernburg, Le droit civil prussien, t. 1, § 125, note 2. — Thon, La règle de droit (Rechtsnorm) et le droit subjectif, Weimar 1878, p. 33—40. — Ernest Landsberg, De l'injure et de l'offense, Berlin 1886, p. 97 sq.

[4] On désigne, par exemple, les effets de la justice qu'on se fait à soi-même de son autorité privée sous le nom de déchéance (Verwirkung). Cette expression n'est pas exacte, au moins, lorsque le non-propriétaire doit restituer la chose d'autrui qu'il croyait sienne et dont il s'est emparé, et, en outre, payer la valeur de cette chose comme peine de ses agissements. D'ailleurs précisément pour ce cas de peine privée il existe une jurisprudence qui y déroge. Voir les décisions de la Cour suprême de l'Empire en matières civiles, t. 11, p. 244, t. 18, n° 43.

[5] Voir aussi les décisions du Tribunal suprême de l'Empire en matière civile, t. 23, p. 321, ligne 17 d'infrà.

de la peine privée, comme elle était établie dans les droits existants, déjà était en dehors des objets de la réglementation fondamentale. On doit admettre spécialement que la loi de mise en vigueur du C. p. et, en particulier, son § 2 ne se rapportent pas à l'institution des peines privées, lorsque celles-ci visent la satisfaction privée. Ce n'est pas l'absence de caractère pénal qui fait ainsi conclure, mais le manque pour la peine privée d'un caractère public, c'est-à-dire intéressant le public.[1]) c) Pour le même motif le § 6 de la dite loi de mise en vigueur ne peut pas fournir de solution immédiate des questions relatives aux peines privées. Cependant les motifs, contenus dans ce § 6, font voir que le législateur, si cette question lui avait été soumise, aurait écarté comme incompatible avec les idées régnantes les peines privées d'excuse, de rétractation et de déclaration d'honneur. Ces moyens sont, sans aucun doute, exclus, quand il s'agit d'intérêt public; ils semblent encore moins admissibles quand il ne s'agit que d'intérêts privés. Mais lorsque les peines privées se rapportent à des prestations pécuniaires de la part du coupable, spécialement consistant en sommes d'argent, le dit § 6 n'y fait pas obstacle, par ce que la nature de la punition n'est pas altérée, lorsque la somme à payer est versée dans la bourse de la partie lésée au lieu de l'être au trésor public. La peine privée consistant en une somme est un des moyens de pénalité contenus dans le § 6. De même, la loi prussienne du 15 avril 1878 sur le vol en forêt a emprunté sans hésitation à la législation antérieure cette disposition que l'amende à payer pour ces délits doit être attribuée à la partie lésée, en outre des dommages. Voir infrà § 46, n° 15. La législation de l'Empire, en raison de son contenu, ne fait pas obstacle à l'emploi des peines privées, lorsqu'elles consistent en paiement d'une somme d'argent. Les peines, en cas de divorce, peuvent être exigées encore actuellement, à côté de la peine publique d'adultère, dans les pays de droit commun, ou de droit prussien, ou de droit français.[2]) d) L'examen des autres cas de peines privées et des dispositions qui s'y rapportent et qui peuvent être appliquées amène à cette conclusion que la plupart d'entres elles doivent être considérées comme abrogées, tantôt d'après les anciens droits eux-mêmes des États, tantôt d'après le droit pénal de l'Empire. Lorsque, par exemple, ces peines privées apparaissent comme un moyen plus rudimentaire de protection du public contre de nouvelles tentatives du coupable, lorsqu'elles recherchent surtout la publica utilitas — L. 42, § 1 D. de procuratoribus 3, 3, L. 1, § 4 D. depos. 16, 3 —, les peines privées ont été déjà abrogées par les vieilles lois pénales qui ont prononcé des peines publiques contre les faits qui étaient l'objet des peines privées.[3]) En tout cas une disposition du droit d'Empire relative à de tels actes exclut les peines privées en conséquence du § 2 de la loi de mise en vigueur. On doit admettre que la législation moderne n'a pas voulu, à côté de la protection plus parfaite du public qu'elle organisait, assurer, en outre, celle plus rudimentaire de la peine privée. Il en est ainsi, en particulier, de l'actio furti, de celle vi bonorum raptorum,

---

[1]) Voir S. Brie dans les discussions du Congrès des jurisconsultes allemands, XXe année, t. 2, p. 235 sq., en particulier p. 243 sq.

[2]) Voir Brie l. c.

[3]) Le droit romain dans son dernier état donnait l'option entre l'actio et le crimen, la poursuite par la peine privée et la poursuite criminelle extra ordinem; et on trouve maintes fois reproduite cette idée que l'exercice d'une des deux actions exclut l'autre. L. 57 (56) § 1 D. de furtis 47, 2; L. 6 D. de injur. 47, 10. Voir, en sens contraire, L. 9, § 5 D. de publicanis: „Quod illicite publice privatimque exactum est (voir C. p. allemand, § 353), cum altero tanto passis injuriam exsolvitur, per vim vero extortum (C. p. allemand, § 339, alinéa 2) cum poena tripli restitutur: amplius extra ordinem plectantur: alterum enim utilitas privatorum alterum rigor publicae disciplinae postulat.“

lorsque cette action vise plus qu'une indemnité, de la disposition additionnelle de la lex Aquilia, et des cas plus graves de l'actio injuriarum aestimatoria, de même que des suites de la défense personnelle illégale.[1]) En cas d'offense dans le sens du C. p. et de lésions corporelles l'action aestimatoria est exclue en tous cas aujourd'hui par le § 11 de la loi de mise en vigueur du Code de procédure pénale allemand, qui ne permet la poursuite de ces délits expressément que d'après la voie tracée par ce code, c'est-à-dire au moyen de l'action du Ministère public ou de celle privée de la personne lésée visant aussi la peine publique.[2]) Mais lorsque, abstraction faite de ces cas, la plainte privée n'est qu'une forme plus commode pour obtenir une indemnité, ou doit assurer une satisfaction privée pour la lésion de biens intellectuels, et qu'on ne peut établir aucune exclusion de la part du droit particulier, leur emploi actuel ne devrait être contesté. Sur le terrain du droit commun on devra, par exemple, les accorder au médecin chez lequel on a tiré malicieusement la sonnette de nuit, pour le troubler dans son sommeil; on ne les refusera pas au poëte dont une production intellectuelle envoyée pour être publiée à la rédaction d'une revue a été imprimée avec dédicace à une personne qui lui est étrangère. — Du fait que la loi ne permet d'intenter l'action publique que sur la plainte du lésé, par exemple, dans le trouble simple à la paix des familles, il peut résulter que la législation pénale considère ce délit principalement et d'abord comme une violation des intérêts privés. Si, dans ce cas, la personne lésée laisse s'écouler le délai de trois mois de manière à ce que la plainte publique soit exclue, l'actio injuriarum aestimatoria ne pourra être interdite ni en présence de le L. 6 D. de injur. 47, 10, ni en présence du § 2 de la loi de mise en vigueur du C. p. Il serait à désirer que la législation allemande se résolût à une réglementation expresse en raison de l'incertitude du droit existant et de ses lacunes.

2° Le § 5 de la loi de mise en vigueur du C. p. contient une disposition de principe. Suivant ce paragraphe la sphère des peines qui sont à la disposition de la législation des États dans les domaines qui lui ont été laissés a été très restreinte depuis la promulgation du C. p. La législation de l'Empire s'est réservé pour elle-même l'emploi des peines à effet énergique. Le droit des États ne peut depuis le 1er janvier 1871 (1er janvier 1872) prononcer aucune sorte de peines que le C. p. ne reconnaisse pas; et parmi celles qu'il reconnaît il ne peut faire usage que des suivantes: l'emprisonnement de 2 ans au plus, les arrêts, l'amende (sans restriction), la confiscation de certains objets et la destitution des fonctions publiques. La peine de mort, la réclusion, l'emprisonnement au-delà de 2 ans, la détention dans une forteresse, la déchéance des droits civiques, l'indignité de remplir des fonctions, la surveillance de la police, de même que l'arrêt après libération dans une maison de travail ne sont plus à la disposition de la législation des États. On admet que les lois pénales anciennes, même lorsqu'elles prononcent des peines plus sévères, mais que le droit de l'Empire connaît, par exemple, l'ordonnance prussienne du 8 juillet 1844 sur la répression de la traite des nègres (Recueil des lois 1844, p. 399, § 3), sont encore en vigueur; il est vrai, en restreignant les punitions à celles dont le droit d'Empire permet l'emploi.

Il faut, en outre, considérer comme règles de principe: 3° la disposition du § 7 du C. p. décidant qu'une peine subie à l'étranger doit être imputée sur celle qui est prononcée à l'intérieur, lorsque pour la même infraction une

---

[1]) Voir suprà p. 344, note 4 in fine.
[2]) Cette restriction, cela va de soi, ne s'applique pas à une utilis Aquiliae actio (L. 13 pr. D. ad leg. Aq. 9, 2) avec la preuve facilitée par le § 260 du Code de procédure civile allemand.

seconde condamnation a lieu sur le territoire de l'Empire allemand. **4⁰** La défense d'extradition du § 9. **5⁰** L'exclusion de la poursuite des Membres du Landtag en raison de leurs votes et des opinions émises dans l'exercice de leurs fonctions par le § 11 du C. p. et **6⁰** les immunités de la presse d'après le § 12 du C. p.

La punition des héritiers comme tels en raison des délits commis par le défunt est contraire à l'esprit du droit pénal de l'Empire qui ne permet l'exécution d'une amende contre la succession que lorsque le jugement avait acquis la force de chose jugée contre le coupable. C. p. § 30. Le droit des États pourrait néanmoins ordonner la punition des héritiers dans son propre domaine, par exemple, en cas de fraude au fisc commise par le défunt.[1] Le tribunal de l'Empire a cependant refusé l'application de telles dispositions; une forme de procédure manque suivant lui pour rendre possible en pratique l'emploi de ces dispositions. Le Code de procédure pénale suppose „un coupable vivant"; contre un décédé, ou contre sa succession, contre une masse de biens, on ne peut poursuivre. La procédure pénale, dite objective, n'aurait pas de place ici. La décision du tribunal inférieur portant condamnation fut cassée, et la poursuite déclarée inadmissible.[2]

§ 44. Des lois des États de mise en vigueur du Code pénal.[3]

Dans le § 8 de la loi d'introduction du C. p., pour couper court à tout doute possible, on reconnut aux législations des États le droit d'édicter des dispositions transitoires pour raccorder leurs lois pénales avec les dispositions de ce code. On confia à la législation de chacun d'eux la mission de faire ce raccord. **1⁰** La Prusse et le Waldeck (voir suprà § 2, II in fine p. 265) crurent devoir laisser à leurs tribunaux le soin de décider dans chaque cas des effets du nouveau droit fédéral sur la législation des États. En Prusse on trouve seulement une disposition du Ministre de l'Intérieur et du Ministre de la Justice du 21 janvier 1871, Bulletin du Ministre de la Justice, p. 35, sur la libération provisoire (C. p. allemand §§ 23 à 26) et une instruction du Ministre de l'Intérieur du 21 avril 1871, Bulletin du Ministre de la Justice, p. 126, sur la surveillance de la police.[4] **2⁰** Quelques États ont émis des lois de transition, ou suivant les cas, des ordonnances, sans toucher la question du maintien en vigueur des Codes pénaux existants. A cette catégorie appartiennent le royaume de Saxe, les deux Mecklenbourg, Saxe-Meiningen, Altenbourg, Saxe-Cobourg-Gotha, Schwarzbourg-Rudolstadt, Schwarzbourg-Sondershausen, Reuss ligne aînée, Reuss ligne cadette, Schaumbourg-Lippe, Lippe, Lubeck et l'Alsace-Lorraine. **3⁰** Dans dix États (Bavière, Wurttemberg, Bade, Hesse, Saxe-Weimar, Oldenbourg, Brunswick, Anhalt, Hambourg et Brême) les Codes pénaux antérieurs, au contraire, et à Brême

---

[1] Loi wurttembergeoise du 19 septembre 1852, sur l'impôt sur le capital et les revenus des rentes et gains, art. 11, alinéa 1, et art. 13, alinéa 2; loi wurttembergeoise du 15 juin 1853 sur l'impôt sur les revenus de capitaux, etc. au profit des corporations d'administration publique (Amtskörperschaften) et des communes.

[2] Décision du tribunal de l'Empire en matière pénale, t. 18, n⁰ 3, p. 14, spécialement p. 20—23.

[3] Heinze, Les rapports entre le droit pénal d'Empire et celui des États. Leipzig 1871, spécialement p. 4—19. La loi, la plus importante, celle bavaroise du 26 décembre 1871, n'avait pas encore paru à l'époque où Heinze publia son ouvrage. — Rüdorff, Code pénal de l'Empire allemand. Avec commentaires. 2ᵉ édition, Berlin 1877, p. 61—70, 4ᵉ édition, Berlin 1892, p. 49. — Binding, Manuel, I, § 19, p. 97.

[4] L'instruction générale du ministre de la justice du 28 décembre 1870 était relative à la compétence en matière pénale.

le droit commun qui régnait alors fut abrogé entièrement ou sauf quelques réserves. 4⁰ La révision la plus soigneuse et qu'on peut regarder comme un modèle, fut faite en Bavière[1]) par la loi du 26 décembre 1871 sur l'introduction en ce pays du C. p. de l'Empire allemand; Off. de la Bavière 1871 et 1872, n⁰ 4, p. 81. Le Conseiller de la Cour d'appel d'alors au Ministère de la Justice, le Docteur Julius Staudinger, eut une grande part à la confection de cette loi difficile et si intéressante, tant au point de vue constitutionnel qu'au point de vue pénal. La loi du 26 décembre 1871 fut bientôt abrogée en sa teneur. A l'occasion de l'introduction de la législation de l'Empire relative à la procédure civile et pénale des années 1877 à 1879, il fut fait en Bavière comme dans les autres États de l'Empire allemand des lois d'exécution. Et dans celle relative au Code de procédure pénale de l'Empire du 18 août 1879 la législation bavaroise eut de nouveau l'occasion d'établir une révision de son droit pénal. C'est à cette occasion aussi que la loi précitée du 26 décembre 1871 fut abrogée. Malgré cette abrogation cette loi n'a pas perdu toute son importance pour la Bavière et elle reste un modèle remarquable de toute loi de dispositions transitoires en ce qu'elle trace d'une manière excellente la ligne de démarcation entre le droit d'Empire et celui de cet État pour l'abrogation des Codes bavarois et des lois qui étaient en vigueur avant le C. p. de l'Empire. „A partir du 1ᵉʳ janvier 1872 — disait cette loi — restent en vigueur dans le royaume de Bavière, à côté des dispositions pénales des lois de l'Empire, ainsi que des lois d'Union douanière promulguées en Bavière (voir suprà § 28 I, p. 309) parmi toutes les dispositions du droit pénal de l'État encore applicables seulement celles qui sont contenues ou qui ont été indiquées comme subsistantes pour la Bavière dans la présente loi et dans le C. p. de police."[2]) Toutes les autres dispositions du droit pénal de l'État bavarois qui n'ont pas encore été abrogées par les lois de l'Empire exécutoires à partir du 1ᵉʳ janvier 1872, sont abrogées à partir du même moment en vertu de la présente loi." L'ancien droit pénal de cet État qui n'était pas expressément maintenu se trouva donc abrogé. S'il y avait doute pour les tribunaux sur la question de savoir si le droit de l'État avait été abrogé déjà par le droit de l'Empire en vertu du § 2 de la loi de mise en vigueur du C. p., l'abrogation subsidiaire par l'art. 1 de la loi bavaroise du 26 décembre 1871 levait ce doute. Pour détruire toute hésitation relativement aux dispositions pénales plus importantes, l'art. 2 de la loi bavaroise dans ses 24 numéros désignait les codes et les lois qui devaient être abrogés, entre autres le C. p. bavarois et le C. p. de police du 10 novembre 1861. L'art. 3 de la loi bavaroise du 26 décembre 1871 indiquait, par contre, le droit pénal de l'État dont les dispositions sporadiques restaient encore en vigueur en dehors du droit de l'Empire, du C. p. de police nouvellement rédigé et des dispositions pénales spéciales contenues dans cette loi même. Il serait désirable que les différents États de la Confédération allemande fissent ces révisions législatives de leur droit pénal. Exiger que chacun puisse connaître les lois pénales de son pays, c'est d'ailleurs une prétention exorbitante! Une collection des lois d'introduction et des dispositions transitoires rendues dans les États confédérés allemands à l'occasion de la mise en vigueur du C. p. se trouve dans les 2 premières éditions du commentaire du C. p. de Rudorff, dont la seconde, Berlin 1877, p. 63 à 70. Voir aussi l'écrit de Heinze mentionné dans la note de la rubrique du présent paragraphe, p. 4 à 20.

---

[1]) La législation d'Anhalt a fait aussi une révision soigneuse; voir la loi du 30 décembre 1870, t. 5 du Recueil des lois, p. 1675.

[2]) Voir infrà § 45, II.

§ 45. **Des différentes sources du droit pénal des États allemands.**[1])

I. Dans tous les États confédérés se trouvent des lois pénales spéciales complètes, c'est-à-dire des lois qui, comme en général le C. p., réunissent dans le même concept l'incrimination et l'application de la peine. Abstraction faite de ce point, les dispositions et les usages constitutionnels relativement à la technique du droit pénal sont diverses. En Bavière, au Wurttemberg et à Bade on a adopté de même qu'en droit français le principe du droit en blanc-seing. Voir suprà p. 291 § 14, II. L'art. 8 de la Constitution prussienne du 31 janvier 1850 proclame ce principe que les peines ne peuvent être édictées ou prononcées qu'en vertu de la loi. La Constitution prussienne fait dépendre, il est vrai, d'une fixation légale, la force obligatoire d'une pénalité édictée; mais elle admet la délégation faite par la loi non seulement pour établir les incriminations, mais aussi pour édicter les peines. La loi peut investir le roi ou un autre organe du gouvernement ou de l'administration du droit de rendre des ordonnances pénales. En Prusse, le roi possède le droit de rendre des ordonnances en cas de nécessité, en vertu de l'art. 63 de la Constitution. Lorsque le maintien de la sécurité publique ou le besoin de prévenir un état dangereux extraordinaire l'exige impérieusement, le roi peut rendre des ordonnances ayant force de loi, mais qui ne soient pas en contradiction avec la constitution, sous la responsabilité du ministère tout entier lorsque les chambres ne sont pas en session. Ces ordonnances doivent être soumises à l'approbation des chambres aussitôt que celles-ci se réunissent. Ce droit de légiférer en cas de nécessité comprend aussi celui de faire des ordonnances pénales, lesquelles, cela se comprend, doivent se tenir désormais dans les limites établies par le droit de l'Empire. Voir suprà § 43. L'art. 9 du Code de police bavarois du 26 décembre 1871 règle le droit du roi de rendre des ordonnances en cas de nécessité d'une manière encore plus précise et restreint les peines qu'on peut alors édicter à 50 thalers et à 30 jours d'arrêts. La loi prussienne sur l'administration de la police du 11 mars 1850, Recueil des lois p. 265, dans son § 5, autorise les autorités chargées de la police. locale à prescrire des mesures de police valables pour toute la commune, après s'être concertées avec le chef de cette commune et à édicter une amende de 3 thalers = 9 marks, en cas d'infraction. Avec l'approbation du gouvernement du cercle, l'amende pourrait s'élever jusqu'à 10 thalers = 30 marks. Aux objets des prescriptions de police appartiennent d'après le § 6 de la dite loi: a) la protection des personnes et des propriétés; b) l'ordre, la sûreté et la facilité de la circulation sur les rues, routes, places, ponts, rives et eaux intérieures; c) les marchés et la vente publique des denrées alimentaires; d) l'ordre et la légalité dans les réunions publiques d'un certain nombre de personnes; e) l'intérêt public relatif à la réception et au logement des étrangers; aux établissements de vin, de bière et de café et autres détaillant la nourriture et des boissons; f) le soin de la vie et de la santé; g) les précautions contre les dangers de l'incendie dans les constructions et contre les actions, entreprises et événements nuisibles ou dangereux pour le public en général; h) la protection des champs, prairies, pâturages, bois, plantations d'arbres, vignobles, etc.;

---

[1]) Fondamental: Rosin, Le droit des ordonnances de police en Prusse, exposé et expliqué au point de vue de droit administratif. Breslau 1882. Le même dans: von Stengel, Dictionnaire de droit administratif, t. 2, p. 273 (droit pénal de police) et p. 279 (ordonnance de police). A remarquer, en particulier, les indications bibliographiques contenues dans ces deux articles, et celles des sources données dans le texte du premier et à la fin du deuxième. — Rotering, Contraventions de police et droit des ordonnances de police. Berlin 1888.

i) tout ce qui par ailleurs doit être ordonné par mesure de police dans l'intérêt spécial des communes (districts de bailliage, cercles) et des personnes qui en dépendent. Cette dernière concession est si générale qu'on peut y comprendre toutes les affaires publiques du district lorsqu'elles ne sont pas réglées spécialement, comme les mines, les forêts et la chasse. Maintenant le droit de rendre les ordonnances de police est réglé en Prusse, en partie, par la loi sur l'administration générale du pays du 30 juillet 1883 (Recueil des lois p. 195 sq.) se rattachant au § 6 ci-dessus énoncé. D'après cette loi, § 136, les ministres ont le droit, dans les limites de leurs départements respectifs, de faire des dispositions applicables à toute la monarchie ou à quelques unes de ses parties et d'édicter contre les contrevenants à leurs ordres une amende au maximum de 100 marks, lorsque les lois renvoient expressément aux dispositions spéciales de police à édicter par les autorités centrales. Les §§ 137 à 145 règlent la compétence des présidents supérieurs, des présidents de gouvernement (préfets), des sous-préfets (Landräte) et des polices locales pour édicter et pour abroger leurs édits. Le pouvoir d'établir des pénalités est confié au président supérieur et à ceux de gouvernement jusqu'à concurrence de 60 marks, aux sous-préfets (Landräte) et aux autorités locales jusqu'à concurrence de 30 marks.[1]) La loi d'administration prussienne fait participer d'ailleurs, comme la loi de 1850, les représentants de la population, au droit d'émettre des ordonnances pénales. Le Président supérieur doit avoir l'approbation du Conseil provincial et le Préfet celle de la délégation de district. Les ordonnances pénales du Landrat sont soumises à l'approbation de la délégation du cercle et les prescriptions de police locale, lorsqu'elles ne sont pas du domaine de la sûreté, ont besoin dans les villes de l'adhésion du conseil municipal, éventuellement de celle de la délégation du district. Le système de la législation en blancseing et de la législation par les ordonnances pénales n'est pas adopté sans restriction par les pays qui le reconnaissent. Les lois bavaroises relatives aux communes du 29 avril 1869 (pour les régions de la rive droite du Rhin et pour le Palatinat) autorisent les communes à édicter des prescriptions de police locale pour contrôler et assurer la perception des droits locaux et à punir la contravention à ces prescriptions par une amende jusqu'à concurrence de dix florins, le détournement ou la diminution de ces droits par des amendes au maximum de 25 florins, et suivant les cas, s'élevant jusqu'au décuple et en cas de récidive jusqu'au 20 fois le montant des droits que perd la commune. Au contraire, la loi prussienne sur les mines du 24 juin 1865, Recueil des lois p. 705, adopte le système de la loi pénale en blanc-seing. Le § 208 règle de même les pénalités relatives aux ordonnances de police déjà rendues par les fonctionnaires des mines et pour celles qui le seront encore par les bureaux supérieurs des mines en vertu du § 197 (amende jusqu'à concurrence de 50 thalers). La loi prussienne du 24 juin 1892 (Recueil des lois p. 131) sur la modification de quelques dispositions de la loi générale minière du 24 juin 1865 se tient à ce principe, mais élève les peines du § 208 à une amende de 300 marks et éventuellement à la peine des arrêts, et édicte dans les §§ 207a—207e des pénalités ayant pour but la protection des travailleurs et dépassant beaucoup celles de la législation minière antérieure. De même la loi prussienne du 18 mars 1868, Recueil des lois p. 277, § 14, sur l'établissement des abattoirs publics dont on doit exclusivement se servir est entré dans la voie de la législation pénale en blanc-seing. Voir aussi la loi prussienne sur la pêche du 30 mai 1874, Recueil des lois p. 197,

---

[1]) En outre, la loi sur la répression des négligences dans l'accomplissement des obligations scolaires pour les écoles primaires de la province de Prusse, etc. du 6 mai 1886, Recueil des lois p. 144, § 2; puis, loi du 12 juin 1889, Recueil des lois p. 129 (Extension du droit d'ordonnances du président de police à Berlin).

§ 50 n° 7. Relativement au droit d'édicter au point de vue pénal comme moyen de contraindre à l'exécution des ordres officiels dans des cas particuliers — suprà § 31 — voir spécialement la loi de l'administration prussienne § 132 et le Code de police bavarois du 26 décembre 1871, art. 21 et 22. Le Président de gouvernement prussien a le droit d'édicter des amendes jusqu'à concurrence de 300 marks et éventuellement une peine d'arrêts au maximum de 4 semaines.

II. Il faut mentionner aussi une autre variété dans la Constitution des États. Une partie d'entre eux a codifié le droit pénal de police dans des Codes de police spéciaux. Code de droit pénal de police bavarois du 26 décembre 1871, wurttembergeois du 2 octobre 1839, avec modification, du 27 décembre 1871, badois du 31 octobre 1863, hessois du 2 novembre 1847, mis de nouveau en vigueur le 30 octobre 1855, puis loi du 10 octobre 1871, voir n° 35, p. 393 de l'Officiel hessois de 1871, Code de droit pénal de police de l'Anhalt-Dessau du 29 mars 1855 (pour Bernbourg 1er juillet 1864).[1] La Prusse, au contraire, la Saxe, et en général la majorité des États allemands ne possèdent pas de codifications des lois de police. La 3e partie du C. p. prussien peut être considérée comme un fragment de législation de police qui contient aussi dans son titre premier des dispositions générales restreintes aux contraventions, tandis que les titres 2 à 4 établissaient des dispositions spéciales. Des contraventions faisaient partie, il est vrai, l'offense simple, le trouble simple à la paix de famille, la soustraction. En conséquence, bien moins encore que dans le C. p. de l'Empire, n'existait dans le C. p. prussien une distinction entre les infractions de droit ou de police, à quelque point de vue que ce fût. Pas plus que le C. p. de l'Empire, la 3e partie du C. p. prussien n'avait l'intention d'épuiser le droit pénal de police.

Parmi les législations qui ont codifié le C. p. de police, la bavaroise présente un intérêt spécial, non seulement parce que la Bavière est le plus grand des États possédant une codification, mais à cause de l'histoire originale de cette codification. Cette histoire du C. p. bavarois est une épisode intéressante de celle du droit des États allemands au 19e siècle. La confection de ce code est une victoire de l'idée du droit sur celle de la police.[2]

Les souverains allemands dans les derniers siècles pensaient pouvoir puiser dans les lois de police de l'Empire aussi bien le droit que le devoir de rendre des ordonnances obligatoires dans les matières de police sans le consentement de leur Diète. Mais l'application de ces peines en vertu de ces ordonnances appartenait spécialement en Bavière aux tribunaux ordinaires jusqu'au siècle présent, à l'exception des fraudes sur les droits de douane, d'accises et sur la bière. Cette situation changea au commencement de ce siècle. La police passa au premier plan, elle obtint un certain pouvoir judiciaire et législatif,[3] spécialement le droit de faire des ordonnances pénales. Le C. p. bavarois de 1813 (voir suprà § 2 p. 263) n'avait trait qu'aux crimes et aux délits; quant aux contraventions de police parmi lesquelles se trouvaient

---

[1] Le royaume de Hanovre avait aussi un C. p. de police qui fut abrogé en grande partie par la législation prussienne.

[2] Voir Edel, Le C. p. de police du royaume de Bavière, du 10 novembre 1861, expliqué. Erlangen 1862.

[3] En vertu de déclarations émanant du droit de l'Empire (loi de mise en vigueur du C. de l'instr. crim. § 6, n° 3, et ce Code lui-même, §§ 453 sq.) et ensuite en vertu de la législation des États, aujourd'hui même les autorités de police et d'administration sont autorisées à faire des applications pénales, mais elles ne sont que provisoires, celui qu'elles frappent peut toujours provoquer une sentence judiciaire. Voir, en particulier, la loi prussienne sur l'émission de dispositions pénales de police pour les contraventions du 23 avril 1883, Recueil des lois p. 65.

aussi des lésions du droit, nombreuses mais peu importantes, elles devaient être contenues dans un Code spécial. Le projet paru en 1822 d'un C. p. (pour la Bavière) contient dans les 356 articles de la deuxième partie l'essai de cette codification. Les projets de 1827 et 1831 s'étendaient aussi aux contraventions. Quelques lois seulement ont paru en Bavière dans ces 40 dernières années sur des matières de police et d'administration. Spécialement dans les années qui suivirent les mouvements de 1848 et 1849 il y eut sur des sujets importants, par exemple, les réunions et les associations, la presse, la chasse, l'usage des eaux et la protection des rives, les forêts et les assurances contre les incendies, des lois régulières, et l'on attribua la connaissance des contraventions y relatives aux tribunaux ordinaires. Dans le Palatinat bavarois régnait le système du droit français dont il a été question plus haut. En 1851 pour la première fois un projet de code de police spécial fut présenté à la Diète bavaroise, mais fut retiré, pour être remplacé en 1855 par un autre projet, lequel aurait eu pour signification le retrait légal des conquêtes faites depuis 1848 sur le terrain de la législation pénale, si le projet, comme cela heureusement n'eut pas lieu, était devenu loi. Les châtiments corporels dans la jurisprudence des tribunaux régionaux bavarois du vieux style (mélange de police et de justice) étaient un moyen assez habituel de répression. Même pendant l'été de l'année 1858, j'ai dû malgré moi et avec répugnance rédiger des résolutions en vertu desquelles des ouvriers vagabonds qui n'avaient fait d'autre mal que de s'être laissé surprendre en état de mendicité étaient condamnés à recevoir un certain nombre de coups. Et plus d'une fois, je dus écrire des procès-verbaux qui commençaient par la constatation d'une paternité naturelle et la fixation des frais d'accouchement et des aliments dus et qui finissaient par une sentence pénale qui adjugeait une série de coups de verge à l'heureux père, pour le punir de son commerce illégitime. Si ceux qui, à la fin du dix-neuvième siècle, plaident en faveur de l'adoption à nouveau des coups de bâton et des coups de fouet avaient eu l'occasion d'observer la douteuse efficacité de ces moyens de la vindicte, ils s'abstiendraient désormais de soutenir l'excellence de ces procédés.[1]) Le projet bavarois de 1822 ne contenait aucune de ces corrections corporelles; celui de 1855 voulait reconnaître également et instituer à nouveau ces punitions, exercées dans la pratique et qui avaient été édictées par le Code de 1813. Il y eut un débat fort vif pendant plusieurs années à ce sujet entre le ministère réactionnaire et la seconde chambre un peu libérale. Non seulement le Code de police, mais aussi le C. p. qui était présenté à la Diète furent avec d'autres questions l'objet de cette lutte, qui devint de plus en plus vive jusqu'à la dissolution de la Chambre des députés en septembre 1858. Cette dissolution fut suivie de la réélection de tous les députés qui avaient voté contre ces mesures; „la majorité de la chambre fidèle aux progrès légaux s'accrut encore et reprit possession des ses sièges". Le roi Maximilien II dont la devise était liberté et légalité, se conforma, après avoir fait un grand effort sur lui-même, à la volonté du pays. Le ministère impopulaire fut renvoyé et lorsque l'année suivante les projets de C. p. et de Code de police essentiellement transformés furent présentés à nouveau à la Diète, l'édifice législatif depuis si longtemps projeté se termina rapidement (10 novembre 1861). A partir de ce moment la législation de police de Bavière est restée au point ci-dessus décrit I p. 349. A l'occasion de la mise en vigueur du C. p. de l'Empire le Code de police bavarois de 1861 fut soumis à une révision et remplacé par celui du 26 décembre 1871. Cette révision ne consista pas

---

[1]) Voir aussi Eckert dans son Manuel pénitentiaire, Hambourg 1888, t. 2, p. 95, note 13 in fine.

seulement dans le raccord de ces codes, mais il en résulta que le caractère de la législation de police bavaroise fut changé; nous reviendrons là-dessus au paragraphe suivant. Les corrections corporelles ont disparu de tous les établissements pénitentiaires, même comme mesure de discipline, depuis le 1er juillet 1862 (époque de la mise en vigueur de la législation pénale bavaroise).[1])

§ 46. Du contenu des lois pénales des États.

Voir relativement à la Prusse les Recueils d'Hellweg et Arndt, et aussi de Borchardt, cités IV, § 13, p. 287.

Reger, La législation de police, en vigueur en Bavière. Ansbach 1880. — Allfeld, Recueil des lois d'État et d'Empire sur le droit criminel en vigueur en Bavière, avec le C. p. ordinaire et le C. p. militaire de l'Empire allemand. Avec annotations. 2e édition. Hildburghausen. Munich 1887. — Edel, Le Code pénal de police du royaume de Bavière du 26 décembre 1871 commenté. Erlangen 1872. (Le commentaire du Code de 1861 est encore aujourd'hui remarquable.) — Riedel, Le Code pénal de police de Bavière du 10 décembre 1871. Avec la correspondance des dispositions analogues du C. p. de l'Empire. 4e édition, par Proebst. Nördlingen 1889. — Staudinger, Le Code pénal de police du royaume de Bavière. 2e édition. Nördlingen 1885.

Paul von Mangoldt, Le droit pénal d'Empire et d'État en vigueur dans le royaume de Saxe à côté des Codes pénals. Composé en forme de manuel; avec table des matières. 2 tomes. Leipzig 1886. — Les lois de justice du royaume de Saxe, contenant les lois d'Empire et d'État relatives au droit privé et au droit pénal, avec les ordonnances qui s'y rapportent, suivi d'un sommaire et une table des matières. Nouvelle série, 12e vol. 1886. 13e vol. 1888. 14e vol. 1889. 2e division 1890. 15e vol. 1891. 16e vol. 1892.

Schicker, Le droit pénal et le droit de procédure de police dans le royaume de Wurttemberg. 2 parties. 2e édition. Stuttgart 1887.

G. Schusser, Le droit pénal de police badois; contenant le C. p. de police de Bade, la partie générale et la section XXIX de la partie spéciale de C. p. de l'Empire, et les autres dispositions législatives s'y rapportant avec les ordonnances rendues pour leur exécution et des annotations. Tauberbischofsheim 1888. (Publié comme nouvelle rédaction de la 2e partie de droit badois d'Eisenlohr par Bingner.)

C. Goesch et A. von Düring, Le droit pénal d'État de Mecklembourg-Schwérin. Ordonnances de droit d'État relatives au droit criminel en vigueur dans le grand-duché de Mecklembourg-Schwérin, réunies et annotées. Et aussi sous le titre: Droit pénal d'État de Mecklembourg, etc. Édition pour Schwérin 1887. Le même: Édition pour Mecklembourg-Strélitz (y compris la principauté de Lubeck).

Recueil des lois en vigueur pour l'Alsace-Lorraine. Publié avec la collaboration d'autres juristes de ce pays de l'Empire, par Althoff, Förtsch, Harseim, Keller et Leoni. Strassbourg 1880—1886. — Förtsch et Leoni, Recueil des lois pénales françaises demeurées en vigueur dans l'Alsace-Lorraine. 2 parties, 1875 et 1876.

Le contenu du droit pénal des États ne répond exactement à aucune des catégories connues des infractions. Ce droit s'étend à des délits aussi bien de droit pénal proprement dit que de police; il s'applique aux lésions, aux actes dangereux et à la simple désobéissance. Le vieux droit pénal des États qui a survécu emploie encore des punitions sévères.[2]) Les Codes de police, il est vrai, se bornent presque toujours à punir la simple désobéissance et les actes peu graves mettant en péril des biens. Spécialement la loi de police bavaroise de 1861 avait placé les lésions les plus légères, comme contraventions, à un endroit spécial du C. p., tandis que dans le Code de police elle ne s'occupait que des actes dangereux et de la désobéissance aux prescriptions de police. Cela facilitait un traitement spécial des actes dangereux et de cette désobéissance en les distinguant des matières ordinaires. La partie générale du Code de police bavarois de 1861 contenait des dispositions de ce genre,

---

[1]) Voir suprà § 43 V, no 1, p. 343.

[2]) L'ordonnance prussienne du 8 juillet 1844, sur la répression de la traite des nègres, Recueil des lois p. 399, qui édicte une peine élevée de réclusion (voir suprà § 43, V, no 2), est considérée comme étant encore en vigueur.

en particulier, relativement à la tentative (art. 17), à la responsabilité des chefs de famille, des patrons et des maîtres, etc. pour les contraventions commises par leurs subordonnés (art. 18) et aux fautes par négligence (art. 19), etc. La législation pénale de la Hesse de 1841 et 1855 était arrivée à la même distinction. Au contraire, le Code de police de Wurttemberg et de Bade ne traitait pas de la même manière les infractions au droit et celles aux ordonnances de police. Tandis que la Hesse s'en tenait au traitement différent des actes et des omissions punies par son Code de police, la législation bavaroise de 1871 a laissé tomber cette différence qu'elle avait maintenue jusqu'alors, se conformant en cela à la législation d'Empire, et elle a distrait de la partie générale de son Code de police les dispositions qui avaient trait à un traitement spécial des infractions aux ordonnances de police.[1]) — L'exposé du droit pénal des États suit très bien l'ordre des matières qui sert de base à un de ces Codes de police. Et sous ce rapport il semble indiqué de commencer par la législation bavaroise qui est la plus récente, qui, comme il est énoncé ci-dessus, a été modifiée deux fois dans un court espace de temps (1871 et 1879) et qui chercha à accorder le droit pénal de l'État avec celui de l'Empire et y réussit, sauf sur quelques points qui laissent encore des doutes. Dans l'espace et le temps qui sont mesurés à l'auteur, il ne peut s'agir que de mettre en relief les rapports les plus importants et certains détails dans lesquels on trouve l'expression d'idées pénales particulières. Outre la législation pénale du royaume de Bavière, celle de Prusse mérite souvent notre attention. Bien des particularités du droit de cet État ont déjà été indiquées plus haut. 1⁰ Le Code de police bavarois du 26 décembre 1871 dans la teneur qu'il a prise par la loi bavaroise du 18 août 1879 de mise en vigueur du Code de procédure pénale de l'Empire, règle dans sa première partie, art. 1 à 15, le droit des ordonnances dans le sens indiqué suprà § 45, p. 349. La deuxième division (art. 16 à 22) sous la rubrique „Mesures d'exécution et mesures provisoires" comprend le droit relatif aux mesures de police dans tel et tel cas, y compris les contraventions à ces mesures. 2⁰ La rubrique du premier chapitre de la 3ᵉ division du Code de police bavarois „Contraventions relatives aux différentes institutions de l'État et aux devoirs publics" ne laisse pas prévoir ce que ce chapitre contient en réalité. On y punit: la communication défendue avec des prisonniers, le manque des déclarations prescrites relativement aux mariages, aux naissances et aux décès (bien entendu lorsqu'il n'y a pas lieu à l'application du § 68 de la loi sur l'état des personnes), les changements de noms patronymiques, l'emploi illégal du costume des serviteurs de la cour royale, le trouble apporté au premiers secours, les contraventions aux interdictions de séjour (lorsqu'il n'y a pas lieu d'appliquer le § 361 n⁰ 1 du C. p.), voir, en outre, spécialement la loi d'Empire sur l'ordre de la compagnie de Jésus du 4 juillet 1872, p. 253. L'art. 29 du Code p. de police bavarois punit les omissions dans les services relatifs aux gardes de sûreté et à l'entretien des routes. 3⁰ Un groupe plus nombreux d'incriminations est relatif à la transgression des dispositions sur la paix publique, l'ordre et la sûreté, spécialement les actes qui peuvent causer le trouble et l'inquiétude publique (les cris séditieux en font partie), le fait des aubergistes d'avoir admis dans leur débit les personnes qui doivent en être exclues, l'établissement sans droit de divertissements, d'amusements, spectacles en public ou de manière à gêner les voisins (art. 32 à 36); les publications ou affichages sur les murs contraires à une défense, la destruction sans droit d'une affiche, le refus de quitter une habitation malgré une obligation certaine et la sommation de la police, le port d'armes défendu,

---

[1]) Voir Rosin dans von Stengel, Dictionnaire de droit administratif, t. 2, p. 277 sq.

lorsqu'il n'y a pas lieu à l'application du § 367, chiffre 9 du C. p., l'action de recevoir des nourrissons (art. 41), la détention illégale de personnes ou d'enfants abandonnés sans en rendre compte à l'autorité (art. 42), la non-dénonciation des soupçons d'une mort violente de la part de ceux qui visitent les morts, de ceux qui les veillent et des médecins (art. 43), les contraventions aux ordonnances de police rendues au sujet des fêtes populaires et des autres rassemblements extraordinaires d'hommes, lorsqu'il n'y a pas lieu d'appliquer le § 366 chiffre 10 du C. p. de l'Empire. 4º Les contraventions relatives aux voyages et à la police des étrangers. 5º Les pénalités relatives à la police des mœurs, aux collectes défendues, aux jeux de hasard et à l'escamotage. Voir la loi prussienne sur les jeux dans les loteries hors de Prusse du 29 juillet 1885, Recueil des lois p. 317; loi prussienne sur la défense de commerce privé des lots des loteries d'État, du 18 août 1891, Recueil des lois p. 353. L'art. 50a introduit dans le Code de police par la loi bavaroise du 20 mars 1882 (Bulletin des lois bavaroises p. 105) est surtout remarquable; il est ainsi conçu: „Les personnes qui en persévérant dans le concubinage ont donné lieu à un scandale public sont punies d'une amende qui peut s'élever jusqu'à 45 marks et d'arrêts d'un maximum de 8 jours, en cas de récidive, d'une amende qui peut s'élever jusqu'à 150 marks ou d'arrêts et elles doivent être séparées l'une de l'autre par mesure de police." La jurisprudence bavaroise n'hésite pas à appliquer cette disposition pour réprimer le concubinage; voir Recueil des décisions du tribunal régional supérieur de Munich sur les objets de droit et de procédure criminels, tome 2 (1884) p. 341, 513, 529, 538, tome 3 (1886) p. 43, 238. Voir, en outre, Harburger dans la Revue générale des sciences pénales, tome 4, p. 499. Il faut cependant observer que le § 183 du C. p. de l'Empire s'est occupé du scandale causé par l'immoralité de la conduite et l'a puni dans une certaine mesure; cela rend douteux le droit de la législation des États de le punir dans une autre mesure. L'art. 55 donne à la police le droit d'éloigner des lieux publics les ivrognes manifestes faisant scandale, et de les garder pendant 24 heures. Celui qui dans une année a été surpris trois fois ou plus dans cet état, est puni d'arrêts de 14 jours au maximum. 6º Contraventions relatives aux institutions de religion, d'éducation et d'instruction. 7º Contraventions relatives aux prescriptions de police dans l'intérêt de la vie et de la santé (complément du C. p. de l'Empire § 367); voir C. p. de police bavarois art. 66: „Celui qui est atteint d'une maladie contagieuse, et qui en la dissimulant s'offre comme serviteur, nourrice, aide, apprenti ou ouvrier dans une fabrique, de même celui qui étant déjà en service contracte une telle maladie et la dissimule au maître, au patron ou au chef de fabrique, est puni d'arrêts d'un à 8 jours ou d'une amende de 45 marks au maximum. Le droit des autorités de police de prendre les mesures nécessaires pour l'isolement et le traitement de ces personnes est réservé." En outre, ordonnance du 22 juillet 1891, Bulletin des ordonnances p. 229, qui a été rendue en vertu de l'art. 72 du C. p. de police et ordonne au personnel médical de donner avis des maladies contagieuses. 8º Des pénalités sont, en outre, édictées relativement à la propreté des rues et à la police des eaux. En particulier la conservation des chaussées, l'usage des eaux, le bon état des rives, et tout ce qui a rapport au courant d'eau ou à la marée, de même que les digues, sont sous la protection des lois pénales. 9º De nombreuses dispositions complètent la législation de l'Empire relativement à l'industrie; par exemple, l'art. 144 de la loi pénale de police bavaroise: les boulangers, les marchands de pain et de farine, les brasseurs autorisés à débiter, les débitants de bière, les bouchers et autres personnes autorisées à vendre la viande sont passibles d'une amende au maximum de 45 marks, lorsque sans motif valable d'excuses et tant que

leurs approvisionnements le permettent, ils refusent à un chaland la vente de
leurs marchandises contre paiement. Les boulangers, les bouchers, les meuniers
et les débitants de bière qui cessent l'exercice de leur commerce sans motif valable avant d'en avoir fait la déclaration préalable au moins 14 jours d'avance aux
autorités de la police locale sont punis d'une amende au maximum de 90 marks.[1]
10⁰ La surveillance des chaudières à vapeur (loi de l'Empire sur l'industrie §§ 24,
147 n⁰ 2), 11⁰ les assurances contre l'incendie, 12⁰ la police des constructions
et 13⁰ tout ce qui concerne les domestiques ont donné lieu à des dispositions
pénales. Voir, par exemple, la loi prussienne sur les domestiques du 8 novembre
1810, Recueil des lois p. 101, §§ 51 et 77 (importante relativement aux §§ 185
et 223 du C. p. et au § 414 du Code de la procédure criminelle), 168, 174,
176 (production de témoignage contraire à la vérité). Loi prussienne sur les
violations des devoirs des domestiques et des ouvriers agricoles du 24 avril
1854, Recueil des lois p. 214, §§ 1—5; le § 3 punit les grèves des domestiques,
des gens de services, des matelots et des manœuvres mentionnés dans le § 2
d'un emprisonnement qui peut s'élever jusqu'à un an. Relativement aux matelots il a été abrogé par le § 152 de la loi sur l'industrie; par ailleurs, il est
resté en vigueur. Loi prussienne pour la province de Hesse-Nassau, à l'exclusion des parties qui appartenaient autrefois à la Bavière, sur la violation de
leurs devoirs par les gens de service du 27 juin 1886, Recueil des lois p. 173,
§§ 1 et 2. 14⁰ L'agriculture et la pêche ont reçu aussi la protection des lois
pénales. D'abord les §§ 370 n⁰ 4 et 296a du C. p. s'y rapportent; voir suprà
§ 19. Pour la Prusse spécialement existe la loi sur la police rurale et forestière du 1ᵉʳ avril 1880, dont il sera parlé infrà plus amplement sous le n⁰ 16,
puis la loi sur la pêche du 30 mai 1874, Recueil des lois p. 197, §§ 49—52;[2]
pour la Bavière le C. p. de police art. 111, alinéa 2 jusqu'à 124, 126, puis la
loi sur la monte (relative à la reproduction des chevaux) du 29 mars 1881,
Bulletin des lois et des ordonnances p. 166, art. 5, et la loi sur les taureaux
reproducteurs, du 5 avril 1888, Bulletin des lois et des ordonnances p. 235, art. 13.
15⁰ Le droit pénal forestier forme une des parties les plus importantes et les plus
étendues du droit pénal des États. Le C. p. de l'Empire dans ses §§ 117 à 119
porte des peines sévères contre ceux qui font rébellion à un fonctionnaire
forestier, un propriétaire de forêt, un ayant-droit à une forêt ou à un garde
établi par eux, dans l'exercice régulier de leurs fonctions ou de leur droit,
si cette rébellion est accompagnée de violences ou de menaces, et contre celui
qui attaque une de ces personnes dans l'exercice de ses fonctions par des actes
faits animo hostili. La plus légère lésion corporelle causée par la résistance
ou par l'attaque, même sans intention, entraîne pour son auteur, à moins de
circonstances atténuantes, la réclusion pour un temps maximum de 10 ans.
Si l'acte a été commis de concert avec plusieurs personnes, la peine peut être
augmentée de moitié, sans que la prison puisse dépasser 5 ans, mais la
réclusion peut être portée jusqu'à 15 ans. Par ailleurs, la protection pénale des
forêts est laissée à la législation des États, qui, tantôt dans leurs lois forestières, tantôt dans des lois spéciales, destinées à la répression des délits forestiers, ont appliqué de nombreuses pénalités. La loi forestière bavaroise du
28 mars 1852, modifiée par celle de mise en vigueur du C. p. du 26 décembre 1871,[3]

---

[1] Voir Lexis dans von Stengel, Dictionnaire de droit administratif, t. 2, p. 400
(commerce de débit de boissons).

[2] Voir surtout Staudinger dans von Stengel, Dictionnaire de droit administratif,
t. 1, p. 408, et l'indication des sources, p. 420.

[3] Pour le Palatinat rhénan est en vigueur une loi forestière spéciale du
$\frac{28 \text{ décembre } 1831}{23 \text{ mars } 1846}$, modifiée par la loi d'exécution mentionnée au texte.

puis par celle du 18 août 1879 d'exécution du Code de procédure pénale de l'Empire, contient dans sa quatrième division le droit pénal forestier qui renferme les contraventions et les délits forestiers. Les premières sont des manquements contre la loi forestière par des propriétaires de bois et des personnes qui en dépendent, les autres sont des détournements, des dégradations, des infractions aux lois forestières et d'autres actes dangereux commis dans les forêts d'autrui (art. 48 et 49 de la loi forestière). Les dispositions générales, art. 48 à 74, renferment un droit qui s'écarte sous plusieurs rapports du droit commun de l'Empire. Ainsi en particulier l'art. 56 qui soumet les complices à la même peine que l'auteur principal. L'alinéa 3 de cet article est remarquable. D'après lui, plusieurs personnes appartenant à la même famille[1]) (même les domestiques, les élèves, les compagnons et les aides sont compris sous cette dénomination) qui, lors de la commission d'un délit puni d'une amende, se servent en commun de voitures à bras, traîneaux, voitures à deux roues, sont tous condamnés solidairement à cette amende. On doit exprimer dans le jugement contre lequel ou lesquels d'entre eux la peine d'amende doit être convertie en peine de prison dans le cas où elle ne pourrait être recouvrée. La récidive est une cause générale d'aggravation du délit forestier (art. 59 [58] n° 12). Le cas de nécessité est traité d'une manière très remarquable, lorsqu'il s'agit de ces délits. Art. 61 (60). Une indemnité consistant dans la valeur des objets et dans le préjudice causé doit être payée pour l'enlèvement ou pour la dégradation des produits forestiers, quand accidentellement on a commis ces faits dans les forêts; mais celui qui a agi par nécessité est exempt de punition, pourvu qu'il ait fait les déclarations convenables dans les 24 heures. L'art. 69 (68) déclare les personnes de la famille, les tuteurs, les curateurs, les administrateurs, les patrons, les maîtres d'apprentis, les maîtres industriels et ceux qui ont confié un travail, civilement responsables, sous certaines conditions, de l'amende, de la valeur de l'objet et du dommage, lorsqu'ils ne prouvent pas qu'il ne leur était pas possible d'empêcher le délit. Ces personnes répondent aussi d'après l'art. 70 (69) des contraventions de police forestière commises dans leur propre forêt par des personnes de leur famille ou par leur subordonnés, lorsqu'ils ne prouvent pas que la contravention a eu lieu sans qu'ils l'aient prévue. — Lorsque dans un district les délits forestiers par soustraction deviennent trop fréquents, une ordonnance royale peut ordonner pour ce district ainsi que pour ceux où les produits sont vendus, que la vente des produits forestiers ne sera permise qu'en exhibant un certificat d'origine, sous peine d'une punition. Art. 106 (105), 107 (106).[2]) Pour la Prusse il faut tenir compte de la loi sur les forêts protectrices et les sociétés forestières du 6 juillet 1875, Recueil des lois p. 416, § 53; puis de la loi sur les vols forestiers du 15 avril 1878, p. 222. Le § 1 définit les vols forestiers en énumérant, ainsi qu'il suit, les divers objets: 1° le bois qui n'est pas encore détaché du tronc ou du sol; 2° celui qui a été brisé ou abattu par accident, et dont on n'a pas encore commencé de disposer; 3° les copeaux, les déblais, l'écorce, lorsqu'ils ne se trouvent pas dans un parterre clos ou qu'ils ne sont pas récoltés ou entassés; 4° d'autres produits forestiers (suivent des exemples), lorsqu'ils n'ont pas encore été recueillis ou entassés. L'enlèvement des herbes, des fruits forestiers, des champignons n'est pas un vol forestier, mais

---

[1]) Dans la loi pénale forestière du Palatinat, art. 8, cette disposition est restreinte à 2 ou 3 personnes de la même famille.

[2]) Par l'ordonnance royale du 2 octobre 1887, Recueil des lois p. 611, il fut fait usage de cette faculté contre quelques districts de la Haute-Franconie, où les délits forestiers étaient devenus très fréquents par la soustraction des arbres de Noël. Renouvelée en septembre 1892!

est soumis aux dispositions de la loi sur la police forestière. La loi fait varier
les peines d'après les points de vue suivants: le vol forestier simple et celui
commis avec certaines circonstances aggravantes sont punis du quintuple et,
suivant les cas, du décuple de la valeur des objets soustraits, avec un minimum,
suivant les cas, d'un ou de deux marks.   La tentative et la complicité sont
punies comme l'acte lui-même. § 4. Le recel et l'assistance accordée après le
délit commis sont punis du quintuple. § 5. Le vol grave en forêt (amende
et au gré du tribunal emprisonnement qui peut s'élever à 6 mois) existe:
a) lorsqu'il est commis en commun par trois personnes au moins; b) quand il
avait pour but la vente des objets détournés et de ceux qui ont été obtenus
au moyen des premiers; c) en cas de recel professionnel et habituel de produits
forestiers. § 6. Pour la première récidive, l'amende est décuplé, et en cas de
troisième récidive et au-delà on y joint la peine d'emprisonnement qui peut
s'élever jusqu'à 2 ans. Lorsque la valeur est minime, on peut adoucir la peine.
Seulement des peines subies en Prusse sont prises en considération relativement
à la récidive.   La prescription de la récidive est de deux années. §§ 7 et 8.
L'atténuation de peines prévue par le § 57 du C. p. en raison du jeune âge est
exclue par le § 10 de cette loi. Voir la loi prussienne de police rurale et forestière § 4.   Le § 11 établit, comme l'article bavarois 69 (68), une responsabilité
éventuelle pour certaines personnes du paiement de la valeur et des frais. Les
§§ 12 et 14 contiennent des dispositions toutes particulières. D'après le premier,
ces personnes sont responsables directement, non seulement au point de vue civil,
mais aussi au point de vue pénal (pour l'amende), lorsque l'auteur n'est pas
encore âgé de 12 ans, ou bien a dépassé cet âge mais n'a pas encore 18 ans,
et dans ce dernier cas celui-ci est acquitté pour manque de discernement, de
même que l'auteur le serait, d'après le § 51 du C. p.   La responsabilité dans
les cas du § 11, même du § 12, n'est exclue au profit du tiers que lorsqu'il
prouve que l'acte a eu lieu à son insu ou qu'il n'a pu l'empêcher. Cas des
présomptions pénales.   Voir aussi la loi prussienne de police rurale et forestière,
§ 5. D'après le § 14, celui qui est condamné à une amende, s'il est hors d'état
de le payer, peut, au lieu d'être envoyé en prison, être tenu pendant la durée
de la peine encourue de faire des travaux forestiers ou au profit de la commune, proportionnés à sa capacité et à sa situation. (Voir la loi de mise en
vigueur du C. p. § 6, alinéa 2.)   Les prescriptions de détail sur les travaux
à effectuer, en tenant compte des salaires et des autres habitudes de la localité, sont édictées par le préfet de concert avec le procureur général; ils
sont autorisés à fixer les corvées de manière à ce que le condamné puisse
en travaillant plus assidûment être libéré plutôt et par conséquent travailler encore pour lui et les siens.   Le § 13 a trait à la conversion de
l'amende en emprisonnement; le § 15 régit la confiscation d'une autre manière
que dans le droit commun de l'Empire, il défend, en particulier, de confisquer
les animaux et les autres objets qui ont servi à enlever les objets soustraits.
Très singulière est la disposition du § 17 d'après laquelle le bois récemment
coupé, mais non préparé suivant l'usage forestier, est passible de confiscation,
sans qu'il y ait de peine principale prononcée, s'il est trouvé chez une personne qui dans les deux années précédentes a été condamnée pour délit de vol
forestier, et qui ne peut expliquer suffisamment l'origine régulière du bois en sa
possession. Le § 18 contient une disposition qui s'écarte du droit de l'Empire,
et qui est relative à la prescription de la poursuite. Le § 34 porte une forte
dérogation à ce droit,[1]) comme en général aux règles du droit pénal moderne.

---

[1]) La disposition du § 146, alinéa 2, et le § 116 de la loi sur l'Industrie ne peuvent
être considérés comme une telle modification.

Les amendes prononcées en vertu de la loi relative aux vols commis en forêt sont attribuées à la partie lésée, sauf une exception relative à l'amende supplémentaire en cas de récidive (§ 8). — La partie lésée n'a même pas besoin de se donner la peine de la recouvrer; c'est l'État qui en fait le recouvrement et qui la lui verse. Et si, dans le cas d'amende irrecouvrable, la partie lésée indique des prestations de travail (§ 14) que le condamné devait faire pour elle, celui-ci doit y être contraint à la diligence des autorités. Par cette institution connue certainement depuis longtemps du droit prussien, la loi s'est placée de nouveau sur le terrain des peines privées du droit romain, avec cette différence pourtant que l'État a la complaisance de poursuivre l'exécution de ces peines et d'en verser le résultat au lésé. Seulement lorsque c'est une commune qui est lésée et que le condamné appartient à cette commune, le juge de bailliage peut charger les autorités de la commune du recouvrement de l'amende ainsi que des frais et des dommages-intérêts. L'amende qui revient à la partie lésée ne tient même pas lieu de dommages-intérêts; le juge de bailliage doit aussi, outre cette amende, imposer l'obligation de payer une indemnité, de telle sorte que la partie lésée reçoit les deux, à supposer que le coupable soit solvable (voir § 9 de la loi). La corvée qui remplace l'amende (§ 34 alinéa 2) ne peut être ordonnée que pour tenir lieu de celle-ci, et non des dommages-intérêts. — A cet ordre d'idées appartient **16°** la loi prussienne de police rurale et forestière du 1er avril 1880, Recueil des lois p. 230. Les §§ 1—8 de cette loi contiennent des dispositions générales se rattachant, principalement en ce qui concerne la responsabilité des jeunes prévenus, et celle civile et pénale des tiers, à la loi relative aux vols en forêts. Le § 1 renvoie pour complément au C. p.; le § 2 établit les causes d'aggravation, et parmi celles-ci le cas de récidive. Le § 3 définit la récidive d'une manière qui s'écarte des règles du droit commun de l'Empire, et aussi en partie de celle de la loi sur le vol en forêt. (Condamnations ayant force de chose jugée en Prusse par jugement ou punition de police pendant les deux dernières années pour une infraction punissable d'après le même paragraphe de la loi, et suivant les cas, d'après le même numéro du même paragraphe — en cas de soustraction, punition antérieure en raison de soustraction, tentative, complicité, secours accordé après le délit commis et recel relatifs aux soustractions.) Très importante est la limite que la loi se trace à elle-même relativement au droit commun de l'Empire; § 6. Les soustractions, le secours après le délit et le recel relatifs aux soustractions, les dégradations illégales et volontaires (§ 303 du C. p.) et le dit secours relatif à ces dernières ne tombent sous le coup de cette loi que lorsque la valeur des objets soustraits ou du dommage causé ne dépasse pas 10 marks. Lorsqu'il en est autrement, les soustractions et les préjudices doivent être jugés d'après le droit d'Empire. Voir suprà § 43 IV, p. 342). Cette considération de la valeur est un retour à un principe que le C. p. allemand avait bien fait d'abandonner. Déjà dans la loi d'organisation judiciaire on attachait de nouveau de l'importance à la valeur, lorsqu'il s'agit d'aliénation et de dégradations. Voir la loi de l'organisation judiciaire, § 27. Maintenant la législation des États réintroduit, contre le progrès du droit, cette idée de la considération du dommage dans le droit pénal objectif. Il n'y a aucune bonne raison de punir la soustraction de roses dans un jardin fermé au moyen de l'escalade seulement d'une amende de 5 à 150 marks ou d'arrêts de 6 semaines au maximum, lorsque les roses sont estimées à 10 marks (loi de police rurale et forestière § 19, n° 3); tandis que la peine s'élève à 1 à 10 ans de réclusion, et avec l'admission de circonstances atténuantes, à un emprisonnement de 3 mois à 5 ans, lorsque les roses sont estimées à une plus grande valeur (C. p. § 243, n° 2)! La loi de police rurale prussienne du 1er novembre 1847, modifiée par celle du 13 avril 1856

(Recueil des lois p. 205), était bien plus raisonnable, lorsqu'elle édictait que la valeur insignifiante et la qualité minime des produits de sol soustraits fait de leur enlèvement une simple soustraction,[1]) tandis que l'intention cupide le convertit en vol, de même qu'un délit relatif à un champ ou à un jardin devient une dégradation ordinaire, s'il est commis par vengeance ou méchanceté. Loi citée § 42, n° 2, § 45. Le § 6 de la loi prussienne de police rurale et forestière en regard de celle de police rurale de 1847/56 semble une legis reformatio in pejus! — La complicité à une soustraction ou à une dégradation, le secours accordé après le délit commis, de même que le recel relatif à une soustraction, sont punissables, même lorsque le fait lui-même n'est qu'une contravention (contrairement au C. p. §§ 49 et 257), et ils sont punissables comme l'acte lui-même. Il en est de même de la tentative de soustraction (loi §§ 7 et 8). Les §§ 9 à 15, 17 à 47 et 51 contiennent des dispositions pénales spéciales, parmi lesquelles il faut mentionner surtout celle relative au cas de la nécessité (Notstand). Le § 16 de la loi a de l'importance en droit civil; il donne au maître d'un berger condamné pour délit relatif au pacage le droit de le renvoyer sans avertissement préalable dans les 14 jours de la sentence. Le titre 2 de la loi, §§ 53 à 61, concerne la procédure, le titre 3, §§ 62 à 66, les gardes champêtres et forestiers, le titre 4, §§ 67 à 88 les dommages-intérêts et la saisie. Le § 77 qui reconnaît à la partie lésée le droit de saisie est très important au point de vue pénal en ce qui concerne sa légalité. Le titre 5, §§ 89 à 97, contient des dispositions finales et transitoires. Voir aussi la loi prussienne sur les affouages en commun du 14 mars 1881, Recueil des lois p. 261, § 9. — **17°** Les §§ 117 à 119 du C. p. assurent au fonctionnaire de la chasse, à celui qui a le droit de chasse, ainsi qu'aux gardes constitués par eux, la même protection pénale qu'aux fonctionnaires forestiers, etc. Voir n° 15. A la lésion du droit de chasse d'autrui se rapportent les §§ 292 à 295 du C. p.; le § 368 n° 10 contient une disposition de police de la chasse (la défense d'ambulari cum instrumentis venatoriis). Par ailleurs la protection de la chasse est laissée à la législation des États, en particulier, en ce qui concerne les époques où elle est prohibée dans l'intérêt de la conservation du gibier. Loi prussienne de police de la chasse du 7 mars 1850, Recueil des lois p. 165, §§ 16 à 20, 28, 29; loi prussienne sur les époques d'interdiction de la chasse du 26 février 1870, Recueil des lois p. 120, §§ 5 et 7; § 6 alinéa 2 et 3 (alinéa 1 remplacé par la loi d'Empire du 22 mars 1888, sur la conservation des oiseaux, suprà § 20, n° 1, p. 298); loi bavaroise sur l'exercice de droit de la chasse du 30 mars 1850, Bulletin des lois 1850/51, p. 117, art. 23 (infractions à la loi sur la chasse). **18°** La loi sur les mines pour le Royaume de Bavière du 20 mars 1869, Bulletin des lois 1866/69, p. 673, donne dans son art. 199 aux autorités minières pour l'exécution de la loi le droit appartenant ailleurs aux autorités de police d'employer des moyens de contrainte et d'édicter et de prononcer des peines en cas de l'infraction. L'art. 206 qualifie l'infraction à la loi, ainsi qu'aux ordonnances prévues par elle et aux dispositions de haute police, de contraventions, quoique les peines dépassent en partie les peines des contraventions d'après les lois de l'Empire. Les pénalités sont contenues dans les art. 208 à 213. D'après l'art. 214, on doit dans les cas des art. 208, 209, 211 et 212 poursuivre la contravention à la police minière aussi d'après le droit pénal ordinaire, quand l'acte d'après son résultat tombe sur le coup d'une loi pénale. Cette disposition ne paraît plus être maintenant applicable que lorsque le résultat a été causé par un fait se rattachant, il est vrai, à une contravention à la police minière, mais cependant distincte (C. p. § 74);

---

[1]) **Voir** aussi suprà la loi prussienne sur les vols forestiers, § 6.

autrement le § 73 du C. p. s'opposerait au cumul des peines.[1]) Voir aussi les dispositions pénales de l'ordonnance impériale, sur les mines dans les pays de protectorat du Sud-Ouest de l'Afrique du 15 août 1889, Off. de l'Emp. p. 179, §§ 52 et 53. Sur le droit pénal minier en Prusse, voir suprà § 45 I, p. 350; en outre, loi sur la répression de l'appréhension illicite des substances minérales du 26 mars 1856, Recueil des lois p. 203, §§ 1 à 4; loi sur la répression de l'appropriation illégale de l'ambre, etc. du 22 février 1867, Recueil des lois p. 272, art. I à IV.

Parmi les lois pénales des États relatives à la protection des revenus de l'État est particulièrement intéressante la loi bavaroise sur l'impôt sur le malt, dans sa teneur du 8 décembre 1889, Bulletin des ordonnances p. 600, Art. 2 „Sous la dénomination de malt on doit comprendre toutes les céréales qu'on fait germer artificiellement."[2]) L'art. 7 dit: „Il est défendu d'employer pour la préparation de la bière, à la place du malt (torréfié et desséché) des ingrédients, de quelque sorte que ce soit, pour y additionner ou pour le remplacer, ou des grains non réduits à l'état de malt, ou du malt mêlé avec des grains non convertis. Pour la confection de la bière brune on ne doit employer que le malt obtenu avec de l'orge." La division II de cette loi contient un C. p. relatif à la bière avec un titre général (titre 1) et un titre spécial (titre 2). Au point de vue pénal sont surtout intéressantes les dispositions suivantes. Art. 50: „Les dispositions de la loi sur les infractions s'appliquent aussi aux omissions coupables (reproduit de l'art. 5 du C. p. bavarois)." D'après l'art. 51, les dispositions de la loi s'appliquent aussi aux actes commis à dessein et à ceux qui sont le résultat d'une faute par négligence; chez les instigateurs ou chez ceux qui prêtent assistance, l'intention de diminuer ou de mettre en péril l'impôt est cependant une condition de l'incrimination. Les personnes employées dans une industrie soumise au droit ou dans un moulin à malt ne sont punissables que lorsqu'elles ont agi contre une défense expresse de celui qui a le droit de diriger ou contre ses ordres spéciaux. Dans ce cas le directeur n'est pas responsable; il l'est seul dans tous les autres cas. Art. 52, alinéa 1. Le § 3 de cet article contient une curiosité du droit pénal; lorsqu'un moulin à malt est dans la possession d'une commune, le sujet responsable, non pas subsidiairement, mais en première ligne au point de vue pénal, c'est la caisse de la commune. C'est la commune elle-même qu'on poursuit.[3]) Si l'on considère l'association comme une personne réelle et non pas seulement comme une collection de plusieurs personnes vivantes formée dans un but pratique, n'existant qu'intellectuellement et par fiction, alors on ne trouvera rien d'étrange à ces dispositions. Voir Gierke, La théorie des associations et les arrêts allemands (concernant cette matière). Berlin 1887, p. 771 à 784. Mais l'idée de punir des personnes purement juridiques est insolite dans le droit pénal allemand. La corporation en elle-même, comme être moral, dépourvu de volonté, n'est

---

[1]) Le tribunal suprême de l'Empire hésite à cumuler dans ces cas les peines; voir décision X, p. 393, ligne 4 sq.

[2]) Voir aussi la décision du tribunal suprême de l'Empire dans les Décisions, t. 7, n° 94, laquelle se rapporte à l'art. 7 conforme de la loi bavaroise du 16 mai 1868 sur l'impôt sur le malt.

[3]) Aussi le § 33 de la loi prussienne sur les assurances mobilières contre l'incendie du 8 mai 1837 punit les sociétés d'assurances dans certaines conditions. La disposition du § 17 dans la loi d'Empire d'assurances contre les maladies (voir suprà § 25, II, n° 1) est regardée comme une loi de répression contre les communes (?). von Woedtke, Loi sur les assurances contre la maladie, 4e édition, Berlin 1892, table p. 292 au mot: „peine". L'hésitation qui s'est produite dans la décision du tribunal suprême de l'Empire du t. 18, n° 3 (suprà § 43 in fine, p. 347) relativement à la poursuite pénale contre les héritiers d'un coupable devait se produire aussi quand il s'agit d'une poursuite contre des communes, etc.

pas capable de commettre une infraction.[1]) — L'art. 53 de la loi bavaroise
sur l'impôt du malt traite de la transmission de la responsabilité pénale qu'on
rencontre plusieurs fois dans les lois de l'Empire (voir suprà § 28 II, p. 310
in fine). Le consentement écrit du bureau supérieur de cet impôt a cet effet que
la pleine responsabilité pénale passe de celui qui a été autorisé à exercer
cette industrie à son fermier ou à son préposé. L'art. 57 admet, comme motif
général d'atténuation, la diminution notable de la capacité de la volonté personnelle ou du discernement nécessaire pour la culpabilité. La troisième
division relative à l'impôt local sur le malt contient des dispositions pénales.
Voir aussi le code de droit pénal de police bavarois, art. 136, vente du houblon
soufré. L'art. 69 de la loi sur l'impôt sur le malt qui punit l'usage abusif du
livre d'immatriculation; l'art. 77 de cette loi restreint, en raison du droit qui
lui est conféré par la loi d'introduction du C. p., l'applicabilité des dispositions
générales sur la fraude — C. p. § 263. „Celui qui annonce pour l'exportation
la bière produite à l'intérieur, dans le but de la restitution de l'impôt sur le
malt, tandis que dans les vaisseaux qui devaient contenir la bière il n'y en a
pas ou il y en a moins que la quantité annoncée, ou celui qui demande une
restitution supérieure à celle fixée par l'ordonnance doit être condamné à
payer dix fois le montant de la restitution qu'il a cherché à ce procurer
illégalement." En outre, des dommages-intérêts. Peine remarquable de la récidive. Art. 79.

    Les autres lois[2]) relatives au recouvrement des revenus des États et des
communes sanctionnent les obligations d'actes et de prestations qu'elles imposent par des sanctions pénales dont l'étendue et le caractère absolu ne sont
pas sous plusieurs rapports justement proportionnés aux infractions qu'elles
prévoient. Ne pas prendre en considération l'ignorance du droit, même en droit
fiscal, amène à des résultats particulièrement choquants. On peut dire que ce
principe de ne pas tenir compte de l'ignorance de la loi pénale a récemment
été mis en plus grande vigueur et en plus fréquent emploi par le droit fiscal.[3])
La loi prussienne sur les droits de successions du 30 mai 1873 dans sa
teneur du 24 mai 1891 et dans son § 46 modifié pour le pays des Hohenzollern et pour le Lauenbourg contient l'idée d'une pénalité au porteur. La
peine peut, en effet, être prononcée contre le porteur de tous les titres sur lesquels ne se trouve pas mention du paiement de l'impôt, sous réserve du droit
de recours contre celui qui a émis le titre. — Il faut remarquer la faculté
d'atténuer la peine conférée aux autorités du gouvernement[4]) par la loi
prussienne de l'impôt sur le revenu du 24 juin 1891 (Bulletin des lois p. 175)
et par la loi prussienne de l'impôt sur l'industrie du 24 juin 1891 (Bulletin
des lois p. 205); mais remarquables surtout sont les pénalités contre les personnes qui participent à l'établissement de l'assiette de l'impôt en cas de
violation du secret professionnel. D'après le § 69 de la loi de l'impôt sur le
revenu, la poursuite n'est possible que sur la demande du gouvernement ou du
redevable lésé. D'après le § 72 alinéa 2 de la loi de l'impôt sur l'industrie,

---

    [1]) Exposé des motifs du projet de Code civil pour l'Empire d'Allemagne, t. 1.
Partie générale. Édition officielle. Berlin et Leipsic 1888, p. 103.
    [2]) Ainsi, en particulier, les lois sur l'impôt relatif aux fonds de terre et aux
maisons, sur celui relatif aux revenues, aux rentes des capitaux, aux produits de
l'industrie, sur celui relatif aux produits du colportage (et du commerce forain), sur
l'impôt sur les chiens, aux successions, les lois relatives aux frais et honoraires, au
timbre, etc.
    [3]) On relève une rare exception dans la loi bavaroise sur les frais et honoraires
du 18 août 1879, Recueil des lois p. 903, art. 270, où l'on tient compte de l'erreur de droit.
    [4]) Celui qui demande une sentence judiciaire, renonce à une atténuation de
peine de la part des autorités administratives.

la poursuite n'a lieu que sur plainte; elle doit se faire lorsque le contribuable lésé par la violation du secret explique la situation et que des motifs d'intérêt public n'y font pas obstacle. Pour exercer les poursuites contre les présidents et membres des commissions fiscales de première classe et leurs suppléants, c'est le ministre des finances qui est compétent; dans les autres cas, c'est le gouvernement de district. Il paraît que la législation prussienne s'est mise ainsi en contradiction avec le § 11 de la loi de mise en vigueur de celle d'organisation judiciaire. Le droit de l'Empire ne veut pas, au moins en principe, qu'on tienne compte des considérations d'intérêt public, lorsqu'il y a lieu de poursuivre, il a lui même indiqué les exceptions. La législation prussienne peut sur son propre domaine faire dépendre la poursuite d'une plainte de la personne lésée; mais elle ne peut, en transportant le droit de plainte au supérieur des accusés, réintroduire la considération administrative de l'opportunité de la poursuite rejetée par le droit de l'Empire. On pourrait contester la validité de cette disposition du § 72 alinéa 2 de la loi de l'impôt sur l'industrie.

Annexe.

§ 47.

Bibliographie et jurisprudence.

Sur la bibliographie du droit pénal allemand il faut d'abord renvoyer à la collection que Binding a inscrite dans son Esquisse du droit pénal commun allemand. 4e édition, revue et augmentée, Leipsic 1890, p. 43—51.

I. Jusqu'au milieu du présent siècle la science juridique allemande a entrepris d'exposer le droit pénal en partant des anciens monuments du droit commun. 1º Il faut prendre surtout en considération pour le système et l'exposé du droit pénal allemand à la fin du dernier siècle: Jean Christian Edler von Quistorp, Principes du droit pénal allemand (souvent réédités), 6e édition, 2 parties. Allemagne 1796. 2º A un tout autre point de vue se placent Karl von Grolmann, Principes de la science du droit criminel, Giessen 1798, 4e édition, Giessen 1825. — Anselm von Feuerbach, Cours de droit pénal commun, en vigueur en Allemagne. 1re édition, Giessen 1801, que von Feuerbach a pris soin de revoir jusqu'à la 11e en 1832; après son décès (29 mai 1833) édité encore trois fois, en dernier lieu en 1847 dans une 14e édition par Mittermaier. — C. G. Wächter, Cours de droit pénal romain-allemand. Esquisse avec des indications excellentes des sources et de la bibliographie, avec de grandes et petites annotations. 2 parties. Stuttgart 1825, 1826. — Ed. Henke, Manuel de droit criminel et de politique criminelle. 4 parties. Berlin 1823—1838 (1º partie générale, 2º, 3º partie spéciale, 4º procédure criminelle). — A. W. Heffter, Cours de droit pénal commun allemand avec référence aux droits des États anciens et modernes, d'abord 1833; 6e édition. Brunswick 1857. — Kleinschrod, Développement systématique des premières idées et des vérités fondamentales du droit pénal. 3e édition, 3 parties. Erlangen 1805. — Feuerbach, Révision des principes et des idées fondamentales de tout le droit pénal. 2 volumes. Erfurt et Chemnitz 1799—1800.

II. H. Luden, Manuel du droit pénal allemand commun et particulier. 1er et seul volume paru. Iéna 1842. — R. Köstlin, Nouvelle révision des idées fondamentales du droit criminel. Tubingue 1845. — C. Reinhold Köstlin, Système du droit pénal allemand. 1re division; partie générale. Tubingue 1855 (non terminé). — A. F. Berner, Cours de droit pénal allemand. 1re édition. Leipsic 1857 (maintenant en 16e édition, infrà III nº 1). — G. Geib, Cours de droit pénal allemand. Leipsic 1861 et 1862. 1er tome, Historique; 2e tome, Système: principes généraux. (Livre d'un usage excellent contenant de nombreuses indications des sources et citations des documents; malheureusement inachevé.)

III. Bibliographie des ouvrages relatifs au droit pénal actuel de l'Empire: 1º Manuel de droit pénal allemand en diverses contributions, publié par Fr. von Holtzendorff. 3 volumes. Berlin 1871—1874. Table de matières alphabétique 1874. Volume supplémentaire 1877. — Hälschner, Le droit pénal commun allemand systématiquement exposé. Bonn 1881 à 1887. 2 volumes, le 2e en deux divisions. — von Bar, Manuel de droit pénal allemand. 1 volume. Histoire du droit pénal allemand et des théories de droit pénal. Berlin 1882. — Binding, Manuel du droit pénal. 1er volume. Leipsic 1885 (7e division, 1re partie, 1er volume du Manuel systématique de la science du droit allemand). — Schütze, Cours du droit pénal allemand d'après le C. p. de l'Empire. 2e édition. Leipsic 1874 (annexe par Waniek et Villnow 1877). — H. Meyer, Cours de droit pénal allemand. 4e édition. Erlangen 1888. — A. Merkel, Cours de droit pénal allemand. Stuttgart 1889. — von Liszt, Cours de droit pénal allemand. 5e édition. Berlin 1892. — Berner, Cours de droit pénal allemand. 16e édition. Leipsic 1891. — Geyer, Esquisse de leçons sur le droit pénal commun allemand. 2 fascicules. Munich 1884, 1885. — R. Löning, Esquisse de leçons sur le droit pénal allemand. Francfort-sur-le-Mein 1885. — 2° Commentaires: Code pénal de l'Empire allemand; avec commentaires du Dr Hans Rüdorff, 4e édition revue, avec référence spéciale à la jurisprudence du tribunal supérieur de l'Empire, publiée par M. Stenglein. Berlin 1892. — J. Olshausen, Commentaire sur le Code pénal pour l'Empire allemand. 4e édition. Berlin 1892. — Oppenhoff, Le Code pénal de l'Empire allemand, etc. 12e édition. Berlin 1891. — von Schwarze, Commentaire sur le Code pénal de l'Empire allemand. 5e édition. Leipsic 1884. — Rubo, Commentaire sur le Code pénal de l'Empire allemand. Berlin 1879.

IV. Relativement au droit pénal spécial de l'Empire et le droit pénal militaire il faut se reporter à la bibliographie donnée sous les paragraphes y relatifs.

V. Traités: Luden, Traités de droit pénal commun allemand. 2 volumes. Goettingue 1836 et 1840. — H. Seeger, Traités de droit pénal. 2 volumes. Tubingue 1858 et 1862. — R. Köstlin, Traités de droit pénal, publiés après la mort de l'auteur par Th. Gessler. Tubingue 1858. — A. Merkel, Traités de droit criminel. I. Contributions à l'étude des décisions essentielles des infractions et de leurs effets juridiques. Leipsic 1867. II. La théorie de la fraude punissable. 1re partie. Le développement des éléments. Leipsic 1877. — Otto, Aphorismes sur la partie générale du Code pénal de l'Empire allemand. Leipzig 1873. — A. Geyer, Courts mémoires sur le droit criminel, publiés par Harburger. Munich 1889.

Binding, Des règles de droit (Normen) et de leur transgression, essai sur les actes légitimes et les diverses espèces de délits. 1er volume. 1re division. Règles et lois pénales. Leipsic 1872; 2e volume. Faute et intention. Avec une table pour les deux volumes. Leipsic 1877. 2e édition. 1er volume. Règles et lois pénales. Leipsic 1890.

VI. Revues: Archives du droit criminel. Halle 1799—1807; Nouvelles Archives. Halle 1816—1833; Archives de droit criminel, nouvelle série. Halle 1834—1857. — L'Audience (Gerichtssaal). Erlangen 1849 sq. Nouvelle série 1872 sq.; continue de paraitre. — Holtzendorff, Revue générale de droit criminel allemand. 13 volumes. Leipsic 1861 sq. Depuis 1874 réuni à l'Audience. — Goltdammer, Archives de droit pénal commun allemand et prussien. 1871 sq.; continué comme volume 19 des Archives de droit pénal prussien; paraît toujours. — Stenglein, Revue de jurisprudence et de doctrine en Allemagne. (Nouvelle série de la Revue, etc. en Bavière.) 8 volumes. 1872--1879. — Revue générale des sciences pénales, publiée d'abord par Dochow et von Liszt; actuellement par von Liszt, von Lilienthal et Bennecke; paraît toujours. — Magasin du droit allemand actuel, publié par Bödiker, 1 volume. Hanovre 1881. — Revue de droit pénal et privé international de F. Böhm. 1er volume. 1891; paraît toujours.

VII. Décisions de tribunal supérieur de commerce de l'Empire. 25 volumes. Erlangen 1871—1880. — Décisions du tribunal supérieur de l'Empire, publiées par les Membres de la Cour; décisions en matière répressive. Depuis 1880. (Décembre 1892: 22 volumes, 1 fascicule. Table générale des 12 volumes. Leipsic 1885, des volumes 13—20. Leipsic 1890.) — Jurisprudence du tribunal supérieur de l'Empire allemand en matière criminelle, publiées par les membres du Ministère public de l'Empire. Munich et Leipsic à partir de 1879. 10 volumes. Depuis le 19e des décisions du tribunal supérieur de l'Empire, réuni à ce recueil. — Répertoire des arrêts du tribunal supérieur de l'Empire en matière criminelle, servant en même temps de table des décisions contenues dans les recueils précédents, publié par Zuerl. Munich et Leipsic. 3 volumes. 1882, 1885, 1889.

VIII. Les travaux dont a été l'objet le droit criminel dans les divers États avant l'apparition du C. p. de l'Empire suivent, en commençant, le droit pénal d'État en vigueur dans le pays de l'auteur (voir suprà § 2), puis s'étendent plus ou moins à l'ancien droit commun et aux législations des autres États. Depuis la mise en vigueur du C. p. de l'Empire le contenu des Recueils de jugements et des Revues destinés d'abord aux divers États s'étend tantôt au droit pénal de l'Empire, tantôt et de préférence au droit pénal spécial des États. En raison de l'influence que les Codes pénals des divers États ont eu sur le contenu et la formation du droit pénal de l'Empire — voir suprà § 4, p. 267 — on a aussi mentionné la bibliographie des ouvrages les plus importants relatifs à ces Codes pénals des États. Ces indications bibliographiques sont pour chacun des États continuées jusqu'à nos jours. En ce qui concerne les recueils des lois pénales spéciales des États, existant dans chacun d'eux, on renvoie à l'exposé du § 46.

1° a) Goltdammer, Matériaux du C. p. de Prusse, d'après des sources officielles en suivant les paragraphes de ce Code, comparés et commentés. Berlin 1851 et 1852. Indispensable pour la connaissance du droit pénal prussien, et indirectement du droit pénal allemand. — Hälschner, Le droit pénal prussien. 3 parties. Bonn 1855, 1858, 1868. 1re partie: Histoire du droit pénal de Brandebourg et Prusse. 2e partie: Partie générale du système. 3e partie: Première section de la partie spéciale du système. Incomplet; on cite surtout les parties 1re et 2e. — Berner, Principes du droit pénal prussien. Leipsic 1861. — Oppenhoff, Le C. p. des États prussiens. 5e édition. Berlin 1867. — Goltdammer, Archives du droit pénal prussien. Berlin de 1853 à 1870 (continuation suprà V 1!). — Décisions du tribunal supérieur secret. 83 volumes. Berlin 1837—1879. — Oppenhoff, La jurisprudence du tribunal royal supérieur en matière criminelle. 20 volumes. Berlin 1861—1879. Actuellement: Bulletin annuel de la Cour d'appel en matière criminelle de Johow et Küntzel. Berlin à partir de 1881. — Contributions à l'explication du droit prussien par la théorie et la pratique. Publiées avec la collaboration de juristes praticiens par J. A. Gruchot, à Hamm, plus tard à Berlin 1857—1871. Puis contributions à l'explication du droit allemand, avec référence spéciale au droit prussien. 1872—1876; à partir de 1877 publiées par Rassow et Küntzel. Avec tables. Continuent de paraître.

b) Archives du droit civil et criminel des provinces de la Prusse rhénane royale. Cologne à partir de 1821, continue de paraître.

c) Leonhardt, Commentaire sur le Code criminel du royaume de Hanovre. 2 volumes. Hanovre 1846 et 1851. — Magasin du droit hanovrien. Goettingue, plus tard Hanovre 1851—1859. — Nouveau Magasin. Hanovre 1860—1869. — Revue du droit hanovrien. Hanovre 1869—1878.

d) Heusser, Manuel systématique du droit pénal et de police de la Hesse électorale, y compris les dispositions pénales encore en vigueur de l'ancien droit de Fulda, d'Hanau, de Mayence, Isenbourg et Schaumbourg, et de la jurisprudence du tribunal supérieur d'appel. Cassel 1853. — Strippelmann, Nouveau recueil des décisions les plus remarquables du tribunal supérieur d'appel de Cassel. Cassel 1842—1852. — Heusser, Décisions les plus remarquables de la chambre criminelle du tribunal supérieur d'appel à Cassel. Cassel 1845—1852. — Heusser, Annales judiciaires et administratives. Cassel à partir de 1854.

e) C. von Schirach, Manuel de droit et de procédure criminels de Schleswig-Holstein avec une préface et quelques annotations par N. Falck. 2 volumes. Altona 1828 et 1829.

2° Annotations au Code pénal du royaume de Bavière. D'après les procès-verbaux du Conseil royal privé. 3 volumes. Munich 1813 et 1814; voir suprà § 2, p. 263. — Commentaire sur le Code pénal du 10 novembre 1861 par C. Fr. von Dollmann, continué après son décès à partir de l'art. 76 par C. Risch. 2 parties. Erlangen 1868—1870. — C. Hocheder, Code pénal du royaume de Bavière du 10 novembre 1861. Commentaire. 1er volume. Partie générale. Munich 1862. — M. Stenglein, Commentaire sur le Code pénal de Bavière (1861). 2 parties. Munich 1861 et 1862. — M. Stenglein, Code pénal du royaume de Bavière du 10 novembre 1861. Munich 1869. — Comptes-rendus des audiences des tribunaux bavarois, publiés par la rédaction des Journaux (Feuilles) de droit pratique. 5 volumes avec une table. Erlangen 1850—1854. — Revue de législation et de jurisprudence du royaume de Bavière. Avec l'approbation souveraine sous la surveillance et avec la collaboration du Ministère royal de la justice. 13 volumes. Erlangen 1854—1867. — Recueil des décisions les plus importantes de la Cour de cassation royale de Bavière (suite de la Revue). Erlangen 1868—1870 et volume contenant la table des volumes 11—13 de la Revue. — Recueil des décisions de la Cour supérieure de justice de Bavière sur les objets du droit et de la procédure pénales. 9 volumes. 1872—1880. — Recueil des décisions du tribunal régional supérieur royal de Munich sur les objets du droit et de procédure pénale. 1 volume. Munich 1882, continue de paraître. — Journaux de droit pratique, publiés d'abord en Bavière, en premier lieu par Johann Adam Seuffert et Christian Carl Glück. 1 volume. 1836; continue de paraître. — M. Stenglein, Revue de doctrine et de jurisprudence. Tomes 1—10. Munich 1862—1871. Nouvelle série, voir suprà p. 364, VI.

3° Krug, Commentaire sur le Code pénal du royaume de Saxe du 11 août 1855. 4 parties. Leipzig 1855. 2e édition. 2 parties. Leipsic 1861. — von Wächter, Droit pénal du royaume de Saxe et de Thuringe. Manuel. Introduction et première partie. Stuttgart 1857. C'est une œuvre magistrale; il est seulement regrettable qu'il n'ait pas été continué; même la partie générale n'est malheureusement pas terminée. — von Schwarze, Code pénal révisé du 1er octobre 1868. — Loi du royaume de Saxe du 11 août 1855 sur les dégradations des chemins de fer et des télégraphes. — Loi du 11 août 1855 sur les vols forestiers et ruraux. Avec annotations. Leipsic 1868. — Annuaires du droit pénal saxon, publiés par von Watzdorf et Siebdrat. Zwickau 1839. — Nouveaux annuaires du droit pénal saxon. Leipsic 1857—1881. 25 volumes. — Annales du tribunal supérieur d'appel de Saxe à Dresde. Leipsic depuis 1860. 8 volumes. Nouvelle série 1866—1873. 10 volumes. 2e série 6 volumes. Leipsic 1874—1879. — Annales du tribunal régional supérieur du royaume de Saxe à Dresde. Leipsic à partir de 1880. — Revue judiciaire et administrative d'abord pour le royaume de Saxe. Leipsic 1838. 3 volumes. Nouvelle série à partir de 1841.

4º Hufnagel, Le Code pénal du royaume de Wurttemberg. 2 volumes. Stuttgart 1840 et 1842, 3e volume 1845 (arrêts, corrections, additions). — Hufnagel, Le Code pénal du royaume de Wurttemberg avec annotations explicatives, tirées surtout de la jurisprudence. — Sarwey, Revue mensuelle de la jurisprudence wurttembergeoise. 1837—1856. — Kübel et Sarwey, Archives wurttembergeoises de droit et d'administration. Stuttgart 1857—1884. — Journal judiciaire, publié par Kübel. Stuttgart 1857 à 1882. — Annuaires de la jurisprudence wurttembergeoise. Tubingue à partir de 1887.

5º W. Thilo, Législation pénale dans le grand-duché de Bade avec la loi sur l'organisation judiciaire et l'exposé des motifs du gouvernement et les résultats des délibérations des chambres. Carlsruhe 1845. 1re partie. Code pénal de 1845. — Puchelt, Code pénal du grand-duché de Bade, avec modifications et additions suivies de commentaires. Manheim 1868. — Annales des tribunaux du grand-duché de Bade. Publiés par Bekk et autres, avec la collaboration d'autres jurisconsultes du grand-duché. Carlsruhe 1833; plus tard Manheim, actuellement publiés avec la collaboration des présidents et Membres du tribunal régional supérieur du grand-duché et d'autres jurisconsultes.

6º Breidenbach, Commentaire sur le Code pénal du grand-duché de Hesse (du 18 octobre 1841) et les lois et ordonnances qui s'y relient, d'après des sources authentiques, en tenant spécialement compte des travaux législatifs des autres États, surtout du royaume de Wurttemberg et du grand-duché de Bade. Darmstadt. Tome 1er, 1re division 1842, 2e division 1844 (contenant seulement la partie générale). Recueil des décisions de la Cour de cassation du grand-duché de Hesse dans les affaires civiles et criminelles depuis l'année 1842 (contenant aussi des jugements antérieurs) jusqu'en 1878.

7º Revue mecklembourgeoise de doctrine et de jurisprudence, publiée par Budde, Moeller (Blanck) et Birkmeyer depuis 1881.

8º Archives de la jurisprudence de tout le droit en vigueur dans le grand-duché d'Oldenbourg. Oldenbourg 1844—1869. — Suite du Recueil précédent et d'un autre relatif au droit public. Oldenbourg à partir de 1874.

9º Le Code criminel du duché de Brunswick avec l'exposé des motifs du gouvernement ducal, et des annotations tirées des débats parlementaires. Brunswick 1840. — Revue de jurisprudence dans le duché de Brunswick, publié par Gotthardt et Koch, plus tard aussi par Dedekind. Brunswick à partir de 1854. — Recueil des affaires de droit criminel résolus par la Cour de cassation du duché de Brunswick. Wolfenbuttel 1853—1860.

10º Journal de jurisprudence de la Thuringe et de l'Anhalt, depuis le tome 21 avec un supplément: avec référence à la législation de l'Empire et à la doctrine. Depuis 1854.

11º Recueil des décisions du tribunal supérieur d'appel de quatre villes libres de l'Allemagne à Lubeck. Publié par Kierulff. Hambourg 1866—1874.

12º Revue juridique du pays de l'Empire, l'Alsace-Lorraine. Strasbourg et Manheim 1876—1881. Manheim 1882 sq. — Kayser, Aperçu du droit pénal spécial de l'Alsace-Lorraine dans le Manuel d'Holtzendorff. Avec additions. Berlin 1877, p. 639—744.

VII.

AUTRICHE-HONGRIE.

---

1. L'Autriche.

Par le Dr Karl Hiller,

Conseiller de gouvernement et professeur de droit
à l'université de Czernowitz.

Traduction de M. A. Graz, avocat, docteur en droit,
à Genève.

2. La Hongrie.

Par le Dr Jules de Wlassics,

Professeur de droit à l'université de Buda-Pest.

Traduction de M. Maurice Dufourmantelle, avocat
à la Cour d'appel, docteur en droit à Paris.

Sommaire.

1. Autriche.

I. Les bases historiques du droit pénal autrichien. § 1. La constitutio criminalis Theresiana de 1768. § 2. Le Code pénal Joséphin de 1787. § 3. Le Code pénal de la Galicie de l'ouest de 1796. § 4. Le Code pénal de 1803.

II. Les bases légales du droit pénal autrichien en vigueur. § 5. La révision du Code pénal de 1803 et le Code pénal de 1852. § 6. Le Code pénal de 1852 et ses traits généraux. § 7. Les crimes, délits et contraventions en particulier.

III. § 8. Code pénal de Bosnie et d'Herzégovine.

IV. § 9. Autres lois intéressant le droit pénal.

V. § 10. Bibliographie du droit pénal autrichien.

VI. § 11. La réforme de la législation pénale et les projets depuis 1861.

2. Hongrie.

I. Les tentatives de codification. § 1. Notions historiques. § 2. La dernière époque de la codification.

II. Le droit en vigueur actuellement. § 3. Les lois pénales hongroises et leurs divisions. § 4. Mise en vigueur des lois pénales hongroises. § 5. Caractères généraux des Codes pénals. § 6. Caractères particuliers du Code des contraventions. § 7. Portée des Codes pénals quant au territoire et aux personnes. § 8. Modifications apportées au Code pénal des crimes et des délits.

III. § 9. Lois pénales spéciales.

IV. § 10. Commentaires, monographies, recueils de lois et de jurisprudence.

V. § 11. Le droit pénal en Croatie-Slavonie.

1. Autriche.

I. Les bases historiques du droit pénal autrichien.

§ 1. La Constitutio criminalis Theresiana de 1768.

Le C. p. du 27 mai 1852, qui, dans ses traits généraux comme dans la manière de concevoir et d'exprimer certaines notions, remonte encore au code général sur les crimes et leur punition (de l'empereur Joseph II du 13 janvier 1787), forme la base du droit pénal autrichien actuellement en vigueur. Avec ce code, œuvre typique de la période de renaissance du 18e siècle, la législation autrichienne, sous plusieurs rapports, abandonna matériellement le terrain du droit commun allemand (d'où étaient sorties la législation particulière des États héréditaires autrichiens ainsi que la Constitutio criminalis Theresiana de 1768 publiée dans le but d'unifier cette législation) et parcourut sa route désormais complètement séparée de la législation allemande, et même, jusqu'au milieu de notre siècle, sans contact avec la science du droit pénal allemand.

Mais, au point de vue formel, la Constitutio criminalis Theresiana („oder der Römisch-kaiserl. zu Hungarn und Böheim, etc. Königl. Apostol. Majestät Mariä Theresiä, Erzherzogin zu Österreich, usw. peinliche Gerichtsordnung") publiée le 31 décembre 1768, n'accordait déjà plus une valeur subsidiaire, comme on l'avait fait jusqu'alors et partout en Allemagne, au droit commun, en particulier à la Caroline, même sur le territoire des pays héréditaires autrichiens. A la place des codes pénals en vigueur jusqu'alors dans les divers pays et des statuts et coutumes existant encore à côté d'eux, on établit un C. p. commun, n'ayant force de loi que dans ces pays héréditaires. La Theresiana était une copie fidèle du droit pénal commun allemand de son temps; elle réalisait — on l'a reconnu seulement dernièrement — souvent avec succès la science du droit commun de cette période, qui était alors, l'autorité de Carpzov commençant à s'affaiblir depuis une dizaine d'années, dominée par J. S. F. Böhmer. La levée de boucliers dirigée peu auparavant par Beccaria (1764), Voltaire et d'autres, en Autriche surtout par Sonnenfels, contre les erreurs existant dans la science pénale (en particulier contre les peines cruelles concernant la vie ou le corps) ne pouvait en aucune façon influencer l'esprit conservateur de la commission législative qui travaillait du reste déjà depuis 1752 (avec la mission expresse de ne pas créer un droit nouveau mais seulement un droit uniforme pour les pays héréditaires). C'est une erreur profonde de mettre la codification Theresiana, suivant sa valeur intrinsèque, sur la même ligne que le code „juris Bavarici criminalis" de 1751, erreur qui a duré aussi longtemps que l'on n'a pas estimé comme on le devait, cette codification, soit en Autriche même, soit à l'étranger.

Les deux lois — et c'est la base de tout le développement du droit pénal allemand et autrichien — ont une origine commune qui est le droit commun allemand. De même que par le „Codex Bavaricus" de 1751 pour la principauté électorale de Bavière, de même en 1768 pour le territoire des pays héréditaires autrichiens, par la Theresiana, le droit commun fut complètement aboli comme droit subsidiaire et désormais la nouvelle loi seule fut reconnue comme base unique du droit pénal.

Il faut remarquer encore que la Theresiana avait pour tâche principale de combiner les ordonnances pénales des divers pays héréditaires et de les remplacer par un droit pénal unitaire reposant sur une base fixe et légale. Si le particularisme était ainsi vaincu au cœur même des pays héréditaires, en renonçant formellement au droit commun, on enlevait aussi au droit pénal autrichien que l'on venait de créer et pour l'avenir le caractère de particularisme qu'avait eu ce droit commun. Le droit désormais centralisé pour les pays héréditaires apparaissait maintenant comme un rameau séparé du tronc de droit commun. Les rapports du droit commun allemand avec le droit pénal autrichien étaient donc fixés pour l'avenir et le droit autrichien était abandonné à son propre développement. La plupart des criminalistes autrichiens et même les plus distingués jusque vers 1860, tenant fermement à cette indépendance, prirent une direction différente de la doctrine de droit commun, de la législation et de la jurisprudence des autres États et ne purent ainsi en subir aucune influence. Du reste, le droit autrichien a eu assez de points de contact avec la science du droit pénal commun; ceci est prouvé par l'ordonnance pénale Thérésienne et ses bases de droit positif, c'est à-dire les ordonnances pénales des pays héréditaires autrichiens, en particulier l'ordonnance de Ferdinand III de 1656 pour la partie de l'Autriche en deçà de l'Enns, et l'ordonnance pénale de Joseph Ier 1707 pour la Bohême, la Moravie et la Silésie, qui sont la base presque exclusive de la Theresiana.

La „Ferdinandea" de 1656 suit souvent littéralement la Caroline, la surpassant encore en cruauté pour les peines corporelles, et elle ratifie en outre expressément les. dispositions du droit commun comme droit complémentaire (art. 99), comme la Josephina de 1707 (Art. II, § 3, Art. XIX, § 46), qui met encore particulièrement l'accent sur le fait, que „die Richter in Kaiser Karl V. peinlicher Gerichtsordnung wohlerfahrene Leute seien". Si la Theresiana voulait comprendre en une codification centralisée le droit en vigueur dans les pays héréditaires, on devait y admettre aussi, puisque le droit commun en vigueur comme droit subsidiaire devait être exclu à l'avenir, ce matériel qui jusqu'alors avait formé le supplément des droits autrichiens particuliers. Ainsi la Theresiana plus que toute autre codification du 18e siècle porte l'empreinte du droit commun en vigueur au moment de sa publication, tel qu'il était formé surtout par la doctrine de droit commun dominant cette époque, avec les seules modifications particulières existant également partout. De même le Code criminel bavarois représente la doctrine et la pratique du droit commun en Bavière jusqu'en 1751. Ainsi les deux codifications sont d'une grande valeur non seulement pour le droit autonome qu'elles créèrent, mais aussi pour l'histoire du droit commun et sont, en outre, d'une importance très grande pour l'intelligence de celui-ci. On ne peut que déplorer qu'on ait ainsi fixé pour l'Autriche (comme en 1751 pour la Bavière) un point de vue de la doctrine et de la pratique du droit commun sur lequel on était justement en retard dans la plus grande partie du reste de l'Allemagne, abstraction faite de la faute qu'on commettait en séparant ces grands sujets de l'ensemble du droit commun.

Cependant l'opinion assez répandue que la Theresiana n'indique aucun progrès mais au contraire sous plusieurs rapports un recul vis-à-vis de la Caroline n'est vraie qu'en ce qui concerne le cruel système des peines. Plusieurs dispositions excellentes et rédigées avec soin dénotent clairement une civilisation plus douce et une idée plus juste du droit; malheureusement la diffusion et la gaucherie de l'expression législative obscurcissent ces points lumineux isolés.

De même, outre le terrorisme du système des peines, on a eu tort de maintenir plus d'un délit déjà tombé en désuétude, comme par exemple la sorcellerie et la magie, comme aussi de maintenir (ce qui ne nous intéresse pas ici) la question en procédure. C'est dans ce code que nous voyons pour la première fois le droit d'atténuation du juge mentionné dans la loi, et même le droit d'atténuation extraordinaire des tribunaux reconnu pour la première fois dans la législation autrichienne et la jurisprudence ultérieure ne put que bénéficier de son maintien. Pour permettre de combler quelques lacunes du droit positif, et vu l'abolition du droit commun comme droit subsidiaire, on admit l'analogie comme base juridique de la peine, de même pour ce qui a trait à la culpabilité des délits non compris dans la loi.

§ 2. Le Code pénal Joséphin de 1787.

Peu de temps après la publication de la Theresiana, déjà dans l'année 1787, l'empereur Joseph II conçut l'idée de l'unification du droit pour les pays héréditaires; il fallait faire une réforme énergique et complète, laquelle fut réalisée par le C. p. général, sur les délits et leur punition, publié cette année-là, ayant force de loi pour tout le royaume (en Hongrie et ses dépendances, comme en Transylvanie, il ne put cependant jamais entrer en vigueur).

Comme nous l'avons déjà démontré au commencement, ce code a donné au droit pénal autrichien son caractère spécifique pour toute la suite des temps, quoique le type fondamental de cette loi issue du rationalisme de la renaissance montre clairement le rapport qu'elle présente avec les principes épurés de la doctrine du droit commun qui a fait bien des progrès depuis la Theresiana, comme aussi avec plusieurs traits généraux du mouvement criminopolitique qui était alors dans toute son activité. Le fameux décret de l'impératrice Marie-Thérèse du 2 janvier 1776, qui abolit la question, mais surtout le décret du 17 février 1777 indiquent déjà le programme de la réforme pénale à entreprendre. (Les autres novelles pénales de Marie-Thérèse et de Joseph II sont moins importantes.) Les traits généraux de cette réforme consistent dans l'établissement de peines remplaçant la peine de mort, devant remplir mieux que cette dernière le but de déterrition, et dans l'établissement de nouvelles peines avec travaux pouvant être utiles plus tard aux détenus. Le code lui-même se distingue déjà, quant à la forme, de ses devanciers, en ce qu'il embrasse pour la première fois le droit pénal seul, tandis que la procédure est abandonnée à une loi particulière (Code de procédure criminelle de 1788). Mais c'est plus encore au point de vue matériel que le Code Joséphin forme un très grand contraste avec la Theresiana. Le code lui-même poursuit ces buts principaux: donner une direction uniforme aux tribunaux pénaux au moyen d'une loi générale, éloigner tout arbitraire dans l'administration de la justice, établir une juste mesure entre les délits criminels et politiques et les peines et fixer ces dernières suivant une proportion qui ne laisse pas une impression simplement passagère. En réalité, la distinction du tort criminel et de police, telle qu'elle ressort de la division que fait le code en délits criminels d'un côté et délits politiques de l'autre, est d'une importance fondamentale pour l'époque et pour tout le droit pénal autrichien de l'avenir. Ce n'est pas qu'il semble qu'on ait beaucoup fait en théorie à cette époque pour cette question encore discutée aujourd'hui (il y avait parmi les délits politiques une foule de cas de délits purement criminels), mais le mérite consiste plutôt à avoir séparé les anciens „peinlichen Fälle" graves des délits moins graves, et la punition de ces derniers fut abandonnée aux autorités politiques, c'est-à-dire aux autorités de police. Pour écarter tout arbitraire dans l'administration de la justice, on déclara inadmissible toute mesure pénale prise par le juge qui pourrait convenir aux circonstances particulières du cas qui lui est soumis, et en exagérant beaucoup cette tendance juste en elle-même, on établit pour le tribunal de première instance comme règle absolue l'interprétation littérale et l'application de la nouvelle loi. L'exclusion complète de la peine de mort pour la procédure ordinaire, est caractéristique; elle est remplacée par un système de peines privatives de liberté, de peines corporelles des plus cruelles et des plus dures. La loi défendit de punir par analogie et posa le principe en vigueur depuis lors dans le droit pénal autrichien comme dans la législation criminelle moderne, que peuvent être punis seulement les actes que la loi désigne expressément comme punissables. La forme concise de la loi, qui assurément avait son mauvais côté en ce que plusieurs définitions étaient défectueuses, formait non seulement un contraste frappant avec le style diffus de la Theresiana, mais fut aussi le point de départ d'une nouvelle codification autrichienne, qui est restée pour la forme et la rédaction, la base du droit pénal autrichien.

Le code se divise en deux parties: La première traite des délits criminels et des peines criminelles et contient dans les chapitres 1, 2 et 7 les dispositions générales, dans les chapitres 3—6 les crimes en particulier. De même la deuxième partie, traitant des délits politiques et de leur punition, comprend dans les chap. 1 et 2 les dispositions générales, 3 à 5 les délits politiques en particulier (délits de police).

Comme nous l'avons déjà fait remarquer, la divison en délits criminels et politiques, qui en elle-même était un progrès digne d'être mentionné, n'était cependant pas très réussie, puisqu'une foule de délits qui n'étaient au fond que de véritables délits criminels comme par exemple de petits vols et escroqueries, des outrages, tous les délits par imprudence et d'autres ont été envisagés comme délits de police et laissés à la judicature des autorités de police („autorités politiques"). Furent considérés comme délits criminels, suivant la doctrine existant alors les lésions de droit graves et immédiates; c'est pourquoi la classification de tous les cas criminels peu graves dans le domaine des délits de police est explicable. La distinction plus juste en délits criminels et de police, telle qu'elle aurait pu résulter en particulier des œuvres de Justi et Sonnenfels, et même des ordonnances de police nationales plus anciennes, resta réservée au travail de codification qui a été entrepris plus tard et au code de 1803, quoique, comme nous le montrerons plus tard, parmi les „contraventions de police graves" de ce code, nous voyions figurer souvent aussi de véritables crimes.

En ce qui concerne le système des peines du Code Joséphin, le point caractéristique est l'abolition de la peine de mort pour la procédure ordinaire. Le motif de cette abolition n'est cependant pas l'opinion répandue par le mouvement crimino-politique d'alors que la peine de mort est inadmissible en principe, mais Joseph II était convaincu qu'elle ne remplissait pas le but d'intimidation, lequel devait plutôt être recherché dans des peines privatives de liberté graves et cruelles, qui, dans leur application, sont plutôt des véritables peines corporelles. Il est donc un fait intéressant, c'est que Joseph II justement eu égard à la théorie d'intimidation a aboli la peine de mort que son frère (et successeur dans la dignité impériale), le grand duc Léopold de Toscane, avait écartée une année auparavant, eu égard à la théorie d'amendement.

Les peines criminelles étaient les suivantes: les fers, la prison avec travail public ou prison seule, le bâton, le fouet, l'exposition sur l'estrade d'infamie. La prison était soit à temps (1er degré de 1 à 5 ans, 2e degré de 5 à 8 ans) soit continue (1er degré de 8 à 12 ans, 2e degré de 12 à 15 ans), soit de longue durée (1er degré de 15 à 30 ans, 2e degré de 30, même jusqu'à 100 ans). Outre la peine de la prison à longue durée, du 2e degré, on pouvait condamner à la stigmatisation avec application du signe du gibet sur les deux joues. A cela vint s'ajouter encore la peine du halage des vaisseaux sur le Danube et ses affluents en Hongrie, peine introduite par les décrets de l'empereur Joseph II des années 1783 et 1784 et définitivement réglée par l'art. 188 de l'ordonnance criminelle de 1788. Cette mesure qui n'est mentionnée nulle part dans le C. p. de 1787, applicable lors de la condamnation à une peine de prison grave et aux travaux publics, avait le caractère d'une peine pouvant remplacer celles que nous avons nommées. L'empereur Léopold II l'abolit par le décret impérial du 19 juillet 1790 en considération des conséquences désastreuses de cette nouvelle espèce de peine (les $^2/_3$ environ des détenus condamnés au halage des vaisseaux, depuis 1784, étaient morts). Les demandes répétées et pressantes des cours de Haute-Justice n'avaient pas pu changer l'opinion de Joseph II qui se montra opiniâtre dans le maintien de cette mesure. On ne peut nier que, même abstraction faite de la peine du halage de vaisseaux, les peines privatives de liberté, transformées avec un certain raffinement en peines corporelles des plus graves, formèrent la base du système des peines. Pour bien les caractériser, il suffit de dire que, par exemple, dans la peine des fers le délinquant doit être enchaîné dans son cachot de telle manière qu'il ne puisse faire que les mouvements indispensables du corps et il faut remarquer, en outre, qu'une correction corporelle annuelle, infligée publiquement pour servir d'exemple, est liée à cette peine. Dans la peine de prison la plus grave, le délinquant doit être enchaîné jour et nuit au lieu qui lui a été assigné, au moyen d'un anneau de fer passé autour de son corps. On peut aussi, si le travail qui lui a été imposé le permet, lui appliquer les fers lourds.

Les peines pour les délits politiques sont: les coups, l'exposition sur la tribune d'infamie, les arrêts, les travaux forcés avec fers, le renvoi d'un lieu déterminé. L'amende n'est appliquée qu'au délit d'escroquerie, elle est exclue dans les autres cas.

Si d'après cette esquisse, on pèse les avantages et les défauts du code, on remarquera que les avantages sont surtout: la limitation de la faculté d'appréciation du juge (limitation correspondant à l'esprit de la législation moderne), en ce qui concerne le choix des moyens pénaux et la mesure de la peine; puis la conception réellement humaine des peines infamantes et des déchéances qui en sont la conséquence; ces dernières doivent prendre fin une fois la peine subie ou une fois la grâce accordée au délinquant. Mais c'est surtout l'interdiction d'étendre par analogie les cas prévus par la loi qui élève d'un seul coup le code, comme nous l'avions déjà fait ressortir, à la hauteur des considérations modernes, et forme un grand contraste avec le droit jusqu'alors en vigueur. Au point de vue du style et de la forme, le Code Joséphin reste toujours un exemple remarquable de concision, de simplicité et de popularité de la codification du 18e siècle. L'un des plus grands progrès accomplis sur la Theresiana réside dans le fait que, s'émancipant pour ainsi dire d'un coup de la forme raide, prolixe et bureaucratique de la Theresiana, ce code apparaît comme une œuvre de simplicité et de clarté. Nous avons déjà fait remarquer plus haut que la concision n'allait pas toujours sans porter préjudice à la clarté des définitions. Mais nous devons mentionner un avantage qu'on reconnaît rarement au code. Le Code criminel bavarois de 1751 avait fixé pour la Bavière électorale un point de vue de la doctrine et de la pratique du droit commun qui déjà alors pouvait, sous plusieurs rapports, passer pour suranné. La même chose était arrivée par la Theresiana. Mais tandis que la Bavière devait se tirer d'affaire jusqu'en l'année 1813 avec son droit pénal suranné, le Code Joséphin dérogeait justement aux dispositions Thérésiennes qui étaient en contradiction sous plusieurs rapports avec l'esprit du temps, et ouvrit la voie au développement du droit pénal autrichien dans le sens moderne.

Les côtés faibles du code, en particulier ce qui touche au système des peines, devaient sauter aux yeux déjà lors de sa promulgation. On peut à cet égard signaler le fait que souvent le point de vue religieux de l'ancienne législation est remplacé dans le Code Joséphin par un point de vue purement de police. Par exemple le blasphème n'est plus puni comme tel, mais le blasphémateur est traité comme un fou jusqu'à ce qu'on soit sûr de son rétablissement. Toutefois le fait d'engager à renier la foi chrétienne, le fait de renier sa religion, etc. sont encore punis comme délits politiques. Les faux dogmes sont visés par l'autorité de police en tant qu'ils peuvent amener des changements dans la situation existante. En outre, un défaut à relever est que les notions de délits, telles qu'elles existaient dans les ordonnances pénales autrichiennes et la Theresiana, en rapport cependant dans leurs traits généraux avec la doctrine de droit commun, étaient moins claires et même souvent méconnaissables; quelques délits sont rapprochés d'une manière très étrange qui est en contradiction même avec leur nature. Souvent on tient compte plus des hasards de la manière d'exécuter que de l'objet du délit, le bien protégé par le droit lui-même. Il résulte de la réglementation fixe, mentionnée plus haut parmi les avantages, du rapport du juge avec la loi pénale, que celui-ci est complètement lié en ce qui concerne la mesure de la peine et qu'il n'a plus le droit d'atténuation dont nous avons parlé.

§ 3. Le Code pénal de la Galicie de l'Ouest de 1796.

Déjà sous l'empereur Léopold II (1790—1792), la sévérité du Code Joséphin qui s'était fait sentir aussitôt après l'entrée en vigueur de ce dernier, nécessita une série d'atténuations. Le décret impérial du 7 mai 1790 abolit la correction publique avec coups, la stigmatisation, la peine des fers (et du halage, voir plus haut), tandis que la peine des verges ne fut pas abolie comme telle et pouvait même être appliquée comme peine disciplinaire. En ce qui concerne les prisons mêmes, le travail et l'entretien des détenus, on prit des dispositions plus humaines. En ce qui concerne les fers, on devait permettre au détenu de se mouvoir librement et de se promener dans le cachot. Pendant son court règne, cet empereur décida d'élaborer un projet de nouveau code qui ne fut achevé, il est vrai, que sous son successeur François II, et remis à l'examen de commissions spéciales qui avaient été appelées dans ce but dans les pays de la couronne. Ce projet arrivait à propos, de telle sorte que par le décret du 17 juin 1796, il obtint aussitôt force de loi comme C. p. pour la Galicie de l'Ouest qui venait d'être réunie à l'Autriche et qui réclamait instamment une loi pénale pour son territoire. C'était une occasion de faire l'essai d'un code nouveau et les résultats de cette législation provisoire pouvaient être mis à profit pour la codification à venir.

Mais auparavant, la base du système des peines du Code Joséphin fut encore essentiellement modifiée par le décret du 2 janvier 1795, en ce que la peine de mort, inconnue dans ce code, fut réintroduite pour les délits politiques. En particulier, les crimes mentionnés dans le Code Joséphin art. 41—48 comme crimes de lèse-majesté et de trahison envers la patrie, furent en vertu du décret ci-dessus, réunis dans la notion de „haute trahison" et passèrent sous cette forme dans la législation autrichienne postérieure.

Ce Code de la Galicie de l'Ouest prend, dans l'histoire du développement de la législation autrichienne, une place si particulière, que, bien qu'il ait eu une portée plus locale et une durée plus éphémère que le Code Joséphin et le C. p. de 1803, il mérite cependant une mention spéciale. Il se divise (comme le C. p. postérieur de 1803) en deux parties, la 1re „des délits et des peines" et la 2e „de la procédure légale pour les délits". Le code comprend en tout 568 articles. La 1re partie comprend dans les 28 premiers chapitres, tout d'abord (et ce dans les chap. 1, 2 et 25 à 28) les dispositions générales, puis les différentes espèces de délits, à la tête desquels se trouve la haute trahison, conçue dans le sens du décret du 2 janvier 1795, puis les délits spéciaux dans un ordre analogue à celui du C. p. postérieur de 1803. On peut déjà remarquer que les matériaux législatifs sont plus vastes; nous avons ici 28 chapitres et 232 articles pour la matière comprise dans 7 chapitres et 184 articles du Code Joséphin. En tous cas, on voulait tenir un certain milieu entre la diffusion et la casuistique de la Theresiana, et la trop grande concision du Code Joséphin, bien qu'on puisse affirmer qu'en gros on a voulu s'en tenir aux principes de ce dernier.

Pour le C. p. de la Galicie de l'Ouest, la distinction en „délits criminels et délits civils" est caractéristique; parmi ces derniers, il ne faut comprendre ni les délits politiques du code Joséphin, ni „les contraventions de police graves" du code de 1803. Les „délits civils" sont de véritables délits suivant la distinction du législateur même et ne se distinguent des „délits criminels" que parce qu'ils lèsent moins que ces derniers l'ordre et la sécurité publics et par conséquent sont moins punis.

Cette division, en tous cas superflue au point de vue législatif, et tout à fait illusoire en pratique fut, avec raison, repoussée dans le code de 1803. La peine de mort est introduite dans le Code de la Galicie de l'Ouest non seulement pour le crime de haute trahison, mais aussi pour certaines espèces d'homicide (assassinat, parricide, meurtre de son époux, assassinat suivi de vol). La peine de mort n'était pas encore étendue à d'autres délits, comme dans le code de 1803; le C. p. de 1796 n'était guère qu'une étape dans le rétablissement progressif de la peine de mort dans la législation autrichienne. Les dispositions pénales sont cependant bien plus douces que celles du Code Joséphin. La division fondamentale en cachot très grave, grave et modéré subsista; cependant on apporta dans l'exécution de ces peines plus d'humanité que dans le Code Joséphin. Comme aggravation de la peine du cachot, on introduisit les travaux forcés, l'exposition sur la tribune d'infamie, la correction avec bâton et verge et le jeûne. La confiscation de la fortune fut déclarée inadmissible même pour le crime de haute trahison. En somme, les notions des délits sont conçues avec plus de clarté et plus de soin que dans le Code Joséphin. Ce qui donne un singulier avantage au Code de la Galicie de l'Ouest c'est le droit qu'on donna de nouveau au juge de mesurer la peine, de tenir compte des circonstances aggravantes ou atténuantes; le juge n'était pas lié à l'interprétation littérale des textes. La prescription des délits qui manque dans le C. p. Joséphin fut accueillie de nouveau dans la loi de la Galicie de l'Ouest. La matière des délits de police (délits politiques) ne fut par contre pas accueillie.

§ 4. Le Code pénal de 1803.

Une fois les travaux préparatoires du Code général qu'on avait projeté terminés, et après qu'on eut mis à profit les expériences faites grâce à l'entrée en vigueur du Code de la Galice de l'Ouest et les avis des commissions des divers pays questionnées à ce sujet, on mit en délibération le projet d'un C. p. concernant les contraventions de police graves. Ce projet, réuni au projet concernant les crimes qui avait existé jusqu'alors (dont le Code de la Galice de l'Ouest était une émanation à titre d'essai), fut introduit par le décret impérial du 3 septembre 1803 comme C. p. sur les crimes et les contraventions graves de police dans tous les pays héréditaires allemands de l'Autriche. Il eut encore force de loi dans les pays réunis plus tard à l'Autriche; en 1850 en Transylvanie, où, du reste, le C. p. de 1803 avait été introduit peu auparavant pour quelques parties du territoire par l'ordre du gouverneur civil et militaire. Le code de 1803 avait été accueilli à Cracovie, avant que cette ville (1846) fût encore réunie à l'Autriche, de même aussi par le décret du 18 février 1812 dans la principauté de Lichtenstein. En conséquence, le C. p. de 1803 eut force de loi dans toute la monarchie, à l'exception de la Hongrie et des pays limitrophes.

Le code se divise en 2 parties, dont la première traite, comme le Code de la Galicie de l'Ouest, en 2 chapitres et 557 articles des délits et des peines ainsi que de la procédure y relative, tandis que la 2e partie traite en 2 chapitres également et en 459 articles des contraventions de police graves, du système des peines s'y rapportant et de la procédure: la 1re partie présente avec le projet publié auparavant comme C.p. de la Galicie de l'Ouest, plusieurs différences essentielles, bien que les matières soient semblablement disposées dans les deux lois, avec cette modification seulement que les dispositions sur les circonstances aggravantes et atténuantes sont placées dans les premiers chapitres (3 à 5), tandis qu'elles forment les chapitres 25 à 27 du Code de la Galicie de l'Ouest.

Le code lui-même présente, en comparaison de la codification de cette époque, des avantages indéniables et assez importants. C'est la 1re loi, — et cela n'a jamais été, à notre avis, convenablement mis en relief —, qui prend pour base la théorie de contrainte psychologique de Feuerbach, sans cependant pousser le système comme dans l'œuvre de Feuerbach, le C. p. bavarois de 1813, jusqu'à ses conséquences extrêmes. Le principe même est expressément reconnu à l'alinéa 10 du décret de promulgation, en ces termes: „Le coupable ne doit pas subir une peine plus forte que celle qui est nécessaire à la prévention des crimes." Il y a des prescriptions sur la mesure des peines, sur les circonstances atténuantes et aggravantes qui prouvent à quel degré le législateur s'est mis au-dessus de la théorie de la contrainte psychologique qui dominait alors toute la science juridique et la législation, et dont il n'a admis que la partie reconnue encore aujourd'hui comme juste.

Du reste, le code dans son ensemble est animé d'un esprit d'humanité et de justice qui se montre non seulement en ce que les déchéances qui sont la conséquence des peines doivent atteindre aussi peu que possible les parents innocents du délinquant, mais surtout en ce que le juge, quand il s'agit d'infliger une peine, est sévèrement lié à la loi et ne peut jamais se mettre au-dessus. D'un autre côté, grâce à un droit d'atténuation étendu et extraordinaire, établi par une prescription légale expresse, le juge a la plus grande latitude pour mesurer la peine, dans chaque cas particulier, à la grandeur de la faute, et ce, malgré la peine relativement élevée prévue d'une manière générale pour le délit en question. Les tribunaux autrichiens ont toujours fait un grand usage de ce droit d'atténuation extraordinaire, c'est ce qui a imprimé à la jurisprudence un caractère de douceur qui, au premier moment, peut frapper, en regard des peines relativement élevées prévues pour les délits spéciaux. En tous cas, comme Herbst le fait remarquer avec raison, le droit pénal autrichien est, en pratique, un des plus doux et ce, non pas contrairement à la loi, mais suivant la doctrine et l'esprit de celle-ci.

Parmi les dispositions justes et humaines du code, il faut mentionner le fait que la prescription du C. p. de la Galicie de l'Ouest (quand bien même il ne s'agit que de la prescription de la poursuite pénale) est de nouveau accueillie, que la confiscation des biens est complètement abolie et qu'abstraction faite du droit d'atténuation extraordinaire mentionné plus haut, les tribunaux ont le droit de modifier la peine par égard pour la famille du délinquant. Les dispositions générales du code traitent également du droit pénal international. La division en crimes et contraventions de police graves correspond en somme à l'idée fondamentale du C. p. Joséphin et à sa division en délits criminels et délits politiques.

Le législateur cherche même dans la préface („des objets de ce code") à tracer une ligne de démarcation aussi tranchée que possible entre les 2 degrés d'actes coupables en partant de la notion générale de l'acte contraire au droit. „La législation doit être plus sévère pour ces actes illicites qui sont préjudiciables tout d'abord et à un haut degré à la sécurité de l'État", que ce soient des crimes ou des contraventions graves de police. Les premiers sont les actes et les omissions illicites où l'intention est particulièrement de léser la sécurité de l'Etat et que la grandeur de la lésion ou la nature dangereuse des circonstances font considérer comme actes criminels; les secondes (contraventions de police graves) sont, soit des lésions intentionnelles, mais qui, d'après la nature de l'objet, de la personne du délinquant ou des circonstances, n'ont pas les qualités requises pour être traitées comme crimes, soit les cas où, sans une intention de commettre un délit, on fait une chose défendue ou l'on ne fait pas une chose ordonnée par la loi dans le but de prévenir un crime, soit enfin, (à cause de „l'influence générale de la morale sur le nombre des délits"), les actes qui troublent la morale publique. Le principe, posé déjà avec énergie dans le Code Joséphin, que seuls peuvent être traités comme crimes ou contraventions de police graves, les actes qui sont désignés expressément comme tels dans ce code, est admis; la punition des autres contraventions (contenues dans des dispositions légales ou des ordonnances en dehors de ce code) reste réservée aux autorités désignées pour cela, suivant les prescriptions existant sur la matière. En ce qui concerne le système des peines, le législateur lui-même explique que des raisons majeures lui ont imposé la nécessité de rétablir, même en dehors de la loi militaire, la peine de mort pour quelques espèces de crimes. Mais elle doit être limitée aux crimes qui sont commis après mûre réflexion et qui sont très dangereux pour la sécurité publique ou privée. Outre le crime de haute trahison qui est déjà puni de mort par le décret du 2 janvier 1795 et qui est mentionné aussi dans le C. p. de 1803 comme le premier crime puni de cette peine, les délits suivants sont aussi punis de mort: le meurtre consommé, l'assassinat suivi de vol à main armée, les cas les plus graves de falsification de papiers et monnaies, et l'incendie. Encore ici, il faut remarquer que la pratique s'est montrée douce dans l'application des principes du code, puisque jusqu'en 1848 sur 1304 condamnations à mort, 448 seulement ont été exécutées, tandis que la grâce est intervenue dans 856 cas. Pour haute trahison et falsification de papiers de crédit, 2 ou 3 condamnations à mort seulement ont été exécutées, et depuis 1803 on n'a pas exécuté un seul jugement de condamnation à mort pour falsification de papiers de crédit.

Le code de 1803 présente un adoucissement considérable des peines pour les délits moins dangereux. On peut admirer la clarté et la simplicité du texte de la loi; certaines définitions, en comparaison des lois ayant existé jusqu'alors, se distinguent surtout par la clarté et la précision de l'expression. En particulier, en ce qui concerne la partie générale du code, on ne peut sans doute pas mieux l'apprécier que ne l'a fait Berner en ces mots: „Les dispositions légales de la partie générale sont conçues avec une réserve si sage, sont si douces et si élastiques qu'elles permettaient à la doctrine de les développer à son aise, ce dont elle a largement profité." C'est justement par là que le code autrichien de 1803 se distingue avantageusement de plusieurs codes allemands ultérieurs. Par contre plus d'une définition de la partie spéciale est restée aussi défectueuse et aussi peu précise que dans le Code Joséphin. La distinction en délits criminels et civils du Code de la Galicie de l'Ouest a naturellement été supprimée; plusieurs délits désignés comme délits civils dans cette loi ont été rangés parmi les contraventions graves de police. On a fait bien des objections contre le système des peines, en particulier en ce qui concerne le maintien du châtiment corporel, la stigmatisation et l'exposition publique. Nous pouvons nous dispenser d'étudier ici en détail les dispositions de cette loi et en particulier le système des peines, puisque le C. p. autrichien de 1852 actuellement en vigueur n'est qu'une édition revisée du code de 1803 et que dans l'examen que nous allons faire du droit en vigueur, nous ne pouvons pas passer sous silence les dispositions de ce code de 1803, même quand elles ont été modifiées. Parmi les avantages du code, il faut encore mentionner le fait qu'il a gardé les principes généraux du Code Josephin. C'est pourquoi le droit pénal autrichien a conservé cette solide continuité et cette autonomie qui, aujourd'hui encore, caractérisent le droit en vigueur. Ainsi le C. p. de 1803 apparaît, malgré ses dispositions dures quelquefois, comme un fruit mûr de la doctrine pénale de cette époque. On ne peut assez déplorer que ce code n'ait pas trouvé, lors des essais législatifs qui ont été faits dès les premières années de ce siècle en Allemagne et dans d'autres pays, surtout vis-à-vis du C. p. bavarois de 1813, la considération qu'il méritait grâce à la simplicité et à la clarté de son texte, à la modération remarquable pour l'époque dans l'application de la peine de mort, grâce enfin au champ plus vaste laissé au juge pour mesurer la peine, et à la limitation en somme satisfaisante du domaine pénal et des principes sur la peine, etc. Mais comme l'Autriche dans son développement juridique, dans le mouvement des études et dans l'élaboration scientifique de son droit s'est séparée du tronc du droit commun, son droit fut en quelque sorte ignoré. En outre, ce qui était naturel pour cette époque (jusqu'en 1850), toute revision du code qui fût en rapport avec les progrès de la science du droit pénal allemand était inconcevable de prime abord. Ce fait et les avantages indéniables du code expliquent pourquoi celui-ci est resté en vigueur pendant plusieurs années sans changements essentiels, sans même qu'on s'aperçût davantage de certains défauts atteignant la base de cette œuvre. Les améliorations qui furent apportées par quelques novelles dans les 40 premières années de notre siècle, concernent surtout l'adoucissement de quelques cruautés de la loi, en particulier l'abolition de la peine des galères (1819) et de la peine du cachot grave (1833), la modification dans un sens plus humain des dispositions concernant le traitement des détenus; plusieurs questions douteuses furent tranchées; on ajouta des actes délictueux qui étaient omis dans le C. p., et on les rangea parmi les délits ou les contraventions graves de police. Mais en somme la base fondamentale du code est restée intacte de l'année 1803 à l'année 1848, et ainsi le C. p. autrichien actuel de 1852 (qui n'est au fond qu'une édition revisée du code de 1803) est le plus vieux des codes existants. Nous devons dire toutefois que la commission impériale pour les affaires de justice s'occupa déjà depuis 1820 des travaux préparatoires de la revision. Le résultat de ces travaux furent les novelles que nous avons mentionnées, venant modifier ou compléter l'ancienne loi.

On peut citer comme caractéristique pour le conservatisme de la législation avant 1848 le fait que, les questions adressées aux tribunaux étant résolues en renvoyant aux principes établis dans le code, et les discussions se prolongeant plus de 20 ans (par exemple sur le rapport de la Hongrie avec l'Autriche au point de vue du droit pénal, depuis 1819 objet de discussions continuelles), on décida d'en rester là. Il semble même presque incroyable que les décisions de principe de la Haute-Cour de Justice aient pu rester inconnues pour la plupart, tandis qu'aujourd'hui nous trouvons justement dans la publication de ces décisions une source vive de droit pénal.

Ce fut ainsi essentiellement l'interprétation de la loi qui forma le travail presque exclusif de plusieurs générations de juristes autrichiens; aussi une telle direction exégétique devait inévitablement s'écarter du droit chemin pour tomber dans une interprétation minutieuse et littérale des textes. Les criminalistes allemands distingués (comme Henke, Abegg, Rosshirt, etc.) qui accusent la science du droit pénal en Autriche de s'être endormie pendant un certain temps, paraissent avoir raison. Les mérites et les avantages de la littérature pénale autrichienne furent cependant appréciés à leur juste valeur par les écrivains criminalistes allemands, en particulier on peut citer ce qui a trait aux rapports de la théorie et de la pratique, le tact dans l'application du C. p., et une grande individualisation dans la mise en œuvre du droit d'atténuation; et Zachariä se trouvait encore amené en 1853 à remarquer que les travaux législatifs autrichiens, la modération dans l'application des peines trop graves pour les crimes d'État et de religion, etc. n'avaient pas été suffisamment appréciés. En particulier, le droit d'atténuation extraordinaire du juge qui, quoique mal compris par quelques criminalistes, comme, par exemple, Köstlin, au contraire expressément reconnu et approuvé par d'autres comme Mittermaier, fut pris plusieurs fois comme modèle pour les travaux législatifs de la législation particulière allemande depuis la première moitié de notre siècle, soit dans les projets mêmes, soit dans les délibérations parlementaires.

Bibliographie pour l'histoire de la législation autrichienne: Wahlberg, Gesammelte kleinere Schriften, II, p. 86 sq., 115 sq., 163 sq., III, p. 1 sq., 18 sq., 115 sq. — von Domin-Petrushevecz, Neuere österreichische Rechtsgeschichte, 1869. — von Maasburg, Zur Entstehungsgeschichte der Theresianischen Halsgerichtsordnung, etc. 1880. — Du même, Die Strafe des Schiffziehens in Österreich, 1890. — Berner, Die Strafgesetzgebung in Deutschland von 1751 bis zur Gegenwart, 1867. — C. G. v. Wächter, Gemeines Recht Deutschlands, insbesondere gemeines deutsches Strafrecht, 1844, et l'aperçu historique, dans l'introduction au commentaire (cité plus haut) de Herbst, de Hye, Frühwald et dans le traité de Janka.

II. Les bases légales du droit pénal autrichien en vigueur.

§ 5. La revision du Code pénal de 1803 et le Code pénal de 1852.

Le code de 1803 s'était si fortement implanté que, même après les événements de 1848 qui bouleversèrent tout, son existence ne semblait pas menacée et les principales réclamations ne se rapportaient qu'à la réforme de la procédure. Toutefois, à cette époque tourmentée, le droit pénal même subit des changements que l'on souhaitait depuis longtemps. Ainsi un décret impérial du 28 mai 1848 décréta l'abolition de l'exposition publique, de la stigmatisation et du châtiment public; le décret impérial du 17 janvier 1850 publié en même temps que l'ordonnance de procédure criminelle (laquelle, entre parenthèses, introduisait une procédure réformée dans le sens des réclamations présentées, au fond une imitation réussie de l'ordonnance de procédure criminelle thuringienne), appelé ordinairement „Strafmilderungspatent" (décret d'atténuation pénale), ayant force de loi pour tous les pays de la couronne dans lesquels le C. p. de 1803 était en vigueur, contenait des mesures encore plus libérales; il abolit plusieurs dispositions reconnues mauvaises; ainsi, par exemple, on ne punit plus le suicide et les contraventions de censure.

Ce n'est qu'en 1849 qu'on reconnut officiellement la nécessité d'un nouveau C. p. Dans un rapport du 24 août 1850 adressé à l'Empereur, le Ministre de la Justice von Schmerling estimait qu'il était nécessaire d'élaborer un nouveau C. p. répondant aux exigences de la science, tenant compte des changements apportés à la situation politique ainsi que du degré actuel de développement et de civilisation des différents peuples de l'Empire, et qu'il fallait garantir à tous ces peuples une nouvelle loi pénale commune. Mais la réalisation de cette grande œuvre législative embrassant tant de questions sociales et politiques intéressant l'État, devait être réservée à l'activité des organes législatifs. Le courant établi par la Constitution réactionnaire des années qui suivirent rendit impossible la création d'un nouveau C. p. suivant la voie constitutionnelle. En 1850 cependant, le Conseil des ministres avait estimé qu'il était nécessaire d'entreprendre une réforme du droit pénal, et d'introduire l'œuvre ainsi réformée avec force de loi provisoire dans les pays dans lesquels le code de 1803 n'était pas entré en vigueur. C'est pourquoi le Conseil proposa de publier dans tous les pays de la couronne où le code était déjà en vigueur, une nouvelle édition officielle de celui-ci avec toutes les modifications qu'avaient apportées les Novelles ultérieures, et de l'introduire provisoirement dans les autres pays de la couronne comme nouveau C. p. On ne se dissimulait pas qu'il était délicat d'introduire alors un C. p. datant du commencement de notre siècle, qui avait besoin lui-même d'être réformé, et auquel les progrès de la science et les riches expériences d'un demi-siècle environ étaient restés étrangers. Mais on croyait cependant pouvoir admettre, que, pour les pays où ce code n'était pas en vigueur, c'était encore, même sans transformation essentielle, une réforme désirable et un grand progrès en comparaison de l'état lamentable du droit dans ces pays. En outre, pour introduire une nouvelle codification de droit pénal dans ces pays, il était préférable de proposer un ancien code dont 50 ans d'expérience n'avaient fait que confirmer la justice, la douceur et la sagesse dans les principes dirigeants et les dispositions principales, plutôt que d'élaborer un code complètement nouveau. On voulait se borner à n'apporter provisoirement au texte de loi original que ces modifications qui avaient déjà été faites par des dispositions légales ultérieures et qui se présentaient comme absolument nécessaires après les expériences de la pratique. C'est sur ce plan que parut le projet de C. p. revisé de 1850, élaboré par Schmerling et qui devait avoir force de loi à partir du 1er mars 1851, ce qui n'eut cependant pas lieu. Ce projet de C. p. revisé forma la base d'une édition revue et augmentée du C. p. de 1803, édition qui fut publiée le 27 mai 1852 comme „allgemeines österreichisches Strafgesetz" dans tous les pays de l'Empire, à l'exception des confins militaires. L'idée primitive d'une vaste législation pénale nouvelle fut ainsi abandonnée, ce qu'approuvèrent des criminalistes autrichiens renommés, comme von Hye, Passy, Jul. Glaser, et même des criminalistes allemands comme Zachariä et d'autres, en faisant ressortir surtout les avantages d'une simple revision de l'ancien code à la pratique duquel on s'était habitué et en insistant particulièrement sur le fait qu'il fallait rétablir l'unité législative dans toute l'étendue de la monarchie.

Dans le décret de promulgation (décret impérial du 27 mai 1852) le code est désigné comme une nouvelle édition du C. p. de 1803 avec interpolation des changements apportés par les lois ultérieures et adjonction de plusieurs nouvelles dispositions.

En outre, suivant les principes posés par le décret impérial du 31 décembre 1851 pour la législation organique du royaume, on décréta que le C. p. entrerait en vigueur pour toute l'étendue du royaume à partir du 1er septembre 1852, aussi bien dans les pays de la couronne dans lesquels le C. p. de 1803 avait force de loi que dans les royaumes de Hongrie, Croatie, Slavonie, avec la côte de Croatie, le grand-duché de Transylvanie, le palatinat de Serbie et le grand-duché de Cracovie. Toutes les lois, ordonnances et coutumes, existant alors dans quelque partie du royaume, à la seule exception des lois pénales spéciales pour les troupes et pour le territoire des confins militaires, sont désormais abrogées en ce qui concerne les matières traitées par le code. (Préface et art. I du décret de promulgation.)

En Hongrie cependant, ensuite des „Judex-Curial-Beschlüsse" de 1861, le C. p. de 1852 n'eut plus force de loi; il resta en vigueur en Croatie et Slavonie (et ce, jusqu'à aujourd'hui). En Transylvanie, il a été remplacé par le nouveau C. p. hongrois de 1878 en vigueur depuis 1880. Dans la principauté de Lichtenstein, le C. p. autrichien de 1852 est entré en vigueur le 1er janvier 1860 ensuite du décret du 7 novembre 1859 (à la place du C. p. de 1803 introduit en 1812).

Les dispositions de l'ancien code concernant la procédure étant supprimées, le C. p. de 1852 se divise en 2 parties, dont la première traite des crimes, la deuxième des délits et des contraventions. La première partie comprend 27 chapitres, la deuxième 14 qui, ensemble, contiennent 532 articles, 232 appartenant à la première partie, 300 à la deuxième.

En même temps que le C. p., ensuite d'un décret impérial assez étendu du 27 mai 1852, on promulgua une nouvelle loi sur la presse pour tous les pays de l'Empire à l'exception des confins militaires, loi qui entra aussi en vigueur le 1er septembre 1852 et remplaça la loi contre les abus de la presse du 13 mars 1849.

Si l'on compare le C. p. revisé avec le texte original du 3 septembre 1803, on voit que (d'après le travail de comparaison de Hye) les principales différences portent sur les points suivants:

1° Dans le nouveau C. p., on a accueilli toutes les lois supplémentaires, complémentaires et d'interprétation qui se sont succédées depuis l'entrée en vigueur du code de 1803 jusqu'en 1852, soit qu'elles émanent du législateur même ou simplement des autorités, et en tant qu'elles ont été reconnues compatibles avec l'esprit de la loi originale et conformes aux exigences du temps présent.

2° Le C. p. actuel est applicable pour les actes coupables qui y sont désignés comme crimes, délits et contraventions, même si ces actes ont été commis par la voie de la presse.

3° Parmi les dispositions générales du C. p., l'édition revisée de 1852 contient plusieurs prescriptions nouvelles, par exemple, sur la légitime défense (§ 2, lettre g), l'excitation au crime (art. 9); en outre, on a introduit plusieurs espèces de peines nouvelles, certaines aggravations (art. 21 à 24, 248, 255 à 258); des atténuations essentielles dans la peine du cachot (art. 16 à 18); il est interdit d'aggraver celle du cachot à vie (art. 50).

4° Outre les espèces de délits de l'ancien code, on a admis des notions nouvelles (art. 64, 65, 76 à 80, 85 lettre c à 87, 98 lettre a, 174 I, 175 I b et II d, 176 I).

5° En ce qui concerne les définitions mêmes des délits, on a apporté des modifications fondamentales et essentielles. Ainsi, la notion des crimes de haute trahison, lèse-majesté, trouble de la paix publique, viol et autres cas graves d'outrage aux mœurs, lésion corporelle grave, outrages à l'honneur, a été complètement remaniée. De même, plusieurs autres définitions de crimes, délits et contraventions ont été modifiées (voir le travail comparatif de von Hye, Le C. p. autrichien, p. 14 à 15).

6⁰ Les modifications apportées aux peines existant pour les divers délits sont particulièrement nombreuses aussi bien en ce qui concerne une atténuation qu'en ce qui concerne une aggravation des dispositions pénales en vigueur. Sous ce rapport, on peut mentionner ici la limitation du nombre des crimes punis de la peine de mort.

7⁰ Enfin, dans plusieurs articles de l'édition revisée, le texte de l'ancienne loi a été plus nettement précisé ou le style a été amélioré sans que, par là, le sens de la loi jusqu'alors en vigueur ait subi quelque changement. On a eu plutôt pour but simplement de préciser le sens souvent douteux de la loi et de le mettre en harmonie avec l'interprétation de la doctrine et de la jurisprudence.

Les modifications les plus importantes sont celles ayant trait aux peines. On a remplacé pour de nombreux délits et contraventions les peines absolues de l'ancienne loi; en principe, on a introduit dans toute la loi, presque sans exception, le système des peines relatives. Cependant on ne peut nier que malgré les efforts faits pour améliorer le texte de la nouvelle loi, la langue du code de 1803, appréciée justement pour sa concision et sa clarté, a beaucoup perdu par l'intrusion de plusieurs expressions moins exactes, confuses ou trop casuistiques, abstraction faite de termes techniques, étranges et recherchés comme „Teilnehmung" à la place de „Teilnahme", etc.

§ 6. Le Code pénal de 1852 et ses traits généraux.

Les règles concernant les délits en général et leur punition désignées comme „dispositions générales" dans la législation actuelle sont contenues dans le code de 1852, en ce qui concerne les crimes dans les chap. 1 à 5 et 27 de la première partie et en ce qui concerne les délits et contraventions dans les chap. 1 à 3 et 14 de la deuxième partie. Les chap. 6 à 26 de la première partie, 4 à 13 de la deuxième contiennent les dispositions sur les crimes en particulier, les délits et contraventions. Dans les dispositions générales du code de 1852, on distingue clairement les rapports de cette loi avec l'ancienne législation autrichienne. Cela se voit surtout en ce qui concerne les dispositions sur le dolus („intention méchante"), sur les motifs excluant l'imputabilité, sur la tentative, la complicité et la participation, le concours de délits, le système des peines et les motifs d'extinction de la peine („Erlöschung der Strafen"). Il faut remarquer ici une différence en ce sens que la notion de certaines matières comme l'intention méchante, la tentative, la complicité, le concours de délits remonte jusqu'au Code Joséphin de 1787, tandis que le système des peines du C. p. actuel suit exclusivement le code de 1803, ou plutôt le projet publié auparavant comme C. p. de la Galicie de l'Ouest. Par contre la division fondamentale des actes coupables en crimes, délits et contraventions qui est à la base du C. p. actuel, ramène avant tout à la division du code de 1803 en délits et contraventions graves de police, division qui a eu pour modèle à son tour celle du Code Joséphin en délits criminels et délits politiques. La division du C. p. autrichien n'a cependant de commun avec la division tripartite des délits de la législation moderne (C. p. prussien de 1851, bavarois de 1861, allemand, projets autrichiens de 1871 à 1891) qui suit le système du C. p. français basé sur les peines prévues pour les différents délits, que la désignation. C'est pourquoi on doit rechercher l'explication de cette division générale dans le code de 1803. Ce dernier avait, comme nous l'avons signalé plus haut, une préface „des objets de ce code" dans laquelle les principes qu'avait suivis le législateur pour déterminer la pénalité des actes coupables et les ranger parmi les deux grandes espèces: délits et contraventions graves de police, étaient expliqués.

Bien que cette préface n'ait pas passé dans le code actuel, pour des motifs purement législatifs, les principes qui y sont développés sont cependant d'une grande importance pour le code de 1852, surtout en ce qui concerne la division des actes coupables, et sont en harmonie avec la distinction des crimes d'un côté, des délits et contraventions de l'autre, qui est à la base du code actuel. Si l'on compare la définition du code de 1803 avec les actes désignés comme crimes dans le C. p. de 1852, il en résulte que les traits caractéristiques mentionnés dans cette définition conviennent parfaitement aux crimes du code actuel. L'art. 56 du code actuel qui traite de la division des délits dit expressément que les crimes ou bien troublent „la sécurité générale" ou bien „lèsent la sécurité des individus dans leurs droits". Le principe posé à l'art. I exige l'intention méchante: „zu einem Verbrechen wird böser Vorsatz erfordert". Le trait caractéristique contenu dans la définition du code de 1803 et basé sur la grandeur de la lésion ou la nature dangereuse des circonstances, apparaît aussi dans le C. p. actuel pour distinguer les crimes des autres espèces d'actes coupables. Ainsi, les lésions juridiques et intentionnelles seules qui satisfont à l'exigence de l'art. 1 sont désignées comme crimes, tandis que si l'intention méchante manque, les mêmes actes n'apparaissent que comme délits et contraventions, ce qui a lieu surtout pour les délits contre la fortune, l'intégrité corporelle et l'honneur. La définition des délits et contraventions doit être tirée de même de la préface que nous avons mentionnée du C. p. de 1803. Il y en a 3 espèces:

1° Lésions immédiates et intentionnelles de l'ordre juridique qui ne sont pas assez importantes ou assez dangereuses pour être qualifiées crimes;

2° Les délits par négligence et

3° Les véritables délits de désobéissance ou de police.

L'art. 238 du C. p. de 1852 fait remarquer que des actes ou omissions contraires à la loi sont des délits ou contraventions, „bien qu'il n'y ait pas intention méchante ou qu'il n'en soit résulté aucun dommage ou préjudice quelconque".

A la base de la division des contraventions graves de police de l'ancien code en délits et contraventions, il n'y a pas cependant de différence essentielle; cette division est même d'une valeur minime pour le droit pénal matériel, puisque notamment pour les deux espèces d'infractions, les mêmes principes généraux concernant l'imputabilité, la mesure et l'extinction des peines, etc. sont en vigueur. La distinction n'a une importance qu'au point de vue de la procédure et de la compétence des tribunaux. Tandis que les délits sous ce rapport sont assimilés aux crimes, le jugement pour les contraventions au contraire est réservé aux tribunaux de districts.

De même que la division des délits, les dispositions générales du code de 1852 sur l'intention méchante, la tentative et la complicité remontent à la législation autrichienne antérieure, spécialement au Code Joséphin de 1787. L'art. 1 du code pose l'intention méchante comme condition nécessaire d'un crime: „Il y a intention coupable — dit-on plus loin — non seulement lorsque, avant ou au moment de l'action ou de l'ommission l'auteur prévoit directement le mal, qui est le résultat du crime qu'il commet, mais encore lorsqu'il entreprend dans une autre intention méchante un acte, d'où il est résulté un mal qui est la conséquence habituelle ou probable de l'acte en question." Les mots „avant ou au moment de l'action" nous renvoient comme la doctrine autrichienne l'adopte, à la distinction de l'intention en „dolus praemeditatus et impetus", tandis que par les mots „l'auteur prévoit directement" et la phrase opposée „dans une autre intention méchante" on fait la distinction propre à l'ancienne doctrine du dolus direct et indirect.

Cette disposition apparaissant dans le droit pénal actuel et dans la législation pénale moderne comme un reste des vieilles luttes presque oubliées, doit, aussi bien à cause de cette particularité qu'à cause des nombreuses controverses auxquelles elle a donné lieu de la part des criminalistes autrichiens, être examinée de plus près.

Quelques écrivains notamment, comme Jenull („Österreichisches Kriminalrecht", § 1, III) ne veulent pas admettre ici une reconnaissance légale du dolus indirectus, mais une praesumtio doli; d'autres, au contraire, comme Herbst („Handbuch des österreichischen Strafrechtes", T. I, note 9 jusqu'à 15 zu § 1). von Hye („Das österreichische Strafgesetz", p. 147), Kitka (Archiv des Kriminalrechtes, 1835, p. 240) y voient simplement une question de preuve, tandis que Rulf et Glaser (Haimerl „Magazin für Rechts- und Staatswissenschaft", T. IX, p. 315 sq. et T. XI, p. 305 sq.) ainsi que Geyer (Erörterungen, p. 21 sq.) y trouvent une reconnaissance légale du dolus indirectus, tout en convenant expressément qu'il est condamnable au point de vue théorique. Cette dernière opinion est en tout cas la juste. En effet, un regard jeté sur l'histoire de la formation de l'art. 1 et sur son rapport historique avec l'ancienne législation autrichienne démontre que déjà la Theresiana (se référant à quelques dispositions existant évidemment sous l'influence du dolus indirectus de Carpzov dans la Landgerichtsordnung de Ferdinand III de 1656) avait accueilli dans son art. 3, § 1 et art. 83, §§ 3 et 13 le „dolus indirectus" de la doctrine d'alors, tel qu'il avait été formulé en dernier lieu par la dissertation de Nettelblatt-Glänzer de 1756, mais en y comprenant toutefois le consentement éventuel présumé au résultat non projeté à l'origine, comme le réclamèrent expressément J. S. F. Böhmer et plus tard Püttmann. De là, le „dolus indirectus" passa (bien qu'à l'exclusion du „dolus eventualis" qui y était compris) sous une forme quelque peu plus épurée et plus exacte dans le C. p. Joséphin, de celui-ci dans le Code de la Galicie de l'Ouest et dans le C. p. de 1803 dont l'art. 1 est resté sans modification dans le code de 1852. Ainsi l'hypothèse de ceux qui veulent voir dans ce passage une question de preuve ou une „praesumtio doli" (sans penser du reste que le dolus indirectus, dans sa formation et dans tout son développement n'était qu'une fiction) est en tous cas énergiquement réfutée. Cependant le dolus indirectus dont il est question dans la proposition finale de l'art. 1 (comme cela résulte des mots mêmes, à l'exclusion du dolus eventualis qui devait être plutôt compris dans les mots de l'alinéa 1 de l'art. 1 „geradezu bedacht und beschlossen") n'indique qu'une partie de l'ancienne notion de dolus indirectus et notamment les cas dans lesquels un résultat non voulu a été en réalité la conséquence d'une action entreprise dans une autre intention méchante. Mais cet acte doit être tel que „aus ihr jener Erfolg gemeiniglich entsteht oder doch leicht entstehen kann"; l'auteur pouvait donc prévoir le résultat produit et non voulu. Du reste un tel dolus indirectus n'est suffisant que pour ces délits, pour lesquels la loi l'a prévu clairement et d'une manière bien évidente. Ce sont surtout l'homicide et la lésion corporelle grave (art. 140 et 152). (Cette opinion est surtout représentée et défendue par Glaser et Geyer.)

L'art. 2 du code, sous la rubrique „Motifs qui excluent l'intention méchante" énumère les motifs d'exclusion d'imputabilité et tout d'abord aux lettres a—e, les conditions qui excluent la conscience et partant l'imputabilité („si l'auteur est totalement dépourvu de l'usage de sa raison; si l'acte a été commis dans un moment de folie ou dans un moment d'enivrement complet et involontaire — remarquez l'expression plus étendue „enivrement" au lieu de „ivresse" — ou par suite d'un autre trouble d'esprit n'était pas conscient de ses actes").

Sur ce dernier point, le Code autrichien possède dans les art. 236 et 523 une disposition qu'on a recommandé dernièrement d'admettre dans la législation allemande; à savoir que si les actes commis en état d'ivresse ne peuvent pas être punis comme délits, l'ivresse même est punie comme contravention (de même § 524).

La lettre d de l'art. 2 traite, en relation avec les art. 237 et 269, la question de la minorité pénale.

Le C. p. autrichien, en comparaison de la législation actuelle, adopte ici un point de vue particulier, quoiqu'il se place essentiellement sur le terrain du droit commun; il distingue:

1⁰ L'âge de l'enfance jusqu'à la dixième année accomplie. Tous les actes coupables commis pendant cette période peuvent en général ne pas être imputés et leur correction est simplement abandonnée aux parents.

2⁰ L'âge de la minorité s'étend du commencement de la onzième année jusqu'à 14 ans accomplis. Les actes qui ne peuvent être imputés comme crimes à cause seulement de la minorité de l'auteur, doivent être punis comme contraventions. Par contre la punition des délits et contraventions des mineurs est simplement réservée aux parents, éventuellement aussi aux autorités de police.

3⁰ Ce n'est qu'avec la quatorzième année accomplie que commence la majorité et en conséquence la responsabilité pénale complète. Pourtant le jeune âge (de 14 à 20 ans) est encore une circonstance atténuante (art. 46 lettre a et 264 lettre a) et d'après l'art. 52, dans ce cas, on ne peut prononcer la peine de mort ou la peine du cachot à perpétuité qu'on remplace par le cachot grave de 10 à 20 ans.

La lettre e parle de „Irrtum, der ein Verbrechen in der Handlung nicht erkennen liess", erreur de fait qui exclut l'imputabilité, tandis que l'art. 3 n'admet pas l'erreur de droit en ce qui concerne la loi pénale („mit der Unwissenheit des gegenwärtigen Gesetzes über Verbrechen kann sich niemand entschuldigen"). L'art. 233 contient la même disposition en ce qui concerne les délits et les contraventions.

A la lettre f, l'imputabilité des délits est exclue, si le mal qui en est résulté provient d'un hasard, d'une négligence ou du fait qu'on a ignoré les conséquences de l'acte („aus Zufall, Nachlässigkeit oder Unwissenheit der Folgen der Handlung"). Il va sans dire que, dans ces derniers cas, l'imputabilité d'un délit qui révèle une faute n'est pas exclue.

La lettre g parle de la „contrainte irrésistible" (unwiderstehlicher Zwang); on ne distingue pas entre la contrainte physique et la contrainte psychologique. L'état de nécessité tombe sous le coup de cette disposition, puisque le code ne contient à ce sujet aucune prescription spéciale. En outre, sous la lettre g, nous trouvons la légitime défense parmi les motifs qui „excluent l'intention méchante", tandis que le C. p. de 1803 ne la mentionnait qu'à propos de l'homicide. La notion de légitime défense est cependant limitée aux actes illicites dirigés contre la vie, la liberté ou la fortune. Celui qui „par surprise, crainte ou frayeur, dépasse les limites de la légitime défense, est traité comme s'il avait agi sans intention méchante, il peut cependant être puni comme coupable de délit par imprudence, selon les circonstances".

En ce qui concerne la tentative, la complicité et la participation, la loi dans ses art. 5, 6 et 8 ne donne aucune définition satisfaisante et scolastique, mais donne seulement des indications et pose des limites qui permettent à la doctrine de se développer et de se perfectionner, faculté dont elle a usé d'une manière remarquable.   Toutefois, il y a „tentative d'un crime" et, par conséquent, culpabilité lorsqu'un „acte conduisant à l'exécution véritable" a été entrepris et lorsqu'il est établi que l'exécution du délit n'a pas réussi seulement à cause d'impuissance, de l'intervention d'un obstacle étranger ou par suite du hasard.   En assimilant la tentative au délit consommé, le C. p. autrichien s'écarte des principes du droit criminel allemand commun et de la législation allemande moderne.   Il ne faut pourtant pas croire non plus qu'on a admis le principe du Code français des délits et des peines du 3 brumaire, an 4, et la loi du 22 prairial, an 4, comme le Code prussien de 1851 et le C. p. bavarois de 1861 l'ont fait, suivant sur ce point le C. p. de 1810, puisque déjà l'ancienne législation autrichienne (Theresiana art. 13 § 4) assimile en principe la tentative, au point de vue de la peine, au délit consommé, mais elle admet expressément une atténuation; c'est aussi le point de vue du code de 1852 (§ 47, lettre a).   En outre, on a admis pour certains crimes, en particulier pour ceux pour lesquels il existe des peines absolues, une peine plus douce pour la tentative, ainsi, par exemple, pour le meurtre (art. 138); en outre, dans certains cas la tentative est un motif spécial d'atténuation et est moins punie, ainsi, par exemple, pour la falsification de papiers de crédit (art. 110, 113 et 115), l'avortement (§ 145), etc.

Quant à la complicité, l'instigateur et celui qui prête assistance sont assimilés à l'auteur du délit.   Est „participant" celui qui „préalablement s'est entendu avec l'auteur sur le secours et l'assistance à prêter à celui-ci une fois le délit consommé et qui doit avoir une part au gain et au profit qu'on retirera".   Par contre, le fait de prêter assistance à l'auteur, sans entente préalable, après la commission du délit et le fait de tirer après coup avantage et profit du crime, est un délit „sui generis" prévu dans la partie spéciale du code aux chapitres du vol, détournement, vol à main armée, et désigné comme „Teilnehmung" suivant la terminologie autrichienne.

Complices et participants sont en principe assimilés à l'auteur au point de vue de la peine; cependant ici encore le code fait exception pour certains délits, en admettant pour les complices éloignés et les participants des peines plus douces.   Le terme de „participation" ne désigne donc pas comme dans la terminologie de la doctrine de droit commun et de la législation pénale moderne, toutes les manières de participer à un délit, mais une seule manière qui est au fond une modalité de l'assistance intellectuelle, de telle sorte que, d'après le Code autrichien, les deux notions: „complicité" et „participation" prises ensemble correspondent à la notion de „participation" telle qu'elle est consacrée habituellement par la science et la législation.

L'art. 9 punit la provocation au crime (tandis que l'ancienne législation autrichienne ne connaissait pas cette disposition); le coupable encourt la peine prévue pour la tentative même du crime en question.   C'est là sans doute le plus ancien précurseur du fameux article Duchesne du nouveau droit pénal belge et allemand.   Suivant l'art. 239, les dispositions des art. 5 à 11 concernant la complicité, la participation et la tentative s'appliquent aussi aux délits et contraventions.

Les prescriptions du code de 1852 et de la loi sur la presse concernant l'imputabilité.des délits commis par la voie de la presse méritent une mention spéciale. L'art. 7 décide que l'auteur, le traducteur, l'éditeur, le libraire, l'imprimeur, pour les imprimés périodiques le rédacteur sont responsables; d'une manière générale, toutes les personnes qui ont coopéré à l'impression ou à la propagation de l'imprimé incriminé, sont également coupables, si les dispositions générales des art. 1, 5, 6, 8, 9 à 11 leur sont applicables. Cette disposition fut cependant complétée par les art. 34 sq. de l'ordonnance sur la presse du 27 mai 1852 qui introduisent dans la législation autrichienne la responsabilité pour négligence („wegen Vernachlässigung der pflichtmässigen Aufmerksamkeit und Obsorge“); auteurs, traducteurs, éditeurs, rédacteurs, imprimeurs, colporteurs, vendeurs et propagateurs sont „solidairement responsables“; outre les peines privatives de liberté jusqu'à 2 ans, on a prévu cumulativement l'amende ou la confiscation de la caution déposée. La loi sur la presse du 17 décembre 1862 apporte, il est vrai, des limitations à la responsabilité pour négligence des soins et de l'attention que le devoir commande, mais la loi du 15 octobre 1868 qui modifie en partie la loi sur la presse de 1862 tient ferme en principe à cette punition pour négligence, quoique dans son art. 3 elle écarte la responsabilité de l'auteur et de l'éditeur pour négligence des soins et de l'attention dus. Rédacteurs, libraires, imprimeurs et propagateurs, quand bien même ils ne peuvent pas être condamnés d'après les principes généraux de droit pénal, si l'on n'a pas la preuve de l'intention méchante, sont cependant responsables pour négligence des soins et de l'attention que leur commande leur situation particulière. Ces dispositions sont encore complétées par ce qu'on appelle la procédure objective. En particulier, la loi sur la procédure pénale en matière de délits de presse qui a paru en même temps que la loi sur la presse du 17 décembre 1862, dispose que le procureur d'État, sans porter plainte contre une personne déterminée, peut, dans l'intérêt public, demander que le tribunal décide si la teneur d'un imprimé paru à l'étranger ou dans le pays, constitue un crime ou un délit. Un tribunal spécial prononce dans une séance non publique après avoir entendu le procureur, sans préjuger par là la poursuite pénale qui peut-être sera dirigée plus tard contre une personne. Tout intéressé peut recourir contre la décision du tribunal.

La loi du 15 octobre 1868 chercha à remédier par une innovation aux désavantages d'une décision rendue dans une séance non publique, sans qu'on ait entendu la partie adverse. Cette innovation consiste en ce que tout intéressé peut dans les huit jours à partir de la notification de l'interdiction d'un imprimé protester contre celle-ci. Le tribunal de presse doit prononcer sur le bien-fondé de cette protestation dans une séance publique après avoir entendu le procureur et celui qui soulève la réclamation. On peut recourir contre cette décision en suivant les voies de recours admises contre des jugements définitifs. Ces dispositions passèrent pour la plupart dans l'ordonnance de procédure pénale du 23 mai 1873 (art. 493 et 494). Les modifications les plus importantes consistèrent en ce qu'on admit la poursuite objective même pour les contraventions et qu'un recours contre la décision des juges sur la réclamation soulevée par un intéressé fut possible.

Le principe posé dans l'art. 7 du C. p. sur l'imputabilité des délits commis par la voie de la presse est limité de nouveau par l'art. 10, suivant lequel, pour les crimes commis par la voie de la presse (l'art. 239 étend ce principe aux délits et contraventions), la culpabilité commence pour l'auteur, le traducteur, l'éditeur, le rédacteur déjà avec la remise à l'imprimerie de l'œuvre en question; mais pour les autres complices, la culpabilité n'existe qu'au moment où ils prêtent leur concours. La disposition de la loi sur la presse du 13 mars 1849 (art. 34) suivant laquelle les contraventions mentionnées dans les art. 23 à 35 étaient soumises aux dispositions pénales de cette loi lorsque la remise ou l'envoi de l'imprimé avait commencé, était beaucoup plus juste et correspondait aux principes généraux, tandis que l'art. 10 du code repose sur une confusion du point de vue de police et du point de vue criminel.

En ce qui concerne l'étendue de la loi pénale relativement au territoire et aux personnes, le code de 1852 en reste au principe de la personnalité et de la territorialité, non sans tirer aussi quelques conséquences importantes du principe dit de l'universalité.

En conséquence, tous les délits commis à l'intérieur du territoire, crimes, délits et contraventions (art. 37 et 234) sont abandonnés à l'autorité pénale de l'État autrichien sans qu'il faille distinguer s'ils ont été commis par un habitant ou un étranger; de même les crimes des habitants du territoire s'ils sont commis à l'étranger sont punis, sans condition. Par contre, les délits et contraventions commis par des habitants du territoire à l'étranger, s'ils n'ont pas déjà été punis à l'étranger, doivent être jugés sans tenir compte des lois du pays où ils ont été commis, suivant le C. p. de 1852. Mais en vertu d'une prescription légale expresse, toute extradition d'un ressortissant du territoire à un État étranger, de même que l'exécution des jugements d'autorités pénales étrangères, sont inadmissibles en toutes circonstances (art. 236 et 235, C. p.). Dans le cas où le coupable a déjà été puni à l'étranger, il faut comprendre la peine subie dans celle qu'on doit appliquer suivant la loi autrichienne. En ce qui .concerne les délits commis à l'étranger par des étrangers, il faut distinguer entre le crime de haute trahison envers l'État autrichien, le crime de falsification de papiers de crédit publics ou de monnaies et les autres crimes. L'auteur des deux crimes mentionnés ci-dessus doit être traité, d'après l'art. 38, comme un national suivant la loi autrichienne (principe dit de protection), tandis que les autres crimes commis par des étrangers à l'étranger ne sont punis en Autriche que dans l'hypothèse où l'extradition du coupable à l'autorité du lieu du délit n'est pas possible (conséquence du principe dit de l'universalité). Dans ce dernier cas cependant, il faut appliquer le droit du lieu du délit si, d'après ce droit, le traitement est plus doux que d'après la loi autrichienne (art. 39 et 40). Les délits et contraventions commis par des étrangers à l'étranger ne sont pas du tout punis (art. 234). L'art. 41 renvoie du reste, en ce qui concerne les étrangers, aux traités spéciaux sur l'extradition réciproque des délinquants conclus avec les États étrangers.

Quant au système des peines du code de 1852, il faut distinguer les peines criminelles d'un côté, et les peines des délits et contraventions de l'autre, et, pour chaque catégorie, il faut encore distinguer les peines principales et les peines accessoires. Les peines principales pour les crimes sont la peine de mort (par pendaison) et la peine du cachot. Le code de 1852 prévoit la peine de mort dans les cinq cas suivants: haute-trahison suivant l'art. 59, lettres a et b, violence publique dans les cas des art. 86 et 87 (dommage apporté dans une intention méchante à la propriété, quand ce dommage a entraîné mort d'homme et, dans la même hypothèse, les actions ou omissions commises, avec intention méchante, dans des circonstances particulièrement dangereuses), homicide et fait de commander un homicide (art. 136), participation directe au meurtre suivi de vol (art. 141), incendie dans le cas de l'art. 167, lettre a (s'il y a eu mort d'homme ou si l'incendie est le résultat d'un complot).

Il faut encore ajouter le cas de l'art. 4 de la loi du 27 mai 1885 contre l'emploi de matières explosibles dangereuses (si intentionnellement, la propriété, la santé ou la vie d'autrui ont été exposées à un danger par l'emploi de matières explosibles et s'il y a eu mort d'homme). En cas d'état de siége (loi martiale) la peine de mort peut être appliquée pour les crimes de révolte, d'homicide, de pillage, d'incendie ou de dommage apporté dans une intention méchante à la propriété (loi de procédure pénale de 1873, § 429) et pour les délits dirigés contre les dispositions prises en cas de peste (décret du 21 mai 1805, art. 12 et ordonnance du 10 novembre 1833, art. 12). En outre, on peut appliquer la peine de mort sous certaines réserves dans les cas du C. p. art. 67 (espionnage), art. 92 (recrutement non autorisé), art. 222 (incitation à violer les devoirs militaires, etc.), lorsque ces crimes, suivant la loi du 20 mai 1869, sont soumis en cas de guerre à la juridiction militaire.

La peine du cachot est graduée suivant une double échelle: suivant sa sévérité, c'est-à-dire son intensité ou sa force et suivant sa durée. En ce qui concerne la sévérité, le code de 1852 ne connaît plus que deux degrés: cachot sans aggravation ou simplement cachot et cachot grave (art. 14). Dans le C. p. de 1803, il y avait encore un troisième degré, le cachot très grave. La peine du cachot est une peine privative de liberté avec travaux forcés. Dans le cachot grave, le condamné doit, suivant la prescription de l'art. 16, avoir le fer aux pieds; mais cette disposition a été abolie par la loi du 15 novembre 1867, § 3. Les tribunaux doivent simplement aggraver la peine dans la mesure permise par la loi. Les fers ne sont admis que comme peine disciplinaire. L'abolition des chaînes pour le cachot grave a effacé presque complètement la distinction tout extérieure du code en cachot grave et cachot simple. L'art. 16 prescrit encore que celui qui est condamné au cachot grave ne peut avoir un entretien avec des gens autres que ceux qui sont préposés directement à sa garde que dans des cas importants et tout spéciaux. Celui qui est condamné au cachot du premier degré (cachot sans addition) doit, d'après l'art. 15, être laissé sans fers, mais tenu à l'étroit cependant et traité comme le régime des établissements prévus pour ces détenus le comporte, suivant les prescriptions existant sur la matière ou qu'on doit encore publier. Le travail obligatoire est toujours lié à la peine du cachot; tout détenu doit donc faire le travail que le régime de l'établissement pénal comporte. Dans la répartition de ce travail, on doit avoir égard le plus possible au degré de la peine du cachot, à l'espèce d'occupation qu'a eue le détenu jusqu'alors et à son degré d'éducation (art. 18).

En ce qui concerne la durée, la loi divise la peine du cachot en cachot à perpétuité et cachot à temps. Le maximum est 20 ans, le minimum dans la règle 6 mois (art. 17). Avec le droit d'atténuation extraordinaire, on peut descendre aussi au-dessous du minimum de 6 mois (art. 54); on arrive au même résultat en changeant la peine par considération d'humanité pour la famille innocente du condamné (art. 55).

Les peines elles-mêmes sont graduées de la manière suivante: 6 mois à 1 année, d'une année à 5 ans, de 5 ans à 10 ans, de 10 à 20 ans. La peine, comme toute autre conséquence juridique de la condamnation pénale, commence ses effets avec la notification du jugement pénal définitif (art. 17. Exceptions: code de procédure pénale de 1873, §§ 294, 398, 400, 401, 466).

Les peines des délits et contraventions sont: l'amende, la confiscation de marchandises ou ustensiles, la déchéance de certains droits; les arrêts, le châtiment corporel, l'expulsion d'un pays ou de tous les pays de la couronne de l'empire autrichien. En ce qui concerne tout d'abord les arrêts (la peine principale qui est le plus souvent prévue), on les divise suivant leur gravité et suivant leur durée. Sous le rapport de la gravité, on distingue les arrêts simples, c'est-à-dire l'incarcération sans fers dans une prison — le condamné peut choisir ses occupations, s'il est capable de subvenir à son entretien par ses propres moyens ou avec l'assistance de ses parents (art. 244) — et les arrêts sévères. Celui qui est condamné à cette peine, est, au point de vue de l'entretien et du travail, traité suivant le régime des établissements pénaux déterminé par les prescriptions existantes ou qui doivent encore paraître sur cette matière. On ne permet une entrevue avec des personnes étrangères à la prison qu'en présence du geôlier, comme pour le condamné au cachot simple, et on ne peut pas avoir cet entretien dans une langue que le geôlier ne comprend pas (art. 245). Le C. p. connaît, en outre, dans l'art. 246 les arrêts domestiques soit sous simple promesse solennelle de ne pas s'éloigner, soit avec garde. Suivant l'art. 262, on doit appliquer les arrêts domestiques quand le prévenu est de bonne réputation et incapable, s'il s'éloigne de son domicile, de vaquer à ses affaires ou de remplir son emploi. En pratique, on ne fait presque plus usage de cette peine. Les actes coupables des mineurs qui, s'ils étaient commis par des majeurs, seraient qualifiés crimes, sont punis, suivant l'art. 270, d'incarcération dans un quartier spécial. Quant à la durée des arrêts, le minimum est 24 heures, le maximum 6 mois; le minimum peut être encore abaissé, si, suivant l'art. 260, il y a changement, ou suivant l'art. 266, atténuation extraordinaire de la peine. Le maximum peut être élevé aussi jusqu'à 1, 2 ou 3 ans, suivant des dispositions légales particulières.

L'expulsion, quoique mentionnée parmi les peines principales pour les délits et les contraventions, apparaît cependant comme une peine accessoire en ce qu'elle n'est jamais appliquée seule, mais accompagne toujours d'autres peines, ce qui n'a lieu que dans les cas où la loi le prévoit expressément. L'expulsion est faite pour un temps déterminé, ou, suivant la nature de l'acte coupable et suivant les circonstances, pour un temps indéterminé. L'expulsion, de tous les Etats de l'empire autrichien, ne peut être prononcée que contre des étrangers (art. 249). Celui qui a été expulsé et qui rentre sur le territoire, commet une contravention (art. 323 et 324).

Les art. 19 et 253 du code de 1852, suivant ici le code de 1803, parlent des aggravations de la peine du cachot et de la peine des arrêts. Ces aggravations ne sont admissibles que pour la peine du cachot à temps et non pas pour celle du cachot à perpétuité, pas plus que pour la peine de mort (art. 50). Ces aggravations sont: le jeûne, la couche dure, l'emprisonnement cellulaire, l'isolement dans une cellule sombre; en outre, spécialement pour la peine du cachot, l'expulsion, et pour la peine des arrêts, les travaux rudes. Le châtiment corporel, mentionné également dans le code comme aggravation de la peine du cachot et comme peine principale ou accessoire pour la peine des arrêts, a été définitivement et complètement aboli par la loi du 15 novembre 1867 (art. 1 et 2) ainsi que les dispositions du code de 1852 s'y rapportant. Le châtiment corporel a de même été aboli comme peine disciplinaire dans les pénitenciers. En règle générale, l'aggravation d'une peine privative de liberté est laissée à l'appréciation du juge; elle n'est expressément prescrite par la loi que dans quelques cas (ainsi art. 146, 155, 194).

Dans tous les cas (comme nous l'avons déjà mentionné plus haut), lors d'une condamnation au cachot grave, le juge, pour remplacer les fers qui sont abolis, doit appliquer une ou plusieurs des aggravations de la peine du cachot permises par la loi (art. 3 de la loi citée).

En ce qui concerne l'exécution des peines privatives de liberté, elle est réglée en partie par la loi, en partie par des décrets. A côté du système de l'emprisonnement en commun il existe aussi, suivant la loi du 1er avril 1872, celui de l'isolement. Cependant le premier système l'emporte encore, car malgré qu'on ait construit des bâtiments cellulaires ces dernières années, l'espace dont on dispose actuellement ne suffit pas pour réaliser l'isolement tel qu'il est prévu par la loi précédemment citée. D'après cette loi, la peine du cachot à temps et des arrêts doit s'accomplir entièrement ou, suivant les circonstances, en partie seulement et ce, pendant la première periode, en cellule, c'est-à-dire dans l'isolement ininterrompu des autres prisonniers. L'isolement alors doit durer au moins 8 mois, mais ne pas dépasser 3 ans. On doit y renoncer, si des considérations sur l'état corporel et spirituel du prisonnier s'y opposent. Pour la supputation de la durée de la peine, quand le détenu a passé au moins 3 mois en cellule, 2 jours passés complètement en cellule en valent trois. Dans le système de l'emprisonnement en commun, les détenus sont divisés en groupes de 6 à 30 pour le travail en commun, avec le système de classification (2 ou 3 classes disciplinaires); le reste du jour et de la nuit, ils sont tous réunis. Outre les travaux journaliers, on emploie les détenus, suivant des prescriptions spéciales, même hors du pénitencier, soit à des travaux de manœuvres, soit à des travaux industriels. Dans la répartition de ces travaux, on doit tenir compte du degré de la peine cellulaire, de l'occupation habituelle et du degré d'instruction des détenus. Les peines privatives de liberté jusqu'à 1 année sont purgées dans les prisons judiciaires, celles au-dessus de 1 année dans les 22 pénitenciers dont 16 sont destinés aux hommes, 6 aux femmes. Il n'y a pas en Autriche de pénitenciers qui soient exclusivement réservés aux peines cellulaires. Les pénitenciers de Stein, Karthaus, Karlau, Pilsen, Prague et Marbourg organisés suivant le système de l'emprisonnement en commun ont plutôt des parties réservées à l'exécution des peines cellulaires.

Les pénitenciers possèdent des cellules spéciales réservées à l'exécution des peines cellulaires considérées comme aggravation de la peine du cachot et des arrêts.

Parmi les peines pécuniaires, il faut mentionner avant tout comme peine principale l'amende, puis la perte de droits ayant, en règle générale, un caractère pécuniaire (exception art. 415: déchéance de la puissance paternelle). La confiscation de certains objets n'apparaît que comme peine accessoire. En ce qui concerne la quotité de l'amende comme peine principale pour les délits et contraventions, il n'y a, en règle générale, ni maximum, ni minimum; elle varie habituellement entre 5 et 500 florins. Exceptionnellement, elle peut être plus élevée ou moins élevée. L'amende est acquise au fonds des pauvres du lieu où l'acte coupable a été commis (art. 241) et se transmet, suivant l'arrêté ministériel du 9 avril 1859, aux héritiers du condamné, si celui-ci est mort une fois le jugement devenu définitif.

Le Code autrichien connaît encore la réprimande, bien que cette peine ne figure pas dans les dipositions générales sur les peines des délits et contraventions. Elle est permise dans trois cas (art. 414 enfants maltraités par leurs parents, art. 417 pupilles maltraités par leurs tuteurs, art. 419 mauvais traitements entre époux).

Les peines accessoires du code de 1852 se divisent en peines accessoires touchant à l'honneur, la liberté et la fortune.

En ce qui concerne tout d'abord les peines touchant à l'honneur, le Code fixe les conséquences infamantes de certains crimes (art. 26 et 27) ou renvoie, pour les conséquences s'attachant aux crimes, délits et contraventions, aux prescriptions existant en droit civil, politique et ecclésiastique (art. 26 et 268 du C. p.). Cependant les dispositions sur les peines infamantes du code de 1852 ont subi de profondes modifications par la loi du 15 novembre 1867. Ainsi l'article 5 de cette loi exclut toute limitation apportée à la capacité civile du condamné, limitation qui jusqu'alors était la conséquence d'un jugement pénal. De même la prescription de l'art. 27 lettre b du code de 1852 et les dispositions du code civil général sur la matière (art. 61, 574 et 868) furent abolies ou modifiées (art. 191, 254, et 281 du Code civil général). En outre, suivant la disposition de l'art. 6 de la loi précitée, la déchéance de la noblesse, d'ordres et décorations, de titres officiels, de grades et dignités académiques, d'emplois et fonctions publics, de la profession d'avocat, de notaire, d'agent d'affaires ou autre représentant des parties devant les autorités publiques, de la qualité de membre du Conseil municipal ou d'autres Conseils chargés de pourvoir aux affaires publiques, des pensions, retraites, bourses et autres, prévue par le code de 1852 ou d'autres prescriptions légales, comme peine accessoire attachée à une condamnation pénale, n'est plus possible que pour une condamnation pour crime ou pour vol, abus de confiance, participation à un de ces délits, et escroquerie (C. p. art. 460, 461, 463 et 464). L'impossibilité d'obtenir les priviléges et avantages sus-mentionnés cesse, dans le cas d'une condamnation pour un des crimes mentionnés à l'alinéa 2 de cet article, avec la fin de la peine (ce sont surtout des délits politiques commis pour motifs politiques, puis les crimes des art. 143 al. 2, 157 al. 2, le duel, l'assistance à ces délits ou crimes et le crime de l'art. 220). Les autres conséquences fâcheuses qui, en dehors des peines principales et accessoires et en dehors de la confiscation de caution prévue par la loi sur la presse du 17 décembre 1863, suivant le code ou d'autres lois pénales, étaient attachées à des condamnations spéciales, ne sont plus du tout possibles à l'avenir pour les crimes que nous venons de mentionner et pour les délits et contraventions autres que ceux déjà nommés (art. 460 sq.).

Dans le cas d'une condamnation pour des crimes autres que ceux prévus par le deuxième alinéa de cet article, l'impossibilité d'obtenir les avantages et priviléges mentionnés dans le premier alinéa, ainsi que les autres conséquences fâcheuses mentionnées à l'alinéa 2 cessent après 10 ans, si l'inculpé a été condamné à une peine cellulaire d'au moins 5 ans et, dans les autres cas, après 5 ans; dans le cas d'une condamnation pour les délits mentionnés plus haut (art. 460 et sq.), il faut encore un délai de 3 ans après la fin de la peine (art. 6, al. 3 et 4 de la loi).

Les peines accessoires touchant à la liberté sont: l'expulsion, que nous avons déjà mentionnée; la mise du condamné sous la surveillance de la police (C. p. art. 22, alinéa 2, et loi du 10 mai 1873, art. 4 et 11), enfin l'incarcération dans un établissement de travail obligatoire (suivant la loi du 24 mai 1885).

Parmi les peines accessoires touchant à la fortune, il faut mentionner en premier lieu la confiscation de certains objets suivant l'art. 240 lettre b et 241 du C. p. A cette classe appartient aussi la confiscation, suivant les art. 104 et 105 du C. p. (corruption active et passive), du cadeau reçu, offert ou réellement donné ou de sa valeur. Comme peine accessoire, on peut encore déclarer déchues de leurs droits et priviléges pour un temps déterminé ou à perpétuité, suivant l'art. 240 lettre c et 242, les personnes gradées, les personnes exerçant un emploi ou une fonction avec l'autorisation de l'État, celles qui exercent un commerce ou une industrie comme citoyens ou avec le consentement de l'autorité. (C. p. art. 30 et 268, loi sur la presse de 1862, art. 3 alinéa 6 a—b). Cette déchéance, dans tous les cas où la loi n'a pas de dispositions ou n'apporte pas de limitation particulière, est à perpétuité. (Décret ministériel du 29 mai 1854.) Enfin l'amende aussi apparaît comme peine accessoire quand elle n'est pas seule appliquée, mais cumulée avec une autre peine. Ainsi, suivant l'art. 221, celui qui cache ou protége autrement un déserteur encourt, outre la peine du cachot, une amende de 100 fl. versée à la caisse militaire. (On peut du reste contester à cette prestation en argent le caractère de véritable amende.)

Aux peines accessoires touchant à la fortune appartiennent encore la confiscation de la caution prévue par l'art. 35 de la loi sur la presse dans le cas d'une condamnation pour crime ou délit commis par la voie de la presse; la défense de répandre l'imprimé en question et le droit d'anéantir l'écrit incriminé et de détruire le cliché, etc. (art. 36 et 37). — Du reste, en ce qui concerne les autres conséquences qu'entraîne une condamnation pour délit ou contravention, l'art. 268 du code renvoie aux lois spéciales politiques et ecclésiastiques.

La mesure de la peine est réglée dans les chap. III à V. Sous le titre de „circonstances aggravantes et atténuantes" la loi énumère les motifs qui font élever ou diminuer la peine; elle détermine ainsi la mesure de celle-ci, car on ne peut aller au-delà des limites fixées par la loi, de sorte que l'existence des circonstances atténuantes ou aggravantes ne peut changer ni l'étendue ni la qualité de la peine prévue (art. 48, 53, 265). Cependant il existe souvent pour certains délits des motifs d'aggravation ou d'atténuation qui modifient la peine prévue. Ce sont les motifs d'aggravation ou d'atténuation appelés „spéciaux" par la doctrine, par opposition aux motifs „généraux". Le code énumère les circonstances aggravantes et atténuantes dans ses art. 43 à 47 pour les crimes, 263 à 264 pour les délits et contraventions, cependant cette énumération n'est qu'à titre d'exemple. (La circonstance mentionnée à l'art. 45: le fait de tromper le juge pendant l'instruction en inventant de fausses circonstances, est incompatible avec la situation de l'accusé dans la procédure pénale actuelle, en particulier suivant le Code de procédure autrichien de 1873.) Les motifs d'atténuation pour les crimes se divisent en motifs qui prennent naissance dans la personne du délinquant et motifs qui prennent naissance dans l'acte lui-même (art. 46 et 47). Parmi ceux-là on place assez singulièrement la prison préventive subie sans qu'on l'ait mérité. Le droit d'atténuation extraordinaire réglé par l'art. 54 (art. 266 pour les délits et contraventions) est d'un intérêt particulier. D'après ce droit d'atténuation extraordinaire, pour les crimes dont la durée ne dépasse pas 5 ans, la peine du cachot peut être modifiée d'un degré et la durée même abaissée à moins de 6 mois, au cas où il y a plusieurs motifs d'atténuation qui font raisonnablement espérer l'amendement du condamné. Dans la même hypothèse, suivant l'art. 55, un changement de peine est possible „en considération de la famille innocente du délinquant", et la durée de la peine peut même dans ce cas être abaissée à moins de 6 mois, mais on doit compenser la durée de la peine cellulaire par une ou plusieurs des aggravations prévues à l'art. 19. Ces dispositions sont encore complétées par le droit d'atténuation étendu accordé aux tribunaux dans le Code de procédure pénale de 1873, art. 338 et 410. Pour les délits et contraventions, la règle est qu'on ne peut convertir une peine; cependant, on fait une exception pour l'amende et les arrêts, en considération de la fortune et des moyens d'existence du détenu et de sa famille (art. 260 et 261).

Dans le chapitre du concours de délits, comme pour les autres dispositions générales, le rapport du code avec l'ancienne législation autrichienne, spécialement avec le Code Joséphin et la Theresiana, apparaît clairement. Le C. p. de 1803 s'était non seulement rallié aux principes admis par l'ancienne législation pour le concours de délits, mais encore avait laissé de côté les „espèces" et „catégories" de concours (idéal et réel, homogène et hétérogène) qui justement alors venaient de faire leur apparition et qui ont été l'objet de controverses jusqu'à nos jours.

Le code de 1852 suivit ici avec raison le code de 1803 qui ne mentionne parmi les circonstances aggravantes des art. 44 et 263 que la dernière catégorie

— homogène et hétérogène — (du reste l'art. 263 lettre a mentionné aussi „le délit continué, delictum continuatum“, mais, chose étrange, il n'en parle que pour les délits et contraventions et non dans l'art. 44 pour les crimes). Le nouveau projet de C. p. de 1891 ne connaît plus, soit dit en passant, conformément au droit jusqu'alors en vigueur et en opposition avec les projets précédents, les diverses espèces de concours et pose comme règle, pour la peine, le système de l'absorption. Ce principe est en vigueur d'après les art. 34, 35 et 267 du code de 1852 en cas de concours de plusieurs crimes ou bien de plusieurs crimes avec des délits ou contraventions ou bien de plusieurs délits ou contraventions; la peine est celle du délit le plus grave; on tient compte cependant des autres délits comme motif d'aggravation. Il ne faut cependant pas voir là la réalisation du principe d'aggravation pénale qui permet de dépasser le maximum de la peine la plus lourde, mais simplement une sanction du principe d'absorption, puisque, dans ce cas, il est possible aux juges d'élever la peine, pour autant que le principe de la peine relative le permet, même jusqu'au maximum, c'est ce que signifient les mots „jedoch mit Bedacht auf die übrigen (Delikte)“ (en tenant compte des autres délits) des art. 34 et 267. Le cas où la peine de mort ou la peine cellulaire à perpétuité concourent avec d'autres peines et pour lequel le principe d'absorption est naturellement applicable, n'est pas spécialement prévu par le code, tandis que pour le cas de concours d'une amende (ou d'une autre peine pécuniaire, suivant l'art. 240 lettre b et c) avec d'autres peines, la loi admet expressément le principe du cumul des peines (art. 35 et 267 alinéa 2).

Les chap. XXVII de la première partie et XIV de la deuxième traitent de l'extinction des crimes, délits et contraventions et de leur punition. Les motifs de cette extinction sont: la mort du coupable, l'exécution de la peine, la grâce et la prescription. Le C. p. autrichien ne connaît cependant qu'une prescription de la poursuite pénale, mais non pas une prescription de la peine. Les dispositions du C. p. de 1803 concernant la prescription ont passé sans changement dans le code de 1852. Les conditions spéciales requises pour que la prescription soit possible (que le délinquant n'ait plus aucun profit du délit entre les mains; qu'il l'ait réparé selon ses forces pour autant que la nature du délit le permet; qu'il ne se soit pas enfui et qu'il n'ait commis pendant le délai de prescription aucun autre délit) se retrouvent dans le code de 1852. De même aussi les crimes punis de la peine de mort sont déclarés imprescriptibles. Cette disposition est cependant amendée en ce sens qu'après un délai de 20 ans on ne peut infliger qu'une peine cellulaire variant entre 10 et 20 ans.

Les délits où une plainte est nécessaire, limités encore dans le C. p. de 1852 à dix cas, conformément à l'ancienne conception législative, sont traités dans l'art. 530, dont la rédaction n'est pas précisément, pour une matière aussi importante, un modèle de clarté et de netteté. Le délai accordé pour porter plainte est de six semaines à partir du moment où le lésé a eu connaissance de l'acte coupable, si la prescription n'est pas encore acquise. On peut se rétracter jusqu'à la notification du jugement; la poursuite de ces délits n'a lieu (suivant le Code de procédure autrichien de 1873, art. 46) que sur une plainte spéciale — de là le nom de „délits privés“; la désignation de „Antragsdelikte“ n'existe pas officiellement. L'art. 530 du C. p. est insuffisant; il est du reste complété par les dispositions de procédure.

§ 7. Les crimes, délits et contraventions, en particulier.

Le chap. VI de la première partie nous donne un aperçu des crimes prévus par le code, de même que le chap. IV de la deuxième partie donne un aperçu des différentes espèces de délits et contraventions. La division des crimes de l'art. 56, tirée du C. p. de 1803, a comme base essentielle l'ancienne division (qui, du reste, comme on l'a reconnu depuis longtemps, n'épuise pas tous les crimes) en crimes publics et privés. Les crimes lèsent soit la sécurité générale, s'ils sont dirigés contre l'État, les institutions publiques ou la foi publique, soit la sécurité des individus, s'ils sont dirigés contre leur personne, leur fortune, leur liberté ou leurs autres droits.

Les délits et contraventions se distinguent en actes coupables dirigés contre la sécurité publique, contre la sécurité des individus et contre la morale publique (art. 275 à 277). Les divers crimes, énumérés encore dans l'art. 57 du C. p., sont traités dans les chap. VII à XXVI de la première partie, les délits et contraventions dans les chap. V à XIII de la deuxième partie.

A la tête des crimes se trouve le crime de haute-trahison, qui comprend aussi la notion de trahison envers la patrie et qui consiste dans les actes qui ont pour but de porter atteinte à la personne de l'empereur, de modifier complètement la forme du gouvernement, de détacher un territoire de l'État unitaire, de faire courir à l'État quelque danger venant de l'étranger, ou d'accroître ce danger; de faire éclater une révolte ou une guerre civile. Suivant les dispositions légales, non seulement toute tentative, mais encore tous les actes préparatoires sont considérés comme crime consommé. Est complice du crime de haute-trahison celui qui, intentionnellement, n'empêche pas ou ne dénonce pas l'acte. Celui qui au contraire manifeste son repentir en dénonçant l'acte coupable à temps reste impuni. Le crime de lèse-majesté consiste dans le fait de manquer au respect dû à l'empereur (notion plus vaste que celle de l'offense en soi), il importe peu que ce crime soit commis dans une des formes mentionnées par la loi à titre d'exemple ou autrement (les voies de fait tombent sous la notion de haute-trahison); à ce crime est assimilé l'outrage fait aux membres de la maison impériale; cependant il n'est puni que du cachot simple, tandis que l'outrage fait à l'empereur est puni du cachot grave. Le crime de trouble apporté à la paix publique (art. 65) qui, sous cette forme, est propre au droit autrichien, est en quelque sorte un supplément aux notions de haute-trahison et lèse-majesté. En est coupable celui qui publiquement ou devant plusieurs personnes ou par la voie de la presse ou par des dessins

a) cherche à exciter le mépris ou la haine contre la personne de l'empereur, contre la Confédération unitaire des États de l'empire, contre la forme du gouvernement ou le gouvernement lui-même (de même aussi suivant l'art. 2 de la loi du 17 décembre 1862 contre la Constitution de l'empire), ou

b) engage ou cherche à pousser à la désobéissance, à la révolte, à la résistance aux lois, décrets, jugements ou ordonnances des tribunaux ou autres autorités publiques, ou refuse de payer les impôts décrétés dans un but d'intérêt public;

c) celui qui cherche à fonder ou à engager des gens à participer, ou qui participe lui-même d'une manière quelconque, à des associations qui se proposent un des buts coupables mentionnés sous lettres a et b.

Suivant l'art. 66 alinéa 2, se rend coupable du même crime celui qui entreprend un de ces actes contre un État étranger ou son chef, si la réciprocité est garantie par les lois de cet État ou des traités spéciaux et légalement reconnue dans l'empire autrichien.

Les délits qui consistent à provoquer et à approuver des actions illégales, suivant les art. 303 et 305, sont intimément liés au crime de l'art. 65; il faut y ajouter les délits des art. 6, 7 et 8 de la loi du 17 décembre 1862, puis les délits et contraventions des art. 285, 299, 301, 302, 308, 309, 310, 315 et 316. (Comme les délits et contraventions exposés dans la deuxième partie du code se présentent soit comme degrés moins graves d'actes qualifiés crimes, soit simplement comme pures infractions de désobéissance ou de police, nous les analyserons en parlant des crimes qui sont liés à ces délits et contraventions.)

L'espionnage ou toute autre intelligence avec l'ennemi est traité dans l'art. 67 comme crime contre la puissance militaire de l'État. D'autres crimes contre la puissance militaire de l'État tels que l'enrôlement sans autorisation (art. 92), le fait de cacher ou de favoriser autrement un déserteur, ainsi que l'incitation à violer les devoirs militaires et l'assistance à des crimes militaires (art. 220 et 222) sont traités, le premier, comme un cas de violence publique, les derniers comme cas d'assistance.

Aux infractions contre la puissance militaire de l'État appartiennent encore: le délit de l'art. 9 de la loi du 17 décembre 1862, rapport sur des opérations militaires et autres et, suivant les art. 409 et 410 du code qui ont été remplacés par l'art. 41 sq. de la loi sur le service militaire du 11 avril 1889, la mutilation volontaire.

Dans le chap. VIII viennent les crimes de rébellion (attroupement pour résister par la force à l'autorité) et de révolte (rassemblement d'une importance telle qu'il faille recourir à la force pour rétablir l'ordre et la tranquillité). Le délit correspondant à ce crime est, suivant l'art. 279 sq., l'émeute.

Dans le chap. IX, on a groupé sous la désignation collective de „violence publique" treize crimes, sans qu'il soit possible de trouver un trait commun à toutes ces infractions qui permette une distinction essentielle entre les délits compris sous cette rubrique et les autres. Le seul trait commun, celui de violence arbitraire, ne peut servir de critérium, parce que ce caractère se retrouve encore dans beaucoup d'autres crimes. On doit chercher l'explication de cette conception du Code autrichien qui remplace une notion générale par une rubrique, dans son développement historique. La Theresiana déjà connaît, dans son art. 73, une notion très étendue de la „violence publique", notion qui repose sur la conception de droit commun du „crimen vis". Cet article règle ces violences „ne pas traitées ailleurs dans ce code et qui toujours sont poursuivies par action publique". Les alinéas 2 à 11 de cet article prévoient ensuite dix cas de violence publique. Par contre le C. p. Joséphin ne connaît que deux cas de violence publique: le fait d'entrer, en usant de violence, sur le terrain, dans la maison d'autrui (art. 54) et la résistance à des fonctionnaires dans l'exercice de leurs fonctions (art. 56). D'autres cas rentrant sous cette rubrique collective tels que enlèvement, séduction et détention illicite sont placés avec raison, dans les lois ultérieures, parmi les crimes contre la liberté. Dans le code de 1803, ces trois cas et les autres dommages malicieux apportés à la propriété d'autrui sont réunis avec les deux cas de violence publique du Code Joséphin sous la rubrique commune de violence publique. En outre, quelques actes décrétés crimes par des lois supplémentaires sont encore compris dans ce chapitre et conservés également par le code de 1852 dans ce même chapitre; on y a ajouté deux autres cas (voir ci-dessous a et b). Les treize cas mentionnés dans le chap. IX sont:

a) violence exercée contre une assemblée convoquée par le Gouvernement pour traiter des affaires publiques, contre un tribunal ou une autre autorité publique (art. 76 et 77);

b) violence exercée contre des corporations légalement reconnues ou contre des assemblées tenues avec le concours ou sous la surveillance d'une autorité publique (art. 78 à 80);

c) voies de fait ou menaces vis-à-vis de fonctionnaires dans l'exercice de leurs fonctions (rébellion; art. 81 et 82 et la contravention des art. 312 et 314);

d) fait de pénétrer avec violence dans la propriété immobilière d'autrui (art. 83 et 84);

e) dommage malicieux apporté à la propriété d'autrui (art. 85 et 86, contravention de l'art. 468);

f) dommage malicieux causé ou négligence commise dans des circonstances particulièrement dangereuses (en particulier dans le trafic des chemins de fer art. 87 et 88, contravention des art. 317 à 319);

g) dommage malicieux ou perturbation apportés au service des télégraphes (art. 89);

h) enlèvement (art. 90 et 91; l'art. 92 parle du cas de l'enrôlement illégitime);

i) atteinte illicite portée à la liberté d'un individu (art. 93 et 94);

k) fait de traiter un individu comme esclave (art. 95);

l) séduction (art. 96 à 97);

m) extorsion (art. 98);

n) menaces graves (art. 99 et 100).

Le chap. X traite de l'abus de pouvoir dans les art. 101 à 103 et de la corruption active et passive. („Geschenkannahme in Amtssachen" et „Verleitung zum Missbrauch der Amtsgewalt"; contraventions des art. 331 à 333).

La falsification des papiers et monnaies est réglée dans les chap. XI et XII avec des dispositions particulièrement détaillées sur la complicité et la participation ainsi que la tentative de ces crimes (art. 106 à 121).

Dans le chap. XIII, sous la rubrique „Religionsstörung" sont déclarés crimes: le blasphème, le fait de troubler le culte, la profanation des objets servant au culte, etc. (art. 122 à 124).

Les dispositions de l'art. 122, lettres c et d (fait de pousser un chrétien à abjurer sa foi et tentative de propager une doctrine en opposition avec la religion chrétienne) ont été abolies par l'art. 7 de la loi du 25 mai 1868. A ce chapitre appartiennent encore les contraventions des art. 403 et 406.

Le chap. XIV traite du viol, de l'attentat à la pudeur et des autres cas graves d'outrages aux mœurs. Suivant l'art. 127, le coït hors mariage avec une personne qui était déjà hors d'état de se défendre ou sans connaissance ou avec une enfant au-dessous de 14 ans, est assimilé au viol accompli avec violences, menaces ou après emploi de moyens soporifiques. Suivant l'art. 128, se rendent coupables du crime d'attentat à la pudeur ceux qui commettent des actes impudiques sur des enfants au-dessous de 14 ans ou sur des personnes incapables de se défendre ou sans connaissance. L'art. 129 décrète crimes contre nature la sodomie et les actes impudiques entre personnes du même sexe, même entre femmes. Le coït entre ascendants et descendants constitue, suivant l'art. 131, le crime d'inceste, tandis qu'entre les autres parents et alliés ce n'est qu'une contravention (art. 501). L'art. 132 prévoit le cas où quelqu'un pousse une personne qui se trouve sous sa surveillance, ou dont il doit faire l'instruction et l'éducation, à commettre ou permettre un acte impudique (voir les contraventions des art. 504 à 506), et cet article considère comme crime le fait de servir d'entremetteur, si la personne séduite était vierge ou si ce sont des parents, tuteurs ou maîtres qui se rendent coupables de cet acte vis-à-vis de leurs enfants, pupilles ou élèves; autrement ce n'est qu'une contravention avec des degrés divers (art. 511 à 515).

De même, l'adultère n'est qu'une contravention (art. 502 et 503); il faut mentionner encore les contraventions des art. 509 à 510 et 516.

Les chap. XV à XIX traitent des crimes contre l'intégrité corporelle et la vie: l'assassinat et le meurtre, l'avortement, l'exposition d'enfant, les lésions corporelles graves et le duel. Les notions de meurtre et d'assassinat du Code autrichien dénotent une différence profonde avec les dispositions du droit commun et de la législation moderne. En effet, à la base de ces notions, il n'y a pas la distinction entre l'homicide réfléchi et prémédité d'un côté et l'homicide non prémédité, subit, de l'autre, mais le code appelle „Mord" (art. 134) tout acte entrepris avec l'intention de tuer (qu'il y ait préméditation ou non) d'où il est résulté la mort d'un individu, tandis qu'il désigne comme „Totschlag" l'acte qui a pour résultat la mort d'un individu, acte entrepris sans intention de tuer, mais avec une „autre intention méchante" (art. 140).

Ce n'est que l'histoire du développement de la législation qui peut nous donner l'explication de cette particularité du droit autrichien.

Dans son art. 83 § 3, la Theresiana appelle d'une manière générale l'homicide volontaire „Totschlag", peu importe „que l'idée de tuer quelqu'un ait été conçue avant l'acte ou que le meurtrier ait voulu d'avance la mort de sa victime. Car bien que la mort soit le résultat d'un mouvement de colère, il suffit que l'auteur ait employé des armes meurtrières ou ait entrepris, dans une intention méchante, un acte dont la mort est la conséquence habituelle ou probable".

Ces homicides volontaires — est-il dit au § 4 — sont de plusieurs sortes. Ils sont ou simples et sont appelés homicides ordinaires („gemeine Totschläge") quand il n'y a pas préméditation, ou ce sont des cas très-graves dénotant une grande méchanceté (pillage, assassinat [bestellter Mord], parricide, etc.). La peine doit être plus ou moins sévère suivant les cas.

Bien qu'ici le mot „Mord" ne soit employé que pour désigner certaines catégories du crime qualifiées objectivement, la Theresiana pose en principe, d'une manière moins précise que la Caroline, la distinction générale faite déjà dans cette dernière loi (art. 137) entre les „fürsetzlichen mutwilligen Mörder" et le „Totschlag aus Gähheit und Zorn" et la peine de mort est la peine ordinaire pour le „gemeinen Totschlag"; mais cette peine peut, suivant les circonstances, être aggravée ou adoucie (§ 11). Au § 12, à propos des „erschwerenden Umstände" qui nécessitent l'aggravation de la peine de mort, il est dit: „erstlich durch den leichtfertig und boshaften, lang vorgefassten Fürsatz der Ermordung".

Dans le C. p. Joséphin, il y a changement de dénomination en ce que, dès lors, est appelé „Mord" tout homicide volontaire; cette notion est exactement la même que celle du „Totschlag" de la Theresiana. (Elle comprend l'homicide volontaire avec intention directe ou indirecte.) Tout à fait comme la Theresiana qui pour le „Totschlag" (sans préméditation) prévoit la peine de mort simple en opposition avec la peine de mort aggravée pour l'homicide avec préméditation, le Code Joséphin, art. 95, dit expressément que pour „colère et précipitation", suivant les circonstances, la peine peut être adoucie; les peines privatives de liberté prévues pour les divers degrés du crime donnent assez de latitude. — Le C. p. de la Galicie de l'Ouest se rattache sur ce point aux principes du Code Joséphin et donne à la notion de „Mord" la même étendue. La définition de l'art. 110 („Celui qui dans l'intention de nuire à un individu agit de telle manière que la mort s'ensuit, se rend coupable d'homicide [Mord]") embrasse encore, à côté de l'homicide volontaire avec ou sans préméditation, le „Totschlag" du droit autrichien actuel; cependant il y a une différence au point de vue de la peine en ce que pour toutes les catégories de „Mord" (Meuchelmord. Bestellung zum Morde, gemeiner, aber mit dem Entschlusse zu töten verübter Mord, etc.) qui sont punies de la peine de mort, du cachot grave à perpétuité, etc., le code prévoit le cachot sévère de 5 à 10 ans „si, sans intention de tuer, l'auteur a fait intentionnellement une blessure mortelle et qui a réellement occasionné la mort". Par contre il ne fait plus mention de l'adoucissement de peine en cas d'homicide volontaire par colère ou emportement. La transition au droit actuel était ainsi faite et le point de vue du C. p. de 1803 qui se rattache au C. p. de la Galicie de l'Ouest, était indiqué. Le code de 1803 distingue le „Totschlag" du „Mord" en ce que le premier est l'acte entrepris sans intention de tuer, mais avec une „autre intention méchante", qui a entraîné la mort, tandis que le second est l'acte entrepris avec l'intention de tuer, sans que l'espèce de dolus soit prise en considération. Ces dispositions, d'une manière générale, ont passé dans le C. p. de 1852 — cependant on a ajouté à l'art. 134 (Mord) une disposition suivant laquelle ce crime non seulement s'il y a error in persona, mais encore s'il y a aberratio ictus, doit être puni comme le délit consommé. („Wer gegen einen Menschen in der Absicht, ihn zu töten, auf eine solche Art handelt, dass daraus dessen oder eines anderen Menschen Tod erfolgt, macht sich des Verbrechens des Mordes schuldig.") L'art. 135 distingue des catégories de „Mord": Meuchelmord, Raubmord, bestellter Mord und gemeiner Mord; il faut y ajouter le parricide dont parlent les art. 137 et 138 qui traitent de la peine des complices ou participants et de celle de la tentative. La peine du „Mord" est la peine capitale pour l'auteur, l'instigateur („Besteller") et les co-auteurs, tandis que les art. 137 et 138 prévoient la peine du cachot avec ses divers degrés pour les complices ou participants plus éloignés et pour la tentative. La peine du „Totschlag" et de ses sous-catégories qualifiées (räuberischer Totschlag, Verwandtentotschlag) est celle du cachot avec différents degrés. L'homicide par imprudence est considéré dans l'art. 335 comme „Vergehen gegen die Sicherheit des Lebens". L'art. 139 traite de l'infanticide, crime dont la mère légitime comme la mère illégitime peuvent se rendre coupables (la peine est cependant différente dans les deux cas). L'homicide commis lors d'une rixe ou à la suite de mauvais traitements est assimilé au „Totschlag" ou à la lésion corporelle grave. (Même disposition concernant la lésion corporelle, voir art. 157.)

Les art. 152 à 157 (chap. XVIII) traitent des lésions corporelles graves. Tandis que la plupart des lois pénales, ainsi, par exemple, le C. p. de l'Empire allemand (comme aussi les projets autrichiens depuis 1874) prennent comme base la forme la plus simple de lésion corporelle et partent de cette base, pour s'élever aux cas graves, le Code autrichien, dans son art. 152, a pris comme cas normal une catégorie intermédiaire, pour s'élever, dans les art. 155 et 156, aux catégories qualifiées. Les contraventions appartenant à cette classe d'infractions sont réglées dans les art. 335 à 337 (lésions corporelles par négligence), dans l'art. 411 (lésions corporelles légères, etc.) et dans l'art. 431. Le crime de l'art. 152 forme en quelque sorte, en ce qui concerne le dolus indirectus présumé au moment de l'acte, le supplément de la notion de meurtre de l'art. 140; il embrasse en effet tous les actes commis avec animus nocendi („feindseliger Absicht") n'ayant pas eu de conséquence mortelle mais ayant apporté un certain dommage corporel (maladie ou incapacité de travail d'au moins 20 jours, trouble d'esprit ou autre lésion grave). Les lésions corporelles volontaires de l'art. 153 faites sur la personne de ses parents ou sur des fonctionnaires publics, des ecclésiastiques, des témoins ou experts, dans l'exercice de leurs fonctions ou à l'occasion de ces fonctions, alors même que le dommage n'a pas le caractère prévu à l'art. 152, apparaissent comme une catégorie spéciale de lésions corporelles. Cette catégorie diffère au point de vue subjectif comme au point de vue objectif de celle prévue à l'art. 152. En effet, au point de vue subjectif, une intention directe, quoique indéterminée, de causer un dommage suffit, de même que suffit, au point de vue objectif, une lésion de quelque nature que ce soit sans la qualification prévue à l'art. 152.

Par contre, il y a catégorie qualifiée de lésions corporelles graves, suivant l'art. 155 lettre a, quand l'intention est évidemment et directement dirigée sur les conséquences graves mentionnées à l'art. 152, ce qui en particulier doit toujours être admis pour une lésion légère en elle-même, mais faite „mit einem solchen Werkzeuge und auf solche Art, womit gemeiniglich eine Lebensgefahr verbunden ist", avec un instrument et d'une manière, qui, en règle générale, mettent la vie en danger. Tandis que les crimes commis avec dolus indirectus ne permettent pas, déjà par leur nature, de tentative, ici naturellement une tentative est possible, ce que la loi dit du reste expressément. Le législateur n'a pas fait ressortir l'existence d'intention directe pour les autres catégories qualifiées des art. 155 lettres b et c et 156 lettres a—e, comme il l'a fait pour celle de l'art. 155 lettre a. C'est pourquoi si l'auteur du délit a eu en vue une de ces conséquences graves et que cette conséquence soit survenue, elle ne peut être considérée que comme circonstance aggravante pour la mesure de la peine.

Le crime d'incendie apparaît moins dans le Code autrichien comme un délit contre la sécurité publique que comme un délit dirigé contre la propriété, car il se trouve placé (chap. XX, art. 166 à 170) entre les délits contre l'intégrité corporelle et la vie et les délits dirigés contre la propriété. Le code considère déjà comme crime d'incendie le fait d'entreprendre un acte qui, d'après l'intention du coupable, doit causer l'incendie de la propriété d'autrui, bien que le feu ne se soit pas déclaré ou n'ait causé aucun dommage. Cette disposition envisage un certain degré de tentative déjà comme délit consommé, tandis qu'en droit commun et dans la législation moderne (le C. p. de l'Empire allemand et les projets autrichiens depuis 1874 exigent qu'on ait réellement mis le feu), il n'y a délit consommé que si le feu s'est réellement déclaré.

On tient compte dans la fixation de la peine (cachot grave de 1 à 5, 5 à 10, 10 à 20 ans et cachot à vie), outre des autres circonstances aggravantes spéciales, du fait que le feu s'est réellement déclaré et de l'importance du dommage (art. 167 lettres b à g). Au cas où l'incendie a éclaté et occasionné la mort d'une personne, on applique la peine de mort, si l'auteur pouvait prévoir cette conséquence; on applique cette même peine au cas d'incendie à la suite d'un complot (art. 167 lettre a). L'art. 168 parle de l'impunité en cas de repentir actif, l'art. 169 de l'incendie de sa propre chose et l'art. 170 du cas d'incendie pour tromper la compagnie d'assurances et d'un autre cas d'escroquerie. Le Code autrichien ne connaît pas le délit d'incendie par négligence. On peut encore mentionner ici les délits pour inobservation des règlements des art. 434 sq., en particulier les art. 458 et 459 du C. p.

Le chap. XXI art. 171 à 189 traite du vol, du détournement et de la participation au vol ou détournement (recel). Le code appelle vol la soustraction d'une chose mobilière appartenant à autrui pour en tirer profit; le vol est qualifié crime, soit à cause de son importance (art. 173), si la somme volée ou la valeur de l'objet volé dépasse 25 fl. (le code ne distingue pas si l'importance du vol résulte d'une ou de plusieurs infractions simultanées ou répétées, si le détournement a lieu au préjudice d'un ou plusieurs propriétaires, si le vol est d'un ou de plusieurs objets), soit à cause de la nature de l'acte (art. 174), de la qualité de l'objet volé (art. 175) ou de la qualité du délinquant (art. 176). L'art. 179 parle de circonstances aggravantes spéciales (vol dépassant 300 fl.; vol commis avec audace, violence ou ruse; emploi de violence en cas de surprise et vol d'habitude) qui motivent la peine du cachot grave de 5 à 10 ans, tandis que la peine normale est le cachot de 6 mois à 1 année, avec des circonstances aggravantes de 1 année à 5 ans (art. 178). Le détournement aussi est qualifié crime soit à cause de la nature de l'acte (détournement commis par un fonctionnaire), soit à cause de son importance (au-dessus de 50 fl.) (art. 181 à 183). Le droit autrichien ne connaît pas la notion plus vaste de soustraction. Comme participation au vol ou détournement (recel), le code (art. 185) prévoit le fait de cacher, de s'approprier ou de vendre un objet volé ou détourné. L'art. 187 permet de laisser impunis le vol et le détournement suivis de repentir actif. Les vols et détournements ainsi que la participation à ces délits, qui ne sont pas qualifiés crimes dans ce chapitre, sont punissables comme contraventions suivant les art. 460 à 466. L'art. 467 règle les délits contre la propriété littéraire et artistique.

Le chap. XXII (art. 190 à 196) traite du vol à main armée qui est caractérisé par l'emploi de violences ou de menaces envers quelqu'un dans le but de s'emparer de sa personne ou d'une chose mobilière. Le crime est consommé déjà par l'emploi des violences ou menaces (peine, cachot grave de 5 à 10 ans).

Circonstances aggravantes spéciales: menaces faites en compagnie d'un ou de plusieurs complices ou avec des armes meurtrières, si réellement les menaces ont déterminé la victime à se dépouiller, violente agression lors même que le vol n'aurait pas été consommé. Peine: cachot grave de 10 à 20 ans; si le vol commis avec agression violente a réussi: cachot grave de 10 à 20 ans avec aggravation. Si la victime a souffert une lésion corporelle grave ou a été maltraitée, on applique le cachot grave à perpétuité. L'art. 196 traite de la participation au vol à main armée (recel relatif aux choses volées).

Parmi les diverses théories qui règnent dans la science et la législation relativement à la notion d'escroquerie, le Code autrichien (chap. XXIII art. 197 à 205), en opposition avec la législation moderne qui exige un dommage pécuniaire souffert par la victime, admet celle qui voit l'escroquerie dans la tromperie même ou dans le fait de tirer profit de l'erreur d'autrui, mais n'exige pas un dommage. Il faut cependant qu'il y ait intention de causer un dommage. Du reste le plus souvent, en théorie et en pratique, on admet que, pour qu'il y ait délit consommé, il faut que la tromperie ait réussi réellement ou qu'on ait réussi en abusant de l'erreur d'autrui. La distinction du droit commun entre l'escroquerie et le faux est inconnue au Code autrichien. La falsification de papiers publics et de monnaies est seule mentionnée comme délit sui generis. Toutes les autres espèces de faux sont mises sous la notion d'escroquerie, même le faux serment et le faux témoignage. Le faux est crime, soit à cause de la nature de l'acte, soit à cause du montant du dommage.

Parmi les cas d'escroquerie (art. 199) il y a, outre le faux serment et le faux témoignage déjà mentionnés, l'appropriation frauduleuse de fonctions, la falsification de poids et mesures, la falsification d'actes, sceaux, cachets publics, etc., le fait de déplacer ou d'enlever dolosivement des bornes et la banqueroute frauduleuse (la banqueroute par négligence est un délit suivant l'art. 486). L'escroquerie est crime, si le dommage réellement causé ou même qu'on a eu seulement en vue se monte à plus de 25 fl. L'art. 201 énumère quelques espèces principales d'escroqueries, cependant il fait remarquer d'abord d'une manière générale que la loi ne peut pas mentionner toutes les espèces d'escroqueries, vu leur trop grande diversité. L'énumération qui suit, à titre d'exemple seulement, contient en particulier la falsification d'actes privés, le recel de choses trouvées, l'emploi de faux dés, de fausses cartes au jeu, etc.

Les art. 202 à 204 traitent de la peine qui est le cachot de 6 mois à 1 année ou de 1 à 5 ans, s'il y a des circonstances aggravantes spéciales le cachot grave de 5 à 10 ans, si le faux serment a causé un dommage très important le cachot jusqu'à 20 ans et même, selon les circonstances, le cachot à perpétuité. (Contravention de l'art. 461.)

Chap. XXIV, art. 205 à 208: Bigamie (les autres délits contre la paix conjugale sont des contraventions, art. 502 à 503, 507 et 508).

Chap. XXV, art. 209 à 210: Diffamation (fausse accusation).

Les délits contre l'honneur sont traités en détail dans le chap. XII de la seconde partie, art. 487 à 499, sous la rubrique „Vergehen und Übertretungen gegen die Sicherheit der Ehre"; on distingue les outrages à l'honneur avec leurs différentes espèces (art. 487 à 491), les outrages publics ou mauvais traitements (art. 496) et quelques cas connexes (comme révélation des secrets des malades par des médecins, etc. art. 497 à 499). Il faut mentionner encore le délit de l'art. 5 de la loi du 17 décembre 1862: l'outrage fait, au moyen d'imprimés, à des militaires ou à des ecclésiastiques dans l'exercice de leurs fonctions.

Le chap. XXVI traite de l'assistance (art. 211 à 222); parmi les cas d'assistance, il faut mentionner: le fait de ne pas empêcher, dans une intention méchante, un crime (art. 212), le recel (art. 214, c'est-à-dire le fait de cacher à l'autorité les indices servant à faire découvrir le délinquant ou le fait de cacher l'auteur même, etc.), le fait de favoriser la fuite d'un individu arrêté pour crime (art. 217) et (art. 220 et 222) le crime dont nous avons déjà parlé ailleurs (le fait de cacher ou de protéger un déserteur, le fait de pousser un soldat à violer les devoirs militaires et enfin l'assistance à des délits militaires).

III.

§ 8. Code pénal de Bosnie et d'Herzégovine.

En 1880, on publia un C. p. pour la Bosnie et l'Herzégovine (édition officielle, Vienne 1881, Imprimerie impériale). Chose curieuse, il ne faut pas chercher la date dans le décret d'introduction qui parle du „1er septembre de cette année". Ce code, d'une manière générale, est une imitation du C. p. militaire autrichien (voir infrà § 9); il a naturellement laissé de côté les crimes et délits militaires spéciaux. Comme le Code militaire, il ne connaît qu'une division en crimes et délits des actes coupables (aux délits appartiennent la plupart des contraventions du Code de 1852). Le système des peines est conforme à celui du C. p. de 1852. Les dispositions générales sur les crimes et délits sont traitées ensemble dans la première partie, contrairement au code de 1852 qui les sépare; elles sont du reste identiques comme la plupart des définitions des délits spéciaux de la deuxième partie. (Il y a des exceptions, en particulier pour le crime de haute trahison, eu égard à la situation spéciale en droit public des deux pays vis-à-vis de la Monarchie austro-hongroise; et pour le crime de bigamie, eu égard aux mœurs spéciales des Mahométans.)

IV.

§ 9. Autres lois intéressant le droit pénal.

A côté du code de 1852, il faut mentionner avant tout parmi les codes importants en vigueur et intéressant le droit pénal:

1⁰ Le C. p. du 11 juillet 1835 (Gefällsstrafgesetzbuch), comprenant tout le droit pénal relatif aux impôts, droits, etc. et la procédure y relative;

2⁰ Le C. p. militaire du 15 janvier 1855.

Jusqu'en 1855, la législation pénale militaire autrichienne manquait d'une codification générale. Le droit en vigueur jusqu'alors reposait sur la Constitutio criminalis Theresiana de 1768, sur les lois martiales de 1803 pour la marine et de 1808 pour l'armée, remplaçant les lois martiales de Marie-Thérèse de 1769, ainsi que sur plusieurs lois et ordonnances diverses, auxquelles venaient s'ajouter les règlements sur les haras, les approvisionnements militaires, etc. L'état confus du droit pénal militaire devait naturellement rendre extrêmement difficile la tâche du juge et ne permettait guère de jugements conformes au droit, d'autant plus que, à l'exception des cas où la peine de mort était prévue, les dispositions pénales mêmes laissaient beaucoup à désirer.

L'apparition du C. p. de 1803 montra l'urgence d'un C. p. militaire. Cependant il s'écoula encore bien du temps avant qu'on songeât même à une réforme. Le rescrit impérial du 19 juin 1837 confia au conseiller à la cour d'appel militaire, Bergmayer, l'élaboration du projet d'un nouveau code militaire et le rapport à faire à ce sujet, avec la prescription expresse „dass bei gemeinen Verbrechen und Vergehen an die Anordnungen des geltenden (Civil-) Strafgesetzes von 1803 sich zu halten sei, insofern nicht die Eigentümlichkeiten des Militärstandes Abweichungen erfordern" („de s'en tenir, quant aux crimes et délits communs, aux prescriptions du C. p. général de 1803, si les circonstances particulières de l'armée ne demandait pas des modifications"). Bergmayer au bout de 5 ans, en 1842, proposa un projet qui cependant ne reçut pas la sanction impériale.

Ce n'est qu'après les troubles politiques des années 1848 à 1849 que l'empereur François Joseph Ier ordonna, par le décret impérial du 29 septembre 1850, la revision des travaux préparatoires se rapportant à la partie spéciale du C. p. militaire et surtout la revision du projet mentionné élaboré par Bergmayer. Le projet fut soigneusement discuté par la commission nommée à cet effet dont le rapporteur était de nouveau Bergmayer et examiné en détail par le ministère de la guerre. Le conseil des ministres et le conseil de l'Empire donnèrent un préavis favorable sur les dispositions générales des crimes et délits de droit commun; la partie concernant les délits militaires fut approuvée par une commission composée de généraux sous la présidence de l'auditeur général. Enfin le code reçut la sanction impériale le 15 janvier 1855 comme „Militärstrafgesetz über Verbrechen und Vergehen für das Kaisertum Österreich".

Le code se divise comme suit:

Ire partie: Dispositions générales sur les crimes et délits et leur punition, art. 1—141; IIe partie: les crimes militaires, les délits militaires et leur puni-

26*

tion, art. 142—303; IIIe partie: les crimes contre la puissance militaire de l'état et leur punition, art. 304—331; IVe partie: les autres crimes (crimes de droit commun) et leur punition, art. 332—525; Ve partie: les délits de droit commun et leur punition, art. 526—799.

Le décret de promulgation III—IV règle l'étendue du code relativement aux personnes.

Les dispositions générales et les dispositions concernant les crimes et délits de droit commun se basent essentiellement sur le C. p. de 1852, avec les seules modifications exigées par les circonstances militaires. Dans la partie générale (I), il faut signaler avant tout la réunion des dispositions générales sur l'imputabilité, la tentative, la complicité et la participation, le concours, le droit pénal international, les motifs d'exclure la culpabilité, en ce qui concerne les crimes et délits, ce qui vaut mieux que la séparation transmise par l'ancien droit au Code Joséphin et maintenue dans le code de 1852. En particulier, l'art. 5 du Code militaire, comme le code pour la Bosnie et l'Herzégovine mentionné plus haut, donne une énumération des motifs qui excluent l'imputabilité. Au contraire, suivant le code de 1852 en vigueur, la question de l'influence des motifs qui excluent l'imputabilité (y compris l'erreur et la contrainte), de même que la question de la légitime défense pour les délits et contraventions ne sont pas du tout tranchées, parce qu'il manque une disposition s'y rapportant et qu'on ne peut raisonner que par analogie.

La division bipartite en crimes et délits est aussi un progrès vis-à-vis du code de 1852 en ce que, vu le manque de tout critérium de nature juridique matérielle, la distinction en délits et contraventions n'existait dans ce code que pour des raisons de procédure; ce besoin ne se faisait pas sentir dans l'organisation de la procédure militaire. Le fait que les motifs qui excluent la culpabilité sont reçus dans la partie générale et ne sont plus renvoyés à la fin du code après l'exposé des délits en particulier, est également un avantage vis-à-vis du C. p. de 1852. Parmi les crimes et délits de droit commun, le Code militaire ne compte pas seulement les délits désignés comme tels dans la IVe et la Ve partie, mais encore (art. 2 du décret de promulgation) les crimes de la IIIe partie contre la puissance militaire de l'État (ce ne sont que des dispositions d'une portée plus vaste concernant les crimes de même nom contenus dans le C. pénal de 1852).

La deuxième partie traitant des infractions militaires a été remaniée au fond et à la forme, par rapport aux lois martiales existant jusqu'alors. Il faut surtout remarquer ici que ces infractions militaires sont traitées ensemble, de telle sorte que crimes et délits rapprochés selon leur parenté sont réglés dans cette deuxième partie, tandis que les crimes et délits de droit commun, comme on l'a vu, sont exposés dans deux parties distinctes. Le fait d'avoir accueilli les délits de droit commun est du reste un trait caractéristique du C. p. militaire autrichien vis-à-vis de la législation des autres États qui, comme par exemple l'Allemagne et l'Italie, possèdent simplement un code spécial pour les délits militaires et admettent que les lois pénales générales sont applicables même aux militaires pour les délits de droit commun commis par eux.

3⁰ Outre ces codifications importantes, il y a encore plusieurs dispositions pénales contenues dans un nombre très considérable de lois qui peuvent être divisées comme suit: les unes modifient le code de 1852, c'est-à-dire abolissent ou modifient quelques-unes de ses dispositions, d'autres, par contre, viennent le compléter et élargissent le domaine des actes coupables en édictant des peines pour des actes non punis jusqu'ici.

Les lois de la première catégorie ont déjà été mentionnées et exposées à leur place, lorsque nous avons analysé les principes du code de 1852, ainsi surtout la loi du 15 novembre 1867 et la loi sur la presse du 17 décembre 1862.

De la deuxième catégorie de lois, la loi du 17 décembre 1862 qui fut publiée comme loi complémentaire (Strafgesetznovelle) a également été analysée, en ce qui concerne les nouvelles notions qu'elle établit, lorsque nous avons parlé des délits analogues contre l'ordre public; nous avons fait de même de la loi sur le service militaire du 11 avril 1889 et de la loi du 1er avril 1872 concernant l'exécution de la peine cellulaire. Il ne reste donc qu'à énumérer les lois qui, à côté d'autres dispositions, contiennent des prescriptions pénales, établissent de nouvelles notions de délits ou traitent de l'exécution de la peine.

Ces lois sont (suivant l'édition officielle de la feuille des lois impériales):

Le décret du 21 mai 1805 concernant la peste (Z. 731 Justiz-Gesetz-Sammlung).

Le décret du 18 janvier 1818 sur la défense de porter des armes meurtrières (pour le sud du Tyrol).

Le décret du 19 octobre 1846 (Z. 992 Justiz-GS., pour la protection de la propriété littéraire et artistique).

Le règlement général du 13 décembre 1851 (Z. 41 RGBl.) concernant la peste ou la fièvre jaune.

Le décret impérial du 24 octobre 1852 (Z. 223 RGBl.) concernant la fabrication, le commerce et la possession d'armes et munitions, puis le port d'armes (Waffenpatent).

La loi du 27 octobre 1862 (Z. 87 RGBl.) pour la garantie de la liberté individuelle.

La loi du 27 octobre 1862 (Z. 88 RGBl.) sur l'inviolabilité du domicile.

La loi du 25 juillet 1867 (Z. 101 RGBl.) sur la responsabilité des ministres.

La loi du 15 novembre 1867 (Z. 134 RGBl.) sur le droit de réunion.

La loi du 15 novembre 1867 (Z. 135 RGBl.) sur le droit d'association.

La loi du 5 mai 1869 (Z. 66 RGBl.) concernant la suspension de la Constitution.

La loi du 6 avril 1870 (Z. 42 RGBl.) pour la protection du secret des lettres et imprimés.

La loi du 7 avril 1870 (Z. 43 RGBl.) sur le droit de coalition.

La loi du 9 avril 1873 (Z. 70 RGBl.) sur les associations productives et économiques.

La loi du 10 mai 1873 (Z. 108 RGBl.) contre les fainéants et vagabonds.

La loi du 19 juillet 1877 (Z. 67 RGBl.) concernant la répression de l'ivresse pour la Galicie et la Bukovine. (Un projet sur la répression de l'ivresse pour tous les pays de l'empire n'a pas obtenu force de loi.)

La loi du 19 juillet 1879 (Z. 108 RGBl.) concernant la désinfection pour les transports de bestiaux.

La loi du 29 février 1880 (Z. 35 RGBl.) concernant les moyens de prévenir et de combattre les maladies contagieuses des animaux.

La loi du 29 février 1880 (Z. 37 RGBl.) concernant les moyens de prévenir et de combattre la peste bovine, etc.

La loi du 28 mai 1881 (Z. 47 RGBl.) concernant les moyens de remédier aux procédés malhonnêtes dans les affaires de crédit (Wuchergesetz).

La loi du 25 mai 1883 (Z. 78 RGBl.) sur les dispositions pénales contre des actes d'exécution frustratoires.

La loi du 17 juin 1883 (Z. 187 RGBl.) sur les inspecteurs des fabriques.

La loi du 24 mai 1885 (Z. 89 RGBl.) contenant des dispositions pénales concernant la détention dans des pénitenciers, maisons de correction.

La loi du 27 mai 1885 (Z. 134 RGBl.) contre l'emploi de matières inflammables et dangereuses.

La loi du 21 mai 1887 (Z. 51 RGBl.) concernant le renouvellement du privilége de la banque austro-hongroise.

La loi du 30 mai 1888 (Z. 41 RGBl.) concernant les dispositions pénales au sujet du câble sous-marin.

Parmi les „autres" contraventions légales — c'est-à-dire qui ne sont pas contenues dans le code — dont parle l'art. 5 du décret de promulgation du code de 1852, il faut comprendre en première ligne les contraventions prévues dans de nombreuses lois et ordonnances de nature générale, provinciale et même locale, et qui doivent être jugées par les autorités de police suivant le décret ministeriel du 20 septembre 1857, en opposition avec les contraventions contenues dans le code de 1852 et d'autres prévues dans des lois et ordonnances spéciales, qui sont du ressort des tribunaux de district.

V.

§ 10. Bibliographie du droit pénal autrichien.

Dans l'ancienne littérature (avant le Code de 1803) il faut mentionner:

J. L. Banniza, Delineatio juris criminalis secundum constitutionem Carolinam ac Theresianam. 2 vol. 1773.

Sonnleithner, Anmerkungen zum Kriminalgesetzbuch Josephs II. 1787.

De Luca, Leitfaden in das Josephinische Gesetz über Verbrechen und deren Bestrafung. 1789.

L'ancienne littérature concernant le Code de 1803 est encore d'une grande importance pour le Code de 1852 et, sous plusieurs rapports, n'est pas du tout démodée. Il faut mentionner avant tout le commentaire scientifique: „Das österreichische Kriminalrecht nach seinen Gründen und seinem Geiste dargestellt von Sebastian Jenull". 1re partie 1808 (2e édition revue et augmentée 1820), 2e partie 1809 (les 3e et 4e parties embrassent les chapitres relatifs à la procédure pénale du Code de 1803); une nouvelle édition non modifiée de cette œuvre parut en 1837.

Kudler, Erklärungen des ersten Abschnittes des Strafgesetzes über schwere Polizeiübertretungen mit Vorwort und Anhang von Dr. Hye. 6e édition 1850 (1re édition 1825).

Maucher, Das österreichische Strafgesetz über Verbrechen samt den auf dasselbe sich beziehenden Gesetzen und Verordnungen, systematisch bearbeitet als Hülfsbuch beim Studium desselben 1847 (recueil des lois et ordonnances complémentaires du C. p. de 1803 ou s'y rapportant indirectement).

von Lützenau, Handbuch der Gesetze und Verordnungen, welche sich auf den zweiten Teil des Strafgesetzes beziehen, 1846.

Waser, Das Strafgesetz über Verbrechen nebst den dazu gehörigen Verordnungen. Vienne 1839.

Les monographies relatives au code de 1803 (dissertations, articles, examen de cas controversés, etc.) se trouvent, pour la plus grande partie, dans les anciennes revues juridiques de l'Autriche. Ces revues sont:

„Zeitschrift für österreichische Rechtsgelehrsamkeit und politische Gesetzeskunde" 1825—1849 (de 1846 à 1849 sous le titre: „Österreichische Zeitschrift für Rechts- und Staatswissenschaft"). 3 vol. par an.

„Der Jurist" 1839—1848, revue juridique en 19 volumes.

„Themis", recueil de cas juridiques, dissertations de droit pénal et privé, etc. Nos 1—11 (1835—37, 1841—44), éd. de Wessely.

Materialien für Gesetzeskunde und Rechtspflege in den österreichischen Erbstaaten, édition de Pratobevera, 8 vol., 1815—1824.

„Jährliche Beiträge zur Gesetzeskunde und Rechtswissenschaft in den österreichischen Erbstaaten." Éd. de Zeiller. 4 vol. Vienne 1806—1809.

Visini, Beiträge zur Kriminalrechtswissenschaft mit besonderer Rücksicht auf das österreichische Kriminalrecht. Vienne 1839—1843, 4 vol.

Parmi les autres monographies plus importantes, il faut mentionner:

Kitka, Über das Zusammentreffen mehrerer Schuldigen bei einem Verbrechen und deren Strafbarkeit, Vienne 1840, et du même auteur: „Abhandlungen aus dem Gebiete des Strafrechts", 1847.

Un recueil de cas juridiques parut en 1837 sous le titre „Rechtsfälle aus dem Civil- und Kriminalrecht" de Joseph Tausch. On trouve un bon exposé de toute la bibliographie, accompagné, en ce qui concerne la partie du code relative aux crimes, d'un résumé de quelques dissertations, etc. dans Maucher, „Darstellung der Quellen und der Litteratur der österreichischen Strafgesetzgebung mit Rücksicht auf die deutsche Strafrechtswissenschaft und Gesetzgebung", 1849. Le commentaire de Kudler déjà mentionné contient la bibliographie relative à la 2e partie du code.

La littérature du droit pénal autrichien en vigueur, sur la base du code de 1852, se compose avant tout de commentaires.

Jusqu'à ces derniers temps, le droit pénal autrichien n'a pas fait l'objet de travaux systématiques importants. Ce n'est qu'en 1884 que parut dans la bibliothèque de droit autrichien (Prague, Tempsky) un manuel de 368 pages sous le titre: „Das österreichische Strafrecht von Dr. Carl Janka" (2e édition revue et complétée par le Dr Friedrich Rulf). En outre parut en 1891 sous le titre: „Das österreichische Strafrecht mit Berücksichtigung des Entwurfes und des deutschen Reichsstrafgesetzbuches", l'exposé d'un système du Dr August Finger (contenant les crimes contre l'intégrité corporelle, la vie et contre la liberté). Les commentaires sont:

Herbst, Handbuch des österreichischen Strafrechts mit Rücksicht auf die Bedürfnisse des Studiums und der Anwendung bearbeitet (1er vol., 7e édit. 1882, 2e vol., 5e édit. 1880).

von Hye, Das österreichische Strafgesetz über Verbrechen, Vergehen und Übertretungen (inachevé, n'allant que jusqu'à l'art. 75 du code).

Frühwald, Handbuch des österreichischen Strafgesetzes über Verbrechen, Vergehen und Übertretungen. 3e édit. 1855.

Puis du même auteur: Die Fortbildung des österreichischen materiellen Strafrechts durch Gesetzgebung, Litteratur und Praxis in den letzten zehn Jahren, 1865. (Supplément de son premier ouvrage.)

Les monographies concernant le code de 1852 se trouvent, pour la plus grande partie, dans les Revues juridiques.

Parmi les monographies qui ont été publiées à part, il faut mentionner:

Glaser, Abhandlungen aus dem österreichischen Strafrecht, 1858.

Geyer, Erörterungen über den allgemeinen Thatbestand der Verbrechen nach österreichischem Rechte, 1862.

Puis une collection d'articles de Glaser parus dans des revues et réunis sous le titre: „Kleine Schriften über Strafrecht und Strafprozess", 2e édit. 1883. De même de Wahlberg: Gesammelte kleinere Schriften und Bruchstücke über Strafrecht, Strafprozess- und Gefängniskunde, etc., 3 vol. 1875—1882.

En ce qui concerne spécialement le droit sur la presse, il faut mentionner:

Lienbacher, Historisch-genetische Erläuterungen des österreichischen Pressgesetzes 1863, et du même auteur: Praktische Erläuterungen des österreichischen Pressgesetzes, 1868. Lentner, Die Grundlagen des Pressstrafrechts, 1873. Jaques, Grundlagen der Pressgesetzgebung, 1874. von Liszt, Lehrbuch des österreichischen Pressrechts, 1878.

Revues: Allgemeine österreichische Gerichtszeitung éd. par Nowak (paraissant depuis 1850). Magazin für Rechts- und Staatswissenschaft (depuis 1850, 2 vol. par année), depuis 1858 paraissant sous le titre: „Österreichische Vierteljahrschrift für Rechts- und Staatswissenschaft", édité par Haimerl et Passy (9 vol.). Zeitschrift für Gesetzeskunde und Rechtspflege zunächst in Ungarn, Kroatien, etc., éd. par Petruska, plus tard par Slavicek, 1855—1860. „Gerichtshalle", éd. par Pisko depuis 1857. „Juristische Blätter", revue fondée par le Dr Burian et le Dr Johanny; rédacteurs actuels: Dr Robert Schindler et Dr Edmund Benedikt; depuis 1872. „Österreichisches Centralblatt für juristische Praxis", revue rédigée par Geller 1883—1889. „Allgemeine Juristenzeitung", rédigé par Breitenstein depuis 1876. Juristische Vierteljahrschrift, organe de l'Union des juristes allemands à Prague. Rédaction: Dr Dominik Ullmann et Dr Aug. Finger. Zeitschrift für das Privat- und öffentliche Recht der Gegenwart, éd. par Grünhut, depuis 1874.

Parmi les recueils des décisions des tribunaux, il faut mentionner:

Peitler, Systematische Sammlung von 326 auf das materielle Strafrecht sich beziehenden Entscheidungen des k. k. obersten Gerichts- und Kassationshofes aus den Jahren 1850—1852, mit mehr als 1000 Strafrechtsfällen, 1853.

Herbst, Die grundsätzlichen Entscheidungen des k. k. obersten Gerichtshofes über zweifelhafte Fragen des allgemeinen österreichischen Strafrechts, 3e édit. Vienne 1858, avec supplément 1860.

Adler, Krall und von Walther, Sammlung strafrechtlicher Entscheidungen des k. k. obersten Gerichts- und Kassationshofes, auf Veranstaltung von Dr. Julius Glaser herausgegeben 1875.

Plenarbeschlüsse und Entscheidungen des k. k. obersten Gerichts- und Kassationshofes, arrêts publiés par la rédaction de la „Gerichtszeitung", 1876—1891 (11 vol.).

Sammlung von Strafrechtsfällen ohne Entscheidungen zum akademischen Gebrauche etc., édit. par Rulf, 1874.

Éditions du code. La meilleure édition du code de 1852, et celle qu'on emploie le plus, est l'édition qui a paru chez Manz, Vienne, revue par Cramer depuis 1884 (17e édit. 1892) avec les arrêts de la Cour de cassation et beaucoup de notes concernant les lois complémentaires et modificatives qui sont du reste annexées au code. Puis l'édition des lois et ordonnances autrichiennes publiée par l'imprimerie impériale à Vienne, n° 52 (1877); enfin Geller, Allgemeines Strafgesetz und besondere Strafgesetze nebst Pressgesetz und einschlägigen Novellen mit Erläuterungen aus der Rechtsprechung von 1850—1888 und einer Einleitung. 3e édit. 1889.

Au sujet du C. p. de 1835 en matière fiscale, il faut mentionner: l'édition de Blonski 1881 et le commentaire de Eglauer, 1889.

Bibliographie concernant le C. p. militaire: l'édition de Damianitsch avec les décrets y relatifs et un petit commentaire, 3e édit. 1863; du même auteur un commentaire du code sous le titre: „Das Militär-Strafgesetzbuch über Verbrechen und Vergehen vom 15. Januar 1885, erläutert von etc. 1855", 2e édit. augmentée 1861; (voir là aussi des détails sur les anciennes sources du droit pénal militaire autrichien jusqu'à la Theresiana et sur la vieille littérature. Introduction p. IX à X); puis du même auteur: „Studien über das Militärstrafrecht usw. mit vorzugsweiser Berücksichtigung des österreichischen Militär-Strafgesetzbuches vom Jahre 1855" (paru en 1862). Dangelmaier, Grenzen des Militär-Strafrechts (Österreichische Militär-Zeitschrift 1883), et du même auteur: Militärverbrechen und Vergehen nach österreichischem Recht, 1884. Weisl, Das Heeresstrafrecht, Allgemeiner Teil 1892 (voir là encore d'autres indications bibliographiques, p. 70—71). Puis édition du C. p. militaire de Skala 1891.

VI.

§ 11. La réforme de la législation pénale et les projets depuis 1861.

Comme nous l'avons montré, les principes et les nombreuses définitions du droit pénal autrichien en vigueur datent de plus d'un siècle, puisqu'ils remontent à 1787 (Code Joséphin). Cette circonstance seule suffirait à rendre compréhensibles la nécessité et le vif désir qui se manifesta à plusieurs reprises de reformer la législation pénale autrichienne. Mais l'agitation dans ce sens fut encore augmentée par le mécontentement persistant (dans les années 1850 à 1860) qu'avaient soulevé la législation imposée en 1852 et 1853 et son développement peu satisfaisant pendant la période réactionnaire qui s'étend jusqu'en 1860. Ce n'est qu'avec le réveil de la vie constitutionnelle qu'il pouvait y avoir du changement et, en fait, l'œuvre de réforme fut mise en train depuis 1861. Assurément les débuts ne furent pas satisfaisants. Le travail était rendu plus difficile, parce qu'on voulait tenir compte de deux tendances s'excluant essentiellement l'une l'autre: réforme ou abandon des erreurs les plus grossières du droit en vigueur par la voie d'une novelle du code de 1852 d'un côté, de l'autre élaboration d'un projet de nouveau C. p. général. — La mission donnée par le décret impérial du 16 février 1861 au chef de section d'alors von Hye tenait compte de ce dernier point de vue, tandis qu'un mandat spécial du ministre de la justice Hein (pour l'élaboration d'une novelle au code en vigueur) donnait satisfaction au premier. En même temps, il se présenta d'autres circonstances particulières dont nous allons donner le détail. Après les délibérations provoquées par le ministre de la justice Pratobevera sur les modifications les plus pressantes des dispositions pénales (concernant les délits politiques et de presse ainsi que les conséquences s'attachant à l'honneur d'un jugement pénal) et après examen peu favorable de ce projet par le Conseil d'État, enfin après des luttes et des débats sérieux du jeune Parlement, on était venu enfin à bout de la loi sur la presse du 17 décembre 1862 (y compris la loi devenue surannée sur la procédure pénale concernant la presse) et d'une loi complémentaire du C. p. de 1852 de la même date (contenant quelques délits nouveaux de nature politique et contre l'ordre public).

Quoique, en 1862, la Chambre des députés eût expressément insisté sur la proposition d'un nouveau C. p. général pour le commencement de la session suivante (de même sur la proposition d'un nouveau C. p. de police), il se passa cependant encore longtemps jusqu'à l'accomplissement de ce vœu exprès des représentants du peuple. En mars 1863 von Hye, selon la mission qu'il avait reçue, présenta le projet d'un statut modificatif du code de 1852 et peu de temps après le projet d'un C. p. général. La discussion de ces projets commença depuis 1864 dans le sein d'une commission („Justizministerialkommission") composée des théoriciens et des praticiens les plus autorisés. Cependant, le gouvernement n'osait pas aller de l'avant; il ne savait dans quelle direction commencer la réforme; on discutait tantôt le statut modificatif, tantôt le projet de C. p. La suspension de la Constitution de l'empire (1868) amena des hommes comme Berger et Waser, les professeurs Glaser et Wahlberg à se séparer de la commission.

En tous cas, en ce qui concerne les principes à la base de la réforme projetée, on peut encore mentionner avec éloge aujourd'hui le fait que les motifs du projet de code excellement rédigés par von Hye insistaient expressément sur ce que le nouveau C. p. autrichien devait non seulement ne pas être un élément gênant, mais plutôt un élément encourageant, pour ouvrir enfin la voie à la réalisation d'une législation commune à toute l'Allemagne. Cette pensée fut même plus fortement exprimée plus tard dans l'exposé des motifs du projet gouvernemental de 1867 alors que les circonstances avaient changé et que la Confédération allemande était dissoute. Voici comment le rapporteur s'exprimait: „La législation autrichienne ne pourra jamais se fermer impunément à l'esprit, la civilisation, la science allemandes."

On n'en arriva pas cependant au projet de loi pénale de police réclamé également en 1862 par la Chambre des députés. Par contre le 19 juillet 1867 une novelle du C. p. fut de nouveau proposé à la Chambre des députés comme proposition du gouvernement (attendu que le nouveau C. p. ne devrait pas être terminé de si tôt et que cependant quelques-unes des questions les plus pressantes devaient être plus vite résolues par la voie d'une novelle). Ce projet en connexion avec le statut modificatif élaboré par von Hye en 1863 reçut force de loi sous von Hye, ministre de la justice, le 15 novembre 1867 et concerne, comme nous l'avons vu plus haut, outre l'abolition de la peine des chaînes et des châtiments corporels, en particulier la nouvelle réglementation des conséquences déshonorantes des peines, etc.

Le projet d'un C. p. proposé enfin à la Chambre des députés le 27 juin 1867 était le résultat des délibérations de la commission de justice de 1864 à 1866. Suivant le désir du gouvernement, avant de proposer ce projet, on devait tout d'abord consulter des hommes compétents en la matière et tenir compte de leurs conseils pour la revision. Cependant le gouvernement ne tint pas compte des avis des premières autorités, telles que Berner, Mittermaier, von Schwarze, von Holtzendorff, Osenbrüggen, Merkel, etc., et le projet fut proposé sans modifications par le ministre de la justice Komers. L'histoire lamentable de ce projet et des projets suivants peut être esquissée de la façon suivante:

Le rapport du comité de législation pénale sur le projet fut présenté le 20 mars 1868. Puis il y eut prorogation du Conseil de l'empire, dissolution de la Chambre des députés, retrait de la proposition du gouvernement par le ministre de la justice Dr Herbst. De même la prorogation et plus tard la dissolution de la Chambre des députés mit fin de nouveau aux autres délibérations sur le dernier rapport du comité du 21 février 1870.

Après que le Dr Julius Glaser eut été nommé ministre, le travail de réforme reprit de nouveau et on posa comme principe de cette réforme de s'attacher le plus possible au C. p. de l'empire d'Allemagne. Après un travail de presque trois ans, ce projet (avec motifs sur la partie générale) fut proposé le 7 novembre 1874 par le gouvernement à la Chambre des députés, discuté par le comité élu pour cela dans les années 1875 et 1876 et proposé à la Chambre par le rapport du 5 septembre 1877 (en même temps qu'un projet de loi d'introduction déposé entre temps). Cependant il ne fut plus discuté jusqu'à la fin de la session en 1879.

Cette mauvaise chance continue des projets depuis plus de dix ans semble avoir rendu pendant un certain temps les cercles parlementaires indifférents aux travaux de réforme, car un projet proposé de nouveau en 1881 par le chef d'alors du ministère de la justice Dr Prazak et essentiellement conforme au projet du gouvernement de 1874 en tenant compte des délibérations de la commission, ne fut pas même complètement discuté dans la commission. — Cela dura presque huit ans, jusqu'à ce qu'enfin le 11 avril 1889 un projet de loi pénale fut de nouveau proposé au Conseil de l'empire par le ministre de la justice le comte Schönborn. Ce projet repose sur la base du projet de 1874 et tient compte des travaux des commissions nommées depuis lors. La commission élue pour examiner ce projet déposa son rapport à la Chambre des députés déjà à la fin de 1889, après de vives discussions poussées très rapidement; cependant — sort curieux, pour la troisième fois! — de nouveau dissolution de la Chambre des députés et cette fois avant la fin de la session légale le 23 janvier 1891, avant qu'on pût arriver à discuter le projet.

Un récent projet de C. p. (le cinquième depuis 1867) fut proposé par le ministre de la justice le comte Schönborn au Conseil de l'empire au printemps de 1891 et convoqué aussitôt pour le discuter; il fut renvoyé à la délibération de la commission qui a dû terminer son travail à la fin de 1892.

Tel est l'état actuel des projets d'un futur C. p. autrichien, projets restés jusqu'à présent un vrai travail de Sisyphe. Cependant, quoique les expériences faites aient enlevé bien des illusions, on peut compter sur l'entrée en vigueur d'un nouveau C. p. autrichien dans un avenir très prochain, — sinon avec une certitude absolue, vu le sort réservé à tous les projets qui ont paru jusqu'ici — du moins avec une grande probabilité, puisque le ministre de la justice actuel non seulement a entrepris le travail de réforme avec une énergie digne d'éloges, mais y tient continuellement la main et puisque, ce qui est d'une grande importance, les partis politiques semblent favorables à la réussite d'un nouveau C. p.

Si l'on jette un regard sur les principes que nous avons exposés du code actuellement en vigueur, surtout si l'on examine son utilité pratique à la Cour d'assises, on voit combien un nouveau code est nécessaire. On ne peut assez louer la capacité et le tact juridique des juges autrichiens qui arrivent en général à formuler pour les jurés des questions précises sur la base du code de 1852; qu'on pense seulement, par exemple, aux infractions hétérogènes comprises sous la notion générale d'escroquerie, aux définitions de haute trahison, de trouble de la paix publique, etc. qui, dans plusieurs cas, offrent d'énormes difficultés pour poser la question. Tout ceci, ajouté aux défauts d'un code suranné qui se tient aujourd'hui presque isolé de la législation moderne, fournit des raisons bien suffisantes pour espérer enfin sous peu la terminaison du travail de réforme qui dure depuis trente ans!

Les limites étroites de ce volume ne nous permettent pas de caractériser le projet, ce qui n'est du reste pas absolument nécessaire, puisque les principes et le système des projets depuis 1874 se rattachent en fait étroitement au C. p. de l'empire allemand. Cependant non seulement dans les propositions du gouvernement, mais encore dans les délibérations du comité, on a gardé dans le nouveau droit pénal beaucoup de traditions du développement juridique autrichien, on a tenu compte des progrès de la science dans les dix dernières années ainsi que de plusieurs postulats de la tendance crimino-politique récente, représentée par l'Union criminelle internationale, en particulier en ce qui concerne l'exécution des peines; on a accueilli surtout, dans de justes limites, l'institution encore bien discutée de la condamnation conditionnelle (plus justement du sursis à l'exécution de la peine).

2. Hongrie.

I. Les tentatives de codification.

§ 1. Notions historiques.

I. La législation pénale hongroise, à part quelques exceptions, a parcouru les mêmes étapes de développement que celle des autres États européens. A l'époque, où le système de la composition était le type des législations criminelles de l'Europe, il était aussi la base de notre droit pénal. De même chez nous, comme dans les autres États européens, le système de la sauvegarde de l'ordre public par l'intimidation succéda à celui de la composition: de même enfin dans la dernière période de développement, les principes modernes d'humanité dominèrent.

On pourrait relever chez nous époque par époque l'influence des principes juridiques, qui dominèrent chez les grands peuples de l'Europe. La nation hongroise fut toujours soumise aux courants du temps et ne chercha jamais à garantir son individualité en s'isolant en face des efforts du monde civilisé: mais elle sut aussi toujours concilier les droits de son individualité nationale avec les influences de la civilisation occidentale.

Il est hors de doute que les lois de nos premiers rois subirent l'influence du droit canonique et franc. Les lois d'Étienne le Saint (997—1038) et de Ladislas le Saint (1077—1095) ne dénotent pas un moindre degré de développement que les capitulaires francs ou le droit pénal canonique, qui était en vigueur à cette époque dans tout le monde civilisé.

Il y eut même certains de nos premiers rois, qui devancèrent de beaucoup leur siècle par rapport à la législation pénale.

Sous le règne de Koloman (1095—1114), auquel l'histoire donna le surnom de Koloman-le-lettré à cause de son penchant pour les sciences, aucune loi ne fut rendue, qui décrétât la peine de mort. Le même Koloman défendit de brûler les sorciers par ce motif qu'il n'en existe pas. Il restreignit l'usage du fer rouge et de l'eau bouillante, et chargea les siéges épiscopaux ainsi que quelques prieurés d'assurer l'exécution de ces mesures. La fameuse bulle d'or du roi André II (1222), qui est la grande charte de la constitution hongroise, défendit l'emprisonnement des nobles avant la sentence de justice. Depuis le roi Béla IV (1235—1270) l'emploi du fer rouge comme moyen de preuve commença à disparaître. Ces faits prouvent suffisamment que les lois hongroises n'étaient pas plus inhumaines que celles des autres Etats.

Depuis Ladislas II les lois devinrent plus sévères, à la suite de la révolte des paysans, dont la répression exigeait des mesures exceptionnelles. Les lois édictées après la bataille de Mohács portent l'empreinte de cette période guerrière. A la suite des guerres incessantes pendant lesquelles la

Hongrie fut, durant près de deux siècles, seule à protéger l'Europe contre l'invasion turque, il ne pouvait être question du développement tranquille du droit pénal. Les luttes religieuses, qui suivirent la Réforme, ne restaient pas sans effet sur la législation pénale, en aigrissant les sentiments et en entraînant avec elles l'oubli de la modération et l'intolérance. Les lois de cette époque prononcent la peine de mort contre les hérétiques: mais ce n'est pas là une particularité de la Hongrie; il en fût de même dans le reste de l'Europe, et cette tendance se manifesta d'ailleurs d'une façon plus épouvantable dans l'Europe occidentale par les horreurs de l'inquisition que par les poursuites contre les hérétiques en Hongrie.

La Hongrie, en dehors de sa lutte contre la Turquie, devait aussi combattre contre l'Autriche pour sauvegarder son indépendance et l'intégralité de sa constitution. De pareils temps ne sont pas favorables à un travail de législation systématique, et, comme les anciennes lois, telles que le Tripartitum de Verbœczy et les droits locaux, n'étaient plus suffisantes et ne furent pas remplacées par de nouvelles dispositions législatives, le juge remplit en Hongrie le rôle du législateur. Le génie de l'époque ne se contentait plus des dispositions surannées du corpus juris, et le „prudens judicis arbitrium" devint la source principale du droit. Ce droit nouveau fut naturellement obligé de jeter son attention sur le droit des nations en progrès. Les universités italiennes furent fréquentées par de nombreux Hongrois, ainsi que cela a été mis en lumière par les découvertes les plus récentes. Nous rencontrons dans le droit coutumier hongrois des traces évidentes des sources juridiques italiennes. Cela est particulièrement visible dans les ouvrages de droit hongrois du 17e siècle, qui furent écrits dans le but avoué d'exposer le droit coutumier hongrois, et dans lesquels sont contenus les aperçus et les enseignements des juristes italiens. Mais ce fut encore le Code d'Instruction criminelle pour la Basse-Autriche (Forma processus judiciarii criminalis seu praxis criminalis) publié par Ferdinand III en 1656, qui eût le plus d'influence sur le droit coutumier hongrois. Cette œuvre fut en 1687 publiée en latin à Tyrnau par le cardinal Kolonics et annexée en 1696 par Szentiványi à l'édition de la collection des lois hongroises. Le Parlement de 1728—29 se consacra à l'examen de ce code, mais ne lui octroya aucune force de loi: il n'en exerça pas moins par la suite et jusqu'à la fin du 18e siècle une influence capitale sur la pratique judiciaire. En outre l'œuvre de Carpzov eut une grande influence sur le développement de la jurisprudence hongroise, à ce point même que les décisions de la justice répressive invoquaient à leur appui la „practica nova".

II. La pensée, qu'il y avait lieu de créer un C. p. national, surgit à la fin du 17e siècle. Le cardinal Kolonics publia en 1689 avec le concours de quelques collègues un „Projet d'organisation publique" dans lequel était recommandée la création d'un C. p. Poussé par ce mouvement, le Parlement nomma en 1715 une commission (de emendatione legum et celebratione judiciorum). Cette commission aboutit dans le cercle de ses séances à la création d'un C. p. en conservant les bases du projet Kolonics.

Le projet de la commission fut discuté au Parlement en 1723, mais ne fut pas jugé convenable. Cependant, on considérait la réforme comme urgente, et Charles III adressa aux tribunaux une ordonnance, par laquelle il les invitait à élaborer un projet de C. p. pour la prochaine convocation du Parlement. On sait que le Parlement, qui suivit, rédigea un nouveau projet en s'inspirant des travaux préparatoires des tribunaux, mais que ce projet ne fut jamais discuté. L'opinion publique ne se laissa pas décourager par ces retards, et les tentatives de codification persistèrent. Un ouvrage publié au 18e siècle (tripartitum juris hungarici tyrocinium, Szegedin 1734) manifestait l'espoir, que la Hongrie aurait sous peu un C. p. national. (Sperandum aliunde regis regnique auctoritate intra annos non multos praxim criminalem regni propriam legibus conformem elaboratum iri.) Ce délai, qu'on souhaitait court, a duré plus d'un siècle et demi.

III. La reine Marie-Thérèse, qui consacrait un vif intérêt à tout ce qui pouvait assurer l'épanouissement de la Hongrie, rendit le 11 juillet 1752 une ordonnance pour la mise à l'étude du C. p. La chancellerie royale chargea une commission spéciale de satisfaire à l'ordonnance. Les travaux de cette commission demeurèrent sans objet par suite de l'apparition du C. p. général de Joseph II. Cet empereur, dont le règne coïncidait avec l'époque, où l'action de Beccaria et de Filangieri rendait possible la confection d'un C. p. systématique et humanitaire, voulait aussi doter la Hongrie d'un C. p. répondant à ces principes. Mais il ne prit pas la bonne voie. Il voulait faire entrer en vigueur au moyen d'une ordonnance impériale la loi pénale, qui d'ailleurs était au niveau des grandes idées de l'époque, et qui avait supprimé la peine de mort de la procédure criminelle. La Hongrie tenait avant tout à l'observation de ses règles constitutionnelles, qui exigeaient le concours du Parlement pour la création d'une loi pénale, et refusa de reconnaître cette ordonnance royale, ainsi qu'elle fit d'ailleurs pour les autres ordonnances de Joseph II. Le C. p. de Joseph II demeura nominalement en vigueur de 1787 à 1790, sans exercer une influence appréciable sur les décisions des tribunaux hongrois, qui furent toujours et partout conçues dans un esprit hostile. Du reste dès 1791 ce C. p. et l'ordonnance impériale furent abrogés législativement.

IV. Après la restauration de la Constitution sous Léopold II, le Parlement comprit que les décisions judiciaires n'étaient plus soutenables. Le Parlement décida en 1791 la confection d'urgence d'un C. p. systématique. Les idées nouvelles exigeaient un droit nouveau. Il y eut, il est vrai, un parti hostile aux idées libérales, parce qu'elles étaient les idées de Joseph II; mais la majorité du Parlement leur était acquise. La loi LXVII de 1791 chargea une commission judiciaire de préparer un C. p. systématique (elaboratio codicis criminalis). La commission répondit si bien à sa mission qu'on peut dire que son travail (codex de delictis eorumque poenis pro tribunalibus regni hungarici partiumque eidem annexarum, Pest 1807) est à la hauteur des idées du temps. Le projet adopte un système de classification basé sur les principes rationnels dominant à cette époque. Les tendances humanitaires d'alors y trouvent leur expression, et il peut soutenir la comparaison avec les autres lois pénales européennes du moment. Néanmoins ce travail remarquable ne fut pas discuté, car les événements politiques, qui découlèrent de la Révolution française, absorbèrent l'attention.

V. Les tentatives de codification en restèrent là jusqu'à la loi VIII de 1827. Cette loi chargea une nouvelle commission d'examiner le projet de 1791. Mais cette commission, au lieu de faire porter son attention sur les idées de réforme, a cru remplir sa mission en cherchant à faire un amalgame de règles tirées des principes de l'ancien droit hongrois et du C. p. autrichien de 1803. Cette tentative devait naturellement échouer, étant donné le caractère réactionnaire du projet élaboré. Il n'y a donc pas lieu de regretter l'avortement de ce projet, qui, par rapport à celui de 1791, constituait un recul accentué en arrière.

VI. Treize années s'écoulèrent jusqu'au moment où le Parlement se préoccupa à nouveau de la réforme pénale. Le point de départ du nouveau mouvement fut la question de la réforme pénitentiaire. L'intérêt pour la question des prisons fut suscité par deux grands hommes d'État, le baron Joseph Eötvös et Berthold Szemere de telle façon qu'en 1840 une commission fut instituée par la loi V avec mission d'élaborer un meilleur système pénitentiaire; mais la loi commence par mentionner qu'on attend aussi de la commission une revision du projet de 1827. La commission se composait des membres les plus marquants du Parlement, dont il suffit de citer quelques noms, tels que ceux de Franz Deák, Georges Majláth, du baron Nicolas Vay, du comte Georges Apponyi, du baron Joseph Eötvös et de Franz Pulszky. Le rapporteur de la commission fut le célèbre historien Ladislas Szalay, un des plus grands publicistes de la Hongrie.

La commission tint pour inutilisables le C. p. autrichien de 1803 fondé sur la théorie de l'intimidation et de l'inégalité des classes, ainsi que le projet hongrois de 1827, qui s'en était inspiré. Elle dut donc préparer un nouveau projet: elle s'y décida d'autant plus facilement, qu'un C. p. basé sur l'égalité juridique pourrait être considéré aussi comme un moyen efficace pour combattre les inégalités contenues dans la Constitution hongroise. D'ailleurs la codification et la science pénale avaient déjà fait de tels progrès à l'étranger qu'on ne pouvait guère entreprendre une codification autrement qu'en se fondant sur les idées modernes.

La commission se divisa en trois sous-commissions. Franz Deák dirigea la sous-commission du C. p. La commission élabora en moins d'un an et demi le projet d'un C. p. et de police, d'une loi d'instruction criminelle et de police, et d'une loi sur le régime pénitentiaire. Le projet de C. p., dont il est uniquement question ici, est une œuvre législative de premier ordre, qui d'après la critique étrangère ferait honneur aux États les plus civilisés eux-mêmes de l'Europe occidentale. Le projet s'appuie sur les idées modernes de progrès. Il contient même un certain nombre de principes, qui encore aujourd'hui sont considérés comme un but désiré pour les législations européennes. Ses tendances humanitaires se manifestent dans l'abolition de la peine de mort et des peines infamantes, et dans la suppression du minimum. Le régime pénitentiaire y fut organisé d'après le système de l'emprisonnement cellulaire. Le projet reçut l'approbation de la presse européenne et fut accueilli avec enthousiasme par Mittermaier, la première autorité de cette époque, qui fut au surplus en correspondance active avec plusieurs membres de la sous-commission.

Le Parlement de 1843—44 se mit avec ardeur à la discussion du projet. Mais comme des divergences d'opinion se produisirent entre la chambre haute et la chambre basse du Parlement au sujet des principes fondamentaux du projet, les délibérations traînèrent en longueur, et à la fin de la législature le projet n'avait pas encore force de loi.

VII. Le Parlement de 1847—48 fut appelé à continuer les délibérations. Franz Deák, le ministre de la justice du premier gouvernement hongrois responsable, considéra comme un de ses devoirs principaux de réaliser l'idée du C. p.; mais il en fut empêché par suite de la guerre de l'indépendance, qui venait d'éclater.

Au lendemain de cette guerre, le gouvernement arrivé au pouvoir considérait comme éteints les droits constitutionnels séculaires de la Hongrie et voulait incorporer ce royaume dans la monarchie autrichienne unitaire. Entre autres lois, le C. p. autrichien du 27 mai 1852 fut promulgué en Hongrie; mais il n'y resta en vigueur que jusqu'en 1860. Car lorsque le diplôme d'octobre 1860 eut restauré partiellement la constitution hongroise, une commission fut instituée le 23 janvier 1861 sous la présidence du „Judex Curiae", le comte Georges Apponyi, avec mission de déterminer les „règles judiciaires provisoires". Cette commission restaura l'ancien droit pénal hongrois et l'ancienne pratique criminelle avec quelques réglementations rendues nécessaires par la situation nouvelle.

Cette pratique criminelle, basée sur des principes aussi caducs, ne provoqua pas plus de mal uniquement, parce que les juges ne s'en tinrent pas à ces lois surannées. Il était en effet de tradition en Hongrie que le juge pouvait améliorer les mauvaises lois: naturellement dans ces conditions l'uniformité et la continuité dans la jurisprudence étaient inconnues. La nécessité d'une codification devenait pressante. Aussi après la restauration complète de la constitution hongroise, le second ministre responsable du pays, le généreux Balthazar Horváth, se donna la mission de reprendre le projet de janvier 1843. Deux études en furent faites, mais aucune ne fut jugée digne d'être présentée au Parlement.

Enfin fut proclamée l'idée, qu'il y avait lieu de rédiger un C. p. nouveau et se suffisant par lui-même, dans lequel on prendrait en considération les nouvelles conquêtes de la science, le droit coutumier hongrois et les exigences particulières à la nation.

§ 2. La dernière époque de la codification.

Le choix que fit le ministre de la justice, Balthazar Horváth, pour la rédaction d'un projet de C. p., de Charles Csemegi, alors conseiller de ministère, et plus tard secrétaire d'État et président du Sénat, prouve sa profonde connaissance des hommes. Le zèle extraordinaire, le sens critique pénétrant, l'ampleur du jugement de ce remarquable savant doué aussi de l'intelligence d'un homme d'État, offraient les meilleures garanties pour le succès de l'entreprise: un meilleur choix n'aurait guère pu être fait.

Le travail de codification marcha lentement au début, car Charles Csemegi fut arrêté par la rédaction devenue nécessaire de la loi d'organisation judiciaire et du code provisoire de procédure criminelle.

Étienne Bittó, le ministre de la justice qui succéda à Balthazar Horváth, maintint la mission confiée par son prédécesseur à Charles Csemegi, qui termina la première rédaction du projet en août 1872. Mais Csemegi remania ce projet dans l'année suivante, et y ajouta des motifs justificatifs, qui par eux-mêmes ont la valeur d'une œuvre scientifique: ils répondaient d'ailleurs à un besoin en Hongrie, où ils devaient combler une lacune dans la littérature scientifique alors peu développée.

Le travail parut dans l'été de 1874 et fut présenté à la Chambre des députés par Théodore Pauler, professeur à l'Université et ministre intérimaire de la justice. Mais à raison de la prochaine séparation du Parlement, ce projet ne put venir en discussion.

A cette époque, parut en Autriche le projet de Glaser, qui contenait de nombreux et riches matériaux, et dont l'opinion publique s'occupa vivement en Hongrie conjointement avec le projet de Csemegi. Aussi ce dernier proposa-t-il lui-même en janvier 1875 la revision de son projet, ce dont le chargea Béla Perczel, alors ministre de la justice.

Le projet revisé et accompagné de ses motifs fut bientôt terminé et en août 1875 le ministre de la justice le soumit à une commission, composée de jurisconsultes et praticiens distingués, qui l'examina en huit séances principalement au point de vue hongrois.

Le 5 novembre 1875 le projet fut présenté à la Chambre des députés, qui le transmit à la commission ministérielle. Celle-ci discuta le projet tant au point de vue des principes généraux que des dispositions particulières durant 59 séances, et transmit son rapport à la Chambre des députés le 15 septembre 1877.

La discussion devant la chambre commença le 22 novembre. Elle fut ouverte par un grand et intéressant discours de Théodore Pauler, redevenu momentanément professeur de l'Université, et conserva jusqu'à la fin un niveau élevé. Il y a lieu de remarquer principalement les discours véritablement classiques du codificateur lui-même. Le résultat de la discussion fut l'adoption du projet, avec quelques modifications introduites par la commission ministérielle, et qui étaient relatives les unes à la rédaction, les autres à quelques principes.

Le projet fut alors envoyé à la Chambre haute, qui en aborda la discussion le 18 février 1878, le discuta en cinq séances et le renvoya à la Chambre des députés avec quelques modifications importantes. Celles-ci furent discutées par la Chambre des députés le 27 mars; elle en accepta quelques-unes, mais s'en tint pour le surplus à ses décisions antérieures. La Chambre haute, dans la nouvelle délibération qui s'en suivit, adopta en général les propositions de la Chambre des députés, mais maintint son vote antérieur sur un seul point. Cette divergence entre les deux chambres disparut entièrement, la Chambre des députés acceptant dans sa séance du 8 avril le point de vue de la Chambre haute. Le projet de loi fut revêtu le 27 mai de la sanction royale, et fut promulgué le 29 mai dans les deux chambres du Parlement comme loi V de l'année 1878, sous le titre de „Code pénal hongrois des crimes et des délits".

Ainsi le but est atteint après cent ans de tentatives et de luttes. Pour arriver à ce résultat, Charles Csemegi a bien mérité non seulement comme codificateur, mais aussi comme secrétaire d'Etat et comme membre du Parlement, en maintenant à l'ordre du jour des séances le projet de C. p. avec une opiniâtreté et une énergie extraordinaires.

II. Le droit en vigueur actuellement.

§ 3. Les lois pénales hongroises et leurs divisions.

I. Nous avons un code (loi V, 1878) sur les crimes et les délits, et un autre code (loi XII, 1879) sur les contraventions. Les infractions sont donc divisées d'après ce système tripartite en crimes, délits et contraventions, tandis que le projet de 1843 suivait le système de la distinction entre les crimes et les contraventions.

Comme il n'y aucune différence qualitative entre les crimes et les délits, c'est à raison de l'importance de la peine que l'on doit distinguer ces deux groupes d'infractions. Cette division repose sur le système de la „distinctio ex poena". Nous indiquerons plus bas, en exposant le système des peines, comment cette distinction doit être faite. Mais nous devons dès maintenant remarquer que seuls les actes commis volontairement peuvent constituer un crime, et que cette règle s'applique aussi aux délits, à moins que des dispositions spéciales de la loi ne qualifient de délits des actes résultant d'une simple négligence.

Le C. p. hongrois des crimes et des délits compte 486 articles. La partie générale en compte 125 et la partie spéciale 361. Chaque partie se compose de chapitres distincts: la partie générale en contient 9, et la partie spéciale 43. La partie générale renferme toutes les dispositions générales, qui sont applicables à l'ensemble de la loi pénale, toutes les fois qu'il n'en est pas disposé autrement par les dispositions spéciales, et contient aussi les règles formant la base ou le complément des dispositions particulières.

Pour la succession des chapitres, on a évité ces points de vue de pure doctrine, qui empêchent la clarté et rapprochent des infractions disparates; mais l'on a aussi évité l'absence de système. La sextuple division du C. p. français et des lois qui l'ont imité (I livres, II titres, III chapitres, IV sections, V articles, VI paragraphes) n'a pas été suivie.

Dans la partie générale, qui porte le titre de „Dispositions générales“, les articles sont répartis de la façon suivante:

Chapitre I. Dispositions préliminaires, art. 1—4. Chapitre II. Portée de la loi quant au territoire et aux personnes, art. 5—19. Chapitre III. Peines, art. 20—64. Chapitre IV. De la tentative, art. 65—68. Chapitre V. De la complicité, art. 69—74. Chapitre VI. Intention ou négligence, art. 75. Chapitre VII. Règles, qui excluent ou atténuent la peine, art. 76—94. Chapitre VIII. Pluralité d'actes délictueux, art. 95—104. Chapitre IX. Causes, qui excluent l'exercice de l'action pénale et l'exécution de la peine (mort, grâce, prescription, délits dont la poursuite est subordonnée à une plainte), art. 105—125.

La seconde partie ou partie spéciale s'occupe des crimes et des délits en particulier et de leur répression. En premier lieu viennent les crimes et les délits contre l'État, les institutions et le crédit de l'État: ensuite il est traité des crimes et délits contre les personnes privées, contre l'honneur, la vie, des lésions corporelles, des atteintes à la santé, à la liberté individuelle, aux droits des particuliers, à la fortune; en dernier lieu sont rangés les crimes et les délits offrant un danger général.

Les articles de la seconde partie, qui porte le titre de „crimes et délits en particulier et leur punition“, furent divisés de la façon suivante:

Chapitre I. Lèse-majesté, art. 126—138. Chapitre II. Voies de fait envers le roi et les membres de la maison royale; Outrages au roi, art. 139—141. Chapitre III. Trahison, art. 142—151. Chapitre IV. Sédition, art. 152—162. Chapitre V. Violences envers les autorités, les membres du Parlement et les représentants de l'autorité, art. 163—170. Chapitre VI. Excitation contre la constitution, les lois, les autorités ou leurs représentants, art. 171—174. Chapitre VII. Violences contre les particuliers, art. 175—177. Chapitre VIII. Crimes et délits contre le droit électoral, art. 178—189. Chapitre IX. Crimes et délits contre le libre exercice de la religion, art. 190—192. Chapitre X. Violation de la liberté individuelle, du domicile, du secret des lettres et des dépêches par les fonctionnaires publics, art. 193—202. Chapitre XI. Fausse monnaie, art. 203—212. Chapitre XII. Faux témoignage et faux serment, art. 213—226. Chapitre XIII. Fausse accusation, art. 227—231. Chapitre XIV. Crimes et délits contre les mœurs, art. 232—250. Chapitre XV. Bigamie, art. 251—253. Chapitre XVI. Crimes et délits contre l'état de famille, art. 254—257. Chapitre XVII. Diffamation et injure, art. 258—277. Chapitre XVIII. Crimes et délits contre la vie, art. 278—292. Chapitre XIX. Duel, art. 293—300. Chapitre XX. Lésion corporelle, art. 301—313. Chapitre XXI. Crimes et délits contre la santé publique, art. 314—316. Chapitre XXII. Atteinte à la liberté individuelle par des particuliers, art. 317—326. Chapitre XXIII. Violation du secret des lettres et des dépêches par les particuliers, art. 327. Chapitre XXIV. Divulgation du secret d'autrui, art. 328—329. Chapitre XXV. Violation du domicile par des particuliers, art. 330—332. Chapitre XXVI. Vol, art. 333—343. Chapitre XXVII. Rapine et extorsion, art. 344—354. Chapitre XXVIII. Détournement, violation de sequestre, administration infidèle, art. 355—364. Chapitre XXIX. Appropriation illégitime, art. 365—369. Chapitre XXX. Recel et moyens y aidant, art. 370—378. Chapitre XXXI. Tromperie, art. 379—390. Chapitre XXXII. Falsification de documents, art. 391—407. Chapitre XXXIII. Délivrance et usage de faux certificats médicaux et communaux, art. 408—411.

Chapitre XXXIV. Falsification de timbres, art. 412—413. Chapitre XXXV. Banqueroute frauduleuse et simple, art. 414—417. Chapitre XXXVI. Dommages à la propriété, art. 418—421. Chapitre XXXVII. Incendie, art. 422—428. Chapitre XXXVIII. Inondation, art. 429—433. Chapitre XXXIX. Dommages aux chemins de fer, aux navires, aux télégraphes et autres actes causant un danger public, art. 434—446. Chapitre XL. Délivrance de prisonniers, art. 447—448. Chapitre XLI. Crimes et délits contre la force armée, art. 449—460. Chapitre XLII. Crimes et délits des fonctionnaires et des avocats, art. 461—484. Chapitre XLIII. Dispositions finales, art. 485—486.

II. A côté du code des crimes et des délits (loi V, 1878), le second document législatif consiste dans le „Code des contraventions" (loi XL, 1879). Le projet de celui-ci est également l'œuvre de Charles Csemegi. Il fut présenté en 1878 au Parlement, mais ne fut discuté que dans le sein de la commission, car le Parlement fut dissous avant qu'il n'y vint en délibération. Dans le courant de l'automne 1878, ce projet fut présenté au nouveau Parlement avec la rédaction adoptée par la commission du précédent Parlement. La Chambre des députés le discuta du 24 au 28 mai 1879, et la Chambre haute y consacra sa séance du 7 juin de la même année. La Chambre haute n'y apporta qu'une seule modification (relativement à l'art. 30), que la Chambre des députés adopta. Le 11 juin le projet fut revêtu de la sanction royale et fut promulgué comme loi, sous le chiffre XL de l'année 1879, avec le titre de „Code pénal hongrois des contraventions" à la date du 14 juin, dans les deux chambres du Parlement.

Cette loi comprend 145 articles et est divisée en deux parties. La première, sous le titre de „Dispositions générales" contient 32 articles; la seconde, sous le titre de „Différentes sortes de contraventions et leur punition", comprend le reste des articles, et se divise en 11 chapitres, dont les titres sont les suivants:

Chapitre I. Contraventions contre l'État, art. 33—38. Chapitre II. Contraventions contre les autorités et contre la tranquillité publique, art. 39—50. Chapitre III. Contraventions contre la religion et son libre exercice, art. 51—54. Chapitre IV. Contraventions relatives à la falsification des monnaies et des valeurs, art. 55—59. Chapitre V. Contraventions contre l'état de famille, art. 60. Chapitre VI. Contraventions contre la sûreté publique, art. 61—73. Chapitre VII. Contraventions contre la tranquillité publique et la morale publique, art. 74—86. Chapitre VIII. Contraventions relatives aux jeux de hasard, art. 87—91. Chapitre IX. Contraventions contre la santé publique et la sécurité des personnes, art. 92—125. Chapitre X. Contraventions contre la propriété, art. 126—143. Chapitre XI. Dispositions finales, art. 144—145.

§ 4. Mise en vigueur des lois pénales hongroises.

Dans les deux codes ci-dessus il fut stipulé, qu'une loi spéciale devait intervenir relativement à leur mise en vigueur et aux dispositions transitoires.

Le ministre de la justice Pauler confia la rédaction de ce projet de loi à Étienne Teleszky, alors député et aujourd'hui secrétaire d'État au Ministère de la justice. Après délibération de la commission, le projet fut présenté à la Chambre des députés le 22 janvier 1880, comme projet du gouvernement. Le rapport de la commission ministérielle, qui avait adopté le projet avec quelques modifications, fut soumis à la Chambre des députés le 5 mars: il y fut discuté les 28 et 29 mars, et fut renvoyé pour une nouvelle rédaction de quelques articles à la commission; celle-ci fit le 8 mai son second rapport, qui fut suivi de l'adoption du projet par la Chambre des députés et ensuite par la Chambre

27*

haute. Le 15 juin le projet était revêtu de la sanction royale, et fut promulgué le 21 dans les deux chambres du Parlement, comme loi portant le numéro XXXVII de l'année 1880, sous le titre de loi „sur la mise en vigueur des codes pénals hongrois". Cette loi, qui a 49 articles, décide que les deux codes entreront en vigueur au 1ᵉʳ septembre 1880.

§ 5. Caractères généraux des Codes pénals.

I. Pour la préparation du projet de C. p., on utilisa toutes les sources pouvant servir de guide dans l'état de la science à ce moment eu égard aux conditions propres de la Hongrie. L'influence du C. p. de l'Empire d'Allemagne, des lois pénales de Belgique et de Zurich, du projet italien et du projet de Glaser pour l'Autriche sur le C. p. hongrois est incontestable. L'auteur du projet possédait à fond le droit pénal allemand, français et italien, et prit en considération pour son travail toutes les données de la critique scientifique. Ce travail comportait de grandes difficultés, car le développement du droit manquait de continuité. La pratique judiciaire, qui s'était développée sous l'influence du C. p. autrichien, était pleine d'erreurs: d'anciens enseignements étaient proclamés comme des vérités. Il était impossible d'édifier un nouveau C. p. sur cette pratique: il fallait avant tout la déraciner. La littérature juridique n'avait pas alors pris encore un essor suffisant pour pouvoir servir de précurseur à cette grande réforme. On n'était pas tenté d'employer comme éléments scientifiques les principes du C. p. autrichien appliqués dans la pratique. Quant aux travaux littéraires, qui existaient, il leur manquait le fondement positif moderne, et ils s'attachaient au contraire avant tout aux règles du droit naturel. Il n'y avait donc pas de lien entre la doctrine et la nouvelle loi pénale; et si nous prenons en considération cette remarque ainsi que l'exposé historique présenté ci-dessus, nous devons apercevoir clairement que le C. p. hongrois ne pouvait pas s'asseoir sur une tradition historique, comme les Codes allemand ou italien, qu'avaient précédés des lois particulières et une littérature florissante.

Beaucoup de critiques en Hongrie font au C. p. le reproche de n'avoir pas conservé au moins quelques principes du projet de 1843. On l'attaque surtout en ce que dans la pratique le minimum de peine établi par le code (deux ans pour les maisons de force, et six mois pour la réclusion) paraît trop élevé; et l'on dit qu'on aurait pu éviter ces inconvénients, si l'on avait adopté le principe du projet en question, qui n'établissait de minimum pour aucune peine.

Arrivons maintenant aux caractères distinctifs du système et de la tendance suivis par le C. p.

II. Le principe fondamental du C. p. hongrois est ce même principe combiné d'utilité et de justice, qui est celui des lois criminelles de tous les pays civilisés. Tout le système et toutes les dispositions du C. p. hongrois découlent de cette double théorie. Le principe utilitaire apparaît surtout en ce qui concerne la libération conditionnelle, la grâce, la prescription, le cas où l'auteur d'une tentative renonce à l'exécution de l'acte délictueux, etc. Le C. p. hongrois se tient éloigné également de la théorie fondée sur la justice absolue et de celle qui repose sur l'utilitarisme radical, et il a su heureusement combiner ces deux points de vue.

III. Les Codes pénals hongrois (loi V, 1878, sur les crimes et les délits, et loi XL, 1879, sur les contraventions) ne contiennent pas toutes les matières relatives à la protection répressive qu'accorde l'État. Les efforts des théoriciens, pour faire rentrer toutes les institutions criminelles dans un seul code, ne pouvaient pas réussir plus en Hongrie qu'ailleurs. Le nombre considérable des lois spéciales énumérées plus bas montre que déjà lors de la confection de la loi de mise en vigueur plusieurs dispositions pénales d'autres lois durent subsister, et que de nouvelles lois durent aussi être faites depuis.

Il faut remarquer ici que le C. p. hongrois comprend les crimes et les délits de presse: il détermine les actes punissables ainsi que leur punition, et à cet égard la loi XVIII de 1848 est partiellement abrogée. Mais elle demeure encore en vigueur en ce qui concerne la procédure, la police de la presse, la graduation de la responsabilité.

IV. Dans son système des peines, le législateur s'efforce de mettre en harmonie les exigences de l'humanité avec celles de la justice et de la sévérité nécessaire.

Contrairement au projet de 1843, la peine de mort est conservée, mais n'est appliquée qu'au cas d'assassinat et de meurtre prémédité du roi.

La peine principale consiste dans celle qui est privative de la liberté. Le C. p. des crimes et des délits admet quatre sortes de peines privatives de la liberté: la maison de force (Zuchthaus), la prison d'État (honesta custodia), la réclusion (Kerker), la prison.

Les crimes les plus punis sont passibles de la maison de force à perpétuité. La plus longue durée de la détention temporaire est de 15 ans. C'était le maximum adopté par l'enquête faite à l'occasion du C. p. de l'Allemagne du Nord, et qui fut ensuite accepté par le C. p. de l'Empire allemand et par le C. p. de Zurich.

La peine de la maison de force peut néanmoins être perpétuelle ou temporaire. Sa durée la plus courte est de deux ans.

La durée la plus longue de la peine de la prison d'État est de 15 ans, la plus courte d'un jour.

La plus longue durée de la réclusion est de dix ans, la plus courte de six mois.

Enfin le simple emprisonnement peut être prononcé jusqu'à cinq ans au plus et pour un jour au moins.

La peine de mort, la maison de force, la réclusion sont exclusivement prononcées pour les crimes; la peine de la prison n'atteint que les délits: quant à la peine de la prison d'État, elle est appliquée aux délits au-dessous de cinq ans, et au-delà aux crimes.

La qualification de crime ou de délit ne résulte pas de la durée de la peine indiquée par la loi, mais de la peine prononcée dans chaque cas par les tribunaux. Cela n'est pas dit expressément par la loi, et celle-ci n'indique pas davantage si le fait qualifié délit par suite de correctionalisation produira les mêmes effets juridiques que le fait, qui légalement est qualifié délit. Les articles du C. p., qui doivent emporter la balance dans cette question (et principalement l'art. 20), sont aujourd'hui unanimement interprétés en ce sens, qu'il faut s'attacher, pour la qualification du fait délictueux, à la peine prononcée in concreto par le juge.

V. Graduation de la peine. La loi détermine par rapport à chaque fait délictueux le maximum et le minimum de la peine. Là où le minimum n'est pas indiqué dans la partie spéciale du code, il faut appliquer le minimum déterminé dans la partie générale pour le genre de peine en question. Le système de la loi consiste donc à déterminer l'étendue de la peine d'une façon relative, tandis que le projet de 1843, qui ne connaissait pas le minimum, ne déterminait pas l'étendue relative de la peine. Les limites des peines temporaires privatives de liberté, comprises dans la partie spéciale du C. p., sont les suivantes. Maison de force: 10—15, 5—10 et 10 ans (minimum

2 ans), 3—5, 5 et 3 ans (2—3 ans). Peine de la réclusion: 2—5, 1—5 et
5 ans (minimum 6 mois), 1—3, 3, 2 et un an. Prison d'État: 10—15, 5—10,
2—5, 1—5, 5, 1—3, 3 ans, 6 mois à 2 ans, 2 ans, 1 an, 6 mois. Prison:
2—5, 5, 1—3 ans, 6 mois à 3 ans, 3 ans, 2 ans, 3 mois à un an, 1 an, 6,
3 et 1 mois, 8 jours.

Il faut remarquer, qu'il y a dans la loi plusieurs sous-catégories pour
la détermination du maximum et du minimum.

VI. Circonstances atténuantes. La règle pour le calcul de la peine est
que, s'il n'y a ni circonstances atténuantes ni circonstances aggravantes, on
prononce la durée moyenne entre le maximum et le minimum: par exemple
au cas où le maximum de la peine consiste en 5 ans de maison de force, la
durée moyenne sera de 3 ans $^1/_2$ (le minimum de la maison de force étant
de 2 ans).

La loi prend aussi en considération les circonstances atténuantes exceptionnelles. Le système suivi n'est pas celui qui consiste à établir deux
catégories de peines, dont l'une s'appliquerait aux cas ordinaires et l'autre
aux cas particulièrement légers. Dans la partie générale (art. 92) est posé le
principe de l'adoucissement de la peine pour les cas particulièrement légers,
et les limites de cet adoucissement sont nettement déterminées. L'adoucissement des peines a lieu aussi à l'égard des crimes qui sont punis de mort ou
de la maison de force à perpétuité; mais il est limité en ce qu'on ne peut
prononcer à la place de la peine de mort une peine inférieure à 15 ans de
maison de force, et au lieu de la maison de force à perpétuité une peine inférieure à 10 ans de maison de force. D'ailleurs. lorsque les circonstances
atténuantes sont si prépondérantes ou si nombreuses, que même le minimum
de la peine édictée contre l'acte serait d'une sévérité disproportionnée, alors
on peut prononcer le minimum légal de cette même peine; et si ce minimum
légal paraît encore trop sévère, on peut alors prononcer la réclusion à la
place de la maison de force à temps, la prison à la place de la réclusion,
l'amende à la place de la prison, jusqu'au minimum de chacune de
ces peines.

Il s'en suit que, lorsque en vertu de ces dispositions la peine est modifiée dans un cas déterminé et que la prison est prononcée à la place de la
réclusion, l'acte qualifié crime dans la loi sera qualifié délit dans le jugement, puisque la peine prononcée est une peine correctionnelle.

VII. Système pénitentiaire. Le système pénitentiaire, s'écartant du régime
cellulaire adopté par le projet de 1843, est basé sur le système progressif.
Il comprend les degrés successifs de la cellule, du travail en commun, de
l'établissement intermédiaire et de la libération conditionnelle, qui se suivent
successivement pendant l'accomplissement de la peine. L'institution de la
libération conditionnelle, qui sera discutée plus loin, a bien fait ses preuves,
et l'opinion publique en encourage le développement. Il faut faire encore
ressortir que la loi ne contient que les dispositions générales relatives à
l'exécution des diverses peines et n'entre pas dans les détails de réglementation.
Elle détermine seulement la condition des différentes sortes de peines; et cela
permet d'apercevoir la variété considérable des peines à subir, et de saisir
les buts relatifs poursuivis par la loi. ainsi que les dispositions qu'elle a
jugées convenables pour atteindre ces buts. C'est à ce point de vue qu'il
faut examiner et juger les dispositions correspondantes, qui traitent du
système des peines. Quant aux détails, ils sont réglés par les ordonnances
ministérielles.

VIII. Amende. L'amende est prononcée comme peine principale exclusivement en matière de délits et est fixée dans la partie spéciale de la loi, aux

termes des art. 261, 366 et 443 dans la mesure de 1 à 500, de 1 à 1000, de 100 à 1000 florins. L'amende est, en outre, encourue comme peine principale, lorsque la peine de l'emprisonnement est remplacée par l'amende à raison de circonstances atténuantes exceptionnelles. En cas de non-paiement de l'amende, une prestation de travail ne peut y suppléer; elle est alors remplacée par la prison. C'est là une cause de préjudice, lorsque l'amende, étant prononcée contre des indigents, cesse d'être une amende pour devenir une peine d'emprisonnement.

IX. Peines accessoires. Les peines accessoires (abstraction faite de la confiscation des objets servant à la perpétration de l'acte délictueux, de l'expulsion des criminels étrangers, de la défense d'exercer une profession, et de l'amende prononcée comme peine accessoire) consistent dans la destitution d'emploi et dans la suspension temporaire de l'exercice des droits politiques. Les conséquences attachées aux crimes n'ont pas dans le système du Code hongrois un caractère perpétuel. On suit le principe „non poena sed factum infamat". Les peines accessoires mentionnées ci-dessus sont déterminées par le jugement jusqu'à concurrence d'une durée de trois ans en matière de délits, et jusqu'à concurrence d'une durée de dix ans en matière de crimes; mais elles ne sont applicables qu'aux faits délictueux, à l'égard desquels la partie spéciale du code en décide l'application. Ces peines accessoires sont facultatives dans les cas où la peine prononcée par le juge ne dépasse pas six mois de prison ou de prison d'État.

X. Délits dont la poursuite est subordonnée à une plainte. La règle du C. p. hongrois est que la poursuite des infractions est confiée à l'État, c'est-à-dire au Ministère public. Il y a pourtant dans le Code hongrois, comme dans les autres Codes européens, certaines infractions dont la poursuite ne peut avoir lieu que sur la plainte de la partie lésée. Elles sont au nombre de 24 et sont les suivantes: fausse accusation non suivie de poursuite par l'accusateur (art. 229), viol (art. 232, 238), attentat à la pudeur avec violence (art. 233, 238), commerce avec une fille honnête mineure de 14 ans[1]) (art. 236, 238), inceste (art. 244), commerce sexuel entre frère et sœur (art. 244), outrage à la pudeur (art. 245), adultère (art. 246), crime contre l'état de famille (art. 255), diffamation (art. 258 à 260, 268), injure (art. 261 à 262, 268), lésion corporelle légère (art. 301, 312), enlèvement d'enfant (art. 317 à 320, 322), rapt (art. 321, 322), violation du secret des lettres (art. 327), violation du secret d'autrui (art. 328), violation du domicile (art. 332), vol commis par des parents et des serviteurs (art. 342, 343), détournement (art. 358), gestion infidèle (art. 361), appropriation illégitime (art. 369), tromperie (art. 380 à 390), falsification de marques de fabrique (art. 413, remplacé aujourd'hui par les art. 23 à 30 de la loi II, 1890), dommages matériels causés aux choses (art. 418, 420, 421), et deux sortes de contraventions (art. 126, 127 du code des contraventions). La plainte doit être déposée dans un délai de trois mois, et peut être retirée, à moins de disposition contraire de la loi.

XI. Le C. p. ne pose pas de règle générale sur la récidive, et détermine spécialement les cas, où la récidive entraîne une peine supérieure, et où la libération conditionnelle ne peut avoir lieu. Il en est ainsi en cas de vol, d'escroquerie, de détournement, de recel et de tromperie.

XII. Le droit de grâce, c'est-à-dire aussi bien la suspension de l'instruction que la grâce proprement dite, fut considéré dans le système de la loi comme un

---

[1]) Nous paraphrasons ainsi le terme allemand „Schändung", qu'il est impossible de traduire d'une façon précise et qui indique l'acte par lequel on déshonore quelqu'un: afin d'éviter une expression vague et sans clarté, il nous a paru préférable de résumer les conditions du crime prévu par l'art. 236 du C. p. hongrois. (Note du traducteur.)

droit esssentiel du pouvoir souverain, mais ne fut pas réglementé en particulier. En revanche, la prescription fut réglementée aussi bien comme mode
extinctif de l'exécution des peines que de leur poursuite, dans tous ses détails;
à ce sujet il y a lieu de remarquer que le temps de la prescription est déterminé par l'importance de la peine prononcée en fait.

XIII. Mentionnons enfin que la tendance principale de la loi est déterminée
par les principes de la théorie objective, qu'il en est ainsi particulièrement
dans la matière de la tentative et de la complicité, et que c'est le principe
qui domine en jurisprudence: nous avons ainsi exposé le caractère fondamental
et les principes généraux de tout le C. p. hongrois.

§ 6. Caractères particuliers du code des contraventions.

En matière de contraventions, les sources du droit consistent dans le
code des contraventions, dans les ordonnances ministérielles, dans les règlements de municipes et dans les règlements des villes. Mais ceux-ci ne peuvent
qualifier de contraventions que la violation d'une ordonnance de police. Les
dispositions générales du code des crimes et des délits sont aussi applicables
en cas de contraventions, quand le code des contraventions n'en dispose pas
autrement (art. 12). Les contraventions commises à l'étranger ne sont pas
punissables (art. 13). Aucune extradition ne peut être consentie pour contravention (art. 14). L'acte, déclaré contravention par la loi, encourt une peine
maxima de deux mois d'arrêts et 300 florins d'amende; la peine ne peut dépasser quinze jours d'arrêts et 100 florins d'amende, si c'est une ordonnance
ministérielle qui définit la contravention; cinq jours d'arrêts et 50 florins
d'amende, si c'est un règlement municipal; trois jours d'arrêts et 20 florins
d'amende, si c'est un règlement de ville (art. 16). Le minimum des arrêts
est trois heures; le minimum de l'amende est de 50 kreuzer (art. 17). En
cas de circonstances atténuantes, l'amende peut être seule prononcée à la
place des arrêts (art. 21). La tentative n'est pas punie en matière de contravention (art. 26). La contravention est punissable, quoiqu'elle vienne d'une
inadvertance, à moins que la loi, l'ordonnance ou le règlement ne punissent
que la contravention intentionnelle (art. 28). L'action pénale se prescrit, à
moins qu'une loi spéciale n'en décide autrement, par six mois; et la peine
prononcée, par un an.

§ 7. Portée des Codes pénals quant au territoire et aux personnes.

Les deux Codes pénals sont applicables sur tout le territoire hongrois,
sauf en Croatie-Slavonie, où la confection des lois pénales est du domaine de
la législation autonome de ce pays. Le principe est celui de la territorialité
de la loi, combiné avec celui de la personnalité et celui dit de l'universalité
de la loi. A ce point de vue, nous pouvons diviser la portée territoriale des
codes en quatre catégories: 1⁰ Cette partie de la Hongrie, pour laquelle le
Parlement hongrois a sans exception le droit de légiférer en matière pénale,
c'est-à-dire la Hongrie, la Transylvanie, les anciens confins militaires et Fiume.
2⁰ La partie de la monarchie hongroise, qui a conservé son autonomie en
matière pénale, c'est-à-dire la Croatie et la Slavonie, ou, pour parler plus
exactement selon le droit public hongrois, les pays croates, slovènes et dal-
mates. 3⁰ La partie cisleithane de la monarchie, c'est-à-dire les pays représentés au Parlement autrichien. 4⁰ Les autres pays étrangers.

Au point de vue des personnes, il importe de faire les distinctions
suivantes: 1⁰ Les sujets hongrois, parmi lesquels il faut comprendre les

Croates et les Slovènes. 2⁰ Les étrangers. 3⁰ Les sujets de l'autre État de la Monarchie, qui en règle sont bien considérés comme des étrangers, mais qui sont parfois dans une situation exceptionnelle: par exemple, ils ne peuvent être extradés qu'à leur propre gouvernement (art. 17), et encore, ils sont soumis au C. p. hongrois dans certains cas de trahison (art. 142, 144), tandis que les autres étrangers sont régis par les règles du droit international.

Conformément aux principes du droit public, ne sont pas soumis aux lois pénales: 1⁰ Le roi (Tripartitum, II, 5, 39). 2⁰ Les membres du Parlement en ce qui concerne leurs propos au Parlement, dans les commissions et dans les délégations. En ce qui concerne les autres actes délictueux des membres du Parlement, les poursuites judiciaires n'ont lieu qu'avec l'autorisation de l'Assemblée intéressée. 3⁰ Conformément aux règles du droit des gens, le C. p. n'atteint pas les personnes, que protège le droit d'exterritorialité.

Les personnes, qui font leur service militaire actif, sont soumises au C. p. militaire (C. p. militaire autrichien du 15 janvier 1855).

§ 8. Modifications apportées au Code pénal des crimes et des délits.

Le C. p. est complété par des nombreuses lois spéciales, dont il sera parlé plus bas. Nous ne voulons ici que mentionner les lois, qui modifient la loi V de 1878 et en abrogent certaines dispositions. Ce sont les lois suivantes:

1⁰ L'art. 27 du C. p., relatif à l'affectation des amendes, est modifié par deux lois, la loi XX de 1884 et la loi VIII de 1887. D'après cette dernière loi, le produit des amendes est affecté à l'assistance des détenus libérés pauvres, à l'entretien des établissements de correction pour jeunes détenus et à l'érection de prisons (modifiée par la loi XXVII de 1892).

2⁰ Les art. 449 à 451 du C. p. sont remplacés par les art. 45, 47 à 49 de la loi VI de 1889 sur l'armée.

3⁰ L'art. 413 du C. p. est remplacé par les dispositions de la loi II (chap. III) de 1890 sur les marques.

4⁰ L'art. 452 du C. p., relatif aux insoumis à un ordre d'appel militaire, est remplacé par les art. 1 à 9 de la loi XXI de 1890.

III.

§ 9. Lois pénales spéciales.[1]

Les deux Codes pénals, dont le système a été exposé plus haut, représentent la principale source du droit pénal hongrois. Mais ils sont complétés par de nombreuses lois, qui contiennent également des dispositions relatives au droit pénal, ou qui qualifient certains actes, d'actes délictueux. D'abord la loi de mise en vigueur (loi XXXVII de 1880) contient d'importantes dispositions pénales sur les actes délictueux, commis par les détenus pendant qu'ils subissent leurs peines (art. 35 à 37). Cette même loi maintient aussi en vigueur les dispositions pénales de plusieurs lois antérieures (art. 4 à 8).

En outre, la loi de mise en vigueur dispose, qu'en dehors des lois, qui sont mentionnées dans les art. 5 à 8 comme demeurant en vigueur, restent

---

[1] L'auteur du travail, que nous traduisons, a été aidé pour la réunion des lois spéciales, des sources de la littérature juridique ci-après énumérée, etc.... par M. Sigismond Reichard.

aussi en vigueur les lois relatives à des actes délictueux ne rentrant pas dans les dispositions des deux Codes pénals. De plus, restent en vigueur toutes les dispositions pénales de lois antérieures rentrant dans le domaine de la procédure pénale administrative, et aussi les lois édictant des peines, qui, bien que prononcées par les tribunaux, doivent être néanmoins être considérées comme disciplinaires ou réglementaires.

Depuis l'entrée en vigueur de la loi XXXVII de 1880, diverses lois ont été votées, qui apportent des modifications à certains de ses articles; de plus, de nombreux actes délictueux ont été déclarés constituer soit de nouveaux crimes et délits, soit surtout de nouvelles contraventions. Par suite, pour avoir un exposé complet des sources du droit pénal hongrois, devons-nous énumérer toutes les lois, qui, en dehors des deux Codes pénals, contiennent des dispositions pénales, que ces lois soient antérieures ou postérieures à la confection de ces deux codes. En examinant ces lois, nous trouverons que les crimes et les délits, qui semblent compléter le système du C. p., n'ont pas grande importance, et que le C. p., malgré ces additions en matière de crimes et de délits, apparaît toujours comme le monument le plus considérable de notre droit pénal. Quant aux dispositions pénales, qui créent de nouvelles contraventions, elles sont si nombreuses et si importantes au contraire, qu'à leur égard nous ne devons pas reconnaître au C. p. des contraventions cette place prépondérante dans notre système pénal.[1])

A. Dispositions de lois sur les crimes et les délits.

Nous voulons, non pas énumérer dans leur ordre chronologique les lois qui, en dehors du C. p., ont trait à des crimes et à des délits, mais les rattacher au système du C. p. par leur caractère général. Dans cet ordre d'idées, il y a lieu de signaler les dispositions des lois suivantes, qui en dehors du C. p. et à côté de lui sont relatives aux crimes et aux délits, et qui sont en vigueur:

1° Les art. 32 à 36 de la loi III de 1848 (maintenus en vigueur par l'art. 6 de la loi de mise en vigueur). Ils ont trait aux crimes commis par les ministres dans l'exercice de leurs fonctions. La loi décide que les ministres seront en ce cas mis en accusation par la Chambre des députés et seront jugés par la Chambre haute. Cette loi offre cette particularité, que les peines ne sont pas fixées pour ces actes criminels, la loi posant seulement le principe, que la peine doit être proportionnée à la grandeur du crime. La loi décide aussi que le ministre condamné ne peut être gracié qu'en cas d'amnistie générale.

2° L'art. 10 de la loi LIII de 1868 (maintenu en vigueur par l'art. 5 de la loi de mise en vigueur) se rattache aux dispositions du chap. XVI du C. p. relatif aux crimes et aux délits contre l'état de famille. La loi LIII de 1868 s'occupe de la condition réciproque des confessions religieuses reconnues, et l'art. 10 de cette loi qualifie de délit la dissimulation faite par un ministre du culte d'un empêchement à mariage, et la punit de six mois de prison au plus.

3° La loi XXV de 1883 sur l'usure et les opérations de crédit abusif se rattache aux chap. XXVI—XXXI du code des délits et des crimes, qui traitent des actes délictueux contre la propriété. La loi qualifie l'usure de délit, et l'emploi de la parole d'honneur pour des opérations de crédit est considéré comme contravention. Cette même loi réglemente aussi le crédit

---

[1]) L'auteur fait remarquer qu'il n'a pris en considération dans son travail que les lois confectionnées jusqu'à la fin de l'année 1891.

consenti par les hôteliers en ce que les réclamations ne sont pas admises en justice de ce chef au-dessus de huit florins, et que le fait de tourner cette prescription sous le couvert d'affaires simulées constitue une contravention.

4⁰ La loi XLI de 1891, sur la protection des bornes et autres signes servant à indiquer une limite, se rattache à l'art. 407 (chap. XXII) du C. p., qui réglemente le délit de falsification de limites, et qualifie de délits plusieurs actes spéciaux ayant pour objet la destruction ou la détérioration des bornes frontières.

5⁰ Les art. 265 à 266 de la loi XVII de 1881 (loi sur la faillite) peuvent être rattachés au chap. XXXV du C. p. relatif à la banqueroute frauduleuse et simple. Ces articles qualifient de délits la production de fausses créances dans une procédure de faillite, ainsi que la corruption de quelqu'un des créanciers pour obtenir le vote d'une décision dans la faillite.

6⁰ La loi XII de 1888, sur la réglementation pénale pour la protection des câbles sous-marins, se rattache au chap. XXXIX du C. p. (dommages aux chemins de fer, etc.) et qualifie de délit le dommage intentionnel causé aux câbles sous-marins. En outre, la loi réglemente plusieurs contraventions relatives aux câbles sous-marins.

Telles sont les lois, qui traitent des crimes et des délits en dehors de la loi V de 1878. Mais il faut encore remarquer que la loi XLI de 1891 (sur la protection des bornes et limites) dispose, que les prescriptions de la partie générale du C. p. sont aussi applicables aux délits commis en infractions à la dite loi. Cette disposition ou des dispositions analogues manquent dans les autres lois précitées, et ce sera à la jurisprudence à prononcer sur les questions, qui se soulèveront à ce point de vue dans l'avenir.

B. Dispositions sur les peines réglementaires.

Comme il a été dit plus haut, la loi de mise en vigueur a aussi maintenu les dispositions pénales, qui contiennent des peines disciplinaires. Il existe en effet dans le système du droit hongrois plusieurs cas, où une peine est infligée, sans que l'acte coupable puisse être qualifié de crime, de délit ou de contravention. Ces punitions sont parfois très sensibles, et il faut en tenir compte, quoique ce ne soient pas des peines à proprement parler, si l'on veut avoir un aperçu complet du système pénal hongrois. Elles sont caractérisées en ce qu'elles sont prononcées, non par un tribunal répressif ni au moyen d'une procédure répressive, mais par les tribunaux civils et au moyen de la procédure civile. Evidemment, les dispositions de la partie générale du C. p. ne sont nullement applicables à ces infractions et à ces peines.

Les dispositions pénales rentrant dans cette catégorie sont les suivantes:

1⁰ L'art. 122 de la loi sur les faillites (loi XVII de 1881) dispose que le failli, qui ne présente pas l'état de sa situation active et passive, ou qui refuse d'en faire l'affirmation sous la foi du serment, ou qui se soustrait aux injonctions du tribunal, est passible d'un emprisonnement pouvant aller jusqu'à deux mois. L'emprisonnement est prononcé par le tribunal qui connaît de la faillite, et suivant la procédure de faillite.

2⁰ Aux termes des art. 218 à 221 et 246 de la loi sur le commerce (loi XXXVII de 1875) les directeurs et fondateurs d'une société par actions ou d'une association, qui enfreignent quelqu'une des dispositions importantes de la loi destinées à protéger le public et les actionnaires, sont passibles de trois mois de prison, et dans les cas moins graves d'une amende de 1000 florins. Les peines sont prononcées par le tribunal de commerce en la forme de la procédure commerciale.

3⁰ Sous la même rubrique il faut ranger les dispositions **pénales de la loi XVI de 1884 sur le droit d'auteur**. D'après l'art. 19 de cette loi, l'appropriation non autorisée du droit d'auteur est punie d'une amende de 1000 florins, qui est changée, au cas où elle ne peut être recouvrée, en une peine d'emprisonnement. Mais ici encore, comme dans les hypothèses ci-dessus, la loi évite de qualifier l'acte punissable d'acte délictueux, et confie au tribunal civil le soin de prononcer la peine.

C. Dispositions légales relatives aux contraventions.

Nous allons exposer les lois, qui réglementent les contraventions en dehors de la loi XL de 1879. Comme nous l'avons déjà dit, ces lois sont très nombreuses, et il serait mal aisé de les rattacher à chaque chapitre du C. p.: aussi nous chercherons à les exposer en un système indépendant et sommaire autant que possible.

Ces contraventions sont les suivantes:

1⁰ Contraventions aux dispositions de la loi sur l'élection des députés (art. 93 à 94 et 103 à 106 de la loi XXIII de 1874). Contraventions relatives au classement des listes électorales, et actes de contraventions troublant l'ordre public dans les élections.

2⁰ Contraventions aux dispositions de la loi sur l'armée (art. 35, 44, 48 et 50 de la loi VI de 1889). Insoumission aux convocations, désertion, manœuvres pour obtenir une faveur, et mariage sans autorisation.

3⁰ Contraventions aux ordonnances de police dans la capitale. L'art 8 de la loi XXI de 1881 (sur la police à Budapest) décide que dans les cas, où ni une loi, ni une ordonnance, ni un règlement municipal ne contiennent de disposition, et où pourrait surgir un danger immédiat pour la sécurité ou la propriété, la police est en droit de rendre une ordonnance provisoire, et de frapper les contraventions à cette ordonnance d'une amende pouvant monter jusqu'à 50 florins.

Il y a lieu de remarquer, que la loi ne se sert pas ici du terme de contravention (kihágás) admis dans le code, mais de l'expression „áthágás", qui signifie en quelque sorte „une infraction à la loi". Cette qualification est employée dans les lois pour désigner le plus souvent les contraventions légères et les contraventions aux lois fiscales, sans qu'elle exprime d'ailleurs une différence entre les deux dénominations au point de vue pénal.

4⁰ Contraventions aux dispositions de la loi XXVIII de 1879 sur l'établissement d'un office de police pour l'enregistrement de la population à Budapest.

5⁰ Contraventions aux dispositions de la loi I de 1890 sur les chemins publics et les péages (art. 104 à 145). Cette loi définit les contraventions à la sécurité de la circulation sur les chemins publics, les contraventions portant atteinte à l'intégrité des agents de la voirie, à l'entretien des chemins-publics, les contraventions aux dispositions concernant la concession de nouveaux chemins publics, et enfin les contraventions aux dispositions des lettres de concessions.

6⁰ Contraventions aux lois sur la santé publique. Ces infractions sont définies dans la loi XIV de 1876 sur l'organisation du service public de la santé, dans la loi XIV de 1891 sur les secours à accorder en cas de maladie aux personnes employées dans l'industrie et dans les fabriques, enfin dans la loi XXII de 1887 qui, modifiant certaines dispositions de la loi précitée sur le service public de la santé, réglemente l'obligation de la vaccination. A ce groupe appartiennent aussi les contraventions, désignées dans la loi VII de

1888 sur l'organisation du service vétérinaire, et les contraventions visées dans la loi XVII de 1883 sur les mesures à prendre pour combattre les progrès du phylloxera vastatrix, ainsi que dans la loi XXV de 1885 sur la protection de la sériciculture.

7⁰ Contraventions relatives à l'instruction primaire et au service de la protection de l'enfance. Elles sont définies dans la loi XXXVIII de 1868 en matière d'instruction primaire et dans la loi XV de 1891 sur la protection de l'enfance, qui décident que, dans le cas où les enfants ne sont pas envoyés à l'école au premier cas ou à la salle d'asile dans le second cas, les parents et tuteurs sont passibles d'une amende. Il faut aussi mentionner la disposition de la loi XXVIII de 1876 sur les instituteurs primaires, aux termes de laquelle l'emploi dans les écoles primaires d'un livre ou d'un moyen prohibé par le gouvernement constitue une contravention.

8⁰ Contraventions aux dispositions de la loi XXXIX de 1881 sur la conservation des monuments d'art.

9⁰ Contraventions édictées dans l'intérêt des diverses branches de l'économie politique; ce sont:

α) Les contraventions portant atteinte aux diverses variétés de production spontanée: loi IX de 1840 sur la police rurale; loi XXXI de 1879 sur les forêts, loi XX de 1883 sur la chasse, loi XXIII de 1885 sur le régime des eaux, loi XIX de 1888 sur la pêche.

β) Aux contraventions relatives aux branches particulières de l'économie politique se rattache le groupe des contraventions définies dans l'intérêt général ou particulier de l'exploitation industrielle. Parmi celles, qui sont édictées en vue de l'intérêt général de l'exploitation industrielle, il faut ranger: a) les contraventions visées dans la loi XVII de 1884 sur l'industrie; b) dans la loi XIII de 1876 sur les domestiques; c) dans la loi XIII de 1891 sur le repos du dimanche dans les travaux industriels; d) dans la loi XVIII de 1883 sur l'emploi des armoiries nationales par des particuliers ou des entreprises; et e) dans la loi VIII de 1874 sur l'introduction du mètre, qui qualifie de contravention l'emploi de l'ancienne mesure.

Les lois, qui créent des contraventions relativement aux branches particulières de l'industrie, sont les suivantes: a) la loi XVIII de 1848 sur la presse, qui dispose que la publication de feuilles politiques sans cautionnement, et l'impression sans indication de l'imprimerie constitue une contravention (art. 30 à 44 de la loi). La portée de la loi ne s'étend pas à l'ancienne Transylvanie, où sont en vigueur les dispositions, d'ailleurs analogues, de la lettre-patente impériale de 1852; b) la loi XV de 1875 relative à l'indication du titre sur les objets en or ou en argent; c) la loi XXXVIII de 1881 sur les agences d'émigration; d) la loi XXXI de 1888 sur les télégraphes, les téléphones et les autres inventions électriques; e) la loi XII de 1888 concernant l'établissement de dispositions pénales pour la protection des câbles sous-marins, qui définit plusieurs contraventions en dehors des crimes énumérés ci-dessus; f) la loi XXXIV de 1891 sur la vérification obligatoire des armes à feu; g) la loi XIV de 1881 sur l'industrie des prêts sur gages; h) la loi XXV de 1883 sur l'usure et les opérations préjudiciables de crédit, qui, en dehors des délits ci-dessus exposés, définit encore des contraventions relatives à l'interdiction de certaines garanties dans les opérations de crédit et au crédit dans les cabarets; i) la loi XXXI de 1883 sur les établissements négociant des opérations où les versements se font par à-comptes.

A ces lois se rattache encore la disposition de l'art. 39 de la loi XXXIV de 1874 sur la cléricature clandestine.

D. Contraventions aux lois d'impôts.

Les contraventions aux lois d'impôts présentent dans le droit pénal hongrois un système particulier de contraventions. Les règles générales ne sont pas contenues dans le C. p. des contraventions, mais dans la loi XLIV de 1883 sur la gestion des impôts publics. Elles sont les suivantes: le principe consiste en ce que, toutes les fois qu'il n'existe aucune disposition spéciale, la peine encourue pour toute fraude envers le trésor public est de une à huit fois le montant de la somme fraudée. Si celle-ci est inconnue, alors l'amende varie de 1 à 500 florins (art. 100). Si l'amende est irrecouvrable, elle est changée en arrêts ou en emprisonnement. L'instruction est faite par l'autorité financière, et celle-ci a le droit de la suspendre en cas de circonstances atténuantes.

Lorsque l'instruction n'est pas suspendue, les pièces du dossier sont transmises au tribunal, qui statue non comme tribunal répressif, mais comme juridiction financière (art. 104). La loi décide encore, qu'en cas de „légères contraventions", c'est-à-dire quand il n'y a pas eu intention de frauder le trésor, une amende de 1 à 50 florins est prononcée. La prononciation de cette amende légère est du ressort de l'autorité financière, et elle ne peut être changée en peine privative de liberté. La partie générale du C. p. des contraventions n'est pas applicable aux contraventions envers les lois d'impôts. Dans la plupart des lois sur les contraventions aux lois d'impôts il se trouve une disposition, d'après laquelle les entrepreneurs et les commerçants sont responsables des amendes encourues par leurs employés ou serviteurs, même quand on ne peut les considérer ni comme auteurs principaux ni comme complices. Il existe encore une disposition d'après laquelle ceux, qui dénoncent des cas de contravention, reçoivent à titre de récompense le tiers ou la moitié des amendes recouvrées.

En dehors de ces prescriptions générales, il y a un nombre considérable de lois fiscales, qui établissent des contraventions spéciales pour des impôts spéciaux, et qui pour quelques-unes ont même des dispositions particulières sur la procédure à suivre. Ces dispositions ont trait surtout aux impôts indirects, au timbre et aux droits de mutation. On est surpris de trouver dans ces lois la prononciation de peines très fortes, qui parfois peuvent atteindre cent fois et même mille fois le montant du préjudice causé au trésor. Les lois sur les impôts directs ne font en général aucune exception aux règles de la loi précitée.

Les lois fiscales, qui contiennent des dispositions spéciales sur les contraventions, sont les suivantes: a) loi XXVII de 1880 sur la taxe militaire; b) loi XXVI de 1881 sur le timbre et les droits de mutation. D'après ces lois quelques contraventions sont passibles d'une amende représentant cinquante fois le préjudice causé au trésor. c) loi XXVII de 1881 sur le timbre des cartes à jouer; d) loi XVIII de 1882 sur les droits de douane et l'impôt sur les huiles minérales: e) loi X de 1883 sur l'exemption d'impôts au profit des journaliers; f) loi XXIII de 1883 relative à l'impôt sur les armes et sur la chasse; g) loi XIV de 1887 relative à l'impôt sur les transports par chemins de fer et bateaux à vapeur; h) loi XLVII de 1887 relative à l'impôt de consommation sur le vin, la viande, le sucre et la bière; i) loi XLIV de 1887 sur le tabac; k) loi XXIII de 1888 sur l'impôt du sucre. Dans ces lois les amendes atteignent jusqu'à 5000 et 10 000 florins. l) loi XXIV de 1888 sur les droits de douane et l'impôt des spiritueux. D'après cette loi les amendes sont fixées à seize fois le montant de l'impôt fraudé et atteignent jusqu'à 5000 florins. m) loi XXXV de 1888 sur le monopole pour l'État des débits de boissons; n) loi IX de 1889 sur le commerce des obligations et coupons à lots, qui qualifie de contraventions fiscales les contraventions déjà mentionnées plus haut.

IV.

§ 10. Commentaires, monographies, recueils de lois et de jurisprudence.

Le commentaire le plus important des codes pénaux hongrois consiste dans l'exposé des motifs dû à la plume du codificateur, dont la valeur scientifique a déjà été appréciée plus haut. Il a paru dans les publications de la Chambre des députés hongroise.

Une collection complète de tous les documents relatifs au code des crimes et des délits se trouve dans l'ouvrage de Tobias Löw intitulé „Collection des documents du Code pénal hongrois", et dans lequel sont compris en dehors de l'exposé des motifs les discussions des deux chambres du Parlement et le rapport de la commission. Le projet de 1843 a paru dans une édition de 1860.

L'ouvrage de Charles Illés d'Edvi, qui contient le commentaire du C. p. des crimes et des délits en trois volumes et le commentaire du C. p. des contraventions en un volume, est le commentaire le plus important des deux codes pénaux hongrois. Un autre commentaire a été donné par M. Aladar Schnierer, professeur à l'Université de Budapest.

Les manuels des professeurs à l'Université, MM. Aladar Schnierer, Gustave Kautz, Rodolphe Werner, Alexandre Körösi et Simon Horovitz sont des exposés soit systématiques, soit en forme de commentaires des codes pénaux.

L'ancien droit pénal hongrois en vigueur avant les deux codes pénaux, est étudié dans les ouvrages de Paul Szlemenics et de Théodore Pauler. L'ouvrage de Koloman Pap traite du droit pénal militaire.

Monographies: Eugène Balogh, Traité des crimes permanents et continus. Les infractions dont la poursuite est subordonnée à une plainte. — Isidore Baumgarten, Traité de la tentative, et Traité de l'identité du fait. — Ladislas Fayer, La réforme de notre droit pénal. — Charles Illés d'Edvi, Du concours des délits, et Sur la falsification de documents. — Sigismond Reichard, Sur le droit pour le juge d'accorder des circonstances atténuantes. — Joseph Székely, Des contraventions fiscales. — Laurent Tóth, Sur les causes de la récidive et les moyens de la prévenir. — Jules Wlassics, Traité de la tentative et de la perpétration; Sur la complicité; et Sur les amendes.

Une grande partie des monographies a paru dans le recueil de l'Association des jurisconsultes hongrois, édité par l'association elle-même. Ce sont les suivantes: Faustin Heil, Du naturalisme dans le droit criminel. Eugène Balogh, Le délit collectif, etc. Maurice Kelemen, Système pénal et pénitentiaire du C. p. hongrois. Même sujet traité par Franz Székely. Charles Illés d'Edvi, La réforme des peines privatives de liberté. Sigismond Reichard, De la condamnation conditionnelle. Même sujet traité par Isidore Baumgarten, Ladislas Bodor et Louis Gruber. Ladislas Fayer, La réforme de notre droit pénal et pénitentiaire. Jules Bonts, La révision du droit pénal militaire. Alfred Doleschall, De la réparation due aux condamnés innocents. Sigismond Reichard, L'anthropologie en droit pénal.

Les lois hongroises sont publiées dans le „Recueil des lois", collection officielle publiée par le Ministère royal hongrois de l'intérieur; elle paraît sous le même titre en une édition officielle en langue allemande. En outre, il y a plusieurs collections non officielles de lois.

Les décisions judiciaires ne se trouvent dans aucune publication officielle, mais dans des recueils dus à l'initiative privée. La plus importante collection consiste dans les „Archives de jurisprudence", publiée par la rédaction du journal juridique „Jogtudományi Közlöny", depuis 1870, qui forme plusieurs volumes par an, et qui comprend toutes les décisions judiciaires. Jusqu'à ce jour (fin de 1891) 57 volumes ont paru.

On trouvera un exposé systématique des décisions des tribunaux supérieurs dans la collection des principales décisions des tribunaux supérieurs, parue comme table 66 de ces archives, et dans l'ouvrage en deux volumes du Dr Desider Markus, qui a pour titre „Principales décisions de nos tribunaux supérieurs".

En outre, des décisions sont publiées dans tous les journaux judiciaires.

Les arrêts rendus en audiences solennelles de la curie royale sont réunies et publiées par Pierre Németh.

L'ouvrage de Vincent Cserna présente un exposé systématique des décisions des tribunaux supérieurs au point de vue pénal, en trois volumes, et d'après l'ordre des articles des codes pénaux.

V.

§ 11. Le droit pénal en Croatie-Slavonie.

La Croatie-Slavonie forme avec la Hongrie une communauté politique.[1]) Ce principe est consacré dans la loi hongroise XXX de 1868 et dans la loi croate correspondante I de 1868. Ces lois disposent que la Croatie-Slavonie pour certaines matières énumérées dans la loi a une législation commune avec la Hongrie. Quant aux matières non énumérées dans la loi, la Croatie-Slavonie a une législation autonome.

Le droit pénal dépend de ces dernières matières et est par suite réglé par des lois autonomes en Croatie-Slavonie. Le droit pénal en vigueur dans le pays est codifié dans le C. p. des crimes, des délits et des contraventions du 27 mai 1852. Ce code est identique au C. p. autrichien, et cela tient à ce que la Croatie faisait en 1852 partie intégrante de l'Empire d'Autriche. A cette époque le C. p. fut mis en vigueur, et fut maintenu lors de l'organisation politique créée par la loi précitée de 1868. Depuis ce moment, peu de lois l'ont modifié.

Nos lecteurs trouvant l'exposé du C. p. autrichien à une autre place de cet ouvrage, il est inutile d'en indiquer ici les caractères. Aussi nous allons nous borner à énumérer les lois, qui depuis 1868 ont complété ou modifié les dispositions du C. p. Ce sont les suivantes: 1° La loi XIV de 1870, qui définit le crime de lèse-majesté par rapport à l'union politique existant entre la Croatie-Slavonie et la Hongrie. 2° La loi du 20 octobre 1872, qui supprime la peine de la correction corporelle. 3° La loi du 22 avril 1875, qui organise la libération conditionnelle des détenus condamnés. Cette libération peut être accordée, après que la moitié de la peine a été subie, s'il s'agit d'un premier crime, et après que les trois quarts de la peine ont été subis, en cas de second crime commis par le détenu condamné. 4° La loi du 17 mai 1875 sur l'abolition de la peine des fers, qui ne maintient l'enchaînement des prisonniers qu'en matière disciplinaire et au cas d'insubordination. 5° La loi du 29 décembre 1886, qui modifie et complète certaines dispositions du C. p. sur le vol, l'abus de confiance et la tromperie. 6° Enfin la loi du 10 juin 1890 sur les conséquences des sentences de condamnation et des peines. Cette loi réglemente la privation de fonctions et l'incapacité de remplir des fonctions en cas de condamnation pénale, et détermine quand cessent les conséquences légales des condamnations pénales en matière correctionnelle, et dispose enfin que chaque condamné a le droit de demander au tribunal un certificat établissant que la durée de la privation de fonctions et les suites de l'infraction sont expirées.

Des dispositions pénales sont, en outre, contenues dans les lois suivantes: 1° Loi du 10 janvier 1874, qui règle la responsabilité du Ban et des conseils provinciaux, et qui dispose que le Ban, le vice-Ban et les conseils provinciaux doivent compte à la Diète croate des actes de leur administration. La haute Cour royale, qui statue sur l'acte d'accusation de la Diète, se compose de juges et de présidents des cours supérieures et de douze citoyens choisis par la Diète hors de ses propres membres. La Cour ne peut prononcer que la peine de la destitution ou de la suspension de fonctions (qui entraîne

---

[1]) La dénomination exacte de la Croatie-Slavonie au point de vue du droit public est celle de Croatie-Slavonie-Dalmatie. Cette expression indique que le royaume de Dalmatie appartenait autrefois à la couronne hongroise, et que, quoiqu'il appartienne actuellement en fait à l'Autriche, la couronne hongroise n'a pas renoncé à ses droits.

l'incapacité de rentrer dans un service public). S'il s'agit d'un acte, qui constitue une contravention au C. p., les tribunaux ordinaires sont alors compétents pour statuer. 2⁰ La loi du 14 janvier 1875 sur le droit de réunion, qui qualifie de contraventions les violations des dispositions relatives aux réunions. 3⁰ La loi du 17 mai 1875 sur la presse, qui dans son troisième chapitre traite „des actes délictueux commis à l'aide d'écrits imprimés". Cette loi pose comme principe fondamental que les délits de presse et la culpabilité des personnes y ayant participé doivent être jugés d'après les principes du C. p., mais que le rédacteur en chef, à son défaut l'éditeur, et en dernier lieu l'imprimeur peuvent être responsables pour défaut de surveillance. Pour le reste, la loi repose sur des bases analogues à celles de la loi autrichienne sur la presse. 4⁰ La loi du 4 juin 1888 sur la protection des câbles sous-marins. 5⁰ La loi du 27 août 1888, qui réglemente l'art vétérinaire dans le royaume de Croatie-Slavonie. 6⁰ Loi du 2 décembre 1889 qui contient des dispositions pénales sur les délits relatifs à la loi militaire. 7⁰ La loi du 11 décembre 1890, qui punit la provocation à la désobeissance aux ordres d'appel militaire.

Le C. p. militaire pour la Croatie-Slavonie est celui de l'Autriche.

La législation industrielle et la législation fiscale de la Croatie-Slavonie est une matière commune avec la Hongrie; les dispositions relatives aux contraventions sont donc sur ce point celles que nous avons énumérées plus haut en étudiant le droit hongrois.

En dehors de l'édition croate officielle, les lois croates ont aussi paru dans une traduction allemande en trois volumes, sous le titre de „Lois de la Diète du royaume de Croatie-Slavonie et Dalmatie". Le premier volume contient les lois de 1868 à 1870; le second volume celles de 1872 à 1876; le troisième celles de 1876 à 1886. Les volumes suivants n'ont pas encore paru jusqu'à présent.

Les décisions judiciaires ne sont pas officiellement réunies; mais elles paraissent dans le journal judiciaire „Mjesečnik".

Le C. p. et les lois postérieures ont été publiées par Etienne Kranjčić en langue croate.

VIII.

LES PAYS-BAS ET LEURS COLONIES.

Par

G. A. van Hamel,

Professeur de droit criminel à Amsterdam.

Sommaire.

_____

I. Les Pays-Bas.

§ 1. Le Code pénal du 3 mars 1881 et son histoire.
§ 2. Traits généraux du Code pénal.
§ 3. Traits principaux de la partie spéciale.
§ 4. Le droit pénal en dehors du code.
§ 5. Éditions du code, littérature criminelle, etc.

II.

§ 6. Droit pénal des colonies (Indes orientales, Surinam, Curaçao).

Les Pays-Bas.

I.

§ 1. Le Code pénal du 3 mars 1881 et son histoire.

Le Code pénal actuel du royaume des Pays-Bas porte le nom de: „Wetboek van Strafrecht". Son adoption date de la loi du 3 mars 1881, Bulletin des lois (Staatsblad) n⁰ 35;[1]) mais sa mise en vigueur, en vertu de la loi du 15 avril 1886 (Bulletin n⁰ 64), a été reculée au 1ᵉʳ septembre 1886.

Le code a subi deux légères modifications. La première, relative à quelques-uns de ses articles, est antérieure à sa mise en vigueur; elle date de la loi du 15 janvier 1886 (Bulletin n⁰ 6) et est généralement connue sous le nom de „Novella"; la seconde n'a touché qu'à un seul article du code relatif à la prescription et a fait l'objet de la loi du 31 décembre 1887 (Bulletin n⁰ 265).

Aperçu de la législation antérieure. Les vicissitudes politiques par lesquelles ont passé les Pays-Bas ont exercé une grande influence sur leur législation, spécialement sur leur législation pénale.

Le manque d'unité politique des provinces qui constituent aujourd'hui le royaume des Pays-Bas a été pendant des siècles un des obstacles à une codification générale. Aussi le droit pénal des XVIᵉ, XVIIᵉ et XVIIIᵉ siècles, et même du début du XIXᵉ, était-il puisé dans quelques statuts des provinces ou des villes, et surtout dans les coutumes générales et locales, dans le droit romain en ordre subsidiaire, dans les écrits des grands criminalistes italiens, allemands, français et néerlandais.

Quand le pays fut politiquement unifié, à la fin du XVIIIᵉ siècle, on institua immédiatement des commissions de législation dans le but de codifier le droit privé et le droit criminel (1796). Mais on ne parvint pas à élaborer un code. Ce ne fut qu'une dizaine d'années plus tard en 1809, alors que les Pays-Bas formaient (depuis 1806) le royaume de Hollande sous le roi Louis Bonaparte, qu'apparut le premier code criminel (Crimineel Wetboek voor het Koningrijk Holland). Ce code, un modèle de législation pour son temps, était basé sur le droit national, et si les Pays-Bas avaient pu le conserver et le développer, ils auraient joui d'un droit pénal national dès le début de ce siècle. Il est à remarquer que le Code de 1809 renferme déjà trois traits principaux qu'on retrouve dans le code actuel: l'absence de la division tripartite du système français, la doctrine relative au caractère de l'intention criminelle, la grande latitude laissée au juge dans la mesure des peines.

Cependant l'annexion du royaume à l'Empire français (1810) consacra l'abolition du Code national de 1809 et eut pour conséquence l'introduction

---

[1]) Le pouvoir législatif se compose du Roi (de la Reine) et des deux Chambres des États-généraux.

aux Pays-Bas du C. p. français, en 1811. Après la restauration de 1813,
sous le prince d'Orange, on maintint d'abord „provisoirement" le droit
français, en y apportant cependant certaines modifications relatives au système
des peines et aux circonstances atténuantes. Dès 1838 les codes civil, commercial, de procédure civile et criminelle étaient remplacés par des codes
nationaux; mais on fut moins heureux pour le droit pénal. Plusieurs tentatives dans le but de doter le pays d'un Code hollandais furent faites de 1827
à 1859, mais toutes échouèrent, tant par des circonstances politiques qu'à
cause des hésitations qu'on éprouvait dans le choix d'un système pénitentiaire.
On dut donc se résigner à conserver le droit étranger dont une traduction
officielle avait été promulguée mais dont l'interprétation officielle demeurait
toujours basée sur le texte français. Cependant, pour l'adapter aux idées
nationales ainsi qu'aux progrès qui se faisaient jour dans les sciences pénales
et aux exigences de la vie journalière, on y introduisit, principalement en
1854, plusieurs modifications partielles d'une portée plus ou moins grande.
On ajouta également au code, pour en combler les grandes lacunes, plusieurs
lois sur des sujets spéciaux. Il faut signaler ce point que, sous le régime
de ce droit franco-hollandais, le législateur abolit, en 1870, la peine de mort
sauf pour quelques cas exceptionnels en matière militaire.

Histoire du code actuel. En cette même année 1870 un décret
royal institua une commission d'État (Staatscommissie) chargée d'élaborer un
projet de C. p. Cette commission se composait de: M. de Wal, président,
alors professeur à l'Université de Leide, savant criminaliste, mort en 1892 à
un âge très avancé; M. François, conseiller à la Cour d'appel, que ses occupations forcèrent bientôt à quitter la commission et qui fut remplacé par M.
Loke, conseiller à la même Cour, magistrat très distingué, mort en 1878;
M. A. A. de Pinto, secrétaire, à cette époque chef de division au Ministère de
la justice, actuellement conseiller à la Haute Cour, l'infatigable Nestor des
criminalistes hollandais; M. Pols, auditeur militaire, depuis nommé procureur
général près la Haute-Cour militaire, qui occupe depuis 1878 la chaire de
droit pénal de l'Université d'Utrecht et est bien connu comme délégué du
gouvernement néerlandais aux différents congrès pénitentiaires; M. Modderman,
alors professeur de droit pénal à Amsterdam, depuis à Leide, ministre de la
justice de 1879 à 1882, période pendant laquelle il consacra à la défense du
projet devant les Chambres son talent éminent, mort en 1885; enfin M. le
Jonkheer Beelaerts van Blokland, chef de bureau au Ministère de la justice,
nommé depuis membre de la seconde Chambre, qui remplissait les fonctions
de secrétaire-adjoint.

En mai 1875 la commission soumettait au Roi le projet complet d'un
nouveau code, avec les projets de lois préliminaires; son travail est demeuré
la base des travaux ultérieurs; on peut dire même que ce projet, malgré des
suppressions et des modifications assez importantes, est devenu le code lui-même.

Les suppressions ont surtout été l'œuvre du ministre de la justice, M. H.
J. Smidt, qui ne partageait pas, sur le mode de codification, l'opinion de la
commission d'Etat. Celle-ci jugeait que toute loi spéciale, qu'elle que fût son
objet, hors le droit militaire et le droit fiscal, devait trouver sa sanction
pénale dans le code; elle avait donc classé, dans son projet, un très grand
nombre de „contraventions". Le ministre était d'avis que la codification
n'exigeait pas un pareil système et qu'au contraire, au point de vue de l'art
de légiférer, il valait mieux réunir, dans chaque loi spéciale, le dispositif et
la sanction pénale de cette loi; c'est pour se conformer à cette manière de
voir qu'il retrancha plus de soixante-dix articles du projet (réduit de 602 à
530 articles). Ce même ministre, M. Smidt, soumit alors son projet, connu

sous le nom de premier projet du Gouvernement (Oorspronkelijk Regeerings-Ontwerp) au Conseil d'État, en 1878, et, après y avoir apporté quelques modifications de peu d'importance sur l'avis du Conseil, à la seconde Chambre des États-généraux en février 1879.

Le projet fut examiné dans les sections, sous la direction d'une commission parlementaire, dite Commission des rapporteurs et composée de cinq membres: MM. Godefroi, Patijn, van der Kaay, de Savornin Lohman et des Armorie van der Hoeven.

Dans l'entretemps une crise ministérielle amenait au ministère de la justice, M. Modderman, l'un des membres de la commission d'État; c'est avec lui que conféra désormais la Commission des rapporteurs, tant par écrit que de vive voix. Le même document parlementaire contient le rapport de la commission et le mémoire du ministre, mémoire auquel celui-ci a joint un projet modifié, connu sous le nom de „Projet modifié du gouvernement" (Gewijzigd Regeeringsontwerp) de 1880. Ce projet apportait de nouvelles suppressions et modifications (par exemple en élevant le maximum de l'emprisonnement cellulaire de trois à cinq ans, et en abaissant le minimum général de la durée de l'emprisonnement de six à un jour).

C'est ce projet qui fit l'objet des discussions de la seconde Chambre, en deux séances publiques, du 25 octobre au 9 novembre 1880; modifié en plusieurs points par quelques amendements plus ou moins importants, il fut adopté à une très forte majorité (58 voix contre 10).

La première Chambre s'empressa de hâter la marche des choses; sur le rapport d'une commission parlementaire de quatre membres et après avoir pris connaissance de la réponse du ministre, elle discuta le projet en séance publique, le 1er et le 2 mars 1881 et l'adopta, en ce second jour, à l'unanimité. La première Chambre n'a pas le droit d'amendement; or le code ne formait qu'un seul projet de loi; il fallait donc l'adopter ou le rejeter en entier. La Chambre l'adopta, quoiqu'elle eût de graves objections à y faire et avant tout une objection de principe contre l'impunité qu'un doctrinarisme exagéré assurait au vagabondage. Aussi en votant l'adoption la Chambre se fit-elle promettre par le ministre un projet de loi modificative, avant la mise en vigueur du code.

La mise en vigueur. La fixation du jour de la mise en vigueur avait été réservée à une loi ultérieure. La nécessité de cette mesure découlait de plusieurs raisons: d'abord la promesse faite à la première Chambre; ensuite et surtout la connexité intime qui unit le droit pénal aux lois sur la procédure, certaines dispositions des autres codes et nombre de lois spéciales; enfin l'étude de mesures préparatoires relatives à la mise à exécution du système des peines. Peut-être aurait-on pu arriver à une mise en vigueur plus prompte en adaptant tant soit peu les principes du nouveau code au système de procédure qui régnait alors; mais on préféra, avec raison, se résoudre à préparer une mise en vigueur exempte de toute restriction, tant par les modifications apportées aux autres lois et codes que par l'érection des prisons cellulaires nécessaires.

Un tel travail demandait beaucoup de temps et présentait de sérieuses difficultés. Commencé sous le ministère de M. Modderman, il ne fut achevé que sous son successeur, le baron du Tour van Bellinchave. La mise en vigueur du code et des lois qui s'y rattachent fut finalement fixée au 1er septembre 1886.

Ces lois et ordonnances, décrétées et mises en vigueur à cause du nouveau C. p. et en même temps que lui, peuvent être classées comme suit:

I. La loi modificative de quelques articles du C. p. (Novella) du 15 janvier 1886 (Bulletin n° 6). Cette loi, outre quelques modifications d'intérêt secondaire, a placé le vagabondage parmi les contraventions (art. 432 C. p.) et a fait dépendre la condamnation pour adultère d'une sentence de divorce ou de séparation de corps (art. 241 C. p.).

II. Quant au système des peines:

a) Loi sur les maisons de détention, d'emprisonnement et autres, du 3 janvier 1884 (Bulletin n° 3 — Gestichtenwet) modifiée une première fois par la loi du 28 août 1886 (Bulletin n° 130) et postérieurement en plusieurs points divers.

b) Loi réglant les principes d'exécution des peines privatives de liberté, du 14 avril 1886 (Bulletin n° 62: Wet tot vaststelling der beginselen van het gevangeniswezen).

c) Décret royal établissant les règles générales à ce sujet, du 31 août 1886 (Bulletin n° 159); ce décret a subi en certains points de légères modifications.

d) Les décrets royaux spéciaux à chacun des établissements pénitentiaires.

III. Loi mettant à exécution les art. 38 et 39 du C. p., c'est-à-dire réglant la procédure spéciale envers les jeunes délinquants de moins de dix ans, etc., du 15 janvier 1886 (Bulletin n° 7).

IV. Les lois modifiant l'organisation judiciaire (21 avril 1884 — Bulletin n° 92) et le Code de procédure criminelle (15 janvier 1886 — Bulletin n° 5).

V. Les lois modifiant légèrement, surtout au point de vue de la terminologie, le Code civil, le Code de commerce et le Code de procédure civile (20 avril 1884 — Bull. n°s 93, 94, 95; et l'art. 8 de la loi sur la mise en vigueur du C. p.).

VI. La loi du 15 avril 1886 (Bulletin n° 64) sur la mise en vigueur du C. p. Cette loi, consciencieusement élaborée, était le couronnement du nouveau système; elle avait un but quadruple à atteindre: 1° Ordonner la mise en vigueur du C. p. et en fixer la date; 2° indiquer nettement, parmi les centaines de lois, de date ancienne et récente, celles qui gardaient leur force obligatoire à côté du Code et celles qu'il fallait considérer comme abolies; 3° faire régner l'unité et l'harmonie entre le système pénal du code et celui des autres lois, ordonnances, règlements provinciaux ou locaux, qui demeureraient ou entreraient en vigueur avec lui; 4° régler les questions transitoires sur la base de l'art. 1 du code.

VII. Vient enfin la loi du 15 avril 1886 (Bulletin n° 63), mettant la loi consulaire de 1871 en harmonie avec le nouveau C. p.

§ 2. Traits généraux du Code pénal.

Le code actuel des Pays-Bas est une œuvre originale. Dès le début la commission a complètement rejeté l'idée de se borner à une revision du Code français en vigueur; sous plus d'un rapport, tant au point de vue national qu'au point de vue scientifique, une pareille entreprise eût-été impossible. Mais la commission ne voulait pas davantage limiter son travail à la revision d'un des projets antérieurs qui avaient vu le jour de 1839 à 1847; les vues scientifiques et pratiques avaient trop changé depuis cette époque. Cependant la commission a largement profité des travaux de ses illustres devanciers et des législations de France, de Belgique et d'Allemagne. Sans en imiter aucun le législateur hollandais a tiré des codes récents de l'Europe plus d'une de ses dispositions.

Quand on parle du caractère national de quelque codification contemporaine, il ne faut pas prendre le mot dans son sens strict; il y a pour cela trop d'analogies entre les besoins sociaux et entre les idées scientifiques de ces différents pays qui tous ont passé à peu près par les mêmes stades de la civilisation moderne. Mais à côté de ces ressemblances, il y aura toujours certains traits nationaux, particuliers à chaque législation, qui trouvent leur explication soit dans l'évolution historique des institutions, soit dans les caractères propres à chaque peuple.

Un des principes fondamentaux du Code hollandais, c'est son système de division des infractions (faits punissables). Il a abandonné la division tripartite française (crimes, délits, contraventions), pour la remplacer par une division bipartite en „misdrijven" et „overtredingen". On peut dire, sans trop d'inexactitude, que le premier de ces groupes embrasse les „crimes" et les „délits" du droit français, les „Verbrechen" et les „Vergehen" du droit allemand; et que le groupe des „overtredingen" ne diffère pas sensiblement de celui des „contraventions de police" ni des „Übertretungen". Cette comparaison n'a cependant qu'une valeur relative, car le législateur a cherché la ligne de démarcation des deux groupes non dans le caractère ou la mesure des peines, mais en se basant sur une antithèse théorique: infractions contre le droit naturel (Rechtsdelikte), infractions créées par la volonté expresse du législateur (Gesetzesdelikte). La justesse de cette antithèse et de son application pratique est néanmoins vivement contestée. — Dans cet aperçu, nous rendrons le mot „misdrijven" par le mot „délits" dont les écrivains français se servent d'ordinaire comme terme général, pour désigner les crimes et délits de leur code.

A cette division des infractions correspondent: 1⁰ La division du code en trois livres: I les dispositions générales; II les „misdrijven" (délits); III les „overtredingen" (contraventions). — 2⁰ Les dispositions relatives à la compétence et les règles de la procédure criminelle. — Les Pays-Bas n'ont connu le jury que pendant les deux à trois ans qu'a duré la domination française (1810—1813). Après la restauration on l'a immédiatement aboli et depuis il n'a jamais joui de la moindre sympathie dans le pays. A partir de sa suppression et jusqu'en 1886, c'est-à-dire sous le régime du Code français, on avait adapté à la division tripartite un système de compétence et de procédure qui manquait de valeur intrinsèque. Depuis l'adoption du nouveau code, ce système a été énormément simplifié et se réduit, sauf quelques cas exceptionnels, à ce qui suit: les „overtredingen" sont portées, en première instance devant le juge du canton, en appel devant les tribunaux d'arrondissement; les „misdrijven", y compris les crimes les plus graves, sont tous jugés, en première instance, par les tribunaux d'arrondissement (décidant au nombre de trois membres), et en appel, par les cours d'appel. La Haute-Cour est la Cour de Cassation. Les juges, tribunaux et cours sont les mêmes en matière civile et en matière criminelle.

Le système des peines (livre I, titre II) est très simple; il est le résultat naturel des réformes que, depuis 1813, les Hollandais ont su apporter dans le système pénal français. — La peine de mort est demeurée abolie; un amendement proposé à la seconde chambre en faveur de son introduction au nouveau code a été rejeté à une très grande majorité. La déportation n'est pas admise non plus; sans parler des autres objections qui s'élèvent contre une peine aussi coûteuse pour un nombre restreint de criminels, l'absence d'un lieu de déportation convenable dans les colonies tropicales était à elle seule un motif suffisant pour empêcher le législateur de s'en occuper sérieusement. — Le droit criminel des Pays-Bas ne connaît pas davantage les travaux forcés, la reclusion, ni la détention dans une forteresse; son système pénal ne préconise que trois peines principales: l'emprisonnement (gevangenis), la simple détention (hechtenis) et l'amende (geldboete).

L'emprisonnement est la principale des peines privatives de liberté; son application est très générale, tant contre les grands criminels que contre les petits délinquants, à l'exception de quelques délits non intentionnels et des simples contraventions. — La peine la plus forte est l'emprisonnement à perpétuité. Le maximum d'emprisonnement temporaire est de quinze ans en général et, en certains cas spéciaux, de vingt ans; le minimum est d'un jour. Il y a des maxima spéciaux de quinze, douze, neuf, six, quatre, trois, un an, quelques mois, même quelques semaines pour les différents délits. Le régime cellulaire, qui depuis 1851 fait l'objet d'expériences successives avec augmentations périodiques du maximum de durée, est obligatoire pour toute peine d'emprisonnement de cinq ans ou moins: pour les peines d'une durée plus considérable, il est obligatoire pendant les cinq premières années; après cette période, le ministre de la justice peut accorder au détenu une prolongation de séquestration cellulaire (art. 4); mais dans les autres cas, l'emprisonnement après la cinquième année consiste en une détention en commun, avec classement (art. 13), c'est-à-dire avec séparation des délinquants en différentes catégories selon leur passé, leur conduite, leur âge et développement, le caractère du délit et la durée de la peine. Pendant la nuit la séparation est absolue (système des alcoves). Les condamnés à perpétuité sont toujours séparés des autres. Il y a des prisons spéciales ou tout au moins des quartiers spéciaux pour les hommes et pour les femmes. Le système cellulaire n'est pas applicable aux enfants de moins de quatorze ans, ni aux vieillards de plus de soixante ans, si ce n'est à leur demande, ni à ceux pour qui, au rapport des médecins, l'isolement serait nuisible (art. 12). Pour les condamnés à l'emprisonnement, le travail est obligatoire (art. 14). — La libération conditionnelle, décidée par le ministre de la justice, est applicable aux détenus qui ont subi les trois quarts de leur peine et au moins trois ans de prison (art. 15—17).

La simple détention (hechtenis) est la peine privative de liberté qui frappe les délits non intentionnels et les contraventions. Pour les délits, elle est généralement établie alternativement avec l'emprisonnement. Son maximum est d'un an, et, en quelques cas exceptionnels, de un an et quatre mois. Elle est subie en commun, sauf si le condamné demande à être isolé. Les condamnés à la simple détention ne sont pas soumis au travail obligatoire; ils peuvent se livrer aux occupations qu'ils préfèrent; cependant, s'ils n'ont aucun genre d'occupations, l'administration les oblige à travailler. Le produit de leurs occupations est à leur disposition (art. 18—20).

La peine pécuniaire ou l'amende est appliquée en cas de crimes ou délits (misdrijven) et de contraventions, soit isolément, soit alternativement avec une des deux peines précédentes, mais jamais cumulativement avec elles. Le système du cumul de peines principales pour le même délit est absolument repoussé par le code. L'amende non payée deux mois après que la condamnation sera exécutable est remplacée par la détention subsidiaire (art. 23). Cette détention est absolument semblable à la simple détention; sa durée est déterminée d'avance par le juge selon une proportion dont la loi a fixé les règles générales; le maximum est de six mois, et, en quelques cas, de huit mois.

Suivant une règle qu'établit, non pas le code, mais la loi sur l'administration des prisons (art. 8), tout condamné subissant soit la peine de l'emprisonnement, soit celle de la simple détention, soit celle de la détention subsidiaire, ne reçoit pour toute nourriture, les deux premiers jours de sa détention, que du pain sec et de l'eau.

Le code ne connaît pas de peines infamantes; mais il distingue, à côté des peines principales, quatre peines accessoires (art. 9, 28 sq.): la confiscation spéciale, l'interdiction de certains droits ou de l'exercice de certaines professions, la publication spéciale de la sentence et la détention temporaire dans une maison de travail. Ces peines ne s'appliquent que dans les cas spécialement prévus par la loi; la dernière seulement aux individus condamnés pour vagabondage ou mendicité et à ceux qui ont encouru plus de trois condamnations du chef d'ivresse publique. Ces maisons de travail, qui sont en partie des colonies agricoles, sont situées, pour les hommes à Veenhuisen (province de Drenthe) et à Hoorn; pour les femmes, à Oegstgeest, près de Leide.

Il reste à noter que tous les jeunes délinquants âgés de moins de dix ans et ceux de dix à seize ans qui ont agi sans discernement peuvent être placés dans une maison d'éducation jusqu'à l'âge de dix-huit ans accomplis, au maximum (art. 38 et 39). Ces établissements se trouvent, pour les garçons à Alkmaar et à Doetinchem (Kruisberg); pour les filles, à Montfoort; une troisième maison pour garçons, à Avereest, sera ouverte en 1894.

Un trait distinctif du Code hollandais est certes la grande liberté que la loi laisse au juge dans l'application de la peine. L'application des peines accessoires ainsi que le placement des jeunes délinquants dans une maison d'éducation est toujours facultative. L'application des peines principales est toujours obligatoire, le code ne connaissant pas la condamnation conditionnelle; mais quant à leur mesure — durée de l'emprisonnement ou de la simple détention et montant de l'amende — le juge n'est limité que par un maximum spécial à chaque infraction; le code ne connaît pas de minima spéciaux; pour toute infraction le minimum est d'un jour d'emprisonnement ou de simple détention et, quant à la peine pécuniaire, de cinquante cents ou un demiflorin d'amende. La commission d'État avait réservé pour quelques crimes des plus graves des minima spéciaux; mais, dans les délibérations ultérieures, le système a été de plus en plus généralisé. Le modèle en a été pris en partie dans le code de 1809; mais le système a surtout été le fruit de l'expérience désastreuse qu'on avait pu faire, sous le Code français, du régime des „circonstances atténuantes", système artificiel qui avait abouti à du formalisme pur, le juge souvent ne fixant plus la mesure de la peine d'après les circonstances, mais cherchant des circonstances atténuantes pour pouvoir appliquer la mesure de la peine qu'il désirait. Le système du nouveau code est sans contredit un des traits nationaux du droit pénal hollandais; il repose sur une confiance assez générale en l'impartialité du pouvoir judiciaire. Jusqu'à présent sa mise en pratique ne paraît avoir donné lieu à aucun abus ni même à des plaintes.

Le fait que les membres de la commission d'État comptaient parmi les premiers criminalistes n'a pas manqué d'exercer une influence sur le caractère scientifique du code. Ce caractère se révèle tout d'abord par le soin avec lequel ont été rédigées les dispositions générales (livre I); en cette matière c'est surtout la doctrine allemande de notre siècle qui a fait sentir son action. Il se trahit aussi par la minutie qui a présidé à la rédaction des définitions des infractions spéciales, notamment à la façon dont l'élément intentionnel ou culpeux a été exprimé dans ces définitions. Les auteurs du code ont clairement rejeté la théorie de „l'intention criminelle" (rechtswidriger Vorsatz); et sur ce point encore le code a suivi le système du code national de 1809.

La récidive est considérée, selon la tradition, comme une circonstance aggravante permettant au juge de surpasser le maximum ordinaire de la peine. La loi entend par récidive punissable une récidive spéciale, soit du même genre de délit (livre II, titre XXXI), soit de la même contravention.

Le tentative (art. 45) est punie d'une peine inférieure à celle du délit consommé; le maximum est abaissé d'un tiers. En général la tentative de délit est punissable, les exceptions étant expressément signalées. La tentative de contravention n'est pas punissable.

Les dispositions relatives à la participation criminelle (art. 47—52) ressemblent en principe à celles du Code allemand; cependant le code ne connaît pas d'article correspondant au paragraphe Duchesne (§ 49 a du Code allemand). La complicité proprement dite n'est pas punissable en cas de contravention.

En ce qui concerne le concours réel, le code suit, pour les délits, le système du cumul modéré, c'est-à-dire avec diminution du maximum des peines cumulées; pour les contraventions le système du cumul simple.

Les enfants de moins de dix ans ne peuvent être punis; de dix à seize ans, ils ne peuvent être condamnés que s'ils ont agi avec discernement; quant à ceux qui ne sont pas punissables, le juge peut ordonner leur détention et leur éducation dans un des établissements indiqués ci-dessus (art. 38, 39).

La responsabilité est exclue expressément en cas de troubles morbides ou d'arrêt dans le développement des facultés intellectuelles (art. 37). Les projets l'excluaient également quand il y a inconscience, mais un amendement a supprimé ce cas.

Le code mentionne comme causes générales de justification: la contrainte (selon le C. p. français); la légitime défense même en cas d'excès commis sous l'influence d'émotions graves (système du Code allemand); l'ordre de la loi; le commandement légitime de l'autorité compétente (art. 40—43).

Comme excuse générale, le code ne connaît que l'âge de dix à seize ans. L'excuse abaisse le maximum de la peine (art. 39).

Comme cause générale d'aggravation de la peine, il n'y a à citer que la position de fonctionnaire public (voyez ci-après à propos des délits des fonctionnaires).

Le code ne connaît qu'un petit nombre de délits dont la poursuite dépend d'une plainte de la partie lésée. — Le code admet la prescription.

§ 3. Traits principaux de la partie spéciale.

Le livre II, qui traite des „misdrijven", contient trente et un titres. — Titre Ier. Délits contre la sûreté de l'État, sûreté intérieure et extérieure. L'attentat à la vie ou à la liberté du chef de l'État, à l'intégrité du territoire ou à la constitution est puni comme le crime consommé. — Titre II. Délits contre la dignité royale; tel le délit de lèse-majesté puni de cinq ans de prison ou d'une amende de 300 florins au maximum. — Titre III. Délits contre les chefs et les représentants d'États amis. — Titre IV. Délits relatifs à l'exercice des droits et devoirs des citoyens; ce titre s'occupe surtout des infractions en matière électorale. — Titre V. Délits contre l'ordre public, renfermant, comme on le voit, par exemple, aussi dans le Code allemand, des infractions nombreuses et variées, parmi lesquelles la provocation publique à commettre un crime; le fait de ne pas révéler les complots et les projets relatifs à quelques grands crimes alors que l'exécution en pourrait encore être empêchée; la violation illégale du domicile, infraction qu'ignorait le droit franco-hollandais. — Titre VI. Le duel. — Titre VII. Délits contre la sûreté publique, tels l'incendie, l'explosion, l'inondation mettant en péril un ensemble de propriétés ou la vie de quelqu'un, le fait de commettre un acte occasionnant quelque danger pour la circulation des chemins de fer; ce titre mentionne l'acte commis avec intention de nuire à côté de celui résultant de la négligence sans dol; la mort des victimes aggrave presque toujours la peine. — Titre VIII. Délits contre l'autorité publique, notamment: la rébellion, qui n'existe que si l'acte du fonctionnaire est légitime, la fausse dénonciation, et autres délits communs à tous les codes. — Titre IX. Faux serment. Ce titre se compose d'un seul article dont la rédaction très claire embrasse tous les cas; la loi ne fait pas d'exception en faveur de celui qui révoque son faux serment ni du témoin qui, en déposant conformément à la vérité, s'accablerait lui-même ou chargerait un de ses parents. — Titre X. Fausse monnaie. — Titre XI. Faux commis dans la confection des timbres et marques. — Titre XII. Faux en écritures. Le Code a, sur ce point, abandonné le système de la doctrine française qui exige l'intention de nuire; il distingue, dans le faux en écriture, les éléments suivants: le faux ou la falsification; la nature de l'écrit qui doit être tel qu'il puisse servir de base à un droit, une obligation, une libération quelconque, ou de moyen de preuve; l'intention de se servir de l'écrit comme s'il n'était pas faux; la possibilité de causer un préjudice. — Titre XIII. Délits contre l'état-civil des personnes parmi lesquels la destruction des moyens de preuve de cet état-civil et la bigamie. — Titre XIV. Délits contre les mœurs; le Code punit notamment l'attentat aux mœurs sur des enfants de moins de seize ans; les attentats des parents, instituteurs, patrons, directeurs d'établissements, fonctionnaires, etc. sur les personnes confiées à leurs soins ou soumises à leur autorité (art. 249); l'excitation de mineurs à la débauche provenant soit des parents ou tuteurs, soit d'autres personnes, mais, en ce dernier cas, la loi n'intervient que si le coupable a agi dans un but de lucre ou s'il y a habitude; le même titre renferme un article punissant les mauvais traitements envers des animaux. — Titre XV. Délaissement d'enfants. — Titre XVI. Injures, notamment la diffamation, verbale ou écrite, c'est-à-dire l'imputation injurieuse d'un fait précis avec l'intention de l'ébruiter; la calomnie, ou imputation mensongère et de mauvaise foi, dans les cas fort rares où la preuve du fait avancé peut être faite; la simple injure; l'injure contre les fonctionnaires dans l'exercice ou à l'occasion de leurs fonctions (les peines ordinaires sont alors aggravées du tiers); la dénonciation calomnieuse; les crimes contre la mémoire des morts; le colportage d'écrits ou de gravures injurieux. Il n'y a pas diffamation punissable quand il est manifeste que l'auteur a agi dans l'intérêt public ou contraint par la nécessité de la défense. La preuve du fait avancé, nécessaire dans une poursuite pour calomnie, n'est admise que si cette preuve pourrait justifier le fait pour l'une des deux raisons ci-dessus, ou si l'imputation concerne un fonctionnaire à l'occasion de ses fonctions (art. 263); cette restriction, introduite par un amendement, restreint fortement les cas d'applications de l'article sur la „calomnie". Le colporteur n'est puni que s'il a eu l'intention de propager le contenu injurieux des gravures ou des écrits. — Titre XVII. Révélation de secrets. — Titre XVIII. Délits contre la liberté individuelle; ce titre punit la traite des esclaves ou la participation à cette traite, le détournement de mineurs, le rapt d'une mineure dans le but de la posséder après ou sans l'avoir épousée, la détention illégale, la contrainte au moyen de violences ou de menaces, les menaces contre des personnes. — Titre XIX. Délits contre la vie. Ce titre distingue: le meurtre (homicide volontaire, c'est-à-dire avec l'intention d'attenter à la vie); l'homicide connexe à une autre infraction; l'assassinat ou meurtre avec préméditation; ces deux derniers délits peuvent seuls être punis d'emprisonnement à vie; le meurtre ou l'assassinat d'un nouveau-né par sa mère agissant dans la crainte que son accouchement ne soit découvert; l'homicide à la prière expresse et sérieuse de la victime; l'excitation ou l'aide au suicide; l'avortement. — Titre XX. Coups et blessures (mishandeling); le Code divise ce genre d'infraction en plusieurs espèces: les coups et blessures simples et ceux perpétrés avec l'intention de causer un préjudice grave, le délit commis avec ou sans préméditation, le délit n'ayant pas eu de conséquences graves et celui ayant entraîné la mort ou un dommage corporel important à la victime, sans la volonté de l'auteur. — Titre XXI. Homicide, coups et blessures causés par la faute du coupable. Le Code ne considère comme faute (schuld) que la faute lourde. —

Titre XXII. Vol et maraudage. La notion du vol est identique à celle des autres Codes. La soustraction frauduleuse entre parents en ligne directe ou en ligne collatérale jusqu'au deuxième degré, entre époux séparés de corps ou de biens est considérée et punie comme vol, mais n'est poursuivie que sur plainte. Le vol entre époux ou la complicité d'un époux dans le vol commis au préjudice de son conjoint, non-séparé, n'est pas punissable. — Titre XXIII. Exactions et chantage. — Titre XXIV. Détournement. Le Code entend par là l'appropriation illégitime et intentionnelle d'une chose appartenant à autrui et qu'on possédait sans s'être procuré la possession par un délit. — Titre XXV. Fraude. La loi comprend sous cet intitulé, outre l'escroquerie au moyen d'un faux nom, de fausses qualités, de manœuvres frauduleuses ou d'un tissu de mensonges, une série de fraudes et tromperies spéciales. — Titre XXVI. Actes portant préjudice à des créanciers ou des ayants-droit, c'est-à-dire la banqueroute, les délits analogues et la soustraction par son propriétaire d'une chose détenue par un tiers à titre de gage, de rétention, d'usufruit ou d'usage. — Titre XXVII. Destructions ou dommages. Ces faits ne sont punis que s'ils ont été commis intentionnellement; cependant la loi modificative du Code (Novella) punit par exception la faute quand le dommage a été causé à un bâtiment d'utilité publique. — Titre XXVIII. Délits des fonctionnaires. Ce titre prévoit plusieurs délits spéciaux; il faut le mettre en rapport avec l'art. 44 (livre Ier) qui stipule une aggravation des peines en général contre le fonctionnaire qui, en se rendant coupable d'un délit de droit commun, transgresse un des devoirs spéciaux de sa charge ou abuse de sa position. — Titre XXIX. Délits relatifs à la navigation, notamment la piraterie et la course illicite perpétrée par un Néerlandais sans l'autorisation de son gouvernement. — Titre XXX. Fauteurs. Ce titre traite du recel et considère comme tel l'achat, l'échange, la possession à titre de gage ou de donation du produit de l'infraction, le recel dans un but de lucre et même le profit tiré sciemment d'une chose provenant de source délictueuse; il parle également de certains délits commis par des éditeurs ou des imprimeurs (voir ci-dessous § 4 n° 7). — Titre XXXI. Dispositions sur la récidive communes à plusieurs titres. (Ce point a été mentionné ci-dessus.)

Le livre III s'occupe des contraventions et est divisé en neuf titres. Titre I. Contraventions relatives à la sûreté publique. — Titre II. Contraventions à l'ordre public, parmi lesquelles la mendicité publique et le vagabondage. — Titre III. Contraventions concernant l'autorité publique. — Titre IV. Contraventions contre l'état civil. — Titre V. Contraventions relatives au cas de péril d'une personne. Ce titre se compose d'un article unique et punit celui qui, étant témoin du danger de mort immédiate que court une personne, ne lui prête pas le secours qu'il pourrait lui apporter sans danger pour lui-même ni pour autrui, au cas où la personne en péril vient à mourir. — Titre VI. Contraventions aux mœurs. — Titre VII. Contraventions à la police rurale. — Titre VIII. Contraventions des fonctionnaires. — Titre IX. Contraventions relatives à la navigation.

§ 4. Le droit pénal en dehors du Code.

Lors de l'apparition du Code, tout le droit pénal fut réorganisé. Les Pays-Bas vivaient dans un dédale d'anciennes lois dont plusieurs dataient encore de l'annexion à la France; on rejeta, avec raison, une codification générale qui eût embrassé non seulement toutes les lois pénales, mais même toutes les dispositions pénales des autres lois; néanmoins la loi introductive du Code (15 avril 1886, Bulletin n° 64) est devenue la clef de voûte de tout le droit pénal non-codifié. Tout d'abord, toutes les lois et dispositions pénales en vigueur au 1ᵉʳ mars 1886 ont été abrogées sauf celles que la dite loi a maintenues expressément. Quant aux lois plus récentes, il est facile de consulter le Bulletin des lois à dater du 1ᵉʳ mars 1886. En second lieu, la loi introductive a établi une parfaite harmonie de principes entre le Code et le droit pénal non-codifié, et, dans ce but, elle a introduit dans ce dernier diverses modifications tant aux lois générales qu'aux ordonnances des provinces et des communes.

Nous signalerons quelques-unes des plus importantes des lois non-codifiées:

1⁰ Se rapportant au droit international:

a) La loi sur l'extradition du 6 avril 1875 (Bulletin n⁰ 66).

b) Loi pour l'exécution de la convention internationale sur la pêche dans la mer du Nord, du 7 décembre 1883 (Bulletin n⁰ 202).

c) Loi pour l'exécution de la convention internationale sur la protection des câbles sous-marins, du 15 avril 1886 (Bulletin n⁰ 65), revisée le 4 juillet 1887 (Bulletin n⁰ 109).

d) Loi mettant à exécution le traité sur la pêche du saumon dans le Rhin, du 14 avril 1886 (Bulletin n⁰ 61).

e) Loi pour l'exécution de la convention internationale sur la vente de boissons alcooliques aux pêcheurs dans la mer du Nord, en dehors des eaux territoriales, du 15 avril 1891 (Bulletin n⁰ 84).

2⁰ Se rapportant au droit public interne:

a) La loi fondamentale ou Constitution du royaume de 1848, revisée en 1887 (proprement dit la Constitution date de 1815, mais elle a subi en 1848 une revision principielle).

b) Loi sur l'organisation provinciale du 6 juillet 1850 (Bulletin n⁰ 39).

c) Loi sur l'organisation communale du 29 juin 1851 (Bulletin n⁰ 85).

d) Loi réglant la surveillance centrale sur les églises, du 10 septembre 1853 (Bulletin n⁰ 102).

e) Loi sur le droit d'association et de réunion du 22 avril 1855 (Bulletin n⁰ 32).

f) Loi sur les associations coopératives, du 17 novembre 1876 (Bulletin n⁰ 227).

3⁰ Se rapportant à la défense nationale:

a) Loi sur la garde-civique (schutterij) du 11 avril 1827 (Bulletin n⁰ 17).

b) Loi sur la milice, du 19 août 1861 (Bulletin n⁰ 72).

4⁰ Se rapportant à l'hygiène publique:

a) Lois sur la profession de médecin et de pharmacien, du 1ᵉʳ juin 1865 (Bulletin nᵒˢ 60, 61).

b) Loi sur les maladies épidémiques, du 4 décembre 1872 (Bulletin n⁰ 134), revisée en 1874 et 1877.

c) Loi autorisant des mesures extraordinaires pour détourner quelques maladies épidémiques et dangereuses, du 26 avril 1889 (Bulletin n⁰ 80), modifiée en 1884 et 1886.

d) Loi relative aux mesures préventives contre la rage, du 5 juin 1875 (Bulletin n⁰ 110).

e) Loi sur la quarantaine, du 28 mars 1877 (Bulletin n⁰ 35).

f) Loi sur le traitement des aliénés du 27 avril 1884 (Bulletin n⁰ 96).

g) Lois sur la police vétérinaire du 20 juillet 1870 (Bulletin n⁰ 131), modifiée en 1875, 1878 et 1880.

5⁰ Se rapportant aux diverses branches d'industrie:

a) Loi sur la chasse et la pêche, du 13 juin 1857 (Bulletin n⁰ 57).

b) Loi sur la pêche maritime du 21 juin 1881 (Bulletin n⁰ 76), modifiée en 1884.

c) Loi sur le transport des émigrants, du 1er juin 1861 (Bulletin n⁰ 53), modifiée en 1869.

d) Lois sur les chemins de fer des 9 avril 1875 et 28 octobre 1889 (Bulletin n°ˢ 67 et 146).

e) Loi sur l'établissement de fabriques dangereuses ou incommodes, du 2 juin 1875 (Bulletin n⁰ 95).

f) Loi sur le transport des matières vénéneuses, du 28 juin 1876 (Bulletin n⁰ 150).

g) Loi sur le transport et le débit de matières explosives, du 20 avril 1884 (Bulletin n⁰ 81).

h) Loi sur les machines à vapeur, du 28 mai 1869 (Bulletin n⁰ 97).

i) Loi sur les poids et mesures, du 7 avril 1869 (Bulletin n⁰ 57).

j) Loi sur le débit des boissons alcooliques, du 28 juin 1881 (Bulletin n⁰ 97), modifiée en 1884 et 1885.

k) Loi ayant pour but d'empêcher les travaux malsains et dangereux des jeunes gens et des femmes, du 5 mai 1889 (Bulletin n⁰ 48).

l) Loi sur le droit d'auteur, du 28 juin 1881 (Bulletin n⁰ 124).

m) Loi réglant la discipline à bord des navires de la marine marchande, du 7 mai 1856 (Bulletin n⁰ 32).

6⁰ Se rapportant à l'enseignement:

a) Loi sur l'enseignement supérieur, du 28 avril 1876 (Bulletin n⁰ 102), modifiée en 1878, 1881, 1885.

b) Loi sur l'enseignement secondaire, du 2 mai 1863 (Bulletin n⁰ 50), modifiée en 1876 et en 1879.

c) Loi sur l'enseignement primaire, du 17 août 1878 (Bulletin n⁰ 127), modifiée en 1882, 1884, 1889.

7⁰ Il n'y a pas de loi spéciale sur la presse. Les mesures préventives manquent absolument. La responsabilité des délits de presse est régie, quant aux auteurs, selon les règles sur la responsabilité en général, et quant aux éditeurs ou imprimeurs, selon des principes très libéraux établis par les art. 53, 54, 418—420 du Code.

8⁰ Le droit pénal fiscal n'est pas codifié; il est disséminé dans les différentes lois sur les impôts et les contributions dont, au point de vue pénal, la plus importante est la loi générale sur les droits d'entrée et d'accises du 26 août 1822 (Bulletin n⁰ 38). L'énumération complète s'en trouve dans le livre, cité plus loin, de M. van Hamel, I, p. 105 sq. — Le droit pénal fiscal, régi par des principes spéciaux, a été maintenu expressément, sauf quelques modifications, par l'art. 7 de la loi introductive. Aussi les art. 410 sq. du Code d'instr. crim. maintiennent le principe d'exception en vertu duquel les amendes fiscales ne s'éteignent pas par la mort du délinquant, mais subsistent à la charge de sa succession.

9⁰ Le droit pénal militaire a également été maintenu expressément comme droit spécial par l'art. 9 de la loi introductive. Il est d'ancienne date: le Code criminel pour l'armée de mer a été arrêté par la loi du 20 juillet 1814 (Bulletin n⁰ 85) et celui pour l'armée de terre, par celle du 15 mars 1815 (Bulletin n⁰ 26). Ces Codes ne s'occupent que des délits militaires purs ou mixtes; les délits de droit commun sont jugés selon le Code général. — Il faut citer, à côté de ces deux lois, deux Codes de discipline militaire de la même date. — Remarquons pourtant que le système pénal suranné de ces Codes a été réformé et quelques autres défauts corrigés par les lois du 14 novembre 1879 (Bulletin n°ˢ 191—194). Mais, malgré cette modification partielle, une revision totale s'impose d'urgence. C'est pourquoi M. le professeur van der Hoeven, de l'université de Leide, chargé de cette revision, a mis au jour un projet de Code de droit pénal militaire, lequel, après avoir été revu par son auteur assisté d'une commission militaire, vient d'être soumis aux chambres. La révision embrassera du même coup les Codes de discipline militaire et les lois très arriérées sur la procédure devant les tribunaux de guerre et la Haute Cour militaire.

§ 5. Éditions du code, littérature criminelle, etc.

1⁰ Éditions du code. — Édition officielle, chez van Weelden en Mingelen, la Haye 1886. — Édition de Bureau: M. S. Pols, De Wetboeken van Strafordering en strafrecht met toelichtende aanteekeningen (1886). — Édition de poche: J. A. Fruin, De Nederlandsche Wetboeken (les cinq codes), 3e édit. par M. S. Pols (1893); dans le même format, une édition ne contenant que le Code pénal et le Code d'instruction criminelle. — Traduction française du code par M. le Dr J. W. Wintgens; traduction allemande dans la Zeitschrift für die gesamte Strafrechtswissenschaft, tome I.

2⁰ Littérature ayant trait à l'histoire du code. — Projet de la commission d'État avec l'Exposé des motifs; édition officielle, in-4⁰, à l'imprimerie de l'État, 1879; édition in-8⁰ chez Belinfante frères, la Haye 1879 (épuisée). — Pour les projets du gouvernement, l'exposé des motifs, l'avis du Conseil d'État, les rapports parlementaires et les discussions, voir surtout l'ouvrage complet et systématique de M. H. J. Smidt: Geschiedenis van het Wetboek van Strafrecht (Histoire du Code pénal) I—V (2e éd. 1890 sq.); les volumes I à III traitent du Code pénal; les volumes IV et V des lois connexes. Le volume V et la seconde édition tout entière ont été élaborés avec le concours de MM. E. A. Smidt et J. W. Smidt, fils de l'auteur.[1]) — Il y a ensuite une édition (non-systématique) des documents et discussions, chez Belinfante frères (1879—1886). — H. L. Israëls, Het Wetboek van Strafrecht vergeleken met de verschillende ontwerpen en met aanwijzing der officieele stukken (édition comparative du texte des divers projets) 1883.

3⁰ Commentaires et traités: Polenaar en Heemskerk, Het Wetboek van Strafrecht in doorloopende aanteekeningen verklaard, 1881—1889, commentaire. — G. A. van Hamel, Inleiding tot de Studië van het Nederlandsche Strafrecht I (Traité théorique et systématique de la doctrine du droit pénal hollandais, non encore achevé, 1889 sq.). — O. Q. van Swinderen, Het hedendaagsche Strafrecht in Nederland en het buitenland (aperçu théorique); partie générale, 2 vol. (1889). — B. E. Ascher en D. Simons, Het nieuwe Wetboek van Strafrecht (comparaison des textes des Codes français et hollandais, 1886).

4⁰ Recueils de jurisprudence: Weekblad van het Recht (recueil très répandu). — De Nederlandsche Rechtspraak, recueil des arrêts de la Haute Cour, publié par le greffier du collége. — Van den Honert, Verzameling van arresten van den Hoogen Raad (voir surtout la section: Strafrecht en Strafordering). — Het Paleis van Justitie (feuille périodique sous la rédaction de MM. van Lier et Simons).

5⁰ Revues: Tijdschrift voor Strafrecht (revue de droit criminel), publiée par les professeurs de droit criminel des quatre universités, chez E. J. Brill, Leide. Cette revue contient: a) des dissertations originales, b) chaque année un aperçu sur la littérature et la jurisprudence relatives au droit criminel hollandais, ordonné selon les articles du Code pénal et du Code d'instruction criminelle et des lois spéciales; c) dans chaque livraison une revue bibliographique internationale de droit pénal par M. Petit, conservateur à la bibliothèque universitaire de Leide. — Il vient de paraître sous le titre: „Het Wetboek van Strafrecht met aanteekeningen", un aperçu systématique de la jurisprudence et de la littérature relatives au Code pénal pendant les six premières années, élaboré par les rédacteurs de la revue susdite. — Les autres revues de droit: Rechtsgeleerd Magazijn et Thémis contiennent aussi des études touchant au droit criminel.

II.

§ 6. Droit pénal des colonies.

I. Indes orientales (Nederlandsch Indië). Cette colonie considérable a longtemps été régie par le droit pénal coutumier et des statuts locaux. Les Codes qui y sont actuellement en vigueur sont:

---

[1]) M. H. J. Smidt est actuellement (depuis août 1891) de nouveau ministre de la justice.

Pour les Européens: a) le C. p. pour les Européens, arrêté par ordonnance royale du 10 février 1866 (Bulletin des Indes nos 213—215). Le projet en avait été élaboré par une commission de jurisconsultes et avait été rédigé sur la base du Code français avec ses lois modificatives, c'est-à-dire d'après le droit franco-hollandais alors en vigueur dans la mère-patrie. — Ce Code a été publié (1866), accompagné de l'exposé des motifs et des annotations par M. A. A. de Pinto, secrétaire de la dite commission.

b) Le règlement pénal général de police pour les Européens, contenant les contraventions à la police générale, arrêté par ordonnance du gouverneur général du 15 juin 1873, publié avec l'exposé des motifs par le rédacteur M. der Kinderen, ancien membre du Grand Conseil des Indes (2e éd. 1890).

Pour les Indigènes: c) le Code pénal pour les indigènes, arrêté par ordonnance du gouverneur général du 6 mai 1872, élaboré sur la base du Code des Européens, avec certaines modifications et surtout un système de peines différent, publié de même avec l'exposé des motifs par M. der Kinderen.

d) Le règlement pénal général de police pour les indigènes, arrêté en même temps que le règlement des Européens et également publié par M. der Kinderen.

A l'heure présente on vient d'élaborer un projet de nouveau C. p. pour les Européens. La commission qui s'en est chargée se compose de MM. de Pauly, président, et L. Hovy, anciens magistrats aux Indes, et des criminalistes hollandais MM. A. A. de Pinto, D. J. Mom Visch, G. A. van Hamel avec le concours de M. J. Lion, ancien magistrat à Java, secrétaire. Le projet a été publié en 1891 chez Belinfante frères à la Haye et est soumis actuellement aux observations des autorités des Indes.

Consulter sur le droit pénal actuel: a) un recueil contenant les codes, lois et principales ordonnances spéciales en vigueur dans les Indes orientales, publié par M. J. Lion, ancien magistrat à Java; b) un recueil contenant seulement la loi fondamentale et les codes, de MM. de Reitz et Bousquet; c) Het Strafrecht in Nederlandsch-Indië, par W. de Gelder, 2 vol., 1886; d) la revue: Indisch Weekblad van het Recht.

II. Indes occidentales. Ces colonies se composent 1⁰ du continent de Surinam; 2⁰ de l'île de Curaçao et ses dépendances. Ce sont deux gouvernements distincts, ayant chacun sa loi fondamentale propre et son gouverneur nommé par la reine; ce gouverneur dirige la colonie avec une certaine collaboration des habitants pour la législation. Chacune de ces deux colonies possède depuis le 1er mai 1869 un C. p. distinct, arrêté par le roi le 4 septembre 1868 et modelé sur le droit franco-hollandais alors en vigueur dans la mère-patrie. Conformément aux dispositions des lois fondamentales, ces codes ont subi en certains points des modifications y apportées par des ordonnances coloniales. Il n'est pas question jusqu'à présent, ni pour Surinam, ni pour Curaçao de la mise en vigueur de codes nouveaux élaborés sur la base du nouveau Code de la métropole.

IX.

PAYS SCANDINAVES.

---

1. Le Danemarc.

Par **Eyvind Olrik**
à Copenhague.

Traduction de **M. H. Kimmer**, ancien juge
à Luxembourg.

2. La Suède.

Par le **Dr W. Uppström,**
président du tribunal à Stockholm.

Traduction de **M. Henri Fromageot,**
docteur en droit, avocat à la Cour d'appel, à Paris.

3. La Norvége.

Par le **Dr B. Getz,**
procureur général à Cristiania.

Traduction de **M. A. Graz,** avocat à Genève.

Sommaire.

———

1. Danemarc.

I. La mère-patrie. § 1. Le Code pénal comme base du droit criminel. § 2. Historique du Code pénal. § 3. Système et principes fondamentaux du Code pénal. § 4. Suite. Modifications du Code pénal. — Critique. § 5. Dispositions complémentaires du Code pénal. § 6. Les pénalités en dehors du Code pénal.
II. § 7. Dépendances et colonies. (Les îles de Faroé, Islande, Groënland, possessions aux Indes occidentales.)
III. § 8. Littérature, jurisprudence, recueils.

2. Suède.

I. § 1. Sources. Textes de loi. Bibliographie.
II. Introduction historique. § 2. Caractères du droit primitif. § 3. Réformes.
III. La législation en vigueur. § 4. La loi pénale du 16 février 1864. § 5. Modifications ultérieures de la loi pénale. § 6. Lois connexes contenant des dispositions pénales.
IV. Dispositions pénales générales. § 7. Sphère d'application. § 8. Les peines. § 9. Responsabilité. Capacité pénale. § 10. Des motifs d'exclure ou d'exempter de la répression. § 11. Aggravation de la peine. Récidive. § 12. Unité et pluralité d'infractions. § 13. Complicité. § 14. De la tentative. § 15. Préméditation et négligence.
V. § 16. Actes punissables, en particulier.

3. Norvége.

I. Partie générale. § 1. Sources. § 2. Bibliographie. § 3. Étendue du droit pénal norvégien. § 4. Système des peines. § 5. Tentative. Complicité. Motifs d'exclusion de la peine. § 6. Délits de presse.
II. Partie spéciale. § 7. Les infractions.

1. Danemarc.

I. La mère-patrie.

§ 1. Le Code pénal comme base du droit criminel.

I. Pour déterminer l'état actuel de la législation criminelle danoise, l'intérêt prédominant s'attache au C. p. du 10 février 1866. Quoique cette loi puisse être qualifiée de tout à fait systématique, reposant sur des principes universellement reconnus, elle n'a pas, suivant en ce l'exemple d'autres pays, voulu embrasser toutes les actions punissables généralement quelconques. Le code a lui-même fixé les limites de son domaine en s'intitulant „Code pénal civil commun" (Almindelig borgerlig Straffelov). La sphère d'action du code se trouvant ainsi limitée aux violations punissables de devoirs généraux civils, ne peuvent trouver place dans le code: 1⁰ La loi pénale militaire; 2⁰ la législation pénale concernant les lésions de droits particuliers. Le premier, le C. p. pour l'armée (Straffelov for Krigsmagten) du 7 mai 1881, forme ainsi un complément nécessaire du C. p. civil. Il en est de même de la seconde. Celle-ci comprend d'abord la législation policière, c'est-à-dire, les lois préventives proprement dites, comme aussi toutes les dispositions qui ont pour but la répression des violations de devoirs imposés aux citoyens par des raisons d'opportunité et d'utilité (les limites tracées par la loi sont d'ailleurs assez vagues); ensuite les dispositions pénales relatives aux obligations dérivant pour les citoyens des exigences de l'administration publique; enfin celles punissant les violations de devoirs particuliers découlant de droits personnels.

II. Le cercle des actions illicites dont la criminalité repose sur des titres étrangers au C. p. commun, tout en étant assez étendu, n'a cependant qu'une importance secondaire. La législation militaire se borne essentiellement à la répression des infractions aux devoirs militaires proprement dits, tandis que d'autres faits punissables commis par des militaires sont punis d'après le C. p. ordinaire; suivant les circonstances, les peines militaires spéciales leur application. La législation pénale militaire ne comprenant, en définitive, que des crimes „spéciaux", elle occupe une position analogue à celle des autres lois qui ont leur fondement dans des relations juridiques particulières. Ces dernières ne présentent d'ordinaire au point de vue criminel aucun intérêt général, et, pour autant que tel est le cas, elles ont été en partie comprises dans le C. p. (voir notamment chap. XIII: des crimes commis par les fonctionnaires dans l'exercice de leurs fonctions); il est vrai que par cela la loi transgresse les limites lui tracées par son titre. Les mêmes considérations s'appliquent aux autres actions punissables en dehors du C. p. Différentes de ces dernières se rattachent à des dispositions d'intérêt plus ou moins local (prescriptions concernant la police et l'hygiène publique) et ne présentent qu'à de rares exceptions aucun intérêt réel au point de vue criminel. Cet intérêt ne se porte régulièrement que sur les règles de droit en elles-mêmes, dont la violation entraîne les peines respectives, de façon que ces pénalités ne forment dans la plupart des cas qu'un accessoire des règles en question. Enfin, même abstraction faite de cela, l'étendue des dispositions spéciales existant en dehors du C. p. devrait avoir pour conséquence que, dans chaque cas particulier, on se bornât à la fixation de la peine, sans se préoccuper des questions de droit criminel. De cette manière le C. p. doit acquérir une importance extraordinaire, même au-delà de son domaine propre. Ce ne sera notamment que dans le code que seront traitées d'une manière cohérente et approfondie toutes les questions rentrant dans la partie générale du droit criminel, questions qui doivent trouver leur solution avant l'application de la loi aux cas particuliers. Quoique le C. p. danois n'ait pas, comme l'a fait le C. p. norvégien, déclaré la partie générale applicable à toutes les actions punissables sans distinction, il convient de lui concéder une sorte d'hégémonie. Le Code imprime au droit criminel danois en vigueur sa physionomie particulière, et c'est pour ce motif qu'il est communément, et avec raison, appelé „le" C. p.

§ 2. Historique du Code pénal.

I. Pour tracer quelques traits principaux du Code et mettre en relief tout son esprit, il est utile de jeter un coup d'œil sur sa génèse et ses rapports avec le droit ancien. Le C. p. qui, après avoir été adopté par la Représentation, obtint la sanction royale le 10 février 1866, a été élaboré par deux commissions. La première, instituée en 1850, rédigea un avant-projet qui servit plus tard à la commission instituée en 1859 de base pour le projet définitif. Cependant les efforts pour créer un C. p. nouveau et complet remontent, en réalité, à une époque beaucoup plus reculée. Le roi Chrétien V ayant par le Code danois (Danske Lov) de 1683 introduit l'unité légale pour tout le pays, le droit pénal se concentra essentiellement dans le livre VI de la dite loi, intitulé: Des crimes (om misgærninger). Quoique cette œuvre législative eût été fort remarquable pour la dite époque, elle dut bientôt subir l'influence du temps, notamment en sa partie criminelle. Néanmoins on ne toucha pas pendant près d'un siècle entier d'une façon sensible à ce fondement du droit pénal, et même les lois émanées vers la fin du 18e siècle, particulièrement la remarquable loi du 20 février 1789 sur le vol, n'étaient pas capables de provoquer une réforme notable.

II. C'est au commencement de notre siècle, à une époque où une ardeur jusque là inconnue se fit jour pour l'étude du droit criminel, et qui vit naître en divers pays des lois méthodiques, que se fit également sentir chez nous le besoin d'un C. p. nouveau et complet, dans lequel seraient réalisées les idées nouvelles du temps d'alors. Une telle codification des lois pénales n'eut pas lieu, à la vérité, mais les réformes péremptoires qui furent vers la même époque introduites dans la science du droit du Danemarc par Anders Sandøe Ørsted portèrent leurs fruits également sur le terrain de la législation criminelle. Sur l'initiative de ce „père de la jurisprudence danoise", et en concordance avec les projets détaillés par lui élaborés, furent publiées, dans l'intervalle de 1833 à 1841, quatre lois, dont chacune possède une importance majeure. Ce sont: la loi du 4 octobre 1833 sur les crimes contre l'intégrité corporelle et la liberté individuelle; celle du 11 avril 1840 sur le vol, la tromperie, le faux et autres crimes semblables; celle du 15 avril 1840 sur le faux serment; et enfin celle du 26 mars 1841 sur l'incendie. Ces lois non seulement traitèrent d'une manière détaillée les crimes importants auxquels elles se rapportent, en cherchant notamment à mettre davantage en harmonie les peines comminées avec les idées modernes, mais élevèrent en même temps le droit criminel à la hauteur de la science moderne. Les idées fondamentales qui trouvèrent leur expression dans les dites lois exercèrent, dans l'état imparfait de la législation criminelle d'alors, une influence extraordinaire, même en dehors de leur sphère particulière, et créèrent la base importante d'un nouveau C. p. complet.

III. L'absence d'un tel Code devait continuer à se faire sentir vivement malgré les progrès considérables réalisés jusqu'alors. L'autorité de l'administration de la justice souffrait de cet état de choses. En effet, les peines édictées par les lois en question étaient pour la plupart d'une sévérité exagérée; en outre, les dispositions de l'ancien droit convenaient si peu que tantôt on renonça à poursuivre certaines espèces de crimes, tantôt on fit du droit de grâce un usage qui dépassait toute borne raisonnable. Cela trouvait sa justification uniquement dans l'impérieuse nécessité d'écarter la disproportion criante qui existait entre les peines et la gravité des infractions. Le nouveau Code dut résolûment rompre avec l'ancien droit partout où celui-ci était suranné et rigoureux sans nécessité. D'un autre côté, on ne voulait pas faire table rase, car, il va sans dire, que sa mission n'était pas de rejeter tout ce que la législation en vigueur renfermait de véritablement pratique. Par suite on pouvait avec succès édifier sur le fondement des idées qui avaient été introduites dans la législation criminelle danoise par les lois méthodiques rappelées ci-dessus. Et c'est ce qu'on fit. De cette façon les dites lois, sans jouer un rôle exclusif, acquirent une importance majeure comme source du C. p. Les motifs de ce dernier portent également en beaucoup de points la trace de l'influence que la comparaison avec les lois étrangères avait exercée sur la formation du Code. On voit notamment qu'on a pris en considération la loi norvégienne de 1842 et la loi prussienne de 1851. Au surplus, les motifs détaillés des deux projets fournissent un guide précieux pour l'intelligence approfondie du Code.

§ 3. Système et principes fondamentaux du Code pénal.

I. Le Danemarc, suivant sous ce rapport l'exemple des autres pays scandinaves, n'a pas admis la division du C. p. en une partie générale et une partie spéciale, et a, par voie de conséquence, adopté une série unique des chapitres et paragraphes. Néanmoins dans l'économie du Code les dispositions formant d'ordinaire la partie générale occupent une place distincte et constituent un ensemble. Elles comprennent les §§ 1 à 70 (chap. 1 à 8), auxquelles se rattachent les §§ 298 à 311 (chap. 31 et 32), placés à la fin. Les matières qui en font l'objet se répartissent dans les différents chapitres comme suit. (Il importe toutefois de faire remarquer que les rubriques des chapitres n'épuisent pas toujours entièrement, ni dans cette partie ni dans celles relatives aux dispositions spéciales, les matières qui en font l'objet). — Chap. 1. Dispositions préliminaires (§ 1. Analogie; §§ 2 à 8. De la force obligatoire du Code par rapport au lieu et à la personne du délinquant); chap. 2. Des peines (§§ 9 à 34); chap. 3. De l'imputabilité, de la légitime défense (§§ 35 à 43); chap. 4. De la tentative (§§ 44 à 46); chap. 5. De la participation au crime (§§ 47 à 56); chap. 6. De la graduation et de la réduction des peines dans des cas particuliers et de la récidive (§§ 57 à 61); chap. 7. Du concours de plusieurs crimes et de la modification de la peine dans certains cas (§§ 62 à 65); chap. 8. De la prescription des crimes (§§ 66 à 70); chap. 31. De la poursuite des crimes, de la force préventive, des dommages-intérêts, etc. (§§ 298 à 304); chap. 32.

De la mise en vigueur du Code, dispositions transitoires, abrogation des dispositions antérieures (§§ 305 à 311).

Une particularité du Code, qui a son importance au point de vue du système, consiste en ce qu'il ne renferme pas de disposition analogue à celle inscrite, par exemple dans le § 1 du C. p. de l'Empire allemand ou l'art. 1er du C. p. français. La division tripartite des infractions (en crimes, délits et contraventions), adoptée par la plupart des pays non-scandinaves, n'a dans le C. p. danois de l'importance ni quant à la forme ni dans la pratique.

II. Dans la partie spéciale les infractions similaires sont réunies dans des chapitres sans classification ultérieure. Du reste le Code n'a pas entièrement réussi à toucher partout le point cardinal du groupe respectif. Les chap. 9 à 14 traitent dans leur ensemble des crimes contre la communauté politique, notamment des attentats contre la sûreté extérieure et l'indépendance de l'État, contre la constitution, le roi, la famille royale, les assemblées législatives, etc., des crimes contre l'ordre et l'autorité publics, et enfin du faux serment et crimes semblables. Ces dernières infractions figurent à cette place essentiellement dans l'intention de les rattacher aux crimes qui suivent, à savoir: les crimes contre la religion (chap. 15) et les crimes contre les mœurs (chap. 16). Les importants chap. 17 et 18 concernent les crimes contre la vie, le corps et la santé des particuliers; à ceux-ci se laisse rattacher le chap. 19 sur le duel. Le chap. 20 traite de la privation de la liberté, le chap. 21 des injures, le chap. 22 des dénonciations calomnieuses. Suivent aux chap. 23 à 26 le vol (Tyveri og Ran)[1]) et le recèlement, le brigandage (Roveri) et l'extorsion, recèlement d'objets trouvés, etc., et la tromperie. Le chap. 27 a pour objet la fausse monnaie, les faux en écritures publiques et autres; le chap. 28 l'incendie; le chap. 29 divers autres crimes dangereux à la communauté, le chap. 30 enfin la destruction et la dégradation de la propriété d'autrui et les actes de cruauté envers les animaux. — La rédaction du Code au total est claire et précise, de sorte qu'il est facile de s'y retrouver.

III. Une œuvre obtient son caractère déterminé des conditions dans lesquelles elle a été entreprise. C'est ainsi que notre Code porte l'empreinte des conditions données: l'état juridique créé par l'ancien droit et les vices qui étaient inhérents à ce dernier. En appréciation de la loi il faut bien regarder la tâche qui lui avait été imposée lors de son origine.

L'ancien droit était incomplet et manquait de cohésion. Le nouveau Code porta un remède catégorique à cet état en introduisant sur le terrain immense et important des violations générales de l'ordre légal civil un système parfaitement organisé, ce qui ressort du reste déjà de l'exposé succinct fait plus haut de son contenu. D'un autre côté, l'on comprend facilement qu'on se soit tenu sur la réserve par rapport à un cas particulier, vis-à-vis duquel la plupart des lois modernes ont préféré prendre une position plus avancée. Tout en abandonnant un ensemble de dispositions anciennes en partie confuses, en tout cas entièrement incomplètes, qui donna bien souvent lieu à des analogies lointaines et outrées, et, par suite, à des condamnations arbitraires, on n'osa pas exclure toute analogie, sentant, non sans raison, qu'on était impuissant à épuiser l'immense matière dont il s'agit. Au contraire, dans le § 1, qui admet la peine dans le cas où un fait sans être compris dans les termes

---

¹) Note du traducteur: Ran (all. Raub) se distingue suivant les anciennes idées germaniques de Tyveri (all. Dieberei), en ce que le premier est une soustraction ouverte, le second une soustraction clandestine (cf. Hagerup, Formuesindgreb, 1891, p. 5). La Røveri (all. Räuberei) se distingue du Ran en ce que le premier implique des violences. Cf. C. p. norvégien (1842) chap. 19 § 1, (1889) chap. 19 § 3i. C. p. suédois chap. 20 § 4b.

mêmes d'un paragraphe peut néanmoins être complètement rangé dans une des catégories de crimes prévus par le Code, on s'est arrêté à une analogie restreinte, qui en supprime essentiellement les conséquences fâcheuses, et fournit en même temps au Code un complément que sa rédaction a rendu nécessaire dans différentes matières. La matière des tromperies, par exemple, est traitée par le Code d'une manière plutôt casuistique. Cette disposition a obtenu en pratique une importance limitée, sans toutefois entraîner des inconvénients notables.[1])

A côté du progrès qu'il réalisa en faisant disparaître l'incomplet de l'ancien droit, le Code nouveau avait une mission plus importante encore sous le rapport matériel. L'idée fondamentale, qui devait présider à sa confection, était de faire pénétrer dans toutes ses dispositions un esprit humanitaire en donnant d'un côté au sentiment général de la justice une expression positive et en même temps un guide assuré; d'un autre, et surtout, en reproduisant tous les résultats obtenus par les progrès incessants de la civilisation développés par la science. On doit dire que cette tâche, qui était la principale, et dont la première commission avait déjà conscience, et vers l'accomplissement de laquelle le projet définitif tendait avec plus de vigueur, a été remplie d'une manière en général satisfaisante. Tout comme le Code a renoncé à réprimer des actions dont la criminalité ne se laisse concilier avec les idées modernes sur les limites de l'ordre légal, de même il a, dans le cercle des actions reconnues de tout temps comme punissables, rejeté tout ce qui pouvait rappeler les exagérations des temps passés, sans pour cela négliger les intérêts sur lesquels sont basées la légitimité et la nécessité d'une répression énergique.

IV. Les tendances humanitaires et nulle part inutilement favorables aux malfaiteurs se font jour dans le choix des peines. Les peines infamantes — proprement dites — n'existent plus. La punition corporelle ne se trouve plus que sous la forme de coups de verge (Ris) pour garçons jusqu'à l'âge de 15 ans et pour filles jusqu'à 12 ans, et de coups de bâton (Rottingslag) pour adolescents mâles entre 15 et 18 ans (voir § 29, qui fait dépendre cette peine, déjà considérablement réduite, quant à la quantité, de la déclaration d'un médecin que le condamné est en état de la supporter). Ensuite ont été abolies les formes aggravées de la peine de mort, et l'application de celle-ci a été réduite à un minimum. Elle n'a conservé d'importance pratique que pour l'assassinat, dont elle est la peine unique (§ 190).[2]) Il a introduit l'emprisonnement aggravé (au pain et à l'eau de 2 à 30 jours), qui reçoit dans la pratique une large application. Dans la plupart des cas à côté de cette peine encore l'emprisonnement dans la forme adoucie est comminé (emprisonnement avec régime ordinaire de 2 jours à 6 mois, et emprisonnement simple de 2 jours à 2 ans. Voir §§ 18 et 19). De plus, le Code renferme des dispositions sur l'exécution des peines d'emprisonnement aggravé avec interruption et sa conversion en emprisonnement avec régime ordinaire suivant l'âge du condamné (au-dessous de 18 et au-dessus de 60 ans), son état de santé, etc. (§§ 21 à 23). En ce qui concerne les deux espèces de travail forcé admises par le Code — travail dans une maison de correction (8 mois à 6 ans) et travail dans une maison de reclusion (2 à 16 ans ou à perpétuité),

---

[1]) La disposition citée, qui exclut et l'interprétation doctrinale et l'interprétation analogique incomplète, ne vise directement qu'une extension par analogie du nombre des actions punissables. Elle doit sans aucun doute être appliquée aux causes de justification, comme aussi aux circonstances atténuantes et aggravantes; ainsi en pratique on applique, par exemple, le § 58 par analogie.

[2]) Cependant depuis 1866 quatre exécutions capitales seulement ont eu lieu.

voir § 11 — le Code édicte des dispositions à l'effet de s'assurer qu'elles
atteignent chacune les délinquants sur lesquels elle produira présomptivement
les plus salutaires effets (§ 14). Pour les détails de l'exécution il s'en rapporte
aux prescriptions déjà données, qui avaient introduit une réforme du travail
forcé, d'après les principes de la science moderne (la résolution royale du
25 juin 1842). Le Code se borne uniquement à relever de nouveau la règle
principale pour le travail dans les maisons de correction, à savoir, que les
condamnés sont soumis au régime de séparation (isolement absolu de jour et
de nuit). Quand la peine est subie d'après ce régime, sa durée est réduite
conformément à une échelle fixe dont le maximum s'élève à $3^1/_2$ ans (§§ 13
et 15). Les détails sont réglés par les règlements particuliers de chaque
établissement. Le travail dans les maisons de reclusion et de correction dans
les cas exceptionnels où la peine n'est pas subie en cellule est réglé par
l'ordonnance royale du 13 février 1873, qui contient pour le travail en commun un système progressif complet, répondant aux exigences de la science
moderne des prisons.

V. Le désir de satisfaire en tous points les règles de la justice, c'est-à-
dire de ne pas rendre impossible une répression énergique et de ne pas
négliger les exigences de l'humanité, se manifeste surtout dans la théorie sur
la graduation des peines. Pour atteindre le but indiqué, le Code a établi les
cadres des peines assez larges, et fixé, en dehors du § 14 sur le choix des
peines, des règles, qui permettent aux considérations personnelles et objectives
d'exercer librement leur influence (§§ 57 à 59). Le § 60 contient une disposition concernant le soi-disant repentir efficace.[1]) De plus, il est tenu compte
d'une longue détention préventive subie sans la faute du coupable, de sorte
que pour les infractions peu graves elle peut même être imputée sur la
peine (§ 58).[2])

La partie spéciale du Code présente, en général, les mêmes traits caractéristiques. Quelques inégalités se font néanmoins sentir. Dans les cas de faux,
d'incendie et autres crimes d'un danger public le Code et la pratique judiciaire tendent avec soin vers une protection efficace de la société, et on peut
en dire autant en ce qui concerne le vol et le recel; voir, par exemple, les dispositions spéciales sur la récidive (§§ 230 à 232), et la règle que la peine du
vol qualifié (§ 229) ne peut être au-dessous des travaux forcés (8 mois au
moins). Par contre les dispositions sur les tromperies (chap. 26), qui n'ont
guère été traitées d'une manière satisfaisante, sont, en général, trop douces,
ce qui s'explique évidemment par la raison, qu'il peut se présenter des cas
de fort peu de gravité. Il arrive, par suite, souvent que des cas de filouterie
raffinée, surtout dans la forme d'une exploitation effrontée de la crédulité
d'autrui, échappent à une répression énergique. Il est à relever particulièrement que les dispositions sur les violences (chap. 18), notamment en ce
qui concerne les fréquentes et brutales agressions de personnes inoffensives,
et sur les injures (chap. 21) sont trop douces. La faute en doit être en partie
imputée à la pratique des tribunaux, qui, notamment sur le premier terrain,
se sont montrés peu disposés à user d'énergie.

VI. Les tendances générales en question se font encore sentir en bien
d'autres matières. Une conséquence particulière en est que les effets de la
récidive, en tant qu'ils sont statuées dans le Code, se réduisent au cas dans
lequel l'infraction antérieure a été commise après l'âge de 18 ans accomplis

---

[1]) Différents paragraphes spéciaux vont plus loin, voir infrà.
[2]) Si la personne détenue est reconnue innocente, elle a droit à indemnité (loi
du 5 avril 1888).

et que depuis le jour où la peine a été subie il ne s'est pas écoulé plus de
10 ans (§ 61). La disposition ne s'applique qu'aux jugements rendus dans le
pays, comme cela résulte déjà des principes généralement dérivés de l'ex-
clusivité territoriale. Il faut envisager sous le même aspect les dispositions
du chapitre suivant sur le concours des infractions; il y est adopté un principe fort modéré de cumul. On s'en écarte dans les cas de grande disproportion entre les diverses infractions: la peine pour le fait le moins grave est
complètement absorbée par la peine la plus forte. Les mêmes tendances se
retrouvent dans les règles importantes qui ne font commencer la pleine
responsabilité pénale qu'à partir de l'âge de 18 ans; dans celles qui restreignent
le droit de répression vis-à-vis des enfants (§§ 35 à 37), principe qui n'a guère
été suffisamment étendu eu égard aux idées modernes; dans celles relatives
à l'imputabilité amoindrie et à l'atténuation des peines qui en est la conséquence (§ 39). Enfin la même tendance se manifeste dans une série de dispositions spéciales qui tiennent compte dans une large mesure de certaines
circonstances particulières accompagnant tel ou tel crime. A cet égard on
peut citer également quelques dispositions de la partie générale, entr'autres
celles qui règlent le cas où les limites de la légitime défense ont été dépassées (§ 40).

VII. Si de cette façon et avec un tact parfait le code a introduit en
diverses matières des normes qui sont en harmonie avec les idées humanitaires,
qui se font également valoir dans la jurisprudence. cela repose en partie sur
l'appui qu'il a trouvé sur divers points dans les développements de la science,
dont profite toujours la législation. La tâche lui a été sous ce rapport singulièrement facilitée dans les cas où la science avait approfondi ces idées et
réussi à les ériger en principes fondamentaux pour ainsi dire universellement
reconnus. C'est pourquoi apparaît avec une clarté parfaite le principe inscrit
dans le § 306, qu'une loi qui adoucit les peines établies par une loi antérieure
a un effet rétroactif. Les difficultés surgissent quand il s'agit de déduire du
principe sur un terrain plus compliqué les corollaires auxquels il donne lieu,
comme, par exemple, dans le cas d'une infraction répétée prévue par le § 307,
lequel article a pour objet les rapports de la loi postérieure avec la loi antérieure.
Pour la solution de la question de la force obligatoire des lois par rapport au
territoire et à la personne du délinquant, on s'en est tenu aux principes établis
par la science et le droit international. Le code est ainsi parvenu à limiter,
du moins en partie, sa sphère d'action d'une façon principielle et pratique,
quoique l'application des dispositions afférentes laisse à désirer sur certains points.
Rejetant une règle aussi générale et aussi étendue, par suite intenable, comme
celle inscrite dans le chap. 1, § 1 du C. p. norvégien, le code a adopté le principe de la territorialité naturelle (§ 2). Il admet la fiction constamment reçue
que tout navire est à considérer comme une portion naviguante du territoire
de la nation à laquelle il appartient, et soumet les crimes commis à bord d'un
navire danois à la loi danoise, fait toutefois une exception, exception qui n'est
nullement nécessaire au point de vue international, pour le navire entré dans
les eaux d'un autre État (§ 3). D'après les §§ 4 et 5, les crimes commis par un
sujet danois à l'étranger sont considérés comme des infractions à la loi danoise,
s'ils ont été perpétrés avec le dessein d'éluder une loi prohibitive danoise ou s'ils
constituent des violations soit de devoirs de fidélité et d'obéissance envers la patrie, soit d'obligations spéciales d'intérêt public ou privé. A côté de cela, le code
accorde au chef du ministère de la justice comme accusateur suprême la faculté de
poursuivre également d'autres crimes commis à l'étranger par des sujets danois;
les crimes ne sont cependant pas considérés comme infractions à la loi danoise,
ce qui n'apparaît pas avec autant de clarté comme, par exemple, de la disposition

correspondante du C. p. allemand.[1]) C'est ainsi qu'il n'est pas exigé que le fait soit punissable d'après la loi étrangère, de plus on n'a pas, contrairement à la nature des choses, tenu compte dans le § 7 (de l'influence d'une peine subie à l'étranger, si le crime qui l'a entraînée fait l'objet d'une poursuite dans le Danemarc), de l'antithèse qui existe entre les §§ 2—5 et le § 6.[2])

§ 4. Suite. Modifications du Code pénal. Critique.

I. Si le code est parvenu à donner en beaucoup de points une solution heureuse à plusieurs problèmes du droit criminel moderne fort importants, il le doit à l'appui qu'il a cherché et trouvé dans les principes plus ou moins généralement établis par les discussions de la science. Mais ceci n'est en réalité qu'un des côtés du procédé éminemment pratique dans le meilleur sens du mot suivi pour la formation du code. A une époque où les théories de droit criminel jouaient un rôle considérable, et où l'on se servait souvent d'une théorie une fois reçue comme pierre de touche pour la solution d'une question de droit criminel, il devait être d'une importance extraordinaire dans toutes les matières dont il a été question ci-dessus, que la loi ne se soit en aucun point contenté des renseignements qu'on pouvait obtenir par l'usage d'un pareil lit de Procruste, sans que pour cela son point de vue principal et général, à savoir que la peine est nécessaire dans l'intérêt de la justice et en même temps pour la protection de l'ordre social, ne se soit évaporé en définitive. Sous ce rapport on trouve dans le code distinctement les traces de F. C. Bornemann († 1861). Ce dernier exerça sur l'esprit du code une influence essentielle, directement en sa qualité de membre de la commission, indirectement par les spirituels cours de droit criminel qu'il donna à l'université. Par la connaissance qu'il posséda et de la pratique judiciaire et de la philosophie du droit il sut empêcher qu'on se jeta exclusivement dans une théorie déterminée, surtout dans les théories absolues, qui d'ailleurs se présentaient d'elles-mêmes. Cela aurait pu, entr'autres et pour ne citer qu'un exemple, amener des conflits avec une chose si naturelle que l'appréciation des éléments subjectifs de l'infraction, qui a trouvé sa place et dans la partie générale et dans la partie spéciale du code à raison des tendances itérativement rappelées.

II. La base solide que le code s'est créée de la manière indiquée a été assurément la cause pour laquelle il est resté en vigueur pendant plus d'un quart de siècle sans qu'on ait plus sérieusement songé à le reviser. Les changements qu'on y a apportés sont insignifiants. A l'occasion de la loi du 11 février 1871 sur la régence à instituer en cas de minorité, de maladie ou d'absence du Roi, la loi du 25 du même mois a modifié quant à sa rédaction les §§ 95—97 du code (crimes contre les assemblées législatives ou ses membres comme tels, contre celui ou ceux qui dans les circonstances indiquées sont appelés à gouverner, contre le tribunal pour des affaires politiques [Rigsret] ou le tribunal suprême). — La loi monétaire du 23 mai 1873, par une conséquence naturelle des traités monétaires avec la Suède et la Norvége, a modifié les §§ 264—266 du Code en ce sens, que les contrefaçon et altération des monnaies de ces pays

---

[1]) Il se trouve en une certaine mesure un remède à cet inconvénient, d'abord en une interprétation identique admise entre toutes les nations d'une série de crimes, ensuite en ce que la dite considération exercera son influence sur la question de savoir s'il convient de poursuivre ou non.

[2]) En ce qui concerne la question de l'immunité entière ou partielle de certaines personnes, le Code ne contient qu'une seule réserve correspondant aux règles générales du droit des gens (§ 8), tandis que les exceptions basées sur le droit public (le Roi, et jusqu'à un certain point les représentants du peuple) se trouvent inscrites dans la Constitution.

sont punies comme contrefaçon des monnaies danoises. — La loi du 10 avril 1874 (n⁰ 47), § 4 permet de remplacer l'emprisonnement prévu par le § 180 (prostitution professionelle malgré la défense de la police) par le travail dans une maison de force, faculté dont les tribunaux font un large usage. Le code ne connaît ce genre de peine en aucun autre endroit, tandis que la loi du 3 mars 1860 en punit le vagabondage et la mendicité. Enfin la loi du 9 avril 1891 (n⁰ 136) § 5 in fine élève le maximum de la peine prévue au § 290, dernier alinéa. Différents changements isolés ont été proposés, mais n'ont pas été introduits, entr'autres celui de remplacer l'exécution à mort publique au moyen de la hache (§ 10) par l'exécution dans l'enceinte de la prison au moyen de la guillotine.[1]

III. Il est cependant évident qu'après un laps de temps d'un quart de siècle le C. p. ne puisse plus satisfaire au même point que lors de sa publication. A juger sur l'ardeur intense avec laquelle on s'occupe des lois criminelles dans les temps présents, il est à prévoir que lors de la prochaine revision du C. p. le législateur ne peut manquer de prendre position vis-à-vis des grandes questions que les recherches de la science moderne ont élevées au premier rang. L'intérêt ne se portera alors pas tant sur les changements à apporter à certaines dispositions isolées, — par exemple et notamment au chap. 16 (crimes contre les mœurs), chap. 18 (violences et blessures corporelles), chap. 21 (injures) —, mais principalement sur quelques problèmes généraux et de haute actualité. Au nombre de ceux-ci figurent la question des crimes commis par les enfants et les adolescents, celle de l'application de la condamnation conditionnelle, et à la suite de celle-ci l'autre de diminuer le nombre des peines d'emprisonnement de très courte durée. L'efficacité de ces dernières peines est mise en doute sérieux, surtout en présence du fait que les condamnés ne sont pas astreints au travail. En partie il y est porté remède par l'application de la peine d'emprisonnement au pain et à l'eau. Il y a encore la question des mesures particulières à prendre contre la récidive. Toutes ces questions ne forment qu'une partie du grand et général problème qui préoccupe les criminalistes modernes, qui consiste à assurer une plus grande influence à une appréciation intime et une intelligence plus approfondie des conditions subjectives de l'infraction. En plusieurs matières, dans lesquelles il touche de près ce problème, le code renferme des dispositions auxquelles il est difficile de se rallier à la longue. Particulièrement en ce qui concerne les actions punissables commises par des enfants, le code n'a pas, sans qu'il y ait lieu de lui en faire un reproche, envisagé la question de l'imputabilité en corrélation suffisante avec cette autre, tant ventilée aujourdhui, de trouver des moyens nouveaux d'agir sur les jeunes criminels et de se prémunir contre eux. Suivant le § 36, l'enfant est punissable dès l'âge de 10 ans révolus, si d'après la nature du crime, ou le développement de son intelligence et le degré de son éducation, il y a lieu de présumer qu'il a compris la criminalité de son action. Cependant celle-ci ne doit pas être sans gravité.[2] Le code ne reconnaît pas le droit de prendre d'autres mesures préventives à l'égard de l'enfant quand il a subi sa peine, laquelle consiste le plus souvent en punition corporelle (avec verges). Le droit n'existe que dans les cas où la question de culpabilité est devenue sans objet par suite de la faculté accordée par le paragraphe à l'autorité supérieure chargée de l'action publique. Aujourdhui

---

[1] Une loi provisoire du 2 novembre 1885, contenant une ajoute au C. p., et rendue dans des temps agités, sur un modèle étranger, visa particulièrement certains cas graves de provocation indirecte. C'était en partie une copie des §§ 130 et 131 du C. p. de l'empire allemand. Cette loi fut rapportée à la date du 19 juin 1888.

[2] Quelques dispositions spéciales du code admettent toujours comme cause de justification l'âge au-dessous de 15 ans, par exemple le § 56 (participation secondaire), et le § 109 (obligation de prévenir un crime), etc.

on ne place qu'à voie volontaire les enfants abandonnés et corrompus dans les établissements privés, dont le pays possède un certain nombre d'excellents, et qui sont pour la plupart subsidiés par l'État. Avec l'âge de 15 ans accomplis, la peine sera réduite jusqu'à la moitié, — et en ceci le code diffère de l'ancien droit, — si le crime a été commis avant l'âge de 18 ans (§ 37). Il n'est guère probable qu'on laissera sans modification les autres dispositions du code concernant l'imputabilité. On discutera surtout la question de savoir si des considérations scientifiques s'opposent au rejet de la notion de l'imputabilité diminuée admise par le § 39. Il s'agira encore de savoir comment formuler les cas de non-imputabilité par rapport aux anomalies psycho-physiques dont parle la science moderne. Le code, dont la rédaction ne peut sur ce point être taxée de particulièrement malheureuse, n'avait à l'époque de sa formation le même motif de s'occuper de ces questions. Pour frapper les malfaiteurs de profession, le code a édicté des peines particulièrement sévères dans le cas de récidive de vol et de recel (chap. 23), peines qui peuvent suivant les cas s'élever jusqu'aux travaux forcés à perpétuité (§§ 230—232, cf. 238 et suivants). Dans les autres cas la réitération du crime ne forme qu'une circonstance aggravante et entraîne, comme telle, une peine plus forte dans le cadre de celles attachées à l'infraction. Il n'est pas probable que le législateur puisse en rester là, quand il s'agira d'atteindre des criminels d'habitude et incorrigibles.

La peine pécuniaire a également besoin d'être réformée, car, s'il est vrai que le § 59 du code prescrit que lors de la fixation de l'amende il y a lieu de prendre en considération la position de fortune du coupable, l'amende ne peut cependant pas dépasser le maximum de 4000 couronnes. En cas de non-payement l'amende est remplacée par un emprisonnement simple dont la durée est fixée par le jugement de condamnation (§ 30).[1] Il serait, en outre, possible et pratique de changer les dispositions sur la complicité (chap. 5). Elles sont dans leur rédaction actuelle trop compliquées et, par suite, pas assez claires ni fondées, par exemple la définition de l'auteur principal et celle de la personne qui l'a aidé dans la perpétration du crime. De même la théorie sur la tentative devra être soumise à un nouvel examen, surtout en ce qu'elle touche la question de savoir à quel moment commence la tentative punissable, le § 45 punissant tout acte qui „tend à faciliter ou à amener la consommation du crime", règle qui se conciliera difficilement avec un principe accusateur de la procédure criminelle.

IV. Pour mettre en relief le point de vue de la loi, il convient de faire remarquer que le code ne punit en général que le délit intentionnel, les délits de négligence seulement dans les cas expressément prévus (§ 43). Il n'en prévoit que dans les matières où la criminalité de la négligence concorde avec des principes généralement admis, par exemple en cas de meurtre (§ 198), de blessures graves (§ 207), d'incendie (§ 284) et d'autres crimes exceptionnellement graves, etc.[2]

D'autre part le code en divers endroits (§ 160 de la bigamie; § 181 de la prostitution de personnes atteintes de maladies vénériennes; et § 267 de l'émission de fausses monnaies), s'est servi d'une terminologie, qui, sans que le législateur s'en soit rendu un compte exact, y fait comprendre des faits

---

[1] En dehors du code l'amende en cas de non-payement aussi est convertie en un emprisonnement simple, mais d'après une échelle fixe établie une fois pour toutes (loi du 16 février 1866). — L'emprisonnement peut sur la demande du condamné être remplacé par un emprisonnement au pain et à l'eau. Dans ce dernier cas 1 jour compte pour 6 jours de prison simple (C. p. § 30).

[2] Les paragraphes suivants punissent la négligence: §§ 129, 130, 132, 148, 149, 198, 207, 262, 263, 284, 289—292, 295.

de négligence. Aussi le § 188 (cf. 204) du code a étendu la criminalité au-delà des crimes intentionnels; mais ces dispositions sont en rapport intime avec le chap. 18 dont les distinctions en matière de lésions corporelles contiennent, d'après l'acception aujourdhui généralement admise, une graduation des peines en proportion des conséquences de l'attentat illicite. Les §§ 188 et 204 désignent ainsi le degré le plus élevé, respectivement le degré immédiatement inférieur. Cette graduation se rattache cependant à certaines conditions subjectives (au moins une négligence grave), tandis que l'élément général de l'intention trouve son application dans le reste du chapitre, alors même que la volonté de l'agent était de porter une blessure légère.

§ 5. **Dispositions complémentaires du Code pénal.**

I. Le C. p. danois, tout comme d'autres législations pénales méthodiques, ne comprend pas seulement des dispositions sur l'application des peines, mais encore d'autres d'un caractère différent et pour ainsi dire accessoire. Dans cette catégorie doivent être rangés: les mesures de sûreté à prendre à l'égard des enfants (§ 35 cf. § 36); celles à prendre par les tribunaux à l'égard des criminels atteints de folie (§ 38), et dans certains cas de menace (§ 299); l'obligation généralement imposée au délinquant de réparer le dommage causé par son infraction (§ 300); la confiscation (§ 34); les § 301—303 qui prévoient les indemnités pour frais de traitement médical et perte de salaires et revenus, pour douleurs subies, infirmités, enlaidissement, pour perte du protecteur, pour pertes éprouvées dans la position et dans la fortune; ensuite la déchéance du droit de succession comminée par le § 304 pour le cas de violences et d'injures graves envers des ascendants. Cette déchéance ne peut être envisagée comme peine aussi peu que la mortification d'injures prévue par le § 218. Le § 16 dispose enfin qu'en cas de condamnation d'un étranger qui n'a pas une résidence fixe dans le pays depuis au moins 5 ans, le tribunal peut — et suivant les circonstances doit — en même temps ordonner que le coupable soit expulsé du territoire. (Le retour alors est punissable.)

Pour autant que le code a admis sur l'action répressive des règles qui en vérité en font une condition de criminalité, l'on ne peut pas dire qu'il est sorti de son cadre spécial. Tel est surtout le cas où la manière dont l'accusation est limitée s'écarte des règles principales établies par la loi. En général l'accusation est publique (§ 298); néanmoins dans le cas de certaines infractions la poursuite doit être exercée par la partie lésée et dans les formes de la procédure civile,[1] par exemple dans les cas d'injures et blessures légères (violences). Pour diverses autres infractions l'exercice de l'action publique est subordonnée à la plainte de la partie lésée, par exemple en cas d'adultère, d'attentats aux mœurs sur des personnes non encore suffisamment développées, de vols insignifiants, de furtum usus, et certains cas de fraude.[2]

Trouvent enfin leur place naturelle dans le C. p. les dispositions qui dans des conditions spéciales excluent l'action publique et la peine. Il s'agit ici des causes particulières de justification. Le code, s'écartant quant à ce point de la règle établie par le § 60, attribue ce caractère d'abord à des faits

---

[1] Les paragraphes suivants renferment des dispositions sur l'action privée: §§ 116, 200, 212, cf. §§ 210 et 211, 223, cf. §§ 215—222, 226. Des lois spéciales laissent plus souvent à la partie lésée le soin de poursuivre le délinquant pour les infractions y prévus.

[2] L'accusation conditionnelle a lieu dans les seuls cas des §§ 159, 174, 175, 235, 236, 254, 278. La plainte du gouvernement ou de l'ambassadeur respectifs est exigée dans les cas prévus par les §§ 82 et 83, cf. § 84.

qui préviennent ou réparent les conséquences fâcheuses de l'infraction, cf. § 146 (rétractation d'une déposition mensongère avant la prestation de serment); §§ 166 et 175 (mariage subséquent); § 242 (remise spontanée); §§ 135, 254 et 284 (restitution); § 295 (révélation); ensuite à la prescription. Celle-ci n'est cependant admise qu'à raison du peu de gravité de l'infraction (et suivant les circonstances en même temps à raison du fait que la partie lésée a négligé de poursuivre ou de porter plainte), à raison encore du jeune âge du délinquant (§§ 68 et 69). En dehors de ces cas l'accusateur suprême a seul le droit de renoncer à l'action publique, s'il s'est écoulé 10 ans depuis la perpétration du crime (§ 70).

II. Tandis que le C. p. se complète ainsi sur le terrain criminel qui lui est propre, il trouve pour certaines questions essentiellement de droit criminel son complément en dehors. L'exécution du travail forcé (cf. §§ 13 et 17) et dans les détails et dans les points principaux sur des dispositions spéciales, en première ligne sur l'ordonnance royale prérappelée du 13 février 1873, qui termine la réforme des établissements pénitentiers commencée par la résolution royale du 25 juni 1842. Se rattachant à l'ordonnance de 1873 qui traite de tous les cas de travail forcé en commun, et en renvoyant à la réserve contenue dans le § 13 du code, une circulaire du 20 octobre 1875 détermine les cas dans lesquels la peine du travail forcé dans les maisons de correction doit être subie suivant le mode prescrit pour le travail forcé dans les maisons de reclusion. L'exécution de la peine d'emprisonnement est réglée par la résolution royale du 22 décembre 1841 et le règlement détaillé du 7 mai 1846.[1]) Le C. p. renvoit également aux règles afférentes en ce qui concerne les crimes commis par les détenus dans les prisons mêmes (cf. §§ 65 et 111). Ces règles se trouvent dans la loi du 3 décembre 1850, en tant qu'il s'agit du pouvoir disciplinaire dans les prisons; le placat du 31 août 1813 se rapporte aux infractions plus graves commises dans ces établissements.

§ 6. Les pénalités en dehors du Code pénal.

I. Parmi les lois qui ont pour objet les genres de crimes spécifiés plus haut non-prévus au C. p. général la plus étendue est le C. p. pour l'armée du 7 mai 1881.[2]) C'est une loi spéciale, car à la différence des anciennes dispositions il ne s'occupe que de crimes militaires, c'est-à-dire de violations de devoirs dérivant du service militaire. Il ne traite des actions qui sont, prises en elles-mêmes, des crimes de droit pénal civil, que pour faire ressortir les violations y contenues de devoirs spéciaux imposés aux militaires. Par suite ces dispositions sont dans un rapport tellement intime avec les exigences spéciales de la discipline, qu'elles ne présentent pour la plupart aucun intérêt général.

Quant aux peines purement militaires, l'emprisonnement peut être aggravé d'une manière inconnue au C. p. civil (par exemple cachot, mise aux fers, emprisonnement dur au pain et à l'eau). On prend néanmoins dans ces cas des précautions analogues à celles prévues par le C. p. ordinaire à l'effet de s'assurer que le condamné est en état de supporter la peine. D'un autre côté, on rencontre les formes adoucies de l'emprisonnement (par exemple salle de police, corps de garde). La punition corporelle n'existe pas.

Parmi les dispositions du C. p. militaire qui modifient le renvoi à la

---

[1]) D'après la loi du 16 décembre 1840, la peine de mort ne peut être exécutée qu'après qu'il a été fait rapport au roi.

[2]) Une traduction allemande se trouve dans la Zeitschrift für die gesamte Strafrechtswissenschaft, t. II, annexe.

partie générale du C. p. ordinaire (§ 45), l'une d'elles statue que l'ivresse volontaire n'exclut pas l'application de la peine prévue pour infractions aux devoirs du service (§ 50). En établissant une série de circonstances particulièrement aggravantes, et en prenant, par contre, en considération l'ordre donné par le supérieur, le code a d'une façon naturelle tenu compte des exigences du service militaire. Plusieurs ordonnances royales portant la date du 20 juin 1881 règlent le pouvoir disciplinaire dans l'armée, voir ordonnance du 13 août 1886.

II. Quelques-unes des lois concernant des crimes civils non-prévus par le C. p. présentent un certain intérêt sous le rapport du droit criminel. Ce sont celles qui par leur nature auraient dû trouver place dans le C. p. ordinaire. Si tel n'a pas été le cas, c'est que lors de l'élimination on n'a pas pu éviter un certain arbitraire, tant à cause du caractère subtil des distinctions admises (crimes dans les situations civiles générales et particulières), qu'à raison des circonstances plus ou moins accidentelles qui y jouèrent un rôle.

A ce titre mérite d'être mentionné le § 148 de la loi du 25 mars 1872 sur les faillites, qui forme un complément naturel du § 262 du C. p. (de la banqueroute frauduleuse, etc.), auquel celle-ci renvoie du reste. On doit attribuer une grande importance à la loi du 3 mars 1860 sur le vagabondage et la mendicité. Ces crimes sont peu graves en eux-mêmes, mais ils deviennent dangereux alors qu'il en est fait une profession et qu'ils sont, comme cela arrive fort souvent, accompagnés de crimes de tout genre. On peut dire que le code a eu la main heureuse en châtiant les crimes de cette espèce des travaux forcés en maisons particulières de travail. Toutefois le maximum de cette peine (180 à 90 jours) aurait pu être plus élevé.

Comme dans la plupart des autres pays, les délits de presse occupent une position particulière. Cela ne tient pas tant aux peines dont ils sont frappés, puisque ce sont celles prévues par le C. p., ce dernier ayant en cette matière abrogé la loi antérieure sur la presse, qu'aux règles spéciales sur la responsabilité. Ces règles sont dictées d'un côté par le respect dû aux intérêts défendus par la presse à un si haut degré, d'un autre côté par le désir de protéger la loi contre les dangers que la presse peut lui faire courir. Déjà la Constitution (du 5 juin 1849, § 91, revisée le 28 juillet 1866, § 86) avait proscrit la censure ainsi que toutes les autres mesures préventives. La loi sur la presse du 3 janvier 1851 a adopté les principes admis dans d'autres pays et introduit sur la responsabilité pénale pour écrits imprimés des règles qui s'écartent complètement de la théorie générale de la participation. Le principe dominant est qu'une seule personne doit être déclarée responsable, puisque dans le nombre de celles qui ont à répondre éventuellement, celle-là doit être mise hors de cause qui réunit en elle les conditions de pouvoir se décharger de la responsabilité sur une des autres qui la précèdent. Est responsable en premier lieu l'auteur s'il s'est nommé et s'il avait son domicile légal dans le pays au jour de la publication, ou y résidait au moment où la poursuite a été commencée. S'il ne répond pas à ces conditions, la responsabilité passe, et cela sous les mêmes conditions, à l'éditeur, ensuite au commissionnaire, enfin en dernier lieu à l'imprimeur, dont le nom doit pour ce motif toujours être indiqué sur l'imprimé. Dans la pratique on maintient, en outre, en cause, pour les journaux paraissant quotidiennement comme aussi pour les feuilles hebdomadaires, le rédacteur. La loi provisoire du 13 août 1886 cherche à mettre fin aux abus qui est fait des hommes de paille. La loi sur la presse prévoit le cas où l'imprimé ne porte pas l'indication ou porte une indication fausse du nom et de la demeure de l'imprimeur; celui où l'on a négligé de remettre un exemplaire de l'imprimé à la police; celui où une feuille refuse à une personne attaquée par elle d'insérer, sur la demande qui lui en est faite, la communication qu'une poursuite a été intentée de l'objet de la dite attaque, et, éventuellement, l'issue du procès. La loi contient encore des dispositions sur les autorités chargées de l'action publique, ainsi que sur la poursuite à diriger contre les écrits imprimés étrangers introduits dans le royaume.

III. Les autres lois qui punissent des infractions en dehors du C. p. ne présentent aucun intérêt au point de vue du droit criminel. Telles sont les lois qui concernent les violations de devoirs qui prennent leur source dans les exigences de l'administration de l'État, voir les diverses lois sur les impôts, et parmi celles-ci les lois sur la douane et le timbre, la loi sur le recrutement militaire du 6 mars 1869 et d'autres.

Il est compris sous la dénomination d'infractions spéciales des contraventions de très diverse nature. A cette catégorie appartiennent d'abord les contraventions de police proprement dites, c'est-à-dire des infractions à des lois préventives, notamment les règlements sur la police, l'hygiène, la police des ports, sur la circulation, sur l'ordre, la propreté etc. La base de ces règlements se trouve dans les lois des 11 février 1863 et 4 février 1871, qui renferment en même temps des règles d'intérêt général.

On rencontre, en outre, dans une série de lois spéciales des dispositions pénales qui se rattachent, comme complément, à un certain ordre de faits qui forme la propre substance des dites lois spéciales. La plupart a pour objet des mesures essentiellement préventives: telles sont les lois concernant l'hygiène et la police dans un sens plus étendu, par exemple, les diverses lois qui ont pour but d'empêcher ou d'arrêter la propagation de maladies contagieuses (loi du 10 avril 1874 sur les mesures à prendre pour empêcher la communication de maladies vénériennes; loi du 2 juillet 1880 contre l'introduction de maladies contagieuses dans le pays; lois du 30 mars 1892 et du 1er avril 1893 sur les mesures à prendre contre la propagation de pareilles épidémies). Avec les progrès constants de la civilisation on est disposé à réglementer de jour en jour un plus grand nombre de matières, voir, par exemple, loi du 12 avril 1889 sur les mesures à prendre contre les accidents causés par les machines; loi du 9 avril 1891 sur le contrôle des denrées alimentaires; au point de vue préventif doivent également être envisagées les lois diverses sur la police des incendies (lois des 2 mars 1861, 15 mai 1868, 21 mars 1873 et quelques additions postérieures), et, en partie, les lois sur les bâtisses (loi du 12 avril 1889 et autres). A mentionner encore différentes autres dispositions qui ont toutes pour but la protection des intérêts de la communauté: la loi sur les empiriques du 3 mars 1854, voir loi du 5 septembre 1794; la loi du 15 mai 1875 sur les étrangers etc. Un certain nombre de lois de police ne tend pas autant à prémunir contre un danger particulier qu'à protéger l'individu dans des conditions ordinaires, comme, par exemple, la loi générale sur la paix en champs et chemins du 25 mars 1872, voir la loi du 12 avril 1889 concernant les peines et restitutions pour dommage causé par les chiens. D'autres sont basées sur des considérations différentes: ainsi la loi du 23 mai 1873 sur le travail des enfants dans les fabriques sur des considérations purement humanitaires, et celle du 1er avril 1891 sur le repos dominical sur des considérations religieuses. A côté de celles-là il en existe une foule qui établissent, chacune dans une sphère distincte, sur le terrain de l'industrie et du commerce une certaine organisation et punissent la violation des règles qui y sont relatives; telle la loi du 29 décembre 1857 sur les métiers et les fabriques, le commerce et la profession d'aubergiste (les pénalités sont inscrites dans la section VII), avec modifications et additions contenues dans la loi du 23 mai 1873. De même la loi du 25 mars 1892 sur les métiers maritimes. De nombreuses dispositions imposent dans l'intérêt général

des restrictions à l'agriculture, par exemple relativement à la liberté des transactions quand il s'agit d'aliéner des terres pour la culture, au morcellement etc.
Au même point de vue doivent être envisagées les dispositions qui défendent
la chasse et la pêche en temps prohibé contenues dans la loi sur la chasse
du 1er avril 1871 et la loi sur la pêche du 5 avril 1888. La loi du 1er avril 1891
sur la fabrication de la margarine a été rendue uniquement dans l'intérêt
momentané de l'agriculture.

IV. Une autre classe de dispositions a pour but de protéger les citoyens
contre l'exploitation de la légèreté et de la position gênée du citoyen. Le
C. p. danois ne contient cependant pas de dispositions analogues aux lois modernes sur l'usure,[1] ce qui conduit à la nécessité d'appliquer selon les circonstances celles concernant les tromperies. Les anciennes dispositions sur
l'usure n'ont, depuis que la loi du 16 avril 1855 en toutes autres relations a
rendu libre le taux de l'intérêt antérieurement fixé par la loi, de l'importance
que dans le cas de prêt sur hypothèques. La peine prévue par la loi de 1855
consiste dans la confiscation du capital et une amende du montant de 24 fois
la valeur du lucre réalisé illicitement. La notion de l'usure présuppose en
effet que le lucre illicite stipulé a été effectivement fait, de sorte que la tentative d'usure n'est pas punissable. On peut encore mentionner les infractions
aux dispositions normées pour des engagements de domestiques et de gens
de mer (lois du 1er avril 1891 et 12 avril 1892), comme aussi les lois qui
régissent les personnes qui exercent des professions à raison desquelles elles
entrent en relations avec le public pris dans son ensemble ou lui offrent leurs
services, par exemple la loi du 21 juin 1867 sur les prêteurs sur gages avec
les régulatifs qui s'y rattachent; la loi du 1er mai 1868 sur les agents d'émigration avec addition postérieure du 25 mars 1872.

V. Les dispositions citées jusqu'ici ont trait à des obligations d'un caractère plus ou moins général. A côté d'elles il existe une série d'infractions
qui violent des droits individuels en tant qu'elles se rattachent à la production.
Sous ce rapport la lésion du droit d'auteur (d'éditeur et autres; lois du
29 décembre 1857, 31 mars 1864, etc.), est d'importance. Sur un autre terrain
il y a lieu de citer l'usage illégal d'une invention brevetée (voir la loi déjà
citée du 29 décembre 1857, § 94), l'usage illégal d'une marque de fabrique ou
de commerce (loi du 2 juillet 1880), les violations du droit de chasse (loi du
1er avril 1871) et de la pêche (loi du 5 avril 1888).

VI. Ces dispositions forment une transition au groupe de celles qui
punissent les violations de devoirs juridiques particuliers qui peuvent lier les
citoyens les uns envers les autres. Les dernières ne présentent pas d'intérêt
du côté du droit criminel, le seul qui nous occupe. Dans ce groupe il appartient de mentionner la loi du 10 mars 1854 sur les domestiques, et celle du
30 mars 1889 sur les apprentis. La loi du 1er avril 1892 règle le service des
gens de mer. Les infractions aux obligations qui découlent de certaines
situations juridiques publiques ont également donné lieu à un certain nombre
de dispositions. Il a déjà été question du C. p. militaire. Les délits commis
par les fonctionnaires dans l'exercice de leurs fonctions sont pour la plupart
entrés dans le Code.[2] A mentionner enfin une série d'infractions disciplinaires.
En tant qu'elles sont commises par des détenus, il en a été question plus haut.
La loi du 9 avril 1891, § 41 trouve son application aux personnes qui ob-
tiennent des secours d'un établissement public de bienfaisance.

---

[1] Un pareil projet de loi avait été soumis à la représentation, mais n'est pas
devenu loi.

[2] La loi sur la responsabilité ministérielle, qui avait été annoncée déjà dans la
Constitution, est encore à faire.

II.

§ 7. Dépendances et colonies. (Les îles de Féroé, Islande, Groenland, possessions aux Indes occidentales.)

Les lois danoises sont en général en vigueur aux îles de Féroé lorsqu'il n'y a pas été fait exception expresse. Il en est de même des lois pénales, particulièrement du C. p. général civil.

Par contre, l'Islande possède sa législation propre. L'importance de celle-ci sur le terrain du droit criminel n'est que formelle, vu que le C. p. pour l'Islande du 25 juin 1869 est dans les matières principales en concordance parfaite avec celui de 1866. La situation particulière de Groenland rend impossible l'application des dispositions du C. p., ainsi que l'établissement d'une juridiction normale. Ce sont les dispositions provisoires du 31 janvier 1872 sur l'administration qui renferment les prescriptions sur l'organisation judiciaire et en même temps les dispositions pénales établies pour les indigènes. Les possessions danoises aux Indes occidentales sont régies par les lois antérieures au C. p., de sorte que les quatre lois méthodiques de 1833, 1840 et 1841 rappelées plus haut y ont encore une importance pratique.

III.

§ 8. Littérature, jurisprudence, recueils.

Ensuite de l'influence prépondérante que le C. p. ordinaire exerce sur tous les points essentiels de la législation pénale danoise, les ouvrages relatifs à ce code occupent le premier rang dans la littérature sur le droit criminel. Tel est le cas surtout et d'abord pour les motifs du C. p., dont il a été question plus haut; ensuite pour les commentaires parus immédiatement après son émanation, qui sont, entr'autres, E. Jürgensen, Guide pour l'intelligence des principes du Code pénal (Copenhague 1866); Schiørring, Commentaire sur le Code pénal (Tidsskrift for Retsvæsen, revue de droit, 1866), voir divers articles dans l'Ugeskrift for Retsvæsen (revue hebdomadaire du droit) 1867. Mais l'ouvrage de beaucoup le plus important est sans contredit le judicieux et systématique travail sur le droit pénal danois que nous devons à la plume du ministre des cultes actuel, M. Goos. Ce manuel, assurément inachevé, mais projeté en grand style, a enrichi la littérature d'un ouvrage plein de clarté et profondeur. Ont paru jusqu'à ce jour: I. Introduction au droit pénal danois (Copenhague 1875); II. De l'infraction (Copenhague 1878),[1]) et Leçons sur la partie spéciale du droit pénal danois (Copenhague 1887). M. Goos a, en outre, publié dans le 5ᵉ cahier de l'Encyclopédie scandinave de droit (1882) un aperçu comparatif des parties générales des codes criminels des trois pays scandinaves, qui sert de complément provisoire à l'ouvrage principal de l'auteur dans les matières qui n'y sont pas encore définitivement traitées. Dans ses cours de droit général (I, II, 1885—1892) le même auteur a fourni sur la maintenue du droit (chap. 6) une application des principes fondamentaux d'une rare clarté et logique. Différents autres travaux de moindre importance dénotent de la part de leur auteur une capacité éminente sur le terrain du droit criminel, notamment une excellente étude sur l'union internationale de droit pénal (Tidsskrift for Fængselsvæsen, Revue de la science pénitentiaire 1890). L'auteur a collaboré également au manuel de von Holtzendorff-Jagemann sur les prisons et à des feuilles spéciales étrangères, et a contribué ainsi puissamment à répandre la connaissance du droit pénal danois.

Relevons parmi les ouvrages d'autres écrivains quelques monographies importantes, entr'autres: Jul. Lassen, Éléments de la tentative punissable (Copenhague 1879); Gram, De l'influence du motif (Copenhague 1889), et Schau, Fondement et but de la peine (Copenhague 1889); plusieurs petits traités, surtout de N. Lassen[2]) dans les der-

---

[1]) Cette partie n'est pas encore terminée.
[2]) Voir: Du faux en écritures, § 123 C. p. (Ugeskrift f. R. 1879). — De l'extorsion (ibid. 1883). — De la participation secondaire (ibid. 1886) et autres.

nières années de l'Ugeskrift for Retsvæsen; ainsi que des ouvrages médico-légaux assez nombreux de Tryde,[1] Pontoppidan[2] et autres. On trouve également dans la Nordisk Tidsskrift for Retsvidenskab (Revue scandinave de la science du droit) des articles précieux sur le droit criminel.

En ce qui concerne l'application du droit il y a lieu de renvoyer aux recueils de jurisprudence, à savoir, pour la période depuis le C. p. à la Ugeskrift for Retsvæsen (paru depuis 1867) et la Høiesteretstidende (Journal de la Cour suprême, depuis 1857). L'aperçu systématique des décisions de la Cour suprême en matière criminelle 1857—1874 (Copenhague 1876) et 1875—1884 (Copenhague 1885) d'Ipsen et Scharling constitue un guide précieux.

Sur le terrain de la science pénitentiaire il faut noter le travail solide de F. Bruun, De l'exécution de la peine des travaux forcés (Copenhague 1867); comme aussi les rapports officiels sur l'état des établissements pénitentiers. Le Nordisk Tidsskrift for Fængselsvæsen est un organe spécial pour la dite science.

Avec le code la littérature antérieure à sa publication n'a pas perdu tout son intérêt. L'application du droit en vigueur présuppose des recherches scientifiques, pour lesquelles on peut avec fruit prendre conseil dans les anciens auteurs. Dans ce cas se trouvent avant tous autres Ørsted et Bornemann. Leurs ouvrages contiennent une richesse de pensées d'une importance durable pour tous les temps. De plus les ouvrages de Bornemann ont contribué par excellence à la préparation du C. p. de 1866. Ses „Cours de droit criminel" ont paru dans les tomes 3 et 4 de ses œuvres complètes publiées après sa mort. Parmi les remarquables ouvrages d'Ørsted il y a lieu de mentionner son „Introduction au droit criminel danois et de Norvége" (Arkiv for Retsvidenskab, Archives de la science du droit, III à V, 1826 à 1828), ainsi que des monographies détaillées sur presque tous les genres de crimes importants. A rappeler également la querelle qu'Howitz avait soulevée par son traité: De la folie et de l'imputabilité (Juridisk Tidsskrift VIII, 1824), à laquelle prirent part Ørsted, Sibbern et Brandes. Parmi les criminalistes plus jeunes, mais dont les ouvrages sont antérieurs au C. p., méritent d'être cités: Algreen-Ussing, Casse, Schönberg, Nyholm, et autres.[3]

En fait de recueils de lois paraît depuis 1871 un journal officiel de lois et décisions ministérielles. Pour l'époque avant 1871 on doit avoir recours aux recueils privés. Le plus important de ces derniers est celui qui a été commencé par Schou et continué par Ussing. C'est le plus complet et le plus répandu (40 volumes, 1670—1870). Il est continué. A côté de celui-ci il en existe un plus petit par Klein, complété et continué plus tard par Damkjær et Kretz. On trouve des dispositions plus détaillées et spécialement administratives dans les recueils des rescrits, à savoir le grand de Fogtmann, continué par Ussing, le petit, en 2 volumes de Linde, Schiørring et Ussing. Pour l'époque depuis 1871 ils sont remplacés par le Ministerialtidende. — Le C. p. se trouve versé en France (Copenhague 1874).

---

[1] La position juridique des personnes atteintes de maladies mentales (Copenhague 1865). — L'imputabilité au point de vue de la médicine légale (ibid. 1867). — De la folie morale (Revue de la science pénitentiaire 1880), cf. Lykke, Précis de la doctrine de la morale insanity.

[2] La théorie de l'imputabilité amoindrie (Ugeskrift f. R. 1880). — Les rapports entre les crimes et les maladies mentales (Nord. med. Archiv 1882). — Les degrés de l'imputabilité (Revue suédoise de la législation 1882). — Quatre discours psychiatriques (Copenhague 1891). — Études psychiatriques (I—II, Copenhague 1892 et 1893).

[3] Une bibliographie complète se trouve dans Aagesen, Relevé des recueils de lois, de la littérature de droit, etc. en Danemarc, la Norvége et la Suède (Copenhague 1876), avec des additions postérieures (pour le Danemarc seul) de Secher, dans Ugeskrift f. R. 1884 et 1889 et revues annuelles dans le Tidsskrift for Retsvidenskab.

2. Suède.

I.

§ 1. Sources. Textes de loi. Bibliographie.

Strafflag (loi pénale) du 16 février 1864; Kongl. förordning om nya Strafflagens införande m. m. du 16 février 1864 (loi de promulgation); Strafflag för Krigsmagten (loi pénale militaire) du 7 octobre 1881; Kongl. förordn. om införande af den nya Strafflagen för Krigsmagten m. m. du 7 octobre 1881; Disciplin-stadga för Krigsmagten (statuts disciplinaires) du 7 octobre 1881. — Lag om straff för embetsbrott af prest m. m. (loi pénal ecclésiastique) du 8 mars 1889. — Sur la loi sur la presse, le Code de 1734 et les lois accessoires, voir ci-dessous § 6. — Édition officielle des textes dans le Bulletin dit „Svensk Författningssamling", lequel est numéroté par année. — Éditions privées: Svalander, Strafflagen och promulgationsförordningen, Carlstad 1866. Loi pénale donnée 1864, trad. Stockholm 1866. Pour la loi criminelle ordinaire, selon le texte actuel, avec des notes et la jurisprudence, ainsi que pour la loi pénale ecclésiastique, voir: Uppström, Sveriges Rikes Lag, IX⁰ édition, Stockholm 1893, p. 152—234, 844—848; Hemming, Strafflagen med deruti senast vid 1890 års riksdag antagna ändringar, etc. Stockholm 1890. — Wallensteen, Lagsamling för Krigsdomstolarne, Stockholm 1892. — Projets et rapports: Förslag (proposition) till allmän Criminallag, Stockholm 1832; Förslag till Straffbalk, Stockholm 1844; „Om lagcommitteens förslag till allmän Criminallag", Rapport de la faculté de droit (Boëthius, Rabenius) et des professeurs en philosophie (Grubbe, Atterbom), dans la Skandia Tidskrift för vetenskap och konst I, 1833, p. 1—136; — Hofrättens öfv. Skåne och Blekinge und. Utlåtande jemte anmärkningar i anledning af Lagkomiténs förslag till allm. Criminallag, Kristianstad 1838; — Svea Hofrätts und. Utlåtande öfver Lagkomitéens förslag till allm. Criminallag, Stockholm 1839; — Göta Hofrätts und. Utlåtande öfver Lagkomiténs förslag till allm. Criminallag, Stockholm 1839; — Högsta Domstolens Protokoll vid granskning af förslaget till allm. Criminallag, Stockholm 1840; — Kongl. Proposition om antagande af en ny strafflag den 23 September 1862, nᵒ 37; — Delldén, Anmärkningar vid Lag Committéens förslag till allm. Criminallag, i Schmidts Jurid. Arkiv III, p. 161; — Nya lagberedningens förslag till Lag ang. ändring i vissa delar af strafflagen, Stockholm 1888; Kongl. Prop. med förslag till lag ang. ändring i vissa delar af Strafflagen etc. den 14 Februar 1890, nᵒ 21; comp. Olivecrona, Über die im Jahre 1890 vorgenommenen Änderungen des schwedischen Strafgesetzbuches von 1864, dans la Zeitschrift für Intern. Privat- und Strafrecht de Böhm, 1891. — Commentaire: Carlén, Kommentar öfver strafflagen, Stockholm 1866. — Monographies: Oscar, Prince royal, Om straff och straffanstalter. Stockholm 1840 (en allemand: Über Strafen und Strafanstalten, traduction de A. v. Treskow, Leipzig 1841); — Almqvist, Ang. olika sätt för verkställighet af frihetsstraff, Stockholm 1877; le même, Résumé historique de la réforme pénitentiaire en Suède depuis le commencement du XIX⁰ siècle, Stockholm 1884; — Annerstedt, Om straffmätning, Upsala 1869 (dans la Upsala Univ. Årsskrift); — Antell, Sveriges Rikes Strafflagar jämte en rättshistorisk inledning, Lund 1892; — Ask, Ansvarighet för tryckfrihetsbrott, Lund 1890; — Assarsson, Svenska straffrättens allmänna del. Lund 1877; — Grubbe, Om den borgerliga straffmaktens grund och väsende, dans la Skandia II, 1834; — Hagströmer, Om Frihetsstraffen, dans la Upsala Univ. Årsskrift 1875; le même, Om rätten till nödvärn, voir Forhandl. paa d. IV Nord. Jurist-møde 1881, Kjøbenhavn 1882; Hammerskjöld, Om falsk angifvelse och ärekränkning, Upsala 1875; — Hasselroth, Om frihetsstraffen och deras verkställighet, Stockholm 1876; — Humbla, De crimine falsi, Lund 1843; — le même, De legibus penalibus indefinitis,

Lund 1849; — le même, Om obestämda strafflagar, Lund 1850; — le même, Om straff-lagens användande vid sammanträffandet af brott, Lund 1851; — le même, Inledning till läran om stöld och snatteri, Lund 1862; — Lindblad, Om mord och dråp, Upsala 1832; — Naumann, Om Kriminallagstiftningen i Sverige efter 1809; voir Naumann: Tidskrift för lagstiftning, lagskipning och förvaltning 1864 à 1867, 1869 à 1871; — Nehrmann (Ehrenstråle), Inledning till den Svenska jurisprudentiam criminalem, Lund 1756; — Nordling, Om Straffmedium; voir Naumann: Tidskrift, 1864, p. 567; 1865 p. 785; — Nordström, Svenska Samhällsförfattningens Historia, II, p. 227—384; Helsing-fors 1840; — Nyblæus, Om Statens straffrätt, IIIe édition, Lund 1879; Olivecrona, Om dödsstraffet, IIe édition, Stockholm 1891; — le même, Om orsakerna till återfall till brott och om medlen att minska dessa orsakers skadliga verkan, Stockholm 1872; le même, Des causes de la récidive (trad.), Stockholm 1873; le même, Om de kännetecken, som karakteriser tjufnadsbrott, Upsala 1846; — Rydin, H. L., Om yttranderätt och tryckfrihet, Upsala 1859; — le même, Om Konungens rätt att göra nåd, Upsala Univ. Årsskrift 1861; — Rydin, K., Om Konkursförbrytelser, Upsala 1888; — Stjernhöök, De jure Sveorum et Gothorum vetusto, Stockholm 1672; — Wijkander, Om preskription i brottmål, Lund 1878; — Winroth, Rättshistoriska föreläsningar i straffrätt, Lund 1889; — comp. Goos, Den Nordiske Strafferet, dans la Nordisk Retsencyclopædi, Kjø-benhavn 1882. — Jurisprudence, voir Naumann: Tidskrift för lagstiftning, lagskipning och förvaltning, I—XXV, Stockholm 1864—1888, avec une table des années 1864—1886 publiée par Leuhusen; Holm, Nytt juridiskt Arkiv, années 1874—1893, avec la table I pour les années 1874—1879, et la table II pour les années 1880—1889.

II. Introduction historique.

§ 2. Caractère du droit primitif.

Autant que nous pouvons nous faire une idée du plus ancien droit suédois d'après les sources juridiques du moyen-âge et notamment d'après le droit du pays, des provinces et des villes,[1] nous voyons la coutume primitive du clan en présence des règles d'un nouvel ordre social naissant, trouvant de jour en jour une application plus étendue. La vengeance de la victime et de ses compagnons de clans n'est pas encore chose abandonnée; mais déjà elle paraît réglementée de telle sorte que la victime ou le plaignant avaient le choix soit de recevoir une compensation, comme réparation du délit criminel et comme indemnité du dommage civil, soit de réclamer la mise du malfaiteur hors la loi, ce qui permettait à la victime de pouvoir prévenir le jugement en mettant à mort le coupable surpris en flagrant délit. A défaut du paiement de la com-pensation le délinquant devait acquitter sa dette en offrant sa propre personne ou son travail. Puis peu à peu l'État, de son côté, se mit à exiger dans certains cas la poursuite du malfaiteur comme une obligation indispensable; il réclamait alors lui-même une part de la compensation et se chargeait de l'exécution. — Quant aux peines, c'étaient primitivement la peine de mort, les peines corporelles, les amendes. Les peines privatives de la liberté ne furent introduites que plus tard par le droit ecclésiastique. On remarquera toutefois qu'avec l'immixtion grandissante de l'État dans la poursuite des crimes et délits, les anciens inconvénients du système primitif se trouvèrent remplacés par une barbarie non moins inhumaine. D'une part, en effet, l'influence de la loi mosaïque du talion, et d'autre part l'idée superstitieuse qu'il fallait éloigner la colère divine attirée par le méfait sur la communauté, et qu'il fallait écarter constamment du crime le peuple par la frayeur, en ne laissant pas reposer le glaive de l'autorité, conduisirent peu à peu à des peines barbares et à une exécution sauvage de ces peines.

Telles furent, en effet, les notions, qui servirent de base aux sections

---

[1] Voir Schlyter, Sveriges Gamla Lagar, Stockholm-Lund 1827—1877.

concernant les crimes et les peines (Missgernings — och Straffbalkarne) contenues au Code de 1734 si célèbre d'ailleurs à juste titre. Cette loi n'édicte guère que des peines absolues: dans 69 cas, la peine de mort simple ou qualifiée et, en outre, les supplices du fouet, du pain et de l'eau (28 jours au plus), l'exil, les peines infamantes, l'amende, la prison, les travaux aux forteresses ou les travaux forcés; tout cela était d'ailleurs un peu confondu.

§ 3. Réformes.

Avec les progrès de la civilisation les idées relatives au droit pénal ne laissèrent pas que de s'adoucir. Cela se manifesta notamment dans l'ordonnance du 20 janvier 1779, à laquelle le roi Gustave III coopéra lui-même. Cette ordonnance vint, entre autres choses, remplacer, dans plusieurs cas, la peine de mort et les peines infamantes par des pénalités moins sévères. Les peines de mort qualifiées ne furent toutefois abrogées que par les ordonnances royales du 30 mai 1835 (supplice de la roue) et du 10 juin 1841. Mais déjà le 14 février 1811, sur l'initiative du gouvernement, une commission (comité législatif) avait été chargée de l'élaboration d'une loi pénale réformée.

Le projet de cette commission, chargée également de l'élaboration d'un projet de Code civil, ne parut qu'en janvier 1832. Il laisse tout particulièrement apercevoir l'influence des lois et projets de lois pénales existant alors en Allemagne (Bavière, Hanovre) et en Autriche. Comme peines générales principales on admettait la peine de mort, les travaux forcés à cinq degrés, l'emprisonnement et l'amende. Le système des peines relativement déterminées était recommandé, et quant à l'emprisonnement, c'était le système d'Auburn qui était adopté par la commission.

Quant à la question de savoir quelle était la théorie de droit pénal dont la commission se montrait partisan, nulle part on ne le trouvait nettement exprimé; tout au moins la commission ne prenait parti pour aucune théorie absolue. Selon elle, le but des peines édictées par la loi est de prévenir les infractions; mais la société doit également agir en vue de l'amélioration du délinquant qui rentre dans son sein, après avoir accompli sa peine.

Lorsque ce projet eut été l'objet des remarques, critiques et observations des tribunaux, des professeurs de droit et de philosophie et des jurisconsultes, il fut soumis à une seconde commission (Lagberedningen) dont le projet parut en 1844. Cette nouvelle commission législative était, en principe, dévouée au système de Philadelphie (Exposé des motifs p. 4). Des peines privatives de la liberté elle ne retenait qu'une seule espèce: l'emprisonnement à sept degrés. Le but de la peine est bien d'empêcher le crime: cependant, autant que possible, il faut dans l'accomplissement de la peine avoir en vue l'amélioration du criminel. Le système de Philadelphie est le plus propre à atteindre ce but, c'est-à-dire à présenter une pénalité sérieuse jointe à la possibilité d'amender le condamné.

Malgré un certain succès devant le Parlement de 1844, le projet fut renvoyé au Parlement suivant. Le gouvernement se mit alors à entreprendre des réformes partielles. Comme résultat de ces efforts, il faut citer les ordonnances royales du 4 mai 1855, concernant 1° l'abrogation de la peine du fouet et des pénitences ecclésiastiques; 2° l'abrogation des peines contre le vol, le détournement[1]) (snatteri) et la rapine; — l'ordonnance du 7 septembre 1858 (faux, vol); — l'ordonnance du 29 janvier 1861 (assassinat, meurtre, homicide, coups et violences); — et l'ordonnance du 21 décembre 1857 sur l'accomplissement

---

[1]) Voir infrà § 16 h.

en cellule des peines privatives de la liberté, aux termes de laquelle les travaux forcés d'une durée de deux ans au maximum doivent être accomplis en cellule avec une remise d'un quart du temps dépassant trois mois.[1]) Il résulte, d'autre part, de l'exposé des motifs de ces dernières ordonnances que la peine ne doit pas seulement être une pénalité suffisamment sérieuse pour empêcher le crime, mais qu'aussi elle doit tendre à l'amélioration du criminel ou tout au moins qu'elle doit tendre à le préserver de tomber plus bas encore.

Les ordonnances de 1855, 1858, 1861 avaient admis le système des peines relativement déterminées, ou ce qu'on appelle en Suède communément le système de la latitude „latitude-system“. — Or les nouvelles dispositions, à cet égard, aboutirent à de si bons résultats que, lorsqu'en 1862 le gouvernement soumit au Parlement le projet définitif, élaboré au département de la justice, d'une nouvelle loi pénale, l'opinion publique était prête à admettre le système dans son ensemble. Le projet fut adopté avec quelques modifications; il fut promulgué le 16 février 1864 avec une ordonnance de mise en vigueur; celle-ci, en dehors d'un certain nombre de dispositions transitoires, contenait d'autre part des dispositions sur les arrestations, les perquisitions, les morgues, et quelques dispositions de droit privé (§ 16 alinéa 2—6) tirées du Code de 1734.

III. La législation en vigueur.

§ 4. La loi pénale du 16 février 1864.

La nouvelle loi pénale est présentée dans le projet du gouvernement (Projet royal du 23 septembre 1862, n° 37) comme basée sur les ordonnances mentionnées plus haut de 1855, 1858 et 1861, ainsi que le projet de 1844. Sa particularité est avant tout le „latitude-system“ déjà signalé. A quelques rares exceptions près, ce sont des peines alternatives que la loi établit: entre les limites du plus ou du moins on laisse une très grande latitude dans la mesure de la peine, selon qu'il y a des circonstances aggravantes ou atténuantes. On supprima dans la loi les règles générales pour cette évaluation des peines, règles qui se trouvaient dans les projets de 1832 et de 1844 (chapitre 6). Très sobre de dispositions doctrinales et de définitions, le législateur a même évité d'édicter des prescriptions générales sur la tentative (projets de 1832, 1844, chapitre 3), la négligence et les notions analogues. L'assez maigre exposé des motifs, donné en présentant la loi, ne contient pas plus que celui du projet une analyse critique des dispositions de la loi; il est de peu d'utilité pour résoudre les difficultés ou pour permettre d'atteindre une jurisprudence uniforme.

La loi elle-même est divisée en 25 chapitres; les chap. I à V sont consacrés à la partie générale du droit pénal; le chap. VI contient les règles relatives aux indemnités; les chap. VII—XXV traitent des actes punissables: chap. VII, crimes contre la religion; chap. VIII—X, crimes contre l'État; chap. XI—XXIV, crimes contre les particuliers, et chap. XXV, infractions administratives. A quelques exceptions près, les infractions de police sont exclues.

Pas plus dans son esprit que dans son texte, la loi ne présente à proprement parler un caractère vraiment scientifique; elle entre parfois dans des détails de casuistique; elle est souvent défectueuse. Au lieu d'une terminologie technique, on rencontre quelquefois des expressions triviales peu précises, ou même des locutions vieillies difficiles à comprendre et des termes étrangers.

---

[1]) La plus longue durée de la détention cellulaire était de 1 an, 6 mois, 23 jours.

Certaines dispositions, n'ayant expressément d'après la loi qu'une portée limitée, se rencontrent, d'autre part, dans les paragraphes sans qu'il soit fait allusion à la restriction apportée plus bas. La division tripartite des actions punissables n'est pas adoptée dans la loi pénale.[1]) La désignation générale des actes punissables est brott (crime) ou förbrytelse (infraction). Dans les ordonnances administratives, de police ou autres, les infractions plus légères sont désignées par les mots förseelse (faute), förbrytelse, öfverträdelse, lagöfverträdelse (contravention). Voir les ordonnances royales du 24 octobre 1885, §§ 16, 21, du 31 décembre 1891, § 38 et autres. Les actes que la loi déclare punissables, sont spécialement déterminés. La règle „nulla poena sine lege", bien que n'étant pas formellement exprimée, est cependant universellement admise par la jurisprudence. D'autre part, les peines édictées par la loi — peine de mort, travaux forcés, prison, amende — ne sont pas, à l'exception de certaines infractions et délits de charge, d'une sévérité exagérée. La peine de mort est en principe facultative; elle n'est obligatoire qu'au cas d'homicide commis par un détenu à perpétuité et en l'absence de circonstances atténuantes.

Quant à la question de savoir si dans la loi il y a une théorie pénale qui prédomine, il faut, à mon avis, la trancher formellement par la négative. D'après Hagströmer (Frihitsstraffen p. 186), il est vrai, tous les faits ressortissant au droit pénal positif dérivent par eux-mêmes de la théorie de la prévention et telle devait avoir été, même sans le vouloir, la règle à suivre pour le législateur; or, on peut rencontrer également d'autres théories, comme la théorie des représailles, de l'intimidation, par l'exemple, ou de l'amélioration du condamné, lesquelles ont été appliquées à l'égard du but secondaire de la peine. Hagströmer reconnaît cependant lui-même que, si on considère les expressions employées dans l'exposé des motifs du projet, où tous les buts possibles des peines se manifestent, le système du législateur apparaît comme passablement arbitraire et éclectique. D'après Annerstedt (Straffmätning, p. 68), ce qui domine dans la loi comme dans le projet, c'est le double but de l'intimidation par l'exemple et de l'amélioration, encore que sur quelques points on trouve la trace des théories absolues. En somme, au point de vue de la mesure des peines, c'est la théorie de la prévention (Grolmann), à laquelle on a voulu comparer celle du philosophe suédois Boström (mort à Upsal 1866) qui devrait correspondre à l'esprit de la loi. — Pour ma part, je ne puis souscrire à cette façon de penser. Assurément le législateur n'a pas été sans subir l'influence des philosophes et des jurisconsultes suédois du commencement de ce siècle, qui se sont montrés partisans de la théorie des représailles soit absolument (comme Biberg) soit relativement en reconnaissant un but connexe — l'amélioration, l'intimidation par l'exemple — (comme Grubbe). Il n'a pas davantage pu rester totalement étranger aux théories idéalistes de Boström et de ses élèves (Nyblaeus, Sahlin, entre autres). Mais malgré cela il serait inexact de dire que le législateur suédois s'est conformé plutôt à telle théorie qu'à telle autre. Jamais on ne s'est préoccupé de savoir si, par exemple, la peine est (comme d'après Boström) la manifestation du droit et du devoir absolus de l'État de se protéger. En revanche on a reconnu que le mode et la mesure

---

[1]) D'après la terminologie adoptée en matière de statistique juridique, on distingue: 1⁰ Les crimes (gröfre brott), lorsque le fait est passible de la peine de mort, de la destitution ou des travaux forcés, sous cette réserve, toutefois, que, lorsqu'une amende peut également être prononcée, l'acte n'est réputé crime que s'il entraine les travaux forcés ou la prison; 2⁰ les délits (ringare brott), c'est-à-dire les actes punissables, n'étant pas des crimes, mais entraînant une peine supérieure à une amende de 100 couronnes; 3⁰ les contraventions (förseelser), c'est-à-dire les actes entraînant une peine pécuniaire n'excédant pas 100 couronnes.

de la peine doivent être déterminés proportionnément à l'intensité ou au danger de l'intention criminelle. — Mais le législateur s'est-il guidé sur ce que, en première ligne, il faille ôter au criminel toute envie de recommencer, ou bien sur ce que l'État à cet égard, n'agissant comme punisseur que sur la sensibilité physique, ne recherche que l'amélioration politique du coupable? Ou, s'il n'est pas possible de modifier et d'améliorer son instinct criminel, sur ce qu'il faille chercher à lui ôter la faculté de recommencer, soit absolument au moyen d'une exécution capitale, soit relativement au moyen d'un emprisonnement à vie (neutralisation)? — il ne le paraît pas, tout au moins; et la législation ultérieure, comme toute la jurisprudence criminelle, ne semble pas d'ailleurs s'être imbue davantage des idées du grand penseur.

Toutefois, à cet égard, il n'y a pas trop à critiquer le législateur; car, si ce dernier avait pris parti pour une des théories pénales soutenues à cette époque, peut-être la loi eût-elle moins utilement saisi la réalité des faits. Dans tous les cas, la loi pénale de 1864, abstraction faite de l'espèce de lacune signalée ci-dessus, dénote un progrès important sur le 18e siècle.

§ 5. Modifications ultérieures de la loi pénale.

Les modifications subies par la loi pénale depuis 1864, se réfèrent, pour la plupart, à des adoucissements. Dans certains cas cependant des peines plus sévères ont été prescrites et des peines ont été édictées contre des actes qui auparavant n'étaient pas punis. Les lois en question sont les suivantes:

1⁰ Ordonnance royale du 24 mai 1872, sur le chapitre XVIII, § 5 (outrage à la pudeur entre parents);[1]) 2⁰ Ordonnance royale du 19 septembre 1872, sur le chapitre XX, § 11 (adoucissement de la peine de la récidive en cas de vol); 3⁰ Ordonnance royale du 31 octobre 1873, sur le chapitre II, § 19 (dispositions complémentaires, prorogation de la durée de la dégradation civique); 4⁰ Ordonnance royale du 16 juin 1875, sur le chapitre XX, §§ 1, 2, 16; chapitre XXIV, §§ 3, 4 (délits forestiers, vol de bois assimilable en certains cas au vol); — disposition obscure); 5⁰ Ordonnance royale du 10 août 1877, sur le chapitre II, § 2 (exécution de la peine de mort dans les cours des prisons); 6⁰ Ordonnance royale du 6 août 1881, addition au chapitre XIX, § 21 (crimes contre les chemins de fer, canaux etc., appartenant à des particuliers); 7⁰ Ordonnance royale du 6 octobre 1882, sur le chapitre XXIII, §§ 4—7 (peines contre les membres du conseil d'administration en cas de banqueroute d'une société par actions); 8⁰ Loi du 16 mai 1884 sur le chapitre II, §§ 6, 10—13; chapitre IV, § 7; Loi de mise en vigueur, § 11 (abrogation de la peine d'emprisonnement au pain et à l'eau); 9⁰ Loi du 28 octobre 1887 sur le chapitre VII, §§ 1, 2 (adoucissement des peines contre le blasphème et l'outrage au service divin; nouvelle définition des caractères du blasphème, définition qui a laissé place à de nombreuses controverses) et sur le chapitre X, §§ 1, 3, 11, 14—18 (adoucissement des peines pour violences et voies de fait envers un fonctionnaire et pour délivrance des prisonniers; aggravation des peines pour excitation à la révolte; disposition pénale contre certaines excitations publiques ou par écrit à la violence contre les personnes ou les propriétés); 10⁰ Loi du 7 juin 1889 (addition au chapitre X, § 14; Peine contre la provocation à la désobéissance aux lois et à l'autorité); 11⁰ Loi du 20 juin 1890, portant modification de certaines parties de la loi pénale, et principalement une révision

---

[1]) Conséquence d'une modification apportée au droit matrimonial; Giftermåls Balk, chap. 2, §§ 5, 6.

des dispositions prononçant les peines et des modifications en résultant, — voir sur ce sujet le travail d'Olivecrona dans la Zeitschrift für internationales Privat- und Strafrecht de Böhm. — Cette loi comporte notamment:

a) Modifications de fond: I. Dans la partie générale, les modifications portent sur: **1⁰** La dégradation civique, chap. II, § 19; III, § 13; voir aussi chap. VIII, § 30; chap. XII, § 21; chap. XIV, § 46; chap. XV, § 25; chap. XVI, § 16; chap. XIX, § 22; chap. XX, § 14; chap. XXI, § 10; chap. XXII, § 22; chap. XXIII, §§ 1, 2; **2⁰** les conditions de la récidive, chap. IV, § 11; **3⁰** l'enfance criminelle, chap. V, §§ 2—4; **4⁰** la légitime défense, chap. V, §§ 7—10; **5⁰** la prescription, chap. V, § 14. — II. Quant à l'étendue des peines, les modifications portent sur: **1⁰** L'adoucissement des peines prononcées pour crimes de lèse-majesté (quelquefois à cause de circonstances particulièrement atténuantes), chap. IX, § 5; faux, chap. XII, §§ 1—7, 12, 14, 16, 17; chap. XXV, § 12 (aggravation); infanticide, avortement, exposition d'enfant, chap. XIV, §§ 22—26, 32; incendie et autres crimes contre la société, chap. XIX, §§ 1—4, 9; vol, rapine, chap. XX (entièrement refondu); chap. XXI, §§ 1—3, 9; **2⁰** l'aggravation des peines pour certaines espèces de violences corporelles, usage d'armes propres à donner la mort, chap. XIV, §§ 12, 15, 37; chap. XI, §§ 7, 8; manœuvres abortives pratiquées par d'autres que par la mère; violences sur les femmes enceintes, chap. XIV, §§ 27, 29; mauvais traitements envers les animaux, chap. XVIII, § 16; tentatives ayant pour but de faire couler un navire, etc., chap. XIX, § 6; escroquerie, détournement, abus de confiance, etc., chap. XXII, §§ 1, 6, 11, 13, 14, 16, 18; substitution d'enfant, chap. XXII, § 9; violation du secret des lettres, chap. XXII, § 10. — III. Nouvelles dispositions pénales ayant pour objet: le trouble apporté à l'exercice des dévotions privées, chap. XI, §§ 1—3; la violation du domicile au moyen de pierres et autres projectiles, le vacarme, etc., chap. XI, § 12; la falsification des marques et des timbres d'États étrangers, chap. XII, §§ 10, 18; la tentative d'incendie, chap. XIX, § 5; les attentats à l'aide de substances explosives, chap. XIX, § 6; la destruction des postes téléphoniques, chap. XIV, §§ 13, 14, 21. — IV. Dispositions concernant la plainte, chap. XXII, § 21.

b) Modifications de forme. Chap. IV, §§ 2, 8—10 (concursus delictorum); chap. IV, § 6; chap. XI, §§ 5, 6; chap. XVIII, § 7; chap. XIX, §§ 2—5; chap. XX, § 4 alinéa 1, § 5 alinéa 2, § 8; chap. XXII, § 16; chap. XXIII, § 6; chap. XXV, § 11. Enfin le texte primitif fut conservé dans le chap. XXIII, § 7. Le chap. XXII, § 16 de l'ancienne loi (comparer: Loi sur les marques de marchandises du 5 juillet 1884, §§ 12, 15) fut abrogé. En conséquence des modifications apportées à la loi pénale ordinaire, les §§ 58, 113, 114, 116, 121—123, 126 de la loi pénale militaire ont été également modifiés.

12⁰ Loi du 14 octobre 1892 sur la modification du texte du chap. XXIII, § 7 de la loi pénale, portant extension du droit d'action des accusateurs publics en cas de banqueroute. **13⁰** Enfin il faut mentionner ici la loi du 29 juillet 1892, sur l'exécution de la peine des travaux forcés et de l'emprisonnement cellulaire; aux termes de cette loi, la peine des travaux forcés d'une durée de 4 ans au maximum, doit être accomplie autant que possible en cellule, et un quart de la peine [un an au maximum] est alors remis. Lorsqu'il y a eu condamnation aux travaux forcés à temps pour plus de 4 ans, ou à perpétuité, le détenu doit être gardé en cellule pendant les 3 premières années; un tiers de ce temps (c'est-à-dire un an) est alors remis dans le premier cas sur le reste de la détention.

§ 6. Lois connexes contenant des dispositions pénales.

Les autres lois contenant des dispositions pénales sont: **1°** La loi sur la presse (Tryckfrihetsförordning) du 16 juillet 1812 avec ses modifications ultérieures et en dernier lieu celle de 1888;[1]) **2°** La loi pénale militaire et les statuts disciplinaires du 7 octobre 1881 avec les modifications ultérieures et en dernier lieu celle du 20 juin 1890;[2]) **3°** La loi pénale ecclésiastique du 8 mars 1889;[3]) **4°** La loi du 10 février 1810 sur la responsabilité des ministres;[4]) **5°** La loi du 12 septembre 1868 sur la responsabilité des députés au Parlement dans l'administration des dettes nationales et de la Banque avec ses dépendances.[5])

Les dispositions pénales (principalement celles relatives aux peines pécuniaires minimes et aux amendes compensatoires) contenues dans la partie civile encore en vigueur du Code de 1734, se trouvent dans le Giftermåls-Balk (mariage), chap. III, §§ 1, 3—7; chap. VI, §§ 3, 4; chap. VII, §§ 1, 3; chap. XII, §§ 1, 3; chap. XIII, § 2; — Ärfda-Balk (successions), chap. IX, § 5; chap. XXIII, § 6; — Jorda-Balk (immeubles), chap. XI, § 3; chap. XVI, §§ 4, 7; — Byggninga-Balk (constructions, culture), chap. II, §§ 2, 3; chap. VI, § 1; chap. IX, § 5; chap. X, § 8; chap. XI, §§ 2—4; chap. XIII, §§ 5, 6; chap. XIV, § 3; chap. XV, §§ 1—4; chap. XXII, §§ 5, 8; chap. XXIV, §§ 1, 7; chap. XXVI, § 6; chap. XXVII, §§ 2, 4, 10; — Handels-Balk (commerce), chap. I, §§ 2, 6, 8, 10; chap. III, §§ 3, 5; chap. IX, § 6; chap. XVIII, §§ 2, 3, 4; — Rättegångs-Balk (procédure), chap. II, §§ 1, 3, 6; chap. VI, § 5; chap. IX, §§ 1—4; chap. XII, § 2; chap. XIII, § 2; chap. XIV, §§ 2, 3, 5, 6, 8; chap. XV, §§ 14—16; chap. XVI, §§ 1, 2, 5; chap. XVII, § 3; chap. XIX, §§ 1, 2; chap. XX, § 1; chap. XXII, § 2; chap. XXIV, §§ 5, 10; chap. XXVII, §§ 2, 5, 8; chap. XXVIII, §§ 1, 2; chap. XXIX, §§ 1—3; chap. XXX, §§ 10, 11, 14, 16, 18—22; chap. XXXI, §§ 2, 3.

Un certain nombre de lois ou ordonnances de nature administrative, économique, ou de police contiennent également des dispositions pénales. Il faut mentionner à cet égard les textes suivants: Privilège pour la société des pharmaciens, 28 juin 1683; — Privilège pour le collège médical, 30 octobre 1688, art. XIV; — Statuts relatifs au timbre de contrôle, 7 décembre 1752; — Ordonnance forestière du 1er août 1805, §§ 55, 56; — Loi fondamentale sur la forme de gouvernement, 6 juin 1809, § 110; — Ordonnance sur la succession à la couronne, 26 septembre 1810, §§ 4, 5, 8; — Statuts relatifs aux gens de service, 23 novembre 1833, §§ 17, 23, 24, 25—28, 33, 37, 42, 45, 46; — Lettre royale du 29 novembre 1839, concernant la répression de l'ivrognerie en Laponie; — Ordonnance contre l'ivrognerie, 16 novembre 1841, § 6; — Ordonnance royale du 13 mai 1846, concernant la fourniture non-autorisée d'alcools pour les prisonniers; — Décret royal du 16 avril 1847, concernant l'inhalation d'éther; — Statuts sur la pêche, 29 juin 1852; — Règlement royal sur la vaccination, 29 septembre 1853; — Règlement royal concernant les sages-femmes, 28 novembre 1856, chap. 5; — Ordonnance royale du 1er octobre 1858, concernant la fabrication et la vente des poudres; — Circulaire royale du 28 mai 1859, concernant les peines applicables à l'accès non-autorisé des chemins de fer; — Décret royal du 26 octobre 1860, sur le transport postal par chemins de fer, etc.; — Ordonnance du 18 janvier 1861 sur l'exercice de la profession de chirurgien et sur l'exercice de la profession de dentiste; — Ordonnance sur la faillite du 18 septembre 1862, § 133; — Ordonnance sur l'industrie et le commerce, 18 juin 1864, §§ 18—23; — Statuts de la chasse, 21 octobre 1864, §§ 21—23; — Loi du 9 novembre 1866 § 137 sur les partages fonciers; — Loi sur la propriété artistique, 3 mai 1867, § 5; Ordonnance royale du 29 novembre 1867, sur la protection des monuments

---

[1]) Texte et notes, voir Sveriges Grundlagar, 2e édition, publié par Uppström.
[2]) Wallensteen, Lagsamling för Krigsdomstolarne, Stockholm 1890. Traduction allemande dans la Zeitschrift für die gesamte Strafrechtswissenschaft, vol. II, append. 2.
[3]) Uppström, Sveriges Rikes Lag, IXe édition, Stockholm 1893, p. 844—847.
[4]) Uppström, Sveriges Grundlagar, p. 91—95.
[5]) Uppström, Sveriges Grundlagar, p. 91—95.

historiques, § 7, § 8 alinéa 3; — Ordonnance municipale du 24 mars 1868, §§ 1—18, 25, 28; — Ordonnance royale du 4 juin 1868 sur l'inspection des gens de mer, §§ 16—21; — [Ordonnance royale du 4 juin 1868, concernant les passeports et les titres de nationalité, § 8 alinéa 1, § 10, § 11 alinéa 7]; — Ordonnance royale du 11 décembre 1868, sur les congrégations religieuses; — Ordonnance royale du 21 octobre 1869, sur la fabrication de la dynamite, etc.; — Ordonnance royale du 21 octobre 1869, concernant le transport des poudres et autres matières explosibles par les chemins de fer, § 11; — Ordonnance royale du 16 novembre 1869, concernant les peines contre l'hérésie; — Ordonnance royale du 18 février 1870, sur la fabrication des allumettes; — Ordonnance royale du 31 octobre 1873, concernant les membres d'un culte étranger et l'exercice de leur religion, § 18; — Ordonnance municipale sur les constructions du 8 mai 1874, § 2 alinéa 3, §§ 45, 46; — Ordonnance municipale sur les incendies du 8 juillet 1874, § 2 alinéa 3, §§ 15, 16; — Ordonnance sur la santé publique du 25 septembre 1874, §§ 22, 29, 39, 40; — Décret royal du 11 décembre 1874, sur l'inspection des chemins de fer privés, § 6; — Ordonnance royale du 19 mars 1875, sur les maladies contagieuses, §§ 17, 18; — Deux ordonnances royales du 26 novembre 1875, sur la vente et le transport du pétrol et de substances analogues; — Ordonnance sur les poisons, du 7 janvier 1876; §§ 21—30, 35, 37; — Ordonnance royale du 8 décembre 1876, concernant le commerce de l'éther et des autres médicaments spiritueux; — Décret royal du 1er juin 1877, relatif à l'impôt sur les chiens; — Loi sur la propriété littéraire du 10 août 1877; — Ordonnance douanière du 2 novembre 1877; — Ordonnance royale du 31 mai 1878, relative au transport des voyageurs par chevaux de louage, § 56; — Décret royal du 8 novembre 1878, concernant les peines contre l'accès prohibé des chemins de fer et des gares; — Ordonnance royale du 22 novembre 1878, sur le commandement à bord des navires de commerce, §§ 13 à 18; — Ordonnance royale du 30 mai 1879, concernant les mesures à prendre contre l'introduction de la peste, §§ 21, 22; — Ordonnance royale du 12 novembre 1880 sur le jaugeage des navires; — Ordonnance royale du 30 décembre 1880, sur les écluses; — Ordonnance du 30 décembre 1880, § 21 sur le flottage; — Ordonnance royale du 15 février 1881 sur le pilotage; — Ordonnance royale du 6 août 1881, concernant les loteries; — Ordonnance royale du 8 novembre 1881 sur le travail des mineurs, §§ 17, 18, 19; — Ordonnance royale du 16 juin 1882 relative à l'impôt sur le sucre de betterave; — Ordonnance du 6 octobre 1882, sur le notariat, § 11; — Loi relative aux peines applicables à la contumace, 6 octobre 1882; — Décret royal du 15 décembre 1882 sur la chasse de la baleine; — Ordonnance royale du 2 novembre 1883 sur les aliénés; — Ordonnance royale du 7 décembre 1883 sur la taxe des frais, § 21; — Ordonnance sur les mines du 16 mai 1884, chapitre 6; — Ordonnance royale sur les brevets du 16 mai 1884, § 22; — Ordonnance royale du 4 juin 1884 sur le transport des émigrants, §§ 56—59; — Loi sur la protection des marques de fabriques, du 5 juillet 1884, § 12; — Décret royal du 7 novembre 1884, sur les Monts-de-piété; — Décret royal du 22 novembre 1884 sur les bureaux de placement, § 11, 12; — Décret royal du 20 février 1885 sur les marques de fabrique de Norvége; — Loi militaire du 5 juin 1885, art. VIII; — Décret royal du 26 juin 1885, sur les brevets et marques de fabriques de l'étranger; — Décret royal du 11 septembre 1885, relatif aux câbles sous-marins, § 3; — Ordonnance royale du 9 octobre, sur les poids et mesures, art. 10; — Ordonnance royale du 24 octobre 1885, sur les débits de vins, bières, etc., §§ 12—18, 21; — Loi du 28 mai 1886 sur les houillères; — Deux décrets royaux du 22 octobre 1886, sur les établissements nationaux et étrangers d'assurances; — Ordonnance royale du 11 février 1887, sur les déclarations de naissance; — Loi sur les registres de commerce, les raisons sociales et les procurations du 13 juillet 1887, § 23; — Ordonnance du 13 juillet 1887 sur la gymnastique hygiénique; — Ordonnance royale du 13 juillet 1887 sur la fabrication de l'alcool, art. IV; — Ordonnance royale du 23 septembre 1887 relative aux épidémies sur les animaux, § 33; — Ordonnance royale du 19 mars 1888 ayant pour but d'empêcher l'abattage des jeunes arbres; — Ordonnance royale du 9 novembre 1888 prohibant l'entrée des marchandises dépourvues des marques régulières de provenance; — Décret royal du 21 décembre 1888, sur les transports postaux; — Loi relative à la protection contre les dangers de l'industrie, du 10 mai 1889, §§ 7—9; — Ordonnance royale du 11 octobre 1889, sur la fabrication et la vente de la margarine, §§ 12-15; — Ordonnance royale du 5 septembre 1890, art. VI, sur les droits de timbre; — Loi maritime du 12 juin 1891, chapitre 12; — Loi du 12 juin 1891 sur les épaves; — Ordonnance royale du 10 juillet 1891 sur l'interdiction du commerce de nuit par les enfants, § 4; — Loi sur les routes publiques, 23 octobre 1891, chapitre VII; — Ordonnance royale du 27 novembre 1891, sur les certificats d'enregistrement et les titres de nationalité, §§ 2, 3; — Ordonnance royale du 27 novembre 1891 concernant l'enregistrement des navires suédois; — Ordonnance royale du 31 décembre 1891 sur la vente des boissons spiritueuses, §§ 38—49; — Décret royal sur la revue des marins du 31 décembre 1891

§ 17; — Ordonnance royale du 3 juin 1892, sur l'impôt sur le revenu, § 19; — Décret royal du 7 octobre 1892, sur l'imposition des cartes à jouer; — Ordonnance royale du 2 décembre 1892 relative à certains droits d'impôt, § 4.

IV. Dispositions pénales générales.

§ 7. Sphère d'application.

I. Sphère territoriale d'application (chap. I). Il faut à cet égard tenir compte tantôt du lieu où l'infraction est commise, et tantôt de la nationalité du délinquant. Sans considération de nationalité, tout délinquant est soumis à la loi suédoise pour le méfait commis en Suède ou hors de Suède, à bord d'un navire suédois. Il en est de même du délinquant suédois pour les délits commis à l'étranger contre l'État suédois ou contre un autre sujet suédois. Mais en ce qui concerne de telles infractions commises par un étranger, la loi suédoise n'est applicable que si le gouvernement suédois ordonne la poursuite. Pour toute autre infraction commise à l'étranger, les sujets suédois peuvent d'autre part être poursuivis, mais à la requête du gouvernement (chap. I, §§ 1, 2).

En principe il n'y a pas lieu de prononcer une condamnation pour une infraction commise à l'étranger, lorsque le délinquant y a déjà été condamné, sauf exception pour les ministres du culte, lorsqu'il y a eu atteinte portée à l'honneur ecclésiastique. On remarquera également que les tribunaux peuvent, malgré la condamnation à l'étranger, prononcer en outre, à leur tour, la dégradation civique ou l'indignité des fonctions publiques (chap. I, § 3; chap. II, § 21; loi pénale ecclésiastique, § 8, alinéa 2).

Ne sont pas soumis à la loi pénale: a) Le roi (Loi sur la forme du gouvernement § 3); b) les représentants diplomatiques des puissances étrangères, ainsi que les gens effectivement à leur service (lettre royale du 10 février 1769).

En ce qui concerne les sujets norvégiens ou russes les règles suivantes sont en vigueur, avec réciprocité pour les sujets suédois: le délinquant qui a commis une infraction sur le sol étranger et qui retourne dans sa patrie peut, ou bien relativement à la Russie être jugé dans son pays, ou bien vis-à-vis la Norvége être livré par le gouvernement provincial ou bien être assigné devant le tribunal compétent de l'autre pays (chap. I, § 5; ordonnance royale du 1er juin 1819; décret royal du 5 décembre 1821). D'après le § 7 de la loi pénale militaire, les infractions commises contre les militaires d'une puissance alliée sont punies comme celles commises contre les militaires suédois.

L'extradition n'est réglementée que par les traités conformément aux principes français. — Voir les traités conclus avec: les Etats-Unis de l'Amérique du Nord, du 14 janvier 1893 (Bulletin des lois suédoises 1893, n° 21); — la Belgique, du 26 avril 1870, n° 37, et du 6 novembre 1877, n° 39; — l'Allemagne, du 19 janvier 1878, n° 19; — la France, du 4 juin 1869, n° 72; — la Grande-Bretagne, du 26 juin 1873, n° 50; — l'Italie, du 20 septembre 1866, n° 73, et du 28 mai 1878, n° 15; — le Luxembourg, du 21 juillet 1883, année 1884, n° 8; la Hollande, du 11 mars 1879, n° 38; — le Portugal, du 17 décembre 1863, année 1864, n° 44; — l'Espagne, du 15 mai 1885, n° 47; — l'Autriche, du 2 juin 1868, n° 54. Sont exceptés les sujets suédois et, en principe, les délinquants politiques; mais, aux termes des traités conclus avec la France, l'Allemagne, la Belgique, l'Espagne, la Hollande et le Luxembourg, l'attentat contre la vie du chef d'un gouvernement étranger ou contre celle des membres de sa famille ne sera réputé délit politique.

II. **Période d'application.** Les dispositions pénales entrent en vigueur le jour fixé par la loi, ou, si rien n'est prévu à cet égard, le jour qui suit le commencement de la lecture de la loi à la paroisse. En cas de modification de la loi pénale entre le moment de l'infraction et celui de la poursuite, c'est la loi la plus douce qui est applicable. Loi de mise en vigueur de la loi pénale, du 16 février 1864, §§ 1, 5, 6, alinéa 3; — loi de mise en vigueur de la loi pénale militaire, du 7 octobre 1881, § 4; — circulaire royale du 2 avril 1833.

§ 8. Les peines (chapitre II).

1° Les peines principales générales sont: la peine de mort, la peine des travaux forcés, l'emprisonnement (sans travail obligatoire) et l'amende (§ 1), qui forment un ensemble de 64 cadres de peines normals et 19 cadres spéciaux. On ne regarde pas comme une peine la correction corporelle des enfants (chap. V, § 1).

Les peines spéciales pour les délits de charge sont: La suspension ou la destitution de la charge[1]) ou de la fonction publique, prononcée concurremment avec d'autres peines (chap. XXV, §§ 9—11, 14, 15; — loi pénale ecclésiastique § 12); — les peines disciplinaires (loi pénale militaire du 7 octobre 1881, §§ 16, 81; — statuts disciplinaires du 7 octobre 1881, § 24); — l'admonition, pour les ecclésiastiques (loi pénale ecclésiastique du 8 mars 1889, §§ 8, 9); — la réprimande administrative d'après diverses instructions administratives.

2° Les peines et conséquences accessoires sont: a) La dégradation civique (chap. II, §§ 19, 21; chap. III, § 13; chap. IV, §§ 1, 11; chap. V, §§ 2, 3) laquelle, d'après diverses dispositions,[2]) est prononcée, soit à perpétuité, — en cas de peine de mort, de travaux forcés à perpétuité, et en cas de parjure d'après le chap. XIII, §§ 1, 2; — soit pour un temps déterminé, qui se compte du jour du jugement passé en force de chose jugée et va jusqu'à 1 an au moins et 10 ans au plus après la libération.[3]) Pendant la dégradation civique, l'individu est exclu des charges et fonctions qu'il occupait précédemment, de leurs priviléges et avantages, pour la jouissance desquels une bonne réputation (frejd) est requise; — b) la cellule obscure, peine accessoire d'après le chap. IV, § 12, frappant le détenu à perpétuité qui a commis un crime n'entraînant pas la peine de mort; — c) les peines accessoires spéciales aux fonctionnaires, c'est-à-dire: la privation de la capacité de remplir des fonctions publiques (= indignité des fonctions publiques) ou d'occuper des situations analogues à celle dont on prive le condamné, en général, ou encore d'occuper telle situation déterminée, chap. II, §§ 15—17; chap. XXV, § 15. A la dégradation civique s'ajoute d'ailleurs toujours la perte de la fonction ou de la situation publique occupée précédemment (voir: loi pénale militaire, § 27; loi pénale ecclésiastique, § 7).[4]) En ce qui concerne la déchéance des grades dans les ordres royaux, voir: Lettre royale du 19 juillet 1806; circulaire royale du 20 janvier 1837; — d) la confiscation; — e) la saisie; — f) la destruction des clichés, modèles, etc.; —

---

[1]) Si le délinquant en question n'occupe plus la fonction, on lui applique l'amende élevée ou un emprisonnement à 6 mois au maximum, peines qui s'ajoutent éventuellement à celle de l'indignité des fonctions publiques et aux autres peines accessoires (chap. II, § 17; XV, § 1; XXV, § 21).

[2]) N'est pas prononcée pour les délits portés aux chapitres VII, IX, X, XI, XVII et XXIV.

[3]) En ce qui concerne le cumul des peines principales, l'intention du législateur pourrait être exprimée plus catégoriquement.

[4]) En ce qui concerne la destitution prononcée pour une infraction, autre qu'un délit de charge, passible des travaux forcés ou d'une peine plus sévère, voir: chap. XXV, § 20; loi pénale militaire §§ 28, 120.

g) la suppression de la chose délictueuse; loi sur la propriété littéraire, du 10 août 1877, § 15; — h) la publication du jugement aux frais du condamné; loi pénale chap. XVI, § 14; — i) la perte du droit d'exercer une profession ou une industrie; chap. XXII, § 14; loi sur la vente de l'alcool, du 31 décembre 1891, § 39.

3⁰ La peine de mort s'exécute par la décapitation dans la cour de la prison (chap. II, § 2 de la loi du 10 août 1877) et aussi, d'après le § 10 de la loi pénale militaire, par la fusillade; l'exécution nécessite un ordre spécial du gouvernement, ou, en cas de jugement sommaire, un ordre du commandant supérieur de la place (loi pénale militaire, § 11). En cas de maladie ou de grossesse, l'exécution est prorogée (chap. II, § 3).

4⁰ Peines privatives de la liberté: chap. II, §§ 5—7. Les travaux forcés sont à perpétuité ou à temps. La plus longue durée des travaux forcés à temps est de 10 ans, et de 12 ans en cas de cumul: — la durée minima est de 2 mois. La durée maxima de l'emprisonnement est de 2 ans, et de 4 ans en cas de cumul; — la durée minima est de 1 mois. Bien qu'il ne soit pas légalement interdit de compter par jours, on compte toujours par mois pour mesurer la peine.

Les peines privatives de la liberté sont subies dans une maison centrale ou dans une prison cellulaire (également dans une prison militaire, d'après la loi pénale militaire, § 13; comparer: Statuts disciplinaires, §§ 29—32) selon les prévisions des dispositions particulières.[1]) Il n'existe ni remise conditionnelle, ni exécution progressive. Le condamné aux travaux forcés est, autant que possible, occupé à travailler.[2]) Le genre de travail n'est pas déterminé légalement (dans les maisons centrales c'est souvent un travail de fabrication; — ce n'est jamais le travail des champs ou des routes). C'est le directeur de la prison qui est chargé de donner le travail. Quant aux primes au travail, voir le règlement royal du 24 octobre 1890. La peine d'emprisonnement, subie en cellule, n'est pas accompagnée du travail obligatoire; mais comme peine commuée exclusive, elle est accompagnée du travail obligatoire. On fait subir dans des établissements spéciaux le travail obligatoire qui est prononcé pour mendicité, vagabondage, etc., et qui, d'autre part, ne doit pas être considéré comme une peine (loi du 12 juin 1885 sur le vagabondage, § 5; loi sur l'assistance publique du 9 juin 1871, §§ 40—41). Le travail obligatoire n'est infligé, dans ce cas, qu'après un avertissement resté sans résultat.

5⁰ Amendes. Le montant minimum de l'amende, d'après la loi pénale, est de 5 couronnes (Riksdaler).[3]) Le montant maximum ne doit pas en général dépasser 500 couronnes (chap. II, § 8). Dans certains cas, cependant, l'amende s'élève jusqu'à 1000 couronnes (chap. IX, §§ 2, 5, 8; chap. X, §§ 2, 16; chap. XVI, § 10; chap. XXIV, § 3); pour les fonctionnaires notamment, elle s'élève jusqu'au montant de leurs appointements annuels (chap. XXV, § 21; loi pénale militaire § 123); elle s'élève plus haut encore d'après les lois administratives et de police: ainsi, par exemple, elle va jusqu'à 5000 couronnes d'après la loi du 13 juillet 1887, § 25, sur la fabrication de l'alcool. Quelquefois aussi l'amende se compte d'après deux ou plusieurs fois la valeur d'un objet déterminé (loi pénale chap. XXII, §§ 19, 20; loi sur la faillite, du 18 septembre 1862, § 133; loi douanière du 2 novembre 1877, § 138). D'après la loi sur la presse, § 4, alinéa 7, l'amende ordinaire est portée au double, à l'égard du rédacteur

---

[1]) Voir loi du 29 juillet 1892 (voir ci-dessus § 5, alinéa 13).
[2]) Pendant l'année 1889, il y eut dans les maisons centrales 22 % de journées de travail empêchées, 17 % de travail pour l'établissement, 61 % de travail rémunéré. Dans les prisons cellulaires le travail manqua pour 9,2 %.
[3]) Une couronne ou 100 öre = 1 franc 40 centimes.

Législ. pén. comparée. I.

responsable. En cas de commutation de peine, on ne compte cependant que le montant simple.

Dans les parties du Code de 1734 qui sont relatives au droit privé le montant des amendes diffère beaucoup: Giftermåls-Balk, chap. VI, § 3, $^1/_{20}$ de la fortune; Byggninga-Balk, chap. XI, § 3: le salaire du berger, en cas de négligence au pâturage; chap. XIII, § 5: $^1/_4$ de la peine pour l'abattage d'arbres; chap. XIV, § 3: le salaire annuel; Handels-Balk, chap. IX, § 5: $^1/_{10}$ du capital, en cas d'usure; Rättegångs-Balk, chap. XXIV, § 10: 5—10—20 Daler[1]) ou plus selon les circonstances (voir chap. XXX, § 10) pour avoir demandé une déclaration de jugement mal à propos; par ailleurs 1, 2, 3, 5, 6, 10, 15, 20, 25, 30, 40, 50, 100, 500 Daler. — Amendes de très peu d'importance, voir: Rättegångs-Balk, chap. IX, § 2: 8 öre monnaie d'argent; Byggninga-Balk, chap. XIII, § 6: 6 marker; chap. XXVII, §§ 2, 4 (1, 2, 4, 6, 8 öre), voir: Jorda-Balk, chap. XVI, § 4.

D'après la loi pénale, l'amende est versée au trésor. D'après les lois accessoires, elle revient aux communes, aux administrations publiques, à l'assistance publique, à l'accusateur public, au dénonciateur. D'après le Rättegångs-Balk, chap. XXX, § 23 (comparer: ordre royal du 25 septembre 1799), elle revient à l'hôpital; d'après le Giftermåls-Balk, chap. III, § 1, chap. VI, § 3; Ärfda-Balk, chap. IX, § 5; Handels-Balk, chap. IX, § 6; Rättegångs-Balk, chap. II, § 3, chap. IX, § 5, elle revient aux pauvres; d'après le Jorda-Balk, chap. XVI, § 7 au propriétaire du fond ou à son ayant-droit; d'après le Byggninga-Balk, chap. XXVI, § 6, aux contribuables.

Le statut sur la pêche, § 42, prescrit le partage de l'amende entre la couronne et l'accusateur public; statut sur la chasse, § 25; de même l'ordonnance sur les villes du 24 mars 1868, § 28 prescrit le partage entre la police et la ville, etc.

D'après les parties du Code de 1734 relatives au droit privé, il faut mentionner: le partage de l'amende en trois fractions, une au profit du Roi (c'est-à-dire du trésor), une au profit de la circonscription judiciaire, et une au profit du plaignant, Rättegångs-Balk, chap. XXXII, § 1; le partage en deux, entre le Roi et l'accusateur public, Rättegångs-Balk, chap. XXXII, § 2; entre le Roi et la circonscription judiciaire, Giftermåls-Balk, chap. III, § 4.

L'amende non payée est remplacée (aux termes du chap. II, §§ 10 à 13, texte de la loi du 16 mai 1884) par un emprisonnement de 3 à 60 jours (autrefois au pain et à l'eau); cet emprisonnement est subi dans les prisons ordinaires; dans certains cas la loi pénale militaire prescrit l'exécution de la peine dans les prisons militaires. Le détenu est obligé de travailler. Si, concurremment à l'amende, une condamnation aux travaux forcés avait été prononcée, l'emprisonnement remplaçant l'amende devrait être commué en travaux forcés d'une durée égale à la moitié de l'emprisonnement (chap. IV, §§ 5 à 7). Si la condamnation était la peine de mort ou des travaux forcés à perpétuité, ou si les travaux forcés à temps ne pouvaient plus se cumuler avec l'aggravation de la peine, l'amende non-payée devrait être réputée acquittée par le surplus de la peine infligée.

6° Amende compensatoire. Quoique exclue de la loi pénale proprement dite,[2]) cette peine n'est pas complètement écartée de la législation suédoise. Voir: Giftermåls-Balk, chap. XII, § 1: un tiers de la part du patrimoine, lorsque l'époux survivant se remarie, sans délivrer aux enfants du prédécédé leur

---

[1]) 1 Daler monnaie d'argent ($^1/_2$ couronne) = 4 marker ou 32 öres monnaie d'argent; (1 öre monnaie d'argent = 1,56 de l'öre actuel).
[2]) Voir en ce qui concerne l'indemnité, chapitre VI.

part héréditaire; Giftermåls-Balk, chap. III, § 7; chap. XIII, § 1; Jorda-Balk, chap. XVI, § 7; Byggninga-Balk, chap. XXVI, § 6; Ärfda-Balk, chap. IX, §§ 5, 7, en cas de recensement inexacte ou frauduleux de l'inventaire; Handels-Balk, chap. III, § 5, en cas de non-paiement des droits d'émigration; chap. IX, § 6, les intérêts en cas d'usure. D'après la loi du 18 septembre 1862 sur la faillite, § 133, le créancier coupable d'intérêt personnel peut être condamné à payer à la masse la moitié de la valeur de ce qu'il a retenu par devers lui.

7⁰ Mesure de la peine, peine moyenne. Pour certains délits de charge, il y a exceptionnellement des peines déterminées d'une façon absolue. (Loi pénale, chap. XXV, §§ 1, 4, 5, 8, 9, 13, 16, 19; loi pénale militaire, §§ 123, 125; lois accessoires). Lorsqu'un détenu, condamné à perpétuité, se rend coupable de meurtre, il est passible de la peine de mort, à moins de circonstances atténuantes. A part cela, les tribunaux ont le choix, a) soit entre un maximum et un minimum, dans l'application de la même espèce de peine; b) soit entre deux ou plusieurs espèces de peines, limitées d'ailleurs chacune par un maximum et un minimum; c) soit entre une peine déterminée d'une façon absolue et une peine déterminée d'une façon relative. Quelquefois les tribunaux ont la faculté d'apprécier, s'il y a lieu de prononcer une peine accessoire concurremment à la peine principale (loi pénale, chap. V, § 3; chap. XXV, §§ 3, 16; voir loi pénale militaire, §§ 27, 28).

Dans les projets (1832, chap. VI, § 3; 1844, chap. VI, § 6) il était dit que dans le cas où le choix est donné entre plusieurs espèces de peines sans qu'il soit signalé de raison d'appliquer plutôt l'une que l'autre, on devait appliquer la peine indiquée en premier lieu: en l'absence de circonstances atténuantes, si c'était la plus forte; en cas de circonstances atténuantes, si c'était la plus douce. La commission législative parlementaire de 1862—1863 adopta, par contre, le système d'après lequel c'est toujours la première peine qui est applicable de préférence; mais elle rejeta formellement la théorie dite de la peine moyenne, c'est-à-dire d'une peine correspondant à l'infraction commise dans des circonstances ordinaires, sans qu'il y ait des circonstances aggravantes ou atténuantes. D'après ladite théorie, cette peine normale aboutirait à la recherche[1] d'une sorte de moyen terme entre la moyenne arithmétique et le minimum de la peine — elle comporterait toutefois une augmentation de la peine ainsi obtenue, en cas de concours de plusieurs circonstances aggravantes, et une diminution de la peine dans le cas contraire. Cette peine normale a trouvé un certain nombre de partisans; citons, avant tous autres: Nordling dans la Revue de Naumann 1864, p. 567; 1865, p. 785; Annerstedt, Straffmätning, volumes 57 à 58; — Contrà: Carlén, Kommentar, p. 21; — Indécis: Fröman, Justitieombudsmannens Embetsberättelser 1862, 1864, 1865. — Voir: Winroth, Föreläsningar, p. 107; Goos, Nordiske Strafferet, p. 239—240.

§ 9. Responsabilité. Capacité pénale.

Les dispositions sur ce sujet sont contenues dans le chap. V (loi pénale militaire, § 30), à côté des règles relatives à la légitime défense, à la prescription, à l'atténuation de la peine, etc., et sous la rubrique générale: „Des motifs spéciaux d'exclusion, d'adoucissement et d'abolition de la pénalité." La capacité pénale commence, en principe, à l'âge de 15 ans (§ 1); pour les crimes entraînant la peine de mort ou une peine de plus de deux ans de travaux forcés, la capacité commence à l'âge de 14 ans (§ 2), si au moment

---

[1] A vrai dire, le problème est insoluble.

du crime l'auteur avait l'intelligence nécessaire pour comprendre le caractère criminel et punissable de l'acte (capacité de distinguer). Les peines édictées en principe sont cependant susceptibles d'atténuation, et on ne prononce pas de condamnation à la dégradation civique.

L'irresponsabilité est reconnue: a) en cas d'incapacité pénale, à laquelle est liée, en règle générale, l'absence de répression. Toutefois les tribunaux peuvent soit prononcer une correction corporelle abandonnée aux parents ou à tous autres représentants légaux, soit ordonner la mise en maison d'éducation,[1]) s'il y a lieu; — b) en cas d'imperfection de l'état mental. Rentrent dans cette hypothèse: **1⁰** les aliénés et ceux qui ont perdu l'usage de la raison par suite de maladie ou de sénilité (§ 5, alinéa 1). La lettre royale du 9 mars 1826 ordonne de protéger la société contre les actes de ces individus malades, en les plaçant dans un hôpital;[2]) **2⁰** les individus tombés, sans faute personnelle, dans un trouble mental excluant la conscience de l'acte (§ 5, alinéa 2).

Dans les cas ci-dessus déterminés aux nᵒˢ a, b, 1, 2, il y a absence de répression.

D'autres hypothèses d'insuffisance de développement mental ou d'imperfection de l'état mental entraînent seulement un adoucissement de la peine, ainsi: **1⁰** la jeunesse, depuis l'âge de 15 ans jusqu'à l'âge de 18 ans accomplis. Pour ces délinquants la peine de mort ou celle des travaux forcés à perpétuité est remplacée par une peine de 6 à 10 ans de travaux forcés; la peine des travaux forcés à temps peut elle-même être abrégée jusqu'à moitié, mais cependant pas au-dessous de 2 mois. La question de savoir s'il faut prononcer la dégradation civique est, d'après la novelle pénale du 20 juin 1890, laissée à l'appréciation des tribunaux (§ 3). Une infraction commise avant l'âge de 18 ans ne passe pas en compte au point de vue de la récidive (§ 4). — **2⁰** Les troubles cérébraux moins graves (troubles intellectuels, extravagances); la loi (chap. V, § 6) dispose que: lorsque l'auteur d'un acte criminel se trouvait, par suite de maladie corporelle ou mentale, de faiblesse d'âge, ou autre trouble non fautif, privé de l'usage complet de son intelligence, bien que (d'après le § 5) il soit, quand même, réputé punissable, cependant la peine de mort est remplacée par 6 à 10 ans de travaux forcés. D'autres peines encore peuvent, d'après les circonstances atténuantes, être abaissées au-dessous du taux que comporte en principe le délit commis.

§ 10. Des motifs d'exclure ou d'exempter de la répression.

La légitime défense (chap. V, §§ 7 à 11; voir, pour certains cas, la loi pénale militaire, § 36 alinéa 1, 2), est, d'après le droit pénal suédois, d'une part un motif pour adoucir la peine, d'autre part un motif pour l'exclure tout-à-fait. La notion de la légitime défense est bien dans la loi du 20 juin 1890 réglementée jusque dans le détail; mais malgré cela elle l'est d'une façon assez peu satisfaisante et avec trop de casuistique. — La légitime défense est, en général, permise: „lorsqu'une personne est sous le coup d'une force ou d'une menace qu'a fait naître un danger imminent" (§ 7 alinéa 1). Les § 7 alinéa 2, §§ 8, 10, citent certains cas où, soit la légitime défense, soit l'emploi de la „force nécessaire", sont autorisés, — par exemple, le cas d'effraction, d'invasion nocturne, de résistance au propriétaire ou possesseur

---

[1]) Citons comme telles: la colonie agricole de Hall à Södertörn, Stora Råby à Malmö et 19 autres; comp.: Guillaume, Congrès pénitentiaire international de Stockholm 1879.
[2]) Même en cas d'aliénation mentale survenue postérieurement au délit. Dans ce cas toutefois il peut y avoir lieu à poursuite contre l'aliéné une fois guéri.

régulier, de violences ou de menaces de violences imminentes contre les personnes ou les propriétés, etc.

D'autre part, il y a excès punissable de légitime défense, lorsque la force employée a été plus grande qu'il n'était nécessaire, ou lorsqu'elle a été hors de proportion évidente avec le dommage à redouter. Il n'y a cependant pas lieu de prononcer une peine, „lorsque les circonstances étaient telles que l'individu en question pouvait difficilement se reconnaître“. Il appartient d'ailleurs aux tribunaux d'apprécier si, et dans quelle mesure, la peine peut être atténuée. Les mêmes règles sont applicables en ce qui concerne les premiers secours urgents, en cas de sinistres (§ 11).

Un motif général d'exclure la peine est le caractère imprévu (våda) et non-voulu du fait accompli. A cet égard, la loi (chap. V, § 12) dispose que personne ne doit être puni pour un fait imputable au hasard plutôt qu'à une faute.

Voir certains motifs spéciaux d'exclure la peine: chap. III, § 11, chap. VIII, § 22 (parenté, en cas de complicité ou de défaut de dénonciation d'un crime de haute trahison); chap. X, § 7, chap. XV, § 21 (consentement de la personne contrainte, en cas de contrainte au mariage); chap. XVIII, § 9; chap. XXII, § 21, alinéa 3; chap. XXIII, § 6.

Motifs d'annulation de la peine (chap. V, §§ 13 à 18). Ce sont:

1⁰ Le décès du délinquant. La peine pécuniaire prononcée est cependant perçue, si une saisie a été pratiquée déjà sur l'argent ou sur les meubles. On n'exclut pas les conséquences accessoires de la condamnation, comme la neutralisation des modèles, clichés, etc.

2⁰ La prescription. a) La poursuite se prescrit (chap. V, §§ 14, 18): par 2 ans, lorsque le délit n'entraîne pas une peine supérieure à l'emprisonnement; — par 5 ans, lorsque la durée régulière de la peine (c'est-à-dire lorsqu'il n'y a aucune circonstance particulièrement aggravante) est de 2 ans de travaux forcés. Une prescription particulière de 6 mois seulement est édictée en cas de viol (chap. XV, §§ 12 à 16). Les délits de charges, n'entraînant que des amendes, se prescrivent par 2 ans; les autres délits dus à une faute se prescrivent par 5 ans (§ 18). Voir d'autres délais spéciaux dans l'ordonnance sur le timbre du 5 septembre 1890, § 48. D'après la loi pénale ecclésiastique, § 11 alinéa 1, le délai de la prescription est de 5 ans, pour certaines infractions. D'après la loi pénale militaire, § 38, les peines disciplinaires sont, sous le rapport de la prescription, traitées comme le sont les amendes dans la loi pénale ordinaire. Les délais de la prescription commencent, en principe, à courir du jour de l'infraction (non compris ledit jour) et particulièrement du jour de l'infraction accomplie (par exemple dans les délits de faillite, chap. XXIII; mais non en cas de vols multiples, voir: Arrêt de la Cour suprême du 3 juillet 1890); dans les cas prévus au chap. XV, §§ 18, 21 (enlèvement, mariage forcé), le délai se compte du jour où le jugement prononçant la nullité est passé en force de chose jugée; d'après la loi pénale militaire, § 39, en cas de délits commis par un supérieur au préjudice d'un inférieur, et notifié à une inspection générale, le délai se compte du jour de l'inspection. — La prescription est interrompue par l'arrestation du prévenu ou par l'introduction de l'instance. Si la procédure criminelle se trouve être interrompue sans la faute du délinquant, un nouveau délai de prescription commence à courir, § 16.

b) La prescription de l'exécution de la condamnation (§ 17) a lieu, lorsque la peine s'élève au maximum à 2 ans de travaux forcés. Le délai est de 10 ans d'après la loi pénale ordinaire, de 5 ans d'après le § 11 alinéa 3; de la loi pénale ecclésiastique, à compter du jour du jugement.

3⁰ La grâce. Elle est accordée par le Roi en Conseil d'État, après avis de la Cour suprême (loi fondamentale, forme du Gouvernement, § 25).

§ 11. Aggravation de la peine. Récidive.

Les motifs généraux d'aggravation de la peine ne se trouvent pas dans la loi. La gravité des conséquences (mort, vie ou santé en danger, dommage corporel pour les personnes et présentant une certaine gravité) est regardée comme un motif d'aggravation de la peine au cas de certaines infractions, comme la vente non-autorisée de substances vénéneuses, le viol, l'incendie, les attentats à l'aide de substances explosives, le dommage fait aux choses, la rapine, etc. (loi pénale chap. XIV, §§ 21, 28, 30 à 32, 38; chap. XV, §§ 12 à 15; chap. XVIII, § 7; chap. XIX, §§ 1, 3, 4, 7, 8, 10, 11, 18, 20: chap. XXI, § 8; chap. XXII, § 3). Il en est de même, dans le cas de lésions et violences corporelles: de la faute lourde, chap. XIV, § 9; de l'emploi d'une arme, chap. XIV, § 15; de la parenté rapprochée (chap. XIV. §§ 35 à 37: c'est également un motif d'aggravation en cas de diffamation, chap. XVI, § 12). Il en est de même encore pour les délits de charges, de l'intention intéressée et de la pensée de lucre, chap. XXV, §§ 9 à 10. Les motifs d'aggravation de la peine peuvent même donner lieu à une nouvelle infraction passible d'une peine particulière; par exemple, le vol avec effraction ou autres vols qualifiés (chap. XX, §§ 3, 4). Quant aux circonstances aggravantes en général, voir: chap. XX, § 1, chap. XXII, § 20; ainsi que pour les circonstances atténuantes, chap. XII, §§ 12 à 14; chap. XIV, §§ 22, 29; chap. XV, § 9; chap. XX, §§ 1, 4.

La récidive[1]) devient une cause d'aggravation de la peine au cas des délits suivants: en cas de vol, de détournement (le snatteri suédois), de rapine (chap. XX, §§ 6, 7; chap. XXI, § 3: loi pénale militaire §§ 30, 121); en cas de désertion (loi pénale militaire, § 62): en cas de soustraction ou dégradation d'armes, d'équipement, etc. (loi pénale militaire, § 112); en cas d'engagement non-autorisé dans une autre troupe, d'embauchage à cet effet (loi pénale militaire, § 142); en cas de vente non-autorisée de malt et de boissons spiritueuses (ordonnance royale du 24 octobre 1885, § 12; du 31 décembre 1891, § 38; voir: ordonnance du 1ᵉʳ octobre 1858 et du 26 novembre 1875 sur la vente des poudres, pétroles et autres substances analogues). La récidive n'entraîne l'aggravation de la peine, que lorsqu'il y a eu accomplissement total de la peine antérieurement prononcée en Suède pour la même infraction[2]) (chap. IV, § 11; loi de mise en vigueur de la loi pénale militaire du 7 octobre 1881, § 6). Lorsque la peine a été remise au moyen d'une grâce, elle vaut comme accomplie.

La prescription de la récidive est de 10 ans à compter de l'accomplissement ou de la remise de la première peine, pourvu toutefois que, pendant ce délai, le délinquant n'ait pas commis de crime emportant la dégradation civique, ou n'ait pas été condamné pour le même crime, même commis antérieurement.

§ 12. Unité et pluralité d'infractions.

Le chap. IV de la loi pénale, intitulé „Du concours de plusieurs délits, du cumul ou de la modification des peines et de la récidive“, contient, dans les trois premiers paragraphes, les règles sur: 1⁰ ce qu'on a appelé le concours idéal (unité d'infraction, § 1); 2⁰ a) le concours réel (pluralité d'infractions), b) ce qu'on a appelé l'infraction continue (§ 3). Voir des règles spéciales,

---

[1]) Le droit pénal suédois ne connaît que la récidive dite „récidive spéciale“.
[2]) La peine subie à la suite d'une condamnation pour rapine (ou tentative de rapine), ou pour effraction, est assimilée à la peine subie à la suite d'une condamnation pour vol.

dans le chap. XXV, § 18; loi pénale militaire § 31. Conformément à la loi pénale ecclésiastique, § 10 alinéa 1, c'est le principe dit de l'absorption qui est en vigueur en ce qui concerne les actes punissables d'après cette même loi.

1⁰ Concours idéal (§ 1). Cette expression ne se rencontre guère plus dans la loi que l'expression d'unité d'action ou unité d'infraction. Dans l'exposé des motifs du projet de 1844 on donne à entendre que, dans le paragraphe traitant de ce sujet, il est question d'un „concursus formalis" (chap. VI § 11). La loi, comme le projet, distingue, il est vrai, ici deux cas: 1⁰ „lorsqu'un acte contient plusieurs infractions" — expression qui n'a pas nécessairement la même signification que cette autre „lorsque d'un seul acte résultent plusieurs conséquences criminelles"; — 2⁰ lorsque „un acte contient une infraction punie à différents points de vue de peines différentes" — ce qui peut bien signifier „lorsqu'un acte a eu pour conséquence un fait constitutif de plusieurs infractions, c'est-à-dire un fait tombant sous le coup de différentes dispositions pénales" (concours de lois). Mais on ne trouve pas précisé davantage ce qui rentre exactement dans le n⁰ 1, d'après le législateur. Quant au cas du n⁰ 2, on trouve dans l'exposé des motifs du projet de 1844 un exemple qui est loin d'éclairer suffisamment le rapport réciproque des deux hypothèses; il faudrait y voir une hypothèse de ce qu'on a appelé le concours partiel.[1]) Dans les deux hypothèses, d'après le principe de l'absorption, il n'y a qu'une seule peine principale prononcée, c'est la plus sévère, lorsque les peines en question sont inégales. Exceptions: en cas de concours d'un délit de charge mentionné au chap. XXV, §§ 16, 17, avec d'autres délits, on applique le principe dit du cumul (chap. XXV, § 18). Il en est de même d'après la loi pénale militaire, § 145, lorsque le délit militaire, délit de charge ou infraction dans le service, constituent également d'autres infractions.[2]) L'infraction contre laquelle aucune peine particulière n'est prononcée, doit être regardée comme un motif d'aggravation de la peine. La destitution d'un office et les peines (conséquences) accessoires (chap. II, §§ 15, 17, 20) sont, au contraire, prononcées, conformément au principe du cumul, lorsqu'une seule des infractions en concours se trouve prévue.

D'après la loi pénale militaire, § 31 alinéa 2, en cas de concours entre le chap. X, § 1, 2, 5 de la loi pénale ordinaire et la loi pénale militaire, chap. VII (infraction au devoir d'obéissance militaire et autres), c'est la loi militaire pénale seule qui est applicable. En cas de concours entre des peines disciplinaires et les amendes portées dans les autres lois, c'est, dans les cas prévus au § 31, la peine disciplinaire seule qui est prononcée.

2⁰ Concours réel (§§ 2, 3). 1⁰ „Lorsque plusieurs actes punissables ne sont pas liés entre eux de façon à constituer la suite du même délit, mais de telle sorte que chaque acte doive être considéré en lui-même comme un délit" (c'est-à-dire lorsqu'ils contiennent les éléments de plusieurs infractions, par exemple d'un vol, d'une fraude, d'une lésion corporelle), c'est, d'après le § 2, le principe du cumul qu'il faut appliquer. Le juge décide alors pour chaque acte punissable la peine particulière correspondante; il doit toutefois veiller à ce que les peines privatives de la liberté ne dépassent pas les limites posées au § 5 (voir ci-dessus §§ 7, 8) et, si les peines ne peuvent ou ne doivent pas être accomplies simultanément (§§ 4, 6, 7), il doit prendre les mesures nécessaires d'après la loi, et les faire connaître. — 2⁰ Lorsque plusieurs actes

---

[1]) Par exemple, l'atteinte portée à la personne d'un fonctionnaire à cause de la fonction même (chapitre X, § 1); dans ce cas „l'atteinte portée à la personne" est punie d'une peine tantôt plus sévère tantôt plus douce que „l'atteinte portée à la puissance publique".

[2]) En ce qui concerne la loi pénale ecclésiastique, voir ci-dessus, § 12.

constituent la suite du même délit (§ 3), la pluralité d'actes doit être regardée, dans la détermination de la peine, comme un motif d'aggravation (circonstance aggravante). Dans ce cas il y a lieu de prononcer une peine d'ensemble.[1]) En comparant avec les termes du § 2, on trouve que les actes punissables, pour constituer un délit de suite, doivent avoir une certaine connexité entre eux. D'ailleurs, législativement, la controverse n'est pas mieux résolue. Toutefois on admet généralement que chacun des divers actes doit présenter les éléments du même délit.[2]) Au contraire, le plus souvent on n'admet pas de délit continu, là où les différents actes ont été dirigés contre des personnes différentes. Conformément à la disposition spéciale du chap. XX, § 9, on doit toutefois considérer comme délit continu les vols commis à des époques et des lieux différents et qui sont simultanément l'objet d'une poursuite. Plusieurs détournements (snatteri) sont réputés constituer un délit continu, lorsque la valeur totale des biens détournés ne dépasse pas 15 couronnes. Mais lorsque ladite valeur est supérieure à cette somme, les détournements doivent être regardés comme un „vol". — L'application des règles relatives au concours réel, d'après le § 2, a lieu non seulement lorsque plusieurs infractions sont simultanément l'objet d'une condamnation, mais encore: 1⁰ „lorsqu'un individu, après avoir été, pour un ou plusieurs délits, l'objet d'une condamnation passée en force de chose jugée — peu importe que la peine soit ou non accomplie — est poursuivi pour un acte punissable commis antérieurement au dit jugement" (§ 8). Dans ce cas la peine d'ensemble se détermine comme si le délinquant avait été simultanément poursuivi pour l'ensemble des infractions commises. D'ailleurs ce qui a été subi déjà de la première peine est déduit de la nouvelle peine d'ensemble. — 2⁰ . . . „lorsqu'un individu, après avoir été l'objet d'une condamnation passée en force de chose jugée, mais avant d'avoir subi la totalité de sa peine, commet une nouvelle infraction" (§ 9). Dans ce cas la nouvelle peine est infligée concurremment avec la précédente ou bien est réunie avec la portion non encore subie de la dite peine au moment de la seconde infraction. Ici encore on déduit de la peine d'ensemble ce qui a pu être accompli de la première peine après le moment où la nouvelle infraction a été commise.

Lorsque plusieurs arrêts de condamnation sont exécutables simultanément, on doit ramener les peines prononcées à une peine d'ensemble, si l'exécution de chaque peine en particulier ne se concilie pas avec l'application des règles données; ces règles, d'ailleurs, ne sont pas applicables lorsqu'il n'est question que d'amendes (§ 10).

Aux termes de la loi, l'application du principe du cumul est limitée de la façon suivante: 1⁰ la peine de mort absorbe les peines privatives de la liberté et les peines pécuniaires, mais non les peines spéciales et accessoires (§ 4, alinéa 1); 2⁰ il ne doit y avoir avec la peine des travaux forcés à perpétuité aucune autre peine privative de la liberté ni aucune amende (§ 4 alinéa 2). La peine pécuniaire doit être alors considérée comme subie, d'après l'opinion générale, — ou comme couverte (retirée) selon l'expression du projet de 1844 (chap. VI,

---

[1]) En cas de vente non-autorisée d'alcool, bière, etc., lorsque l'individu poursuivi de ce chef continue à s'en rendre coupable, il y a une pénalité spéciale attachée à chacune des poursuites. Ordonnance royale du 24 octobre 1885, § 21, et du 31 décembre 1891, § 46.

[2]) Le dol contre un créancier consistant à mettre de côté une partie du patrimoine, la banqueroute, etc., accompagnés de faux serment, ont, jusqu'ici, toujours été jugés par la majorité de la Cour suprême selon la disposition du § 2, c'est-à-dire comme ne constituant pas un délit continu. Arrêt du 6 et 30 septembre 1887, dans Naumann, Tidskrift de 1888, p. 49, 53. Comparer: Carlén, Kommentar, p. 65—68; Winroth, Föreläsn, p. 114; Justitie-Ombudsmannens Embets-Berättelse 1885, p. 27.

§ 16).[1]) En cas de jonction de plusieurs peines d'emprisonnement à temps, la peine totale ne doit pas dépasser de plus de 2 ans la durée de la plus sévère des peines encourues; si chacune des peines encourues a une durée égale, la peine totale ne doit pas la dépasser de plus de 2 ans (§ 5). Si la peine d'emprisonnement vient en concours avec celle des travaux forcés, elle est convertie en travaux forcés, et l'on réduit de moitié la durée de la détention (§ 6).

Il n'y a pas de limites, lorsqu'il y a cumul de peines pécuniaires.

La législation suédoise ne parle pas de l'imputation de la prison préventive sur la peine encourue; on ne l'admet pas davantage en pratique. Voir en ce qui concerne les délits commis et déjà punis, à l'étranger, ci-dessus § 7, I.

§ 13. Complicité.

C'est au chap. III que se trouve la théorie générale de la complicité. Le législateur y a compris la provocation, l'assistance donnée au méfait, la complicité figurée, l'action de favoriser le crime, le recèlement. Voir les dispositions pénales spéciales contre la complicité au chap. VIII, §§ 2, 3, 8, 22, 26 (trahison et crimes analogues); chap. X, §§ 7—9, 11, 13, 14; chap. XIV, §§ 7, 8, 14, 27, 41 (meurtre, lésions corporelles, avortement, duel); chap. XV, § 2 (commerce des esclaves); chap. XVIII, § 14 (jeux de hasard); chap. XX, §§ 10, 12, 13 (vol, fabrication ou fourniture de fausses clefs à l'usage d'autrui les sachant destinées à voler); chap. XXI, § 9 (rapine); loi pénale militaire, § 41 (désertion à l'ennemi); §§ 64, 66, 67 (désertion simple); § 77 (sédition); § 79 (émeute); §§ 81—82 (assemblée non-autorisée).

Le provocateur (§ 1) est puni comme le serait l'auteur de l'acte lui-même, c'est-à-dire pour le méfait commis; il l'est notamment pour la tentative, lorsque l'acte n'a pas été entièrement consommé, et si tant est que la tentative soit punissable. Si le provocateur a cherché, en temps utile, à arrêter l'auteur du méfait dans son intention criminelle, il est alors puni comme aide (socius minus principalis). La provocation doit être réputée qualifiée lorsque la personne provoquée était un mineur ou une personne soumise à l'autorité du provocateur.

L'excitation à la révolte dans une assemblée populaire ou au moyen d'écrits qu'a répandu ou fait répandre le coupable, est punie d'emprisonnement, quand même ladite provocation n'aurait eu aucun résultat punissable (chap. X, § 11, loi du 28 octobre 1887). L'excitation, soit à la violence contre les personnes ou les propriétés, soit à un autre crime, ainsi que l'excitation à la désobéissance aux lois ou aux fonctionnaires publics, sont également punies d'amende ou de prison, à défaut de peine spéciale (chap. X, § 14, loi du 7 juin 1889). Si l'excitation à un crime ou à un délit a eu pour résultat la consommation de ce crime ou de ce délit, elle est punie comme la provocation.

Les dispositions relatives aux meneurs de complots se trouvent au chap. X, §§ 7—9.

La loi pénale militaire, § 142 alinéa 3, édicte des pénalités spéciales contre la complicité en cas d'enrôlement sans autorisation.

D'après le texte du § 3, le complice principal est „celui qui, lors de la perpétration d'un acte punissable, assiste une autre personne de son conseil et de son action, de sorte que la consommation du méfait en résulte"; il est puni comme l'auteur de l'acte. Celui qui, dans une moindre mesure, a protégé

---

[1]) Carlén, Kommentar, p. 78: „Aucune peine ordinaire ne doit être jointe à la peine de mort ou des travaux forcés à perpétuité". — Sur les travaux forcés à perpétuité joints à la cellule obscure (chapitre IV, § 12) voir ci-dessus, § 8.

de ses conseils et de ses actions l'accomplissement de l'acte punissable, soit avant soit pendant (socius minus principalis), est en principe, conformément aux dispositions du § 4, puni en proportion de sa coopération; mais il l'est plus légèrement que l'auteur de l'acte. Cependant en cas de vol, il l'est comme l'auteur lui-même, conformément au chap. XX, § 10.

Complot (§§ 5, 6). Quiconque a pris part au conciliabule préalable au crime, est puni comme l'auteur de ce crime, soit qu'il ait assisté à sa perpétration, soit qu'auparavant ou au moment même il y ait encouragé, soit enfin qu'il y ait aidé après coup. Si c'est autrement qu'il y a participé, il est puni, conformément au § 4, comme „socius minus principalis", à moins qu'il ne soit passible du § 1, comme provocateur. Une pénalité spéciale est édictée contre le complot ayant pour but la rapine (chap. XXI, § 2, loi pénale militaire § 118). Quant à l'influence exercée par les situations personnelles réciproques sur le caractère punissable de la provocation ou de la complicité, la loi ne prescrit rien à cet égard.

Complicité improprement dite ou figurée (§§ 7—8). Lorsque les parents, parents adoptifs, précepteurs ou tuteurs, se sont abstenus d'empêcher ou de révéler le crime d'un individu, dont ils ont la garde, le coupable sera puni comme „socius minus principalis", conformément au § 4. Voir également sur ce sujet la loi pénale militaire § 78.

Agents ayant favorisé ou caché le crime. En ce qui concerne le fait d'avoir favorisé ou caché le crime, la loi distingue deux hypothèses: a) l'hypothèse où l'individu a favorisé ou caché le crime, le sachant (§ 9); et b) celle où il avait seulement des raisons de le soupçonner (§ 10). Dans ce dernier cas, il n'y a lieu qu'à une amende; dans l'hypothèse ci-dessus donnée du § 9, au contraire, il y a lieu à un emprisonnement de 6 mois au plus, ou, dans certains cas particulièrement graves, à une condamnation aux travaux forcés pouvant aller jusqu'à 2 ans. Lorque l'individu qui a été favorisé dans son crime a commis un vol, un détournement ou une rapine, celui qui l'a favorisé ou aidé, est, aux termes du chap. XX, § 12, et chap. XXI, § 9, puni pour vol, détournement ou rapine. Mais si ci ce dernier est un parent, il n'y a pas lieu de le punir selon le § 10 (§ 11).

§ 14. De la tentative.

La loi pénale ne contient pas de dispositions générales sur la tentative; elle n'est punie que dans certains cas spécialement mentionnés — chap. VIII, §§ 1, 5, 6, 7, 10 (trahison); chap. X, § 17 (évasion); chap. XIV, §§ 2, 18, 23 (meurtre, empoisonnement, infanticide); chap. XV, § 14 (viol); chap. XIX, §§ 5, 6, 7 (incendie, attentats à l'aide de substances explosives, échouement, etc.); chap. XXI, §§ 1—3, 5—7 (rapine). Il faut que la consommation du crime n'ait été empêchée que par des circonstances indépendantes de la volonté de l'auteur, et en principe les peines sont réduites. Exceptions: chap. VIII, § 1; chap. XIV, § 18; chap. XXI, §§ 3, 6—8; voir: loi pénale militaire, § 41, alinéa 2, §§ 57, 105, 121, 136.

Dans certains cas, la tentative et spécialement la préparation du crime constituent un crime spécial; il en est ainsi d'après le chap. VIII, §§ 2, 8 (convention ayant pour objet un acte de haute trahison); chap. XII, §§ 7, 12, 16, 18 (appositions de fausses estampilles sur des titres, etc., fabrication de timbres, fabrication de fausse monnaie); chap. XIV, §§ 15, 18, alinéa 2, § 39 (emploi d'armes propres à donner la mort, fabrication de poisons, provocation au duel); chap. XV, §§ 4, 14, 17, 18 (armement d'un navire destiné à la traite, violence ou rapt dans une intention obscène); chap. XX, § 13 (fabrication ou fourniture de fausses clefs, crochets, etc.); loi pénale militaire § 42 (tentative de désertion); §§ 117, 118 (violences ou attroupements, restés sans résultat, dans le but de s'emparer du matériel de guerre).

§ 15. Préméditation et négligence.

1° Préméditation (uppsåt). Conformément à l'exposé des motifs (servant encore de règle) du projet de 1832, on distingue entre le dessein prémédité et le dessein non-prémédité. Pour l'expression „avec préméditation" (loi pénale chap. XIV. §§ 1, 4, 10, 11, 23, 29) on se sert du terme archaïque „med berådt mod", c'est-à-dire de propos délibéré, de gaieté de cœur. Voir dans le Code de 1734 le Missgerningsbalk, chap. XX, §§ 1, 13: „med (af) berådde mode",[1] chap. 14, § 1: „stadgadt mod". — Le contraire est désigné par l'expression de „hastigt mod",[2] c'est-à-dire à la légère (loi pénale chap. XIV, §§ 3, 5, 10, 11, 29; voir: Missgernings-Balk, chap. XVIII, § 6, bråd skilnad,[3] „impetus".

2° Négligence (faute légère, faute lourde). La négligence n'est l'objet d'une peine que dans certains cas déterminés; ainsi chap. XIV, § 9 (homicide par imprudence); chap. XIV, §§ 17, 43 (blessures; voir loi pénale militaire §§ 88, 89); chap. XIX, § 21 (délits d'un danger général; voir loi pénale militaire § 107).

V.

§ 16. Actes punissables, en particulier.

a) Actes portant atteinte à la personnalité physique, chap. XIV (de l'assassinat, du meurtre et autres lésions corporelles); assassinat, § 1; tentative d'assassinat, § 2; meurtre, §§ 3—5; homicide par imprudence, § 9; blessures et lésions corporelles mettant la vie en danger, §§ 10—17, 36—37, 42, 44, 45; infanticide, §§ 22—25 (le suicide, l'homicide sur demande ne sont pas mentionnés); exposition d'enfant, §§ 30—34; empoisonnement, §§ 18—21; avortement, §§ 26—29; querelles, §§ 7—8; duel, §§ 38—41.

b) Actes portant atteinte à l'honneur. La diffamation envers les morts n'est pas prévue. Chap. XVI. Fausse accusation, §§ 1—6; injures, §§ 7—15.

c) Actes portant atteinte à la liberté individuelle. Chap. XV, §§ 1—11; 20—23; commerce des esclaves, §§ 1—4; enlèvements, §§ 5—7; enlèvements d'enfants, § 8; séquestration, §§ 9—10; extorsion d'un aveu, § 11; enlèvement de la femme d'autrui avec son consentement, § 20; contrainte au mariage, § 21; contrainte en général, § 22; menace, § 23.

d) Actes portant atteinte à la liberté du sexe et au sentiment moral. Chap. XV, §§ 12—19; chap. XVIII; enlèvement, chap. XV, §§ 17—19; contrainte à l'impudicité, chap. XV, §§ 12—16; attentat à la pudeur avec des mineurs (de 12 à 15 ans) ou des aliénés, chap. XVIII, §§ 7, 8; outrage à la pudeur violant un lien de dépendance, chap. XVIII, § 6; proxénétisme, chap. XVIII, §§ 11, 12; inceste, chap. XVIII, §§ 1—5; crime contre nature, chap. XVIII, § 16; excitation au scandale public, propagation d'écrits obscènes, chap. XVIII, § 13; ivresse, chap. XVIII, § 15; mauvais traitements envers les animaux, chap. XVIII, § 16.

---

[1] Comparer: Skåne-Lag, add. V: 3, 4 variant.
[2] Christoffers Lands-Lag, Tingmala-Balk, chap. 43, add. H. 2.
[3] Magnus Erikssons Lands-Lag, Edsöris-Balk, chap. 18; Saramal med Vilia, chap. 16, § 1; Magnus Erikssons Stads-Lag, Edsöris-Balk, chap. 12, 14; Christoffers Lands-Lag, Edsöris-Balk, chap. 13, 17.

e) Actes portant atteinte à la religion et à l'exercice du culte. Chap. VII (ordonnance royale du 11 décembre 1868, du 16 novembre 1869). Blasphème, chap. VII, § 1; manque de respect au service divin, chap. VII, § 2; travail du dimanche (raison théocratique), chap. VII, § 3; violences exercées pendant le service divin, chap. XI, § 1; voir § 7; autres troubles apportés au service divin, et actes analogues, chap. XI, §§ 2, 3; voir § 7; trouble apporté au repos des sépultures, chap. XI, § 4.

f) Actes portant atteinte à l'état civil des personnes et au mariage. Chap. XXII, §§ 7—9 (voir § 2, alinéa 4); chap. XVII; supposition et substitution d'enfant, chap. XXII, § 9; mariage par surprise, chap. XXII, §§ 7—8; adultère, chap. XVII, §§ 1—3; bigamie, chap. XVII, §§ 4—6.

g) Actes portant atteinte à différents biens immatériels. Violation de la paix domestique, chap. XI, §§ 10—14; trouble apporté à la dignité des cours de justice, chap. XI, §§ 5—8. Voir également l'alinéa e); loi pénale militaire, chap. IX, §§ 113—116, 119—121; tapage, vacarme, chap. XI, § 15; violation du secret des lettres, chap. XXII, § 10; abus de confiance de la part d'un avocat, chap. XXII, § 14.

h) Actes portant atteinte au patrimoine. 1⁰ Chap. XX, vol, effraction, fabrication de fausses clefs; détournement (snatteri,[1]) en suédois), lorsque la valeur de l'objet volé ne dépasse pas 15 couronnes et que le délit n'est pas qualifié, conformément au § 4, par suite d'effraction, d'escalade nocturne, de port d'armes, etc. La soustraction frauduleuse de la même valeur, est considérée comme un détournement qualifié, lorsqu'elle est commise au préjudice de personnes chez lesquelles et au salaire desquelles vivait l'auteur du délit (§ 3). — 2⁰ Recel, chap. III, §§ 9—10, voir chap. XX, § 12, XIX, § 9 = vol, snatteri, voir § 12. Sur le vol de bois, voir ci-dessus, § 5. — 3⁰ Rapine, chap. XXI; loi pénale militaire, chap. IX, §§ 117 à 118, 119 à 121. — 4⁰ Concussion, chap. XXI, § 5. — 5⁰ Diverses sortes de détournements, chap. XXII, §§ 11, 14; loi pénale militaire § 112; détournement commis par l'un des époux au préjudice de l'autre, etc. (en suédois bodrägt), chap. XXII, § 20; recel du trésor et de la chose trouvée, chap. XXII, § 19. — 6⁰ Furtum usus, chap. XXII, § 12; loi pénale militaire § 111. — 7⁰ Furtum possessionis, chap. X, § 20. — 8⁰ Atteintes aux propriétés dans le but de les détruire ou de les endommager, chap. XIX; loi pénale militaire, chap. IX, §§ 107—112; imprudence avec le feu, Byggninga-Balk, chap. XXIV. — 9⁰ Délits de chasse, de pêche, délits forestiers, empiètements ruraux, incendie des friches, défrichage, écorçage, etc., chap. XXIV; voir également Byggninga-Balk. — 10⁰ Banqueroute et délits relatifs à la faillite, chap. XXIII; voir la loi sur la faillite du 18 septembre 1862, chap. VIII, § 133 (comparer la loi allemande sur la faillite § 213, intérêt personnel du créancier). — 11⁰ Dol, mauvaise foi, falsification de marchandises, chap. XXII (du dol et des autres actes déloyaux), §§ 1—5, 13, 14, 15, 17; jeux de hasard, chap. XVIII, § 14.

i) Actes portant atteinte à la foi publique. Falsification (de titres, monnaies, etc.) chap. XII; emploi de fausses pièces et de faux testaments, etc., ou encore de titres établis pour d'autres personnes; chap. XXII, §§ 16, 18.

k) Actes portant atteinte à la chose publique. 1⁰ Trahison et mise en danger de la sûreté de l'État, chap. VIII; loi pénale militaire, chap. 4 (il en est de même pour la poltronnerie, l'entente avec l'ennemi), chap. 5 désertion simple, désertion à l'ennemi, etc. — 2⁰ Crime de lèse-majesté, crimes et délits contre le gouvernement et le parlement, chap. IX. — 3⁰ Résistance à la force publique, provocation coupable, mépris de l'autorité publique, etc., chap. X,

---

[1]) Littéralement: „petit vol".

loi pénale militaire, chap. 6, §§ 7, 9; obstacles apportés à l'exercice du droit de vote et au scrutin, achat et vente de voix dans les élections, chap. X, § 16; bris de scellés, enfreinte des saisies, chap. X, § 21; usurpation des fonctions publiques, chap. XXII, § 6; arrachage et enlèvement d'affiches et proclamations, chap. X, § 19. — 4⁰ Parjure, chap. XIII.

l) Crimes et délits de charges, chap. XXV; loi pénale ecclésiastique du 8 mars 1889; loi pénale militaire, chap. 10. — Le chap. 8 de la loi pénale militaire traite des prises de guerre et de l'abus de la force armée, chap. 11 des peines disciplinaires.

m) Délits de presse (ordonnance sur la liberté de la presse du 16 juillet 1812, avec ses modifications ultérieures): 1⁰ Délits résultant du contenu d'un écrit imprimé (§ 3). Ce délit est, en principe, puni conformément à la loi pénale. La question de faute est soumise à un jury. Voir des dispositions pénales spéciales, dans le § 3, alinéas 2 et 12 (reniement de Dieu, de la vie future ou de la pure doctrine évangélique; invitation à une loterie en Suède ou à l'étranger; exhibitions fausses propres à égarer ou à tromper le public); — 2⁰ délits contre les dispositions réglementaires (§ 1, alinéas 5, 8, 9, 10, 11; § 4, alinéa 2);[1]) — 3⁰ délits portant atteinte à l'anonymie (§ 1, alinéa 6, 8); — 4⁰ délits portant atteinte aux prescriptions sur la publication des pièces et documents (§ 2, alinéa 4; 1—8); — 5⁰ publication de la correspondance privée (§ 2, alinéa 4; 3); — 6⁰ vente d'écrits mis sous séquestre (§ 4, alinéa 9).

---

[1]) Omission de la notification de l'imprimerie, de la déclaration du nom de l'imprimeur, du lieu de l'impression, ou de l'année, de la remise des exemplaires d'obligation ou de contrôle; édition d'une publication périodique sans avoir obtenu l'autorisation du ministre de la justice (le tout de la compétence du ministre de la justice); titre trompeur et faux (compétence des tribunaux).

3. Norvége.

I. Partie générale.

§ 1. Sources.

Le Code pénal général de 1842, encore en vigueur aujourd'hui, a pris comme modèle diverses lois pénales allemandes et surtout le projet du C. p. hanovrien de 1826. Des modifications importantes ont été apportées plus tard à différentes parties de ce code.

On a introduit (lois de 1866 et 1874) une série d'adoucissements dans les peines; ainsi on a renoncé en principe à l'admission pure et simple de la peine de mort et presque toujours le juge a le choix entre la peine de mort et les travaux forcés à perpétuité.

Les innovations faites dans les années 1889 et 1890 sont encore beaucoup plus importantes. En effet, les chapitres traitant de l'homicide, des lésions corporelles, des injures, de l'escroquerie et du faux ont été entièrement remaniés; ceux traitant du vol simple, du vol à main armée et de la séquestration ont subi aussi d'assez grands changements. Par contre, la partie générale du C. p. de 1842 est encore en vigueur dans ses principaux traits; en particulier, le système des peines n'a pas changé, bien que, en ce qui concerne leur exécution, une série de mesures et surtout la création de nouvelles prisons soient venues apporter de nombreuses améliorations. Parmi celles-ci il faut mentionner avant tout l'application de la cellule à presque tous ceux qui sont condamnés à une peine privative de liberté ne dépassant pas 3 ans. Mais actuellement une commission prépare un projet de C. p. général dans lequel les principes mêmes de la partie générale sont soumis à un remaniement complet.

A côté du Code général il y a encore plusieurs autres lois pénales importantes:

1⁰ Le C. p. militaire du 23 mars 1866;

2⁰ Le Code maritime du 26 juillet 1893, dont le chap. XII traite des délits dans les relations maritimes;

3⁰ La loi du 7 juillet 1828 sur la responsabilité des ministres;

4⁰ La loi sur la douane du 20 septembre 1845, chap. 8.

La Norvége ne possède pas un C. p. de police général. Les nombreuses dispositions pénales en matière de police que nous avons ici comme ailleurs se trouvent dispersées en partie dans des lois particulières, telles que les lois sur les impôts, l'industrie, les brevets, la pêche, l'eau-de-vie, les constructions, les brasseries, les forêts, la loi sur les droits d'auteur, la loi sur la chasse en temps prohibé, le code de procédure pénale, les règlements sur les domestiques, etc., en partie dans les vieilles ordonnances de police des villes ou dans les statuts locaux acceptés par les conseils municipaux et ratifiés par le roi.

Les dispositions relatives à la mendicité et au vagabondage se trouvent dans les lois sur les pauvres. Le C. p. général contient aussi quelques prescriptions en matière de police proprement dite. D'autre part, certaines dispositions pénales qui se trouvent dans des lois particulières auraient été mieux à leur place dans le C. p. général. Ainsi, par exemple, la loi de 1854 sur le trafic des chemins de fer contient les pénalités concernant les attentats, intentionnels ou par simple négligence, contre la sécurité des chemins de fer.

La loi du 29 juin 1888 traite spécialement de l'usure.

La Constitution norvégienne garantit dans son § 96 le principe „Nulla poena sine lege". En pratique, il est vrai, on n'a pas toujours respecté ce principe et on a quelquefois appliqué les dispositions pénales par analogie. Cela ne veut pas dire cependant qu'on ait aboli un principe constitutionnel si clairement exprimé.

§ 2. Bibliographie.

Lasson, Haandbog i Kriminalretten (Manuel de droit pénal), t. 1—3, 1848—1851, en outre le supplément (1858) et Samling af Bidrag til Strafferetten (Recueil d'études relatives au droit pénal) 1871—1872. — Schweigaard, Kommentar over den norske Kriminallov (Commentaire du C. p. norvégien), t. 1 et 2, 1re édition, 1844—1846, t. 3, 1882. — Getz, Om den saakaldte Delagtighed i Forbrydelser (de ce qu'on appelle la participation au crime), dans „Norsk Retstidende" 1876, p. 1—64. — Bachke, Om Forbrydelsers Sammenstöd (Du concours de délits) dans „Ugeskrift for Lovkyndighed" 1862/63. — Hagerup, Om Formuesindgreb og Dokumentforbrydelser (Des délits contre la propriété et du faux en écriture) dans „Norsk Retstidende" 1891. — Brandt, Forelæsninger over den Norske Retshistorie (Cours d'histoire du droit norvégien, chap. 4, délits et peines) 1883. — Getz, Udkast til den almindelige borgerlige Straffelov, förste Del (Projet de C. p. général. Partie générale et motifs). 1887. — Getz, Udkast til Lov om sædelig forkomne og vanvyrdede Börns Behandling (Projet de loi sur le traitement des enfants abandonnés et maltraités avec exposé des motifs) 1892. — von Liszt, Kritik af det norske Straffelovudkast (Critique du projet de C. p. norvégien) dans „Tidsskrift for Retsvidenskaben" 1889. — „Forslag til Lov indeholdende Forandringer i Lov angaaende Forbrydelser af 20 Aug. 1842 med Motiver", élaboré par la commission du C. p. 1888.

Éditions du code: Mejlænder, Den norske Straffelov (Le C. p. norvégien). 1889. — Færden, Lov af 28 juli 1890 indeholdende Forandringer i Lov om Forbrydelser, etc. 1890. Les arrêts les plus importants de la Haute-Cour de Norvége sont rassemblés dans le „Norsk Retstidende".

Depuis qu'on a introduit les cours d'assises en 1890, on n'a malheureusement pas publié les débats les plus intéressants qui ont eu lieu par devant ce tribunal.

§ 3. Étendue du droit pénal norvégien.

Le droit pénal norvégien s'applique à toutes les infractions commises sur territoire norvégien ou sur vaisseaux norvégiens. Il faut réserver cependant les exceptions résultant de l'application du principe de l'exterritorialité. Quant aux délits commis à l'étranger, on applique le droit norvégien ou bien si le délinquant est un Norvégien ou bien si l'État norvégien ou un Norvégien se trouve lésé par l'infraction ou que le roi décide la poursuite. Il faut remarquer ici que plusieurs dispositions pénales, qui n'ont été édictées que pour le territoire norvégien, n'ont pas un domaine si étendu, tels la plupart des règlements de police. De même, dans bien des cas, un acte commis sur territoire étranger ne pourra pas être considéré comme un délit d'après le droit norvégien, si, d'après la loi du lieu où l'acte a été commis, il n'y a pas là infraction à la loi. Mais il est très délicat de déterminer l'étendue de ce principe. D'autre part, il est certain que dans les cas où l'on peut appliquer une peine, on appliquera la loi pénale norvégienne sans se demander si, d'après la loi du lieu de l'infraction, la peine eût été moindre, prescrite ou éteinte par d'autres causes. Une peine subie à l'étranger exclut cependant presque sans réserve une nouvelle poursuite dans le pays.

§ 4. Système des peines.

La peine de mort existe encore dans le C. p., mais, dans ces 16 dernières années, elle n'a pas été appliquée. L'exécution a lieu „intra muros".

La loi connaît deux sortes de peines privatives de liberté: les travaux forcés et la prison.

Les travaux forcés sont ou à perpétuité ou d'une durée variant de 6 mois à 15 ans (exceptionnellement 18). On applique la cellule aux individus mâles au-dessous de 50 ans (modifié par une loi de 1893), condamnés aux travaux forcés pour 3 ans au plus et à qui cette peine n'a pas encore été infligée après leurs 25 ans accomplis. Quant aux autres condamnés aux travaux forcés et aux femmes, on leur applique le régime du travail en commun pendant le jour et de l'isolement (dans des cellules ou des „boxes") pendant la nuit.

La peine de la prison consiste soit en une prison avec pain et eau de 4 à 30 jours, soit en une prison avec la nourriture ordinaire des détenus de 16 à 120 jours, soit en arrêts, c'est-à-dire en simple privation de liberté de 32 à 240 jours. L'obligation au travail n'existe dans aucun cas, mais on doit autant que possible fournir au détenu l'occasion de s'occuper.

L'amende varie, d'après le C. p., de 8 à 800 couronnes (11 à 1100 fr.). Elle peut être plus ou moins élevée, d'après d'autres lois. Pour fixer le montant de l'amende, il faut avoir égard aux ressources de l'accusé, mais ce principe ne peut être qu'imparfaitement appliqué à cause du peu de latitude laissé par la loi. Dans certaines lois particulières, pour plusieurs cas, le montant de l'amende est fixé d'une manière absolue ou en proportion avec la valeur de l'objet détourné.

Si le condamné ne paye pas l'amende ou qu'on ne puisse pas la prélever sans appauvrir celui qu'elle frappe, on la convertit en peine privative de liberté sans qu'on puisse toutefois dépasser les limites fixées dans les articles qui traitent de l'emprisonnement.

L'amende est presque l'unique peine et, par conséquent, celle qu'on applique le plus pour les contraventions de police. Il faut remarquer cependant qu'elle est convertie en prison à peu près aussi souvent qu'elle est payée.

La prison avec pain et eau est la peine la plus fréquente pour les infractions moyennes (Vergehen [délits], en droit pénal allemand), par exemple le vol simple. Par contre, on n'applique presque jamais les arrêts et on n'inflige en général la prison avec nourriture ordinaire qu'aux jeunes gens et autres personnes qui ne peuvent pas supporter sans danger une diminution de nourriture.

Pour les fonctionnaires publics, il existe une peine spéciale: la destitution, qui peut rendre celui qu'elle frappe indigne de revêtir à l'avenir une fonction publique, et cette peine n'est pas seulement appliquée dans les délits de fonctions, mais elle remplace souvent l'amende ou la prison dans les délits de droit commun.

Les enfants au-dessous de 10 ans ne peuvent pas être condamnés. Les garçons entre 10 et 15 ans sont habituellement punis de la verge ou de la prison de 8 à 60 jours. Dans les cas très-graves on peut même appliquer les travaux forcés jusqu'à 9 ans, mais on peut aussi, dans les cas moins graves, remplacer la peine corporelle ou la prison par une réprimande.

En lieu et place de ces peines, le juge peut ordonner que le garçon soit placé dans une maison de correction jusqu'à sa 18e année. Dans tous ces cas, il faut supposer que l'auteur a agi avec discernement, sinon le tribunal ne peut ni infliger une peine ni ordonner la détention dans une maison de correction, mais l'autorité scolaire et l'administration des pauvres prennent sous leur surveillance ces enfants moralement abandonnés.

En ce qui concerne les jeunes filles, on ne peut leur infliger un châtiment corporel que si elles n'ont pas encore atteint leur 12e année. Du reste, la loi prévoit pour les jeunes filles les mêmes peines que pour les garçons; en fait cependant on ne leur applique pas la peine de la verge et il est impossible de les enfermer dans des maisons de correction, puisqu'il n'en existe pas pour elles.

Les jeunes gens entre 15 et 18 ans ne peuvent pas être condamnés à la peine de mort. Du reste, il existe pour eux des adoucissements dans les peines.

Dans le projet du nouveau C. p., d'importantes modifications sont proposées pour les délits des jeunes gens. Comme en Suède et en Finlande, on veut fixer la majorité pénale, c'est-à-dire l'âge au-dessous duquel on ne peut pas punir, à 14 ans; on remplacera la peine par des mesures d'éducation.

Pour le délit de mendicité, il existe une répression spéciale: le travail obligatoire qui peut aller de 2 mois à 1 année, appliqué non comme peine, mais comme mesure de police contre les vagabonds et les fainéants. Jusqu'à présent, les établissements de travail obligatoire n'ont pas été construits aux frais de l'État; ils sont laissés à la charge des communes qui sont libres d'en créer ou de s'en passer; où il n'y en a pas, on applique la prison.

La confiscation est à la fois considérée comme peine et comme mesure de sûreté. Peut être confisqué tout ce qui a été acquis par un acte punissable comme tout ce qui a été destiné à cet acte.

La surveillance de police est inconnue en Norvége.

La perte des droits civiques n'est pas une peine, mais une conséquence „ipso jure“ de la plupart des délits. La réhabilitation peut cependant avoir lieu après un certain temps.

La loi sur la responsabilité des ministres connaît une espèce de prison particulière, la forteresse; le C. p. militaire connaît aussi d'autres espèces de peines, que nous ne pouvons mentionner ici.

En ce qui concerne la mesure de la peine, le tribunal a, en général, une grande liberté d'appréciation. Les modifications qui se sont produites dans ce domaine ont été favorables à l'extension des limites d'évaluation de la peine, et il n'est pas rare maintenant que le tribunal ait le choix entre l'amende, qui commence à 8 couronnes, la prison et les travaux forcés jusqu'à 3 ans ou entre les travaux forcés de 6 mois, de 9 et même 12 ans.

En règle générale, les peines appliquées ne sont pas élevées; elles se rapprochent beaucoup plus du minimum que du maximum. Si l'article du C. p. visé ne prévoit que deux sortes de peines, le juge est tenu d'appliquer la première indiquée à moins de circonstances spéciales.

§ 5. Tentative, Complicité. Motifs d'exclusion de la peine.

La tentative est punissable, mais doit être frappée d'une peine inférieure à celle du délit consommé. En ce qui concerne la participation, le système du code est celui de la plupart des lois allemandes. L'instigateur d'un crime est puni comme l'auteur même. Celui qui a prêté son concours avant l'acte peut être puni comme l'auteur, mais il peut aussi l'être beaucoup moins. Les parents et les autres personnes qui n'ont pas empêché, dans la mesure où il leur était possible de le faire, ceux qu'ils avaient sous leur surveillance de commettre des actes punissables, peuvent être punis. Le recel et la favorisation sont regardés comme assistance postérieure. Les parents rapprochés qui favorisent la fuite du coupable, n'encourent pas de peine. De même, les membres de la famille qui ont reçu de lui des objets indispensables acquis par des actes illégaux n'en sont pas responsables.

La loi ne reconnaît expressément l'existence d'un état de nécessité supprimant toute peine que s'il est nécessaire de nuire à la fortune d'autrui pour sauver sa santé, sa vie ou celle d'autrui d'un danger présent. Autrement, c'est l'irresponsabilité seule qui peut prétendre à l'impunité. Par contre, le Code norvégien a admis sans réserve le droit de légitime défense. Les tribunaux ont, il est vrai, manifesté parfois des tendances de limiter ce droit; en face des termes précis de la loi, on ne peut cependant attribuer aucune importance à cette interprétation restrictive.

Quand bien même l'accusé a dépassé les limites de la légitime défense proprement dite, il peut rester impuni s'il a agi sous l'empire de la terreur. Si le tribunal n'estime pas qu'il puisse y avoir impunité complète, il peut tenir compte des circonstances et ne considérer l'acte que comme acte commis par simple négligence.

La prescription n'a pas été admise d'une manière absolue. La poursuite des délits qui ne sont punis que de prison ou d'une peine moindre, se prescrit par 2 ans. Si on a le choix entre les travaux forcés jusqu'à 3 ans et la prison, il y a prescription au bout de 5 ans. Si, dans ce dernier cas, le coupable a commis un second délit aussi grave que le premier, la prescription est interrompue et même une prescription acquise est annulée. Si le coupable a échappé à la poursuite par un acte illicite, la prescription n'agit qu'exceptionnellement et elle est alors acquise après 10 ans. Si l'on a prononcé la prison, l'amende, la verge ou la confiscation, mais que la peine ne soit pas encore exécutée, l'exécution se prescrira par 10 ans. Les délits de presse se prescrivent par 1 année à partir de la publication de l'article incriminé, comme les délits purement militaires et peu graves; diverses contraventions se prescrivent, suivant des lois spéciales, dans un temps encore plus court. Dans les autres cas, la poursuite ainsi que la peine sont imprescriptibles. Mais le ministère public a le droit d'abandonner la poursuite, s'il s'est écoulé un certain laps de temps ou s'il y a d'autres raisons pour cela.

En général, on ne poursuit pas les enfants pour des délits peu graves, si on peut les placer, en suivant la voie administrative, dans un établissement ou une famille où ils sont surveillés.

Le roi peut toujours exercer le droit de grâce.

Dans plusieurs cas, pour pouvoir poursuivre, il faut une plainte du lésé. Il en est ainsi pour les outrages, les lésions corporelles légères, l'escroquerie, le détournement, le vol commis par un proche parent, la séquestration, le viol et les délits qui s'y rattachent. En outre, certains actes coupables ne peuvent pas, en général, être l'objet d'une poursuite publique, par exemple le fait de se rendre justice à soi-même, les injures simples et les affirmations outrageantes qui ne sont pas de mauvaise foi ainsi que l'emploi abusif des choses d'autrui. Le droit de porter plainte comme le droit même de poursuivre est prescrit après 1 année à partir du moment où le lésé a eu connaissance de l'infraction. On peut valablement retirer une plainte, si les poursuites ne sont pas encore commencées, mais on ne peut pas la diviser en ce sens qu'on ne peut pas diriger une plainte contre quelques-uns des coupables à l'exclusion des autres.

On peut valablement renoncer au droit de porter plainte.

§ 6. Délits de presse.

Le droit norvégien ne connaît presque pas de délits de presse spéciaux. On peut imprimer ce qu'on peut dire publiquement. Mais l'emploi de l'imprimerie a une conséquence importante: celle de fixer les responsabilités. Dans la règle, l'auteur seul est responsable et même l'on ne peut pas poursuivre le rédacteur d'un journal pour outrages à la morale publique, incitation au crime de haute trahison, etc. commis par la voie de la presse, si l'on peut prouver que l'article incriminé émane d'une autre plume. Si, au contraire, cela ne peut pas être prouvé, ou si on ne peut pas rendre l'auteur de l'article complètement responsable, c'est le rédacteur ou l'éditeur qui encourt la poursuite en première ligne, puis l'imprimeur et enfin le propagateur, comme s'ils étaient les auteurs. Une fois la poursuite pénale commencée, on applique les règles générales à celui qui, ultérieurement, s'est occupé de la propagation de l'article en question.

II. Partie spéciale.

§ 7. Les infractions.

Le C. p. général traite des délits en particulier dans 17 chapitres. Dans notre exposé, nous observerons essentiellement l'ordre du code et nous ne ferons des modifications qu'autant que cela paraîtra nécessaire pour ne pas séparer des sujets qui se tiennent. Nous ne pouvons naturellement pas parler ici de toutes les dispositions pénales contenues dans le code. D'autre part, en dehors de celui-ci, il y a quelques dispositions importantes ou groupes de dispositions que nous exposerons en leur lieu et place.

I. Crimes et délits contre l'État et les pouvoirs constitués. Le crime de haute trahison envers les Royaumes-Unis est puni de la peine capitale ou des travaux forcés d'au moins 12 ans.

Un sujet suédois ou norvégien qui, intentionnellement, suscite une guerre contre les Royaumes-Unis, porte les armes contre sa patrie ou offre des secours à l'ennemi, est passible de la peine de mort ou des travaux forcés à perpétuité. Celui qui sert d'espion à l'ennemi encourt la même peine. D'autres infidélités, comme la révélation de secrets d'État importants, peuvent être punies des travaux forcés à perpétuité.

Toute voie de fait contre le roi est punie de la peine de mort ou des travaux forcés à perpétuité. Les outrages envers la personne du roi, de la reine et du prince héritier sont punis de la prison ou des travaux forcés jusqu'à 3 ans. L'infraction au respect dû à la famille royale est punie de la prison ou de l'amende.

Toute violence contre le storthing (assemblée nationale), le ministère ou la Cour Suprême est punie des travaux forcés d'au moins 9 ans, les menaces contre ces mêmes corps constitués des travaux forcés de 3 à 6 ans. Celui qui, dans un écrit, témoigne intentionnellement et ouvertement du mépris pour la royauté, les représentants du peuple ou la Cour Suprême est puni de la prison ou de l'amende.

L'emploi de la violence vis à vis d'un fonctionnaire, pour le forcer à faire ou à ne pas faire un acte rentrant dans sa fonction, peut être puni de la prison ou des travaux forcés jusqu'à 3 ans; est punie de même toute résistance avec violences. Cependant on peut appliquer l'amende dans les cas peu graves et surtout quand le fonctionnaire a lui-même occasionné le délit par sa manière de faire injuste.

Celui qui refuse assistance à un fonctionnaire vis à vis duquel on use de violence et qui eût pu porter secours sans danger pour sa vie, est puni de l'amende ou de la prison.

Si des individus s'assemblent publiquement pour commettre des délits contre les dépositaires de la force publique ou contre les personnes ou les choses, les instigateurs et les chefs du complot sont punis de la prison ou des travaux forcés jusqu'à 3 ans et les autres n'encourent aucune punition, s'ils s'éloignent tranquillement à la première sommation. En cas de refus, les premiers sont punis des travaux forcés jusqu'à 6 ans, les seconds de la prison ou des travaux forcés jusqu'à 3 ans. S'il y a eu voies de fait, la peine peut s'élever jusqu'à 9 ans et, s'il y a eu pillage ou meurtre, jusqu'à la peine capitale.

Celui qui, dans des élections publiques, achète des voix, vend la sienne, cherche à se procurer de l'influence par des menaces ou autrement, ou qui vote pour lui-même, encourt l'amende ou la prison.

Celui qui, sans droit, délivre un détenu, peut encourir la prison ou les travaux forcés jusqu'à 3 ans. Celui qui cherche à soustraire un coupable à la peine est puni de l'amende ou de la prison, tout à fait exceptionnellement des travaux forcés, mais les plus proches parents restent impunis.

Celui qui omet de dénoncer un délit imminent dont il a connaissance, est passible de l'amende ou de la prison, s'il s'agit des crimes de haute trahison, de trahison envers la patrie, d'homicide ou d'incendie, et si la dénonciation eût pu être faite sans exposer un proche parent à être poursuivi.

Le fait d'engager quelqu'un à désobéir aux lois, s'il n'y a pas instigation proprement dite, n'est en général pas punissable. On fait une exception à ce principe, si cet acte a lieu dans une assemblée où la loi est publiée, ou s'il y a incitation au crime de haute trahison, de trahison envers la patrie, à la révolte ou encore si l'on peut considérer le fait même d'engager comme un délit contre la morale publique.

Quiconque se rend justice à soi-même doit être puni dans la règle. Cependant on n'applique que l'amende et la poursuite est abandonnée au lésé.

La participation aux sociétés secrètes ou aux associations ayant des buts illicites, le fait d'exciter les différentes classes de la société les unes contre les autres, les attaques dirigées contre les règlements de l'autorité en alléguant des faits faux ou en les dénaturant, ne sont pas punissables.

II. Faux en écriture. Celui qui, dans une intention illicite, fait usage d'un acte privé faux ou falsifié, est passible de la prison ou des travaux forcés jusqu'à 6 ans ou même jusqu'à 9 ans, s'il a agi dans un but de lucre. La confection d'un faux acte ou la falsification d'un acte sincère dans une intention illicite, quand bien même on n'a pas encore essayé d'en faire usage, est coupable. Est considéré comme acte tout objet qui apparaît comme destiné à servir de preuve pour des rapports de droit ou pour des circonstances ayant une importance juridique.

Est aussi considéré comme faux l'acte qui est dressé au nom d'une personne imaginaire; de même le blanc-seing rempli par celui qui n'y était pas autorisé.

Celui qui, dans une intention illicite, nie sa signature ou détruit des actes, fait disparaître une marque destinée à fixer une limite ou autre ou en met une fausse, est puni de la prison ou des travaux forcés jusqu'à 6 ans. Une attestation mensongère donnée par écrit pour un avantage quelconque est punissable; de même l'usage d'une attestation faite pour autrui. Celui qui fait recevoir de fausses énonciations dans des actes publics ou dans des livres qui sont destinés à faire preuve ou qui utilise ces fausses énonciations, est puni de l'amende, de la prison ou des travaux forcés jusqu'à 6 ans.

La falsification ou la confection de faux actes publics peut être punie, suivant les circonstances, des travaux forcés jusqu'à 12 ans, que l'acte ait été dressé sur territoire norvégien ou à l'étranger.

Les délits de fausse monnaie sont punis des travaux forcés pouvant s'élever jusqu'à 15 ans, qu'il s'agisse de monnaie nationale ou non.

La contrefaçon, même sans intention criminelle, de timbres, matrices ou autres objets servant à la confection des actes, ou à la fabrication de la monnaie, est punissable.

III. Fausse dénonciation. Celui qui, sciemment, a fait une fausse dénonciation, est puni de la prison ou des travaux forcés jusqu'à 6 ans. Si cette dénonciation a eu pour résultat une condamnation pour délit grave, on peut appliquer les travaux forcés à perpétuité. Celui qui, de quelque manière que ce soit, cherche à faire condamner un innocent, est passible de la même peine. Celui qui, par grossière négligence, porte contre quelqu'un une fausse accusation, peut être puni de l'amende ou de la prison.

Le crime de faux serment est puni des travaux forcés de 6 mois à 12 ans. Si le faux serment a été prêté pour obtenir la condamnation d'un innocent, la coupable ne peut pas être condamné à moins de 3 ans de travaux forcés; la plus haute peine est celle des travaux forcés à perpétuité. Si, ensuite du faux serment, la peine de mort a été prononcée, on applique la même peine.

Le maximum est la peine des travaux forcés de 3 ans, si le coupable s'est rétracté avant qu'une poursuite ait été dirigée contre lui et avant qu'un dommage ait été causé, ou s'il a prêté serment pour éviter une accusation contre lui-même ou un de ses plus proches parents.

Le faux serment prêté par négligence est puni de la prison ou de l'amende. Une fausse déposition non rectifiée est aussi punissable, si elle a été faite devant un tribunal, un notaire ou un autre magistrat auquel le coupable était tenu de faire sa déposition. Si la déposition a été rétractée à temps, ou si elle a été faite pour éviter de se dénoncer soi-même ou de dénoncer un de ses proches, il y a impunité.

IV. Attentats contre la vie. L'homicide volontaire ou meurtre est puni des travaux forcés allant de 9 ans à la peine perpétuelle.

Le meurtre commis avec préméditation est puni comme assassinat des travaux forcés à perpétuité ou de la peine de mort.

Celui qui a poussé quelqu'un au suicide ou qui lui a prêté assistance n'est pas plus punissable que celui qui s'est suicidé.

Le meurtre commis par pitié ou sur la demande de la victime est puni tout à fait comme un autre meurtre.

Le code ne contient pas actuellement de dispositions particulières sur le duel.

La mère qui, immédiatement ou dans les 24 heures qui suivent la naissance, tue son enfant illégitime est punie des travaux forcés de 3 à 9 ans, en cas de récidive des travaux forcés pouvant s'élever jusqu'à 15 ans. Si la mère d'un enfant illégitime s'est mise intentionnellement, lors de l'accouchement, dans une position qui la prive de tout secours, ou si elle a négligé de demander les secours nécessaires, elle est punie de la prison ou des travaux forcés jusqu'à 6 ans, si l'enfant est mort et qu'on ne puisse pas prouver une autre cause de mort.[1]

L'homicide par négligence est puni de la prison ou des travaux forcés jusqu'à 3 ans.

La femme enceinte qui se procure l'avortement à elle-même est punie de la prison ou des travaux forcés jusqu'à 6 ans.

---

[1] Il faut remarquer que cette disposition pénale, dont la mesure est tout à fait disproportionnée aussi bien en elle-même qu'en regard de la peine qui frappe l'infanticide proprement dit, a été introduite en 1889 dans le C. p., mais elle se sépare sur plusieurs points du projet de la commission. De même, la commission n'avait pas mentionné d'une manière spéciale la négligence de demander du secours.

Celui qui procure l'avortement d'une femme enceinte est passible de la peine des travaux forcés jusqu'à 6 ans, s'il a agi avec le consentement de la femme, sinon des travaux forcés jusqu'à 15 ans ou à perpétuité.

Celui qui détruit ou fait disparaître secrètement ou illicitement un cadavre ou le corps d'un enfant mort-né, ou qui refuse de dire à l'autorité où se trouve l'enfant qu'il avait sous sa garde, est puni de la prison ou de l'amende. Cette disposition a pour but principal d'empêcher la disparition de nouveaux nés illégitimes et de permettre ainsi la preuve du meurtre qui a pu être commis.

Celui qui néglige de porter secours à une personne en danger de mort ou de signaler un crime dirigé contre la vie est coupable, s'il eût pu le faire sans danger et sans dénoncer un de ses proches.

V. Lésions corporelles. La simple lésion corporelle est punie de l'amende, de la prison ou des travaux forcés jusqu'à 3 ans. Si le dommage corporel a été causé intentionnellement, on peut appliquer les travaux forcés jusqu'à 6 ans et. si le dommage a été considérable, les travaux forcés jusqu'à 15 ans.

Si le crime est accompagné de douleurs considérables, ou s'il y a eu emploi du poison, on peut appliquer la peine des travaux forcés à perpétuité. Quand la lésion corporelle n'est qu'une réponse à une autre lésion corporelle ou à un outrage, il peut y avoir impunité. Du reste, si c'est la conduite inconvenante du lésé qui a provoqué la lésion corporelle, la mesure de la peine est abaissée.

Celui qui a mis ou abandonné quelqu'un dans une situation désespérée est puni, s'il y avait évidemment danger pour la vie, des travaux forcés jusqu'à 9 ans et, en cas d'une issue fatale, de la peine prévue pour le meurtre intentionnel. Si le danger était moindre, on applique les travaux forcés jusqu'à 3 ans et, s'il y a eu lésion corporelle grave, les travaux forcés jusqu'à 9 ans.

Quiconque par négligence, punition exagérée ou autrement, maltraite celui qu'il a sous sa garde et que la jeunesse, la maladie ou d'autres causes laissent sans défense, est puni d'amende, de prison ou des travaux forcés jusqu'à 3 ans.

Pour l'abandon moral, la loi ne prévoit une peine qu'autant que les parents ou ceux qui sont préposés à la garde des enfants peuvent être responsables des actes illicites qui ont pour cause cet abandon (voir participation). Ils sont coupables aussi, s'ils font quitter l'école aux enfants.

Les lésions corporelles par simple négligence peuvent être punies de prison ou d'amende.

VI. Crimes contre la liberté. Quiconque prive sans droit une personne de sa liberté est puni de la prison ou des travaux forcés jusqu'à 3 ans. Mais si cette privation de liberté a duré plus d'un mois, si le lésé a souffert des maux extraordinaires, une lésion corporelle grave ou si la mort est survenue, on peut appliquer les travaux forcés jusqu'à 15 ans.

Le C. p. contient des dispositions particulières concernant le trafic des esclaves, mais qui maintenant sont à peu près dépourvues de toute importance pratique.

Sous le titre ci-dessus, le code traite encore de l'enlèvement des mineurs, même si cet enlèvement a lieu avec leur consentement; la peine ordinaire est celle de la prison ou des travaux forcés jusqu'à 3 ans. Si le coupable cherche à pousser ses victimes à la corruption ou les envoie à l'étranger, la peine est considérablement augmentée.

Celui qui par violence, par menace d'un acte illicite, de la dénonciation d'un délit ou par une allégation calomnieuse force quelqu'un à faire, ne pas faire ou à souffrir quelque chose, est puni de la prison ou des travaux forcés jusqu'à 6 ans, de l'amende seulement, s'il y a des circonstances atténuantes. La menace même est punissable, s'il s'agit de la menace d'un délit qui peut être puni des travaux forcés. Dans les cas graves on peut, en outre, condamner à la caution de paix qu'on remplace, quand elle n'est pas donnée, par la détention.

VII. Injures. Celui qui allègue un fait de nature à nuire au bon renom ou à la réputation d'autrui, à l'exposer à la haine, au mépris ou à la perte de la confiance qui lui est nécessaire pour sa position ou sa subsistance, est puni de l'amende ou de la prison ou, s'il a agi en sachant la fausseté de ses allégations, des travaux forcés jusqu'à 3 ans. L'allégation reste impunie, si on peut en démontrer le bien-fondé ou prouver des faits qui autorisaient à la considérer comme bien fondée. De même, elle n'est pas non plus punissable (à moins qu'il n'y ait grossière négligence), si l'auteur a été obligé de parler ou s'il l'a fait dans son intérêt légitime ou dans l'intérêt légitime d'autrui.

Les paroles ou les actes qui dénotent un certain mépris ou qui portent atteinte à l'honneur peuvent être punis, comme outrageants, de l'amende ou de la prison. Cette disposition permet de frapper d'une peine des allégations vraies qui, par conséquent, ne peuvent pas être punies comme calomnies, mais qui, à cause de leur forme ou des autres circonstances qui les accompagnent, doivent être considérées comme injurieuses.

La violation de la paix domestique en publiant, sans raison probante, des faits personnels ou des circonstances de famille, est punissable de l'amende ou de la prison.

Dans le cas d'une condamnation pour injures, le tribunal peut ordonner la publication du jugement aux frais du coupable. Les journaux qui ont accueilli les injures peuvent eux aussi être forcés à publier le jugement.

Après la mort, l'honneur est encore protégé pendant 10 ans. Dans ce cas, ainsi que dans le cas où la victime est morte après l'injure mais avant d'avoir pu porter plainte, l'époux, les parents, les enfants, les frères et sœurs du lésé peuvent le faire.

L'auteur de l'injure peut rester impuni, si le lésé a lui-même provoqué la dite injure par une conduite inconvenante ou si ce dernier a déjà répondu par une injure ou une lésion corporelle.

VIII. Outrages à la morale publique. Le simple coït illégitime n'est plus punissable, mais celui qui a rendu enceintes trois femmes différentes comme celle qui s'est laissé engrosser par trois hommes différents, est passible de la prison ou même, en cas de récidive, des travaux forcés.

Le concubinat aussi est punissable et, en pratique, il n'est pas même besoin de prouver le commerce charnel, si les inculpés vivent d'ailleurs comme des époux.

La prostitution par métier est punie. Cependant, dans les grandes villes, la crainte de maladies vénériennes a poussé l'administration à introduire un contrôle sanitaire régulier qui eût été incompatible avec une poursuite sans réserve. Mais dans la capitale ce contrôle a été aboli depuis quelques années sans cependant qu'on ait appliqué les dispositions du C. p. contre la prostitution.

Les prostituées qui ont une conduite particulièrement inconvenante sont placées par la police, comme vagabondes, dans des établissements de travail obligatoire.

La loi n'admet pas l'existence des maisons publiques de débauche et cette disposition légale n'est plus lettre morte aujourd'hui, tandis qu'auparavant ces maisons étaient souvent tolérées en fait. En outre, ceux qui, dans un but intéressé, poussent des personnes de bonnes mœurs à un métier honteux, sont punissables, mais ceux qui simplement facilitent la prostitution, ne le sont pas.

La séduction ne rend jamais punissable le coït illégitime; la loi ne prévoit pas même le cas où le coupable a fait miroiter l'existence d'un mariage. Par contre est punissable tout attentat sur des jeunes filles au-dessous de 15 ans ou sur des aliénés. Il faut encore remarquer qu'un article de l'ancienne loi de 1689 punissant celui qui pousse des jeunes gens à une conduite provoquant du scandale, n'est pas aboli. Mais cet article a une portée difficile à définir.

Si l'attentat a été commis avec menaces ou violences dangereuses pour la vie ou la santé, le coupable est puni pour viol des travaux forcés jusqu'à 12 ans. Si la victime est morte, on peut même appliquer la peine de mort.

Si les menaces sont moins dangereuses, on applique les dispositions générales sur les délits contre la liberté.

Pour l'attentat commis sur une personne évanouie, la loi prévoit la même peine que pour le viol, si le coupable a lui-même provoqué l'évanouissement, sinon la peine est moindre.

L'enlèvement d'une mineure, même avec son consentement, pour la violer ou l'épouser, est punissable; il en est de même de l'enlèvement d'une femme mariée.

La peine prévue pour la bigamie est celle des travaux forcés jusqu'à 9 ans. L'adultère du mari comme celui de la femme est puni de prison; on peut appliquer l'amende au complice non-marié. La poursuite a lieu d'office, si le délit a été la cause de la dissolution du mariage, autrement elle n'a lieu que sur la plainte du lésé.

Est puni comme inceste, la cohabitation illégitime ou le mariage entre ascendants et descendants, alliés au même degré et frères et sœurs. Si l'alliance est illégitime, la peine est alors considérablement réduite.

Les personnes qui ne peuvent pas se marier entre elles sans dispense (par exemple neveu et tante, beau-frère et la veuve du frère) sont punies d'amende, si elles ont des relations illégitimes ou se marient sans permission.

Est punissable comme violation d'un devoir spécial, le coït illégitime avec un enfant adoptif, une pupille ou avec une jeune fille qui a été confiée à quelqu'un pour son instruction ou son éducation; il en est de même du coït, dans les pénitenciers, maisons de pauvres ou autres, des supérieurs avec des femmes qu'ils ont sous leur surveillance.

Les maris, parents, tuteurs, maîtres, etc. qui poussent leur femme, leurs enfants ou ceux qui leur sont confiés à une vie irrégulière, peuvent être punis des travaux forcés jusqu'à 6 ans et, s'ils ont agi dans un but de lucre, des travaux forcés jusqu'à 9 ans.

Les ecclésiastiques qui commettent un simple acte immoral sont déchus de leurs fonctions.

Il est difficile de dire jusqu'à quel point la grossesse donne à une fille séduite sous promesse de mariage le droit de réclamer ce mariage. En tout cas, celui qui rend enceinte une femme en lui faisant une telle promesse est passible de la prison ou de l'amende si, lors du coït, il avait plus de 21 ans et s'il refuse de l'épouser sans raisons plausibles ou qu'il ait lui-même suscité à dessein des empêchements. Ces empêchements existaient-ils déjà lors du coït, on peut appliquer les travaux forcés.

Une conduite indécente qui suscite du scandale n'est en général punissable que suivant les règlements de police des différentes communes. C'est une lacune d'autant plus regrettable que le coït proprement dit et la tentative de coït seuls, au sens de la loi, sont considérés comme outrages aux mœurs.

Par contre, le code punit la publication de livres immoraux, de gravures, ainsi que les spectacles ou conférences immorales.

Une loi de 1891 considère encore comme outrage à la morale publique le fait d'engager ouvertement à employer lors du coït des moyens préventifs ou de donner des renseignements sur leur emploi.

La pédérastie et la sodomie sont punissables.

Celui qui communique à un autre une maladie vénérienne est puni de la prison ou des travaux forcés jusqu'à 3 ans.

L'insulte faite aux Saintes Écritures ainsi qu'aux sacrements et à la profession de foi de l'Église d'État est punissable dans tous les cas; l'insulte aux autres professions de foi ne l'est que si elle a provoqué du scandale parmi les adhérents.

Les mauvais traitements envers les animaux sont punissables, s'il s'agit d'animaux domestiques.

La loi interdit aux débitants de boissons ou autres de vendre des spiritueux aux enfants (au-dessous de 15 ans) ou aux individus ivres ou de donner à boire à leurs clients jusqu'à ce qu'ils soient ivres. La plupart des règlements de police des villes défendent même de se montrer publiquement dans un état d'ébriété. Dans divers autres cas particuliers, comme au service militaire ou maritime par exemple, l'ivresse est punissable. Nous ne pouvons pas plus nous en occuper ici que des contraventions aux autres règlements purement de police concernant le commerce des spiritueux.

Les personnes s'adonnant à l'ivrognerie ou à l'oisiveté et qui, par là même, sont hors d'état de subvenir à leurs besoins comme à ceux de leur famille, peuvent être placées pour quelques mois par la police dans des établissements de travail obligatoire ou condamnés par le tribunal à la prison.

Les loteries sont interdites ainsi que la vente de billets et les jeux de hasard, mais non pas le jeu en général; la police peut cependant l'interdire dans les débits de boissons.

Nous avons déjà parlé de la mendicité.

Pour réagir contre la mauvaise habitude assez répandue qu'ont les paysans de pénétrer de nuit dans la chambre à coucher des jeunes filles, pour leur faire la cour, la loi punit d'une amende, pour vagabondage de nuit, celui qui ne s'éloigne pas sur la demande de la jeune fille ou des maîtres de la maison.

IX. Détournement et vol. Celui qui, dans l'intention de se procurer ou de procurer à autrui un avantage injustifié, s'approprie un objet appartenant en tout ou en partie à une autre personne, est puni, pour détournement, d'amende, de prison ou des travaux forcés jusqu'à 3 ans. Il peut rester impuni, s'il s'est approprié des choses trouvées de valeur insignifiante.

Celui qui, dans l'intention de se procurer ou de procurer à autrui un avantage injustifié, enlève à quelqu'un un objet lui appartenant en tout ou en partie, est puni pour vol simple de prison ou des travaux forcés jusqu'à 3 ans, d'amende seulement avec des circonstances très atténuantes.

Si le vol a été commis avec l'aide d'effraction, d'escalade, s'il a été commis de nuit, pendant un incendie ou une autre calamité ou avec violence; s'il s'agit d'un vol d'animaux domestiques dans les champs, d'objets dans une église ou provenant des postes publiques et dans quelques autres cas encore, le vol est qualifié et le coupable passible de la prison ou des travaux forcés jusqu'à 9 ans. Le vol, en cas de récidive, peut être puni des travaux forcés jusqu'à 15 ans.

Celui qui fabrique des rossignols ou fausses clefs dans une intention coupable, est passible de prison.

X. Celui qui, dans l'intention de se procurer ou de procurer à autrui un avantage injustifié, force quelqu'un à faire, à ne pas faire ou à souffrir quelque chose, en usant de violences ou de moyens pouvant faire craindre des violences, ou en provoquant un évanouissement ou encore en proférant des menaces faisant craindre un danger immédiat pour la vie, est coupable de **vol à main armée.** S'il n'y a pas eu violences proprement dites ou crainte de violences, l'auteur doit être puni pour vol qualifié ou attentat à la liberté.

Dans cette notion de vol à main armée, le droit norvégien comprend aussi ce qu'on appelle l'extorsion à main armée. Autrement l'extorsion est punie comme attentat à la liberté.

La peine prévue pour le vol à main armée est celle des travaux forcés de 3 à 12 ans; avec des circonstances aggravantes, la peine peut s'élever jusqu'à 15 ans et si la victime est morte, on peut appliquer les travaux forcés à perpétuité ou la peine de mort.

XI. Celui qui, dans l'intention de se procurer ou de procurer à autrui un avantage injustifié, cause à quelqu'un une perte en suscitant ou en entretenant chez lui une erreur par de fausses allégations, ou en passant sous silence des faits vrais ou par une conduite fallacieuse, est puni pour **escroquerie** d'amende, de prison ou des travaux forcés jusqu'à 3 ans. Avec des circonstances aggravantes, on peut appliquer les travaux forcés jusqu'à 6 ans et si l'escroquerie a eu lieu pour des livraisons à l'armée en temps de guerre ou a causé quelque danger pour la vie, le maximum peut s'élever jusqu'à 9 ans. S'il y a eu dommage considérable, on peut appliquer les travaux forcés à perpétuité. Si le délit a été commis dans l'exercice d'une industrie, le droit de la continuer peut être retiré.

La loi n'a pas voulu considérer sans réserve la surprise de crédit comme escroquerie; elle a prévu le cas où le crédit a été obtenu au moyen de fausses promesses pourvu qu'un dommage ait été causé. Le coupable est alors passible d'amende ou de prison.

Les **fraudes d'impôts** ou autres sont en général punies d'après les dispositions spéciales des lois particulières. La peine n'est celle de la prison ou des travaux forcés que dans les cas tout à fait exceptionnels; on applique habituellement l'amende ou la confiscation.

L'**abus de confiance** est puni de prison ou des travaux forcés jusqu'à 6 ans. Il n'est pas besoin d'une intention intéressée; l'intention de nuire ou de se procurer ou de procurer à autrui un avantage injuste, de quelque manière que ce soit, suffit.

XII. Préjudice causé à des créanciers. Le propriétaire d'un objet donné en gage ou à titre de garantie quelconque, qui, illicitement, détourne le dit objet au préjudice d'un créancier, est passible d'amende, de prison ou des travaux forcés jusqu'à 3 ans.

Le code prévoit la même peine pour celui qui commet ce délit dans l'intérêt du propriétaire ou avec le consentement de celui-ci.

Si un débiteur a, dans l'intention de se procurer ou de procurer à autrui un avantage injustifié, essayé de soustraire à ses créanciers sa propriété par donation, vente au-dessous de la valeur, détournement ou autrement ou s'il a, dans cette intention, déclaré de faux engagements, il est passible de prison ou des travaux forcés jusqu'à 6 ans. Cependant, s'il y a des circonstances très atténuantes, on peut appliquer l'amende.

Le débiteur qui, dans l'intention de favoriser un créancier, lui a donné satisfaction ou accordé une garantie que celui-ci ne pouvait pas réclamer à ce moment ou de cette manière, est passible de prison ou des travaux forcés jusqu'à 3 ans, d'amende seulement, s'il a agi avec circonstances très atténuantes.

Le débiteur failli qui a, par sa prodigalité, des entreprises hasardées en dehors de son cercle d'affaires ou en disproportion avec sa fortune, par une conduite extrêmement légère ou une très mauvaise gérance, causé d'importantes pertes à ses créanciers, est passible d'amende, de prison ou des travaux forcés jusqu'à 3 ans. Est passible de la même peine le débiteur failli qui, bien qu'ayant reconnu qu'il ne pouvait pas donner satisfaction à ses créanciers, a considérablement diminué l'actif de la faillite par de nouveaux prêts, une vente au-dessous de la valeur ou en n'empêchant pas quelques-uns des créanciers d'obtenir satisfaction ou garantie (par exemple par l'exécution ou la saisie).

La falsification des livres est punie de prison ou des travaux forcés jusqu'à 3 ans. Celui qui a négligé de tenir les livres prévus par la loi ou qui les tient d'une manière irrégulière est puni de prison ou d'amende.

XIII. Le code abaisse considérablement la peine s'il s'agit d'un vol, détournement ou escroquerie de denrées, boissons ou marchandises analogues qui sont consommées sur-le-champ ou de bois de chauffage de la valeur d'une couronne au plus; la peine habituelle est alors l'amende. L'appropriation d'herbe, pierre, limon, terre, feuillage, branches sèches, etc. dans des forêts ou champs incultes, est encore moins punie.

Celui qui cueille, dans des endroits non-enclos, des noix qu'il mange sur-le-champ, des baies sauvages ou des fleurs, reste impuni dans la règle. Par contre, le vol de bois proprement dit est considéré tout à fait comme un autre vol.

XIV. Le recel est considéré par la loi proprement comme une participation ultérieure, ce qui n'est vrai pourtant que si le receleur a vraiment assisté l'auteur. Néanmoins, indépendamment de cela, celui qui, pour se procurer ou pour procurer à autrui un gain illicite, achète ou acquiert autrement un objet qu'un autre a acquis par vol, vol à main armée, ou détournement ou qui aide à l'employer ou à le vendre, est puni. Celui qui, par contre, acquiert de l'argent provenant de la vente des objets volés, n'est pas punissable.

XV. Délits contre la sécurité publique. La propagation intentionnelle de maladies dangereuses et contagieuses est punie des travaux forcés de 12 à 15 ans et, s'il y a eu mort d'homme, des travaux forcés à perpétuité ou de la peine capitale. La propagation intentionnelle de l'épizootie est punie des travaux forcés de 3 à 9 ans; s'il y a eu simple négligence, d'amende seulement.

La violation des règlements sur l'interdiction du commerce avec l'étranger (quarantaine) est punie, s'il ne s'ensuit aucune maladie contagieuse, d'amende ou de prison; dans le cas contraire, des travaux forcés de 6 mois à 6 ans.

Sont punies d'amende ou de prison, les contraventions aux diverses mesures prescrites par la loi ou l'autorité contre les maladies contagieuses.

L'exercice non-autorisé de la médecine est puni d'amende ou de prison et, avec des circonstances aggravantes, des travaux forcés jusqu'à 3 ans.

Celui qui, dans l'intention de nuire à la santé d'autrui, empoisonne des marchandises ou autres denrées ordinaires, est puni des travaux forcés d'au moins 12 ans.

S'il n'y a pas eu intention criminelle, l'auteur est cependant puni de prison ou des travaux forcés jusqu'à 3 ans, s'il n'a pas essayé de détourner le préjudice causé par sa faute ou une action fortuite.

L'empoissonnement du fourrage ou autre, pour nuire au troupeau appartenant à autrui, est puni des travaux forcés jusqu'à 6 ans. S'il y a eu mort d'homme ou lésion corporelle considérable, on peut appliquer les travaux forcés jusqu'à 15 ans. Encore ici, le coupable est puni, s'il a négligé de détourner le préjudice causé par sa faute ou une action fortuite.

Comme nous l'avons déjà dit, dans les fraudes, l'emploi, pour la falsification de marchandises, de matières nuisibles à la santé est une circonstance très aggravante. Autrement, s'il n'y a eu ni intention criminelle, ni un dommage réel et qui puisse être prouvé, l'empoisonnement ou la falsification dangereuse pour la santé des aliments ou autres denrées analogues, n'est puni que d'amende (comme contravention aux prescriptions de police sur la santé publique).

Celui qui met le feu à des édifices, navires ou autres lieux quelconques servant à l'habitation ou même inhabités, si le coupable savait qu'il s'y trouvait quelqu'un au moment du crime, ou encore à des objets si proches des habitations que le feu puisse facilement se communiquer, est puni pour crime d'incendie des travaux forcés de 9 à 15 ans ou des travaux forcés à perpétuité. Ce crime est très sévèrement puni dans d'autres cas encore, par exemple si quelqu'un a mis le feu soit à sa propriété soit à celle d'autrui dans une intention frauduleuse.

Par contre, la loi n'a pas encore prévu l'emploi de matières explosibles, ce délit n'est puni que comme dommage causé à la propriété.

Celui qui, par négligence, cause une incendie peut être puni dans les cas très graves des travaux forcés jusqu'à 3 ans.

Celui qui, intentionnellement, fait échouer ou coule un navire et met en danger par là la vie d'autrui est puni des travaux forcés de 9 à 12 ans.

Quiconque dérange des phares ou autres signaux analogues dans l'intention de causer un naufrage, peut être puni des travaux forcés jusqu'à 15 ans.

Celui qui cause une inondation est puni des travaux forcés de 9 à 15 ans.

Pour les infractions relatives à la sûreté de circulation sur les chemins de fer, il y a une loi spéciale.

En somme les délits contre la sécurité publique sont traités d'une manière peu satisfaisante dans le droit actuel. De grandes lacunes, une dureté parfois excessive, des contradictions que rien ne justifie, des inconséquences sont les traits caractéristiques de ce chapitre.

XVI. Le dommage causé aux choses est puni d'amende, de prison et, dans les cas très graves, des travaux forcés jusqu'à 3 ans.

L'emploi non-autorisé ou la prise de possession injustifiée de choses appartenant à autrui est aussi punissable. Diverses jouissances abusives de biens-fonds sont punies d'amende, exceptionnellement de prison.

Celui qui, en chassant ou en pêchant, lèse les droits du propriétaire d'un fonds, peut être puni d'amende jusqu'à 200 couronnes. Les infractions aux prescriptions pour la protection du gibier ou le maintien de l'ordre lors des grandes pêcheries sont punies à peu près de la même manière.

La violation de domicile n'est en général punie que d'amende. Mais s'il y a eu résistance de fait au propriétaire ou si le coupable s'est introduit de nuit ou par un passage qui n'est pas destiné à servir de porte d'entrée, on peut appliquer la prison.

Celui qui trouble les débats publics, le service divin, les leçons à l'école par une intrusion injustifiée ou une conduite inconvenante, est puni d'amende ou de prison. Si le coupable a intentionnellement empêché ces débats, ce service divin ou ces leçons, il est passible des travaux forcés jusqu'à 3 ans. Celui qui viole les secrets d'autrui en ouvrant une lettre fermée ou autre, est puni; dans les autres cas, la révélation de secrets n'est punissable que si elle constitue un abus de confiance, un outrage ou si le coupable a violé par là un devoir de sa fonction ou encore s'il s'agit de secrets d'État.

Est puni d'amende ou de prison celui qui, après avoir reçu des arrhes pour des marchandises ou un travail, se met hors d'état ou néglige de remplir ses engagements sans rendre les arrhes.

Est coupable d'usure et puni d'amende ou de prison celui qui profite de la misère, de la légèreté, de la faiblesse d'esprit ou de l'inexpérience d'autrui pour se procurer ou se faire promettre, en échange d'un prêt qu'il fait ou d'un délai qu'il accorde pour une créance, des avantages pécuniaires qui sont en disproportion évidente avec sa prestation.

Des lois spéciales traitent des délits relatifs à la propriété littéraire, aux brevets d'invention, aux marques et modèles. La peine est l'amende.

XVII. Crimes contre l'état des personnes. Celui qui cherche à supprimer l'état civil d'une personne ou à s'attribuer ou à attribuer à autrui un faux état civil, est puni d'amende, de prison ou des travaux forcés jusqu'à 6 ans.

Si celui qui s'est marié a tenu cachée une maladie contagieuse qui a été la cause de la dissolution du mariage, il est puni de prison ou des travaux forcés jusqu'à 3 ans. Celui qui a tenu secrètes des circonstances rendant le mariage nul ou a faussement présenté un fait qui autorise l'autre époux à demander la dissolution du mariage, est puni des travaux forcés de 3 à 6 ans.

XVIII. Délits commis par des fonctionnaires dans l'exercice de leurs fonctions. D'après le C. p. militaire, l'officier qui s'est rendu indigne, en s'enivrant ou en ayant une conduite inconvenante, du respect qu'on lui doit eu égard à sa position, peut être congédié. Il n'y a pas de disposition semblable, dans notre droit, pour les autres fonctions publiques, ce qui est d'autant plus fâcheux que la plupart des hauts fonctionnaires d'Etat ne peuvent pas être congédiés par le gouvernement sans jugement.

La plupart de ces délits commis par des fonctionnaires sont déjà en eux-mêmes des délits de droit commun, mais qui sont punis dans la règle moins sévèrement que s'ils se produisent dans l'exercice de leurs fonctions. Cependant, les fonctionnaires sont soumis à un article fort important qui prévoit qu'un manquement grave à ses devoirs ou une négligence particulièrement grossière ou souvent répétée, ainsi qu'une grande imprudence, peuvent être punis d'amende ou de renvoi.

XIX. La plupart des délits de navigation sont traités dans le code maritime, mais quelques-uns sont prévus aussi par la loi sur l'enrôlement, la loi sur les consulats, les lois concernant la navigation à vapeur et le transport des émigrants, la loi sur les pilotes et la loi sur les douanes.

En ce qui concerne les rapports de service, on peut observer que les domestiques qui ne commencent pas ou abandonnent illégalement le service accepté, sont punis d'amende ou de prison. Le maître qui, sans motifs, congédie un domestique, est puni d'amende.

X.

L'ÉTAT RUSSE.

---

1. L'Empire russe

par M. le Dr Iwan Foinitzki,

Professeur de droit pénal à l'Université, avocat général à la Cour de cassation, à Saint-Pétersbourg.

Traduit par M. Maurice Dufourmantelle, docteur en droit, avocat à la Cour d'appel, à Paris.

---

2. Le Grand-duché de Finlande

par M. le Dr Jaacco Forsmann,

Professeur de droit pénal à Helsingfors.

Traduit par M. A. Graz, avocat, à Genève.

Sommaire.

1. L'Empire russe.

I. Aperçu historique du droit pénal russe. § 1. Époque des principautés et du gouvernement des assemblées populaires. § 2. Période moscovite, 16e et 17e siècle. § 3. Période pétersbourgeoise, première moitié (jusqu'au comte Spéranski, 1826). § 4. Période pétersbourgeoise, deuxième moitié.

II. Le droit pénal russe actuel. § 5. Les sources, leur domaine d'application et leur élaboration scientifique. § 6. Caractères généraux du crime. § 7. Les peines dans le droit russe actuel. § 8. Partie spéciale du droit pénal russe. § 9. Organisation judiciaire et procédure. § 10. Développement ultérieur.

2. Finlande.

I. Introduction. § 1. Histoire de l'ancien droit finlandais. § 2. Histoire et formation du C. p. de 1889.

II. Le C. p. de 1889. § 3. Partie générale. § 4. Infractions en particulier.

III. § 5. Dispositions pénales en dehors du C. p.

IV. § 6. Jurisprudence.

1. L'Empire russe.

I. Aperçu historique du droit pénal russe.

Littérature: Ewers, Le droit ancien des Russes, Dorpat 1826. Reutz, Recherches sur le développement historique du droit et de l'État en Russie, 1829. Iwanishew, Le Wergeld pour meurtre, 1839. Tobien, La vengeance du sang, 1840. Néwolin, Aperçu sur la législation en Russie, 1840. Kalatshow, Une enquête sur la Prawda russe, 1846. Du même, Sur la signification de la Kormıntshaia, 1850. Pogodin, Des traités des princes russes avec les Grecs, 1846. Depp, Des peines en Russie avant le Czar Alexis Mikhaïlovitch, 1849. Bogdanowski, Le développement des idées sur les crimes et les peines dans le droit russe avant Pierre le Grand, 1857. Langé, Enquête sur le droit pénal de la Prawda russe, 1860. Tshebyshew-Dmitriéw, Le crime dans le droit russe avant Pierre le Grand, 1862. Nekludow, Supplément au précis de Berner, 1865. Les précis de droit russe de Leontowitch 1869, Samokwassow 1878, Béliaéw 1879, Serguééwitch 1883. Wladimirski-Budanow, Chrestomathie des sources de l'histoire du droit russe, 1872—76. Stroëw et Kalaidowitch, Le Soudébnik de 1497 publié pour la première fois en 1819. Tatishew, Le Soudébnik de 1550 publié pour la première fois en 1762. Stroëw, Essai juridique et historique sur le Oulojénié,[1] 1853. Moroshkin, Discours sur le Oulojénié, 1839. Linowsky, Recherches sur les principes du droit criminel dans le Oulojénié du Czar Alexis Mikhaïlowitch, 1847. Néwolin, Étude critique sur Linowski, tome VI des œuvres. Kolossowski, L'accusation de meurtre et d'homicide d'après le Oulojénié, 1859. Les œuvres sur les articles additionnels par Wlassiéw, Tshébyshew-Dmitriéw et Kistiakowski. Outin, Sur les atteintes à l'honneur d'après le droit russe, 1858. Serguééwski, Les peines au 17e siècle, 1888. — Rosenheim, Histoire des tribunaux militaires jusqu'à la mort de Pierre Ier, 1878. Bobrowski, Les origines de la loi militaire, journal du droit civil et pénal, 1881, n° 3. Du même, Le droit militaire en Russie au temps de Pierre Ier, 1883. Filippow, Des peines d'après la législation de Pierre Ier, 1891. Wostokow, Le développement d'un Code pénal en 1754 et 1756, Saint-Pétersbourg 1882. Collection de la société d'histoire, 1869. L. A. de Jacob fils, Code criminel pour l'empire russe, projeté par la commission impériale de codification et imprimé après approbation par la section du Conseil d'Empire. Traduction, Halle 1818. Nouvelles archives du droit criminel, 1819, p. 43, 59. L. H. de Jacob, Étude sur la formation d'un code criminel pour l'empire russe, avec des remarques sur les lois pénales russes existantes, et avec un appendice comprenant des observations critiques sur le code criminel publié par la commission de codification de Saint-Pétersbourg, Halle 1818. — Baron Korff, La vie du comte Spéranski, 1862. Dmitriéw, Spéranski et ses œuvres comme homme d'État, Archives russes, 1868, n° 10.

§ 1. Époque des principautés et des assemblées populaires.

I. La première période du droit pénal russe (10e—15e siècle), c'est-à-dire l'époque des principautés (oudély) et des assemblées populaires (wétshé), est caractérisée par la prédominance des intérêts privés et personnels sur les raisons d'ordre général et public. Au point de vue du droit public, les princes considèrent leur domaine comme une propriété privée; au point de vue du droit pénal, la notion de l'offense personnelle et des atteintes à l'intérêt parti-

---

[1]) z = s dans maison, j = j dans journal, ia = a dans la, maniaque, y = i dur.

culier domine. La peine est remplacée par le droit de vengeance; le fonctionnement de la justice, par la poursuite de l'offenseur et de ses parents par l'offensé et ses parents. „Une race se dressait ainsi contre une autre" (i wsta rod na rod), écrit l'historien Nestor.

II. Sources: 1⁰ Les traités passés par Oleg et Igor avec les Grecs sur le droit d'extradition (911—945). Les assassins et les voleurs pris en flagrant délit sont punis de mort; s'ils sont en fuite, leurs biens sont confisqués; quant à ceux qui n'ont pas de biens, ils sont abandonnés à leur victime. En cas de dommage corporel, le coupable doit payer 5 livres d'argent; s'il est sans ressources, il perd ses vêtements et doit faire serment de son indigence. En cas de martyrisation, il faut payer le triple. Dans ces temps reculés, la vengeance du sang était un devoir moral d'ordre privé et non d'ordre public. Sous l'influence des idées de l'époque, le sentiment de la réparation due pour l'offense était plus doux en ce qui concernait le coupable en fuite: elle consistait en une peine pécuniaire. La première réaction contre ce système, pour donner à la peine un caractère de peine publique, est attribuée à Wladimir le Saint, qui d'après la tradition en aurait reçu l'inspiration des moines grecs. 2⁰ La Russkaia Prawda,[1]) qui date soi-disant du prince Iaroslaw († 1054), est en fait un recueil privé des décisions particulières et des pratiques des parties les plus diverses de la Russie. 3⁰ Les chartes judiciaires et les lettres de franchise, d'un caractère nettement particulariste: telles sont celles de la Duna 1397, de Pskow 1397—1467, de Nowgorod 1471. 4⁰ La Kormtshaia, collection des règles du droit de l'Église grecque, traduite en langue slave ecclésiastique. 5⁰ Les traités passés par les princes entre eux, par exemple celui de Nowgorod en 1195 avec les Allemands.

III. La Prawda contient déjà des indications sur la distinction entre la faute intentionnelle et la faute non-intentionnelle. Elle ne connaît pas la théorie de la tentative comme telle; mais, par exemple, le fait de dégaîner l'épée est puni comme crime alors même que personne n'en est frappé. En ce qui concerne le caractère privé du droit pénal, il y a une différence entre les diverses rédactions de la Prawda. Le droit de vengeance domine exclusivement dans la plus ancienne; les plus récentes mentionnent son abolition par les fils de Iaroslaw. On arrive complètement au système des compositions. Les réparations pécuniaires sont de deux sortes: au profit du prince (Wira et prodaja) et au profit de l'offensé (golownojé, ourók); il y avait, en outre, l'obligation de payer les frais de procédure. Enfin, graduation des réparations d'après la condition sociale de l'offensé.

IV. Parmi les peines figure le Potók, dont la nature est très discutée; à vrai dire, il ne représente pas une sorte de peine déterminée, mais exprime la livraison du coupable au prince ou au peuple, qui pouvaient agir contre lui à discrétion. L'appellation „Opála" (disgrâce) est aussi employée plus tard. Le Potók peut avec raison être rapproché de la sacratio du droit romain et de la Friedlosigkeit du droit allemand, et c'est le germe de toutes les peines personnelles du droit russe. Le Potók atteint le coupable et sa famille dans les cas de brigandage à main armée, de meurtre par guet-apens dans un but de lucre, de vol de chevaux, d'incendie de maison ou de grange. D'autres sources punissent à maintes reprises de la peine de mort le vol dans les églises, le vol pour la troisième fois et le crime de haute trahison. Les peines corporelles ou infamantes sont inconnues.

V. Le nombre des crimes s'est restreint peu à peu dans les anciennes rédactions de la Prawda. Aussi ne fût-il question par la suite que des crimes

---

[1]) Recueil de lois dont le titre signifie „Le droit russe". (Note du traducteur.)

contre les personnes (le mot „offense“ sert à les désigner d'une façon générale)
et contre les biens (dont la valeur importe peu: en ce qui concerne le cheval
néanmoins, des peines beaucoup plus sévères en punissent le vol; le fait de
chevaucher ou de tuer le cheval d'autrui est criminel). Dans le second groupe
de crimes figurent le déplacement des bornes limitant les propriétés et la
dénégation faite de mauvaise foi d'une dette d'argent. Il existe, relativement
à certains délits de droit canon, des règlements attribués à Wladimir et à
Iaroslaw, et qui sont d'une authenticité douteuse.

VI. A côté des vestiges laissés par le système qui permet de se faire
justice personnellement (saisir et mettre à mort le voleur, le meurtrier, l'époux
adultère), apparaît le duel judiciaire comme moyen destiné à vider les litiges.
L'accord des parties détermine la procédure à suivre. Dans les affaires les
plus importantes seulement, il existe une forme de procédure extraordinaire,
qui est l'origine des formes inquisitoriales du droit national russe. Les moyens
de preuve consistent dans l'aveu, le duel judiciaire (non mentionné dans la
Prawda, mais dont l'existence n'est pas douteuse au 13e siècle, et qui était
aussi permis entre femmes), le serment probatoire, le serment de justification,
le jugement de Dieu, l'audition de cojureurs (juratores, qu'il faut assimiler
aux Eideshelfer du droit germanique, d'après Lange), l'audition de témoins
oculaires, les documents écrits, la procédure d'inquisition. La Prawda reconnaît, en outre, l'enquête (izwod), l'interrogatoire successif d'une série de personnes (par exemple de ceux qui se sont succédé dans la possession d'une
chose).

§ 2. Période moscovite, 16e et 17e siècle.

I. Deux puissants facteurs ont influé sur une nouvelle époque. La domination mongole, bientôt secouée, a influé profondément sur la vie du peuple,
et a introduit avec elle des principes répressifs nouveaux, inconnus jusqu'alors
(les peines corporelles), ainsi que des conceptions nouvelles de ce qui est défendu. Le crime apparaît purement et simplement comme la violation d'une
volonté suprême. Cette conception vient aussi pour partie du clergé byzantin,
mais l'idée que se faisaient du monde les Mongols, d'après lesquels tout appartient au Khan en même temps que chaque atteinte portée à un droit privé
n'est autre chose qu'une violation de la volonté du Khan, a eu l'influence la
plus durable. Son développement fut facilité à l'aide d'un second facteur:
la centralisation de la puissance aux mains des princes moscovites.

II. Sources: 1⁰ Le code d'Iwan III, 1497, Soudebnik[1]) du prince, composé
à l'aide des oukases, de la pratique judiciaire, de la Prawda, des livres de Moïse
et des décisions judiciaires de Pskow. 2⁰ Le Soudebnik du Czar Ivan IV le
Terrible, 1550, travail complet et systématique, divisé en articles. 3⁰ Le principal monument est le code du Czar Alexis Mikhaïlowitch, 1648, c'est-à-dire
le (Sobórnoé) Oulojénié. Ses principales dispositions pénales, contenues dans
les 130 articles des chap. 21 et 22, sont d'une sévérité particulière contre les
atteintes à l'ordre public; ce fut la conséquence de la période de troubles
qui précéda l'avènement des Romanow. Moroshkin dit de l'Oulojénié qu'il est
„antique comme Moscou, patriarcal comme le peuple russe, terrible comme la
colère du Czar“. Il fut en vigueur jusqu'en 1832 et a passé pour la plus
grande part dans le Swod. 4⁰ D'autres monuments, qui sont en partie les
sources des documents déjà mentionnés, consistent dans des oukases complémentaires, dans le livre des statuts du tribunal criminel (Prikáz pour les
procès en matière de vol), la Goubnaia Gramota (Instruction aux anciens de

---

[1]) Ce mot signifie „justicial“ (note du traducteur).

district et aux jurés sur les principes fondamentaux du droit et de la procédure criminels), le Stoglaw, et des lois locales de villes. En outre, il faut tenir compte du droit coutumier faiblement paralysé par la loi à cette époque.

III. La notion du crime se détache peu à peu de l'idée du tort causé au point de vue civil; l'Inquisitio marche à côté de l'Accusatio. 1⁰ Tantôt elle apparaît comme institution sociale, pratiquée par les anciens de district et les jurés nommés par les communes, principalement dans les procès de vol, de brigandage et de meurtre. Son trait caractéristique consiste en ce que ce n'est pas l'acte, mais l'auteur de l'acte, qui paraît dangereux; c'est la première tentative pratique pour distinguer les criminels d'après leur disposition personnelle de volonté malveillante. Le sort de celui qui est un malfaiteur notoire est totalement différent du sort de celui qui est sans passé judiciaire. Par suite on tient compte de la récidive dont la répression tend d'ailleurs à s'adoucir toujours: le 1ᵉʳ Soudébnik punit de mort le second vol, le 2ᵉ Soudébnik ne l'en punit que par exception, et l'Oulojénié n'en punit que le troisième vol et le second fait de brigandage. 2⁰ Tantôt elle apparaît comme institution politique, lorsqu'il s'agit des intérêts de la puissance princière et impériale (origine de la sombre procédure inquisitoriale de la Rasprawa).

Les ordalies ont disparu comme mode de preuve, sauf la décision du sort (dans les affaires d'un intérêt inférieur à 1 rouble d'après l'Oulojénié); l'institution des cojureurs s'est transformée en preuve testimoniale et joue le même rôle que l'enquête de renommée dans l'Accusatio. A l'origine, il en était autrement de la renommée dans la procédure inquisitoriale. Au cas où la bonne renommée est établie, la majorité équivaut à l'unanimité: cela a pour résultat la mise en liberté, sous la garantie des voisins. Au cas où la mauvaise renommée est établie, l'emprisonnement est encouru comme mesure de sécurité soit à l'unanimité, soit seulement à la majorité. La foi dans ce moyen de preuve s'éteint dans le cours du 17ᵉ siècle; il fut peu à peu ramené à ne constituer que des dépositions testimoniales sur les faits. Une fois la mauvaise renommée établie, on appliquait la torture, dont l'usage augmenta, quand eut disparu l'enquête de renommée.

IV. On distingue la culpabilité intentionnelle selon qu'il y a ou non préméditation. La légitime défense est reconnue dans une très large mesure; mais le juge doit en être averti sans retard; ces cas sont déterminés. L'intention de commettre un crime, la tentative et la perpétration sont distinguées; en ce qui concerne les crimes contre la personne du souverain, ils sont tous également punis de mort (comme aujourd'hui encore); le plus souvent la tentative est un délit sui generis (ainsi le fait de tirer l'épée dans la demeure du souverain est puni par l'amputation de la main). Les auxiliaires du crime sont pareillement punissables; il en est de même de ceux qui favorisent le crime (ce qui comprend beaucoup de cas où l'on a omis de l'empêcher), et de ceux qui ne dénoncent pas un crime politique (comme aujourd'hui encore).

V. Le caractère privé de la peine n'apparaît plus que d'une façon isolée (offense, dommage aux biens). Le but de la peine est l'intimidation, „afin qu'un autre ne soit pas tenté d'agir de même que le coupable", et la protection de la société contre la personne du criminel. A côté des peines rigoureusement déterminées, il y a celles qui sont indéterminées („comme il en sera ordonné par le Czar"); les peines déterminées d'une façon relative sont inconnues.

Les peines principales sont: 1⁰ La peine de mort, prononcée dans 60 articles environ de l'Oulojénié, dont les formes les plus rigoureuses sont le bûcher, l'introduction d'un métal fondu dans la gorge, la pendaison devant l'armée ennemie, l'ensevelissement tout vif; la pratique connaît aussi le supplice de la roue et l'écartèlement. Souvent des oukases spéciaux prononcent la peine de mort pour des crimes tout de forme, par exemple en cas d'inexécution des règles sur l'extinction des incendies. Cependant les formes de cette peine ne sont pas aussi atroces et elle n'est pas aussi souvent pratiquée que dans les États occidentaux de l'Europe du même temps. 2⁰ Les peines corporelles sont avec la peine de mort la base du système pénal; on les trouve dans environ 160 articles de l'Oulojénié. Comme l'indiquent les noms des instruments de torture, elles ont une origine tartare et se divisent en peines de mutilations et peines de souffrances. Les instruments de bastonnade employés pour la coercition „sans miséricorde" ou „impitoyable" sont le knout (ordinairement indiqué comme punition des marchés) et la batógi (bâtons dont le coupable est frappé „à la façon dont les pelletiers battent les fourrures"). Des marques au fer rouge différentes et les coupures des oreilles ou du nez servent à reconnaître les récidivistes. 3⁰ A côté de la prison (qui sert aussi à d'autres buts), l'Oulojénié connaît comme peine privative de liberté, depuis l'année 1582, la déportation (ssylka), dans neuf cas très étendus par le pratique. C'est à l'origine tantôt le bannissement, tantôt une mesure de grâce (pour les prisonniers de guerre), tantôt une mesure de sécurité (vis-à-vis de la population séditieuse d'une contrée insurgée), tantôt une mesure administrative (par exemple lorsque dans une localité certains artisans étaient nécessaires). Peu après l'Oulojénié, deux groupes de lois nouvelles donnent à la déportation le caractère d'une mesure destinée à restreindre l'usage de la peine de mort et à faire disparaître la peine de la mutilation. Les malfaiteurs sont envoyés en Sibérie soit en prison, soit dans des villes où un commerce ou un métier manuel leur est assigné, soit encore pour être versés dans un service public où une entreprise agricole ou bien un emploi civil, militaire ou ecclésiastique leur est attribué. C'était avant tout le principe de la déportation, dans cette période moscovite, de donner aux déportés un état et une occupation d'après la personnalité de chacun d'eux. On ne peut pas soutenir l'opinion d'après laquelle la déportation tendait autrefois exclusivement à un but de colonisation; elle marchait de pair néanmoins avec une prodigieuse colonisation par des éléments libres. Mais on connaissait si peu une politique spéciale à l'égard de la déportation en tant que peine, que tous les colons sibériens étaient traités d'après les mêmes principes administratifs. 4⁰ La confiscation des biens est le plus souvent une peine accessoire. La peine pécuniaire apparaît comme une amende honorable et un dédommagement en même temps que comme une peine publique; son recouvrement a lieu à l'aide de la flagellation sur la place publique jusqu'à paiement parfait. 5⁰ On mentionne, en outre, l'humiliation, la perte de certains droits, du rang, etc., la pénitence imposée par l'Église.

La rigueur du système est une conséquence inévitable de l'absence de principes scientifiques et des troubles sociaux. Deux idées amènent néanmoins son adoucissement: la tendance à utiliser pratiquement les condamnés, et le sentiment de la grâce profondément enraciné dans le peuple (aux jours de grande fête, la grâce est obligatoire en faveur de ceux pour lesquels elle est demandée). En 1654, la peine de mort fut abolie à l'égard de ceux qui font l'aveu de leur faute; en 1655, à l'égard des fous. La peine du métal fondu fut supprimée en 1672; celle de l'ensevelissement tout vif, en 1689; il en subsiste pourtant encore quelques cas jusqu'en 1740.

VI. La partie spéciale de cette législation est très développée. La distinction entre les malfaiteurs notoires et ceux qui n'ont pas de passé judiciaire étend son influence sur le système pénal: ce qui chez l'un est un acte de brigandage, est de la part de l'autre un délit civil. Il faut surtout ajouter les crimes contre l'État et contre l'ordre public, et les crimes religieux, dont il est traité avec soin, qui sont en tête de la loi comme aujourd'hui encore.

Les outrages à la divinité, la conversion par la force à une croyance non-chrétienne, sont punis de la peine du feu; les perturbateurs de la liturgie encourent la peine de mort simple; une peine corporelle sévère atteint les autres troubles apportés au culte. Les homicides sont qualifiés de plusieurs façons: le meurtre d'un ascendant, qui est puni de la peine de mort „sans aucun adoucissement"; le meurtre de l'époux entraîne l'ensevelissement toute vive de la femme coupable; l'infanticide d'un enfant naturel par la mère entraîne pour celle-ci et son complice l'exécution capitale „afin que les autres personnes s'en souviennent et s'abstiennent de cet acte illicite et honteux, ainsi que de la prostitution". Au contraire, le meurtre de l'épouse est moins sévèrement puni; le meurtre des enfants légitimes par leurs parents est puni de la prison pendant un an au plus et d'une pénitence imposée par l'Église (modifié en 1716). L'homicide par imprudence n'est pas punissable. Quant aux dommages corporels, les plus graves seulement sont punis par une peine publique en outre de la composition. En ce qui concerne les offenses, il faut s'attacher à cette idée que l'honneur est moins un bien personnel et individuel qu'un attribut du rang dans l'État en même temps qu'un attribut de la famille entière. Les crimes contre les biens sont classés non d'après la valeur des choses mais d'après la propension de leur auteur au crime. Toute la rigueur de la répression publique est réservée aux escrocs de profession.

§ 3. Période pétersbourgeoise. Première moitié.
(Jusqu'au comte Spéranski, 1826.)

I. Cette période est caractérisée par les efforts faits pour s'approprier tout ce qui venait de l'Europe occidentale et pour s'assimiler et enraciner tout ce qui pouvait être offert par la civilisation occidentale; mais les tentatives de l'assimilation, venant exclusivement du gouvernement, avaient le caractère obligatoire. Souvent elles manquaient leur but et étaient un pas en arrière. Certes, les principes de la tradition historique n'ont pas perdu leur valeur dans le droit pénal; c'est plutôt la forme que le fond qui a changé.

II. Sources. En dehors de nombreux règlements particuliers: 1° Ordonnance militaire de Pierre le Grand de 1716, et ce qu'on est convenu d'appeler les Articles militaires, de la plus haute importance (c'est un effort afin de traduire et d'introduire le droit pénal suédois et saxon). 2° „Tableau sommaire de la procédure militaire" (contenu dans l'ordonnance militaire, et reproduction complète de la procédure inquisitoriale alors en vigueur en Allemagne, également employée par les tribunaux ordinaires). 3° Instruction de Catherine II pour la confection d'un nouveau code général, 1767 (exposé lumineux, composé avec talent et habileté, des idées de Montesquieu et de Beccaria, mais demeuré sans résultat pratique). 4° Alexandre Ier, ordonnance martiale de 1812; loi sur la banqueroute, 1800.

III. Le besoin de codifier les matières disséminées en une quantité trop considérable de lois séparées provoqua plusieurs tentatives de la part du gouvernement. Déjà Pierre le Grand avait institué dans ce but un Conseil spécial et plus tard deux Commissions; cet exemple fut suivi par Pierre II, Élisabeth (la Commission composa deux volumes de compilations sur les tribunaux et le droit pénal), et par Catherine II (sa célèbre instruction était destinée à la Commission). La Commission instituée en 1808 par Alexandre Ier composa sous la direction du comte Spéranski, en 1813, un projet inspiré de la législation française, et en 1818 un second projet composé d'après le travail du professeur Louis Jacob de Karkow qui était imité du C. p. de Feuerbach de 1813.

IV. La tendance formaliste domina jusqu'à l'Instruction de 1767 dans la conception de l'idée de crime; souvent des infractions légères étaient punies avec une sévérité exorbitante; cette Instruction proclama, au contraire, que le crime est un acte lésant un intérêt public ou privé. Le principe, si en honneur jusqu'alors, de la suspectabilité personnelle s'affaiblit et disparaît avec la procédure orale. L'ordonnance militaire distingue la négligence et l'acte qui cause un dommage accidentellement, et cherche à définir les diverses modalités de l'intention, et notamment la préméditation. Quant à l'imputabilité, les fous sont punis très légèrement ou même pas du tout; les enfants doivent être fouettés de verges par les parents. L'ivresse, punissable par elle-même dans l'armée, est une circonstance aggravante pour délit commis dans cet état, ce qui subsiste du moins partiellement jusqu'ici. La provocation constitue une cause de circonstance atténuante. L'idée de légitime défense est conçue d'une façon moins large que dans la législation antérieure (l'agresseur doit être armé; il faut avoir en vain tenté de lui faire entendre raison, etc.). A côté de la consommation et de la tentative, pour laquelle on distingue la tentative consommée et la tentative non-consommée, se trouvent la préparation et la simple manifestation. En cas de récidive, l'aggravation de peine n'est plus aussi disproportionnée; l'ordonnance militaire ne punit de mort que le quatrième vol.

V. De nouvelles sortes de peines sont importées d'Occident: les travaux forcés, les galères (sous Pierre Ier), les maisons de travail, les maisons de force (sous Catherine II); l'enrôlement militaire; de nouvelles peines corporelles (les verges pointues, le fouet, le knout); des peines infamantes. Les peines deviennent plus rigoureuses; la peine de mort est prononcée dans 110 cas. Pourtant elles sont beaucoup plus douces qu'en Occident à la même époque, à cause du principe de la grâce, et à raison de l'influence produite par la tendance, qu'on avait déjà antérieurement, à tirer un parti utile du criminel: de là l'apparition du principe curieux qui fait mesurer la peine aux forces productives du condamné. Il en résulta que diverses catégories de criminels étaient condamnés à l'accomplissement d'un même et unique travail, et y étaient employés avec des non-criminels. Ce fut un nouveau pas de fait dans le sens de l'idée d'amélioration (adaptation du criminel à la chose publique), et qui fut réalisé par Catherine II, théoriquement dans l'Instruction de 1767, et pratiquement dans les maisons de correction, dans les maisons de travail et dans les maisons de force (en 1775 pour les vagabonds et les gens mal fâmés; en 1783 pour les voleurs, les brigands, les escrocs; en 1787 projet d'une ordonnance générale sur les prisons).

En même temps la notion de la grâce, qui se manifeste surtout dans les décrets d'Élisabeth II de 1753, faisait en 1754 abolir la peine de mort. Déjà en 1742 celle-ci avait été supprimée pour les mineurs de 17 ans, puis en 1744 et 1753 les tribunaux reçurent l'ordre de ne jamais exécuter une sentence capitale avant d'en avoir reçu la confirmation impériale. Depuis lors, la peine de mort subsista théoriquement sans être appliquée; les prisons étaient remplies de criminels condamnés à mort attendant qu'il fût statué sur leur sort par la Czarine. Sur la demande du Sénat, qui demandait ce qu'il fallait décider à leur égard, intervint l'Oukase de 1754. D'après cet oukase, les voleurs devaient être employés jusqu'à un nouvel Oukase à un travail pénible: à la place de la peine de mort ils subissaient celle du knout, les narines leur étaient arrachées, et ils étaient marqués du mot „voleur“. Comme un oukase annoncé ultérieurement ne parut pas, la peine de mort fut complètement supprimée, quoiqu'en fait elle subsistât par l'application de la peine du knout „sans merci“. Elle fut de nouveau rétablie par les lois sur l'organisation des tribunaux spéciaux pour les crimes politiques, par l'ordonnance martiale de 1812 pour les crimes militaires, et par l'ordonnance de 1832 sur les infractions aux quarantaines.

Parmi les peines corporelles, celle des batógi disparut en 1771, celle du knout „sans merci" en 1800 et 1817, ainsi que celle qui consistait à arracher les narines. La peine du knout fut supprimée en 1785 pour les nobles, les bourgeois honoraires, les commerçants de la 1ʳᵉ et de la 2ᵉ ghilde, en 1798 pour les septuagénaires, les ecclésiastiques et leur famille; en 1813 on pensa à son abrogation radicale; on la conserva néanmoins dans la crainte que sa disparition ne fît naître dans le peuple la conviction de l'impunité des crimes.

Howard et ses disciples, et les frères Winning agirent en vue d'une organisation rationnelle des prisons; c'est à leur initiative qu'il faut rapporter la fondation de la société pour le patronage des prisonniers (qui en réalité appartient à la seconde moitié de cette période).

VI. Parmi les crimes politiques punis de mort, figure toute critique inopportune des faits et desseins du Czar. Pour la première fois, des peines graves sont prononcées contre les fausses accusations. La punition du suicide et du duel est empruntée au droit allemand, de même que la distinction faite depuis l'ordonnance militaire entre le vol important et le vol léger (celui-ci ne dépassant pas 20 roubles).

VII. La procédure inquisitoriale a atteint son entier développement; on introduit la théorie des preuves légales et de l'„absolutio ab instantia". La défense orale est formellement interdite dans la procédure pénale. La preuve absolue seulement entraîne la condamnation; au contraire, la preuve partielle (c'est-à-dire les indices), n'entraîne qu'une présomption à laquelle on peut se soustraire dans les petites affaires par le serment de justification. Dans les affaires importantes, la présomption donne lieu à la torture. Pour la première fois, l'Instruction de 1767 déclara que plusieurs indices pouvaient déterminer la conviction absolue des juges; en même temps une protestation énergique contre la torture était rédigée. Cette protestation fut renouvelée dans les oukases secrets de 1774 et 1781, et les gouverneurs des provinces furent avisés que la torture ne devait plus être employée. Son usage subsista néanmoins en pratique, et elle ne fut écartée que par l'oukase d'Alexandre Iᵉʳ daté de 1801, qui ordonna aux juges d'appel de demander à l'inculpé, lors de la revision du procès, s'il avait été contraint à faire dans son interrogatoire des réponses déterminées.

§ 4. Période pétersbourgeoise. Seconde moitié.

Le développement du droit pénal dans l'époque contemporaine est lié aux noms des auteurs des deux codes pénaux qui se sont suivis l'un à l'autre au 19ᵉ siècle: d'une part, le comte Spéranski, créateur du Swod Zakónow (1ʳᵉ édition 1832); et d'autre part, le comte Bludow, auteur du code des peines (Oulojénié o nakazániakh, 1ʳᵉ édition 1845). Il faut mentionner en dernier lieu l'influence exercée sur la législation pénale par les commissions de rédaction des ordonnances judiciaires de 1864 et du code sur les délits et les peines infligées par les juges de paix, ainsi que par la commission chargée d'élaborer le projet d'un nouveau C. p.

I. Le comte Spéranski s'est acquis une grande célébrité comme législateur et comme administrateur. Son activité administrative se porta principalement sur la Sibérie, et eut pour objectif le principe de la déportation en Sibérie; son activité législative date de 1808 (voir ci-dessus). Spéranski s'exalta d'abord pour le rationalisme et subit entièrement le charme des modèles français. Cela le rendit suspect, et il perdit la confiance d'Alexandre Iᵉʳ. Ainsi finit la première période de son activité législative. Le passage à la seconde période fut marqué en 1822 par la préparation d'un statut sur la déportation et les „étapes" (ordonnance relative au transport des condamnés à l'exil en Sibérie). Spéranski pouvait utiliser en cette matière les connaissances qu'il avait acquises en Sibérie sur les lieux. Quand il fut chargé de nouveau de préparer un système général du droit public et du droit privé, il se mit au travail avec de toutes autres conceptions. L'idée de créer quelque chose de neuf fut entièrement abandonnée; il résolut, au contraire, de n'exposer en système que ce qui était alors en vigueur, travail colossal, car il était nécessaire d'examiner plus de 30 000 oukases différents. Dans ce but, Spéranski entreprit deux ouvrages: une „collection complète des lois" (Pólnoé Sobránié Zakónow) publiées depuis 1649, et le Swod Zakónow, c'est-à-dire collection des lois en vigueur. Le premier ouvrage contient par ordre chronologique les ordonnances et décrets des Empereurs depuis le code du Czar Alexis Mikhaïlowitch de 1649, et est continué jusqu'à nos jours; il est déjà paru 150 volumes in-4º. Cette publication servit de base pour l'élaboration du Swod Zakónow; celui-ci est un abrégé des ordonnances non-modifiées et encore en vigueur présentant une portée générale. La première édition du Swod parut en 1832 en 15 volumes, dont le dernier représente les lois pénales comme des règles protectrices destinées à sauvegarder tout l'édifice légal.

Le 15e volume du Swod s'ouvre par la partie générale du droit pénal; viennent ensuite, en chapitres spéciaux, les dispositions relatives aux divers crimes et délits, d'abord les crimes contre l'administration et l'État, et à la fin ceux contre les particuliers. La seconde partie de la loi pénale est consacrée à la procédure pénale. Jusqu'à présent, le Swod est la base du droit actuel; seulement, la seconde partie du 15me volume devint volume 16me (édition de 1892). Spéranski a mené de main de maître ce travail colossal, résumé systématique de documents innombrables, presque inconnus de tous jusqu'alors et presque entièrement inabordables. Une seconde édition augmentée et relativement modifiée parut en 1842; une troisième en 1857; la quatrième en 1876; la cinquième en 1885 et la sixième en 1892 (les deux dernières éditions ne comprenaient que quelques volumes du Swod). Cette dernière édition comprend le droit aujourd'hui en vigueur. Les ordonnances et les lois, qui sont édictées dans l'intervalle de deux éditions, sont ordinairement publiées dans le „Supplément au Swod Zakónow".

II. Comme toute collection d'essence historique, le Swod Zakónow n'est pas indemne de fautes graves, qui sautent trop aux yeux dans sa partie consacrée au droit pénal. La source à laquelle l'auteur puisa pour composer son œuvre conduisait inévitablement à une rédaction casuistique et, par suite, à l'imperfection. La tendance à maintenir toutes les dispositions qui n'étaient pas formellement écartées rendait impossible toute idée directrice; les façons de voir des diverses époques se tiennent les unes près des autres sur un pied d'égale valeur. Le système pénal du Swod en est un exemple. Il comprend: 1º La peine de mort, infligée dans les trois cas ci-dessus mentionnés, et qui représente une peine extraordinaire. 2º Les peines corporelles, qui consistent dans le knout, la flagellation, les verges aiguisées, les verges ou bâtons, les cordes, etc.; la plus légère consiste dans l'emprisonnement au pain et à l'eau; en cas de peines très sévères on inflige, en outre, au condamné la stigmatisation au fer rouge. 3º Les travaux forcés, qui se divisèrent en travail pénible (Kátorga) dans les forteresses, dans les ports, dans les établissements de l'État et dans les fabriques, dans les compagnies de discipline, dans les maisons de travail et de correction; en travail chez des particuliers; en travaux dans une ville, etc. D'après leur durée on distingua les travaux forcés à temps et à perpétuité. 4º La déportation consistait: a) dans l'exil en Sibérie avec travaux forcés (Kátorga); b) dans l'obligation de se fixer en

Sibérie, avec ou sans prohibition de se déplacer, à perpétuité ou temporairement; c) dans l'exil dans des villes, villages ou autres lieux éloignés déterminés. A ce groupe se rattache encore l'interdiction de séjourner dans l'Empire ou dans les capitales (Moscou et Saint-Pétersbourg). Toutes les formes d'exil étaient des peines perpétuelles. 5⁰ L'incorporation dans l'armée avec droit à l'avancement, ou sans droit à l'avancement (cette peine étant infligée en ce dernier cas à la place de l'obligation de se fixer en Sibérie). 6⁰ Les peines privatives de la liberté, qui étaient infligées relativement rarement, et qui consistèrent dans l'emprisonnement, les arrêts, ou la surveillance spéciale de gardiens ou de la police; ces peines étaient de courte durée. 7⁰ La confiscation et les peines pécuniaires. 8⁰ Les pénitences religieuses, et enfin 9⁰ Les peines disciplinaires pour les délits des fonctionnaires. Les peines les plus graves entraînent toujours la suppression perpétuelle des droits, notamment des droits attachés au rang, des droits civiques, et en cas de peines perpétuelles, de tous les droits civils, de famille, et des droits sur les biens.

Il ne faut donc pas parler ici d'un système pénal unitaire; la tendance du Swod est, au contraire, de transformer chaque sorte particulière de peine en un système complet, et de diviser chacune d'elles en plusieurs degrés plus légers ou plus sévères d'après leur développement dans la période historique correspondante. Ce bariolage se remarque aussi en ce qui concerne la forme des menaces de peines. A côté de menaces de peines absolument indéterminées, on en rencontre qui sont déterminées d'une façon absolue ou relative, selon l'époque à laquelle appartient la loi correspondante. La rigueur des peines à infliger n'est souvent pas en harmonie avec l'importance de la faute. Les dispositions du Swod relatives à la procédure reproduisent la procédure inquisitoriale, telle que l'avaient réglée les lois de Pierre le Grand; naturellement, il est tenu compte des lois de Catherine II et d'Alexandre Iᵉʳ.

III. Ces imperfections du Swod Zakónow déterminèrent le gouvernement à soumettre les principes du droit pénal à une revision. Ce travail fut confié par l'Empereur Nicolas Iᵉʳ au comte Bludow, alors chef de la deuxième section de la chancellerie impériale (aujourd'hui section de législation du Conseil d'État). La réforme de la procédure pénale fut ajournée jusqu'en 1864, et fut réalisée par d'autres personnes. Les travaux de réforme de la législation pénale aboutirent avec efficacité à la publication en 1845 d'un nouveau C. p., qui porte le titre de „Code (Oulojénié) des peines capitales et correctionnelles". D'après ce titre, on serait en présence, non de la simple codification d'une collection de lois maintenues en vigueur, mais d'une revision rationnelle du droit pénal positif d'après une méthode scientifique. En réalité, on s'efforça dans ce travail de combiner d'une façon raisonnée les matériaux de la législation nationale avec ce qui était pratiqué dans l'Europe occidentale; cela distingue favorablement le code de 1845 du Swod de 1832. Les dispositions de la partie générale sont plus complètes; le système des peines n'est pas aussi bariolé, et l'on a tenu le plus grand compte possible du rapport à garder entre la peine et la faute, ainsi que de la juste graduation des peines. Le C. p. introduisit dans le droit russe plusieurs principes de la jurisprudence de l'Europe occidentale. C'est en vain pourtant qu'on y chercherait un principe national dominant l'œuvre entière, une idée propre à la nation russe et servant de base à l'ouvrage. Il s'en faut de beaucoup que le C. p. réponde aux grandes espérances de son auteur, car il n'est en réalité qu'une combinaison mécanique du droit national en vigueur à l'époque, produit de diverses périodes historiques, avec quelques principes nouveaux. Les auteurs étaient animés d'une défiance trop fondée à l'égard des tribunaux, qui se trouvaient réellement en un triste état, et ils cherchèrent, par suite, à réglementer le plus exactement possible l'activité des juges pour le jugement des crimes particuliers. C'est ainsi que le droit pénal fut réglementé dans un C. p. extraordinairement développé,[1]) qui ne présentait aucun ensemble harmonieux, mais qui était une agglomération artistique de principes et d'idées de temps et même de peuples différents, comme pouvait seule en créer une chancellerie organisée bureaucratiquement sans connaissances ni convictions scientifiques.

Le code de 1845 fut incorporé dans la 3e édition du Swod Zakónow de 1857, où il figura la 1re partie du 15e volume; la 2e partie, c'est-à-dire la procédure pénale, fut publiée presque sans aucun changement. Plus tard, quand la réforme de la procédure eut trouvé son expression dans les ordonnances judiciaires de 1864, on considéra comme nécessaire un C. p. court, mais à la fois complet et pratique pour des juges peu versés dans le droit, qui ne comprît que les dispositions relatives aux délits et aux contraventions relevant de la juridiction des juges de paix (ceux-ci étaient élus par les autorités provinciales et municipales, et n'avaient pas besoin de connaître le droit). Lors de la publication de ce „Code des peines, qui sont infligées par les juges de paix", on reconnut la nécessité de reviser le C. p. général pour y supprimer toutes les dispositions insérées dans le code pour les juges de paix: cette revision eut lieu en 1866. On tint compte, en outre, des lois de 1863 (sur l'abolition des peines corporelles et l'institution des établissements de correction obligatoires à l'égard des jeunes criminels). Plusieurs autres lois postérieures ont apporté de nombreuses modifications au C. p., et ces additions ou modifications furent insérées dans le „Supplément au Swod Zakónow". La dernière édition, actuellement en vigueur, du C. p., date de 1885.

Parmi les lois postérieures à 1866, les plus importantes sont les suivantes: en 1871, loi sur la répression du meurtre; en 1874, loi sur les attroupements et les associations secrètes prohibées; en 1876, loi appliquant le C. p. général à la Pologne; en 1881, loi supprimant la publicité des exécutions capitales; en 1882, loi sur le commerce des matières explosives, la même année, loi sur certaines formes de vol; en 1883, 1884 et 1889, lois sur le délit d'affiliation à une secte („Raskolniki"), qui adoucissent la législation antérieure; la loi de 1884 qui remplace les maisons de réclusion et les maisons de travail par l'emprisonnement; en 1885, l'abolition totale de certaines peines corporelles pour les classes non-privilégiées; en 1885, loi réglementant les travaux forcés rigoureux (kátorga): en 1886, loi sur les rapports entre patrons et ouvriers dans les fabriques et sur les travailleurs agricoles; statut général des chemins de fer russes; en 1888, loi sur la protection des forêts; en 1889, loi sur la réforme de l'organisation judiciaire et de la procédure dans les provinces baltiques; en 1890, ordonnance sur le service des chemins de fer, et loi sur le travail des enfants mineurs dans les fabriques; en 1891, loi sur le commerce de la margarine; en 1892, loi sur la prescription de la récidive et la répression des crimes connexes; loi sur la répression de l'espionnage en temps de paix; et enfin la loi du 18 juin 1892 sur la répression des opérations usuraires dans le commerce des blés et la loi de 1893 sur l'usure en général.

IV. Comme nous l'avons déjà dit, le comte Bludow avait aussi reçu mission de préparer un projet de Code de procédure pénale. Après la publication du C. p., une commission spéciale fut instituée dans ce but sous sa présidence: ses travaux traînèrent en longueur. Cependant, depuis l'avènement de l'Empereur Alexandre II, des changements si importants s'étaient introduits dans la vie sociale et juridique de la nation, — comme l'affranchissement des serfs (1861), l'abolition des peines corporelles (1863), la réforme de l'administration provinciale (Zemstwo), — que le projet élaboré en partie par la commission et présenté au Conseil d'État ne pouvait plus répondre à la situa-

---

[1]) Dans le Swod (édition de 1842) 881 articles sont consacrés au droit pénal; le code de 1845 contient 2224 articles, dont le nombre fut élevé à 2304 en 1857. Le professeur Tagantsêw donne un commentaire critique remarquable du C. p. de 1845 dans son étude intitulée: Le Oulojénié sur les peines, ses caractères et son appréciation.

tion nouvelle. Celle-ci exigeait qu'on rompît radicalement avec la procédure inquisitoriale surannée. Le gouvernement n'hésita pas à s'engager dans une nouvelle voie; en 1862, l'Empereur ratifia les principes de la grande réforme judiciaire imminente, et le 20 novembre 1864 la Russie posséda de nouvelles lois de procédure qui se composent de quatre parties spéciales: 1^0 Organisation judiciaire; 2^0 procédure civile et organisation du notariat; 3^0 procédure pénale; 4^0 le code déjà mentionné pour les juges de paix. Cette réforme repose toute entière sur la confiance accordée au peuple, et fait revivre dans l'organisation des justices de paix et des cours d'assises l'ancien principe russe de l'élection des juges et du jury. L'organisation judiciaire a consacré les principes de la séparation des pouvoirs judiciaire, administratif et législatif, et de l'inamovibilité des magistrats: on a consacré la participation du peuple à la justice sous la forme du jury; le nombre des degrés de juridictions, qui entraînait des lenteurs infinies, fut limité. La procédure écrite et secrète est remplacée par la procédure orale et publique, la théorie des preuves légales par celle de la libre appréciation des preuves présentées; au lieu de la revision d'office des jugements, les parties sont juges de les attaquer ou non; enfin un tribunal de cassation (pris dans le sein du Sénat dirigeant) est institué, et l'absolutio ab instantia est complètement écartée.

Les auteurs de la réforme se sont principalement inspirés du droit anglais et français; mais ils surent conserver leur indépendance de jugement en sorte que les lois élaborées par eux constituent une œuvre nationale et non une simple imitation des modèles étrangers. L'opinion publique accueillit avec enthousiasme cette réforme inspirée par la confiance dans le développement historique du sentiment juridique chez le peuple russe. Mais les idées de réforme et d'affranchissement amenèrent fatalement des excès auxquels le gouvernement se vit obligé d'opposer une puissance physique. Alors commença la réaction contre les grands principes de la réforme judiciaire: peu à peu la compétence des cours d'assises fut restreinte, le nombre des tribunaux spéciaux pour les causes politiques se multiplia; la lutte s'accentua contre l'élection des juges par les autorités provinciales et municipales, ainsi que contre les juges de paix déjà élus. Le parti de l'opposition lutta avec une âpreté plus forte contre cette tendance réactionnaire, recourut même à des moyens criminels, la lutte prit fin par l'attentat monstrueux du 1er mars 1881. La réaction y gagna une nouvelle force; elle se manifeste au plus haut degré (jusqu'ici) dans la loi de 1889 qui écarte les juges de paix élus, qui confond les pouvoirs judiciaire et administratif, et subordonne le premier au second; l'inamovibilité des magistrats était déjà affaiblie en 1885.

Néanmoins, les lois judiciaires et de procédure du 20 novembre 1864 ont eu une portée durable sur la vie juridique en Russie. Sous leur influence les facultés de droit s'emplirent d'auditeurs, des journaux juridiques parurent; des associations juridiques se formèrent, ce qui était tout à fait inconnu auparavant en Russie; et l'idée de la légalité, qui était auparavant étrangère à l'opinion, poussa de profondes racines dans la conscience publique. Sous l'influence de la réforme judiciaire générale s'accomplit la réforme de la procédure pour l'armée et la marine.

V. Cependant, aussitôt après la publication des lois de réforme sur la procédure, besoin se fit sentir, encore au temps d'Alexandre II, d'une revision du C. p. et surtout du système des peines. Les peines corporelles furent supprimées; plus tard on dut transformer la déportation en Sibérie, car il fut reconnu que les manufactures d'État et les autres établissements, qui employaient les condamnés pour crimes graves, entraînaient des frais lourds pour le fisc, et que les travaux forcés ne rapportaient rien. On dut donc s'engager

dans leur suppression progressive: la pratique montra les énormes difficultés
qui s'attachent à une administration utile et à la surveillance de la population
des déportés. Le nombre des déportés avait toujours été en grandissant.[1])
Tout cela menait à cette conséquence que l'emprisonnement devait être la base
du système des peines.

Mais il s'en fallait de beaucoup que les prisons russes fussent dans un
état satisfaisant; elles excluaient toute organisation du travail pénitentiaire
ainsi qu'une répartition normale des prisonniers en catégories distinctes, faute
de place; les conditions lamentables de l'hygiène, des édifices défectueux, une
pénurie complète de gardiens et d'employés préparés à leurs fonctions, faisaient
des prisons russes, comme le gouvernement lui-même l'a reconnu, des écoles
du vice au lieu d'en faire des établissements pénitentiaires.

L'état de la législation empêchait l'amélioration des prisons par les soins
de l'administration, parce que la loi connaissait plusieurs sortes d'emprisonnement par suite de la tradition historique (maisons de correction, de reclusion,
de travail, prisons proprement dites et maisons d'arrêt) et que des ordonnances
spéciales les réglementaient, quoique ces divers modes d'emprisonnement ne
présentassent en réalité aucune différence. Il était nécessaire en premier lieu
de simplifier la législation sur cette matière. C'est pourquoi dans l'espace de
la septième décade des années de ce siècle trois commissions furent instituées
successivement (une sous la présidence du comte Sollogub, l'autre — du sénateur
Frisch, et la troisième — de M. de Grott, membre du Conseil d'État), pour
élaborer un projet d'un nouveau système des peines et surtout pour réglementer
la peine de l'emprisonnement. Les travaux de la dernière commission aboutirent à la loi de 1879 qui a institué l'administration centrale des prisons,
contient les principes généraux d'un nouveau système pénitentiaire simplifié,
ne maintient la déportation en Sibérie sans travail forcé que comme une peine
spéciale (pour certains crimes contre la religion, pour des délits politiques, le
duel, etc.) et fait de l'emprisonnement la base du système. Bientôt après,
en 1880, fut instituée sous la présidence du ministre de la justice (alors le
conseiller intime Nabokow et aujourd'hui le conseiller intime Manasséin) et du
chef de la section de législation (alors le prince Ouroussow et aujourd'hui le
sénateur Frisch, récemment remplacé par le secrétaire d'État Mourawiëw) une
commission spéciale chargée de préparer le projet d'un nouveau C. p. basé sur

---

[1]) D'après Anoutshin (Sur la proportion des déportés en Sibérie, Saint-Pétersbourg
1873), il y a eu de 1827 à 1847, dans l'espace de 20 ans, 159755 personnes déportées,
soit en moyenne 7000 par an. L'organisation de la déportation, créée par Spéranski,
calculait seulement un chiffre de 2500 personnes. Parmi les 159755 déportés, il y avait
79846 condamnés judiciairement et 79909 exilés par voie administrative. D'après les
données officielles du Ministère de l'Intérieur, qui n'ont pas encore été soumises à une
critique scientifique (voir Tagantsew, Conférences IV, p. 126), le nombre des déportés
de toute sorte s'établit de la façon suivante:

Années:	Chiffre total:	Moyenne par an:	Années:	Chiffre total:	Moyenne par an:
1807—1813	14245	2035	1849—1853	37820	5566
1814—1818	12371	2476	1854—1858	37307	7461
1819—1823	22848	4570	1859—1863	42094	8419
1824—1828	35219	11044	1864—1868	60589	12118
1829—1833	36703	7341	1869—1873	73448	14690
1834—1838	41154	8231	1874—1878	91921	18384
1839—1843	38349	7670	1879—1883	86156	17231
1844—1848	31285	6257	1884—1886	51299	17256
Total des années 1807—1886	722299	9028			

Dans la dernière période (1884—1886), sur 100 transportés en Sibérie il y a eu:
32,20 condamnés judiciairement; 28,00 exilés par voie administrative; 32,80 membres
des familles des transportés les accompagnant librement.

la législation nationale et étrangère et sur les principes scientifiques. Cette commission délégua un comité de rédaction sous la présidence du sénateur Frisch. Les travaux les plus importants de ce comité sont depuis longtemps connus des jurisconsultes européens, grâce au précieux concours du professeur Gretener de Berne. Ces travaux attendent actuellement leur achèvement. Plusieurs des principes élaborés par ce comité sont passés dans la législation; par exemple la loi de 1882 sur le vol avec effraction, celles de 1884 et 1885 sur la suppression des maisons de travail et de reclusion ainsi que sur l'abrogation complète des peines corporelles, la loi de 1884 relative à la répression des détournements faits par les fonctionnaires, la loi de 1892 sur la répression de l'espionnage, celle de 1892 sur la répression des crimes connexes et de la récidive, les lois de 1893 sur l'usure et sur la falsification des aliments.

II. Le droit pénal russe actuel.

Littérature: Spassowitch, Précis de droit pénal, 1860. Précis de Berner dans la traduction de Nekludow (avec des annotations sur le droit russe), 1867. Nekludow, Manuel pour les juges de paix, 2e édition, 1872; du même, Manuel de la partie spéciale du droit pénal, 1872—1881. Tagantzéw, Cours de droit pénal, 1874—1880; du même, Leçons sur le droit pénal russe, 1887—1892. Kistiakowski, Précis élémentaire de droit pénal, 2e édition, 1884. Lokhwitski, Le droit pénal russe, 1867. Serguééwski, Le droit pénal russe, 2e édition, 1890. Wladimirow, Cours de droit pénal, 1888. Budsinski, Principes de droit pénal, 1870; du même, Partie spéciale du droit pénal, 1887. Tshebyshew-Dmitriéw, La procédure pénale russe, 1875. Sloutshewski, Cours de procédure pénale, 1890—1892. Tallberg, Cours de procédure pénale, 1890. Foinitski, La doctrine de la peine, 1889; du même, Cours de procédure pénale, 1885; du même, Partie spéciale du droit pénal, 1890 (2e édit. 1893).

§ 5. Les sources, leur domaine d'application et leur élaboration scientifique.

I. Les sources du droit pénal positif consistent dans: 1º Le C. p. dans l'édition actuellement en vigueur de 1885. 2º Le code des peines, qui sont infligées par les juges de paix, dans l'édition de la même année. Ces codes sont en vigueur dans tout l'Empire; il n'y a d'exception que pour le Grand-duché de Finlande, où était en vigueur jusqu'à ce jour le Code suédois de 1754, aujourd'hui remplacé par un C. p. spécial sanctionné en 1889, mais suspendu par le gouvernement à cause de sa tendance séparatiste. Ce code doit être considéré comme une loi russe particulière, quoiqu'il n'ait rien de commun avec le droit russe.

En dehors de ce code, il n'y a pas d'autre loi pénale particulière ratione loci. Mais il existe en Russie des lois pénales ratione personae, tout en se rattachant aux codes généraux, dont ils présupposent les principes. Ce sont les suivantes: 1º Le C. p. pour l'armée et la marine; 1re édition 1875, dernière édition en 1885. 2º L'ordonnance sur les consistoires ecclésiastiques de 1841, dont l'édition officielle actuelle date de 1883; ainsi que les ordonnances relatives aux confessions non-orthodoxes (Swod Zakónow vol. XI), qui contiennent des dispositions sur les délits commis par les ecclésiastiques ou les laïques contre la religion et l'organisation de l'Église. 3º L'ordonnance judiciaire pour les paysans de 1839, et la loi de 1889 sur les tribunaux communaux, qui édictent des peines contre plusieurs contraventions commises par des personnes de cette classe. 4º Le règlement sur la déportation, dans lequel se trouvent des dispositions pour réprimer les crimes commis par les déportés. 5º Un droit spécial est appliqué dans les endroits soumis au petit ou au grand

état de siége. En pareil cas, en vertu de la loi de 1881, le ministre de l'intérieur, les gouverneurs généraux, les gouverneurs et les préfets ont le droit
de soustraire certaines matières à la compétence des tribunaux ordinaires pour
les confier aux tribunaux militaires et les faire juger d'après les lois militaires;
ils peuvent, en outre, rendre des ordonnances obligatoires dans le but d'assurer
l'ordre public et l'intégralité de l'empire, et de prononcer en vertu de leurs
pouvoirs propres l'emprisonnement jusqu'à concurrence de 3 mois et l'amende
jusqu'à 500 roubles sans jugement judiciaire.

Les sources de la procédure pénale sont beaucoup plus bariolées, surtout depuis les lois de 1889, qui ont entièrement ébranlé l'édifice harmonieux
des ordonnances de 1864 sur la procédure. Il n'y a pas davantage d'unité
dans les sources générales. Celles-ci consistent dans: 1° Les codes judiciaires
du 20 novembre 1864 incorporés maintenant dans la 1re partie du 16e tome
du Swod Zakónow (édition de 1892). 2° Dans la plupart des provinces,
les justices de paix créées par les codes judiciaires ont disparu et sont
remplacées par des institutions administratives judiciaires en vertu de la loi
de 1889. 3° Les dispositions sur la procédure de la 2e partie du tome 16 du
Swod Zakónow, qui réglementent l'ancienne procédure inquisitoriale, quoique
sous une forme meilleure par suite de l'influence de la réforme de 1864.
4° Enfin il existe des lois de procédure particulières pour certaines provinces
et certaines classes de personnes. Les lois particulières à certaines régions
contiennent presque les mêmes dispositions que les codes judiciaires avec cette
différence pourtant que les cours d'assises avec le concours du jury y sont
inconnues et que l'organisation des justices de paix y a subi quelques modifications. Telles sont les lois de 1866 pour le Caucase, de 1875 pour la Pologne, de 1889 pour les provinces baltiques,[1] et toute une série de lois pour
les nouvelles provinces acquises occidentales, septentrionales et méridionales.
Mentionnons encore d'autres lois plus récentes qui conservent l'ancien droit
inquisitorial sous une forme améliorée, par exemple la loi du 25 février 1885
sur l'organisation judiciaire en Sibérie. Les principales lois de procédure
propres à certaines catégories de personnes sont: a) Les codes sur les tribunaux
militaires et maritimes, dans l'édition de 1885; b) l'ordonnance judiciaire déjà
mentionnée pour les paysans avec les modifications de 1889; et c) les lois
également mentionnées sur les consistoires ecclésiastiques orthodoxes ainsi que les
ordonnances relatives aux confessions non-orthodoxes (vol. XI du Swod Zakónow).

Les tribunaux appliquent, en outre, la coutume, comme étant une source
du droit, à l'égard de quelques populations asiatiques de l'Est et du Sud-Est
de l'empire, et aussi dans les affaires de simple police de la compétence des
juges communaux: d'ailleurs la loi de 1889 a soumis ces derniers aux gouverneurs régionaux (zémskié natshálniki), ce qui aura certainement pour effet
de réduire la portée du droit coutumier.

II. En ce qui concerne la pratique judiciaire, elle ne pouvait jusqu'aux
codes du 20 novembre 1864 servir de source complémentaire du droit, car
le pouvoir judiciaire n'était pas séparé du pouvoir législatif et celui-ci avait
souvent à juger certaines causes particulières, surtout dans les cas où la loi
était muette. La situation a complètement changé depuis l'introduction des
codes judiciaires du 20 novembre 1864; la jurisprudence présente une signification
importante comme source subsidiaire du droit, grâce aux collections de décisions judiciaires (surtout celles du Sénat de cassation), et exerce son influence

---

[1] Sur l'ancien état de procédure inquisitoriale dans ces provinces — état bien
défectueux — voir Bunge, Histoire de l'organisation judiciaire et de la procédure en
Livonie, Esthonie, Courland, Reval 1871; Remdul, Les tribunaux allemands dans les
provinces baltiques (Messager juridique, 1887, nos 10 et 11).

sur la pratique de l'avenir et même dans une certaine mesure sur l'activité législative.[1]) Il ne faut pas d'ailleurs exagérer cette influence, car elle n'opère que d'une façon isolée, ce qui s'explique par l'absence de travaux juridiques ayant une valeur scientifique. La plus grande partie de la littérature juridique russe a le caractère de commentaire. Les spéculations théoriques étaient très longtemps représentées presque uniquement par les thèses exigées des aspirants aux grades universitaires, et ce n'est que dans les derniers 30—40 ans que paraît la littérature juridique russe. Il est vrai que dans cette courte période elle marchait à pas de géant. Les principales tendances de la littérature russe sur le droit pénal sont: le commentaire (Nekliudow et Lokhwitski), l'histoire (Tshebyshew - Dmitriéw et Serguééwitch), la dogmatique abstraite (Spassowitch), la dogmatique soi-disant positive (Serguééwski, continuateur de Binding), la critique dogmatique (Kistiakowski et Tagantséw), l'anthropologie historique (Kowalewski), l'anthropologie biologique (Drill). Plusieurs écrivains se disent appartenir à l'école de dogmatique comparée (particulièrement Budsinsky); mais en réalité cette école n'existe pas encore en Russie, car ces auteurs s'épuisent à citer les dispositions correspondantes des diverses législations, et sont loin d'exposer d'une façon philosophique et dogmatique la nature intime des diverses institutions juridiques. Il faut cependant remarquer que, lorsque nous parlons des diverses tendances de la littérature russe, nous n'entendons pas parler d'écoles au sens où le mot est pris dans les littératures occidentales; jusqu'ici nous n'avons pas encore de semblables écoles qui supposent une tradition et une communauté d'idées dans leurs travaux. L'individualisme, si propre aux Slaves, se fait sentir aussi sous ce rapport.

III. D'après le droit russe, une loi pénale produit ses effets du jour de sa publication; on applique toujours la loi en vigueur au jour du jugement définitif, à moins qu'il n'existe une loi plus douce au moment du crime, auquel cas celle-ci est appliquée malgré l'apparition d'une loi postérieure plus sévère. Ce principe a été proclamé par la loi de mise en vigueur du C. p. de 1845. L'empire de la loi pénale russe est déterminé d'après les principes de la territorialité, de la personnalité et de l'ordre public. En vertu du premier principe, tous les crimes commis par les nationaux ou par les étrangers tombent sous le coup de la loi pénale; il n'y a d'exception qu'en faveur des personnes qui jouissent du droit d'exterritorialité: d'autre part sont aussi soumises au droit russe les infractions commises par des sujets russes en Turquie, en Perse, en Chine et au Japon. En vertu du principe de la personnalité sont soumis à la loi pénale russe les sujets russes qui commettent à l'étranger des actes criminels; mais si le crime est dirigé contre un État étranger ou contre des sujets étrangers, et si la loi étrangère est plus douce, celle-ci seule est appliquée. Enfin en vertu du principe de l'ordre public, les actes criminels commis par les étrangers même en pays étranger sont jugés d'après le droit pénal russe, lorsque ces crimes sont dirigés contre l'Empire russe ou contre des sujets russes. L'extradition des criminels n'est pas réglementée par le C. p., mais par des traités spéciaux conformément au principe de la réciprocité. La règle est que les sujets russes ne sont pas extradés.

§ 6. Caractères généraux du crime.

La législation russe ne fait aucune distinction entre l'imputabilité et l'imputation; la doctrine, au contraire, distingue ces deux notions. Le C. p.

---

[1]) Des résumés de la jurisprudence de Cassation, sous forme de thèses spéciales, représentent une branche importante de la littérature juridique. Les meilleurs sont: Tagantséw, Le Code pénal; Bélow, Popow et Sheglowitow, Les codes de procédure pénale.

se borne à parler des causes qui écartent l'imputation à faute. Ce sont les cas où l'acte cause tout accidentellement un dommage, la minorité, l'imbécillité et la démence lorsqu'il y a perte totale de la conscience des choses, l'erreur, la contrainte, et enfin la légitime défense (art. 192). L'énumération, contenue dans la partie générale du C. p., des causes qui excluent l'application d'une peine, est complétée par d'autres dispositions de la partie spéciale, relatives à des états de fait particuliers. Telles sont: La violation permise par la loi des droits d'autrui, l'ordre obligatoire d'un supérieur, la transaction avec l'offensé, et enfin dans certains cas spéciaux la renonciation à la conduite incriminée (par exemple au cas d'apostasie à la religion orthodoxe), et la dénonciation (par exemple au cas de fabrication de fausse monnaie). La littérature classe scientifiquement ces diverses hypothèses et distingue: les causes exclusives d'imputation, — les cas où disparaît la protection contre le fait dommageable et imputable, — les excuses légales.

Causes exclusives d'imputation: 1⁰ Le jeune âge.[1]) Les dispositions relatives à cette matière ont leur origine partie dans une loi de 1765 comprise dans le Swod Zakonow, partie dans les articles du projet de 1813 insérés sans critique dans le C. p. de 1845. La culpabilité est complètement exclue jusqu'à l'âge de dix ans; ces jeunes criminels sont remis à leurs parents en vue d'une correction domestique. Le second degré d'âge va de dix à quatorze ans: la peine n'est pas subie, si l'inculpé a agi sans discernement; au cas contraire, ou bien les peines ordinaires sont modérées (on peut même prononcer la déportation avec résidence obligatoire et privation de tous les droits), ou bien on leur applique des mesures spéciales, comme l'éducation obligatoire dans un couvent, l'emprisonnement, la correction paternelle, et depuis 1866 l'éducation dans un établissement de correction pour les jeunes criminels. Il en est de même des mineurs de 14 à 17 ans que les tribunaux estiment avoir agi sans discernement. Quant aux mineurs de 14 à 21 ans (et de même pour ceux de 14 à 17 ans pour lesquels il est établi qu'ils ont agi avec discernement), on leur applique les peines ordinaires, quoique dans une mesure atténuée. La responsabilité pénale complète est encourue à 21 ans. 2⁰ A côté de la jeunesse de l'âge, le C. p. admet comme exclusif d'imputabilité l'état de sourd-muet de naissance (il en est de même quand la surdité-mutité est survenue dans le jeune âge), à condition que le sourd-muet n'ait reçu aucune éducation morale (art. 98). 3⁰ La loi considère, en outre, comme cause exclusive de l'imputabilité des états psychiques anormaux, tels que l'imbécillité native, la démence chronique, l'inconscience à la suite de maladie, la démence sénile, le somnambulisme (art. 95 à 97). Cette énumération est tenue pour insuffisante et est complétée par la science. 4⁰ A l'égard de l'ivresse, le C. p. contient une disposition particulière, d'après laquelle l'ivresse est en principe sans influence sur la responsabilité. Elle est considérée comme une cause d'aggravation de la peine, quand le coupable s'est enivré à dessein dans le but d'accomplir son crime (actio libera in causa).

L'attentat perd son caractère illicite et punissable: 1⁰ En cas d'injonction de la loi, par exemple lorsqu'un agent forestier donne la mort ou cause des blessures à la personne qui lui fait résistance, quand il n'a aucun autre moyen pour combattre cette résistance (art. 1471). 2⁰ Au cas où l'on exécute un ordre obligatoire de son supérieur; en règle générale cet ordre doit être conforme aux lois; si le dommage est causé par l'exécution d'un ordre illégal, quoique venant d'une autorité régulière, la répression est encourue par celui qui a

---

[1]) Voir Tagantsew, Discussions sur la responsabilité des jeunes criminels, 1871. Bogdanowski, Les jeunes criminels, 1872. Kistiakowski, Sur le jeune âge, 1881.

donné l'ordre et par celui qui y a obéi (art. 403). Il n'y a d'exception que
pour les ordres émanant des supérieurs militaires, qui sont obligatoires sans
restriction pour les subalternes. 3⁰ La transaction consentie par la victime
et sa renonciation au droit de protection ne sont pas mentionnées expressément dans la loi; mais il faut induire de certaines dispositions, comme celles
sur les outrages et les dommages corporels légers, que la loi les considère
comme des causes exclusives d'illégalité. La doctrine et la jurisprudence
sont en complet accord sur ce point. 4⁰ La légitime défense[1]) est permise:
a) au cas où il est impossible de recourir à la protection de l'autorité locale;
b) si elle a pour but de résister à une tentative illicite mettant en danger la
vie, la santé ou la liberté de la personne attaquée, ou à une tentative contre
l'honneur de la femme, ou contre le droit domestique. Les tentatives contre
les biens n'autorisent pas la légitime défense, quand la personne même n'est pas
en danger ou qu'il n'y a pas violation du domicile, à moins que l'agresseur n'oppose de la résistance à son arrestation. La légitime défense est aussi permise
dans ces hypothèses pour porter secours au droit d'autrui. c) Celui qui accomplit
un acte de légitime défense, doit en aviser de suite les voisins et à première
occasion la police. d) Celui qui cause un dommage à son agresseur, alors
que le danger est déjà écarté, est considéré comme ayant dépassé les limites
de la légitime défense, et est puni d'après les conséquences de son acte,
quoique dans une mesure très atténuée (art. 101, 103). A côté de la légitime
défense se trouve 5⁰ le cas où, d'après l'art. 100 du C. p., une personne est
contrainte à un acte délictueux par une force irrésistible, pour échapper à
un danger menaçant sa vie, sans pouvoir recourir à aucun autre moyen de
préservation. Il faut remarquer que le dénûment et l'incapacité de travailler
ne sont que des circonstances atténuantes (art. 134, 1663, 1674).

II. La notion de la culpabilité était exposée simplement, quoique de façon
incomplète dans le Swod Zakónow du comte Spéranski; le code de 1845 l'a
surabondamment compliquée et l'a rendue peu compréhensible. Il fait distinguer avec précision les crimes et les délits commis avec ou sans intention
et les degrés et modes du dolus. 1⁰ Dolus praemeditatus et dolus repentinus.
Il y a préméditation, lorsque le dessein d'accomplir l'acte délictueux est déjà
formé avant son accomplissement; elle suppose donc un certain laps de temps
écoulé entre la conception du dessein criminel et sa réalisation. La seconde
forme de l'intention consiste en ce que la formation du dessein et son·exécu-
tion intentionnelle sont simultanées. Il est intéressant d'observer que l'accomplissement d'un crime pour la troisième fois, même sans préméditation, est puni
comme s'il avait été prémédité. Les motifs intimes de l'acte ne sont pas en général
pris en considération; mais il y a des exceptions à cette règle pour certains
crimes; il en est ainsi, par exemple, de la colère, de la provocation, pour quelques
crimes contre la religion, etc. Dans quelques cas visés à la partie spéciale du C. p.,
la légèreté est opposée à l'intention, comme étant une forme secondaire de celle-ci.
2⁰ Le C. p. distingue, en outre, le dol direct et le dol indirect. La partie générale ne traite que du cas où ces deux sortes de dols coïncident, et détermine
la culpabilité d'après le dol le plus grave, ou d'après les règles sur le cumul
des crimes. Dans la partie spéciale, on rencontre certaines dispositions sur
les crimes commis sans intention directe; la culpabilité est si restreinte en
proportion de la punition des mêmes faits commis avec intention directe, qu'il
est à présumer que le C. p. considère cette sorte de dol à proprement parler
comme une forme plus grave de la négligence. Cette présomption est corro-
borée par l'article 108 du code, qui caractérise ce genre de faute par la

---

[1]) Voir Poléjaéw, Sur la légitime défense, 1863; Koni, La légitime défense, 1866.

possibilité de prévoir les conséquences criminelles d'un acte sans intention de les susciter. Généralement la doctrine russe accepte la division, préconisée par le professeur Tagantséw, entre deux sortes de dols, le dolus directus et l'insouciance criminelle. Celle-ci est à son tour distinguée de la luxuria, comme de la forme la plus grave de la négligence, que caractérise la prévision des suites possibles du crime avec l'espoir de les éviter. Mais il faut remarquer que cette forme du dol exclut complètement la possibilité de la tentative pénale; aussi les rédacteurs du nouveau projet se heurtèrent à de nombreuses difficultés pour édifier la théorie du dolus eventualis pris en ce sens, et le comité de rédaction se vit obligé de considérer comme non-punissable la tentative dans cette modalité de l'intention, ce qui est la meilleure preuve qu'elle n'est pas autre chose qu'une variété de la négligence. La notion de la négligence est encore très obscure dans la loi, et est même confondue avec l'hypothèse du cas où un acte cause un dommage accidentellement, c'est-à-dire dans l'hypothèse du cas fortuit. Le C. p. considère notamment, comme la forme la plus grave de la culpa, la négligence qui oblige à une prudence particulière dans la violation d'un devoir administratif ou professionnel; et comme une forme moins grave de la culpa les cas où l'on se laisse entraîner à une négligence coupable par excès de zèle à remplir son devoir (ce qui est contradictoire), et où les conséquences dommageables de l'acte pouvaient être difficilement prévues. Le C. p. ajoute (art. 110): „mais quand la négligence, qui a été cause d'un dommage, sera justifiée par des circonstances rendant impossibles l'expectative et la supposition de ces conséquences, le coupable subira une simple réprimande". Enfin l'impossibilité de prévoir les conséquences d'un acte caractérise, d'après le C. p., le cas fortuit échappant à une punition (art. 5 et 93). Il faut ajouter que certains crimes seulement déterminés par la loi comportent la culpabilité pour négligence.[1]) Ordinairement la loi prescrit, en outre, de la peine une pénitence religieuse, qui est aussi prescrite dans l'hypothèse d'un cas fortuit „pour assurer le repos de la conscience du coupable". La responsabilité encourue pour les fautes entachées de dol ou de culpa suppose la volonté et la prévoyance de la part de l'auteur, ou tout au moins la prévision des conséquences immédiates du crime; naturellement elle disparaît au cas où ces conditions font défaut. Il en est ainsi: 1° Quand l'acte ou ses conséquences se produisent fortuitement; 2° en cas d'erreur ou d'ignorance. L'erreur de droit (error juris), pas plus que l'ignorance de la loi (ignorantia legis), n'écartent l'imputabilité. Celle-ci ne disparaît qu'au cas où il y a error facti. Enfin 3° au cas de contrainte, dont la loi en vigueur ne parle qu'à l'occasion des actes délictueux commis sous l'empire d'une force irrésistible. Dans ces limites étroites, la non-culpabilité est restreinte au cas de contrainte morale. Quand il y a contrainte physique, la responsabilité disparaît de toute façon, car il ne peut être alors question d'une manifestation de la volonté. La personne qui impose la contrainte tombe sous le coup de la peine, et non celle qui subit la contrainte. Dans toutes ces hypothèses une pénitence religieuse est prescrite, „pour donner le repos à la conscience", lorsque l'action a causé la mort d'autrui.

III. La réalisation du dessein criminel comporte, d'après la législation russe, les degrés suivants: la manifestation de l'intention, la préparation, la

---

[1]) Le Code des juges de paix a rejeté cette règle du C. p. Il autorise les juges à infliger une réprimande en cas d'acte dû à la négligence, pour lequel la loi n'édicte aucune peine spéciale; d'ailleurs la pratique, imitant en cela la doctrine, a interprété cette disposition en ce sens qu'elle ne peut être appliquée qu'aux faits qui ne peuvent être commis que par négligence.

tentative et la consommation.[1]) La mention des deux premiers degrés dans la
loi est caractéristique du droit russe, c'est-à-dire que pour certains crimes,
surtout pour les crimes politiques, la simple manifestation d'intention et à plus
forte raison la préparation sont punissables. La manifestation d'intention
consiste d'après la loi dans la manifestation par paroles, par écrit, ou par
un acte concluant, du dessein de commettre un crime: tels sont les menaces,
les vanteries et les propositions faites au sujet du crime projeté. La préparation est définie „le fait de rechercher ou de procurer les moyens propres
à accomplir un crime" et consiste aussi dans leur assemblage au cas du crime
d'incendie. En dehors des crimes politiques, dont la simple préparation est
passible des peines édictées contre leur perpétration, la préparation des crimes
de meurtre et d'incendie est punie de peines plus douces. D'après la loi, la
tentative consiste dans tout acte par lequel l'accomplissement du projet criminel
est commencé ou poursuivi; de telle sorte que cette hypothèse embrasse tous
les actes accomplis depuis le début jusqu'à l'issue du fait entrepris. On
distingue la tentative consommée et celle qui n'est pas consommée. Celle-ci
se produit, lorsque son auteur a fait tout ce qui était nécessaire selon lui pour
arriver à ses fins; cette notion correspond donc parfaitement à la notion des
délits manqués, avec cette différence que la conception russe (consacrée par
la loi de 1865) procède du point de vue subjectif. La tentative non-consommée se divise à son tour en deux sortes: celle qui est abandonnée volontairement, et celle qui est empêchée par des circonstances extérieures. La
première est assimilée à la préparation en ce qui concerne la culpabilité; la
seconde est punie des peines applicables au cas où le crime est consommé,
quoique dans une mesure moindre. La peine est aussi moins élevée au cas
de la tentative consommée; mais si l'auteur de la tentative a employé pour
arriver à ses fins criminelles des moyens radicalement inoffensifs par suite de
son ignorance profonde ou de sa superstition, il n'est puni que pour la manifestation de son intention criminelle. Les divers degrés que nous venons
d'énumérer et par lesquels peut passer un projet criminel, ne sont possibles
qu'autant qu'il s'agit d'un acte intentionnel.

IV. La matière de la participation au crime[2]) est très développée et
très compliquée dans le droit en vigueur. On y trouve en effet la participation
sans concert préalable, le complot, et l'organisation d'une bande; de plus, dans
chacune de ces catégories il faut distinguer les auteurs principaux et les
complices par assistance matérielle ou intellectuelle. Ceux qui participent à
un crime se divisent en un grand nombre de catégories qui se distinguent
très faiblement les unes des autres. Les auteurs du C. p. ont fondu ensemble
tout ce que les Codes pénaux allemands de la première moitié de ce siècle
contiennent sur ce sujet. La participation au crime n'est punissable qu'en cas
de consommation ou de tentative; la renonciation volontaire de la part des
participants au dessein criminel écarte toute punition. L'abandon du projet
par quelques-uns des participants n'exclut l'application de la peine que s'ils
l'ont dénoncé en temps utile et ont ainsi empêché l'exécution du crime. La
culpabilité des participants se détermine d'après la nature de leur participation
au crime; la totalité de la peine encourue pour le crime accompli est aussi
infligée aux co-auteurs; mais elle est diminuée et restreinte pour les autres
catégories de participants, ce qui est le système allemand par opposition au

---

[1]) On trouvera une étude approfondie de la tentative dans les travaux de Tshebyshew-Dmitriéw 1866, d'Orlow 1868, de Kolokolow 1884.
[2]) Monographies sur la participation aux crimes: Jiriaéw, 1850; Shaïkewitch,
dans le journal du Ministère de la justice, 1865; Tagantséw, Cours III, 1880; Kolokolow, 1881. Voir aussi Foinitski, dans le Messager juridique, 1891.

système français. Parmi les participants au crime il faut aussi comprendre les recéleurs, les fauteurs du crime, au sens étroit du mot, et ceux qui ne le dénoncent pas quoique en ayant connaissance. Le recel embrasse le fait de recéler les produits du crime, de dissimuler les traces du crime et enfin de cacher à la justice le criminel. Les fauteurs du crime, au sens étroit du mot, sont ceux qui laissent accomplir le crime malgré la possibilité de l'empêcher. Le fait de ne pas dénoncer un crime dont on a connaissance comprend le cas où l'on ne dénonce pas un crime imminent, et celui où l'on ne dénonce pas un crime déjà accompli. Le premier cas est puni de la peine encourue par ceux qui donnent au crime une assistance non-indispensable. La non-dénonciation d'un crime déjà accompli est dans quelques cas punie comme un délit sui generis. Les proches parents du criminel n'encourent pas de peine pour défaut de dénonciation ni pour le fait d'avoir caché la personne du criminel, ou n'encourent qu'une peine moindre: mais ce privilége ne s'étend pas aux crimes politiques.

V. Des dispositions spéciales sont consacrées au cumul des crimes et à la récidive.[1]) Le cumul, d'après le droit russe, consiste dans l'accomplissement de plusieurs crimes avant le jugement définitif de l'un d'eux; la récidive est l'exécution d'un nouveau crime après l'accomplissement de la peine. La loi de 1892 y a ajouté une hypothèse intermédiaire, celle où un nouveau crime est commis après le jugement définitif d'un premier crime, mais avant l'exécution de la peine infligée.[2]) Une autre innovation de cette loi consiste dans ce qu'elle introduit la prescription de la récidive.

La peine est déterminée, au cas de cumul, d'après le principe de l'absorption, si différentes sortes de peines sont encourues pour les crimes commis; et d'après le principe de la cumulation juridique, c'est-à-dire de la condamnation à la peine la plus forte portée au maximum, si les crimes commis comportent les mêmes pénalités. Ce n'est qu'à l'égard des amendes prononcées pour des contraventions fiscales, que les peines sont simplement cumulées. La réitération de la même sorte de crime constitue une cause d'aggravation de la peine; dans quelques cas seulement, particulièrement déterminés par la loi, elle constitue une circonstance de nature à qualifier le nouveau crime comme une autre sorte de crime. La récidive est déterminée au moyen des listes des crimes dressées et publiées périodiquement par le Ministère de la justice.

§ 7. Les peines dans le droit russe actuel.[3])

I. Les auteurs du C. p. ont eu pour mission, comme ils l'ont déclaré eux-mêmes, „de coordonner en un système méthodique les variétés des peines existantes". Ils n'y sont pas complètement parvenus; le système du C. p. est en effet très compliqué. On y trouve des peines générales, particulières, exclusives et exceptionnelles; d'après leurs rapports respectifs, elles se divisent en peines principales et en peines accessoires. Les peines principales générales se divisent d'après leur rigueur en peines capitales et en peines de correction. Dans l'idée du comte Bloudow, les peines capitales ne devaient être encourues que par les criminels endurcis et incorrigibles, et devaient entraîner l'élimination absolue du criminel hors de la société; elles sont par suite complétées par la

[1]) Tagantséw, De la répétition des crimes, 1866.
[2]) Cette loi a fait disparaître la divergence qui existait entre le C. p. et le Code pour les juges de paix. D'ailleurs, il existait même avant la loi de 1892 des dispositions spéciales sur la répression des crimes commis par les déportés avant l'expiration de leur peine.
[3]) Maximowitch, Des peines d'après les lois russes, 1858.

privation totale de tous les droits civils. Les peines correctionnelles ne devaient être prononcées que contre les criminels présentant encore la possibilité de s'améliorer.

II. Les diverses peines capitales sont: 1⁰ La peine de mort, dont sont punis, d'après le projet du comte Bloudow, les crimes politiques, le parricide et les crimes contre la quarantaine durant la peste; lors de la discussion du projet, elle ne fut maintenue qu'à l'égard des crimes politiques et de quarantaine. 2⁰ La déportation en Sibérie avec travaux forcés rigoureux (Kátorga) sans terme, ou temporaires; à l'expiration du temps infligé pour les travaux forcés, le condamné est établi pour toujours en Sibérie. 3⁰ La déportation avec résidence perpétuelle obligatoire en Sibérie. D'après le code de 1845, ces diverses peines furent accompagnées de peines corporelles (bastonnade) jusqu'en 1863 à l'égard des condamnés appartenant aux classes non-privilégiées de la population.

Les peines de correction n'entraînent pas la privation totale de tous les droits civils; l'application des formes les plus graves de cette catégorie de peines n'entraîne qu'une privation à vie de certains droits civiques et de certains priviléges. Les peines de correction les plus graves comportent deux systèmes parallèles: l'un pour les classes privilégiées, l'autre pour les classes non-privilégiées. Cela s'explique par ce fait que jusqu'en 1863 les peines de correction les plus sévères entraînaient toujours une peine corporelle pour les classes non-privilégiées. Appartiennent aux classes privilégiées: les nobles, les ecclésiastiques, les citoyens notables et les marchands inscrits aux ghildes. Les peines de correction se graduent de la façon suivante: 1⁰ L'incorporation dans les compagnies de discipline (de un an et demi à quatre ans). Le travail y est obligatoire pour les prisonniers. Les classes privilégiées subissent au lieu de cette peine la déportation simple en Sibérie, mais à perpétuité. La condamnation à cette peine entraîne la privation perpétuelle des droits civiques et des priviléges. 2⁰ Les maisons de travail et pour les classes privilégiées la déportation dans les provinces éloignées de la Russie d'Europe. Les maisons de travail ont été instituées par Catherine II; tous les efforts du gouvernement pour les organiser d'une façon convenable, et pour les créer en nombre suffisant, distinctement des prisons, furent sans résultat; aussi furent-elles complètement supprimées en 1884 et remplacées par la peine de l'emprisonnement de deux mois à deux ans. 3⁰ Il en est de même des maisons de force, qui sont remplacées par l'emprisonnement jusqu'à deux ans. Les peines qui suivent constituent les peines plus légères de correction; mais quelques-unes d'elles entraînent aussi la perte des droits politiques tant à l'égard des classes privilégiées que des classes non-privilégiées; ce sont: 4⁰ La détention dans une forteresse pour une durée qui va de quatre semaines à quatre ans, et qui se prolonge au-delà dans quelques cas. Cette peine est appliquée aux crimes qui n'ont aucun caractère infamant, comme le duel et autres infractions analogues. 5⁰ La prison de deux mois à seize mois. Les personnes appartenant aux classes privilégiées, contre lesquelles cette peine est prononcée à raison de crimes infamants (vol, escroquerie, détournement), sont, en outre, condamnées à la privation perpétuelle des droits privilégiés attachés à la condition sociale. 6⁰ Les arrêts pour une durée de un jour à trois mois. 7⁰ L'amende. 8⁰ La réprimande, qui se divise en trois variétés.

Chacune de ces peines, capitales ou de correction, est divisée en degrés, de telle sorte que l'ensemble des pénalités, classées en séries, représente l'échelle des peines; pour aggraver ou atténuer la punition, le juge n'a qu'à franchir un ou plusieurs degrés de cette échelle, ou (sauf quelques restrictions) qu'à monter d'une sorte de peine à une autre. Seule la détention dans une forteresse reste en dehors de cette échelle, car elle n'est guère prononcée par les lois que dans des cas tout spéciaux. Cette échelle comprend en tout dix modes de peines, qui se divisent en 32 degrés.

Les peines accessoires, qui sont prononcées en outre des peines principales, sont: la privation de droits, la publication du jugement, la défense de séjourner dans les grandes villes, la surveillance de la police, et la pénitence religieuse.

III. Des peines spéciales sont prononcées contre les fonctionnaires pour les crimes relatifs à leurs fonctions: elles consistent dans l'exclusion du service, la destitution, la déduction sur le temps de service, la diminution des appointements, la réprimande, l'exhortation.

IV. Il existe, en outre, certaines conséquences pénales qui ne sont pas relevées dans le système général du droit pénal et qui ne figurent pas par suite dans la partie générale du C. p., mais qui sont prononcées dans des cas assez nombreux prévus par la partie spéciale. Ainsi les condamnés pour parricide aux travaux forcés rigoureux et sans terme en Sibérie (Kátorga) n'ont pas le droit de passer pour bonne conduite dans la division des détenus privilégiés (qui comprend les criminels amendés), ni d'être libérés au bout de 20 ans (art. 1449). Les suicidés ne sont pas enterrés selon le rite ecclésiastique, et la loi déclare sans valeur leurs dispositions testamentaires (art. 1479). L'inceste entre parents de la ligne directe est puni de l'emprisonnement cellulaire dans un cloître pour une durée de 6 ans $^1/_2$, et de la reclusion perpétuelle dans un cloître avec obligation de travailler et de faire pénitence; le même crime commis entre parents des autres lignes est puni de la reclusion dans un cloître avec imposition d'un travail pénible (art. 1593—1594). Certains crimes contre la religion, comme, par exemple, la récidive de l'hérésie, sont punis de l'internement forcé au Caucase. Ces peines exclusives ont une portée pratique particulière, qui consiste en ce que les juges n'ont pas le pouvoir d'appliquer les pénalités générales soit pour adoucir, soit pour aggraver la peine dans ces divers cas. La confiscation totale des biens est une peine extraordinaire, qui peut être prescrite en vertu d'un ordre spécial du pouvoir suprême pour les crimes politiques (art. 255).

V. Si complexe et morcelé que soit le système des peines du C. p. de 1845, il est encore compliqué par les dispositions des autres lois pénales en vigueur. Les mesures répressives ci-dessus mentionnées représentent seulement le cercle des peines que prononcent les tribunaux; mais il y a, en outre, une quantité de mesures assez rigoureuses qui sont prises sans décision préalable de justice par simple voie administrative, soit par les organes de l'administration, soit par les communautés agricoles, qui ont une sorte de pouvoir disciplinaire sur leurs membres. Le cercle de ces mesures administratives est particulièrement étendu en ce qui concerne les provinces où est établi le grand ou le petit état de siége en vertu de la loi de 1881; en outre du droit déjà relaté de renvoyer la connaissance des affaires criminelles aux tribunaux militaires, et en outre du droit de rendre des ordonnances obligatoires prononçant des peines (la prison) jusqu'à trois mois et l'amende jusqu'à 500 roubles, l'administration a encore le droit de prononcer l'interdiction de séjour contre toute personne, de fermer les établissements industriels ou commerciaux, de suspendre les journaux, etc. Dans les autres provinces, les autorités administratives peuvent sans décision judiciaire prescrire l'exil en Sibérie jusqu'à concurrence de cinq années, l'emprisonnement cellulaire jusqu'à concurrence de quatre années, l'interdiction de séjourner dans les grandes villes, et la surveillance de la police. Les communautés agricoles ont le droit d'employer leurs membres suspects à des travaux communaux, de leur infliger des peines de détention et d'amende, et enfin „les livrer à l'administration", ce qui équivaut à l'internement perpétuel en Sibérie de ces personnes et de leur famille.

VI. Calcul des peines. Le C. p. emploie toutes les formes de sanctions pénales. On rencontre très rarement la sanction indéterminée d'une façon absolue, vestige de la période moscovite; le plus souvent, la loi fait usage des sanctions déterminées d'une façon relative. Mais le pouvoir d'appréciation du juge est assez étroitement limité, car le tribunal doit dans la détermination de la peine rester dans les limites d'un degré déterminé de la même sorte de peine. Les degrés de peines sont d'ailleurs assez restreints et présentent rarement entre le maximum et le minimum d'autre rapport que celui existant entre les nombres 1 et 2. Il faut, en outre, remarquer que la loi ne connaît que des causes légales d'adoucissement et d'élévation de la peine, et leur énumération doit être considérée comme limitative;[1]) de là sa complexité extrême. La loi distingue: d'une part les causes d'aggravation et d'élévation de la peine, et d'autre part les causes d'adoucissement et d'abaissement de la peine; les causes d'aggravation et d'abaissement permettent de prononcer dans les limites du degré donné d'une catégorie de peine, de telle sorte que le tribunal ne peut dépasser ni le minimum ni le maximum. La loi considère comme motifs de cette nature l'intensité plus ou moins grande de l'intention, l'énergie criminelle déployée, la brutalité de l'acte, l'importance du préjudice causé, etc. (art. 129). Les causes d'élévation de la peine, qui changent un crime simple en un crime qualifié, ne sont mentionnées dans la partie spéciale du C. p. qu'à l'occasion de certaines catégories de crimes. En pareils cas l'élévation de la peine porte non seulement sur le degré, mais encore sur la nature de peine; telles sont l'effraction accompagnant le vol, la réitération du crime, la valeur de la chose dérobée, etc. Les causes légales d'adoucissement de la peine sont: le repentir, la provocation, la légèreté d'esprit, la nécessité, les efforts faits pour écarter les conséquences dommageables de l'acte (art. 134). Les causes d'adoucissement, qui permettent d'adoucir les peines même par rapport à leurs catégories, mais dans les limites légales, tantôt sont indiquées par la loi, comme, par exemple, la minorité, la détention préventive, etc., tantôt résultent des circonstances atténuantes admises par le jury depuis les codes judiciaires de 1864; dans ce dernier cas, les magistrats sont tenus d'abaisser la peine de un ou de deux degrés; dans le cas où le tribunal estime qu'un adoucissement plus sérieux s'impose à raison de circonstances spéciales, cet adoucissement ne peut se produire que par voie de grâce impériale.

VII. Les causes qui excluent l'exercice de l'action publique et la peine sont d'après le C. p.: 1° La mort du criminel, ce qui exclut aussi l'application de l'amende. 2° Le pardon donné par la victime du délit qui n'est punissable que sur la plainte de la partie lésée exclut la peine même après que le jugement a commencé de recevoir exécution. 3° La prescription. Le droit pénal russe ne connaît pas la prescription du jugement. La prescription de l'action publique est, au contraire, entrée dans la législation depuis un oukase de Catherine II de 1775 qui établit pour tous les crimes la prescription civile décennale: même avant cette loi d'ailleurs, la prescription était déjà reconnue par la coutume. Dans le droit actuel l'expiration du délai produit un double effet: d'une part cela constitue une cause d'adoucissement de la peine, par exemple au cas où il s'agit des crimes de haute trahison et de parricide, la peine de mort et celle des travaux forcés à perpétuité étant alors remplacées par l'internement obligatoire en Sibérie, quand vingt années sont écoulées depuis l'accomplissement du crime. Pour tous les autres crimes la prescription est une cause d'exclusion de la punition. Le temps de prescription varie, sui-

---

[1]) Dans le Code pour les juges de paix, l'énumération des causes d'adoucissement et d'aggravation n'est donnée qu'à titre d'exemple et ne lie pas les juges.

vant la gravité de la peine édictée, souvent aussi selon la nature du crime, de six mois à dix ans. La conduite du criminel pendant le délai de prescription est sans influence sur celle-ci. 4° La grâce, soit sous forme d'une amnistie générale, en vertu d'une décision spéciale du pouvoir impérial, soit sous forme d'une grâce particulière; elle peut consister dans la libération de l'action publique (abolitio) ou dans la libération de la peine après le jugement; dans ce dernier cas la grâce peut être totale ou partielle et se produire avant ou après que la sentence a commencé d'être exécutée. La dernière forme de la grâce est relativement rarement employée en Russie. 5° L'institution de la libération conditionnelle est inconnue dans le droit russe jusqu'à ce jour; la libération provisoire n'existe qu'à l'égard des jeunes criminels placés en vertu de la loi de 1866 dans des colonies ou des établissements de correction.

La substitution d'une sorte de peine à une autre se produit quand il y a impossibilité de fait ou de droit à exécuter la peine déterminée par le jugement. Il y a impossibilité de fait, lorsque le condamné à une amende est insolvable, auquel cas il est soumis aux arrêts ou est employé à des travaux publics; en outre lorsque dans un endroit donné l'exécution de la peine dans les compagnies de discipline ou dans une forteresse est impossible, auquel cas on applique l'emprisonnement. La commutation de droit consiste dans la commutation de la déportation avec travaux forcés en la déportation avec résidence obligatoire mais sans travaux forcés pour les condamnés âgés de plus de 70 ans; dans la commutation de la détention dans les compagnies de discipline en l'emprisonnement pendant le même temps pour les femmes et les incapables de travail; dans la commutation de l'exil dans les provinces éloignées de la Russie d'Europe pour les étrangers en l'expulsion du territoire de l'Empire (ou en la surveillance de la police, si l'État étranger ne reçoit pas la personne expulsée). En ce qui concerne les condamnés appartenant aux classes non-privilégiées, les travaux publics peuvent leur être infligés à la place des arrêts. Ajoutons enfin que l'exposition publique sur l'échafaud a été supprimée.

VIII. Parlons maintenant des diverses sortes de peines en particulier. La peine de mort consiste sans aucune aggravation dans la pendaison: les criminels militaires sont fusillés; depuis 1881 l'exécution a lieu intra muros. Sont punis de mort: 1° La haute trahison, qui comprend plusieurs hypothèses, notamment: celle où les crimes sont dirigés contre la vie, la santé, la liberté ou l'honneur de l'Empereur et des membres de la maison impériale, à l'exclusion des injures non proférées en présence de l'Empereur, ainsi que des offenses à la majesté impériale soit par écrits soit par dessins; tout attentat pour détrôner l'Empereur régnant, pour restreindre les droits du souverain; toute violence exercée contre les gardes qui protégent la personne de l'Empereur ou des autres membres de la maison impériale; la rébellion qui consiste dans la formation d'un complot, dans l'entrée dans une conjuration ayant pour but de changer la forme de gouvernement ou le gouvernement soit dans tout l'Empire, soit dans une partie de l'Empire, ou l'ordre de la succession au trône; la trahison (art. 241 à 244, 244, 249, 253, 254). Ces crimes sont punis de mort, comme s'ils étaient consommés, alors même qu'il s'agit des degrés les plus lointains de la réalisation du dessein criminel; ceux qui y participent et ceux qui les facilitent sont punis de la même peine; en pratique les mineurs eux-mêmes sont condamnés à la peine de mort. De 1866 à 1889 il y a eu 70 condamnés à mort pour les crimes politiques et 40 exécutions. 2° Certaines infractions aux règlements de quarantaine, mais seulement en temps de peste épidémique. 3° Les crimes militaires, qui

sont jugés conformément aux lois pour les temps de guerre. Quant aux crimes
de droit commun au contraire, même les plus graves, la loi n'édicte pas la
peine de mort. Elle a été supprimée dans ce cas, comme il a été dit ci-
dessus, par les oukases de l'impératrice Élisabeth de 1742, 1744, 1753 et
1754. Il fut, en outre, voté postérieurement différentes lois écartant l'application de la peine de mort pour les crimes de droit commun dans des contrées
particulières de l'Empire, surtout dans celles qui furent incorporées après
l'impératrice Élisabeth, par exemple en 1794 pour la Lithuanie, en 1801 pour
la Grousie, en 1804 pour la Mingrélie, en 1811 pour la Gourie, en 1826 pour
la Finlande. Depuis lors la peine de mort n'a pas été rétablie pour les crimes
de droit commun.[1]) Mais depuis la loi de 1881 sur l'état de siége, il est
possible de punir de mort des crimes de droit commun, et les gouverneurs
généraux peuvent renvoyer aux tribunaux militaires la connaissance de
pareils faits.

La déportation occupe le second rang dans le système des peines: elle
se divise en trois catégories: la déportation avec travaux forcés (Kátorga), la
déportation avec résidence obligatoire en Sibérie, et la déportation simple.
Les deux premières catégories rentrent dans les peines capitales et entraînent
la perte de tous les droits civils. La dernière catégorie tient la tête des
peines de correction; elle atteint les personnes des classes privilégiées. La
déportation simple consiste dans l'exil en Sibérie, qui sera prononcé à la place
de la détention dans des compagnies de discipline, à laquelle sont condamnées
les personnes des classes non-privilégiées, ou dans l'exil dans les provinces
éloignées de la Russie d'Europe à la place de l'emprisonnement pour les
mêmes personnes.

La déportation avec travaux forcés découle historiquement de deux sortes
de peines différentes: la déportation et les travaux forcés. Les travaux forcés
rigoureux, nommés Kátorga, correspondent complètement aux galères de l'ancien système pénal français. La Kátorga comme peine des galères est mentionnée pour la première fois en 1688; cette dénomination fut ensuite employée
pour les travaux dans les ports et surtout pour tous les travaux exécutés
extra muros, auxquels étaient occupés au temps de Pierre le Grand non seulement des criminels, mais aussi toutes les personnes mises à la disposition de
l'État. Au temps d'Élisabeth, la Kátorga signifiait le travail des mines dans
la Daourie, lequel était en usage à la place de la peine de mort en vertu
de l'Oukase de 1754. Le besoin qu'avait l'État d'avoir des travailleurs fit
créer encore d'autres sortes de travaux forcés, tels que les travaux dans les
forteresses et dans les fabriques. Il existait tout un système de travaux forcés,
qui représentaient différentes catégories de peines. La loi sur les déportés de
1822 et le C. p. de 1845 changèrent cette organisation en tant que les diverses
catégories de travaux forcés représentèrent une sorte unique de peine, qui
venait immédiatement après la peine de mort dans le système pénal, et qui
se divisa en différents degrés d'après la nature et la durée du travail imposé.
La distinction historique entre le travail forcé dans les mines, dans une
forteresse ou dans les fabriques, disparut à l'époque contemporaine. Les travaux forcés dans les fabriques disparurent les premiers, car le besoin de travailleurs diminua toujours davantage en même temps que les fabriques cessaient
d'être exploitées par l'État pour se transformer en entreprises privées. De
même le travail dans les forteresses cessa. Il ne reste que le travail des déportés

---

[1]) Il faut excepter la période de 1834—1837 où la peine de mort put être prononcée par les gouverneurs généraux de Sibérie pour certains crimes commis par les
déportés. Voir Foïnitski, La théorie de la peine, p. 288.

dans les mines, qui est aussi à la veille de disparaître, car les mines sont un domaine privé de la couronne et l'administration de la couronne ne considère pas comme avantageux le travail forcé des déportés. Au bout de la septième décade de notre siècle, la Kátorga était complètement désorganisée; aussi créa-t-on sur différents points du territoire européen de l'Empire des prisons centrales, dites prisons-Kátorga, dans lesquelles les condamnés à la déportation avec travaux forcés accomplissaient leur temps de peine; la détention avait lieu en commun, sans travail, et sous un régime très sévère. Les résultats furent déplorables; la mortalité dans ces prisons atteignit jusqu'à 25 °/₀ par an. Cela eut pour conséquence d'une part de faire transporter les criminels dans l'île de Sakhalin où ils étaient employés à des travaux agricoles ou aux mines de charbon, et d'autre part d'assurer la conviction que les travaux forcés ne doivent pas être considérés comme des travaux ne coûtant rien à l'Etat pour ses besoins, mais comme un mode propre de peine entraînant des frais pour l'État. Dans le droit actuel, la Kátorga se divise en sept échelons non d'après la nature du travail, mais d'après sa durée: la durée la moins longue est de quatre ans, la plus longue durée dépasse 20 ans, mais la Kátorga n'est jamais appliquée à perpétuité; c'est le trait caractéristique du droit pénal russe qu'il ne connaît pas des peines principales à perpétuité et qu'il n'ordonne comme peine la plus sévère après la mort que la Kátorga à temps indéterminé, ce qui d'après les lois sur la déportation signifie que les travaux forcés ne doivent pas durer plus de 20 ans; exception à cette règle est faite pour les condamnés pour parricide, qui ne sont dispensés des travaux forcés qu'en cas d'incapacité absolue de travailler. Les condamnés à la Kátorga sont d'abord versés dans la catégorie de ceux qui sont mis en observation; au bout de quelque temps, s'ils ont eu une bonne conduite, ils sont versés dans la catégorie des corrigibles; le régime y est plus doux et la durée de la peine peut être diminuée pour ceux qui se trouvent dans cette catégorie. A l'expiration du temps imposé pour le travail, les déportés sont internés sur des points déterminés de la Sibérie; les parricides demeurent en prison.

La déportation avec résidence obligatoire, mais sans travaux forcés, qui représente le mode de peine suivant, comprend deux échelons: la déportation dans les contrées très éloignées de la Sibérie, et la déportation dans les contrées moins éloignées de la Sibérie. Le gouvernement essaya divers systèmes d'internement, ainsi on créa de nouveaux villages que peuplèrent les déportés, on construisit pour eux des maisons et on leur fournit sur inventaire les meubles nécessaires, ce qui entraînait naturellement de grands frais. Mais les internés abandonnaient promptement leur nouvelle patrie; aussi pour maintenir par des liens de famille les déportés dans les lieux qui leur étaient assignés, on les répartit chez les diverses familles des habitants, auxquels fut allouée une prime en échange. Ce système est aujourd'hui complètement abandonné; de même on n'emploie plus le système organisé sous la période moscovite et par la loi de 1806, qui consistait à interner les déportés aux frais du gouvernement qui essaya sans succès de leur donner une organisation agricole. Actuellement les déportés sont répartis dans différentes communes, qui leur procurent des terres et exercent sur eux une sorte de surveillance tutélaire. Au bout de dix ans le déporté devient de plein droit membre de la commune. Les communes portent généralement peu de confiance aux déportés et les tiennent en suspicion; aussi les internés s'enfuient-ils, augmentent le nombre déjà grand des vagabonds, font du crime leur profession, terrorisent la contrée et retournent dans leur commune, quand ils sont épuisés et qu'ils sont complètement incapables de continuer leur vie de vagabondage; ils sont alors une grande charge pour la commune. L'expérience a démontré que ¹/₂ °/₀ seulement des déportés s'établit à demeure. Les causes de ces tristes conséquences de l'internement forcé tiennent aux circonstances suivantes: 1⁰ Le manque de femmes et, par suite, le défaut de famille pour les déportés: la proportion des femmes parmi les déportés, non-compris celles qui les suivent volontairement, ne dépasse pas 14⁰/₀, et encore la majeure partie de ces femmes est-elle presque incapable de créer une famille stable, à cause de leur conduite criminelle antérieure. Les femmes établies dans le pays, qui représentent une faible portion de la population, ne sont guère portées à épouser des déportés. On ne peut plus appliquer aujourd'hui la mesure établie par Pierre le Grand, qui consistait à acheter des femmes pour les déportés parmi les populations nomades de la Sibérie. 2⁰ Un système d'internement susceptible de succès suppose la possession de quelque avoir chez l'interné; mais en réalité les déportés n'arrivent en Sibérie qu'avec un avoir qui ne dépasse pas en moyenne la valeur de trois roubles. 3⁰ Un grave obstacle au développement d'une vie civile régulière chez les déportés consiste dans l'incapacité juridique, qui résulte pour eux de la privation de droits, qui les frappe. 4⁰ Le mal principal vient de la grande proportion des malades et des incapables de travail parmi les déportés, qui atteint souvent 42⁰/₀. Cette circonstance est la conséquence de ce que la déportation en Sibérie atteint des personnes de tout âge et de tout état de santé, de ce que les déportés font à pied et par étapes presque tout ce long trajet, de ce que le climat de la Sibérie est complètement différent de celui de la Russie d'Europe, et enfin de ce que la déportation frappe des personnes ayant un passé de crimes et de vices, qui exerce une influence funeste sur leur condition physique. Il faut encore remarquer que la déportation entraîne des frais considérables et qu'elle entrave le sain développement de la Sibérie. Comme nous l'avons vu, l'expérience que la Russie a faite de la déportation au cours de plusieurs siècles, a fait seulement ressortir les sombres côtés de cette pénalité. Il peut être bien séduisant au point de vue de quelques théories d'employer la déportation comme mode de répression; mais l'examen de la pratique russe doit convaincre nécessairement du caractère nuisible de cette institution.[1])

L'échelle des peines de correction commence avec la déportation simple pour les classes privilégiées de la population. Les personnes non-privilégiées sont soumises à la détention dans les compagnies de discipline (4 ans ¹/₂ au maximum) au lieu et place de la déportation. La déportation simple consiste dans l'expulsion du condamné de son lieu de résidence et dans son installation en un lieu déterminé soit en Sibérie, soit dans une province éloignée de la Russie d'Europe, avec défense de la quitter pendant une durée de 12 années.

Une réforme fondamentale attend la déportation dans un avenir prochain. Le nouveau projet de C. p. écarte la déportation simple et ne conserve que la déportation avec résidence forcée en Sibérie, comme peine spéciale pour quelques crimes contre la religion. La peine des travaux forcés n'est pas, d'après le projet, subie nécessairement en Sibérie; les condamnés ne seront transportés en Sibérie qu'à l'expiration de leur temps de peine. Si ce projet

---

[1]) M. Tagantséw se prononce contre cette façon de voir; partisan de la déportation comme mode de peine, il croit que „nous ne pouvons conclure de l'expérience faite en Russie que la déportation n'est pas applicable comme mode de peine; il n'y a lieu de constater qu'une chose, c'est que l'organisation actuelle de la déportation ne répond pas à son but, et qu'une réforme radicale s'impose". Mais la Russie a eu plus de trois siècles pour arriver à une organisation de la déportation en rapport avec son but, et pourtant celle-ci manque encore; M. Tagantséw lui-même ne montre aucune période de notre histoire (et il ne peut le faire) où la déportation ait été en quoi que ce fût organisée de façon à répondre à son but.

devient une loi, il sera fait un pas de plus dans la voie de la limitation de la déportation, dont les premières restrictions remontent à l'ordonnance de 1822. Mais on ne s'en tiendra certainement pas là; l'achèvement du chemin de fer sibérien rapprochera le moment où la déportation disparaîtra complètement, et où la Sibérie sera affranchie de la population criminelle de toute la Russie.[1])

Les peines privatives de la liberté, considérées comme moyens de répression, se divisent uniquement aujourd'hui en trois catégories: 1^0 La détention dans les compagnies de discipline; 2^0 la prison; 3^0 les arrêts de courte durée. Il faut ajouter la détention dans une forteresse, qui forme une pénalité spéciale. Les compagnies de discipline ne comprennent que des hommes de condition non-privilégiée. Les maisons de correction apparaissent pour la première fois à la fin des vingt premières années de ce siècle; elles étaient destinées aux prisonniers qui étaient employés sous un régime militaire à des travaux hors de l'établissement; aujourd'hui les détenus sont occupés dans l'intérieur de l'établissement et le régime est un peu plus doux que jadis. En 1890, il existait dans tout l'Empire 32 compagnies de discipline avec une population de 11,156 individus en moyenne par jour; il y a par an jusqu'à 10,000 condamnés à la détention dans ces établissements. Les prisonniers subissent la détention en commun de jour et de nuit; ceux qui sont les meilleurs parmi ces détenus sont placés au bout de deux ans dans la catégorie des amendés et jouissent de plusieurs faveurs; dans cette catégorie dix mois sont comptés pour un an. En cas de mauvaise conduite, ils peuvent être exclus de cette catégorie. Avant l'expiration de leur temps de peine, on demande à la commune, dont dépend le prisonnier, si elle consent à le prendre sous sa surveillance après la libération; en cas de réponse favorable, le libéré est remis à la commune; au cas contraire, ce qui arrive bien souvent, le libéré est interné par voie administrative en Sibérie, notamment dans les gouvernements de Tobolsk ou de Tomsk. — L'emprisonnement d'une durée de 2 mois à 2 ans se divise en neuf degrés d'après la durée de la peine et selon qu'il y a ou non privation des droits. En principe la détention en commun est employée; mais la loi de 1887 donne à l'administration des prisons le droit d'appliquer l'emprisonnement cellulaire pour un an $1/_2$ au maximum, et alors 3 jours sont comptés pour 4 pendant la première année, et 2 jours sont comptés pour trois pendant le reste du temps. Depuis la loi de 1886, le travail dans les prisons est obligatoire en dedans ou en dehors de l'établissement; le prisonnier reçoit les $4/_{10}$ du prix de son travail, le fisc $3/_{10}$ et l'établissement les trois autres dixièmes. Cette dernière somme est employée à l'entretien des outils, à la rémunération des prisonniers employés au service de la prison, et l'excédant est abandonné à l'administration des prisons.

La peine privative de liberté la plus légère consiste dans les arrêts simples d'une durée de 3 jours à 3 mois; ils se divisent en quatre échelons d'après leur durée. Ils consistent dans la privation pure et simple de la liberté sans obligation de travailler; les détenus ont le droit de conserver leurs vêtements et de se nourrir à leurs frais.

Pour donner une notion du nombre des prisonniers de toutes catégories en Russie, nous devons présenter le tableau suivant qui reproduit les informations officielles pour l'année 1890.

---

[1]) Sur la déportation et la colonisation de la Sibérie, voir Iadrintzéw, La Sibérie comme colonie, 1882; du même, La commune russe dans les prisons et à l'exil, 1872; Maximow, La Sibérie et la Kátorga, 1867.

Il y avait	Total des prisonniers.							
	Hommes	Femmes	En détention préventive	Condamnés pour un temps fixe	Déportés	Dans les prisons d'étapes	Emprisonnés par voie administrative	Ayant suivi volontairement les déportés
Au 1er janvier 1890 . . .	68,820	7,555						
Arrivés pendant l'année 1890	454,853	68,402	73,781	109,776	53,659	244,726	6,006	35,307
Libérés pendant la même année	455,416	68,571	55,291	123,325	59,663	244,162	5,879	35,659
Restent au 1er janvier 1892	68,257	7,386	20,832	43,049	4,638	4,692	752	1,656
	75,643[1])							

Le chiffre moyen est par jour, en ne comprenant pas ceux qui suivent volontairement les déportés, de 74,415, dont 65,987 hommes et 7,428 femmes; le nombre moyen des malades s'élève à 4,393, soit 6 %, par jour; la moyenne des détenus en prison est de 33,967 (29,719 hommes, 4,248 femmes); les détenus dans les compagnies de discipline sont en moyenne de 6,960, et les détenus aux arrêts en moyenne de 441. Il faut ajouter à ces chiffres environ 10,500 déportés, qui sont détenus dans les établissements de l'île de Sakhalin, et les prisonniers de Sibérie.

La privation de droits était inconnue au droit russe jusqu'à Pierre le Grand. Celui-ci emprunta au droit allemand en 1716 une sorte particulière de peine, consistant en une déclaration publique (faite par l'exécuteur de la peine), que le condamné est un misérable, ce qui entraînait contre celui-ci privation du droit de prêter serment et de témoigner, et privation de la protection des lois et des tribunaux: le condamné se trouvait mis ainsi hors la loi; il était défendu de l'approcher; son meurtre seul était passible d'une peine. Le même Empereur introduisit l'anathème, qui consiste dans l'excommunication complète non seulement hors de l'Église, mais aussi hors de la société civile. Cette excommunication fut nommée la mort politique. Plus tard, en vertu de la loi ci-dessus mentionnée, rendue en 1753 par l'Impératrice Élisabeth, la mort politique fut employée à la place de la peine de mort, et entraîna avec elle la déportation à vie, des peines corporelles, l'arrachement des narines. Le Swod Zakónow et ensuite le C. p. de 1845 contiennent un système assez compliqué relativement à la privation des droits. Il faut distinguer: 1° La privation de quelques droits et priviléges; 2° la privation de tous les droits spécialement attachés à la condition et des priviléges; 3° la privation de tous les droits civils. Toutes ces sortes de peines sont perpétuelles et sont une conséquence nécessaire des peines prononcées; 4° la législation russe connaît, en outre, la privation de certains droits professionnels déterminés, par exemple du droit d'exercer la médecine, de tenir une pharmacie, d'exploiter des établissements industriels, de se livrer au commerce, etc.; à cette énumération se rattache aussi la privation du droit de s'établir dans un lieu déterminé, d'employer dans sa profession des apprentis mineurs. Cette peine est perpétuelle ou temporaire. La privation de quelques droits consiste dans l'incapacité de remplir des fonctions publiques, d'être électeur ou éligible; mais le condamné conserve les droits attachés à sa condition et tous les priviléges et dis-

---

[1]) En outre 7,268 hommes et 1,505 femmes dans les prisons de la Pologne.

tinctions qu'il a obtenus au service de l'État jusqu'à la condamnation (sauf à l'égard des ecclésiastiques, qui perdent leur qualité). Cette peine consiste avant tout dans la perte des droits d'ordre administratif. La privation de tous les droits spéciaux comprend, outre la perte des droits ci dessus mentionnés, celle des priviléges attachés à la condition et de toutes les distinctions, par exemple: du droit de noblesse, des titres honorifiques, du droit d'être commerçant, etc. et aussi d'être chargé de fonctions, entraînant la confiance publique, telles que celles de tuteur, d'avocat, de témoin en matière civile, etc. La privation de tous les droits civils comprend, outre les effets produits par les deux premières catégories, 1⁰ la privation des droits de propriété; les héritiers du condamné entrent en possession de ses biens comme au cas de mort; le condamné ne peut pas être lui-même héritier et il est représenté par ses héritiers dans les successions lui échéant. La loi ne contient aucune disposition relativement au droit d'acquérir des biens; on ne trouve de nombreuses prescriptions sur ce point que dans l'ordonnance sur la déportation. Le condamné peut notamment posséder des meubles (l'administration tient une comptabilité de l'argent emporté par les déportés avec eux). Des immeubles ne peuvent être acquis que par les prisonniers appartenant à la catégorie des amendés; il leur est permis d'acheter des parcelles de terre et des maisons à proximité des établissements pénitentiaires par l'entremise de l'Office appelé „Expédition des Déportés". Les déportés internés peuvent acquérir directement des immeubles dans le lieu de leur domicile; à leur mort leurs parents seuls en héritent, qui sont eux-mêmes domiciliés en Sibérie; à défaut de ceux-ci, les biens sont dévolus au „fonds pour l'entretien des déportés incapables de travailler". Au bout de dix ans, le déporté a le droit de se faire agriculteur en conservant sans aucune restriction tous les droits de propriété. 2⁰ La privation des droits de famille. a) Le mariage antérieurement contracté est rompu sur la demande de l'époux du condamné, si aucun empêchement religieux ne s'y oppose; mais le mariage ne peut pas être rompu sur la demande du condamné. Les condamnés à la Kátorga n'ont pas le droit de contracter mariage tant qu'ils ne sont pas entrés dans la catégorie des amendés; mais dans la pratique, comme l'état de famille est très désirable pour les déportés, le mariage antérieur est rompu, lorsque l'époux non-condamné n'a pas accompagné son conjoint en Sibérie, et il est permis au condamné de contracter un nouveau mariage. b) Privation de la puissance paternelle sur les enfants nés avant la condamnation, mais au cas seulement où les enfants n'ont pas accompagné en Sibérie leur père ou leur mère condamnés, ce qui dépend de l'époux non-condamné, lorsque les enfants sont mineurs. c) Enfin, tous les liens de parenté sont brisés, ce qui vise les droits de succession et de tutelle. Comme nous le voyons, cette variété de la peine de privation des droits est très distincte de la mort civile; sa perpétuité même est conditionnelle et aussi relative que la Kátorga à temps indéterminé elle-même.

　　Les autres pénalités du système pénal sont l'amende et la réprimande. La première est en règle générale une peine principale, et n'est que par exception une peine accessoire; en cas d'insolvabilité du condamné, elle est remplacée par les arrêts ou par l'emploi à des travaux publics. Le montant de l'amende est déterminé par la loi; dans quelques cas seulement l'amende est du double ou du triple de la valeur du dommage causé (vol dans les forêts, délits de douane, etc.). Ordinairement elle ne dépasse pas 300 roubles, sauf exceptions pour les contraventions fiscales.

　　IX. Le système des peines du projet de C. p. repose sur la loi de 1879 et est réellement simplifié. Les peines générales sont la mort, la Kátorga suivie de déportation, la maison de correction, la prison, les arrêts et l'amende;

les pénalités spéciales sont la déportation, la détention dans une forteresse, et la réprimande pour les mineurs. La privation de droits consiste dans la dépossession par arrêt des droits attachés à la condition sociale, à la fonction, et des droits honorifiques; la privation des droits de propriété et de famille est supprimée, mais, dans l'intérêt de la famille du condamné, quelques dispositions sont édictées pour limiter l'exercice des droits de propriété et de famille, en vertu de la loi civile, par le condamné à une peine à temps indéterminé.

§ 8. Partie spéciale du droit pénal russe.[1])

I. Le C. p. est divisé dans son entier en 12 sections; la première est consacrée aux dispositions générales; les onze autres renferment les dispositions relatives aux sortes particulières de crimes, à savoir: section II, crimes contre la religion; III contre l'État; IV contre l'ordre public; V crimes commis par les fonctionnaires; VI crimes en matière d'impôts et de recrutement; VII envers le fisc; VIII crimes contre le bien public et la police; IX crimes en matière d'état civil; X contre la vie, la santé et l'honneur des particuliers; XI contre les droits de famille; XII contre les biens. Les auteurs du C. p. furent amenés par une double circonstance à adopter ce système. En premier lieu, ils désirèrent suivre dans le C. p., qui doit consacrer la garantie des principes généraux, le système suivi dans la législation, c'est-à-dire dans le Swod Zakónow, les divisions particulières du C. p. devant correspondre aux volumes particuliers du Swod. En second lieu, ils prirent en considération la nature intime, la tendance des actes délictueux. Chaque section est divisée en chapitres; les chapitres en parties et en paragraphes; les sections, chapitres, parties et paragraphes ont leur titre. Les onze sections de la partie spéciale du C. p. contiennent en tout 75 chapitres, 88 parties et 45 paragraphes, soit en tout 219 titres différents. Comme la classification des crimes y est fondée sur le caractère des principes et des droits que doivent garantir les dispositions pénales, et non sur la nature juridique des concepts, les dispositions, qui concernent un même concept, se trouvent à différents endroits du C. p. Tels sont, par exemple, le crime de faux, ou les dispositions sur le vol, qui sont dispersés dans tout le C. p. Cette dispersion entraîne naturellement de grosses difficultés pour la pratique. La division adoptée dans la loi pour les juges de paix est beaucoup plus simple; elle consiste dans une division en 30 chapitres, dont le premier est consacré aux dispositions générales et les autres sont relatifs aux délits en particulier. En ce qui concerne le système des délits en particulier, le C. p. a eu aussi son influence ici, en ce que le code des juges de paix a été formé par l'élimination du C. p. des délits légers.

II. Les dispositions pénales sur les crimes contre la religion ont pour but de protéger les objets du culte, particulièrement de la religion d'État, de l'orthodoxie. Les actes, souvent défendus avec sévérité, embrassent un cercle assez large dans lequel, en outre, des outrages à la divinité (punis par la déportation avec Kátorga), l'apostasie à la vraie religion pour embrasser non seulement un culte païen, mais même une autre confession chrétienne, tient une place importante. La participation à une secte prohibée, le non-accomplissement

---

[1]) Littérature: Lokhwitzki, Cours, 1867; Nekludow, Manuel sur la partie spéciale, 1872—1876; Budsinski, De certaines sortes de crimes, 1878; Foïnitski, La partie spéciale du droit pénal, 1890; Tagantséw, Crimes contre la vie; Dukhowskoï, La diffamation; Bélogritz-Kotliarewski, Crimes contre la religion; du même, Le vol; Tallberg, De la soustraction violente du bien d'autrui; Foïnitski, L'escroquerie; Essipow, Du dommage aux biens par incendie; Sokolski, Contraventions aux lois fiscales.

des commandements de la religion sont sévèrement punis. Une mention spéciale est attribuée au vol dans les églises chrétiennes des objets consacrés. Le C. p. range aussi parmi les crimes contre la religion la violation de sépulture (c'est-à-dire l'ouverture des tombes, le dépouillement des cadavres) et le parjure. L'intolérance, l'inquisition des consciences, et enfin des pénalités rigoureuses caractérisent cette section du C. p.; c'est un héritage direct de l'Oulojénié de 1648; la pratique a même dû appliquer avec douceur les dispositions de cette section.

III. Les crimes contre l'État se divisent en actes contre le dépositaire suprême de la puissance politique, contre la vie ou la santé de l'Empereur ou des membres de la maison impériale, contre leur liberté; en actes qui ont pour but de renverser l'Empereur régnant; en crimes de lèse-majesté qui ont une grande extension et sont punis de peines rigoureuses. Sont aussi punies les personnes devant lesquelles une offense est manifestée, et qui ne l'empêchent pas. Enfin il faut mentionner les actes contre le pouvoir législatif et contre l'intégrité de l'État, tels que l'insurrection, la haute trahison, les crimes envers les États étrangers et leurs représentants, etc. Comme nous avons déjà eu l'occasion de le remarquer plus haut, la peine de mort est ici prodiguée, surtout vis-à-vis des crimes particulièrement graves.

IV. La section relative aux crimes contre l'ordre public contient des dispositions sur l'opposition aux organes de l'État et sur la désobéissance aux ordonnances légales: on distingue ici l'opposition accompagnée d'actes de violence, la sédition à main armée et la sédition simple, et aussi les outrages aux fonctionnaires, et la provocation orale ou par écrits à l'insubordination. Rentrent dans cette catégorie: l'usurpation de pouvoirs, le faux en écritures publiques, le détournement de documents des locaux administratifs, l'ouverture des prisons et la délivrance des prisonniers. Sont également punis: la rupture de ban, la formation d'associations prohibées, la participation à une telle association, l'abandon non-autorisé de la patrie, lorsque le sujet qui se trouve à l'étranger ne revient pas malgré la sommation qui lui est faite de revenir; le coupable est banni à perpétuité et perd tous ses droits civils. Il faut remarquer que l'application de cette peine est devenue impossible en pratique depuis la modification que les codes de 1864 ont introduite dans la procédure par contumace en matière pénale.

V. La section consacrée aux crimes des fonctionnaires est une des plus étendues; elle comprend 277 articles qui embrassent non seulement les crimes et les délits, mais même les infractions disciplinaires les plus insignifiantes, de sorte qu'elle peut à elle seule constituer un code disciplinaire.

VI. Parmi les crimes et les délits en matière d'impôts et de recrutement sont mentionnés principalement les crimes relatifs au service militaire, notamment la désertion, l'aide donnée pour favoriser la désertion, les irrégularités dans l'accomplissement du service militaire, la mutilation volontaire.

VII. Dans la catégorie des crimes contre le fisc et les revenus de l'État rentrent les crimes de faux-monnayage et de falsification de valeurs d'État, les contraventions aux dispositions concernant les revenus publics, que réglementent des ordonnances spéciales, surtout les délits de douane et les délits forestiers. Cette section contient 283 articles et prescrit des peines sévères contre les fraudes au Trésor. La peine la plus fréquemment édictée est l'amende dont le montant se calcule au double, au triple, etc.

VIII. La section la plus étendue du C. p., la huitième (573 articles, les art. 831 à 1404), contient les dispositions sur les délits et les contraventions contre la sécurité publique, le bien public et la tranquillité (contre la police ayant pour but la sécurité et le bien public): 1º Crimes relatifs à l'hygiène publique, tels que les infractions aux ordonnances de quarantaine (quelques-unes sont punies de mort en temps de peste épidémique), les infractions aux règles sur les maladies infectieuses et épidémiques, aux règles ayant pour but d'assurer la bonne qualité des aliments et des eaux, aux règles sur le commerce, le dépôt et l'usage de poisons, aux ordonnances relatives à la médecine et à la pharmacie. 2⁰ Infractions aux dispositions des lois sur l'assistance publique, c'est-à-dire sur l'entretien des magasins de provisions, sur la hausse de denrées alimentaires, sur le braconnage, etc. 3⁰ Violation de la tranquillité publique par la formation de bandes pour accomplir un crime, la profession de receleur, la propagation de bruits alarmants, l'annonce de prodiges, la sorcellerie, l'imposture pour convertir d'une confession païenne à une autre confession également païenne, les actions téméraires en justice, les fausses annonces, le faux témoignage, la provocation à l'émigration illégale, le fait même de l'émigration prohibée, les infractions aux dispositions sur les passeports, la fabrication et l'usage de faux certificats de légitimation, et enfin le vagabondage, qui est actuellement un grand mal social. A l'heure présente, la masse des vagabonds se recrute parmi les déportés évadés qui reviennent dans la Russie d'Europe grâce au défaut de surveillance, et qui y exercent des commerces criminels, comme des gens sans nom. „Brodiága" (vagabond), tel est le nom de ceux qui n'ont aucun certificat de légitimation, et qui ne peuvent pas établir leur origine; cette conception diffère de celle qu'ont les États de l'Europe occidentale sur les vagabonds, en ce qu'elle s'applique même aux personnes qui ont une industrie avouable, si elles ne peuvent justifier de leur origine. Les „Brodiági" encourent une peine spéciale, l'incorporation dans les compagnies de discipline et la déportation, ordinairement dans l'île de Sachalin, après bastonnade préalable, s'ils ont donné devant la justice de fausses indications sur leur origine. Ils ne sont pas jugés par le jury. A la même catégorie appartient la mendicité d'habitude, quand elle n'est pas la conséquence d'infirmités corporelles. Dans cette section figurent aussi les infractions aux lois sur la fabrication et les dépôts de poudre et de matières explosives, depuis 1882; les jeux prohibés et les loteries, les infractions à la loi relative aux avances sur gages. 4⁰ Crimes et délits contre la moralité publique; le concubinage, puni d'une pénitence religieuse; la sodomie et les actes contre nature (qui entraînent la déportation, et même la Kátorga lorsque la victime a été violentée); le fait par les parents de servir d'entremetteurs à leurs enfants, ou par le mari à sa femme, ou par le tuteur à son pupille; la séduction de mineurs; l'impression et la propagation d'écrits obscènes; les discours obscènes tenus en public. 5⁰ Infractions aux dispositions des lois sur la presse; c'est ici que trouvent leur place les délits commis par les censeurs et ceux contre la censure (réforme de 1865), ainsi que les dispositions sur la diffamation et les outrages par écrits imprimés (art. 1039, 1040). 6⁰ Fondation d'écoles sans permission, et contravention aux lois sur l'enseignement privé. 7⁰ Violation des ordonnances sur la police extérieure. 8⁰ Contraventions aux règlements sur les constructions. 9⁰ Contraventions à la loi sur l'assurance contre l'incendie. 10⁰ Contraventions en matière de voirie, et dégradations des chemins de fer. 11⁰ Contraventions en matière de postes et de télégraphes, et notamment soustraction de lettres et mutilation des télégraphes. 12⁰ Infractions à la loi sur le crédit; ici sont mentionnées la falsification des effets des banques publiques ou privées, la falsification des pièces relatives aux opérations de banque, l'émission non-autorisée de billets de banque, la violation du secret professionnel par les employés de banque, l'altération du change, l'insolvabilité. 13⁰ Violation des règlements de commerce et de bourse, des dispositions sur les sociétés par actions, etc. 14⁰ Contraventions aux lois sur les fabriques et les industries, sur les brevets d'invention et les marques, en matière de secrets de fabrique, de grèves, de suspension de travail de la part des ouvriers ou des patrons. Enfin, contraventions aux lois industrielles, qui reposent encore sur l'organisation assez ébranlée des ghildes. On ne peut pas s'exprimer sur cette section du C. p. autrement qu'en disant qu'elle constitue dans son ensemble une réglementation mesquine et tout à fait surannée des conditions économiques; c'est pourquoi toutes ces lois demeurent sans application en présence des conditions nouvelles de la vie sociale.

IX. La section suivante (crimes en matière d'état-civil) contient des faits qui peuvent se répartir en trois catégories: 1⁰ Suppression de l'état-civil d'autrui (par dissimulation, faux, suppression d'actes de l'état-civil, vol ou changement d'enfant); dans cette catégorie rentrent aussi la vente d'esclaves et la traite des nègres (punies de la Kátorga). 2⁰ Usurpation d'un état-civil ou d'un rang qui n'appartiennent pas au coupable. Il faut encore mentionner le cas où l'on se donne pour un membre de la maison impériale. 3⁰ Crimes des fonctionnaires qui dressent les actes de l'état-civil ou qui sont préposés à leur régularisation. Il est encore digne d'intérêt de constater que cette même section comprend aussi les crimes contre les lois qui règlent l'exercice des droits résultant de l'état-civil, tels que la tenue des assemblées nobiliaires, etc. Sont particulièrement mentionnés les crimes contre les dispositions légales relatives au recensement de la population, lequel n'a pas été fait depuis 1857.

X. La section relative aux crimes et aux délits contre la vie, la santé, la liberté et l'honneur des particuliers (art. 1449—1548) offre plus d'intérêt.

1⁰ Il est d'abord question du meurtre. Il faut distinguer le meurtre intentionnel et l'homicide par imprudence; le premier se divise en trois sortes: le meurtre prémédité, le meurtre commis volontairement mais sans réflexion, et le meurtre commis sous l'empire de la passion. Le meurtre commis avec préméditation est puni des travaux forcés en Sibérie pendant une durée de vingt ans au plus; le meurtre commis volontairement est puni des travaux forcés jusqu'à concurrence de quinze années, et celui qui est commis sous l'empire de la passion est puni des travaux forcés pour douze ans au plus ou de la déportation en Sibérie sans travaux forcés. La notion de la préméditation est déterminée dans la loi par rapport au temps, c'est-à-dire qu'elle se confond avec la notion de l'intention antérieure d'un certain temps à l'acte. La loi réglemente aussi les espèces suivantes de meurtre qualifié qu'elle punit de la Kátorga à temps indéterminé: le meurtre intentionnel des parents, le meurtre réitéré et commis avec réflexion postérieurement à la peine encourue pour des meurtres antérieurs; le meurtre prémédité de l'époux, des grands-parents, des petits-fils, et en général des parents en ligne directe ascendante ou descendante, du frère ou de la sœur, de l'oncle ou de la tante, d'un supérieur, d'un seigneur (vestige du servage!) ou d'un maître, ou des membres de sa famille vivant en commun avec lui, ou enfin d'un bienfaiteur du coupable, auquel celui-ci était redevable de son éducation ou de son entretien; le meurtre prémédité d'une femme qu'on sait être enceinte; et encore le meurtre commis avec préméditation, s'il est perpétré par des moyens offrant un danger général, ou si la victime a été préalablement martyrisée; le meurtre par embuscade, pour des motifs de cupidité, et le meurtre par empoisonnement. Il faut aussi considérer comme meurtre qualifié, et puni de la Kátorga pour une durée de 20 ans au maximum, le meurtre commis intentionnellement dans le but d'accomplir un autre crime violent. Les catégories suivantes de meurtres sont traitées d'une façon privilégiée: l'infanticide, c'est-à-dire le meurtre d'un enfant naturel par sa mère pendant la naissance ou immédiatement après la naissance sous l'empire de la honte ou de la crainte (exil en Sibérie); le meurtre d'un enfant monstrueux;[1]) l'avortement. On distingue l'avortement opéré sans le consentement de la femme, et l'avortement opéré avec son consentement. Le premier est puni de la Kátorga jusqu'à concurrence de six années, avec aggravation, lorsque l'avortement entraîne des suites dangereuses pour la santé de la femme; par contre, l'avortement opéré avec le consentement de la femme n'est puni que de l'internement forcé. La femme opérée encourt, elle aussi, la peine. La loi mentionne (art. 1467) comme une sorte particulière de meurtre, puni d'une façon privilégiée, le meurtre commis par excès de défense légitime; il est puni de l'emprisonnement jusqu'à 8 mois au plus et d'une pénitence religieuse. La loi punit non seulement la tentative de meurtre, mais même sa simple préparation, mais à la vérité avec modération (art. 1457), c'est-à-dire par la prison pour seize mois au plus. A côté du meurtre accompagné de dol direct, la loi place le meurtre commis avec dol indirect (art. 1458), par lequel il faut entendre les actes illicites qui, à la connaissance du coupable, exposent nécessairement une autre personne à un danger, et que le coupable accomplit néanmoins sans s'en préoccuper, lorsqu'une personne perd ainsi la vie (Kátorga de 8 à 12 ans). L'homicide par imprudence est de même divisé par la loi en plusieurs catégories. Le cas le plus grave consiste en ce que le meurtre est la conséquence non-prévue d'un acte illicite intentionnel, mais accompli sans dessein de tuer (art. 1464). Ce cas comprend aussi les hypothèses d'une mutilation ou d'une atteinte à la santé, qui, quoique commises sans dessein de donner la mort, sont de nature à en faire craindre l'événement (art. 1484, 1488, 1490). Rentre encore dans l'homicide par imprudence le meurtre au cours d'une rixe engagée sans dessein meurtrier.[2])

Sont punis soit tous ceux qui prennent part à une rixe où quelqu'un a trouvé la mort ou une blessure, lorsqu'il a été impossible de découvrir qui fut vraiment l'auteur de l'offense d'où est résultée la rixe; soit seulement les auteurs de l'offense, quand ils sont connus. Nous rencontrons ici un rare vestige de la responsabilité collective si fréquente dans l'ancien droit, qui englobe également dans la peine les coupables et les innocents, et qui est encourue, si l'instruction ne fait pas découvrir les vrais coupables.

Le C. p. distingue, en outre, selon que la mort est la conséquence d'un acte permis ou défendu en soi. L'impunité du meurtre, commis en état de non-discernement ou dans des circonstances telles que le caractère illicite de l'acte est écarté (légitime défense, accomplissement d'un devoir par les gardes forestiers, préposés aux quarantaines, etc.) fait l'objet d'une mention particulière. La loi ne connaît pas de cas où serait impuni le meurtre de l'époux infidèle; mais le jury se montre en fait assez indulgent dans ce cas.

2⁰ Le suicide a conservé jusqu'à ce jour dans le droit russe son caractère illicite. L'auteur même du suicide est passible d'une pénalité, ainsi que le tiers qui l'aide à commettre son acte. Les dispositions testamentaires du suicidé qui s'est tué consciemment sont tenues pour nulles et non-avenues, et son cadavre est privé de la sépulture consacrée par le rite, s'il appartient à la foi chrétienne. La tentative de suicide est punie d'une pénitence reli-

---

[1]) L'art. 1469 du C. p., qui s'occupe du meurtre d'un enfant difforme, a son origine dans deux oukases de Pierre Iᵉʳ, portant des instructions aux magistrats en vue de former un musée, et considérant comme meurtre d'une personne humaine le meurtre d'un enfant monstrueux ayant une âme humaine.

[2]) La rixe entraînant nécessairement la mort même de plusieurs personnes était permise dans les anciens temps et figurait comme une des formes de tournois les plus en faveur, approuvée par les Czars eux-mêmes. Le célèbre poëte Lermontow a donné une description poétique de ces rixes dans son poëme „Le marchand Kalaschnikow". L'art. 38 du Code pour les juges de paix les a défendues d'une manière générale.

gieuse, mais seulement en ce qui concerne les Chrétiens. Ceux qui provoquent le suicide, et ceux qui ont procuré les moyens de suicider, sont condamnés comme des participants à un meurtre intentionnel. Cette disposition permet à la jurisprudence de punir le meurtre d'une personne consentante, tandis que la loi ne contient aucune disposition visant ce cas directement. Enfin, les parents, les tuteurs et les supérieurs, qui par leurs mauvais traitements poussent une personne au suicide, sont punis de la prison et d'une pénitence religieuse.

3⁰ Les dispositions pénales relatives aux atteintes corporelles sont très complexes. La loi distingue plusieurs faits et les définit d'après leurs caractères différents, à savoir d'après la nature de l'atteinte, d'après son importance, d'après ses suites pour la santé du blessé, et enfin d'après le motif subjectif qui a poussé le coupable. Ainsi sont spécialement mentionnées les actes de violence, la mutilation, les blessures, les sévices, les tortures, les troubles apportés à la santé, et les faits qui occasionnent des troubles d'esprit. Les atteintes corporelles sont divisées suivant leur importance en atteintes graves présentant un danger pour la vie, en atteintes graves ne présentant pas de danger pour la vie, et en atteintes légères. Cette classification n'est pas, il est vrai, suivie logiquement pour toutes les espèces d'atteintes corporelles. Une mention spéciale est réservée aux atteintes corporelles qui entraînent la mort. Enfin il est distingué dans chacune de ces catégories entre les atteintes corporelles commises avec préméditation, par imprudence, ou avec réflexion. Il faut remarquer que non seulement les atteintes légères, mais aussi celles qui sont plus graves, quoique sans danger pour la vie, comptent parmi les injures. La notion générale de la contrainte, dans le sens du C. p. allemand, est étrangère au droit russe; celui-ci n'en connaît que quelques formes particulières, telles que le fait de contraindre à livrer des objets, à contracter mariage, etc.

4⁰ Les dispositions sur le duel sont assez scrupuleusement réglementées; sont passibles de peine la provocation par elle-même, l'invitation à se battre en duel, la remise du cartel, l'excitation au duel et enfin le duel consommé, indépendamment de ses conséquences. Le duel conforme aux règles conventionnelles est distingué du duel irrégulier. Le premier, quoique qualifié selon ses résultats, est toujours puni de la détention dans une forteresse. Les témoins du duel ne sont punis que s'ils ne se sont pas efforcés de vider pacifiquement le différend. Le duel irrégulier comporte trois formes: le duel avec condition de prolonger le combat jusqu'à la mort d'un des combattants, le duel sans présence de témoins, et le combat déloyal de la part d'un des duellistes. Dans les deux premiers cas, la peine consiste dans la déportation avec internement forcé, lorsque le duel a causé la mort ou des blessures mortelles. Le combat déloyal est considéré comme un meurtre par trahison ou comme un acte occasionnant des blessures intentionnelles: la même peine atteint le duelliste déloyal et ses témoins qui ont sciemment donné leur concours à un pareil combat.

5⁰ Le droit russe considère comme un crime sui generis le fait d'abandonner une personne dans le danger, et de ne pas porter secours à une personne sur le point de périr (art. 1513 sq.). L'abandon dans un danger imminent (bien entendu si cet abandon se produit en dehors du cas de force majeure) est puni en lui-même indépendamment des conséquences qui en résultent. Si l'abandon se produit dans le dessein de faire perdre la vie à autrui, alors l'abandon est considéré comme un meurtre intentionnel; et si le coupable, même sans intention meurtrière, entraîne sciemment un tiers dans une situation telle que la vie de ce tiers doive être mise en danger selon toute vraisemblance, alors ledit coupable est puni pour cause de meurtre par dol indirect. Sont punis pour abandon d'une personne en danger: a) Ceux qui abandonnent dans une situation dangereuse leur propre enfant ou l'enfant d'autrui âgé de moins de sept ans (l'abandon par la mère d'un enfant naturel nouveau-né est mentionné comme une forme spéciale de l'infanticide par l'art. 1460); b) les parents, tuteurs ou autres personnes, obligées par la loi ou en vertu de conventions à donner leurs soins à un enfant en bas âge, à un malade, ou surtout à un infirme ou à un être atteint de maladie mentale; c) ceux qui servent de guides ou de conducteurs à la personne abandonnée; d) celui qui, se trouvant par hasard en présence d'un duel, avait la possibilité de réconcilier les combattants et ne l'a pas fait. Il n'est pas nécessaire, pour caractériser le crime, que la mort de la personne abandonnée se produise en réalité; il suffit qu'il soit établi qu'elle pouvait se produire. Les peines sont plus douces qu'en cas de meurtre, et les juges ont une grande latitude pour l'appréciation de la peine. La loi russe considère comme un devoir pour tout citoyen chrétien de sauver une personne en danger de mort; aussi ceux qui rencontrent par hasard une personne en pareil danger, qui peuvent la sauver et qui ne le font pas, sont-ils passibles d'une pénitence religieuse, lorsque le salut de leur prochain était possible sans danger pour leur propre vie. Les médecins, accoucheurs, sages-femmes qui ne donnent pas leurs soins à un malade qui les réclame sont passibles d'une peine d'arrêts. Les cabaretiers qui laissent sans assistance une personne dans un état d'ivresse absolue sont également punissables.

6⁰ Le chapitre relatif aux outrages contre l'honneur se divise en trois paragraphes: a) Crimes contre l'honneur et la pudeur des femmes; b) outrages directs aux personnes, etc.; c) calomnie et propagation d'écrits, de dessins ou de bruits portant atteinte à l'honneur. La première catégorie contient des prescriptions sur le viol, le rapt, la séduction par promesse de mariage, etc. Elle comprend une disposition pénale relative aux attentats à la pudeur des femmes. Le code pour les juges de paix prévoit l'offense et la calomnie à côté des outrages aux parents et de la calomnie par écrits ou imprimés remis à un magistrat ou à des fonctionnaires prévus par le C. p. Depuis la loi sur la presse de 1865, le droit russe connaît le délit de diffamation, c'est-à-dire l'affirmation d'un fait de nature à diminuer l'honneur d'une personne; le droit à invoquer l'exceptio veritatis est ici très restreint. Le principe de l'amende prononcée au profit de la partie lésée n'est pas admis dans le droit russe: en cas d'atteintes à l'honneur, une plainte par voie civile est bien permise et une satisfaction peut être obtenue, mais à condition de la perte du droit de poursuivre l'offenseur par voie criminelle; ce moyen n'est plus employé en fait.

7⁰ Comme crime contre la liberté le droit russe connaît la séquestration violente, dont la répression varie avec sa durée, les moyens employés et les suites qui en résultent pour la santé de la victime; la séquestration de parents ou de bienfaiteurs est plus sévèrement punie. L'internement de personnes saines d'esprit dans une maison de fous, le fait de retenir une femme dans une maison publique ne sont pas spécialement mentionnés.

8⁰ Le dernier chapitre de la section consacrée aux crimes contre les personnes contient les dispositions relatives aux menaces. Les cas les plus simples, c'est-à-dire les menaces de violences contre les personnes ou d'incendie, sont prévus dans le code pour les juges de paix; il n'est question dans le C. p. que des menaces qualifiées, c'est-à-dire dirigées contre un supérieur, un bienfaiteur ou des parents de la ligne ascendante, la menace pour obliger à commettre un acte contraire à la loi, et enfin la menace contraignant à s'obliger sur ses biens ou à livrer une chose. Notre C. p. ne contient pourtant aucune disposition pénale sur le chantage, et la pratique s'est vue dans la nécessité de punir ce délit comme escroquerie, quoique cela ne soit pas juridique. Le droit russe ne connaît pas la notion de la contrainte en général.

XI. Les crimes contre les droits de famille comprennent: 1⁰ Les délits et les crimes contre le mariage, dans lesquels la loi comprend différents actes et même ceux, qui sont dirigés contre la puissance paternelle, comme, par exemple, le fait de contracter mariage contre la volonté des parents ou du tuteur, surtout quand c'est la conséquence d'une séduction. Rentrent aussi dans cette catégorie: la contrainte employée pour faire contracter mariage; la tromperie sur la personne épousée; la bigamie, qui est punissable lorsque les parties appartiennent à une confession qui la défend; le mariage entre parents et alliés dans les degrés où l'union est prohibée (ces cas sont très étendus), entre personnes n'ayant pas atteint l'âge légal (18 ans pour les hommes, 15 ans pour les femmes), etc. Dans tous ces cas sont punis, non seulement les parties elles-mêmes, mais aussi les témoins et les prêtres qui bénissent l'union. Comme le mariage est considéré comme un acte religieux, très souvent le caractère licite ou illicite de l'acte dépend de la confession à laquelle appartient le coupable. La loi mentionne sous cette même rubrique la séduction de femmes mariées, l'abus de la puissance maritale, par exemple les mauvais traitements infligés à l'épouse ou la mauvaise attitude de la femme envers son mari, et enfin l'adultère. L'adultère de l'un ou de l'autre des deux époux est puni pareillement; l'époux outragé peut soit porter plainte devant les tribunaux ecclésiastiques ou civils et demander le divorce, soit déposer une plainte au criminel; mais il ne peut employer ces deux moyens à la fois. L'époux coupable est puni de l'internement dans un cloître ou de la prison jusqu'à concurrence de 8 mois; son complice, s'il n'est pas retenu dans le lien conjugal, est puni de la prison jusqu'à concurrence de 3 mois ou des arrêts. 2⁰ L'abus de la puissance paternelle (contrainte pour faire contracter un mariage, pour faire entrer dans un cloître, pour faire commettre un crime, détournement des biens des enfants, etc.), et crimes des enfants contre leurs parents, tels que des actes de brutalité, une désobéissance obstinée (qui sont punis sur la demande des parents par l'emprisonnement pour 3 mois au plus). 3⁰ Crimes contre le lien de parenté (inceste). 4⁰ Abus de la puissance attribuée aux tuteurs et curateurs, ce qui comprend les cas énumérés sous le n⁰ 2.

XII. Le dernier titre du C. p., ainsi que le dernier chapitre du code pour les juges de paix, sont consacrés aux crimes et aux délits contre les biens des particuliers. Ces dispositions montrent plus que les autres l'influence des idées et de la législation de Catherine II. Ici le caractère systématique ne fait pas défaut; le chapitre commence par les dispositions relatives à la dépossession violente et illégale de la propriété immobilière, au déplacement ou à la destruction des bornes; puis viennent les dispositions relatives aux revenus illégaux, parmi lesquelles il faut ranger le vol en matière forestière. Viennent ensuite les dispositions relatives à la destruction de la propriété d'autrui par incendie, explosion, inondation ou autres moyens. Le droit russe ne connaît pas la notion des actes offrant par eux-mêmes un danger général, et la doctrine répond aussi négativement sur ce point. Enfin viennent en dernier lieu les dispositions relatives à la soustraction de la propriété d'autrui, le brigandage dans ses deux formes, vol et escroquerie. Cette division est le résultat d'un développement historique que nous ne pouvons pas discuter ici de plus près.

Le brigandage[1] se présente dans le droit russe comme consistant dans la soustraction dans un but de lucre des biens mobiliers d'autrui à l'aide d'une violence exercée contre la victime, telle qu'une agression armée, des

---

[1] Dans le droit russe comme dans le droit allemand, il faut entendre le mot brigandage (Rasboï; Raub) non pas seulement dans le sens français du mot, mais encore dans le sens de vol lato sensu: c'en est la forme la plus grave, vol à l'aide de violence sur la personne présentant danger à la vie. (Note du traducteur.)

menaces ou des actes présentant un danger pour la santé, la vie ou la liberté de la personne attaquée. Ce cas se distingue du brigandage dans sa seconde forme plus douce (Grabëj) uniquement par l'intensité de la violence déployée. Enfin, le brigandage simple (Grabëj du second degré) consiste dans la soustraction non-clandestine et non-violente de biens; et il se distingue du vol en ce que la soustraction est clandestine dans ce dernier cas. L'escroquerie se caractérise par la soustraction à l'aide d'une tromperie. Ces diverses espèces de crimes contre les biens se divisent en crimes privilégiés ou qualifiés. Par exemple, le vol se subdivise en vol simple, grave et qualifié. Celui-ci existe, lorsque la valeur de l'objet détourné dépasse 300 roubles, quand il a été commis par plusieurs participants faisant partie d'une bande, ou qu'il a été commis avec effraction, le vol dans un monument public ou de l'État soumis à une garde de surveillance, le vol commis par des serviteurs par l'introduction de gens étrangers dans la maison où ils sont employés, le vol commis sur une voie publique ou à main armée, le vol de chevaux transformé en profession (véritable plaie pour certaines provinces), la soustraction de documents, le vol en cas de seconde récidive, enfin le vol commis par une personne appartenant aux classes privilégiées (nobles, ecclésiastiques, bourgeois notables). Divers chapitres du C. p. contiennent plusieurs dispositions sur des cas particuliers de vol; ainsi le vol dans les églises des objets consacrés est mentionné à propos des crimes contre la religion; la soustraction de documents déposés dans une administration figure parmi les crimes des fonctionnaires et les crimes contre l'État, etc. Enfin viennent les crimes et les délits qui tendent à l'appropriation des biens d'autrui, c'est-à-dire le détournement et la dissimulation de la propriété d'autrui, sans soustraction. Dans cette catégorie rentrent l'appropriation des immeubles d'autrui à l'aide de faux ou de fraude, et le détournement d'objets mobiliers remis en dépôt, ou à autre titre confiés au coupable, ainsi que l'appropriation frauduleuse des choses trouvées par le coupable (en allemand Funddiebstahl). Le détournement est qualifié, lorsque la valeur de la chose détournée dépasse 300 roubles, ou en cas de récidive. Il est, au contraire, privilégié, lorsqu'il est la conséquence de la légèreté du coupable et que celui-ci s'oblige volontairement à dédommager la victime (le dédommagement réel n'est pas nécessaire; il suffit que l'inculpé se déclare lors du jugement prêt à rembourser la valeur de l'objet).

Quant à l'appropriation des choses trouvées, on prend en considération si l'inculpé connaissait ou non le propriétaire de la chose trouvée, et si celui-ci la lui avait réclamée. La loi se montre particulièrement indulgente pour ce genre de détournement, aussi sa répression est-elle en fait sans portée. Dans cette catégorie de crimes rentrent encore l'appropriation de droits d'auteur, les atteintes à la propriété artistique ou littéraire, la reproduction illicite et le plagiat; les atteintes aux droits de brevets et les délits en matière de marques de fabriques sont, comme il a été dit ci-dessus, traités à un autre endroit par le C. p.

Le dernier groupe de crimes contre les biens comprend les crimes relatifs à certains contrats; ainsi: 1° La contrainte imposée pour conclure un contrat et la falsification des pièces du contrat. 2° Les crimes relatifs à quelques contrats spéciaux, tels que la vente de biens appartenant à autrui, ou de biens déjà vendus mais non encore crédités, ou de biens hypothéqués sans qu'on ait révélé cette circonstance; la vente de choses acquises par vol ou par un autre crime; le nantissement des biens d'autrui; l'abus des pouvoirs conférés par mandat, etc.

Il faut remarquer que, malgré l'abondance des dispositions pénales du code, ou plutôt à cause même de leur abondance, et aussi à cause de la méthode casuistique adoptée, il n'existe aucune disposition générale, comme il a été dit plus haut, sur le chantage, ni sur l'abus de confiance. Il se trouvent dans le droit russe seulement quelques cas spéciaux s'y rapportant (par exemple en ce qui concerne les fonctionnaires, les avoués-avocats, etc.).

§ 9. Organisation judiciaire et procédure.

Il s'en faut de beaucoup que l'organisation judiciaire soit réglementée d'une façon uniforme pour tout l'Empire russe. La réforme de 1864 a été peu à peu introduite dans diverses provinces, mais plusieurs provinces (la Sibérie et les gouvernements de l'Est) attendent encore l'introduction des tribunaux réformés. Mais avant que l'œuvre de 1864 reçut sa complète application territoriale, la loi de 1889 a tenté des réformes fondamentales: celles-ci ne sont d'ailleurs pas applicables à toute la Russie, et il faut faire les distinctions suivantes: 1° L'organisation judiciaire selon les codes de 1864 dans les provinces où elles ont été introduites, et que ne concerne pas la loi de 1889. 2° L'organisation judiciaire selon les codes de 1864 modifiées par la loi de 1889. 3° L'organisation judiciaire non-réformée. Dans les provinces où l'organisation judiciaire de 1864 subsiste encore entièrement intacte, le pouvoir judiciaire est complètement distinct et indépendant du pouvoir administratif; il forme un ensemble propre dont toutes les branches sont placées sous le contrôle suprême du Sénat de cassation. Ce dernier représente le plus haut tribunal de cassation à l'égard des tribunaux ordinaires et des justices de paix, qui se composent, ceux-là de magistrats inamovibles nommés par le gouvernement, et celles-ci de magistrats élus périodiquement pour trois ans. Chacun de ces deux groupes judiciaires exerce une juridiction propre et comprend deux degrés, la première instance et l'appel; les tribunaux ordinaires comprennent les tribunaux de district et la cour d'appel (qui fonctionne aussi comme chambre des mises en accusation); les justices de paix se composent du tribunal du juge de paix et de la session générale de tous les juges de paix du district, avec un président élu. La coexistence de cette double organisation judiciaire rappelle le système anglais; elle offre aussi un rapprochement avec l'organisation française en ce que les tribunaux de district fonctionnent avec ou sans la participation du jury, de telle façon qu'ils représentent en quelque sorte deux institutions spéciales, et que la première instance comprend en définitive trois sortes de tribunaux: les justices de paix, les tribunaux de district sans jury, et les tribunaux de district avec jury (tribunaux d'assises). La juridiction unique de cassation rappelle encore l'organisation française.

La compétence des juges de paix est plus étendue qu'en France (ils connaissent des délits qui entraînent la prison jusqu'à 1 an $^1/_2$, les arrêts jusqu'à 3 mois, et l'amende jusqu'à 300 roubles); la compétence du tribunal de district sans jury est plus étroitement limitée. Le jury est composé de personnes prises sur plusieurs listes successives, avec cette différence, par rapport aux États de l'Europe occidentale, que les listes sont établies toujours pour une même région assez étendue telle qu'un district (Ouésd), une portion d'un gouvernement, ce qui dépasse souvent la valeur d'un département français.

Les magistrats sont représentés dans les tribunaux d'assises par trois juges du tribunal de district: les audiences de ces tribunaux d'assises doivent avoir lieu au siège du tribunal ou dans une autre ville du district. Ces juges ne sont pas nommés, comme en France, pour une session déterminée, mais sont désignés une fois pour toutes en vertu de la loi.

L'instruction est confiée à des „instructeurs de justice" désignés spécialement à cet effet. En général cet office important est considéré comme le premier pas dans la carrière judiciaire.   La procédure de l'instruction ressemble à celle de la France.

Le ministère public est organisé avec une hiérarchie rigoureuse; au sommet se trouve le ministre de la justice comme procureur général; puis viennent le procureur au Sénat de cassation et ses auxiliaires, les procureurs près les cours d'appel et leurs auxiliaires, et les procureurs près les tribunaux de district et leurs auxiliaires.   Les justices de paix n'ont pas de ministère public spécial: un membre du parquet du procureur près le tribunal de district siége aux sessions générales des juges de paix, c'est-à-dire dans l'instance d'appel, moins comme procureur chargé de l'accusation que comme magistrat appelé à donner son avis.   L'accusation devant le juge de paix est entre les mains de la victime et de l'organe de la police, mais cette dernière est surveillée par le ministère public.

Dans beaucoup de provinces, les ordonnances de 1864 sont en vigueur non pas dans leur forme primitive, mais telles qu'elles ont été modifiées par la loi de 1889 qui n'a pas touché aux tribunaux ordinaires, mais qui a écarté complètement les juges de paix (sauf les juges de paix d'honneur)[1]) et les a remplacés par des magistrats et des fonctionnaires désignés par le ministère de l'intérieur, ne jouissant pas de l'inamovibilité et soumis pour leurs fonctions au ministère de la justice et au ministre de l'intérieur. La première instance est représentée dans les cercles par les chefs cantonaux (Zemskié outshastkowyé Natshalniki), qui sont nommés parmi les propriétaires fonciers nobles du cercle par le ministre de l'intérieur, dont ils dépendent; dans les villes, par les juges urbains désignés par le ministre de la justice. La compétence de ces juges et chefs est plus restreinte que celle des juges de paix: en ce qui concerne les affaires qui dépassent leur ressort, et à l'égard desquelles les tribunaux de district ne sont pas non plus compétents, on a créé une nouvelle institution: le membre du tribunal de district délégué pour remplir les fonctions de juge du cercle; il doit résider dans le chef-lieu du cercle; il relève du ministère de la justice et du Sénat de cassation; l'appel de ses décisions est porté au tribunal de district.   L'appel des sentences des Zemskié Natshalniki et des juges urbains est porté devant les assemblées des chefs cantonaux (sous la présidence du maréchal de la noblesse), et les pourvois en cassation sont portés devant des comités provinciaux qui siégent au chef-lieu de la province sous la présidence du gouverneur de la province. L'élément judiciaire dans ces deux derniers degrés de juridiction est représenté d'une façon tout-à-fait subordonnée; ils n'ont aucun lien avec le Sénat de cassation et ne sont qu'en partie des organes judiciaires.   Les procureurs du tribunal de district remplissent les fonctions du ministère public. — Les Zemskié Natshalniki, les assemblées des chefs cantonaux et les comités provinciaux sont un mélange d'organes administratifs et judiciaires, et naturellement on ne saurait trouver ici la moindre trace du principe de la séparation des pouvoirs.

Dans les provinces, où subsistent les tribunaux non-réformés, le pouvoir judiciaire est entièrement confondu avec le pouvoir administratif dans les degrés inférieurs: cette organisation comprend les tribunaux de cercle, les cours criminelles et le cinquième département du Sénat. Les organes de l'administration exercent leur contrôle sur les actes des tribunaux et homologuent les jugements rendus.

---

[1]) Ces juges de paix ne fonctionnent pas constamment comme juges de première instance; ce ne sont pas non plus des suppléants des juges de paix, mais ils les remplacent en cas d'absence et ils prennent part aux sessions générales des juges de paix; souvent ils sont invités à siéger parmi les magistrats dans les tribunaux d'assises, sans qu'il en puisse y figurer plus d'un.

En ce qui concerne les organisations judiciaires ayant un caractère particulier, il faut signaler celle des provinces baltiques, de la Pologne, du Caucase, où l'organisation judiciaire de 1864 est en vigueur, moins les tribunaux d'assises. Les justices de paix sont organisées différemment. En Pologne, à côté des juges de paix urbains, il existe des tribunaux communaux pour la campagne qui se composent d'un juge communal élu sous le contrôle du gouvernement et de deux assesseurs (à l'instar des échevins allemands, mais nommés pour une période de six mois). La juridiction d'appel est représentée par l'assemblée des juges de paix et des juges communaux. Au Caucase, les juges de paix sont nommés par le ministre de la justice; ils remplissent aussi les fonctions de juges d'instruction, et peuvent être remplacés par des suppléants spécialement nommés à cet effet. Le tribunal de district connaît des appels, et la cour d'appel de Tiflis statue comme cour de cassation pour les sentences des juges de paix.

Les tribunaux spéciaux pour certaines catégories de personnes sont: 1º Les tribunaux militaires, qui comprennent en temps de paix les tribunaux de régiments, les tribunaux de district et le conseil militaire supérieur. Ce sont des autorités composées en partie de magistrats désignés pour un temps indéterminé quoique amovibles, en partie de juges nommés pour un certain temps. Leurs actes relèvent entièrement du ministre de la guerre. En temps de guerre, la justice est représentée par les conseils de guerre et le conseil supérieur de guerre. 2º Les tribunaux pour les paysans ou tribunaux communaux, qui sont complètement indépendants des tribunaux ordinaires.[1]) Ils se composent de cinq juges nommés par la commune, renouvelés tous les ans. L'exercice de ces fonctions est considéré par les paysans comme une lourde charge, car il y a peu de communes qui rétribuent les juges. Là où la loi de 1889 n'est pas encore en vigueur, les décisions de ces tribunaux sont portées en appel aux autorités administratives, préposées aux affaires rurales; là où ladite loi est déjà appliquée, ces tribunaux dépendent des chefs cantonaux (Zemskié Natshalniki). 3º Les tribunaux ecclésiastiques n'existent pas en tant qu'institution particulière; leurs fonctions sont remplies par des organes ecclésiastiques administratifs, les évêques ou les consistoires et le saint synode pour l'Église orthodoxe, et les autres autorités religieuses des confessions non-orthodoxes. Celles-ci sont soumises au contrôle et à la surveillance du ministre de l'intérieur.

En ce qui concerne la procédure même, l'ancienne procédure inquisitoriale a fait place à la procédure accusatoire, qui repose sur les principes de la procédure orale et directe, de la publicité des débats, et qui est réglementée par les codes judiciaires du 20 novembre 1864. Comme nous l'avons déjà dit, les rédacteurs de ces ordonnances ont pris pour modèle les meilleurs systèmes de procédure de l'Occident; plusieurs matières sont même organisées d'une façon plus libérale. Le manque d'espace nous empêche de nous étendre sur ce point.

§ 10. Le développement ultérieur.

Comme conclusion de notre exposé, nous présentons un tableau général du droit pénal russe et de la procédure, de leurs particularités et de leurs défauts, ainsi qu'il ressort de leur situation actuelle et leur développement continu.

C'est le droit pénal matériel qui en est la partie la moins parfaite. La législation pénale, actuellement en vigueur, est le résultat de différentes

---

[1]) En Pologne il n'existe pourtant aucuns tribunaux communaux spéciaux pour les paysans, car le tribunal communal est compétent pour toutes les catégories de personnes appartenant à la commune.

époques de l'histoire, qui ne sont pas encore réduites à l'unité. A côté des idées de la Russie moscovite, formulées par le Code de 1648, farouches et terribles pour les malfaiteurs, on trouve les prescriptions plus humanitaires d'Elisabeth et de Catherine II. A côté des maximes inspirées par l'idée que le crime n'est que désobéissance à la volonté du Czar et que la punition n'est que la manifestation de sa colère, ne connaissant ni frein ni limite, sont rangées des maximes d'un autre ordre, définissant le crime comme un attentat au bonheur privé ou public, et imposant à la punition la tâche de corriger le criminel.

La législation, actuellement en vigueur en Russie, offre, pour ainsi dire, le spectacle de plusieurs couches superposées, dont chacune est le résultat d'une époque distincte de l'histoire; il est donc incontestable que la jurisprudence russe doit éprouver le besoin d'y créer l'unité intime, qui en relierait toutes les parties.

Cette tâche a été entreprise dans les travaux consacrés au projet d'un nouveau C. p.; ces travaux durent depuis 1880 et approchent à leur fin. La commission de rédaction qui en est chargée, ayant à sa tête le Secrétaire d'État, Membre du Conseil de l'Empire M. Frisch, est composée de MM. Nekludow, Rosin, Sloutschéwsky, Tagantzéw et de l'auteur de ces lignes. La commission, tout en étant intimement liée au Conseil de l'Empire, l'organe supérieur de législation en Russie, ainsi qu'au Ministère de la Justice, livre ses travaux dans une large mesure à la publicité, de sorte qu'on peut dire qu'elle reflète la pensée juridique de toute la Russie.

Toutefois les défauts du droit matériel, en vigueur en Russie, sont plutôt d'un ordre extérieur, se bornant à un manque d'unité et à des imperfections du système. Quant à son contenu, il se distingue incontestablement par de grandes qualités que le lecteur se rappellera aisément, en raison de ce qui a été dit plus haut. Il suffira de mentionner que le droit pénal non seulement ne connaît pas la peine de mort pour les crimes de droit commun, mais n'édicte pas même de punitions à vie. La première a été abolie en 1753, les peines à perpétuité pendant le règne d'Alexandre Ier; à la place de la privation de la liberté et des droits à perpétuité, inconnue au droit russe, on y trouve la privation de la liberté sans terme, ne dépassant en fait jamais une limite posée; et la privation des droits, qui sont peu à peu presque entièrement restitués au condamné. Un caractère d'humanité distingue, sans contredit, la législation pénale russe, c'est d'elle que s'inspirent ses maximes fondamentales, c'est encore sous son inspiration que le peuple russe est si compatissant au criminel, le considérant moins comme un malfaiteur, méritant la punition pour le mal qu'il a commis, que comme un malheureux, manquant du soutien qui pourrait le seconder dans la voie du bien. Ce point de vue a pénétré à tel point la conscience russe que le gouvernement lui-même, en imposant la peine et en exécutant la sentence, en subit l'influence; l'auteur des ordonnances concernant les déportés, le comte Spéransky, était fermement convaincu que la Russie ne connaissait pas le type du malfaiteur endurci. Cette façon humanitaire d'envisager le criminel imprime son cachet spécial à la législation pénale russe et forme le fondement des travaux ayant pour but le projet du nouveau code. Toutefois, il faut noter que certaines conditions particulières à la Russie, telles que l'insuffisance de culture parmi le personnel subalterne de l'administration, notamment de celle des prisons, le nombre très considérable des détenus, confiés à une armée de fonctionnaires insuffisante et peu compétente, offrent jusqu'à nos jours des obstacles insurmontables, empêchant l'adoption et le développement d'institutions aussi approuvées par l'opinion publique que le sont les libérations et les condamnations conditionnelles. Mais ces obstacles s'aplaniront et la conviction s'affermit de jour en jour que l'introduction de ces institutions en Russie est indispensable.

Si nous dirigeons nos regards vers la procédure pénale, nous voyons que, dans ce domaine, les Codes de 1864 ont inauguré un nouvel ordre de choses. Ces codes indiquent la direction que doit suivre l'activité gouvernementale; celle-ci se donne pour tâche la mise en vigueur consécutive de ces codes et le développement organique des principes fondamentaux qu'ils proclament. Durant les vingt années qui suivirent la promulgation de ces lois, le programme qu'elles constituent a été réalisé avec succès, la jurisprudence prit son essor et s'assura une autorité inconnue jusque là, tout en sauvegardant et en développant les principes des codes en question; le pouvoir législatif de son côté prêta une oreille attentive aux besoins de la pratique judiciaire, indiqua et réalisa nombre de réformes suivant l'esprit des Codes de 1864. Ainsi furent introduites les réformes suivantes: Les lois concernant l'introduction des codes judiciaires au Caucase (1866), dans les Gouvernements de Pologne (1875), dans les Gouvernements de Livonie, Courlande et Esthonie (1889), les dispositions concernant la comptabilité judiciaire, les lois de 1868 et 1877 concernant des changements dans la procédure de cassation, la loi du 16 juin 1886 concernant des changements dans le système des questions posées aux jurés et admettant la participation des jurés dans cette affaire; en partie les lois du 20 janvier 1887 sur la publicité des séances, du 15 février 1888 sur la procédure par contumace, du 28 janvier 1892 sur la citation obligatoire des parties à l'instance d'appel. Outre ces lois mises en vigueur, on prépare un remaniement des différentes questions capitales de la procédure pénale, surtout pour ce qui concerne l'instruction. Mais déjà pendant cette période un courant se forme, qui ne correspond non seulement pas aux principes des Codes de 1864, mais se dirige contre ces derniers. Ce furent d'abord deux questions capitales dans l'organisation de la justice qui se posèrent d'une façon aigue, — en premier lieu la question du jury, qui avait attiré l'attention par le nombre élevé des acquittements (en moyenne 33 %, et pour certains genres de crimes — les crimes des fonctionnaires surtout — 70 %), et en second lieu la responsabilité disciplinaire du personnel de la justice, qu'on considérait de plus en plus comme ayant été affaiblie par les Codes de 1864. Pour ces deux questions de grands changements s'effectuèrent; l'organisation du jury fut changée (voyez les lois du 28 avril 1887 et du 3 décembre 1890); sa compétence fut rétrécie[1]) par les lois de 1872, 1878 et celles du 2 mars 1889 et du 9 mars 1892, en faveur de la juridiction des cours d'appel et du Sénat avec l'admission de fonctionnaires, représentants des États (noblesse, etc.). Non moins profonds furent les changements qu'introduisit dans l'organisation judiciaire la loi du 20 mai 1885, en entamant l'inamovibilité des juges. Une certaine défiance à l'égard du personnel judiciaire se fit jour dans les sphères gouvernementales et se manifesta par certaines mesures, ayant pour but de limiter les pleins pouvoirs des juges, stipulés par les Codes de 1864, d'une part pour ce qui concernait les questions d'administration judiciaire (une loi de 1885 étendit le pouvoir personnel du Ministre de la Justice et dans le domaine du contrôle judiciaire confia le pouvoir au président de la cour d'appel), et en second lieu quant aux questions de l'examen judiciaire (une loi de 1887 limita le pouvoir du tribunal par rapport à la publicité). Peu de temps après la mise en vigueur des Codes de 1864, des voix se firent entendre réclamant des changements dans le domaine de la justice de paix. On ne peut pas nier que son organisation d'après les Codes de 1864 avait bien des côtés faibles.

---

[1]) Il ne faut pas perdre de vue que d'après la rédaction première des codes de 1864 la compétence du jury était très étendue, bien plus étendue qu'elle ne l'est d'après les lois française, allemande et autrichienne.

En opposition aux régime adopté dans toute l'Europe occidentale, les juges de paix chez nous sont des fonctionnaires élus par les assemblées des Zémstwo et par les conseils municipaux, sans que le gouvernement y prenne part, pour une période de trois ans. Déjà à l'époque de la formation des Codes de 1864, on s'était aperçu de l'exiguïté excessive de ce temps. L'instance d'appel se compose de ces mêmes juges de paix, ils élisent un des leurs pour président. La désunion de la justice de paix et des tribunaux gouvernementaux a attiré l'attention et on a proposé diverses mesures pour en modérer l'action, telles que la proposition de donner la présidence dans l'instance d'appel à un juge désigné par le gouvernement, de porter en appel les décisions des juges de paix aux tribunaux gouvernementaux, etc. Mais un défaut plus considérable de la justice de paix consistait dans le fait qu'elle ne s'étendait pas sur la classe des paysans, qui restait soumise pour les petites affaires à l'ancien régime administratif et à ses tribunaux cantonaux, — de volosti (communes combinées); ceci entretenait dans la justice une scission fâcheuse pour la population. Vers 1870 commencèrent les travaux de la commission du sénateur Lubostchinsky, qui publia des matériaux vraiment remarquables concernant le fonctionnement de la justice des paysans, mais cette commission ne mena à aucun résultat pratique. Une seconde fois cette question grave fut délibérée par la commission du Secrétaire d'État Kahanow, mais les travaux qui en résultèrent n'eurent pas de suites non plus. La même question fut éclairée d'un côté tout différent, pendant que l'énergique Comte Tolstoy tenait le portefeuille de l'intérieur. Le fait est que, dans les cercles gouvernementaux, on était d'accord sur la nécessité de réunir le pou-voir administratif et le pouvoir judiciaire entre les mains d'un organe gouvernemental, pour ce qui concernait les paysans; il n'existait de divergence d'opinions que sur la question de savoir s'il fallait créer un organe de ce genre exclusivement pour les paysans comme complément à la justice de paix, ou bien pour toutes les classes, en échange et avec l'abolition complète de la justice de paix. Cette dernière opinion, défendue par le Comte Tolstoy, remporta la victoire et forma le point de départ des lois de l'année 1889 sur les institutions mi-judiciaires, mi-administratives qui ont complètement transformé l'organisation des tribunaux pour les affaires moins importantes. Actuellement les juges de paix (d'élection) ont été conservés dans les capitales et certains grands centres; dans les autres parties de l'Empire, où les lois de 1889 ont été mises en vigueur, la justice de paix a été remplacée par les chefs de circonscription dans les campagnes, par des juges urbains, par les plenums d'arrondissement et de province comme tribunaux d'appel et de cassation, composés pour la plupart de fonctionnaires administratifs, ce qui amena un renversement complet du principe de la séparation des pouvoirs judiciaire et administratif, principe proclamé par les Codes de 1864.

2. Grand-duché de Finlande.

I. Introduction.

§ 1. Histoire de l'ancien droit finnois.

Le lecteur sait que le Grand-duché de Finlande, qui est réunie à la Russie, possède sa propre Constitution et une législation spéciale complètement différente de celle de la Russie. Nous n'avons pas le loisir ici d'entrer dans des détails sur la situation, au point de vue du droit public, de la Finlande vis-à-vis de la Russie. Nous dirons seulement que la situation politique actuelle de ce pays date de la Diète de Borgo (1809). Une fois l'armée suédo-finnoise vaincue, malgré une vaillante résistance, et refoulée au-delà des frontières du pays, l'empereur Alexandre Ier convoqua les représentants légitimes du peuple finnois, les États de Finlande. Le serment de fidélité fut prêté à l'empereur comme grand-duc, après qu'il eut auparavant, car il était lui-même présent, confirmé solennellement et sanctionné les lois et la Constitution du pays par un serment écrit, lu aux États rassemblés dans la cathédrale de Borgo.[1]

Jusqu'à sa réunion à la Russie, la Finlande avait fait partie du royaume de Suède. Les Suédois avaient pris possession du pays de 1157 à 1323 par des conquêtes successives. L'incorporation de la Finlande à la Suède fut accomplie, avant que les vieilles coutumes juridiques de la nation finnoise, ou plus exactement des différents peuples qui la composent, eussent pu recevoir la forme définitive de la loi écrite. Le résultat en a été que les Finnois, population principale de la Finlande, n'ont laissé aucun monument juridique d'où l'on puisse tirer des renseignements précis et exacts sur leurs plus anciennes règles de droit.

Cependant les Finnois purent, après la première invasion des Suédois (1157), vivre relativement en paix pendant un long espace de temps, en suivant leurs coutumes nationales. Ce n'est qu'au 14e siècle que le droit suédois commença à s'acclimater en Finlande avec quelque succès. Que cette conquête, pour ainsi dire, spirituelle ait pu s'accomplir sans difficultés extraordinaires, cela est explicable par la circonstance suivante.

L'ancienne société suédoise avait un fondement démocratique. La féodalité, régnant dans la plus grande partie du reste de l'Europe, n'avait jamais pu pousser des racines dans le sol suédois. Aussi la législation suédoise pouvait-elle facilement s'appliquer aux rapports de droit simples et populaires existant

---

[1] Sur la constitution et la situation politique de la Finlande, voir entre autres: Mechelin, L., Das Staatsrecht des Grossfürstentums Finnland (comme appendice au travail du professeur Engelmann: Das Staatsrecht des russischen Reichs, du Manuel de droit public de Marquardsen), Fribourg en Br. 1889; Mechelin, L., Précis du droit public du Grand-duché de Finlande, Helsingfors 1886; Danielson, J. R., Finnlands Vereinigung mit dem russischen Reich. Traduction de la 2e édition du texte suédois. Helsingfors 1891; Hermanson, R. F., Finlands statsrätsliga ställning. Helsingfors 1892.

chez les Finnois. Il en résulta que le droit suédois et l'organisation sociale suédoise se nationalisèrent dans le cours des siècles chez la plus grande partie du peuple finnois, quoique celui-ci gardât sa nationalité et sa langue à côté de ses vieux us et coutumes. Le peuple finnois avait, sous le rapport politique, des droits égaux à ceux du peuple suédois. Dans le parlement suédois, les représentants finnois siégeaient avec les représentants suédois et prenaient part à l'élaboration des lois. Cette situation dura jusqu'à la réunion de la Finlande à l'empire russe.[1])

C'est pourquoi le droit positif de la Finlande a la même origine que le droit suédois et c'est pourquoi l'histoire du droit des deux pays eut un cours commun jusqu'à ce que la séparation politique eût assigné à chacun un développement différent. Nous pouvons donc renvoyer le lecteur, en ce qui concerne le développement historique de l'ancien droit pénal finnois, à l'histoire du développement du droit suédois.

Après la réunion de la Finlande à l'empire russe, il y eut un arrêt assez long dans le développement de la législation de droit criminel et du reste de la législation. Après la Diète de Borgo, plus de cinquante ans s'écoulèrent avant qu'une nouvelle Diète fût convoquée. Une conséquence inévitable fut l'interruption de toute activité législative qui, selon la constitution du pays, exigeait le concours de la représentation du peuple. La législation criminelle de la Finlande resta ainsi presque étrangère pendant plusieurs dizaines d'années aux grands progrès que la doctrine et la législation des autres pays firent pendant ce temps sur le terrain du droit pénal.

§ 2. Histoire et formation du Code pénal de 1889.

En 1863 commença à poindre pour la Finlande l'aube d'un jour nouveau, lorsque l'empereur Alexandre II, dont le nom reste gravé dans le souvenir du peuple finnois reconnaissant, convoqua de nouveau la Diète et appela ainsi l'ancienne constitution du pays à une vie nouvelle et à un nouveau développement. Une des questions pressantes qui attirèrent en première ligne l'attention, aussi bien du gouvernement que des représentants du peuple, fut celle d'une réforme de la législation pénale qui était surannée. Déjà à la Diète mentionnée ci-dessus (du 15 septembre 1863 au 15 avril 1864) une proposition impériale touchant les principes généraux devant servir de base à l'élaboration d'un nouveau C. p. fut soumise aux États. Le gouvernement et les représentants du peuple étaient d'accord sur l'opportunité d'une réforme énergique de toute la législation pénale et cela suivant les principes à la base de la doctrine et des codes modernes. Pour l'élaboration du projet d'un nouveau code, une commission fut nommée en 1865 par le gouvernement, commission qui ne termina son projet qu'en 1875, car ses membres étaient occupés d'autres travaux de législation et avaient du reste à remplir leurs fonctions publiques. Le projet comprenait, outre la loi pénale, une ordonnance concernant l'exécution des peines et aussi une ordonnance concernant l'introduction du C. p. et les règles à observer à cet égard. On ne s'était pas trop pressé pour l'élaboration du projet, parce qu'une réforme énergique du régime des prisons était une condition nécessaire pour l'entrée en vigueur de la loi. Après que diverses autorités juridiques eurent donné le préavis qu'on leur demandait sur le projet[2])

---

[1]) Koskinen, Y., Finnische Geschichte von den frühesten Zeiten bis auf die Gegenwart, traduction du finnois. Leipzig 1873.

[2]) Ces préavis furent rassemblés dans une brochure ayant pour titre: Underdåniga utlåtanden öfver förslagen till strafflag för Storfurstendömet Finland och två dermed gemenskap ägande förordningar, Helsingfors 1880.

et que ce projet eut subi les critiques de quelques juristes[1]) — ce qui cependant n'avait pu avoir lieu que dans une mesure très restreinte, puisque le projet n'avait été publié que dans les deux langues nationales, le finnois et le suédois, et ainsi n'était pas accessible au grand cercle des spécialistes étrangers, — on comprit que, quoiqu'il fût le fruit d'études approfondies, il fallait le reviser, pour répondre aux exigences de la vie juridique pratique.

Une deuxième commission fut nommée pour la refonte du projet; elle présenta un nouveau projet en 1884. Bien que celui-ci se rattache au premier en ce qui concerne les principes de droit pénal, il peut cependant être considéré comme une œuvre à part. Ce deuxième projet aussi ne parut que dans les deux langues nationales.

Pendant ce temps, vingt années s'étaient écoulées sans qu'on eût encore été au-delà des projets. Lorsque les travaux préparatoires de la nouvelle loi pénale avaient été commencés, il devait sauter aux yeux de chacun qu'un long espace de temps s'écoulerait, avant que la nouvelle loi à élaborer pût être appliquée. Mais il ne semblait pas possible de conserver jusque là, sans la modifier, l'ancienne législation avec son système des peines suranné tel qu'il se présentait dans le code de 1734. On chercha à remédier aux disparates les plus manifestes par diverses lois provisoires. Comme fruits de l'activité de la diète de 1863 à 1864, on peut mentionner quatre novelles pénales du 26 novembre 1866: une sur les lésions corporelles et l'homicide involontaire, une concernant la fausse accusation et les atteintes à l'honneur, une 3e sur l'infanticide et une 4e sur l'exécution des peines privatives de liberté. A la diète suivante, en 1867, les États acceptèrent un projet de loi dont le but était de remplacer provisoirement, jusqu'à l'entrée en vigueur du nouveau C. p., l'ancien système des peines par un autre qui fût capable de faire disparaître en quelque mesure le contraste entre la lettre de la loi et l'esprit général du droit. Ce projet fut même ratifié par le gouvernement, mais sa promulgation fut différée à cause de l'état encore défectueux des prisons. Le délai se prolongea si longtemps qu'on crut pouvoir attendre l'entrée en vigueur du nouveau C. p.; aussi la loi provisoire dont nous parlons ne fut-elle jamais promulguée.[2])

Revenons au travail préparatoire du nouveau C. p. Après que le projet de 1884 eut subi encore une revision de la part du gouvernement, il fut soumis aux États à la diète de 1885, mais trop tard malheureusement pour que la question pût recevoir une solution dans cette assemblée. A la diète suivante, en 1888, le projet fut de nouveau soumis aux États, accepté par ceux-ci avec de faibles modifications, ratifié par l'empereur et promulgué à la date du 19 décembre 1889. La nouvelle loi, avec les deux lois s'y rapportant, à savoir l'ordonnance concernant l'exécution des peines et celle concernant l'introduction de la loi pénale et les règles à observer à cet égard, devaient être appliquées à partir du 1er janvier 1891.[3]) Mais auparavant parut un décret impérial du

---

[1]) Parmi ceux-ci, il faut mentionner: Hagströmer, J., Granskning af förslaget till strafflag för Storfurstendömet Finland, Upsal 1879 et Forsman, J., Muistutuksia alamaiseen rikoslain ehdotukseen, jonka on valmistanut eräs sitä varten asetettu komitea, Helsingfors 1878, comme appendice à la Revue de l'Union juridique, 13e année (Tidskrift utgiven af Juridiska Föreningen i Finland).

[2]) G. Ehrström a donné un aperçu du développement de la législation pénale finnoise ensuite des diètes de 1863—1864 et 1867 dans la Revue de l'Union juridique, 6e année.

[3]) Le C. p. avec les ordonnances s'y rapportant a été publié, en dehors du recueil officiel des lois de Finlande (en finnois: Suomen Suuriruhtinanmaan Asetuskokoelma, en suédois: Storfurstendömet Finlands Författningssamling), dans une petite édition par G. W. Edlund, avec table de matières (1889). — De même ont paru une

13 décembre 1890. „Dans le but d'écarter les embarras et les difficultés grandissants, causés par l'introduction le 1er janvier 1891 du nouveau C. p. avec les ordonnances y relatives", l'entrée en vigueur du code était suspendue jusqu'à ce que les résolutions des États se réunissant le 20 janvier 1891 pour discuter sur les modifications „commandées par la nécessité" à apporter à la loi, pussent être acceptées et ratifiées par l'empereur et le grand-duc.

Ces modifications jugées nécessaires, proposées aux États par le gouvernement, concernaient presque exclusivement le chapitre Ier (de ceux qui sont soumis au C. p. finnois) et les chapitres traitant des crimes de haute trahison, de trahison envers la patrie et de lèse-majesté. Les propositions de modifications paraissaient provoquées par l'idée qu'on avait que, pour quelques principes de la nouvelle loi déjà sanctionnée, on n'avait pas suffisamment tenu compte de la réunion de la Finlande à la Russie et des intérêts de l'unité de l'empire. Le projet du gouvernement fut accepté par les États avec quelques modifications insignifiantes. Cependant la sanction n'a pas eu lieu et l'on attend un nouveau projet par la session de 1894. Pourtant, puisque la controverse ne se rapporte qu'à quelques points de détail qui n'intéressent pas nos lecteurs, nous pourrons prendre pour base de cette étude le projet accepté par les États.

II. Le Code pénal de 1889.

§ 3. Partie générale.

Le nouveau C. p. pour l'élaboration duquel on a tenu compte en première ligne du C. p. suédois de 1864 et du Code allemand de 1871, se divise en 44 chapitres dont les neuf premiers embrassent la partie générale du droit pénal et dont les suivants traitent des espèces de délits et de leur punition. Les quatre derniers chapitres contiennent les contraventions de police les plus importantes. On n'a pas admis dans la loi une division des infractions correspondant à la division tripartite des codes français et allemand, comme étant étrangère au droit finnois. Toutes les infractions, qu'elles soient graves ou légères, sont comprises sous la désignation générale de „délits" (en suédois, brott, en finnois, rikos).

Nous dirons quelques mots en premier lieu des dispositions de la loi qui offrent matière à comparaison.

Parlons tout d'abord du système des peines. Comme peines ordinaires on a admis: la peine de mort, les travaux forcés, la prison et l'amende; comme peines spéciales pour les fonctionnaires: la suspension de fonctions et la révocation. En outre, la loi prévoit plusieurs peines accessoires. Les plus importantes sont la dégradation civique et, pour les fonctionnaires, l'incapacité de revêtir des fonctions publiques.

La peine de mort qui, quoique très souvent prévue dans l'ancienne législation du pays, avait été, pour ainsi dire, abolie par un édit de l'empereur Nicolas en 1826, a été rétablie dans la nouvelle loi pour les crimes suivants:

traduction française et une traduction allemande, la traduction française sous le titre: Code pénal de Finlande du 19 décembre 1889 traduit de l'original suédois par Ludovic Beauchet, professeur à la faculté de droit de Nancy, 1890, la traduction allemande, faite par Johannes Öhquist à Helsingfors, comme supplément au 11e vol. de la Zeitschrift für die gesamte Strafrechtswissenschaft. La traduction française ne comprend que la loi principale; la traduction allemande comprend, en outre, l'ordonnance sur l'exécution des peines.

a) Meurtre ou assassinat commis sur la personne de l'empereur **et** grand-duc, ainsi que la tentative de ces homicides; b) voies de fait sur la personne de l'empereur et grand-duc (la peine de mort peut être remplacée par les travaux forcés à vie ou à temps); c) meurtre ou assassinat commis sur la personne de l'impératrice, du prince héritier ou d'un autre membre **de** la maison impériale; d) assassinat commis sur la personne du chef d'un État ami; e) assassinat (la peine de mort peut être remplacée par les travaux forcés à perpétuité).

En ce qui concerne l'exécution de la peine de mort, l'ordonnance sur l'exécution des peines (1:4,5) prescrit qu'elle ait lieu intra muros et par décollation.

La peine des travaux forcés est ou à perpétuité ou à temps. Le maximum de la peine des travaux forcés à temps est de 12 ans, excepté en cas de concours de délits. Dans ce cas il faut appliquer une peine commune et le maximum peut atteindre 15 ans. Le minimum des travaux forcés est **de** 6 mois.

La peine de la prison est à temps. Le maximum en général est de 4 ans. En cas de concours de délits on peut cependant aller jusqu'à 6 ans au plus. En outre, à l'origine le code prévoyait un emprisonnement de plus longue durée (en quelque sorte une espèce de „custodia honesta") dans certains cas pour lesquels la peine des travaux forcés n'était pas prévue, mais qui cependant paraissaient réclamer un emprisonnement assez long. Ces cas ont été ramenés à deux (concernant le duel 23:1) dans la Novelle acceptée par les États en 1891. — Le rapport des travaux forcés à la prison, en ce qui concerne la durée, correspond à la proportion de $^3/_4$ à 1.

Pour l'exécution des peines privatives de liberté, l'ordonnance d'exécution dans ses chap. 2—4 a admis les principes du système progressif. La libération conditionnelle a été introduite aussi bien pour les détenus des maisons de force que pour les détenus des prisons. Elle ne peut être appliquée que si le détenu a été condamné à une peine privative de liberté d'au moins 3 ans et s'il a subi les $^3/_4$ de la peine. S'il a été condamné aux travaux forcés à perpétuité, il faut qu'il en ait fait 12 ans au moins (Ord. d'exécution 2:3).

En ce qui concerne spécialement la peine des travaux forcés, remarquons ici qu'il existe divers pénitenciers pour hommes et pour femmes, que les détenus, qui sont forcés de travailler pour le compte de l'État, se répartissent en 3 classes: la classe de force, la classe d'instruction et la classe d'épreuve, à moins que pour des peines privatives de liberté d'une certaine durée un plus grand nombre de classes d'instruction ne soit jugé nécessaire; remarquons, en outre, que chaque détenu commence par la classe de force, que le passage de cette classe dans la classe d'instruction et ensuite dans une classe plus élevée dépend des certificats qui lui sont délivrés d'après sa conduite.

Quant au traitement des détenus dans les différentes classes, il faut mentionner certains traits caractéristiques.

Les détenus appartenant à la classe de force doivent être gardés **en** cellule jour et nuit pour un temps qui est laissé à l'appréciation du directeur du pénitencier, cependant pas moins de 4 mois. Si le séjour continuel **en** cellule est préjudiciable à la santé du détenu ou que celui-ci, pour d'autres raisons, ne puisse pas être gardé en cellule, il est loisible au directeur **du** pénitencier de permettre à ce détenu de travailler en commun sous une surveillance continuelle, mais cependant, autant que possible, il doit passer les nuits et les récréations d'une certaine durée en cellule. Si un détenu n'a pas atteint sa 18e année, le directeur fixe la durée du séjour en cellule; mais, en aucun cas, ce jeune délinquant ne peut être mis en commun avec de plus anciens prisonniers de la classe de force.

Dans la classe d'instruction, les délinquants travaillent en commun sous une surveillance continuelle. Ce n'est qu'exceptionnellement qu'on prescrit la cellule. Cependant les détenus passent, autant que possible, les nuits et les récréations d'une certaine durée en cellule.

Dans la classe d'épreuve aussi, les détenus travaillent en commun et passent la nuit, suivant l'appréciation du directeur, dans des dortoirs communs ou dans des cellules, s'il y en a qui sont libres. Sous un autre rapport, on a cherché à faire de cette classe, autant que les circonstances le permettent, une classe de transition sur le modèle de „l'intermediate prison" irlandaise (Ord. d'exécution 3 : 11²).

Les détenus des prisons sont soumis aussi, comme les détenus des pénitenciers, au travail obligatoire, mais ceux-là ont le droit de choisir eux-mêmes leur travail et, suivant le texte de la loi, de le faire pour leur propre compte à supposer qu'il soit compatible avec l'emprisonnement et puisse être exécuté avec les propres outils du détenu ou les outils de l'établissement. Même dans ce cas cependant, les ²/₃ du prix de vente de l'objet reviennent à l'État (ou à la ville ou à la commune), après déduction de la valeur des fournitures. Si le détenu ne peut faire un travail de ce genre, il doit travailler comme les détenus des pénitenciers en général pour le compte de l'État.

Les détenus dans une prison sont divisés au moins en deux catégories correspondant aux classes des maisons de force. On combat efficacement les effets nuisibles des peines de courte prison par l'application très étendue du régime cellulaire. Il est notamment prescrit que tout détenu, au commencement de sa peine, doit, si possible, être gardé en cellule. Proportionnellement à la durée de la peine, le temps à passer en cellule peut, suivant l'appréciation du directeur, aller jusqu'à 12 mois et, pour des motifs sérieux, être encore de plus longue durée, à moins que la santé du prisonnier le permette. Pour prévenir l'influence néfaste des mauvais éléments de la population des prisons, on a pris diverses mesures, comme dans les maisons de force, en ce qui concerne les détenus qui sont gardés en commun. Ainsi les détenus appartenant à la classe inférieure, et qui n'ont pas atteint leur 18e année, ne peuvent être mis avec les plus anciens prisonniers de la même classe.

A propos du régime cellulaire, on peut encore mentionner le fait que le directeur de la prison ou du pénitencier peut autoriser un détenu qui en fait la demande à passer le jour et la nuit en cellule (Ord. d'exéc. 3 : 9 ; 4 : 7). De même, en ce qui concerne les détenus des prisons, s'il y a urgence de séparer un prisonnier des autres prisonniers parmi lesquels il aurait dû être régulièrement classé, la loi prescrit le régime cellulaire, si cela est possible.

Le code prévoit l'amende pour les infractions les moins importantes. Souvent elle existe à côté de la prison et le juge peut choisir entre les deux peines. Le maximum de l'amende est de 1000 Mks. finnois (francs) et le minimum de 3 Mks. Dans certains cas cependant — le concours de délits n'est pas en question ici — l'amende peut être plus élevée, par exemple pour l'usure (38 : 10² ; puis 2 : 9 ; 10 : 5 ; 43 : 1,³). Les amendes qu'on ne peut recouvrer sont converties en prison. Pour cette conversion, le législateur finnois n'a pas établi une échelle relative comme dans le C. p. allemand art. 29, mais a indiqué une quotité fixe pour chaque jour de prison. Le maximum de cette peine privative de liberté subsidiaire est de 90 jours et le minimum de 4 (2 : 5). L'Ordonnance d'exécution (4 : 5) prévoit que les individus qui subissent cette peine convertie doivent être séparés des autres détenus. Si cela n'est pas possible, ils doivent être mis avec ceux qui purgent une peine de prison ordinaire, mais dans la classe supérieure (Ord. d'exéc. 4 : 5).

En ce qui concerne le recouvrement de l'amende, le droit finnois a conservé le principe très ancien que si le condamné ne peut payer le tout, toute la somme doit être convertie en la peine de prison corrélative, sans qu'un payement partiel puisse intervenir.

La perte des droits civiques a pour conséquence la perte des droits qui dépendent d'une bonne renommée. Cette peine accessoire est une peine temporaire avec un minimum de 1 année et un maximum de 15 ans. C'est seulement dans le cas où le crime qui entraîne la dégradation civique est puni de mort ou des travaux forcés à perpétuité que cette peine accessoire est aussi perpétuelle.

L'incapacité de revêtir des fonctions publiques est une peine temporaire qui ne peut aller au-dessous d'une année et au-delà de 15 ans.

Le Code finnois a, comme les codes modernes en général, donné une grande latitude au juge pour apprécier la peine. Cela apparaît d'abord dans la fixité relative des peines établies par le code qui prévoit soit une espèce de peine avec un maximum et un minimum soit plusieurs espèces de peines déterminées d'une manière absolue ou relative; cela apparaît ensuite dans le fait que, pour les circonstances particulièrement atténuantes ou aggravantes, dans plusieurs cas, le code prévoit à côté des peines ordinaires des peines spéciales. Parfois les circonstances particulièrement aggravantes ne donnent pas lieu à l'application de peines spéciales, mais ne font qu'aggraver la peine principale $(38 : 2^3; 40 : 6^3)$. Parmi les cas de circonstances atténuantes et aggravantes, nous ne comptons pas ceux où le législateur, en mentionnant expressément une circonstance atténuante ou aggravante, a fixé une peine plus douce ou plus sévère (par exemple $16 : 10^2$; $17 : 1^4$; $22 : 8^2$ etc.), ni ceux où il a décrété qu'une circonstance quelconque doit être considérée comme aggravante, c'est-à-dire comme élevant la peine dans les limites fixées par la loi $(7 : 2$; $14 : 1^3$; $21 : 13^1$; $40 : 22$; $41 : 8)$. Il vaut aussi la peine de mentionner que le législateur édicte souvent une disposition pénale spéciale en combinant un motif certain donné d'atténuation ou d'aggravation avec des circonstances particulièrement atténuantes ou aggravantes en général (par exemple $21 : 2^2$; $25 : 9$; $29 : 1^2$; $33 : 1^2$; $36 : 5$ etc.).

Quant à l'âge requis pour l'imputabilité et la responsabilité en matière pénale, la loi fait les différences suivantes: un enfant qui n'a pas encore atteint sa 15e année n'est pas responsable pénalement. Cependant, suivant les circonstances, le tribunal peut ordonner qu'un enfant qui a accompli sa 7e année soit placé dans un établissement public d'éducation ou soit corrigé à la maison (ce qu'on doit pouvoir prouver) par ses parents ou celui sous la garde duquel il se trouve. Si les parents ou celui qui prend soin de l'enfant négligent la correction qu'il est de leur devoir d'infliger, l'autorité exécutive peut s'en charger.

L'enfant peut être gardé dans l'établissement public d'éducation aussi longtemps que l'autorité compétente l'estime nécessaire, cependant pas au-delà de sa 18e année accomplie, à moins que le représentant légal de l'enfant n'autorise un séjour plus long dans l'établissement, auquel cas ce séjour peut aller jusqu'à la 20e année accomplie. Il ne faut cependant pas interpréter ces dispositions à la lettre, car, suivant l'Ord. d'exéc. (6 : 1), un enfant remis à l'établissement d'éducation doit, autant que possible, être placé dans une famille pour y être élevé sous la surveillance de l'établissement, s'il ne doit pas être gardé auparavant dans l'établissement eu égard à son âge, à sa perversité ou à d'autres circonstances. Les dispositions plus détaillées sur ces établissements d'éducation sont réservées à des ordonnances spéciales.

Pour les jeunes délinquants entre 15 et 18 ans, la peine est grandement diminuée; la loi entre dans certains détails. Suivant les mêmes principes, la peine est abaissée aussi pour ceux auxquels, quoiqu'ils ne puissent pas être considérés comme irresponsables, manque l'usage complet de leur raison (3 : 4); il en est de même pour celui qui dépasse les limites de la légitime défense, pour l'état de nécessité, la tentative et l'assistance.

L'atténuation de peine admise pour ceux qui n'ont pas l'usage complet de leur raison ne doit pas s'étendre à l'ivresse ou à un autre trouble d'esprit semblable provoqués par le délinquant lui-même (3 : 4²).

On peut remarquer ici, en passant, que le C. p. (43 : 6) inflige une amende à „celui qui se trouve en état d'ivresse dans les chemins, rues ou autres lieux publics ou dans des assemblées publiques et occasionne par là du scandale". La peine est considérablement aggravée pour un employé qui se rend coupable de la contravention dont nous parlons dans l'exercice de ses fonctions. Ces dispositions sont une modification des principes de l'ancienne législation sur ce point, suivant lesquels l'ivresse, bien qu'elle ne soit pas publique, est punie et ne peut être un motif d'excuse pour les crimes commis dans cet état.

L'impunité résultant de l'état de nécessité n'est pas fondée, suivant la conception du législateur, sur un droit de nécessité, mais plutôt sur l'excusabilité d'une action coupable commise dans cet état. Ainsi il est prescrit (3 : 10) que si quelqu'un, pour sauver sa personne ou la personne d'autrui ou sa propriété d'un danger présent, commet un acte coupable sans lequel il n'était pas possible de sauver ces biens, le tribunal apprécie s'il doit profiter de l'impunité complète ou s'il mérite une punition complète ou atténuée dans la mesure d'atténuation qui profite aux jeunes délinquants.

En ce qui concerne la participation, il faut distinguer entre le fait d'être l'auteur et le fait de prêter assistance dans la réalisation de l'acte. L'acte de l'auteur est un acte d'exécution, mais l'acte du complice consiste à favoriser de son conseil ou de son action ou par des encouragements, pendant ou avant l'exécution, l'acte de l'auteur (5 : 3). La tentative d'incitation au crime est laissée impunie suivant la doctrine qui domine encore en Finlande. Mais, comme en Allemagne, on n'a pu échapper à la nécessité de tenir compte sous ce rapport des exigences de la vie juridique pratique. Ainsi dans le chap. 16 : 8 — correspondant aux §§ 85, 110 et 111 du C. p. allemand — l'incitation publique au crime, même quand elle est restée sans résultat, est punie, qu'elle ait eu lieu dans une assemblée du peuple ou au moyen d'un imprimé répandu ou affiché publiquement. Dans le cas où le crime en question est celui de haute trahison ou de trahison envers la patrie, la culpabilité est aggravée. Est frappée d'une peine spéciale l'incitation publique à l'inobéissance à la loi ou aux prescriptions légales. De même le chap. 17 : 6, comme l'art. 159 du code allemand, prévoit une peine pour l'incitation au parjure restée sans résultat.[1]

Au sujet de la récidive, il existe dans le droit finnois le principe en vigueur de toute antiquité que pour qu'une récidive soit relevante en droit pénal, il faut que la peine du premier délit ait été complètement purgée. Le législateur a limité l'aggravation de culpabilité qu'entraîne la récidive aux délits de propriété, mais il n'a pas exigé une analogie étroite entre le nouveau délit et l'ancien. Ainsi une effraction commise après une extorsion est punie comme effraction en récidive. — Ce qu'on appelle la prescription de la récidive est admise aussi par le législateur finnois; en effet dans le chap. 6 : 2,

---

[1] Forsman, J., Grunderna för läran om delaktighet i brott (Les bases de la doctrine de la participation), Helsingfors 1879. Ce volume contient un aperçu des dispositions de l'ancien droit suédo-finnois se rapportant à la participation.

le législateur a établi que la récidive n'a plus d'effet aggravant, si 10 ans se sont écoulés entre l'expiation de la peine et le second délit.[1]

Dans le chapitre du concours de délits, le législateur a conservé l'ancienne distinction entre le concours idéal et le concours réel. Pour le concours idéal, on applique le principe d'absorption et pour le concours réel un principe qui tient le milieu entre les principes d'absorption et du cumul des peines. Pour les amendes cependant, on a conservé le principe du cumul en vigueur dans l'ancien droit. Pour le concours idéal, on doit appliquer celle des lois qui permet au juge d'infliger la peine la plus sévère, mais, en cela, la sévérité de la peine selon l'espèce ne doit pas seule servir de règle. Ainsi la prison représente une peine plus sévère que celle des travaux forcés, si la peine de l'emprisonnement prévue dans une loi dépasse, sous le rapport du temps, dans une proportion plus grande que 4 à 3, la peine des travaux forcés prévue dans une autre loi. Dans ce cas, la peine de la prison doit être convertie en celle des travaux forcés avec déduction d'un quart. Cependant il n'y a pas lieu de faire nécessairement cette conversion, si l'autre loi prévoit à côté de la peine des travaux forcés une espèce de peine moindre. — La notion du concours réel de la loi finnoise est plus vaste que celle du C. p. allemand (§ 79). Suivant l'art. 7 : 9, il y a aussi concours réel dans le cas où de deux délits qui ont été commis avant le jugement de l'un la peine pour l'un a été subie, avant qu'on ait jugé l'autre. De même, dans le cas où un individu, après avoir été condamné pour un ou plusieurs délits, a commis une nouvelle infraction avant d'avoir complètement subi sa peine, on applique, pour fixer la nouvelle peine, les règles du concours réel. Il y a cependant une modification assez importante en ce qu'il est permis au juge de dépasser pour un temps déterminé le maximum prévu en cas de concours de délits. Ce temps est de 5 ans au plus pour les travaux forcés et de 2 ans au plus pour la prison.

Il faut remarquer encore qu'en cas de concours réel, si les peines prévues pour les divers délits sont hétérogènes, on peut les convertir, pour former une peine générale, en la peine la plus sévère selon l'espèce, — naturellement la peine de mort et les travaux forcés à perpétuité exceptés. — On ne peut convertir une amende en travaux forcés que si l'amende est d'abord convertie en prison suivant l'échelle établie par la loi et la prison convertie ensuite en travaux forcés avec déduction d'un quart.

Pour la poursuite des délits qui nécessitent une plainte de la partie lésée[2] (la loi en contient un grand nombre), il est établi un délai de forclusion d'une année à partir du jour où l'ayant-droit a eu connaissance du délit. Le lésé est autorisé à retirer une plainte, avant que l'affaire soit portée par devant le tribunal ou à laisser tomber une poursuite pénale intentée par lui, avant que le tribunal de première instance ait rendu son jugement. Si un délit qui nécessite une plainte est commis au préjudice de celui auquel manque l'usage

---

[1] La dissertation académique de K. F. Lagus: „Om återfall i brott, senare delen" (De la récidive dans les délits, 2e partie), Helsingfors 1856, donne des renseignements sur les dispositions de l'ancien droit suédo-finnois concernant la récidive.

[2] Parmi ces délits, on peut mentionner ici: le fait de pousser à un contrat de mariage (18 : 1); l'adultère (19 : 3); mauvais traitements sans importance et lésion corporelle causée par négligence (21 : 14); la rupture de la paix domestique, la visite domiciliaire illégale et la démolition de fenêtres, le fait de jeter des pierres ou autres objets dans la chambre, la maison d'autrui ou le fait de tirer avec des armes dans ces locaux (24 : 5); le viol et d'autres attaques contre la liberté et la chasteté d'une femme, la contrainte et la menace d'un délit (25 : 14); les atteintes à l'honneur (27 : 8); le détournement de biens communs (30 : 2); le dommage apporté aux choses et qui n'a lésé qu'un droit privé (35 : 4); l'abus de confiance et l'égoïsme coupable (38 : 9), etc.

de sa raison ou qui n'a pas atteint sa majorité par son représentant légal, une poursuite pénale peut être intentée par l'accusateur public sans une plainte spéciale.[1]

La partie générale du code se termine par un chapitre sur l'indemnité dans les affaires pénales. Le fait d'avoir admis les dispositions sur l'indemnité dans le C. p. trouve son explication en premier lieu dans la parenté étroite existant entre la peine et l'indemnité dans l'ancienne législation en vigueur jusqu'alors, suivant laquelle, dans les anciens statuts, à côté des dispositions pénales, il y a souvent des prescriptions sur l'indemnité, et en second lieu dans l'imperfection sur ce point de la législation civile. Il faut remarquer aussi que la question d'indemnité se rattache au procès pénal lui-même en ce que, dans la plupart des cas, la demande en dommages-intérêts de la partie lésée a lieu en même temps que la plainte.

§ 4. Infractions en particulier.

La partie spéciale du code commence par un chapitre sur les délits de religion. Le premier de ces délits est le blasphème, soit l'outrage au saint nom de Dieu ou à la doctrine des sacrements ou aux usages d'une association religieuse reconnue, autorisée ou tolérée en Finlande. Ensuite viennent les dispositions applicables aux troubles apportés au culte. Ces dispositions concernent toutes les associations religieuses reconnues, permises ou tolérées dans le pays. Le prosélytisme sans autorisation est également puni, s'il se rapporte à une des associations religieuses reconnues, permises ou tolérées. Le chapitre se termine par une disposition pénale applicable à celui qui empêche son serviteur ou un autre de ses domestiques de fréquenter, d'une manière plus ou moins régulière, le service divin. — Dans le chap. 41, on a introduit des dispositions pénales concernant les différentes contraventions à l'ordre ecclésiastique établi pour la confession principale du pays, l'Église évangélique et luthérienne. En outre, quiconque a (entre 6 heures du matin et 6 heures du soir les dimanches et jours fériés de l'Église) fait un travail sans nécessité pressante ou exercé son industrie ou son métier, est puni pour profanation du jour saint. Si un délit a été commis un dimanche ou un jour férié, cette circonstance est considérée comme aggravante.

En ce qui concerne les „delicta carnis" (chap. 20), il faut remarquer que, dans la loi finnoise, même le simple coït entre personnes non-mariées est puni, sous le nom de „noces secrètes" (suédois: lönskaläge, finnois: salavuoteus) d'une amende de 40 francs au plus pour l'homme et de 20 francs pour la femme. Plusieurs espèces de coït qualifié sont punies, en outre, de peines plus élevées. Le coït simple et les espèces légères de coït qualifié sont impunis, si les coupables se marient.

En ce qui concerne l'homicide, la nouvelle loi s'est considérablement écartée de l'ancienne législation. Celle-ci comprenait sous la notion d'homicide toute action illégale ou omission qui a causé la mort d'un homme. L'homicide volontaire (suédois: viljadråp) du code de 1734 ne comprend pas seulement les cas où l'auteur a l'intention de tuer autrui, mais aussi ceux dans lesquels il a intention d'apporter une douleur corporelle ou une lésion corporelle, si la mort s'ensuit dans une année. Dans la loi du 26 novembre 1866 sur l'homicide et où l'homicide involontaire a été introduit, on s'en tint à une conception très

---

[1] Sur les délits nécessitant une plainte et les dispositions de l'ancien droit suédo-finnois qui s'y rapportent, on peut consulter la dissertation académique de J. Grotenfelts: Om mâlsägarebrottets begrepp enligt finsk rätt (De la notion des délits nécessitant une plainte d'après le droit finnois), Helsingfors 1887.

étroite et l'on considéra comme homicide volontaire seulement l'homicide où la mort a été voulue dès l'abord. Mais l'assassinat, d'après l'ancienne législation, était un homicide volontaire qualifié et cela en ce qu'il était exécuté d'une manière perfide et en secret. — Dans la nouvelle loi, l'assassinat et le meurtre sont différents l'un de l'autre en ce que l'assassinat est un homicide volontaire commis avec préméditation et le meurtre un homicide volontaire aussi, mais commis sans réflexion, brusquement. Du reste, sous la notion de meurtre, la loi comprend, conformément à l'ancienne législation, non seulement l'homicide involontaire causé par une action méchante volontaire (21 : 4), mais encore le fait de causer la mort d'autrui par négligence ou inattention (21 : 10). Comme circonstance atténuante non seulement du meurtre mais aussi de l'homicide causé par une action méchante volontaire, la loi mentionne le cas où l'auteur, sans sa propre faute, a été irrité par une offense grave ou une violence spéciale de la part de la victime.

Pour l'homicide causé par une action méchante volontaire, on a admis comme circonstance atténuante le cas où la mort ou une lésion corporelle grave ne pouvait pas être attendue comme résultat probable des voies de fait.

Les voies de fait, hors le cas où la mort s'ensuit, ont été divisées par le législateur, suivant leur effet, en trois catégories: 1⁰ Voies de fait qui ont causé une lésion corporelle grave (perte de la parole, de la vue ou de l'ouïe, autre infirmité corporelle grave, dommage permanent apporté à la santé ou maladie qui met la vie en danger) (21 : 5); 2⁰ voies de fait qui ont des conséquences moindres que celles de la première catégorie, infirmité corporelle ou maladie (21 : 11); 3⁰ voies de fait qui n'ont causé qu'un dommage de peu d'importance ou même pas du tout (21 : 12).

L'exposition d'enfant (22 : 8) (qui consiste en ce qu'une femme devenue enceinte dans un coït illégitime abandonne son nouveau-né ou le laisse sans secours) est, en tant que crime lié à l'infanticide, séparée de l'infraction prévue au chapitre des crimes contre la liberté (chap. 25). Cette dernière infraction en effet consiste dans l'abandon d'un enfant privé de tout secours ou d'une autre personne pareillement nécessiteuse. Le fait de mettre dans une position malheureuse ou d'abandonner, dans cette position, une personne qu'on s'est obligé à emmener, à accompagner ou à garder, relève de la même catégorie d'infractions (25 : 3).

Les atteintes à l'honneur (chap. 27) sont la diffamation (suédois: smädelse) et l'injure (suédois: förolämpning). Il y a diffamation quand quelqu'un impute à une autre personne un certain crime ou délit ou une autre action de ce genre propre à exposer cette personne au mépris public ou à lui nuire dans ses affaires, ou encore qui répand sur elle des bruits faux ou inventés. La diffamation est de deux espèces: la volontaire, c'est-à-dire qui a lieu avec connaissance de la vérité, et l'involontaire. Pour les deux espèces, le législateur a édicté des dispositions pénales sévères au cas où la diffamation a été commise publiquement ou au moyen d'un imprimé ou autre écrit ou au moyen d'une gravure allégorique répandus par le coupable ou par ses soins.

En ce qui concerne le vol (chap. 28), il faut mentionner la différence qui a été faite de tout temps dans la législation suédo-finnoise entre les soustractions d'une certaine valeur et celles de moindre valeur. Les soustractions de biens ayant une valeur de plus de 20 francs sont désignées comme vol, tandis que celles d'une valeur moindre sont comprises sous la dénomination de larcin (suédois: snatteri, finnois: näpistely). Le larcin est puni d'une peine beaucoup plus douce que le vol. Il est puni d'une amende, s'il n'a pas été commis dans des circonstances particulièrement aggravantes, tandis que le vol entraîne la prison et, avec des circonstances très aggravantes, les travaux forcés. Le vol entraîne, en outre, la dégradation civique, tandis que cette peine accessoire ne s'attache pas au larcin. L'adoucissement de peine prévu pour le larcin est exclu pour les soustractions qualifiées, dont beaucoup ont passé de l'ancienne législation dans la nouvelle.

L'effraction (28 : 3), conformément à l'ancienne législation, a été érigée en délit indépendant vis-à-vis du vol. Ce délit a lieu, quand quelqu'un, dans l'intention de voler, pénètre de force dans une cour, une maison, un bâtiment ou autre lieu fermé, ou, au moyen de rossignols, fausses clefs ou autrement s'y procure un accès ou une entrée, ou bien encore quand quelqu'un ouvre de force ou par ruse des armoires, caisses, commodes ou autres bahuts pourvus de serrure ou fermeture semblable, sans les emporter. Mais un vol avec effraction est envisagé comme vol qualifié, tandis que dans l'ancienne législation ce cas était considéré comme un concours de délits: vol et effraction.

Parmi les délits contre la propriété, le détournement de biens communs (suédois: bodrägt) mérite encore d'être mentionné (chap. 30). Ce délit existe, quand un époux vis-à-vis de son conjoint, ou des enfants vis-à-vis de leurs parents, ou des enfants adoptifs vis-à-vis de leurs parents d'adoption, ou les co-partageants d'une masse héréditaire, ou d'autres personnes qui participent à une masse commune ou qui sont membres d'une société, détournent quelque chose de la masse ou des biens de l'association.

Le délit qu'on peut désigner sous le nom d'utilisation illégitime du sol (suédois: åverkan; chap. 33) est en quelque sorte propre au droit finnois et suédois actuel (voir C. p. allemand § 370 [1], [2]). Dans le code de 1734 et dans les décrets postérieurs, le délit en question a le caractère d'utilisation non-autorisée du fonds d'autrui en forêt et sol. Cette notion est donc très étendue et comprend, à vrai dire, plusieurs délits d'espèce différente. Il faut mentionner comme utilisation illégitime du sol non seulement le dommage apporté au fonds d'autrui, le fait de bâtir et cultiver sans autorisation et l'appropriation partielle, mais aussi le détournement dolosif d'objets qui appartiennent à la „substance" du sol ou qui en constituent des produits, sans que pour la production des objets en question le travail de l'homme ait joué un rôle de quelque valeur. En outre, des infractions identiques, quand elles sont commises par des co-propriétaires au préjudice d'autres co-propriétaires, ou par le possesseur légitime comme un fermier, un locataire, etc. au préjudice du propriétaire, sont considérées comme utilisation illégitime du sol. L'opinion plusieurs fois exprimée que le délit forestier, quand il est lié à un détournement dolosif des produits des forêts, doit être considéré comme vol, n'a pu vaincre la conception contraire profondément enracinée dans le peuple. Le nouveau C. p. a dû tenir compte de cette conception qui apparaît encore dans la loi forestière du 3 septembre 1886 en vigueur en ce que, même ici, l'abattage d'arbres dans l'intention de se les approprier ou de les attribuer à un autre, a été considéré comme utilisation illégitime du sol.

Vis-à-vis de l'ancienne législation, la notion d'usure (38 : 10) a reçu dans le nouveau code une extension qui va au-devant des exigences de la vie pratique. Ainsi se rend coupable d'usure non seulement celui qui, pour un prêt pour lequel on ne peut réclamer qu'un intérêt fixe annuel, prend ou se fait promettre un taux plus élevé que le taux légal, mais encore celui qui, pour un prêt ou pour le délai d'une créance, se fait accorder ou promettre, en exploitant l'état de misère, l'inexpérience ou la légèreté d'autrui, des avantages pécuniaires dépassant le taux d'usage et qui sont en disproportion frappante avec la prestation. L'usure par métier ou habituelle est punie d'une peine plus sévère.

Deux délits relatifs aux fraudes d'impôts se trouvent avec l'usure dans le même chapitre (celui de l'abus de confiance et de l'égoïsme coupable). Ce sont: a) Le délit qui consiste à soustraire ou à tenter de soustraire, par fausse déclaration ou autrement, à l'État ou à une commune, des droits de douanes ou d'autres impôts; b) celui qui consiste à importer ou à tenter d'importer, à exporter ou à tenter d'exporter des marchandises dont l'importation ou l'exportation est défendue. On trouvera les prescriptions spéciales sur les délits de douane dans un décret du 30 décembre 1887 se rattachant à la loi douanière du même jour.

La loi sur la faillite en vigueur est du 9 décembre 1868. Cependant les dispositions pénales relatives à la banqueroute, qui se rattachent essentiellement à la loi sur la faillite, ont été admises dans le C. p. général (chap. 39). Le C. p. distingue entre la banqueroute frauduleuse, la banqueroute malhonnête et la banqueroute par négligence ou légèreté qui sont toutes trois caractérisées avec plus de détails dans le code.

III. Dispositions pénales en dehors du Code pénal.

§ 5.

C. p. militaire. Le C. p. militaire de Finlande (C. p. pour les troupes finnoises avec le règlement d'ordre) est du 16 juillet 1886. Une fois le service obligatoire introduit en Finlande par une loi du 27 décembre 1878, acceptée par les Etats à la diète de 1877 et promulguée ensuite, on entreprit une revision énergique de l'ancien code militaire de Finlande du 9 avril 1877. Comme fruit de ce travail, un projet de nouveau C. p. militaire fut proposé aux États, discuté par ceux-ci aux diètes de 1882 et 1885 et finalement érigé en loi avec quelques changements introduits par les États. Cette loi qui contient aussi la procédure pénale militaire, est divisée en 25 chapitres et 218 paragraphes. A la loi se rattache un règlement contenant des prescriptions sur les peines disciplinaires et d'autres dispositions sur le maintien de l'ordre dans l'armée. Les peines prévues dans le C. p. militaire sont: 1º La peine de mort; 2º les travaux forcés; 3º la prison; 4º la destitution; 5º la suspension; 6º l'amende; 7º des peines disciplinaires. Ces dernières peines peuvent être appliquées par un supérieur compétent, sans qu'un jugement du tribunal soit nécessaire. La rédaction du règlement d'ordre dépend entièrement du gouvernement. La loi sur le service militaire du 27 décembre 1878 contient, en outre, des dispositions pénales contre ceux qui échappent ou cherchent à échapper au service militaire.[1]

Législation sur la presse. La principale loi qui règle les conditions de la presse en Finlande est l'ordonnance du 31 mai 1867, parue par voie administrative. Pour caractériser cette ordonnance, il suffit de dire que, d'après elle, la censure préalable existe, sinon en nom, du moins en fait. Suivant l'art. 34, l'imprimeur est obligé, avant de faire paraître un écrit sortant de son imprimerie, de le présenter au censeur (censor librorum). Quand le censeur estime que l'imprimé peut être publié, il y met le mot „approuvé" avec sa signature. Ce n'est qu'après que cette approbation a été donnée que la publication de l'imprimé est autorisée. Cette approbation de la part du censeur n'exclut cependant pas la poursuite pénale de l'imprimé, si ensuite elle est décidée (art. 41).

[1] Une petite édition contenant le C. p. militaire avec le règlement d'ordre, la loi sur le service militaire et les décrets s'y rapportant, pourvue de notes, a été publiée par Richard Idestam et K. W. Sulin, Åbo 1886.

Quant à une énumération des mesures coërcitives concernant la presse admises dans l'ordonnance, ainsi que des décrets ultérieurs modifiant et complétant la loi sur la presse de 1867, surtout quant à un commentaire de la Constitution du 18 juin 1891 par laquelle la presse périodique a été complètement abandonnée à l'arbitraire du gouverneur général du pays, on peut y renoncer, car nos lecteurs n'y trouveraient aucun intérêt juridique.

En ce qui concerne la législation sur les industries et les fabriques, il faut mentionner en première ligne la loi sur les industries du 31 mars 1879. Cette loi a à sa base la liberté d'industrie. Elle contient diverses dispositions ayant pour objet la protection des ouvriers des fabriques et la limitation de l'emploi des mineurs dans les fabriques et industries. Ces dispositions étaient cependant insuffisantes. En conséquence, une loi concernant la protection des ouvriers des fabriques fut promulguée le 15 avril 1889. Cette loi contient des dispositions précises sur les conditions hygiéniques dans les industries et fabriques, sur les mesures à prendre pour prévenir les accidents et surtout sur l'emploi de mineurs comme ouvriers dans les fabriques. Des inspecteurs de fabriques spéciaux doivent veiller à l'observation des prescriptions de la loi.

Parmi les autres lois contenant des dispositions intéressant le droit pénal, on peut encore mentionner ici: la loi organique de la diète du 15 avril 1869, la loi maritime du 9 juin 1873, le décret concernant le droit des auteurs et artistes sur leurs œuvres du 15 mars 1880, le décret sur la vente et le débit des boissons de malt du 2 avril 1883, le décret sur les vagabonds et la manière de les traiter du 2 avril 1883, le décret sur les conditions pour la préparation et la distillation de l'eau de vie du 9 juin 1892, le décret du même jour sur les conditions pour la vente, le transport et le dépôt de l'eau de vie et autres boissons spiritueuses ou distillées. La tendance restrictive contenue dans les lois antérieures de prévenir l'abus des boissons spiritueuses a été encore suivie d'une manière plus énergique dans les nouvelles ordonnances.

En terminant, il faut dire que les rapports de droit pénal entre la Russie et la Finlande ont été réglés principalement par une ordonnance du 2 juin 1826 concernant les délits commis par des Finnois en Russie et par des Russes en Finlande. Cette ordonnance a été récemment soumise à une revision préparatoire par une commission mixte, composée de délégués russes et finnois. Il n'a encore paru cependant aucune mesure législative.

IV.

§ 6. Jurisprudence.

La Revue de l'Union finnoise de droit (Tidskrift utgifven af Juridiska föreningen i Finland) qui paraît depuis 1865 offre un aperçu de la jurisprudence du pays par le fait qu'elle contient les décisions des tribunaux dans les affaires les plus importantes.

XI.

EMPIRE OTTOMAN.

---

1. Les tribunaux de l'Islam et l'organisation judiciaire ottomane.

Par **Savvas Pacha**,
Ancien ministre des affaires étrangères de Turquie.

2. Le droit pénal de la Turquie.

Par M. **L. W. C. van den Berg**,
Docteur en droit, professeur du droit musulman à Delft.

Sommaire.

1. Les tribunaux de l'Islam et l'organisation judiciaire ottomane.

I. § 1. Avant-propos.
II. Histoire de l'organisation judiciaire ottomane. § 2. De la justice musulmane en général et des différents ordres de tribunaux qui fonctionnent de nos jours. § 3. De la réforme judiciaire.
III. Organisation judiciaire actuelle. § 4. Des tribunaux de l'ordre judiciaire sacré fonctionnant aujourd'hui dans l'Empire ottoman. § 5. Du nouvel ordre judiciaire et des institutions qui le composent. § 6. Tribunaux formant la jurisdiction spéciale à laquelle les étrangers sont soumis en Turquie.

2. Le droit pénal de la Turquie.

I. Aperçu historique du développement du droit pénal en Turquie. § 1. Caractère général et sources du droit musulman. § 2. Le système pénal du Multaja. § 3. Développement du droit pénal jusqu'en 1858.
II. Le droit pénal de la Turquie depuis 1858. a) Le Code pénal turc de 1858. 1º § 4. Partie générale. 2º § 5. Partie spéciale. b) Lois pénales en dehors du Code pénal. § 6. Règlements spéciaux contenant des dispositions pénales.
III. Le droit pénal de l'Egypte. 1º § 7. Développement du droit pénal jusqu'en 1883. 2º § 8. Le Code pénal pour les indigènes de 1883. 3º § 9. Règlements spéciaux contenant des dispositions pénales. 4º § 10. Le droit pénal pour les tribunaux mixtes.

1. Les tribunaux de l'Islam et l'organisation judiciaire ottomane.

A Monsieur Franz von Liszt,
professeur de droit à l'université de Halle.

Monsieur le Professeur!

La description de tout ensemble d'institutions publiques, quelle qu'en soit la nature, ne saurait être complète ni suffisamment instructive, si la naissance du système, les phases qu'il a présentées, les étapes qu'il a parcourues, en un mot, l'histoire de son évolution n'y était pas examinée. Telle est au moins la conviction résultant de mes faibles études en histoire.

J'ai donc suivi dans la description des tribunaux de l'Islam que vous m'avez fait l'honneur de me demander, la méthode historique. J'ai cependant évité tous les détails qui ne m'ont pas paru indispensables. Je me suis limité à faire connaître les principales périodes de l'évolution du système judiciaire de l'Islam: sa naissance et son développement premier, la période transitoire des réformes y accomplies, et enfin l'organisation actuelle de la justice dans l'Empire ottoman.

Dans ce modeste travail, j'ai visé avant tout à la clarté, et je m'estimerais heureux si je réussissais, ne fusse qu'en partie, à vous satisfaire.

Veuillez agréer, Monsieur le professeur, l'expression de ma considération la plus distinguée.

Aix-en-Provence, 29 janvier 1893.

Savvas.

I.

§ 1. Avant-propos.

Les fondements de l'organisation judiciaire musulmane ont été jetés par le prophète Mahomet. L'élu du Seigneur remplissait dans la capitale de son empire (Médine) les fonctions de juge. Toutes les fois que ses devoirs de chef d'État l'obligeaient à s'absenter, il déléguait l'autorité judiciaire aux savants de cette ville qui avaient embrassé l'Islamisme. A son retour il examinait les sentences rendues. Il confirmait les unes, il modifiait les autres. Il expliquait aux personnages judiciaires, ses remplaçants, les raisons de fait ou d'appréciation motivant les corrections qu'il faisait. Toutes les fois que les besoins du moment et les nécessités de la société islamique commandaient un changement à l'ancienne loi (la loi d'Abraham et de Moïse) ou l'adoption de nouvelles dispositions légales, il en faisait connaître à tous la teneur et les ordres y relatifs, qu'il avait reçus d'en haut. Selon la croyance musulmane la plus absolue, les sentences que le Prophète rendait, celles de ses remplaçants qu'il confirmait, ainsi que les modifications de l'ancienne législation et les nouvelles dispositions légales qu'il promulguait, procédaient de l'inspiration divine. Elles formaient des principes de droit et des articles de loi, ou des précédents juridiques (jurisprudence). Elles concouraient à enrichir le Code musulman.

Dans les provinces du nouvel empire, la justice était rendue au nom du Prophète par ses délégués. Pendant un certain temps ces personnages exercèrent tous les pouvoirs: administratif, judiciaire et militaire. Aussitôt que la chose fût possible, Mahomet sépara les fonctions juridiques et judiciaires de toute autre charge de l'État. La justice devint indépendante. Elle était rendue en son nom par de savants juristes. Leurs décisions formaient également jurisprudence, car en leur qualité de compagnons du prophète (Sahabé) ils avaient, eux aussi, autorité législative découlant de la révélation.

De tout temps, la base de l'action législative musulmane a été la parole de Dieu (Coran) et la conduite de son élu (Sounnet). La conduite comprenait les paroles, les actions et le silence approbatif du législateur inspiré. Ce sont les deux premières sources du droit musulman; on les appelle sources-mères.

Les savants des trois premières générations musulmanes étaient autorisés à résoudre toute question, à propos de laquelle il n'existait ni disposition écrite dans le livre saint de l'Islam, ni précédent établi par la conduite du Prophète, à l'aide de deux autres moyens légaux formant également source: la consultation juridique et le procédé de l'analogie légale.

La consultation juridique fut pratiquée, par les trois premières générations mahométanes, au moyen de réunions (idjmâ) où tous les hommes compétents étaient invités à délibérer en commun sur une difficulté légale. L'analogie légale consistait à établir entre une question dont la solution était demandée et une question déjà résolue une similitude juridique autorisant le jurisconsulte à les considérer comme analogues et à appliquer à la question nouvelle la disposition qui avait été appliquée à la question précédemment résolue.

Les sources de la législation musulmane sont, comme on le voit, au nombre de quatre: 1° Le livre contenant la parole de Dieu; 2° la conduite du prophète Mahomet; 3° la jurisprudence résultant des travaux des réunions ou consultations juridiques; et 4° l'analogie légale admise par les jurisconsultes.

Après la mort du Prophète, les quatre Califes justes, ses successeurs immédiats, ont suivi fidèlement son exemple: ils ont exercé eux-mêmes les fonctions de juge, et ils les ont fait exercer hors du centre de l'empire, par les personnages les plus marquants, les savants les plus distingués de l'époque.

· Toutes les fois qu'une difficulté juridique rendait nécessaire, soit une interprétation nouvelle, soit une application peu usitée des dispositions contenues dans le livre saint, ou puisées dans la conduite du Prophète, soit, enfin, l'adoption de solutions analogiques difficiles à établir, les Califes justes réunissaient leurs compagnons en concile dans le but de rechercher en commun la vérité juridique, ou le moyen judiciaire qui devait servir de base aux solutions demandées. L'autorité de ces réunions législatives et la valeur des décisions qu'elles prenaient étaient basées sur les précédents qu'avait établis le fondateur de la loi par son exemple.

En résumé, depuis le commencement de la carrière prophétique du grand législateur (charî) arabe, jusqu'à la fin de la période de ses quatre successeurs immédiats, le tribunal musulman a présenté deux genres distincts d'action. L'un, purement juridique et législatif, a eu pour résultat la création des bases du Code universel de l'Islam. L'autre, judiciaire, consistait à apprécier les actions bonnes ou mauvaises de l'homme et à les caractériser légalement,[1] afin de donner aux contestations (procès), soumises au juge, des solutions conformes à la justice.

---

[1] On caractérise légalement une action humaine, toutes les fois qu'on lui applique, conformément aux règles de la méthode juridique, l'une des qualités légales, telle que la légalité, l'illégalité; la validité, la non-validité, etc.

Après les quatre Califes justes, les Ommiades se sont emparés du pouvoir suprême. Il paraît qu'il ne leur a pas été loisible de continuer le mouvement législatif musulman, et de faire du tribunal mahométan la seule institution judiciaire de leur empire.

Sous le second Abbasside, le calife Ebou-Djafer-el-Mansour, le tribunal musulman fut définitivement constitué. Les deux sections, l'une juridique, l'autre judiciaire, dont il est formé, ont été mises à même de fonctionner normalement et avec des attributions parfaitement définies.

Le système judiciaire musulman s'est conservé jusqu'à nos jours tel qu'il a été organisé par les grands légistes qui ont formé le premier code (Kutoubi sité), et organisé les premiers tribunaux. Ces éminents jurisconsultes ont commencé leur œuvre sous les auspices du souverain dont il vient d'être parlé. Ils l'ont achevée sous le règne du plus grand des Califes issus de la souche d'Abbas, oncle du Prophète, le célèbre Haroun-el-Rachid.

Tel est, en abrégé, l'historique de l'organisation fondamentale de la justice de l'Islam. J'en ai raconté ailleurs[1]) l'évolution dans ses détails les plus minutieux. J'examinerai ici le tribunal musulman au seul point de vue de sa composition et de son fonctionnement.

II. Histoire de l'organisation judiciaire ottomane.

§ 2. De la justice musulmane en général et des différents ordres de tribunaux qui fonctionnent de nos jours.

Dans aucune période de son existence, plusieurs fois séculaire, le tribunal musulman n'a subi de modifications essentielles. La réforme judiciaire effectuée en dernier lieu dans l'empire ottoman a respecté les bases jetées par le Prophète et les grands légistes des premiers temps de l'Hégire. Comme on le verra tout-à-l'heure, la réforme en question a eu pour effet la création de tribunaux de l'État d'un nouvel ordre, fonctionnant à côté des tribunaux anciens. Cependant les principes juridiques et judiciaires sur lesquels le nouveau système des tribunaux ottomans est assis, n'ont jamais cessé d'être ceux que la doctrine musulmane enseigne.

Je m'explique. Les tribunaux du nouvel ordre judiciaire ottoman forment, il est vrai, un ensemble séparé et complètement distinct. Ils sont divisés en trois classes d'après les degrés de juridiction du droit moderne — première instance, appel et cassation —, mais ils appliquent des codes qui, quoique tenant compte du progrès et des nécessités des temps modernes, sont conformes à l'esprit juridique et à la doctrine législative de l'Islam. Pour s'en convaincre il suffit de prendre connaissance du rapport que la commission qui a élaboré le code civil ottoman (médjélé) a soumis au Grand-Vizir[2]) lors de la publication des huit premiers livres de cette loi. Cette commission comptait parmi ses membres deux savants très distingués, le jurisconsulte syrien Alaédine, fils et successeur dans l'enseignement du droit, du célèbre Ibni-Abédine, l'éminent professeur, auteur du compendium le plus estimé du droit musulman, et son président, un légiste non moins éminent: Djevded Pacha, l'un des jurisconsultes musulmans vivants les plus sérieux. Il a été plusieurs fois ministre de la justice et de l'instruction publique. Il est très avantageusement connu en Europe par ses travaux historiques.

[1]) Théorie du droit musulman par Savvas Pacha, 1892, chez Marchal et Billard, Paris, 27, place Dauphine.
[2]) Doustour, vol. I, p. 20.

Grâce aux dispositions de procédure et aux institutions spéciales dont il sera parlé en temps opportun[1]), tout conflit de juridiction est évité. Les systèmes de tribunaux de l'empire fonctionnent aujourd'hui côte à côte chacun dans sa compétence et sans la moindre entrave.

L'un de ces systèmes, appelé ordre judiciaire sacré, comprend les tribunaux musulmans proprement dits, l'autre les tribunaux nouvellement créés désignés communément par la dénomination de tribunaux du nouvel ordre.

J'examinerai successivement les deux systèmes en question, je commencerai par le plus ancien.

De l'ordre judiciaire sacré. Les tribunaux formant l'organisation judiciaire de l'ancien ordre sont appelés sacrés, parce que les institutions formant cette juridiction et la loi qu'elles appliquent procèdent de la vérité révélée.

Les rouages composant tout tribunal de l'ordre sacré sont au nombre de deux: le juge et le jurisconsulte.

Le premier forme seul le tribunal. Il juge toujours contradictoirement et prononce son jugement aussitôt que l'évidence lui paraît obtenue.

Le second a pour mission de guider le juge dans l'accomplissement de son devoir par les avis doctrinaux (fetavas) qu'il délivre aux parties. Ces avis sont présentés au juge en même temps que l'instance, à l'appui de la demande, ou produits après le prononcé, par devant un juge supérieur, dans le but de provoquer la revision de la sentence rendue par le premier.

Sous les Abbassides, le jurisconsulte résidait dans la mosquée. Il se tenait à la disposition du public. Il délivrait aux ayants-recours les avis demandés. La partie exposait le cas, le moufti faisait connaître par la formule qu'il rédigeait la solution légale qu'il convenait de donner au litige.

Le juge résidait au tribunal. Il était assisté par un greffier-chef. Celui-ci inscrivait les demandes, recevait les avis doctrinaux et rédigeait l'exposé du différend ou du cas criminel (Zabti-dâva). Il préparait, en un mot, le dossier de chaque procès. Le juge prenait connaissance de l'exposé du procès, de l'avis ou des avis doctrinaux y annexés, il entendait les parties, il vérifiait les faits et les assertions, il entendait les témoins. Après cet examen, il appliquait les prescriptions contenues dans l'avis doctrinal pour autant que les faits constatés par lui étaient conformes à l'exposé que les parties avaient soumis au jurisconsulte, et sur la base duquel ce dernier avait rédigé sa formule.

La plupart du temps les sentences que le juge rendait étaient conformes aux indications juridiques contenues dans l'avis; mais le juge était libre de décider autrement, si l'examen de faits prouvait que les renseignements fournis au jurisconsulte par les parties étaient inexacts ou peu véridiques. Il était également libre de ne pas conformer sa décision aux prescriptions de la formule, si elle ne lui paraissait pas exactement applicable au cas soumis à son examen. Il pouvait appliquer des dispositions légales autres que celles recommandées par le jurisconsulte sauf à justifier son opinion, si la sentence était attaquée par la partie non-satisfaite.

La seconde instance proprement dite, c'est-à-dire telle qu'elle existe aujourd'hui, est de récente adoption. Le moyen légal par lequel on sauvegardait, ab antiquo, dans le tribunal musulman les intérêts des parties contre la faillibilité de l'esprit humain était la revision. Elle s'obtenait par un recours en cassation suivi d'un examen de la sentence attaquée. La revision aboutissait à sa confirmation ou à son infirmation. L'infirmation est le résultat de la constatation de défauts corrigibles ou de vices fondamentaux non-susceptibles

---

[1]) Voir infrà (directeur des renvois).

de correction. Dans le premier cas, la sentence était envoyée au juge qui l'avait rendue, avec les indications nécessaires, pour qu'il la corrigeât. Dans le second, elle était déclarée nulle et le procès devait être jugé à nouveau.

Sous le second Calife Abbasside (754 à 775 de l'ère chrétienne), le grand savant, Imam Ebou-Youssouf, fut nommé juge des juges. C'est le premier légiste musulman qui ait rempli les fonctions de magistrat suprême ayant charge d'examiner les sentences des autres juges et de les déclarer valides, corrigibles ou nulles. Ebou-Youssouf avait exercé jusque là avec beaucoup de succès, quoique sans mandat officiel, les fonctions de jurisconsulte. Les avis qu'il rendait journellement le firent connaître et furent la cause première de son élévation. Cette haute position, créée pour l'éminent juriste, a été maintenue jusqu'à ce jour. Elle constitue le plus haut degré de la hiérarchie juridique et judiciaire.

En résumé, les rouages du tribunal musulman ont été de tout temps au nombre de deux. L'un juridique, ayant mission de faire connaître à propos de chaque contestation les convenances légales (muqtéziati-chériyé); l'autre judiciaire chargé de juger les différends qu'on portait devant lui. Ils se sont maintenus sans altération aucune jusqu'à présent.

Les degrés de juridiction sont au nombre de deux: la première instance et la revision.

Le tribunal musulman est formé d'un seul juge (hakim), assisté dans l'accomplissement de ses fonctions par le premier greffier. Aussi toutes les fois que je me servirai des termes tribunal sacré ou tribunal musulman, il s'agira d'un tribunal composé du juge et de son greffier.

L'importance des tribunaux de l'Islam résulte de celle des localités où le juge réside, c'est-à-dire du nombre et de l'importance des procès qui sont portés devant lui.[1]

Les jurisconsultes et les juges forment dans la société musulmane une hiérarchie spéciale divisée en grades. L'avancement est proportionné au savoir et à la capacité que les postulants sont obligés de faire constater par des examens et des concours. L'obtention des hauts grades conduit aux fonctions de juge dans les grandes villes et la capitale de l'empire.

La compétence du tribunal musulman s'étend aux procès civils et commerciaux sans exceptions. En fait d'actions punissables, le juge ne connaît que des crimes.

Dès les premiers temps du régime judiciaire musulman, des cours correctionnelles ont été constituées. Un délégué du pouvoir exécutif les présidait; elles étaient composées d'un nombre variable de conseillers, parmi lesquels figuraient un jurisconsulte et un juge, chargés d'éclairer les autres membres de la cour sur les convenances juridiques et judiciaires, afin que la loi fût exactement appliquée. Ces cours connaissaient des délits, des fautes et des contraventions. Un nombre suffisant de greffiers, d'huissiers et de gendarmes en formait le personnel subalterne. Les décisions de ces cours étaient rarement revisées: elles recevaient, en général, une exécution immédiate. Ces cours ont fonctionné avec peu de modifications jusqu'à la dernière période de la réforme judiciaire.

Telle est l'organisation primitive du tribunal musulman. Elle s'est maintenue invariable sous les Califes Abbassides (750 à 1258 de l'ère chrétienne). Les Seldjoukides ainsi que les autres souverainetés musulmanes l'ont conservée; les petites principautés (Tévaïfi-Moluk), issues du morcellement de l'empire de Seldjouk, l'ont maintenue sans variation aucune. Le savant Ibni-Batouta,

---

[1] Voir infrà.

célèbre voyageur (né en 1302, mort en 1378 de l'ère chrétienne), a trouvé dans toutes les capitales des provinces de l'Asie mineure, dont chacune formait à cette époque un État minuscule, auprès de chaque prince le jurisconsulte remplissant les devoirs de sa charge au moyen d'avis doctrinaux et le juge fonctionnant dans son tribunal en dehors de toute ingérence de l'autorité administrative.

Le Sultan Osman, fondateur de la dynastie ottomane, a conservé cette organisation. Ses successeurs et spécialement les Sultans Mehemmed II le Conquérant et Suleïman le Magnifique l'ont perfectionnée en accordant une très haute importance à la mission des deux desservants de la justice, le jurisconsulte et le juge. Ces grands souverains ont apporté une égale attention à l'enseignement du droit: ils en ont renforcé l'étude. Ils ont enrichi la législation par des travaux qui forment encore aujourd'hui des œuvres de jurisprudence très respectées (canounnamé de Sultan Suleïman).

Sous les Sultans ottomans, le chef de la hiérarchie des jurisconsultes (Cheïk-ul-Islam), est devenu le conseil légal, effectif et permanent de l'empereur et, par conséquent, le personnage ministériel le plus considérable après le Grand-Vizir.

Le Cheïk-ul-Islam est le jurisconsulte suprême de l'empire. Il nomme, il destitue, en provoquant des décrets impériaux, les jurisconsultes et les juges. Il propose à l'avancement les membres de la hiérarchie dont il est le chef. Il est placé à la tête d'un département réunissant les attributions du ministère du culte musulman, de la justice et de l'instruction publique sacrées. Il est en même temps chargé de la tutelle suprême, de la fortune des orphelins.

§ 3. De la réforme judiciaire en général.

Il convient de suspendre pour un moment l'examen des rouages de la juridiction musulmane proprement dite. Car afin de bien expliquer l'évolution par laquelle le système judiciaire ottoman a été mis au niveau des besoins de la société moderne, il est nécessaire que je fasse connaître au préalable les essais de réforme et les créations juridiques transitoires qui ont précédé la réorganisation définitive de la justice dans les possessions du Calife. Je reprendrai, pour la compléter, la description des tribunaux de l'ordre sacré. Je ferai connaître ensuite toute l'organisation judiciaire de l'empire, c'est-à-dire les tribunaux de l'État fonctionnant à côté de ceux de l'ordre sacré et formant le nouvel ordre judiciaire, et les tribunaux ecclésiastiques, chargés de connaître des procès ayant leur origine dans le statut personnel des sujets non-musulmans de l'empire. Il en résultera un tableau complet du système judiciaire ottoman. Je terminerai ce travail par un aperçu succinct des tribunaux ottomans et étrangers ainsi que des tribunaux dits consulaires. Ces derniers fonctionnent en Turquie, mais ils sont composés en entier d'étrangers. Ils sont chargés de connaître de tout procès s'élevant entre étrangers établis ou séjournant temporairement en Turquie.

Les résultats de la réforme commencèrent à devenir appréciables en 1849, ils ont atteint leur complet développement en 1880. Cette réforme présente deux périodes distinctes. Je les examinerai séparement en suivant l'ordre chronologique.

Première période de la réforme judiciaire. Les premiers changements introduits dans le système judiciaire ottoman, quoique postérieurs de dix ans, à la promulgation du Hati-cherif de 1839, se rattachent à la réforme générale des institutions de l'empire ordonnée par ce rescrit impérial.

De cette première tentative de réforme naquit, il est vrai, un état de choses transitoire, une série de créations judiciaires de caractère mal défini et partant peu viables. J'en ferai néanmoins connaître les résultats brièvement mais avec précision, sans quoi le tableau de l'évolution des choses judiciaires de Turquie, que je me propose de tracer, serait incomplet. Du reste, il ne faut point oublier que, par les tâtonnements ou, pour mieux dire, les essais tentés pendant cette période, la voie conduisant à des changements rationnels et fondamentaux a été ouverte aux législateurs ottomans. Le système législatif qui a été suivi pendant cette période a eu pour effet de créer, à côté des tribunaux de l'ordre sacré, des cours commerciales, criminelles et civiles, dépendant, dans la capitale, des ministres du commerce et de la police, placées dans les provinces sous la dépendance des autorités administratives. On les a appelées conseils, pour les distinguer des tribunaux (mehkémé) de l'ordre sacré. Elles furent néanmoins investies d'attributions judiciaires étendues. Les degrés de juridiction (première instance, appel, cassation) y furent admis.

Tribunaux de commerce. Le premier conseil de commerce a été institué en 1849 à Constantinople, dans le ministère du commerce, sous forme de section ministérielle et sous la présidence du ministre. Ce conseil était composé de quatorze membres dont la moitié étaient des sujets ottomans et le reste des sujets étrangers, tous commerçants, honorablement connus.

Le ministre président se faisait remplacer par son adjoint (mouavine) qui était le président effectif de cette cour.

Le système de juridiction commerciale de la capitale a été complété en 1858 par la création d'un bureau de greffe, fonctionnant également sous la dépendance du département du commerce et appelé chancellerie du commerce. On en trouvera la composition et les attributions dans le recueil officiel[1]) (Doustour) des lois de l'empire.

Un conseil de commerce maritime a été institué dans la capitale en 1863. En 1867, un greffe remplissant les mêmes fonctions que celui du conseil de commerce de terre a été annexé à celui du commerce de mer.[2])

En 1849 et 1850, des conseils de commerce ont été créés dans les chefs-lieux des départements. Les présidents en ont été choisis dans chaque localité parmi les notabilités musulmanes ayant rempli des fonctions officielles. Les membres, dont le nombre variait suivant l'importance commerciale de chaque ville, étaient élus par une assemblée de commerçants notables et nommés par l'État. Ils étaient pris parmi les négociants et les commerçants les plus avantageusement connus, les plus instruits et ayant, autant que possible, des connaissances juridiques. Une moitié appartenait à la religion musulmane et l'autre aux autres cultes, c'est-à-dire aux différentes communautés chrétiennes — grecque, arménienne, catholique — et à la communauté israélite.

La juridiction commerciale reçut sa confirmation officielle dès l'année 1850 par la promulgation du Code de commerce.[3]) En 1860, l'appendice de ce code[4]) est venu en compléter les dispositions. Le titre II de cet appendice traite de l'organisation des tribunaux de commerce, le titre III en fait connaître la compétence. Le Code de procédure commerciale a été promulgué une année plus tard (10 rebi-al-evel 1278 de l'Hégire).[5])

---

[1]) Doustour, vol. I, p. 814.
[2]) Doustour, vol. I, p. 823.
[3]) Doustour, vol. I, p. 375.
[4]) Doustour, vol. I, p. 445.
[5]) Doustour, vol. I, p. 780. On trouvera ces lois traduites en français dans l'excellent recueil de S. E. Aristarchi-Bey, ancien envoyé de Turquie, intitulé „Législation ottomane".

Conseils de l'ordre pénal. J'ai fait connaître plus haut l'organisation des cours correctionnelles qui fonctionnèrent sous les Abbassides. Une cour analogue appelée conseil a été créée à Constantinople l'an 1850 sous la dépendance du ministère de la police. Elle formait un rouage de ce département. En 1857, elle a été divisée en trois sections. A la première on a donné le nom de conseil des investigations (medjlissi tahqiq). Elle était composée de plusieurs membres musulmans, chrétiens et israélites. L'autorité juridique et judiciaire musulmane y était représentée par un juge (cadi) et un jurisconsulte (moufti).

La cour des investigations siégeait sous la présidence du sous-secrétaire d'État. Elle connaissait des crimes.

La seconde section, appelée cour de police (Divani zaptié), était composée de la même façon. Elle siégeait sous la présidence d'un fonctionnaire important, nommé par décret impérial. Elle connaissait des délits.

La troisième, nommée conseil de police (médjlissi zabità), était composée comme les deux autres. Un fonctionnaire de moindre importance, mais également nommé par décret souverain, la présidait. Elle connaissait des fautes et des contraventions.

Une certain nombre de juges d'instruction, placés sous les ordres du ministre, étaient chargés des examens et instructions des procès ordonnés par les dits conseils.

Les trois cours en question différaient par l'importance des matières qu'elles étaient appelées à connaître, mais elles ne jouaient pas l'une vis-à-vis de l'autre le rôle de tribunal d'appel.

Les présidents effectifs de ces cours fonctionnaient sous la direction du ministre de la police qui était le chef du système. Il faisait réexaminer les procès et reviser les sentences de la cour correctionnelle par la cour criminelle, toutes les fois que les parties le demandaient, s'il jugeait leur demande fondée. Il procédait d'office et, sans que les parties en eussent fait la demande, toutes les fois qu'il sentait la nécessité de faire examiner de nouveau un procès. Ce droit n'était pas écrit dans la loi, mais il le puisait dans sa propre responsabilité. Les sentences de ces conseils n'étaient considérées comme définitives que lorsqu'il les avait approuvées et rendues exécutoires par décret ministériel. Il était donc juste que le ministre ne rendit son décret qu'après avoir fait cesser tout doute sur leur légalité. Il chargeait donc la cour la plus importante de son département de réexaminer les sentences qui ne lui paraissaient pas suffisamment justifiées.

Comme on le verra tout à l'heure, les sentences de cette dernière cour, c'est-à-dire du conseil des investigations, étaient susceptibles de revision par le conseil suprême de justice de l'empire.

Dans les provinces, depuis l'année 1854, date de la promulgation des règlements déterminant la compétence des tribunaux de l'ordre sacré, les procès correctionnels et criminels furent portés par devant les conseils provinciaux administratifs présidés par les gouverneurs généraux et les gouverneurs. Les principales fonctions de ces institutions de caractère mal défini étaient de nature administrative. Elles connaissaient cependant de tout procès qui n'était pas de la compétence des tribunaux de commerce et qui avait cessé d'être de celle des tribunaux de l'ordre sacré. Elles jugeaient, par conséquent, les délits, les crimes et quelques procès civils.

Le comptable général et le directeur de la correspondance de chaque section administrative, le juge et le jurisconsulte de l'ordre sacré, l'évêque et le rabbin faisaient de droit partie de ces conseils, un certain nombre de notables musulmans et un nombre égal de primats non-musulmans y siégeaient en qualité de membres. Cette disposition était au point de vue musulman d'autant plus légale que les deux membres représentant la loi sacrée étaient chargés de la faire connaître et respecter. Ces conseils fonctionnaient du reste sous la présidence du représentant du souverain, dépositaire suprême et sacré de l'autorité judiciaire dans l'état musulman.

C'est en l'année 1856 que le C. p. ottoman[1]) a été promulgué. Il a été créé, à cette époque, dans les principaux centres des provinces quelques conseils criminels (medjalissi-djinayat) indépendants des conseils administratifs et fonctionnant sous la présidence d'importants dignitaires de l'État envoyés de Constantinople. Ces cours étaient composées de membres musulmans et non-musulmans. Elles relevaient de l'autorité administrative. Elles jugeaient les crimes et les délits qui étaient renvoyés devant elles par une apostille du chef administratif de la localité. Au fur et à mesure que les conseils criminels commençaient à fonctionner, les conseils administratifs cessaient de connaître des affaires pénales.

Cette première période de la réforme a eu pour effet de multiplier les juridictions formant le système judiciaire de l'État. Quoique encore mal définies, elles étaient au nombre de quatre: 1º La juridiction sacrée; 2º la juridiction commerciale; 3º la juridiction pénale et 4º la juridiction civile exercée par les conseils administratifs.

Afin d'empêcher tout conflit entre ces juridictions et surtout entre les trois premières, le renvoi officiel (havalé) des demandes et des plaintes devenait nécessaire. Les fonctionnaires administratifs en furent chargés. Ils adressaient, au moyen de leurs apostilles, les pétitions présentées par les réclamants, aux tribunaux compétents. Ils renvoyaient d'office par devant les institutions de l'ordre pénal tous les faits et toutes les questions criminels ou correctionnels surgissant dans les limites de chaque section administrative. Toutes les fois qu'ils le jugeaient nécessaire, ils chargeaient un de leurs gardes (qavas) de remplir les fonctions d'huissier. Celui-ci prenait alors le nom d'agent expédiant (mubachir).

Conseil suprême de justice. Les sentences de tous les tribunaux de l'empire étaient susceptibles de revision. Une cour nommée conseil suprême de justice (medjlissi valaï-adliyé) composée 1º de personnages arrivés aux plus hauts grades de la hiérarchie des juges et jurisconsultes de l'ordre sacré; 2º de dignitaires civils du plus haut rang et 3º de quelques militaires, maréchaux ou généraux de division, siégeant à Constantinople. Un personnage élevé aux plus hautes dignités et ayant occupé déjà les positions les plus considérables présidait ce conseil. Il faisait, en cette qualité, partie du cabinet impérial.

Le conseil suprême de justice fut, pendant une longue période d'années, le corps le plus important de l'État. Il statuait en dernier ressort sur toutes les affaires administratives et financières, sur toutes les questions judiciaires et même sur certaines questions d'administration et de justice militaire.

Le tableau que je viens de tracer représente dans leurs principaux traits les institutions judiciaires issues de la première période de la réforme. Le vice le plus sensible que toutes ces institutions présentaient était l'union des

---

[1]) Doustour, vol. I, p. 537. On en trouvera une excellente traduction en français par Aristarchi-Bey, vol. II, p. 212.

fonctions judiciaires avec les attributions propres au pouvoir **administratif**. Ceux qui ont lu mon ouvrage sur la théorie du droit musulman savent qu'une pareille promiscuité de devoirs est contraire à l'esprit et à la pratique de l'Islam. La souveraineté ottomane n'a point tardé à mettre fin à un état de choses judiciaires qui n'avait été mis en pratique qu'à titre d'essai et comme un acheminement vers une réforme plus complète. La séparation définitive des deux pouvoirs, c'est-à-dire l'affranchissement des institutions judiciaires de toute ingérence des autorités administratives, a été décrétée l'an 1866, par la loi du 8 zilhidjé 1284, réorganisant le conseil suprême de justice. Cette institution a été scindée en deux corps complètement distincts: le conseil d'État et la cour suprême de justice.

L'introduction du règlement organique de cette cour[1]) est conçue comme suit:

„L'un des effets que S. M. I. le Sultan se propose d'amener par sa sollicitude incessante et ses efforts persévérants, est la garantie des droits de tous ses sujets en général et de chacun d'eux en particulier. Ce but ne saurait être obtenu que par la séparation complète des affaires judiciaires de toute autorité administrative, c'est-à-dire par la cessation définitive de toute immixtion ou ingérence du pouvoir administratif dans les procès et les jugements. Il a donc été décidé, dans la haute pensée impériale, qu'il fallait que tous les obstacles qu'une pareille immixtion peut créer à la marche régulière de la justice disparussent. En conséquence a été rendu le haut décret impérial, créant, sur la base du principe susénoncé, la cour suprême de justice et approuvant son règlement organique."

L'article 9 de ce règlement est encore plus explicite:

„Aucun agent du pouvoir exécutif ne pourra intervenir dans l'instruction et dans le jugement des affaires portées par devant la cour de justice."

La cour suprême de justice a été divisée en deux sections. La première réunissant toutes les attributions d'une cour de cassation a été subdivisée en deux chambres, l'une civile, l'autre criminelle. La seconde a été organisée en cour d'appel. Toutes les deux fonctionnèrent pendant un certain temps sous la présidence du ministre de la justice assisté de deux vice-présidents. Tous les tribunaux de la capitale et des provinces furent déclarés dépendants de cette cour et soumis à la haute direction de son président.

Les tribunaux civils et criminels de la capitale ont été réorganisés en 1870 et 1871 par la loi du 21 ramazan 1288 et de son appendice promulgué le 21 rébi-ul-Akhir 1289.[2])

Le deuxième article du règlement de la cour suprême de justice est conçu dans les termes suivants. „Cette cour — il est sous-entendu que tout le système qui en relève est soumis à la même règle — a pour mission de connaître parmi les affaires civiles et criminelles qui sont jugées conformément aux lois et règlements généraux de l'empire: 1⁰ Des procès qui sont de sa compétence directe; 2⁰ de ceux qui, jugés en première instance, sont susceptibles d'être portés par devant elle par la voie de l'appel, soit sur la demande des parties, soit d'office. Sont en dehors de sa compétence: 1⁰ Les affaires du ressort des tribunaux de l'ordre sacré; 2⁰ les procès spéciaux qui sont de la compétence des tribunaux des communautés non-musulmanes; 3⁰ les affaires commerciales, qui sont jugées par des conseils spéciaux (tribunaux de commerce)." La séparation de la justice de toute autre autorité de l'empire a été, on le voit, décidée, l'indépendance des tribunaux solennellement proclamée.

---

[1]) Doustour, vol. I, p. 325.
[2]) Doustour, vol. I, p. 353 et 357.

Cependant les rouages judiciaires, sans lesquels la justice ne peut être effectivement soustraite à l'ingérence du pouvoir administratif, manquaient. La nouvelle situation n'était donc point exempte d'inconvénients. La nécessité de continuer le système de renvois afin d'éviter les conflits de juridiction subsistait toujours. Celle de pourvoir par de nouveaux moyens à l'exécution des sentences se faisait impérieusement sentir.

L'une et l'autre des ces importantes fonctions avaient été remplies jusqu'à cette époque, comme on le sait, par les fonctionnaires administratifs. — Il a fallu improviser dans la capitale deux bureaux, l'un chargé des renvois de demandes et plaintes, l'autre de l'exécution des sentences. Ils ont été créés presque simultanément en 1869 par deux règlements.[1]) Ils ont été nommés l'un: comité des renvois (havale djemiyeti), l'autre comité exécutif (idjra djemiyeti).

Le corps des agents judiciaires, qui remplissaient par le passé les fonctions d'huissiers, a été réorganisé par deux règlements.[2]) Les agents en question ont pris alors le nom de desservants de la justice (hadémé). Ils ont été divisés en deux catégories et soumis à l'autorité d'un directeur et de deux sous-chefs.

Un tribunal de paix a été créé en la même année à Constantinople. Le règlement en a été publié le 10 chival 1292.[3])

Seconde période de la réforme. Considérations générales. Par les moyens plus ou moins ingénieux dont je viens de parler, deux des principales lacunes du système judiciaire ont été comblées. Il en restait cependant de très considérables: le ministère public manquait complètement, la justice de paix n'était qu'une exception, le notariat, cet instrument si nécessaire pour la confection des contrats que la justice apprécie, n'existait point. Cette situation ne s'est prolongée que jusqu'à l'an 1879. En cette année la réforme judiciaire fut complétée. Tout l'honneur de l'achèvement de l'édifice judiciaire du Califat revient incontestablement au souverain actuel des Ottomans, S. M. I. le Sultan Abdul-Hamid Khan.

Les travaux législatifs par lesquels la réforme judiciaire a été achevée ont été conduits avec une grande rapidité: en 1880 la justice ottomane était définitivement et complètement réorganisée, le ministère public, les tribunaux de paix, le notariat créés; toutes les institutions et toutes les mesures propres à rendre la justice distincte et réellement indépendante adoptées et mises en vigueur; toutes les lois et ordonnances y relatives promulguées.

Le nouvel ordre judiciaire put fonctionner distinctement et indépendamment de tout autre système de tribunaux et de toute ingérence administrative.

Il ne faut pas se figurer que les institutions judiciaires du nouvel ordre constituent une réaction à la loi musulmane. Comme je l'ai fait sentir, les principes du droit musulman ont été respectés. Ils ont formé la base des nouvelles créations judiciaires. Aussi les tribunaux de l'ordre sacré musulman ont été maintenus. Comme on le verra tout à l'heure, ils continuent à fonctionner dans les limites de leur compétence.

Les juridictions civiles et criminelles ont été comprises dans le nouveau système. Tous les tribunaux appartenant à cette catégorie ont été appelés Nizamiyés, c'est-à-dire de l'ordre nouveau,[4]) tandis que les anciens ont con-

---

[1]) Doustour, vol. I, p. 343 et 349.
[2]) Doustour, vol. I, p. 209 et 216.
[3]) Doustour, vol. III, p. 183.
[4]) Du mot nizam, qui signifie système, coordination, ordre. Ce sont les tribunaux du nouvel ordre, de la nouvelle coordination judiciaire.

servé leur première dénomination de tribunaux sacrés, c'est-à-dire appartenant
à l'ordre des institutions chargées de l'exécution de la loi sacrée de l'Islam,
(cheri).[1]

J'examinerai dans leurs détails les deux systèmes en question.   Je
compléterai d'abord, je l'ai promis, la description des rouages judiciaires formant l'ordre sacré.   Je donnerai ensuite un aperçu aussi exact que possible
des institutions formant le nouvel ordre judiciaire de l'État ottoman.

III. Organisation judiciaire actuelle.

§ 4. Des tribunaux de l'ordre judiciaire sacré fonctionnant aujourd'hui dans l'empire ottoman.

Ces tribunaux connaissent de tout procès ayant son origine dans le
statut personnel des Mahométans.   Leur compétence s'étend aussi sur certaines
matières du code civil, déterminées par des règlements spéciaux.[2]

Le Cheïk-ul-Islam.   Le système judiciaire sacré est placé sous la haute
direction du Cheïk-ul-Islam.   Son Altesse fait, comme il a été dit, partie du
cabinet impérial.   Il est le seul secrétaire d'État ayant le droit de soumettre
à S. M. I. le Sultan des propositions concernant les affaires de son département,
sans les faire passer par le canal du Grand-Vizirat.

Le Cheïk-ul-Islam est le seul membre du système des savants musulmans
(oulémas) qui remplisse en même temps des fonctions de jurisconsulte et
de juge.

La Cour du Cheïk-ul-Islamat est formée d'institutions dont les unes remplissent des devoirs de jurisconsultes et les autres des fonctions de juge.

Les institutions représentant le jurisconsulte sont: La section ministérielle
appelée Bureau des avis doctrinaux (fetavahané) et le conseil des investigations
légales (Medjhssi tedqicati cheriyé).

Du Fetavahané.   Ce bureau est présidé par un savant ayant rang de
Grand-Juge (Kazi-Asker), haut fonctionnaire juridique portant le titre de
préposé aux avis doctrinaux (fetava emini).[3]   Il est composé de deux comités,
l'un s'appelle chambre des rédactions (mousvedat otassi).[4]   Il représente une
institution purement consultative.   L'autre s'appelle chambre des sentences
(Ilamat otassi).   Il représente une cour d'appréciations juridiques ayant des
attributions analogues, en principe, à celles de nos cours de cassation.

Chambre des rédactions.   Elle est composée de vingt-quatre juristes
et d'un chef de bureau.   Elle a pour mission de venir en aide aux juges qui,
se trouvant dans le doute à propos des solutions qu'il convient de donner à
des procès compliqués et difficiles, s'adressent au fetavahané et demandent des

---

[1] Le mot cheri signifie mot à mot us, coutume, règle, loi. Il sert, comme terme
de droit musulman, à désigner la loi musulmane. Ce vocable est presque toujours
suivi du mot cherif, sacré. On dit cheri-cherif, pour désigner l'ordre sacré judiciaire.
[2] Ces règlements sont:
    1⁰ Le nouveau règlement sur la compétence des tribunaux sacrés. Doustour,
       vol. I, p. 301.
    2⁰ L'arrêté du conseil d'État concernant les procès en frais, dommages et
       intérêts, etc., découlant des jugements rendus par les tribunaux sacrés.
       Doustour, vol. III, p. 196.
    3⁰ La circulaire du ministère de la justice concernant les procès surgissant à
       propos de terres ou de limites territoriales, etc. Doustour, vol. IV, p. 362.
[3] Mot à mot celui auquel les avis doctrinaux sont confiés.
[4] Des rédactions des avis doctrinaux.

avis doctrinaux, afin de résoudre, sur leur base, les difficultés légales qui les embarrassent. La chambre des rédactions examine ces procès et fait connaître, toujours par la voie de l'avis doctrinal, les convenances légales (mouqteziati-cheriyé) concernant chaque cas. Le juge assoit sa sentence sur l'avis de la chambre des rédactions.

La chambre des rédactions répond, en outre, à toutes les demandes d'avis doctrinaux que le public lui adresse. Elle rend ses avis écrits sur des feuilles d'une forme spéciale destinées à ce seul usage et les délivre à ceux qui en ont fait la demande. Les avis doctrinaux (fetavas) sont tous signés par Son Altesse le Cheïk-ul-Islam.

Toutes les fois que les départements impériaux et, specialement, le Conseil d'État ont recours au fetavahané à propos d'une question juridique, le secrétariat du Cheïk-ul-Islamat et le préposé aux avis doctrinaux répondent aux demandes de cette nature après accord préalable.

Chambre des sentences. Elle est composée de cinq ou six légistes et dirigée par un chef de bureau.

Toute sentence dont la revision est demandée doit être soumise à cette chambre. Chacun des légistes qui la composent doit examiner séparément toute sentence renvoyée par devant la chambre et donner son opinion par écrit. Les six opinions sont annexées au dossier du procès et qui est soumis au chef de bureau. Ce dernier, après en avoir pris connaissance, donne sa propre opinion également par écrit. Il présente après le dossier au préposé aux avis doctrinaux. Après avoir examiné la sentence et toutes les opinions émises par la chambre sur sa valeur, le préposé accepte l'opinion du chef de bureau ou en émet une autre qui est considérée comme définitive. On écrit cette dernière opinion sur la marge de la sentence attaquée et on y appose le cachet du préposé aux avis doctrinaux et celui du chef de la chambre des sentences.

Cette chambre n'examine que la forme et la rédaction des sentences qui lui sont soumises. Si la forme et la rédaction ne s'écartent pas des règles, la chambre le constate et soumet la sentence à Son Altesse le Cheïk-ul-Islam qui la renvoie par devant le conseil des investigations légales, afin que le fond en soit aussi examiné. Si, au contraire, le fetavahané trouve que la rédaction et la forme d'une sentence s'écartent des règles, une annotation est faite indiquant la nécessité de la modifier et faisant connaître les raisons pour lesquelles cette sentence doit être considérée comme en désaccord avec la loi (esbabi-mouhalefet, causes de dissidence). Le juge qui l'a rendu doit alors la corriger suivant ces indications.

Du conseil des investigations légales. Ce conseil représente une institution d'appréciations juridiques et, en même temps, une cour de cassation. Il est présidé par un savant de grande importance ayant également rang de grand-juge. Ce conseil examine, comme il vient d'être dit, le fond des sentences dont la forme et la rédaction ont déjà été examinées par le fetavahané.

L'ensemble des recherches formant l'examen des sentences soumises au conseil des investigations légales s'appelle investigations extérieures (tahqiqati hardjiyé). Il porte sur les faits du procès, sur son côté, pour ainsi dire, objectif et, par conséquent, considéré comme étranger (extérieur) à la question reconnue comme essentielle, celle de la plus ou moins exacte application de la loi. En d'autres termes, le conseil n'examine pas une question propre (intérieure) à la loi et à son application, mais une question de fait étrangère (extérieure) aux convenances légales et ne concernant que l'exactitude des faits formant le procès. Un exemple rendra la chose plus claire. Si l'une des parties soutient que la sentence, dont elle se plaint, contient des informations ou des affirmations contraires aux faits, le conseil invite le juge qui a rendu cette sentence à lui soumettre les procès-verbaux des dépositions et des débats sur la base desquels la sentence a été rédigée. Si la sentence est conforme au contenu des procès-verbaux en question, si le jugement s'applique exactement aux mêmes faits, la sentence est déclarée correcte. Dans le cas contraire, elle est déclarée infirme (vicieuse). Les raisons qui motivent cette appréciation sont écrites sur la marge et un jugement à neuf du procès est ordonné.

Si les sentences infirmées ont pour objet une valeur ne dépassant pas les 5000 piastres (1300 fr.), le conseil des investigations les retourne aux juges qui les ont rendues, pour les fins, que de droit. Dans le cas contraire il les renvoie par devant un juge supérieur.

Le Conseil d'État de l'empire demande souvent les avis du conseil des investigations légales.

Les institutions, dont il vient d'être parlé, jouent toutes le rôle du juris-consulte. Elles délivrent des avis doctrinaux aux particuliers qui en demandent pour étayer leur revendications aussi qu'aux juges qui sentent le besoin d'être guidés dans leur mission. Elles apprécient les sentences rendues; mais elles ne connaissent jamais d'un procès ni en première ni en seconde instance. C'est là leur caractère distinctif commun.

Les institutions représentant le juge sont au nombre de quatre: 1⁰ Les deux grands-juges; 2⁰ le juge de Stamboul; 3⁰ la cour suprême présidée par Son Altesse le Cheïk-ul-Islam.

Des grands-juges. Ils sont au nombre de deux: 1⁰ Le grand-juge de Roumélie; 2⁰ le grand-juge d'Anatolie.

Ces deux hauts fonctionnaires judiciaires occupent la première place après le Cheïk-ul-Islam.

Le grand-juge de Roumélie. Le cercle de sa compétence s'étend sur les provinces européennes de l'empire et la partie occidentale de Constantinople. Il juge en première instance tous les procès qu'en raison de leur importance, le fonctionnaire spécial siégeant au ministère de la justice renvoie devant lui. Il juge en appel les procès que le conseil des investigations légales renvoie par devant lui, après avoir infirmé les sentences y relatives.

Deux institutions judiciaires de moindre importance fonctionnent sous la dépendance du grand-juge de Roumélie. La première appelée Cour des légalités (mahfeli chériat)[1]) juge les différences peu considérables que le grand-juge renvoie devant elle. La seconde intitulée la Cour des partages (qassami askeri) préside au partage des hoiries qui s'ouvrent à Constantinople et de celles qui, tout en s'ouvrant en province, dépassent en valeur la somme de 20 000 piastres (4500 fr.). Elle est, par conséquent, chargée d'inventorier les successions et de juger les différends qui en surgissent.

Le grand-juge d'Anatolie. Il exerce, sur la partie orientale de Constantinople et les provinces asiatiques de l'empire, les mêmes fonctions que son collègue de la Roumélie. Un seul tribunal, celui de Skutari,[2]) fonctionne sous sa dépendance. Il remplit les mêmes fonctions judiciaires que la cour des partages.

Le juge de Stamboul. Ce fonctionnaire judiciaire supérieur vient en rang immédiatement après les deux grands-juges. Sa juridiction s'étend sur la section de la ville de Stamboul proprement dite. Il juge les procès relatifs

---

[1]) On désigne par le mot mahfel la partie de la mosquée réservée au souverain. Ce vocable signifie aussi lieu, endroit où un conseil se réunit.
[2]) Grand faubourg situé sur la rive asiatique de la Propontide et du Bosphore.

aux mariages, aux divorces, aux subsides, aux entretiens de mineurs et aux pensions alimentaires en général. Il connaît aussi des différends concernant la propriété de certains titres formant patente (guedik). Un tribunal, fonctionnant dans l'enceinte même du Cheïk-ul-Islamat, intitulé Tribunal de la porte (Bab-Mehkemessi), connaît des procès peu importants que le juge de Stamboul renvoie devant lui.

La cour siégeant sous la présidence de Son Altesse le Cheïk-ul-Islam. Cette institution judiciaire suprême s'appelle présence (houzour), parce qu'elle fonctionne en présence de Son Altesse le Cheïk-ul-Islam, c'est-à-dire sous sa présidence. Elle se compose des deux grands-juges, du jurisconsulte présidant le bureau des avis doctrinaux, du juge de Stamboul, du conseiller commun des deux grands-juges, du conseiller du juge de Stamboul, des juges de Galata et d'Eyoub[1]) et du fonctionnaire du ministère de la justice préposé à l'exécution des sentences des tribunaux de l'ordre sacré.

Les parties non-satisfaites des sentences rendues par les tribunaux de l'ordre sacré, ainsi que des jugements prononcés après revision par les deux grands-juges et le juge de Stamboul peuvent recourir à la cour siégeant sous la présidence du Cheïk-ul-Islam pour les faire réexaminer. Elle juge en dernier ressort.

Des tribunaux de l'ordre sacré fonctionnant hors de la cour du Cheïk-ul-Islam. Les tribunaux de cette catégorie, qui fonctionnent à Constantinople et dans les provinces, sont nombreux. Comme il a été dit, l'importance de chacun tient à celle de la localité où il réside. Plus les procès portés par devant un tribunal sont considérables, plus le nombre en est grand, plus le juge qui y fonctionne doit être instruit, capable et élevé en rang.[2])

Des jurisconsultes (Moufti). Un jurisconsulte réside partout où un tribunal de l'ordre sacré fonctionne. Il est désigné par l'autorité supérieure de chaque localité, dont la proposition est portée hiérarchiquement par devant le Cheïk-ul-Islam, pour recevoir sa haute sanction. Le personnage désigné est ainsi nommé au poste de jurisconsulte. Il ne réside pas dans le tribunal; il ne prend aucune part aux jugements. Ses attributions sont purement juridiques, comme il a été longuement expliqué ailleurs; il délivre des avis doctrinaux (fetavas) à tous ceux qui demandent son opinion, soit pour s'en prévaloir par devant le juge à propos d'une cause pendante, soit pour attaquer une sentence rendue.

Le juge et le jurisconsulte sont de droit membres du conseil administratif du lieu de leur résidence. Aujourd'hui ils n'y remplissent plus que des devoirs administratifs et consultatifs dont il ne saurait être question ici.

§ 5. Du nouvel ordre judiciaire et des institutions qui le composent.

Les tribunaux de cet ordre relèvent tous du ministère de la justice. Ce département a été définitivement réorganisé en 1879. Il est aujourd'hui

---

[1]) Deux quartiers populeux de Constantinople.

[2]) Les savants de l'Islam, jurisconsultes ou juges, forment une hiérarchie dont les rangs sont en étroite relation avec l'importance de la position à laquelle chacun d'eux a droit d'aspirer. Les grades des savants résultent, par conséquent, de la position que chacun d'eux a été jugé digne d'occuper. Le grade est donné comme titre, avant que le savant ait rempli les devoirs de la charge correspondante. Par l'obtention du grade, il acquiert le droit d'occuper effectivement la position correspondante. Ainsi un savant qui est élevé au grade de juge des deux villes saintes (Mecque et Médine) est déclaré par cette promotion capable de remplir les devoirs de ce poste. Il attend son tour pour l'occuper.

composé: 1⁰ Du ministre, secrétaire d'État, membre du cabinet impérial ottoman; 2⁰ du sous-secrétaire d'État; 3⁰ du secrétaire général; 4⁰ du chef de la section civile; 5⁰ du chef de la section pénale; 6⁰ du directeur des renvois; 7⁰ du préposé aux exécutions des sentences; 8⁰ du directeur du personnel; 9⁰ du directeur de la comptabilité; 10⁰ du comité consultatif: 11⁰ du comité administratif.

Le règlement intérieur de ce ministère a été promulgué en 1879 (29 djemazi-ul-akhir 1296).[1]) Il détermine les attributions de chacun des fonctionnaires qui viennent d'être énumérés et des deux comités. Je me limiterai, par conséquent, à fournir ici quelques explications à propos des rouages de ce ministère dont les dénominations peuvent faire naître des idées erronées dans l'esprit du lecteur.

Le directeur des renvois n'est pas le continuateur du système des apostilles qui ouvraient par le passé la porte des tribunaux aux parties. Il est un fonctionnaire judiciaire, chef d'un bureau ayant charge de prévenir par son action les conflits de juridiction qui peuvent surgir entre les tribunaux du nouvel ordre, les tribunaux musulmans sacrés et les tribunaux ecclésiastiques chrétiens. Il reçoit, par conséquent, et dirige par ses apostilles toutes les demandes dont l'examen revient à l'un ou à l'autre de ces deux ordres de tribunaux, c'est-à-dire l'ordre sacré musulman et l'ordre ecclésiastique.

Le comité consultatif est une institution purement juridique, chargée de résoudre, conformément aux lois et règlements de l'empire, les questions légales adressées au ministère par les tribunaux. Il fait connaître au ministre, par les avis qu'il rend, les convenances légales (mouqteziat) à propos de chaque question soumise à son examen.

Ce comité est considéré, en ce qui concerne les questions juridiques et judiciaires, comme le conseil légal du ministre. Mais ses avis n'exercent qu'une influence morale. Ils n'annulent ni ne modifient en aucune façon les sentences des tribunaux.

Le comité consultatif n'est pas responsable des avis qu'il émet.

Le comité administratif surveille la gestion financière du ministère et des tribunaux de la capitale.

Des tribunaux du nouvel ordre en général. Les tribunaux du nouvel ordre judiciaire ont été réorganisés en 1879 par la loi du 27 djemazi-ul-akhir 1296.[2])

Cette loi a divisé les tribunaux en civils, criminels et de commerce. Elle a généralisé la justice de paix. Elle a précisé le lieu de résidence de chaque institution judiciaire. Elle a fait connaître les qualités du personnel judiciaire, les étapes (rangs) dont cette carrière se compose et les conditions du choix et de la nomination des juges. Elle a établi et précisé la compétence, les limites d'action et les degrés de juridiction des tribunaux. Elle a créé le ministère public, elle en a précisé les attributions. Elle a également créé la chambre des mises en accusation.

Avant d'examiner une à une les institutions judiciaires dont il vient d'être question, je juge utile de dire quelques mots sur les mesures par lesquelles la justice a été rendue effectivement indépendante dans l'empire ottoman. Elles datent de la seconde période de la réforme judiciaire.

La plus importante de toutes est la loi qui a mis fin aux immixtions

---

[1]) Doustour, vol. IV, p. 129.
[2]) Doustour, vol. IV, p. 245.

des autorités administratives dans les affaires judiciaires. Promulguée en 1879 (27 djamazi-ul-akhir 1296), cette loi[1]) charge de l'exécution des sentences, rendues en matière civile, les présidents mêmes des tribunaux. Elle place, par conséquent, sous leurs ordres des agents judiciaires spéciaux (huissiers).

Les dispositions de cette loi ont été complétées par la circulaire ministérielle du 1er djémazi-ul-akhir 1296[2]) précisant la manière dont les sentences rendues en matière civile et commerciale seraient exécutées.

Deux lettres grand-vizirielles ont été publiées dans le même but la même année. L'une, adressée au premier procureur de la cour de cassation, charge le ministère public de l'exécution des sentences rendues en matière criminelle. La seconde fait connaître que les annotations (icharat) des procureurs, écrites sur les sentences en question, suffisent pour les rendre exécutoires. Elle ajoute que la séparation du pouvoir judiciaire de toute autorité administrative étant inscrite dans la loi, les sentences rendues en matière criminelle ne doivent plus être validées par les décrets des autorités administratives; et que, par conséquent, les membres du pouvoir exécutif et les agents de la force publique sont chargés de les exécuter conformément aux indications écrites des procureurs.

Pour faire disparaître toute équivoque et toute obscurité pouvant embarrasser les esprits à propos du fonctionnement des institutions judiciaires, les mesures suivantes ont été prises: 1⁰ Les décrets des autorités administratives qui rendaient exécutoires par le passé les sentences ont été interdits. 2⁰ Les apostilles, par lesquelles les mêmes autorités renvoyaient par devant les tribunaux les demandes et les plaintes, ont été déclarées inutiles. 3⁰ Il a été décidé que les tribunaux de commerce, siégeant dans les chefs-lieux des gouvernements généraux, recevraient les instances directement; et que dans les localités de moindre importance les pétitions de cette nature seraient renvoyées par devant les tribunaux de commerce au moyen d'apostilles que les présidents des tribunaux de première instance ont été chargés d'y apposer.[3]) 4⁰ Il a été enfin ordonné que les citations, ainsi que les sentences des tribunaux civils et de commerce, soient communiquées directement par les agents des tribunaux (huissiers) aux intéressés.[4])

Par le fait des mesures que je viens d'énumérer, l'indépendance de la justice est devenue effective et complète.

Le nouvel ordre judiciaire ottoman a été rendu uniforme dans toute l'étendue de l'empire par la circulaire grand-vizirielle du 26 djemazi-ul-akhir 1296.[5]) Elle portait à la connaissance du ministre de la justice qu'en vertu d'un décret impérial les dénominations de tribunal de première instance et de cour d'appel devaient remplacer les appellations impropres dont on désignait, avant la dernière réforme, les institutions judiciaires qui remplissaient dans les provinces les fonctions propres à ces deux degrés de juridiction.

Des tribunaux du nouvel ordre judiciaire, en particulier. Les institutions judiciaires comprises dans cet ordre sont: 1⁰ Les tribunaux de paix; 2⁰ les tribunaux dits civils, composés d'une section civile proprement dite et d'une section pénale.

Pour donner une idée exacte de l'économie générale des tribunaux compris dans ce système, de leurs degrés de juridiction et de la compétence

[1]) Doustour, vol. IV, p. 234.
[2]) Doustour, vol. IV, p. 367.
[3]) Circulaire du 21 avril et du 21 mai 1295 (1879). Doustour, vol IV, p. 752.
[4]) Circulaire du 26 djemazi-ul-akhir 1296. Doustour, vol. IV, p. 747.
[5]) Circulaire du 26 djemazi-ul-akhir 1296. Doustour, vol. IV, p. 747.

de chacun, il est nécessaire que je fasse connaître au préalable les divisions administratives de l'empire ottoman.

Les vastes domaines de S. M. I. le Sultan sont divisés en gouvernements généraux (départements), chaque gouvernement général (villayet) est composé d'un certain nombre de simples gouvernements. Chaque gouvernement (liva) est scindé en sous-gouvernements (gaza), subdivisés en cantons. Le canton (nahiyé) représente l'unité administrative de l'empire: les villages sont considérés comme les divisions fractionnaires du canton. Les villes sont également divisées en sections (quartiers) assimilées aux cantons.

    Tribunaux de paix. Un tribunal de paix fonctionne dans chaque village. Il est formé par les anciens de la localité réunis en conseil. Ces tribunaux connaissent des fautes. En matière civile, ils aplanissent par voie de conciliation les différends qui surgissent dans les villages. Ils jugent selon les conditions de ressort et de compétence établies par le premier titre, premier chapitre, de la loi sur les tribunaux ottomans.[1]

Les attributions du tribunal de paix, siégeant dans le chef-lieu de chaque canton, sont plus étendues que celles des tribunaux de paix des autres villages.

    Tribunaux de première instance des provinces. Il existe dans tout sous-gouvernement et gouvernement un tribunal de première instance. Les tribunaux de première instance des sous-gouvernements sont composés d'un président et de deux membres, dont l'un remplit, en matière pénale, les devoirs du juge d'instruction. Un bureau exécutif composé d'un chef, d'un sous-chef et d'un nombre d'huissiers, proportionné aux nécessités du service, est annexé à ce tribunal.

Dans les localités où les besoins du service rendent nécessaire la division du tribunal en deux sections — civile et pénale —, deux présidents et quatre membres sont nommés. L'une des sections est formée alors par le premier président et deux membres, l'autre par le second président et les deux autres membres.

Les tribunaux de première instance de gouvernement sont composés d'un président, de deux juges et de deux juges-aspirants (mulazim). L'un des juges est chargé de l'instruction des procès en matière pénale. Il est assisté dans l'exercice de ses fonctions par les deux aspirants.

Toutes les fois que le tribunal est divisé en deux sections, un second président est nommé; l'un des aspirants siège à la section civile et l'autre à la section pénale. Un bureau exécutif est annexé à chaque tribunal de première instance de gouvernement.

La compétence, les limites d'action, les rapports de suprématie concernant les degrés d'instance (première instance, appel), qui existent entre les tribunaux de paix, les tribunaux de sous-gouvernement et les tribunaux de gouvernement, ainsi que les détails de leur fonctionnement sont réglés: 1⁰ Par la loi sur l'organisation des tribunaux du nouvel ordre;[2] 2⁰ par les codes de procédure civile et pénale.[3]

    Cours d'appel départementales. Il existe, dans tous les chefs-lieux des gouvernements généraux, une cour d'appel. Elle est chargée d'examiner en appel les sentences rendues par les tribunaux de première instance en matière civile, ainsi que celles rendues en matière correctionnelle. Elle juge les crimes en première instance — sur un renvoi de la chambre des mises en

---

[1] Doustour, vol. IV, p. 245.
[2] Doustour, vol. IV, p. 245.
[3] Code de procédure civile, Doustour, vol. IV, p. 261. Code de procédure pénale, Doustour, vol. IV, p. 136.

accusation —; les sentences qu'elle rend en cette matière ne peuvent être attaquées que par devant la cour de cassation.

Une chambre des mises en accusation fonctionne à côté de chaque cour d'appel. Elle est composée des trois membres du tribunal de première instance de la localité. Ses décisions sont considérées comme rendues en première instance. Elles peuvent, par conséquent, être attaquées en appel.

Les cours d'appel départementales sont composées d'un président et de quatre membres (conseillers). Elles peuvent être divisées, suivant les besoins du service, en deux chambres, composées chacune de deux conseillers, une civile, et l'autre pénale. Un second président est nommé, en pareil cas, de sorte que chaque chambre se trouve en état de fonctionner séparément.

Un ou deux conseillers-aspirants, ainsi qu'un nombre suffisant de greffiers et d'huissiers, sont adjoints à chaque cour d'appel.

Tribunaux de la capitale. Les tribunaux civils de la capitale sont formés sur le même type que ceux des provinces. Il y a dans Constantinople: 1° Trois tribunaux de première instance. Ils sont composés comme ceux des provinces. Ils fonctionnent d'après le même système. 2° Une cour d'appel divisée en quatre sections ou chambres. A) La section civile chargée de juger en appel toutes les sentences rendues par les tribunaux de première instance en matière civile dans la capitale. B) La section correctionnelle qui examine en appel les procès correctionnels jugés en première instance par la section pénale des tribunaux de ce rang. C) La section commerciale chargée de juger en appel les procès jugés en première instance par les tribunaux de commerce de la capitale. D) La section criminelle appelée aussi cour criminelle. Elle juge en première instance les crimes commis dans Constantinople. Une chambre des mises en accusation composée des trois membres de la section correctionnelle de la cour d'appel fonctionne à côté de la section criminelle.

L'instruction du procès criminel et l'examen fait par la chambre des mises en accusation sont considérés comme tenant lieu de première instance; aussi peut-on attaquer, par la voie de l'appel, l'ordonnance du juge d'instruction et celle de la chambre des mises en accusation. A la tête du système est la Cour de cassation (voir p. 584).

Ministère public. Le ministère public est, on le sait, une institution récemment créée dans l'empire ottoman (1879).

Les procureurs sont des fonctionnaires nommés par l'État, ayant pour mission de défendre les droits de tous. Leur principal devoir est de préserver de toute atteinte l'ordre public et les droits de la société. Il doivent consacrer tous leurs efforts et toute leur attention au fonctionnement régulier des institutions judiciaires et à l'application exacte des lois de l'empire.

Les procureurs relèvent du ministère de la justice. Ils sont nommés et destitués par décret impérial, sur la proposition du ministre.

Le membre du ministère public le plus élevé en rang est le premier procureur fonctionnant auprès de la cour de cassation. Il porte le titre de procureur en chef. Il est assisté par un certain nombre de procureurs adjoints.

Un membre du ministère public fonctionne avec le titre de procureur général, auprès de chaque cour d'appel, dans la capitale et les départements. Il est assisté par un adjoint.

Auprès de chaque tribunal de première instance, un membre du ministère public fonctionne avec le titre de procureur-adjoint.

Les devoirs des procureurs, en ce qui concerne la juridiction pénale, sont déterminés par le Code de procédure pénale.[1] Le deuxième chapitre du

---

[1] Doustour, vol. IV, p. 136.

deuxième titre de la loi sur la formation des tribunaux du nouvel ordre[1]) (art. 65 sq.) précise les devoirs que les membres du ministère public remplissent en matière civile. L'art. 60 de la même loi établit la situation hiérarchique des membres du ministère public et les relations existant entre eux à propos de l'exercice de leurs fonctions.

Les premiers sont chargés de l'exécution des sentences rendues par les tribunaux près lesquels ils fonctionnent. A cet effet, ils peuvent requérir toutes les catégories d'agents de la sûreté publique.

Le ministre de la justice dans la capitale et les fonctionnaires administratifs qui le représentent dans les provinces (gouverneurs) ne peuvent se mettre en relation avec les tribunaux que par l'entremise du ministère public.

Le Notariat. Le règlement créant dans la capitale et les provinces un notariat près de chaque tribunal de première instance est de l'année 1879 (15 chaban 1296).[2])

Les notaires sont nommés par le ministre de la justice.

Suivant l'importance des localités, les notariats sont composés d'un notaire et d'un ou plusieurs notaires-adjoints.

Le règlement dont il vient d'être parlé précise les qualités, les attributions et les devoirs des notaires.

Tribunaux de commerce. Les tribunaux de commerce ont été réorganisés, je l'ai dit, en 1860 par la loi du 9 chaval 1276, appelée appendice du Code de commerce.[3]) Deux degrés de juridiction ont été admis pour les procès de nature commerciale. Le second article de la loi en question est conçu dans les termes suivants: „Hormis celles pour lesquelles la loi n'admet qu'un seul degré, toutes les contestations seront susceptibles de deux degrés de juridiction. Le premier degré de juridiction sera rempli par les tribunaux de commerce, soit à Constantinople soit dans les provinces, et le second par les cours d'appel.“

Les tribunaux de commerce de première instance sont composés, suivant les localités où ils résident et, par conséquent, suivant la nature des différends qu'ils sont appelés à juger, d'une seule chambre ou de deux, dont l'une pour les procès de commerce de terre et l'autre pour les procès de commerce de mer.

Les tribunaux de commerce n'ayant qu'une seule chambre sont composés d'un président de deux juges perpétuels et de quatre juges temporaires. Ceux qui sont divisés en deux chambres, d'un président, d'un vice-président, de deux juges perpétuels et de deux temporaires, pour chaque chambre. Les juges perpétuels sont nommés par le gouvernement, les juges temporaires sont élus par une assemblée de commerçants notables.

Dans les localités où il existe une chambre de commerce, celle-ci est chargée de l'élection des membres temporaires des tribunaux de commerce.

Dans la capitale, il existe un tribunal de commerce de terre et un tribunal de commerce maritime.

Il a été question plus haut des bureaux de greffe appelés chancelleries de commerce, fonctionnant à côté de tous les tribunaux de cet ordre.

Dans chaque centre de gouvernement général, on l'a vu, une cour d'appel est instituée. Les sentences rendues en province par les tribunaux de commerce sont attaquées en appel par devant cette cour.

Les sentences des tribunaux de commerce de la capitale sont également attaquées par devant la section commerciale de la cour d'appel de Constantinople.

---

[1]) Doustour, vol. IV, p. 245.
[2]) Doustour, vol. IV, p. 355.
[3]) Doustour, vol. I, p. 445, et législation ottomane, par Aristarchi-Bey, vol. II, p. 355.

Juridiction religieuse non-musulmane. Les tribunaux composant cette juridiction relèvent des chefs religieux des différentes communautés non-mahométanes. Les patriarches, les archevêques, les évêques et leurs locumtenentes, ainsi que les rabbins, remplissent en Turquie des fonctions judiciaires. Ils président les tribunaux chargés de connaître des différends ayant leur origine dans les matières juridiques formant le statut personnel de leurs ouailles.

Dans les provinces de l'empire, les tribunaux de cette catégorie siègent dans toutes les localités où réside un chef religieux en activité. Ils jugent, chacun dans les limites de sa compétence, les contestations s'élevant entre sujets ottomans non-musulmans. Ils prononcent en première instance. Leurs sentences sont attaquées en appel par devant les institutions judiciaires siégeant à Constantinople, dans le patriarcat de chaque communauté.

Les tribunaux religieux non-musulmans de la capitale siègent chacun auprès du chef religieux suprême de chaque communauté.

Dans le patriarcat grec — je le prends comme type —, quatre tribunaux fonctionnent. Ils représentent, sauf certaines particularités de procédure, les degrés de juridiction admis par le droit moderne. Ils sont:

1⁰ Le grand-vicariat. Cette institution tient lieu de tribunal de paix et juge toute contestation surgissant entre époux dans les limites territoriales de l'archiépiscopat de Constantinople.

2⁰ Le tribunal ecclésiastique. Il juge en première instance tout litige surgissant, dans le même archevêché, entre chrétiens orthodoxes à propos de fiançailles, de mariages et de leur rupture et dissolution.

3⁰ Le conseil national mixte permanent. Il est formé de douze membres: quatre sont des ecclésiastiques de haut rang pris parmi les douze archevêques formant le Saint-Synode, les huit autres des laïques élus, parmi les notables grecs sujets de l'empire, par une assemblée composée des représentants des quartiers de la ville compris dans l'archiépiscopat de Constantinople.[1])

En dehors de ses attributions administratives très considérables, le conseil national mixte remplit des fontions judiciaires non moins importantes: il juge en première instance certains procès[2]) surgissant à Constantinople, il tient lieu de cour d'appel vis-à-vis des tribunaux ecclésiastiques des provinces.

Le conseil mixte est ordinairement présidé par celui de ses membres ecclésiastiques qui est le plus élevé en rang. Mais son président officiel est le Patriarche œcuménique, et Sa Sainteté occupe le fauteuil de la présidence dans quelques rares circonstances, c'est-à-dire à propos d'affaires administratives ou de procès exceptionnellement importants.

4⁰ Le Saint-Synode. A la tête du système judiciaire patriarcal est placé le Saint-Synode. Il est composé de douze archevêques (Métropolitains) relevant du trône patriarcal œcuménique. S. S. le Patriarche le préside toujours.

Le Saint-Synode est le corps administratif le plus important de l'Église, le gardien suprême de ses saints Canons et en même temps la plus haute institution judiciaire chrétienne. Il examine en dernier lieu les procès jugés par les autres tribunaux de l'ordre ecclésiastique. Il agit en tribunal d'appel ou en cour de cassation suivant les cas, conformément aux traditions de l'Église et aux rites de son fonctionnement.

On trouvera les règlements des patriacats grecs et arméniens, ainsi que celui du rabbinat, dans le II⁰ volume de Doustour, pages 902, 938 et 962.

_____

[1]) Cette assemblée se réunit une fois par an sous la présidence de Sa Sainteté le Patriarche œcuménique.

[2]) Trousseaux, dots, successions, etc.

§ 6. Tribunaux formant la juridiction spéciale à laquelle les étrangers sont soumis en Turquie.

La juridiction dont il sera question dans ce titre comprend les tribunaux spéciaux dont les étrangers établis ou séjournant temporairement en Turquie sont justiciables.

La situation faite par les traités aux étrangers, en ce qui concerne l'action de la justice, varie suivant qu'il s'agit tant au civil qu'au criminel de transactions faites et d'actes punissables commis sur le sol ottoman par un étranger vis-à-vis d'autres étrangers ou vis-à-vis des sujets de l'empire.

Dans le premier cas, c'est-à-dire toutes les fois que deux étrangers se trouvent en présence, ils jouissent des priviléges formant dans leur ensemble un régime tout-à-fait exceptionnel. Ils sont jugés par leurs propres juges. On désigne communément cette situation par le terme plus ou moins propre d'exterritorialité.[1] Dans le second cas, l'étranger est soumis à la juridiction de l'empire, mais les tribunaux ottomans dont il est justiciable sont constitués d'une façon spéciale. Un représentant de son ambassade assiste toujours l'étranger et dans un grand nombre de cas des juges appartenant à la nationalité de l'étranger siégent, le procès durant, en même nombre et avec les mêmes droits que les membres ottomans du tribunal.

J'examinerai séparément les deux cas que je viens d'énoncer. Toutes les fois qu'un différend s'élève entre deux étrangers, sujets de la même puissance, ou entre deux étrangers, sujets de deux États différents, ainsi que toutes les fois qu'un acte punissable est commis par un étranger au préjudice d'un autre, quelle que soit l'importance du litige et la gravité de l'acte criminel, les étrangers sont considérés comme se trouvant sur le territoire de leur patrie. Ils échappent, par conséquent, à la juridiction ottomane. Les étrangers sont dans ce cas justiciables des tribunaux dépendant des missions représentant leur pays, connus sous la dénomination de tribunaux consulaires.

Les tribunaux consulaires sont composés d'un président et d'un certain nombre de juges-assesseurs. Le président peut être le consul lui-même ou un adlatus judiciaire du consul portant le titre de consul-juge, ou enfin un magistrat tout-à-fait étranger au système consulaire; les assesseurs sont choisis par le consul parmi les notables de chaque colonie étrangère établie dans la juridiction du consulat.

Les tribunaux consulaires fonctionnant en Turquie sont considérés comme des tribunaux de première instance. Leurs sentences en matière civile sont susceptibles d'appel, conformément aux lois de chaque pays, par devant une cour d'appel de l'État, représenté en Turquie par la mission dont le tribunal consulaire relève.[2]

En matière pénale, toutes les fois qu'il s'agit de délits, le tribunal consulaire juge et prononce en première instance. Toutes les fois qu'il s'agit de

---

[1] Je dis que ce terme est plus ou moins propre, parce qu'il s'applique à de simples particuliers. On sait que le vocable exterritorialité est un terme né d'une fiction du droit des gens moderne, qui a conduit les légistes à considérer tout souverain se trouvant en pays étranger et tout agent diplomatique représentant son gouvernement auprès d'un autre gouvernement comme séjournant sur le territoire de leurs propres pays. Cette fiction a été étendue aux étrangers, simples particuliers, établis ou séjournant temporairement en Turquie, toutes les fois qu'ils se mettent en relations d'affaires avec d'autres étrangers, ou qu'ils commettent des actes punissables à leur préjudice, sans que les intérêts d'un sujet ottoman ou sa personne soient visés par les procès qui en résultent.

[2] La cour consulaire britannique de Constantinople seule est divisée en première instance et en seconde.

crimes, c'est-à-dire d'actes punissables de la compétence de la cour d'assises, le tribunal consulaire instruit le procès et renvoie l'accusé avec le dossier qui le concerne par devant la cour d'appel de l'État dont il relève à telles fins que de droit.

En vertu d'accords internationaux, toutes les fois qu'il s'agit de procès soit civils soit criminels surgissant entre étrangers de nationalité différente, le tribunal consulaire du défendeur ou de l'accusé est compétent.

Les procès appelés mixtes, c'est-à-dire engagés entre étrangers et sujets ottomans, de quelque nature qu'ils soient, ne peuvent pas être soustraits à la juridiction ottomane. Ils sont néanmoins examinés dans des conditions spéciales. Les actes punissables, fautes, délits ou crimes, donnant lieu à des procès mixtes sont soumis, dans la capitale et en province, aux tribunaux compétents de l'empire. L'étranger qui comparaît est cependant assisté par un représentant de son gouvernement. En général, c'est l'un des interprètes (drogman) du consulat ou de la mission qui est chargé de jouer par devant la justice ottomane le rôle de protecteur des droits de l'étranger. Le drogman se trouve présent pendant l'instruction et les débats qui précèdent le prononcé; il en signe les procès-verbaux.

Tous les procès civils et commerciaux mixtes sont portés dans les provinces par devant les tribunaux de commerce de première instance. Toutes les fois qu'un étranger doit être jugé, la composition de ces tribunaux est modifiée: deux sujets étrangers, de la nationalité de celui qui comparaît, sont admis à siéger dans le tribunal avec les mêmes droits que ses membres ottomans. Le tribunal se trouve, en ce cas, composé du président, qui est, comme on le sait, un fonctionnaire de l'État, et de quatre membres, deux sujets de l'empire et deux sujets de la puissance dont relève l'étranger demandeur ou défendeur. Le drogman du consulat assiste toujours son ressortissant. Les sentences rendues par les tribunaux ainsi composés sont susceptibles d'être attaquées en appel par devant la première chambre de commerce de Constantinople.

Dans la capitale, tous les procès civils et commerciaux mixtes sont portés par devant la première chambre de commerce.

La composition et la compétence de ce tribunal présentent des particularités tellement importantes que pendant un certain temps on l'a appelé cour exceptionnelle. Aujourd'hui cette appellation est remplacée par celle de première chambre de commerce.

Le tribunal en question est composé d'un président, de deux juges ottomans et d'un nombre égal de juges étrangers. Chaque puissance se fait représenter au sein de ce tribunal par deux juges que les consulats désignent. Les juges en question sont choisis parmi les négociants notables de chaque colonie. Ils siégent à tour de rôle, c'est-à-dire que ceux de chaque nationalité siégent aux jours fixés pour chaque puissance. Ils ont les mêmes droits que leurs collègues ottomans. Le tribunal se trouve, par conséquent, formé du président, qui est en général un fonctionnaire supérieur de l'empire, de deux juges ottomans et de deux juges représentant la puissance dont le sujet doit être jugé. Le drogman du consulat dont l'étranger relève, assiste son ressortissant.

La première chambre de commerce juge en degré d'appel, au civil et au commercial, les procès mixtes jugés en première instance par les tribunaux de commerce des provinces. Elle juge, en première et dernière instance, les procès directement portés devant elle dans la capitale. Les sentences ainsi rendues ne sont pas susceptibles de cassation, les seuls moyens légaux par lesquels on peut les attaquer sont l'opposition, pour les sentences rendues par défaut, la requête civile, pour celles rendues contradictoirement, et la tierce opposition, toutes les fois que le cas s'en présente.

Échappent à la juridiction que je viens de décrire: 1⁰ Les contestations en matière de location; 2⁰ les procès ayant pour objet des immeubles; 3⁰ tous les litiges ne dépassant pas en principal la somme de mille piastres (260 fr.). Les procès de ces trois catégories sont jugés par les tribunaux civils ottomans, en présence du représentant de l'autorité consulaire (drogman) dont la partie étrangère relève.

En résumé, les tribunaux, fonctionnant aujourd'hui dans l'empire ottoman, forment trois catégories distinctes.

La première comprend toutes les institutions judiciaires présidées par des dignitaires ottomans et composées de membres tous sujets de l'empire. Elle embrasse quatre ordres de tribunaux: a) Les tribunaux de l'ordre sacré musulman; b) les tribunaux de l'État du nouvel ordre judiciaire; c) les tribunaux de commerce et d) les tribunaux de l'ordre religieux non-musulman. Ces derniers sont présidés par les évêques, tous sujets et dignitaires de l'empire.

La seconde comprend les tribunaux ottomans spéciaux chargés de connaître des procès mixtes. Ils sont présidés par des dignitaires de l'empire, mais composés de membres dont la moitié sont Ottomans et l'autre moitié sujets étrangers.

La troisième enfin est formée par les tribunaux consulaires. Entièrement composés d'étrangers, ces tribunaux siégent en Turquie, mais ils ne relèvent à aucun titre de l'autorité judiciaire ottomane. Ils sont considérés comme fonctionnant sur le territoire dont chaque consulat dépend.

Tel est le tableau général de l'organisation judiciaire ottomane et des tribunaux étrangers siégeant en Turquie. Je l'ai tracé aussi fidèlement que mes faibles connaissances m'ont permis de le faire.

2. Le droit pénal de la Turquie.

I. Aperçu historique du développement du droit pénal en Turquie.

§ 1. Caractère général et sources du droit musulman.

Le droit pénal actuellement en vigueur dans l'Empire ottoman offre un amalgame étrange de droit musulman doctrinal, de droit pénal français, de droit national et d'arbitraire. Pour en donner une idée exacte, il est indispensable d'entrer dans quelques détails historiques et de faire ressortir en premier lieu ce qu'est le droit pénal musulman, en théorie et dans la pratique. Il est permis de supposer que la majorité des juristes qui me feront l'honneur de parcourir les pages qui vont suivre, ne sont pas des spécialistes dans les institutions des sectateurs de Mahomet, et ne se sont préoccupés que superficiellement de l'histoire des réformes introduites en Turquie depuis l'année 1839.

On se figure ordinairement en Europe que le Cadi musulman décide, ou du moins doit décider, selon les prescriptions contenues dans le Coran. Toutefois ceci est une grave erreur. Il est vrai que le Coran est pour les Musulmans la révélation littérale et infaillible, dans le sens absolu du mot, de la volonté d'Allâh, et que ce livre incréé et éternel est la loi fondamentale des fidèles ou, ce qui est plus, la base métaphysique[1] de leur droit; mais en réalité le Cadi allègue et interprète dans ses jugements le texte du Coran tout aussi peu que chez nous un juge de paix allègue ou interprète les articles de la constitution. Il en est de même de la Sonnah ou tradition concernant les sentences et les actes de Mahomet que l'on trouve dans les recueils admis comme canoniques.[2] Les préceptes de la Sonnah, tout en étant par leur origine au-dessus de la critique des hommes, ne sont pas, comme ceux renfermés dans le Coran, l'expression littérale de la volonté d'Allâh, mais seulement l'expression des idées personnelles du Prophète inspiré par lui. Il en résulte que ces préceptes sont une loi d'un ordre secondaire; quoique ceci n'empêche pas que la Sonnah, prise dans son ensemble, reste encore pour les croyants non seulement une loi, mais encore une base métaphysique du droit. Quant aux autres bases métaphysiques du droit, ce sont les décisions concordantes[3] de ceux que l'on pourrait appeler les apôtres et les pères de l'Église musulmane et enfin la raison humaine.[4]

---

[1] En arabe açl, plur. oçoul, littéralement „racine", par opposition aux principes ou dogmes fondamentaux du droit pratique, en arabe far', plur. forou', littéralement „branche".

[2] De ces recueils, ceux de Bokhârî et de Moslim, portant l'un et l'autre le titre de Çahîh, sont les plus estimés. En tout il y a six recueils canoniques de traditions relatives à Mahomet. Ce sont ces recueils qu'on appelle ordinairement en Turquie „les six livres révérés", en arabe al-kotub as-sittat al-mu'tabarah.

[3] En arabe idjmâ' ou djamâ'ah.

[4] En arabe qiyâs ou râï.

Les véritables lois musulmanes pour la pratique sont les traités de jurisprudence des juristes dont l'opinion fait autorité. Dans l'Islamisme il en est
des juristes à peu près comme dans l'Empire romain avant Justinien; ils sont
reconnus comme des autorités en matière de droit; on les considère comme
les interprètes du droit et en même temps comme des législateurs, et leurs
ouvrages ont force de loi. Il s'entend que leur travail doit avoir pour point
de départ les prescriptions du Coran et de la Sonnah, et qu'ils doivent respecter
les décisions précitées des premiers temps de l'Islamisme. Il est encore admis
que tous les juristes ne jouissent pas d'une autorité de la même valeur, et que
ceux dont l'autorité est classée plus bas doivent respecter les décisions de
leurs supérieurs. Enfin il ne faut pas oublier que l'autorité des juristes musulmans ne relève pas du chef de l'État, comme le jus respondendi accordé
à Rome, mais seulement de l'opinion publique.

De ces juristes-législateurs on distingue dans l'orthodoxie musulmane
quatre rites ou écoles, dont les adhérents s'appellent les Hanafites, les Malikites, les Châfi'ites et les Hanbalites, d'après les fondateurs. Ces rites se
considèrent mutuellement comme ayant une égale raison d'être; dans l'Empire
ottoman celui des Hanafites est le rite officiel et celui de la grande majorité
des Turcs en Europe et en Asie mineure, au lieu que les Châfi'ites sont pré-
dominants en Syrie, en Mésopotamie, en Égypte et en Arabie, et les Malikites
dans la Tripolitaine. Les Hanbalites, en petit nombre, se trouvent disséminés
dans quelques grands centres de population. La différence fondamentale entre
ces rites consiste dans leur divergence d'opinion sur la valeur et la liberté à
accorder à la quatrième base du droit, savoir à la raison humaine, qui, de
l'aveu de tous, ne peut cependant qu'interpréter les trois autres bases et suppléer à ce qui y manque au point de vue de la pratique, mais ne saurait en
aucun cas les supplanter. Le raisonnement en matière de droit doit toujours
rester un raisonnement par analogie, c'est-à-dire il doit prendre pour point de
départ une sentence du Coran, de la Sonnah ou des fidèles des premiers temps
de l'Islamisme. Le Coran, la Sonnah et les ouvrages des juristes s'appellent
ensemble „la loi", en arabe char' ou charî'ah,[1]) et l'ouvrage de droit dont
l'autorité est universellement et officiellement reconnue en Turquie porte le titre
de Multaqâ al-Abhur ou Confluent des mers. C'est un vaste recueil des décisions des principaux juristes des Hanafites, composé par Ibrâhîm al-Halabî,
mort en 1549. On trouve exposé dans ce code universel le droit religieux,
civil, pénal, public, judiciaire, militaire, somptuaire, fiscal et international. Le
Multaqâ a été écrit originairement en arabe, mais une traduction en turc en a
été faite sous le règne du Sultan Mahomet IV, et une nouvelle édition revue
et augmentée en a été publiée à Constantinople en 1824 par ordre de la Su-
lime Porte.[2])

---

[1]) Les Turcs disent ordinairement „chéri", de l'arabe char'î. C'est le nom
relatif de char' ou charî'ah et signifie, par conséquent, „légal". L'arabe étant la langue
officielle pour les Musulmans de tous les pays, en matière de théologie et de droit,
il est préférable d'écrire les termes théologiques ou juridiques dans leur forme arabe,
sans se préoccuper de la façon dont ils sont prononcés par les Turcs.
[2]) Le Multaqâ al-Abhur et les fatwâ, ou décisions des principaux commentateurs
de cet ouvrage, ont été traduits en français, avec quelques transpositions de chapitres
et le retranchement de quelques répétitions ou prolixités, dans le livre de d'Ohsson:
Tableau général de l'Empire ottoman, Paris 1788. Une analyse de ce code universel
se trouve aussi dans les Lettres sur la Turquie par Ubicini, Paris 1853, deuxième
édition, tome I, p. 148 sq. La revision du Multaqâ en 1824 a consisté principalement
dans l'insertion des fatwâ, ou décisions des autorités en matière de droit, qui ont vécu
depuis la mort d'Al-Halabî. Pour comparer l'original du Multaqâ avec la traduction
de d'Ohsson, je me suis servi du manuscrit arabe de la bibliothèque de l'université
de Leyde n° 1081.

Quant à la coutume locale, selon le droit musulman doctrinal, le Cadi ne saurait la prendre pour base de ses jugements qu'en cas de silence de la charî'ah, ou lorsque celle-ci s'y réfère expressément. Il en est de même du pouvoir législatif du chef de l'État. Il ne peut donner des ordonnances que dans le domaine abandonné par la charî'ah à la coutume, en d'autres termes il peut faire des qânoun, ou règlements, mais la loi proprement dite ne se fait que par les juristes, chacun dans la mesure de son degré d'autorité. Et puisque les fondateurs des rites et, en général, les grands juristes d'autrefois jouissent d'une autorité supérieure, même à celle des plus savants de nos contemporains, il s'ensuit que le droit chez les Musulmans est condamné à peu près à l'immobilité. Il est absolument nécessaire de se rendre compte de ce qui précède, quand on veut comprendre la législation turque actuelle, dite „de la réforme". Comme on le verra plus loin, déjà le premier article du C. p. de 1858 est incompréhensible sans ce commentaire. [1])

Passons maintenant à l'examen du droit pénal selon le rite des Hanafites, comme nous le trouvons exposé dans le Multaqâ. [2])

§ 2. Le système pénal du Multaqâ.

Les lois pénales modernes des différents États de l'Europe sont en général divisées en deux parties distinctes. On y trouve d'abord un exposé des peines, de leur exécution et des dogmes fondamentaux du droit pénal, comme la tentative, la récidive, les circonstances atténuantes, la complicité, la responsabilité, la connexité et le concours. [3]) Après cette partie générale, le législateur donne une espèce de catalogue des faits punissables avec leurs qualifications et la peine édictée contre chacun d'eux. Il n'en est pas de même en droit musulman. Les faits punissables y sont de trois catégories: les crimes contre Allâh, les attentats contre les personnes, et enfin les délits et les contraventions contre la paix publique, [4]) chacune de ces catégories étant traitée dans un chapitre à elle et ayant un système répressif spécial. Comme règles générales on peut déduire de ces prescriptions disparates: 1⁰ Que la tentative n'est pas punissable à moins de constituer elle-même une infraction; 2⁰ que la récidive n'est pas une circonstance aggravante, si ce n'est dans les cas

---

[1]) Pour de plus amples informations sur le caractère du droit musulman, la loi, la coutume, les règlements et le degré d'autorité des différents juristes, le lecteur est renvoyé aux ouvrages et traités suivants: D'Ohsson, op. cit. t. I, p. 1 sq. et t. V, p. 7; Hamilton, The Hedâya or Guide, a commentary on the Musulman laws, Londres 1791, Preliminary discourse; Mirza Kazem Beg dans le Journal asiatique, année 1850, p. 158 sq.; Sachau, Zur ältesten Geschichte des Muhammedanischen Rechts, Vienne 1870; von Kremer, Kulturgeschichte des Orients, Vienne 1875, t. I, p. 470 sq.; Kohler, Zur Geschichte der Islamitischen Rechtssysteme, dans le Zeitschrift für vergleichende Rechtswissenschaft, année 1884; Syed Ameer Ali, Lectures on Mahommedan Law, Calcutta 1885, p. 1 sq.; et mon ouvrage: De Beginselen van het Mohammedaansche Recht, 3e édition, Batavia et La Haye 1888, p. 1 sq. La traduction russe de cet ouvrage par M. Girgass a paru à Saint-Pétersbourg en 1882; la traduction française par MM. de France de Tersant et Damiens est en voie de publication.

[2]) Dans la traduction de d'Ohsson, par suite de la transposition de quelques chapitres (voir plus haut p. 600, note 2), les principes du droit pénal des Hanafites ne sont pas bien nettement tracés.

[3]) Dans quelques législations, les deux derniers dogmes sont traités, il est vrai, dans le Code d'instruction criminelle, mais cela n'empêche pas qu'ils sont en réalité du domaine du droit pénal matériel eu égard à leur influence sur la responsabilité et la mesure de la peine.

[4]) L'explication historique de cette division nous mènerait trop loin. Il suffit de noter que les trois catégories répondent en principe aux trois périodes dans l'histoire du droit parmi les Arabes: la période du paganisme, les réformes introduites par Mahomet, et le développement du droit sous les Califes.

déterminés par la loi; 3⁰ que les circonstances atténuantes ne peuvent donner lieu à une diminution de peine que sous la même réserve; 4⁰ que la complicité est seulement admise en cas d'homicide, de blessure et de fornication, mais que dans tout autre cas les complices ne sont responsables que de leurs actes personnels, à supposer que ces actes, considérés en soi, constituent une infraction; 5⁰ que la responsabilité pénale est exclue par la démence, la minorité, la contrainte[1]) et l'erreur, et 6⁰ que la connexité n'exerce aucune influence sur la pénalité, et qu'il en est de même du concours matériel ou formel, chaque infraction devant être jugée et punie séparément. La grossesse d'une femme est une cause de suspension des peines corporelles, mais non de l'emprisonnement, et enfin non seulement les condamnations, mais encore les poursuites criminelles sont imprescriptibles.

Les crimes contre Allâh sont:

1⁰ La fornication, c'est-à-dire tout commerce illicite entre les deux sexes, par conséquent non seulement l'adultère, l'inceste et le viol, mais encore la cohabitation volontaire de deux adultes célibataires. Il n'y a que le mariage ou le fait d'être propriétaire d'une esclave non-mariée, qui donnent à l'homme le droit de cohabiter avec une femme. La peine est la lapidation ou bien la flagellation et le bannissement, d'après les circonstances; mais pour la condamnation il faut que le crime soit constaté par l'aveu quatre fois répété ou par la déposition de quatre témoins mâles et irréprochables.[2]) En outre, il n'y a pas de fornication punissable sans la consommation réelle et normale de l'œuvre de la chair.

2⁰ La diffamation, c'est-à-dire la dénonciation calomnieuse du crime de fornication dans tous les cas où ce crime entraînerait la lapidation. La loi considère comme calomnieuse toute dénonciation de la part de celui qui ne peut fournir la preuve légale de ce crime, à l'exception de la dénonciation par le mari qui accuse sa femme d'adultère, pour obtenir la dissolution irrévocable du mariage et le désaveu de l'enfant dont elle est enceinte. Or le mari peut, dans ces circonstances, remplacer la preuve légale par un anathème cinq fois répété. La peine pour dénonciation calomnieuse du crime de fornication est la flagellation.

3⁰ Le vol, c'est-à-dire la soustraction frauduleuse d'un objet d'une valeur d'au moins 10 drachmes d'argent, lequel objet se trouvait, selon sa nature et les circonstances, suffisamment gardé ou dans un lieu sûr. La peine est l'amputation du poing droit et, en cas de récidive, du pied gauche. Les récidives ultérieures se punissent de l'emprisonnement. Les soustractions commises soit dans un lieu public, soit entre époux ou parents dans les degrés prohibés, soit entre maîtres et esclaves, soit au préjudice du trésor public, soit enfin d'un objet dont on est copropriétaire, ne se punissent pas de l'amputation.

4⁰ Le brigandage. Les brigands qui se sont rendus coupables de vol accompagné de violence, ont le poing droit et le pied gauche coupés, et ceux qui se sont rendus coupables d'homicide subissent la peine capitale. C'est le juge qui doit prononcer dans ce dernier cas s'ils seront décapités ou crucifiés. Ce dernier supplice consiste dans ce que le coupable est de son vivant attaché à une croix, qu'il a ensuite le corps percé d'une lance et qu'il reste exposé ainsi aux regards du public pour trois jours au plus.

5⁰ L'usage du vin. Le Musulman convaincu d'avoir bu du vin est puni de la flagellation.

---

[1]) En cas de contrainte, c'est celui qui l'a exercée qu'il faut considérer comme l'auteur du fait punissable, et non celui qui a matériellement commis le fait.

[2]) Dans les autres cas, deux témoins mâles et irréprochables suffisent, mais ici la loi exige plus de garanties, afin d'éviter la condamnation d'un innocent.

6° **L'apostasie** ou reniement de la foi musulmane. L'apostat impénitent est puni de mort, mais, s'il s'agit d'une femme, elle est condamnée à l'emprisonnement avec flagellation journalière jusqu'à ce qu'elle se décide à revenir de ses erreurs. En tout cas l'apostasie entraîne la mort civile. Quant aux blasphémateurs, ils sont punis de mort, sans distinction de sexe ou de religion, et sans leur accorder un délai pour se repentir.

7° **La rébellion.** C'est le refus de la part d'un Musulman,[1]) par voie de faits ou non, de l'obéissance due à la loi et au gouvernement légitime, tout en reconnaissant en principe la vérité des dogmes fondamentaux de l'Islamisme et l'obligation de se conformer aux préceptes de la loi. Le rebelle obstiné est puni de mort, mais puisqu'il est resté Musulman, son crime n'entraîne pas la mort civile, et en cas que des peines moins graves suffisent pour réprimer la rébellion, il faut les appliquer avant de recourir aux mesures extrêmes.[2]) Il est, au reste, à remarquer que les commentateurs du Multaqâ ont donné une grande extension à ce crime, en comprenant aussi sous la rébellion tout propos séditieux, tout acte tendant à troubler l'ordre public, toute contravention aux ordres légitimes du Souverain, le faux, le péculat, la concussion et la forfaiture en général.[3]) Il en est donc de ce crime en Turquie comme du crime de lèse-majesté en droit romain, c'est-à-dire que, d'un crime spécial qu'il était à l'origine, il est devenu le nom générique d'un ensemble de faits punissables: seulement l'extension donnée en Turquie à la rébellion est beaucoup plus grande. Nous allons revenir à ce sujet dans l'analyse du C. p. de l'Empire ottoman de 1858.

Les crimes ci-dessus ne sont point rémissibles, exception faite de la diffamation qui ne se poursuit que sur la plainte de la partie lésée, et la rébellion pour laquelle le chef de l'État peut user de son droit de grâce. En cas de vol, le coupable doit, outre sa peine, restituer l'objet volé à titre de dommages et intérêts aussi longtemps qu'il en est détenteur, mais non s'il en a perdu la possession au moment où l'action lui est intentée.

La seconde catégorie de faits punissables consiste dans les attentats contre les personnes, en d'autres termes l'homicide et les blessures. L'homicide est de trois sortes: l'homicide prémédité, l'homicide volontaire et l'homicide involontaire. La préméditation consiste dans le dessein d'attenter à la vie de quelqu'un avec une arme, un instrument ou quoi que ce soit, qui, dans des circonstances ordinaires, est propre à tuer. Il en résulte que l'empoisonnement, la combustion, l'immersion et même le fait d'avoir, par un faux témoignage, causé la condamnation et la mise à mort d'un innocent, constituent des homicides prémédités. L'homicide volontaire, ou comme on l'exprime en arabe, l'homicide commis avec un semblant de préméditation, a lieu, quand on avait l'intention d'attaquer quelqu'un, mais non de le tuer, et que la mort a été la conséquence imprévue de l'attaque. Ici ce sont encore les moyens dont on s'est servi qui déterminent la nature du méfait. Enfin l'homicide involontaire est celui qu'on commet par imprudence, par impéritie, par négligence

---

[1]) Les infidèles ne pouvant être sujets d'un prince musulman que par suite d'une convention, le refus d'obéissance de leur part aux ordres du pouvoir légitime ne constitue point un acte de rébellion, mais l'inexécution d'un traité. Par conséquent, les Musulmans ne sont pas non plus tenus d'observer ce même traité, pour ce qui concerne la sûreté stipulée par les infidèles pour leurs personnes et leurs biens, et les infidèles en question deviennent des proscrits par le seul fait de leur insoumission.

[2]) Les mêmes principes régissent les mesures à prendre, non contre des actes de rébellion isolés, mais contre une rébellion en masse, qu'il faut faire réprimer par une expédition militaire.

[3]) Voir d'Ohsson, op. cit., t. VI, p. 253 sq.

ou par accident.[1]) Cet homicide se subdivise, par conséquent, en quatre espèces.

L'homicide prémédité entraîne la peine du talion, à moins que les héritiers de la victime ne déclarent se contenter du prix du sang, ou à moins que le coupable ne soit un des ascendants de la victime, ou bien qu'il ne s'agisse d'un maître qui a tué son esclave. Dans le dernier cas, il y a lieu seulement à la peine correctionnelle dont nous allons nous occuper plus loin, mais dans les deux premiers, la peine du talion se remplace par le prix du sang, dont le montant est de 1000 pièces d'or ou 10000 drachmes d'argent[2]) pour un homme, et de la moitié pour une femme. L'homicide volontaire et l'homicide involontaire entraînent toujours le prix du sang; dans l'un et l'autre cas cependant, il est non seulement à la charge du délinquant, mais encore de sa corporation et subsidiairement de ses agnats, de sa tribu ou de l'État. S'il s'agit d'un homicide dont on ignore le coupable, la responsabilité pour le prix du sang retombe sur l'habitant de la maison ou sur ceux du quartier ou de la rue où le cadavre a été trouvé.

Les mêmes principes régissent les blessures, à la seule réserve que, dans ce cas, la préméditation même ne peut se punir du talion quand il y a impossibilité, voire difficulté, d'observer une parfaite égalité entre la lésion et la peine. Ainsi quelqu'un qui a coupé à un autre la main droite, tout en ayant perdu lui-même ce membre du corps préalablement, ne subit point le talion, parce qu'il est interdit de couper la main gauche pour la main droite. Il est également interdit d'appliquer le talion pour des blessures au vif, parce qu'il est alors très difficile de porter au délinquant une blessure d'une profondeur et d'une longueur ou largeur égales à la profondeur, la longueur ou la largeur de la blessure portée à la victime. Le talion pour blessures est limité par ces restrictions aux blessures qui consistent dans une mutilation ou dans la privation d'un organe des sens. Quant au prix du sang, toutes les blessures sont tarifées, et il en est de même de l'avortement. Comme règle générale pour ce tarif on peut constater que chaque membre ou organe dont on en a deux, exige la moitié du prix du sang pour homicide; quand on en a dix, par exemple les doigts de la main, le prix du sang n'est que le dixième; quand il s'agit d'un membre unique,[3]) de la raison, d'un des cinq sens ou d'une faculté du corps ou de l'esprit, il faut payer le prix du sang en son entier, le tout sous la réserve qu'une femme ne vaut que la moitié d'un homme.

L'homicide, les blessures et les mutilations ne sont point punissables en cas de légitime défense, en cas d'ordre des autorités constituées, en cas de guerre et en cas de l'exécution d'un jugement.

Les peines édictées contre les attentats qui nous occupent sont rémissibles par la partie lésée ou par ses héritiers. Ces attentats sont en réalité des délits civils où le talion et le prix du sang remplacent les dommages et intérêts. Le chef de l'État n'a pas le droit d'intervenir, ni pour faire grâce au coupable en cas que l'ayant-droit réclame le talion, ni pour le faire punir en cas que l'ayant-droit s'abstienne de toute poursuite.

---

[1]) Il y a, par exemple, imprudence quand on croit tirer sur un morceau de gibier et que c'est un homme; il y a impéritie quand on veut tirer sur un ennemi et qu'on tue son camarade; il y a négligence quand on a ouvert un fossé dans un lieu public sans prendre les précautions qu'exige la prudence, après quoi un passant tombe dans le fossé et y trouve la mort; enfin il y a homicide par accident quand un homme s'est endormi et a étouffé un enfant en se retournant dans son sommeil.

[2]) A l'origine le prix du sang devait se payer en chameaux et le payement en numéraire ne venait qu'en second lieu, c'est-à-dire comme une façon subsidiaire de s'acquitter de son obligation.

[3]) Compris la barbe, la chevelure ou la virginité.

Nous venons de voir qu'il existe en droit musulman une troisième caté-gorie d'infractions punissables, savoir les délits et les contraventions contre la paix publique. Le Souverain ou ses délégués, les Cadis, et en cas de contra-vention les chefs de la police, ont le droit et le devoir de punir tous les actes qui leur paraissent incompatibles avec l'ordre social, soit qu'il s'agisse d'actes défendus dans la loi (charî'ah), mais sans menace de peine spéciale, soit qu'il s'agisse d'actes défendus, avec ou sans menace de peine, dans les règlements (qânoun) du Souverain ou dans les ordres émanés des autorités constituées, soit enfin qu'il s'agisse d'actes qui n'ont pas été défendus préalablement, mais qui, selon la coutume locale ou même selon l'opinion subjective du magistrat, méritent une répression pénale. Il s'ensuit que la règle fondamentale du droit pénal moderne en vigueur en Europe: „nullum delictum, nulla poena sine praevia lege poenali," n'existe pas en droit musulman. Toutefois les peines à prononcer pour les délits et les contraventions contre la paix publique ne sont que des corrections, arbitraires, il est vrai, au gré des magistrats, mais limitées par la charî'ah. Or ces corrections arbitraires ne peuvent consister que dans l'emprisonnement, la flagellation, l'amende ou la réprimande officielle, selon les circonstances, mais en aucun cas dans la peine capitale. Le chef de l'État ou tout autre pouvoir constitué ne sauraient édicter ou appliquer d'autres peines que les quatre que nous venons de mentionner. La correction arbitraire est rémissible par le chef de l'État ou même par le Cadi et, en cas de contra-vention, par le chef de la police, mais ni l'exécution, ni la rémission de cette correction ne peuvent porter préjudice au droit de la partie lésée d'intenter un procès civil pour dommages et intérêts.

Comme une catégorie spéciale d'infractions punissables on pourrait considérer à la rigueur les contraventions du droit rituel ou de la morale qui entraînent, selon la charî'ah, des expiations, des amendes ou des sacrifices. En cas d'homicide volontaire ou involontaire l'expiation est même combinée avec le prix du sang. Ces contraventions toutefois ne sont pas comprises par les Musulmans dans leur droit pénal, et, par conséquent, nous n'avons pas besoin de nous en préoccuper ici. Un droit pénal spécial pour les militaires n'existe pas selon le Multaqâ; ainsi, par exemple, l'insubordination constituera une espèce de la rébellion ou bien ce sera un simple délit contre la paix publique.

§ 3. Développement du droit pénal jusqu'en 1858.

C'est le droit pénal dont nous venons de donner un aperçu très som-maire,[1]) qui a été en vigueur en Turquie sans modifications considérables jus-qu'en 1840, du moins en principe, car la pratique en différait sensiblement. Je ne veux pas insister à cet égard sur des faits d'ordre secondaire, par exemple sur ce que la bastonnade avait depuis longtemps remplacé la flagel-lation, ni sur ce que les peines atroces, comme le supplice du pal qu'on ap-pliquait généralement en cas de brigandage ou de rébellion, ne trouvent pas leur justification dans la charî'ah, celle-ci prescrivant au Cadi de faire périr le condamné à mort de la façon la plus expéditive, mais lui abandonnant après tout le choix des moyens, excepté, comme nous venons de le voir, en

---

[1]) Pour de plus amples informations, le lecteur est renvoyé aux ouvrages spé-ciaux du rite des Hanafites, par exemple aux traductions de d'Ohsson et de Hamilton et à mon ouvrage sur les principes du droit musulman, cités plus haut p. 601, note 1. Les ouvrages arabes qui n'ont pas encore été traduits dans une langue européenne n'ont à mon avis pas besoin d'être cités pour la majorité de mes lecteurs. S'il y a par hasard parmi eux des arabisants, ceux-ci n'ont pas besoin d'être renseignés à ce sujet, et pour les autres la citation d'un livre inaccessible n'offre aucun intérêt.

cas de fornication. Il y avait d'autres abus plus graves qui ont valu en Europe à l'administration de la justice en Turquie, la réputation très méritée d'être proverbialement arbitraire et cruelle. Quoique le droit musulman prescrive formellement qu'aucune peine ne saurait être prononcée que par les juges compétents, et qu'aucun chef ou fonctionnaire ne peut s'immiscer dans l'administration de la justice, nous voyons qu'en Turquie depuis des siècles ce précepte était foulé aux pieds par toutes les autorités. La charî'ah n'est pas moins explicite sur la preuve légale et sur l'instruction criminelle, et le Souverain, comme le chef des Cadis dans son empire, s'il veut user de son droit d'évocation, est astreint à observer les mêmes prescriptions que les magistrats ordinaires. Les exécutions sans jugement régulier, voire souvent clandestines, ordonnées par les Sultans et même par les membres de leur famille ou par leurs fonctionnaires, sont des infractions non moins blâmables selon le droit musulman qu'elles le seraient selon les constitutions des pays de l'Europe occidentale. A plus forte raison la charî'ah condamne l'absence complète de garanties légales, la corruption des magistrats, le caprice tenant lieu de loi, le désordre érigé en système, le vol organisé et les exactions et abus de pouvoir des Pâchâs, en un mot la situation déplorable au point de vue moral, politique et légal, dans laquelle se trouvait la Turquie dans le premier quart du dix-neuvième siècle.[1]

Par suite d'événements politiques qui n'entrent pas dans le cadre de cette étude,[2] la nécessité de réformes (tanzîm, pl. tanzîmât)[3] s'imposait. La Porte prit la résolution de se rapprocher davantage des puissances chrétiennes, et surtout d'imiter l'exemple qu'elles lui donnaient d'une administration régulière et d'une justice intègre. Toutefois il y avait de graves difficultés à surmonter. Non seulement on se heurtait contre la mauvaise volonté de tous ceux qui avaient intérêt au maintien des abus, c'est-à-dire de la grande majorité des hommes en place, mais encore il fallait respecter la charî'ah, qui, tout en condamnant les abus en question, empêchait d'un autre côté d'emprunter à l'Europe ses organisations et ses codes, même adaptés à la société orientale. Si le Sultan voulait rester un sectateur de Mahomet, il ne pouvait réglementer à l'européenne que les intérêts d'ordre secondaire que la charî'ah avait abandonnés à la législation locale, et réprimer les abus condamnés par la charî'ah, mais qui s'étaient introduits par suite d'un déplorable relâchement dans les mœurs politiques et sociales.[4] La réforme pouvait être tout au plus un retour aux institutions anciennes et idéales, mais ne saurait jamais être l'introduction d'un nouvel ordre de choses, et pourtant c'était bien ceci que réclamait l'Europe.

Ces difficultés ont été évitées avec talent dans le premier document qui inaugurait les réformes sérieuses, c'est-à-dire le Khatti-Charîf ou Déclaration impériale de Gul-Khânah,[5] proclamée le 3 novembre 1839. Le Sultan, dans

---

[1] Voir Ubicini, op. cit., t. I, pp. 172, 193.
[2] Pour l'histoire détaillée des événements qui ont amené les réformes en Turquie, voir Engelhardt, La Turquie et le Tanzimat, Paris 1882.
[3] Littéralement „organisation“.
[4] En Turquie, aucun règlement (qânoun) du Sultan n'est valable à moins d'être pourvu de la décision (fatwâ) du Chaikh al-Islâm, ou chef des juristes officiels, que le règlement en question ne contient aucune disposition contraire à la charî'ah. Voir Ubicini, op. cit., t. I, p. 37, et plus haut p. 601. Dans l'art. 7 de la Constitution de l'Empire ottoman, octroyée en 1876, le Sultan se déclare formellement l'exécuteur de la charî'ah et ne se réserve le pouvoir législatif que par rapport aux règlements d'administration publique. Voir Aristarchi-Bey, Législation ottomane (Constantinople 1873—1888), t. V, p. 8.
[5] Pavillon dans le Sérail.

cette déclaration, ne fit qu'abolir des abus condamnés par la charî'ah, par exemple, pour nous borner au sujet qui nous occupe, les exécutions arbitraires, sans instruction et sans jugement, ordonnés soit par le chef de l'État, soit en son nom, la confiscation générale des biens, l'interdiction des héritiers innocents d'un malfaiteur, les exécutions clandestines par le poison, etc. Pour ne pas déplaire aux Puissances, on se servit au besoin de termes ambigus ou de réticences. Ainsi quand le Khatti-Charîf accorda à tous les sujets du Sultan, Musulmans ou non, une sécurité parfaite dans leur vie, leur honneur, leur réputation et leur fortune, „ainsi que l'exige la charî'ah", ce document ne dit pas que la vie, l'honneur, la réputation et les droits réels d'un sujet chrétien ou juif seront désormais les mêmes que ceux d'un Musulman. Par conséquent, on n'a garanti aux infidèles que les droits dont ils jouissaient selon la charî'ah, mais on n'a pas introduit l'égalité civile ou pénale, ni à plus forte raison l'égalité politique. Quand le Khatti-Charîf promit un nouveau règlement (qânoun) pénal,[1] c'est, dans le contexte, seulement un règlement pour mieux assurer l'observance du droit pénal musulman, qu'on a en vue. Ceux qui peut-être accuseront la Sublime Porte de duplicité, sinon de manque de dignité envers l'Europe, dans la rédaction du Khatti-Charîf et des autres documents de la réforme, ne doivent pas oublier qu'on ne peut raisonnablement exiger d'elle de cesser d'être une puissance musulmane, et que l'Islamisme par ses dogmes fondamentaux de l'infaillibilité, non seulement de l'esprit mais encore de la lettre du Coran et de l'autorité des juristes, est devenu un système politique et législatif non moins qu'une religion.

Le nouveau Règlement pénal promis dans le Khatti-Charîf[2] fut promulgué en 1840. Il fut préparé dans le sein du Grand-Conseil de Justice (Madjlisi Ahkâm al-'Adlîyah) et sa rédaction finale fut confiée aux hommes les plus éminents de la Turquie. Je ne cite que le nom bien connu de Rachîd-Pâchâ le grand promoteur des réformes. Dans le Préambule on répète la disposition du Khatti-Charîf que tous les sujets du Sultan jouiront désormais d'une sécurité parfaite par rapport à leur vie, leur fortune et leur honneur, „conformément à leurs droits respectifs", que, par rapport à la liberté „légitime", tous seront égaux devant la charî'ah et les qânoun, et que pour tous il existera également une administration de la justice.[3] Puis le Règlement, divisé en treize articles et une „Conclusion", défend les exécutions clandestines et sans jugement, les jugements sans preuve légale, la rébellion, les abus d'autorité envers les particuliers, la concussion, la corruption, le péculat, même sous forme de refus de rendre compte, le refus de service dû légalement entre fonctionnaires, les empiétements réciproques des autorités administratives et judiciaires, le refus de payer les impôts et le manque d'obéissance envers la police, l'usage d'armes d'un particulier contre un autre, suivi ou non de blessure ou d'homicide, le brigandage, les empiétements sur l'autorité de ses supérieurs agissant dans les

---

[1] Dans les traductions on lit à tort un „Code pénal". Le mot de qânoun, au contraire, indique que le Multaqâ continuera d'être le Code pénal, mais qu'il s'agit seulement d'un règlement pour suppléer aux lacunes existant dans la législation.

[2] Une édition du texte turc, avec une traduction en allemand, du Khatti-Charîf et du Règlement pénal de 1840, se trouve dans l'ouvrage de Petermann et Ramis-Effendi, Beiträge zu einer Geschichte der neuesten Reformen des Osmanischen Reiches, Berlin 1842. La traduction française du Khatti-Charîf se trouve dans les ouvrages cités d'Ubicini, t. I, p. 527 sq., d'Engelhardt, p. 257 sq. et d'Aristarchi-Bey, t. II, p. 7 sq. Une analyse détaillée du Règlement pénal de 1840 a été, en outre, donnée par Ubicini, op. cit., t. I, p. 167 sq.

[3] Ubicini, l. l., p. 168, traduit à tort „que tous ont été admis à être considérés comme égaux devant la loi". Il n'existe pas, en Turquie, une seule et même loi pour tous.

limites de leur pouvoir, et les infractions de ceux-ci sur les instructions écrites qui leur sont délivrés par qui de droit, le tout avec menace de punition en cas d'inobservance, mais sous la déclaration formelle que les peines édictées dans le Règlement ne sauraient porter atteinte à celles encourues en vertu de la charî'ah.[1]) Le Règlement a encore prescrit une espèce de revision des condamnations à mort, rendues par les tribunaux. Cette revision se fait par le Chaikh al-Islâm, ou chef des juristes officiels ('olamâ), et est indépendante du droit de revision à exercer par le Sultan comme juge suprême de son empire. Nous allons revenir plus loin sur cette institution.

Puis il est intéressant de noter que, selon le Règlement, le Grand-Seigneur, en défendant à ses subordonnés les exécutions clandestines, par exemple par l'empoisonnement, de même que la concussion, promet en même temps qu'il s'abstiendra aussi par la suite de ces abus;[2]) il n'empoisonnera donc plus ses sujets et il ne s'emparera plus de leurs biens par fraude ou par violence. Enfin dans la „Conclusion" du Règlement, il est encore répété que les prescriptions en doivent être appliquées à tout le monde sans aucune considération ou exception.

On voit par cette rapide analyse qu'en réalité il ne s'agissait pas en 1840 d'une nouvelle codification pénale, mais seulement d'une réglementation des crimes et des délits qui, selon la charî'ah, comme on comprenait celle-ci en Turquie, appartenaient à la législation temporelle du chef de l'État. Si l'on trouve dans le Règlement l'abolition d'abus, ce sont des abus condamnés déjà dans le droit musulman depuis le moyen-âge. Le Règlement est donc un supplément du Multaqâ et rien de plus, celui-ci restant le code principal.[3])

La législation pénale en Turquie restait stationnaire jusqu'en 1856. La Porte tâchait autant que possible de réprimer les exécutions arbitraires et en général les abus dans l'administration de la justice, mais elle n'était pas toujours assez forte pour faire respecter sa volonté, même dans les murs du Sérail.[4]) En 1856, après la guerre de Crimée, le Sultan se trouva encore une fois entre l'enclume et le marteau ou, pour parler plus exactement, entre la charî'ah et les remontrances de ses alliés chrétiens. Ceux-ci lui demandèrent de nouveau des réformes sérieuses et, pour ainsi dire, européennes, tandis que lui, de son côté, ne pouvait qu'accorder des réformes musulmanes, c'est-à-dire l'abolition d'abus condamnés par le droit mahométan, ou la promulgation de règlements sur le terrain restreint que ce droit avait abandonné à son pouvoir législatif. L'emploi en turc du mot arabe de tanzîmât et en français du mot de „réformes" fait ressortir pleinement que chacune des parties comprit la chose d'une autre façon, et le Khatti-Homayoun, ou Déclaration du 18 février 1856,[5]) qui inaugura les nouvelles réformes, donna encore une preuve éclatante des aptitudes des hommes d'État turcs pour ménager la chèvre et le chou. Pour nous borner au sujet qui nous occupe, le Sultan renouvela dans cette déclaration les promesses faites dans celle de Gul-Khânah, en ajoutant qu'il y aurait désormais dans son empire une entière liberté de culte, sans cependant abolir les peines édictées dans la charî'ah

---

[1]) Voir, par exemple, art. 10. C'est donc à tort qu'Ubicini (l. l., p. 164) prétend que la législation pénale du Multaqâ a été abolie pour la majeure partie par le Règlement de 1840.

[2]) Voir art. 1 et 4.

[3]) Le caractère supplémentaire du Règlement pénal de 1840 a été méconnu par presque tous les auteurs qui en parlent. Voir, par exemple, Engelhardt, l. l., p. 40: „Ce code particulier . . . était, il est vrai, aussi incomplet qu'incohérent."

[4]) Voir Petermann et Ramis-Effendi, op. cit., p. XXXVIII, note 2.

[5]) La traduction du Khatti-Homayoun de 1856 se trouve dans les ouvrages cités d'Engelhardt, p. 263 sq. et d'Aristarchi-Bey, t. II, p. 14 sq.

contre l'apostasie de la part des Musulmans.[1]) Puis il déclara que les infidèles seraient admis en justice comme témoins, mais seulement dans les tribunaux mixtes,[2]) leur incompétence relative devant les tribunaux musulmans restait en son entier, et encore le Sultan se garda bien de promettre que les infidèles pourraient déposer devant les tribunaux mixtes contre les Musulmans. En effet la chari'ah, selon le rite des Hanafites, admet déjà la déposition d'un infidèle à l'égard d'un autre infidèle. Il en est de même de la publicité des audiences prescrite dans le Khatti-Homayoun. Pour les tribunaux mixtes le Sultan promit, en outre, des lois pénales, correctionnelles, commerciales et des règles de procédure, mais il ne parla pas d'une nouvelle législation pour tous ses sujets. Quant à la législation pénale en général, on se borna à tracer un programme qui pouvait se défendre aux termes de la chari'ah tout aussi bien qu'au point de vue européen.[3]) La réforme du système pénitentiaire, „afin de concilier les droits de l'humanité avec la justice", était une promesse trop vague pour donner sujet à des difficultés sérieuses. Il en était de même de la défense d'appliquer les peines corporelles autrement que dans les cas prévus par les règlements, au lieu que l'abolition de la torture était entièrement en harmonie avec la chari'ah, celle-ci déclarant nuls et sans valeur tout aveu extorqué et toute déposition ou révélation faite sous une menace ou une violence quelconque. Cependant on ne peut nier que, pris dans son ensemble, le Khatti-Homayoun était un indice que le Sultan avait l'intention sérieuse de se conformer aux réclamations des Puissances, autant que cela lui serait possible sans porter atteinte à sa dignité de chef des Musulmans orthodoxes.[4]) De cette intention il fit preuve par la promulgation, en 1858, d'un C. p. pour tous ces sujets, car ce code, bien que loin de répondre à ce qu'on pourrait exiger en Europe, était sans contredit une marque de bonne volonté.

Voici comment on était parvenu à donner à cette mesure une apparence de légalité, dans l'acception musulmane. Reprenant la tradition des anciens commentateurs du Multaqâ[5]), la Sublime Porte commença par déclarer que non seulement les attentats commis directement contre la chose publique, mais encore ceux commis contre les particuliers constituent des actes de désobéissance et d'insoumission envers le Souverain en raison du trouble que ces attentats apportent à la tranquillité de la société. Par conséquent, ces attentats sont en réalité des actes de rébellion ou du moins de quasi-rébellion, qu'il

---

[1]) La proposition d'abolir les prescriptions relatives à l'apostasie des Musulmans, faite par l'Angleterre, fut rejetée péremptoirement par la Sublime Porte. Voir Engelhardt, op. cit., p. 130. Au reste, la liberté de culte, dans les limites posées par la chari'ah, a toujours existé en Turquie de fait et de droit. Voir Ubicini, op. cit., t. II, p. 8 sq. Le même auteur se trompe toutefois en nous apprenant (ibid., p. 12, note 1) que la peine de mort pour l'apostasie d'un Musulman a été abolie; le Sultan a seulement fait savoir aux représentants des Grandes Puissances qu'il ne confirmerait plus des condamnations à mort pour le crime d'apostasie. Voir Aristarchi-Bey, op. cit., t. II, p. 23.

[2]) C'étaient des tribunaux prenant connaissance des affaires civiles et criminelles où étaient intéressées des personnes de cultes différents. Ces tribunaux mixtes ont toujours été rares et leur fonctionnement n'a pas répondu à l'attente. Voir Engelhardt, op. cit., p. 242 sq. Ils ont été abolis par suite des organisations judiciaires ultérieures.

[3]) Voir art. VI, VIII, XI—XV et XXIII du Khatti-Homayoun.

[4]) On sait que la Sublime Porte se considère comme le successeur légitime des Califes et, par conséquent, comme le chef suprême de tous les Musulmans, qu'ils soient ses sujets immédiats ou non. Voir art. 5 de la Constitution de l'Empire ottoman octroyée en 1876 (Aristarchi-Bey, op. cit., t. V, p. 7). Il est vrai que cette prétention est parfaitement erronnée, même au point de vue du droit musulman. Voir Baillie, Is the Sultan of the Turks the Caliph of the Mussulmans? Londres 1877.

[5]) Voir plus haut p. 603.

appartient à l'État de réprimer, au besoin par la peine capitale. S'inspirant de cette nouvelle idée de quasi-rébellion, on pouvait introduire par règlement impérial une grande partie du C. p. français, à la double réserve de ne pas toucher aux droits individuels résultant, selon la charî'ah, de l'homicide et des blessures,[1] et de ne pas emprunter à l'Europe le principe consacré dans l'art. 4 du C. p. français, c'est-à-dire qu'il n'y a pas lieu à une condamnation pénale, voire à une poursuite, à moins qu'il ne s'agisse d'un fait déclaré punissable par la loi avant qu'il fût commis.[2] Par la dernière restriction les crimes contre Allâh[3] restaient en leur entier, et du même coup on dispensait les magistrats de se donner la peine de motiver leurs jugements par rapport à la qualification, une prescription formelle à cet égard devant occasionner de graves inconvénients dans un pays comme la Turquie, où les règlements de police locale et provinciale font défaut et où du reste la magistrature, à quelques exceptions près, n'est pas assez instruite pour lui imposer une telle charge. Par rapport aux crimes contre Allâh, il est encore à observer que la revision des condamnations à mort, déférée au Chaïkh al-Islâm, et la revision suprême de ces condamnations exercée par le Grand-Seigneur, comme chef de la magistrature, donnent toujours, avec un peu de bonne volonté, l'occasion de prévenir les exécutions qui devant l'Europe feraient un trop grand scandale, par exemple en cas d'apostasie ou de commerce illicite ne constituant ni viol, ni inceste, ni adultère. Il paraît que c'était réellement l'intention des hommes d'État turcs d'abolir ainsi de fait, sinon de droit, d'une façon indirecte les exécutions qui blesseraient l'opinion publique à l'étranger.[4]

Ce qui précède suffira pour expliquer le caractère général du C. p. de 1858, comme on le trouve formulé dans son premier article. Le code s'applique à tous les sujets ottomans,[5] sans distinction de culte, mais il est évident que ceux qui ne professent pas l'Islamisme ne sauraient faire appel aux droits individuels consacrés dans la charî'ah que dans les cas où celle-ci leur est

---

[1] Voir plus haut p. 601 et 604.

[2] L'art. 10 de la Constitution que le Sultan a octroyée en 1876 défend, il est vrai, de condamner à une peine quelconque, si ce n'est dans les cas déterminés par la loi; mais du moment que cette même loi permet au juge de condamner sans être limité à une qualification, il est évident que l'article donne encore une prescription sans conséquence. Au reste la Constitution de 1876 n'a jamais été mise à exécution par suite des événements politiques. Actuellement elle est en complète désuétude. L'Assemblée générale créée par cette constitution, réunie en 1877, a été dissoute à jamais dans l'année suivante. Voir Aristarchi-Bey, op. cit., t. V, p. 8; Annuaire de législation étrangère, année 1889, p. 866; Lawrence, Commentaire, etc., Leipzig 1868—1880, t. IV, p. 173, 175.

[3] Voir plus haut p. 602 et 605.

[4] Voir Engelhardt, op. cit., p. 130 et plus haut p. 609, note 1. Toutefois les tribunaux qui prennent connaissance des infractions punissables selon la charî'ah existent encore à côté des tribunaux, dits "des réformes" (tanzimât) ou "réguliers" (nizâmîyah), qui prennent connaissance des crimes, délits ou contraventions du C. p. ou des règlements spéciaux. Voir art. 87 de la Constitution de 1876, citée plus haut p. 609, note 4, et Aristarchi-Bey, op. cit., t. V, p. 20. Inutile d'insister sur les complications qui doivent naître de cette double magistrature, dont la première, du moins en matière pénale, est devenue de fait à peu près superflue. Il paraît que les présidents des tribunaux "réguliers" sont ordinairement des membres de la magistrature de la charî'ah. Voir Aristarchi-Bey, op. cit., t. VI, p. 4 sq. Au reste, l'organisation judiciaire en Turquie est excessivement compliquée; elle a souvent été modifiée et est régie actuellement par une loi de 1879, qui toutefois n'offre pas encore de garanties sérieuses contre l'arbitraire et la prévarication. Des rapports officiels détaillés sur le fonctionnement de la loi de 1879 ont été communiqués au Parlement anglais en 1881. Voir Reports on the Administration of Justice in the civil criminal and commercial Courts in the various Provinces of the Ottoman Empire, Londres 1881.

[5] La loi turque relative à la nationalité a été promulguée en 1869, et se trouve dans les ouvrages cités de Lawrence, t. III, p. 222, et d'Aristarchi-Bey, t. I, p. 7 sq.

applicable. Ces cas sont relativement en petit nombre, parce que la charî'ah a pour point de départ le respect du statut personnel des infidèles, sujets d'un prince musulman. Il s'ensuit que la réserve, faite dans le premier article par rapport aux droits individuels en question, est à leur égard presque vide de sens.

II. Le droit pénal de la Turquie depuis 1858.

a) Le Code pénal turc de 1858.

1. § 4. Partie générale.

Le C. p. de 1858, promulgué le 25 juillet de cette année,[1] contient des dispositions préliminaires et trois Livres.[2] Les dispositions préliminaires sont divisées en quatre chapitres: 1º Des différents degrés d'infractions et des peines en général et de quelques principes généraux; 2º des peines en matière criminelle; 3º des peines applicables aux délits et contraventions, et 4º des cas qui rendent les prévenus excusables, responsables ou punissables.

Il y a trois espèces d'infractions punissables: les crimes, les délits et les contraventions (art. 2), d'après ce que ces infractions entraînent une peine afflictive, correctionnelle ou de police. Les peines afflictives[3] sont: la mort, les travaux forcés et la détention, tous les deux à perpétuité ou à temps, avec exposition publique, l'exil à perpétuité, la privation à perpétuité de tous grades et fonctions publiques, et l'interdiction des droits civiques (art. 3). Les peines correctionnelles sont: l'emprisonnement excédant une semaine, l'exil à temps, la révocation d'un emploi public et l'amende excédant 100 piastres (art. 4). Les peines de police sont l'emprisonnement de 24 heures à une semaine, et l'amende jusqu'à 100 piastres au plus (art. 5). Toutes ces peines pourront, dans les cas déterminés par la loi, se prononcer cumulativement ou séparément (art. 6). L'art. 7, complété par un Décret impérial du 27 septembre 1867, prescrit d'une façon très compliquée l'aggravation de la peine, en cas d'évasion de ceux qui subissent les travaux forcés, la détention, l'emprisonnement ou l'exil, et en cas qu'ils se rendent coupables de nouvelles infractions pendant qu'ils subissent leur peine. La récidive entraîne, sauf les exceptions déterminées par la loi, le double de la peine à laquelle le récidiviste a été condamné la première fois (art. 8); mais ce qu'est la récidive, le C. p. ne le dit pas, et il garde

---

[1] Une traduction française s'en trouve chez Aristarchi-Bey, op. cit., t. II, p. 212 sq., voir ibid., t. V, p. 72 sq. Une édition française avec les modifications introduites depuis 1858 a été donnée par G. Macridès (Constantinople 1883). Le C. p. de 1858 a été élaboré dans la section législative du Conseil d'État (Madjlisi Walâ) sous la présidence de Mahomet-Ruchdî-Pâchâ. On a évité de consulter des jurisconsultes européens et à plus forte raison de les faire participer à ce travail. Je dois cette particularité à MM. Gescher-Effendi et Gabriel-Effendi-Nouradounguian, conseillers légistes de la Sublime Porte. A la demande de l'envoyé extraordinaire et ministre plénipotentiaire de S. M. la Reine des Pays-Bas à Constantinople, S. E. Monsieur le Chevalier et Docteur en droit D. A. W. van Tets van Goudriaan, ces deux juristes ont eu l'obligeance de me fournir plusieurs renseignements importants qui plus loin seront indiqués dans les annotations d'un astérisque.

[2] *Quoique le code ne le dise pas formellement, le Règlement pénal de 1840 et toutes les autres dispositions pénales antérieures, à l'exception de celles de la charî'ah, ont été abolies par le seul fait de sa promulgation. Il n'est pas d'un usage constant en Turquie de faire précéder ou suivre les lois par des dispositions réglant leur mise en vigueur.

[3] *Toutes les condamnations en matière criminelle, selon le C. p., sont de droit soumises à une revision par la Cour de Cassation, qui peut, ou confirmer, ou casser l'arrêt primitif, ou bien renvoyer l'affaire.

encore le silence au sujet de la tentative.[1]) Les peines à prononcer sont sans préjudice des dommages et intérêts encourus envers la partie lésée (art. 9); ces derniers sont même exécutés de préference sur les amendes (art. 10). Les condamnations à l'amende, à la restitution, aux dommages et intérêts et aux frais s'exécutent au moyen de la contrainte par corps en cas de refus, mais, en cas d'insolvabilité, il faut, s'il s'agit de restitutions, de dommages et intérêts ou de frais de justice, attendre jusqu'à ce que le coupable ait obtenu les fonds nécessaires, au moins pour un payement partiel.[2]) Il n'y a que l'amende qui se remplace par un emprisonnement subsidiaire en cas d'insolvabilité (art. 11, 37, 39). Le renvoi sous la surveillance spéciale de la police, l'amende et la confiscation des objets produits par le crime ou délit, ou bien destinés à le commettre, sont des peines accessoires (art. 12). La première résulte de plein droit d'une condamnation pour crimes ou délits contre la sûreté de l'État (art. 13). Elle est réglée dans l'art. 14 à peu près comme dans le C. p. français. Enfin l'art. 15 reconnaît la non-retroactivité de la loi pénale.

Les deux chapitres qui suivent donnent l'explication des différentes peines ci-dessus. Il suffit d'en relever les principales dispositions. La loi ne prescrit pas comment la peine de mort doit s'exécuter; seulement il faut qu'avant l'exécution on procède à la lecture solennelle du Firman impérial autorisant la peine capitale (art. 16).[3]) Une femme enceinte n'est mise à mort qu'après sa délivrance (art. 18). La peine des travaux forcés emporte l'exposition publique; mais cette prescription ne regarde pas les individus âgés de moins de 18 ou de plus de 70 ans, ni les ministres d'un culte quelconque (art. 19 et le Décret impérial du 17 juin 1862). Ni l'exécution de la peine capitale, ni l'exposition publique ne peuvent avoir lieu un jour de fête de la religion du condamné (art. 22). Les travaux forcés à temps et la détention à temps sont de 3 à 15 années; l'emprisonnement est de 24 heures à 3 années, l'exil à temps de 3 mois à 3 années. La différence entre les travaux forcés et l'emprisonnement consiste dans le régime plus sévère, dans le genre de travail et dans les fers qu'on met aux pieds des forçats mais non des prisonniers. La détention admet une certaine liberté de mouvement et de communications, et n'exige pas qu'on soit astreint à un travail quelconque. Le condamné à la détention est enfermé dans une des forteresses de l'État, mais toujours hors de son domicile. Les condamnés à l'exil sont seulement éloignés de leur résidence et transportés dans un autre endroit désigné par le gouvernement (art. 21, 23, 24, 28, 34, 35). Les travaux forcés et la détention emportent l'interdiction légale pour la durée de la peine (art. 27);[4]) les travaux forcés, la détention et l'exil à perpétuité emportent encore la privation perpétuelle de tous grades et fonctions publiques; seulement en cas de détention à temps le gouvernement peut réhabiliter le coupable après l'expiration de sa peine, s'il est constaté qu'il s'est amendé (art. 30). La privation ci-dessus implique l'incapacité d'être fermier ou concessionnaire de l'État (art. 29). L'interdiction des droits civiques consiste dans la privation de tous grades ou

---

[1]) Il n'y a que peu d'articles dans le C. p. ottoman qui, dans des cas spéciaux, assimilent la tentative au crime consommé. Voir, par exemple, art. 55, 57.

[2]) C'est parce qu'en droit musulman les débiteurs insolvables ne sauraient être poursuivis, à moins que l'insolvabilité n'ait été amenée par dol ou faute grave, afin de frustrer leurs créanciers.

[3]) *L'usage a introduit que la peine de mort prononcée par les tribunaux „réguliers" s'exécute par la pendaison, mais celle prononcée par les tribunaux de la charî'ah par la décapitation. Voir p. 610, note 4.

[4]) Un décret du Grand-Vizir du 28 mai 1875 détermine le mode de disposer du produit du travail et la rémunération des détenus. Voir Aristarchi-Bey, op. cit., t. V, p. 293.

fonctions publiques, dans l'incapacité de remplir un emploi public quelconque, même dans une communauté ou corporation, dans l'incapacité de déposer ou d'être fondé de pouvoir dans un procès, et dans celle d'être tuteur[1]) ou de porter les armes (art. 31). Cette interdiction est perpétuelle ou à temps d'après la peine principale, et, dans le cas où la loi la prescrit seule, elle est accompagnée d'un emprisonnement de 3 ans au plus (art. 32). Les arrêts en matière criminelle doivent être affichés par extrait (art. 33). La révocation d'un emploi public est de 3 mois à 6 ans; elle ne concerne qu'un emploi déterminé et les émoluments qui y sont attachés (art. 36). Le dernier chapitre des dispositions préliminaires commence par un article très compliqué et assez illogique relatif aux jeunes criminels (art. 40), article interprété et complété par une Circulaire ministérielle en date du 25 mars 1874. Pour comprendre ces dispositions, il faut se rappeler qu'en droit musulman la majorité se constate ex habitu corporis;[2]) lorsque les signes de la puberté se sont manifestés, on est majeur, à supposer toutefois qu'un garçon ait 12 et qu'une jeune fille ait 9 ans accomplis. A défaut de signes de puberté, on est majeur à sa quinzième année. Le système du C. p. ottoman et de la circulaire précitée déclare les enfants au-dessous de 13 ans irresponsables; ils sont, en cas d'infraction punissable, remis à leurs parents sous caution, et, si la caution n'est pas fournie, emprisonnés par les soins de la police „pendant un temps convenable". Entre 13 et 15 ans ce sont des adolescents à défaut de signes de puberté, mais si les signes en question se sont manifestés, il faut les considérer comme des adultes pleinement responsables. Les adolescents ayant agi sans discernement sont soumis à la même loi que les enfants au-dessous de 13 ans; ceux qui ont agi avec discernement sont punis de l'emprisonnement correctionnel, lors même qu'ils se seraient rendus coupables d'un crime. Puis la démence et la contrainte excluent la responsabilité (art. 41, 42). Les femmes sont responsables comme les hommes; mais les femmes enceintes doivent être gardées et soignées à l'infirmerie de la prison ou, au besoin, à l'hôpital ordinaire (art. 43 et la Circulaire ministérielle en date du 28 janvier 1880). Un objet volé doit être restitué même par le tiers-détenteur (art. 44),[3]) et les complices sont punis comme les auteurs (art. 45). Seulement la loi ne définit pas ce qu'est la complicité et, par conséquent, l'article est à peu près pour la parade. Les restitutions, les dommages et intérêts et les frais sont des dettes solidaires de la part de tous les condamnés pour une même infraction (art. 47). Le C. p. ottoman n'a pas le système des circonstances atténuantes. Ce n'est que dans les cas expressément formulés par la loi qu'une peine peut être commuée par le juge, qui alors, comme règle générale, ne peut descendre qu'un seul degré de pénalité. Toute autre commutation d'une peine ne peut avoir lieu que par une ordonnance souveraine du Sultan (art. 47).[4])

2. § 5. Partie spéciale.

Nous allons maintenant parcourir les trois livres du C. p. ottoman, qui contiennent le catalogue des faits punissables. La plupart des articles de ces

---

[1]) En droit musulman, le même mot signifie tuteur et curateur. Voir aussi art. 27.
[2]) Voir, pour le droit romain, Gaj. I, 196 et Princ. Inst. Quibus modis tutela finitur (I, 22).
[3]) Le droit musulman ne reconnaît pas le principe qu'en fait de meubles possession vaut titre.
[4]) La prescription a été introduite par l'art. 2 du Code d'instr. crim. pour ce qui concerne les poursuites criminelles et les actions en dommages et intérêts qui résultent du C. p., mais il va sans dire que cette disposition ne regarde pas les poursuites et les actions résultant de la charî'ah. Voir plus haut p. 602. *Le C. p. ottoman

trois livres sont pris du C. p. français, souvent avec simplification ou modification de la rédaction, ou du moins ils contiennent les mêmes principes.
Pour ne pas devenir trop prolixe, nous allons nous borner à indiquer les faits
que les articles en question déclarent punissables, et nous n'entrerons dans
un exposé plus détaillé que s'il s'agit d'articles qui s'écartent sensiblement du
droit pénal français, ou bien qui doivent s'expliquer, soit par le droit musulman,
soit par des particularités de la société orientale. Par le même motif nous
allons seulement mentionner les peines en cas que la mesure en diffère beaucoup de celles édictées en Europe contre des infractions similaires.

Le Livre I est intitulé: Des crimes et des délits contre la chose publique
et de leur punition. Il est divisé en 16 chapitres, dont voici les inscriptions
et le contenu.

Chap. I. Crimes et délits contre la sûreté extérieure de l'Empire ottoman.
Port d'armes contre l'État par un sujet ottoman (art. 48). Machinations ou
intelligences avec les puissances étrangères (art. 49). L'acte de faciliter l'entrée
de l'ennemi sur le territoire ottoman ou de lui fournir des informations préjudiciables à la situation militaire ou politique de l'Empire ou de ses alliés
(art. 50 et 51, modifiés par le Décret impérial du 4 décembre 1880). Trahison
du secret d'une négociation, d'une expédition militaire, de plans, de projets
ou de mesures militaires (art. 52, 53, le dernier article modifié par le Décret
précité). Recèlement d'espions (art. 54). Le même Décret impérial a encore
déclaré punissables les faits qui vont suivre: l'acte de travailler à détacher
une province de l'Empire: celui de se placer sous une sujétion étrangère „dans
l'intention de donner motif à une guerre contre l'Empire"; celui de continuer
à servir dans l'armée d'une puissance étrangère après la déclaration de guerre
entre cette puissance et la Turquie; la violation des secrets politiques de l'Empire; la destruction ou altération des documents relatifs aux droits et aux
relations de l'Empire, et l'entente avec les agents de l'ennemi par ceux qui
sont chargés d'une mission. Le Décret déclare non seulement les sujets ottomans, mais encore les sujets étrangers punissables en cas de crimes ou délits
contre la sûreté extérieure de l'Empire.

Chap. II. Crimes et délits contre la sûreté intérieure de l'Empire ottoman.
Attentat ou tentative d'attentat contre la personne du Sultan; révolte ou tentative de révolte; propos injurieux contre la personne du Sultan; attentat ou
tentative d'attentat dont le but est de changer la forme du gouvernement ou
l'ordre de la successibilité au trône (art. 55 et le Décret ci-dessus). Excitation
à la guerre civile (art. 56, 57). Complot dont le but est un des crimes mentionnés (art. 58 et le Décret). Commandement illégal (art. 59). Excitation de
soldats à la rébellion, emploi des troupes ou de la police contre le recrutement
militaire (art. 60 et le Décret). Incendie, destruction ou pillage des propriétés
de l'État, en bandes ou individuellement; brigandage en général (art. 61—65
et Décret impérial du 14 février 1861). Excitation aux crimes spécifiés dans
ce chapitre par des discours, des placards ou des imprimés (art. 66).

Chap. III. Corruption (art. 62—81). La corruption consiste „dans l'acceptation d'un objet quelconque dans le but d'assurer la réussite d'un dessein".
Il n'y a que les petits dons ou gratifications d'usage à l'occasion d'une
fête, etc. qui sont tolérés. L'aliénation d'une propriété mobilière ou immobilière
dans le but d'obliger quelqu'un, à un prix notoirement inférieur ou supérieur
à sa valeur, constitue également un acte de corruption. La défense d'accepter

___

garde le silence par rapport à la connexité et au concours de faits punissables, mais,
selon le Code d'instr. crim., en cas de cumul d'infractions, seulement l'infraction la
plus grave est jugée et les autres sont considérées comme circonstances aggravantes.
Le juge prononce alors une peine se rapprochant du maximum fixé par le C. p.

des dons etc. regarde également ceux reçus au moyen de personnes intermédiaires, spécialement ceux reçus par la femme de l'individu corrompu. La corruption n'est pas nécessairement un délit de fonctionnaires; un témoin (art. 210) et, en général, toute personne jouissant d'une certaine influence en est susceptible. Probablement le législateur a pensé aux chefs de tribus, etc. Le corrupteur, le corrompu et les personnes intermédiaires sont tous punissables. Le corrupteur toutefois n'est pas punissable, s'il a donné l'argent etc. pour sauver sa vie, ses biens, son honneur, en un mot ses intérêts légitimes.

Chap. IV. Vol de deniers publics; concussion.[1]) Détournement de deniers ou effets publics, fraude dans l'achat, la vente ou la fabrication d'objets pour le compte du gouvernement, soit par ceux qui sont revêtus d'un grade ou d'une fonction publique, soit par des particuliers, mais à la réserve que le montant du préjudice causé à l'État et la position sociale du coupable exercent une grande influence sur le degré de pénalité (art. 82—84 et la Circulaire du Grand-Vizir du 11 mai 1875). L'escompte des bons sur le trésor ou autres titres de la dette publique par des fonctionnaires, leurs parents ou leurs serviteurs (art. 85). Le fait qu'un fonctionnaire a retenu aux ouvriers, aux agents de police, etc., employés dans le service public, leur salaire, ou qu'il a fait travailler les gens en question dans sa maison ou à la corvée[2]) (art. 86, 87). Les entraves aux enchères et adjudications concernant la ferme des revenus de l'État (art. 88). La spéculation par un fonctionnaire sur les fournitures à l'usage de l'État et les délits des fournisseurs en général (art. 89—93).

Chap. V. Abus d'autorité; manquement aux devoirs d'une charge publique. Défense à tout fonctionnaire public d'adresser à un tribunal ou à un conseil, de quelque manière que ce soit, un ordre, une demande ou une prière, et au tribunal ou conseil de se laisser influencer (art. 94—98). Entraves apportées à l'exécution des ordres du gouvernement, à l'exécution des lois ou règlements, et à la perception des impôts (art. 99 et Décret impérial du 18 février 1861). Commerce de denrées alimentaires, etc. par des personnes revêtues d'une autorité quelconque dans leur ressort (art. 100). Délai dans la promulgation des ordres du gouvernement (art. 101). Mollesse et incurie dans l'exécution ou la non-exécution d'un ordre de son supérieur par un fonctionnaire (art. 102).

Chap. VI. Violences et mauvais traitements exercés par les fonctionnaires publics contre les particuliers. Application d'un accusé à la question (art. 103). Condamnation à une peine plus forte que celle déterminée par la loi (art. 104). Violation de domicile (art. 105). Violences commises dans l'exécution d'ordres légitimes (art. 106). Usurpation de propriétés mobilières ou immobilières par un fonctionnaire ou dignitaire (art. 107). Concussion commise par des fonctionnaires ou des fermiers, soit par rapport aux impôts, dîmes, etc., soit par rapport aux amendes, soit par rapport aux corvées, soit par rapport à des réquisitions (art. 108—111).

Chap. VII. Résistance, désobéissance, outrages envers l'autorité publique (art. 112—116). Le refus de comparaître devant un tribunal ou un conseil, après avoir reçu une citation en due forme, est aussi déclaré punissable dans ce chapitre.

Chap. VIII. Évasion de détenus; recèlement de criminels (art. 117—121). Eu égard aux dispositions de l'art. 7,[3]) il n'est question dans le présent chapitre que des gardiens, etc. et, en général, des complices, mais non des détenus évadés eux-mêmes.

---

[1]) La concussion, comme elle se trouve formulée dans le C. p. français, est déclarée punissable dans le Chap. VI.

[2]) Les corvées ont été abolies en principe par l'art. 24 de la Constitution de 1876. Voir plus haut p. 610, note 2.

[3]) Voir plus haut p. 611.

Chap. IX. Bris de scellés et enlèvement d'effets et pièces officielles en dépôt (art. 122—129). Dans ce chapitre on trouve aussi la violation du secret de la poste par un fonctionnaire.

Chap. X. Usurpation de titres ou fonctions (art. 130, 131).

Chap. XI. Entraves au libre exercice des cultes; dégradation de monuments (art. 132, 133).

Chap. XII. Obstacles apportés aux communications télégraphiques[1]) (art. 134—136). L'acte d'avoir compromis le service télégraphique par négligence ou malveillance; détérioration des appareils, rupture des fils, etc.; en temps de troubles ou de sédition, de même qu'en cas d'opposition avec violence au rétablissement d'une ligne télégraphique, la peine peut s'élever aux travaux forcés à temps avec amende de 50 à 200 médjidié's d'or.

Chap. XIII. Imprimeries sans autorisation; publication d'écrits nuisibles; violation des règlements relatifs à l'enseignement dans les écoles (art. 137—142). Peines: amende, emprisonnement, fermeture de l'imprimerie ou de l'école, privation du droit d'enseigner.[2])

Chap. XIV. Fausse monnaie (art. 143—147). Le fait d'avoir communiqué à une monnaie une couleur propre à la faire passer pour une monnaie de plus grande valeur, est aussi qualifié fausse monnaie.

Chap. XV. Faux. Faux en écritures ou obligations émanées du gouvernement (art. 148). Contrefaçon de sceaux et de timbres officiels (art. 149, 150). Exemption de peine en cas de révélation des crimes énoncés dans les art. 148—150 (art. 151). Faux en écritures officielles[3]) par des fonctionnaires ou d'autres, sous-entendu que le faux relatif au cachet privé d'un fonctionnaire est assimilé au faux relatif à sa signature (art. 152, 153). Usage de fausses écritures officielles (art. 154). Faux en écritures privées[4]) et usage de ces écritures (art. 155). Faux en feuilles ou permis de route ou passeports et usage de ces feuilles, etc. (art. 156, 157, 159). Faux en registres d'hôtellerie, etc. (art. 158). Faux en certificats d'infirmité (art. 160, 161). Usage excusable de pièces fausses (art. 162).

Chap. XVI. Incendie volontaire (art. 163—167). Le fait d'avoir forcé quelqu'un à mettre le feu à une propriété quelconque se punit toujours des travaux forcés. La tentative d'incendie a été réglée par la Circulaire du Grand-Vizir en date du 18 janvier 1872, et puis le Décret impérial du 30 septembre 1864 a déclaré toute infraction aux règlements relatifs aux dépôts particuliers de poudre punissable de la confiscation et de 3 ans de travaux forcés; en cas d'explosion, cette peine pourra être portée à 15 ans.[5]) La destruction par l'effet d'une mine n'a pas été spécialement nommée. Cette espèce de destruction ne sera donc punissable qu'en vertu de l'art. 249, qui prévoit la destruction en général, il est vrai, mais exige pour la pénalité qu'il

---

[1]) Les dispositions pénales assurant la circulation sur les chemins de fer se trouvent dans le Règlement général sur la police des chemins de fer du 28 avril 1868, art. 1 sq. Voir Aristarchi-Bey, op. cit., t. III, p. 228 sq.

[2]) Le Règlement sur l'instruction publique se trouve dans l'ouvrage cité d'Aristarchi-Bey, t. III, p. 277 sq.; ceux sur les imprimeries et sur la presse ibid., p. 318 sq. Voir ibid., t. V, p. 235 sq. et l'Annuaire de législation étrangère, année 1889, p. 869 sq.

[3]) C'est-à-dire qui sont dressées par des fonctionnaires dans les limites de leurs fonctions, mais qui ne sont émanées du gouvernement impérial lui-même. Le droit musulman ne reconnaît pas l'acte authentique.

[4]) Le droit musulman ne faisant pas une distinction entre les commerçants et les non-commerçants, il est évident que la différence entre le faux en écritures de commerce et le faux en d'autres écritures privées a dû disparaître.

[5]) Voir le Règlement relatif à la vente de la poudre du 1er novembre 1870, Aristarchi-Bey, op. cit., t. III, p. 418 sq.

s'agisse de constructions appartenant à autrui. La menace d'incendie est une espèce des menaces en général, prévues par l'art. 191.

Le livre II est intitulé: Des crimes et délits contre les particuliers et de leur punition. Il est divisé en 12 chapitres dont nous allons encore donner les inscriptions et le contenu.

Chap. I. Homicide, blessures, coups, menaces (art. 168—191). L'homicide punissable de la peine capitale est toujours susceptible de rémission par les héritiers de la victime moyennant le prix du sang; alors l'État ne peut punir que des travaux forcés de 15 ans au moins. Il n'y a que les malfaiteurs de profession, qui ont employé la torture ou qui auront commis des actes de cruauté, contre lesquels la peine de mort est prononcée sans avoir égard au pardon accordé par les intéressés. Les complices d'un homicide entraînant la peine capitale ne sont punis que des travaux forcés à temps. Les blessures entraînent, outre les peines édictées dans le Code, les indemnités prescrites par la charî'ah. L'empoisonnement est une espèce de l'homicide prémédité; le parricide, l'infanticide et la castration ne sont pas des crimes spéciaux. L'homicide ou les blessures involontaires ne se punissent qu'en cas d'inattention ou d'inobservance des règlements; dans tout autre cas, il n'y a lieu qu'aux indemnités prescrites par la charî'ah. Les blessures sont punies plus rigoureusement, si elles constituent une tentative d'homicide. Non seulement l'homicide commandé par l'autorité légitime, mais encore celui commis sur l'ordre d'un supérieur, en général, n'est pas imputable à l'auteur matériel, lorsque le supérieur disposait du pouvoir de le faire mettre à mort en cas de refus. L'homicide est excusable de la part d'un homme qui aurait surpris en flagrant délit d'adultère son épouse ou „une des femmes de sa maison“;[1] mais il n'en est pas de même de la femme, ce qui est une conséquence nécessaire de la polygamie.[2] L'homicide commis sur le complice de la femme adultère est excusable aussi. Nous avons déjà mentionné l'art. 191 relatif aux menaces. Il nous faut ajouter que cet article regarde les menaces verbales ou par écrit, et que le Décret impérial du 14 février 1861 a prescrit une peine spéciale contre les menaces faites au moyen d'armes.

Chap. II. Avortement; débit de boissons falsifiées; vente de substances toxiques sans exiger la garantie de l'acheteur. L'avortement causé par des violences, non commises dans le but d'obtenir ce résultat, se punit de l'indemnité prescrite par la charî'ah; en cas de violences intentionnelles ou de l'administration de médicaments il y a, en outre, lieu à une punition selon le Code (art. 192, 193). Administration de substances nuisibles à la santé (art. 194). Ouverture d'un établissement de pharmacie sans être muni d'un diplôme[3] (art. 195). Débit de substances ou boissons nuisibles ou toxiques sans avoir obtenu de l'acheteur les garanties „nécessaires“ (art. 196).

Chap. III. Attentats aux mœurs. Attentat à la pudeur commis sans ou avec violence sur un individu de l'un ou de l'autre sexe (art. 197—199). Viol d'une jeune fille non-mariée, punissable de l'indemnité prescrite par la charî'ah outre la peine édictée dans le Code (art. 200). Proxénétisme (art. 201). Outrage public à la pudeur (art. 202). La Circulaire ministérielle du 25 mars

[1] C'est-à-dire sa concubine. Selon la charî'ah, l'homme a le droit de cohabiter avec toutes ses esclaves non-mariées et pubères.

[2] Le C. p. étant applicable à tous les sujets ottomans, cette prescription regarde aussi les Chrétiens et les Israélites, quoiqu'ils soient monogames. La bigamie n'est pas un crime spécial selon le C. p. ottoman. Toutefois, selon la charî'ah, la femme musulmane ne saurait avoir plus d'un mari à la fois.

[3] L'exercice de la médecine sans autorisation officielle et, en général, toute infraction au Règlement sur l'exercice de la médecine du 11 octobre 1861 se punissent selon le Titre III du dit Règlement. Voir Aristarchi-Bey, op. cit., t. III, p. 105 sq.

1874 a déclaré que l'attentat à la pudeur d'un enfant au-dessous de 13 ans doit toujours être considéré et puni comme un attentat commis avec violence, sans avoir égard au consentement de l'enfant en question. Puis le Décret impérial du 14 février 1861 a modifié sensiblement le chapitre dont nous nous occupons. Selon ce Décret, la tentative de viol est punissable d'un emprisonnement de 3 mois au moins; l'abus d'une jeune fille pubère, après l'avoir trompée par des promesses de mariage, entraîne un emprisonnement d'une semaine à 6 mois. Le même décret a introduit la répression pénale de l'adultère. La femme adultère, ainsi que son complice, sont punissables sur la dénonciation du mari ou du tuteur;[1] la présence d'un homme dans le harem d'un Musulman suffit pour le faire considérer comme complice; le mari est punissable sur la plainte de sa femme, s'il entretient, non une „concubine", mais un „commerce adultérin" dans la maison conjugale.[2] Enfin le Décret déclare punissables les faits suivants: l'acte d'adresser des propos indécents à des jeunes gens de l'un ou de l'autre sexe; celui de porter la main sur leur personne; celui de s'introduire sous un costume féminin dans un endroit servant exclusivement à l'usage de femmes.

Chap. IV. Arrestations illégales; séquestration de personnes; vol d'enfants et d'adolescents; enlèvement de filles. Arrestation et séquestration: prison 6 mois à 3 ans, avec circonstances aggravantes travaux forcés à temps; l'acte de prêter un lieu pour la séquestration: prison 3 mois à 3 ans (art. 203, 204). Substitution, supposition et suppression d'un enfant: prison 6 mois à 3 ans (art. 205). Enlèvement par fraude ou violence d'un enfant impubère: prison 3 mois à un an, et, s'il s'agit d'une jeune fille impubère, travaux forcés à temps; enlèvement d'une jeune fille adulte: prison 3 mois à 3 ans; enlèvement d'une femme mariée: travaux forcés à temps; en cas d'enlèvement d'une jeune fille le mariage subséquent amène l'impunité selon le C. p. et il y a lieu seulement à l'application des dispositions de la charî'ah.[3] Complicité en cas d'enlèvement d'une jeune fille: prison 1 à 6 mois (art. 206 et le Décret du 25 mars 1874).

Chap. V. Faux témoignage; faux serment (art. 207—212). La subornation de témoins constitue une espèce de la corruption.[4] L'opposition contre la déposition d'un témoin par voie de faits et l'acte de faire rendre un faux témoignage en exerçant de la violence contre un témoin sont assimilés au faux témoignage lui-même.

Chap. VI. Calomnie; injures; révélation de secrets (art. 213—215). La calomnie est l'imputation d'un fait précis, punissable, ou du moins propre à exposer au mépris des citoyens, s'il existait. L'injure est l'imputation d'un vice déterminé. L'imputation en cas de calomnie doit avoir eu lieu, soit par un discours dans une réunion, soit par des écrits, imprimés ou non, mais affichés ou distribués. Contre la dénonciation calomnieuse aucune peine n'est édictée.

Chap. VII. Vols (art. 216—230). Le Code ne dit pas ce qu'est le vol. Les soustractions entre époux ou parents dans la ligne directe ne

---

[1] La femme musulmane majeure a toujours besoin d'un tuteur, quand elle veut conclure un mariage.

[2] Le Musulman peut avoir quatre épouses légitimes à la fois, sans compter ses concubines. Voir plus haut p. 617, note 1. Il n'y a que la cohabitation avec une femme étrangère qui constitue pour lui un commerce adultérin, pour ne pas parler de la pédérastie, vice très répandu en Turquie. Pour les Chrétiens et les Israélites, la disposition du Code revient au même que la défense d'entretenir une concubine dans la maison conjugale. Pour ce qui concerne la bigamie, voir plus haut p. 617 note 2.

[3] Voir p. 602, et p. 604 note 3.

[4] Voir plus haut p. 614.

donnent lieu qu'à des réparations civiles, mais les premières deviennent des vols ordinaires, s'ils sont commis après la dissolution du mariage.[1]) L'impunité ne s'étend pas aux soustractions entre alliés. Dans le cas où le coupable d'une soustraction au préjudice de son conjoint, ou d'un de ses parents dans la ligne directe, ne serait pas en état de réparer le tort qu'il a fait et à supposer qu'il soit un voleur de profession, il sera puni de l'emprisonnement. Les circonstances aggravantes sont les mêmes qu'en droit pénal français. Seulement, le Grand-Vizir, dans sa Circulaire du 11 mai 1875, a déterminé ce qu'il faut entendre par instruments assimilés aux fausses clefs, et, en outre, que l'ouverture de portes, fermées par un loquet, un verrou ou une corde, etc. ne constitue pas l'effraction dans le sens du C. p. Par une Circulaire du 3 juin 1873, le Grand-Vizir a encore décidé que la nuit, en cas de vol, commence une heure après le coucher du soleil. Le Décret du 25 mars 1874 a prescrit les peines à prononcer en cas de tentative et de complicité de vol, et en cas de recel. La même Décret assure l'impunité aux complices qui ont dénoncé les véritables auteurs d'un vol.

Chap. VIII. Banqueroute et escroquerie (art. 231—233).

Chap. IX. Abus de confiance (art. 234—237).

Chap. X. Entraves apportées à la liberté des enchères; abus commis dans les transactions commerciales. Entraves aux enchères[2]) par paroles ou voies de fait (art. 238). Manœuvres pour opérer une hausse ou une baisse artificielle; la peine est le double, s'il s'agit d'objets de première nécessité (art. 239). Fraudes par rapport à la qualité ou la nature de la marchandise; usage de faux poids ou de fausses mesures (art. 240). Contrefaçon de livres au détriment des auteurs, et d'objets en général pour la fabrication desquels un privilège a été accordé (art. 241).

Chap. XI. Jeux de hasard; loteries (art. 242—243). La loi défend toutes les loteries, mais cette disposition ne regarde pas les loteries de bienfaisance, selon la Circulaire ministérielle du 23 février 1881.

Chap. XII. Destruction, dégradation, dommages. Destruction d'instruments d'agriculture, de parcs à bestiaux et de cabanes de gardiens (art. 244). L'acte de tuer ou d'empoisonner des bestiaux (art. 245). Destruction de clôtures (art. 246). Inondation de chaussées ou de champs (art. 247). Incendie par négligence (art. 248). Destruction de constructions d'autrui, de routes, etc. (art. 249). Opposition contre la confection de travaux publics (art. 250). Destruction de registres, documents, etc. (art. 251). Pillage et dégâts commis en réunion (art. 252). Dévastation de récoltes, d'arbres, etc. (art. 253).

Le Livre III contient les contraventions aux règlements concernant la santé et la propreté publiques et aux règlements et mesures de police (art. 254—264 et le Décret impérial du 16 avril 1869). Il est naturellement impossible de donner en quelques mots une analyse des dispositions de ce Livre qui, au reste, me paraît le plus complet de tout le C. p. ottoman, et reproduit assez fidèlement le Livre IV du C. p. français pour peu que les préceptes en soient applicables à une société orientale.[3]) Enfin, par le Décret du 16 avril 1869, l'enterrement à un endroit interdit est défendu sous peine d'un mois à

[1]) Les paroles de l'art. 216: „qu'ils vivent ensemble ou séparés", se rapportent à la coutume en Orient que les hommes qui ont plusieurs femmes les font généralement demeurer dans des maisons, voire dans des endroits différents. La charî'ah ne reconnaît pas le domicile conjugal.

[2]) C'est-à-dire les enchères publiques au profit des particuliers; les entraves à la liberté des enchères relatives aux fermes des revenus de l'État sont prévues par l'art. 88.

[3]) Ainsi, par exemple, le métier de deviner, de pronostiquer ou d'expliquer des songes (art. 479 7° du C. p. fr.) n'a pas été déclaré punissable.

un an d'emprisonnement et d'un à six medjidiés d'or d'amende. Quoique cette peine ne soit pas une peine de simple police aux termes de l'art. 5 du C. p. ottoman, on a promulgué cette prescription comme une addition au dernier article du Livre III.

On ne peut nier que le C. p. ottoman, pris dans son ensemble, est un travail faible et incomplet; d'un côté ceux qui l'ont composé se sont trop préoccupés de la charî'ah, et d'un autre côté ils n'en ont pas tenu compte dans des cas où celle-ci était susceptible d'amélioration, sans avoir besoin d'être entièrement écartée. Plusieurs articles du C. p. français n'ont pas été adoptés, sans que pourtant la charî'ah y formât le moindre obstacle. On se demande, en outre, pourquoi on a introduit un si grand nombre de modifications dans la rédaction des articles empruntés au C. p. français; pourquoi on n'a pas adopté l'ordonnance de ce code; pourquoi on a oublié de classer parmi les infractions punissables le vagabondage, l'exposition d'enfants, la violation de tombeaux et tant d'autres crimes et délits. Le lecteur se sera déjà aperçu qu'un code où l'on peut introduire des modifications et qu'on peut compléter par des décrets, voire par de simples circulaires administratives, ne constitue pas une législation pénale dans le sens que cette expression a pour les oreilles d'un juriste européen. Une mesure plus grave encore c'est qu'en introduisant une juridiction administrative spéciale pour les fonctionnaires, même en matière pénale,[1]) on les a soustraits aux tribunaux ordinaires et on leur a assuré à peu près l'impunité, du moins s'il s'agit de crimes ou délits commis envers les particuliers. Ce sont, sans contredit, les vieux instincts de l'arbitraire turc qui, après avoir dans la pratique écarté la charî'ah, se sont montrés de nos jours par rapport au C. p. Au reste, le seul fait que la séparation des pouvoirs législatif, administratif et judiciaire, n'a jusqu'ici pas encore été accomplie, suffit pour motiver la question de savoir si l'on n'aurait pas agi avec plus de logique en se contentant de la charî'ah avec quelques améliorations que les nouvelles situations exigeaient.[2])

b) Lois pénales en dehors du Code pénal.

§ 6. Règlements spéciaux contenant des dispositions pénales.

Le droit pénal spécial n'exige pas une analyse minutieuse. Nous venons de signaler déjà quelques règlements complémentaires du C. p. de 1858, par exemple ceux relatifs à la presse, aux matières explosibles, etc. Un C. p. militaire n'existe pas, quoique l'art. 51 du C. p. ottoman semble le supposer. Les communes, les cantons, les arrondissements et les provinces n'ont aucun pouvoir législatif, comme au reste ils n'ont pas de personnalité juridique distincte de celle de l'État.[3]) Les règlements locaux doivent émaner de l'autorité centrale, tout aussi bien que les règlements qui concernent tout l'Empire, à moins que les autorités locales n'aient obtenu la permission de légiférer par délégation dans un cas particulier. Il en résulte que la législation relative aux intérêts locaux est très incomplète et que les sujets ottomans seraient presque libres de tout lien social, si le juge était, comme chez nous, limité à une qua-

---

[1]) Règlement du 11 janvier 1869. Voir Aristarchi-Bey, op. cit., t. II, p. 400 sq.

[2]) *Un commentaire sur le C. p. de 1858, écrit dans une langue européenne, n'existe pas; mais il y a plusieurs ouvrages très estimés sur le droit pénal ottoman moderne écrits en turc et en arabe. Ceux de Chahbaz-Effendi, Djalâl-Bey, Hatcherian-Nazârat-Effendi et Khâlid-Bey en sont les plus connus.

[3]) Voir le Règlement sur l'administration générale des Vilayets du 22 janvier 1871, Aristarchi-Bey, t. III, p. 7 sq., et celui sur l'administration des communes du 27 mars 1876, ibid., t. V, p. 60 sq.

lification en matière de contravention. L'arbitraire est dans ces circonstances le complément inévitable de l'insuffisance de la législation.

Il résulte encore de ce qui précède que les peines à édicter dans des règlements administratifs ne sont limitées d'aucune façon, ceux-ci étant des actes législatifs de même nature que le C. p., c'est-à dire des ordres du chef de l'État. Si bon lui semble, il peut au besoin édicter la peine de mort ou celle des travaux forcés dans un règlement fiscal. Les règlements administratifs qui regardent tout l'Empire sont, en général, des imitations de la législation en vigueur en Europe, surtout en France et en Allemagne, et leur fonctionnement est souvent entravé par le fait qu'ils ne tiennent pas assez compte de la situation sociale et économique en Orient. Je crois donc inutile de faire ici le relevé des dispositions pénales qu'ils renferment, d'autant plus que ce relevé serait forcément incomplet. Dans plusieurs règlements administratifs les dispositions pénales font défaut; alors c'est encore l'arbitraire qui doit suppléer à l'insuffisance de la législation. Ce qui précède suffit pour donner une idée générale de la législation administrative; ceux qui veulent pénétrer plus en avant dans l'étude de ces règlements, au point de vue pénal ou autre, devront toujours étudier les textes mêmes.[1])

c) Observations finales.

§ 7. La théorie et la pratique.

Le droit pénal dont nous venons de donner un aperçu dans les pages qui précèdent est officiellement en vigueur dans tout l'Empire ottoman, même dans les provinces qui ont une organisation spéciale, comme le Liban et les îles de Candie et de Samos.[2]) Il n'y a que la Mecque qui fasse une exception par rapport au rite selon lequel on applique le droit musulman doctrinal, c'est-à-dire on y suit, non le rite des Hanafites, mais celui de Châfi'ites, et, par conséquent, ce n'est pas le Multaqâ, mais ce sont les juristes de ce dernier rite dont les ouvrages y font autorité.[3]) Toutefois, comme nous venons de voir que, de fait et par des fictions légales, on a pour une grande partie éliminé le droit pénal de la chari'ah, cette différence n'a de nos jours qu'un intérêt secondaire. Au reste, il va sans dire que plusieurs dispositions du C. p. de 1858. par exemple celles relatives aux prisons ou au renvoi sous la surveillance spéciale de la police, et celles du Livre III en son entier, doivent forcément rester lettre morte dans les parties reculées de l'Empire, où une administration régulière fait défaut. Même dans les autres parties de l'Empire leur fonctionnement laisse à désirer. Je me rappelle avoir rencontré à Batavia plusieurs sujets ottomans nouvellement arrivés du Yemen ou de la Mecque, qui s'éton-

---

[1]) Dans l'ouvrage d'Aristarchi-Bey (t. III, p. 77 sq., et t. V, p. 113 sq.) on trouve la législation administrative complète de l'Empire ottoman jusqu'en 1878. Les règlements promulgués depuis cette année sont seulement accessibles dans le Doustour ou Recueil des lois, à l'exception de quelques-uns que l'on trouve dans l'Annuaire de 1889, p. 869 sq. Il y a même des lois importantes, comme le Code d'instruction criminelle, qui n'ont jamais été promulguées et qui n'existent qu'à l'état de simples projets, ce qui n'empêche pas qu'elles soient appliquées par les tribunaux. Voir ibid., p. 866. *La langue officielle pour la législation est le turc. Ce n'est que dans les îles de Samos et de Candie que la législation se publie aussi en grec.

[2]) Voir Aristarchi-Bey, op. cit., t. II, p. 145 sq. et 169 sq.

[3]) Voir d'Ohsson, op. cit., t. I, p. 25. Pour les juristes dont les ouvrages font autorité parmi les Châfi'ites, le lecteur est renvoyé à la préface de mon édition et traduction du Minhâdj at-Tâlibîn de Nawawî, Batavia 1882—1884. Le droit pénal selon les Châfi'ites ne diffère de celui des Hanafites que dans des points secondaires. Voir. Minhâdj at-Tâlibîn, t. III, p. 106 sq.

naient que, dans les Indes néerlandaises, le gouvernement donnât aux prisonniers la nourriture et l'habillement nécessaires. En Turquie, me disaient-ils,
on n'y pense pas et chacun doit se nourrir et s'habiller à ses propres frais
ou à ceux de sa famille. Même dans la plupart des grands centres de population, les prisons se trouvent dans un état déplorable. La réglementation
générale prescrite dans les art. 25 et 34 du C. p. ottoman n'a jamais eu lieu et on
se tromperait en s'imaginant que chaque prison ait une infirmerie et des sections
spéciales pour les différentes catégories de condamnés, comme la circulaire
précitée du Ministre de la justice en date du 28 janvier 1880 semble le supposer.[1]) Une réforme efficace des prisons serait au-dessus des moyens dont
dispose le trésor. Les promesses solennelles de la Sublime Porte à cet égard
sont restées des promesses sur le papier. Est-ce une preuve qu'elle était de
mauvaise foi en faisant ces promesses? Je n'oserais l'affirmer, et je suis plutôt
enclin à croire que le Turc vaut mieux que sa réputation, mais que les circonstances ont été plus fortes que ses intentions. A cet égard on ne peut pas
assez répéter que l'Europe, en exigeant du Sultan des réformes impossibles à
réaliser, ou même incompatibles avec sa dignité de Chef des Croyants, l'a
elle-même poussé à se servir d'ambiguités et de subterfuges. La ruse et les
faux-fuyants, pour ne pas être entièrement excusables en pareil cas, ont du
moins le bénéfice des circonstances atténuantes.

Pour compléter cette esquisse du droit pénal de la Turquie, il me faut
encore relever le fait que la juridiction consulaire, exercée en vertu des capitulations,[2]) regarde non seulement les nationaux des différents consuls, mais
encore un grand nombre de personnes qui, ni par origine, ni par naturalisa-
tion, ne peuvent se considérer comme les sujets des puissances européennes.
Ces personnes, appelées les „protégés" des consuls, n'en sont pas moins sous-
traites au droit pénal ottoman et sont devenues, d'une façon ou d'une autre,
souvent d'une façon clandestine, soumises au droit pénal appliqué dans les
tribunaux consulaires.[3])

III. Le droit pénal de l'Égypte.

1. § 8. Développement du droit pénal jusqu'en 1883.

L'Égypte mérite une mention spéciale. Annexé en 1517 à l'Empire
ottoman, ce pays devenait bientôt une espèce de république aristocratique et
militaire gouvernée par les Beys ou chefs des Mameluks,[4]) et dont la dépendance de la Sublime Porte ne consistait en réalité que dans le payement d'un
tribut. Après l'occupation française Mahomet Ali parvint à s'emparer du pouvoir, et finit par se faire reconnaître comme Khédive[5]) ou Vice-Roi héréditaire

---

[1]) Voir Marcridès, op. cit., p. 92. Si le lecteur veut savoir l'aspect que présente
une prison dans la Turquie d'Europe, il n'a qu'à lire la description superficielle, il est
vrai, mais très caractéristique de la prison de Monastir dans l'article de M. Bérard:
A travers la Macédoine slave, Revue des deux Mondes, t. CXIV (1892), p. 577. Il n'y
a que les prisons de la capitale, relevant du ministère de la police, qui ont une certaine organisation et encore cette organisation est loin d'être une vérité. Voir Aristarchi-Bey, op. cit., t. III, p. 43 sq.
[2]) Pour les capitulations conclues avec les différentes Puissances chrétiennes, le
lecteur est renvoyé aux ouvrages cités de Lawrence, t. IV, p. 119 sq. et d'Aristarchi-
Bey, t. II, p. 403 sq. et IV, p. 25 sq. Voir aussi Du Moiron: Les Juridictions françaises
en Orient et les tribunaux internationaux en Égypte, Alger 1892.
[3]) Voir Lawrence, op. cit., t. IV, p. 176 sq.
[4]) En arabe mamlouk, litt. „esclave".
[5]) En turc khidîw.

de l'Égypte par le Sultan dans un Khatti-Charîf ou Déclaration impériale du 13 février 1841. Depuis lors l'Égypte jouit d'une autonomie presque complète dans ses affaires intérieures, moyennant un tribut annuel; ce n'est que dans les cas exceptionnels, comme la contractation d'emprunts, que l'autorisation du Sultan est requise, et celui-ci jouit, en outre, de quelques prérogatives, pour la plupart purement honorifiques.[1] C'était encore Mahomet Alî qui inaugura en Égypte l'ère des réformes, et même aucune partie de l'Empire ottoman n'a subi dans une égale mesure l'influence européenne. Les conséquences de ce fait se sont montrées aussi dans la législation.

Dans le premier quart du siècle, le droit pénal de l'Égypte était encore à peu près le même que partout ailleurs dans l'Empire ottoman, savoir la charî'ah en principe, mais l'arbitraire et la prévarication en réalité.[2] Il est à noter que la charî'ah appliquée en Égypte était celle du rite des Hanafites, quoique la grande majorité de la population y professe le rite des Châfi'ites. Pour veiller à l'observation du rite dominant, chaque année un Cadi était envoyé de Constantinople comme délégué du Sultan. Après un séjour d'un an, le Cadi se mettait à la tête de la caravane des pèlerins et partait pour la Mecque. Le poste de Cadi turc au Caire était presque une sinécure, la plupart des cas étant jugés par son Nâïb ou suppléant, par les Mahkamah ou tribunaux du Vice-Roi et par les Cadis de celui-ci dans les communes rurales. En opposition formelle avec la charî'ah le Cadi ne savait ordinairement pas l'arabe, et se bornait à remplir ses poches aux dépens des justiciables.[3] L'envoi annuel d'un Cadi de Constantinople s'est perpétué jusqu'en 1875.

Pour être arbitraire lui-même, Mahomet Alî n'en réprimait pas moins les abus de ses subordonnés; il fit régner en Égypte une sécurité pour les personnes et pour les biens, de beaucoup supérieure à ce qu'on observait à cet égard dans les autres provinces de l'Empire ottoman. Le fait qu'il s'entourait d'Européens énergiques, quoique certainement pas tous intègres, qu'il s'efforçait d'attirer en Égypte non seulement des capitaux, mais encore des industriels, des négociants et des fonctionnaires français et anglais, suffisait à lui seul pour rendre impossible le maintien des dispositions de la charî'ah relatives à l'infériorité sociale et politique des infidèles et à plus forte raison la peine édictée contre l'apostasie des Musulmans.[4] Encore il ne faut pas oublier que la dérogation à la charî'ah était plus facile pour le Vice-Roi, à qui le Sultan n'avait accordé l'indépendance presque complète qu'à son corps défendant, que pour celui qui se considérait à tort ou à raison comme le chef suprême de tous les Croyants. Toujours est-il qu'en 1839, lorsque Mahomet Alî reçut l'ordre de promulguer le Khatti-Charîf de Gul-Khânah, il pouvait répondre que les principes de ce document étaient déjà appliqués par lui depuis des années, et que l'égalité devant la loi et la sécurité de la propriété privée étaient reconnues partout dans son pays.[5] Aussi le Règlement pénal turc de 1840[6] n'a jamais été en vigueur en Égypte, le Vice-Roi refusant de

---

[1] Voir von Kremer, Ägypten, Leipzig 1863, t. II, p. 2; Borelli-Bey et Ruelens, La législation égyptienne annotée (Bruxelles, Paris, Caire 1892), t. I, p. VII sq. et XV; Lawrence, op. cit., t. I (1868), p. 256; Wheaton, Histoire des Progrès du Droit des Gens, t. II (Leipzig 1865), p. 252 sq. Le Khatti-Charîf du 13 février 1841, de même que les documents ultérieurs relatifs à la situation de l'Égypte envers l'Empire ottoman, se trouvent dans le t. II de l'ouvrage cité d'Aristarchi-Bey, p. 133 sq. et dans l'Annuaire 1880, p. 620 sq.

[2] Voir Lane, The modern Egyptians, 5ᵉ édition, Londres 1860, p. 104 sq., 110 sq., 120.

[3] Voir von Kremer, op. cit., t. II, p. 74; Lane, op. cit., p. 96, 112 sq.

[4] Voir von Kremer, op. cit., t. II, p. 52, 81; Lane, op. cit., p. 108.

[5] Voir Petermann et Ramis-Effendi, op. cit., p. XLIV.

[6] Voir plus haut p. 607.

le faire promulguer et spécialement de se résigner à la revision des condamnations à mort par le Chaikh al-Islâm à Constantinople et même à l'approbation définitive de ces condamnations par le Sultan. C'était à ses yeux une
innovation incompatible avec l'autonomie de l'Égypte, voire avec la coutume
établie depuis des siècles. L'affaire se termina par une transaction; le Sultan
accorda au Vice-Roi le droit d'approuver les condamnations à mort pour un
terme de sept ans, et depuis, la situation est restée au statu quo.[1]) Ce différend terminé, le Vice-Roi promulgua le 24 janvier 1855 un Code pénal pour
ses sujets, qui, tout en ne rompant pas entièrement avec la charî'ah, s'en écartait
pourtant beaucoup plus que le Règlement pénal turc de 1840.

Le C. p. égyptien de 1855 est divisé en cinq titres, et chaque titre en
plusieurs paragraphes. On y trouve non seulement des dispositions pénales,
mais encore des prescriptions de discipline pour les fonctionnaires, et même
des principes de droit civil, le tout sans système et dans un désordre assez
naïf. Des crimes qui en Europe sont considérés comme de la plus haute gravité, par exemple la fausse monnaie, le faux en écritures publiques, la corruption et l'abus d'autorité, se punissent tout au plus d'un emprisonnement
rigoureux, il est vrai, mais relativement de peu de durée. Les principes généraux de droit pénal n'y sont pas codifiés et, par conséquent, la mesure de la
peine est abandonnée entièrement au bon plaisir des magistrats, qui ne sont
limités qu'à un maximum et un minimum. En cas d'homicide prémédité, les
héritiers de la victime conservent le droit de rémission que leur donne la
charî'ah, et, s'ils en veulent user, l'assassin est libéré par le payement du prix
du sang. Seulement, si l'homicide prémédité a été commis par des brigands,
il entraîne les travaux forcés à temps, en cas de rémission de la part des
héritiers de la victime.[2])

2. § 9. Le Code pénal pour les indigènes de 1883.

Le C. p. ottoman de 1858 n'a pas été introduit en Égypte, mais en 1871
le gouvernement du Khédive fit élaborer un projet de Code pénal qui, tout en
suivant l'ordonnance du C. p. ottoman, se rapprochait beaucoup plus du C. p.
français. Pour ne citer que quelques exemples, on trouve dans le projet des
articles relatifs à la tentative, à la complicité et aux circonstances atténuantes; la
corruption n'est pas punissable à moins qu'il ne s'agisse d'un fonctionnaire, etc.[3])
C'est ce projet qui est devenu la base du C. p. pour les tribunaux mixtes,
dont nous allons nous occuper plus loin, et du C. p. pour les tribunaux et
juges indigènes de 1883,[4]) dont nous allons donner un aperçu, en indiquant
les principales différences avec les Codes français et ottoman.

L'ordonnance est la même que celle du C. p. ottoman. Le Code égyptien en est, pour ainsi dire, une édition revue et corrigée. Il est divisé en
quatre titres: 1⁰ Dispositions préliminaires; 2⁰ crimes et délits contre la chose
publique; 3⁰ crimes et délits contre les particuliers, et 4⁰ contraventions. Le
premier titre a cinq chapitres, le deuxième seize, le troisième treize et le
quatrième un seul. Les inscriptions des chapitres sont identiques à celles du
C. p. ottoman. Seulement il est à observer que l'incendie volontaire, dans ce

---

[1]) Voir von Kremer, op. cit., t. II, p. 53, 54 et 68 et Lane, op. cit., p. 110.
[2]) Une analyse détaillée du Code pénal en question se trouve dans l'ouvrage
cité de von Kremer, t. II, p. 54 sq.
[3]) Le projet de C. p. a été publié en français à Alexandrie en 1871.
[4]) Les deux codes se trouvent traduits en français dans l'ouvrage cité de Borelli-Bey et Ruelens et dans le Bulletin des lois et décrets.

dernier code une infraction contre la chose publique, est dans le Code égyptien une infraction contre les particuliers.[1]) Le premier article du C. p. égyptien est encore identique au premier article du C. p. ottoman et détermine, par conséquent, les rapports de la nouvelle législation avec la charî'ah,[2]) mais de fait le Code égyptien ne se préoccupe que très peu de celle-ci. L'article faisait défaut dans le projet. La règle de l'art. 4 du C. p. français ne se trouve pas dans le Code égyptien; on n'a pas non plus aboli par une disposition générale toutes les lois antérieures en arrêtant ce code qui reste, par conséquent, une loi supplémentaire, au lieu que la charî'ah, du moins nominalement, reste la loi principale, pour ne pas parler de l'arbitraire auquel on a laissé de cette façon la porte ouverte à deux battants.[3]) Les peines en matière criminelle sont la mort, les travaux forcés à perpétuité ou à temps, la détention à perpétuité ou à temps, l'exil à perpétuité, la privation à perpétuité du droit d'obtenir tous grades et de remplir toutes fonctions publiques, et l'interdiction des droits civiques. Les peines en matière correctionnelle sont l'emprisonnement excédant une semaine, l'exil à temps, la révocation d'un emploi public et l'amende au-dessus de 100 piastres égyptiennes. Les peines pour les contraventions sont l'emprisonnement d'une semaine ou moins et l'amende de 100 piastres égyptiennes ou moins (art. 3—5). Toutes ces peines peuvent être prononcées cumulativement ou séparément suivant les cas déterminés par la loi (art. 6), et en dehors de ces peines la loi pénale prononce dans des cas déterminés: le renvoi sous la surveillance de la haute police, la privation des droits civils, non celle des droits de famille, comme on lisait dans le projet, et la confiscation des objets ayant servi à la contravention, au délit ou au crime (art. 7). La tentative est qualifiée comme dans le C. p. français (art. 8) et se punit de la même manière (art. 9—11). La récidive (art. 12—18) est de trois catégories. C'est en premier lieu le fait d'avoir commis un délit quelconque après avoir été condamné pour un autre crime ou délit à un emprisonnement ou un exil de plus d'une année ou à une peine plus grave; en second lieu, c'est le fait d'avoir commis un délit dans les cinq années après avoir été condamné à l'emprisonnement ou à l'exil d'une année au moins, ou bien à l'amende; mais alors il faut que le délit postérieur soit semblable au délit antérieur; en troisième lieu, il y a récidive quand on commet un crime quelconque après avoir été condamné pour un autre crime quelconque. Il est inutile d'appeler l'attention du lecteur sur ce qu'il y a d'illogique dans ce système; il nous faut seulement ajouter que les récidivistes peuvent être punis dans les deux premiers cas jusqu'au double du maximum édicté contre le crime ou délit postérieur, et que, dans le troisième cas, ils

---

[1]) En revanche, la dégradation de monuments occupe dans le Titre II un chapitre séparé.

[2]) Toutefois la double magistrature qu'on trouve encore en Turquie, n'existe plus en Égypte. Dans les affaires emportant la peine capitale selon la charî'ah, les tribunaux ordinaires doivent seulement demander l'avis préalable du Muftî. Voir art. 15 du Décret du 14 juin 1883 sur la réorganisation des tribunaux indigènes. Ce Décret et le Décret complémentaire du 9 février 1887 se trouvent dans l'Annuaire de 1883 et 1887 p. 769 et 819. Voir plus haut p. 610, note 4.

[3]) Plusieurs articles du C. d'instr. crim. semblent au premier abord suppléer à cet égard à l'insuffisance du C. p. Voir, par exemple, art. 145, 147, 153 et 171. Toutefois, à y regarder de près, ces articles n'ont pas d'autre portée que celui de la Constitution ottomane de 1876, dont nous venons de parler p. 610, note 2. Aussi longtemps que la charî'ah n'a pas été formellement abolie en matière pénale, et aussi longtemps que celle-ci consacre le pouvoir arbitraire de punir, il est parfaitement inutile de prescrire au juge qu'il ne saurait punir que les cas prévus par la loi. Il y a cependant une amélioration importante dans le C. d'instr. crim., se rapportant à la pénalité, c'est la prescription. Voir art. 249—255, et plus haut p. 602 et p. 613, note 4.

sont condamnés à une pénalité classée deux degrés plus haut que celle qu'ils auraient encourue dans des circonstances ordinaires.

Aucune condamnation à mort ne peut être mise à exécution avant l'approbation du Vice-Roi, qui pourra en tous cas commuer la peine. Si la décision n'est pas intervenue dans les 15 jours qui suivent la remise du dossier à son approbation, la condamnation sera censée être confirmée; mais il nous faut encore avertir le lecteur qu'aucune peine de mort ne pourra être prononcée qu'en cas d'aveu ou si deux témoins au minimum attestent avoir „vu" l'accusé commettre le crime (art. 26—32).[1]) Les peines des travaux forcés à temps et de la détention à temps sont de 3 ans au moins et de 15 ans au plus; les travaux forcés et la détention entraînent l'interdiction légale, mais les individus de plus de 60 ans de même que les femmes — non les jeunes filles — subiront les travaux forcés sans être enchaînés (art. 32—39). La détention doit être subie dans un établissement où le condamné est astreint au travail (art. 35); mais l'exil est réglé comme en Turquie (art. 38, 46). La privation à perpétuité de tous grades et fonctions publiques concerne non seulement les grades et les fonctions publiques dans le sens exact du terme, mais encore la faculté d'être fermier ou concessionnaire de l'Etat. Elle est une conséquence nécessaire de toute condamnation en matière criminelle. L'interdiction civique consiste, en outre, dans la privation des droits de vote et d'éligibilité, dans l'incapacité de faire partie d'un corps constitué, dans celle de remplir tout emploi dans une communauté ou corporation, et dans celle d'être juré,[2]) expert, témoin, professeur, maître ou surveillant dans une école. Cette privation résulte de plein droit des condamnations aux travaux forcés, à la détention et à l'exil; elle est perpétuelle ou à temps, d'après la peine principale, et dans le cas où la loi la prescrit seule, elle sera accompagnée d'un emprisonnement de trois ans au plus (art. 39—42). Les arrêts en matière criminelle sont affichés par extrait en français, en italien et dans la langue du pays (art. 43).

L'emprisonnement en cas de délit est de 8 jours à 3 ans; celui en cas de contravention de 24 heures à une semaine; l'exil à temps est de 3 mois à 3 ans; la révocation d'un emploi public dure de un à 5 ans, tandis que l'amende est en cas de délit de 101 à 10000, et en cas de contravention de 5 à 100 piastres égyptiennes (art. 44—48).

Pour ce qui regarde la culpabilité il est à observer que l'enfant de 7 ans ou moins ne peut pas être mis en jugement. Entre l'âge de 7 à 15 ans il faut distinguer s'il a agi sans ou avec discernement; dans le premier cas il est acquitté, dans le second il subira une peine plus légère qu'un adulte. La démence, la contrainte et la complicité sont régies par les principes du droit français. A l'égard des femmes la loi prescrit au juge de tenir compte de leur condition dans la fixation de la durée de leur peine (art. 56—69). Les circonstances atténuantes se trouvent réglées encore selon les principes du droit pénal français dans l'article final (252) intitulé: „Dispositions générales".[3])

Ce qui précède suffira pour donner une idée du premier titre du C. p. égyptien; les trois titres qui suivent ne nous occuperont pas si longtemps. Comme nous venons de le voir, l'ordonnance en est, à une seule exception près, conforme à celle des Livres correspondants du C. p. ottoman, mais il n'en est pas de

---

[1]) La loi ne prescrit pas une façon spéciale d'exécuter les condamnés à mort. C'est donc, comme en Turquie, le juge qui doit la déterminer dans chaque cas.

[2]) Le Jury n'existe pas en Égypte pour les affaires des indigènes. Voir Borelli-Bey et Ruelens, op. cit., t. I, p. 579, note 1.

[3]) La connexité et le concours de faits punissables sont passés sous silence tout aussi bien dans le C. p. que dans le C. d'instr. crim.

même du texte des articles, ceux-ci se rapprochant beaucoup plus de la législation française. Par suite de l'ordonnance différente, les articles de cette dernière législation sont pour la plupart combinés d'une autre façon, mais cela n'empêche pas qu'ils sont, en général, restés les mêmes; seulement il y a quelque différence dans le degré de pénalité et quelques modifications dans la rédaction, qui cependant ne sont pas toujours des améliorations. Ainsi l'art. 70 du C. p. égyptien punit de mort non „tout Égyptien" mais „toute personne" qui aura porté les armes contre l'Égypte. Ce n'est qu'un exemple entre plusieurs.

Des faits punissables du C. p. français, on a retranché les attentats ou complots contre le chef de l'État ou sa famille, ceux qui ont pour but de changer le gouvernement ou l'ordre de la successibilité au trône, les offenses publiques envers le chef de l'État ou sa famille,[1] les crimes et délits relatifs à l'exercice des droits civiques, la coalition de fonctionnaires, les troubles apportés à l'ordre public par les ministres des cultes, la mendicité, le vagabondage, les associations illicites, l'exposition d'un enfant, la bigamie,[2] la violation de tombeaux et la plupart des délits relatifs à l'industrie, au commerce ou aux arts. Les autres faits punissables selon le C. p. français sont à quelques exceptions près encore punissables selon le C. p. égyptien; seulement on les a parfois placés dans un autre chapitre. Ainsi les délits des fournisseurs sont, comme en Turquie, des délits contre la chose publique et placés dans le Chapitre IV du Titre II portant l'inscription: „Détournement de deniers publics, concussion." Il n'y a que peu d'articles dans les trois derniers titres du C. p. égyptien qui ont tenu compte des situations spéciales en Orient et ces dispositions sont encore empruntées au C. p. ottoman. Ainsi aux termes des art. 90 et 91, l'avantage exceptionnel qui résulterait pour un fonctionnaire ou un agent de l'aliénation d'un bien mobilier ou immobilier, ou de tout autre contrat, suffit pour constituer la corruption, et celle-ci existe encore, si elle a été faite au moyen de dons, etc., même à une tierce personne désignée par le fonctionnaire ou l'agent corrompu. L'art. 100 assimile au détournement de deniers publics par un fonctionnaire, le fait qu'un particulier chargé par le gouvernement de la vente, de l'achat ou de la fabrication de quoi que ce soit, se procure un bénéfice illégitime dans les affaires qu'il doit négocier. L'acte d'escompter des bons sur le Trésor ou autres titres de la dette publique par un fonctionnaire, ses parents ou ses serviteurs, est punissable selon l'art. 102; tandis que la concussion peut, selon les art. 103 et 104, se rapporter aussi aux corvées, à l'emploi des ouvriers de l'État à son service privé, et au fait de retenir aux ouvriers ou agents employés leur salaire, ou même de ne pas employer le nombre prescrit d'agents et de se faire payer néanmoins leurs salaires. La simple intercession par demande, prière ou recommandation, de la part d'un fonctionnaire public auprès d'un juge, en faveur ou contre une des parties, est qualifiée abus d'autorité par l'art. 111. Parmi les violences exercées par les fonctionnaires publics contre les particuliers l'art. 117 punit la mise à la question des accusés, et l'art. 122 l'emploi d'hommes en corvée à des travaux autres que ceux qui selon la loi ou les ordres du gouvernement sont d'utilité publique, ou bien qui sont urgents dans l'intérêt de la population. L'art. 179 assimile à la fausse monnaie la monnaie à laquelle on a communiqué une autre couleur pour la faire passer pour une monnaie d'un métal plus précieux, et l'art. 184 déclare la contrefaçon du cachet d'un fonctionnaire tout aussi punissable que la contrefaçon de sa signature. Les complices d'un homicide entraînant la peine de mort ne sont en tous cas que punis des travaux forcés

---

[1] A moins que ce ne soient des délits de presse. Voir art. 153 sq.
[2] Voir plus haut p. 617, note 2.

à perpétuité, et les héritiers de la victime conservent leur droit de gracier le coupable de la peine du talion, qui est commuée alors en celle des travaux forcés, soit à perpétuité, soit à temps, mais pour 15 années au moins (art. 214, 215, 230). Le parricide, l'infanticide et la castration ne sont pas des crimes spéciaux. Le mari est punissable, s'il entretient non pas une concubine, mais „un commerce adultérin" dans la maison conjugale (art. 255). La loi punit l'enlèvement d'une femme mariée (art. 268), et en cas de rapt d'une jeune fille pubère le mariage avec le ravisseur fait entièrement périmer la pénalité (art. 269). Enfin la violence exercée contre un témoin pour l'empêcher de déposer conformément à la vérité ou pour lui faire rendre un faux témoignage, est punie comme le faux témoignage même (art. 275). Les obstacles opposés aux communications télégraphiques (art. 150—152), les crimes et délits de presse, les délits relatifs à l'enseignement (art. 153—178) et l'ouverture d'une pharmacie sans être diplômé (art. 244), qui dans d'autres pays forment le sujet d'une législation spéciale, sont encore en Égypte punissables selon le C. p., à l'exemple du C. p. ottoman.

Les contraventions se trouvent dans le Titre IV. A peu près les mêmes observations s'y appliquent qu'au Livre III du C. p. ottoman.[1]

3° § 10. Règlements spéciaux contenant des dispositions pénales.

A côté du C. p. il existe encore plusieurs règlements contenant des dispositions pénales, dont quelques-uns ont reçu une sanction internationale, par exemple, ceux relatifs à la navigation du canal de Suez, aux mesures sanitaires à prendre par rapport aux pèlerins de la Mecque, à la traite, etc.[2] Les dispositions pénales contenues dans ces derniers règlements ont naturellement un caractère permanent, mais il n'en est pas de même de celles émanées du gouvernement du Khédive et des autorités locales. On peut dire à cet égard ce que nous venons d'observer par rapport à la Turquie. La séparation des pouvoirs n'étant pas accomplie, le Khédive et même ses ministres, voire les autorités locales pouvant légiférer par des arrêtés, par des circulaires ou par des missives, sans autres limites que celles résultant de leur subordination hiérarchique, il est évident que, sous des formes modernes et quasi-européennes, c'est encore l'arbitraire qui préside en Égypte en matière de législation.[3]

4° § 11. Le droit pénal pour les tribunaux mixtes.

Je viens de parler plus haut d'un C. p. pour les Tribunaux Mixtes. Ceci exige quelques explications.

Comme dans les autres parties de l'Empire ottoman les Européens en Égypte jouissent du bénéfice de l'exterritorialité en vertu des capitulations.[4] Les abus résultant du fait que les consuls pouvaient encore prendre sous leur protection des personnes qui de droit étaient des indigènes, y existaient comme ailleurs dans le Levant.[5] Seulement la situation en Égypte donnait lieu à des

---

[1]) Voir plus haut p. 619.
[2]) Voir Borelli-Bey et Ruelens, t. I, p. XIII. Les règlements administratifs sont mentionnés régulièrement dans l'Annuaire de Législation étrangère, mais à en juger par ce recueil, la législation pénale spéciale est encore très incomplète, même plus incomplète qu'en Turquie. Eu égard à ce que nous venons de dire plus haut p. 620 et 621, il se pourrait bien que ceci fût plutôt un avantage.
[3]) Ibid., t. I, p. XV sq. La municipalité d'Alexandrie, seule de toutes les divisions et subdivisions administratives, a une personnalité civile distincte de l'État. Ibid., p. XVII.
[4]) Voir von Kremer, op. cit., t. II, p. 100; Borelli-Bey et Ruelens, op. cit., t. I, p. X; Lawrence, op. cit., p. 182 sq.; Du Moiron, op. cit., p. 52 sq.
[5]) Voir von Kremer, op. cit., t. II, p. 101; Borelli-Bey et Ruelens, op. cit., t. I, p. XIX; L'Égypte et l'Europe par un ancien Juge Mixte, t. I (Leide 1882), p. 121 sq.

inconvénients particulièrement graves, vu l'augmentation exceptionnelle du nombre des résidents étrangers et des protégés depuis le règne de Mahomet Alî, et l'importance des intérêts commerciaux. L'Égypte était devenue la terre promise des débiteurs réfractaires, qui, par la variété des juridictions et la facilité de passer d'une juridiction à une autre, y pouvaient mieux que partout ailleurs se soustraire à leurs engagements et braver les saisies et les prises de corps dirigées contre eux par leurs juges naturels. Depuis longtemps tout le monde était d'accord que cet état de choses ne pouvait continuer, mais ce ne fut qu'en 1875, après des négociations diplomatiques laborieuses qu'on put aboutir à une réforme efficace. Les étrangers et les protégés furent alors soumis en matière civile et commerciale, voire dans leurs rapports avec les indigènes, à des tribunaux composés d'Indigènes et d'Européens, appartenant aux différentes nations intéressées. Ces tribunaux s'appellent les Tribunaux Mixtes. Un Code civil, un Code de commerce, un Code de commerce maritime et un Code de procédure civile et commerciale, tous basés sur les Codes français furent promulgués en même temps.[1]) Les négociations pour déférer à ces Tribunaux Mixtes, la juridiction pénale n'ont pas abouti à un résultat analogue. Seulement on est convenu qu'ils pourront prendre connaissance des contraventions de simple police commises par les Non-Ottomans, des crimes et délits commis contre les magistrats, jurés et officiers de police dans l'exercice ou à l'occasion de l'exercice de leurs fonctions, des crimes et délits commis directement contre l'exécution des sentences et des mandats de justice, et des crimes et délits imputés aux juges, jurés et officiers de justice, commis dans l'exercice ou par suite d'un abus de leurs fonctions.[2]) Un C. p. et un Code d'instruction criminelle ont été annexés aux Codes civils et commerciaux mixtes; ils existent donc virtuellement, mais il y est dérogé précisément pour les crimes et délits à raison desquels les Tribunaux Mixtes sont compétents. Or, ces crimes et délits, très rares à ce qu'il paraît, se punissent d'après un Tableau des Peines relevé du C. p. égyptien et applicable aux crimes et délits de la compétence mixte.[3]) En effet la Cour d'Assises n'a été réunie que deux fois, le jury n'a été constitué qu'une seule fois, il n'existe auprès des Tribunaux Mixtes aucune police judiciaire, et aucune prison n'a été mise à leur disposition.[4]) Les peines sont subies dans les prisons consulaires, et en cas de condamnation à la peine capitale les représentants des puissances ont la faculté de réclamer leurs administrés.[5])

Dans ces circonstances il me semble inutile de donner ici l'analyse du C. p. mixte, qui n'existe que sur le papier, et qui au reste ne diffère que très peu du C. p. indigène. A supposer que plus tard la juridiction mixte obtienne son plein développement en matière pénale, le code actuel devra en tous cas subir une revision attentive.

[1]) Voir Lawrence, op. cit., t. IV, p. 182 sq.; Borelli-Bey et Ruelens, op. cit., t. I, p. XXI sq. et XXVII sq.
[2]) Voir Règlement d'organisation judiciaire Titre II, art. 6 sq.; Borelli-Bey et Ruelens, op. cit., t. I, p. 17.
[3]) Borelli-Bey et Ruelens, op. cit., t. I, p. CVI sq. Voir aussi Procès-verbaux et Rapport de la Commission des Délégués de LL. EE. MM. les Représentants des Puissances près la Sublime Porte, instituée pour l'examen des propositions du Gouvernement égyptien relatives à la Réforme judiciaire en matière pénale. Constantinople 1873.
[4]) Borelli-Bey et Ruelens, op. cit., t. I, p. XXIII.
[5]) Règlement d'organisation judiciaire, Titre II, art. 36—38; Borelli-Bey et Ruelens, t. I, p. 21.

XII.

LA GRANDE-BRETAGNE.

Par

le D\u1d63 Ernest Schuster,

Barrister-at-Law à Londres.

Traduction de M. H. Kimmer, ancien juge à Luxembourg.

---

1. L'Angleterre et l'Irlande.
2. L'Écosse.

Sommaire.

1. L'Angleterre et l'Irlande.

I. Introduction. § 1. Aperçu historique. § 2. Sources et littérature du droit pénal en vigueur. § 3. Principes sur l'instruction criminelle. § 4. Force obligatoire du droit pénal anglais par rapport au territoire. Extradition. § 5. Force obligatoire des lois pénales anglaises par rapport aux personnes et droit pénal d'exception.
II. Partie générale. § 6. a) Le crime. I. Division des crimes: 1. Suivant leur genre (treasons, felonies, misdemeanors); 2. suivant le genre de poursuite (indictable offences et procédure sommaire). II. Le crime comme acte contraire à la loi. — Des causes qui excluent la criminalité: 1. En général; 2. quant aux actions commises sous l'influence du danger (légitime défense, nécessité, contrainte); 3. en d'autres cas. III. Le crime comme action imputable. 1. Imputabilité. 2. Faute. 3. Intention. 4. Erreur. 5. Négligence. IV. Causes de justification. 1. Causes d'exclusion de la peine. 2. Conditions de la poursuite. 3. Droit de grâce. V. Tentative. VI. Provocation (incitement) et complot (conspiracy). VII. Auteurs et complices. VIII. Unité d'action et pluralité de crimes. 1. En général. 2. Unité d'action juridique. 3. Délit collectif. 4. La récidive. 5. Le concours réel. § 7. b) La peine. I. Espèces. 1. Peines principales. 2. Peines accessoires. II. Circonstances atténuantes. III. Appréciation du juge quant à la fixation de la peine.
III. Partie spéciale. § 8. Infractions contre la chose publique: I. Contre l'État. 1. Haute trahison. 2. Complots et conspirations contre l'État. 3. Attaques personnelles contre le souverain. 4. Manifestations contre l'État. II. Contre la paix publique. 1. Rassemblements publics (unlawful assemblies, routs, riots). 2. Rixes; port d'armes prohibé. 3. Manœuvres militaires prohibées. III. Contre l'autorité de l'État. 1. Résistance envers des fonctionnaires publics. 2. Évasion et délivrance de prisonniers. IV. Contre la marche de l'administration de l'État. 1. Délits dans l'exercice des fonctions. 2. Infractions contre l'administration de la justice. 3. Contre le droit public d'élection et de vote. 4. Contre les lois douanières. V. Contre le droit de réunion et de presse. VI. Contre la religion. VII. Contre les bonnes mœurs. VIII. Contre les prescriptions de police sur la salubrité, le salut et la décence publics. § 9. Infractions contre les droits individuels. I. Contre l'intégrité corporelle. 1. Homicide. 2. Lésions corporelles et attentats contre la personne (assault). 3. Actions qui mettent en danger le corps ou la vie. II. Contre les droits immatériels. 1. Contre l'honneur (libel). 2. Contre la liberté individuelle. 3. Contre la liberté des relations sexuelles. 4. Contre les droits de la famille. 5. Violation de domicile. 6. Menaces. III. Contre les droits individuels. IV. Contre la propriété. A. Contre les droits sur les choses: 1. Vol, détournement, etc. (larceny, embezzlement). 2. Brigandage. 3. Endommagement de propriétés mobilières. B. Contre les droits d'occupation. C. Contre les droits d'obligation: 1. Violation de contrat. 2. Banqueroute. D. Contre la propriété en général: 1. Fraudes. 2. Extorsion. 3. Abus de l'inexpérience et de la jeunesse. 4. Recel. V. Attentats caractérisés par les moyens y employés. 1. Déchaînement de forces dangereuses de la nature (incendie, inondation, abus de substances explosives). 2. Entraves à l'exploitation du chemin de fer, à la navigation et au service du télégraphe. 3. Effraction (housebreaking et burglary). 4. Falsification de marchandises. 5. Faux en écritures. 6. Délits monétaires.

2. L'Écosse.

I. Introduction. § 1. Sources et littérature. § 2. Résumé des dispositions de droit pénal communes à l'Angleterre et à l'Écosse. § 3. Principes sur l'introduction de la procédure criminelle.
II. Partie générale. § 4. A. Le crime. B. La peine.
III. Partie spéciale. § 5. a) Infractions contre la chose publique. § 6. b) Infractions contre les particuliers.

1. L'Angleterre et l'Irlande.

I. Introduction.

§ 1. Aperçu historique.

I. Époque avant les Normands. Les lois anglo-saxonnes ne contiennent que de rares données sur le droit criminel.[1]) La guerre privée existait presque partout lors de la conquête; elle était cependant limitée par les dispositions relatives aux territoires et aux époques, sur et pendant lesquels la paix devait être maintenue (paix du roi, paix du seigneur, paix de l'évêque). Contre les troubles de cette paix la loi pénale d'alors reconnut à la partie lésée ou à sa lignée des indemnités (wer pour le meurtre, bot pour les autres lésions) et punissait le coupable de mort, de la perte d'un membre ou au moins d'une amende (wite) au profit du roi. La plainte était entendue devant le peuple, sur les conclusions soit de la personne lésée, soit d'un parent de celle-ci ou même de la tithing à laquelle appartenait le coupable. Le magistrat suprême du comté (shir-gerefa = sheriff) présidait les débats (de là le nom de Sheriff's tourn). L'accusé pouvait se justifier au moyen du serment purgatoire ou au moyen de l'ordalie. A côté de cela le seigneur avait le droit d'„infang-thief“, c'est-à-dire le droit de punir de mort les brigands saisis dans son domaine.

II. Époque depuis la conquête normande (1066) jusqu'au temps de Bracton (vers 1240). Guillaume le Conquérant remplaça la guerre privée par le duel, qui dans la suite trouva son application aux plaintes privées (appeals). Les ordalies restaient provisoirement en usage dans les plaintes publiques; le serment purgatoire fut aboli. La puissance royale, qui allait en croissant sous les rois normands, se fit bientôt sentir également sur le terrain de la justice pénale, notamment depuis que Henri II envoya les juges de la Cour supérieure (curia regis) en tournée (itinera), institution qui forme encore aujourd'hui un des symptômes caractéristiques de l'organisation judiciaire anglaise. Les affaires graves ne furent plus traitées près du Sheriff's tourn, mais, comme actions soumises à la juridiction de la couronne, par les juges en tournée, et appelées placita coronae = pleas of the crown.[2]) Dans la suite on fit également usage d'une autre institution normande, des „inquests“, c'est-à-dire de l'instruction du point de fait sur les lieux mêmes par l'audition de personnes notables. Ces instructions devaient se faire dans chaque comté au sujet de crimes commis sur le territoire respectif, et les commissions instituées à ces fins donnèrent naissance au système des jurys d'accusation (grand juries), qui furent chargés de

---

[1]) Voir Sir F. Pollock, Anglo-Saxon Law (English historical review, avril 1893).
[2]) Les principaux ouvrages anciens sur le droit criminel anglais ont le titre de Pleas of the Crown. ·

commencer l'action publique en lieu et place des communes. Peu à peu on
se rapporta, quant aux jugements, aux déclarations faites sous serment par des
hommes notables, initiés aux affaires locales, et abandonna entièrement à
ceux-ci la décision sur la question de fait. Cette institution devenait ainsi le
jury de jugement (petty jury). Après que le concile du Latran avait supprimé
les ordalies, il ne restait plus que deux genres de preuves, à savoir: le duel,
qui perdit insensiblement toute importance, et la preuve par le peuple (per
patriam), c'est-à-dire par le jury. C'est probablement du temps de Henri II
que l'ouvrage de Ranulphus Glanvilla „Tractatus de legibus et consuetudinibus
regni Angliae" vit le jour, lequel contient, entr'autres, un court chapitre sur
les affaires soumises aux jurys royaux. Y sont énumérés: 1⁰ Laesa majestas
(mors regis vel seditio regni vel exercitus); 2⁰ occultatio inventi thesauri;
3⁰ homicidium, lequel se divise en homicide clandestin — désigné sous le nom
de murdrum[1]) — et homicide simple; 4⁰ incendium; 5⁰ roberia (brigandage);
6⁰ raptus (viol), — le coupable ne pouvait se soustraire à la punition qu'en
épousant sa victime avec le consentement du roi et des parents; 7⁰ falsum —
qui comprend le faux en écritures, la fausse monnaie et les faux poids et
mesures. Le faux en écritures publiques était considéré comme crime de lèse-
majesté (laesa majestas). L'observation faite dans ce chapitre qu'il n'y a pas
lieu de s'arrêter au crime de vol et à d'autres dont la connaissance appartient aux chérifs, puisqu'ils doivent être jugés d'après les coutumes particulières de chaque comté, démontre qu'un droit pénal uniforme ne s'est développé que par les tournées des juges ambulants.

   III. Époque depuis Bracton[2]) (vers 1240) jusqu'à la publication
du Coke's Third Institute (vers 1620). Bracton, qui écrivait sous le règne
de Henri III, est le premier qui fournit des données détaillées sur le droit criminel.
Elles se trouvent dans le troisième livre de son traité: „De legibus et consuetudinibus Angliae", sous la rubrique „De corona", qui contient également de plus
amples détails sur les peines. Sont punis de mort: la haute trahison (laesa majestas),
dans laquelle étaient déjà alors compris les actes préparatoires de ce crime
(„si quis ausu temerario machinatus sit mortem domini regis . . . . licet id, quod
in voluntate habuerit, non perduxerit ad effectum etc."); comme aussi les complices, lesquels sont punis comme les auteurs principaux. Est également compris
dans le crime de haute trahison le crime de faux en écritures publiques et
celui de fausse monnaie. La distinction entre homicidium et murdrum est la
même que chez Glanvilla. Ces crimes sont punis de mort l'un et l'autre.
Les lésions corporelles sont punies de mort ou du bannissement à vie. La
mutilation est considérée comme lésion grave (mahemium; en anglais: maim).
Le brigandage (roberia) est suivant les circonstances puni de mort ou de la
perte d'un membre; l'incendie volontaire[3]) (iniqua combustio) de mort; le
viol — s'il est accompagné de défloration — de la castration et de la perte
des yeux („oculos amittat propter aspectum decoris et testiculos quia calorem

---

   [1]) „Murdrum" est le mot par lequel est désignée l'amende que le district était
obligé de payer, s'il n'était pas prouvé que la personne tuée était Anglo-Saxon — le
„presentment of Englishry". L'énumération expresse de l'homicide occulte et la désignation de ce crime par l'expression correspondant à l'amende comminée coïncide
probablement avec le souvenir de cette procédure.
   [2]) Les rapports sur les débats judiciaires dans le comté de Gloucester du commencement du 13ᵉ siècle, publiés par Maitland dans „Pleas of the Crown of the county
of Gloucester" fournissent des renseignements intéressants sur l'époque entre Glanvilla
et Bracton.
   [3]) „Incendia fortuita vel negligentia facta . . . non sic puniuntur, quia civiliter
agitur contra tales." Encore aujourd'hui l'incendie par négligence n'est pas punissable d'après la loi anglaise.

stupri induxerunt"), dans les autres cas d'une peine corporelle plus légère.[1])
La peine du vol est, suivant la valeur des objets soustraits, la mort, le bannissement ou simplement la fustigation.[2]) Il est permis à la victime d'un vol
nocturne de tuer le voleur, „si parcere ei sine periculo suo non poterit". Ce
principe fournit la base de la doctrine de la légitime défense adoptée plus
tard. Les crimes graves (feloniae), c'est-à-dire les crimes qui sont punis de
mort, de la mutilation ou de la privation de la liberté, doivent être portés
devant les juges royaux; les autres, qu'on nommait „transgressiones", sont de
la compétence du shériff. Du temps où Bracton écrivait tout le droit criminel
reposait sur le droit coutumier et la jurisprudence, mais peu de temps après
la législation s'en occupa. Parmi les lois émanées dans le courant des deux
siècles suivants, et qui sont en partie encore en vigueur aujourd'hui, il convient de mentionner principalement les suivantes: Statute of Treasons de
l'année 1351 — 25 Ed. III st. 5 cap. 2 — qui a pris pour base la définition
de la haute trahison donnée par Bracton; — la loi contre le recèlement de
personnes (3 Ed. I cap. 9); contre la propagation de fausses nouvelles politiques
(3 Ed. I cap. 34); contre les complots formés dans le but de poursuivre devant
la juridiction criminelle des personnes innocentes (33 Ed. I, statute de conspira-
toribus); contre l'évasion de détenus (23 Ed. I de frangentibus prisonam); et
contre la violation de domicile (forcible entry, 5 Ric. II st. 1 cap. 7). Le
premier pas pour arriver à la définition actuellement reçue de l'assassinat a
été fait par la déclaration de Richard II de l'année 1389, que dorénavant il
ne serait plus fait usage du droit de grâce en certains cas d'homicide, au
nombre desquels figure nommément „malice prepensed". En 1400 fut rendue
la première loi contre les hérétiques.

La législation du 14e siècle réglementa également l'organisation des cours
de justice criminelle. Par la loi 34 Ed. III cap. 1 les juges de paix — fonctionnaires non-rétribués choisis par le roi parmi les propriétaires fonciers du comté
aux fins de maintenir la paix — furent autorisés d'entendre dans leurs sessions
trimestrielles (quarter sessions) les plaintes au criminel, quand il s'agissait de
crimes moins graves; et c'est ainsi que furent créées les courts of quarter
sessions, qui fonctionnent encore aujourd'hui et s'occupent principalement des
instructions criminelles. Le „Sheriff's tourn" fut dans la suite et peu à peu
mis de côté.

Les peines sévères qui existaient encore du temps de Bracton furent dans
le courant du 14e siècle essentiellement adoucies par le „benefit of clergy".
Ce dernier n'était, du temps de Bracton, qu'un privilége du clergé, qui con-
férait aux membres de cet état, quand ils étaient poursuivis criminellement,
la faculté de demander le renvoi de l'affaire devant le tribunal ecclésiastique.
Par la loi de 1351 — 25 Ed. III stat. 6 — ce privilége fut étendu à tous les
clerici — ecclésiastiques ou séculiers —, et une interprétation bienveillante
rendit à la fin ce bénéfice applicable à tous qui savaient lire et écrire.[3])
Seuls les femmes n'appartenant pas à un ordre religieux et les „bigami" en
furent exclus. Plus tard le privilége, en tant qu'il s'appliquait aux membres
effectifs du clergé, fut réduit en ce sens que la fixation de la peine après

---

[1]) Auparavant on aurait dans tous les cas prononcé la peine de mort, mais
„modernis temporibus" on aurait adouci la peine.

[2]) La définition de furtum est „contrectatio rei alienae fraudulenta cum animo
furandi invito illo domino cujus res illa fuerit". La similitude et, de même, la différence de cette définition avec la définition comme dans la loi 1 § 3 D. 47, 2 est
intéressante.

[3]) Et on n'y regardait pas de très près dans la suite. Il suffisait qu'on pût lire
les mots „Miserere mei Deus". Voir Stephen, General View, p. 35.

condamnation pouvait être renvoyée devant le tribunal ecclésiastique. Cette fixation appartenait entièrement à l'évêque, qui pouvait faire enfermer le coupable dans sa prison à perpétuité, ou le renvoyer avec une réprimande.

Le développement du droit criminel dans la deuxième moitié du 15ᵉ siècle et dans le 16ᵉ siècle consiste principalement dans les restrictions successives apportées au „benefit of clergy". En premier lieu une loi de 1488 (4 Henry VII cap. 13) disposa que les laïques ne pourraient invoquer le dit privilège qu'une seule fois, et qu'ils seraient, le dit cas échéant, marqués au pouce pour qu'un contrôle sérieux pût être exercé sur ceux que la chose concernait. Le benefit of clergy n'était jamais applicable au cas de haute trahison et fut par une série de lois rendues sous Henri VII, Henri VIII, Édouard VI et Élisabeth, retiré aux personnes condamnées pour assassinat, effraction, brigandage, certaines espèces de vol et viol. Parmi ces lois celles qui visent l'assassinat forment un nouveau pas dans le développement de la notion actuelle de l'assassinat. Dans le seul cas de „wilfully prepensed murders" le bénéfice n'a pas lieu.[1]

D'après ce qui précède les crimes se divisaient, vers la fin du 16ᵉ siècle, en „felonies without benefit of clergy", „clergyable felonies" et „misdemeanors". Les premiers sont punis de mort, les seconds à la discrétion de l'évêque, les troisièmes de peines plus légères.

Il importe de mentionner encore parmi les lois pénales émanées dans le courant des 15ᵉ et 16ᵉ siècles les suivantes: celle contre les corruptions des fonctionnaires (11 Henry IV; Coke, Third institute, cap. 68); — contre l'enlèvement (3 Henry VII cap. 2; Coke, cap. 2); — contre les crimes contre nature (25 Henry VIII cap. 6; 5 Elisabeth cap. 17; Coke, cap. 10); — et contre le faux serment (5 Elisabeth cap. 9; Coke, cap. 74). La législation du 17ᵉ siècle, passée en revue par Coke, comprend une loi qui punit la bigamie (1 Jac. cap. 11) et une autre qui punit les pestiférés qui violent la défense leur faite de sortir (1 Jac. cap. 31; Coke, cap. 28). Au nombre des crimes punissables d'après le droit commun Coke mentionne la calomnie (cap. 76) et les troubles de l'ordre public causés par les faits désignés par „unlawful assemblies et riots (Coke, cap. 79). L'exportation d'argent (Coke, cap. 35) forme une espèce particulière de crime, que déjà Britton et le Mirror of justices rangent dans la catégorie des „felonies". Un autre développement du droit criminel, qui doit s'être fait jour avant l'époque de Coke, consiste dans le principe que la récidive est un élément servant à la fixation de la peine. C'est ainsi que, par exemple, la récidive en matière de faux est traitée comme un délit tout-à-fait distinct (Coke, cap. 71. 75). Des principes généraux sur la participation principale et accessoire s'étaient également formés pendant ce laps de temps. En fait de littérature criminelle il échet de mentionner: Staunforde, Pleas of the crown (vers 1550), et Lambarda, Eirenarcha ou juge de paix (1579).

IV. Époque depuis la publication du Third Institute de Coke (vers 1620) jusqu'à nos jours. La législation avance dans les 17ᵉ et 18ᵉ siècles de la même façon, c'est-à-dire sans plan arrêté, comme par le passé. On fait des lois contre des actions punissables, si par un événement remarquable quelconque une lacune dans la législation est mise à jour, ou si des circonstances politiques amènent la modification de dispositions particulières. La loi contre les hérétiques, mentionnée ci-dessus, qui avait été profondément modifiée sous Henri VIII, révoquée par Édouard VI, remise en vigueur par Mary, fut définitivement abrogée par Élisabeth; néanmoins la fiction établie déjà au 14ᵉ siècle que les

---

[1] La première de ces lois date de 1496 (12 Henry VII cap. 7).

hérétiques étaient à brûler vifs d'après le droit commun, fut maintenue, et c'est
en vertu de cette loi que sous James I encore le supplice du feu fut exécuté
sur des hérétiques. Cette loi fut définitivement rapportée en 1677 par la loi
29 Car. II cap. 9.

Le benefit of clergy fut supprimé pour une nouvelle série de vols sous
Charles II, William III, Anne et Georges II, de sorte qu'à la fin tout vol, du
moment qu'il ne s'agissait pas d'objets de minime valeur, était puni de
mort. A côté de cela certains crimes analogues restaient impunis, comme, par
exemple, le détournement commis par des hommes de confiance, lequel ne fut
érigé en crime, et puni comme tel, seulement en 1812, par la loi 52 Geo. III
cap. 63, après qu'un agent de change avait causé à un Sir Thomas Plumer un
préjudice d'une somme de £ 22,000.

Les peines sévères édictées contre les felonies auxquelles le benefit of
clergy avait été retiré, furent peu à peu mitigées. Peu à peu s'est introduite
la coutume de gracier les personnes condamnées à mort sous la condition de la
déportation dans les colonies.[1]) Une loi de 1768 (8 Geo. III cap. 15) autorisa
les juges des assises de prononcer dans les provinces, contre les condamnés
qui étaient exclus du benefit of clergy, la peine de la déportation au lieu de
la peine de mort. Pour les personnes condamnées à Londres ce résultat ne
pouvait être obtenu que par la voie de grâce. Entretemps les lois modernes
adoptèrent la déportation comme peine.

Les tendances réformatrices qui se firent valoir en toutes matières vers
la fin du siècle dernier et au commencement du XIXe, exercèrent également
leur influence sur le droit criminel. Dans l'intervalle de 1826 à 1832 il fut
rendu une série de lois, connues sous le nom de Sir Robert Peel's acts, lesquelles abolirent en grande partie les dispositions surannées contenues dans
les lois pénales, et réunirent respectivement en une seule les nombreuses lois
sur le vol, les crimes contre les personnes, le faux, la fausse-monnaie.
L'institution du benefit of clergy fut définitivement rapportée par une loi de
1827 (7 et 8 George IV cap. 28).

La peine de la déportation subit un certain nombre de changements et
finit par être remplacée par la peine de la reclusion, déjà antérieurement
appliquée en partie.[2])

Immédiatement après la publication de la législation susdite, proposée
par le ministère Robert Peel, différentes commissions furent convoquées à
l'effet de délibérer sur de nouvelles réformes à introduire. Le résultat de ces
délibérations furent les cinq lois réunies et connues sous le nom de „Consolidation acts" de l'année 1861, dont 24 et 25 Vict. cap. 96 traite le vol (inclusivement le détournement, le brigandage, l'infidélité, etc.), cap. 97 la dégradation
de propriétés mobilières, cap. 98 le faux, cap. 99 la fausse-monnaie, cap. 100
les crimes contre les personnes (meurtre, lésions corporelles, viol, crimes contre
les mœurs, calomnies, etc.).

En 1878 on essaya de codifier le droit pénal en entier, et ce sur la
proposition de Sir James Stephen. Un projet fut rédigé par ce dernier — le plus
éminent des criminalistes anglais — sur la base de son Digest, fut examiné par
une commission et soumis, sous une forme quelque peu modifiée, au Parlement
en 1879. Mais, comme aucun des partis politiques ne s'intéressa à une réforme
qui ne se laissait pas résumer en quelques locutions marquantes et facilement
compréhensibles, il n'en fut plus parlé. En acceptant le projet on aurait nettoyé

---

[1]) La coutume fut légalement reconnue par la loi 31 Car. II cap. 2 §§ 13 et 14.
[2]) Voir pour plus amples détails Aschrott, Strafensystem und Gefängniswesen
in England, p. 39—50; sur le développement parallèle du système pénitentier,
p. 77—91.

une véritable écurie d'Augias; car malgré la législation de Peel et les cinq lois de 1861, 83 lois criminelles restaient, dont on se serait débarrassé en introduisant le code.

Parmi les lois rendues depuis il échet de mentionner en premier lieu: Summary jurisdiction act de 1879, qui étend la compétence des juges de paix et des juges de police (voir infrà § 3); Criminal law amendment act de 1885, qui édicte des peines plus sévères contre les délits contre les mœurs; Probation of first offenders act de 1887; enfin Penal servitude act de 1891, qui réduit de cinq à trois années le minimum de la peine de reclusion.

Il y a moins d'espoir qu'il y a 14 ans de voir prospérer un travail de codification. Des réformes ultérieures consisteront dans l'abrogation de dispositions surannées et contribueront à remplir les lacunes existantes, auront peut-être encore pour objet de restreindre la latitude fort étendue laissée au juge dans la fixation de la peine. Mais on ne peut s'attendre à des améliorations reposant sur des principes méthodiques et uniformes, puisque l'Angleterre possède bien une littérature, mais pas de science du droit criminel.

§ 2. Sources et littérature du droit pénal en vigueur.

I. Les sources. Le droit pénal a pour base en partie le droit commun (common law), en partie les lois (statute law). Le droit commun est le droit coutumier, qui est contenu dans les sentences des tribunaux, ou le droit qui est créé à nouveau par les juges par application analogique de dispositions en vigueur. Il va sans dire que le pouvoir législatif ne doit être exercé par les juges qu'avec beaucoup de circonspection; il est cependant reconnu en matière pénale.[1] Sur le droit commun reposent encore aujourd'hui les définitions de la plupart des crimes graves (par exemple celles du meurtre, du vol, etc.), de même quelques dispositions pénales (par exemple celle que tout faux en écritures, qui n'est pas expressément prévu par le forgery act, est puni, d'après le droit commun, d'un emprisonnement jusqu'à 2 ans). Néanmoins la plupart des dispositions pénales et une grande partie des définitions reposent sur des lois, parmi lesquelles les cinq Consolidation acts de 1861 susrappelées (§ IV) sont les plus importantes.[2] En ce qui concerne la force obligatoire des dites sources par rapport au lieu et au temps, il importe de faire remarquer que le droit commun a force de loi en Angleterre et en Irlande; l'Écosse a son droit commun propre. La plupart des lois en vigueur le sont également en Irlande, comme un grand nombre d'icelles le sont en Écosse. L'exposé qui suit a pour objet le droit anglais; il n'est pas nécessaire de faire un exposé séparé du droit irlandais, puisqu'il est presqu'identique avec le droit pénal anglais. (En ce qui concerne le droit pénal de l'Écosse voir 2. L'Écosse.)

Une loi qui ne fixe pas expressément le jour auquel elle entre en vigueur devient exécutoire le jour où elle a obtenu la sanction royale (33 Geo. III cap. 13). Les lois anglaises sont fort souvent rendues pour une époque déterminée et dans la suite renouvelées pour un temps déterminé ou indéterminé.[3]

---

[1] Voir les paroles d'un juge prononcées dans l'affaire Millar v. Taylor (4 Burr. 2312) citées par Stephen, Digest, p. 108, et l'approbation donnée à ces paroles par la décision dans l'affaire Jefferys v. Boosey, 4 House of Lords Cases 936 citée au même endroit.

[2] Elles seront dans l'avenir, d'après Short Titles Act, désignées comme suit: Larceny Act 1861; Malicious Damage Act 1861; Forgery Act 1861; Coinage Offences Act 1861; Offences against the Person Act 1861. Dans notre exposé on fera usage des abréviations suivantes: L. A.; M. D. A.; F. A.; C. A.; O. P. A.

[3] Dans les cas pareils la loi primordiale seule sera citée.

II. La littérature. Dans le domaine du droit criminel la littérature a une importance beaucoup plus considérable que dans toute autre, puisque divers livres ont acquis une telle autorité que des citations en sont faites devant les tribunaux à l'appui de l'existence légale de tel ou tel principe de droit commun. Au nombre de ces livres figurent d'abord le Third institute de Coke, déjà mentionné plus haut; Hale, Pleas of the crown (1694), et Hawkin, Pleas of the crown (1716). On cite également beaucoup Foster, Report of proceedings, etc. To which are added discourses upon a few branches of the crown law (1762). [Les discourses sont relatifs à la haute trahison, l'homicide et la complicité de crimes capitaux.] Blackstone, „Commentaries on the law of England", qui ont paru de 1765 à 1769 et traitent également du droit pénal, jouissent toujours d'une assez grande autorité; de même East, Pleas of the crown, 2 vol., 1803. Parmi les livres sur le droit pénal en vigueur de date récente le plus détaillé est Russel, „On crimes and misdemeanors", 3 forts volumes, 5e édition, 1877. Il forme une ressource indispensable pour le praticien; mais, comme presque tous les ouvrages anglais similaires, il n'est qu'un assemblage sans système de lois et sentences. L'ouvrage de droit criminel sans conteste le plus remarquable est le: Digest of the criminal law par Sir F. James Stephen (l'ouvrage ne sera cité dans la suite que par le nom de „Stephen"), 4e édition, 1887. Il se distingue de tous les autres ouvrages par la précision relative[1]) et la sûreté de ses définitions, et renferme une réunion complètement suffisante de sentences judiciaires qui sont citées comme exemples — illustrations — à l'appui des diverses propositions. Le livre jouit d'une autorité particulière, parce que son auteur possède, en sa qualité de juge à la Cour supérieure, une grande expérience en affaires criminelles, et que l'ouvrage a servi de base au projet d'un C. p. anglais élaboré par le même auteur, projet dont il a été fait mention plus haut § 1 IV, et auquel il sera renvoyé dans la suite par les lettres „Pr". La „General review of the criminal law", 2e édition 1890, par le même auteur, facilite l'intelligence de son Digest, mais ne fournit pas un aperçu suffisant sur le droit criminel anglais. Harris, „Principles of the criminel law", 6e édition, 1892, est parmi les ouvrages destinés aux étudiants le plus détaillé, ne répond cependant pas à ce que des lecteurs allemands ou français sont habitués à exiger d'un cours ou d'un manuel, et on ne peut, quant à l'authenticité de ses données, y avoir recours qu'avec circonspection. Les principales décisions judiciaires sont recueillies par Warburton dans son: Leading cases in the criminal law [founded on Shirley's leading cases] 1892. Ce recueil n'est cependant pas recommandable, parce qu'il ne sait pénétrer dans l'esprit des décisions ni les coordonner systématiquement. L'histoire du droit criminel est traitée par Stephen dans son History of the criminal law of England, 3 vol., 1883; de même et avec elle le développement économique et de la civilisation par Pike, History of crime in England, 2 vol., 1873—1876. Jeremy Bentham traite de la philosophie du droit criminel dans son ouvrage „The rationale of punishments."

Les décisions judiciaires ont été réunies dans une série de recueils, qu'on ne peut indiquer tous dans cet endroit. Parmi les recueils qui sont continués aujourd'hui, il convient de mentionner: Law reports (depuis 1866), officiellement autorisés, qui au commencement, reproduisent les décisions judiciaires au criminel séparément sous la rubrique „Crown Cases Reserved" et subséquemment les placent, avec des jugements appartenant à d'autres branches du droit, dans les volumes intitulés: Queen's Bench et Queen's Bench Division;[2]) Cox,

---

[1]) On ne peut demander plus étant donnée la nature casuistique du droit.
[2]) Si dans une citation le recueil n'est pas spécialement indiqué, il s'agit toujours de „law reports".

Criminal cases (depuis 1843); et les rapports sur les causes criminelles dans les revues hebdomadaires: Law journal et Justice of the peace. Le Criminal Digest (1884) de Mews contient dans un recueil en forme de résumés l'essence des décisions judiciaires en matière criminelle depuis 1756—1883. La „Chronological table and index of the statutes", publié en 1890 par les soins du Gouvernement britannique, fournit un excellent répertoire analytique des lois pénales jusqu'en 1889 inclusivement.

Le nombre des monographies sur des matières criminelles n'est guère considérable. A noter: Aschrott, Système des peines et système pénitencier en Angleterre, 1887 (un travail excellent sous tous les rapports); Wright, Criminal conspiracies; Pollock and Wright, Possession of the common law (la 3ᵉ partie de cet ouvrage, écrite par Wright, aujourd'hui juge à la Cour supérieure, traite la théorie de la possession en rapport avec le vol et délits analogues); Odgers, The law of libel and slander, 2ᵉ édition, avec supplément 1890, traite le côté civil et le côté pénal du sujet, qui embrasse la publication d'imputations punissables a) contre l'État, b) contre la religion, c) contre les mœurs, d) contre la considération des personnes, par suite les délits de presse. Le livre est fort riche en matières et tout-à-fait sûr.

§ 3. Principes sur l'instruction criminelle.

I. Introduction de l'action criminelle. La connaissance des principes sur cette matière est indispensable pour l'intelligence du droit pénal anglais. Ces principes se laissent résumer en ce que personne n'est obligé à introduire une action pénale, mais que tout citoyen a le droit de le faire, qu'il soit partie lésée ou non, et que toute poursuite faite méchamment (malicious prosecution) entraîne au profit de l'accusé droit à dommages-intérêts. Le „Director of public prosecutions" exerce la poursuite au nom du Gouvernement dans les cas particulièrement graves, et elle est commencée par la police. De cette façon personne ne peut se plaindre, si aucune poursuite n'a lieu, puisqu'il est libre à la partie lésée d'introduire elle-même l'action.[1]) C'est grâce à cette circonstance qu'une foule de dispositions ont conservé force de loi, qui aujourd'hui n'ont plus aucune importance pratique. Personne n'étant obligé de poursuivre des infractions à de pareilles dispositions, ces infractions restent régulièrement impunies, et c'est ainsi que la plupart des citoyens ignorent que ces dispositions sont encore en vigueur. Il s'en suit que personne n'a intérêt à ce qu'elles soient abrogées en due forme. (On trouve des exemples de pareilles dispositions obsolètes plus loin § 8 IV 2 sub c et § 8 V 1).

II. Procédure sommaire et indictment. Il y a différentes espèces de procédure criminelle, parmi lesquelles la suivante forme la règle. Elle commence par une instruction devant un ou plusieurs juges de paix[2]) (ou devant un juge de police rétribué dans les villes qui en possèdent). Ces fonctionnaires ou ce fonctionnaire peuvent dans les cas d'infractions légères juger sommairement; dans les cas graves ils doivent renvoyer l'affaire devant une juridiction supérieure (Quarter sessions ou cour d'assises, resp. à Londres et dans sa circonscription devant le Central criminal court), devant laquelle la procédure commence par un acte d'accusation formel (indictment). Les délits pour lesquels ce renvoi est obligatoire sont appelés indictable offences, et c'est un jury de douze personnes qui décide sur la question de culpabilité (l'unanimité des jurés est

---

[1]) Ce n'est pas le plaignant qui est prosecutor, car la poursuite se fait toujours au nom de la couronne, mais bien la personne à la diligence de laquelle elle est introduite.

[2]) Ces fonctions sont d'ordinairement remplis par des laïques et honorifiques.

exigée pour la condamnation). En vertu du Summary jurisdiction act de 1879, certains délits, qui par eux-mêmes constitueraient des indictable offences, peuvent, sous de certaines conditions, être traités sommairement, si le tribunal devant lequel les premiers débats ont eu lieu le trouve bon. Cela peut avoir lieu: 1° Quand il s'agit d'enfants de 7 à 12 ans et que le père ou le tuteur ne s'y oppose, excepté dans le cas d'homicide (S. J. A. 1879 § 10); 2° quand il s'agit d'enfants de 12 à 16 ans et de certains délits (vol sans violence, détournement, recel, etc.) et que l'accusé le demande (ibid. § 11); 3° en cas de délits visés sub 2 commis par des personnes âgées de plus de 16 ans, si l'accusé avoue sa faute, ou en cas de vols légers commis par les mêmes personnes, si l'accusé le demande. La décision dans ces deux cas est cependant soumise à différentes conditions (ibid. §§ 12 à 14).

Dans l'exposé qui suit, les mots „procédure sommaire" sont ajoutés dans tous les cas où la procédure sommaire est de rigueur; si l'ajoute n'y est pas, la procédure par indictment est à observer, à moins que la première n'ait lieu conformément aux dispositions qui précèdent.

§ 4. Force obligatoire du droit pénal anglais par rapport au territoire. Extradition.

I. Quant au territoire. On suit, en général, le principe de la territorialité, c'est-à-dire seuls les crimes commis en Angleterre et Wales (mais non en Écosse et en Irlande) sont en règle générale punissables en Angleterre. Certains crimes cependant sont punis en Angleterre, sans égard au lieu de la perpétration, s'ils ont été commis par des sujets britanniques (c'est-à-dire par des sujets du souverain britannique, par conséquent également par un citoyen d'une colonie anglaise). Ces crimes sont: la haute trahison, le recèlement en cas de haute trahison, les homicides, la bigamie, certains actes préparatoires à l'usage illicite de matières explosibles, etc.[1] (35 Henry VIII cap. 2; offences against the person act, §§ 9 et 27; voir infrà § 9 V 1); — tous les crimes commis par un sujet anglais sur un navire anglais ou sur un navire étranger de l'équipage duquel il ne fait pas partie (Merchant shipping act 1867); de même les crimes contre les personnes ou les propriétés commis sur un navire anglais par le patron ou par un homme de l'équipage pendant la durée de l'engagement ou au plus tard dans les trois mois depuis la cessation de l'engagement (Merchant shipping act 1854 § 267). — De plus, tous les crimes qui ne constituent pas des felonies (voir § 6 I 1) commis par un fonctionnaire royal dans une colonie anglaise sont punissables en Angleterre (11 William III cap. 12; 42 Geo. III cap. 85 § 1; voir arrêt R. v. Shawe 5, Maule and Selwyn 403). — Enfin sont punissables en Angleterre tous crimes commis par des sujets britanniques européens dans les possessions anglaises aux Indes (13 Geo. III cap. 63 § 39; voir Stephen, Digest of the law of criminal procedure, art. 7).

II. Extradition. 1° Vis-à-vis des autres parties de l'Empire britannique. En vertu du Fugitive offenders act tous fugitifs qui sont accusés dans une autre partie de l'État britannique d'un crime appartenant à la classe des indictable offences resp. d'une classe analogue (voir infrà § 6 I 2), et comme tel punissable d'un emprisonnement d'au moins un an et de travail forcé, doivent être livrés à cet Etat, si la culpabilité de l'accusé est rendue vraisemblable devant le juge anglais compétent.

---

[1] Les dispositions concernant la piraterie et le commerce des esclaves n'entreront pas dans le présent exposé.

Dans le cas où l'instruction contre l'extradé n'aura pas été commencée dans les six mois de son arrivée, ou dans celui où l'extradé aura été acquitté, il pourra être renvoyé en Angleterre aux frais de l'État, si le fonctionnaire compétent le juge opportun (Fug. off. act 1881, §§ 2, 9, 8).

2º Vis-à-vis d'États étrangers. L'extradition aux États étrangers est réglée par les Extraditions acts de 1870 et 1873. Ces lois autorisent le Gouvernement anglais dans tous les cas où il existe des traités conclus avec des pays étrangers de décider par une ordonnance royale (order in council) qu'un accusé fugitif soit livré à ces États respectifs pour des crimes déterminés. L'extradition ne peut avoir lieu: a) Pour délits politiques;[1] b) si les lois du pays auquel l'extradition est demandé resp. le traité avec lui conclu ne s'opposent pas à ce que le fugitif extradé soit poursuivi du chef d'un autre délit que celui pour lequel l'extradition avait été demandée; c) si le fugitif dont l'extradition est réclamée a à subir en Angleterre une peine pour un autre délit. Extradition act 1870 § 3, 1—3. — L'extradition peut être accordée pour les crimes suivants: homicides, fausse monnaie, faux, délits, qui d'après le Larceny act, forment des indictables offences (voir infrà § 9 IV A 1), viol, enlèvement et rapt, effraction, incendie, brigandage, extorsion, piraterie, etc., parjure, banqueroute (voir infrà § 9 IV c. 2). (Extradition act 1870, I appendice, et Extradition act 1873 § 8.)

Des traités d'extradition ont été conclus avec les États suivants: Autriche-Hongrie, Belgique, Brésil, Colombie, Danemarc, Écuador, France, Empire allemand, Guatémala, Haïti, Honduras, Italie, Luxembourg, Mexique, Pays-Bas, République d'Oranje, Portugal, Russie, Salvador, Espagne, Suède et Norvége, Suisse, Tonga, Transvaal, Tunisie, États-Unis d'Amérique.

§ 5. Force obligatoire des lois pénales anglaises par rapport aux personnes et droit pénal d'exception.

I. Exemptions personnelles. Sont affranchis de la juridiction anglaise en matière pénale: a) Le Souverain; b) les agents diplomatiques des puissances étrangères et leur suite.[2]

II. Droit pénal particulier. 1º La loi pénale militaire repose sur le Regulation of the forces act 1881, l'Army act 1881, et les Army acts des années suivantes. Les rapports entre le droit pénal militaire et le droit pénal ordinaire sont réglés par le § 162 de la première des lois précitées comme suit: I. Si quelqu'un est poursuivi devant les tribunaux ordinaires du chef d'un délit pour lequel il a déjà été condamné par un tribunal militaire, la peine subie en vertu de cette dernière condamnation doit être prise en considération pour la fixation de la peine; II. abstraction faite de la disposition précédente les officiers et soldats sont soumis à la loi commune, tout comme les personnes non-militaires; III. si une personne justiciable des tribunaux militaires a été acquittée ou condamnée par un tribunal ordinaire, elle ne peut plus être poursuivie pour le même délit devant la juridiction militaire.

---

[1] La question de savoir sous quelles conditions un meurtre est à envisager comme délit politique a été examinée à fond dans l'affaire du Tessinois Castioni — 1891 — 1 Queen's Bench 149 —, qui lors des troubles de septembre 1890 avait été accusé d'avoir tué le conseiller d'État Rossi. L'extradition a été refusée.

[2] 7 Anne cap. 12 § 2. Le personnel du domestique jouit du bénéfice de l'exception tout aussi bien que le personnel de l'ambassade; même les attachés non-rétribués (Parkinson v. Potter, 16 Queen's Bench Division 152) et même les sujets anglais qui fonctionnent comme employés d'une ambassade ou légation étrangère (Makartney v. Garbutt, 24 Q. B. D. 368).

2⁰ Le C. p. de la marine a pour base le Naval discipline act de 1866 et le Naval discipline act de 1884. Le § 101 de la première dispose que la juridiction ordinaire subsistera dans toutes ses parties.

3⁰ Droit pénal ecclésiastique. Les tribunaux de l'Église ont bien, du moins en théorie, le droit de juger également des laïques pour des délits qui ne sont pas punissables d'après la loi ordinaire (par exemple l'inceste, voir infrà § 8 VII 4), mais ils sont principalement appelés à juger les gens du clergé, et cela non seulement pour des violations de leurs devoirs professionnels, mais encore pour des délits de droit commun,[1] une conduite immorale, etc. Et à cet effet ces tribunaux disposent non seulement des moyens coërcitifs ecclésiastiques, mais peuvent, suivant les cas, prononcer des peines d'emprisonnement. Le pouvoir de juridiction quasi-criminelle sur les ecclésiastiques fait l'objet du Clergy discipline act de 1892.

4⁰ Dispositions pénales particulières aux universités. Elles ne s'appliquent pas seulement aux étudiants (par rapport aux contraventions commises par les étudiants aux prescriptions académiques), mais en partie également à des personnes qui exercent une influence pernicieuse sur les étudiants.

L'université de Cambridge a le droit de surveiller par ses fonctionnaires académiques chargés de la police (proctors) „publicas mulieres, pronubas, vagabondas et alias personas de malo suspectas", et de les faire enfermer dans un „spinning house" pour un temps indéterminé. De pareils cas se sont présentés dans les temps présents et même jusqu'à nos jours, et ont été reconnus par les tribunaux supérieurs. Kemp v. Neville, 10 Common bench, new series 523; Ex parte Hopkins, 17, Cox Criminal cases 444.

Une pareille disposition n'existe pas pour Oxford, cependant les prostituées comme telles (même quand elles ne se sont rendues coupables d'aucun délit de droit commun) sont justiciables des tribunaux ordinaires. 6 Geo. IV cap. 97 § 3.

III. Un droit pénal d'exception, comme, par exemple, la proclamation de l'état de siége, n'existe pas en Angleterre.[2] Le Crimes act de 1887, aujourd'hui rapporté, avait conféré au représentant du Gouvernement en Irlande (lord-lieutenant) le pouvoir de „proclamer" dans les districts où il le jugeait nécessaire, ce qui avait pour conséquence une série de changements dans la procédure criminelle, et permettait de traiter les sociétés défendues d'une façon particulière. Mais même dans ces circonstances le droit pénal matériel ne souffrait pas de modifications.

II. Partie générale.

§ 6. a) Le crime.

I. Division des crimes. 1⁰ Suivant leur genre. Les crimes se divisent en trois classes, à savoir: treasons, felonies et misdemeanors. Sont considérés comme treasons les délits prévus par le Statute of treasons et par les dispositions qui s'y rattachent[3] (voir § 8 I 1); comme felonies les crimes graves en général; comme misdemeanors toutes les infractions qui ne rentrent pas dans une des deux autres classes. Quant à l'essence de chacune des

---

[1] Ils sont naturellement soumis à la juridiction ordinaire.
[2] Voir Dicey, Law of the Constitution, p. 296 sq.
[3] Quelques-uns de ces délits sont en même temps punissables comme felonies (d'après 11 Vict. cap. 12) et sont désignés sous le nom de treason felonies.

deux dernières, les misdemeanors ne peuvent être distingués des felonies, ils ne se distinguent que par les suites qu'ils entraînent, à savoir:

a) Par rapport à la peine: le maximum de la peine de la felony est, en général, la reclusion, du misdemeanor l'emprisonnement avec ou sans travail forcé. Tel n'est cependant pas toujours le cas, car un nombre assez considérable de misdemeanors est puni de reclusion, tandis qu'un certain nombre, assez restreint, il est vrai, de felonies n'est puni que d'un emprisonnement.[1])

Avant 1870 les biens d'un condamné pour treason et felonies étaient confisqués au profit de la couronne. Cette peine a été abolie par la loi 33 et 34 Vict. cap. 23 et remplacée par la disposition que les personnes condamnées pour felony à la reclusion ou à un emprisonnement de plus d'un an avec travail forcé seront déchues de toutes fonctions et droits à la pension, et que toutes celles condamnées pour treason ou felony peuvent en outre être condamnées aux frais et à une amende dont le maximum ne peut dépasser £ 100 (33 et 34 Vict. cap. 23 §§ 1 à 4).[2])

b) Par rapport à l'instruction préparatoire. Quand il s'agit de treason et felony, α) l'arrestation du prévenu peut être ordonnée sur le soupçon seul et sans mandat d'arrêt; β) le fonctionnaire devant lequel l'instruction est introduite (voir ci-dessus § 3) peut refuser la mise en liberté provisoire sous caution. (En cas de misdemeanor le prévenu a droit à cette mise en liberté.)

c) Par rapport à la complicité, etc.; voir infrà sub VII et § 8 IV 2.

2° D'après le genre de poursuite. (Indictable offences et délits à instruire sommairement.) Les délits qui en cas d'indices suffisants de culpabilité sont renvoyés par le premier juge devant la Cour supérieure (pour autant qu'il ne s'agit pas d'un cas prévu par le Summary jurisdiction act (voir § 3 II), s'appellent „indictable offences", à la différence des délits qui peuvent en règle générale être jugés sommairement.[3]) Le projet d'un C. p. ne traitait que les indictable offences et voulait supprimer la différence entre felonies et misdemeanors, ce qui rendait nécessaire dans chaque cas particulier où il s'agissait de felony de mentionner lors de la fixation de la peine les suites susmentionnées par rapport à l'instruction préalable.

II. Le crime comme action contraire à la loi. 1° Des causes qui détruisent la criminalité en général. Le mot anglais pour contraire à la loi est „unlawful". L'emploi dans une loi de l'adverbe „unlawfully" ne signifie pas que l'agent doit avoir la conscience de la criminalité. C'est ainsi que les cinq Consolidation acts se servent de cette expression presque[4]) dans tous les cas où l'exclusion de la criminalité peut être admise d'une manière ou de l'autre. Il est nécessaire dans un cas particulier de rechercher si, selon les circonstances et la jurisprudence, le mot est sans signification ou s'il a une autre signification que celle d'illégal (criminel). Le mot peut quelquefois signifier „fautif", ou avoir une signification mixte, comme, par exemple, dans la tournure

---

[1]) Dans la partie spéciale de cet exposé, où les différents délits seront examinés en particulier, il sera, dans les cas où la règle ne trouve pas son application, ajouté à l'indication de la peine: „(misdemeanor)" ou „(felony)".

[2]) En ce qui concerne les autres conséquences de la peine de reclusion, voir § 7 I 1.

[3]) Dans la partie spéciale de cet exposé où les délits seront examinés en particulier, il sera ajouté derrière l'indication de la peine: „(„Proc. somm.")" = procédure sommaire dans les cas où les délits ne sont pas indictable offences.

[4]) Pas toujours: le mot manque souvent dans des cas où l'on peut s'imaginer l'exclusion de la criminalité, par exemple O. P. A. § 36 (Entraves à l'aide de violence à un ministre du culte dans l'exercice de son ministère, il est pensable qu'un supérieur juge cet acte nécessaire dans des circonstances données); d'un autre côté il est employé dans des cas où l'exclusion de la criminalité n'est pas pensable du tout, par exemple O. P. A. § 32 (Entraves à l'exploitation d'un chemin de fer dans le dessein de mettre en danger la sûreté d'une personne).

de „unlawful homicide“, dans laquelle sont comprises et la criminalité comme aussi différentes espèces de faute (voir infrà § 9 II 1).

Les conditions dans lesquelles la criminalité est exclue d'après la loi anglaise sont tantôt générales de leur nature, tantôt se rapportent à des infractions spéciales. Et c'est pour cette raison. qu'on ne peut à ce sujet établir une règle générale.

2° Exclusion de la criminalité par rapport à des actions commises sous l'empire du danger. a) La légitime défense (Self defence). α) En général. La légitime défense dans le sens du droit pénal allemand n'est pas admise dans toute son étendue par la loi anglaise. Elle n'est permise que contre les attentats avec violence en tant seulement que ces attentats ont le caractère de felonies, ou sont directement dirigés contre la personne de celui qui se trouve en état de légitime défense (et alors encore sous des conditions déterminées). La consternation, la peur, la terreur ne justifient nullement dans tous les cas sans distinction l'excès des limites de la légitime défense. — β) Homicide et lésions corporelles graves en cas de légitime défense. Ne sont pas punissables l'homicide ou les lésions corporelles commises volontairement dans les cas suivants: I. S'ils ont été commis pour empêcher une felony, dont l'auteur donne à la personne par qui il est tué lieu de croire qu'il est résolu d'atteindre son but par violence, et si le but qui a provoqué l'homicide ou les blessures n'a pu être atteint par un autre moyen (Stephen art. 199; Pr. § 54); — II. Si l'homicide a été commis et les blessures ont été faites en repoussant un attentat avec violence contre la personne. L'appréciation subjective suffit dans ce cas pour établir jusqu'à quel point peut aller la défense, pourvu que cette appréciation soit faite de bonne foi et raisonnablement, et que les règles suivantes aient été observées: A. Si l'attentat est de nature à menacer actuellement et manifestement de mort ou de blessures graves la personne attaquée, celle-ci a le droit de tuer ou de blesser son agresseur sur le champ; — B. Si quelqu'un est attaqué dans sa propre maison, il a le droit de se défendre sans plus de façon en employant une force proportionnée à la violence de l'attaque; — C. Si l'attaque est faite pour résister à l'emploi légitime de la violence (par exemple dans le cas de résistance à la légitime défense), il est permis d'user non seulement d'un degré de violence nécessaire dès actuellement, mais du degré nécessaire pour atteindre le but primordial. (Stephen art. 200 [a et b]; Projet § 55 [notablement simplifié]). — γ) Autres formes de la légitime défense. Toute violence qui ne revêt pas la forme de l'homicide ou de lésions corporelles graves peut être opposée à l'agression illégale contre la personne de l'attaqué (Stephen art. 200 [e]).

b) Nécessité. Cette notion est reconnue, mais n'a jamais été nettement définie. Stephen (art. 32) s'exprime comme suit: „Une action qui, prise en elle-même, formerait un crime, peut, dans certains cas, être excusée, si l'auteur peut prouver, qu'il ne l'a commise que pour éviter des conséquences qui auraient entraîné pour lui ou pour une personne placée sous sa protection un mal inévitable et irréparable (ainsi non seulement si l'existence ou l'intégrité du corps est menacée), que l'étendue de l'action correspondait à la nécessité de la circonstance, et enfin, que le mal causé par l'action n'est pas hors de proportion avec le mal qu'on voulait éviter. La portée de ce principe n'est pas fixée. Il ne va pas assez loin pour excuser le fait de matelots naufragés de tuer un mousse pour en manger le chair.“ L'exemple cité a été soumis à la justice dans le cas appelé Mignonette-case (R. v. Dudley et Stephen, 14 Queen's Bench Division 273)[1]) et a été décidé dans le sens ci-dessus.

---

[1]) Voir Herbert Stephen: Homicide by necessity, Law Quarterly Review, t. I, p. 51; voir encore Simonson: Le cas Mignonette en Angleterre; Zeitschrift für die gesamte Strafrechtswissenschaft, t. V, p. 367.

c) Contrainte (compulsion). α) En général. La contrainte, qui exclut généralement la criminalité d'après la loi anglaise, a un cadre beaucoup plus restreint que la contrainte du C. p. allemand, § 52, en ce qu'elle dépend de deux conditions: I. Il faut qu'il y ait danger imminent de mort ou de blessures graves pour la personne elle-même (non pour autrui). II. Il faut que le délit soit commis par plusieurs personnes, et la participation de celles-ci ne doit aller qu'au point qu'en l'absence de la contrainte il n'y aurait eu qu'assistance et non co-opération (Stephen art. 31). — β) En cas de participation à des complots contre l'État ou autres complots illicites. La contrainte par violence ou menaces est dans ce cas une cause d'excuse, si la personne contrainte aura au plus tard dans les 14 jours après la prestation de serment, etc. (resp. en cas d'empêchement dans les 14 jours depuis la cessation de cet empêchement) révélé le complot (voir infra § 8 I 2). Il faut, par conséquent, la réunion de la contrainte avec repentir efficace. — γ) Contrainte fictive de l'épouse. En vertu d'une fiction de la loi il est admis que, s'il s'agit de certains délits (notamment de vol, détournement, recel, fausse monnaie, etc.), la femme étant en présence de son mari se trouve toujours en état de contrainte, et qu'elle ne peut par suite être condamnée que s'il est établi, qu'en réalité elle n'a pas agi sous l'empire de la contrainte (Stephen art. 30; le Pr. § 23 dernier alinéa voulait rejeter cette fiction).

3. Exclusion de la criminalité dans d'autres cas. a) Exercice d'une fonction publique et actes commandés par la loi. Le meurtre et les lésions corporelles ne sont pas punissables dans les cas suivants: α) En cas d'exécution dans les formes légales d'une peine prononcée par un tribunal compétent (Stephen art. 197); — β) si l'on empêche une treason ou felony de se commettre en arrêtant l'auteur, à moins que le but ne puisse être atteint par un autre moyen (Stephen art. 199); — γ) en cas d'exécution d'un mandat d'arrêt par les agents de la loi contre des personnes mises en accusation du chef de treason ou de felony, pour autant que le but ne peut être atteint d'une autre manière (Stephen art. 199); — δ) en cas de dispersion d'attroupements séditieux (voir § 8 II 1) par des militaires, agents de police ou autres personnes, pour autant que d'autres moyens sont insuffisants (voir l'allocution reproduite en note[1]) par extrait, faite par le juge supérieur Tindal au jury de Bristol lors des débats sur les événements qui s'étaient accomplis à l'occasion des troubles en 1832, allocution qui est citée dans la décision dans l'affaire Philipps v. Eyre. Law reports 6 Queen's Bench p. 15).

b) Opérations chirurgicales. L'homicide ou les blessures, en tant qu'on y apporte les soins d'un homme de l'art, sont justifiés: — α) Si la personne sur laquelle l'opération se fait, resp., quand il s'agit d'enfants qui ne sont pas encore en état de se former un jugement, la personne sous la puissance de laquelle les enfants se trouvent, consent à l'opération; — β) si l'état de santé de la personne sur laquelle l'opération doit se faire ne lui permet pas de donner son assentiment (Stephen art. 200).

c) Le consentement de la personne lésée est une cause de justification, excepté dans les cas suivants: I. Si c'est la mort qui a été donnée ou si ce

---

[1] „Le secours qu'apportent les hommes qui agissent d'après les ordres de l'autorité et d'accord avec elle, est plus efficace pour le but à atteindre que les plus grands efforts faits par des individus isolés et séparés, quelqu'excellente que soit la volonté de ces derniers. Mais quand la nécessité de la situation exige une action immédiate, et quand il est impossible d'avoir recours au conseil ou à l'autorisation de l'autorité, il est du devoir de tout citoyen de coopérer à la répression d'attroupements violents, seul et sur sa responsabilité propre, et tout citoyen peut être sûr que ce qu'il aura de bonne foi fait pour atteindre ce but sera appuyé par le droit commun et justifié.“

sont des blessures mettant la vie en danger qui ont été faites à une personne avec le consentement de celle-ci, le cas d'une opération chirurgicale excepté (voir § 9 I 1); II. si le consentement a pour objet la perte d'un sens ou d'un membre nécessaire au combat ou d'un organe dont la perte entraîne une faiblesse de corps durable, le cas d'une opération chirurgicale excepté (Stephen art. 204); III. si le consentement à des actes impudiques a été donné par des personnes au-dessous de 13 ans (43 et 44 Vict. cap. 45 § 2); IV. si une personne du sexe féminin de moins de 16 ans donne son consentement à une cohabitation illégitime (Crim. law am. act §§ 3 et 4).

d) Voies de fait permises. On ne peut établir une règle générale. La seule qui paraît consacrée par les décisions judiciaires est celle-ci: Ne commet pas de délit le propriétaire qui tue ou blesse un animal appartenant à autrui qui se trouve sur sa propriété (Daniel v. James, 2 common pleas division 351; Smith v. Williams — 26 octobre 1892. Justice of the peace p. 840).

III. Le crime comme action imputable. 1° Imputabilité. a) Par rapport à la nature du sujet. Les personnes juridiques peuvent d'après la loi anglaise être l'objet d'une poursuite criminelle.[1]) Cette dernière n'a pourtant lieu que dans les cas où une loi positive a pour motif d'opportunité adopté la forme de l'action pénale à l'effet de contraindre une de ces personnes à faire des actions commandées par l'intérêt général (par exemple la construction d'un pont ou d'une route). Comme une personne juridique ne peut agir que par des représentants, comme d'un autre côté la faute du représentant ne peut, d'après la loi anglaise et en règle générale, être imputée au représenté, la responsabilité pénale de la personne juridique n'est admise que dans les cas exceptionnels où les délits sans faute sont punissables (voir infrà sub 2).

b) Par rapport à l'âge du sujet. L'imputabilité pénale commence avec l'âge de sept ans accomplis. S'il s'agit d'enfants de 7 à 14 ans, il faut, d'après la théorie, rapporter la preuve que les délinquants possèdent la maturité d'esprit nécessaire pour discerner le bien du mal. Dans la pratique, ce discernement est censé exister, sans autre preuve, chez les enfants de plus de 10 ans.[2]) Quant au délit de viol en particulier, la loi établit la présomption juris et de jure qu'un garçon au-dessous de 14 ans accomplis est physiquement hors d'état de commettre ce crime.

c) Par rapport à la santé mentale du sujet. N'est pas responsable pénalement celui qui I. par faiblesse d'esprit; II. par suite de maladie mentale est incapable 1° de reconnaître la véritable nature de l'action; 2° de comprendre que l'action est contraire aux lois pénales ou aux lois morales; 3° de se décider librement (à l'exception du cas où l'agent s'est volontairement placé dans l'état où il a perdu l'empire sur lui-même), Stephen art. 27. — D'après cela le manque d'intelligence devient une cause de justification dans les cas mêmes où la liberté d'agir n'est pas détruite.

L'ivresse n'est pas une cause de justification, elle peut néanmoins être prise en considération, si le fait matériel du délit comprend l'existence d'une résolution ou d'une connaissance déterminée (Stephen art. 29).

La preuve du manque de discernement n'entraîne du reste pas nécessairement l'acquittement. S'il a été établi par les débats que l'accusé, au temps où l'action a été commise ou omise, avait été malade d'esprit au point de ne pouvoir en être déclaré pénalement responsable d'après les principes qui viennent d'être indiqués, alors les jurés, „s'ils sont d'avis que l'accusé est coupable

---

[1]) Voir les décisions dans l'affaire R. v. Birmingham and Gloucester railway company (1842) 3 Queen's Bench Reports 223.

[2]) Stephen, General View, p. 68. Sur la procédure spéciale, s'il s'agit de jeunes personnes, voir enfin ci-dessus § 3 (2) et infrà § 7 II 2.

d'avoir commis ou d'avoir omis l'action qui fait l'objet de la poursuite criminelle, mais qu'il était malade d'esprit", doivent rendre un verdict en conséquence. Le résultat d'un pareil verdict est que l'accusé sera enfermé dans une des maisons d'aliénés spécialement organisées pour recevoir des criminels en état de démence, et ce pour un temps indéterminé. Le secrétaire d'Etat a le pouvoir d'ordonner l'élargissement (sous conditions ou sans conditions) ou le transfert du sujet dans une maison d'aliénés ordinaire (Trial of lunatics act 1883 § 2; Criminal lunatics act 1884 § 5).

2. La faute. a) En général. Une sentence judiciaire récente (de 1889) fournit l'explication de ce sujet. Voici comment s'exprime le juge: „La règle générale de droit est qu'on ne peut être condamné et puni, s'il n'est pas prouvé qu'il y a eu faute (guilty mind).[1]) Quoique le législateur puisse statuer .... que la responsabilité pénale de certaines infractions peut exister même sans faute, il incombe à la partie poursuivante de prouver dans chaque cas particulier que la disposition afférente avait en fait cette signification" (Chisholm v. Doulton law reports 22 Queen's Bench Division, p. 739).[2])

D'après cela les crimes commis sans faute ne sont en règle générale pas punissables. Les soi-disant exceptions se laissent distinguer en trois classes: I. L'observation de certaines prescriptions de police est obtenue, même de corporations (voir ci-dessus sub I a) par la voie pénale sans égard à la faute. II. Dans certains cas la faute est présumée; dans la plupart des cas, cette présomption est une présomption juris (comme, par exemple, dans le cas de possession d'instruments propres à la contrefaçon de monnaies, ou de matières explosibles — voir § 9 V 6 et § 9 V 1) — ce qui ne constitue évidemment pas une exception à la règle. La question devient plus difficile, s'il s'agit de présomptions irréfutables, surtout quand la loi par ses termes ne les range pas au nombre des présomptions. Le cas le plus marquant est sans conteste celui de la cohabitation avec une fille de moins de 13 ans, laquelle est punissable d'après la loi. Pour l'apprécier, il faut considérer que la cohabitation avec une fille de moins de 16 ans est également punissable, quoique dans ce cas l'erreur forme excuse. Le législateur pouvait donc, par suite, bien admettre que l'auteur du premier délit devait pour le moins ventiler la possibilité du second délit, et que, par suite, il est pour le moins coupable de négligence. III. Dans certains cas le représenté paraît être responsable du représentant, ce qui arrive principalement par rapport à la responsabilité pour la publication d'écrits hostiles à l'État, blasphématoires, contraires aux bonnes mœurs ou diffamatoires (voir infrà § 9 II 1). Ici encore il ne s'agit que d'une présomption. A première vue se présente la difficulté en ce que la faute dont le représenté doit prouver l'absence ne constitue régulièrement qu'une négligence, alors que la loi paraît ne vouloir punir que l'intention;[3]) il n'est pas nécessaire d'essayer d'expliquer en cet endroit cette apparente antinomie, puisqu'il est constant que le représenté peut se dégager de sa responsabilité en prouvant l'absence de faute de sa part, que, par suite, son délit n'est puni comme action fautive. Il a été expressément établi par la décision Chisholm v. Doulton ci-dessus citée, que d'après la règle générale le représenté ne répond pas pénalement de la faute du représentant.

---

[1]) Le mot a un double sens, mais d'après l'ensemble il n'y a pas de doute qu'il a été pris dans le sens large (culpa sensu latiore); car il s'agissait d'un cas de négligence, et un acquittement est intervenu parce que la négligence n'avait pas été prouvée.

[2]) Voir encore la décision dans l'affaire R. v. Tolson 23 Q. B. D. 168 (1889).

[3]) La distinction que fait sous ce rapport le C. p. allemand sur la presse (§§ 20 et 21) n'existe pas dans la loi anglaise.

Il s'en suit que les exceptions II et III n'ont pas lieu; et comme celles sub I n'ont qu'un domaine restreint, on peut dire que presque dans tous les cas la commission ou omission fautive seule est punissable.

b) L'omission fautive est punissable dans une série de cas, par exemple dans ceux d'homicide (voir infrà § 9 II 1), ceux dans lesquels la santé de personnes sur lesquelles on a autorité est mise en danger (voir infrà § 9 II 2), ceux où l'on est responsable des manifestations punissables d'un représentant (c'est-à-dire abstention d'un avertissement ou de la surveillance), tous les cas dans lesquels la loi ou les décisions judiciaires ont reconnu une obligation pénalement exigible de faire des actes sous certaines conditions.

c) L'intention. L'absence d'une terminologie uniforme en rend la définition aussi difficile que celle de la criminalité (voir ci-dessus sub II 1). L'expression généralement employée est „malice", l'adverbe „maliciously". La définition de ce mot, qui fut originairement créé par Lord Blackburn et plus tard reconnu encore par d'autres juges, est la suivante: „Agit maliciously celui qui commet une action dont il sait qu'elle causera du mal à la personne ou à la propriété d'autrui" (voir R. v. Martin 8 Queen's Bench Division 54). La malice du droit anglais existe, par conséquent, si l'agent a prévu l'effet pouvant résulter d'une commission ou omission, et c'est dans ce sens que le mot „malice" est employé dans les Consolidation acts. Il existe cependant nombre de cas dans lesquels il est pris dans une autre acceptation: tel est le cas de la malice aforethought, qui caractérise le murder à la différence de manslaughter, et la malice qui est prise en considération dans la publication d'écrits ou de figures diffamatoires. Dans l'un et l'autre cas il faut prouver ou déduire de certaines circonstances positives à côté de l'intention un dessein déterminé. Pour désigner la malice, on se sert souvent d'autres expressions, spécialement quand il s'agit de délits contre la propriété, à savoir „fraudulently", „falsely and deceitfully", qui ne signifient autre chose qu'intentionnellement. On se sert également des expressions „wilfully" et „feloniously".

Pour beaucoup de délits on mentionne expressément comme éléments constitutifs un but ou une connaissance déterminés. Si tel est le cas, on ne met pas de mot pour désigner l'intention, ou on l'ajoute sans que pour cela le sens soit modifié.

La conscience de la criminalité n'est pas un élément de l'intention, à moins que cela ne ressorte clairement du texte même de la loi. Un étranger qui en Angleterre tue son adversaire dans un duel sera condamné pour assassinat, quoique d'après la loi de son pays, qu'il croit erronément être en vigueur partout, cet acte ne soit pas à considérer comme tel. (Exp. Barronet, 1 Ellis and Blackburn 1. Voir aussi Stephen art. 33 et Pr. § 24.)

d) L'erreur. Comme nous l'avons vu sub a, la loi ne punit que le crime commis avec faute. Dans les cas exceptionnels où la poursuite criminelle a lieu sans égard à la culpabilité de l'auteur, l'erreur est naturellement irrelevante. Il en est ainsi dans cet autre où en vertu d'une présomption juris et de jure une action est sous de certaines conditions objectives envisagé comme fautive, comme, par exemple, en cas de cohabitation avec une fille de moins de 13 ans. Dans tous les autres cas l'erreur sur un élément essentiel du délit doit tomber dans la balance pour la fixation de la peine.

La question a été soumise aux tribunaux en 1889 et a été examinée à fond par le jugement dans l'affaire R. v. Tolson (23 Queen's Bench Division p. 168). Il y fut reconnu pour droit qu'une femme qui convole en secondes noces, croyant de bonne foi, sur la base de motifs fondés en raison, son mari mort, ne peut être condamnée pour bigamie. Parmi les motifs, ceux invoqués par le juge Cave se distinguent par leur clarté. Il s'exprime comme suit:

„L'opinion raisonnée et fondée objectivement, qui porte à croire à l'existence de faits qui auraient imprimé à l'action qui fait l'objet de la poursuite le caractère d'une action licite, constitue une cause de justification ... Pour autant que je sache, il n'a jamais été soutenu que de pareilles causes de justification ne soient pas dans la même mesure applicables aux délits définis par la loi écrite, à moins qu'elles ne soient exclues expressément ou par une conséquence nécessaire."

C'est affaire d'interprétation que d'établir si dans un cas donné les dites causes de justification sont exclues par la loi. Il résulte de l'examen des lois et décisions judiciaires que tel n'est le cas que pour les délits appartenant aux catégories ci-dessus indiquées (contraventions de police et présomptions dans des espèces où d'après la nature des choses la faute doit toujours exister).

La seule décision qui sous ce rapport donne lieu à difficulté est celle rendue dans l'affaire R. v. Bishop (5 Q. B. D. 259), par laquelle une personne avait été condamnée pour avoir reçu chez elle une personne aliénée contrairement à la loi, malgré qu'elle avait cru de bonne foi que la dite personne n'était pas en cet état. Ce cas ressemble jusqu'à un certain point à celui de la cohabitation avec des personnes du sexe en jeune âge. Tout comme la jeunesse incontestable devait mettre l'agent sur ses gardes, de certains symptômes ont dû avoir appelé l'attention de l'agent sur une perturbation mentale de la personne. Le droit prescrit dans des cas pareils summam diligentiam, et à ce point de vue une erreur excusable n'est guère admissible.

e) La négligence. Il a déjà été dit ci-dessus (sub 1) que sous de certaines conditions et en vertu d'une présomption légale la négligence est punissable comme l'intention. Il existe, en outre, un certain nombre de cas dans lesquels les délits de négligence sont expressément punis, entr'autres: 1⁰ L'homicide par imprudence (voir § 9 I 1); 2⁰ l'entrave causée par imprudence à un convoi de chemin de fer (voir § 9 V 2); 3⁰ la négligence lors de l'évasion de détenus (voir § 8 III 3); 4⁰ les lésions corporelles faites par imprudence dans certains cas exceptionnels (voir § 9 I 2). Le parjure et l'incendie par imprudence, ainsi que les délits par imprudence prévus par les §§ 326 et 339 alinéa 2 du C. p. allemand, ne sont pas punissables d'après la loi anglaise.

IV. Causes d'exclusion de la peine. 1⁰ Exclusion de la peine. La loi anglaise, à l'instar du droit allemand, contient des dispositions d'après lesquelles la criminalité d'un fait dépend de circonstances extrinsèques de l'action. Par exemple, l'homicide comme tel n'est punissable que si la mort est advenue au plus tard dans l'année du délit; une série d'actes ne le sont que si la faillite de leur auteur est déclarée dans les quatre mois du délit (voir infrà § 9 IV c 2).

2⁰ Conditions de procédure. a) En général. Ainsi qu'il apparaît de l'exposé ci-dessus sur l'introduction de la procédure, la loi anglaise ne connaît pas la distinction entre les crimes qui ne se poursuivent que sur plainte et les autres crimes. Le seul qui exige une plainte de la partie lésée, avant d'être porté devant les tribunaux, est l'attentat contre les personnes (assault, voir § 9 I 2). D'un autre côté, s'il s'agit du fait par les parents de négliger l'entretien de leurs enfants (voir § 9 I 2), la poursuite n'a lieu que sur plainte de l'assistance publique (Poor law amendment act 1868 § 37); une action pénale pour délit de presse ne peut être intentée qu'avec l'autorisation du juge (voir infrà § 8 V 2); l'attorney general peut dans tous les cas faire cesser les poursuites par un „nolle prosequi", faculté dont il n'est fait presqu'aucun usage dans la pratique. — b) La prescription. La loi anglaise ne connaît ni la prescription de la peine, ni en général la prescription de l'action criminelle. Elle n'existe que pour certains délits; le délai n'en est pas uniforme.

3⁰ Le droit de grâce. La grâce peut toujours être accordée; elle est entièrement abandonnée à l'appréciation du secrétaire d'Etat pour l'intérieur.

V. La tentative. Stephen, dans l'art. 49, la définit: „un acte posé dans l'intention de commettre un délit et qui appartient à une série d'actes dont l'accomplissement non-interrompu constituerait la consommation du délit". Le point auquel commence cette série ne peut être fixé d'une manière abstraite; il doit l'être d'après la nature des circonstances particulières de chaque délit.

Si dans un cas particulier la tentative n'est pas punie dune peine spéciale, elle le sera comme misdemeanor. (Stephen art. 50.) Les opinions sur l'impossibilité de la tentative provenant de l'objet du délit ou résultant des moyens employés ont essentiellement varié dans les derniers temps. La décision R. v. Collins, Leigh and Cave 471, autrefois en vigueur, a été abrogée, et la criminalité d'une tentative sur un objet impropre a été reconnue. (Reg. v. Ring 66 Law Times 300; voir encore R. v. Brown, 24 Q. B. D. 357.) De même l'autorité de la décision dans l'affaire R. v. Lewis, 9 Carrington and Payne 523, qui a déclaré non-punissable la tentative de tirer un coup de feu avec un fusil impropre à cet usage, a été ébranlée par les considérants émis par le juge supérieur Lord Coleridge dans l'affaire R. v. Duckworth (1892), 2 Q. B. D. 83, et il est à prévoir que dans la suite, dès que l'occasion s'en présentera, la tentative d'un crime commis avec des moyens impropres à l'exécution sera déclarée punissable.

Déjà le projet voulait statuer que quiconque, croyant que certaines circonstances existent, commet ou omet une action qui serait considérée comme tentative d'un délit dans le cas où les dites circonstances auraient réellement existé, est à punir, si par suite de l'inexistence de ces circonstances au moment du délit il a été impossible de commettre ce dernier de la manière projetée.

VI. La provocation (incitement) et le **complot** (conspiracy), c'est-à-dire le concert arrêté à l'effet de commettre un crime en réunion, forment des délits distincts, sui generis, qui sont punissables alors même qu'un autre crime n'a pas été commis. Le complot est dans de certains cas punissable, encore que l'action qui en fait l'objet ne constitue pas de délit, mais poursuit un but immoral ou dangereux pour la communauté, ou même ne donne lieu qu'à une action civile ex delicto. Sont notamment punissables comme misdemeanors: I. Le complot formé à l'effet de déterminer une personne du sexe féminin à la cohabitation illégitime (Stephen art. 174); II. le complot qui a pour but de commettre des actions au détriment de la collectivité ou d'un individu par des machinations non prévues par la loi pénale (Stephen art. 336); III. le complot formé en vue d'un délit civil, ou au moins d'un délit civil qui compromet en même temps des intérêts publics (par exemple le complot arrêté entre tous les fermiers d'un district de refuser le canon aux propriétaires).[1]) Les complots d'ouvriers à l'effet de faire grève sont exclus de cette règle en vertu de Conspiracy and protection of property act de 1875, qui dispose que les actions relatives aux rapports entre ouvriers et patrons ne sont pas à considérer comme des conspiracies punissables.

Les coalitions dans le but de faire des entraves au commerce libre (in restraint of trade), y compris la concurrence déloyale, fournissent matière à controverse. La décision du house of lords dans l'affaire Mogul Steamship Company v. McGreger (1892), Appeal Cases 25, a érigé en principe que ces complots ne sont pas punissables en eux-mêmes.

---

[1]) On conteste de plusieurs côtés que le complot sub III soit punissable, surtout à propos de la situation en Irlande; voir la controverse entre Digby et Butcher dans la Law Quarterly Review (VI, 129 sq., 247 sq., 363 sq.). Voir encore Wright, Law of Criminal Conspiracies, 1873.

Les doutes sérieux qui subsistent sur la question de savoir si les complots formés pour commettre des actes non-punissables par eux-mêmes doivent être punis, sont augmentés par l'hésitation dont la pratique fait preuve à cet égard et déterminera sans doute le législateur à intervenir dans un avenir prochain.

La participation d'un nombre plus considérable de personnes forme un élément constitutif de divers délits; par exemple du cas grave de rassemblement (riot, voir § 8 II 1); de la contrebande en réunion (voir § 8 IV 4); de l'introduction pendant la nuit en bande armée sur le terrain d'autrui à l'effet d'y braconner (voir § 9 IV B), etc.

VII. Auteurs et complices. Les provocateurs et les complices sont punis exactement des mêmes peines que les auteurs principaux (principal) et sont, en cas de treason et misdemeanors, désignés comme auteurs principaux. En cas de felonies on appelle l'instigateur: „accessory before the fact"[1]) et le complice: „principal of the second degree". Dans le temps, on ne pouvait, en cas de felony, mettre en accusation l'instigateur et le complice d'une felony qu'après la condamnation de l'auteur principal, mais cette distinction a été supprimée par la loi 11 et 12 Vict. cap. 46 § 1; par suite les felonies sont traitées comme les autres délits.

VIII. Unité d'action et pluralité de crimes. 1º En général. L'examen de cette matière est rendu plus difficile par la diversité des dispositions spéciales, comme aussi par les règles excessivement techniques de procédure criminelle. On peut cependant en dégager quelques principes fondamentaux, surtout en se basant sur les motifs très étendus du jugement rendu dans l'affaire R. v. Miles (1890), 24 Q. B. D. 423, qui discutent en même temps les décisions antérieures. D'après ces motifs on ne peut, par un seul et même fait, commettre qu'un seul délit, quand même ce fait viole plusieurs lois pénales (voir Wemyss v. Hopkins Law Reports, 10 Q. B. 378, R. v. Elrington, 1 Best and Smith 688). Il faut cependant prendre en considération que, si le fait matériel d'un délit se compose de plusieurs actions, et qu'une de celles-ci renferme à elle seule les éléments d'un autre délit, l'action qui, en réunion avec d'autres, constitue un délit, possède ce caractère encore prise isolément. C'est ainsi que le meurtre et le viol sont formés chacun par des actions, dont quelques-unes constitueraient chacune seule un attentat illicite (assault, voir § 9 I 2) et punissable; et celui qui a été condamné ou acquitté pour cet attentat, peut de nouveau être traduit en justice du chef du délit plus grave (R. v. Morris, 1 Crown Case reserved, p. 90).

2º Unité d'action juridique. Le délit continué n'est pas admis par la loi anglaise; chaque fait distinct est toujours punissable séparément. Par exemple, si quelqu'un dans le dessein de s'approprier une certaine chose prête en différentes occasions un faux serment sur un même fait, il est punissable pour chacun de ces faux serments en particulier.

Est considéré comme délit continu, par exemple, le fait d'adapter un tuyau à un conduit de gaz, qui doit s'emplir à nouveau chaque fois qu'on en soutire du gaz (R. v. Firth, 1 Crown Cases reserved 172). De même est, d'après une disposition formelle, considéré comme délit continu le vol aussi longtemps que les objets volés restent dans la possession matérielle ou juridique du voleur.[2]) (Larceny act § 114 (1); voir R. v. Rogers, 1 Crown cases reserved 136.)

---

[1]) Par „accessory after the fact" on désigne le recéleur; voir infrà § 8 IV 2.
[2]) Cette disposition a son importance pratique en ce qu'elle détermine la compétence du tribunal, qui est celui du lieu où la chose volée se trouve, tant qu'elle reste dans la possession du voleur.

· 3⁰ Le délit collectif se présente sous différentes formes:

a) La tenue de maisons désordonnées peut être considérée comme délit de profession (voir § 8 VIII 4).

b) Sont punis comme délits d'habitude divers faits coordonnés au vagabondage, s'ils se renouvellent régulièrement (voir § 8 VIII 9). La graduation particulière dans la désignation des personnes qui commettent ces délits, s'ils sont souvent répétés, trouve sa place à cet endroit. Celui qui la première fois est puni comme „idle and disorderly person" est, en cas de récidive, désigné par le nom de „rogue and vagabond", et en cas de deuxième récidive qualifié „incorrigible rogue", et la peine sera dans l'un et l'autre cas en conséquence. La Prevention of crime act de 1871 vise particulièrement les criminels d'habitude, et punit de sept ans de renvoi sous la surveillance spéciale de la police toutes les personnes qui ont été condamnées deux fois pour felony et certains autres délits, et commine, en outre, un an d'emprisonnement avec travail forcé, si en déans les sept ans depuis la dernière condamnation elles ont: 1⁰ gagné leur vie d'une façon apparemment malhonnête; 2⁰ indiqué de faux noms lors de leur arrestation; 3⁰ si elles ont été saisies dans des circonstances qui font supposer qu'elles ont l'intention de commettre des délits; 4⁰ si elles ont été surprises dans un endroit clos et qu'elles n'ont pu justifier de la légitimité de leur séjour. Prevention of crime act §§ 7, 8 et 20; voir aussi Penal serv. act 1891 § 6.

A noter la disposition d'après laquelle celui qui a été condamné pour deuxième récidive de felony peut, dans tous les cas, être puni de reclusion à perpétuité (7 et 8 Geo. IV cap. 28 § 11).

4⁰ La récidive est dans les cas spéciaux souvent punie de peines particulières, notamment en cas de délits similaires au vol et de dégradation de propriétés mobilières. De même, il arrive souvent que le même délit est la première fois puni comme misdemeanor, et comme felony en cas de première et seconde récidive. La loi anglaise ne connaît pas la prescription de la récidive (voir, par exemple, § 9 IV A 1 et A 3).

5⁰ Concours réel. D'après la loi en vigueur[1]), le prévenu de plusieurs délits encourt la peine de chacun d'eux. Le cumul des peines n'est adouci obligatoirement (comme dans les §§ 74 à 79 du C. p. allemand) que dans les cas de condamnation sommaire pour assault (voir § 9 I 2), et alors la peine globale ne peut dépasser six mois d'emprisonnement. (S. J. A. 1879 § 18). Dans d'autres cas le juge peut ordonner que les différentes peines soient subies simultanément et non successivement, ce qui, en fait, équivaut à une réduction de peine.

§ 7. b) La peine.[2])

I. Classification des peines. 1⁰ Peines principales. a) La peine de mort. Le condamné à mort est pendu, et ce dans l'enceinte de la prison (Capital punishment act 1868).[3]) Est puni de mort le crime désigné sous le nom de murder (dont le sens est beaucoup plus étendu que l'assassinat prévu par le droit allemand, voir infrà § 9 I 1), la haute trahison et l'incendie volontaire de vaisseaux de guerre (voir § 8 I 1).

b) La reclusion. L'exécution de cette peine est réglée par quatre diffé-

---

[1]) La disposition différente sur les felonies autrefois en vigueur a été abrogée par la loi 7 et 8 Geo. IV cap. 28 § 10.
[2]) Voir Aschrott, Système des peines et des prisons en Angleterre.
[3]) La loi 42 et 43 Vict. cap. 1 § 1 contient d'autres dispositions sur l'exécution de la peine à mort, qui ne forment pas de changements essentiels.

rentes lois: 16 et 17 Vict. cap. 99; 20 et 21 Vict. cap. 3; 27 et 28 Vict. cap. 47; 54 et 55 Vict. cap. 69; qui sont encore aujourd'hui en vigueur en tout ou en partie, et qui sont réunies sous la dénomination de „The penal servitude acts 1853 to 1891“. Y sont également relatifs les Prevention of crime acts de 1871 et 1879, et, en partie, les Prison acts cités sub c.

Le minimum de la peine de la reclusion est depuis 1891 fixé à trois ans. Après un certain temps les condamnés peuvent être libérés sous condition. Cette libération dépend de la bonne conduite du condamné; toutefois la quotité dont la peine peut dans le cas le plus favorable être réduite est d'un quatrième environ, quand il s'agit de condamnés du sexe masculin, et d'un tiers environ, quand il s'agit de condamnés du sexe féminin. Quand les condamnés à la reclusion à perpétuité ont subi vingt ans de leur peine, le secrétaire d'État décide sur leur sort ultérieur d'après un rapport qui lui sera fait à ce sujet.[1]) La condamnation à la reclusion entraîne (si le condamné n'est pas gracié) privation de toutes fonctions et de tous droits à une pension, etc. ainsi que l'interdiction et la nomination d'un curateur (33 et 34 Vict. cap. 23 § 2). Si quelqu'un a été condamné à la reclusion pour felony, il encourt, en outre, les conséquences mentionné au § 6 I 1. La peine de la reclusion peut être prononcée pour tous les crimes graves.

c) L'emprisonnement. a) En général. Cette peine fait l'objet de sept différentes lois réunies sous le nom de „The prison acts 1865 to 1886“.[2]) La durée de cette peine ne dépasse 10 ans que dans les cas exceptionnels. Dans un certain nombre de cas le tribunal peut ordonner qu'elle soit subie en cellule; comme cependant le Prison act de 1865 § 17 a décidé que le régime de la séparation soit réglé d'une manière générale, la peine de l'emprisonnement cellulaire n'a plus été prononcée depuis (Stephen art. 5). Il y a trois espèces d'emprisonnement.

β) L'emprisonnement avec travail obligatoire. Pour certains délits le travail forcé est de rigueur (par exemple la tenue de maisons désordonnées [bordel, maison de jeu], voir § 8 VIII 4; certains délits concomitants du vagabondage, etc.). Dans la plupart des cas il est abandonné au juge de prononcer cette peine dans sa sagesse, dans d'autres elle n'est pas admissible (par exemple dans le cas simple de publication d'imputations diffamatoires, voir § 9 II 1). Le travail forcé est dur ou léger. L'application de l'une ou de l'autre de ces espèces dépend tantôt de règles générales, tantôt est réservée à l'administration de la prison; le juge n'a rien à décider à ce sujet. — Une condamnation au travail forcé pour la durée de plus d'une année entraîne les mêmes conséquences que la reclusion.

γ) L'emprisonnement sans travail forcé dans les cas ordinaires. Les détenus condamnés à cette peine sont à occuper: s'ils refusent ou négligent l'occupation prescrite, ils ne seront punis que d'un changement de nourriture (Prisons act 1865, appendice I, 38).

δ) Emprisonnement mitigé (as a misdemeanant of the first division). Dans tous les cas où le travail forcé n'est pas de rigueur, le tribunal peut ordonner la détention du condamné à la prison comme misdemeanant of the first division. Celui qui a été condamné dans ces conditions n'est pas à traiter comme criminel, mais comme un détenu pour dettes,[3]) c'est-à-dire il peut

---

[1]) Voir Aschrott, ibid., p. 287 sq.
[2]) 28 et 29 Vict. cap. 126; 29 et 30 Vict. cap. 100; 31 et 32 Vict. cap. 21; 40 et 41 Vict. cap. 21; 41 et 42 Vict. cap. 63; 47 et 48 Vict. cap. 51; 49 et 50 Vict. cap. 9.
[3]) L'emprisonnement pour dettes n'est plus appliqué que dans des cas exceptionnels.

avoir ses meubles à lui, se nourrir lui-même, sous de certaines restrictions toutefois qui sont arrêtées par la direction de la prison.

d) La peine pécuniaire et dommages-intérêts. Dans un grand nombre de cas la loi porte une peine pécuniaire, soit exclusivement soit conjointement avec la privation de la liberté. — Les deux notions de peine pécuniaire et de dommages-intérêts ne sont pas assez nettement séparées; c'est ainsi qu'en cas de violation du droit d'auteur en matière de productions littéraires, une partie de la peine appartient au propriétaire du droit d'auteur.[1]) — En ce qui concerne l'amende en cas de condamnation pour felony voir ci-dessus § 6 I 1. — Il existe, en outre, beaucoup de dispositions spéciales; aucune cependant ne règle d'une manière générale la substitution de l'emprisonnement à l'amende.

2⁰ Peines accessoires. a) Placement dans une maison de réforme. Les accusés âgés de moins de 16 ans accomplis qui ont été condamnés à un emprisonnement d'au moins 10 jours, peuvent, en outre, être condamnés à être placés dans une maison de réforme pour la durée de deux à cinq ans (Reformatory schools act 1866 § 14). En cas de bonne conduite le directeur de l'établissement peut, avant l'expiration du temps fixé par le juge, mettre le jeune condamné en apprentissage ou provoquer son expatriation: le directeur a dans ce cas les mêmes droits que les parents (Reformatory and industrial school act 1891).

b) Renvoi sous la surveillance spéciale de la police. Le condamné qui est renvoyé sous la surveillance spéciale de la police est tenu de se présenter devant l'autorité, à de certains intervalles et dans de certaines conditions. Cette peine peut être accessoirement prononcée pour un temps de sept années au plus, en cas de condamnation pour récidive de felony ou pour un des crimes rentrant dans la catégorie des crimes graves. (Prevention of crimes act 1871 §§ 8 et 20; voir aussi Penal servitude act 1891 § 4).

c) Dégradation civique. La condamnation à la peine de reclusion ou de plus d'un an d'emprisonnement entraîne comme conséquence nécessaire, ainsi qu'il a déjà été dit ci-dessus, la destitution de toutes fonctions publiques. La faillite produit le même effet (voir § 9 IV C 1). La loi anglaise ne connaît pas cette peine comme peine principale.

d) Punition corporelle. Les règles en sont les suivantes: I. En cas de condamnation sommaire le juge ne peut ordonner qu'une seule fustigation. Si le condamné a moins de 14 ans, le nombre maximum des coups est 12, et ils doivent être donnés avec une verge ordinaire (birch rod) (25 Vict. cap. 18). II. Si la condamnation a lieu en vertu des O. P. A., du M. D. A. et du L. A. un seul fouettement est admissible, qui ne peut être exécuté en public. Le tribunal fixe dans sa sagesse le nombre des coups et la nature de l'instrument. Ne peuvent en vertu des dites lois être condamnées à cette peine que les personnes du sexe masculin qui n'ont pas dépassé l'âge de 16 ans, voir L. A. § 119; M. D. A. § 75; O. P. A. § 70. III. En cas de condamnation pour faits prévus par le Garotters act 1863 (brigandage, voir § 9 IV A 2, et application de baillons, etc., voir § 9 I 3) trois fustigations peuvent être prononcées. Le nombre maximum de coups d'une fustigation est: pour les enfants au-dessous de 16 ans de 25, et de 50 pour les personnes ayant dépassé l'âge de 16 ans. Les personnes du sexe masculin seules sont soumises à cette peine. Celle-ci ne peut plus être exécutée après 6 mois révolus depuis la condamnation (Garotters act 1863 § 1). Les cas repris sub I, II et III sont les principaux, dans lesquels la punition corporelle est comminée, et ceux prévus par le Garotters act les

---

[1]) 5 et 6 Vict. cap. 45 § 17.

seuls dans lesquels elle est appliquée à des adultes (voir Aschrott, l. cit. p. 105). La loi précitée a en grande partie contribué à la diminution des brigandages.

e) L'obligation de tenir une bonne conduite. Par cette peine accessoire, dont il est souvent fait application, le condamné est forcé de signer un document dans lequel il s'oblige à payer une somme fixée pour le cas où il ne tiendrait pas une bonne conduite ou troublerait la paix publique. Elle s'appelle „to enter into recognizances to be of good behaviour" ou „to keep the peace". Le jugement détermine le montant de la somme et décide s'il y a lieu à caution. (Sur l'application de tels documents aux condamnations conditionnelles, voir infrà sub II 2.)

II. Cas d'adoucissement de la peine. 1⁰ En général. La notion des circonstances atténuantes n'existe pas, en général, dans le droit pénal anglais, ce qui est sans importance, puisque les peines édictées par la loi ne sont que des peines maximae.

2⁰ Jeune âge du condamné, s'il se soumet à la juridiction sommaire (voir § 3). a) Quant aux enfants de 7 à 11 ans, l'emprisonnement ne peut dépasser un mois, l'amende 40 shillings; la punition corporelle peut être appliquée aux garçons (Summary juridiction act 1879 § 10).

b) S'il s'agit d'enfants de 12 à 16 ans[1]), la peine la plus élevée est une amende de £ 10 ou un emprisonnement avec travail forcé de trois mois au plus, et punition corporelle pour les garçons au-dessous de 14 ans (S. J. A. 1879 § 11).

3⁰ Bonne conduite antérieure du condamné (condamnation conditionnelle). L'accusé qui est condamné pour un crime puni de 2 ans au plus peut, dans le cas où il n'a pas encore subi une condamnation criminelle ou correctionnelle, par considération de sa bonne conduite antérieure, du peu de gravité du crime ou d'autres circonstances atténuantes, n'être condamné qu'à signer l'acte par lequel il s'oblige, avec ou sans caution (voir si-dessus sub I 2 e), à comparaître devant le tribunal et y entendre prononcer son jugement, à ne pas troubler la paix publique et à mener une bonne conduite dans cet intervalle. Dès qu'il est prouvé par témoins entendus sous serment qu'il a manqué à son engagement, il peut être contre lui décerné mandat d'arrêt (Probation of first offenders act 1887).

4⁰ Soumission de l'accusé à la juridiction sommaire. Les délinquants adultes peuvent, comme il est dit au § 3 ci-dessus, se soumettre à la juridiction sommaire, quand ils sont prévenus d'un délit d'une certaine classe en nombre restreint; s'ils sont poursuivis pour un délit rentrant dans une catégorie plus nombreuse, dans le cas seulement où ils se déclarent coupables. Dans le premier cas la peine maxima est un emprisonnement de trois mois avec travail forcé ou une amende de £ 20 au plus; dans le second un emprisonnement de six mois avec travail forcé. S. J. A. 1879 §§ 12 et 13.

III. Appréciation du juge quant à la fixation de la peine. Elle n'a pas lieu dans les seuls cas où la loi prévoit la peine de mort. Dans tous les autres cas les peines prévues par la loi sont des peines maximae, auxquelles s'appliquent les principes suivants: 1⁰ La peine de la reclusion peut être remplacée par un emprisonnement jusqu'à 2 ans avec ou sans travail forcé (Penal servitude act 1891 § 1 [2]). 2⁰ Le maximum de la peine d'emprisonnement est de 2 ans. Elle doit être d'un jour au moins dans les cas où la loi la prononce exclusivement.

---

[1]) Il ne peut s'agir que d'un cercle restreint de délits.

III. Partie spéciale.[1])

§ 8. Infractions contre la chose publique.

Section I. Infractions contre l'État et le Souverain. 1° Haute trahison. a) Aperçu.[2]) Le statute of treasons (25 Ed. III stat. 5 cap. 2) de 1352, qui lui-même n'est en partie que la reproduction des dispositions en vigueur du temps de Bracton, reste la base des dispositions sur la haute trahison. Une série de lois et l'interprétation extensive des tribunaux ont depuis notablement élargi le cadre des faits de high treason punis de mort. Néanmoins une loi de 1848 (11 Vict. cap. 12) punit comme treasonable felonies seulement de reclusion perpétuelle justement les délits qui avaient été ajoutés au statute of treasons de la façon indiquée. Depuis lors la loi la plus douce est appliquée partout où il est possible de l'appliquer; par suite le statute of treasons ne l'est plus que dans sa teneur primordiale, quoiqu'en théorie il ne cesse d'être applicable également aux délits énumérés dans la loi de 1848.

Dans l'énumération des infractions punissables d'après le statute of treasons qui va suivre, il n'est pas question des délits qui dans la pratique ne sont pas traités comme crimes capitaux.

b) La pratique judiciaire d'aujourd'hui considère comme crime de haute trahison suivant le statute of treasons, α) les entreprises hostiles et séditieuses[3]) contre le Souverain ou contre le Parlement, et le complot fait dans le but de faire de ces entreprises (Stephen art. 53, Pr. § 75); β) le secours actif fourni à un ennemi public (Stephen art. 54; Pr. § 75); γ) la manifestation soit par des actes préparatoires, soit par la publication d'écrits ou imprimés[4]), de l'intention de tuer ou de priver de sa liberté le Souverain ou son épouse ou son successeur, comme aussi le concert formé aux fins de commettre une de ces actions, si elle se rapporte au Souverain (Stephen art. 51, Pr. § 75); δ) le commerce illégitime avec l'épouse ou la fille aînée du Souverain ou avec l'épouse de son successeur (Stephen art. 58; Pr. § 75). La peine dans les quatre cas est la mort (Stephen art. 60; Pr. § 71). Les provocateurs et fauteurs sont punis comme complices (Stephen art. 61; Pr. § 75). De ce qui précède il résulte que le mot „high treason" comprend et la haute trahison et la trahison à la patrie.

c) Treasonable felonies d'après la loi 11 Vict. cap. 12. C'est la manifestation soit par actes préparatoires, soit par la publication de propos écrits ou imprimés, d'une des intentions suivantes: 1° Du dessein de dépouiller le Souverain de son pouvoir sur une quelconque des parties du royaume britannique; 2° du dessein de forcer par des entreprises hostiles et séditieuses le

---

[1]) Dans ce qui suit les peines indiquées sont les peines maximae; un (P) ajouté signifie que la punition corporelle peut être prononcée, s'il s'agit de condamnés du sexe masculin; un (E) ajouté que l'isolement peut être ordonné contre le condamné à une peine d'emprisonnement. Si le maximum de l'emprisonnement est inférieur ou supérieur à deux ans, le taux de la peine est expressément indiqué; emprisonnement sans indication de la durée signifie un emprisonnement jusqu'à deux ans; si avec l'emprisonnement le juge doit prononcer le travail forcé, il est dit „travail forcé"; s'il est abandonné au juge de prononcer cette peine, il est mis „prison et travail forcé"; si le travail forcé n'est pas admissible, on dira simplement „prison".

[2]) Voir Stephen, History II 241—285; General View, p. 87.

[3]) Est à ranger dans cette catégorie l'usage de matières explosibles dans une intention hostile à l'État, même si peu de personnes seulement y prennent part. R. v. Gallagher 15 Cox 291.

[4]) Les discours ne sont pas pris en considération. Stephen art. 57.

Souverain ou le Parlement de changer dans une quelconque des parties du Royaume-Uni des institutions de l'État; 3⁰ du dessein de provoquer le chef d'une armée étrangère à une attaque contre le Royaume-Uni. Le complot formé dans le but de faire l'une ou l'autre de ces entreprises est considéré comme acte préparatoire. Peine: reclusion à perpétuité (Stephen art. 62; Pr. § 79).

d) Autres faits de haute trahison et de trahison à la patrie. De ce nombre sont divers délits qui ne sont qualifiés ni de treasons ni de felonies, à savoir: α) L'incendie volontaire de navires de guerre, de matériàux destinés à la construction de navires de guerre, d'arsenaux ou de magasins de poudre. Peine: la mort. (12 Geo. III cap. 24; Stephen art. 376; Pr. § 81.) — β) Les coups de feu tirés sur des bâteaux appartenant à la marine de guerre ou côtière. Peine: reclusion perpétuelle. 39 et 40 Vict. cap. 36 § 193; Stephen art. 236 (f). — γ) La provocation à la désertion ou à la révolte. Peine: reclusion à perpétuité (f). 37 Geo. III cap. 70 § 1; 7 William IV et 1 Vict. cap. 91 § 1; Stephen art. 63; Pr. § 82. — δ) Protection de prisonniers de guerre en favorisant leur évasion ou (s'ils ont été laissés en liberté sur parole) leur sortie de l'Angleterre; l'assistance prêtée en pleine mer par des sujets anglais à des prisonniers de guerre. Peine: reclusion perpétuelle. 52 Geo. III cap. 156; Stephen art. 149; Pr. § 81. — ε) Le fait de livrer à des tierces personnes, dans l'intention de les faire parvenir à un État étranger, des plans, modèles et communications qui contiennent des renseignements sur des forteresses, arsenaux, etc. et sur la situation des forces armées. Peine: reclusion perpétuelle. L'appropriation illicite ou la transmission illicite de ces plans ou communications en général est puni d'un emprisonnement d'un an avec travail forcé. La provocation à commettre un de ces délits est punie comme le délit lui-même. Si l'agent est sujet anglais, il est punissable, quelque soit le lieu où le délit aura été commis. Official secrets act 1889.

2⁰ Complots et conspirations contre l'État. a) Cas simple (Seditious conspiracy), c'est-à-dire le complot formé dans le but[1]) d'exciter à la haine et au mépris du Souverain, de la maison royale, de la constitution, du Parlement ou de la justice, ou de provoquer des sujets anglais au renversement par des moyens illicites d'institutions de l'État ou de l'Église. Peine: prison; Stephen art. 92; Pr. § 102.

b) Conspiration. La conspiration consiste dans la réception et la prestation de serments par lesquels celui qui les prête s'oblige α) à prendre part à une révolte ou à d'autres entreprises hostiles à l'État ou à la paix publique; β) de faire partie d'une société formée pour atteindre le but désigné sub α; γ) à l'obéissance envers des sociétés ou des particuliers qui ne sont pas légalement autorisés à exiger pareille obéissance; δ) à la non-révélation de délits de ce genre.

Celui qui a prêté un serment de cette nature sous l'empire de la contrainte échappe aux conséquences criminelles, s'il porte le fait à la connaissance de l'autorité compétente en déans les 14 jours (ou s'il en était empêché par maladie ou par contrainte, dans les 14 jours après la cessation de l'empêchement). Peine: sept années de reclusion. 37 Geo. III cap. 123 §§ 1, 2 et 5. Stephen art. 184,[2]) Pr. § 100.

---

[1]) Ce but est qualifié de „Seditious intention". Voir 60 Geo. III et 1 Geo. IV cap. 8 § 1.

[2]) Stephen indique comme minimum 5 ans de reclusion, émet cependant des doutes sur ce point. Le Penal Servitude Act 1891 § 1 (2) dispose cependant aujourd'hui et en général que dans les cas où la loi édicte la peine de la reclusion, le jugement peut toujours prononcer l'emprisonnement avec ou sans travail forcé.

3⁰ Attentats contre la personne du Souverain. Sont rangés dans cette catégorie: a) Le fait de tirer des coups de feu ou d'allumer des matières explosibles dans la proximité du Souverain, et tout attentat par coups ou jet d'objets, comme aussi la tentative d'une de ces actions; le fait de viser le Souverain, même avec une arme non-chargée, dans le but de le blesser ou de l'effrayer ou de troubler l'ordre public; β) le port d'armes ou d'autres objets dans la proximité du Souverain dans le but de faire usage de ces armes ou objets à l'effet de blesser ou effrayer le Souverain. Peine: sept ans de reclusion (P). 5 et 6 Vict. cap. 51 §§ 1 à 2.

4⁰ Manifestations hostiles à l'État: a) Offenses envers le Souverain ou la dignité royale par paroles ou actions. Peine: prison. Stephen art. 65.

b) La distribution d'imputations calomnieuses écrites ou imprimées dans une intention hostile à l'État (voir ci-dessus sub 2a) est désignée comme seditious libel. Cette publication est régie par les mêmes principes que la calomnie de personnes privées (voir § 9 II 1). Les imputations par paroles, faites dans la même intention (seditious words), sont punies de la même peine: prison. Stephen art. 91; Pr. § 102;

c) La distribution d'imputations calomnieuses écrites ou imprimées contre des Souverains étrangers ou leurs représentants est également punissable, si elle a été faite dans le but de troubler la paix et l'amitié existant entre le Royaume-uni et le pays gouverné par le Souverain calomnié. Peine: prison. Stephen art. 99 § 104.

Section II. Infractions contre la paix publique. 1⁰ Attroupements publics (unlawful assemblies, routs, riots). Il y a différents degrés de réunions et d'attroupements illicites prévus déjà par la loi commune (voir Coke, 3ᵈ Institute cap. 79), à savoir:

a) Les réunions prohibées (unlawful assemblies) sont les réunions d'au moins trois personnes dans le but de commettre des crimes à l'aide de violence, ou de poursuivre un but légitime en troublant la paix publique. Peine: prison. Stephen art. 70; Pr. §§ 84 et 86;

b) Les réunions menaçantes (routs), c'est-à-dire des réunions prohibées, qui se sont déjà mis en mouvement pour l'exécution de leurs entreprises. Peine: prison. Stephen art. 71; Pr. §§ 85 et 87;

c) Réunions violentes (riots), c'est-à-dire des réunions qui ont réellement commencé l'exécution de leurs entreprises. Il faut distinguer a) riot simple. Peine: travail forcé. 3 Geo. IV cap. 114; Stephen art. 72; Pr. § 8; — β) riot qualifié, c'est-à-dire continuation d'un attroupement d'au moins 12 personnes après la lecture de la proclamation prescrite par le Riot act resp. empêchement de cette lecture à l'aide de violence.[1]) Peine: reclusion à perpétuité. 1 Geo. I stat. 2 cap. 5 §§ 1 à 3; Stephen art. 73; Pr. 88 et 89; — γ) riot combiné avec destruction d'objets mobiliers, au sujet de laquelle il convient de distinguer entre αα) destruction simple. Peine: sept ans de reclusion; ββ) destruction de machines ou de bâtiments publics. Peine: reclusion perpétuelle. 24 et 25 Vict. cap. 97 §§ 11 et 12: Stephen art. 74, 75; Pr. §§ 90 et 91.

2⁰ Troubles de la paix publique par combats et port d'armes: a) Combat public entre deux ou plusieurs personnes, s'il effraye l'entourage (affray). Peine: prison. Stephen art. 69; Pr. § 96 (avec changement de la peine cependant);

---

[1]) La teneur de cette proclamation est la suivante: „Notre souverain et roi (reine) ordonne à toutes les personnes ici rassemblées de se disperser et de rentrer paisiblement dans leurs demeures ou de retourner à leurs affaires, sinon de s'attendre aux peines que la loi de la première année du règne du roi Georges a édictées contre les attroupements tumultueux. Dieu aie le roi (la reine) en sa sainte garde.“

b) Port illicite d'armes, s'il inquiète l'entourage. Peine: prison. 2 Ed. III cap. 3, 1 Hawkins, pleas of the crown 488 et 489;

c) La provocation en duel. Peine: prison. Stephen art. 67; Pr. § 97 (avec modification de la peine);

d) Prize fights, c'est-à-dire le pugilat public, qui est puni comme attentat (assault) illégal;[1] le consentement des combattants n'est pas pris en considération, eu égard au trouble causé à la paix publique.[2]

3° Manœuvres militaires illicites. Est considéré comme „unlawful assembly" (voir ci-dessus sub 1) toute réunion où on se livre à des exercices militaires sans l'autorisation légale. La participation à ces réunions est punissable, a) si elle a lieu dans le but de diriger les exercices ou le fait de les diriger effectivement. Peine: reclusion. b) La participation dans d'autres conditions. Peine: prison et amende. 60 Geo. III et 1 Geo. IV cap. 1 § 1.

Section III. Infractions contre l'autorité de l'État. 1° Résistance envers des fonctionnaires dans l'exercice de leurs fonctions.[3] Rentrent dans cette catégorie:

a) Résistance à un fonctionnaire qui est en train de donner lecture de la proclamation prescrite par le Riot act (voir ci-dessus sub II 1). Peine: reclusion à perpétuité. Riot act § 5.

b) Coups de feu et mutilation ou blessures d'employés de la douane dans l'exercice de leurs fonctions. Peine: reclusion perpétuelle. 39 et 40 Vict. cap. 36 § 193. La résistance simple est punie d'une amende. Voir § 187.

c) Voies de fait ou blessures envers un fonctionnaire dans l'exercice de ses fonctions concernant le sauvetage de bâteaux en détresse ou de marchandises naufragées. Peine: sept ans de reclusion. O. P. A. § 37.

d) Empêchement avec menaces et violences d'un ministre du culte dans l'exercice de son ministère. Peine: prison avec travail forcé. O. P. A. § 60.

e) Résistance envers un agent de police dans l'exercice de ses fonctions. Peine: prison avec travail forcé. O. P. A. § 38.

f) Désobéissance aux ordres légalement donnés par un fonctionnaire, par exemple à l'injonction d'un agent de police de prêter main forte à l'arrestation d'une personne.[4] Peine: prison. Stephen art. 125; Pr. § 115.

2° Évasion et délivrance de prisonniers. a) Évasion: α) Au moyen de violences et bris de prison. La peine est, dans le cas où l'évadé est condamné pour treason ou felony,[5] la reclusion à perpétuité; dans les autres cas, le travail forcé. Stephen art. 153; Pr. § 132; 14 et 15 Vict. cap. 100 § 29; — β) en général. Peine: travail forcé. 14 et 15 Vict. cap. 100 § 29.

b) Délivrance volontaire à l'aide de violence: α) De personnes qui sont mises en accusation ou condamnées pour meurtre. Peine: reclusion à perpétuité. 25 Geo. II cap. 37 § 9, 7 Will. IV et 1 Vict. cap. 91; — β) de personnes détenues préventivement (à l'exception du cas sub α), αα) pour high treason. Peine de mort (Stephen art. 146); ββ) pour felony. Peine: sept ans de reclusion; γγ) pour misdemeanor. Peine: travail forcé. 14 et 15 Vict. cap. 100 § 29.

---

[1] Voir § 9 I 2.

[2] L'opinion que l'assistance à pareil pugilat soit à envisager comme provocation et à punir comme telle a été émise dans le jugement dans l'affaire R. v. Coney (8 Q. B. D. 534) par quatre juges; elle a été rejetée par la majorité composée de huit juges.

[3] Si la résistance faite envers un fonctionnaire lors de l'arrestation ou de la garde d'un prisonnier, que le fonctionnaire avait légitimement dans sa garde, a occasionné la mort du fonctionnaire, l'agent est puni de mort pour murder. Voir § 9 I 1.

[4] Voir R. v. Sherlock, 1 Crown cases reserved 20 (1866).

[5] Cette disposition repose sur la loi d'Édouard II „De frangentibus prisonam".

c) Le fait de favoriser l'évasion: α) En général. Peine: travail forcé (cependant felony), 28 et 29 Vict. cap. 126 § 37; — β) s'il est commis par des fonctionnaires chargés de la garde du prisonnier, αα) s'ils ont agi volontairement, la peine est I. la peine de mort, si le prisonnier est coupable de treason; II. sept années de reclusion, si le prisonnier est coupable de felony; et III. le travail forcé, s'il est convaincu de misdemeanor. Stephen art. 143; 14 et 15 Vict. cap. 100 § 29; — ββ) si les fonctionnaires ont agi par négligence; peine: prison. Stephen art. 144; 14 et 15 Vict. cap. 100 § 29.

Section IV. Infractions contre la marche de l'administration publique. 1⁰ Délits commis dans l'exercice des fonctions.

a) Abus d'autorité commis dans un but d'extorsion ou dans un autre but. Peine: prison. Stephen art. 119.

b) Fraudes dans l'exercice des fonctions. Peine: prison. Stephen art. 121.

c) Négligence des devoirs professionnels. Peine: prison. Stephen art. 122.

d) Refus d'accepter une fonction honorifique obligatoire à défaut d'excuse légitime. Peine: prison. Stephen art. 123.

e) Corruption active et passive de juges et corruption active d'autres fonctionnaires. Peine: prison. Stephen art. 126 et 127.

f) Achat et vente de fonctions. Peine: prison, et, pour l'acheteur, destitution de la fonction et incapacité à vie de la remplir. 5 et 6 Edw. VI cap. 16 § 1; 49 Geo. III cap. 126 § 1; Stephen art. 132 et 133.

g) Délits commis à l'occasion d'un mariage: α) Par rapport à des membres de la famille royale. La coopération volontaire au mariage de successeurs de Georges II (à l'exception des successeurs de princesses qui se sont alliées à des maisons régnantes étrangères) sans autorisation royale. Peine: emprisonnement pour un temps indéterminé. 12 Geo. III cap. 11, Stephen art. 66; — β) dans une église anglicane: célébration d'un mariage sans observation des conditions prescrites, ou en simulant la vocation ecclésiastique. Peine: 14 ans de reclusion. L'action se prescrit par trois ans. 4 Geo. IV cap. 76 § 21; Stephen art. 259; — γ) dans une église non-anglicane ou devant l'officier de l'État civil: célébration volontaire d'un mariage sans l'observation des prescriptions légales. Peine: sept ans de reclusion. L'action se prescrit par trois ans. 6 et 7 Will. IV cap. 85 §§ 39 à 41; Stephen art. 260.

h) Désobéissance d'un officier aux ordres des tribunaux ordinaires ou de la police relatifs à l'arrestation d'un soldat sous ses ordres poursuivi pour un délit criminel. Peine: prison. Army act 1881 § 162 (3).

2⁰ Infractions contre l'administration de la justice. a) Infractions contre le serment: α) En général. La loi anglaise ne punit le faux serment que s'il est prêté devant un tribunal ou devant un fonctionnaire à ce commis par un tribunal, et, dans certaines affaires, devant un fonctionnaire délégué à cette fin par l'autorité administrative.[1] Le serment litis-décisoire comme tel n'existe pas en droit anglais. Les parties peuvent dans un procès civil être entendues comme témoins dans leur propre cause, mais cette déposition est traitée exactement d'après les mêmes principes que celle faite dans une affaire étrangère. Est considéré comme parjure toute déposition fausse faite sciemment ou dans une ignorance consciente de la vérité sur un fait, une opinion ou un renseignement essentiels, avec prestation de serment ou sous une forme[2]

---

[1] Voir, par exemple, 5 et 6 Vict. cap. 35; Stephen n'appelle perjury que le serment prêté dans une procédure judiciaire, et false swearing le faux serment prêté devant une autorité administrative. Il n'existe pas de raison pour faire cette distinction.

[2] Celui qui refuse de prêter serment pour le motif qu'il n'a pas de croyances religieuses, ou que ses croyances religieuses s'y opposent, peut être admis à remplacer

équipollente substituée dans certains cas au serment, dans l'intention d'induire en erreur la cour resp. les jurés ou le fonctionnaire devant lesquels le serment est prêté. Voir Stephen art. 135; Pr. § 119. — Est mis sur la même ligne l'affirmation fausse faite sans prestation de serment. De pareilles affirmations sont admissibles et en usage en Angleterre dans une série d'affaires. — Le droit anglais ne connaît pas le faux serment par négligence. De même, la circonstance que la déclaration de la vérité aurait pu entraîner des poursuites criminelles n'est pas prise en considération dans l'appréciation du faux serment. — *β*) Espèces: *αα*) Faux serment volontaire (perjury). La peine est de sept années de reclusion (cependant misdemeanor). 2 Geo. II cap. 25 § 2; Stephen art. 137, voir Commissioners for oaths act 1889 § 7. — *ββ*) Subornation de témoins (Subornation of perjury). Même peine que pour le faux serment. La provocation au parjure serait à punir comme provocation punissable (incitment voir ci-dessus § 6 VI). — *γγ*) Affirmations fausses faites sans serment. Peine: prison. 5 et 6 William IV cap. 62 § 21.

b) **Complot pour faire de fausses dénonciations.** La fausse dénonciation n'est pas punissable en elle-même,[1]) mais bien le complot formé dans le but d'en faire (comme en général tout complot contre l'administration de la justice). Peine: prison avec travail forcé. 14 et 15 Vict. cap. 100 § 29; Stephen art. 142; Pr. §§ 126 à 127; voir cependant Wright conspiracies p. 30.

c) **Immixtion illicite dans des procès.** Les dispositions sur cette matière présentent principalement un intérêt historique, parce qu'elles remontent à une époque où des personnages puissants encourageaient les procès, et ce pour le motif qn'ils avaient en même temps les moyens d'en influencer le résultat. Aujourd'hui de pareils délits ne sont plus poursuivis au criminel: il ne laisse cependant que d'être intéressant d'en établir les éléments, pour la raison que ces délits contiennent le fondement d'une action civile en dommages-intérêts[2]), et que les conventions qui auraient pour base un de ces délits sont nulles.

La loi désigne par „maintenance" l'appui pécuniaire que quelqu'un donne dans un procès, à l'issue duquel il n'a pas d'intérêt pécuniaire. Cet appui s'appelle „champerty" (campus partitus), quand le litigant assure au protecteur une part de l'objet en litige pour le tenir indemne de l'appui fourni. Celui qui se livre habituellement à des actes de maintenance et de champerty est désigné sous le nom de „common barrator". La maintenance et la champerty sont punissables, comme misdemeanors, de prison. Stephen art. 141 et appendice note III.[3])

d) **Non-révélation, recéleurs, fauteurs.** L'obligation de dénoncer un délit projeté (comme elle est prévue par l'art. 139 du Code allemand) n'existe pas dans le droit pénal anglais.

Le fauteur ou le recéleur en cas de felony[4]) est appelé „accessory after the fact". Peine: prison et travail forcé (cependant felony). Ils peuvent être poursuivis, quand même l'auteur principal ne l'est pas. — 24 et 25 Vict. cap. 94 §§ 3 et 4. En outre il peut y avoir lieu à poursuite pour non-révélation. En cas de haute trahison le délit est appelé „misprision of treason"

---

le serment par une déclaration faite sous une forme solennelle à ce prescrite (laquelle déclaration n'est pas à confondre avec l'affirmation dont il sera question ci-après).

[1]) Est également punissable dans certains cas la menace d'une dénonciation dans le but d'extorquer.

[2]) Voir Bradlaugh v. Newdegate, 11 Q. B. D., p. 1.

[3]) Le projet (Pr.) ne parle pas de ces délits.

[4]) C'est-à-dire ceux qui sciemment reçoivent chez eux l'auteur d'une felony ou le soutiennent, avec le dessein de le soustraire à la punition, ou ceux qui empêchent son arrestation, ou ceux qui favorisent son évasion. Si c'est la femme qui favorise l'évasion, elle n'est pas punissable. Stephen art. 45.

et doit être puni d'emprisonnement perpétuel, en cas d'autres felonies le délit s'appelle misprision of felony et est puni comme misdemeanor de prison. Stephen art. 156 et 157. Est puni de l'emprisonnement celui qui moyennant rétribution s'oblige à renoncer à une poursuite criminelle du chef de felony. Stephen art. 158.

e) Conspiration à l'effet de commettre des crimes,[1]) c'est-à-dire réception et prestation de serments par lesquels ceux qui jurent s'engagent à commettre un crime puni de mort et certains autres crimes graves, ou l'assistance à la réception d'un tel serment. Peine: reclusion perpétuelle. — En cas de contrainte les mêmes dispositions ne sont à appliquer que pour un des serments prévus sub I 2 b. 52 Geo III cap. 104.

f) Troubles à l'administration de la justice: α) Par des influences exercées sur les jurés (embracery). Stephen art. 28; Pr. § 129 (b); — β) tentative d'empêcher une déposition par persuasion ou contrainte. Stephen art. 142 (b); Pr. § 129 (a). — γ) Entraves apportées méchamment à la remise de pièces de procédure. Stephen art. 142. Dans les trois cas la peine est l'emprisonnement. — Dans cet ensemble il importe de mentionner en outre: δ) Le fait de menacer un témoin ou de tenter de lui faire resp. de lui avoir fait du mal à raison de la déposition qu'il a faite devant une commission d'enquête parlementaire ou royale. Peine: amende jusqu'à £ 100 ou trois mois d'emprisonnement (Witnesses [Public Jnquiry] protection act 1892).[2])

3° Actions punissables contre le droit d'élection et de vote, quand il s'agit d'élections pour le Parlement, pour les corporations ou pour les fonctionnaires communaux.[3])

De ce nombre sont α) le fait d'influencer ou d'entraver l'exercice du droit d'élection par menaces ou par violences (undue influence). — Corrupt practices prevention act 1883 § 2.

b) Achat et vente de voix (bribery and treating). Par „treating" on entend le payement de comestibles, boissons ou amusements, dans le dessein de récompenser, d'influencer ou d'empêcher l'exercice du droit de vote, comme aussi l'acceptation de ces choses dans les conditions indiquées. C. Pr. Pr. act 1883 § 1. Bribery consiste dans le fait de procurer ou de promettre des avantages pécuniaires ou des emplois à l'effet de récompenser, d'influencer ou d'empêcher l'exercice du droit de vote. C. Pr. Pr. act 1854 §§ 2 et 3; Representation of the people act 1875 § 49. La peine de ces délits est un an d'emprisonnement avec travail forcé ou une amende jusqu'à £ 100. Il est, en outre, prononcé contre le coupable l'interdiction pour un temps de sept ans, le cas échéant à vie, du droit de vote et d'éligibilité, ainsi que de la capacité de remplir des fonctions publiques. C. Pr. Pr. act 1883 §§ 4, 5, 6 (1, 3, 4); Municipal corporations act 1882 §§ 78, 79; voir aussi Parliamentary elections act 1868 § 44.

c) Faux en matière électorale. α) Falsification et destruction frauduleuse de bulletins de vote, remise de bulletins de vote à des non-électeurs, etc. Peine: emprisonnement et travail forcé, si le délit a été commis par un fonctionnaire occupé dans la salle de vote; dans les autres cas 6 mois d'emprisonnement et travail forcé. Ballot act 1872 § 3. — β) Exercice du droit

---

[1]) Il est difficile d'assigner une place à ce délit.

[2]) Cette loi fut provoquée par la démission qu'une Société de chemin de fer avait donnée à nombres de ses employés à la suite de dépositions qu'ils avaient faites devant une commission royale chargée de tenir une enquête sur la situation des ouvriers.

[3]) Voir en outre des lois citées dans le texte: Elementary Education Act 1870 §§ 91—92; El. Ed. Act 1873 §§ 6, 8, 23, 24; Local Government Act 1888 § 75.

d'élection au nom d'une autre personne (personation), comme aussi la provocation et l'assistance à ce délit. Peine: travail forcé (cep. felony), et les mêmes conséquences en ce qui concerne l'éligibilité comme sub b; C. Pr. Pr. act 1883 §§ 3, 4, 5, 6 (2—4); Ballot act 1872 § 24.

d) Irrégularités de l'élection. Outre les délits prémentionnés, dont ceux figurant sub a, b et c β sont désignés par le nom collectif de „corrupt practices", la loi punit d'une amende maxima de £ 100 et de certaines suites concernant l'éligibilité, certaines irrégularités comprises sous le nom d'„illegal practices" (notamment l'emploi de sommes dépassant le taux de celles fixées par la loi pour certaines dépenses relatives aux élections). C. Pr. Pr. act 1883 § 10, voir aussi § 11 et Muncipal elections (corrupt practices) act 1884 §§ 9—11.

4. Infractions contre les lois douanières. a) Contrebande simple. Peine: amende (dont le montant est triple de la valeur des marchandises introduites en fraude ou £ 100, au choix de l'administration) et confiscation de la marchandise fraudée. Customs consolidation act 1876 § 186. b) Contrebande en réunion d'au moins trois personnes. Peine: amende de £ 100 à 500. Customs and Irland Revenue act 1879 § 10. c) La provocation d'autrui à la contrebande en réunion. Peine: un an de prison. Cust. cons. act 1876 § 189. d) Contrebande par des personnes armées ou masquées. Peine: trois ans de prison et travail forcé. Cust. cons. act 1876 § 189.

Section V. Infractions contre le droit de réunion et de presse. 1. Contre le droit de réunion. a) Sociétés défendues en général. Telles sont, en première ligne, les associations dont les membres s'engagent par serment à commettre des crimes, à faire des entreprises hostiles à l'État, à l'obéissance passive, etc. (voir ci-dessus sub I 2 b et IV 2 e); ensuite les sociétés dont l'organisation et la composition reste secrète en tout ou en partie, ou qui ont d'autres institutions particulières propres aux sociétés secrètes; ou enfin des sociétés dont le but est de changer par la violence les conditions de la propriété. Peine de la participation: 7 ans de reclusion; dans les cas ordinaires la procédure sommaire suffit et il pourra être prononcé une peine maxima de 3 mois de prison ou une amende. Le fait de fournir le lieu de réunion à une de ces sociétés est pour la première fois puni d'une amende jusqu'à £ 5, en cas de récidive comme la participation. 39 Geo. III cap. 79 §§ 2, 8, 9 et 13; 57 Geo. III cap. 19 §§ 25 et 28.[1])

b) Jésuites et ordres monastiques. Le Catholic emancipation act de 1830 (10 Geo. IV cap. 7) commine le bannissement perpétuel contre les jésuites et les membres d'ordres monastiques qui viennent dans le Royaume-Uni ou y sont reçus membres de ces ordres, et, le cas échéant, la reclusion à perpétuité contre les moines qui, après avoir été bannis, seront encore trouvés sur le territoire du Royaume-Uni. Un secrétaire d'État protestant peut cependant accorder à un moine une permission de séjourner dans le royaume six mois au plus, et cette permission peut à tout moment être révoquée, voir la loi précitée §§ 28 et 29, 31 et 32, 34—37.

2. Délits de presse. Les imputations publiées par la voie de la presse peuvent être poursuivies criminellement quand elles ont le caractère: a) D'hostiles à l'État (voir ci-dessus sub I 4); b) de blasphématoires (voir infrà sub VI 1); c) d'immorales (voir infrà sub VII 3); d) d'attentatoires à l'honneur d'une personne (voir § 9 II 1, où seront examinés les principes sur la responsabilité).

Les journaux (newspapers), c'est-à-dire „des écrits qui contiennent des

---

[1]) Voir encore Stephen, History II, p. 294—296, III, p. 363. Ces dispositions, comme aussi celles mentionnées sub b), ont pour le moment aucune importance pratique, mais continuent à être en vigueur.

nouvelles sur les événements publics ainsi que des observations sur ces derniers, ou ne publient même que des annonces, et paraissent périodiquement à des intervalles réguliers de 26 jours au plus",[1]) jouissent de certains priviléges. C'est ainsi qu'une poursuite contre les journaux du chef d'imputations qui ont un des caractères spécifiés sub a) et d) ci-dessus n'a pas lieu, si elles figurent dans le compte-rendu des audiences des tribunaux; et, si elles sont contenues dans le compte-rendu des réunions publiques et des assemblées des corporations chargées de l'administration locale ou des séances des commissions royales ou parlementaires,[2]) la poursuite n'a lieu dans le cas de mauvaise foi seulement (voir § 9 II 1) et pour autant que le journal refuse d'insérer une rectification. De plus, une poursuite contre les personnes responsables des imputations renfermés dans un journal ne peut se faire qu'avec l'autorisation du juge. Law of libel act 1888 §§ 3 et 4, § 8.

Section VI. Infractions contre la religion.[3]) Ont de l'importance dans la pratique les dispositions:

1° Contre le blasphème, c'est-à-dire les attaques contre Dieu, le Christ, la bible ou le bréviaire anglican faits dans le dessein de provoquer du scandale, d'outrager l'Église anglicane ou de favoriser l'immoralité. La publication de ces attaques par la voie de la presse est désignée par „blasphemous libel". Les règles sur la responsabilité de ces imprimés sont les mêmes que pour les libels ordinaires (voir § 9 II 1). Peine: emprisonnement. Stephen art. 161; Pr. § 141.

2° Infractions relatives aux cadavres: Omission d'enterrer, entraves à l'enterrement ou à l'exhumation. Peine: prison; Stephen art. 175 alinéa 1 et 2; Pr. § 158.[4])

L'incinération est permise, si elle est exécutée de manière à ne pas être nuisible à la santé publique et ne donne pas lieu à scandale. R. v. Price, 12 Q. B. D. 247, voir aussi Williams v. Williams, 20 Chancery Division 659 et In re Dixon (1892) Probate 386.

[1]) La définition se trouve dans le Newspapers Libel Act de 1881 § 1, et se trouve confirmée par le Law of Libel Amendment Act 1888 § 1.
[2]) Quant aux discussions parlementaires, voir § 9 II 1.
[3]) La conception théorique du droit en vigueur part de l'idée que l'Église anglicane est une institution de l'État, que, par conséquent, une attaque contre elle constitue une attaque contre les droits de la société. Cette idée se dégage à l'évidence des dispositions légales encore en vigueur. Celles-ci permettent même aux tribunaux ecclésiastiques de condamner quelqu'un à six mois de prison pour athéisme, blasphème, hérésie, schisme ou toute autre doctrine ou opinion condamnables (29 Car. II cap. 29, 53 Geo. III cap. 127 §§ 1—3, Stephen art. 162). Il n'est point nécessaire de dire que pareille disposition n'a plus aucune signification pratique, et il en est de même des dispositions qui punissent d'emprisonnement et d'autres peines celui qui à une époque quelconque a professé la doctrine chrétienne (bien entendu celle reconnue par l'Église anglicane) et conteste en récidive la vérité de cette doctrine, ou l'inspiration de la bible (9 Will. III cap. 35; 53 Geo. III, cap. 160; Stephen art. 163), punissent même la critique défavorable du livre de prière de l'Église anglicane (1 Elizabeth cap. 2 § 3; 14 Car. II cap. 4 § 20; Stephen art. 165). Dans notre texte ne sont visées que les dispositions qui ont encore une signification pratique. Parmi celles-ci le délit de blasphème a donné lieu à des controverses. Tandis que suivant l'opinion dominante l'intention de blesser les sentiments de l'humanité, ou l'intention de susciter la haine et le mépris de l'Église anglicane ou de favoriser l'immoralité, forment un élément du délit de blasphème, Stephen défend l'opinion que même une contestation, faite sur un ton digne et scientifique de la doctrine chrétienne orthodoxe, est punissable. Voir Stephen art. 161²; et encore son article dans Fortnightly Review, mars 1884. L'interprétation que Stephen fait des décisions judiciaires est probablement juste, mais on ne peut admettre qu'un juge puisse se fonder sur elle pour son allocution aux jurés. Voir en ce qui concerne cette matière Dicey, English Constitution, 2ᵉ éd., p. 259.
[4]) Les dispositions relatives au trouble de l'office divin (peine: amende) n'appartiennent à proprement dire pas à cette place. Voir 52 Geo. III cap. 155 § 12; Stephen art. 167; Pr. § 143.

Section VII. Délits contre les mœurs.[1]) 1⁰ Crimes contre nature (buggery): a) Sodomie (commixtion per anum — même entre personnes de sexes différents); b) Bestialité. Peine: reclusion perpétuelle. La tentative est punie de 10 ans de reclusion (cependant misdemeanor). O. P. A. §§ 61 et 62; Stephen art. 169, Pr. §§ 144 et 145.

2⁰ Actes honteux entre personnes du sexe masculin. Peine: prison et travail forcé. L'assistance, l'excitation et la tentative sont punies de la même peine. C. L. A. A. § 11; Stephen art 169 a.

3⁰ Publications et expositions contraires aux bonnes mœurs. Sont compris dans cette catégorie la vente publique et la mise en vente ou exposition d'écrits, figures ou images contraires aux bonnes mœurs, et la distribution[2]) de provocations à des actes qui sont contraires aux idées généralement reçues sur la moralité sexuelle, même si cette distribution est faite de bonne foi et dans le dessein de servir le bien public.[3]) Stephen art. 172; Pr. § 147. Celui qui expose publiquement des images scandaleux, etc. peut être condamné à la peine prévue pour les rodeurs et vagabonds en vertu du Vagrant act, voir infrà III 9. Une loi de 1889 punit l'affiche d'annonces obscènes sur les murs, colonnes, etc. de l'amende et d'emprisonnement avec travail forcé jusqu'à 3 mois. Indecent advertisements act 1889.

4⁰ Inceste. Ce crime n'est pas punissable devant les tribunaux ordinaires, mais reste soumis à la juridiction ecclésiastique.[4]) (C'est aussi pour cette raison que la juridiction ecclésiastique a été maintenue pour les délits d'adultère et de stuprum; elle n'a cependant plus fonctionné depuis longtemps, voir Stephen Hist. 1 II p. 428). La peine est pénitence ecclésiastique, et en cas de désobéissance 6 mois de prison. 13 Edw. I stat. 4 „Circumspecte agatis", et 53 Geo. III cap. 127 §§ 1—3.

Section VIII. Infractions aux prescriptions de la police pour la protection de la santé, du salut public et des bonnes mœurs. De ce nombre sont:

1⁰ Toutes actions désignées par le nom de common nuisances[5]), par exemple entraves à la circulation publique, tapage insolite, exhalaisons insalubres, etc. Peine: prison. Stephen art. 176, 187—191; Pr. §§ 150—152.

2⁰ Exposition en vente frauduleuse de boissons ou comestibles corrompus. Peine: prison. Stephen art. 187; Pr. §§ 153.[6])

3⁰ Infractions aux prescriptions relatives aux maladies contagieuses. Une série de dispositions sur cette matière sont contenues dans le Public health act 1875 §§ 120—130; l'Infectious diseases notification act 1889; l'Infectious

---

[1]) Les délits appelés „contre les mœurs" se divisent en deux classes, savoir ceux qui se caractérisent par une atteinte à l'honneur sexuel, et ceux qui sont punis exclusivement parce qu'ils forment un manquement grave aux idées reçues par la société par rapport à la moralité sexuelle. Les derniers seuls sont pris en considération en cet endroit. En ce qui concerne ceux de la première classe voir § 9 II 3.

[2]) Sur la propagation et la responsabilité voir § 9 II 1.

[3]) Bradlaugh, le politicien renommé, a été condamné pour un écrit qui recommande des mesures prophylactiques dans le commerce intime entre mari et femme, quoique les jurés eussent affirmé que la publication en avait eu lieu de bonne foi et dans l'intérêt du bien public.

[4]) Stephen, art. 170¹, mentionne une poursuite récente devant le tribunal ecclésiastique de Chichestre, sans faire connaître si cette poursuite a donné lieu à une condamnation.

[5]) La notion de common nuisances (traduction littérale = action dangereuse pour la communauté) est plus large que celle de „grober Unfug" allemand. Le projet le définit „une action ou une omission illicite, par laquelle la sûreté, la vie ou le bien-être de la collectivité est compromise" (§ 150).

[6]) Ici également, comme dans la plupart des cas suivants, le délit est désigné comme common nuisance.

diseases prevention act 1890; et Public health (London) act 1891 §§ 58—74. La peine est régulièrement l'amende, excepté dans le cas où le propriétaire d'un appartement, interrogé si dans les dernières six semaines le dit appartement n'a pas été occupé par une personne atteinte d'une maladie contagieuse, donne frauduleusement une réponse contraire à la vérité. Dans ce cas il peut être prononcé contre le délinquant un emprisonnement jusqu'à un mois et travail forcé (procédure sommaire). Public health act 1875 § 129; Public health (London) act 1891 § 64.

4⁰ Tenue de disorderly houses. Sont considérées comme disorderly houses: a) Les maisons de tolérance (common bawdy houses), que ce soit seulement une partie d'une maison ou même une seule chambre, s'il en est fait usage pour la prostitution. Stephen art 180. b) Les maisons de jeu (common gaming houses), c'est-à-dire des maisons qui servent régulièrement pour y faire des jeux défendus. Est jeu défendu tout jeu auquel un des joueurs (par exemple celui qui tient la banque) a plus de chances que les autres joueurs. Stephen art. 181, 183. c) Locaux publics pour paris (common betting houses). Stephen art. 182. d) Les locaux d'amusements publics non-concessionnés dans la capitale et ses alentours immédiats (disorderly places of entertainment). Stephen art. 184. Peine: dans les cas a—d, travail forcé. 3 Geo. IV cap. 114 § 1; Pr. § 154; voir 25 Geo. II cap. 36 § 8; 21 Geo. III cap. 49 § 2. e) Cabarets mal fâmés,[1]) c'est-à-dire qui sont fréquentés principalement par des gens mal fâmés. Peine: prison. Stephen art. 185.

5⁰ Loteries non-autorisées. Peine: prison. Stephen art. 186; 10 Will. III cap. 23 § 1; 42 Geo. III cap. 119 § 2.

6⁰ Infractions aux dispositions sur le repos dominical. Une loi de 1781, qui n'est plus observée, mais continue d'être en vigueur aujourd'hui, punit de travail forcé le possesseur d'une maison dans laquelle se tiennent, contre une entrée, des conversations ou lectures pendant le dimanche. 21 Geo. III cap. 49. Il en est de même de la loi de 1677, qui défend sous peine d'amende tout travail pendant le dimanche. 29 Charles II cap. 7.[2])

7⁰ Les cruautés envers les animaux sont punies d'amende d'après la loi 12 et 13 Vict. cap. 92; de même les personnes qui tiennent des animaux pour jeux cruels (par exemple pour combats de coqs, etc.). Certains genres de sport cruel sont cependant permis. Les dispositions les plus sévères frappent l'emploi d'animaux pour expériences scientifiques. Si ces dernières ne se font pas en conformité des prescriptions légales, elles sont punies, pour la première fois, d'une amende jusqu'à £ 50, et, en cas de récidive, d'une amende jusqu'à £ 100 ou d'un emprisonnement jusqu'à trois mois. (Proc. somm.) 39 et 40 Vict. cap. 77.

8⁰ Outrage public aux mœurs. a) Actions qui causent scandale ou blessent la pudeur, commises dans des lieux accessibles au public. Peine: prison, dans des circonstances ordinaires, travail forcé. Stephen art. 171; Pr. § 146. b) Celui qui se rend coupable d'un des délits visés sub a, en mettant à nu son membre viril, dans le but d'offenser ou de molester une personne du sexe féminin peut, en vertu du Vagrant act (voir sub 9), être puni comme rogue and vagabond.

9⁰ Le vagabondage et autres délits analogues prévus dans le Vagrant act. Un certain nombre de contraventions de police sont appliquées dans leur ensemble de manière à ce que le contrevenant est puni, soit a) comme fainéant (idle and disorderly person); soit b) comme rodeur et vagabond (rogue and vagabond); ou c) comme rodeur incorrigible (incorrigible rogue). Le délinquant

---

[1]) Est punissable également le cabaretier qui refuse sans motif suffisant de servir un hôte solvable.

[2]) Une série d'autres lois sont relatives à diverses professions.

est puni dans le cas a) d'emprisonnement avec travail forcé de un mois au
maximum; dans le cas b) de trois mois d'emprisonnement avec travail forcé
(procédure sommaire dans les deux cas); et dans le cas c) le délinquant restera
détenu préventivement jusqu'à la prochaine session trimestrielle, et pourra alors
être condamné à un emprisonnement d'un an avec travail forcé. 5 Georges IV
cap. 83 §§ 3—5; Stephen art. 195.   Appartiennent à la catégorie sub a) les individus qui ont frauduleusement recours à l'assistance publique, qui mendient
habituellement, etc.; à la catégorie sub b) ceux qui n'ont pas de domicile
certain, ou qui se livrent à des actions suspectes ou manifestement frauduleuses,
ou vendent des livres immoraux, etc., ou qui sont en état de récidive de délits
sub a).   Sont enfin considérés comme rodeurs incorrigibles α) les individus qui
ont déjà été condamnés pour un des délits sub b; β) qui évadent de la prison,
après qu'ils avaient été arrêtés pour un des délits sub b), ou qui, arrêtés pour
un de ces délits (dont ils seront plus tard reconnues coupables), opposent de
la résistance avec violences à l'agent qui opère l'arrestation. 5 Geo. IV cap. 83
§§ 3—5; voir 34 et 35 Vict. cap. 108 §§ 7 et 10; 1 et 2 Vict. cap. 38 § 2; 36 et
37 Vict. cap. 38 § 3; 34 et 35 Vict. cap. 112 § 15; Stephen art. 192—195.

§ 9. Infractions contre les droits individuels.

Section I. Infractions contre l'intégrité corporelle. 1⁰ L'homicide.[1]) a) Aperçu. La loi anglaise ne punit comme homicide que le fait de
donner la mort à un être humain.[2]) Est considéré comme tel l'enfant, quand il est
complètement séparé de sa mère. Il est indifférent que l'enfant ait respiré ou
que le cordon ombilical ait été coupé. Stephen art. 218; Pr. § 166. L'homicide illicite est punissable qu'il ait été commis directement ou indirectement
par un acte intentionnel, ou qu'il ait été la suite de l'omission d'une action
à laquelle on était obligé légalement. La loi positive énumère différentes de
ces obligations: 1. L'obligation du père de famille de fournir à ceux qui sont
sous sa puissance la nourriture nécessaire, resp. s'il est hors d'état d'y pourvoir, de faire auprès de l'assistance publique les diligences nécessaires à cette
fin. Stephen art. 213—215; Pr. §§ 159—161. 2⁰ Le devoir du médecin et du
chirurgien d'apporter aux opérations dans lesquelles la vie du patient est en
danger toute l'adresse et tous les soins d'un homme de l'art. Stephen art. 217;
Pr. § 162. 3⁰ L'obligation de celui qui a sous sa garde soit des appareils soit
des animaux dangereux de prendre les précautions nécessaires en pareille
occurrence. Est considéré comme homicide fautif l'homicide volontaire aussi
bien que l'homicide par négligence, comme aussi toute action illicite (même
un délit civil) qui a causé la mort d'un homme.[3]) S'il y a „malice aforethought" (intention réfléchie), le fait est qualifié murder; dans les autres cas
manslaughter. „Malice aforethought" est censé exister: 1⁰ En cas d'homicide
volontaire ou de lésions corporelles volontaires graves, ayant entraîné la mort,
si l'agent n'a pas été provoqué par de mauvais traitements ou par des injures graves, et n'a été emporté par la colère; 2⁰ si l'agent a causé la mort
par une action dont le dessein était de commettre une felony quelconque ou

---

[1]) Stephen voue à ces délits une attention particulière (voir General View 131
à 142; History t. III, p. 23—87; Digest art. 196—235).
[2]) Le fait de tuer des animaux peut, suivant les circonstances, être puni comme
destruction d'objets mobiliers (voir, par exemple, infrà IV A 3c), ou comme braconnage (voir infrà IV B).
[3]) Stephen (art. 222) donne de l'homicide fautif une définition casuistique, qui
n'est nécessaire que par la raison que la notion de l'intention et de la négligence
n'est pas suffisamment précisée dans la législation anglaise.

d'opposer de la résistance avec violence à un fonctionnaire chargé de l'arrestation et de la garde de prisonniers, en connaissance de la qualité du fonctionnaire. Dans ces cas encore la colère constitue une excuse.[1]) Stephen art. 223—225.[2]) A moins de circonstances particulières la preuve du contraire incombe à l'auteur de tout homicide, s'il conteste l'existence du murder. Stephen art. 230.

b) Examen des cas d'homicide d'après la loi anglaise comparés avec ceux prévus par le C. p. allemand. Il résulte des explications qui précèdent que le murder de la loi anglaise constituerait suivant les circonstances un des crimes suivants du C. p. allemand: 1^0 L'assassinat (C. p. allem. § 211); 2^0 le meurtre (C. p. allem. § 212), toutefois il n'y aurait également que manslaughter d'après le droit anglais en cas de provocation, dont l'étendue toutefois n'est pas aussi grande que celle des circonstances atténuantes du § 213 allemand; 3^0 les lésions corporelles graves ayant entraîné la mort (§ 226 C. p. allem.); 4^0 certains crimes[3]) ayant occasionné la mort (quelques-uns d'entre eux, qui ont ce caractère, sont punis plus sévèrement par la loi allemande, par exemple le pillage (art. 251 C. p. allem.); le viol, art. 174 ibid.; l'incendie, art. 307 ibid.; la dégradation volontaire de la voie ferrée, art. 315 ibid., etc.; 5^0 un cas particulier de résistance à des fonctionnaires dans l'exercice de leurs fonctions, si la mort en a été la suite (art. 113 C. p. allem., sans élévation de peine en cas de mort — dans la plupart des cas il y a plutôt lésions corporelles ayant causé la mort, mais pas toujours).

Seraient considérés comme manslaughter: 1^0 Le meurtre (la plupart des cas avec l'adoucissement de l'art. 213 C. p. allem.); 2^0 l'homicide par imprudence, art. 222 C. p. allem., — dans le cas seulement s'il est occasionné initialement par une action non-permise; 3^0 certains délits[4]) ayant occasionné la mort (par exemple le duel, art. 206 C. p. allem., privation de la liberté, ibid. art. 269, etc.).

c) Peines du murder et du manslaughter. a) Peine obligatoire du murder: la mort (O. P. A. § 1, Pr. § 178). Peine de la tentative et de la complicité: 10 ans de reclusion (f.). O. P. A. §§ 11—15. L'infanticide est puni comme le meurtre simple. Le suicide est mis sur la même ligne que l'assassinat en ce que l'instigateur et l'aide sont punis de mort;[5]) toutefois la tentative n'est pas punie comme tentative d'assassinat. (R. v. Burgess, Leigh and Cave 258; voir Stephen art. 227.)[6]) Le consentement de la personne tuée n'est pas une circonstance atténuante (même pas dans le cas des art. 216 C. p. allem.), et la mort donnée à l'adversaire en duel est traitée comme tout autre homicide illicite (R. v. Barronet, Dearsly 51). β) Peines du manslaughter: reclusion à perpétuité (f.), ou l'amende, le cas échéant. O. P. A. § 5. La question n'est pas résolue, si la provocation est admissible. Cela ne pourrait être le cas que s'il s'agit, d'après la terminologie allemande, d'un délit ayant occasionné la mort (par exemple, A détermine B de donner à C un fort vomitif avec le dessein de provoquer chez C une indisposition, et C meurt à la suite de l'emploi de ce moyen).

d) Actes préparatoires et menaces. α) Provocation à l'assassinat (même

---

[1]) Cette définition reproduit sous une forme différente celle donnée par Stephen. Ce dernier conteste l'opinion que l'intention de commettre une felony soit suffisante. Voir General View, p. 131.

[2]) La question de savoir quand il y a excitation à la colère doit être résolue d'après les circonstances de chaque cas particulier, voir les exemples ad art. 224 et 225 C. p. allemand.

[3]) C'est-à-dire des délits qui constituent des felonies.

[4]) C'est-à-dire des délits qui ne constituent pas des felonies.

[5]) Le projet § 183 réduit la peine à celle de la reclusion à perpétuité.

[6]) La tentative de suicide est un misdemeanor d'après le droit commun et comme tel puni d'emprisonnement.

quand ce dernier n'a pas pour objet un individu déterminé);[1]) Peine: 10 ans de reclusion (cep. misdem.). O. P. A. § 4. *β*) Complot formé pour commettre un assassinat. Peine: 10 ans de reclusion. O. P. A. § 4. *γ*) Menaces écrites d'assassinat. Peine: 10 ans de reclusion (E. P.) O. P. A. § 16.

2° Lésions corporelles et attentats contre la personne. a) Lésion corporelle volontaire: *a*) Blessure volontaire ou mal grave fait au corps, dans l'intention de faire ce mal ou d'opposer de la résistance à l'occasion d'une arrestation légale. Peine: reclusion perpétuelle (E.) O. P. A. § 18; *β*) lésion corporelle volontaire qui occasionne des blessures ou un mal grave de la personne attaquée. Peine: 5 années de reclusion (misdem.) O. P. A. § 20.

b) Lésions corporelles causées par la négligence de remplir ses obligations envers les personnes qu'on a dans sa puissance: *a*) Le refus de fournir à un domestique ou à un apprenti la nourriture, l'habillement et le coucher,[2]) ou les blessures volontaires et illicites faites à ces personnes, si leur vie est mise en danger, ou si elles ont pour conséquence une maladie. O. P. A. § 26. Peine: 5 ans de reclusion (misdem.). — *β*) Refus par l'un des parents auquel il est confié de donner à un enfant la nourriture, l'habillement, le logement et le traitement médical, si par suite la santé de l'enfant est sérieusement compromise. Peine: 6 mois de prison et travail forcé (Proc. somm.). La condamnation conditionnelle est admise. La poursuite doit être intentée par l'assistance publique. Poor law amendment act § 37. — *γ*) Négligence dans l'accomplissement de l'obligation incombant à l'un des parents ou au maître, possédant les moyens de le faire, de fournir à des enfants au-dessous de 14 ans nourriture, habillement, literie et autres objets nécessaires, si par suite la santé de l'enfant est compromise. Peine: prison. Stephen art. 264.

c) Attentats contre la personne (assault et assault and battery). *a*) Aperçu. Tout attentat commis dans le but d'exercer violence sur une personne contre son gré est appelée „assault“, et si cette violence, quelqu'insignifiante qu'elle soit, a été réellement exercée „assault and battery“.[3]) — *β*) Attentat simple (common assault). La poursuite n'a lieu que sur la plainte de la partie lésée. Peine: 2 mois de prison avec travail forcé ou l'amende (Proc. somm.). O. P. A. § 42. — *γ*) Attentats commis dans l'intention de troubler l'exploitation de certaines industries, à savoir: *aa*) L'achat, la vente et le transport de produits agricoles; *ββ*) la navigation et la pêcherie. Peine: 3 mois de prison et travail forcé (Proc. somm.). O. P. A. §§ 39 et 40. — *δ*) Attentats graves, c'est-à-dire attentats qui de l'avis du premier juge sont à considérer comme plus graves, comme aussi les attentats sur des personnes du sexe féminin et des enfants: *aa*) En cas de condamnation sommaire la peine est de 6 mois d'emprisonnement avec travail forcé, ou l'amende. O. P. A. § 43. *ββ*) En cas de condamnation par un tribunal supérieur: Le renvoi devant le tribunal supérieur doit être prononcé, si le premier juge opine que l'attentat était accompagné d'une tentative de commettre une felony, ou que pour d'autres causes l'instruction par indictment devait avoir lieu. Peine: un an de prison et travail forcé. O. P. A. §§ 46 et 47; Pr. § 206. — *ε*) Attentats faits avec le dessein de commettre une felony ou d'empêcher une arrestation légale. Peine: prison et travail forcé. O. P. A. § 38; Pr. § 205a. — *ζ*) Attentats qui ont

---

[1]) L'ajouté entre les parenthèses est le résultat de la décision dans l'affaire contre Most, le fameux anarchiste (7 Q. B. D. 244), qui désigna aux anarchistes comme un exemple louable l'assassinat de l'empereur Alexandre II.
[2]) Ce délit est également prévu par la loi 38 et 39 Vict. cap. 86 § 6, et puni d'une peine beaucoup plus douce.
[3]) En ce qui concerne les attentats contre les fonctionnaires voir § 8 III 1; les attentats à la pudeur, voir infrà II 3c.

pour résultat des lésions corporelles. Peine: 5 ans de reclusion (misdem.). O. P. A. § 47; Pr. § 199.

3⁰ D a n g e r p o u r l e c o r p s e t l a v i e. a) L'exposition d'enfants au-dessous de l'âge de deux ans[1]) de façon à ce que leur santé est mise en danger, ou est réellement compromise, ou le sera selon toute probabilité dans la suite. Peine: 5 ans de reclusion (misdem.). O. P. A. § 27; Stephen art. 266; Pr. § 226.

b) L'empoisonnement, c'est-à-dire l'administration volontaire à autrui de poisons ou autres substances nuisibles à la santé est punie: α) De cinq ans de reclusion (misdem.), si ces substances ont été administrées dans l'intention de faire du mal ou seulement de molester.[2]) O. P. A. § 24: Stephen art. 239 b; Pr. § 199. — β) De dix ans de reclusion, si ces substances ont été administrées de manière à ce que la vie de la personne à laquelle elles l'ont été est mise en danger, ou que sa santé est gravement altérée. O. P. A. § 23; Stephen art. 238; Pr. § 197.

c) L'avortement. La loi anglaise ne punit pas l'avortement en lui-même, mais les actes préparatoires faits avec le dessein de le produire, à savoir: α) L'emploi illicite et volontaire de moyens nuisibles à la santé ou d'instruments dans l'intention de produire l'avortement, sans distinguer si la femme sur la-quelle les moyens ou instruments ont été employés était enceinte ou non. Peine: reclusion à perpétuité (E.). O. P. A. § 58; Pr. §§ 213 et 214; — β) la fourniture illicite de moyens nuisibles à la santé ou d'instruments, sachant qu'ils doivent servir à faire avorter une femme, que la femme sur laquelle ils doivent être employés soit enceinte ou non. Peine: 5 ans de reclusion (misdem.). O. P. A. § 59; Pr. § 215.

d) Le délit désigné sous le nom de garotter et délits similaires, qui con-siste dans la tentative de faire perdre connaissance à quelqu'un α) en le garottant, l'étranglant ou par des moyens analogues; — β) par l'emploi de substances enivrantes, avec le dessein de mettre l'agent ou une autre personne en situation de commettre un crime (c'est-à-dire un acte à poursuivre par la voie de l'indictment). Peine: reclusion perpétuelle et dans le cas sub α punition corporelle, appliquée même aux adultes. O. P. A. §§ 21 et 22; Garotters act 1863 § 1.

e) Coups de feu tirés avec le dessein de faire à quelqu'un des lésions corporelles ou d'opposer de la résistance avec violence à un fonctionnaire chargé de l'arrestation et de la garde d'un prisonnier. Peine: reclusion à perpétuité. La tentative est punie de la même peine. O. P. A. §§ 18 et 19; Pr. § 191 a.

f) Le placement de piéges dangereux (springguns, mantraps) à l'effet de tenir les intrus à l'écart d'une propriété, à l'exception de piéges dont on se . sert ordinairement pour la destruction d'animaux nuisibles, ou d'appareils qu'on établit entre le coucher et le lever du soleil dans l'intérieur des maisons pour les protéger. — Peine: 5 ans de reclusion (misdem.). O. P. A. § 31; Stephen art. 239 g; Pr. § 200.

g) Entraves volontaires au sauvetage de personnes naufragées. Peine: reclusion perpétuelle (E.). O. P. A. § 17; Stephen § 230 i; Pr. § 195.

S e c t i o n II. Infractions contre des droits immatériels. 1⁰ In-fractions contre l'honneur. a) Aperçu. L'injure comme telle n'est pas punissable d'après la loi anglaise. Celle-ci ne punit que la propagation méchante (malicious) d'une calomnie au moyen d'écrits, d'imprimés ou autres mani-

---

[1]) En ce qui concerne les enfants de 2 à 14 ans voir ci-dessus sub b.
[2]) L'intention d'irriter le sens sexuel suffit; voir R. v. Wilkins, Leigh and Cave 80.

festations perceptibles par les yeux (par exemple images, modèles, etc.), qui sont compris dans la désignation „libel".[1]) Est considéré comme libel toute imputation de nature à rendre quelqu'un odieux, suspect ou ridicule. Stephen art. 269; Pr. § 227.[2]) C'est la publication d'une calomnie qui est punissable. Elle consiste dans tout acte par lequel le contenu de l'imputation calomnieuse est porté à la connaissance de la personne calomniée ou de tiers, à moins que celui qui a commis ou provoqué le dit acte prouve qu'il ignorait la substance de la calomnie et n'avait pas occasion de l'apprendre. S'agit-il de journaux ou de livres, il suffit que le rédacteur ou l'imprimeur ne savait pas, ou ne pouvait savoir qu'une imputation calomnieuse était contenue dans le journal ou le livre. Stephen art. 270 alinéa 1; Pr. §§ 228, 238 alinéa 3 et 239 alinéa 1.[3])

Est réputé auteur d'une publication, quand elle se fait dans le courant régulier d'une exploitation commerciale, non seulement le commis qui, en fait, a vendu et exposé l'imputation calomnieuse, pour autant qu'il avait pouvoir de faire cette vente ou exposition, — mais encore le patron, s'il ne peut prouver que dans le cas particulier l'employé n'était pas autorisé aux dites fins, et qu'il (le patron) avait pris les précautions nécessaires. Stephen art. 270 alinéa 2 et 3. Si le propriétaire d'un journal abandonne la direction de sa feuille au rédacteur, il faut rechercher si, dans le cas donné, il a autorisé le rédacteur à publier une calomnie. S'il est prouvé que le propriétaire a permis au rédacteur de publier des calomnies, ou qu'il se montrait indifférent par rapport aux calomnies publiées par son journal, l'autorisation est censée établie. Stephen art. 270 alinéa 4; Pr. § 280 alinéa 2.

La publication d'une calomnie n'est punissable que si elle est faite méchamment; mais, tout comme la „malice aforethought" pour les délits d'homicide, la malice n'est pour le „libel" qu'une désignation briève de circonstances en partie purement objectives. L'absence de malice[4]) n'est, en effet, admise que dans les cas suivants: α) Si les faits allégués sont vrais et si l'auteur de l'imputation peut prouver que leur publication était commandée par l'intérêt général. — Stephen art. 271; Pr. § 240; — β) si la publication a été faite dans des circonstances où la loi a, par des prescriptions spéciales, assuré la liberté presqu'illimitée de la presse. Deux cas sont à distinguer: αα) Celui d'allégations calomnieuses, qui ne peuvent sous aucune condition être l'objet d'une poursuite criminelle pour calomnies, à savoir: Les paroles prononcées dans le cours de débats judiciaires par les juges, les témoins ou les parties — Stephen art. 276; Pr. § 230; — ββ) les allégations calomnieuses qui ne peuvent être l'objet d'une condamnation criminelle que s'il est établi que celui qui les a publiées a agi sous l'impulsion d'un mobile méchant.[5]) De ce nombre sont: ααα) Les communications dont la publication avait sa

---

[1]) La calomnie par paroles est appelée „slander"; „slander" et „libel" donnent ouverture à une action civile; l'action criminelle n'a lieu que pour „libel".

[2]) Le projet entend que l'imputation faite dans le but d'injurier celui contre lequel elle est proférée, soit également punie. Son intention était, par conséquent, de créer un nouveau délit, celui d'injures par écrits, imprimés, etc.

[3]) Le projet modifie à un certain point cette disposition en faveur de vendeurs de journaux et des libraires.

[4]) Le mot „malice" a eu en matière de calomnie le même sort que la „malice aforethought" en matière d'homicide (voir ci-dessus I 1). Il n'est qu'une expression briève pour désigner l'absence de circonstances purement objectives.

[5]) D'après la façon de parler ordinaire, on distingue entre „malice in law", c'est-à-dire la malice fictive, et „malice in fact" (appelée aussi „actual malice"), c'est-à-dire la méchanceté réelle en fait, qui doit être prouvée dans les circonstances rappelées dans le texte. Stephen et le projet se servent dans le premier cas de l'expression „indirect motive".

cause dans une obligation légale, morale ou sociale, ou par un intérêt personnel légitime, si celui qui les publie les croit de bonne foi conformes à la vérité et que l'objet n'en dépasse pas les bornes appropriées à la circonstance. Stephen art. 273; Pr. §§ 237 à 238; — *ββ*) les critiques sur des personnages qui prennent part à la vie politique, ou sur des œuvres scientifiques ou littéraires, pour autant qu'une telle critique a paru à son auteur justifiée et basée sur des motifs mûrement réfléchis. Stephen art. 274; Pr. § 234; — *γγγ*) les compte-rendus des séances du Parlement (3 et 4 Vict. cap. 951; Stephen art. 275; Pr. § 232) et des audiences des tribunaux (Stephen art. 277; Pr. 232). Sur les priviléges de la presse voir ci-dessus § 8 V 2.

b) Espèces particulières du libel: *α*) Libel par ignorance de la fausseté des faits allégués. Peine: un an de prison et amende. — Libel act 1843 § 5; Stephen art. 278 alinéa 3; Pr. § 243; — *β*) libel en connaissance de la fausseté des faits allégués. Peine: prison et amende — ibid. § 4; Stephen art. 278 alinéa 2; Pr. § 242; — *γ*) libel ou menace d'un libel dans le but d'extorquer de celui qui en est l'objet un avantage pécuniaire ou la nomination à un emploi. Peine: prison (3 ans) et travail forcé, — ibid. § 3; Stephen art. 278; Pr. § 241.[1])

2º **Infractions contre la liberté individuelle.** a) La contrainte: *α*) La contrainte par menace d'un crime, tentée ou consommée, n'est puni que dans le seul cas déjà cité de menace d'imputations calomnieuses dans l'intention d'obtenir la nomination à un emploi. Peine: prison (3 ans) avec travail forcé. 6 et 7 Vict. cap. 96 § 3; Stephen art. 278; Pr. § 241[1]). — *β*) La contrainte tentée ou consommée dans le but de faire participer à une grève est réglée par les dispositions suivantes:

„Celui qui, dans l'intention de contraindre quelqu'un à l'abstention ou à l'accomplissement d'un acte que ce dernier est libre de faire ou de ne pas faire, 1º exerce des violences ou menaces contre cette personne ou les siens; 2º la poursuit incessamment d'un lieu à un autre; 3º cache des outils, vêtements ou autres objets à l'usage de la dite personne ou en empêche l'usage; 4º fait le guet devant la maison ou l'atelier où cette personne travaille ou exerce sa profession, ou à proximité; 5º la poursuit bruyamment sur la voie publique avec au moins deux autres personnes, est puni d'une amende jusqu'à £ 20 ou d'emprisonnement jusqu'à 3 mois (Proc. somm. ou indictment). Conspiracy and protection of property act 1875 § 7.

b) L'arrestation et la détention illégales peuvent dans tous les cas être punies comme attentats contre les personnes (voir ci-dessus § I 2 c). Sont punis en particulier: I. La détention illégale d'une personne dans un établissement d'aliénés ou dans une maison privée avec traitement d'aliénés. Peine: prison. Lunacy act 1890 § 315. II. Détention d'une personne du sexe féminin[2]) *α*) dans le but de fournir à un homme ou à des hommes en général l'occasion d'exercer avec elle la cohabitation illégitime; *β*) dans un bordel. Peine: prison et travail forcé. Crim. law am. act 1885 § 8; Stephen art. 252b.

c) Rapt. Les délits suivants rentrent dans cette catégorie: *α*) L'enlèvement à l'aide de violences d'hommes dans l'intention de les réduire en esclavage. Peine: 14 ans de réclusion. 5 Geo. IV cap. 113 §§ 2 et 10; Stephen art. 113. *β*) L'enlèvement de mineurs,[3]) c'est-à-dire *αα*) le vol d'enfants au-dessous de 14 ans accompli par violence ou ruse, *ββ*) la réception et le

---

[1]) La menace d'un crime dans le but de s'enrichir sera traitée sous la rubrique „Extorsions" (voir infrà IV D 2).

[2]) Comme moyen de détention on considère le fait de dépouiller quelqu'un des vêtements indispensables. Une personne du sexe féminin qui soustrait des vêtements dans ces circonstances ne peut être poursuivi ni au civil, ni au criminel.

[3]) Sur l'enlèvement de filles voir infrà sub 3a.

logement d'un enfant enlevé dans les conditions indiquées avec le dessein de le soustraire à la puissance de la personne sous laquelle il se trouvait jusque là, ou l'intention de s'en approprier des vêtements ou autres objets.   Peine: 7 ans de reclusion (P.). O. P. A. § 56; Stephen art. 263; Pr. 222.

3º Infractions contre la liberté des relations sexuelles. a) L'enlèvement (abduction) comprend les cas suivants: *α*) L'enlèvement d'une fille non-mariée qui n'a pas accompli l'âge de 16 ans à l'autorité des personnes sous laquelle elle se trouvait, avec ou sans le consentement de la fille enlevée. La circonstance que le ravisseur avait lieu de croire que celle-ci avait plus de 16 ans n'est pas une excuse, mais le délit cesse d'être punissable, s'il ignorait que la fille enlevée était sous l'autorité de la personne chez laquelle elle se trouvait. Peine: prison et travail forcé. O. P. A. § 55; Stephen art. 262; Pr. § 221. *β*) L'enlèvement d'une fille non-mariée qui n'a pas encore l'âge de 18 ans à la garde de la personne sous la puissance de laquelle elle se trouvait, avec le dessein de fournir à un homme ou à des hommes en général l'occasion de la cohabition illégitime, si le ravisseur n'avait pas de motif d'admettre que l'enlevée avait dépassé l'âge de 18 ans. Peine: prison et travail forcé. Crim. law am. act. § 7; Stephen art. 262 A. *γ*) L'enlèvement d'une personne du sexe féminin, qui a une fortune personnelle, dans l'intention de l'épouser ou d'exercer avec elle la cohabitation dans les cas suivants: *αα*) Si la personne enlevée est mineure et a été soustraite à la garde de la personne sous la puissance de laquelle elle se trouvait par l'emploi de moyens frauduleux; *ββ*) si l'enlèvement a eu lieu dans un esprit de lucre. Peine: 14 années de reclusion. O. P. A. § 53; Stephen art. 261 a, b.; Pr. § 219. *δ*) L'enlèvement d'une personne du sexe féminin à l'aide de violence en général. Peine: 14 ans de reclusion. O. P. A. § 54; Stephen art. 251 c; Pr. § 218. *ε*) Le complot d'enlever une personne du sexe féminin à la garde de ses parents dans le but de déterminer la personne enlevée au mariage contre son gré. Peine: prison; Stephen art. 174.

b) Le proxénétisme. On distingue: *α*) Le proxénétisme simple. *αα*) L'excitation à la débauche par menaces, tentée ou consommée. *ββ*) L'emploi de moyens étourdissants sur une femme avec le dessein de rendre possible à un homme la cohabitation illégitime avec elle.[1] *γγ*) L'excitation à la débauche d'une personne du sexe féminin qui ne mène pas ouvertement une vie déréglée, I. si elle n'a pas dépassé l'âge de 21 ans (la tentative est punie comme le crime lui-même); II. par l'emploi de manœuvres frauduleuses. *δδ*) La séduction tentée ou consommée d'une personne I. à la prostitution; II. à quitter le Royaume-Uni dans le but de la placer dans une maison de tolérance à l'étranger; III. à quitter sa demeure dans le Royaume-Uni (si celle-ci n'est pas un bordel) dans le but de la placer dans un établissement de ce genre. Peine: prison avec travail forcé. Crim. law am. act §§ 2 et 3; Stephen art. 173. *β*) Concession de l'usage d'un local pour y exercer la cohabitation illégitime avec des personnes mineures ou tolérance de cette cohabitation par le possesseur[2] de la maison, sachant que tel était le cas. La peine est de la reclusion perpétuelle, *αα*) s'il s'agit de filles de moins de 13 ans. Crim. law am. act § 6; de la prison avec travail forcé, *ββ*) s'il s'agit de filles entre 13 à 16 ans. Si l'accusé peut prouver qu'il avait des raisons d'admettre que la fille de laquelle il s'agit avait dépassé l'âge de 16 ans, il n'y a pas de délit. *γ*) Complot pour l'excitation à la débauche. Peine: prison. Stephen art. 174, Pr. § 149.

---

[1] Si la conjonction a été consommée ou faite pendant le temps que durait l'état d'étourdissement, le fait formerait l'élément matériel d'une tentative à viol.

[2] Le père qui permet à sa fille habitant avec lui de faire usage de sa maison pour y exercer la prostitution, est atteint par la disposition citée. R. v. Webster, 16 Q. B. D. 136.

c) Attentats à la pudeur avec violence. De cette catégorie sont: α) Le viol (rape), c'est-à-dire la conjonction illicite[1]) commise par violence contre son gré avec une personne du sexe féminin. La loi anglaise comprend dans cette catégorie les cas où la personne violentée se trouve hors d'état de donner un consentement libre, ou d'opposer de la résistance. La conjonction obtenue par ruse, en faisant accroire à la femme dont on veut abuser qu'on est le mari, est par une loi récente assimilée au viol.[2]) Peine: reclusion perpétuelle. O. P. A. § 48; Crim. law. am. act 1885 § 4; Stephen art. 253a, 254, 254a, 255; Pr. §§ 207, 208.[3]) β) Attentats impudiques (indecent assaults). αα) En général. La notion de l'attentat a été définie ci-dessus sub I 2 c comme „un attentat contre une personne avec le dessein réel ou apparent d'exercer sur elle de la violence“. Si l'attentat a lieu dans un but impudique, il est qualifié de indecent assault. La violence exclut naturellement le consentement de la personne attaquée; la loi admet que les enfants (du sexe masculin ou féminin) au-dessous de 13 ans ne peuvent librement donner un consentement à des actes impudiques. Indecent assault act 1880.[4]) ββ) Attentat à la pudeur sur des personnes du sexe masculin. Peine: 10 ans de reclusion. O. P. A. § 62; Stephen art. 242. γγ) Attentats impudiques sur des personnes du sexe féminin. Peine: prison avec travail forcé. O. P. A. § 52; Stephen art. 245c; Pr. § 204a, b. γ) La conjonction illicite avec des personnes du sexe féminin en jeune âge ou faibles d'esprit[5]) est punissable dans les cas suivants: αα) si elle a eu lieu avec des personnes du sexe féminin de moins de 13 ans accomplis. Peine: reclusion perpétuelle. Crim. law am. act 1885 § 4; Stephen art. 255b; Pr. §§ 210 et 211 (la peine est réduite, si les personnes sont âgées entre 12 et 13 ans). La tentative est punie de prison avec travail forcé. Crim. law am. act § 4; Stephen art. 256 (1). ββ) si elle a eu lieu avec des personnes du sexe féminin dans l'âge de 13 à 16 ans accomplis ou faibles d'esprit.[6]) Dans le premier cas il n'y a pas de délit, si l'agent avait des raisons sérieuses de croire que la personne dont il a abusé avait atteint l'âge de 16 ans.[7]) Peine: prison avec travail forcé. Crim. law am. act § 5. γγ) si elle a eu lieu avec des personnes du sexe féminin enfermées comme aliénées dans un établissement ou une maison privée, exercée par une personne à la garde de laquelle les malades sont confiées. Peine: prison avec travail forcé. Lunacy act 1890, § 324.

4° Infractions contre les droits de la famille. Ce sont les délits suivants: a) Contre l'état civil, c'est-à-dire: α) Fausses déclarations faites sciemment à l'officier de l'état civil lors de naissances ou décès, ou faux dans les extraits de l'état civil. Peine: 7 ans de reclusion. Births and deaths Registration act 1874 (37 et 38 Vict. cap. 88 § 40).[8]) β) Altération ou suppression frauduleuse

---

[1]) Voir Stephen, art. 254[2]. Stephen émet cependant l'avis que les violences faites par le mari à sa femme pour en obtenir la conjonction pourrait dans les circonstances ordinaires être punie comme attentat impudique (voir sub β).

[2]) Des garçons au-dessous de 14 ans sont par une présomption légale juris et de jure exempts de punition pour viol (voir § 6 IIIb).

[3]) Le projet prévoit la peine de sept ans de reclusion pour la tentative de viol. La loi en vigueur ne prévoit pas de peine particulière pour la tentative.

[4]) L'emploi de ruse est dans ce cas assimilé à la violence; par exemple, quelqu'un persuade une fille de lui permettre de la déshabiller en lui faisant accroire qu'il est médecin; voir Stephen art. 241.

[5]) Il est irrelevant que les personnes en question soient de bonne vie et mœurs, ou non.

[6]) Si les personnes faibles d'esprit sont hors d'état de donner leur consentement au coït, il y aurait viol.

[7]) La croyance erronée que la fille a plus de 13 ans n'est pas un motif d'excuse quand il s'agit de filles au-dessous de cet âge.

[8]) Quant aux délits commis par des fonctionnaires à l'occasion de la célébration d'un mariage, voir § 8 IV 1.

de faits relevants qui doivent être déclarés à l'officier de l'état civil lors de la célébration d'un mariage, comme aussi l'opposition à un mariage faite sur la base de la déclaration fausse que le consentement du déclarant est nécessaire au mariage. Peine: 7 ans de reclusion (misdemeanor). 19 et 20 Vict. cap. 119 § 2 et 18.[1]) γ) Le faux commis dans une dispense de mariage délivrée par l'évêque ou l'officier de l'état civil (Marriage licence), ou dans un certificat constatant l'existence d'un mariage accompli. Peine: 7 ans de reclusion (E). Forgery act § 35; Stephen art. 361g.

b) Bigamie,[2]) c'est-à-dire le fait par celui qui est engagé dans les liens d'un mariage d'en contracter un second, avant la dissolution du précédent, et cet autre, par une personne non-mariée de contracter mariage avec une personne qu'elle sait être mariée. Peine: 7 ans de reclusion. D'après une disposition positive de la loi anglaise, si l'un des époux a été absent pendant sept années consécutives, l'autre époux est autorisé d'admettre que son conjoint est décédé, s'il ignore que ce dernier a encore vécu dans cet intervalle; toutefois l'ignorance de cette circonstance est présumée. Par suite l'élément de l'intentionnalité disparaît, comme aussi dans le cas où l'époux qui a convolé en secondes noces a, de bonne foi, même avant l'expiration du délai de sept ans, cru que son premier époux était décédé. O. P. A. § 57; Stephen art. 257; Pr. §§ 216 et 217.[3])

5⁰ Violation de domicile. L'entrée avec violence dans une propriété détenue par autrui, que celui-ci ait un droit à la possession ou non, forme le délit désigné sous le nom de „forcible entry". Le fait de se maintenir à l'aide de violence dans une possession obtenue illégitimement s'appelle „forcible detainer". La peine dans les deux cas est l'emprisonnement. Stephen art. 79; Pr. § 95.[4])

6⁰ Menaces. La loi anglaise punit les menaces seulement quand elles ont pour objet certains délits déterminés. De ce nombre sont: La menace écrite de mort, c'est-à-dire la menace de donner la mort à une personne quelconque, même inconnue du menacé. Peine: 10 ans de reclusion (E. P.) O. P. A. § 16; Stephen art. 234. b) La menace écrite d'incendie, ou la menace de tuer ou de mutiler des animaux utiles. Peine: 10 ans de reclusion (E.). M. D. A. §·50; Stephen art. 379.[5])

Section III. Infractions contre des droits individuels. a) Violation du droit d'auteur. α) En ce qui concerne les productions littéraires, est punie l'importation d'exemplaires contrefaits à l'étranger et l'exposition en vente de ces exemplaires faite sciemment. Peine: amende de £ 10 et de la valeur double des exemplaires de contrefaçon, et, en outre, la suppression de ces derniers. 5 et 6 Vict. cap. 45 § 17. β) En ce qui concerne les tableaux, dessins et photographies, sont punies la contrefaçon ou multiplication indue de ces œuvres, comme aussi leur importation ou vente faites en fraude, à savoir d'une

---

[1]) Cette disposition n'est relative qu'aux actes de mariage reçus par l'officier de l'état civil. Pour ceux qui sont célébrés dans l'Église anglicane après trois publications, une déclaration de la nature de cette indiquée n'est pas prescrite.

[2]) L'adultère et les délits prévus par le § 170 du C. p. allemand ne sont pas punissables d'après la loi anglaise.

[3]) Le projet n'admet pas l'erreur excusable, mais depuis la décision Reg. v. Tolson 23 Q. B. D. 168 la question doit être considérée comme résolue. Voir ci-dessus § 6 III 2 d.

[4]) Il existe sur cette matière une série de dispositions légales. La plus ancienne qui est encore aujourd'hui en vigueur dans toute sa teneur date de 1381. (5 Ric. II. stat. 2 cap. 7.)

[5]) La menace de calomnies appartient en partie dans la matière de la contrainte (voir ci-dessus sub II 2), en partie à celle de l'extorsion (voir infrà sub IV D 2), à laquelle ressort également la menace de fausse dénonciation.

amende de £ 10 pour chaque exemplaire et, en outre, de la confiscation des exemplaires. 25 et 26 Vict. cap. 68 §§ 7, 10, 11.[1])

b) Violation du droit aux marques de fabrique et de commerce. Sont punissables: α) La contrefaçon illicite d'une marque protégée, l'altération d'une marque véritable, comme aussi certains actes préparatoires connexes à ces opérations, et enfin l'apposition frauduleuse de marques ainsi contrefaites sur des marchandises et leurs emballages; β) la vente frauduleuse de produits revêtus de marques contrefaites. La peine est de 2 ans de prison avec travail forcé et l'amende. Merchandizes marks act 1887.

Section IV. Infractions contre le droit de propriété. A. Infractions contre les droits corporels.

1º Appropriation illicite de choses d'autrui sans violences ni menaces (larceny). α) Aperçu. Aucune partie de la législation criminelle anglaise ne présente un tel chaos comme celle relative au vol et au détournement. D'après le droit commun le larceny consistait dans la soustraction de choses mobilières appartenant à autrui et ayant une valeur propre, dans l'intention de se les approprier. Par soustraction on entendait l'enlèvement de la possession, ce qui donnait lieu à beaucoup de confusion, à raison de l'application inconséquente de la notion de possession, qui comprenait tantôt la possession juridique tantôt la possession de fait. De même, l'élément de chose mobilière donnait lieu à des distinctions singulières: c'est ainsi que les titres de propriété ou de créances personnelles (par exemple les billets de banque) n'étaient pas susceptibles d'être volés, tandis que les titres relatifs à des droits sur des choses mobilières étaient considérés comme choses mobilières. Le caractère de valeur vénale propre conduisait également à des anomalies, en ce qu'il fut une fois pour toutes reconnu par des sentences judiciaires que certaines choses (par exemple les chiens et les chats) n'avaient aucune valeur, que partant la soustraction d'icelles n'était pas punissable.

Le taux de la peine dépendait de la valeur de l'objet volé, c'est-à-dire si celle-ci dépassait ou non un shilling. Dans ce dernier cas il n'y avait que petit larceny, puni de peines légères, dans le premier grand larceny, puni, comme felony, de la peine de mort, laquelle fut pendant un certain temps mitigée d'une façon irrégulière en vertu du benefit of clergy (voir § 1). Cet état de choses fut peu à peu modifié. Le benefit of clergy fut peu à peu supprimé pour une série de vols. Nombre d'objets qui d'après la common law ne pouvaient être l'objet d'un vol furent déclarés volables par la loi, ce qui conduisit à l'introduction de la distinction spéciale entre larceny at common law et larceny by statute, distinction qui conserve encore aujourd'hui une certaine importance. Enfin, pour échapper aux singulières conséquences qui furent la suite de la confusion susdite relativement à la notion de la possession, la loi désigna comme larceny différents faits qui ne peuvent être compris dans la définition de ce délit. Dans ces circonstances la notion de „larceny" reçut une extension, qui ne se laisse reproduire en français par une expression technique, aussi peu que celle de „murder" et de „manslaughter" (voir ci-dessus I 1). Il importe plutôt d'énumérer en première ligne les actions réputées larceny, et en seconde ligne de déterminer les objets qui d'après la loi sont susceptibles d'être volés.

---

[1]) La protection des œuvres de sculpture a été abolie par la loi Patent, Designs and Trade Marks Act de 1883. La violation du droit d'auteur d'ouvrages dramatiques et de compositions musicales n'est pas assurée par la législation pénale. Quant aux délits prévus dans le texte, une partie de l'amende, ou l'amende entière, est dévolue au propriétaire du droit d'auteur. Mais il s'agit d'une procédure exclusivement pénale.

b) Larceny et embezzlement. Se rend coupable de larceny: I. Celui qui prend possession d'une chose volable (voir infrà sub d) avec le dessein de se l'approprier illicitement d'une des manières suivantes: *a)* Par l'enlèvement de la chose sans l'assentiment du détenteur légitime,[1]) quelqu'en soit le détenteur au moment de la soustraction. — Toutefois la soustraction de choses trouvées n'est punissable que pour autant que l'inventeur ou bien connaissait au moment où il s'en emparait le propriétaire de la chose, ou bien aurait pu l'apprendre sans difficulté. Stephen art. 296, 302.[2]) *β)* Par allégations fausses, qui déterminent le possesseur légitime de céder la détention mais non la propriété de la chose (larceny by a false pretence);[3]) voir Stephen art. 298, et la décision dans l'affaire Queen v. Russett, 1892, 2 Q. B. 312. *γ)* Par suite d'une erreur du propriétaire légitime, si le voleur avait connaissance de cette erreur au moment de l'appréhension de la chose. Stephen art. 299.[4]) — **II.** Celui qui soustrait une chose volable d'une manière qui donnerait lieu à une action civile ex delicto, et qui traite dans la suite cette chose comme lui appartenant. Stephen art. 303. — **III.** Celui qui traite illégalement en propriétaire une chose volable dont il a obtenu la possession par suite de convention,[5]) mais dans le cas seulement où il ne s'agit pas de choses de minime valeur, dont la soustraction est poursuivie par la voie sommaire (voir infrà sub e *β*). Stephen art. 300. — **IV.** Celui qui traite frauduleusement comme sa chose propre une chose qu'il détenait en sa qualité de commis ou domestique (clerk or servant)[6]) du propriétaire légitime. Si le commis ou le domestique s'approprient la chose avant qu'elle ne soit entré dans la possession de son propriétaire légitime, le délit ne s'appelle pas larceny, mais embezzlement. Stephen art. 297, 309—311.[7]) Dans tous les cas il y a larceny, si le co-propriétaire s'approprie illégalement la chose commune. 31 et 32 Vict. cap. 116 § 1; Stephen art. 301.

---

[1]) Les mots „détenteur légitime" rendent le mieux l'expression anglaise owner. Est considéré comme owner dans ce sens, celui qui a un meilleur droit à la chose comme celui qui l'enlève (par exemple le non-propriétaire vis-à-vis du propriétaire, si le premier détient la chose en vertu d'un contrat). Vis-à-vis d'un tiers tout détenteur est détenteur légitime (voir, par exemple, la décision dans l'affaire Armory v. Delamirie, 1 Smith, Leading Cases, 8ᵉ édition, p. 374 et Stephen, art. 328).

[2]) Sur le vol de choses trouvées voir encore Pollock and Wright, Possession in the Common Law. London 1888, p. 180—187.

[3]) Si le propriétaire a été déterminé par de fausses allégations à céder sa propriété, il y a lieu à un autre délit (obtaining money or goods under false pretences, voir infrà sub D 1).

[4]) Il y a doute qu'il y ait larceny dans le cas où celui qui reçoit la chose ne découvre l'erreur que plus tard. Dans l'affaire Queen v. Ashwell (16 Q. B. D. 190, 1885) sept juges étaient d'avis que celui à qui on remet £ 1 croyant que la pièce d'or n'est qu'un shilling et qui, constatant plus tard l'erreur, garde néanmoins la pièce, était punissable de larceny, tandis que les sept autres membres de la cour suprême étaient d'un avis contraire.

[5]) Les contrats en vertu desquels la possession d'une chose mobilière est remise à un non-propriétaire sont appelés „bailments", celui qui cède la possession „bailor" et celui qui prend la possession „bailee".

[6]) Pour expliquer qui est commis et qui domestique dans le sens ci-dessus, il faudrait énumérer différents cas; l'espace est trop restreint pour le faire. Voir Stephen art. 309.

[7]) La distinction se laisse le mieux expliquer par l'exemple suivant: Un domestique reçoit pour le compte de son maître de la vaisselle en argent et se l'approprie illicitement. Si cette appropriation a lieu de suite après la réception, il s'agit d'embezzlement; si auparavant il a placé la vaisselle dans l'armoire aux argenteries, il y a larceny. Voir encore Pollock and Wright, l. c. p. 198. La peine de l'embezzlement est identiquement la même que celle du larceny, et il est expressément dit dans la loi que l'action n'est pas à repousser, parce qu'un cas de larceny a été par erreur qualifié d'embezzlement ou vice versa, mais la distinction est toujours maintenue. Larceny Act §§ 67, 68, 72.

c) Comparaison avec le droit allemand. Les faits repris sub I α seraient, d'après le droit allemand, punissables comme vols[1]) (art. 342 C. p. allem.), comme enlèvement de la possession (art. 289 ibid.), et comme détournement, quand il s'agit de vol de choses trouvées (art. 246 ibid.); les délits figurant sub I β et γ comme fraudes (art. 263); ceux sub II, III et IV, ainsi que l'embezzlement comme détournement. Le furtum usus (voir art. 290 ibid.) n'est pas punissable d'après la loi anglaise. Stephen art. 306.

d) Notion des choses susceptibles d'être volées.[2]) Ne pouvaient, d'après le droit commun, faire l'objet d'un vol: I. Les choses qui ne deviennent mobilières qu'après qu'elles ont été détachées d'une chose immobilière, en tant qu'il s'agit de la soustraction qui suit immédiatement le détachement. Stephen art. 287; Pollock and Wright, p. 230. II. Les titres relatifs à des droits sur choses immobilières ou sur des obligations personnelles. Stephen art. 288. III. Les espèces suivantes d'animaux vivants: A. Les animaux apprivoisés qui ne sont pas employés pour le travail, la nourriture ou un autre rapport, par exemple les chiens et les chats. B. Les animaux sauvages. C. Les animaux d'ordre inférieur en général. Stephen art. 290, 291; Pollock and Wright, p. 231. IV. Res nullius, res extra commercium (par exemple des cadavres humains), et les choses qui n'ont pas de valeur vénale. Stephen art. 292—299. La loi écrite a attribué la qualité de choses volables: I. α) Aux choses qui sont fixées dans les maisons à perpétuelle demeure (fixtures), aux objets en métal qui sont attachés au sol pour la protection ou pour la décoration de jardins et de places publiques (y compris les cimetières); les portes, les haies, etc. L. A. §§ 31, 34, 74; β) les arbres et plantes (en partie seulement quand leur valeur dépasse 1 £) L. A. §§ 32—34, 36—38; II. à certains titres, nommément désignés, relatifs à des obligations, et à tous les titres concernant des propriétés immobilières L. A. §§ 27 et 30; III. aux chiens et autres animaux domestiques. L. A. §§ 18 et 20. Le larceny prend le nom de „larceny by statute", quand il s'applique aux choses mentionnées sub I, II et III.

e) Les différentes espèces de larceny. α) Larceny simple. Quand il s'agit de choses susceptibles d'être volées d'après le droit commun, le larceny est toujours traité comme felony, tandis que s'il s'agit de larceny by statute, c'est la nature de l'objet volé qui décide, si dans le cas particulier il y a felony ou un autre délit moins grave. Le maximum de la peine ordinaire du larceny considéré comme felony est de 5 ans de reclusion. Larceny act § 4, Penal servitude act 1864 § 2; Penal servitude act 1891 § 1 [1], et la loi appelle simple larceny celui auquel le dit maximum est applicable. Pour ce qui concerne la récidive, voir infrà δ.

β) Cas moins graves. Une notable atténuation de peine a lieu quand les choses ci-après désignées font l'objet du larceny: αα) Les arbres ou plantes dont la valeur ne dépasse pas £ 5 (et en cas d'arbres et plantes dans les serres £ 1), les haies, les portes, etc. L. A. § 33. ββ) Les animaux qui d'après le droit commun ne sont pas volables. L. A. § 21. Les peines varient dans les deux cas suivant la nature de l'objet particulier entre l'amende et l'emprisonnement jusqu'à 6 mois; la procédure sommaire est applicable. Quant à la récidive, voir infrà sub δ. γγ) Les minérais de métaux, charbons et autres minéraux. Peine: 2 ans d'emprisonnement avec travail forcé (E.) (cep. felony). L. A. § 38. δδ) Les meubles et ustensiles de ménage dans les maisons garnies, s'ils sont

---

[1]) Même le brigandage entrerait dans cette définition; il est cependant traité séparément.
[2]) L'Electric Lighting Act de 1882, 45 et 46 Vict. cap. 56 (§ 23), traite l'usage indû de l'électricité comme larceny, et cependant il ne peut dans l'espèce être question ni d'une soustraction ni d'une chose.

volés par un locataire ou un membre de sa famille, pourvu que la valeur des choses ne dépasse pas £ 5. Peine: emprisonnement avec travail forcé (E. P.). L. A. § 74.

γ) Larceny grave. D'après la nature de l'aggravation des peines des larcenys graves se divisent comme suit: *αα*) D'après la nature particulière de l'objet: I. Testaments. Peine: reclusion perpétuelle (E.). L. A. § 29. II. Chevaux, bœufs et moutons. Peine: 14 ans de reclusion (E.). L. A. §§ 10 et 11. III. Les meubles et ustensiles de ménage (même quand ils sont fixés dans la maison) dans les maisons meublées, si l'auteur du vol est le locataire ou un membre de sa famille, et que la valeur des objets dépasse £ 5. Peine: 7 ans de reclusion (E. P.) L. A. § 74. *ββ*) D'après les circonstances particulières dans lesquelles le vol a été commis: I. Vol d'objets confiés à la poste. Peine: reclusion perpétuelle (E.). 7 William IV et 1 Vict. cap. 36 §§ 27, 28. II. Vol d'une personne.[1]) Peine: 14 ans de reclusion (E.). L. A. § 40. III. Vol et détournement de fil de laine et étoffes tissues de la valeur de plus de 10 shillings pendant la fabrication ou l'apprêtage. Peine: 14 ans de reclusion (E.). L. A. § 62. IV. Vol et détournement de marchandises dans les navires ou sur les quais de déchargement. Peine: 14 ans de reclusion (E.). L. A. §§ 63 et 64. V. Vol et détournement dans les maisons habitées,[2]) si la valeur des objets dépasse £ 5. Peine: 14 ans de reclusion (E.). L. A. §§ 60 et 61. *γγ*) D'après les qualités particulières du voleur: I. Détournement d'argent monnayé ou d'effets de commerce par des employés de la banque d'Angleterre (resp. de la banque d'Irlande). Peine: reclusion perpétuelle (E.). L. A. § 73. II. Détournement (ou malversation) d'argent et autres objets qui leur avaient été confiés à l'occasion de l'exercice de leurs fonctions, commis par des fonctionnaires publics et agents de police et par des domestiques et commis. Peine: 14 ans de reclusion (E.). L. A. §§ 67—70. III. Détournement par des banquiers, commissionnaires, agents de change, avoués, curateurs, employés de sociétés par actions, etc., d'argent ou autres objets leur confiés à raison de leur charge. Peine: 7 ans de reclusion (E.) (cep. misdem.). L. A. §§ 75—85; voir encore Bankruptcy act 1890 § 27.[3])

δ) Vol en récidive. Les délits énumérés sub *β* sont déjà en cas de première récidive à poursuivre comme misdemeanors par la voie de l'indictment et punissables de 6 mois jusqu'à 2 ans de prison resp. de travail forcé. Le vol de plantes, etc. dans les jardins ou le vol dans les maisons garnies sont déjà dans le cas de première récidive, le vol d'arbres, etc. de la valeur de plus d'un shilling dans le cas de deuxième récidive traités comme felony et punis comme larceny simple (voir ci-dessus sub *α*). L. A. §§ 18, 19, 21, 22, 33, 34, 36, 37. En cas de condamnation pour simple larceny le maximum de la peine est à élever, si le coupable a déjà été condamné antérieurement, I. pour felony, à 10 ans de reclusion (E. P.); II. pour un des délits à traiter comme misdemeanor d'après le Larceny act, ou pour deux délits prévus par le Larceny act, et le Malicious domage act (dégradation etc.), ou pour d'autres délits (désignés spécialement), qui sont à poursuivre par la voie sommaire à 7 ans de reclusion (E. P.). L. A. §§ 7, 8, 9.

ε) Détention de choses dans des conditions suspectes. La possession ou la

---

[1]) Sur le brigandage voir infrà sub 2.

[2]) Sur l'effraction voir infrà sub V 3. Le vol à l'aide de fausses clefs, le vol avec armes ou en bande ne sont pas traités en particulier séparément dans la loi anglaise.

[3]) Le mot technique pour un tel délit est „fraudulent breach of trust“. Le délit n'est pas désigné comme larceny ou embezzlement et pourrait dans beaucoup de cas ne pas être traité comme détournement, même d'après les notions du droit pénal allemand, mais d'infidélité (voir § 266 du C. p. allem.).

mise en vente d'objets qui proviennent d'un navire échoué est punissable, si le possesseur ne peut justifier sa possession. Procédure sommaire. Peine: 6 mois d'emprisonnement et travail forcé. L. A. § 65 et 66.

2⁰ Le vol à l'aide de violence (robbery) est une espèce du vol, caractérisée par l'emploi de violence ou de menaces, que ces violence et menaces soient dirigées contre la personne, la fortune ou la considération de la partie lésée. Il comprend, par conséquent, le brigandage (§ 249 C. p. allem.), l'extorsion commise avec violence (§ 255 ibid.), comme aussi l'extorsion (§§ 253, 254 ibid.) du droit allemand. (Quant à la notion de l'extorsion d'après la loi anglaise, voir infrà sub D 2), pour autant que l'extorsion met l'agent en possession d'une chose mobilière.)

Il y a lieu de distinguer: α) Robbery simple. Peine: 7 ans de reclusion. La tentative est punie de 5 ans de la même peine. L. A. §§ 40, 45. β) Robbery qualifié, c'est-à-dire commis αα) par une personne munie d'armes; ββ) par plusieurs; γγ) à l'aide réelle de violences. Peine: reclusion perpétuelle (P.). L. A. §§ 43, 26 et 27 Vict. cap. 44 § 1. γ) Attentat (assault, voir ci-dessus I 2) avec le dessein de commettre un robbery; αα) dans le cas ordinaire. Peine: reclusion de 5 ans (E.). L. A. § 42; ββ) par plusieurs. Peine: reclusion perpétuelle (P.). L. A. §§ 43, 26 et 27 Vict. cap. 1, Stephen art. 296 alinéa 2, 313.

3⁰ Dégradation. a) Dégradation simple,[1]) c'est-à-dire dégradation commise méchamment et illégalement, s'il s'agit d'un délit soumis à des dispositions spéciales.

α) Si le dommage causé dépasse 5 £. Peine: emprisonnement et travail forcé. M. D. A. § 51. β) Si le dommage causé est moindre de 5 £. Peine: 2 mois de prison ou une amende jusqu'à £ 5. Proc. somm. M. D. A. § 52.

b) Dégradation nocturne, c'est-à-dire dégradation méchante et illégale commise dans l'intervalle de 9 heures du soir à 6 heures du matin, s'il ne s'agit pas d'un délit soumis à des dispositions particulières et si le dommage dépasse £ 5. Peine: 5 ans de reclusion. M. D. A. § 51.

c) Cas particuliers de dégradation.[2]) Dans tous les cas à énumérer sous cette rubrique l'intention méchante et l'illégalité forment partie des éléments du délit. Il s'agit des cas suivants:

α) Destruction (resp. dégradation dans le but de détruire) d'étoffes et de machines, à savoir: αα) De machines et instruments qui sont employés dans les filatures, les tisseranderies et autres industries similaires, ainsi que la destruction de produits de ces industries, aussi longtemps qu'ils ne sont pas encore achevés, comme aussi l'introduction avec violence dans les ateliers avec le dessein de détruire. Peine: reclusion perpétuelle (E. P.). M. D. A. § 14. ββ) D'autres machines. Peine: 7 ans de reclusion (E.) M. D. A. § 15.

β) Destruction resp. dégradation de mines. Peine: 7 ans de reclusion (E. P.). M. D. A. § 28.

γ) Destruction resp. mutilation ou blessures d'animaux: αα) D'animaux de la race bovine ou d'autres animaux utiles à l'agriculture (cattle). Peine: 14 ans de reclusion (E.). M. D. A. § 40. ββ) D'autres animaux susceptibles

---

[1]) Les dégradations qui sont punies sévèrement, parce qu'elles troublent la sécurité de la circulation, font l'objet du V 2.

[2]) Quelques-unes des dégradations sont punies de peines particulièrement sévères, d'autres de peines particulièrement légères. La législation sur cette matière est due en grande partie à des circonstances fortuites. Devront nécessairement paraître singulières les peines sévères édictées contre la destruction de métiers à tisser, de machines à transmission, etc. Les dispositions y relatives sont, dans une autre forme, la reproduction de la loi rendue en 1812 sous l'influence des excès (Luddite riots) commis contre l'industrie des machines nouvellement introduites, avec cette différence toute fois que la peine de mort est remplacée par la reclusion à perpétuité.

d'être volés (voir ci-dessus 1 d). Peine: 6 mois de prison; en cas de récidive 1 an d'emprisonnement et travail forcé. M. D. A. § 41.

δ) Destruction d'arbres, de plantes ou de haies: αα) De houblon crû en perches dans une plantation. Peine: 14 ans de reclusion (E. P.). M. D. A. § 19. ββ) D'arbres ou d'arbustes, si le dommage causé dépasse £ 5, ou s'ils sont plantés dans un jardin ou dans un parc et que leur valeur dépasse 1 £. Peine: 5 ans de reclusion (E. P.). M. D. A. §§ 20 et 21. Si le dommage dépasse un shilling, mais n'atteint pas la valeur préindiquée, le maximum de la peine est de trois mois de prison avec travail forcé ou l'amende (Proc. somm. — en cas de première resp. seconde récidive les peines sont plus élevées). M. D. A. § 22. γγ) De plantes: I. Dans les jardins ou serres. Peine: 6 mois de prison avec travail forcé ou l'amende (Proc. somm.). En cas de récidive le délit est considéré comme felony. Peine: 5 ans de reclusion (E. P.). M. D. A. § 23. II. Dans d'autres lieux, pour autant qu'elles peuvent être utilisées. Peine: un mois de prison et travail forcé ou l'amende, en cas de récidive 6 mois de travail forcé (Proc. somm.). M. D. A. § 24. δδ) De haies. Peine: amende, en cas de récidive 12 mois de travail forcé (Proc. somm.). M. D. A. § 25.

ε) Démolition de maisons et détachement d'objets fixés dans les maisons, commis par des locataires. Peine: prison. M. D. A. § 18.

ζ) Destruction ou dégradation de livres imprimés, œuvres d'art exposés publiquement, ou de monuments. Peine: 6 mois de prison avec travail forcé (P.). M. D. A. § 39.

B. Infractions contre le droit d'occupation.[1]) Les dispositions relatives aux violations du droit de chasse et du droit de pêche sont trop nombreuses pour qu'elles puissent être toutes rapportées en cet endroit. Parmi les infractions qui sont le plus sévèrement punies il convient de relever les suivantes:

1⁰ La chasse indue pendant la nuit aux lièvres, faisans, coqs de bruyère, gélinottes et lapins. Peine: en cas de deuxième récidive: 7 ans de reclusion (misdem.). 9 Geo. IV cap. 69 §§ 1, 12, 13.

2⁰ L'introduction indue pendant la nuit dans une propriété en compagnie d'au moins deux autres personnes avec le dessein d'y commettre un des délits mentionnés sub 1. Peine: 14 ans de reclusion (misdem.). 9 Geo. IV cap. 69 §§ 9, 12, 13; Pr. § 94.

3⁰ L'attaque avec une arme ou un bâton contre un ayant-droit à la chasse ou un garde-chasse, etc. à l'occasion d'un des délits sub 1 ci-dessus. Peine: 7 ans de reclusion (misdem.). 9 Geo. IV cap. 69 § 2.

4⁰ La chasse indue aux chevreuils dans un enclos. Peine: prison avec travail forcé (E. P.). (Felony.) L. A. § 13.

5⁰ Attentat avec violence contre un garde-chasse par quelqu'un qui est entré sur le terrain d'autrui avec le dessein d'y commettre un des délits sub 4. Peine: prison avec travail forcé. (E. P.). (cependant felony). L. A. § 16.

6⁰ La pêche indue pendant la nuit à proximité de l'habitation de l'ayant-droit à la pêche, ou la pêche dans les mêmes conditions pendant le jour avec tout autre engin que la ligne flottante (dans quel cas le délit n'est puni que d'une amende). Peine: prison. L. A. § 24.

Le L. A. § 14, 15, 17 figure parmi les dispositions non-rappelées ci-dessus qui se rapportent au braconnage; le reste de la loi L. A. § 24 vise la pêche; L. A. § 20 punit la dégradation de bancs d'huîtres.

---

[1]) La conception du droit de chasse comme un droit d'occupation inhérent au droit de propriété du sol n'a été admise par la loi anglaise que depuis 1831. Avant cette époque le droit de chasse était considéré comme un monopole d'une classe privilégiée. Voir Stephen, Hist., t. III, p. 275—282.

C) Infractions contre les droits d'obligation. 1⁰ Violation de conventions.' Sont punissables:

a) Violation intentionnelle et méchante d'une convention, sachant que par cette violation la vie d'une personne est, selon toute prévision, mise en danger, ou que cette personne est exposée à des blessures graves, ou que des choses de prix sont exposées à un endommagement sérieux. S'il existe un motif fondé d'admettre une de ces conditions, la preuve qu'elle était à la connaissance de celui qui viole le contrat est superflue. Peine: amende de 20 £ ou 3 mois de prison avec travail forcé. 38 et 39 Vict. cap. 86 § 5.

b) Violation volontaire et méchante d'un contrat par une personne employé dans une usine à gaz ou dans un établissement de conduite d'eau public. Peine: la même que sub a. 38 et 39 Vict. cap. 86 § 4.

c) Violation du contrat d'engagement de gens de mer commise α) par le propriétaire du navire dans certains cas expressément spécifiés. Peine: prison. 17 et 18 Vict. cap. 104 §§ 206 à 208; — β) par un homme de l'équipage, également dans certaines conditions expressément spécifiées. Peine: l'amende et parfois emprisonnement de courte durée (la durée la plus longue est de 12 semaines). — 17 et 18 Vict. cap. 104 § 243.

2" Banqueroute et délits similaires connexes: a) La faillite n'est pas punissable d'après la loi anglaise. L'expression „bankruptcy" signifie faillite. La conséquence immédiate de la déclaration de faillite est l'incapacité de remplir certaines fonctions (entr'autres de celle de membre du Parlement, de juge de paix et toutes les fonctions honorifiques près les administrations communales). Cette interdiction n'est levée que par la réhabilitation du failli et par l'attestation lui délivrée par le tribunal de la faillite que celle-ci n'a été que la suite d'événements malheureux et nullement causée par la faute du failli. Bankruptcy act 1883 §§ 32 à 34.

b) Délits commis par le failli. Les actes suivants sont punissables, s'ils ont été posés frauduleusement. La fraude est présumée dans la plupart des cas. La déclaration de faillite est une des conditions de criminalité.

α) Le recèlement ou la soustraction de biens-meubles de la valeur d'au moins £ 20, commis après la requête en déclaration de faillite ou dans les quatre mois qui précèdent cette époque. Peine: prison et travail forcé. Si le failli prend la fuite et quitte l'Angleterre en emportant des biens-meubles de la valeur de plus de £ 20, la peine est la même, seulement le délit est traité comme felony. — Debtors act §§ 11 (4, 5), 12. — β) Le recèlement ou la soustraction de livres de commerce et de titres ou la destruction ou l'altération d'iceux commis après la requête en déclaration de faillite ou dans les quatre mois au plutôt avant cette époque. Peine: la même que sub a. Debtors act 1869 §§ 9 à 11. — γ) Le recèlement et la non-remise de biens-meubles, livres et titres au curateur de la masse, et la tromperie de ce dernier ou des créanciers par des allégations fausses ou la non-communication de renseignements relevants. Peine: la même que sub a. Debtors act 1869 § 11 (1, 2, 3, 6, 7, 8, 12, 16).

δ) Le non-payement de marchandises et autres objets qui avaient été achetés à crédit quatre mois au plutôt avant la requête en déclaration de faillite, pour autant que le crédit a été obtenu au moyen de fausses allégations.[1]) Peine: la même que sub a. Debtors act 1869 § 11 (13 à 14).

ε) La remise en nantissement ou la vente de marchandises achetées à crédit et non-payées, si cela n'a pas eu lieu dans l'intérêt de l'exploitation normale de son commerce et en déans les quatre mois avant la présentation

---

[1]) Quant au crédit que le failli se procure par fraudes, voir D 1 c.

de la requête en déclaration de faillite et pour autant que le failli est commerçant. La même peine que sub *a*. Debtors act 1869 § 11 (15). Sur *a*—ε voir encore Bankruptcy act 1890 § 26 et Bankruptcy act 1883 § 31.

ζ) Le fait du failli de se procurer du crédit d'au moins £ 20 avant la cessation de payement et en cachant son état d'insolvabilité. Il n'est pas besoin de prouver l'intention frauduleuse dans ce cas. Même peine comme sub *a*. Bankruptcy act 1883 § 3.

c) Délits commis par le créancier de la faillite. Se rend coupable d'un délit: Le créancier qui fait frauduleusement l'affirmation d'une créance supposée ou exagérée. Peine: un an d'emprisonnement avec travail forcé. Debtors act 1869 § 12.

D. Infractions contre la propriété en général.

1⁰ Les fraudes. Sont à comprendre dans cette rubrique:

a) L'acquisition de choses, d'argent ou de droits au moyen d'artifices ou dissimulations,[1]) pour autant qu'il ne s'agit pas de choses non-susceptibles d'être volées (voir ci-dessus sub A 1 d) d'après le droit commun. *a*) Cas simple. Peine: 5 ans de reclusion (misdem.). Larceny act §§ 88 à 90; Pr. §§ 271, 272: Stephen art. 329 à 333. — *β*) Cas grave. L'usage de faux noms. Ce délit est désigné par l'expression technique „personation“, et dans la plupart des cas traité en corrélation avec le faux en écriture; et c'est sous ce point de vue qu'il a été envisagé par le Forgery act 1861. Le délit est punissable, même si l'agent n'atteint pas son but. L'usage de faux noms est punissable quand il a été fait *a*) dans le but de s'enrichir. Peine: reclusion à perpétuité (E.). False personation act 1874 § 1; — *β*) si l'agent allègue frauduleusement être propriétaire de certaines valeurs nominatives et cède sur le fondement de ces allégations les dites valeurs à un tiers, ou en encaisse ou cherche à en encaisser les dividendes. Peine: reclusion à perpétuité (E.). Forgery act 1861 § 21, Forgery act 1870 §§ 21, 26 et 27 Vict. cap. 73 § 111, 30 et 31 Vict. cap. 131 § 35.

b) Autres fraudes. *a*) La dissimulation de titres relatifs à des droits sur des choses, dans l'intention frauduleuse de déterminer un acheteur ou un créancier gagiste à ratifier le titre, si elle est commise par le vendeur supposé resp. le débiteur gagiste ou son avoué. — Une poursuite ne peut avoir lieu qu'avec l'autorisation de l'Attorney général. 22 et 23 Vict. cap. 35 § 24. — *β*) Le recèlement frauduleux de testaments. Peine: reclusion perpétuelle (E.). L. A. § 29. — *γ*) Le complot frauduleux, c'est-à-dire le concert arrêté de tromper une personne ou un certain nombre de personnes, même dans le cas où l'action projetée n'est pas punissable.[2]) Peine: prison et travail forcé. Stephen art. 336.

c) Fraudes envers des créanciers.[3]) S'en rend coupable: *a*) Le débiteur qui se procure du crédit au moyen d'allégations fausses; — *β*) le débiteur qui aliène ou donne en gage partie de ses biens dans le but de frustrer certains créanciers en particulier ou la totalité de ses créanciers; — *γ*) la partie condamnée à payer une dette ou des dommages-intérêts, qui recèle des objets après le jugement ou dans les deux mois qui l'ont précédé. Peine: un an de prison et travail forcé. Debtors act 1869 § 13.

---

[1]) Voir cependant ci-dessus sub A 1 b. Tricherie au jeu rentre dans cette rubrique, en vertu d'une disposition positive de la loi. 8 et 9 Vict. cap. 109 § 18.

[2]) Par exemple le complot par propagation de fausses nouvelles ou par des manipulations communes (par exemple achats simulés), voir la décision dans l'affaire Scott v. Brown, 1892, 2 Q. B. 724, dans le but d'influencer le cours de la bourse.

[3]) Sur des délits analogues qui ne sont punissables qu'en cas de faillite, voir ci-dessus sub C 2.

2⁰ L'extorsion (extortion). La loi anglaise ne distingue pas avec assez de netteté le délit d'extorsion de celui de menaces (voir ci-dessus sub II 6). La tentative en est punie comme le crime accompli. C'est à cet endroit qu'il échet d'énumérer les cas punissables des menaces faites dans un esprit de lucre:

a) L'injonction illégale faite par écrit et sous menaces de remettre des choses mobilières. Peine: reclusion perpétuelle (E. P.). L. A. § 44.

b) La menace de dénonciation d'un crime grave[1]) dans l'intention de se procurer partie de la fortune d'autrui. Peine: reclusion perpétuelle (E. P.). L. A. § 46.

c) La menace de calomnie — si celle-ci a le caractère de libel (voir ci-dessus sub II 4) — et est faite dans l'intention d'obtenir de la personne menacée un avantage pécuniaire. Peine: 3 ans de prison et travail forcé. 6 et 7 Vict. cap. 96 § 3. Stephen art. 278.

3⁰ Abus de l'inexpérience ou de la jeunesse.[2]) a) Mystification au moyen d'expériences magiques, encore que dans le cas particulier le but n'en a pas été de se procurer des avantages pécuniaires. Peine: un an de prison. Stephen art. 337; 9 Geo. II cap. 5 § 4.

b) L'envoi à des mineurs de prospectus invitant à des paris ou prêts d'argent. Peine: 3 mois de prison et travail forcé. Betting and loans (infants) act 1892. 55 Vict. cap. 4.[3])

4⁰ Recel. Le recel est punissable:

a) Si les objets recélés proviennent d'un vol d'objets confiés à la poste, et que le détenteur savait qu'ils provenaient d'un vol et ont été expédiés par la poste ou avaient été destinés à être expédiés par la poste. Peine: reclusion à perpétuité. 7 Will. IV et 1 Vict. cap. 36 § 30; Stephen art. 359.

b) La réception d'objets dont l'appropriation illicite constitue une felony (à l'exception d'objets qui avaient été illégalement soustraits à des copropriétaires) par des personnes qui connaissaient l'illégitimité de l'appropriation. Peine: 14 ans de reclusion (E. P.). L. A. § 91.

c) La réception d'objets dont l'appropriation illicite constitue un misdemeanor, faite en connaissance de cette circonstance. Peine: 7 ans de reclusion (E. P.). L. A. § 95.

La loi anglaise ne punit pas d'une peine spéciale celui qui fait profession de recéler (voir § 260 du C. p. allemand); il n'existe pas non plus des dispositions particulières sur la récidive de ce délit (voir ibid. § 261).

Section V. Les infractions caractérisées par les moyens employés pour les commettre. 1. Déchaînement de forces dangereuses de la nature.

a) L'incendie (arson). L'incendie volontaire seule est punissable. Appartiennent à cette catégorie: α) L'incendie d'édifices. αα) Cas simple. Peine: 14 ans de reclusion (E. P.). M. D. A. § 6; — ββ) cas graves. L'incendie: I. De bâtiments publics (y compris ceux consacrés au culte) et de bâtiments à l'usage de l'exploitation du chemin de fer, de la navigation ou des ports de mer. — II. De bâtiments publics en général, s'il a été commis avec le dessein de causer du dommage à autrui, ou de commettre une fraude à son préjudice. — III. D'une maison servant à l'habitation, si elle contient au

---

[1]) Appartiennent à cette catégorie tous les crimes punis d'une peine maxima de sept ans de reclusion, comme aussi certains cas d'attentats à la pudeur.

[2]) L'exploitation de la nécessité d'autrui n'est pas punissable d'après le droit anglais. Les lois sur l'usure ont été abrogées en 1854. Pour l'histoire de ces lois voir Stephen, History, t. III, p. 193—199.

[3]) Sur l'organisation de loteries voir § 8 VIII 8.

moins une personne au moment de l'incendie. Peine: reclusion à perpétuité (E. P.). M. D. A. §§ 1 à 5. La tentative est dans tous les cas punie de 14 ans de reclusion (E. P.). M. D. A. §§ 7 et 8. — β) L'incendie de vaisseaux.[1]) Peine : reclusion perpétuelle (E. P.). La tentative est punie de 14 ans de reclusion (E. P.). M. D. A. §§ 42, 44. — γ) L'incendie de mines de charbons (en général de mines dont on extrait des matières combustibles). Peine: reclusion à perpétuité (E. P.). La tentative est punie de 14 ans de reclusion (E. P.). M. D. A. §§ 26 et 27. — δ) L'incendie de produits agricoles, à savoir $\alpha\alpha$) de récoltes sur pied, de forêts ou de fourrés. Peine: 14 ans de reclusion (E. P.). M. D. A. § 16. — $\beta\beta$) De provisions de produits agricoles, de matériaux de construction ou de chauffage. Peine: reclusion perpétuelle (E. P.). M. D. A. § 17. La peine de la tentative dans les deux cas est de 7 ans de reclusion (E. P.). M. D. A. § 18.

b) L'inondation, c'est-à-dire la dégradation ou la destruction d'une digue ou d'autres travaux hydrauliques, si elle a pour conséquence une inondation ou seulement un danger d'inondation. Peine: reclusion perpétuelle (E. P.). M. D. A. § 30.

c) Abus de matières explosibles. α) En général. Une série de dispositions anciennes comminaient déjà des peines contre l'abus de matières explosibles, notamment: O. P. A. §§ 28 à 30 (Stephen art. 236 e, f, 237); M. D. A. §§ 9, 10, 45 (Stephen art. 377 f, 378 e); O. P. A. § 64; M. D. A. § 54 (Stephen art. 382), qui sont devenues superflues à la suite de l'Explosive substances act de 1883, qui est beaucoup plus étendu et plus sévère — et qui aura, en partie, servi de modèle à la loi allemande de 1884. La loi punit l'explosion, certains actes préparatoires et l'assistance. — β) L'explosion. Est punissable l'explosion causée volontairement et illégalement dans des circonstances qui rendent vraisemblable qu'elle mettra en danger une vie d'homme ou causera du dommage matériel.[2]) Peine: reclusion à perpétuité. E. S. A. § 2. — γ) Actes préparatoires. Sont punis comme tels: $\alpha\alpha$) Tous actes faits dans l'intention de commettre le délit repris sub β, comme aussi le concert arrêté à cette fin;[3]) $\beta\beta$) la fabrication ou la détention de matières explosibles ou de machines destinées à produire des explosions dans l'intention de s'en servir pour mettre en danger une vie d'hommes ou de causer des dégradations matérielles graves. Peine dans les cas $\alpha\alpha$ et $\beta\beta$ 20 ans de reclusion. Expl. subst. act § 3. $\gamma\gamma$) La fabrication resp. la détention volontaire de matières explosibles, etc. dans des conditions suspectes, si un but licite ne peut être prouvé. Peine: 14 ans de reclusion. Expl. subst. act § 4. — δ) Les complices sont punis des mêmes peines que les auteurs principaux. Sont considérés comme complices ceux qui payent ou collectent des cotisations, ceux qui concèdent l'usage de locaux et ceux qui fournissent des matériaux.

2⁰ Infractions contre la sûreté et la circulation publiques. a) Danger pour la circulation en général. Sont compris dans cette catégorie: α) La destruction volontaire et illicite de ponts (qu'ils soient jetés sur une eau, ou

---

[1]) A titre de curiosité il est à relever que la section dans laquelle ce délit est énuméré dans la „Malicious Damage Act" a pour rubrique „Injuries to cattle and other animals" (Dommage causé aux bœufs et à d'autres animaux). A l'inverse il est question dans „Stephen's Digest" de blessures faites à des animaux sous la rubrique „Arson (incendie), etc."

[2]) Le délit prévu par l'art. 5, alinéa 3 de la loi allemande sur les matières explosibles constituerait d'après la théorie de la loi anglaise un assassinat, voir ci-dessus sub I 1.

[3]) Si l'explosion doit avoir lieu en Angleterre, et que l'auteur resp. le complice est sujet anglais, les délits rentrant dans cette catégorie sont punissables, même quand ils sont perpétrés à l'étranger.

non), de viaducs ou d'aqueducs sur lesquels ou sous lesquels passe une voie publique, un chemin de fer ou un canal, de même *β*) tout acte illicite posé méchamment qui rend impossible ou dangereuse la circulation sur les ponts, viaducs et aqueducs, ainsi que sur les voies publiques, chemins de fer et canaux conduisant par-dessus ou par-dessous ces constructions. Peine: reclusion perpétuelle (E. P.). M. D. A. § 33.

b) Entraves à la circulation sur les chemins de fer. *a*) Entraves volontaires. Toute action volontairement commise dans le but de mettre en danger une personne qui voyage sur le chemin de fer ou s'y trouve, ou dans le but de renverser, d'embarrasser ou endommager une locomotive ou un waggon est punissable. Peine: reclusion perpétuelle (E. P.).[1] O. P. A. §§ 32 et 33; M. D. A. § 35. — *β*) Entraves par négligence. Tout fait de commission ou omission par négligence par laquelle la sûreté d'une personne voyageant en chemin de fer peut être compromise. Peine: prison et travail forcé. O. P. A. § 34.

c) Entraves à la navigation. *a*) Destruction, dégâts et usage abusif volontaire d'appareils servant à la navigation. Rentrent dans cette catégorie les faits suivants, s'ils ont été commis volontairement et illicitement: *aa*) La destruction de constructions dans les ports, rivières et canaux. Peine: reclusion perpétuelle (E. P.). M. D. A. § 30 (2e moitié); *ββ*) l'enlèvement de supports aux digues, jetées en mer et dans les rivières et canaux navigables; *γγ*) l'abus d'écluses et appareils analogues et toute autre entrave dans l'eau navigable, dans le but d'embarrasser ou d'empêcher la navigation sur un fleuve ou canal. Peine: dans les cas *ββ* et *γγ*, 7 ans de reclusion (E. P.). M. D. A. § 31. — *β*) Destruction volontaire de vaisseaux et mise en danger d'iceux: *aa*) L'abandon et la destruction volontaire et illicite d'un navire, sans distinction si la construction en était achevée ou non, et toute action volontaire et illicite qui a pour but la destruction immédiate d'un navire, comme, par exemple, le fait d'enlever, de voiler ou de changer les signaux ou d'en établir de faux. Peine: reclusion perpétuelle. M. D. A. §§ 42, 43, 47; *ββ*) la destruction volontaire et illicite de parties de vaisseaux qui sont en détresse ou échoués, ou d'accessoires de ces vaisseaux. Peine: 14 ans de reclusion (E.). M. D. A. § 49; — *γγ*) L'endommagement volontaire et illicite de vaisseaux achevés ou non-achevés[2] avec le dessein de les détruire ou de les rendre impropres à la navigation, comme aussi l'enlèvement, le changement et la destruction de chaloupes, de bouées et autres objets qui servent de signaux pour la navigation. Peine: 7 ans de reclusion (E. P.). M. D. A. § 46.

d) Entraves au service télégraphique. La destruction, l'endommagement ou l'enlèvement volontaire et illicite d'appareils employés dans l'exploitation de télégraphes électriques ou magnétiques, ainsi que les entraves ou troubles dans la remise, l'expédition et la délivrance de télégrammes. Peine: 2 ans de prison avec travail forcé. Dans des circonstances particulières il y a lieu la condamnation sommaire à une peine maxima de 3 mois d'emprisonnement et travail forcé. Le maximum de la peine de la récidive est 3 mois de prison avec travail forcé. (Proc. somm.). M. D. A. §§ 37 et 38.

3° L'effraction (housebreaking et burglary). a) Aperçu. La loi anglaise ne punit pas le vol avec effraction comme tel. L'effraction est punie, sans égard au bien de droit contre lequel elle est dirigée, comme un moyen particulièrement dangereux pour la perpétration de crimes en général et trouve, par conséquent, à cet endroit sa véritable place.

---

[1] Si le fait a causé la mort d'une personne, il constituerait le crime de „murder“.
[2] Pour autant que cela n'a pas lieu par incendie ou par l'usage de matières explosibles.

La notion d'effraction d'après la loi anglaise est plus large que celle du droit pénal allemand (voir v. Liszt, Lehrbuch, 5e édition, p. 445) et comprend: I. Toute entrée illicite à l'aide de violence dans un lieu fermé même sans lésion de la substance des choses. II. Toute entrée illicite dans un lieu clôturé soit à l'aide de ruse ou de menaces ou de concert avec un des habitants de la maison. Stephen art. 315. L'évasion à l'aide de violence d'une maison (breaking out) a également de l'importance en matière pénale.

b) Effraction simple, c'est-à-dire l'entrée dans une maison d'habitation ou dans un bâtiment situé dans la cour d'une maison habitée, dans un édifice consacré au culte, une école ou un magasin, dans le but d'y commettre une felony.[1] Peine: 7 ans de reclusion (E.). L. A. §§ 54, 57.

c) Effraction nocturne[2] d'une maison d'habitation ou sortie violente d'une maison d'habitation, c'est-à-dire l'entrée à l'aide de violence dans une maison d'habitation avec le dessein d'y commettre une felony, ou la sortie violente de la maison de quelqu'un qui s'y était introduit dans le but d'y commettre une felony. Les deux faits sont désignés par le mot „burglary". Peine: reclusion perpétuelle (E.). L. A. § 52.

d) Effraction ou évasion combinée avec une felony, c'est-à-dire effraction d'une des maisons désignées sub b et perpétration d'un délit, ou évasion après la consommation d'une felony. Peine: 14 ans de reclusion (E.). L. A. §§ 50, 51, 55, 56.

e) Actes préparatoires. Sont punis en cette qualité, quand ils ont lieu pendant la nuit:[3] I. Le port d'armes dans l'intention de commettre une effraction dans un édifice. II. Le port de clefs ou d'autres outils pouvant servir à l'effraction. III. Le déguisement (en noircissant la figure ou par d'autres moyens) dans l'intention de commettre une felony. IV. La présence illicite dans un édifice, avec le dessein d'y commettre une felony. Peine: 5 ans de reclusion (misdem.); en cas de récidive, ou après une condamnation pour felony, 10 ans de reclusion. L. A. §§ 58 et 59; Pr. §§ 306 et 307; Stephen art. 320.

4° Falsification de marchandises. La principale loi qui règle cette matière est le „Sale of food and drugs act 1875" (corrigé par le „Sale of food and drugs act amendment act 1879"), qui punit d'une amende et, en cas de récidive, de 6 mois de prison avec travail forcé la falsification, pour les vendre de denrées propres à l'alimentation, ou de médicaments dans le cas où ces choses deviennent nuisibles à la santé, ou, s'il s'agit de médicaments, de qualité et de force moindre (§§ 3—5). La loi précitée punit également différents autres cas de falsification de marchandises. Il existe, en outre, une série de lois qui punissent d'amendes (parfois très élevées) la falsification d'objets spéciaux.[4]

5° Faux en écritures[5] (forgery) et délits similaires. a) En général. La notion de faux comprend le faux dans le sens restreint, comme aussi la falsification. Stephen art. 356 f. L'abus de blanc-seing, commis en écrivant

---

[1] Dans la plupart des cas il s'agira de vol; naturellement une série d'autres crimes sont possibles, par exemple l'assassinat ou le viol.

[2] C'est-à-dire entre 9 heures du soir et 6 heures du matin, Stephen art. 315.

[3] C'est-à-dire de 9 heures du soir à 6 heures du matin.

[4] Ces lois sont relatives au pain, au blé et à la farine (6 et 7 William IV cap. 37 §§ 2, 8—13, modifiée par 47 et 48 Vict. cap. 43 § 4 et annexe); aux semences (Adulteration of Seed Acts 1869 et 1878); à la bière (48 et 49 Vict. cap. 51 § 8 [2]); au café (5 Geo. I. cap. 11 § 23, 11 Geo. I. cap. 30 §§ 9 et 39); au houblon (7 Geo. II cap. 19 §§ 2 et 3); au thé (11 Geo. I cap. 30 §§ 5 et 39, 4 Geo. II. cap. 14 §§ 10 et 11); au tabac (6 et 6 Vict. cap. 93 §§ 1—4, 26 et 27 Vict. cap. 7 § 6, 30 et 31 Vict. cap. 90 § 19, 41 et 42 Vict. cap. 15 § 25 et 42 et 43 Vict. cap. 21 § 27); et au beurre (50 et 51 Vict. cap. 29 — Margarine Act 1887).

[5] N'est considéré comme acte (document) qu'un écrit; voir R. v. Closs, Dearsley and Bell, p. 460, projet § 313.

au-dessus une disposition contraire aux prescriptions du signataire (§ 269 C. p. allemand) est considéré comme faux. R. v. Hurt, 7 Carrington and Payne 652; R. v. Bateman, 1 Cox criminal case 186. L'intention frauduleuse est un élément constitutif du faux. Stephen art. 355.

L'usage dans le dessein de tromper est désigné par l'expression „to utter". Stephen art. 358. Tandis que la loi allemande ne punit que l'usage d'actes faux, la loi anglaise punit et le faux en lui-même et l'usage de faux actes. L'intention frauduleuse est un élément du faux, de même la connaissance de la fausseté de l'acte en est un de l'usage de faux. L'intention frauduleuse est présumée, si au moment du délit il existait une personne à laquelle l'usage du faux pouvait causer préjudice. La preuve que le faussaire a fait des diligences pour empêcher le préjudice ne renverse pas la présomption, aussi peu que la preuve que le faussaire avait un droit sur la chose qu'il voulait obtenir au moyen du faux. D'après le Common law le faux forme un misdemeanor et est comme tel puni d'un emprisonnement. Cependant la plupart des cas sont par le Forgery act de 1861 (24 et 25 Vict. cap. 98) et d'autres lois supplémentaires punis comme felonies de peines beaucoup plus sévères. Comme néanmoins diverses catégories d'actes ne sont pas spécialement énumérées dans ces lois, et cela pour des raisons purement fortuites, il paraîtra nécessaire de s'en rapporter à la Common law.

b) Falsification frauduleuse d'actes publics et usage d'actes faux en connaissance de leur fausseté. α) Falsification des actes publics suivants: αα) D'un sceau de l'État ou du sceau royal. Peine: reclusion à perpétuité (E.). F. A. § 1. ββ) D'inscriptions dans les registres de l'état civil ou de copies d'icelles.[1]) Peine: reclusion à perpétuité (E.). F. A. § 36. γγ) D'inscriptions dans d'autres registres publics et dans certains registres quasi publics et de copies d'icelles. Peine: dans certains cas 14 ans de reclusion, dans d'autres reclusion perpétuelle (E.). F. A. §§ 30 et 31. δδ) De sceaux des tribunaux, d'actes judiciaires et de copies d'iceux. Les peines varient suivant la nature de l'acte entre 14, 7 et 5 ans de reclusion (E.). F. A. §§ 27—29, 32—34.[2])

β) Falsification des titres resp. actes de transport suivants: αα) De billets de banque. Peine: reclusion perpétuelle (E.). F. A. § 12. ββ) D'effets publics anglais et indiens, de bons du trésor et en partie de coupons d'intérêts[3]) y afférents. Peine: reclusion perpétuelle. F. A. §§ 7, 8; Forgery act 1870 § 3; 25 et 26 Vict. cap. 7 § 14; 26 et 27 Vict. cap. 73 § 13. γγ) D'obligations (Debentures) en général. Peine: 14 ans de reclusion (E.). F. A. § 26. δδ) D'actes de transport ou de pouvoirs[4]) de transport de valeurs nominatives de sociétés par actions anglaises.[5]) Peine: reclusion perpétuelle (E.). F. A. § 2. εε) De connaissements, certificats de dépôt, lettres de change, assignations et quittances, traites acceptées, endossements ou autres notes portées sur ces pièces qui ont un effet juridique. Peine: reclusion à perpétuité (E.). F. A. §§ 22, 23, 25. La signature indue donnée comme fonds de pouvoir d'autrui est punie de 14 ans de reclusion au maximum. F. A. § 24.

---

[1]) Voir également ci-dessus sub II 4.

[2]) Appartient à cette catégorie le faux dans un acte de prestation de serment reçu par un fonctionnaire à ce commis. Voir Commissioners for Oaths Acts 1889 § 8.

[3]) La falsification de quelques coupons d'intérêts rentrant dans cette catégorie n'est pas spécialement punie; un employé de banque qui inscrit sur un tel coupon une somme trop élevée ou trop petite est puni de sept années de reclusion (E.). L. A. § 6.

[4]) La falsification du nom d'un témoin pour la légalisation d'un tel pouvoir est punie de sept ans de reclusion. F. A. § 4.

[5]) La falsification d'actes de transport de valeurs nominatives qui sont inscrites en dehors de l'Angleterre, de même la falsification d'actions nominatives sont punies d'une peine spéciale, portant des misdemeanors.

γ) Falsification des actes suivants: *aa*) De contrats d'obligation ou d'actes de cession d'icelles; *ββ*) de testaments. Peine dans les deux cas: reclusion perpétuelle (E.) F. A. §§ 20 et 21.

c) Usage frauduleux d'actes faux quelconques, dans l'intention de se procurer des avantages pécuniaires sur le fondement de ces actes. Peine: 14 ans de reclusion (E.). F. A. § 38.

d) Faux dans les actes authentiques. *a*) Par rapport à des transcriptions de droits de propriété sur des créances inscrites dans les livres de la banque d'Angleterre ou d'Irlande. Peine: reclusion perpétuelle (E.). F. A. § 5. *β*) Par rapport aux inscriptions dans les registres de l'état civil. Peine: reclusion perpétuelle (E.). F. A. § 36.

e) Actes préparatoires à la falsification de billets de banque et de bons du trésor. La loi énumère une série de faits qui permettent de conclure à la falsification et la mise en circulation de billets de banque anglais et étrangers ou de bons du trésor (par exemple achat de formulaires, détention de papier particulier ou de planches, etc.), et punit le coupable, s'il ne peut justifier de l'absence d'une destination illégale. savoir de 14 ans de reclusion (E.), s'il s'agit de billets de banque (F. A. §§ 13—19), et de 7 ans de reclusion (E.), s'il s'agit de bons du trésor. F. A. §§ 9—11.

6° Délits monétaires.[1]) a) Fausse monnaie et contrefaçon: *a*) De monnaies d'or et d'argent anglaises.[2]) Peine: reclusion perpétuelle (E.). Coinage act §§ 2 et 3; Pr. § 363. *β*) De monnaies de cuivre anglaises. Peine: 7 ans de reclusion (E.). C. A. § 14; Pr. § 370a. *γ*) De monnaies d'or et d'argent étrangères. Peine: 7 ans de reclusion (E.). C. A. § 18; Pr. § 371a, b. *δ*) De monnaies étrangères de moindre valeur. Peine: 1 an de prison, et, en cas de récidive, 7 ans de reclusion (E.) (misdem.). C. A. § 22; Pr. § 272.

b) Le commerce de monnaies contrefaites. *a*) La vente ou la mise en vente resp. l'achat de monnaies contrefaites au-dessous de leur valeur nominale, ou l'importation de monnaies contrefaites après en avoir vérifié les vices est punissable, si l'on ne peut rapporter la preuve de l'absence de l'illégalité. Les peines sont *aa*) la reclusion perpétuelle (E.), s'il s'agit de monnaies d'or ou d'argent anglaises; *ββ*) 7 ans de reclusion (E.), s'il s'agit de monnaies de cuivre anglaises;[3]) *γγ*) 7 ans de reclusion (E.), quand il s'agit de monnaies d'or ou d'argent étrangères.[4]) *β*) L'exportation de monnaies contrefaites anglaises en connaissance de leur fausseté, si l'absence de fraude n'est pas prouvée. Peine: emprisonnement et travail forcé (E.). C. A. § 8; Pr. 377.

c) Émission tentée ou consommée de monnaies contrefaites en connaissance de leurs vices. Les peines sont *a*) un emprisonnement d'un an avec travail forcé (E.), s'il s'agit de monnaies d'or et d'argent anglaises, et un emprisonnement de 2 ans avec travail forcé (E.), si l'agent met plus qu'une pièce en circulation en déans 10 jours; la reclusion à perpétuité en cas de récidive; *β*) un an d'emprisonnement avec travail forcé (E.), s'il s'agit de monnaies de cuivre anglaises; *γ*) un emprisonnement de 6 mois avec travail forcé, s'il s'agit de monnaies d'or ou d'argent étrangères; l'emprisonnement avec travail forcé

---

[1]) Le papier-monnaie n'est pas en circulation en Angleterre. Quant à la falsification de billets de banque, voir ci-dessus sub 5 b.

[2]) Les mots „monnaies anglaises" sont la traduction de „The Queen's Current Coin". Ils comprennent les monnaies frappées par une monnaie royale dans une partie quelconque de l'Empire britannique ou celles qui ont cours légal. C. A. § 1.

[3]) L'importation n'est pas punie dans ce cas.

[4]) L'achat et la vente ne sont pas punissables dans ce cas, mais seraient considérés comme mise en circulation, voir ci-dessous sub c.

en cas de première, et la reclusion à perpétuité (E.) en cas de seconde récidive. C. A. §§ 9, 10, 12, 15, 20, 21; Pr. §§ 376, 378 (a, e).

Quant à l'aggravation de la peine dans le cas *a*, si l'agent détient une autre monnaie contrefaite, voir sub d *a*.

d) Détention de monnaies contrefaites. Est punissable la possession:

a) D'une monnaie d'or ou d'argent anglaise, quand à ce fait se joint le délit visé sub c *a*. Peine: 2 années de prison avec travail forcé (E.); en cas de récidive reclusion à perpétuité. *β*) De trois pièces de monnaie d'or ou d'argent anglaises en connaissance de leur vice, avec le dessein de les mettre en circulation. Peine: 3 années de reclusion (E.) (cep. misdem.); en cas de récidive reclusion à perpétuité. *γ*) De 6 pièces de monnaie étrangères, si l'absence de l'illégalité n'est pas prouvée. Peine: l'amende (procédure sommaire). C. A. §§ 10—12, 23; Pr. §§ 376 a, 378 b.

c) Altération et dénaturisation de monnaies, c'est-à-dire *a*) le fait de rogner, ébarber etc. des monnaies d'or ou d'argent anglaises, avec le dessein de les mettre en circulation comme monnaies de bon aloi. Peine: 14 ans de reclusion (E.). Coinage act § 4; Pr. § 368. *β*) La détention indue de rognures de monnaies d'or ou d'argent en connaissance de leur provenance. Peine: 7 ans de reclusion (E.). C. A. § 5; Pr. § 369. *γ*) Dénaturisation de monnaies par le poinçon de noms ou de mots. Peine: un an de prison avec travail forcé (E.). C. A. § 16; Pr. § 378 d.

f) Fabrication et mise en vente de machines et d'instruments qui servent à la fabrication de monnaies, c'est-à-dire:

a) La confection ou réparation, l'acquisition et l'aliénation et la possession de machines, instruments, poinçons, formes, etc., qui sont propres à la fabrication de fausses monnaies d'or ou d'argent anglaises, si la bonne foi de l'agent n'est pas établi. Peine: reclusion à perpétuité (E.). C. A. § 24, Pr. § 365. S'il s'agit de machines, etc. propres à la fabrication de monnaies de cuivre anglaises, le maximum de la peine est de 7 années de reclusion (E.). C. A. § 14. *β*) La soustraction frauduleuse d'une des machines et instruments mentionnés sub *a* ou de monnaies et de métaux précieux dans une des monnaies royales, si l'absence de fraude n'est pas établie. Peine: reclusion perpétuelle. C. A. § 25; Pr. § 366.

g) La fraude monétaire, c'est-à-dire la confection indue ou mise en circulation frauduleuse de monnaies et pièces de métal qui ressemblent à des monnaies d'or ou d'argent anglaises, avec le dessein de les émettre en guise de monnaies correspondantes anglaises.[1]) Peine: un an d'emprisonnement avec travail forcé. C. A. § 13. Counterfeit metal act 1883 § 2.

h) Disposition commune. Pour tous les délits énumérés sub a à g le crime est censé consommé, même si la monnaie fabriquée, acquise ou mise en circulation ou frauduleusement employée se trouve dans un état non-parachevé.

---

[1]) Ce fait ne constitue pas à proprement dire un délit monétaire, mais un cas spécial de fraude.

2. L'Écosse.

I. Introduction.

§ 1. **Sources et littérature.**

Le droit écossais se compose, tout comme le droit anglais, du droit commun déposé dans les décisions judiciaires, et du statute of law contenu dans les lois positives. Cependant les lois sur le droit pénal n'embrassent qu'un terrain restreint, et la plus grande partie de cette branche de la justice est dominée par le droit non-écrit. Les lois comprennent d'un côté les lois écossaisses rendues avant la réunion de l'Écosse à l'Angleterre (1707), et d'un autre côté de celles rendues depuis cette époque par le Parlement britannique. Parmi ces dernières il y en a qui se rapportent exclusivement à l'Écosse, et d'autres qui sont communes soit à une des parties seulement soit aux deux autres parties du Royaume-Uni. Le statute of treasons (voir ci-dessus Angleterre et Irlande § 8 I 1) fut rendu commun à l'Écosse par la loi 7 Anne cap. 21, émanée peu de temps après la réunion. Les lois réunies connues sous le nom de Robert Peel's act (voir Angl. § 1 IV), de même que les Consolidation acts de 1861, à l'exception du Coinage act (voir ibid.), ne se rapportent pas à l'Écosse; par suite un nombre assez considérable de lois, qui ont été abrogées pour l'Angleterre et l'Irlande, sont restées en vigueur en Écosse.[1]) Comme la fiction du benefit of clergy n'a jamais existé en Écosse, les dispositions y relatives n'ont naturellement pas de force légale. Comme de même les lois sur l'abolition de la peine de mort ne se rapportaient à l'Écosse qu'en partie, il en résultait qu'avant 1887 les délits suivants étaient encore, du moins en théorie, punissables de la peine de mort, à savoir: le brigandage, le viol, certaines espèces de vol, l'inceste, les crimes contre nature. Une loi de 1887 qui avait pour but la réforme de la procédure criminelle a, par son art. 56, mis fin à cette anomalie, et depuis lors ne sont punis de la peine de mort que l'assassinat, certaines espèces de tentatives d'assassinat et la haute trahison.[2])

Les écrivains écossais estiment le droit criminel écossais de beaucoup supérieur au droit pénal anglais, en ce que les juges écossais ont la faculté de prononcer une peine arbitraire dans les cas où ils trouvent qu'une action,

---

[1]) De ce nombre sont: 4 George II cap. 32 et 13 Geo. III cap. 32 (vol); 1 Geo. I stat. 2 cap. 5, 52 Geo. III cap. 130 et 56 Geo. III cap. 125 (endommagement de propriétés mobilières); 2 et 3 Will. IV cap. 4 (détournement); 2 et 3 Will. IV cap. 123 (faux); 21 et 22 Vict. cap. 47 (tromperie), etc.

[2]) Le § 56 dispose expressément que l'assassinat et certaines espèces de tentative de ce crime seraient punis de mort; comme cependant le § 75 déclare non-abrogées des dispositions antérieures sur la haute trahison, l'interprétation donnée dans le texte doit prévaloir.

qui n'est pas encore prévue par la loi en vigueur, possède le caractère d'une action punissable. Le principal exemple par eux cité est une condamnation à la déportation prononcée vers la moitié du siècle dernier pour une menace écrite (voir Hume, Commentaries, t. I p. 12). Il existe cependant encore d'autres exemples des temps modernes, voir Macdonald, Criminal law of Scotland, p. 247. Il est probable que dans la pratique judiciaire d'aujourd'hui la faculté du juge écossais ne va pas plus loin que celle accordée aux juges anglais, comme il a été expliqué ci-dessus (Angl. § 2 I).

II. Littérature. La littérature du droit criminel écossais est fort insuffisante. L'ouvrage qui jouit sans conteste de la plus grande autorité est Hume, Commentaries on the laws of Scotland respecting crimes, 2 forts volumes in-4°, 1ʳᵉ édition 1797. Le tome premier seul traite le droit criminel matériel.[1]) Avant Hume l'ouvrage principal était Mackenzie, Treatise concerning the laws of Scotland in matters criminals, 1678. Parmi les ouvrages modernes il y a lieu de mentionner: Alison, Principles and practice of the criminal laws of Scotland, 1832, 2 vol. (dont le premier traite le droit pénal matériel); ensuite J. H. A. Macdonald, A practical treatise on the criminal laws of Scotland, en un volume, qui est le plus en usage aujourd'hui. Cet ouvrage, 2ᵉ éd. 1877, sera dans la suite cité par le nom de l'auteur seulement. Ce dernier occupe actuellement dans la haute magistrature de l'Écosse le poste second en rang, savoir celui de lord justice clerk. L'ouvrage en question traite dans les pages 1 à 245 le droit criminel matériel, dans les pages 246 à 550 l'organisation judiciaire et la procédure criminelle. Dans le Manual of the Criminal procedure (Scotland) act 1887, son auteur N. D. Macdonald traite les modifications que la dite loi a introduites, et qui sont principalement relatives à la procédure criminelle. Le plus remarquable parmi les ouvrages anciens sur le droit écossais complet est celui d'Erskine, Institute of the laws of Scotland. Il contient également un chapitre sur le droit pénal, qui aujourd'hui ne présente plus qu'un intérêt historique. Méritent d'être consultés sur le droit en vigueur: Bell, Dictionary and Digest of the law of Scotland (dernière édition 1891), dans lequel manque cependant un article donnant un aperçu général sur le droit criminel. Les décisions judiciaires en matière criminelle se trouvent dans les recueils généraux (court of session cases, scotch law reporter, etc.). Les recueils de McLaurin (1670 à 1770), de Shaw (1848 à 1852) et de Syme (1826 à 1829) ne contiennent exclusivement que des décisions en matière criminelle. Les décisions les plus récentes sur la même matière sont contenues dans le recueil de White, Reports of cases in the high court of justiciary, t. I, 24 décembre 1885 au 20 mars 1888; t. II, 20 mars 1888 au 13 mars 1891; t. III, 5 mars 1891 au 23 mai 1893, etc.

§ 2. Résumé des dispositions de droit pénal communes à l'Angleterre et à l'Écosse.

A. Dispositions concernant l'exécution des peines.[2])
Les lois relatives à l'introduction, la durée et l'exécution de la peine de reclusion (Penal servitude acts, voir Angleterre et Irlande § 2 I 1 b) sont également en vigueur en Écosse.

---

[1]) Cet ouvrage continue d'être désigné comme autorité suprême dans les jugements rendus dans les temps récents (H. M. advocate v. M. Donald & White 520; 11 août 1890). Hume était neveu du célèbre philosophe.
[2]) Ont également force de loi en Écosse les dispositions sur l'extradition, voir ci-dessus Angl. § 4 II.

B. Dispositions sur quelques délits en particulier.

I. Sur les infractions contre les droits de la société. Sont applicables à l'Écosse les dispositions sur la haute trahison d'après le statute of treasons et les treasonable felonies (voir Angl. § 8 I b et c); sur tous les crimes réunis ci-dessus ibid. sub d sous la rubrique „faits de haute trahison, etc.“; sur les complots séditieux (ibid. § 8 I b) et les attentats personnels contre le Souverain (ibid. § 8 I 3), comme aussi les exercices militaires non-autorisés (ibid. § 8 II 3).

Parmi celles relatives aux résistances envers des fonctionnaires sont applicables à l'Écosse les dispositions édictées par le Riot act et celles rendues pour la protection des employés de la douane (ibid. § 8 III 1 a et b), celles concernant les infractions contre le droit d'élection et de vote (ibid. § 8 IV 3), en tant qu'elles se rapportent aux élections pour le Parlement, et celles contre les sociétés défendues et les ordres monastiques (ibid. § 8 V 1).

II. Sur les infractions contre les droits des particuliers. Ont également force de loi en Écosse les dispositions anglaises sur les crimes suivants: l'enlèvement de filles au-dessous de l'âge de 16 ans accomplis dans un but immoral (Angl. § 9 I 3 a β); le proxénétisme (ibid. I 3 b); la cohabitation illégitime avec des filles au-dessous de 16 ans accomplis (ibid. I 3 c γ); la violation du droit d'auteur et la contrefaçon de marques de fabrique énumérées (ibid. III); les délits de chasse (ibid. IV B 1—3); les violations de contrat dans les cas repris (ibid. IV C 1); les délits cités sous la rubrique: Abus de l'inexpérience et de la jeunesse (ibid. IV D 3); l'abus de substances explosibles, en tant qu'il est visé par le Expl. subst. act (ibid. V 1 c); les délits monétaires (ibid. V 6).

§ 3. Principes sur l'introduction de la procédure criminelle.[1])

Ces principes diffèrent essentiellement de ceux applicables en Angleterre et se rapportent davantage de ceux en vigueur sur le continent, en ce que la poursuite répressive est mise en mouvement presqu'exclusivement par le ministère public. Les procureurs principaux sont le lord advocate et le solicitor general. Ceux-ci et leurs quatre représentants (advocates deputes) sont chargés d'introduire l'action publique devant la cour suprême (High court of justiciary) et les cours d'assises (Circuit courts of justiciary). Dans les sheriff courts, qui ont avec les courts of justiciary compétence pour la plupart des affaires criminelles, ce sont les procurators fiscals qui représentent le ministère public. La partie lésée et ses parents ont également le droit d'exercer la poursuite, mais seulement avec l'autorisation du procureur d'État. Si cette autorisation est refusée sans motifs, l'intéressé peut se pourvoir devant la High court, mais le tribunal n'interviendra que dans les cas tout à fait exceptionnels (voir la décision dans l'affaire Robertson 2 White 468). En fait les actions privées sont fort rares en Écosse. Les délits dont la poursuite est soumise à une plainte n'existent pas en droit écossais. La différence entre indictable offences et les délits qui sont poursuivis par voie sommaire est la même que dans le droit anglais (voir Angl. § 3 II et § 6 I 1); toutefois ces derniers ne constituent que des infractions de peu de gravité. Le droit écossais ne connaît pas des dispositions comme celles inscrites dans le Summary jurisdiction act 1879. Dans ce qui suit il ne sera question que d'indictable offences.

---

[1]) La plupart des principes énumérés dans l'Angleterre §§ 4 et 5 sur la force obligatoire du droit pénal sont par analogie applicables à l'Écosse.

II. Partie générale.

§ 4.

A. Le crime.

I. Division des crimes. Une division analogue à celle admise en Angleterre, savoir en felonies et misdemeanors, n'existe pas dans le droit écossais; la treason forme une espèce de délit distincte. Dans le temps un certain nombre de crimes graves, en dehors de la treason, se distinguaient en ce qu'ils étaient soumis à la juridiction exclusive de la High court et des Circuits courts; aujourd'hui les sheriff's courts sont compétents pour tous les crimes sans distinction, à l'exception de la haute trahison, de l'assassinat et du viol (Criminal procedure [Scotland] act 1887 § 56). Tout crime poursuivi par la voie de l'indictment est, d'après l'usage écossais, appelé „indictable crime“, et ceux qui le sont par la voie sommaire „crime or offence punishable on summary complaint“ (C. p. [Scotland] act 1887 § 71).

II. Exclusion de la criminalité. 1⁰ Quand il s'agit d'infractions commises sous l'influence du danger.

a) La légitime défense. En Écosse il n'avait jusqu'à ce jour été question de légitime défense que dans le cas de mort d'homme. N'est pas punissable celui qui tue quelqu'un: A. Pour éviter un péril de mort qui menace soi-même ou autrui; B. pour se soustraire soi-même ou autrui à un viol; C. pour repousser un attentat à la propriété accompagné de violence ou de menaces contre la personne (Macdonald p. 142). On doit admettre que d'autres actions qui dans des circonstances ordinaires seraient punissables cessent de l'être dans les cas où la légitime défense justifie l'homicide; que celui ne commet pas une action punissable qui, voulant se soustraire à un péril de mort ou à un viol, blesse son agresseur ou lui enlève son arme par force, etc. Sur ce point les livres écossais gardent cependant silence.

b) La contrainte. Des cas de ce genre se sont notamment présentés à l'occasion de troubles populaires. Des individus isolés ont été acquittés, parce qu'ils avaient été forcés de prendre part à ces troubles. Macdonald est cependant d'avis que même la contrainte exercée par une personne seule peut être une cause de justification; par exemple et notamment, si l'épouse ou un enfant ont été contraints de commettre une action punissable (Macdonald p. 13). La notion de nécessité est étrangère au droit écossais.

c) L'exercice d'une fonction publique. L'homicide (et par suite également les lésions corporelles) est justifié:[1] 1⁰ En cas d'exécution d'une condamnation à mort; 2⁰ en cas d'exécution d'un mandat d'arrêt, s'il y est opposé de la résistance avec violence; 3⁰ en cas de répression[2] d'un attroupement hostile; 4⁰ si les militaires exécutent un ordre de leurs supérieurs, pourvu que l'illégalité de cet ordre n'apparaît pas d'une manière évidente.[3]

Il est difficile de se prononcer, d'après les données juridiques existantes, sur la question de savoir si le consentement de la partie lésée exclut la crimi-

---

[1] Macdonald p. 140—142.
[2] Le principe que d'autres personnes ne seraient également pas punissables, s'ils coopèrent activement à la répression d'attroupements hostiles, n'a pas encore été exprimé par rapport au droit écossais (voir Angl. § 6 II 3 a).
[3] En droit anglais l'ordre d'un supérieur n'est, en théorie, pas de cause de justification, serait cependant pris en considération comme circonstance atténuante.

nalité. Il est établi que le consentement donné par des enfants à des actes contraires à l'honneur sexuel n'est d'aucune importance.[1])

III. Imputabilité, intention, négligence. 1⁰ Imputabilité. a) En ce qui concerne l'âge du délinquant, la responsabilité pénale ne commence qu'avec l'âge de sept ans accomplis.[2]) La peine de mort peut être exécutée sur des personnes du sexe masculin après l'âge de 14, et sur des personnes du sexe féminin après l'âge de 12 ans accomplis (Macdonald p. 11).

b) Par rapport à la santé de l'esprit. La démence est une cause de justification du crime, si elle empêche l'agent de discerner la nature ou l'immoralité ou la criminalité de son action. L'ivresse ne constitue pas une excuse (Macdonald p. 11—13).

2⁰ L'intention.[3]) D'après le droit écossais toute infraction est présumée être commise avec intention (Macdonald p. 2); et par intention il faut, comme dans le droit anglais, entendre la connaissance des conséquences d'une action ou d'une inaction. Si A attaque B avec le dessein de commettre un vol à l'aide de violence à son préjudice, ou de lui faire des blessures graves, et que B vient à mourir, B est coupable d'assassinat. Le principe général est: si l'événement qui a été causé par l'action criminelle a pu entrer dans les prévisions de l'agent comme conséquence de cette action, l'auteur en est pénalement responsable (Macdonald p. 3). Pour nombre de délits une intention déterminée est exigée comme élément constitutif.

3⁰ La négligence n'est punie que rarement; elle l'est notamment en cas d'homicide, d'entraves à la circulation, et (à la différence du droit anglais) en cas d'incendie involontaire.

IV. Conditions de la punibilité. Il y a lieu de mentionner à cette place seulement la prescription de l'action pénale. Une prescription générale n'existe pas, si ce n'est qu'on paraît admettre la règle qu'après 20 ans révolus depuis la consommation du délit il n'y a plus lieu à poursuite, à moins qu'une sentence of fugitation[4]) n'ait en temps utile constaté la fuite du délinquant (Macdonald p. 273). Des lois spéciales attachent une prescription particulière aux infractions qu'elles répriment, ainsi que le fait la loi anglaise.

V. La tentative. Avant 1887 il n'existait pas en Écosse une règle générale en vertu de laquelle la tentative eût été punissable. Des dispositions particulières la punissaient de peines déterminées; la tentative de vol simple et la tentative d'effraction entr'autres devaient cependant rester sans répression (Macdonald p. 76; p. 74), et il était douteux que la tentative de dégradation mobilière fût punissable (Macdonald p. 118). Le Criminal procedure (Scotland) act 1887 dispose (§ 61) que, dans la suite, la tentative d'un „indictable crime" serait en général à punir comme le crime lui-même. La peine serait fixée par le juge. Il va de soi que les dispositions spéciales antérieures ne sont pas abrogées par la dite loi.

VI. Complot et provocation. a) Le complot formé dans le but de

---

[1]) Dans quelques cas la loi relève en termes formels l'illégalité comme faisant partie de la matérialité de l'infraction, par exemple en cas d'avortement (Macdonald p. 152), en cas d'emploi de substances enivrantes (Macdonald p. 172). Dans les deux cas elle se sert des mots „felonious intent". Il résulte cependant clairement de l'ensemble que „felonious" dans cette acception doit être traduit par illégalement.

[2]) La présomption du droit anglais en ce qui concerne le viol n'existe pas en droit écossais (Macdonald p. 169).

[3]) L'expression écossaise pour „intentionnellement" est „wilfully".

[4]) Un tel jugement est rendu, si l'accusé fait défaut lors des débats principaux; il a pour effet de faire perdre à l'accusé le bénéfice des priviléges, s'il est arrêté plus tard (Macdonald p. 458).

commettre une infraction est puni d'un emprisonnement ou de la reclusion (Macdonald p. 240).

b) La provocation est punie de la même manière, si une loi spéciale n'en dispose autrement (c'est ainsi, par exemple, que les lois 7 Will. IV et I Vict. cap. 36 sur le vol d'objets confiés à la poste prévoient pour la provocation à ce délit une peine maxima de 2 ans de prison). Toutefois elle n'est poursuivie que quand il s'agit de crimes graves (par exemple d'assassinat, d'incendie, de dénonciation calomnieuse, voir Macdonald p. 241).

VII. Participation principale et accessoire. La provocation et la participation à l'action sont punis identiquement des mêmes peines que l'action elle-même; et l'instigateur et le complice peuvent être poursuivis et punis même en l'absence de l'auteur principal.[1])

VIII. Unité d'action juridique, etc. a) Unité d'action juridique. Les données sur ce sujet sont très rares. On paraît reconnaître dans le droit écossais la possibilité d'un délit continué (voir Macdonald p. 310), mais on ne le distingue pas du délit continu, et l'un et l'autre sont appelés „Crimen continuum". Le vol est considéré, tout comme en Angleterre (voir Angleterre § 6 VIII 2), comme délit continu aussi longtemps que les objets soustraits se trouvent dans la possession du voleur (Macdonald p. 244).

b) Délits collectifs. La circonstance qu'un délit se commet par habitude est aggravante, quand il s'agit de vol. Le prévenu est dans ce cas désigné par les mots: „Thief by habit and repute" (Macdonald p. 48 sq.). En cas de recel l'habitude n'est pas prise en considération (Macdonald p. 63).

c) Récidive. Dans un grand nombre de cas la récidive constitue une circonstance aggravante. La question de savoir si deux délits se ressemblent au point que le second peut être considéré comme formant récidive, fut dans le temps l'objet de fréquentes controverses (Macdonald p. 15). Aujourd'hui le Criminal procedure (Scotland) act 1887 désigne certains groupes de délits qui se ressemblent assez pour qu'en cas de condamnation du chef d'un délit appartenant à un de ces groupes une condamnation antérieure pour un autre délit du même groupe soit pris en considération pour la fixation de la peine. De pareils groupes sont les suivants: A. Brigandage, vol, recel, faux, tromperie, effraction avec le dessein de voler, attentat dans l'intention de piller, détournement, effraction nocturne, délits monétaires et la tentative d'un de ces délits (§ 63). B. Tous les délits dont la violence forme un des éléments (§ 64). C. Tous les délits dont un acte impudique ou malhonnête forme un des éléments (§ 65).

Déjà une loi de 1871 (33 et 34 Vict. cap. 112 § 18) statua que les condamnations subies dans une autre partie du Royaume-Uni compteraient pour former la récidive (voir également Crim. proc. [Scotland] act 1887 §§ 63 à 65).

d) Concours réel. De même qu'en droit anglais tout individu convaincu de plusieurs délits encourt la peine de chacun d'eux; un adoucissement du cumul n'est pas admis en Écosse (voir Crim. proc. [Scotland] act 1887 § 60).

B. La peine.

Prises dans leur ensemble, les dispositions sur les peines en général sont les mêmes qu'en Angleterre. La peine de mort peut, comme en Angleterre, être prononcée dans certains cas de tentative d'assassinat (10 Geo. IV cap. 38;

---

[1]) L'auteur est désigné par „actor", l'instigateur par „art and part". C'est pour cette raison que les plaintes devaient contenir les mots „actor or art and part", pour couvrir tous les cas. Cependant la loi de 1887 § 7 dispose que ces mots ne sont plus de rigueur à l'avenir, et qu'une accusation pour un crime tiendra en même temps comme accusation pour provocation ou participation.

Crim. proc. [Scotland] act 1887 § 56), et est exécutée de la même manière qu'en Angleterre. Le droit écossais contient la disposition particulière que le jour de l'exécution doit être fixé dans le jugement de condamnation, et qu'au sud de la rivière Forth il doit s'écouler entre le jour de la condamnation et le jour de l'exécution 15 jours au moins et 21 au plus, et au nord de la même rivière 20 jours au moins et 27 au plus (11 Geo IV et Will. IV cap. 37).

L'exécution de la peine de reclusion est régie par les principes inscrits dans les Penal servitude acts (voir Angleterre § 7 I 1 b) en vigueur en Angleterre, néanmoins les dispositions des Prevention of crime acts et de la loi 33 et 34 Vict. cap. 23 concernant les suites d'une condamnation à la peine de reclusion ne sont pas applicables en Écosse.[1]) Les Prison acts (voir Angleterre § 7 I 1 c) ne se rapportent pas non plus à l'Écosse. L'emprisonnement avec ou sans travail obligatoire, avec ou sans isolement, est prononcé par le juge dans sa sagesse, et ne dépasse que rarement la durée de 2 ans (Macdonald p. 16). L'emprisonnement cellulaire, dans la plupart des cas où il est admissible, est réduit à trois mois dans le cours d'une année, de façon toutefois que le condamné n'en subisse qu'un mois en une fois (Macdonald p. 17). Quand il s'agit de délits de peu de gravité, le juge a, d'après le droit commun, sans autorisation spéciale de la loi, la faculté de prononcer une amende comme peine principale en lieu et place de la peine privative de la liberté, ou accessoirement et cumulativement avec cette dernière (Macdonald p. 17). La punition corporelle est admissible dans certains cas, notamment pour les jeunes criminels. Le placement dans des établissements de réforme se fait en vertu de dispositions analogues à celles en vigueur en Angleterre (voir Angleterre § 7 I 2 a). L'obligation de mener une bonne conduite peut être imposée dans les mêmes formes qui sont prescrites en Angleterre (voir ibid. § 7 I 2 e); elle est de rigueur quand il s'agit de troubles de la paix publique (Macdonald p. 17). A la différence de l'Angleterre le droit écossais connaît la notion des circonstances atténuantes (pleas in mitigation). Sont considérées comme telles: la bonne conduite antérieure, la jeunesse, la contrainte du mari (quand il s'agit de délits commis par la femme), la faiblesse d'esprit (qui n'a pas atteint le degré où elle exclut l'imputabilité pénale), etc. (Macdonald p. 16). La condamnation conditionnelle est admise sur la base du Probation of first offenders act 1887 (voir Angleterre § 7 II 3). L'appréciation du juge, quant à la fixation de la peine, est beaucoup plus étendue qu'en Angleterre. Le juge peut, d'après le droit commun, prononcer contre les personnes accusées d'indictable crimes — ou de crimes punissables en vertu d'une loi, qui ne détermine pas de peine, — arbitrairement la reclusion ou l'emprisonnement.[2])

III. Partie spéciale.

§ 5. a) Infractions contre la chose publique.

1⁰ Infractions contre l'État. En dehors des principes communs aux deux pays (voir Angleterre § 2 I) il existe en Écosse des dispositions sur la lèse-

---

[1]) La perte des droits honorifiques peut être prononcée séparément par une „sentence of infamy“, ce qui a lieu particulièrement en cas de parjure et de corruption.

[2]) Si dans la suite le mot „régulièrement“ est ajouté à l'indication de la peine, cela veut dire que la peine de la reclusion ou de l'emprisonnement sont admissibles indifféremment, mais que dans la pratique c'est la peine indiquée qui est prononcée.

majesté (en écossais leasing making — probablement une corruption de laesa majestas) et les entreprises séditieuses (sedition), qui n'ont cependant plus aucune signification pratique aujourd'hui (Macdonald p. 228 à 229).

2⁰ Infractions contre la paix publique. a) Rassemblements publics. La graduation entre unlawful assembly, rout et riot (voir Angleterre § 8 II 1) n'existe pas en Écosse. Un rassemblement punissable y est appelé „mobbing" ou bien „mobbing and rioting". Il faut la participation de plusieurs personnes, une intention illicite et le trouble de la paix publique (Macdonald p. 180 à 185). Peine: reclusion ou emprisonnement. Si au moins 12 personnes continuent à prendre part au rassemblement après que lecture a été donnée du Riot act (qui est également en vigueur en Écosse), ou après que cette lecture avait été empêchée, de même si des machines ou des édifices publics ont été endommagés, on applique les mêmes dispositions qui sont en vigueur en Angleterre et relatives aux cas de cette espèce (voir Angleterre § 8 II c). Ceci avait son importance pratique dans le temps où la peine de mort était comminée par le Riot act; depuis l'abolition de la peine de mort il n'existe plus aucune différence entre le riot simple et le riot qualifié en ce qui concerne la peine (Macdonald § 185 b).

b) Autres troubles de la paix publique. Si le trouble de la paix publique est commis sans rassemblement, on parle en Écosse de „rioting[1]) and breach of the peace". La peine est régulièrement l'emprisonnement ou l'amende (Macdonald p. 188).

c) Exercices militaires non-autorisés. Ils sont punis de la même peine qu'en Angleterre (voir § 8 II 3).

3⁰ Infractions contre l'autorité du gouvernement. a) Résistance envers des fonctionnaires. Les dispositions particulières relatives à l'Angleterre, rappelées ci-dessus § 8 III 1 a et b, sont également applicables à l'Écosse. Dans les autres cas la résistance est ordinairement connexe à un autre délit (attentat avec violence, attroupement, trouble de la paix publique, etc.), qui forme l'objet véritable de la poursuite; elle peut toutefois être poursuivie comme délit distinct appelé „Obstructing officers of law". La peine est régulièrement l'emprisonnement (Macdonald p. 217). Les entraves apportées à l'exécution d'un ordre de justice, ou la résistance envers un employé des contributions dans l'exercice de ses fonctions sont mentionnées spécialement sous l'appellation de „deforcement" (Macdonald p. 212 à 216).

b) Évasion et délivrance de prisonniers. L'évasion de détenus avec bris de prison (prison breaking), ou l'effraction commise dans le but de délivrer des détenus est punie de reclusion ou d'emprisonnement (Macdonald p. 217 à 219).

4⁰ Infractions contre la marche de l'administration de l'État. a) Délits commis par des fonctionnaires publics dans l'exercice de leurs fonctions. Sont punissables: La négligence des devoirs fonctionnels (Macdonald p. 191); l'abus de pouvoir (Macdonald p. 174) et la corruption (Macdonald p. 206). A ce qu'il paraît, ces délits ne sont commis que par des fonctionnaires d'un rang inférieur (Macdonald p. 207) et ne sont régulièrement punis que d'un emprisonnement. La destitution et „l'infamie" peuvent, en outre, être prononcées.

b) Infractions contre l'administration de la justice.

α) Faux serment. Est puni comme parjure la déclaration fausse relative à un fait essentiel faite sciemment sous la foi du serment (ou dans une autre forme équipollente) devant un fonctionnaire judiciaire (Macdonald p. 207 à 210).

---

[1]) L'expression „riot" est, par conséquent, employée en Écosse dans une toute autre acception qu'en Angleterre.

Peine: reclusion ou emprisonnement. La subornation de témoins (subornation of perjury) est punie de la même peine. L'„infamy" peut être prononcée dans les deux cas (Macdonald p. 211 à 212).

β) Dénonciation calomnieuse. Peine: reclusion ou emprisonnement (Macdonald p. 178 à 179). Le complot formé dans le but de faire une dénonciation calomnieuse est punie de la même peine (Macdonald p. 240).

γ) Le recèlement de personnes comme tel n'est punissable que dans le cas de haute trahison (auquel s'appliquent les dispositions légales anglaises, comme il est dit ci-dessus (Macdonald p. 11).

c) Infractions contre le droit public d'élection et de vote. Sont applicables les dispositions anglaises rappelées ci-dessus sub § 8 IV 3, en tant qu'elles concernent les élections pour le Parlement.

d) Les infractions contre les lois douanières sont également régies par les dispositions anglaises, ci-dessus énumérées sub § 8 IV 4.

5⁰ Infractions contre les droits de réunion et de la presse. Les dispositions obsolètes mentionnées pour l'Angleterre sub § 8 V 1, relatives aux sociétés défendues et les ordres monastiques, sont également en vigueur en Écosse, mais, comme en Angleterre, sans importance pratique. Une loi spéciale sur la presse n'existe pas.

6⁰ Infractions contre la religion. Dans les derniers temps on ne poursuit les délits de cette espèce que quand il s'agit de la publication d'écrits qui outragent, critiquent ou tournent en ridicule la bible ou la religion chrétienne. Peine: emprisonnement et amende, soit cumulativement, soit séparément (Macdonald p. 203 à 204).

L'exhumation et la soustraction d'un cadavre de son tombeau est punie de reclusion ou d'emprisonnement (Macdonald p. 76).

7⁰ Infractions contre les moeurs. a) Crimes contre nature, c'est-à-dire sodomie (qui, à la différence du droit anglais, n'est punissable que quand il est commis entre personnes du sexe masculin) et bestialité. Peine: reclusion ou emprisonnement (Macdonald p. 200).

b) Actes impudiques entre personnes du sexe masculin. Peine: reclusion ou emprisonnement (Macdonald p. 201).

c) Publication d'écrits obscènes. Peine: reclusion ou emprisonnement (Macdonald p. 203).

d) Inceste d'après les règles établies dans le Lévitique (cap. 18). Peine: régulièrement reclusion à perpétuité (loi de 1567 cap. 14, 15; Macdonald p. 198 à 200).

8⁰ Infractions contre les prescriptions pour la protection du bien public. A cette catégorie appartient la tenue de maisons de jeux, qui peut, d'après le droit commun, être punie de peine arbitraire (Macdonald p. 205). Sous la rubrique „profanity" est puni le fait de tenir ouvert un magasin pendant le dimanche (Macdonald p. 204). Pour le surplus il n'existe pas en Écosse des dispositions correspondant à celles énumérées ci-dessus sub Angleterre § 8 VIII.

§ 6. b) Infractions contre les particuliers.

1⁰ Infractions contre l'intégrité corporelle. a) L'homicide. Le droit écossais distingue entre murder et culpable homicide. Murder est l'homicide causé par une action intentionnelle, que le but de l'action ait été de donner la mort où qu'elle ait été commise sans avoir égard à la possibilité d'une suite mortelle. La réflexion n'est pas un élément constitutif du crime (Macdonald p. 123). La provocation ne forme pas une cause d'atténuation, mais, si le crime a été provoqué par un attentat sur la personne de l'agent de nature à mettre la vie de ce dernier en péril — et pour autant que l'action n'est pas entièrement justifiée en vertu des règles sur la légitime défense — il n'est pas traité comme murder, mais comme culpable homicide (Macdonald p. 127). Est puni également comme tel l'homicide par imprudence (Macdonald p. 131). Le murder est puni de mort, le culpable homicide et la tentative d'assassinat de reclusion ou d'emprisonnement (Macdonald p. 143), toutefois certaines tentatives d'assassinat sont en vertu de la loi 10 Geo. IV cap. 38 (confirmée par le Criminal procedure [Scotland] act 1887 § 56) punies de mort, à savoir: *α*) Le fait de tenter de tirer ou de tirer effectivement des coups d'armes à feu sur quelqu'un; *β*) un des faits suivants, s'ils sont commis avec le dessein de tuer quelqu'un ou de lui faire des lésions graves: I. Blessures au moyen d'instruments perçants ou tranchants; II. empoisonnement; III. tentative d'étouffer quelqu'un; IV. tentative d'étrangler quelqu'un; V. tentative de noyer quelqu'un; VI. le fait de verser sur quelqu'un de l'acide sulfurique ou d'autres liquides corrosives.

b) Lésions corporelles et attentats contre la personne. aa) Assault. Cette notion désigne déjà l'attentat, même si une blessure n'en a pas été la suite (Macdonald p. 153). Constituent des circonstances aggravantes: *α*) L'intention de donner la mort, de violer ou d'attenter à la pudeur, de faire des lésions corporelles graves, d'enlever, de piller, d'extorquer, de contraindre ou de délivrer des prisonniers (Macdonald p. 156 et 157); *β*) l'emploi d'armes à feu (même non-chargées) et l'attaque au moyen d'instruments perçants ou tranchants ou l'emploi de liqueurs corrosives (Macdonald p. 157 et 158); *γ*) le fait d'occasionner une lésion corporelle grave (Macdonald p. 158); *δ*) le fait de commettre l'attentat en présence du souverain ou sur un domaine royal, dans l'audience d'une des cours supérieures ou dans la demeure de la personne attaquée (dans le cas où l'attentat est accompagné de violence, il constituerait le crime appelé „hamesucken", voir plus bas); *ε*) si l'attentat est dirigé contre les père et mère, contre les descendants, ou contre les personnes confiées à l'autorité et la direction de l'agent, contre l'épouse, contre une femme malade ou enceinte, un prêtre, un juge ou un autre fonctionnaire dans l'exercice de ses fonctions, etc. La provocation par paroles ne forme pas une circonstance atténuante, mais celle par coups, si l'agent ne dépasse pas certaines limites (Macdonald p. 154). Peine: reclusion, emprisonnement ou simplement l'amende. Comme les lésions corporelles effectives constituent une cause d'aggravation de la peine, la plupart des délits rentrant dans la classe de lésions corporelles sont poursuivis sous cette rubrique.

bb) Stellionat. Dans le temps on se servait, pour une raison non-expliquée, de cette expression pour désigner toutes les injures par voies de fait; elle est aujourd'hui hors d'usage (Macdonald p. 162).

cc) Beating and cursing parents. Une loi de 1661 (cap. 20) punit de mort les coups donnés aux père et mère et les malédictions proférées contre les mêmes par des personnes ayant plus de 16 ans d'âge et qui ne se trouvent pas dans un état de surexcitation extrême (not distracted). La loi de 1887, déjà itérativement citée dans ce qui précède, a aboli la peine de mort, néanmoins la peine de reclusion la plus élevée peut être prononcée dans le cas préindiqué (Macdonald p. 162 à 164).

dd) Hamesucken. Ce mot désigne un attentat d'une violence particulière commis dans la demeure même de la victime. Jusqu'en 1887 ce délit était également puni de mort; depuis cette dernière date il ne l'est régulièrement que de la reclusion (Macdonald p. 164 à 167).

ee) Non-accomplissement des devoirs envers les personnes confiées à l'autorité de l'agent. Ce délit est d'après le droit commun puni de reclusion ou d'emprisonnement (Macdonald p. 171). Est commune à l'Écosse la loi spéciale anglaise sur la protection des apprentis (voir Angleterre § 9 I 2 b note 2), qui combine un maximum de six mois d'emprisonnement avec travail forcé (38 et 39 Vict. cap. 86 § 6).

c) Mise en péril de la vie ou du corps. aa) L'exposition d'enfants est d'après le droit commun, différant sur ce point de la loi anglaise, punissable, même si la santé de l'enfant n'est pas mise en péril ou altérée. La limite d'âge de deux ans n'existe pas dans le droit écossais.

bb) L'emploi illicite de substances enivrantes est punissable, si l'engourdissement en a été la suite, sans égard à l'intention dans laquelle il a été produit (Macdonald p. 173).

cc) Dissimulation de la grossesse. Une loi spéciale pour l'Écosse (49 Geo. III. cap. 14) punit d'un emprisonnement de 2 ans au maximum la personne du sexe féminin qui cache sa grossesse pendant tout le temps qu'elle dure, et qui lors de l'accouchement n'a pas recours aux soins d'une personne de l'art, dans le cas où l'enfant ne reste pas en vie.

dd) L'avortement. L'emploi indû de médicaments ou instruments dans le but de procurer l'avortement est puni de reclusion ou d'emprisonnement (Macdonald p. 152 et 153).[1]

ee) Le fait de tirer des coups d'armes à feu est puni de la reclusion ou de l'emprisonnement, encore qu'il ait eu lieu sans intention coupable.

2⁰ Infractions contre les droits immatériels.[2]) a) Contre la liberté individuelle.

aa) Contrainte et menaces. La menace de mort, de dénonciation calomnieuse ou d'endommagement grave, avec le dessein de forcer quelqu'un de commettre une action ou de s'en abstenir, est puni de la reclusion ou de l'emprisonnement (Macdonald p. 175 à 177). La disposition particulière relative aux grèves, contenue dans le Consp. and prot. of Pr. act 1875 (voir Angleterre § 9 II 2 a), est applicable, à l'Écosse.

bb) Privation de la liberté et enlèvement. La soustraction d'enfants qui n'ont pas encore atteint l'âge de la puberté est puni comme vol et appelée „plagium“ (Macdonald p. 25). Le crime d'„abduction“, puni de reclusion ou d'emprisonnement, comprend: La privation de la liberté et la séquestration; l'enlèvement de personnes du sexe féminin — même s'il est commis dans le but de les épouser; — et enfin le fait d'éloigner à l'aide de violence des électeurs de l'urne électorale ou des témoins du local de la justice (Macdonald p. 170 et 171). L'enlèvement de filles au-dessous de 18 ans dans un but impudique est punissable de la même manière qu'en Angleterre (voir Angleterre § 9 II 3).

b) Contre la liberté sexuelle. aa) Viol (rape). Le viol consiste dans le fait de contraindre une personne du sexe féminin à subir une conjonction illicite, comme aussi de consommer le coït sur une personne du sexe féminin hors d'état de donner un consentement ou âgée de moins de 13 ans. La peine de ce crime est régulièrement 20 ans de reclusion au moins (Macdonald p. 166 à 169). La cohabitation avec des filles de moins de 16 ans est également punie en Écosse de la même manière qu'en Angleterre (voir Angleterre § 9 II 3).

---

[1]) A ce qu'il paraît, aucun cas ne s'est présenté dans lequel une femme enceinte elle-même ait été condamnée pour avoir employé des moyens abortifs.

[2]) Le droit écossais ne connaît pas de délit correspondant au „libel“ anglais, voir Angl. § 9 II 1.

bb) Conjonction illicite obtenu par ruse.[1]) Peine: reclusion ou emprisonnement (Macdonald p. 169 et 170).

cc) Actes impudiques avec des jeunes personnes du sexe féminin. Ces actes sont punissables, si les personnes qui en sont l'objet n'ont pas encore atteint la maturité sexuelle. La loi ne détermine pas une limite d'âge spéciale. La circonstance que l'agent a autorité sur l'enfant est aggravante. Peine: reclusion ou emprisonnement (Macdonald p. 200 à 203).

dd) Le proxénétisme est puni de la même manière qu'en Angleterre (voir Angleterre § 9 II 3).

c) Contre les droits de la famille. Il y a lieu de mentionner seulement la bigamie, qui est punissable, et en vertu d'une loi (Act 1551 cap. 19) et en vertu du droit commun, mais qui est régulièrement traitée d'après les prescriptions de ce dernier.[2]) L'expiration du délai de 7 ans n'est pas une cause d'excuse. La peine est régulièrement l'emprisonnement (Macdonald p. 196 à 198).

3⁰ Infractions contre les droits individuels. Les dispositions rappelées sub Angleterre § 9 III sont applicables à l'Écosse.

4⁰ Infractions contre la propriété.

A. Contre les droits réels.

a) Theft. Ce délit consiste dans la soustraction illicite d'une chose mobilière de la détention ou de la possession juridique d'autrui, dans le but de se l'approprier (Macdonald p. 18). L'intention de s'enrichir n'est pas exigée (Macdonald p. 24). Le furtum usus n'est pas considéré comme vol[3]) (Macdonald p. 22). Est considéré comme vol (de même comme en droit anglais) le fait d'enlever à autrui la possession juridique d'une chose, quoique cette chose se trouve être détenue par le voleur ou dans la possession de personne; tel est le cas de vol de choses trouvées. Le vol du droit écossais correspond, par conséquent, tantôt au vol, tantôt au détournement du C. p. allemand. Constituent des causes aggravantes: α) L'effraction (housebreaking), c'est-à-dire l'entrée illicite dans un local fermé, même sans lésion de la substance de la chose[4]) (Macdonald p. 30 à 36); β) l'ouverture d'une serrure („opening lockfast places"), que ce soit au moyen de violence, ou de fausses clefs ou de la clef véritable (Macdonald p. 36 à 38); γ) le fait d'enlever ses habits à un enfant (Macdonald p. 38); δ) si la victime est mise dans un état d'engourdissement à l'aide de substances enivrantes (Macdonald p. 38); ε) si l'agent est un voleur d'habitude[5]) (Macdonald p. 48); ζ) si le voleur occupe un poste de confiance.

Est également puni de peines particulièrement sévères le vol de certains objets, par exemple le rapt d'enfants (plagium), qui est traité comme vol, ainsi qu'il est dit ci-dessus, ou l'enlèvement de chevaux, bœufs ou

---

[1]) Le coït obtenu par ruse en faisant accroire qu'on est le mari de la femme dont on veut abuser est puni comme viol, et ce depuis 1885, comme en Angleterre.

[2]) Des difficultés naissent de la circonstance que les lois ecclésiastiques sur le mariage d'avant le concile de Trente sont encore en vigueur.

[3]) Macdonald est cependant de l'avis qu'il y a vol si quelqu'un a bien l'intention de rendre la chose, mais en fait usage clandestinement et frauduleusement; par exemple, si quelqu'un soustrait à un fabricant un carnet renfermant des notices sur un secret de fabrication dans le but d'apprendre ce secret, Macdonald pense que dans ce cas l'agent soustrait la propriété du secret; que, par conséquent, il y a vol. Il oublie cependant que le secret n'est pas une chose mobilière; l'hypothèse est que la chose mobilière, c'est-à-dire le carnet, a été soustrait avec l'intention de le restituer.

[4]) S'il s'agit d'entrée illicite dans un navire, on se sert du mot „shipbreaking".

[5]) La récidive est une circonstance aggravante pour tous les délits sans distinction, et n'a pas en cas de vol une importance plus grande qu'en cas de tout autre délit.

moutons (Macdonald p. 52). Il en est de même du vol de marchandises pendant leur apprêtage dans les blanchisseries ou imprimeries, et cela en conformité des lois 18 Geo. II cap. 27; 51 Geo. III cap. 41. Le vol d'huîtres ou de moules est puni d'un emprisonnement d'un an au maximum (3 et 4 Vict. cap. 74; 10 et 11 Vict. cap. 92). Le vol d'objets confiés à la poste est puni de la même manière qu'en Angleterre. Pour le reste la fixation de la peine est entièrement abandonnée à l'appréciation du juge, comme pour tous les délits de droit commun.[1]

b) Breach of trust and embezzlement. Par ces expressions l'on désigne l'appropriation de choses qui se trouvent dans la possession du délinquant, mais ne sont pas sa propriété. Comme la notion de la possession juridique n'est pas exactement fixée, il est souvent difficile de distinguer si dans une espèce le susdit délit existe ou bien theft. L'appropriation illicite par un commissionaire aux ventes, un créancier gagiste, un curateur, etc. constitue incontestablement des cas de Breach of trust and embezzlement (Macdonald p. 64 à 70). Comme la fixation de la peine, tout comme pour le vol, est entièrement abandonnée à l'appréciation du juge; comme depuis 1887 une plainte pour theft peut conduire à une condamnation, même si le délit soumis au tribunal ne constitue qu'un Breach of trust and embezzlement (et vice versa) — Criminal procedure [Scotland] act 1887 § 59 —, la distinction dont il s'agit n'a plus aucune importance dans la pratique.

c) Robbery et stouthrief. Il n'existe entre ces deux délits pas de différence définissable. Ils consistent l'un et l'autre dans la soustraction à l'aide de violence de choses appartenant à autrui. L'expression figurant en seconde ligne n'est plus guère employée dans les derniers temps; elle ne l'est que quand il s'agit d'une violence d'une certaine étendue. La peine est régulièrement la reclusion (jusqu'en 1887 la peine de mort). (Macdonald p. 53 à 58).

d) La dégradation d'objets mobiliers est punissable; il est désigné comme „malicious mischief", „wanton mischief" ou „wilful mischief", s'il est commis intentionnellement et méchamment. En théorie et sur le fondement de dispositions légales spéciales, le fait de tuer ou de mutiler du bétail, de couper du bois ou du blé (act 1581 cap. 110 — 1587 cap. 83), la destruction d'articles manufacturés durant leur apprêtage (29 Geo. III cap. 46) étaient punis de mort; depuis 1887 de la peine de reclusion ou d'emprisonnement, dans d'autres cas régulièrement de l'emprisonnement ou d'amende. Forment des circonstances aggravantes: l'intention d'exercer une pression sur le donneur d'ouvrage et l'entrée par effraction dans le local où la dégradation a été commise (Macdonald p. 116 à 119).

B. Infractions contre le droit d'occupation. Les dispositions reprises ci-dessus Angleterre, § 9 IV B 1—3, sont communes à l'Écosse.

C. Infractions aux droits d'obligation.

a) Violation de contrat. Sont applicables à l'Écosse les dispositions de la loi anglaise mentionnées sub § 9 C 1 ci-dessus.

b) Banqueroute et délits connexes. Les délits dont il est question ci-dessus sub Angl. § 9 C 2 b et c sont en Écosse punis des mêmes peines qu'en Angleterre (43 et 44 Vict. cap. 44 § 13 et 14); est, en outre, puni de deux ans de prison avec travail forcé celui dont les dettes, au moment de la déclaration de faillite, dépassent £ 200, et celui qui n'a pas au moins pendant trois ans tenu régulièrement des livres de commerce (v. ibid. p. 13).

[1] La distinction entre vol ordinaire et furtum grave d'autrefois, puni de mort, n'a aucune importance pratique.

D. Infractions contre la propriété en général.

a) La tromperie est qualifiée „falsehood and fraud" ou „falsehood, fraud and wilful imposition".[1]) Rentrent dans cette catégorie l'usurpation de fonctions, l'usage de faux noms ou de fausses qualités, la tricherie au jeu, l'acquisition de choses, d'argent ou de crédit au moyen d'allégations mensongères ou de dissimulations frauduleuses, le faux en écriture, la destruction frauduleuse de documents, l'emploi de faux poids et de fausses mesures, la falsification de marchandises, etc. Peine: reclusion ou emprisonnement (Macdonald p. 89 à 99).

b) Extorsion. La menace d'assassinat, d'endommagement grave, de dénonciation calomnieuse dans le but de se faire remettre des avantages pécuniaires par la personne menacée, est punie de la reclusion ou de l'emprisonnement (Macdonald p. 175 à 177).

c) Abus de l'inexpérience et de la jeunesse. Mêmes dispositions qu'en Angleterre. Voir Angl. § 9 IV D 3.

d) Recel. Ce délit, appelé „reset", consiste dans la réception illicite et la conservation de choses par quelqu'un qui sait que les dites choses avaient été obtenues au moyen de theft, robbery, breach of trust and embezzlement ou à l'aide de tromperie (Crim. proc. [Scotland] act 1887 § 58).[2]) La peine est la reclusion ou l'emprisonnement (Macdonald p. 60 à 64). Les recéleurs d'habitude ou de profession ne sont pas punis plus sévèrement. Les mêmes dispositions que celles en vigueur en Angleterre règlent le recel d'objets volées qui avaient été confiées à la poste. Voir Angl. § 9 IV 4 a.

5° Infractions caractérisées par les moyens employés pour les commettre. a) Déchaînement de forces dangereuses de la nature.

α) Incendie. L'incendie volontaire (wilful fireraising) est régulièrement puni de reclusion (avant 1887 la peine de mort pouvait être prononcée), l'incendie par négligence de reclusion ou de l'emprisonnement.

β) Abus de matières explosibles. Ce délit est punissable comme en Angleterre en vertu de l'Explosive substances act de 1883. (Voir Angl. § 9 V 1 c.)

γ) Entraves de la circulation publique. Les entraves volontaires de l'exploitation du chemin de fer sont punies d'après les lois afférentes anglaises (voir Angl. § 9 V 2 b). La loi 3 et 4 Vict. cap. 97, abrogée en Angleterre par le M. D. A., est encore en vigueur en Écosse. En ce qui concerne la sûreté de la navigation, il convient d'énumérer les dispositions de la loi 17 et 18 Vict. cap. 104 § 239, qui punissent d'un emprisonnement de deux ans le navigateur ou le matelot qui par violation volontaire de son devoir, ou négligence dans son service, ou par ivresse mettent en péril la sûreté d'un bâteau; ensuite la disposition de la loi 33 et 34 Vict. cap. 110 § 11, qui punit de la même peine l'expédition d'un navire impropre à la navigation, si la preuve de l'absence d'une culpa n'est pas rapporté.

c) L'effraction dans une maison dans le but d'y commettre un vol est punie de reclusion ou d'emprisonnement (Macdonald p. 73 à 75).

d) Le faux en écritures tombe sous la notion générale de „falsehood fraud and wilful imposition" (voir ci-dessus sub tromperie); pris dans le sens restreint, il est désigné comme forgery, tout comme en Angleterre. L'usage du faux acte fait dans une intention frauduleuse forme un des éléments du crime. Est punissable celui qui sciemment et frauduleusement fait usage d'une

---

[1]) Cette désignation générale est appliquée au faux (voir infrà sub d).
[2]) Avant 1877 la réception de marchandises n'était punissable comme „reset" que si celles-ci avaient été obtenues au moyen de theft ou robbery.

pièce fausse, même quand l'auteur du faux ne peut être découvert. Quelques
espèces de faux sont prévues par des lois particulières, notamment la falsification de billets de banque et de timbres-poste. Ce sont les dispositions qui
depuis ont été insérées dans le Forgery act (voir Angl. § 9 V 5). Comme cependant le crime de forgery peut en Écosse être puni d'une peine arbitraire et
l'est régulièrement de la reclusion, les lois en question ne sont appliquées que
dans des cas tout à fait exceptionnels (Macdonald p. 77 à 89; 99 à 100). Le
faux en écritures authentiques est puni comme tromperie. A relever particulièrement le faux commis dans les registres de l'état civil, qui est par la
loi 17 et 18 Vict. cap. 80 § 60 puni de 7 ans de reclusion au maximum.

e) Les délits monétaires sont régis par les mêmes dispositions qu'en Angleterre. Voir Angl. § 9 V 6.

❄ BULLETIN LITTÉRAIRE. ❄

Satzungen der Internationalen Kriminalistischen Vereinigung.
Statuts de l'Union Internationale de Droit Pénal.

Art. I. Die IKV. geht von der Überzeugung aus, dass Verbrechen und Strafe ebensosehr vom soziologischen wie vom juristischen Standpunkte aus ins Auge gefasst werden müssen. Sie stellt sich die Aufgabe, diese Ansicht und die aus ihr sich ergebenden Folgerungen in Wissenschaft und Gesetzgebung zur Anerkennung zu bringen. — **Art. II.** Die Vereinigung stellt als Grundlage ihrer Wirksamkeit die folgenden Sätze auf: 1. Aufgabe der Strafe ist die Bekämpfung des Verbrechens als sozialer Erscheinung. 2. Die Ergebnisse der anthropologischen und soziologischen Forschungen sind daher von der Strafrechtswissenschaft wie von der Strafgesetzgebung zu berücksichtigen. 3. Die Strafe ist eines der wirksamsten Mittel zur Bekämpfung des Verbrechens. Sie ist aber nicht das einzige Mittel. Sie darf daher nicht aus dem Zusammenhange mit den übrigen Mitteln zur Bekämpfung, insbesondere mit den übrigen Mitteln zur Verhütung des Verbrechens gerissen werden. 4. Die Unterscheidung der Gelegenheitsverbrecher und der Gewohnheitsverbrecher ist von grundlegender Bedeutung in theoretischer wie in praktischer Beziehung; sie hat daher als Grundlage für die Bestimmungen der Strafgesetzgebung zu dienen. 5. Da Strafrechtspflege und Strafvollzug demselben Zwecke dienen, das strafrechtliche Urteil mithin erst durch die Vollstreckung der Strafe Inhalt und Bedeutung gewinnt, erscheint die dem heutigen Strafrechte eigentümliche Trennung des Strafvollzuges von der Strafrechtspflege als unrichtig und zweckwidrig. 6. Da die Freiheitsstrafe in unserm Strafensystem mit Recht die erste Stelle einnimmt, wird die Vereinigung den Bestrebungen zur Verbesserung der Gefängnisse und der verwandten Anstalten besondere Beachtung widmen. 7. Die Vereinigung hält jedoch den Ersatz der kurzzeitigen Freiheitsstrafe durch andre Strafmittel von gleicher Wirksamkeit für möglich und wünschenswert. 8. Bei langzeitigen Freiheitsstrafen ist die Bemessung der Strafdauer nicht nur von den Ergebnissen des Strafverfahrens, sondern auch von denjenigen des Strafvollzuges abhängig zu machen. 9. Unverbesserliche Gewohnheitsverbrecher hat die Strafgesetzgebung, und zwar auch dann, wenn es sich um die oftmalige Wiederholung kleinerer Vergehungen handelt, für eine möglichst lange Zeitdauer unschädlich zu machen. — **Art. III.** Die Mitglieder der Vereinigung stimmen den in Art. II aufgeführten Grundsätzen bei. Die Aufnahme neuer Mitglieder erfolgt auf schriftlichen Vorschlag eines der bisherigen Mitglieder durch Beschluss des geschäftsführenden Ausschusses. — **Art. IX.** Jedes Mitglied zahlt einen Jahresbeitrag von 6 Mark.

I. L'Union estime, que la criminalité et la répression doivent être envisagées aussi bien au point de vue social qu'au point de vue juridique. Elle poursuit la consécration de ce principe et de ses conséquences dans la science du droit criminel comme dans les législations pénales. — **II.** L'Union adopte comme base fondamentale de ses travaux les thèses suivantes: 1. La mission du droit pénal c'est la lutte contre la criminalité envisagée comme phénomène social. 2. La science pénale et la législation pénale doivent donc tenir compte des résultats des études anthropologiques et sociologiques. 3. La peine est un des moyens les plus efficaces dont l'État dispose contre la criminalité. Elle n'est pas le moyen unique. Elle ne doit donc pas être isolée des autres remèdes sociaux et notamment ne pas faire oublier les mesures préventives. 4. La distinction entre les délinquants d'accident et les délinquants d'habitude est essentielle en pratique comme en théorie; elle doit être la base des dispositions de la loi pénale. 5. Comme les tribunaux répressifs et l'administration pénitentiaire concourent au même but, et que la condamnation ne vaut que par son mode d'exécution, la séparation consacrée par notre droit moderne entre la fonction répressive et la fonction pénitentiaire est irrationnelle et nuisible. 6. La peine privative de liberté occupant à juste titre la première place dans notre système des peines, l'Union accorde une attention spéciale à tout ce qui concerne l'amélioration des prisons et des institutions qui s'y rattachent. 7. En ce qui concerne toutefois les peines d'emprisonnement de courte durée, l'Union considère que la substitution à l'emprisonnement de mesures d'une efficacité équivalente est possible et désirable. 8. En ce qui concerne les peines d'emprisonnement de longue durée, l'Union estime qu'il faut faire dépendre la durée de l'emprisonnement, non pas uniquement de la gravité matérielle et morale de l'infraction commise, mais aussi des résultats obtenus par le régime pénitentiaire. 9. En ce qui concerne les délinquants d'habitude incorrigibles, l'Union estime qu'indépendamment de la gravité de l'infraction, et quand même il ne s'agit que de la réitération de petits délits, le système pénal doit avant tout avoir pour objectif de mettre ces délinquants hors d'état de nuire, le plus longtemps possible. — **III.** Les membres de l'Union adhèrent aux thèses fondamentales ci-dessus énoncées. La candidature d'un membre nouveau doit être proposée par écrit au bureau par un membre de l'Union. — **IX.** Le taux de la cotisation annuelle est fixé à fr. 7.50.

Druck von Oscar Brandstetter, Leipzig. 6850.